DIRITTO
COSTITUZIONALE

In copertina:

HOWARD CHANDLER CHRISTY, «Scena della firma della Costituzione degli Stati Uniti», olio su tela, 1940, Camera dei Rappresentanti, Campidoglio, Washington.

Livio Paladin
(1933 - 2000)

Ludovico A. Mazzarolli

Dimitri Girotto

DIRITTO COSTITUZIONALE

Quarta edizione interamente rivista e aggiornata

con *Prefazione* di Sergio Bartole

IUSTITIAM COLIMUS G. Giappichelli Editore

VIA PO, 21 - TEL. 011-81.53.111 - FAX 011-81.25.100

http://www.giappichelli.it

ISBN/EAN 978-88-921-1371-8

Composizione: CDR - Sistemi stampa di Maria Angela Roviera - Torino

Stampa: Stampatre s.r.l. - Torino

Al prof. Livio Paladin,
anche nel ricordo di sua
moglie Dora, e a tutti
i suoi e i nostri studenti.

INDICE

pag.

CAPITOLO III
LE FONTI DELL'ORDINAMENTO ITALIANO

PARTE III
LO STATO SOGGETTO

CAPITOLO I
LE BASI COSTITUZIONALI DELLA FORMA DI STATO VIGENTE IN ITALIA

CAPITOLO II
IL PARLAMENTO

CAPITOLO III
IL GOVERNO

pag.

Capitolo IV
IL PRESIDENTE DELLA REPUBBLICA

Capitolo V
I CORRETTIVI DEL REGIME PARLAMENTARE

Parte IV
LE AUTONOMIE TERRITORIALI

Capitolo I
LE REGIONI

pag.

CAPITOLO II

GLI ENTI TERRITORIALI MINORI

PARTE V

LE SITUAZIONI SOGGETTIVE COSTITUZIONALMENTE RILEVANTI

CAPITOLO I

PREMESSE GENERALI

CAPITOLO II

I DIRITTI CIVILI

CAPITOLO III

I DIRITTI FAMILIARI, SOCIALI, ECONOMICI

PARTE VI

LA GIUSTIZIA COSTITUZIONALE

CAPITOLO I

NATURA E ASSETTO DELLA CORTE COSTITUZIONALE

CAPITOLO II

I GIUDIZI SULLE LEGGI E SUGLI ATTI EQUIPARATI

PREFAZIONE ALLA IV EDIZIONE

Riferiscono persone vicine al Presidente Emerito Giorgio Napolitano che egli, negli anni del suo mandato, cercava suggerimenti ed informazioni sull'estensione dei suoi poteri e sui modi corretti del loro esercizio leggendo frequentemente la voce «*Presidente della Repubblica*» scritta per l'*Enciclopedia del diritto* da Livio Paladin.

È questa una notizia che riesce utile per apprezzare la riproposizione in edizione riveduta e corretta del *Diritto costituzionale* di Livio Paladin, che Ludovico Mazzarolli e Dimitri Girotto si sono assunti generosamente il compito di curare.

Imprese di questo tipo sono raramente gratificanti per chi nella stampa delle proprie fatiche cerca anzitutto le vie per la diffusione della sua concezione e interpretazione della vigente Costituzione. Ma meritano elogio e sono ragione di soddisfazione per i loro autori quando così concorrono alla continua presenza in libreria e, perciò, alla diffusione e conoscenza di opere quali il *Manuale* di Paladin, che costituiscono una tappa importante per la elaborazione della materia interessata ed un momento fondamentale per la conoscenza – nel caso – della nostra vicenda costituzionale.

Tutti noi sappiamo quanto Livio Paladin tenesse alle sue ricerche di storia costituzionale. Ma quella stessa passione ed onestà ed obiettività di ricerca ed esposizione, che lo guidavano in quegli studi, noi ritroviamo nel suo contributo dedicato alla presentazione generale del nostro diritto costituzionale positivo.

Il suo obiettivo era quello di offrire un quadro quanto più possibile verace e preciso dell'ordinamento italiano, sia nella prospettiva odierna che in quella storica. Così nel suo manuale è evidente lo sforzo di dare una rappresentazione ponderata e compiuta delle prevalenti interpretazioni e pratiche applicazioni del testo costituzionale, evitando le fantasie e le improvvisazioni di teorie personali, ma nel contempo sottolineando i punti di frizione fra il dettato della Costituzione e i comportamenti da esso palesemente ed inequivocabilmente devianti.

Evidente è l'impegno ad offrire una rappresentazione che guardando a prassi, convenzioni e giurisprudenza costante dà una mappa utile a chi si accinge a navigare nel nostro mare costituzionale.

Mi piace ricordare un precedente. Quando Livio Paladin ed io frequentavamo la Facoltà di Giurisprudenza dell'Università di Trieste, si studiava il diritto amministrativo dai volumi del manuale di Guido Zanobini. Era, quel manuale, la cristallizzazione dell'opinione dominante in materia. Con il passare degli anni molti presero ad accusarlo troppo facilmente di piatto conformismo e retrograda lettura interpretativa del diritto vivente, pretendendo anticipazioni di sviluppi a Zanobini sconosciuti. Eppure da quel testo si doveva partire se si voleva avere una chiara base, alla quale rapportare gli svolgimenti del diritto amministrativo contemporaneo.

Lo stesso si può dire a proposito del Manuale di Paladin. Anzitutto, esso assolve ancora con successo al compito di darci un quadro dell'interpretazione prevalente del nostro diritto costituzionale, mentre, anche per ragioni di tempo, non corre il rischio di censure quali quelle riservate all'opera di Zanobini. Certo, il diritto costituzionale repubblicano vivente dei tempi di Paladin ha subito emendamenti e modificazioni, ma il Manuale resta la base per una comprensione di quanto è avvenuto in questi ultimi anni, perché dà conto di concetti e schemi ermeneutici tuttora utili per la comprensione dell'odierno diritto vivente. In effetti, Paladin lo ha scritto ben consapevole degli spazi di elasticità di un testo normativo che ha consentito di recepire trasformazioni e modificazioni senza che vi sia ragione di parlare di rivoluzione o fratture. Il lavoro che su di esso Mazzarolli e Girotto, continuatori dell'insegnamento della scuola di Paladin e, prima di lui, di Vezio Crisafulli, hanno fatto, favorisce una contemporanea fruizione del Manuale, conservandone nel tempo la serietà e ponderatezza della impostazione di base. Perciò ad essi e all'Editore che si è assunto il compito di portare di nuovo l'opera in libreria va la gratitudine nostra e di quanti ricordano Livio Paladin con ammirazione ed affetto.

Sergio Bartole
Prof. Emerito di Diritto costituzionale nell'Università di Trieste
Già Presidente dell'Associazione italiana dei Costituzionalisti

INTRODUZIONE ALLA IV EDIZIONE

Nell'avvicinarsi del XX anniversario della scomparsa del prof. Livio Paladin (Trieste, 30 novembre 1933-Padova, 2 aprile 2000), ho avvertito, forte, l'esigenza di *farmi coraggio* e dare attuazione a un progetto che ho invero in mente da molti anni.

Aggiornare, cioè, il suo Manuale di *Diritto costituzionale*.

Perché?

In primo luogo, perché non ho mai smesso di adottarlo, per gli studenti che seguono i miei corsi, via via colmando, con gli appunti delle lezioni, ciò che, con il tempo, si faceva non più attuale, o comunque carente, quanto alle novità normative e giurisprudenziali successive al 1998, data della sua III e fino a ora ultima edizione, della quale ricorre quindi proprio quest'anno il XX anniversario.

In secondo luogo, perché, con lo spirito di cui subito dirò, *a metà strada* tra il 1998 e oggi, ho, con l'amica e collega Rosanna Tosi, prima allieva del prof. Paladin, curato l'edizione e la pubblicazione, in allora ancora con la Cedam, di un volume a sé stante («*Schede di aggiornamento di Diritto costituzionale – 1998-2008*»), recante ciò che poteva servire agli studenti per continuare a utilizzare il *Manuale*, senza ignorare quanto accaduto nel periodo di cui abbiamo dato conto in quell'occasione.

In terzo luogo, forse il più importante, perché, a mio parere, il *Manuale* conserva, nella sua ossatura sostanziale, tutta la valenza che aveva in origine.

Che, in vent'anni, siano cambiate alcune leggi, ordinarie e costituzionali, o siano intervenute un po' di (anche importanti) sentenze della Corte costituzionale, nulla toglie alla validità degli originali impostazione e impianto paladiniani, se non forse, quanto dedicato, nella parte IV, alle «*Autonomie territoriali*» (Regioni, Province e Comuni), tanto che analoga operazione – lo riconosco – non sarebbe possibile con riguardo al suo, pur bello, *Manuale di diritto regionale*. Però, l'intera Parte IV e i paragrafi dedicati alle fonti regionali (da cambiare anch'essi, seppure non *in toto* come quella) ammontano, in tutto, a 50 facciate circa sulle 800 e passa totali. E ciò non ha dunque potuto distogliere dal portare a termine il progetto che, una volta presa la decisione di agire, ha condotto, pensando a ciò che poteva risultare maggiormente utile per gli studenti, a un'*operazione* assai più ampia rispetto a quanto sarebbe potuto essere.

Infine, v'è una ragione un po' particolare, ma a me assai cara, che è probabilmente quella che mi ha dato la *spinta finale*.

L'ultimo erede del mio compianto Maestro, al corrente delle volontà di questo relativamente a questioni di carattere anche assai personale che non avverto la necessità di rendere pubbliche (preferendo lasciare parlare lui attraverso il suo scritto, anziché dire io la mia su di lui, ciò che ritengo interessi a pochissimi, o forse a nessuno), ha voluto lasciare a me l'onòre-ònere di occuparmi del *Manuale* nei modi da me ritenuti più opportuni.

Quello che ne risulta è ora a disposizione di studiosi e studenti.

È tutto senz'altro perfettibile e un «*grazie*» anticipato va già da ora a tutti coloro che vorranno contribuire a migliorare l'opera, segnalando errori, omissioni o quant'altro desidereranno farmi sapere.

Nulla di quanto realizzato sarebbe peraltro stato possibile senza lo sprone, il contributo e la costante collaborazione, sempre alla pari, dell'amico prof. **Dimitri Girotto** che, come me, ha sempre adottato il testo in parola.

Ciò mi rende particolarmente contento perché, essendo quest'ultimo allievo diretto di Sergio Bartole (sotto la direzione del quale – su richiesta dello stesso Paladin – ho lavorato nei miei primi anni universitari, quelli triestini, e che tanto ha contribuito alla mia formazione) rende questo impegno frutto della collaborazione della scuola di Padova, di quella di Trieste e di quella di Udine, dove entrambi, oggi, insegniamo.

Vezio Crisafulli fu Maestro – nel suo periodo a Trieste – sia di Paladin che di Bartole; poi si spostò a Padova, dove ebbe come prima allieva Lorenza Carlassare, per approdare infine, seguìto da un giovane Paladin, nella sua Roma, dove dette vita alla sua scuola più prolifica.

Paladin fu poi cattedratico prima a Trieste e poi a Padova; Bartole a Trieste, Pavia e nuovamente a Trieste; Lorenza Carlassare a Ferrara e Padova.

E siccome nel mondo universitario che fu il mio di formazione *tout se tenait*, io sono stato ricercatore a Trieste e Padova e professore a Udine, dove Girotto è stato prima ricercatore e poi professore.

Siamo, insomma, gli epigoni di una tradizione «*pesante*» in un'epoca che, per ragioni di pecunia, non ci consentirà, con tutta probabilità, di fondare a nostra volta scuole, posta l'impossibilità di invitare giovani, pur bravi e volenterosi, a *fermarsi a studiare* con noi in vista di ... non si sa bene cosa.

Due ultimi ricordi, prima di concludere.

Il primo è per tutti gli amici della scuola di Paladin dei miei anni di Padova. Qualcuno è stato universitario, qualcuno lo è ancora, qualcuno ha dovuto giocoforza dedicarsi ad altro, posta la prematura scomparsa del Maestro. Rosanna Tosi, Andrea Ambrosi, Davide Monego, Carlo Padula, Fabio Corvaja, Paolo Neri, Gabriele Bicego: per citare un ... importante pensatore del nostro tempo, si era una «*squadra fortissimi, fatta di gente fantastici*».

Il secondo è per mio padre che, con Paladin e Bartole, considero il mio terzo Maestro. Allievo diretto di Enrico Guicciardi, è stato amministrativista, non costituzionalista; ma il suo contributo al mio «*metodo*» di ricerca e lavoro, al mio modo di essere, e, per molti, a tanto altro che ha reso la vita facile anche a chi non se lo sarebbe meritato, è stato ed è determinante.

Udine-Padova, 20 maggio 2018

Ludovico A. Mazzarolli

P.S. Conoscendo bene il nostro mondo, sia io che Dimitri Girotto siamo consapevoli che questa riedizione potrebbe destare, in qualcuno, sorpresa, o perfino, ma in tale caso per ragioni non facili da immaginare, disappunto.

Di qui, alcuni tra i possibili interrogativi: «*Chi sono?*»; «*Quale obiettivo si prefiggono?*».

Le risposte sono, nell'ordine: «*nessuno*»; «*rendere omaggio a un Maestro, pensando di offrire, nel contempo, un servizio agli studenti, con particolare riguardo per coloro che già studiano questo* Manuale».

Quanto alla scelta di cambiare Casa editrice, rispetto a quella delle tre precedenti edizioni, sia chiaro che nulla ho contro «*Wolters Kluwer Italia*», erede della Cedam. Anzi, tengo a far sapere pubblicamente che la ringrazio per l'interessamento mostrato nei confronti dell'opera, allorché ha saputo che essa era in via di facimento.

Ma mi sembrava giusto e opportuno cambiare, perché Paladin lavorava ... *alla Paladin* (cioè senza nemmeno adoperare un computer, né firmando contratti se non dopo avere consegnato i lavori) con «*i vecchi*» della Cedam: non c'è più lui; non ci sono più loro; non esiste più quel modo di lavorare, né quella maniera di concepire i rapporti, prima come personali e solo dopo come professionali; è dunque opportuno uno stacco netto tra il «prima» e il «dopo». Ciononostante e nonostante il mio essere lontano da Padova da quasi diciotto anni, il dott. Giappichelli e il dott. Andreoli hanno sempre mantenuto con me quell'atteggiamento «*old fashion*» che più mi si adatta, della quale cosa non posso che ringraziare, senza dimenticare l'amico Vincenzo Contri che, da libero professionista qual è oramai da tempo, ha agevolato incontro e realizzazione, nonché, alla fine, vinto alcune mie resistenze e, perché no, pigrizie dovute al fatto che l'età non è più così verde come quella in cui, con Rosanna Tosi e Andrea Ambrosi, ci trovammo a predisporre l'*Indice analitico* della III edizione, esattamente or sono vent'anni.

LUDOVICO A. MAZZAROLLI ha curato la revisione e l'aggiornamento delle seguenti porzioni del testo:

PARTE I GENERALITÀ
Cap. I *Premesse teoretiche*
Cap. II *Tipologia delle forme di Stato e delle forme di governo*

PARTE II LO STATO ORDINAMENTO
Cap. I *Profili di storia e cronaca costituzionale italiana*
Cap. II *Il popolo e il territorio dello Stato italiano*
Cap. III *Le fonti dell'ordinamento italiano*
Sez. I *Generalità* [§§ da 1 a 9]
Sez. II *Analisi delle fonti-atto* [§§ da 10 a 20; 25]

PARTE III LO STATO SOGGETTO
Cap. III *Il Governo*

PARTE VI LA GIUSTIZIA COSTITUZIONALE
Cap. I *Natura e assetto della Corte costituzionale*
Cap. II *I giudizi sulle leggi e sugli atti equiparati*
Sez. I *Impugnative incidentali e impugnative principali*
Sez. II *Gli oggetti del sindacato spettante alla Corte*
Sez. III *La tipologia delle decisioni*
Cap. III *Le altre funzioni della Corte*

APPENDICE

DIMITRI GIROTTO ha curato la revisione e l'aggiornamento delle seguenti porzioni del testo:

PARTE II LO STATO ORDINAMENTO
Cap. III *Le fonti dell'ordinamento italiano*
Sez. II *Analisi delle fonti-atto* [§§ da 21 a 24; da 26 a 31]
Sez. III *Analisi delle fonti-fatto*

PARTE III LO STATO SOGGETTO
Cap. I *Le basi costituzionali della forma di Stato vigente in Italia*
Cap. II *Il Parlamento*
Sez. I *Le strutture*
Sez. II *Le funzioni*
Cap. IV *Il Presidente della Repubblica*
Cap. V *I correttivi del regime parlamentare*

PARTE IV LE AUTONOMIE TERRITORIALI
Cap. I *Le Regioni*
Cap. II *Gli enti territoriali minori*

PREFAZIONE ALLA III EDIZIONE

Lo studio del diritto costituzionale determina oggi, in Italia, peculiari e nuove ragioni di difficoltà. A renderle evidenti concorrono, anzitutto, le stesse dimensioni dei manuali costituzionalistici, di molto accresciute rispetto ad un passato non lontano. Non soltanto negli anni compresi fra le due guerre mondiali, ma ancora nel primo periodo repubblicano, testi del genere non superavano le 300-400 pagine. Ora invece non bastano, nella generalità dei casi, misure raddoppiate. E questo fenomeno, a sua volta, non dipende unicamente dalla ininterrotta crescita della letteratura giuridica, che in certo qual modo alimenta se stessa; bensì rappresenta l'effetto d'una serie di fattori oggettivi, valsi a trasformare – nel contempo – la materia ed il metodo del diritto costituzionale e degli insegnamenti che lo riguardano.

Nel secolo scorso ed ancora nella prima metà del Novecento, il diritto costituzionale si collocava – per una gran parte dei suoi profili – al confine con la storia e la scienza politica: avendo comunque per temi, essenzialmente, la forma di governo, il funzionamento degli organi supremi dello Stato ed i loro reciproci rapporti. Ma proprio su questo versante le previsioni costituzionali apparivano spesso incomparabili con le norme giuridiche propriamente positive: sia perché inapplicabili in sede giudiziaria, sia – soprattutto – perché la Costituzione scritta aveva un carattere flessibile, prestandosi dunque a subire le più varie rotture mediante leggi ordinarie. Il che concorre a spiegare per quali motivi la letteratura costituzionalistica dei primi decenni del secolo attuale abbia spesso cercato rifugio nel campo della teoria generale del diritto, anziché approfondire l'analisi dell'ordinamento costituzionale italiano.

Nel periodo repubblicano, viceversa, il diritto costituzionale si presenta altresì – per molti suoi momenti – come una materia professionale, in termini almeno parzialmente affini a quelli propri dei singoli rami dell'ordinamento. Da un lato, infatti, la Costituzione del '47 disciplina, sovrapponendosi alle leggi ordinarie e condizionandone la legittimità, una vastissima serie di rapporti eccedenti l'organizzazione costituzionale dello Stato, bensì pertinenti alle posizioni di tutti i cittadini e dei soggetti comunque sottoposti all'ordinamento giuridico statale. D'altro lato, nella totalità dei suoi disposti, la Costituzione stessa si presenta come un testo «giustiziabile», vale a dire applicabile dai giudici costituzionali, come pure da quelli ordinari od amministrativi; ed un tanto basta a distaccarla nettissimamente dallo Statuto albertino del 1848.

Sia la disciplina costituzionalistica collocata ai confini con la politica sia quella relativa ai rapporti governanti-governati non sono però suscettibili di essere studiate isolatamente, astraendo dal tessuto con il quale si connettono. Nel primo senso – per esser più precisi – molte disposizioni della Carta costituzionale non sono neppure intellegibili, se non vengono continuamente poste in collegamento con le regole non scritte alle quali si informa la condotta degli organi costituzionali e degli altri soggetti politici: cioè con la prassi, con le convenzioni ed al limite con le consuetudini costituzionali, integrative ed interpretative della Costituzione scritta. Nel secondo senso, d'altra parte, il diritto costituzionale fa «corpo» con la legislazione attuativa, sopravvenuta nel quarantennio repubblicano; sicché tali norme non sono apprezzabili a pieno, nella loro portata e nei loro significati attuali, se non si tiene conto delle loro implicazioni civilistiche, penalistiche, amministrativistiche, processualistiche ... Sotto entrambi gli aspetti, pertanto, al di là della Costituzione scritta quella che davvero conta, meritando di formare oggetto di studio, è la Costituzione «vivente»; ed in ciò consiste, appunto, il più grande fattore di complicazione delle discipline costituzionalistiche, reso evidente dalla basilare importanza della giurisprudenza costituzionale, divenuta un vero e proprio filtro attraverso il quale vanno ormai riguardati i precetti dettati dalla Costituzione stessa.

Al giorno d'oggi, bisogna inoltre aggiungere che l'Italia si trova in una fase di accentuata transizione istituzionale e fors'anche costituzionale. Le vicende di questi ultimi anni avrebbero anzi potuto condurci dalla prima alla seconda Repubblica (stando al linguaggio corrente in Francia), se avesse avuto successo la revisione costituzionale tentata di recente. Ma il fallimento di quello sforzo non toglie che, nell'immediato, le esperienze compiute durante l'attuale decennio si prestino ad incidere sull'interpretazione e sull'applicazione di vari disposti dettati dalla Costituzione del '47, rendendoli ancor più problematici di quanto non fossero in passato.

Con tutto questo, l'autore si è sempre sforzato di rendere chiaro e lineare il suo discorso, come si addice ai manuali destinati soprattutto agli studenti. Data la difficoltà dell'impresa, lo sforzo è verosimilmente riuscito solo in parte. Ma l'apporto manualistico, malgrado i suoi naturali ed inevitabili difetti, rimane comunque insostituibile nelle attuali condizioni dell'Università italiana (e probabilmente lo sarà per molti anni a venire).

Padova, agosto 1998

Livio Paladin

N.B. La letteratura giuridica di rilievo costituzionale è oramai sterminata. Nella palese impossibilità di darne interamente conto, le note bibliografiche inserite alla fine di ciascun capitolo si limitano, dunque, alla citazione di alcuni scritti di particolare importanza, oltre a quelli cui si riferiscono le molte indicazioni contenute nel testo dei capitoli stessi. Non sono stati per altro citati i manuali giuridici non aventi un carattere specialistico, con particolare riguardo a quelli di diritto costituzionale e pubblico (fra i quali continuano a spiccare le *Istituzioni* di Costantino Mortati); come pure le voci dell'«Enciclopedia del diritto», dell'«Enciclopedia giuridica», del «Novissimo Digesto italiano» e del «Digesto delle discipline pubblicistiche», nonché i commenti comparsi nel «Commentario della Costituzione a cura di G. Branca», pur largamente e vantaggiosamente utilizzati dall'autore.

Per ulteriori indicazioni dottrinali e giurisprudenziali e per la conoscenza della prassi può essere comunque utile la consultazione, rispettivamente, di CRISAFULLI-PALADIN, *Commentario breve alla Costituzione*, Padova, 1990, e di ONIDA-D'ANDREA-GUIGLIA, *L'ordinamento costituzionale italiano. Materiali e documenti*, Torino, 1990.

PARTE I

GENERALITÀ

CAPITOLO I

PREMESSE TEORETICHE

SOMMARIO: 1. L'ordinamento giuridico. – 2. La pluralità degli ordinamenti giuridici. – 3. Lo Stato come ordinamento. – 4. Lo Stato come soggetto dell'ordinamento giuridico statale. – 5. *Segue*: gli organi dello Stato-soggetto. – 6. La Costituzione dello Stato. – 7. *Segue*: le diverse concezioni della costituzione materiale.

1. *L'ordinamento giuridico*

Oggetto specifico del diritto costituzionale e del suo insegnamento è la costituzione dello Stato. Ma l'analisi della costituzione vigente in Italia richiede che si fissino preliminarmente il significato o i significati possibili di una catena di concetti pertinenti alla teoria generale del diritto, così da stabilire con chiarezza le premesse teoretiche dell'intero discorso che viene sviluppato in questo manuale.

Ragionare del diritto costituzionale italiano presuppone, anzitutto, che sia chiaro il concetto di **costituzione** dal quale si intende procedere, data l'incidenza che una premessa del genere può avere tanto sul metodo quanto sui temi degli studi costituzionalistici. A sua volta, definire la costituzione dello Stato comporta che lo **Stato** stesso sia già delineato nelle accezioni giuridiche del termine: con particolare riguardo alla fondamentale nozione dello Stato in quanto ordinamento giuridico. Ma questo sforzo definitorio esige, prima ancora, di stabilire in linea generale il senso che si vuole attribuire alla nozione di **ordinamento**, nell'ambito del linguaggio proprio dei giuristi.

Ora, può ben dirsi che, entro la dottrina giuridica italiana formatasi nel secolo scorso, dell'ordinamento giuridico si tende a trattare come equipollente o come sinonimo del *diritto nel senso oggettivo* (anche se, a questo punto, tutte le contrapposizioni dottrinali inerenti alla definizione del diritto oggettivamente inteso si ripercuotono sulla definizione dell'ordinamento). Da un lato, ciò riesce ben chiaro per quanto riguarda le teorie istituzionistiche del diritto, proprie di coloro che ravvisano nel diritto oggettivo una istituzione, concepita alla stregua di un *corpo sociale permanente e per sé stante, giuridicamente organizzato*: non a caso, il fondamentale saggio di Santi Romano sul diritto come istituzione si intitola appunto «L'ordinamento giuridico». D'altro lato, però, non diverso è lo sbocco cui pervengono le teorie normativistiche che, nel definire il diritto oggettivo, privilegiano la **norma** o la regola giuridica. È infatti ben noto che le norme giuridiche non si presentano mai dissociate o isolate, in quanto non è concepibile – e non esiste secondo esperienza – alcuna norma vigente che non faccia parte di un *sistema normativo* e che proprio in tal senso non ritrovi, assieme alle altre norme con essa coordinate, la ragione della propria giuridicità. Che il diritto oggettivo si risolva in un coerente sistema di norme giuridiche positive è stato costantemente sostenuto dal normativista per eccellenza, cioè da Hans Kelsen; ed è appunto a quella stregua che Kelsen ragionava del diritto stesso come di un ordinamento giuridico, sia pure concepito quale «ordinamento normativo».

Tuttavia, le dispute fra i normativisti e gli istituzionisti si sono ormai placate, se non altro nell'ambito della letteratura concernente il diritto pubblico italiano. Le tesi già sostenute da Santi Romano vengono comunemente respinte nei loro assunti più estremi, giacché non è più condivisa l'idea romaniana della priorità e della primarietà dell'istituzione rispetto alle norme giuridiche. Lungi dall'esser derivato e secondario – come affermava Romano – il momento della formazione non è meno indispensabile del momento dell'**organizzazione**, secondo l'opinione prevalente, perché possa darsi un ordinamento giuridico. Per la scienza giuridica italiana, cioè, «norma e istituzione, aspetto normativo e aspetto fattuale dell'ordinamento ... sono in rapporto di mutua implicazione» (Crisafulli), non essendo concepibile un corpo sociale giuridicamente organizzato, là dove difetti un corrispondente complesso di norme giuridiche.

Ma ciò equivale a respingere, per contro, le formulazioni più estreme delle tesi normativistiche. Nemmeno un sistema normativo può infatti concepirsi indipendentemente da una «istituzione», cioè da un insieme organizzato di soggetti che pongano le norme e che disciplinino per mezzo di esse i loro reciproci rapporti; sicché può ben dirsi che ogni ordinamento giuridico, per poter esistere, richiede il concorso di almeno tre fattori, costituiti da una **pluralità di soggetti**, da una **normazione** e da un'**organizzazione** (M.S. Giannini).

Entro questi limiti, anzi, l'istituzionismo rappresenta una visione della realtà giuridica preferibile al normativismo kelseniano. In sede logica, la «dottrina pura del diritto», come proposta da Kelsen, non può e non vuole dar conto del perché sussistano e riescano a imporsi i vari ordinamenti giuridici: Kelsen, invero, non risponde al quesito sulle ragioni dell'effettività del diritto positivo, ma fa consistere la base del diritto stesso in una «ipotesi giuridica» (la c.d. «*Grundnorm*»), cioè la «norma fondamentale» nel senso che del diritto essa costituisce il fondamento, indimostrata ed indimostrabile da parte dei giuristi; mentre la risposta offerta da Romano si risolve, assai semplicemente, nella classica, quanto sintetica, massima di tradizione latina («*brocardo*») «*ubi societas, ibi ius*», dovendosi peraltro far notare che la *societas* romana connota già di per sé un gruppo sociale che è non solo permanente e individuato, ma pure dotato di un'organizzazione.

In sede conoscitiva, poi, la concezione istituzionistica si rivela più comprensiva rispetto a quella normativistica di stampo kelseniano: cioè consente ai giuristi, e specialmente ai costituzionalisti, di prendere visione d'un più ampio materiale giuridico. Al di là delle norme in senso stretto, poste in essere da fonti specificamente abilitate a creare diritto (*infra*, parte II, cap. III), è dato in questi termini di valutare appieno: 1) la giurisprudenza costituzionale; 2) la prassi degli organi costituzionali e delle forze politiche organizzate (con particolare riguardo alle convenzioni di ogni tipo); 3) le stesse vicende della storia costituzionale italiana del periodo repubblicano, in quanto suscettibili di far meglio comprendere l'assetto reale del diritto costituzionale vigente in Italia.

Il che non significa affatto che si debba o si voglia abbandonare il cosiddetto *metodo giuridico*, trascurando di verificare ciò che *deve essere* alla luce delle norme giuridiche positive; ma implica soltanto che il metodo stesso – secondo le tendenze dominanti negli studi costituzionalistici più recenti – non venga più inteso e applicato in termini formalistici e astratti.

2. *La pluralità degli ordinamenti giuridici*

A quali tipi di corpi sociali organizzati corrispondono (o possono corrispondere) gli ordinamenti giuridicamente intesi? Il quesito ha volta per volta ricevuto soluzioni monotipiche, quanto agli assertori dell'esclusiva **statualità del diritto** (cioè della circostanza per la quale *solo* l'ordinamento statale sarebbe da considerare ordinamento giuridico in senso stretto), ovvero soluzioni politipiche, quanto ai sostenitori della **pluralità degli ordinamenti**.

Nei primi decenni del Novecento, le tesi statualistiche erano ancora diffuse, tanto che nello Stato si tendeva volgarmente a ravvisare il «dio del diritto»; mentre, più correttamente, Kelsen postulava «l'identità fra Stato ed ordinamento giuridico», rilevando come lo Stato stesso monopolizzasse «l'uso della forza» (che dal suo punto di vista costituiva un aspetto necessario di ogni sistema normativo). Certo, anche nella cerchia degli statualisti ci si rendeva ben conto dell'indiscutibile esistenza di sistemi normativi diversi dagli ordinamenti statali: quali, soprattutto, il *diritto internazionale* e il *diritto canonico*. Nel primo caso, quello del diritto internazionale, però, si tendeva a superare l'ostacolo, argomentando da una parte che le norme disciplinanti la comunità internazionale fossero emanazione degli Stati e costruendo pertanto il diritto internazionale – alla maniera hegeliana – come una sorta di diritto pubblico esterno allo Stato, retto pur sempre dal primato degli ordinamenti statali; e d'altra parte si dubitava, come ancora si dubita, che in mancanza di un suo proprio necessario momento organizzativo, sia dato concepire il diritto internazionale generale alla stregua di un vero e proprio ordinamento (o d'una vera e propria «istituzione»). Nel secondo caso, si preferiva pensare che neppure il diritto della Chiesa cattolica formasse un ordinamento giuridico a pieno titolo, appunto perché il solo ordinamento statale appariva veramente «positivo», cioè insuscettibile di essere sottoposto a chicchessia (Del Vecchio); laddove tutti gli altri pretesi ordinamenti, quello canonico compreso, avrebbero potuto dirsi tali solo a condizione (e nella misura in cui) lo Stato stesso avesse conferito loro la giuridicità, mediante apposite norme di riconoscimento o di richiamo o di rinvio.

Ma simili tesi debbono ormai considerarsi del tutto superate. Va ascritto a merito di Santi Romano l'avere dimostrato – in termini ormai condivisi dall'intera scienza giuridica italiana – che lo Stato è soltanto una «specie del genere diritto». Rappresenta infatti un'evidente petizione di principio voler sostenere che i tre fattori indefettibili degli ordinamenti giuridici – la pluralità dei soggetti, la normazione e l'organizzazione – coincidano necessariamente con gli ordinamenti statali. All'opposto, è un dato di comune esperienza che «istituzioni» siffatte sono quanto mai multiformi: dalle organizzazioni internazionali sul tipo dell'ONU fino alle altre comunità sovranazionali, qual è l'Unione europea; dal diritto canonico, che non va confuso con il «diritto dello stato relativo a materie ecclesiastiche» (De Luca) [1], fino agli ordinamenti dei più vari corpi sociali infrastatali che, però, non cessano di essere tali sol perché riconosciuti dallo Stato, come nei casi dei partiti politici e dei sindacati. Tant'è che gli ordinamenti medesimi possono bene confliggere con quello statale, traducendosi dal punto di vista dello Stato in «istituzioni» finanche illecite e fornendo in tal modo la riprova che la loro effettiva esistenza non dipende dal fatto che essi si pongano come ordinamenti «riconosciuti», rispetto a un ordinamento statale «riconoscente» (Modugno).

Ciò non toglie, tuttavia, che gli ordinamenti giuridici nel senso più proprio del termine sono solo quelli **originari**, suscettibili di ritrovare in se stessi le ragioni della propria vigenza. I cosiddetti ordinamenti **derivati**, che in tanto possono vigere in quanto la loro base normativa sia fornita, o quanto meno riconosciuta come valida, dall'ordinamento statale di riferimento, non sono altro che parti dello Stato in quanto «istituzione» complessiva; ed è unicamente in questo senso che talvolta si ragiona di ordinamenti regionali, provinciali, comunali, ecc., a proposito di quegli enti autonomi territoriali nei quali si riparte la Repubblica italiana, secondo l'art. 114 Cost. Per le stesse ragioni, è ancora più improprio e generico l'uso del termine ordinamento, se riferito a particolari sistemi normativi che entrano a comporre il sistema generale: come quando si tratta – per esempio – dell'«ordinamento militare» o dell'«ordinamento giudiziario», così testualmente definito dagli artt. 102 e 105 ss. della Carta costituzionale. E riesce ancora più semplice comprendere perché non si devono confondere con gli ordinamenti giuridici in esame quegli *ordinamenti interni* che disciplinano particolari componenti della pubblica amministrazione, senza nemmeno formare una parte integrante delle norme giuridiche statali.

---

[1] Appunto in questa chiave l'art. 7, co. 1, Cost. it. dichiara che «lo Stato e la Chiesa cattolica sono, ciascuno nel proprio ordine, indipendenti e sovrani» (anche se il linguaggio dei costituenti non appare concettualmente preciso, là dove qualifica come «sovrana» la stessa Chiesa cattolica, senza considerare che l'attributo della sovranità è tipicamente statale).

L'esigenza di non abusare nella configurazione di ordinamenti giuridici fra loro distinti non vale, peraltro, a escludere la compresenza di più ordinamenti, anche all'interno di un medesimo ambito personale e spaziale. Ne discende la **relatività dei valori giuridici**, cioè la circostanza che una stessa condotta umana può essere diversamente valutata dai diversi ordinamenti che vengano a interferire l'uno con l'altro. Ma ognuno intende che tale relatività riguarda la sola teoria generale del diritto, nella prospettiva di quegli studiosi che riflettono sull'insieme dei fenomeni giuridici, indipendentemente dai singoli ordinamenti positivi. Ed è chiaro, per contro, che la prospettiva costituzionalistica, in quanto rivolta a indagare sulla vigente Costituzione di un determinato Stato, non può non assumere come *esclusive* le valutazioni proprie di quell'ordinamento, considerando illecite tutte le altre «istituzioni» che con esso confliggano.

Ciò spiega, inoltre, il fatto che determinate «istituzioni» riconosciute dall'ordinamento statale presentino dal punto di vista dello Stato, per effetto di tale riconoscimento, vesti giuridiche diverse da quelle ordinamentali, anche se deve riconoscersi che per non tutta la dottrina le cose stanno in questo modo. Così – per esempio – sindacati e partiti, rispettivamente riguardati dall'art. 39 e dall'art. 49 Cost. it., sono in questo senso inquadrati fra le associazioni anziché fra gli ordinamenti giuridici. Viceversa, è raro che in presenza di «istituzioni» non statali, l'ordinamento dello Stato le riconosca come tali; ma un caso del genere è probabilmente offerto dalle confessioni religiose, sia pure diverse da quella cattolica, perché a questa stregua viene spesso interpretato l'art. 8, co. 2 e 3, della Carta costituzionale, per cui le confessioni stesse «hanno diritto di organizzarsi secondo i propri statuti» e di stipulare «intese» al fine di regolare i loro «rapporti con lo Stato». Ovviamente, questo problema non si pone per chi riconosca la presenza di un ordinamento giuridico, seppure di carattere derivato, ogni qual volta ci si trovi in presenza – anche a prescindere da agganci costituzionali testuali – di un corpo di regole giuridiche che caratterizza un gruppo sociale individuato e organizzato: per costoro, partiti politici, sindacati, confessioni religiose, ma pure federazioni sportive e organizzazioni anche di diritto privato, ecc., costituiscono tutti ordinamenti giuridici. Il che diventa facilmente comprensibile, ove si ponga mente al fatto che il diritto di riunione e quello di associazione sono diritti inviolabili (*ex* artt. 17 e 18 Cost.) e che i *diritti inviolabili dell'uomo* sono riconosciuti e garantiti dalla Repubblica – cioè dallo Stato-ordinamento (v. *infra*, tra breve) – all'uomo «... *sia come singolo, sia nelle formazioni sociali* [... locuzione alquanto vaga e quindi potenzialmente onnicomprensiva ...] *ove si svolge la sua personalità*» (art. 2 Cost.).

3. *Lo Stato come ordinamento*

Posto che gli ordinamenti statali formino soltanto uno fra i vari tipi di ordinamenti giuridici che si concretano nella realtà contemporanea (per non dire di quelli storicamente esistiti o anche di quelli astrattamente possibili), occorre a questo punto stabilire quali siano in tal senso i **caratteri differenziali dello Stato** inteso come ordinamento giuridico, rispetto agli altri ordinamenti giuridici originari. In effetti, la dottrina pubblicistica è unanime nel ritenere che esista una somma di tratti distintivi dell'ordinamento statale – pur variamente definiti dai diversi autori – fra loro connessi a tal punto che gli uni sarebbero inconcepibili (o non si presterebbero a venire intesi nella loro pienezza) indipendentemente dal concorso degli altri.

Fra tutte, la caratteristica prima e più comunemente sottolineata risiede senza dubbio nel nesso che collega gli ordinamenti statali moderni (perché su di essi va concentrata l'indagine) e il territorio sopra il quale insistono gli ordinamenti medesimi. L'esigenza di mettere in luce questo nesso è sentita a tal punto dai giuspubblicisti italiani che essi continuano ancor oggi – per una buona parte – a dare per pacifico l'assunto che il **territorio** rappresenti addirittura un *elemento costitutivo* dello Stato complessivamente inteso, al pari del **popolo** e dell'**apparato governante** (nei quali si sostanziano i fattori della pluralità dei soggetti e dell'organizzazione, comuni a tutti gli ordinamenti giuridici). Affermazioni siffatte non resistono alla critica, giacché corrispondono a una visione metagiuridica dello Stato, in base alla quale il territorio viene assunto nella sua materialità, anziché risultare giuridicamente concepito. Ma il momento di vero che deve riconoscersi a queste opinioni consiste in ciò che, entro il suo territorio, l'«istituzione» statale consegue il più alto grado di *effettività* (il che viene espresso anche da parte di un normativista come Kelsen, configurando il territorio stesso come «sfera territoriale di validità dell'ordinamento giuridico statale»). In altri e più correnti termini, quelli statali vanno cioè qualificati come ordinamenti a base territoriale, contraddistinti per definizione dalla loro *territorialità*, pur senza che il territorio dello Stato debba esser concepito – antropomorficamente – alla medesima stregua del corpo delle persone fisiche.

In secondo luogo, proprio perché dotato di un suo territorio, lo Stato è giuridicamente in grado di darsi carico di qualunque necessità del gruppo umano stanziato nel territorio stesso. Sotto questo aspetto, si suol dire che l'ordinamento statale è caratterizzato dall'**universalità dei fini** che, di volta in volta, esso può proporsi, senza che la sua primitiva identità venga meno quando esso *scelga* di occuparsi di taluni fini e di altri no, o quando esso *cessi* di perseguire certi scopi e *cominci* invece a porre norme e a svolgere attività di contenuto o di tipo affatto nuovi: come è dimostrato – per esempio – dalla continuità giuridica dei primi ordinamenti statali europei di stampo moderno, dall'Inghilterra alla Francia, malgrado negli ultimi secoli essi abbiano assunto le diversissime vesti dello Stato patrimoniale, dello Stato di polizia, dello Stato liberale di diritto, dello Stato sociale (*infra*, parte I, cap. II). D'altronde, l'universalità dei fini postula l'esistenza di un'*organizzazione adeguata*; ed è questo un ulteriore aspetto indispensabile delle «istituzioni» statali, essendo evidente che il complesso delle rispettive norme e dei corrispondenti scopi dev'esser concretato mediante un'opportuna predisposizione di funzionari, di uffici e di mezzi, tanto più articolata quanto più si allarga il raggio dell'azione dello Stato.

In terzo luogo, è ricorrente in sede dottrinale l'assunto che gli ordinamenti statali si distinguano per la loro **completezza**: così differenziandosi dagli ordinamenti specializzati che riguardano le condotte umane sotto alcuni e non sotto altri profili, in antitesi all'indeterminatezza degli scopi che è propria degli Stati moderni. Beninteso, ciò non esclude che in concreto ciascun ordinamento giuridico statale possa presentare *lacune*, nel senso di non dettare alcuna norma specifica per la valutazione di determinati comportamenti o rapporti. Ma la completezza resta ferma nel senso virtuale del termine, cioè come attitudine a risolvere – direttamente o indirettamente, espressamente o inespressamente, positivamente o negativamente – qualunque problema della vita che si ponga nell'ambito del relativo territorio (anche ricorrendo a norme di chiusura come quella stabilita dall'art. 12 delle *Disposizioni sulla legge in generale*, premesse al vigente Codice civile, per cui «se una controversia non può essere decisa con una precisa disposizione» si ricorre – al limite – all'*analogia iuris*, facendo uso dei «principi generali dell'ordinamento giuridico dello Stato»).

Infine, tutte queste caratteristiche si riassumono in quelle pertinenti alla **sovranità** degli Stati. Originariamente della sovranità si ragionava – a dire il vero – con riferimento a determinati soggetti o apparati governanti. Ma nel più moderno linguaggio giuridico sovrani sono stati definiti, sotto un duplice profilo, gli stessi ordinamenti statali. Effettivamente, la sovranità rappresenta una caratteristica complessa che da una parte consiste nella *supremazia* dell'ordinamento e dell'apparato statali, rispetto a qualunque altro ordinamento e apparato coesistenti nel territorio su cui lo Stato è sovrano (donde la sua cosiddetta *plenitudo potestatis*); e dall'altra parte, invece, corrisponde all'*indipendenza* dello Stato stesso – caratterizzata principalmente dalla c.d. *sovranità esterna* di questo – rispetto agli altri Stati, vale a dire alla situazione di formale parità che sussiste fra tutti gli ordinamenti statali, entro l'ordinamento della comunità internazionale: sicché ogni Stato può escludere gli altri dal suo ambito spaziale e tutti gli Stati sono eguali quanto meno nel senso di essere tutti soggetti di un comune ordinamento (ancorché nell'ambito di esso, analogamente a ciò che si verifica nei rapporti interprivati, vi siano grandi e piccole potenze, rispettivamente dominanti e dominate). Ma tanto la sovranità *interna* quanto la sovranità *esterna* costituiscono, appunto, qualità essenziali e del tutto peculiari degli Stati moderni, complessivamente concepiti.

Il tutto altresì considerando che l'elemento sovranità potrebbe anche non apparire come un *quid proprium* del solo Stato, essendo «sovrano», *ex* art. 7 Cost., l'*ordinamento canonico*, cioè quello proprio della Chiesa cattolica; essendolo pure quello del *Sovrano Militare Ordine di Malta (SMOM)* ed essendo sovrano l'*ordinamento internazionale*, cioè quello il cui elemento soggettivo è formato dall'insieme degli Stati. Ma tutti e tre i predetti mancano, rispetto agli Stati, per es. di un territorio che li caratterizzi in sé e per sé e il terzo manca pure di un'organizzazione paragonabile a quella che, negli Stati, è in grado di dettare l'indirizzo politico (del quale si dirà *infra*, parte I, cap. II, § 9). Da ciò la conclusione per la quale *se è corretto affermare che tutti gli Stati sono sovrani, non è invece possibile sostenere che tutti gli ordinamenti qualificati come sovrani siano realmente tali*: sono tutti *originari*, questo sì, ma non necessariamente statali.

4. *Lo Stato come soggetto dell'ordinamento giuridico statale*

A partire dalla fase più matura di sviluppo degli Stati moderni, entro gli ordinamenti giuridici statali si formano altrettanti enti esponenziali che assumono anch'essi il nome di Stati: enti variamente individuati – secondo le diverse terminologie dottrinali (e coerentemente con le varietà dei diversi ordinamenti giuridici) – mediante le denominazioni di **Stato-apparato** o di **Stato-governo** o di **Stato-soggetto** o di **Stato-persona**.

Nella vecchia dottrina pubblicistica italiana, dominante fino agli anni Trenta del Novecento, ma tuttora condivisa da qualche manualista, la contrapposizione fra Stato-ordinamento e Stato-soggetto restava in sostanza ignorata o non veniva intesa nella sua esatta portata. Quella dottrina procedeva, infatti, da un preconcetto monistico, ravvisando nello Stato un ente collettivo coincidente con la nazione o con il popolo, dal punto di vista della sua componente soggettiva; e attribuendo perciò la qualifica di Stato-persona alla stessa «istituzione» o «corporazione» statale (secondo una denominazione allora corrente), in base alla tesi per cui gli ordinamenti statali, «anche nel loro complesso, nella loro unità, assumono la veste di titolari di poteri, diritti ed obblighi propri» (Romano).

L'odierna concezione *duale* dello Stato sostiene, viceversa, l'esistenza di due significati irriducibili del termine in questione, entrambi rilevanti non solo in teoria generale ma nel diritto positivo italiano.

Da un lato, cioè, lo **Stato in senso largo** si presenta come un corpo sociale giuridicamente organizzato; d'altro lato, lo **Stato in senso stretto** ha generalmente la veste di una «concreta e limitata persona giuridica» (Esposito), nettamente diversificata dagli altri soggetti, privati e pubblici, di cui si compone il complessivo ordinamento statale. Certo, nell'ambito degli Stati moderni, questa persona, questo soggetto: lo Stato soggetto, si presenta normalmente come un fattore o una condizione di esistenza dello stesso Stato-ordinamento, in quanto inconcepibile indipendentemente da un corposo momento organizzativo che suole appunto far capo all'apparato statale. Tuttavia, l'organizzazione dello Stato-ordinamento non si esaurisce nello Stato-soggetto, ma si fonda sopra una serie di altre e ben distinte persone giuridiche pubbliche; ed è a questo insieme, in contrapposizione allo Stato nel senso stretto del termine, che la vigente Costituzione italiana riserva il nome di **Repubblica**, delineando a tal fine una distinta «figura giuridica soggettiva» (Lavagna). Per contro, lo Stato in senso stretto costituisce nel nostro ordinamento il titolare o il punto di riferimento di particolari diritti e doveri, come pure di particolari competenze e di particolari potestà, così come sono soggetti che agiscono accanto allo Stato soggetto – e, unitamente a questo, all'interno dello Stato ordinamento – Regioni, Province e Comuni, ecc. Si vedano, a tale riguardo, gli artt. 5 e 114 Cost.: nel primo, *la Repubblica* che *riconosce e promuove le autonomie locali* non può che riferirsi (si notino i verbi adoperati) a un *quid* di superiore rispetto a queste ultime e quindi giocoforza allo Stato ordinamento; nel secondo, ancor più chiaramente, la *Repubblica* (che *è costituita dai Comuni, dalle Province, dalle Città metropolitane, dalle Regioni e dallo Stato*) non può coincidere con una sua parte (cioè lo Stato che, insieme agli altri enti, la costituisce): *ergo*, nell'art. 114 Cost., il termine «Repubblica» sta a designare lo Stato ordinamento, mentre il termine «Stato» identifica lo Stato soggetto.

La concezione duale dello Stato rappresenta, in effetti, la chiave per intendere tutta una serie di norme o di situazioni giuridiche, le quali rimarrebbero altrimenti prive di senso. Si pensi, in primo luogo, a quelle disposizioni del Codice civile (artt. 822 ss.) che regolano il demanio e il patrimonio dello Stato, evidentemente riguardato come persona giuridica e non come comunità o come «istituzione» complessiva. Si considerino, in secondo luogo, quelle norme costituzionali (artt. 28 e 113) che estendono o imputano direttamente allo Stato la responsabilità per gli illeciti compiuti o per gli atti illegittimamente adottati dai suoi funzionari, avendo ovviamente di mira l'apparato e non l'ordinamento in base al quale viene definita e sanzionata la responsabilità medesima: solo in questi termini, in particolar modo, si riesce a risolvere l'apparente paradosso del processo amministrativo, nel quadro del quale lo Stato può essere condannato da un giudice dello Stato stesso, in applicazione di una legge dello Stato. Infine, si tengano presenti i «conflitti di attribuzione» tra lo Stato e le Regioni, la soluzione dei quali spetta alla Corte costituzionale ai sensi dell'art. 134 Cost.: conflitti che sarebbero inspiegabili, qualora si volesse rimanere fermi al vecchio assunto della coincidenza fra lo Stato-istituzione (o lo Stato-ordinamento) e lo Stato-soggetto.

Ciò non toglie che anche allo Stato in quanto persona giuridica spetti normalmente la qualifica di **ente sovrano**, nell'ambito dello Stato-ordinamento. Fra tutti gli enti pubblici personificati e, anzi, fra tutti i gruppi comunque organizzati che interagiscono entro lo Stato inteso in senso largo, lo Stato-soggetto è il più delle volte (anche se non sempre) quello cui competono le decisioni politiche di più alto rilievo: sebbene, di fatto, le decisioni stesse siano pesantemente condizionate dalle richieste e dalle proposte (se non dalle vere e proprie imposizioni) dovute a altre forze sociali organizzate, quali i partiti, i sindacati e via dicendo. Ma giova subito aggiungere che si danno anche ordinamenti statali (con il passare dei decenni, sempre meno, in verità) entro i quali lo Stato-apparato non è altro che un ente strumentale, nei confronti di un *partito unico* cui spetta la sostanza del potere politico: nel qual caso, però, è al partito unico e non allo Stato che va riconosciuta – in ultima analisi – la natura di effettivo titolare della sovranità, quanto meno nella prospettiva del diritto pubblico interno.

Resta il problema – già molto dibattuto nella dottrina costituzionalistica italiana – del come la sovranità dello Stato-soggetto sia compatibile con i regimi democratici, nei quali la primazia dovrebbe spettare per definizione al popolo, secondo la formula della **sovranità popolare**, fatta propria dall'art. 1 Cost. it. È stato affermato che in ordinamenti del genere la potestà sovrana competerebbe «in massima parte allo Stato e solo eccezionalmente e limitatamente al popolo» (Balladore Panieri), essendo suddivisa fra l'uno e l'altro, a seconda che i poteri in questione vadano esercitati nelle forme della democrazia rappresentativa o della democrazia diretta (o anche delle elezioni politiche); ma questa soluzione del problema non ha convinto la prevalente dottrina, dal momento che la sovranità popolare e – prima ancora – la democrazia stanno a significare che al popolo spetta, se non altro sul piano concettuale, la sovranità tutta intera[2].

Di qui l'assunto che le due sovranità (sovranità dello Stato soggetto e sovranità popolare), qualora si voglia contrapporle, stanno se mai su due piani diversi, nel senso che al popolo – ovvero, più precisamente, al corpo elettorale – resta riservato nei regimi democratici l'esercizio dei poteri «che condizionano la direzione e lo svolgimento degli altri» (Mortati). E di qui, ancora, la più radicale ma coerente opinione per cui lo Stato-apparato di stampo democratico non è che lo strumento della volontà popolare, operante «in nome e per conto del popolo» (Tosato), vale a dire in rappresentanza di esso [ma, quanto all'Italia odierna, v. comunque, *infra*, parte III, cap. I, § 4, tenendo fin da ora presente che la circostanza per cui, *ex* art. 1 Cost., la *sovranità appartiene al popolo*, non deve mai fare perdere di vista che quest'ultimo non è affatto «libero» nell'esercitare la sovranità che pure gli appartiene, ma limitato dal fatto che lo può fare solo *nelle forme e nei limiti della Costituzione*: ivi. Con il che viene automaticamente meno anche la possibilità di confondere la *sovranità popolare* cui si riferisce la nostra Costituzione con quella teorizzata da J.J. Rousseau (1712-1778) che la faceva coincidere con la *volontà generale* di un «popolo sovrano» considerato come entità unitaria non rappresentata da nessuno, se non da sé stesso, e la cui manifestazione di volontà non poteva, per sua natura, essere limitata da alcunché].

5. Segue: *gli organi dello Stato-soggetto*

Nel diritto costituzionale comparato è nota l'attuale esistenza di apparati statali che non sono personificati nel loro intero complesso, dal momento che distinte personalità giuridiche spettano alle singole componenti di essi: così, specialmente, nell'ordinamento inglese personificata è la Corona (sebbene costituita, volta per volta, dal solo monarca in carica), al pari delle Camere e di altre

[2] Non a caso, l'Assemblea costituente non ha fatto proprio il progetto di Costituzione, nella parte in cui si statuiva che la sovranità «emana» dal popolo; e ha preferito proclamare che essa «appartiene» al popolo medesimo.

strutture comparabili ai nostri Ministeri, quali il Tesoro, lo Scacchiere, l'Ammiragliato... Si tratta, però, di eccezioni alla regola, in quanto è normale che la qualifica di soggetto o di persona giuridica vada attribuita all'apparato statale complessivo.

Tuttavia, a fronte di uno Stato-soggetto ovvero di uno Stato-persona, si ripropone subito il problema, comune a tutte le persone giuridiche, del come essi possano disporre della **capacità di agire**, cioè di quella di compiere gli atti di esercizio delle loro attribuzioni. Secondo l'impostazione tradizionale del problema, le persone giuridiche difetterebbero di tale attitudine, se questa non fosse loro fornita da persone fisiche o più generalmente da esseri umani (dato che soltanto negli Stati contemporanei si registra la necessaria coincidenza delle prime con i secondi), collegati ad esse da particolari rapporti: i quali, a loro volta, sono stati e sono alternativamente costituiti dal **rapporto di rappresentanza** e dal **rapporto organico**.

Basti qui ricordare che quello di rappresentanza è un rapporto «*trilatero*», che vede agire – in distinte posizioni – un soggetto rappresentato, un soggetto rappresentante e un soggetto terzo (il destinatario dell'azione), con la conseguenza che sul rappresentato ricadono solo gli effetti dell'atto compiuto dal rappresentante, stipulando ad esempio un contratto con un terzo; al che si aggiunge che, nel nostro ordinamento, il rappresentato non è vincolato dall'atto del rappresentante altro che «nei limiti delle facoltà conferitegli» (cfr. l'art. 1388 c.c.). Per contro, quello organico è un rapporto bilaterale o «*bilatero*» (Romano) perché gli atti del soggetto collegato allo Stato dal rapporto stesso si imputano immediatamente all'apparato statale personificato, il quale si contrappone direttamente ai terzi, mediante l'attività svolta dai funzionari statali in questione: così, le leggi approvate dal Parlamento e promulgate dal Presidente della Repubblica, le sentenze pronunciate dai giudici, i provvedimenti delle più varie autorità amministrative si considerano senz'altro quali atti *dello* Stato-soggetto e non *di* chi agisce, o *di* coloro che agiscono, per esso. Di più: il rapporto organico può bene restar fermo pur quando l'atto in questione sia invalido, giacché lo Stato continua a rispondere di esso nei confronti dei terzi (il che lascia intendere un motivo non secondario del successo della teoria organica). Ciò spiega, appunto, che l'art. 113 Cost. it. ragioni espressamente di «atti della pubblica amministrazione» (dello Stato o di altre persone giuridiche pubbliche), in vista dei provvedimenti impugnabili dinanzi ai giudici e suscettibili di essere annullati o disapplicati dai giudici stessi, in quanto viziati nella loro legittimità; mentre è solamente in casi estremi, come quello di un atto pubblico compiuto da un funzionario nel perseguimento di interessi puramente suoi personali e quindi non dello Stato, che il rapporto organico si può spezzare, facendo venir meno l'*imputazione allo Stato*.

Ora, negli Stati ancora organizzati in forme rudimentali, quali erano le monarchie assolute o patrimoniali, si riteneva che il Re operasse mediante funzionari ad esso collegati da rapporti di rappresentanza. A partire dai settecenteschi

Stati di polizia, viceversa, il problema dell'imputazione degli atti dei funzionari agli Stati medesimi comincia a venire risolto secondo lo schema del rapporto organico (anche se le prime teorizzazioni di questa figura rimontano appena alla seconda metà dell'Ottocento). Nella letteratura giuridica della seconda metà del Novecento si determina anzi una sorta d'ipostatizzazione (venendo cioè rappresentata concretamente una realtà che nasce di per sé astratta), per cui l'incontestabile realtà giuridica dei rapporti organici viene tradotta nell'idea che l'azione degli apparati statali sia resa possibile da apposite entità, aventi il nome di **organi**. Ma sarebbe lecito dubitare che quest'ultima nozione sia davvero producente, se non fosse che essa ha ormai pervaso l'intero linguaggio giuridico – dottrinale, legislativo e costituzionale[3] – nel nostro come in tanti altri Stati; sicché non si può contestarla o passarla sotto silenzio, nel quadro d'un manuale di diritto costituzionale che voglia render conto delle sistemazioni dottrinali ormai predominanti.

Nella definizione degli organi statali (come pure di quelli pertinenti ad altre persone giuridiche), alcuni autori propendono verso un estrema semplificazione del discorso, qualificando come tali «gli individui le cui azioni sono considerate atti dello Stato, le cui azioni, cioè, sono imputate allo Stato» (Kelsen). Ma simili configurazioni non risultano adeguate, perché non fanno capire con la chiarezza necessaria fino a che punto gli atti di tali individui rimangano imputabili alle persone fisiche dei singoli funzionari (i quali continuano a disporre d'una *sfera privata* che non va confusa con le *pubbliche funzioni* da essi esercitate) e a quali condizioni, invece, divengano propri dello Stato-soggetto. Evidentemente, gli organi non possono risolversi negli individui in questione, ma presuppongono apposite strutture delle quali gli individui stessi facciano parte integrante, agli effetti dei rapporti organici. In questo senso riesce indispensabile ricorrere alla nozione di **ufficio**, inteso non tanto alla stregua di una o più funzioni pubbliche, quanto come articolazione dell'apparato statale cui spetti l'esercizio di un determinato complesso di funzioni[4]. E ogni organo implica appunto – per definizione – un ufficio munito del suo titolare, senza di che gli mancherebbe la capacità di porre in essere gli atti da imputare allo Stato.

Viceversa, non tutti gli uffici statali corrispondono ad altrettanti organi: infatti, «sono organi solo quegli uffici che le norme indicano come idonei ad operare l'imputazione giuridica all'ente» (Giannini). Ragionare di organi *interni* in contrapposizione agli organi *esterni* dello Stato-soggetto – come pure suol farsi

---

[3] Quanto alla vigente Costituzione italiana, il termine «organo» ricorre testualmente negli artt. 38 («organi ... predisposti o integrati dallo Stato» per provvedere e «all'assistenza sociale», «all'educazione e all'avviamento professionale»), 71 (relativamente ai titolari dell'iniziativa legislativa), 99 e 100 (circa il Consiglio nazionale dell'economia e del lavoro, nonché in riferimento al Consiglio di Stato), 102, 103, 111, 113, 117, 120, 121, 122, 123 (a proposito delle Regioni e degli altri enti locali), nonché nella VI, VIII e XVIII *Disposizione transitoria e finale*.

[4] Giustamente si è detto che l'ufficio «non è la competenza ma ha la competenza» (Esposito); tanto è vero che l'identità dell'ufficio permane, pur nel mutare delle sue funzioni.

in dottrina – rappresenta un controsenso, perché la ragion d'essere dell'organo è il rapporto da instaurare fra lo Stato e uno o più soggetti terzi, di talché si dovrebbe concludere che il c.d. *organo interno*... non è in realtà un organo, perché non in grado, per definizione, di produrre effetti giuridici capaci di travalicare la sfera giuridica dell'ente cui appartiene e per cui opera. Nello stesso ambito di attività delle strutture comunemente definite quali organi, occorre anzi distinguere fra gli atti da imputare all'intero apparato statale e quelli che i funzionari compiono ai fini dei loro uffici, ma senza che si determini l'imputazione predetta: come si verifica – ad esempio – per le interrogazioni e per le interpellanze in seno alle assemblee parlamentari, in antitesi alle inchieste regolate dall'art. 82 della Costituzione (*infra*, parte III, cap. II, § 15).

Anche in questi termini la tipologia degli organi rimane alquanto varia. Occorre distinguere, in particolar modo, fra gli organi **individuali** o **monocratici** (com'è il Presidente della Repubblica) e gli organi **collegiali** (come sono il Senato, la Camera dei deputati, il Consiglio Superiore della Magistratura, ecc.), nei quali la volontà dell'organo è formata da una serie di individui (che organi in sé stessi non sono ma che, insieme, ne formano uno) componenti il collegio (come si verifica per le testé ricordate Camere del Parlamento); ancora, occorre distinguere fra gli organi **semplici**, composti da un unico organo, e gli organi **complessi**, a formare i quali concorrono più organi (com'è nel caso del Governo della Repubblica composto dal Presidente del Consiglio e dai ministri che sono, sia l'uno che gli altri singolarmente considerati, a loro volta organi). Giova inoltre notare che certi organi possono essere *co-dipendenti* da più persone giuridiche pubbliche: come può dirsi del Sindaco che per un verso è l'organo di vertice dell'amministrazione comunale e, per l'altro, ha la veste di «ufficiale del Governo»[5].

Un ulteriore fattore di complicazione è infine costituito dal fatto che alcuni organi parrebbero disporre come tali di «soggettività» (Esposito), specialmente in quanto abilitati a controvertere l'uno con l'altro: valga per tutti l'esempio dei «conflitti di attribuzione tra i poteri dello Stato», promuovibili dinanzi alla Corte costituzionale in base all'art. 134 Cost. Ma è necessario evitare la contraddizione in termini consistente da un lato nell'identificazione fra l'organo e lo Stato-soggetto, ai fini dell'imputazione degli atti statali, e dall'altro lato nella contrapposizione fra l'organo e lo Stato, in quanto entrambi muniti d'una propria personalità. In realtà, non è dato parlare di «soggettività» dell'organo, in vista del rapporto organico; piuttosto, si può ragionare di «soggettività» o di *legittimazione* di determinati uffici (De Valles), qualora l'ordinamento li consideri – ad esempio – come parti di giudizi intesi a definire le rispettive sfere di competenza: nel qual caso, però, i ricorsi proposti dagli uffici stessi non vanno qualificati come atti direttamente imputabili allo Stato-soggetto.

---

[5] V. l'art. 142 del t.u. della legge comunale e provinciale del 1915 (cui è poi subentrato, nel medesimo senso, l'art. 38 della legge 8 giugno 1990, n. 142, e, successivamente, l'art. 54 del t.u. 18 agosto 2000, n. 267).

Per dare un'idea dell'ordine di grandezze di cui si parla quando si disquisisce dello Stato-ordinamento e, più in particolare, dello «**Stato-apparato**», cioè di tutti i dipendenti di qualunque pubblica amministrazione (statale, regionale, comunale, ecc.), si pensi che ammontavano a meno di 3.000 soggetti nel momento della creazione del Regno d'Italia (1861, a fronte di una popolazione di circa 28.000.000 abitanti); a più o meno 11.500, quindici anni dopo; a circa 91.000 alla fine dell'Ottocento; a 4.200.000 all'inizio del decennio Novanta del secolo scorso (quando la popolazione ammontava a circa 58.000.000 abitanti); a 3.600.000 nel 2008; a 3.305.313 a fine 2015; a 3.142.000 a fine 2016, con un rapporto del 5,18% rispetto alla popolazione italiana composta, alla fine di quell'anno, di circa 62.900.000 individui residenti nel Paese (detto rapporto è del 5,70% in Germania; del 6,40% in Spagna; del 7,90% in Gran Bretagna e dell'8,50% in Francia). Analizzando la distribuzione per Regioni, la percentuale più alta è quella calabrese (22,03%), mentre in coda si trovano Lombardia e Veneto, rispettivamente con il 9,44% e il 10,80% di rapporto tra lavoratori nella p.a. e lavoratori *tout court*. Se, invece, il rapporto lo si calcola tra lavoratori nella p.a. e popolazione residente, passano decisamente in testa le Regioni a Statuto speciale. La tendenza? Una crescita progressiva (... ma anche esagerata e smisurata) con il crescere dei compiti fatti propri dallo Stato sociale (v. *infra*, parte I, cap. II, § 5) nonché dagli altri apparati pubblici e un lento, ma inesorabile calo, con il progressivo venire meno delle disponibilità economiche dello Stato inteso in senso lato [6].

6. *La Costituzione dello Stato*

Le difficoltà che tuttora si incontrano nel definire una nozione basilare del diritto costituzionale, come quella di **costituzione** dello Stato, derivano principalmente dalla grande varietà dei significati che questo termine si presta ad assumere (e assume in concreto), secondo i contesti in cui viene utilizzato e le prospettive di coloro che ne fanno uso.

Gli storici delle istituzioni politiche insegnano, anzitutto, che della costituzione si è spesso ragionato (sulla base di premesse che talvolta conservano una qualche attualità) in una *accezione ideale*: poiché, a questa stregua, si è cercato di mettere in rilievo determinati presupposti o determinati principi ispiratori degli ordinamenti giuridici statali, in difetto dei quali la stessa costituzione sarebbe venuta meno. Così, nell'art. 16 della *Dichiarazione francese dei diritti dell'uomo e del cittadino*, datata 26 agosto 1789, si proclamava senz'altro che «ogni società in cui la garanzia dei diritti non è assicurata, né la separazione dei poteri determinata, non ha costituzione». Ed analogamente la costituzione è stata spesso

---

[6] Dati ISTAT (*www.istat.it*) e del CENTRO STUDI IMPRESA LAVORO (*https://impresalavoro.org*).

identificata con il mitico «contratto sociale» che si supponeva stipulato fra i governanti e i governati, fin dall'origine delle «istituzioni» statali; oppure è stata scambiata con l'insieme dei valori peculiari degli Stati liberal-democratici, in antitesi a quelli autoritari.

Ora, è ben vero che il diritto costituzionale di una democrazia liberale presenta un'estensione e una importanza difficilmente comparabili a quelle che si danno negli ordinamenti di segno contrario. Ma ciò non toglie che i concetti ideali della costituzione non siano condivisibili e si dimostrino da tempo superati. L'odierna scienza costituzionalistica risulta pressoché concorde, in effetti, nel ritenere che della costituzione si debba trattare in una *prospettiva realistica*, cioè procedendo da un'*accezione giuridico-positiva*: il che comporta che gli studiosi del diritto costituzionale proprio di ciascuno Stato debbano avere di mira gli assetti realmente vigenti, buoni o cattivi che siano sul piano dei modelli etico-politici.

Ma ciò non basta a risolvere il problema. Preliminarmente, infatti, va rilevato che nello stesso linguaggio giuridico contemporaneo coesistono due ben distinte nozioni di costituzione dello Stato: ossia quella **formale**, mirante alle Costituzioni scritte o alle Carte costituzionali; e quella **materiale**, dalla quale prendono le mosse quanti non si limitano a considerare l'atto normativo o il testo che di Costituzione assume il nome, bensì riflettono sui contenuti necessari e tipici delle costituzioni di qualunque Stato. D'altronde, i teorizzatori della costituzione materiale si suddividono a loro volta fra varie correnti di pensiero: giacché si contrappongono, su questa base, quanti concepiscono la costituzione in un senso largo e *descrittivo*, rispetto a quanti la intendono – pur attribuendole contenuti diversi – in un senso ristretto e *prescrittivo*.

Non vi è dubbio che nell'Italia di oggi il significato primo del termine, cui naturalmente si ha riferimento in mancanza di ulteriori specificazioni, sia quello di Costituzione in senso formale. La Costituzione italiana per antonomasia coincide con la *Carta costituzionale repubblicana*, entrata in vigore il 1° gennaio 1948; ed è a questo testo che si aggancia una buona parte degli studi costituzionalistici, svolti nell'ambito dell'attuale ordinamento. Né si può concludere altrimenti per quanto concerne la generalità degli odierni ordinamenti statali: con la sola avvertenza che talvolta si tratta o si trattava della Costituzione – come nel caso della terza Repubblica francese (4 settembre 1870 - 10 luglio 1940) – con riguardo a un complesso di leggi costituzionali formalmente distinte[7], piuttosto che a una Carta costituzionale propriamente detta.

Certo è, tuttavia, che la materia sulla quale vertono per costante tradizione gli studi costituzionalistici non coincide, parte per eccesso e parte per difetto, con quella regolata dalla Costituzione scritta del 1948: per eccesso, giacché la stessa Carta costituzionale italiana, malgrado la molteplicità dei suoi oggetti e

[7] Si vuole alludere alle leggi costituzionali organizzative del 24-25 febbraio e del 16 luglio 1875.

dei suoi contenuti normativi, non considera direttamente una serie di tematiche aventi un fondamentale rilievo costituzionalistico, dai sistemi elettorali all'organizzazione interna delle Camere, fino al processo costituzionale; per difetto, in quanto numerosi disposti costituzionali riguardano singoli rami del diritto, pubblico e privato, da non confondere con i temi specifici delle analisi costituzionalistiche: dal che la conclusione secondo la quale lo studio del diritto costituzionale non può coincidere con la sola analisi di ciò che c'è in Costituzione, perché, per conoscere i fondamenti del nostro ordinamento è ben più importante sapere qual è la legge elettorale per le elezioni politiche, rispetto a quanto non sia analizzare com'è fatta la bandiera dello Stato italiano di cui espressamente tratta l'art. 12 Cost. Inoltre, ove si estenda l'indagine sul piano storico e comparatistico, viene spontaneo notare che le Costituzioni scritte risalgono a epoche piuttosto recenti, a partire da quella statunitense del 1787 e da quella francese del 1791. Eppure, nessuno vorrebbe sostenere che gli Stati preesistenti, pur difettando di Carte costituzionali, non fossero costituiti in qualche modo. E, meno ancora, sarebbe possibile negare che la culla del diritto costituzionale modernamente inteso, cioè la Gran Bretagna, sia sottratta agli studi costituzionalistici per l'unico motivo che quell'ordinamento non risulta retto da un testo denominato Costituzione.

Del resto, anche all'interno della storia costituzionale italiana, l'insufficienza della nozione formale viene messa in luce dal raffronto fra le due Costituzioni scritte succedutesi nel nostro ordinamento: cioè lo Statuto albertino del 1848 e la vigente Costituzione repubblicana. L'uno appartiene al genere, diffusissimo nell'Ottocento, delle Costituzioni **brevi**, assai più attente alla problematica dell'organizzazione costituzionale dello Stato che al complessivo modo di essere dell'ordinamento giuridico statale: rispetto al quale esse non detenevano neppure una posizione di formale superiorità, dal momento che il più delle volte si trattava di Costituzioni **flessibili**, parificate alle altre leggi dello Stato, cioè validamente modificabili e derogabili dal legislatore ordinario. La seconda rientra, viceversa, nel tipo delle Costituzioni **lunghe**, peculiari di quella tendenza più recente che si è sviluppata a partire dalla conclusione della prima guerra mondiale. In altre parole, essa va inquadrata fra le Carte costituzionali che non pongono l'accento sul solo sistema dei pubblici poteri, ma disciplinano a fondo i rapporti fra gli individui e le autorità, dettando molteplici disposizioni direttive che hanno di mira un rinnovato assetto della società civile: il che concorre a spiegare per quali ragioni si tratti abitualmente di Costituzioni **rigide**, condizionanti la legislazione ordinaria nel quadro delle fonti di produzione del diritto (v. *infra*, parte II, cap. III, § 10).

Questo ampliarsi dei contenuti normativi delle Costituzioni contemporanee, rispetto alle Carte costituzionali ottocentesche, ha fortemente influito sugli studi costituzionalistici e sui temi degli stessi insegnamenti di diritto costituzionale: i quali presentano oggi una complessità ben più grande che nel recente passato – protrattosi in Italia per una sorta di vischiosità della nostra cultura giuridica –

pur dopo l'ufficiale entrata in vigore della Costituzione repubblicana. Ma l'opinione prevalente fra i costituzionalisti non inclina a ritenere che ne sia stato alterato lo stesso concetto di costituzione, da assumere ai fini della teoria generale del diritto. Al di là delle molte varianti riscontrabili nel quadro delle Carte costituzionali esistite ed esistenti, è invece diffusa in Italia ed altrove la tesi che occorra ricercare un concetto «assoluto» (Mortati), valido per ogni tempo e ogni luogo, rappresentato da quel minimo complesso di norme fondamentali, in vista del quale possa dirsi che ciascuno Stato si costituisce giuridicamente. Più di preciso, al di là delle tante Costituzioni in senso formale, si suole ritenere necessario definire la costituzione in senso materiale, con riguardo a quel tipo di disciplina che deve comunque sussistere perché lo Stato ne venga individuato e costituito, malgrado l'estrema diversità delle concrete componenti la disciplina stessa che, volta per volta, si presentano nell'esperienza storica oppure si offrono alle indagini comparatistiche.

7. Segue: *le diverse concezioni della costituzione materiale*

Tradizionalmente, lo sforzo di pervenire a una tale definizione conduceva e talora conduce ancor oggi a una concezione descrittiva, fondata su quell'accezione comune del termine in esame per cui la costituzione equivale all'insieme delle caratteristiche essenziali di una data entità, suscettibili di identificarla e differenziarla dalle altre, sia pure congeneri. Riferito allo Stato-ordinamento, il concetto in questione porta a ritenere che il diritto costituzionale non si rivolga allo studio di un singolo *ramo* dell'ordinamento stesso, ma concerna il *tronco* dal quale i vari rami si dipartono (secondo una celebre immagine di Santi Romano): ossia riguardi l'intero diritto positivo, considerato al più alto livello e pertanto formato, in sostanza, dal **sistema dei principi generali** dell'ordinamento statale del quale si tratti. Ed è appunto in tal senso che Pellegrino Rossi – nelle sue lezioni tenute alla Sorbona durante gli anni Trenta dell'Ottocento – ragionava di già del diritto costituzionale come del complesso delle *têtes de chapitre* (cioè delle premesse di ogni componente) degli altri insegnamenti giuridici, in quanto riferito alle proposizioni fondamentali delle più rilevanti leggi dello Stato[8].

Un così ampio concetto parrebbe anzi adeguarsi in particolar modo alle Costituzioni lunghe del genere di quella vigente in Italia. Va infatti ricordato che nella nostra *Carta costituzionale* sono espressamente formulati tutti quei principi generali delle singole branche del diritto che l'Assemblea costituente ha ritenuto

---

[8] Similmente, però, si esprimeva Mauro Pagano nel progetto di Costituzione partenopea risalente al 1768, là dove lo scopo della Costituzione medesima veniva indicato nel porre **le mura maestre** dell'ordinamento statale; come pure Giuseppe Compagnoni che per costituzione intendeva – negli «Elementi di diritto costituzionale» editi a Venezia nel 1797 – quel «**certo e stabile modo con cui un popolo esiste e si regge**».

di dover sottrarre alle deroghe altrimenti apportabili mediante leggi ordinarie: dal diritto processuale civile e penale (v. specialmente gli artt. 24 e 25, co. 1) al diritto penale sostanziale (come nel caso dell'art. 25, co. 2 e 3, nonché dell'art. 27, co. 1 e 4), dal diritto amministrativo (artt. 28, 97, 113...) fino al diritto privato e al diritto del lavoro (artt. 29 ss., 35 ss., 41 ss.). Pure, è abbastanza chiaro che si tratta di una concezione eccessivamente lata e perciò inaccettabile. Quale è infatti il nucleo della costituzione sostanzialmente intesa e quali sono, pertanto, gli *oggetti specifici del diritto costituzionale*? Le definizioni estensive e descrittive lasciano senza risposta interrogativi di pur così grande importanza. Sotto l'apparenza di nobilitare gli insegnamenti costituzionalistici, esse finiscono quindi per svuotarli, risolvendoli in una generica premessa allo studio della scienza giuridica, considerata nelle sue varie partizioni.

È anche per questi motivi che il costituzionalismo contemporaneo propende, piuttosto, verso le concezioni prescrittive o *normative* della costituzione materiale: tutte fondate su quell'accezione ulteriore del termine in esame che per costituzione intende la **ragione costitutiva degli ordinamenti giuridici statali**, cioè la **norma-base** o la **normativa di fondo**, alla stregua della quale si debbono formare tutte le altre norme degli ordinamenti stessi[9]. Da una tale premessa, però, discendono correnti di pensiero almeno a prima vista contrapposte: le quali concepiscono la **costituzione materiale**, ora nei termini della **teoria «pura» del diritto**, elaborati specialmente da Kelsen, e ora nei termini **giuridico-politici o scopertamente politologici** che sono propri in Germania di Schmitt e in Italia di Mortati.

Da una parte, basti qui dire che per Kelsen l'ordinamento giuridico è un sistema di norme gerarchicamente formato, sicché ciascun grado o livello della normazione statale ne risulta subordinato e condizionato rispetto alla normazione di grado superiore; e via discorrendo, sino a quando si perviene alla normativa o alla **norma fondamentale** che regge l'intero sistema, cioè per l'appunto alla costituzione in senso materiale. Questa consiste, coerentemente, «in quelle norme che regolano la creazione delle norme giuridiche generali e in particolare la creazione delle leggi formali»: dal che la conseguenza che la disciplina degli organi e dei procedimenti legislativi rappresenta al tempo stesso – secondo l'impostazione kelseniana – la tematica specifica del diritto costituzionale e la materia peculiare degli insegnamenti costituzionalistici.

D'altra parte, un siffatto modo di vedere è stato assai discusso dai teorici e dai filosofi del diritto, se non altro sotto un duplice profilo: sia perché la soluzione kelseniana manca, a sua volta, di offrire risposta al problema del perché s'imponga la «norma fondamentale», limitandosi a postularne tautologicamente la necessaria esistenza; sia perché i contenuti così attribuiti alla norma medesima

---

[9] Il divario che passa fra le concezioni di quest'ultimo tipo e quelle di stampo descrittivo trova chiara espressione nella lingua tedesca, mediante le parole *Verfassung* e *Konstitution*, cui corrisponde nella lingua italiana la polisensa parola *costituzione*.

sono troppo circoscritti, in quanto l'«attività dello Stato non è tutta e soltanto normativa, né il potere – anche storicamente – si risolve sempre ed esclusivamente nella legislazione» (Crisafulli). Secondo esperienza, al contrario, la legislazione stessa non è altro che un momento, sia pure essenziale, rispetto alla titolarità e all'esercizio della sovranità intesa come **funzione di indirizzo politico** (della quale si dirà anche *infra*, parte I, cap. II, § 9), attinente alla determinazione della politica generale nell'ambito dello Stato-ordinamento. Ed è precisamente in questo tipo di rilievi che trova lo spunto la concezione schmittiana, volta a far consistere la costituzione materiale nella **decisione politica** sulla forma di Stato e sulla forma di Governo (v. *infra*, parte I, cap. II, §§ 1 e 7 ss.), caratterizzanti il regime in questione; mentre Mortati individua il fondamento ed anzi l'essenza stessa della costituzione nella «**classe governante**», cioè nella forza politica predominante entro un dato ordinamento, che si pone come «potere originario costitutivo dello Stato».

Così sommariamente descritte, le due conclusioni del discorso parrebbero quanto mai distanti l'una dall'altra. Non a caso, per chi le riferisse ai rispettivi disposti della Costituzione italiana, intesa nel senso formale, la concezione schmittiana e quella kelseniana farebbero capo a due proclamazioni ben diverse e lontane anche nel testo costituzionale: giacché per quella di Schmitt sarebbe fondamentale la decisione formulata dall'art. 1, co. 1, là dove si statuisce che «l'Italia è una Repubblica democratica»; per quella riconducibile a Kelsen, invece, basilare dovrebbe dirsi la disposizione dell'art. 70, onde la «funzione legislativa è esercitata collettivamente dalle due Camere» [10]. Ciò che più conta, la divaricazione si riflette senza dubbio sulla natura degli oggetti rispettivamente attribuiti alla costituzione materiale, come pure sul metodo giuridico: tanto è vero che, nella prospettiva kelseniana, si tratta comunque di norme giuridiche, sebbene collocate a fondamento dell'intero sistema normativo; mentre per Mortati il «fine politico» preesiste rispetto al complesso delle norme e successivamente incide sulla stessa attività interpretativa del diritto vigente.

Con tutto questo, va sottolineato innanzitutto che le due concezioni si integrano vicendevolmente. Per riprendere la precedente esemplificazione, è manifesto – da un lato – che l'art. 1 Cost. rimarrebbe incompiuto, se a precisarne e lumeggiarne il significato non concorressero tutti gli specifici disposti che determinano le caratteristiche della democrazia rappresentativa instaurata e vigente in Italia, fra i quali risalta l'art. 70; ma questo – d'altro lato – presuppone la proclamazione contenuta nell'art. 1 con un'implicita ripresa del carattere democratico della Repubblica, poiché alle Camere è oggi riservata la funzione legislativa, in quanto si tratta degli organi immediatamente rappresentativi del popolo o del

---

[10] Dato che per Kelsen essenziale è il «**presupposto ultimo**», dovrebbe anzi concludersi che la costituzione materiale dell'Italia di oggi vada rintracciata nell'art. 1 del d.lgs.lgt. 25 giugno 1944, n. 151, recante la previsione originaria di un'Assemblea costituente chiamata a «deliberare la nuova costituzione dello Stato» (v. *infra*, parte II, cap. I, § 5).

corpo elettorale, nel senso politico del termine (v. *infra*, parte III, cap. I, § 3).

Inoltre, entrambe le concezioni hanno il merito di individuare, ciascuna per suo conto, i temi peculiari del diritto costituzionale e del suo insegnamento. La decisione politica schmittiana allude – come si accennava – alla **disciplina della forma di Stato e della forma di Governo**, sulla quale si è concentrata l'attenzione dei costituzionalisti a partire dalle loro prime indagini. La norma fondamentale kelseniana comporta a sua volta che la **disciplina della produzione normativa** appartenga al diritto costituzionale, piuttosto che a ogni altro singolo ramo dell'ordinamento; e anche questo assunto viene oggi largamente condiviso, malgrado la manualistica attinente alle singole branche del diritto continui sovente a occuparsi delle fonti normative, sia pure per meglio illustrare talune caratteristiche proprie delle corrispondenti materie. In particolar modo, la sistemazione e l'analisi delle fonti stesse non spettano di certo al diritto privato, per quanto le «Disposizioni sulla legge in generale» (la cui prima parte s'intitola appunto alle «fonti del diritto») siano state premesse al Codice civile del 1942. Va riconosciuto, al contrario, che si è trattato di un «omaggio alla tradizione» (Pizzorusso), il quale non toglie che le norme sulle fonti siano state costituzionalizzate, se non altro dal 1948 in poi, per ciò che riguarda la produzione del diritto di rango legislativo; sicché le stesse «Preleggi» appartengono ormai alla storia (v. *infra*, parte II, cap. III, § 8).

Senza disconoscere quanto diversifica le varie nozioni prescrittive della costituzione materiale, entrambe vanno dunque poste a base di questo manuale: nel senso che esso si propone di approfondire lo studio concernente le *norme delle norme* (quelle costituzionali rispetto a quelle che costituzionali non sono), considerate nella prospettiva kelseniana così come in quella schmittiana, limitandosi invece ad effettuare sintetici riferimenti a tutti gli altri temi rilevanti dal punto di vista della Carta costituzionale, ma meritevoli di ben più approfondite indagini che vanno lasciate agli studiosi dei rispettivi settori della scienza giuridica.

Sembra peraltro chiaro che della costituzione materiale non si possono accettare le impostazioni che «*hanno ... il torto di presupporre una sorta di diritto costituzionale libero, plasmato ad arbitrio degli interpreti in genere e dalla Corte costituzionale in particolar modo. Le varie metafisiche dei valori costituzionali consentono, infatti, argomentazioni e decisioni atte a condurre da qualsiasi parte, senza che la giurisprudenza costituzionale sia più controllabile nei suoi ragionamenti. In altre parole, rimane ben fondata l'obiezione che i richiami immediati a una qualche* ipercostituzione *materialmente intesa, comunque effettuati dagli interpreti stessi, sono estremamente pericolosi, perché formano i fattori di gravi incertezze nei criteri e negli esiti dei relativi giudizi... Occorre perciò tenere fermo – secondo le parole di Zagrebelsky – che i principi costituzionali non sono diritto naturale, bensì* "rappresentano il massimo atto di orgoglio del diritto positivo", "la massima fra tutte le determinazioni politiche". *A parte ogni altra considerazione, una giustizia costituzionale che scavalcasse o ignorasse la Carta del '47 (e le successive revisioni) diverrebbe incompatibile con il carattere democratico della nostra Repub-*

blica; e la prima a rischiare sarebbe allora la Corte stessa, poiché nessun Parlamento potrebbe tollerare di vedersi sottoposto a una costituzione "inventata" da quei giudici, cui mancano per definizione i poteri connessi alla rappresentanza politica del popolo».

«Nel dir ciò, beninteso, non si vuole minimamente negare l'essenzialità del momento interpretativo, dal quale scaturisce – senza soluzioni di continuità – la cosiddetta ***Costituzione vivente****. Ma l'incontestabile esigenza di trarre le norme costituzionali dal rispettivo testo, puntando sull'interpretazione sistematica e sul bilanciamento dei principi che la informano,* ***non dev'essere confusa con l'idea di una costituzione materiale scissa da quella testuale****. La "Costituzione vivente" non è altro che la Carta costituzionale, in quanto ricostruita e applicata; mentre la costituzione materiale è il frutto dell'inaccettabile pretesa di approdare altrove, di attingere direttamente i valori meritevoli di salvaguardia, di fare della giustizia costituzionale la vera fonte suprema, di mettere dunque fra parentesi la Costituzione scritta con l'iniziale maiuscola»* [11].

NOTA BIBLIOGRAFICA – Sul **concetto di ordinamento** v. S. ROMANO, *L'ordinamento giuridico*, Pisa, 1917 (Firenze, 1962); KELSEN, *Teoria generale del diritto e dello Stato*, Milano, 1959 (edita dalla Harvard University Press nel 1945), e *La dottrina pura del diritto*, Torino, 1966 (edita a Vienna nel 1960); DEL VECCHIO, *Studi sul diritto*, Milano, 1958; GIANNINI, *Gli elementi degli ordinamenti giuridici*, in *Riv. trim. dir. pubbl.*, 1958, p. 219 ss.; BOBBIO, *Teoria dell'ordinamento giuridico*, Torino, 1960; CAMMARATA, *Formalismo e sapere giuridico*, Milano, 1963; CRISAFULLI, *Lezioni di diritto costituzionale*, I, Padova, 1970; L. MENGONI, F. MODUGNO, F. RIMOLI, *Sistema e problema. Saggi di teoria dei sistemi giuridici*, Torino, 2017. Sul **concetto di Stato**, oltre agli autori testé citati, v. DONATI, *La persona reale dello Stato*, Milano, 1921; ESPOSITO, *Lo Stato e la nazione italiana*, in *Arch. dir. pubbl.*, 1937, p. 418 ss.; R. QUADRI, *Problemi di teoria generale del diritto*, Napoli, 1959; BALLADORE PALLIERI, *Dottrina dello Stato*, Padova, 1964; **specificamente sulla sovranità**, v. gli AA. citt. *infra* nella *NOTA BIBLIOGRAFICA* del cap. I, nella parte III. Sul **concetto di organo** v. DE VALLES, *Teoria giuridica dell'organizzazione dello Stato*, Padova, 1931; ESPOSITO, *Organo, ufficio e soggettività dell'ufficio*, Padova, 1932: S. ROMANO, *Frammenti di un dizionario giuridico*, Milano, 1947; AGRIFOGLIO, ORLANDO, *Teoria organica e Stato apparato*, Palermo, 1979. Sul **concetto di Costituzione** v., oltre che *sub «Costituzione come fonte»* nella *NOTA BIBLIOGRAFICA* in calce al cap. III della parte II, specificamente SCHMITT, *Dottrina della Costituzione*, Milano, 1984 (edita a Monaco nel 1928); MORTATI, *La costituzione in senso materiale*, Milano, 1940; P. BARILE, *La costituzione come norma giuridica*, Firenze, 1951; MODUGNO, *Il concetto di costituzione*, in *Scritti Mortati*, Milano, 1977, I, p. 197 ss.; GIOVANNELLI, *Dottrina pura e teoria della costituzione in Kelsen*, Milano, 1979; BARTOLE, *Costituzione materiale e ragionamento giuridico*, in *Scritti Crisafulli*, Padova, 1985, II, p. 53 ss.; DOGLIANI, *Introduzione al diritto costituzionale*, Bologna, 1999; SPADARO, *Contributo per una teoria della costituzione*, Milano, 1994; M. FIORAVANTI, *Stato e costituzione*, in AA.VV., *Lo Stato moderno in Europa*, a cura di M. Fioravanti, Roma-Bari, 2002; PIZZORUSSO, *Il patri-*

[11] L. PALADIN, *Le fonti del diritto italiano*, Bologna, 1996, pp. 144-145. Non si dimentichi, nel leggere queste righe, che Paladin scrive con cognizione di causa assoluta, essendo stato, della Corte costituzionale, non solo giudice, ma anche Presidente. La citazione di ZAGREBELSKY è tratta da *Il diritto mite*, Torino, 1992, p. 155.

monio costituzionale europeo, Bologna, 2002; AMIRANTE, *Costituzionalismo e Costituzione nel nuovo contesto europeo*, Torino, 2003; S. BARTOLE, *Interpretazioni e trasformazioni della Costituzione repubblicana*, Bologna, 2004; BETTINELLI, *La costituzione della repubblica italiana (1 gennaio 1948). Un classico giuridico*, Milano, 2006; CHELI, *Lo Stato costituzionale. Radici e prospettive*, Napoli, 2006; ONIDA, *La Costituzione*, II ed., Bologna, 2007; BIN, *Che cos'è la Costituzione?*, in *Quad. cost.*, 2007, p. 11 ss.; CHESSA, *Che cos'è la Costituzione? La vita del testo*, in *Quad. cost.*, 2008, p. 41 ss.; S. BARTOLE, *La Costituzione è di tutti*, Bologna, 2012; CARLASSARE, *Nel segno della Costituzione. La nostra carta per il futuro*, Milano, 2012; CHELI, *Nata per unire. La Costituzione italiana tra storia e politica*, Bologna, 2012; BARBERA, *La Costituzione della Repubblica italiana*, Milano, 2016.

CAPITOLO II

TIPOLOGIA DELLE FORME DI STATO E DELLE FORME DI GOVERNO

SOMMARIO: 1. I criteri distintivi e i nessi riscontrabili fra le due figure. – 2. Le origini e i presupposti essenziali dello Stato moderno. – 3. Le principali forme di Stato: dallo Stato patrimoniale allo Stato di polizia. – 4. *Segue*: l'avvento dello Stato di diritto. – 5. *Segue*: dagli Stati liberali agli Stati democratici; lo Stato sociale di diritto. – 6. *Segue*: Stati unitari e Stati federali. – 7. Le forme di governo: forme monarchiche e forme repubblicane; forme pure e forme miste. – 8. *Segue*: le singole forme miste: le monarchie costituzionali; le repubbliche presidenziali e semipresidenziali; i governi direttoriali. – 9. *Segue*: le monarchie e le repubbliche parlamentari; il c.d. «neo-parlamentarismo».

1. *I criteri distintivi e i nessi riscontrabili fra le due figure*

Per meglio inquadrare il sistema di produzione normativa, la forma di Stato e la forma di governo vigenti in Italia, risulta opportuno (se non addirittura indispensabile) stabilire attraverso quali sviluppi e con quali condizionamenti di carattere storico si sia pervenuti all'attuale ordinamento. Di qui l'esigenza d'una sintetica ricostruzione comparatistica, avente di mira i modelli più comuni o più tipici di forme di Stato e di forme di governo dello Stato, che si sono succedute e contrapposte negli ordinamenti giuridici maggiormente evoluti, dalla formazione dello Stato moderno fino a oggi; con particolare riguardo alla storia costituzionale italiana, considerata a partire dalla concessione dello Statuto albertino. Solo a questo modo, infatti, si può disporre dei necessari termini di riferimento con i quali confrontare e fra i quali collocare l'ordinamento costituzionale stabilitosi da ultimo nel nostro Paese.

Giova anzitutto chiarire che cosa s'intenda – rispettivamente – per forme di Stato e per forme di governo dello Stato. La distinzione fra queste due figure può essere istintivamente colta già sulla base di quel tradizionale concetto di Stato che lo considera unitariamente come una «corporazione» sovrana, risultante dalla sintesi di tre elementi costitutivi: un popolo, un territorio, un governo. A questa stregua, cioè, la **forma di Stato** si risolve nel modo di essere dell'intero assetto della «corporazione» statale, nel senso che serve a mettere in correlazione un certo popolo, con un dato territorio e con i fini che persegue, per il primo, sul secondo un determinato governo; mentre la **forma di Governo** ha riguardo unicamente al terzo degli elementi di cui si compone la «corporazione» stessa (la sovranità), dissociato – per quanto possibile – sia dall'elemento territoriale sia da quello personale complessivo, di talché essa finisce con il risolversi nella modalità di organizzazione del potere sovrano (... quanti organi lo gestiscono? In che rapporto stanno detti organo tra loro? Chi fa che cosa e come? Chi limita chi e come?).

D'altra parte, nelle configurazioni dottrinali più aggiornate, che contrappongono lo Stato ordinamento allo Stato-apparato o allo Stato-persona (*retro*, parte I, cap. I, § 4), la distinzione risalta ancor più nettamente. Le forme di Stato sono cioè riferibili allo Stato *come tutto*, avendo riguardo alle formule politiche sulle quali si fondano i nessi fra i diversi fattori dell'ordinamento giuridico (e, principalmente, ai tipi di rapporti che intercorrono fra i governanti e i governati). Le forme di governo si limitano invece a considerare lo Stato come parte o *come apparato*, rispondendo perciò – specialmente – alle seguenti domande: a quale organo spetta o fra quali organi statali è distribuita (e con quali collegamenti o condizionamenti reciproci) quella che suole definirsi come la **funzione di indirizzo politico** (ci si tornerà *infra*, parte I, cap. II, § 9), intesa come l'espressione più alta dell'esercizio del potere sovrano?

Tuttavia, allo stesso modo che lo Stato-ordinamento e lo Stato-apparato si sorreggono e si presuppongono a vicenda, forme di Stato e forme di governo dello Stato interferiscono strettissimamente le une con le altre: sia nel senso che, data una certa forma di Stato, ad essa non possono non corrispondere determinate forme di governo e viceversa; sia nel senso che riesce molto spesso difficile discernere se ogni singola forma si riferisca allo Stato concepito come tutto o come parte, vale a dire ai rapporti governanti-governati oppure alla sola organizzazione in cui si accentra il potere.

Di per se stessa – ad esempio – la *monarchia assoluta* rappresenta quella forma di governo nella quale al monarca compete, direttamente o indirettamente, la totalità dei poteri dello Stato. Ma questo sistema non può non riflettersi sulla condizione dei soggetti governati che in tal senso si risolvono in sudditi del Re; tanto è vero che le monarchie assolute corrispondono storicamente agli Stati patrimoniali cinque e seicenteschi o, meglio ancora, agli Stati di polizia settecenteschi. Per converso, può bene ritenersi che quando si parla di *Stato federale* si abbia di mira una forma o un modo di essere dello Stato complessivo (tanto è vero che i temi dell'unità della Repubblica e del decentramento sono considerati dall'art. 5 Cost., compreso fra i «principi fondamentali» della Carta costituzionale repubblicana). Ma nel medesimo tempo non è dubbio che lo Stato federale comporta, altresì, un certo modo di distribuzione del potere fra i diversi apparati dello Stato centrale e degli Stati membri; e la stessa forma dello Stato centrale ne è condizionata, come risulta dalla circostanza che – almeno normalmente – in quelle organizzazioni statali sussistono un Parlamento bicamerale, l'una delle Camere essendo rappresentativa dei singoli Stati (o dei rispettivi corpi elettorali), e una Corte costituzionale competente anche a risolvere le controversie fra i poteri nazionali e quelli locali.

D'altronde, è molto frequente riscontrare che il linguaggio dottrinale si serve ambiguamente delle stesse espressioni per designare ora una forma di Stato e ora una forma di governo dello Stato. Tale, tipicamente, è il caso di termini quali *monarchia* e *repubblica* che in sé e per sé alludono a due contrapposti criteri di investitura del Capo dello Stato e dunque a due diversi modi di essere delle forme di governo; mentre la loro portata diviene assai più ampia, ed è sicuramente riferibile alla problematica delle forme di Stato, quando i termini stessi vengono integrati da certi aggettivi o da certi attributi: come nella già citata proclamazione dell'art. 1 della nostra Carta costituzionale per cui «l'Italia è una Repubblica democratica». Del resto, non mancano autorevoli studiosi (fra i quali Mortati) che trattano senz'altro della monarchia e della repubblica, sia pure adottando particolari prospettive, nel quadro delle forme dello Stato complessivo.

A queste avvertenze preliminari si deve ancora aggiungere che il discorso sulle forme di Stato e sulle forme di governo può trascorrere su piani assai diversi secondo i punti di vista che si assumono, dando luogo a esiti difficilmente comparabili fra loro. Altro, infatti, sono le forme per così dire *ideali*, ovvero i modelli che si desumono astraendo dalle specifiche esperienze dei singoli ordinamenti statali presi in considerazione; e altro sono le forme *reali*, che per definizione esistono solo *hic et nunc*, nell'ambito di una determinata fase di sviluppo di un determinato Stato, per quanto possa essere utile compararle con le analoghe strutture di altri Stati consimili.

Anche se la prima parte di questo manuale ha di mira una serie di forme ideali, non bisogna mai dimenticare che nozioni siffatte non sono fine a se stesse, ma costituiscono nulla più che uno strumento ausiliario di valore scolastico. Non a caso i modelli in questione non ritrovano mai un completo riscontro nella storia, ma subiscono naturalmente alterazioni del più vario genere. Ad esempio, si può ben dire che storicamente non sono mai esistite né le dittature né le monarchie assolute allo stato puro, in quanto non è materialmente possibile che la totalità del potere statale e il suo concreto esercizio si concentrino in effetti nelle mani di un unico uomo. Ma lo stesso vale, in altri termini, per forme o formule sul tipo dello Stato di polizia, dello Stato di diritto, dello Stato totalitario...: ognuna delle quali esprime una somma di aspirazioni, cui la realtà storica non corrisponde mai integralmente.

2. *Le origini e i presupposti essenziali dello Stato moderno*

Prima di analizzare le principali forme di Stato che si sono succedute nel corso della storia, bisogna fissare il punto di partenza dell'analisi: vale a dire il momento o il periodo a cominciare dai quali si può propriamente parlare di Stato, nel senso che oggi si connette a questo concetto dal punto di vista giuridico.

Stando al linguaggio corrente ed anche seguendo certi modi di vedere tuttora diffusi fra gli storici delle istituzioni, si potrebbe essere indotti a ritenere che gli Stati siano sempre esistiti, dovunque vi fossero società umane organizzate. Di questa larghissima accezione del termine si fa precisamente uso, quando si parla di città-Stato con riferimento alla Grecia antica, quando si cerca di definire quell'imponente apparato che fu l'Impero romano, quando si qualificano altri ordinamenti territoriali – sia pure assai rudimentali – sul tipo dei Regni dell'alto o del basso medioevo... Per definizione, infatti, vi sono sempre state e sempre vi saranno autorità poste a capo di *organizzazioni politiche stanziate su di un certo territorio*, nell'ambito del quale esse detengono un potere almeno relativamente maggiore di quello spettante a qualsiasi altra autorità od organizzazione concorrente; ma tale è appunto lo Stato nel senso più largo e generico dell'espressione stessa.

Da una configurazione così comprensiva, tuttavia, si ricavano soltanto alcune fra le caratteristiche o le condizioni necessarie perché si abbia uno Stato modernamente concepito. Tanto le organizzazioni politiche territoriali del mondo medioevale quanto quelle risalenti al mondo antico mancavano, infatti, ora dell'uno ora dell'altro di quegli indispensabili contrassegni ulteriori degli Stati moderni, cui si accenna in sintesi allorché si parla di **sovranità** degli Stati medesimi. Nell'evo antico, pur dandosi il caso di ordinamenti giuridici – quale fu sopra tutti l'Impero romano – sicuramente caratterizzati dalla completezza e dall'universalità dei fini (ossia dalla sovranità nei suoi aspetti interni), difetta per definizione la sovranità esterna, giacché gli occasionali rapporti fra i centri di potere di quell'epoca non pervengono mai a fondare una vera e propria comunità di Stati; e anzi non si configurano nemmeno – nella maggior parte delle ipotesi – come relazioni fra soggetti che riconoscono una reciproca formale parità, dando invece luogo a situazioni di vassallaggio del soggetto più debole oppure a sospensioni soltanto temporanee di conflitti pressoché permanenti e istituzionali.

Nel medioevo, al contrario, comincia gradualmente a delinearsi una comunità delle potenze cristiane, circoscritta a una parte dell'Europa; ma le relazioni con tutte le altre potenze continuano a essere del genere or ora descritto, e alla carenza di sovranità esterna si aggiunge spesso – ciò che più conta – una sorta di dissoluzione della stessa sovranità **interna**, dovuta alla sovrapposizione e contrapposizione dei poteri per cui, nemmeno quando il popolo si trasforma da nomade in stanziale, può dirsi che il re detenga la totalità del potere effettivo, che invece è frammentato in capo ai diversi feudatari. Anche nel basso medioevo, pur migliorando le condizioni economiche e sociali, con il conseguente consolidamento di taluni Regni, si resta sempre lontani da un assetto assimilabile a quello delle moderne entità statali; e si verifica anzi una proliferazione di ordinamenti che interferiscono e si limitano reciprocamente, nel medesimo ambito spaziale e temporale: dall'Impero alla Chiesa ai Regni stessi, fino agli innumerevoli feudi, alle città libere, alle corporazioni di arti e mestieri...

Certo è che fin dal 1100 – come non remoti studi hanno chiarito – nei Paesi più evoluti d'Europa incomincia a svilupparsi un'organizzazione burocratica posta alle dipendenze della Corona, che è il lontano prodromo del moderno apparato statale. Così nel Regno di Francia come in quello di Castiglia, e prima ancora nel Regno normanno di Sicilia, emerge poco a poco quel minimo di uffici differenziati e funzionalizzati, mediante i quali il re acquisisce in effetti l'attitudine a governare direttamente sulla generalità dei suoi sudditi. In particolare, si delineano complessi di *organi finanziari e giudiziari*; anche se, più propriamente, ci si dovrebbe limitare a parlare di funzionari addetti all'amministrazione delle finanze o della giustizia, dal momento che la figura giuridica dell'«organo» è naturalmente coeva allo Stato-persona, vale a dire a una fase di sviluppo istituzionale che è successiva di parecchi secoli (*retro*, parte I, cap. I, § 5). Storicamente, per esser più precisi, i funzionari delle finanze si identificano dapprima con gli amministratori del patrimonio regio (si pensi agli sceriffi del basso medioevo inglese) che costituisce la fonte quasi esclusiva delle entrate della Corona; ma progressivamente divengono anche gli esattori delle tasse che la Corona incomincia a imporre per far fronte alle spese pubbliche sempre crescenti, in ragione della maggiore complessità e dei nuovi compiti dell'apparato. D'altro lato, anche la funzione giudiziaria si viene accentrando nelle mani del re: così, in Francia, contro le decisioni adottate in prima istanza dai feudatari locali è dato ricorso in appello a un collegio, denominato Alta Corte, che ha sede nella capitale; mentre in Inghilterra giudici itineranti di nomina regia decidono già le controversie in primo grado.

Nel medesimo tempo e appunto in vista dell'esercizio della giurisdizione, il re comincia a porsi come la fonte – seppure ancora indiretta – dell'ordinamento giuridico; pur non legiferando alla maniera dei contemporanei organi legislativi, la Corona si sforza in effetti di fissare gli usi e le consuetudini che la giurisprudenza dei giudici regi accerta o concorre essa stessa a stabilire. Sin dalla fine del XIII secolo, in Inghilterra, e poi nel XV secolo in Francia, il re provvede a far raccogliere le consuetudini giudiziarie; e gradualmente si manifesta, in tal modo, il principio per cui l'autorità regia non è tanto soggetta alle norme quanto creatrice di nuovo diritto. Parallelamente, inoltre, si rafforza il potere esecutivo, giacché nella sua corte il re si circonda di ministri o cancellieri che possono anche non essere nobili, nel qual caso la loro soggezione al re stesso è incontrastata (ma il nome di «ministro» non deve trarre in inganno, trattandosi in realtà di consiglieri della Corona; poiché il vero e proprio sistema ministeriale che caratterizza le amministrazioni centrali degli Stati moderni ritrova i suoi diretti precedenti soltanto nelle riforme introdotte dalla rivoluzione francese).

Con tutto questo, però, non è ancora possibile qualificare come Stati nemmeno i più evoluti fra gli ordinamenti territoriali del basso medioevo. Da una parte, infatti, il loro grado di organizzazione è ancora così basso da determinare un salto di ordine qualitativo (e non solamente un divario di misura) rispetto agli apparati statali successivi. D'altra parte, è significativo che il pur rudimentale sviluppo registratosi nel XII e nel XIII secolo subisca un sensibilissimo arresto nel corso dei due secoli seguenti, per una serie di cause sulle quali non si può in questa sede diffondersi (dalle pestilenze alle sanguinose guerre dell'epoca che accompagnano e forse producono una generalizzata crisi economica). Al ristagno istituzionale del XIV e XV secolo fa soltanto eccezione l'enuclearsi di *organi rappresentativi* che inizialmente fungono da collegi consultivi del re, specie in ordine alle imposizioni tributarie: quali le «Cortes» in Spagna, gli Stati generali in Francia, le Camere dei comuni e dei «Lords» in Inghilterra. Ma, salvo questo punto, l'organizzazione centrale di potere cessa di svilupparsi; e continuano intanto a far difetto alcune condizioni indispensabili perché la sovranità interna possa dirsi effettiva. Basti pensare che gli stessi eserciti permanenti si costituiscono appena sul finire del 1500; mentre bisogna attendere il secolo successivo perché si consolidino ministeri essenziali come quelli degli affari esteri o degli affari interni, tanto è vero che manca nei Regni dell'epoca una polizia che faccia capo ad autorità centrali e che la tutela dell'ordine pubblico rimane pertanto affidata ad autorità periferiche del più vario tipo.

In definitiva, soltanto a cavallo fra il XVI e il XVII secolo può dirsi formato, nell'Europa occidentale e in parte dell'Europa centrale, quello Stato c.d. patrimoniale o assoluto che rappresenta l'embrione dello Stato moderno. E non è accidentale che più o meno in quell'epoca si cominci a parlare di Stato nel senso attuale del termine: in Italia per opera del Machiavelli, che fra i primi si riferisce allo «stato» non già come *status* bensì nell'ulteriore odierno significato di *ordinamento giuridico territoriale e sovrano*. Così pure, è in questo periodo che per la prima volta si teorizza lo stesso concetto di sovranità, intesa come *somma indivisibile di poteri supremi:* tutti i poteri – secondo il giurista francese Jean Bodin (1529-1596) – spettano appunto al sovrano, alla persona del quale tutti i sudditi devono obbedienza [1]. È così espresso – come ognuno vede – il nucleo dell'ideologia che ispirerà lo Stato monarchico assoluto, la cui affermazione è anche formalmente sancita dalla **pace di Westfalia del 1648** che pone fine all'ordinamento sopraordinato del Sacro Romano Impero e che non a caso segna, seppure convenzionalmente, l'**inizio dello Stato inteso in senso moderno**.

Ma giova ripetere che le considerazioni qui di seguito svolte, a proposito dello Stato patrimoniale, riguardano soltanto quella parte d'Europa nella quale un notevole sviluppo economico-sociale determina un'evoluzione istituzionale, cioè principalmente i Regni di Spagna e di Francia, oltre a certi staterelli d'Italia e di Germania (nonché – di riflesso – il Regno d'Inghilterra nel quale, peraltro, come spesso accadde anche dopo, il tutto è addirittura anticipato di quasi un secolo rispetto agli altri Stati, nel corso dei regni di Enrico VIII e, soprattutto, di Elisabetta I); laddove in altre parti d'Europa si assiste piuttosto a fenomeni dissociativi, sui tipo della disgregazione della Polonia in vari principati, nei secoli XVI-

---

[1] In ultima analisi, peraltro, già da parte di Bodin si faceva consistere la sovranità nel *legem dare posse*, vale a dire nella potestà legislativa.

XVII e delle analoghe vicende della Russia, tra la fine del 1500 e l'inizio del 1600.

3. *Le principali forme di Stato: dallo Stato patrimoniale allo Stato di polizia*

Nello studio delle forme di Stato, analizzate sotto il profilo del rapporto governanti-governati, si suole distaccare il periodo che va dal XVI al XVIII secolo sino alla rivoluzione francese, da quello che comprende i due secoli seguenti. Nel primo intervallo di tempo, secondo un'interpretazione sostenuta in particolar modo da certi storici del diritto, malgrado i notevoli mutamenti di carattere istituzionale, intervenuti soprattutto nel corso del 1700, non sarebbero mutate in senso qualitativo né la forma di Stato né la forma di governo: che si risolverebbero di regola – quanto all'Europa continentale – nel costante e comune modello della **monarchia assoluta**. Per quanto si cerchi di distinguere i primitivi **Stati patrimoniali** dai più perfezionati **Stati di polizia**, il divario intercorrente fra di essi sarebbe solamente di ordine quantitativo: lo Stato di polizia non rappresentando altro che la fase illuministica (o razionalizzata) dello sviluppo della monarchia assoluta, mentre lo Stato patrimoniale ne rappresenterebbe la fase empirica. «Questo assolutismo illuminato» – si osserva (Marongiu) – «il quale realizza ciò che gli scrittori germanici preferiscono chiamare *Polizeistaat* è soltanto lo Stato assoluto in un nuovo momento della sua attività ...»; ed a conclusioni analoghe si giunge argomentando polemicamente che nello Stato di polizia (su cui *infra*, tra breve) il richiamo alla «ragion di Stato» costituisce pur sempre «un comodo espediente per giustificare qualsiasi azione diretta a perseguire fini... di mero prestigio personale» del monarca (Astuti).

Per varie ragioni, sembra però preferibile l'opinione contraria, già diffusa in Germania e quindi fatta propria da Mortati, che differenzia concettualmente gli Stati patrimoniali, peculiari dei secoli XVI e XVII, dagli Stati di polizia caratteristici del XVIII secolo (anche se rimane ovvio che tra queste due forme non può storicamente darsi un taglio netto). A parte tutto, la tesi che gli uni e gli altri si debbano ricomprendere nella figura degli Stati assoluti è di per se stessa criticabile: sia perché nella storia europea che va dal 1500 al 1789 la forma della monarchia assoluta non è onnipresente, tanto è vero che in Inghilterra non è mai propriamente esistito uno Stato assoluto (se non, come già osservato, nella sua forma primitiva della cinquecentesca monarchia Tudor), ma si è registrato un trapasso pressoché immediato dallo Stato patrimoniale allo Stato di diritto (si ricordi infatti l'infelice tentativo di accentramento del potere, compiuto dagli Stuart nella prima metà del Seicento); sia perché lo Stato assoluto ha sempre rappresentato – come già si diceva – una forma ideale, cui nella realtà corrisposero situazioni di ricorrente contrasto fra il re e altri centri di potere (in vista dei quali Montesquieu rilevava acutamente che «*le Roi ne peut pas tout ce qu'il peut*», con una formula che va contrapposta a quelle palesate dai brocardi secondo cui, per un verso, «*quod principi placuit legis habet vigorem*» e, di conseguenza, per altro verso, il monarca assoluto era «*legibus solutus*» perché titolare di una legittimazione non umana, ma divina: dal che il carattere, quasi *incredibile* per l'epoca, delle rivoluzioni inglese del 1649 e francese del 1789 che portarono alla deposizione, e quindi al processo, e infine alla decapitazione, rispettivamente, dei monarchi assoluti Carlo I Stuart e, nel 1793, Luigi XVI).

La validità della contrapposizione fra lo Stato patrimoniale e lo Stato di polizia risulta comunque chiarita e confermata da un sommario confronto delle due figure. Nello **Stato patrimoniale** traspaiono ancora concezioni e s'impongono ancora normative di stampo privatistico, giacché non sussiste la differenziazione, fondamentale nelle forme più evolute dello Stato moderno, fra diritto privato e diritto pubblico. In particolare non esiste un diritto amministrativo e lo stesso Stato – si può dire – è considerato patrimonio del re. In questa luce, il territorio appartiene al monarca; e se, agli albori dello Stato patrimoniale, questi è ritenuto proprietario dei suoi soli territori, mentre le terre rimanenti spettano agli altri feudatari (come per esempio in Francia durante la guerra dei cent'anni), successivamente la signoria sul territorio si riparte nel senso verticale in un *dominio «eminente»* che compete al re (e che può talvolta dare luogo ad espropriazioni operate senza alcuna contropartita o indennità) e in un *dominio «utile»* di cui beneficiano i sudditi che dalla terra ricavano i frutti.

Anche le relazioni che passano fra il re e i sudditi stessi riflettono la mentalità medievale che risolve in chiave privatistica situazioni dal nostro punto di vista peculiari del diritto pubblico: re e sudditi si ritengono infatti legati da un vincolo contrattuale, ora formalizzato, come nel caso del patto costituito dalla *Magna Charta Libertatum* del 1215, ed ora tacito o implicito (si pensi alle dottrine giusnaturalistiche del *patto sociale*). Così pure, nello Stato patrimoniale, il bilancio delle spese e delle entrate personali del re si confonde con il bilancio statale, non distinguendosi neppure tra beni del re e beni dello Stato. E analogamente i soggetti che esercitano le funzioni esecutive e giudiziarie non sono funzionari dello Stato ma del re; senza dire che le cariche pubbliche vengono comunemente trattate come beni di scambio, suscettibili di essere comprati e venduti, mentre talune di esse sono addirittura riservate ereditariamente a certe famiglie nobili, come avviene per esempio in Inghilterra. Ciò è reso possibile dall'estrema limitatezza delle funzioni statali, eccettuate quelle giurisdizionali, cui corrisponde – come già s'è detto – un apparato pubblico quanto mai ridotto. Il monarca assoluto, insomma, incarna quello che **Thomas Hobbes** (1588-1679) chiamò *Il Leviatano*: «*solo uomo* o *sola assemblea di uomini* [cui] *gli uomini che vivono senza un potere comune* [che] *li tenga in soggezione* ... [trasferiscono] *tutto il loro potere e la loro forza*», allo scopo di evitare la «*guerra di ogni uomo contro ogni altro uomo*», erigendo «*un potere comune che possa essere in grado di difenderli dall'aggressione di stranieri e dai torti reciproci* ...»; con questo riferimento all'«*aggressione di stranieri*» e ai «*torti reciproci*» che non può non ricordare i concetti di «sovranità esterna» e di «sovranità interna» di cui s'è detto nel paragrafo precedente.

Nel corso dello stesso XVII secolo e con maggiore evidenza nel 1700, almeno quattro grandi Stati europei (la Francia, la Spagna, l'Austria e la Prussia) e altri Stati minori (come, in Italia, il Regno di Sardegna o quello di Napoli) si trasformano peraltro in **Stati di polizia**. Ma l'espressione polizia non deve trarre in inganno, poiché in questo contesto essa non riguarda la pura e semplice tutela dell'ordine pubblico, bensì coincide assai più largamente con il termine politica (riallacciandosi alla «*politeia*» di cui parlavano i greci con riferimento alla pubblica amministrazione in genere); e in ultima analisi significa *attività di governo*, libera nella scelta dei fini oltre che dei mezzi.

In effetti, lo Stato di polizia si viene gradualmente qualificando per *l'universalità dei suoi fini* e per la *completezza del suo ordinamento*: cui certi Regni pervengono compiutamente nella seconda metà del Settecento, attraverso un'opera di *codificazione* dalla quale derivano l'unificazione e la razionalizzazione dell'ordinamento, con il conseguente superamento della fase del diritto consuetudinario (si pensi in tal senso, anzitutto, al codice «fredericiano» elaborato nella Prussia di Federico II verso la metà del XVIII secolo, pur senza esser fatto entrare in vigore). Ben prima e comunque indipendentemente dalla codificazione, in tutti gli Stati di polizia si registra però una grandiosa espansione dell'intervento statale che giunge fin d'allora a coinvolgere la generalità dei settori attualmente interessanti le pubbliche amministrazioni. Non a caso, gli studiosi di quel tempo ritenevano che *la polizia si estendesse sui seguenti oggetti*: la religione, la disciplina dei costumi, la sanità, l'alimentazione, la sicurezza e la tranquillità pubblica, la viabilità e gli altri lavori di pubblico interesse, le scienze e le arti, il commercio, le manifatture e le industrie in genere... oltre all'ordinamento di tutte le forme di lavoro dipendente. E di tutto questo lo Stato doveva occuparsi – secondo le stesse dottrine dell'epoca – allo scopo di assicurare niente meno che la maggiore felicità possibile dei sudditi, sia pure secondo le autoritarie visioni del monarca.

Negli Stati più piccoli, sul tipo del Regno di Sardegna, tali concezioni fanno sì che il sovrano si spinga fino al punto d'intromettersi personalmente negli aspetti più privati della vita dei suoi sottoposti, quali i rapporti familiari e la moralità dei comportamenti. Ma dappertutto avviene, su scala più vasta, che l'azione statale si svolga in direzioni affatto ignote nell'epoca degli Stati patrimoniali, imponendo *complessi sistemi di autorizzazioni, di licenze, di controlli amministrativi* a carico di attività che prima erano libere; tanto che gli Stati di polizia possono ben considerarsi come prototipi degli Stati totalitari, in quanto rivolti a organizzare – secondo modelli precisi – l'intera vita di coloro che vivono nel loro territorio. Mentre, cioè, gli Stati patrimoniali si limitavano a curare l'esercizio di compiti essenziali, quali l'amministrazione della giustizia e la difesa dalle aggressioni esterne, questi nuovi ordinamenti danno luogo – come già si accennava – a un articolatissimo *diritto pubblico dell'economia*: sia nel senso di regolare gli scambi interni e internazionali, elevando barriere doganali e praticando per lo più il protezionismo; sia nel senso di costituire in via diretta vere e proprie manifatture pubbliche. Del pari, gli Stati in questione gestiscono o comunque regolano i servizi sanitari e assistenziali, creando ospedali e case per i poveri; provvedono alla realizzazione dei primi catasti; assumono fra i loro compiti la stessa istruzione; e non mancano nemmeno d'ingerirsi pesantemente nelle questioni religiose (come nel caso delle misure contro i gesuiti, espulsi – a partire dal 1767 e *in primis* dal Portogallo – da Spagna, Regno di Napoli, Francia, Austria..., fino alla soppressione dell'Ordine, nel 1773, disposta da Papa Clemente XIV), sia pure allo scopo di circoscrivere il potere della Chiesa cattolica.

A questa dilatazione dei compiti statali fa necessario riscontro, d'altronde, un accrescimento senza precedenti della *burocrazia* che ormai è formata da funzionari di professione piuttosto che da nobili operanti per diritto ereditario o per privilegio sociale. E all'interno dell'apparato burocratico centrale comincia a prospettarsi una precisa suddivisione secondo competenze che rappresenta già il primo abbozzo dei ministeri del XIX e del XX secolo.

Di qui si desume, pertanto, che lo Stato di polizia si presenta con proprie caratteristiche concettuali rispetto alla figura dello Stato patrimoniale: distinguendosi dal suo precedente immediato sia per la completezza dell'ordinamento, sia per le finalità generali, comprovate dall'ampiezza dei settori e dalla varietà delle forme dell'intervento pubblico, sia per la conseguente articolazione dell'apparato burocratico. Fra tutti, però, il più notevole motivo di differenziazione, l'incidenza del quale non è solo quantitativa ma qualitativa, consiste nel fatto che, in certi ordinamenti statali dell'epoca, questo apparato si personalizza, dando per la prima volta luogo a uno **Stato-soggetto** identificabile nell'ambito dello Stato-ordinamento. Nella sua prima fase di sviluppo – a dire il vero – lo Stato come persona giuridica a sé stante si risolve nel *Fisco*, vale a dire nel patrimonio statale, tramite il quale lo Stato medesimo può fare fronte alle proprie obbligazioni. Ma non è casuale che, sin da quel periodo, si cominci a parlare di funzionari dello Stato, piuttosto che del re fisicamente inteso; ed anzi c'è del vero – malgrado l'enfasi che la contraddistingue – nella nota frase con la quale il re Federico II di Prussia affermava di essere «il primo servitore dello Stato».

Diretta conseguenza di questo tipo di fenomeni è l'istituzione, in Austria e in Prussia, dei primi *Tribunali camerali*, per mezzo dei quali ai sudditi si apre la via dei ricorsi giurisdizionali, in aggiunta ai ricorsi amministrativi, per ottenere il risarcimento del danno subito allorché l'amministrazione statale li abbia lesi in un loro diritto. Si manifesta in tal modo il fondamentale principio della legalità dell'amministrazione stessa che non è più completamente libera bensì anch'essa subordinata al diritto e quindi vincolata al rispetto di determinate forme e al perseguimento di determinati scopi prestabiliti attraverso le leggi. E, non a caso, in pari tempo si delinea un sistema più preciso delle *fonti del diritto*: nella fase più matura dello Stato di polizia, la legge si differenzia infatti dalle ordinanze e dai regolamenti che si considerano subordinati agli atti formalmente legislativi.

Sotto vari aspetti, tuttavia, non bisogna esagerare l'importanza delle garanzie in allora fornite ai sudditi, mediante i ricorsi contro gli atti amministrativi illegittimi. Occorre invece avvertire, in primo luogo, che i provvedimenti contro i quali viene data possibilità di proporre ricorso consistono unicamente negli «*atti di gestione*» e non negli «*atti d'imperio*»: il che sta a significare che soltanto l'amministrazione di diritto comune è sindacabile dal giudice amministrativo, in antitesi a quella ispirata dalla «politica» in senso lato e, dunque, dalla ragion di Stato (sicché – per esempio – non è possibile ricorrere contro l'atto che disponga l'espropriazione di un bene per ragioni di difesa militare). In secondo luogo, la garanzia della legalità dell'azione amministrativa e del relativo sindacato giurisdizionale finisce per essere eminentemente relativa: dato che pienamente soggetti alle leggi (e alle norme giuridiche in genere) sono solo i livelli gerarchicamente inferiori della pubblica amministrazione, diversamente dal re cui fanno capo tanto il potere legislativo quanto il potere esecutivo, con la conseguenza che egli si considera (o, meglio, si continua a considerare) *legibus solutus* ed è abilitato a derogare alle leggi in vista di una (sua) libera valutazione del pubblico interesse. In terzo luogo, d'altronde, l'istituzione di tribunali amministrativi non si verifica in tutti gli Stati dell'epoca; tanto è vero che nella Francia dell'«*ancien régime*», cioè precedente alla Rivoluzione del 1789, la pubblica amministrazione non era assoggettata a un apposito sindacato giurisdizionale, ma veniva controllata solamente dall'interno, per mezzo dei cosiddetti Parlamenti o delle Camere dei conti.

In definitiva, dunque, negli Stati in questione il popolo non poteva dirsi ancora adeguatamente garantito nei confronti dei pubblici poteri. Per l'appunto, esso si componeva di **sudditi**, dotati di circoscritti strumenti di difesa sull'unico piano del rispetto delle forme o delle procedure, non già di veri e propri cittadini, titolari di diritti pubblici soggettivi, invocabili e tutelabili nei rapporti con lo Stato stesso. Negli Stati di polizia del XVIII secolo non mancarono, in effetti, zone di libertà dal diritto delle più varie specie, rappresentate da privilegi di questo o di quel ceto, da immunità e da franchigie personali e territoriali. Ma in linea di diritto tutte queste situazioni dipendevano dal beneplacito regio; e in linea di fatto, per converso, esse smentivano l'assunto che di fronte al re tutti i sudditi fossero egualmente indifesi (... o difesi). In realtà, alle varie classi (nobiltà, clero, borghesia, popolo minuto) venivano riservati trattamenti incomparabilmente diversi tra loro. E furono soprattutto le ingiustificate condizioni di diseguaglianza a determinare l'irreversibile crisi degli Stati di polizia, spianando la via al subentrare degli Stati di diritto.

4. Segue: *l'avvento dello Stato di diritto*

La formula **Stato di diritto** deriva da una traduzione letterale del termine tedesco *Rechtsstaat*, coniato e teorizzato in Germania attorno alla prima metà del XIX secolo. Ma le origini della forma cui questo termine allude sono alquanto più lontane nel tempo, poiché un prototipo di Stato liberale, fondato sui principi di legalità e di separazione dei poteri, si concreta in ***Inghilterra*** *sin dalla fine del Seicento*. Sono infatti del 1689 sia la *Declaration of Rights*, sia il *Bill of Rights* (si ricordino, tra gli altri: il divieto di istituire tasse o abolire leggi, da parte del re, senza consenso parlamentare; il diritto di libere elezioni parlamentari; la libertà di parola e di libera discussione in Aula per i membri del Parlamento; il divieto, per il monarca, di mantenere un esercito, in tempo di pace, senza consenso parlamentare, ecc.), stilati dal Parlamento inglese al termine della c.d. *Rivoluzione Gloriosa* che pose fine al tentativo di restaurare la monarchia assoluta da parte di Giacomo II Stuart. Ma detto prototipo è addirittura ricollegabile a remoti precedenti medievali, sul tipo delle libertà e dei diritti garantiti ai cittadini inglesi dalla già ricordata *Magna Charta* del 1215.

Il tutto senza peraltro potersi dimenticare il *contributo offerto dalla* ***Rivoluzione americana*** *(1775-1783)*, con particolare riguardo per la *Dichiarazione di Indipendenza*[2] sottoscritta dai cinquantasei rappresentanti di tredici (*ex*) colonie britanniche, a Filadelfia il 4 luglio 1776 e per la *Costituzione U.S.A.*[3] adottata dalla Convenzione di Filadelfia il 17 settembre 1787.

Così come non si può trascurare il *contributo ideale* offerto dal pensiero filosofico dell'inglese **John Locke** (1632-1704), teorico di uno stato costituito *solo* per «*... conservare e accrescere ... la vita, la libertà del corpo ... e il possesso delle cose esterne, come la terra, il denaro, le suppellettili ...*». Non si tratta più, com'era stato per Hobbes, di concludere un patto con il sovrano, cedendogli ognuno la propria intera porzione di potere onde vedersi tutelati da aggressioni esterne e lotte interne; bensì di cedere allo Stato, inteso come organizzazione politica, unicamente ciò che serve ad assicurare la pace tra gli uomini, cioè solo il diritto di farsi giustizia da sé. Dal che un'idea di Stato che non può negare i diritti dell'uomo, inviolabili perché naturali (vita, proprietà, eguaglianza formale, libertà personale), esistendo, anzi, esso al solo scopo di tutelarli, a partire da quelli alla vita e alla proprietà (sia i suoi *Due trattati sul governo*, sia il suo *Saggio sull'intelletto umano* sono del 1690, un anno dopo gli atti emanati dal Parlamento inglese di cui s'è detto poco sopra).

Nell'***Europa continentale***, viceversa, il processo che conduce all'affermazione dello Stato di diritto non è altrettanto graduale, ma sovente assai brusco e traumatico: a partire dalla ***Francia***, dove la nuova forma costituisce il portato essenziale della rivoluzione del 1789. Negli ***altri Stati europei***, l'ideologia dello Stato di diritto viene quindi diffusa dalle campagne napoleoniche; e dopo una parentesi conseguente al crollo dell'Impero francese, nel corso della quale Germania e

---

[2] «... *Noi riteniamo che sono per se stesse evidenti queste verità: che tutti gli uomini sono creati eguali; che essi sono dal Creatore dotati di certi Inalienabili diritti, che tra questi diritti sono la Vita, la Libertà e il perseguimento della Felicità* ...».

[3] «*Noi, Popolo degli Stati Uniti, allo Scopo di realizzare una più perfetta Unione, stabilire la Giustizia, garantire la Tranquillità interna, provvedere per la difesa comune, promuovere il Benessere generale ed assicurare le Benedizioni della Libertà a noi stessi e alla nostra Posterità* ...».

Italia subiscono il ritorno degli Stati di polizia, gli eventi rivoluzionari del 1848 segnano l'inizio di una graduale e diversificata ma conclusiva riaffermazione dei principi caratterizzanti questo tipo di ordinamento, sulla base delle nuove Carte costituzionali adottate nel Regno di Sardegna (Statuto albertino: 4 marzo 1848), nell'Impero austro-ungarico (25 aprile 1848), in Prussia (31 gennaio 1850) e via discorrendo.

Ma quali sono, anzitutto, i significati minimi e costanti della formula in esame? Nei suoi scritti di teoria generale, Kelsen ha sostenuto che Stati di diritto sarebbero – complessivamente – gli Stati comunque sottoposti al proprio ordinamento giuridico; e in questo senso ha ritenuto che il *Rechtsstaat* non rappresenti già una data forma di ordinamento statale, ma per definizione li comprenda tutti, quanto meno a partire dagli Stati di polizia. Così ragionando, però, si disconosce il senso e il valore della lotta per lo Stato di diritto che contraddistingue la storia istituzionale europea dalla fine del XVIII secolo in poi. Né si considera che un tale tipo di Stato, per quanto equivoco possa essere il termine con il quale si suole designarlo, si pone come il frutto di uno sforzo di superamento degli intrinseci difetti dello Stato di polizia, assumendo strutture e contenuti politici che stanno in polemica antitesi con quelli dell'«*ancien régime*».

Strutturalmente, in verità, molteplici sono gli aspetti peculiari dello Stato di diritto: in parte riguardano l'organizzazione costituzionale dello Stato stesso, in parte le libertà e le garanzie dei soggetti governati. Sotto il primo profilo, in contrasto con la preesistente confusione di tutti i poteri nella persona del re, la forma in esame comporta una netta **divisione dei poteri**: il che non si risolve nella distinzione delle competenze o nella ripartizione delle mansioni fra i diversi organi (che ricorrevano già negli Stati di polizia del XVIII secolo, secondo la nota tripartizione teorizzata da Montesquieu nel suo *Esprit des lois* del 1748), ma postula che alle tre fondamentali funzioni dello Stato – la legislazione, l'amministrazione e la giurisdizione – corrisponda una parallela suddivisione dell'apparato statale, sicché al Parlamento compete il potere legislativo, al Capo dello Stato o al Governo il potere esecutivo, alla magistratura il potere giudiziario. Sotto il secondo profilo, anche il principio di **legalità dell'amministrazione** (che pure era già noto in precedenza) acquista pertanto una base più sicura e assume significati ulteriori: sia nel senso che agli stessi organi esecutivi di vertice viene sottratta – per lo meno sulla carta – la facoltà di derogare alle leggi approvate dalle Camere; sia nel senso che l'attività amministrativa ritrova sempre nella legge, oltre che un limite insuperabile, il proprio fondamento e la determinazione dei propri scopi. Di pari passo, una volta distaccata la fonte soggettiva della legislazione dagli organi che emanano i conseguenti atti amministrativi, diviene effettivo lo spazio nel quale la **giustizia amministrativa** può imporre il rispetto delle leggi da parte dell'esecutivo. E si consolidano allora – sotto il terzo profilo – le stesse **libertà individuali** che la Costituzione o le leggi proclamano, giacché i cittadini sono in grado di ricorrere al giudice ogniqualvolta l'esecutivo le violi.

Chi volesse fissare un punto comune di riferimento di tutti questi caratteri, apparentemente eterogenei, potrebbe peraltro concludere che la separazione dei poteri, la legalità dell'amministrazione, la giustizia amministrativa, le libertà fondamentali, confluiscono tutte nel principio di **eguaglianza dei cittadini davanti alla legge**. Secondo il modello del *Rechtsstaat* (sebbene molto spesso ignorato dalla realtà di ciascun ordinamento positivo del secondo Ottocento e del primo Novecento), le leggi del Parlamento sono eguali quanto alla loro natura, perché formulate tutte in maniera generale e astratta, senza tener conto delle situazioni individuali. In altre parole, nello Stato di diritto correttamente inteso le leggi stesse non producono più privilegi, «né pluralità di ordinamenti in corrispondenza alle varie categorie di soggetti» (Esposito); mentre gli atti amministrativi discriminatori debbono senz'altro ritenersi illegittimi, risultando pertanto annullabili o disapplicabili dai giudici. Ed è precisamente in questo senso che l'eguaglianza viene a costituire il perno dell'intera forma in considerazione.

Per farsi un'idea più compiuta degli Stati di diritto precedenti la prima guerra mondiale, non si può fare a meno, tuttavia, di estendere l'esame ai contenuti politici che costituivano il presupposto di quelle strutture. Sotto quest'ultimo aspetto, lo Stato ottocentesco di diritto ha una *costituzione politicamente liberale, economicamente liberista, socialmente borghese*. Sul piano della politica economica, esso tende a capovolgere gli orientamenti tipici degli Stati di polizia: non alterando il naturale gioco delle attività e dei rapporti di produzione e di scambio, ma ispirandosi al criterio del «*laissez faire*». In altre parole, lo Stato in questione si limita – come più volte si è detto – a fungere da «gendarme», prestabilendo una cornice giuridica entro la quale i singoli operatori siano liberi di agire (vengono, appunti, «*lasciati fare*»), nel perseguimento dei loro personali interessi. E in questo campo vigono soltanto le leggi di mercato (l'**economia di mercato**, fondata sul libero scambio tra domanda e offerta, finisce per prevalere sul c.d. «*mercantilismo*» che aveva caratterizzato l'epoca precedente e che si basava sulla *limitazione* esercitata, mediante una stretta attività di controllo, da parte dello Stato sulle importazioni e sull'*incentivazione* delle esportazioni, perché dallo squilibrio tra i due fenomeni a favore del secondo veniva fatta dipendere la misura della ricchezza dello Stato stesso e quindi anche quella del monarca), mentre lo Stato si astiene dall'indirizzare – secondo le dottrine liberistiche dell'epoca – sia la formazione che la suddivisione del reddito, specie per quanto riguarda la determinazione dei prezzi e la disciplina dei rapporti di lavoro subordinato.

In particolar modo, dopo la soppressione degli apparati corporativi risalenti al medioevo (e sopravvissuti sino alla fine dell'«*ancien régime*»), viene impedita od ostacolata la costituzione di leghe sindacali, che avrebbe anch'essa l'effetto di alterare il libero incontro della domanda e dell'offerta sul mercato del lavoro, e parallelamente è vietato anche lo sciopero. Ma in un quadro del genere, malgrado le libertà individuali siano formalmente garantite in modo eguale a tutti i cittadini, risultano in effetti favoriti i datori di lavoro nei confronti dei lavoratori e, più generalmente, i possidenti rispetto agli indigenti; ed è appunto in tal senso che molti definiscono polemicamente lo Stato ottocentesco come uno *Stato borghese*, finalizzato alla tutela dei diritti di una sola classe, quella borghese e, più in particolare, siccome composta di proprietari, a discapito delle altre specie di situazioni soggettive. Coerentemente, del resto, anche i diritti politici sono attribuiti in ragione del censo o del grado di educazione, anziché spettare – per definizione – a tutti i cittadini maggiorenni; e le limitazioni sono tanto più gravi, in quanto il possesso di un adeguato titolo di studio finisce per dipendere esso stesso dalla condizione economico-sociale degli interessati; sicché ne risulta un circolo vizioso, per cui l'elettorato attivo e passivo rimane lungamente riservato ai ceti dominanti. Non a caso, in Italia, alle elezioni politiche dell'anno 1900, quando già stava per essere concesso il suffragio universale almeno maschile, ebbe il diritto di partecipare meno del 7% dei cittadini (anche perché dalle elezioni stesse venivano escluse in partenza le donne).

Lo Stato ottocentesco di diritto rappresenta dunque l'esempio perfetto di un ordinamento *liberale ma non democratico*: sulla carta assicura a tutti i cittadini eguali diritti civili, ma circoscrive invece la titolarità dei diritti politici. Per ciò stesso, però, sussiste un contrasto evidente fra il momento della proclamazione e il momento dell'applicazione dei principi ispiratori della forma in esame che si riflette – come già è stato detto – anche nel campo dei rapporti economico-sociali: giacché, per es., il divieto di formare sindacati fra i lavoratori confligge con la norma generale sulla libertà di associazione; e l'incriminazione degli scioperi (protrattasi fin quasi al termine del XIX secolo) non si concilia in nessun modo con la pur conclamata libertà di lavoro.

5. Segue: *dagli Stati liberali agli Stati democratici; lo Stato sociale di diritto*

a) Il superamento delle contraddizioni insite nei primitivi Stati di diritto comincia ad attuarsi, tra la fine del XIX e l'inizio del XX secolo, con l'estensione del diritto di voto a tutti i cittadini che raggiungono la maggiore età (escluse ancora le donne). Il **suffragio universale maschile** viene stabilmente introdotto, quanto alla Camera elettiva del Parlamento francese, sin dal 1875; ed anche in Inghilterra la riforma è gradualmente attuata nel medesimo periodo di tempo, dapprima a vantaggio dei soli abitanti delle città, quindi per le popolazioni delle campagne; mentre in Italia a questo risultato si perviene appena in occasione delle elezioni politiche del 1913.

A lungo andare, comunque, la trasformazione dei preesistenti Stati liberali in Stati per lo meno formalmente democratici non può non incidere sugli stessi presupposti economico-sociali dei rispettivi ordinamenti.

Con il progressivo allargamento della base elettorale[4] il sempre maggior peso

---

[4] Dapprima – all'epoca dell'unificazione del Regno – limitata a 418.000 soggetti circa (e cioè a

acquisito in Parlamento dai movimenti e dai partiti che rappresentano i ceti più umili determina inevitabilmente un sempre più sensibile intervento dello Stato a vantaggio dei ceti medesimi (rafforzando una tendenza che, sotto certi aspetti, s'era già manifestata prima ancora dell'introduzione del suffragio universale), nonché, conseguentemente, la nascita di partiti politici (non necessari nelle epoche in cui l'elettorato attivo era un bene a disposizione di pochissimi) capaci di tutelare e organizzare grandi masse di elettori. Il «Partito Socialista Italiano» nasce a Genova nel 1892, con il nome di «Partito dei lavoratori italiani»; il «Partito Popolare Italiano» – antesignano della «Democrazia Cristiana» – nasce *solo* nel 1919, nell'anno, cioè, in cui Papa Benedetto XV formalmente àbroga il «*non expedit*» pronunciato per la prima volta da Pio IX nell'ottobre del 1874[5] (e formalizzato dal Sant'Uffizio il 30 novembre 1876) per vietare ai cattolici di esercitare l'elettorato attivo e passivo nelle elezioni politiche del Regno d'Italia; il «Partito Comunista italiano» nasce, infine, a Livorno, nel 1921, per una scissione a sinistra dal Partito Socialista.

Dal punto di vista dei suoi contenuti, lo Stato di diritto diviene pertanto uno **Stato sociale** che mira a realizzare una eguaglianza non solo formale, ma effettiva di tutti i cittadini, correggendo alcune storture derivanti da un mercato totalmente libero e incontrollato, nonché operando se non altro nelle tre direzioni seguenti: primo, nel senso di distinguere dal comune diritto dei privati il *diritto del lavoro*, tendente variamente a tutelare i lavoratori nei loro rapporti con i datori di lavoro, sulla base dell'assunto che essi rappresentino le parti economicamente più deboli (il che si verifica già nella legislazione inglese del 1830, in dife-

---

meno del 2% della popolazione); poi, con la riforma del 1882, a 2.000.000 di soggetti circa (il 7% della stessa); quindi, nel 1912, allargata a 8.700.000 soggetti circa (con un balzo al 23% della medesima, mediante l'estensione dell'elettorato al suffragio universale, solo maschile, che considerava elettori tutti i maggiori di 30 anni, o coloro che, maggiori di 21 anni, avessero la licenza elementare, o un reddito maggiore di 19,80 lire, o avessero prestato il servizio militare); per arrivare, infine, nel 1946, ai 28.000.000 di soggetti – maschi e femmine maggiorenni – aventi diritto di voto per l'Assemblea Costituente e che rappresentavano più del 60% della popolazione d'allora, ammontante a 45.540.000 persone.

[5] Il 20 settembre 1870 le truppe sabaude entravano a Roma. Lo Stato Pontificio cessava di esistere *di fatto* (*di diritto* cesserà solo trent'anni dopo, il 20 settembre 1900, a opera di Leone XIII) e finiva il potere temporale dei Papi.

Otto mesi più tardi, la c.d. «*legge delle guarentigie*» (13 maggio 1871, n. 214) se per un verso garantiva l'inviolabilità della persona del Pontefice, gli assicurava onori sovrani e il diritto di avere al proprio servizio guardie anche armate a difesa dei suoi possedimenti, riduceva questi ultimi (non concessi in regime di proprietà, ma su cui veniva assicurata l'*extra*-territorialità) ai soli Palazzi vaticani, nonché a quelli romani della Cancelleria e del Laterano e a quello di Castel Gandolfo.

Papa Pio IX (regnante dal 16 giugno 1846 al 7 febbraio 1878) non accettò mai i predetti due eventi e, dal 20 settembre 1870 alla morte, si considerò sempre prigioniero del Regno d'Italia.

Con legge 3 febbraio 1871, n. 33, la capitale del Regno d'Italia veniva infine trasferita da Firenze a Roma.

La «risposta» della Chiesa fu, appunto, l'atto del *non expedit* cui si fa riferimento nel testo e che è il solo a poter spiegare una nascita così «tardiva» di un partito unitario dei cattolici italiani.

sa del lavoro minorile); secondo, nel senso d'istituire forme generalizzate di *previdenza* e di *assistenza*, non più concepite con spirito caritativo, a vantaggio di singoli individui particolarmente bisognosi, ma destinate a favore di intere categorie di assistibili, senza riguardo alle loro condizioni soggettive; terzo, nel senso di individuare, nell'ambito del diritto amministrativo, il *diritto dell'economia pubblica*, avente per oggetto gli interventi diretti delle pubbliche amministrazioni nel campo economico, là dove l'iniziativa privata sia carente o non dia luogo a esiti socialmente accettabili e quindi opportuni. In antitesi alle dottrine liberistiche, si prende in effetti coscienza che lo Stato non può più fungere da semplice spettatore dei rapporti economici, dovendo invece attivarsi per assicurare una maggiore giustizia sociale; e così si giustifica non solo una vasta attività statale rivolta a controllare e indirizzare le attività degli operatori privati, ma la stessa nazionalizzazione delle imprese e dei servizi considerati di preminente interesse pubblico (a cominciare dalle ferrovie).

b) Tuttavia, questo moltiplicarsi degli interventi statali, cui corrisponde e consegue un progressivo mutamento dei rapporti di forza tra le varie classi sociali, non può non implicare contraccolpi assai notevoli, sia nelle forme di governo sia nelle complessive forme di Stato. E mentre alcuni Stati europei, quali la Francia o l'Inghilterra, sopportano i mutamenti stessi senza crollare sotto il loro peso, parecchi altri Stati, dalla Russia all'Italia, dalla Germania alla Spagna, subiscono invece gravissimi traumi che danno luogo dapprima a situazioni sostanzialmente rivoluzionarie e quindi all'affermarsi di forme affatto nuove.

Tanto gli **Stati di tipo nazional-fascista** quanto gli **Stati socialisti** o **comunisti** si contraddistinguono anzitutto per la soppressione o la deformazione – sia pure avvenute in tempi e in modi assai diversi – delle libertà individuali che in alcuni casi (come nel III Reich germanico) non hanno più nessuna garanzia di ordine costituzionale; in altri (come nella Russia sovietica), le libertà individuali sono trasformate in situazioni soggettive c.d. funzionali, cioè suscettibili di venir fatte valere nel solo interesse collettivo, interpretato autoritariamente dagli organi di governo del Paese. Ma, parallelamente, la divisione dei poteri cede necessariamente il passo alla confusione o alla concentrazione di tutte le funzioni statali politicamente rilevanti (mettendo in forse lo stesso principio di legalità dell'amministrazione e della giurisdizione). Di più: in questo senso può verificarsi addirittura (come accadde, per esempio, nella Germania Nazista, diversamente che in Italia, nella quale, durante il Fascismo, sopravvissero organi funzionanti nello Stato precedente, come, per es., il Consiglio di Stato) che lo Stato in quanto tale sia privato dei poteri sovrani, cedendone in sostanza l'esercizio a un partito unico.

In ogni caso, tutti questi Stati si pongono – tendenzialmente almeno – come **ordinamenti e organizzazioni di tipo totalitario**, miranti a guidare tutte le azioni e le opinioni dei loro cittadini secondo comuni indirizzi (e rivendicanti, a tale scopo, funzioni peculiari come quella di propaganda politica). Sotto qualunque profilo, perciò, gli Stati nazional-fascisti si configurano in termini antitetici rispetto agli Stati ottocenteschi di diritto; e le stesse conclusioni valgono – sebbene i contenuti politici e le relazioni fra le classi sociali risultino profondamente diversi – per gli Stati socialisti o comunisti[6], a partire dall'URSS del periodo staliniano (1924-1953) nella quale, forse più che in ogni altro Paese guidato da una dittatura, finì con l'instaurarsi un regime che si poneva radicalmente all'opposto dei valori propri dello Stato liberale, posto che si reggeva sul duplice assioma della negazione, mediante annientamento o azzeramento da ottenersi con qualunque mezzo, sia della classe politica dominante in quest'ultimo (la borghesia), sia del diritto che esso voleva *in primis* vedere tutelato (la proprietà privata).

È un'esperienza, quella del totalitarismo, che caratterizza tutto il Novecento.

Per limitarsi all'Europa, a cavallo o anche dopo la fine della II Guerra Mondiale (e il conseguente crollo del regime nazista in Germania e – definitivamente – di quello fascista in Italia, sul quale si tornerà *infra*, parte II, cap. I, §§ 3 e ss.), si protrarrà fino alla fine del 1975 il regime fascista instaurato in Spagna da Francisco Franco nel 1936-1939. Senza dire che sia la Grecia (1967-1973), sia il Portogallo (1932-1974) conosceranno periodi di dittature militari o comunque sostenute dall'esercito. Come noto, bisognerà attendere addirittura il 1989 per potere assistere al crollo del «Muro di Berlino»[7] e alla fine dei regimi comunisti in quella che fu, da dopo la Rivoluzione bolscevica del 1917, l'URSS. Il disfacimento di quest'ultima portò, sempre per limitarsi all'Europa, al ripristino di Stati indipendenti in Russia, nei Paesi Baltici (Estonia, Lettonia, Lituania), in Bielorussia, in Ucraina, in Moldavia; così come il crollo del regime comunista in quella che fu, da dopo la fine della Prima Guerra Mondiale, la Jugoslavia, portò alla nascita di Stati democratici in Slovenia, Croazia, Bosnia Erzegovina, Serbia, Montenegro, Macedonia e Kossovo; al pari di quanto accadde in quella che fu – sempre ad opera dei trattati di pa-

---

[6] Sui quali, quanto all'Europa, v. anche *infra*, parte II, cap. I, § 7.

[7] Edificato tra il 13 e il 15 agosto 1961, divise la città in due parti (una, a Ovest, sotto giurisdizione della Repubblica Federale tedesca e l'altra sotto governo della DDR) fino al 9 novembre 1989.

Si arrivò a ciò perché Berlino si trovava integralmente situata all'interno della parte di Germania conquistata dai Sovietici alla fine della Seconda Guerra Mondiale.

La città venne da subito divisa in quattro zone, affidate all'amministrazione delle potenze vincitrici il conflitto: Francia, Gran Bretagna, USA e URSS. Quest'ultima, nel tentativo di estromettere gli altri tre Paesi dal controllo della città e ... *uniformarne* così il regime, bloccò, il 24 giugno 1948, ogni via di accesso ai tre settori occupati dalle forze alleate, eliminando tutte le vie di collegamento stradali e ferroviarie che attraversavano la parte di Germania occupata dai Russi. Tagliò anche i collegamenti alla centrale elettrica, di talché metà città si trovò improvvisamente al buio e non rifornita.

Dal giorno dopo e per più di un anno, la vita di quella che diventerà Berlino Ovest fu assicurata da un ininterrotto «*ponte aereo*» composto, in totale, di poco meno di 300.000 voli.

Non riuscendo ad arginare l'emorragia di cittadini che dall'Est della Germania passavano all'Ovest della stessa attraverso gli innumerevoli varchi della città, l'unico sistema che i comunisti tedeschi furono capaci di escogitare fu, appunto, la costruzione del muro.

ce successivi al termine del primo conflitto mondiale – la Cecoslovacchia dissoltasi nella Repubblica Ceca e nella Repubblica di Slovacchia. Aldilà di quella che era stata la c.d. «cortina di ferro» (v. *infra*, parte II, cap. I, § 7), anche Polonia, Ungheria, Romania, Bulgaria e Albania riconquistarono la propria indipendenza sia di fatto che di diritto e, in seguito a elezioni finalmente libere, videro restaurarsi regimi pienamente democratici.

c) Meno semplice è invece il problema – molto dibattuto nella Germania e anche nell'Italia del secondo dopoguerra – se negli ordinamenti ridivenuti o rimasti di stampo liberal-democratico, la forma dello Stato di diritto sia sopravvissuta o abbia finito qui pure per estinguersi, dando luogo alla forma degli Stati sociali. Che i presupposti politici dell'azione degli Stati stessi non siano più quelli del secolo precedente può considerarsi del tutto pacifico, in quanto allo Stato «gendarme», con i suoi limiti e le sue contraddizioni interne, è generalmente subentrato uno *Stato «interventista» che si propone di riformare la sua stessa società* secondo i criteri enunciati dalla celebre formula dell'art. 3, co. 2, Cost. it. («È compito della Repubblica rimuovere gli ostacoli di ordine economico e sociale, che, limitando di fatto la libertà e l'eguaglianza dei cittadini, impediscono il pieno sviluppo della persona umana e l'effettiva partecipazione di tutti i lavoratori all'organizzazione politica, economica e sociale del Paese»). Ma molti studiosi ritengono che, assieme ai presupposti, anche le più caratteristiche fra le garanzie insite nel *Rechtsstaat* siano state messe irrimediabilmente fuori gioco, perché incompatibili con i nuovi compiti statali (Capograssi, Jemolo, Ravà). Ciò è particolarmente vero – si rileva – per tutto ciò che implicava il principio di separazione dei poteri, dal momento che la legislazione, l'amministrazione e la stessa giurisdizione sono oggi divenute radicalmente diverse da quelle di un tempo. In uno Stato che interviene di continuo nel tessuto dei rapporti economico-sociali, è infatti inevitabile che gli atti legislativi si amministrativizzino, risolvendosi in leggi-provvedimento del caso concreto anziché in leggi-norma generali ed astratte; mentre l'amministrazione si trasferisce a sua volta dal campo del diritto pubblico tradizionalmente inteso nel campo delle attività imprenditoriali, naturalmente soggette al diritto privato; ed anche la giurisdizione viene dunque a difettare, specie per ciò che riguarda la giustizia amministrativa, del fondamento legislativo o normativo indispensabile per poter sindacare in maniera penetrante l'operato dell'esecutivo.

Non è facile stabilire fino a che punto simili opinioni siano accettabili (e in quanta parte dipendano invece da una sorta di furore polemico verso il presente funzionamento delle istituzioni): anche perché su questo punto si riscontra un nettissimo divario fra quanto appare dalla lettura delle Carte costituzionali e quanto si desume da un più realistico esame degli ordinamenti rispettivi. Stando alle Carte costituzionali più recenti, si potrebbe trarne addirittura l'impressione che le strutture dello Stato di diritto abbiano subito un rafforzamento o un perfezionamento. Così – per esempio – l'attuale Costituzione italiana proclama un'ampia serie di diritti civili, economico-sociali e politici, garantendone a tutti i cittadini l'esercizio; sancisce l'eguaglianza dei cittadini stessi davanti alla legge; riafferma l'imparzialità dell'amministrazione e la legalità della giurisdizione; assicura la divisione dei poteri, almeno per quanto concerne l'autonomia e l'indipendenza della magistratura; e, principalmente, vincola al rispetto di questi valori la stessa legislazione ordinaria, sottoponendola al sindacato di un'apposita Corte costituzionale. Sicché, se l'indagine potesse arrestarsi a questo punto, se ne dovrebbe desumere che la forma dello Stato italiano non è affatto mutata, salva la parentesi del ventennio fascista: semplicemente, dallo Stato liberale ottocentesco si sarebbe passati a uno **Stato sociale di diritto** (Forsthoff), come in effetti si ricava dall'art. 20 della Costituzione della Germania federale, lì definita, tra l'altro, «*stato ... democratico e sociale*».

d) Se, tuttavia, si confrontano i modelli delineati dalle Carte costituzionali con le realtà sottostanti, si dimostra che non sono completamente infondate le tesi di quanti considerano concluso il ciclo dello Stato di diritto. Lo sforzo di creare assetti sociali più giusti (e di guidare comunque lo sviluppo economico del Paese) determina infatti tensioni fortissime, anche all'interno degli apparati statali di governo In primo luogo, cioè, non è dubbio che i Parlamenti non operino più secondo gli schemi del *Rechtssaat*, in quanto essi approvano ben poche «grandi leggi», deliberando piuttosto una massa di misure legislative o di «leggine», rese indispensabili dalla continua azione correttiva che lo Stato svolge nel campo economico-sociale. In secondo luogo, questa stessa azione può comportare che i settori realmente riservati agli operatori economici privati si restringano progressivamente e per converso si allarghino le responsabilità imprenditoriali delle pubbliche amministrazioni (come si è verificato soprattutto in Italia, dove la graduale istituzione di una serie di notevolissimi enti pubblici economici – dall'IRI [8], all'ENI [9], all'ENEL... – ha finito per rendere preminente la presenza della «mano pubblica» nella complessiva economia nazionale; anche se il neo-liberismo degli ultimi anni, rafforzato dagli impulsi dell'Unione europea, sta determinando una forte inversione di tendenza). In terzo luogo, l'alterazione dei ruoli tradizionali dei pubblici poteri sta ripercuotendosi finanche sulla magistratura che per un verso tende a sostituir-

---

[8] L'«Istituto per la Ricostruzione Industriale» fu istituito nel 1933 durante il fascismo. Trasformato in società per azioni nel luglio del 1992, nel 2002 fu incorporato in «Fintecna», società per azioni di «Cassa Depositi e Prestiti» che è a sua volta controllata per più di 4/5 dal M.E.F (Ministero dell'Economia e delle Finanze).

[9] L'«Ente Nazionale Idrocarburi» è stato un ente pubblico statale creato nel 1953. Trasformato anch'esso, come l'IRI, in società per azioni nel luglio del 1992, negli anni successivi alla privatizzazione lo Stato ne ha venduto la più gran parte del capitale azionario. Esso continua però a mantenere il controllo della società detenendone circa il 30%: «Cassa Depositi e Prestiti» s.p.a. (v. nella nota prec.) ne possiede più del 25% e il MEF, direttamente, poco più del 4%.

si ad altri organi statali, per l'altro è privata – come s'è detto – degli indispensabili punti di riferimento. E a ciò si aggiunge che, nel suo complesso, lo Stato-apparato sembra essere depotenziato rispetto ai più vari centri di potere che ne condizionano l'operato piuttosto che subirne l'autorità: dai partiti politici ai sindacati, fino agli altri «gruppi di pressione» e agli stessi enti pubblici che lo Stato dovrebbe indirizzare e controllare.

e) Con tutto questo, però, sarebbe affrettata la conclusione che le forme degli Stati liberal-democratici contemporanei siano già radicalmente cambiate, al confronto con quelle dell'Ottocento. Preferibile è invece la tesi che le vecchie strutture e discipline normative tuttora vigenti si trovino spesso in aperto contrasto con le **nuove esigenze della società**: donde una fase di transizione verso nuove forme di Stato, che non si sono ancora configurate in tutti i loro aspetti.

Si può, tuttavia, sin da ora sottolineare come appaia oramai del tutto compiuta la parabola dello Stato interventista in economia, se non altro (ma non è la sola ragione) perché lo Stato di fine Novecento e di inizio del secolo attuale è assai *meno ricco* dello Stato degli anni che vanno dai Cinquanta agli Ottanta del secolo scorso.

È uno Stato che, per limitarsi ad alcuni esempi, si è impegnato con gli altri Paesi membri dell'Unione Europea, nel 1997, al rispetto del c.d. *Patto di stabilità*, vincolandosi a un serrato controllo delle proprie politiche di bilancio pubblico, al fine di mantenere «stabili», appunto, alcuni parametri che gli consentono di continuare a fare parte dell'UE; è uno Stato che spende troppo per mantenere l'apparato pubblico e al quale rimane quindi poco da investire in servizi; è uno Stato che grava sui cittadini con una tassazione assai pesante più per rifarsi delle uscite che per potere garantire agli stessi servizi da vero *Welfare State*; è uno Stato che fa allora anche fatica a intascare interamente le tasse dovute da tutti i cittadini; è uno Stato che, tutto ciò premesso, è giunto a modificare l'art. 81 Cost., confidando, così, di «*assicura*[re] *l'equilibrio tra le entrate e le spese del proprio bilancio*», ma il cui PIL (prodotto interno lordo, cioè la ricchezza del Paese) non cresce o cresce meno che negli altri Paesi d'Europa; che ha un debito pubblico arrivato, a fine 2017, all'esorbitante cifra di 2.290 miliardi di euro... tutto porta a comprendere perché la fase dell'iper-attivismo dello Stato in economia si è conclusa e si sia aperta, invece e in controtendenza, quella in cui lo Stato vende anziché acquisire, in cui esso cerca la compartecipazione dei privati per effettuare opere pubbliche e di interesse pubblico, in cui si appoggia sul *principio di sussidiarietà in senso orizzontale* di cui all'art. 118, ult. co., Cost., favorendo *l'autonoma iniziativa dei cittadini... per lo svolgimento di attività di interesse generale*, in cui esso fa vieppiù calare la spesa pubblica (con conseguente ulteriore contrazione dei servizi), nonché ridurre l'assunzione di personale dipendente della p.A. (v. *supra*, parte I, cap. I, § 5) ecc.

6. Segue: *Stati unitari e Stati federali*

L'analisi finora svolta quanto alle forme di Stato ha principalmente riguardato i vari tipi di rapporti storicamente instauratisi fra governanti e governati. Ma esiste per lo meno una seconda prospettiva, meritevole di essere presa in esame, che invece ha di mira i criteri con cui gli apparati di governo si collocano e si distribuiscono nel territorio nazionale; e sotto questo aspetto gli studiosi delle istituzioni hanno da tempo proposto ulteriori distinzioni tra le forme di cui si discute. In antitesi agli **Stati unitari**, che si risolverebbero interamente nella sintesi dei tre noti elementi costitutivi (dal momento che sul popolo e sul territorio si organizzerebbe un unico governo sovrano), si sono infatti configurati gli **Stati composti**, concepiti come risultanti di quattro elementi (dal momento che al governo centrale, organizzato su un popolo stanziato in un unico territorio, si contrapporrebbero vari governi locali, ciascuno dei quali avrebbe – almeno astrattamente – titolo per considerarsi statale).

Più precisamente, fino a qualche tempo fa si riteneva che la categoria degli Stati composti dovesse venire bipartita fra quelli a fondamento paritario e quelli «diseguali»; e mentre fra i primi s'inserivano gli Stati federali, nei quali è normale – se non indispensabile – che tutti gli Stati membri vengano dotati delle stesse competenze, fra i secondi s'inquadravano quegli ordinamenti in cui un singolo Stato appare provvisto di una qualche supremazia nei confronti delle altre componenti dello Stato complessivo. Del tipo degli «Stati diseguali» – per esempio – si credeva che fossero certi rapporti istituzionali riscontrabili fra uno Stato dominante e altri Stati vassalli, tenuti a versare al primo tributi e a concorrere nella difesa comune (come nel caso dell'Impero ottomano, dove la Turchia deteneva una posizione preminente rispetto, per es., all'Egitto o alla Libia). Del pari, in questo quadro si collocavano figure del genere dei protettorati internazionali o anche coloniali: nell'ambito dei quali la comunità «protetta» continuava a godere di una relativa autonomia (talvolta garantita da un apposito trattato con il relativo Stato «protettore»), nell'attesa che il processo di colonizzazione fosse eventualmente portato alle estreme conseguenze, anche se restava molto dubbio che la colonia fosse un vero e proprio Stato, nel senso moderno del termine se non altro perché gli abitanti della stessa non erano considerati, salvo eccezioni espresse, cittadini dello Stato colonizzatore.

Presentemente, però, non vale la pena di soffermarsi sulla natura di tali eterogenee unioni, visto che i cosiddetti *Stati composti ineguali* hanno cessato di esistere da parecchi anni a questa parte. Gli unici ordinamenti positivi, nei riguardi dei quali merita discutere se realmente essi possano qualificarsi come Stati composti (o come Stati di Stati), sono invece sicuramente gli **Stati federali** che anzi stanno avendo una grande diffusione nell'età contemporanea, giacché a questa specie appartengono o appartenevano – per lo meno sulla carta – non solo le due superpotenze, gli Stati Uniti d'America e l'ormai disciolta Unione delle Repubbliche socialiste sovietiche (e lo è anche la Russia di oggi), ma anche un gran numero di altri Stati, dalla Germania federale all'Austria, alla Svizzera, alla *ex* Jugoslavia, fino a vari ordinamenti statali *extra*-europei, quali il Canada, il Messico, il Brasile, l'India, l'Australia e via dicendo.

La circostanza che le stesse Costituzioni di questi Paesi considerino federali i rispettivi ordinamenti, definendo i governi «locali» come Stati membri, non basta peraltro a risolvere il problema. Al contrario, le diversità delle varie strutture federali e i vari criteri seguiti nel ripartire le competenze fra il centro e la periferia rendono già molto arduo pervenire a configurazioni unitarie e onnicomprensive. Ma, soprattutto, permane in ogni caso la difficoltà di fondo, consistente nel concepire un complesso di Stati, associati non già da una mera alleanza o da una *confederazione* (che per definizione non dà vita a una autorità statale superiore), bensì da un comune ordinamento caratterizzato dall'emergere di uno Stato centrale, titolare a sua volta di poteri sovrani. Come è pensabile, infatti, che la sovranità statale sia divisa fra lo *Stato centrale* e gli *Stati membri*, sicché risulti corretto – tanto in sede logica quanto in sede giuridica – parlare propriamente di uno *Stato di Stati*?

Fondamentalmente, il problema è stato affrontato e risolto in tre modi diversi.

Per molti studiosi, malgrado le difficoltà che essa implica, va pur sempre seguita una *prima tesi* per la quale sia gli Stati membri sia lo Stato centrale costituiscano ordinamenti e apparati statali veri e propri, per quanto reciprocamente limitati nei loro poteri sovrani. Ma, sotto entrambi gli aspetti, questa ricostruzione è invece contestata da altri studiosi: sia nel senso di una *seconda tesi* per la quale la sovranità spetterebbe solamente allo Stato centrale, per cui gli Stati membri sarebbero tali di nome e non di fatto; sia nel senso opposto (*terza tesi*), preferito da quanti ritengono sovrani i governi locali, risolvendo pertanto lo Stato federale in una mera confederazione di Stati.

L'idea che gli Stati federali non escludano ma presuppongano la piena sovranità degli Stati membri (*3^ tesi*) è stata però sostenuta con intenti polemici, oppure perseguendo contingenti interessi politici, da parte di giuristi che intendevano difendere l'autonomia (o l'indipendenza) dei governi locali dal governo centrale del loro Paese. In effetti, si tratta di una teoria che ormai non ha quasi più sostenitori, giacché i suoi fautori principali scrivevano e operavano negli Stati Uniti del primo Ottocento o nell'Impero germanico della seconda metà dello stesso Ottocento: come nel caso di Calhoun (1782-1850) che polemizzava contro il governo dell'Unione in nome di alcuni Stati sudisti; o del bavarese von Seydel (1846-1901) che temeva il predominio della Prussia nell'ordinamento tedesco imperiale. Da una criticabile premessa, questi autori traevano comunque conseguenze ancor più discutibili, quando attribuivano agli Stati membri la facoltà di disapplicare gli atti delle autorità centrali e addirittura lo stesso diritto di recedere dall'unione federale. Quanto infatti alla disapplicazione, essa non è validamente esercitabile nemmeno negli organismi plurinazionali sul tipo della Comunità europea; e, quanto al recesso, anche in quei pochissimi ordinamenti che lo prevedevano o lo prevedono esplicitamente (si pensi all'art.

17 della Costituzione sovietica del 1936 come pure all'art. 72 della Costituzione sovietica del 1977), ovvie ragioni di ordine pratico rendono alquanto difficile che lo si faccia valere da parte di singoli governi locali, senza innescare un generale processo dissolutivo, o una reazione violenta dello Stato centrale che, di per sé, la Costituzione non solo non prevede, ma esclude.

Molto più diffusa e significativa resta invece, ancor oggi, la classica opinione (*1ª tesi*) che ravvisa nello Stato federale uno Stato di Stati. Ma i vari sforzi compiuti per render concepibile la coesistenza di più poteri statali tutti sovrani, concorrenti in un medesimo ambito spaziale, non sono riusciti a superare l'ostacolo in maniera convincente.

Per prima cosa, non è risolutivo l'argomento – accennato fra gli altri da Mortati – per cui la distinzione fra gli Stati unitari e gli Stati federali sarebbe fondata sul criterio della rispettiva *origine storica*: nel senso che il processo formativo del secondo tipo di ordinamenti consisterebbe in una progressiva aggregazione di Stati dapprima indipendenti, con la conseguente rinuncia a una parte della loro sovranità originaria. In realtà, considerazioni del genere non reggono: non solo perché la genesi storica di un istituto non ha mai un valore preminente nella definizione giuridica delle sue caratteristiche attuali; ma anche perché si danno molti casi di Stati federali [dalla Germania Ovest, c.d. «di Bonn» (1949-1990) dal nome della sua capitale, subentrata al terzo *«Reich»* nazista, all'Unione delle Repubbliche socialiste sovietiche (1922-1991), sostituitasi alla Russia zarista] originati da un processo contrario, di decentralizzazione di Stati già unitari.

D'altra parte non resistono all'analisi le tesi di chi cerca di differenziare gli Stati federali, prescindendo dal problema del come si divida la sovranità statale, sulla base di certe loro presunte caratteristiche estrinseche: come quella rappresentata dalla circostanza che gli Stati membri eserciterebbero tutte le funzioni pubbliche fondamentali (giurisdizione compresa) o sarebbero provvisti di un'autonomia di rango costituzionale, avendo il potere di darsi una Costituzione propria. Sul piano teoretico, questi tentativi di soluzione eludono il problema centrale della compresenza di più Stati, tutti naturalmente sovrani; sul piano dei vari diritti positivi, esse non tengono conto del fatto che esistono ordinamenti nominalmente federali in cui gli Stati membri difettano di funzioni giurisdizionali o non sono in grado di darsi una Costituzione se non con l'approvazione delle autorità centrali. Semmai, potrebbe risultare preferibile il criterio per cui gli Stati membri prendono parte alla revisione costituzionale, specialmente per ciò che riguarda le loro attribuzioni; ma anche in tal senso le varianti sono numerose e profonde, giacché gli Stati stessi concorrono al procedimento di revisione talvolta in maniera diretta, talvolta per il tramite delle seconde Camere dei legislativi federali.

Più pertinente è l'argomentazione di quanti contrappongono i poteri sovrani rispettivamente riservati ai governi centrali e a quelli locali, sostenendo che i primi sarebbero dotati della *sovranità c.d. esterna*, dal momento che il potere di stipulare trattati è comunemente riservato allo Stato centrale (salve le eccezioni previste dalle Costituzioni federali); mentre i secondi manterrebbero la *sovranità c.d. interna*, vale a dire la supremazia nel proprio ambito spaziale e personale. Sicuramente fondata sotto il primo aspetto, la contrapposizione non è tuttavia sostenibile dall'altro dei due punti di vista, poiché non si può dubitare che, anche all'interno dei «suoi» Stati membri, lo Stato centrale eserciti funzioni legislative, amministrative e giurisdizionali del più grande rilievo [per esempio in campo tributario, o militare, o di polizia (si pensi alle competenze del *Federal Bureau of Investigation* – FBI, negli USA), come pure per quanto concerne la disciplina generale dell'economia del Paese]: così da stabilire un diretto rapporto con i sottoposti e da far prevalere le sue scelte sulle concorrenti decisioni degli Stati membri.

Nell'impossibilità di affermare la sovranità degli Stati membri, in concomitanza con quella dello Stato centrale, s'è allora tentato [*tesi 2ª a)*] di negare che le stesse autorità centrali siano sovrane; e invece s'è concluso – soprattutto a opera di Kelsen, l'opinione del quale è seguita in Italia da Balladore Panieri – che *sovrano sarebbe unicamente l'ordinamento federale complessivo*, da cui deriverebbero tanto gli ordinamenti e gli apparati locali quanto il cosiddetto Stato centrale. Ma la ricostruzione così prospettata si dimostra più brillante che persuasiva; e comunque non riesce nell'intento di configurare gli Stati federali come forme per sé stanti, del tutto staccate dagli Stati unitari. Da un lato, infatti, resta fermo che l'apparato in cui trova precipua espressione l'ordinamento federale è costituito pur sempre dallo Stato centrale, gli organi del quale hanno il potere di modificare la stessa Costituzione complessiva (nonché di risolvere le controversie con gli Stati membri). D'altro lato, la teoria dell'ordinamento globale non si addice soltanto agli Stati federali, ma a tutti quegli Stati unitari decentrati, nei quali la Costituzione comunque ripartisce le competenze fra il centro e la periferia (come si verifica per le Regioni italiane che pure non aspirano – nell'ordinamento vigente – alla qualifica di Stati membri; o, meglio, forse talune di esse «aspirerebbero» a una siffatta qualifica, ma lo stato della legislazione costituzionale attuale non consente di ritenerle tali nemmeno lontanamente).

In breve, perciò, risulta assai difficile (se non del tutto impossibile) tracciare un taglio netto fra i molti Stati che si autodefiniscono federali e gli ordinamenti statali che invece si considerano unitari, malgrado l'alto tasso del loro decentramento: basterebbe comparare, da una parte, l'ordinamento dell'Austria (che è Stato federale) e, dall'altra parte, l'ordinamento della Spagna (che non è Stato federale), per averne subito la prova. È invece preferibile concludere nel senso [*tesi 2ª b)*] che gli Stati federali sono in qualche misura unitari (senza di che, non si tratterebbe di vere e proprie entità statali, bensì di confederazioni). Ma ciò comporta la necessità di concepire lo Stato federale sempre e solo come un **sottotipo dello Stato unitario**, riconoscendo che la sovranità (e dunque la statualità) spetta per definizione allo Stato centrale. È questa, in effetti, la tesi condivisa dalla maggior parte dei costituzionalisti italiani contemporanei (quali Lucatello, Crisafulli, De Vergottini e lo stesso Mortati), anche perché essa corrisponde meglio alla presente realtà degli ordinamenti che si considerano federali; ed è in tal senso che nella contemporanea dottrina tedesca si ragiona di uno «stato unitario federale». Nelle odierne esperienze del cosiddetto *federalismo cooperativo* si assiste, cioè, a una progressiva centralizzazione degli «Stati di Stati», rilevabile con la massima evidenza nel campo della politica economica (tributaria, creditizia, monetaria, e via dicendo); e lo confermano i condizionamenti che lo Stato centrale sta attuando nei confronti degli Stati membri, persino nell'ambito di sistemi particolarmente decentrati, come quello degli Stati Uniti d'America.

Dunque e in definitiva, lo Stato federale non rappresenta una distinta forma di Stato, ma si risolve piuttosto in una formula atta a designare gli ordinamenti statali che attuano al loro interno il più alto grado di decentramento compatibile con la loro unità. E conclusioni analoghe s'impongono, a più forte ragione, anche per i cosiddetti *Stati regionali*, fra i quali qualche autore annovera l'Italia, ritenendo che le nostre Regioni abbiano natura di «enti costituzionali», determinanti ai fini della ricostruzione dello stesso tipo di ordinamento statale oggi vigente (ma, su ciò, v. più approfonditamente *infra* nella parte IV).

7. *Le forme di governo: forme monarchiche e forme repubblicane; forme pure e forme miste*

Mentre le forme di Stato hanno riguardo al regime della comunità statale complessivamente intesa, l'analisi delle forme di governo concerne specificamente lo Stato-soggetto, in quanto considera l'esercizio della funzione di indirizzo politico (della quale si dirà *infra*, parte I, cap. II, § 9) da parte degli organi dell'apparato statale. In altre parole, si tratta di un'indagine avente per oggetto il sistema dei rapporti intercorrenti fra i cosiddetti *organi costituzionali* che governano il Paese in posizione di reciproca parità e indipendenza, al vertice dello Stato-apparato, sia pure subendo – di fatto – i più vari condizionamenti di ordine interno ed esterno.

Al pari delle forme di Stato, le forme di governo sono individuabili e definibili o come modelli, desunti per astrazione dall'esame comparato di una serie di tipi realizzatisi nel corso della storia, o come sistemi configurati dalle Carte costituzionali e dagli altri testi legislativi di determinati ordinamenti, secondo un criterio ricostruttivo meramente legalistico, oppure riguardati sulla base dei rapporti effettivi fra coloro che hanno potere negli Stati, in vista del reale funzionamento di regimi talvolta assai diversi da quelli costituzionalmente previsti. In questa sede sembra opportuno determinare anzitutto le principali forme di governo astrattamente intese; per poi confrontare i modelli in questione con il sistema proprio della Costituzione italiana vigente e, d'altro lato, con quello realmente instauratosi in Italia.

Nella **modellistica delle forme di governo**, la più ovvia distinzione fra di esse è quella che le suddivide in **forme monarchiche** e **forme repubblicane**, secondo la nota premessa del «Principe» (1532) di Machiavelli, per cui «*tutti li stati ... che hanno avuto et hanno imperio sopra gli uomini, sono stati e sono o repubbliche o principati*». Sebbene Monarchia e Repubblica non costituiscano forme per sé stanti, esse rappresentano in effetti due modi di atteggiarsi che qualunque regime politico deve alternativamente assumere.

Sta di fatto, però, che la *distinzione si presenta alquanto labile e difficile*, in quanto nessuno dei criteri differenziatori utilizzabili allo scopo si presta a venire riferito, rispettivamente, a tutti gli Stati che si autodefiniscono come monarchie o come repubbliche. Gli studiosi delle istituzioni adottano in tal senso, a dire il vero, i punti di vista più diversi: ora insistendo sulla rappresentatività o sull'elettività del Capo di Stato che farebbero difetto nei regimi monarchici e qualificherebbero invece quelli repubblicani; ora osservando che i monarchi durerebbero in carica a vita, mentre l'ufficio di Presidente della Repubblica spetterebbe a ciascun titolare per un tempo limitato; nonché, infine, ponendo l'accento sulla democraticità dell'intero sistema che per definizione caratterizzerebbe le repubbliche, in contrapposto al carattere autocratico delle monarchie. Tuttavia, nessuno di tali contrassegni va esente da vistose eccezioni. *a*) Così, per prima cosa, si danno ancora oggi *monarchie elettive*, sul tipo di quella che regge la Santa Sede (e per conseguenza lo Stato della città del Vaticano); cui corrispondono *repubbliche autoritarie*, nelle quali il Capo dello Stato s'è impadronito del suo ufficio con la forza o addirittura ereditandolo da un ascendente, senza vincere alcuna elezione (si pensi alla Siria e alla Corea del Nord). *b*) Quanto poi al criterio della durata in carica, anche nei regimi monarchici è indefettibile l'istituto della *reggenza*, per definizione limitata nel tempo; mentre nei regimi repubblicani si verifica più volte che un dittatore mantenga o pretenda di mantenere a vita la qualifica di Capo dello Stato. *c*) Analogamente, del resto, la rappresentatività e la democraticità sono proprie unicamente di taluni fra gli apparati repubblicani, né possono dirsi – per converso – incompatibili con gli apparati di tipo monarchico. La storia offre almeno un esempio recente di repubblica, quale il terzo «*Reich*» nazista, retta da un Capo di Stato che non si considerava affatto rappresentativo del popolo, ma intendeva porsi come «*Führer*» cioè come guida del popolo stesso. E alle tante repubbliche non democratiche (Siria e Corea del Nord, per restare agli esempi da poco portati) fa invece riscontro l'indubbia democraticità di molte monarchie contemporanee (dalla Gran Bretagna alla Svezia, alla Danimarca, al Belgio, all'Olanda, alla Spagna e via dicendo).

Nella teoria generale del diritto pubblico non si può dire, pertanto, che monarchia e Repubblica risultino concettualmente identificate e separate con nettezza. Piuttosto, è all'interno dei singoli ordinamenti che si considerano monarchici o repubblicani, che va ricercata l'esatta (e naturalmente mutevole secondo diritto positivo) consistenza dell'uno o dell'altro di questi due attributi. Né mancano le situazioni nelle quali i riferimenti alla repubblica o alla monarchia continuano a essere problematici, agli effetti delle stesse norme di un determinato Stato: come nel caso di quell'art. 139 Cost. che sottrae la «forma repubblicana» alla revisione costituzionale, senza tuttavia chiarire se la forma stessa sia sinonimo di elettività o di temporaneità della carica di Capo dello Stato, oppure corrisponda all'insieme dei principi democratici che informano l'ordinamento italiano (v. *infra*, parte III, cap. I, § 1).

Ben più precisa si presenta, invece, la contrapposizione fra le **forme pure** e le **forme miste** di governo; per quanto, su questo stesso piano, le opinioni dottrinali non siano del tutto convergenti. Qualche autore, come Mortati, dopo aver giustamente premesso che nelle forme pure tutto il potere è concentrato in un unico soggetto o complesso omogeneo di soggetti, conclude che i tipi in questione si ridurrebbero a due solamente: la monarchia assoluta e la democrazia popolare diretta. Sennonché, a parte la considerazione che i termini monarchia e democrazia non si collocano nel medesimo campo (poiché solo il primo di essi riguarda le forme di governo in senso stretto), sembra più corretto sostenere che le *forme pure* includono tutti quei regimi nei quali un singolo organo statale detiene comunque il monopolio del potere di indirizzo politico; mentre le *forme miste* corrispondono ai sistemi in cui tale funzione risulta ripartita fra più organi costituzionali.

Ora, se si riflette sul fatto che l'apparato statale svolge quanto meno tre funzioni essenziali – la legislativa, l'esecutiva e la giurisdizionale – cui corrispondono o possono corrispondere tre diversi poteri costituiti da specifici organi o gruppi di organi, ne segue che sono ipotizzabili almeno tre diverse forme pure: quella del legislativo, che suole venire denominata **governo di assemblea**, quella dell'esecutivo, che si sdoppia nei due sottotipi della **monarchia assoluta** e della **dittatura**, e quella del giudiziario che si risolve, se non altro sulla carta, nel cosiddetto **governo dei giudici**.

Vale però la pena di precisare subito che un effettivo governo dei giudici non si è mai storicamente concretato. Fatta eccezione per certi Regni dell'alto medioevo, nei quali il monarca si poneva principalmente come giudice supremo (ma aveva anche il comando dell'esercito, oltre che dell'embrionale amministrazione del Paese), la formula in esame non riveste oggi che un significato polemico: cioè si riferisce a quegli ordinamenti dove i giudici, pur senza assumere la direzione politica dell'apparato statale, abbiano abusato o abusino dei loro poteri (alla maniera della Corte suprema degli Stati Uniti, nel periodo compreso fra le due guerre mondiali).

I governi del legislativo o di assemblea, naturalmente repubblicani e non monarchici, ritrovano invece una certa corrispondenza nella realtà storica: dal «lungo Parlamento» che governò l'Inghilterra negli anni della grande rivoluzione (1640-1653), alle assemblee costituenti o nazionali della Francia rivoluzionaria, da cui la forma stessa ha desunto il suo nome[10]. Nondimeno, forme del ge-

[10] Non tanto sulla base della Costituzione del 1791, quanto in virtù della Costituzione del 1793, il Corpo legislativo francese venne infatti a disporre della totalità dei poteri di indirizzo politico. E basti ricordare – per averne la prova – come gli artt. 53 e 55 di quest'ultima Carta costitu-

nere sono intrinsecamente fragili e precarie, per l'evidente motivo che collegi troppo ampi non possono efficacemente esercitare funzioni di governo, se non altro per un'endemica incapacità di pervenire a decisioni, perdendosi piuttosto in discussioni tanto interminabili quanto inconcludenti. Non a caso, perciò, i regimi assembleari tendono a sfociare in regimi personali od oligarchici: quali la dittatura di Cromwell (durata dal 1653 alla morte di quest'ultimo, avvenuta nel 1658), seguita alla dissoluzione del «lungo Parlamento» [1640 (ma, effettivamente, 1642) – 1653], o il governo del Direttorio, instauratosi in Francia sulla base della Costituzione del 1795 e terminato il 9 novembre 1799, a causa del colpo di Stato del 18 brumaio dell'anno VIII, ad esito del quale Napoleone instaurò, prima, un consolato composto di tre componenti con sé stesso *primus inter pares*, poi il consolato nel quale egli era non solo Primo ma anche unico Console (1802-1804) e, infine, l'Impero (1804-1815).

In ultima analisi, dunque, le sole forme pure che abbiano avuto o abbiano notevole importanza sono la monarchia assoluta e la corrispondente forma repubblicana della dittatura (che per simmetria possiamo definire – sia pure a costo di sensibili imprecisioni – come *forme di governo dell'esecutivo*). Ma già si è notato che la «purezza» dei tipi in questione è molto più apparente che reale (anche se nell'età contemporanea alcune dittature sono giunte quasi al limite della «perfezione», come nel caso dell'ordinamento nazista). D'altra parte, le monarchie assolute hanno costituito forme di governo molto stabili, ma si sono oramai quasi estinte (salvo qualche ordinamento *extra*-europeo, sul tipo dell'Arabia saudita); mentre le dittature sono più che mai attuali, ma per forza di cose portate a convertirsi in forme miste, sia pure a carattere oligarchico anziché democratico. E spesso si verifica che, formalmente, le dittature stesse assumono l'aspetto di un sistema misto, dove il potere di governo appare ripartito – costituzionalmente o legislativamente – fra una pluralità di organi non coincidenti con il dittatore: come nel caso dell'URSS del periodo staliniano [1926 (due anni dopo la morte di Lenin, allorché le tesi di Stalin ebbero la meglio su quelle di Trockij) - 1953, anno della morte di Stalin] che sulla carta assomigliava addirittura a un regime tendenzialmente assembleare, dal momento che ancora la Costituzione sovietica del 1936 disponeva nel senso che il Soviet fosse «l'organo supremo del potere statale» [11].

---

zionale conferissero all'Assemblea nazionale la potestà di approvare non solo le leggi ma anche i decreti interessanti la difesa del Paese, la sicurezza interna, la politica monetaria, l'effettuazione dei lavori pubblici, la stessa amministrazione di singoli Comuni...; mentre il Consiglio esecutivo non poteva che dare applicazione ai decreti medesimi.

[11] La Costituzione del 1936 è stata sostituita da una nuova «Legge fondamentale», approvata il 7 ottobre 1977, che ancora disponeva (art. 108, co. 1): «*Il Soviet supremo dell'URSS è il massimo organo del potere statale*».

8. Segue: *le singole forme miste: le monarchie costituzionali; le repubbliche presidenziali e semipresidenziali; i governi direttoriali*

Non solo sulla carta ma nella realtà delle cose, la generalità dei sistemi di governo rientra comunque nelle forme miste, dando luogo a una grande varietà di modelli e – più ancora – di assetti effettivi degli apparati statali. Per non dilatare all'eccesso la parte introduttiva del manuale, è dunque opportuno limitare l'indagine ai soli modelli maggiormente caratterizzati, trascurando le molte forme ibride che risultano dalla combinazione di congegni e di criteri eterogenei. In questo senso, le forme di cui conviene occuparsi, secondo un ordine crescente di complessità, sono fondamentalmente di quattro tipi: la monarchia costituzionale cui corrisponde la repubblica presidenziale; la cosiddetta repubblica semipresidenziale; il governo direttoriale che ricade per la sua stessa natura fra le forme repubblicane; la monarchia e la repubblica parlamentare, la repubblica neo-parlamentare.

a) Fra tutte, la forma più antica e, almeno in Europa, meno attuale è rappresentata dalla **monarchia costituzionale**, cioè da quel regime in cui si contrappongono due organi essenziali, il *Re* e il *Parlamento*. La monarchia costituzionale si ricollega quindi alle monarchie limitate del basso medioevo; ma se ne distingue, in quanto la relativa ripartizione dei poteri si fonda su una Carta costituzionale (ovvero su disposizioni costituzionali dettate da specifiche leggi), che da un lato continua ad affidare la titolarità del potere esecutivo al Re e d'altro lato riserva la legislazione ad apposite Camere (l'una delle quali è necessariamente rappresentativa del corpo elettorale), salva la sanzione o la promulgazione delle leggi da parte del Re stesso.

L'origine di questo sistema va ricercata nella storia inglese, dove la monarchia costituzionale subentra per l'appunto – in conseguenza della «grande» (1628-1649, detta anche «prima») e della «piccola» (1688-1689, conosciuta forse più come «Gloriosa», o «seconda») rivoluzione – alla primitiva monarchia limitata. Volendo fissare una data, si potrebbe in tal senso risalire al già ricordato «*Bill of rights*» del 1689; ma, sostanzialmente, il sistema in esame è già vigente a partire dalla restaurazione degli Stuart, vale a dire dal 1660; per poi protrarsi, sebbene con varie vicende che preludono alla formazione della monarchia parlamentare, sin quasi alla fine del XVIII secolo. Nel resto d'Europa, viceversa, la monarchia costituzionale compare assai più tardi e ha una vita relativamente breve: dal 1814 al 1848 in Francia, dopo che le previsioni contenute nella Carta costituzionale del 1791 erano rimaste una lettera morta; dal 1850 al 1918 prima in Prussia e poi nell'Impero germanico; dal 1867 al 1918 nell'Impero austro-ungarico (mentre, grosso modo nel medesimo periodo, trasformazioni analoghe avvengono in altri Stati minori come il Regno di Sardegna, le cui peculiari vicende sono analizzate nel cap. I della parte II).

Simili forme di governo a due, nelle quali il Parlamento e il Re si fronteggiano immediatamente, mancano per definizione di un organo costituzionale intermedio quale il Governo. Per meglio dire, anche in questi sistemi esistono i *ministri*, a capo dei quali viene spesso collocato una sorta di superministro con funzioni direttive e di coordinamento, come – per esempio – nel notissimo caso del cancelliere germanico Bismarck; ma tanto i ministri quanto colui che li presiede si risolvono – giuridicamente almeno – in *fiduciari del Re*, nominati e revocati dalla Corona in vista di un indirizzo politico che i ministri stessi si limitano ad eseguire, alla maniera di organi ausiliari. Per ciò stesso, però, nelle monarchie costituzionali non può sussistere nessun formale rapporto di fiducia fra i ministri e le Camere del Parlamento. E questa situazione di carenza istituzionale di un collegamento fra il legislativo e l'esecutivo determina (o rischia di determinare) contrasti continui fra i loro titolari, che in definitiva conducono al declino del potere personale del Re e dunque alla crisi dell'intero sistema; tanto è vero che il prototipo di questa forma si converte in Inghilterra nella monarchia parlamentare, precisamente a causa dei conflitti fra Giorgio III e la Camera dei comuni, scoppiati nel corso della guerra d'indipendenza nord-americana (1775-1783). Oggi, sono monarchie costituzionali, per es., il Marocco e la Giordania, ma anche, se non proprio in forma purissima, il più vicino Principato di Monaco dal 1911.

b) Nella **repubblica presidenziale**, tipica del nostro tempo ma già modellata dalla Costituzione nordamericana del 1787, si ritrovano similmente due soli organi costituzionali indefettibili: vale a dire l'Assemblea o l'insieme delle *Assemblee elettive* (Senato e Camera dei Rappresentanti), cui spetta la legislazione, e il *Presidente della Repubblica* che funge al tempo stesso da Capo dello Stato e da vertice dell'esecutivo. Se si considera in particolare l'ordinamento statunitense, si vede infatti che il Presidente, eleggibile alla carica per non più di due mandati quadriennali consecutivi (limite introdotto, nel 1951, dal XXII emendamento alla Costituzione), ha il comando dell'amministrazione e delle forze armate del Paese, mentre il Congresso dispone della funzione legislativa e di certi poteri di controllo. Entrambi questi organi sono direttamente eletti dal popolo, o, per meglio dire, sono entrambi di derivazione popolare, con la precisazione che il Presidente è in realtà eletto dai c.d. «grandi elettori» a loro volta a ciò delegati dal popolo: sono tanti quanti la somma dei senatori (nel numero fisso di 100, essendo due per Stato), più i deputati (il cui numero può variare perché dipende da quanti sono i residenti in ciascuno Stato), più i rappresentanti (a oggi tre) del «*District of Columbia*» nel quale si trova la capitale Washington e che non è uno dei cinquanta Stati federati. Fra Presidente e Congresso non si inserisce alcun altro centro di potere, dato che nemmeno in tale forma sussiste un Governo equivalente a quello dei sistemi parlamentari. Al contrario, il «*Cabinet*» presidenziale è interamente composto di funzionari scelti dal Presidente; ed anche se le nomine dei capi dei vari dipartimenti ministeriali richiedono il previo consenso del Senato, né il Congresso né il Senato stesso sono in grado di provocarne la revoca, se non nelle forme estreme dell'«*impeachment*» (che, *mutatis mutandis*, corrisponde al nostro procedimento di accusa e di giudizio nei confronti del Presidente della Repubblica).

Ciò spiega la frequenza degli scontri fra il legislativo e l'esecutivo, non essendo affatto facile – come ha rilevato Elia – far andare di concerto soggetti diversi per struttura e per attribuzioni, ognuno dei quali è fornito di un'eguale legittimazione democratica e su questa base aspira a fondare l'indirizzo politico del Paese. Negli Stati Uniti, anzi, la situazione è sotto certi aspetti ulteriormente complicata dalla circostanza che i partiti politici non sono strutturati alla maniera di quelli operanti nell'Europa occidentale; ma si riducono piuttosto a gruppi elettorali, costituiti da provvisorie federazioni dei relativi partiti dei singoli Stati, senza dar vita – di regola – a organizzazioni permanenti. Non deve quindi stupire che il Presidente, quand'anche venga espresso dal partito che ha la maggioranza nei due rami del Congresso, non riesca sempre a imporvi la propria politica né a far loro approvare le conseguenti proposte di legge; poiché la disarticolazione dei partiti consente molto spesso che prevalgano istanze individuali o locali, cui non può essere opposta una disciplina rigorosa, vigente su base nazionale.

Ne deriva, pertanto, che la Repubblica presidenziale può funzionare – negli Stati Uniti come pure negli altri ordinamenti che l'abbiano adottata – in direzioni addirittura antitetiche. Da una parte, cioè, può succedere che il Presidente si ponga in effetti come la guida politica della Nazione; dall'altra parte, invece, può essere che egli si riduca ad eseguire le direttive prevalenti del corpo legislativo (donde il regime che gli studiosi nordamericani definiscono «*Repubblica congressuale*»). Molto dipende dalla statura politica e dal carisma personale del Presidente stesso; e molto dal fatto che egli si trovi ad agire in periodi normali oppure in situazioni critiche, giacché nella seconda ipotesi si esaltano i poteri d'intervento che la Costituzione gli attribuisce. Ciò vale, specialmente, per le funzioni che spettano al Capo dello Stato (o delle quali la prassi gli ha consentito di appropriarsi) per assicurare la difesa del Paese o per superare difficoltà di natura economica; tanto è vero che in simili occasioni si sono registrate le due presidenze più forti della storia degli Stati Uniti: quella di Lincoln, durante la guerra di secessione, e quella del secondo Roosevelt, successivamente alla crisi del 1929.

In linea generale, tuttavia, l'importanza dell'ufficio presidenziale va misurata nei fatti, ben più che alla stregua delle norme costituzionali (si pensi – per esempio – all'uso di stipulare accordi internazionali informali, per eludere la necessaria approvazione del Senato). Ma non per questo dev'essere sopravvalutata, giacché il legislativo ha la forza di frenare l'azione del Capo dello Stato, anche nel corso dei regimi a conduzione presidenziale. Del resto, concorre a questi esiti il *principio di separazione dei poteri* che negli Stati Uniti viene attuato con notevole rigore, seguendo una stretta applicazione della teoria c.d. «*dei pesi e contrappesi*» («*checks and balances*»), secondo la quale i poteri si controllano e bilanciano a vicenda: fino al punto che la Costituzione nega al Presidente la facoltà di presentare disegni di legge al Congresso (per quanto l'ostacolo possa essere aggirato, con l'ovvio espediente del ricorso a un congressista amico della Casa Bianca). A mo' di esempio, si rifletta sul potere di veto che il Presidente ha nei riguardi di una legge pure approvata dal Congresso e per superare il quale c'è bisogno che la legge venga riapprovata con la maggioranza, assai difficile da raggiungere, dei due terzi dei componenti. E, per converso, sul potere, proprio del Congresso, di approvare, o no [con conseguente «*government shutdown*» (cioè blocco dell'attività del governo)], totalmente o parzialmente, il bilancio federale, votazione dalla quale dipende l'effettività della politica dell'esecutivo, e quindi, in definitiva del Presidente.

c) Le difficoltà della forma repubblicana presidenziale, particolarmente accentuate nell'America latina, hanno fatto sì che in molti ordinamenti siano stati configurati sistemi diversi e più complessi, a cavallo fra il presidenzialismo e il parlamentarismo: donde le cosiddette **Repubbliche semipresidenziali**, il cui modello è rappresentato – attualmente – dalla Quinta Repubblica francese, instauratasi nel 1958. Prima ancora, però, di questo tipo era la Repubblica tedesca di Weimar (1919-1933/34): nella quale permaneva un rapporto di fiducia fra il *Governo* e il *Parlamento*, ferma restando – però – l'elezione popolare del *Presidente del Reich*, cui spettava nominare e revocare il *Cancelliere* (posto a capo del Governo stesso). La forma vigente in ***Francia*** assomiglia, per vari aspetti, al prototipo weimariano: a partire dalla revisione costituzionale del 1962, il *Presidente della Repubblica* viene infatti espresso dall'intero corpo elettorale e resta in carica per cinque anni (erano sette, fino al 2002); l'*Assemblea nazionale*, eletta anch'essa a suffragio diretto, dispone essa pure di un solo quinquennio, salvi gli scioglimenti anticipati; mentre nel mezzo si colloca il *Governo*, per un verso nominato e formalmente presieduto dal Capo dello Stato (che in questo modo sembra sovrapporsi al Primo Ministro che pure esiste e deve godere, contrariamente al Presidente della Repubblica, della fiducia del Parlamento), per un altro verso responsabile nei confronti dell'Assemblea, che può costringerlo a dare le dimissioni, approvando un'apposita mozione di sfiducia [12].

Diversamente dalla Repubblica di Weimar, tuttavia, la quinta Repubblica è riuscita finora a funzionare in un modo abbastanza efficiente, superando i problemi più volte determinati dalla forzosa «coabitazione» fra un Presidente di parte moderata e un raccordo Governo-Parlamento a maggioranza socialista (oppure viceversa). Il che – unitamente alla vastità e importanza dei poteri presidenziali [si pensi che, *senza necessità di controfirma*, egli può, tra l'altro: nominare il Primo Ministro, *ex* art. 8, co. 1, Cost.; sottoporre a *referendum* i progetti di legge che riguardano l'organizzazione dei pubblici poteri, le riforme relative

---

[12] V. rispettivamente gli artt. 41 e 52 della Costituzione di Weimar; nonché gli artt. 6, 8, 9, 49 e 50 della vigente Costituzione francese, in vigore dal 4 ottobre 1958, allorché ha avuto inizio la c.d. Quinta Repubblica ad opera di De Gaulle che, sfruttando la crisi algerina, fece, da Presidente del Consiglio, approvare una nuova Costituzione, dando così vita alla nuova forma di governo che sostituiva una forma parlamentare assai debole. Già tre mesi dopo, De Gaulle diventava Presidente della Repubblica (e lo rimarrà per più di undici anni: 8 gennaio 1959-28 aprile 1969), il primo della nuova Repubblica semipresidenziale.

alla politica economica o sociale della nazione, quelli tendenti ad autorizzare la ratifica di trattati che, anche senza essere contrari alla Costituzione, potrebbero incidere sul funzionamento delle istituzioni (art. 11); sciogliere anticipatamente le Camere (art. 12); adottare tutte le misure che ritenga opportune o necessarie ad affrontare circostanze straordinarie quando «*le istituzioni della Repubblica, l'indipendenza della nazione, l'integrità del territorio o l'esecuzione degli impegni internazionali sono minacciati in maniera grave ed immediata e il regolare funzionamento dei poteri pubblici costituzionali è interrotto*» (art. 16); nominare tre dei nove componenti, nonché il Presidente, del Consiglio costituzionale che svolge funzioni analoghe alla nostra Corte costituzionale (art. 56); deferire il giudizio sulla legittimità costituzionale delle leggi, prima della loro promulgazione, allo stesso Consiglio costituzionale (art. 61 Cost.)] – concorre a spiegare per quali ragioni il modello francese sia stato imitato in vari Stati dell'Europa orientale post-comunista, per non dire della preesistente Repubblica finlandese (e, anzi, sia stato considerato con interesse nella stessa Italia, durante alcuni dei più recenti tentativi di attuare un'organica revisione costituzionale di cui si dirà *infra*, in chiusura della parte II, cap. I, § 6).

d) Di gran lunga meno diffuso è il **governo direttoriale**, così denominato in considerazione di quel «Direttorio» che resse la Francia per alcuni anni, sulla base della Costituzione del 1795. Ma giova esaminarlo, sia pure brevemente, perché si tratta di un sistema molto tipico che rappresenta un vero e proprio anello di congiunzione fra le repubbliche presidenziali e quelle parlamentari.

Anche il governo direttoriale si risolve in una forma a due organi costituzionali necessari: ma tali sono il *Parlamento* e il *Governo* (comunque designati dalle singole Costituzioni), mentre fa difetto l'organo Capo dello Stato. Più precisamente, il Direttorio viene eletto dal corpo legislativo, subito dopo l'elezione del corpo medesimo e per l'intera durata della legislatura; mentre da Presidente della Repubblica (con funzioni di mera rappresentanza) operano a turno e per brevi periodi i vari componenti del collegio direttoriale. A questo modo si atteggia – per fare un esempio più attuale di quello ricavabile dalle esperienze della Francia rivoluzionaria – il vigente ordinamento costituzionale svizzero: nel quale l'Assemblea federale elegge ogni quattro anni il Consiglio federale, organo supremo dell'esecutivo, che assomma in sostanza tanto le funzioni del Governo quanto le funzioni del Capo dello Stato.

Non senza ironia, si è detto che il Governo svizzero somiglia in tal senso al consiglio di amministrazione di una società commerciale; e il paragone, sebbene azzardato e inesatto, regge se non altro in quanto la forma direttoriale è consona alle piccole democrazie, nelle quali il corpo elettorale risulti piuttosto omogeneo. La fiducia espressa dall'Assemblea nei confronti del Consiglio federale, all'atto stesso dell'elezione di esso, non rappresenta in effetti l'avvio di un rapporto fiduciario permanente; al contrario, gli eletti sono irrevocabili per tutto il quadriennio e, dal canto suo, l'Assemblea non può essere sciolta, nemmeno qualora si manifestino gravi contrasti fra il legislativo e l'esecutivo. Pertanto, la sola garanzia che il sistema funzioni consiste appunto nella naturale inclinazione delle forze politiche ad accordarsi fra loro: in ciò facilitate dal fatto che non esiste in Svizzera un'opposizione vera e propria, comparabile a quella di tanti altri Paesi dell'Europa occidentale. Inoltre, la particolare forma di governo appena descritta è particolarmente adatta in un paese dove convivono minoranze linguistiche (tedesca, francese, italiana, romancia) e religiose [cattolica, protestante (per lo più evangelica riformata)].

9. Segue: *le monarchie e le repubbliche parlamentari; il c.d. «neo-parlamentarismo»*

a) Sotto certi aspetti, la **monarchia parlamentare** si delinea in Inghilterra già durante i regni di Giorgio I (re dal 1714 al 1727) e di Giorgio II (re dal 1727 al 1760), nella prima metà del XVIII secolo; per poi soppiantare definitivamente la monarchia costituzionale alla fine del regno di Giorgio III che morì nel 1820, ma che già più di una trentina d'anni prima aveva provocato quegli scontri con il suo Primo Ministro che avevano portato quest'ultimo a cercare il sostegno e cioè, in definitiva, la *fiducia*, del Parlamento. Successivamente, nel corso del XIX secolo, questa forma si diffonde in numerosi Stati dell'Europa continentale, quali il Belgio, l'Olanda, la Danimarca, la Svezia, la Norvegia...: in gran parte dei quali essa continua tuttora a esistere. Non meno diffusa, anche se le sue fortune risalgono a tempi più recenti, è d'altra parte la **forma parlamentare repubblicana** che si rinviene per esempio nella Terza e nella Quarta Repubblica francese (mentre l'odierno regime – come già si è notato – ha un carattere ibrido, combinando elementi peculiari sia della repubblica parlamentare sia di quella presidenziale), e quindi in Austria, in Germania, in Italia...

b) Il connotato indefettibile dei **governi parlamentari**, tale che basta a distinguerli da tutte le altre forme sin qui considerate, è costituito dal **rapporto di fiducia** che deve sussistere permanentemente tra il *Parlamento* e il *Governo*: al raccordo dei quali è riservata la formulazione e l'attuazione della politica generale del Paese. Se il rapporto si spezza durante la legislatura, o comunque in occasione del rinnovo delle Camere, occorre che il Governo in carica dia le dimissioni e venga sostituito da un Gabinetto almeno formalmente nuovo. Ed è qui che si rende necessaria la presenza di un terzo organo-chiave del sistema vale a dire il Capo dello Stato. Sia che si tratti di un Re o di un Presidente della Repubblica, nei sistemi parlamentari il Capo dello Stato non concorre a formare l'**indirizzo politico** (non concorre, cioè, alla gestione effettiva e formale del potere sovrano nella parte in cui serve a stabilire i fini da perseguire e le modalità per raggiungerli, mediante l'azione politica sia interna che internazionale da parte dello Stato), spettante invece al Governo fin quando lo sorregga la fiducia del Parlamento. Ma l'azione del Capo dello Stato rimane indispensabile, stando almeno al modello di cui si discute, per superare le crisi dei sistemi stessi: sia nominando un Governo che prenda le veci di quello dimissionario, sia ricorrendo – nelle estreme ipotesi in cui le Camere non siano comunque in grado di costituire alcuna maggioranza che possa votare la fiducia ad alcun Gabinetto – al rimedio ultimo dello scioglimento del ramo o dei rami elettivi del Parlamento [13].

In verità, è stato sostenuto che i governi parlamentari potrebbero fare a meno del Capo dello Stato, configurandosi anch'essi quali forme a due piuttosto che a tre organi essenziali, essendo sufficiente che il Governo rappresenti – come ha rilevato Elia – l'«emanazione permanente» del Parlamento, operante sulla base di un rapporto fiduciario, pur dove l'esecutivo sia direttamente eletto dal legislativo, senza l'intermediazione di un «potere neutro» come quello del Re o del Presidente della Repubblica. Sembra, però, che conclusioni del genere semplifichino troppo la forma in questione, confondendola con altre forme affini, senza tener conto che storicamente i governi parlamentari sono stati e sono tutti provvisti di un Capo dello Stato, sebbene politicamente depotenziato. Ed è solo il Capo dello Stato, mediante i suoi tipici poteri di nomina del Governo e di scioglimento delle Camere, che assicura al sistema la peculiare capacità di rimettersi in funzione con le proprie forze, quand'anche insorgano le più gravi crisi interne (salvo il caso estremo di un crollo dell'intero apparato statale).

Si aggiunga che il *carattere ternario* e non binario dei *governi parlamentari* è per prima cosa confermato dalla circostanza che tutti e tre gli organi essenziali *compartecipano alla funzione legislativa*: il Governo quale promotore dei più importanti disegni di legge, il Parlamento quale organo deliberante, il Capo dello Stato in sede di promulgazione delle leggi. Inoltre, è ancor più significativo che, nei sistemi parlamentari repubblicani, *i tre organi in questione concorrono tutti nel formarsi e nel sostituirsi a vicenda*, alla scadenza dei rispettivi mandati ed ogniqualvolta la permanenza in carica dei loro titolari renda impossibile il buon funzionamento dell'intero congegno: così il Parlamento, costituito dal corpo elettorale, elegge a sua volta – nella generalità se non nella totalità dei casi – il Presidente della Repubblica, che da parte sua concorre a formare il Governo; e lo stesso Presidente, cui spetta di rinnovare i Governi e di sciogliere le Camere del Parlamento nelle ricordate situazioni di crisi, può essere tolto di mezzo ove

[13] Il che non esclude – s'intende – che in certi regimi parlamentari, come quello britannico, il potere di scioglimento spetti ormai, nella generalità dei casi, al Governo o al *Premier*, piuttosto che alla Corona. Altro è infatti il modello, altro sono i sistemi reali; e la distinzione fra il primo e i secondi non ha fatto che accentuarsi, nelle monarchie parlamentari, da quando la Corona è stata privata delle prerogative originarie. Al tutto contribuisce peraltro non poco il sistema elettorale britannico che, maggioritario, uninominale, a turno unico, ha dato origine, data la sua stabilità, a un modello almeno tendenzialmente bipartitico (ma con una graduale attenuazione su cui si tornerà tra breve nel testo): il che rafforza il potere del *Premier*, *leader* del partito che vince le elezioni e che, salvo avvenimenti straordinari, governa per l'intera legislatura, a meno che, appunto, non individui un momento precedente il termine della legislatura nel quale ritenga *più conveniente* confrontarsi con l'elettorato.

abusi dei suoi compiti, attraverso procedimenti di accusa variamente disciplinati dalle varie Carte costituzionali. Sotto quest'ultimo aspetto, pertanto, la repubblica parlamentare si presenta – per lo meno in astratto – come una forma più perfetta e razionalizzata della corrispondente monarchia: poiché nelle forme monarchiche il titolare dell'organo Capo dello Stato non può essere – per definizione – rimosso dalla carica, a meno di una sua volontaria abdicazione.

c) Certo è che, nel corso delle loro complesse vicende, i governi parlamentari hanno dato luogo a *numerose varianti*, entro l'elementare modello sin qui delineato. Una prima fondamentale suddivisione dev'essere appunto operata sul piano cronologico, poiché le monarchie parlamentari ottocentesche si atteggiano in modi abbastanza diversi da quelli che caratterizzano il parlamentarismo attuale, sia esso monarchico o repubblicano. Nell'Ottocento, in effetti, il Re continuava ad avere anche in sede politica una notevole influenza personale, sia pure indiretta, che gli derivava dal recente passato delle monarchie assolute (o delle stesse monarchie costituzionali): tanto che le forme in questione sono ancora caratterizzate da un certo dualismo, piuttosto che dalla concentrazione di tutto il potere politico nel raccordo Governo-Parlamento. Per esempio, il forte ascendente della Corona è ancora manifesto in Italia, durante il regno di Vittorio Emanuele II (v. *infra*, parte II, cap. I, § 1), come pure in Inghilterra, almeno fino alla morte (1901) della regina Vittoria.

D'altro canto, nell'Ottocento il regime parlamentare può considerarsi tale nel senso più letterale dell'espressione: giacché il Parlamento costituisce per eccellenza la sede delle decisioni politiche, mentre il Governo assume – se non altro in linea di tendenza – la veste dell'interprete e dell'esecutore dell'indirizzo di maggioranza elaborato dalle Camere. In parte, ciò è reso possibile dalla limitatezza dei compiti statali, tipica degli Stati ottocenteschi di diritto. In parte, invece, il fenomeno dipende dal ben diverso carattere che i *partiti politici* avevano nel secolo passato, rispetto al secolo attuale, poiché fin d'allora i partiti esistevano (ed anzi, in Inghilterra, già nella prima metà del Settecento il campo era conteso fra «*Tories*» e «*Whigs*», vale a dire fra i conservatori e i liberali), ma erano presenti in Parlamento ben più che nel Paese: non avendo un'organizzazione capillare stabile (quale invece nei sistemi parlamentari quasi sempre e per quasi tutti i partiti c'è), ma risolvendosi piuttosto in altrettanti *gruppi parlamentari*, contraddistinti da un ridottissimo grado di disciplina interna e dunque mutevoli per taglio e per consistenza secondo i tipi di scelte politiche che volta per volta si trattava di compiere (quasi alla maniera degli attuali partiti nordamericani).

Nel Novecento, al contrario, i residui dualistici sono nettamente superati. Nella generalità delle monarchie parlamentari, infatti, la Corona non ha più che un prestigio esteriore ed anche nella soluzione delle crisi il Re si limita ad adottare – di regola – una serie di atti dovuti; mentre nei corrispondenti regimi repubblicani gli eventuali fattori di bipolarità del sistema di governo stanno soltanto a dimostrare che il parlamentarismo è divenuto atipico o si è già trasformato in una forma diversa. In pari tempo, sia nelle repubbliche che nelle monarchie di questa specie, si è manifestata la tendenza a fare del Governo il vero titolare della funzione di indirizzo politico e il centro propulsivo dell'esercizio del potere: dal momento che non si tratta più di un *comitato esecutivo*, bensì di un *comitato direttivo* dell'attività delle Camere, anche se queste sono, di per sé, sempre in grado di bloccarne le proposte, di determinarne la caduta e di controllarne comunque l'operato.

Occorre subito aggiungere, però, che il nuovo e più importante ruolo del Governo, divenuto in sostanza il motore dell'intero apparato statale, dipende a sua volta, per un verso, dal peso decisivo che hanno assunto i partiti, quanto alla determinazione della politica generale del Paese e, per altro verso, dalla circostanza che, al tendenziale superamento del dualismo ideologico tra *destra* e *sinistra*, si è sostituita una politica volta a tutelare «interessi» ai quali ben più il Governo che non il Parlamento è in grado di dare concreta soddisfazione, se non altro perché è all'esecutivo che spetta la gestione concreta della spesa statale. Quelle organizzazioni permanenti e fortemente burocratizzate, che sono appunto i partiti politici europei contemporanei, tendono infatti a scavalcare il Parlamento, trasformandolo in una «cassa di risonanza» di decisioni già adottate altrove, per mettersi invece in collegamento diretto con il Governo, condizionandone le scelte dall'esterno o anche dall'interno. E la posizione dominante delle forze politiche di maggioranza si è resa tanto evidente, non solo in rapporto all'Italia ma nei riguardi di tutta l'Europa occidentale, da indurre vari autori a concludere che la forma parlamentare di governo avrebbe in effetti cessato di esistere, dando luogo a un ***governo di partiti*** (Giannini): il che, però, almeno con riguardo al nostro Paese, valeva certamente più negli anni Sessanta e Settanta, rispetto a quanto non accada ora, con "balzi in avanti" e ritorni indietro che dipendono, per lo più, dalla legge elettorale di volta in volta in vigore.

d) La gran parte degli studiosi delle istituzioni continua nondimeno a ritenere che occorre distinguere le forme giuridiche dalle situazioni politiche sottostanti. Ma il fatto che, nel primo senso, si possa tuttora parlare di governi parlamentari non toglie che, sotto il secondo profilo, fra i regimi in esame risulti necessario tracciare alcune distinzioni molto nette: cioè distaccare – come ha fatto Elia – i **governi parlamentari bipartitici** sia dai **governi a multipartitismo temperato**, sia, soprattutto, da quelli **a multipartitismo estremo**.

Applicazioni esemplari del bipartitismo rigido si sono avute per vari decenni in Inghilterra (attualmente, il fenomeno è in via di attenuazione data la comparsa sullo scenario britannico di partiti diversi dal Conservatore e dal Laburista, quali il Partito Nazionale Scozzese, il Liberal Democratico, il Partito Verde, ecc., che, nel loro insieme, superano ormai stabilmente il 20%). In questo ordinamento – come è ben noto – concorrono al medesimo effetto un sistema elettorale maggioritario, fondato su collegi uninominali in cui l'unico seggio disponibile spetta ovviamente al candidato che abbia comunque ottenuto il maggior numero di voti, e una costante tradizione politica per cui due soli partiti si dividono quasi tutto il consenso degli elettori (anche se i Conservatori hanno oggi per antagonisti principali i Laburisti anziché i Liberali). Con queste premesse, è quasi inevitabile che uno dei due partiti più importanti ottenga la maggioranza in Parlamento; ed è al suo «*leader*» che il Capo dello Stato conferisce la nomina a *Primo Ministro*, dando così vita a un Governo tanto più stabile in quanto in Inghilterra è tradizionalmente molto forte la disciplina interna sia dei partiti sia dei relativi gruppi parlamentari. D'altronde, l'incisività dell'azione governativa risulta accentuata dalla somma di poteri dei quali il «*Premier*» inglese dispone in prima persona: con particolare riguardo per la sua facoltà di decidere ad arbitrio lo scioglimento della Camera dei comuni, nel momento ritenuto preferibile per ottenere il consenso del corpo elettorale. In definitiva, le condizioni di naturale stabilità del sistema possono quindi venir meno nella sola ipotesi che uno dei due partiti si scinda oppure che un terzo partito s'inserisca nella dialettica elettorale, impedendo che la maggioranza parlamentare si coaguli attorno a un'unica formazione politica (come in Inghilterra accadde verso gli anni Trenta).

Anche nei sistemi contraddistinti da un ***multipartitismo temperato*** si danno per definizione congegni – sia pure di altro genere – che sono atti ad evitare un'eccessiva frammentazione politica del corpo elettorale, restringendo e rendendo per quanto possibile omogeneo il novero delle forze rappresentate in Parlamento. Nell'ordinamento tedesco, in particolar modo, la legge elettorale esclude dal riparto dei seggi quei partiti minori che non riescano a raggiungere una percentuale superiore al 5% dei voti: donde un limite tutt'altro che trascurabile, se si considera che esso sarebbe bastato a «togliere di mezzo» (o mettere in pericolo) vari fra i partiti politici italiani rappresentati in Parlamento fino alle riforme elettorali del 1993. Inoltre, l'ordinamento in questione consente che siano esclusi dalle competizioni elettorali i partiti dichiarati incostituzionali dalla Corte di Karlsruhe; sicché si realizza un sistema di *democrazia protetta*, nell'ambito del quale non hanno avuto accesso – almeno per un certo numero di anni – né il partito comunista né il partito neonazista. Ne segue che in Germania i partiti realmente significativi si riducono a quello socialdemocratico, a quello liberale, a quello democristiano (nelle sue due componenti, cristiano-democratica e cristiano-sociale), a quello dei Verdi, ambientalisti e, fenomeno assai recente la cui stabilità è quindi ancora tutta da verificare, ad *Alternativa per la Germania*, partito politico contrario alla permanenza della Germania nell'Unione europea e portatore di idee fortemente conservatrici: i quali sono in grado di formare – talvolta da soli talvolta coalizzandosi fra loro – esecutivi per lo più solidi, retti da un *Cancelliere* che, eletto dal *Bundestag*, ramo politico del Parlamento federale tedesco (l'altro ramo è il Consiglio federale rappresentativo dei *Länder*, il *Bundesrat*), detiene un'effettiva supremazia (anche se i suoi poteri non sono equiparabili a quelli del «*Premier*» inglese, né tali da implicare un governo del Primo Ministro). E la Costituzione tedesca federale rafforza ulteriormente il Governo, pretendendo che le mozioni di sfiducia siano «costruttive», cioè non si limitino a motivare la crisi ma indichino i mezzi per risolverla, attraverso l'immediata designazione del nuovo Cancelliere. Quest'ultimo ha il potere di nominare e revocare i ministri; è titolare in prima persona del rapporto fiduciario con il *Bundestag* e a lui spetta la determinazione delle direttive politiche generali del Governo federale, delle quali assume la diretta responsabilità.

I Governi parlamentari a base bipartitica (... o tendenzialmente bipartitica) e multipartitica temperata convergono dunque in una stessa direzione: che è ben diversa dalla via seguita in situazioni di ***multipartitismo estremo***, come quelle già tipiche della Terza (1870-1940) e della Quarta (1946-1958) Repubblica francese e peculiari dell'Italia anteriormente al 1993. In Francia e in Italia il fenomeno della proliferazione dei partiti non è stato prodotto soltanto dal riparto dei seggi in proporzione al peso rispettivo delle forze concorrenti (cioè con un sistema elettorale proporzionale, anziché con un metodo maggioritario), ma trovava e ritrova tuttora le sue cause prime nella scarsa omogeneità del Paese e nella tradizionale frammentazione della classe politica che non ha mai avuto un assetto del genere inglese (o nordamericano); tanto è vero che le posizioni di partenza non si modificano in maniera radicale, quand'anche si abbandonino i congegni elettorali proporzionalistici, come è stato fatto nella Quinta Repubblica francese e quindi in Italia, successivamente all'entrata in vigore delle leggi elettorali nn. 276 e 277 del 1993, introduttive, sia per la Camera, sia per il Senato, di un sistema elettorale misto (per ¾ maggioritario a turno unico e per ¼ proporzionale, con uno sbarramento del 4% alla Camera), e vigenti sino al 2005 [v. *infra*, parte II, cap. I, § 7, *sub e7*); parte II, cap. III, § 3, *sub e*]. Ma, quali che ne siano i motivi, è indubbio che il pluripartitismo estremo rende difficile la costituzione di una maggioranza di governo, richiedendo per lo più che si formino *coalizioni eterogenee*: in seno alle quali diviene assai probabile che si determinino attriti e contrasti, tali da provocare crisi assai frequenti, anche a prescindere da un formale voto parlamentare di sfiducia (donde quel «*jeu de massacre*» nei confronti dei Governi in carica che era già ben noto in Francia durante le esperienze della Terza Repubblica).

La conclusione del discorso è comunque nel senso che la forma parlamentare di governo, propria di molti Stati contemporanei, tende a dissolversi in una **pluralità di forme notevolmente dissimili**, sia per i loro presupposti politici sia per le loro modalità di funzionamento. Da un lato, infatti, stanno i regimi nei quali la funzione di indirizzo si concentra – in ultima analisi – nelle mani di un Primo Ministro che si pone a capo dell'intero potere esecutivo (non molto diversamente da ciò che si verifica nelle repubbliche presidenziali); dal lato opposto, vi sono invece regimi contraddistinti da una sorta di pluralismo incoerente, dove il Presidente del Consiglio è poco più che un mediatore dei conflitti immanenti tra le varie forze che compongono la coalizione di maggioranza; e nel mezzo si collocano numerosissime varianti che spesso si succedono nella storia di un medesimo Paese, modificando l'interpretazione e i significati reali ma non il tenore testuale delle disposizioni riguardanti l'ordinamento costituzionale dello Stato-apparato.

e) A conclusione del presente paragrafo, almeno un cenno merita la forma di governo del c.d. **neo-parlamentarismo** che ha caratterizzato, tra gli Stati non lontani dall'Italia, Israele dal 1996 al 2003. Teorizzata da Duverger, essa presuppone non solo che l'esecutivo si regga sulla fiducia del Parlamento, ma anche, a rendere il collegamento tra i due organi indissolubile, che una crisi di governo comporti, automaticamente, lo scioglimento dell'unica camera (la *Knesset*, in Israele) o delle camere e il ricorso a nuove elezioni politiche (di qui l'espressione di «*governo di legislatura*»). Ciò si giustifica con il fatto che è il Capo dell'esecutivo, e non come solitamente accade il Capo dello Stato, a essere eletto direttamente dal corpo elettorale. La stabilità o l'instabilità dei governi è così rimessa, alla fin fine, al sistema elettorale prescelto: laddove vige un sistema proporzionale e gli esecutivi sono, quasi giocoforza, di coalizione, le crisi sono frequenti, così come, quindi, le elezioni. Di qui la ragione della scelta israeliana di abbandonare quella forma di governo, dopo soli sette anni di sperimentazione.

NOTA BIBLIOGRAFICA – Per un **quadro d'insieme** si vedano MORTATI, *Le forme di governo*. Padova, 1973; BOBBIO, *La teoria delle forme di governo nella storia del pensiero politico*, Torino, 1976; LUCIFREDI, *Atlante costituzionale*, Milano, 1983 e 1990; BISCARETTI DI RUFFIA, *Introduzione al diritto costituzionale italiano e comparato*, Milano, 1988; VOLPI, *Le forme del governo*, in MORBIDELLI, PEGORARO, REPOSO, VOLPI, *Diritto costituzionale italiano e comparato*, Bologna, 1995, p. 317 ss.; AA.VV., *Forme di Stato e forme di governo: nuovi studi sul pensiero di Costantino Mortati*, a cura di M. Galizia, Milano, 2007; C. PINELLI, *Forme di stato e forme di governo...*, Napoli, 2007; BARTOLE, *Stato (forme di)*, in *Enc. dir.*, Annali, II, Milano, 2008; LUCIANI, *Governo (forme di)*, in *Enc. dir.*, Annali, III, Milano, 2010; M. PALMA, *Dal sistema elettorale alla forma di governo*, Bari, 2011; G. AMATO, F. CLEMENTI, *Forme di stato e forme di governo*, Bologna, II ed., 2012; M. VOLPI, *Libertà e autorità. La classificazione delle forme di Stato e delle forme di governo*, Torino, VI ed., 2016. Sulle **origini dello Stato moderno** v. ASTUTI, *La formazione dello Stato moderno in Italia*, Torino, 1957; CARACCIOLO, *La formazione dello Stato moderno*, Bologna, 1970; MATTEUCCI, *Lo Stato moderno*, Bologna, 1993. Sulle **singole forme di Stato** cfr. nell'ordine BUSSI, *Evoluzione storica dei tipi di Stato*, Cagliari, 1954 (nonché *I principi di governo nello Stato di polizia*, in *Riv. trim. dir. pubbl.*, 1954, p. 800 ss.); MARONGIU, *Storia del diritto pubblico*, Milano, 1956; CHIAPPETTI, *L'attività di polizia*, Padova, 1973; BODDA, *Lo Stato di diritto*, Milano, 1934; AA.VV., *La crisi del diritto*, Padova, 1953; TREVES, *Considerazioni sullo Stato di diritto*, in *Riv. trim. dir. pubbl.*, 1959, p. 195 ss.; FORSTHOFF, *Stato di diritto in trasformazione*, Milano, 1973 (edito a Stoccarda nel 1961); GRASSO, *Osservazioni sullo «Stato sociale» nell'ordinamento italiano*, in *Quad. sc. soc.*, 1965, p. 29 ss.; GIANNINI, *Stato sociale: una nozione inutile*, in *Scritti Mortati*, cit., I, p. 139 ss.; AA.VV., *Critica dello Stato sociale*, a cura di Baldassarre e Cervati, Bari, 1982; nonché ESPOSITO, *La Costituzione italiana*, Padova, 1954, p. 17 ss.; SILVESTRI, *La separazione dei poteri*, Milano, 1979-1984; G. SILVESTRI, *Poteri dello Stato (divisione dei)*, in *Enc. giur.*, XXIII, Roma, 1990; AA.VV., *L'État de droit – Mélanges en l'honneur de Guy Braibant*, Paris, 1996; ZAGREBELSKY, *Il diritto mite*, Torino, 1992; G. RITTER, *Storia dello Stato sociale*, II ed., trad. it. Bari, 2007; BIN, *Lo stato di diritto*, Bologna, 2017. Sullo **Stato federale** v. LUCATELLO, *Lo Stato federale*. Padova, 1939; WHEARE, *Del Governo federale*, Milano, 1949 (edito a Londra nel 1946); LA PERGOLA, *Residui «contrattualistici» e struttura federale nell'ordinamento degli Stati Uniti*, Milano, 1969. Sulle **principali forme di governo** v. in generale DUVERGER, *I sistemi politici*, Bari, 1978 (edito a Parigi nel 1948); LUCIFREDI, *Appunti di diritto costituzionale* *comparato*, Milano, 1988-1990; M. VOLPI, *Forma di governo e revisione della Costituzione*, Torino, 1998; A. DEFFENU, *Forme di governo e crisi del parlamentarismo*, Torino, 2006; T.E. FROSINI, *Forme di governo e partecipazione popolare*, III ed., Torino, 2008; A. BARBERA, C. FUSARO, *Il governo delle democrazie*, III ed., Bologna, 2009. Sulle **singole forme** v. specialmente – nell'ordine – NEGRI, *L'evoluzione del sistema britannico del «re in parlamento»*, in *Riv. trim. dir. pubbl.*, 1953, p. 626 ss., e *Il sistema politico degli Stati Uniti d'America*, Pisa, 1969; KRASNER, CHABERSKI, *Il sistema di governo degli Stati Uniti d'America*, Torino, 1994; AA.VV., *Il governo «semi-presidenziale» in Europa*, in *Quad. cost.*, 1983, n. 2; AA.VV., *Semipresidenzialismi*, a cura di Pegoraro e Rinella, Padova, 1997; RINELLA, *La forma di governo semipresidenziale*, Torino, 1997; BURDEAU, *Il regime parlamentare nelle Costituzioni europee del dopoguerra*, Milano, 1950 (edito a Parigi nel 1932), con prefazione di GIANNINI; RUSSO, *Programma di governo e regime parlamentare*, Milano, 1984; MUSELLA, *Il Premier diviso. Italia tra presidenzialismo e parlamentarismo*, Milano, 2012; CECCANTI, *La forma di governo parlamentare in trasformazione*, Bologna, 1997; AA.VV., *Presidenzialismi, semipresidenzialismi, parlamentarismi: modelli comparati e riforme istituzionali in Italia*, a cura di Mezzetti e Piergigli, Torino, 1997.

PARTE II

LO STATO ORDINAMENTO

CAPITOLO I

PROFILI DI STORIA E CRONACA COSTITUZIONALE ITALIANA

SOMMARIO: 1. Il problema della forma statutaria di governo. – 2. *Segue*: le vicende e la crisi del governo parlamentare monarchico in Italia. – 3. Il problema della continuità dello Stato nella transizione dal regime statutario al regime fascista. – 4. Le trasformazioni costituzionali del regime fascista. – 5. L'ordinamento costituzionale transitorio dopo il 25 luglio 1943: la «Repubblica sociale italiana» e il «Regno del Sud». – 6. *Segue*: dalla Costituzione provvisoria del 1944 alla nuova Carta costituzionale del 1947. – 7. *Segue*: dalle elezioni del 1948 a oggi: profili di cronaca costituzionale di settant'anni di Italia repubblicana. – 8. Trasformazioni costituzionali (... e tentativi di trasformazioni costituzionali) dall'entrata in vigore della Costituzione a oggi.

1. *Il problema della forma statutaria di governo*

Per farsi un'idea più precisa della forma di Stato e della forma di governo vigenti in Italia, conviene non soltanto stabilire in quali «tipi» esse vadano collocate, ma ricostruire i loro precedenti più prossimi che in senso positivo o negativo hanno inciso sulle scelte dell'Assemblea costituente e sulla sottostante realtà del nostro Paese. A questo scopo, però, è più che sufficiente iniziare l'indagine dallo Statuto albertino del 1848; giacché i sistemi configurati dalle prime Carte costituzionali italiane, cioè dalle Costituzioni c.d. giacobine degli anni in cui gli eserciti francesi rivoluzionari travolsero le preesistenti monarchie assolute, non hanno rappresentato che un fenomeno effimero, senza precedenti storici e senza conseguenze che si siano proiettate al di là della caduta dell'Impero napoleonico.

Da un punto di vista formale, lo **Statuto albertino** presentava due caratteristiche essenziali (cui vale la pena di accennare in questa sede, perché anche le vicende della forma di Stato e di governo ne rimasero influenzate). Si trattava di una Carta costituzionale **ottriata** (dal francese *«octroyée»*), in quanto *concessa per sovrana volontà del Re*, malgrado in quelle circostanze il gesto di Carlo Alberto[1] sia stato – di fatto – pressoché necessitato dalla piega presa dagli avveni-

[1] Nato nel 1798, fu Re di Sardegna dal 1831 al 24 marzo 1849, data della sua abdicazione. Morì in esilio, in Portogallo, poco più di quattro mesi dopo.

menti in conseguenza dei moti insurrezionali dei primi mesi del 1848. In Europa, Francia, Confederazione germanica, Prussia, Impero austriaco videro, pressoché contemporaneamente l'esplosione del malcontento della classe borghese che, in Italia, portò, tra gennaio e marzo di quell'anno, a profondi mutamenti costituzionali tra l'altro nel Regno delle due Sicilie, nello Stato pontificio, nel Granducato di Toscana e, appunto, nel Regno di Sardegna dove, il **4 marzo 1848**, Carlo Alberto firmò la «sua» Costituzione che, contrariamente a tutte le altre in allora concesse, ebbe durata assai lunga, rimanendo vigente per quasi un secolo.

Coerentemente, le singole disposizioni statutarie furono introdotte – fra l'altro – dal seguente preambolo: «Considerando Noi le larghe e forti istituzioni rappresentative... come un mezzo il più sicuro di raddoppiare quei vincoli di indissolubile affetto che stringono all'Italia Nostra Corona un Popolo che tante prove Ci ha dato di fede, d'obbedienza e d'amore, abbiamo determinato di sancirlo e promulgarlo ...». «Perciò di Nostra certa scienza, Regia autorità, avuto il parere del Nostro Consiglio, abbiamo ordinato ed ordiniamo in forza di Statuto ...».

Nel preambolo stesso, lo Statuto veniva espressamente definito come «Legge fondamentale, perpetua ed irrevocabile della Monarchia»; e questa dizione fece in un primo tempo dubitare che le disposizioni statutarie fossero legittimamente rivedibili oppure derogabili. Ma la circostanza che nello Statuto non risultasse prevista nessuna procedura apposita di revisione costituzionale lasciava viceversa intendere che si era in presenza di una Costituzione **flessibile**, ossia modificabile in ogni sua parte per mezzo di leggi ordinarie; e tale interpretazione finì per prevalere nettamente, tanto in dottrina quanto nella prassi. Per converso, l'irrevocabilità dello Statuto fu correttamente concepita come sinonimo d'irretrattabilità delle concessioni fatte da parte della Corona, senza per questo desumerne vincoli di sorta a carico del Parlamento.

Si è molto discusso sulla forma di governo che lo Statuto intendeva introdurre nel Regno di Sardegna. I lavori preparatori sembrano però orientati verso una *monarchia di tipo costituzionale*; e l'orientamento corrisponde allo stadio di sviluppo dell'ordinamento in questione, poiché sarebbe stato meno naturale che nel Regno di Sardegna si fosse passati direttamente dalla monarchia assoluta a quella parlamentare, saltando la fase intermedia del Re che regna e governa, sia pure con il concorso del Parlamento.

Del resto, anche il tenore del testo statutario conferma a prima vista questa soluzione. In particolare, l'art. 3 prevedeva che il potere legislativo fosse esercitato collettivamente dal Re e da un Parlamento composto di due Camere, fra le quali il Senato era di nomina regia[2]; sebbene alle Camere spettasse predisporre il contenuto delle leggi che il Re si limitava a sanzionare (cioè ad avallare, promulgando), senza potervi apportare modifiche ma disponendo della sola facoltà

[2] Cfr. l'art. 33 St.

di rifiutarne in blocco la promulgazione (sulla base degli artt. 7 e 55 St.). Ciò che più conta, negli artt. 5 e ss. si leggevano questi disposti di per sé molto chiari: «Al Re solo appartiene il potere esecutivo. Egli è il Capo supremo dello Stato; comanda tutte le forze di terra e di mare; dichiara la guerra, fa i trattati di pace, d'alleanza, di commercio ed altri, dandone notizia alle Camere tosto che l'interesse e la sicurezza dello Stato lo permettano, e unendovi le comunicazioni opportune...»; «Il Re nomina a tutte le cariche dello Stato, e fa i decreti e regolamenti necessari per l'esecuzione delle leggi ...»; «Il Re può fare grazia e commutare le pene»; «Il Re convoca ogni anno le due Camere, può prorogarne le sessioni e disciogliere quella dei Deputati ...».

In questo quadro, assumevano inoltre una particolare importanza gli artt. 65 («Il Re nomina e revoca i suoi Ministri») e 67, co. 1 («I Ministri sono responsabili»): dai quali si potrebbe evincere che gli autori materiali della Carta costituzionale avessero di mira una *forma di governo a due*, incentrata sul Re e sul Parlamento, senza un Governo come organo costituzionale intermedio, il che, come già visto nel capitolo precedente, è tipicamente proprio delle monarchie costituzionali. Tuttavia, l'art. 67 non specificava verso chi fosse operante la responsabilità dei ministri, né in quali forme potesse venire attivata; e questa lacuna dava adito a due ricostruzioni assai diverse, virtualmente incompatibili l'una con l'altra. Da un lato, cioè, riusciva naturale pensare che i ministri rispondessero del loro operato verso il Re, sulla base del rapporto fiduciario personale per cui l'art. 65 li poneva alle dirette dipendenze del Re stesso; e, coerentemente, se ne desumeva che la tipica sanzione della responsabilità ministeriale consistesse nella revoca da parte della Corona (D'Azeglio, Sonnino). D'altro lato, però, tale responsabilità si prestava a venir configurata, dato il carattere rappresentativo dell'intero sistema espressamente previsto dall'art. 2 St., anche nei confronti della Nazione e dei suoi rappresentanti; tanto più che lo Statuto stesso aggiungeva espressamente che «le leggi e gli atti del Governo non hanno vigore se non sono muniti della firma di un Ministro»[3].

Vero è che l'istituto della controfirma ministeriale può avere una sua ragion d'essere anche in un regime di monarchia costituzionale, nell'ambito del quale esso serve ad attestare che l'atto controfirmato proviene legittimamente dal Re e che il ministro si impegna a farlo eseguire dall'apparato statale sottostante; sicché il controfirmante copre solo formalmente la responsabilità politica del Re nei confronti delle Camere e della Nazione, senza che di qui derivi un vero e proprio rapporto di fiducia fra l'esecutivo e il legislativo. Ma l'art. 67, per la sua stessa laconicità, non escludeva a priori una diretta responsabilità dei ministri verso il Parlamento, tale che fra gli stessi dovesse intercorrere una relazione fiduciaria; e questo, appunto, fu l'appiglio formale per giustificare l'instaurazione (a «*piccoli passi*», senza strappi palesi, né modifiche formali allo Statuto, con il consolidarsi di prassi – con il tempo fattesi consuetudini, posta la stabile valenza

[3] Cfr. l'art. 67, co. 2.

costituzionale assunta – e in un periodo che si può collocare nel decennio immediatamente successivo alla nascita del Regno d'Italia – 17 marzo 1861 – e alla morte di Cavour – 6 giugno 1861 – che pure l'aveva fortemente voluta e teorizzata) di una **monarchia tendenzialmente parlamentare** (Cavour). Con tale fondamento, infatti, si venne dapprima a formare una serie di convenzioni costituzionali (ovvero di taciti accordi fra i titolari degli organi più direttamente interessati): che mano a mano si consolidarono, giovandosi del carattere elastico e ambiguo delle ricordate norme statutarie, sino a che ne nacque una consuetudine interpretativa o introduttiva – secondo le diverse opinioni dottrinali (Allegretti, Barile, Crisafulli, Pizzorusso) – avente per oggetto l'esigenza che ciascun Governo si reggesse sulla fiducia delle Camere.

Tuttavia, non si deve immaginare che in sede convenzionale la trasformazione della progettata monarchia costituzionale in un regime parlamentare sia stata immediata e repentina; al contrario, fin oltre la conclusione della terza Guerra d'Indipendenza si riscontrano nel Regno di Sardegna (e poi nel Regno d'Italia) successioni e sovrapposizioni continue di momenti evolutivi e involutivi. Già nell'anno della concessione dello Statuto albertino si registrano, in effetti, prese di posizione ispirate alla logica del parlamentarismo, tanto è vero che Cavour teorizza proprio in quel periodo la necessaria presenza di un implicito *rapporto fiduciario* fra Governo e Parlamento, testimoniata, del resto, dalle dimissioni del Ministero Borelli (subito dopo l'entrata in vigore della Carta costituzionale) e del Ministero Balbo (trovatosi in crisi per effetto di un voto parlamentare riguardante i territori occupati nel corso delle operazioni militari della prima Guerra d'Indipendenza). Quando poi Cavour fu posto a capo del Governo, questa prassi venne confermata; e dopo la sua morte, a partire dagli anni Sessanta dell'Ottocento, la stessa formazione di un nuovo Gabinetto fu quasi costantemente preceduta da *consultazioni* fra la Corona e gli esponenti delle forze politiche parlamentari, per quanto – sulla carta – il Re conservasse il potere di procedere d'autorità.

Contestualmente, peraltro, si compiono vari atti e si verificano vari fenomeni caratteristici di un regime monarchico costituzionale. Fra essi spicca il celebre *proclama di Moncalieri* del 20 novembre 1849, con il quale il Re di Sardegna Vittorio Emanuele II e il suo Governo, presieduto da Massimo D'Azeglio, si appellano agli elettori, sciogliendo la Camera dei deputati. Quest'ultima si rifiutava di approvare il trattato di pace con l'Austria, alla fine della prima Guerra d'Indipendenza (1848-1849) che, persa malamente dal Regno con le sconfitte di Custoza (fine luglio 1848) e Novara (23 marzo 1849, giorno dell'abdicazione di Carlo Alberto), aveva costretto il nuovo Re, subentrato al padre, a condizioni che la Camera reputava inaccettabili, ma che erano probabilmente le uniche che potevano salvare la monarchia sabauda. Per l'intero corso del suo regno, Vittorio Emanuele II[4] conservò inoltre il *comando effettivo del-*

[4] Nato nel 1820, morì il 9 gennaio 1878. Fu Re di Sardegna dal 23 marzo 1849 al 17 marzo 1861 e Re d'Italia dal 17 marzo 1861 alla morte.

l'esercito, assicuratogli anche dalla nomina del ministro della guerra che fu sempre operata fra uomini legati alla Corona. E in questa serie di eventi rivelatori di un sistema tuttora dualistico, nel quale il Re rimaneva titolare di certi poteri d'indirizzo politico, s'inseriscono talune *revoche* di compagini ministeriali non più gradite al Re stesso: anche se la revoca veniva formalmente nascosta dalle dimissioni dei ministri revocati, come nei casi dei Ministeri Ricasoli, Rattazzi e Minghetti.

In sostanza, le interferenze regie nel rapporto fra il Governo e la maggioranza delle Camere cessarono soltanto con la proclamazione di Roma a capitale d'Italia (1 luglio 1871); sicché il regime parlamentare poteva dirsi del tutto affermato negli ultimi anni del regno di Vittorio Emanuele II, per poi consolidarsi sotto il regno di Umberto I[5]. Ma già nel decennio 1860-1870 s'era venuto configurando come un organo a sé stante il *Presidente del Consiglio dei ministri*, dotato di specifiche funzioni nell'ambito dell'esecutivo, che erano assai difficilmente compatibili con l'idea di un monarca posto a capo dell'amministrazione del Paese.

2. Segue: *le vicende e la crisi del governo parlamentare monarchico in Italia*

Né la forma di Stato né la forma di governo subirono modificazioni negli anni 1859-1860, durante la trasformazione del Regno di Sardegna in Regno d'Italia; anche perché non avvenne che un'Assemblea costituente fosse chiamata ad approvare una nuova Carta costituzionale, come avrebbe voluto il partito dei repubblicani e dei democratici in genere. Lo stesso successo che ebbero le idee dei liberali moderati conferma, viceversa, che il **Regno d'Italia** non rappresenta, giuridicamente, uno Stato nuovo rispetto al precedente; ma va considerato come una *continuazione del Regno di Sardegna*, estesosi per via di successive annessioni, fino a ricomprendere tutte le altre regioni italiane[6].

Contro questa tesi, dominante nella letteratura giuridica (Romano), si è cercato a suo tempo di affermare che il Regno d'Italia sarebbe in realtà derivato da una serie di fusioni operatesi fra il Regno di Sardegna e gli altri staterelli in cui si divideva il nostro Paese; alle quali questi ordinamenti avrebbero concorso mediante i *plebisciti* con cui le rispettive popolazioni espressero il voto di unirsi allo Stato italiano (Anzilotti). E le fusioni fra più Stati, ben diversamente dalle annessioni, hanno appunto l'effetto di estinguere gli ordinamenti statali che ne sono coinvolti, dando vita – per definizione – a un ordinamento affatto nuovo.

---

[5] Nato nel 1844, morì il 29 luglio 1900. Fu Re d'Italia dal 9 gennaio 1878 alla morte. Venne assassinato a Monza dall'anarchico toscano Gaetano Bresci.

[6] V. *infra*, nella nota che segue.

Ma varie ragioni rendono la tesi insostenibile. In primo luogo, se di fusioni si fosse trattato, la loro conseguenza – francamente eccessiva – sarebbe consistita nel determinare non una ma varie fratture dell'ordinamento statale: tante, cioè, quanti furono i plebisciti relativi a ciascun territorio entrato a far parte del Regno d'Italia. In secondo luogo, è di fondamentale rilievo la circostanza che lo Statuto albertino sia rimasto inalterato, estendendo il suo ambito spaziale di applicazione su tutta l'Italia, e che sia stata del pari mantenuta ferma l'originaria posizione del Re, il quale ha continuato a reggere lo Stato con il nome di Vittorio Emanuele II (non I), senza affatto introdurre una nuova serie dinastica, per non dire della circostanza che la legge che proclamò il neonato Regno è la n. 4761 (non la n. 1) del 17 marzo 1861, approvata nel corso dell'VIII Legislatura (non della I) del Regno stesso. In terzo luogo, a organizzare i plebisciti furono dovunque, salvo soltanto il Regno delle due Sicilie, i fiduciari dello stesso Regno di Sardegna, che aveva già esteso – di fatto – la sua sovranità sui rispettivi territori; sicché l'effettuazione dei plebisciti non ebbe un valore sospensivo, ma funzionò piuttosto da condizione risolutiva della già intervenuta unificazione del Paese, nella scolastica ipotesi che il loro esito fosse negativo[7]. Lo dimostra l'articolo unico della legge 3 dicembre 1860, n. 4497, in cui si disponeva testualmente: «Il Governo del Re è autorizzato ad accettare [*si noti il verbo*] e stabilire per Reali Decreti *l'annessione allo Stato* di quelle Province dell'Italia centrale e meridionale, nelle quali si manifesti liberamente, per suffragio diretto universale, la volontà delle popolazioni di far parte integrante della nostra Monarchia costituzionale».

Nel sistema, però, i plebisciti non costituiscono altro che un'apparente ed effimera nota di democraticità: poiché la forma di Stato continuò per alcuni decenni a risolversi, in effetti, entro quel ricordato modello dello **Stato liberale di diritto** che da una parte assicurava a tutti i cittadini la titolarità delle fondamentali libertà civili, ma dalla parte opposta limitava la spettanza dei diritti politici. Verso la fine del regno di Umberto I fu anzi rimesso in discussione lo stesso regime parlamentare già stabilmente affermatosi nella prassi, dal momento che si registrò una notevole spinta verso un «ritorno» alla monarchia costituzionale, auspicato fra gli altri dal deputato della c.d. «destra storica» (che aveva governa-

---

[7] La serie dei plebisciti prese l'avvio nel Granducato di Toscana, nei Ducati di Modena e Reggio, in quello di Parma e Piacenza, nella Legazione delle Romagne dello Stato pontificio, l'11 e il 12 marzo 1860 (cfr. i rr.dd. 18 marzo 1860, n. 4004, e 22 marzo 1860, n. 4014). Seguirono i due plebisciti (uno nelle province siciliane e uno nelle province napoletane) svolti nel Regno delle due Sicilie il 21 ottobre (cfr. rr.dd. 17 dicembre 1860, nn. 4498 e 4499); quindi, il 4 e 5 novembre 1860, i due plebisciti per l'annessione delle Legazioni delle Marche e dell'Umbria dello Stato pontificio (v., rispettivamente, i rr.dd. 17 dicembre 1860, nn. 4500 e 4501). Il quadro si completò solo sei anni dopo, alla fine della III Guerra d'Indipendenza (1866), con il plebiscito per l'annessione al Regno delle province venete (che allora comprendevano pure quella del Friuli, fatta di Udine e Pordenone) e della provincia di Mantova che si svolse il 21 e 22 ottobre 1866 (cfr. il r.d. 4 novembre 1866, n. 3300).

to il Paese dal dopo Cavour – 1861 – del cui pensiero era continuatrice, al 1876) Sidney Sonnino con uno scritto (pubblicato l'1 gennaio 1897 nella rivista *Nuova Antologia*) significativamente intitolato *Torniamo allo Statuto* (anche se sarebbe stato più preciso parlare d'instaurazione d'una forma di governo mai compiutamente attuatasi in Italia, anziché di un ritorno vero e proprio). Formule a parte, la destra mirava in quegli anni a un governo «forte», poco importa se guidato dal Re stesso o da un Primo Ministro, che fosse in grado di bloccare il naturale sviluppo del sistema nel senso democratico e sociale, specialmente per mezzo di leggi restrittive delle libertà fondamentali (come quella di stampa). Ma il tentativo fallì sin quasi dall'origine: dapprima, perché la sinistra si oppose con l'ostruzionismo parlamentare, impedendo così l'approvazione delle proposte governative e ritardando le stesse modifiche del regolamento della Camera dei deputati, con le quali il Governo sperava di rendere impossibili ulteriori manovre ostruzionistiche; e quindi perché la Cassazione di Roma dichiarò inapplicabili – sia pure per ragioni assai specifiche – i decreti-legge adottati dal Governo presieduto da Antonio di Rudinì [8] con lo scopo di «scavalcare» le Camere e di sopperire alla mancanza di leggi formali soppressive o riduttive dei diritti di libertà [9].

Questa prima crisi della forma parlamentare di governo si avviò pertanto a una rapida composizione con il rafforzamento della sinistra, in seguito alle elezioni del 1900, e con la successiva formazione dei Governi Zanardelli e Giolitti, caratterizzati da una comune politica riformistica. È proprio, infatti, dell'età giolittiana (che va dall'inizio del secolo alla vigilia dello scoppio della Prima Guerra Mondiale e che vide Giovanni Giolitti Presidente del Consiglio per tre volte, per un totale di poco meno di 8 anni su 14) lo sforzo di attribuire allo Stato (e alle pubbliche istituzioni in genere) responsabilità dirette nel campo dei rapporti economici e sociali: da una disciplina apposita – sebbene embrionale – in tema di diritto del lavoro e della previdenza sociale, all'assunzione di compiti imprenditoriali da parte della mano pubblica (si pensi ancora alla nazionalizzazione delle ferrovie), fino alla costituzione dei primi enti pubblici strumentali, sul tipo di quell'Istituto Nazionale delle Assicurazioni che era inizialmente destinato a monopolizzare – per lo meno in parte – il settore assicurativo. Ma la riforma certamente più notevole fu quella che investì *l'ordinamento delle elezioni politiche*, allargando l'elettorato attivo a tutti i cittadini di maggiore età e di sesso maschile; tanto è vero che in base alla legge 30 giugno 1912, n. 665, gli aventi diritto a partecipare alle **elezioni del 1913** furono pari al 23,2% dei cittadini residenti nel Regno, contro il 6,9% delle elezioni del 1900 ed il 7,5% delle elezioni del 1904.

Le elezioni del 1913 sembrano dunque completare il processo di perfezio-

---

[8] Esponente della «destra storica» (tornata al potere dopo vent'anni di governi quasi ininterrotti, salvo 15 mesi, della c.d. «sinistra storica»), rimase in carica, con quattro Gabinetti consecutivi, dal 10 marzo 1896 al 29 giugno 1898, per poi essere sostituito da due Dicasteri a guida del generale Luigi Pelloux che mantenne il potere fino al 24 giugno 1900.

[9] Si tratta di una celebre sentenza del 20 febbraio 1900.

namento interno dello Stato di diritto; ma nello stesso tempo costituiscono, in realtà, il principio della fine dell'ordinamento statutario, le cui strutture non si dimostrano idonee ad assorbire le spinte antitetiche e difficilmente componibili dei partiti di massa che si affacciano sulla scena politica, profittando del **suffragio universale maschile**. In quella prima tornata elettorale di stampo democratico i liberali conservano ancora – da soli – il 47,6% dei voti, cui corrisponde – come documenta Ghisalberti – il 53,1% dei seggi disponibili nella Camera dei deputati. Ma la situazione d'iniziale predominio dei vecchi notabili, favorita dall'impreparazione delle organizzazioni politiche di massa e dal mantenimento di un *sistema elettorale maggioritario* (per cui si votano gli uomini piuttosto che i partiti), si capovolge nelle **elezioni del 1919**, attuate con un *sistema proporzionale di lista*, comparabile a quello applicato per la Camera dal 1948 in poi; sicché i liberali subiscono un vero tracollo (calando dal 47,6% all'8,5% circa dei voti), a vantaggio di partiti relativamente nuovi quali i socialisti (32,38%. Il partito socialista era nato a Genova nel 1892, seppure con il diverso nome di «Partito dei lavoratori italiani»), o i popolari (20,5%. Il partito era peraltro nato solo all'inizio dello stesso 1919 per le ragioni già esposte *supra*, nella parte I, cap. II, § 5).

Gli schieramenti politici tradizionali ne sono sconvolti a tal punto che in un breve giro di anni si determina una nuova crisi, questa volta irreversibile, a carico non solo della forma di governo ma della stessa forma di Stato. Per quanto la Presidenza del Consiglio continui a venire affidata ad esponenti della vecchia classe politica (Nitti, Giolitti, Bonomi, Facta), la Camera e il corpo elettorale sono sempre meno inclini ad appoggiarli. Fra il 1919 e il 1922 si succedono infatti ben cinque Governi (prima di Nitti, è da contare un Gabinetto presieduto da Vittorio Emanuele Orlando che ha fine nel giugno del 1919), tutti incapaci di far fronte alla crisi istituzionale e al dissesto dell'economia, seguito alla guerra in quasi egual misura per i vinti come per i vincitori; e in questo vuoto di potere s'inserisce il **fascismo**.

3. *Il problema della continuità dello Stato nella transizione dal regime statutario al regime fascista*

Resta da vedere, a questo punto, se nel trapasso dell'ordinamento dalla forma statutaria alla forma fascista, lo Stato italiano abbia mantenuto o meno la sua primitiva identità. Ma il problema è insolubile – o meglio, si presta a ricevere le soluzioni più diverse – se non si affronta, preliminarmente, la più generale questione delle cause che, in generale, possono determinare una frattura nella **continuità giuridica** d'uno Stato.

Fra i costituzionalisti, la determinazione dei fattori interruttivi della continuità viene normalmente collegata alla definizione del concetto di costituzione materiale; e le conclusioni divergono di molto, secondo che si assuma l'indirizzo normativistico, per cui la costituzione si risolverebbe nella norma fondamentale

(«Grundnorm») sui soggetti e sulle forme di esercizio della potestà legislativa, o si preferisca invece quell'indirizzo realistico che vede nella costituzione, materialmente intesa, la decisione sulla forma di Stato e sulla forma di governo dello Stato, in quanto sorretta dalle forze politiche dominanti (v. *retro*, parte I, cap. I, § 7). Secondo i normativisti, fra i quali si pone in prima linea Kelsen, bisogna dunque tenere essenzialmente conto delle norme sulla produzione del diritto, vigenti in un dato ordinamento statale, ipotizzando una frattura dell'ordinamento stesso tutte le volte (e solo quelle volte) che il tessuto normativo sia modificato da parte di autorità non abilitate a farlo, o con procedimenti diversi da quelli prescritti. Viceversa, secondo gli autori che seguono le concezioni di Schmitt (oppure di Mortati), perché l'ordinamento non sia più quello di prima, ma venga alterato nella propria identità, risulta necessario ma pure sufficiente che sia comunque mutata la decisione politica di base: il che – per Mortati – si può desumere dal fatto stesso che al governo del Paese pervengano forze politiche completamente nuove, portatrici di nuovi regimi e di nuovi indirizzi, pur quando l'organizzazione costituzionale dello Stato permanga esteriormente intatta.

È abbastanza chiaro che la risposta al quesito interessante lo Stato italiano, quanto agli anni seguenti il 1922, si rivela profondamente diversa dall'uno o dall'altro di questi due punti di vista.

Per la dottrina normativistica non si può parlare di frattura o di estinzione dell'ordinamento statutario, poiché tutte le leggi che consentirono il consolidamento del regime fascista vennero approvate a larga maggioranza da entrambe le Camere del Parlamento, con le procedure prefissate dallo Statuto e dai regolamenti parlamentari; e le stesse Camere accordarono fin dall'inizio la loro fiducia al Governo Mussolini, dopo la «marcia su Roma» del 1922, sebbene il Re non avesse seguito la prassi delle consultazioni, prima di affidare l'incarico al nuovo Presidente del Consiglio, con una mancanza peraltro sanata dal successivo voto di fiducia concesso da entrambi i rami del Parlamento. Diversamente, secondo le concezioni istituzionistiche che fanno leva sulla decisione politica fondamentale, è manifesto che negli anni in questione la continuità dell'ordinamento statale s'interruppe, in quanto mutarono le forme di Stato e di governo e si modificarono radicalmente le forze politiche di maggioranza, con l'accantonamento della classe dirigente liberale e con l'avvento al potere di quella parte del ceto borghese che s'era identificata nel partito fascista.

Sia l'una che l'altra impostazione del problema della continuità dello Stato, considerato e risolto alla luce della sola costituzione in senso materiale, sono però troppo riduttive e in questo senso si dimostrano infondate; poiché non si può stabilire se uno Stato divenga o meno diverso da quello di prima, fino al punto di perdere la propria identità originaria, se ci si limita a prenderne in esame alcuni fattori sia pure essenziali, come quelli che formano la c.d. costituzione materiale, senza valutare le *vicende dell'intero ordinamento statale.*

L'inadeguatezza del punto di vista prescelto si avverte particolarmente nelle premesse dell'indirizzo normativistico alla stregua del quale un ordinamento giuridico perderebbe la sua continuità tutte le volte che in un qualunque settore si formasse diritto secondo procedure diverse da quelle costituzionalmente prescritte: con l'assurda ed eccessiva conseguenza che basterebbero – ad esempio – la permanenza in vigore e la piena esecuzione di un decreto-legge incostituzionale, per determinare l'estinzione della primitiva identità dello Stato. Rispetto alla realtà storica, sono molto più adeguate, invece, le tesi di Schmitt e di Mortati; ma il loro torto consiste nell'essere orientate in termini politici piuttosto che giuridici, confondendo i fenomeni di ricambio delle classi politiche con le novazioni degli interi ordinamenti statali, laddove gli uni sono molto più frequenti delle altre. Per quanto sia vero, difatti, che il mutamento delle forze dominanti incide sulla produzione normativa e sulla stessa interpretazione delle norme già vigenti, resta fermo che lo Stato – giuridicamente inteso – non si esaurisce in un dato regime politico, ma si compone di un articolatissimo sistema di codici, di leggi, di regolamenti..., che viene fatto valere da un'organizzazione non meno complessa. **E non si può dunque parlare d'uno Stato nuovo, se non nelle ipotesi in cui tutta l'istituzione statale preesistente sia sostituita** da *un'istituzione nuova o comunque diversa*: non già lentamente e progressivamente, nel corso di quei lunghi periodi di tempo che trasformano le strutture di qualsiasi Stato, ma bruscamente e simultaneamente, per effetto di eventi che si possano appunto equiparare a interruzioni repentine, a *soluzioni di continuità*.

Sotto questo aspetto, anziché limitarsi a puntare sulle procedure di creazione del diritto o sulle forze politiche dominanti, conviene piuttosto rifarsi a quelle concezioni internazionalistiche – che in sede costituzionale sono state riprese e sviluppate ad opera di Crisafulli – per cui la continuità di uno Stato dipende dalla sorte dei suoi tre cosiddetti elementi costitutivi: il popolo, il territorio e il governo. In altre parole, uno Stato cessa unicamente per il congiunto venir meno di tali elementi: come nei casi di **suddivisione** d'uno Stato in più Stati (sul tipo del frazionamento che ha portato – all'esito della sua sconfitta nella Prima Guerra Mondiale, nel 1918 – all'estinzione dell'Impero austroungarico, o, assai più di recente e pacificamente, nel 1993, alla nascita della Repubblica Ceca e della Repubblica di Slovacchia, come conseguenza della fine dello Stato comunista cecoslovacco, dopo la caduta del muro di Berlino[10] del 1989), o della **fusione** di Stati dapprima indipendenti, l'identità dei quali si confonde allora nello Stato che tutti li riunisce (come nei processi che hanno condotto al formarsi di numerosi Stati federali).

È dunque da ritenere ancora corretto – in questo senso – il brocardo che così recita: «*mutata forma regiminis non mutatur et ipsa civitas*»: «*al mutamento, quand'anche rivoluzionario, della forma di governo, ma pure della forma di stato, non corrisponde il venir meno dello Stato inteso come collettività dei cittadini organizzata su un territorio dato*».

Ma le vicende dell'elemento costitutivo governo non devono essere sottova-

---

[10] Sul quale v. *supra*, parte I, cap. II, § 5, lett. *b*).

lutate, poiché vi sono state e presumibilmente vi saranno situazioni-limite in cui lo Stato-apparato e l'intero complesso delle norme giuridiche statali crollano verticalmente, determinando in tal modo la *fine del vincolo politico* su cui si regge lo Stato complessivamente inteso, anche se il popolo e il territorio rimangono apparentemente intatti.

Si pensi – per fare un unico esempio – alle vicende della Cambogia della seconda metà del Novecento che, a partire dalla (*a*) indipendenza ottenuta dalla Francia nel 1953, videro il Paese passare da una (*b*) monarchia filo-occidentale (1953-1966), a un (*c*) regime transitorio anti USA (1966-1970) in ragione della guerra nel vicino Vietnam, a un (*d*) governo filo USA (1970-1975) instaurato con un colpo di Stato, alla (*e*) presa del potere di Pol Pot e al sanguinario regime comunista dei Khmer Rossi (1975-1979), al (*f*) governo comunista del Vietnam che invase il Paese nel 1979 e dette poi vita alla (*g*) «*Repubblica Popolare di Kampuchea*» come suo stato-satellite, alle elezioni del 1993, che, svoltesi sotto l'egida dell'ONU, condussero alla (*h*) monarchia costituzionale di carattere democratico e multipartitico che ha quindi portato alla (*i*) monarchia parlamentare elettiva, tutt'oggi vigente in Cambogia. A quanto sembra, in quell'ambito territoriale la caduta del governo filoamericano nel 1966 non ha comportato soltanto l'instaurarsi di nuove forme di governo e di Stato, e meno ancora ha condotto a una semplice riforma delle strutture amministrative e costituzionali, o ad una revisione delle leggi già vigenti; al contrario, tutta l'istituzione precedente è stata spazzata via, senza lasciare più tracce di sé; e in sua vece si è dunque inserito, pur fermi restando gli ambiti spaziali e personali di efficacia dell'ordinamento, uno Stato non solo politicamente ma giuridicamente del tutto nuovo.

Tale non è stato invece, con tutta evidenza, il caso della sovrapposizione dell'ordinamento fascista all'ordinamento statutario, poiché le leggi di prima, e principalmente lo Statuto, hanno continuato a vigere dopo la «marcia su Roma», venendo soltanto gradualmente sostituite in questa o in quella parte e l'apparato amministrativo ha continuato a funzionare come prima e lo stesso Stato-persona ha mantenuto al suo vertice il Re. Al di là di ogni altra considerazione, dati del genere sono più che sufficienti per concludere che nell'ordinamento giuridico statale dell'epoca non è intervenuta una frattura radicale. L'Italia fascista s'è invece innestata nel Regno d'Italia e, quindi, con riferimento a ciò che ha preceduto quest'ultimo, riallacciata al Regno di Sardegna, nel medesimo senso e per le stesse ragioni per cui la Francia gollista è la continuatrice del Regno francese di Luigi XIV[11],

[11] Pure con, in mezzo, le tra loro diversissime esperienze istituzionali succedutesi nei duecentoquarant'anni dei regni di Luigi XV, di Luigi XVI, della Rivoluzione francese (1789-1795), del Direttorio (1795-1802), del periodo napoleonico (1802-1815), del regno di Luigi XVIII, di Carlo X, di Luigi Filippo di Borbone Orleans, della c.d. «Seconda Repubblica» (1848-1852), del II Impero di Napoleone III (1852-1870), del Governo di Difesa Nazionale (1870-1872) che segue l'esperienza della Comune (1870), della c.d. «Terza Repubblica» (1870-1940), del Governo di Vichy presieduto dal Maresciallo Pétain (1940-1944) e della c.d. «Quarta Repubblica» (1946-1958).

l'odierna democrazia spagnola succede all'originario Regno di Spagna [12] e via discorrendo.

4. *Le trasformazioni costituzionali del regime fascista*

a) Del resto, anche i sostenitori dell'estinzione dell'ordinamento statutario, che intendono il fascismo come un corpo estraneo inseritosi a forza nella storia costituzionale italiana (Croce, Perticone), si trovano imbarazzati quando cercano d'individuare il momento preciso nel quale la frattura si sarebbe prodotta; non foss'altro perché il processo di assestamento si è protratto ininterrottamente (pur se con accelerazioni e rallentamenti) per tutto il ventennio fascista. Si potrebbero così considerare come cause di frattura col passato tanto la «marcia su Roma» del 28 ottobre 1922 o il discorso tenuto da Mussolini il 3 gennaio 1925, quanto l'entrata in vigore delle leggi del 24 dicembre 1925, n. 2263 o del 31 gennaio 1926, n. 100, o ancora il ricorso ad innovazioni e riforme di molto successive, come quelle introdotte dalle leggi razziali del 1938 o dalla trasformazione della Camera dei deputati in Camera dei fasci e delle corporazioni, realizzata nel 1939 (sul tutto, più diffusamente *infra*, tra breve). La verità è che lo stesso regime fascista non presenta affatto caratteristiche comuni e costanti; ma va suddiviso, se si vuole intenderlo sotto il profilo costituzionale, per lo meno in cinque fasi corrispondenti ad altrettante mutazioni delle forme di Stato o di governo.

b) La **prima fase** inizia il **28 ottobre 1922** (data della c.d. «**marcia su Roma**», prova di forza organizzata dal Partito Nazionale Fascista per indurre Vittorio Emanuele III a conferire l'incarico di Presidente del Consiglio a Mussolini, minacciando, in caso contrario, la presa del potere con la forza, dovendosi però aggiungere che oramai quasi tutti gli storici sostengono che essa avrebbe ben potuto essere facilmente repressa con l'*uso di più forza* da parte del Regio Esercito, sol che qualcuno si fosse preso la briga e il coraggio di dare ordini in tale senso) e ha termine verso la fine del 1925.

Chi si limita a prendere in esame le norme vigenti sul piano dell'organizzazione costituzionale non riscontra, nel corso della stessa, alcuna alterazione

[12] Ma anche in tale caso la congiunzione tra le due esperienze di carattere istituzionale ha visto, tra l'una e l'altra, accadimenti di carattere diversissimo tra loro: il regno di Isabella II (1833-1868), la Rivoluzione «*Gloriosa*» e il governo rivoluzionario (1868-1870), il regno di Amedeo (di Savoia) I di Spagna, eletto dal Parlamento (1870-1872), la c.d. «Prima Repubblica spagnola» (1873-1874), la monarchia costituzionale di Alfonso XII e Alfonso XIII (1874-1923), la dittatura militare di Miguel Primo de Rivera con Alfonso XIII lasciato formalmente sul trono (1923-1930), la c.d. «Seconda Repubblica social-comunista spagnola» (1931-1939), la dittatura militare di stampo fascista di Francisco Franco, «*Caudillo*» di Spagna (1936-1975), la monarchia parlamentare in regime democratico e pluralista di re Juan Carlos (1975-2014) e di suo figlio Felipe VI.

decisiva; cosicché la **forma di governo** può considerarsi ancora parlamentare o **pseudo-parlamentare**, data la nomina regia di Mussolini a Presidente del Consiglio dei ministri e dato il rapporto di fiducia intercorrente fra il suo Governo e la maggioranza delle Camere. Indicativa della vocazione autoritaria del regime è solamente la **legge elettorale Acerbo del 18 novembre 1923** che (approvata da 223 deputati, con il voto contrario di soli 123, in una Camera composta di 535 soggetti, nella quale i Socialisti, più i Popolari, più i Comunisti, più i Liberali, più i Giolittiani, più i Socialdemocratici, più i Liberaldemocratici, più i Democratici Sociali, più i Democratici Riformisti, più i Repubblicani sommavano ben 453/535 seggi), assegna un fortissimo *premio di maggioranza*, pari ai due terzi dei seggi disponibili, alla lista che ottenga una percentuale superiore al 25% dei suffragi. Su questa base, nelle **elezioni del 1924**, il partito fascista e le forze politiche fiancheggiatrici presentano il cosiddetto «listone», ottenendo il 64,9% dei voti, facendo così scattare il premio di maggioranza previsto dalla legge Acerbo e assicurando per la prima volta al Governo Mussolini un sicuro sostegno nella Camera dei deputati.

c) Sotto il profilo politico, una **seconda fase** si apre già con il fondamentale **discorso pronunciato da Mussolini il 3 gennaio 1925**, per manifestare la definitiva rottura tra il fascismo e le opposizioni [13]. Ma se questa data può esser decisiva per gli storici (De Felice), dal punto di vista costituzionalistico nulla di deter-

[13] È il discorso nel corso del quale Mussolini difende il governo a sei mesi dal ritrovamento del cadavere del deputato socialista Giacomo Matteotti assassinato, il 10 giugno 1924, da esponenti del Partito fascista di secondo piano, senza che sia mai stato chiarito, nemmeno dopo la fine della Seconda Guerra Mondiale, chi fosse o fossero gli eventuali mandanti. Gli esecutori materiali del delitto furono tre, come acclarò sia il processo svoltosi dopo l'omicidio, a regime fascista imperante, sia il processo svoltosi dopo la fine della guerra. Cambiarono, e di molto, imputazioni e pene.

Disse quel giorno Mussolini: «... *dichiaro qui, al cospetto di questa Assemblea e al cospetto di tutto il popolo italiano, che io assumo, io solo, la responsabilità politica, morale, storica di tutto quanto è avvenuto. Se le frasi più o meno storpiate bastano per impiccare un uomo, fuori il palo e fuori la corda! Se il fascismo non è stato che olio di ricino e manganello, e non invece una passione superba della migliore gioventù italiana, a me la colpa! Se il fascismo è stato un'associazione a delinquere, io sono il capo di questa associazione a delinquere! Se tutte le violenze sono state il risultato di un determinato clima storico, politico e morale, ebbene a me la responsabilità di questo, perché questo clima storico, politico e morale io l'ho creato con una propaganda che va dall'intervento ad oggi* ...».

Mussolini, inoltre, prese una posizione molto netta, anzi, come s'è già detto, definitiva, nei confronti dei deputati delle opposizioni che, poco dopo il delitto Matteotti avevano abbandonato l'Aula della Camera, riunendosi nella vicina «*sala dell'Aventino*» e deciso di lasciare i lavori parlamentari fino a un chiarimento del Governo. Disse il Capo del Governo al riguardo: «*Il Fascismo, Governo e Partito, è in piena efficienza. Signori, vi siete fatte delle illusioni! Voi avete creduto che il Fascismo fosse finito perché io lo comprimevo, che il Partito fosse morto perché io lo castigavo e poi avevo anche la crudeltà di dirlo. Se io la centesima parte dell'energia che ho messo a comprimerlo la mettessi a scatenarlo, oh, vedreste allora* ... *Ma non ci sarà bisogno di questo, perché il Governo è abbastanza forte per stroncare in pieno e definitivamente la sedizione dell'Aventino. L'Italia, o Signori, vuole la pace, vuole la tranquillità, vuole la calma laboriosa; gliela daremo con l'amore, se è possibile, o con la forza se sarà necessario* ...».

minante si verifica fino all'approvazione delle **leggi** – non a caso conosciute come **«fascistissime»** – **24 dicembre 1925, n. 2263, e 31 gennaio 1926, n. 100**: in virtù di esse la forma di governo comincia a dimostrarsi caratterizzata da una *nettissima supremazia del potere esecutivo.* Il primo di questi atti, trasformando il Presidente del Consiglio dei ministri in «Capo del Governo, Primo Ministro Segretario di Stato», toglie di mezzo la finzione del rapporto di fiducia tra il Governo e il Parlamento: disponendo invece che «il potere esecutivo è esercitato dal Re per mezzo del suo Governo», al vertice del quale sta un Primo Ministro, nominato e revocato dal Re stesso (si noti sin da ora come la fine del Fascismo, da lì a diciotto anni, dipenda da una parte – la seconda – di questa formula); mentre gli altri ministri sono collocati in una posizione subordinata, dal momento che la loro nomina e la loro revoca vengono operate dalla Corona su proposta del Capo del Governo, nei confronti del quale (non già del Re) essi sono responsabili[14]. La *preminenza dell'esecutivo,* che politicamente non risponde più alle Camere, è inoltre accentuata dal disposto che vieta d'inserire un qualsiasi oggetto nell'ordine del giorno delle Camere stesse, senza adesione del Capo del Governo[15]. A questo modo, infatti, la libertà d'azione del Parlamento è compromessa in radice, anche per quanto riguarda l'esercizio della legislazione.

Sotto quest'ultimo aspetto, però, un ulteriore depotenziamento del legislativo è determinato dalla legge n. 100/1926 che non soltanto conferma l'ammissibilità delle *deleghe legislative* dal Parlamento al Governo, senza nemmeno richiedere una previa definizione delle competenze delegate; ma consente al Governo di assumere direttamente la potestà legislativa nella forma dei *decreti-legge* che per il passato rimangono in vigore quand'anche non siano convertiti in leggi nel termine di due anni dalla loro pubblicazione[16]. Il Parlamento viene per ciò stesso escluso dal novero degli organi costituzionali dello Stato, competenti all'elaborazione dell'indirizzo politico; mentre una tale qualifica risulta riservata al Re e al Primo Ministro. Alla luce di quanto visto *supra*, nel cap. II della parte I, *è questo, dunque, il momento in cui l'ordinamento cessa di essere propriamente parlamentare.*

A torto, pertanto, alcuni costituzionalisti sostenevano in quegli anni la tesi che la forma di governo fosse stata ricondotta al tipo della monarchia costituzionale (Donati, Ranelletti). Una volta estromesso il Parlamento dalla scena politica, il sistema vigente in Italia poteva piuttosto definirsi – secondo una formula coniata dallo stesso Mussolini – come una **diarchia**, nella quale il potere di indirizzo veniva esercitato dal Capo del Governo, mentre il Re rimaneva formalmente al vertice dell'apparato statale, non solo in qualità di Capo dello Stato, ma in quanto abilitato – sulla carta – a revocare e sostituire il Capo del Governo in carica.

---

[14] Cfr. gli artt. 1 e 2 della legge cit.

[15] Cfr. l'art. 6, co. 1.

[16] Cfr. l'art. 3 della legge cit.

d) In una **terza fase** di poco successiva, la forma diarchica viene peraltro complicata dall'inserimento di un terzo organo costituzionale, consistente nel **Gran Consiglio del fascismo**. Questo collegio funzionava sin dal 1922 come organo del Partito Nazionale Fascista; ma una serie di leggi, entrate in vigore negli anni 1928-1929, lo trasforma a vari effetti in un *organo statale di governo*.

Da un lato, cioè, la **legge elettorale del 17 maggio 1928, n. 1029, e il t.u. 2 settembre 1928, n. 1993** (la prima abrogativa della legge Acerbo e, insieme al secondo, introduttiva di un *sistema elettorale di tipo plebiscitario*) statuiscono che al Gran Consiglio spetta il decisivo compito di formare una *lista unica di candidati*, scelti sulla base di designazioni dei sindacati fascisti e di altre associazioni legalmente riconosciute: lista che il corpo elettorale è chiamato a suffragare in blocco, nelle elezioni del 1929 e del 1934.

D'altro lato, la **legge 9 dicembre 1928, n. 2693** (parzialmente modificata nel 1929), definisce il Gran Consiglio come «organo supremo, che coordina e integra tutte le attività del Regime»: affidandogli il potere di esprimere *pareri obbligatori* su tutte le leggi di maggiore importanza e di proporre le candidature all'ufficio di Capo del Governo (condizionando in tal modo le scelte della Corona) [17].

Al riguardo, anche se lo si è già accennato, vale forse la pena di ribadire che ciò sarà determinante nel momento in cui il Fascismo cadrà, il 25 luglio 1943. La legge n. 2693/1928, infatti, pretendeva espressamente una *delibera* del Gran Consiglio circa la nomina e la revoca «*del Segretario, dei Vice Segretari, del Segretario amministrativo e degli altri membri del Direttorio del Partito Nazionale Fascista*» (art. 11, co. 3), mentre, *ex* art. 13, co. 1, aveva il compito, «... su proposta del Capo del Governo», di formare e tenere «*aggiornata la lista dei nomi da presentare alla Corona, in caso di vacanza, per la*» sola nomina, e quindi non per la revoca, «*del Capo del Governo, Primo Ministro Segretario di Stato*».

Anche in linea di fatto, del resto, **la preesistente diarchia è superata**, dal momento che fino allo scoppio della Seconda Guerra Mondiale le decisioni politiche più rilevanti vengono prese da un'istituzione complessa, rappresentata – come è stato detto (Ferri) – dal «Capo del Governo in Gran Consiglio»: che viene perciò a costituire il vertice reale dell'apparato statale, in antitesi al vertice formale costituito pur sempre dal Capo dello Stato.

Alle continue mutazioni della forma di governo si sovrappone intanto lo sforzo di modificare la stessa forma di Stato, trasformandola in senso «corporativo». Di questo tentativo s'era già avuto un preannunzio in occasione della riforma delle associazioni sindacali attuata dalla legge 3 aprile 1926, n. 563, che, recante la «*Disciplina giuridica dei rapporti collettivi di lavoro*», incrimina tanto gli scioperi quanto le serrate; prevede per ogni categoria di lavoratori l'esistenza di un solo sindacato legalmente riconosciuto, abilitandolo a stipulare *contratti*

---

[17] V. rispettivamente gli artt. 1, 12 e 13, co. 1, della legge cit.

collettivi efficaci «erga omnes», obbligatori anche nei confronti dei lavoratori non iscritti; e costituisce la «magistratura del lavoro» al fine di risolvere le lotte di classe e di assicurare l'osservanza dei contratti nella sede giurisdizionale [18].

e) Ma la vera e propria **fase (la quarta) corporativa** inizia appena nel 1930, con l'istituzione di un organo di vertice, formato per opera del Capo del Governo, che assume la denominazione di *Consiglio nazionale delle corporazioni*. Quanto invece alle singole corporazioni [19], destinate a rappresentare «l'organizzazione unitaria delle forze della produzione» in ciascun settore dell'attività produttiva, con il compito di dettare «norme obbligatorie sulla disciplina dei rapporti di lavoro e sul coordinamento della produzione» stessa, esse vengono create solamente nel 1934; e nascono praticamente già «morte», giacché il pletorico apparato corporativo finisce per produrre un numero estremamente esiguo di «ordinanze» e di «accordi economici collettivi», del tutto sproporzionato rispetto agli iniziali propositi del regime [20].

Non a caso, la fase in questione si conclude con la formazione di un ulteriore organo di vertice, nominato dall'alto anziché venire eletto dagli interessati, che prende il nome di **Camera dei fasci e delle corporazioni**, subentrando alla Camera dei deputati alla fine della XXIX Legislatura del Regno e cioè dal 2 marzo 1939. Ciò *ex lege* 11 gennaio 1939, n. 129, che coglie anche l'occasione per rendere compiuto l'assoggettamento di entrambe le Camere al potere esecutivo, degradandole a organi ausiliari del Governo; tanto è vero che il Capo del Governo stesso incide liberamente sulle funzioni di entrambe le assemblee legislative, con la facoltà di riservare ogni tipo di legge all'approvazione di apposite commissioni parlamentari deliberanti anziché dell'intero Parlamento [21].

A questo punto, perciò, si può dire che anche sul piano giuridico (e non soltanto sul piano politico) il regime fascista presenta caratteristiche quanto mai autoritarie. Assommando ormai ufficialmente le qualifiche di Capo del Governo e di «Duce del fascismo», Mussolini dispone non solo della Camera dei fasci e delle corporazioni, ma anche del Senato, i cui componenti sono nominati dal Re su propo-

---

[18] Cfr. gli artt. 1 ss., 13 ss. e 18 ss. della legge cit.

[19] Già «*previste dalla Dichiarazione VI della Carta del Lavoro* (del 21 aprile 1927)*, dalla legge 3 aprile 1926, n. 563 e dal R. Decreto 1 luglio 1926, n. 1130*», ma costituite solo con la legge 5 febbraio 1934, n. 163.

[20] Il Consiglio nazionale delle corporazioni, già formalmente istituito con i rr.dd. 2 luglio 1926, n. 1131, e 14 luglio 1927, n. 1347, venne formalmente inaugurato dal Duce solo quattro anni dopo, il 22 aprile 1930, allorché lo definì «*... nell'economia italiana, quello che lo Stato Maggiore è negli Eserciti: il cervello pensante che prepara e coordina*» Solo un mese prima, infatti, la legge 22 aprile 1930, n. 206, ne aveva fatto un «*organo costituzionale*» e ne aveva compiutamente disciplinato organizzazione e funzioni. Venne riformato, quanto alla sua composizione, con legge 5 gennaio 1939, n. 10.

Sulle *ordinanze corporative* e gli *accordi economici collettivi*, si possono anche vedere gli artt. 2063 e ss. del Cod. civ. in allora vigenti.

[21] Cfr. gli artt. 16 e 17 della legge cit.

sta del Governo, e così pure dei membri del Gran Consiglio del fascismo (fatta eccezione per pochissimi consiglieri di diritto), nonché delle più alte cariche del Partito Nazionale Fascista.

f) E nella **fase bellica (la quinta)**, con cui si conclude il ventennio, le necessità della guerra – iniziata, per l'Italia, il 10 giugno 1940 – concorrono al rafforzamento del potere personale del Duce; anche perché il Gran Consiglio del fascismo non viene più nemmeno convocato, dal 7 dicembre 1939, fino alla cruciale seduta del 24-25 luglio 1943.

La dittatura fascista presenta delle peculiarità che la distinguono da quella nazista.

A fianco del Capo del Governo, infatti, per quanto lungamente privati di ogni effettiva influenza sull'indirizzo politico del Paese, continuano a sussistere gli altri due organi costituzionali del sistema, vale a dire la Corona e il Gran Consiglio del fascismo; il che mantiene aperta l'eventualità di un conflitto di poteri, facendo sì che la stessa posizione di Mussolini rimanga giuridicamente vulnerabile nel corso di tutto il ventennio fascista.

5. *L'ordinamento costituzionale transitorio dopo il 25 luglio 1943: la «Repubblica sociale italiana» e il «Regno del Sud»*

a) Valendosi dell'ordine del giorno votato dal Gran Consiglio nella notte tra il 24 ed il 25 luglio del 1943, che invitava la Corona a riassumere la guida del Paese, Vittorio Emanuele III destituì senz'altro il Capo del Governo (anche se la revoca venne mascherata, nel comunicato ufficiale diramato il 25 luglio 1943, sotto forma di accettazione delle dimissioni di Mussolini). Ma il **subitaneo crollo del regime fascista non va considerato come il frutto di un colpo di Stato**. Al contrario, esso costituisce l'estrema riprova della complessità della forma fascista di governo, in antitesi alle inclinazioni dittatoriali del Duce; sicché la destituzione di Mussolini non rappresenta un illecito neanche dal punto di vista dell'ordinamento preesistente, nell'ambito del quale il Re conservava pur sempre – da solo o assieme al Gran Consiglio – il potere di revoca del Primo Ministro.

Una serie di **rotture della «legalità fascista»** (e della costituzione materiale intesa alla maniera kelseniana) si ebbe piuttosto in un periodo immediatamente successivo: allorché il Governo Badoglio, subentrato al Governo Mussolini, si trovò costretto a svolgere una massiccia attività legislativa, precisamente allo scopo di eliminare o di paralizzare gli organi e gli enti peculiari del fascismo (quali il Gran Consiglio, il Tribunale speciale per la difesa dello Stato, la Milizia volontaria per la sicurezza nazionale, il Partito Nazionale Fascista...).

Nell'impossibilità di ricorrere ancora al Parlamento, che era in gran parte composto di personalità legate al regime fascista (per non dire che la seconda Camera era stata immediatamente sciolta: v. *infra*, tra breve), il Governo Badoglio non poté fare altro che servirsi della sistematica adozione di un notevole numero di *decreti-legge*; ma questi atti, sebbene ovviamente sorretti dal presupposto giustificativo della straordinaria necessità e urgenza di provvedere, non corrisposero né avrebbero potuto corrispondere alle disposizioni dettate dalle leggi n. 100/1926 e n. 860/1939, in tema di decretazione legislativa del potere esecutivo. Ai sensi di quella legislazione, i decreti-legge dovevano infatti venire presentati alle Camere, per la loro conversione in leggi formali, entro il perentorio termine di sessanta giorni dalla pubblicazione di essi; ma la presentazione non poté avere luogo, per il semplice motivo che il d.l. 2 agosto 1943, n. 705, aveva dichiarato sciolta la Camera dei fasci e delle corporazioni, rendendo in tal modo impossibile la convocazione del Senato stesso, dato il principio bicamerale stabilito dall'art. 48 dello Statuto albertino che vietava a priori «ogni riunione di una Camera fuori del tempo della sessione dell'altra». Se i decreti-legge del Governo Badoglio riuscirono ad avere esecuzione ciò avvenne pertanto al di fuori delle previsioni dell'ordinamento fascista; sebbene una tale circostanza non sia sufficiente – come già si è precisato – a far ritenere interrotta la continuità complessiva dello Stato italiano.

b) Una frattura ben più grave si produsse invece in conseguenza dell'**armistizio dell'8 settembre del 1943**, allorché in Italia si costituirono due governi contrapposti e confliggenti: quello monarchico, retto da Vittorio Emanuele III e da Badoglio, che suole venire designato dagli storici come il «**Regno del Sud**»; e quello organizzato nel nord del Paese con a capo Mussolini, che assunse ufficialmente il nome di **Repubblica sociale italiana (RSI)**.

Al pari del «Regno del Sud», anche quest'ultima si considerava – sia pure senza alcun fondamento giuridico – come la legittima continuatrice del previo ordinamento statutario-fascista. Ma il vero quesito che la sua presenza pone agli studiosi riguarda piuttosto la qualificazione intrinseca di essa che nella letteratura giuridica è stata ed è tuttora variamente prospettata. Alcuni costituzionalisti (Balladore Pallieri, Gueli) affermano infatti (*i*) che la RSI non avrebbe costituito nulla più che uno Stato-fantoccio, creato e utilizzato in funzione dell'occupazione tedesca nel centro-nord del Paese; altri (Crisafulli, Mortati) (*ii*) sostengono invece che si sarebbe trattato di un governo dotato d'una qualche effettività, pur non essendo riuscito a dar vita a uno Stato; altri ancora (*iii*) lo equiparano senz'altro a uno Stato nuovo, sebbene dotato di un'effimera esistenza.

La prima di queste opinioni (*i*), per quanto aderente alla realtà delle cose, non soddisfa però l'esigenza di una definizione del fenomeno in esame. Storicamente, in effetti, sono esistiti ed esistono i più vari regimi fondati sull'appoggio di altri Stati, che tuttavia mantenevano o mantengono una loro formale originarietà e indipendenza. Sul piano della teoria generale del diritto, in altri termini, conta soltanto che gli imperativi di un dato ordinamento ottengano una media obbedienza da parte dei loro sottoposti, a prescindere dai mezzi con i quali questo risultato si realizza; e non è dubbio che la Repubblica sociale sia riuscita in tale scopo, malgrado la crescente resistenza dei *Comitati di liberazione nazionale*

(C.l.n.), fatta soltanto eccezione per i giorni dello sfacelo finale. Del resto, non è irrilevante che il III Reich germanico abbia operato un formale riconoscimento della RSI, attuando con essa uno scambio di ambasciatori e dimostrando in tal modo di non volerla ridurre – se non altro sulla carta – ad una «*longa manus*» delle forze armate tedesche.

Non per questo, però, si deve concludere che tale Repubblica sia riuscita a porsi come un nuovo Stato (*iii*). Da un lato essa mancava della stabilità che contraddistingue gli ordinamenti statali, divenendo ogni giorno più precaria anziché rafforzare il suo potere sovrano; d'altro lato – e in ciò consiste l'argomento decisivo – essa non pervenne mai a far coincidere il proprio ambito spaziale d'efficacia con l'intero territorio italiano, in evidente contrasto con la sua conclamata aspirazione di reggere l'intero Paese e non soltanto il centro-nord dell'Italia. Di qui, appunto, la più persuasiva soluzione del problema (*ii*), propria di chi definisce la Repubblica sociale italiana come un **governo locale di fatto** (Giannini); e ciò, collegando queste due qualifiche nel senso che ogni governo locale è anche un governo di fatto e viceversa, dal momento che di uno Stato nuovo non si può parlare fino a quando ci si trovi in presenza di ordinamenti dotati di una sovranità circoscritta e materialmente contestata. Per negare la statualità della RSI è determinante, dunque (ma solo con un giudizio formulato *ex post*), l'esito stesso del conflitto, in seguito al quale si riscontra invece – per definizione – che il solo continuatore dello Stato italiano fu il «Regno del Sud».

Conviene precisare, tuttavia, che il crollo della Repubblica sociale non ha reso giuridicamente inesistenti tutti gli atti compiuti dai suoi organi. Al contrario, secondo un criterio comunemente seguito in ipotesi del genere, l'ordinamento italiano subentrante ha differenziato gli atti stessi, in considerazione del grado di politicità di ciascun tipo: dichiarando senz'altro la nullità degli atti legislativi e di governo; classificando fra gli atti nulli ma suscettibili di convalida (il che, di per sé, rappresenta un assurdo giuridico se resta vero che ciò che è nullo non è suscettibile di produrre, né di avere mai prodotto, effetti), o fra quelli validi ma suscettibili di annullamento, altri provvedimenti che per la loro fonte o per il loro contenuto avrebbero potuto risentire dei tipici orientamenti della Repubblica sociale; e salvando in partenza la validità e l'efficacia degli atti di ordinaria amministrazione, appunto perché privi di motivazioni o di implicazioni politico-ideologiche[22].

c) Nel corso del suo progressivo riestendersi su tutto il Paese, anche il «**Regno del Sud**» subisce peraltro una serie di vicende che ne alterano ulteriormente la costituzione materiale, tanto nella prospettiva kelseniana quanto nella prospettiva schmittiana. Sicché il periodo di transizione dall'ordinamento fascista all'ordinamento repubblicano vigente dev'essere a sua volta suddiviso in varie fasi: quella

---

[22] In proposito, si veda il d.lgs.lgt. 5 ottobre 1944, n. 249, sull'«assetto della legislazione nei territori liberati».

(*i*) dei **due Governi Badoglio** (27 luglio 1943 - 17 aprile 1944 e 24 aprile 1944 - 8 giugno 1944; il primo militare-tecnico e il secondo, su cui *infra*, tra breve, politico) che si protrae fino al momento della liberazione di Roma (4-5 giugno 1944); quella (*ii*) **luogotenenziale** che perdura dal 5 giugno 1944 al 9 maggio 1946; quella – brevissima – del (*iii*) «**Regno di maggio**», nel corso della quale il Luogotenente assume il titolo di Umberto II; e quella – conclusiva – dell'**Assemblea costituente** (*iv*), che abbraccia il periodo 2 giugno 1946 - 18 aprile 1948.

(*i*) Subito dopo la caduta del fascismo, la Corona e il Governo Badoglio I (quello composto di militari, prefetti, funzionari e Consiglieri di Stato) perseguono l'intento di un *«ritorno allo Statuto»:* non più concepito, però, alla maniera di Sonnino e degli altri fautori della monarchia costituzionale, ma con riferimento al **regime monarchico parlamentare liberale** che s'era affermato in Italia da dopo il 1861 e sino alla «marcia su Roma». Il tentativo di considerare il ventennio fascista come un'esperienza finita ad ogni effetto, da chiudere entro una sorta di parentesi, traspare già con chiarezza dall'articolo unico del ricordato decreto-legge 2 agosto 1943, n. 705: «La XXX legislatura è chiusa. La Camera dei fasci e delle corporazioni è sciolta. Sarà provveduto, nel termine di quattro mesi dalla cessazione dell'attuale stato di guerra, alla elezione di una nuova Camera dei deputati e alla conseguente convocazione ed inizio della nuova Legislatura». Ed è appunto con lo scopo di una restaurazione della normalità interrotta dal fascismo, cui non si accompagna la previsione di alcuna riforma costituzionale, che il Governo Badoglio si adopera negli ultimi mesi del 1943.

Ma il tentativo si scontra ben presto con l'opposizione dei partiti antifascisti che, riorganizzatisi dopo il 25 luglio, non intendevano collaborare con Vittorio Emanuele III, chiedendone piuttosto l'abdicazione, posta la sua responsabilità nella fase di avvento del Fascismo al potere, la sua collusione con il regime nel corso dell'intero Ventennio e il suo comportamento dopo l'armistizio dell'8 settembre 1943, allorché, con famiglia (erede al trono compreso) e Governo, aveva abbandonato Roma per raggiungere, via Pescara, Brindisi già occupata dalle truppe alleate. Queste ultime, che erano sbarcate in Sicilia il 10 luglio del 1943, avevano intrapreso la risalita della Penisola per conquistarla alle truppe italo-tedesche, fino all'8 settembre 1943, e poi, dopo questa data, solo tedesche.

Fra la Corona e la cosiddetta esarchia (costituita dal Partito liberale, dalla Democrazia del lavoro, dalla Democrazia cristiana, dal Partito d'azione, dal Partito socialista, dal Partito comunista) la fase di aperto conflitto è pertanto seguita da un accordo provvisorio, imposto dalle necessità della guerra ancora in corso, che viene raggiunto attraverso la reciproca rinuncia agli aspetti più estremi delle opposte tesi.

Il «**Patto di Salerno**», stipulato nella primavera del 1944, impegna in effetti la Corona e l'esarchia all'applicazione e al rispetto di quella che fu allora definita *tregua istituzionale.*

Quest'ultima prevedeva l'immediata entrata, in un II Esecutivo Badoglio, delle forze antifasciste, onde offrire legittimazione all'azione della Monarchia, in cambio sia di un mutamento della guardia al Governo nel momento in cui Roma fosse stata liberata dai Tedeschi, sia, nello stesso momento, del ritiro dall'esercizio del potere da parte di Vittorio Emanuele III che avrebbe dovuto lasciare il campo al figlio Umberto di Savoia, non compromesso con il regime fascista.

E la *tregua istituzionale* resse.

Immediatamente dopo la conclusione del Patto di Salerno, infatti, venne formato il II Governo Badoglio che vide la partecipazione, oltre che di tre militari ai dicasteri di Guerra, Aeronautica e Marina, di tutti e sei i già nominati partiti antifascisti, con personalità di primissimo piano quali Benedetto Croce per i Liberali (PLI), Pietro Mancini per il Partito Socialista di Unità Proletaria (PSIUP), Palmiro Togliatti per il Partito Comunista Italiano (PCI), Angelo R. Jervolino per la Democrazia Cristiana (DC).

Roma liberata, a Badoglio subentrò Ivanoe Bonomi, socialista del Partito «Democrazia del Lavoro» (PDL o DL), che era già stato Presidente del Consiglio tra il 1921 e il 1922. Resterà in carica fino al giugno del 1945, cioè fin subito dopo la fine della Seconda Guerra Mondiale.

Nel suo Governo, i capi, o esponenti importanti dei sei partiti antifascisti, come, p. es.: Alcide De Gasperi per la DC, Palmiro Togliatti per il PCI, Giuseppe Saragat per il PSIUP (Pietro Nenni essendo contrario alla conclusione del «Patto»), Meuccio Ruini per il PDL, Alberto Cianca per il Partito d'Azione (PDA) antesignano del Partito Repubblicano Italiano, Benedetto Croce e Marcello Soleri per il PLI.

(*ii*) Pressoché in pari tempo, ossia subito dopo la liberazione di Roma, Vittorio Emanuele III, pur non abdicando formalmente al trono, ottempera al Patto di Salerno accettando di ritirarsi a vita privata e con il **r.d. 5 giugno 1944, n. 140**, nomina il figlio, Umberto di Savoia, alla carica di «Luogotenente generale del Re». Ma l'iniziale denominazione del nuovo ufficio di Capo dello Stato non lascia esattamente intenderne la peculiarità. Di Luogotenenti del Re se n'erano infatti già istituiti nella storia del Regno di Sardegna e del Regno d'Italia, tutte le volte che il Re stesso, trovandosi al comando delle forze armate in guerra, riteneva opportuno delegare a un suo fiduciario l'esercizio dei compiti suscettibili di essere svolti nella capitale. Sennonché la luogotenenza del 1944 appare subito come un istituto diverso e senza precedenti: per l'ovvio motivo che Vittorio Emanuele III non s'era limitato a trasferire al figlio l'esercizio di una parte delle sue funzioni, conservandone la titolarità, ma le aveva trasferite tutte, definitivamente e irrevocabilmente.

E fu anche in tal senso che nel **d.l. 25 giugno 1944, n. 151**, all'atto di fissare quella che fu detta la **Costituzione provvisoria dello Stato italiano**, non si parlò più di «Luogotenente generale del Re», cioè di un sostituto «a tempo» di quest'ultimo, bensì di «Luogotenente generale del Regno», cioè di un Capo dello Stato[23], vicario sì (il padre non aveva ancora abdicato), ma in via definitiva.

[23] Cfr. l'art. 4 cpv. del d.l. cit.

A quel punto, del resto, non soltanto la persona del Re ma il Regno stesso venivano messi in questione, giacché il primo articolo del decreto n. 151 statuiva che, dopo la liberazione di tutto il territorio nazionale, la forma istituzionale, monarchica o repubblicana, sarebbe stata scelta dal popolo italiano mediante un pronunciamento non già con *referendum*, come poi invece avvenne (e vedremo subito perché), ma un'elezione a suffragio universale di un'apposita *Assemblea costituente* che avrebbe deliberato «la nuova Costituzione dello Stato». Coerentemente, il successivo art. 2 disponeva l'abrogazione del d.l. 2 agosto 1943, n. 705 cit., nella parte in cui si limitava a prevedere l'elezione di una nuova Camera dei deputati; mentre l'art. 3 sanzionava la tregua istituzionale propriamente detta, disponendo: «I ministri e sottosegretari di Stato (ma il medesimo impegno, sebbene inespresso, si estendeva al Luogotenente) giurano sul loro onore... di non compiere, fino alla convocazione dell'Assemblea Costituente, atti che comunque pregiudichino la soluzione della questione istituzionale».

Oltre a tutto questo, fu modificata anche la forma degli atti legislativi del Governo. Fino a quel momento, infatti, l'esecutivo aveva giocoforza (e come già ricordato *supra*) legiferato per mezzo di decreti-legge; dopo il 25 giugno del 1944, invece, «i provvedimenti aventi forza di legge» deliberati dal Consiglio dei ministri, furono sanzionati e promulgati dal Luogotenente – ai sensi dell'art. 4 del d.l. n. 151 – per mezzo di **decreti legislativi luogotenenziali**. La nuova denominazione non deve però far pensare che siano stati mutati anche la natura e il fondamento della legislazione del Governo. Alcuni autori (Bodda, Crosa) si sono sforzati di equiparare i decreti legislativi luogotenenziali alle leggi delegate, sostenendo appunto che con il d.l. n. 151 l'esecutivo si sarebbe autodelegata la potestà legislativa, dapprima esercitata sulla base della sola necessità di provvedere, ma costruzioni del genere sono troppo artificiose e vengono respinte sia dalla prevalente dottrina (Guarino, Ferrari, Lavagna) sia dalla giurisprudenza della Corte costituzionale: le quali ravvisano nei decreti stessi una forma di legislazione *extra ordinem* diversa nel nome, ma non nella sostanza, dai decreti-legge del Governo Badoglio[24]. In ogni caso, simili fonti non ritrovano nessuna base nel diritto costituzionale statutario fascista; e si giustificano solo dal punto di vista dell'ordinamento susseguente, tanto è vero che **il d.l. n. 151/1944 è stato convertito in legge dalla XV *Disposizione transitoria* dell'attuale Costituzione**, con una indiretta legittimazione degli stessi decreti legislativi luogotenenziali che ne sono conseguiti.

---

[24] Quanto alla giurisprudenza costituzionale, v. specialmente la sent. 30 giugno 1960, n. 46.

6. Segue: *dalla Costituzione provvisoria del 1944 alla nuova Carta costituzionale del 1947*

a) Formalmente, dunque, quello vigente in Italia continua ad essere un *regime dell'esecutivo*, imperniato sul Capo dello Stato e sul Capo del Governo, pur dopo la riforma costituzionale del 25 giugno 1944. Ma, in linea di fatto, il regime è alterato dalla presenza determinante dei *partiti politici* che implica, nel tempo stesso, una riduzione dei poteri reali del Luogotenente, una restituzione del Primo Ministro al suo vecchio ruolo di Presidente del Consiglio dei ministri (dal momento che questi sono responsabili nei confronti delle forze politiche di appartenenza, ben più che nei confronti del Capo del Governo) e un più stretto legame fra il Governo stesso e l'opinione pubblica, anche se il sistema non può dirsi ancora rappresentativo, nell'accezione più propria del termine. In questo senso, comunque, l'apparato statale continua a funzionare fino al maggio del 1946, con la sola novità costituita dall'introduzione della «*Consulta*», corpo consultivo e ausiliario del Governo, che avviene contemporaneamente alla fine delle ostilità con lo scopo di inserire in un comune collegio – sia pure carente di poteri – gli esponenti della classe politica antifascista di tutte le regioni del Paese[25].

Il 9 maggio del 1946 – meno di un mese prima delle elezioni della Costituente – la *tregua istituzionale viene però interrotta* dall'abdicazione di Vittorio Emanuele III: per effetto della quale il Luogotenente assume il titolo di Umberto II, Re d'Italia, aprendo con ciò la brevissima fase del «*Regno di maggio*». In quell'occasione, la parte repubblicana denuncia la violazione del «patto di Salerno», sostenendo che Vittorio Emanuele III non poteva abdicare, avendo già rinunciato nel 1944 alla totalità dei suoi poteri. In realtà, a leggere con attenzione l'art. 3 del d.l. n. 151/1944 di cui *supra* nel § 5 che precede, fu più il Luogotenente Umberto accettando di diventare Re, che non Re Vittorio Emanuele III abdicando, a infrangere la tregua. L'alterazione della forma di governo è tuttavia meramente esteriore; e anche in concreto non sembra che la mossa del Re sia stata produttiva di significative conseguenze, influenzando i rapporti di forza tra i fautori della Repubblica e quelli della Monarchia.

Per capire il perché del gesto di Vittorio Emanuele III bisogna comunque ricordare che il **d.lgs.lgt. 16 marzo 1946, n. 98**, aveva ben più stravolto il patto dell'anno prima apportando una notevole modifica al d.l. n. 151/1944 con il prevedere che, congiuntamente all'elezione dell'Assemblea costituente, la scelta della forma istituzionale – monarchica o repubblicana – fosse sottratta ai costituenti e direttamente demandata al corpo elettorale, mediante un ***referendum*** da tenere il **2 giugno 1946**.

Alla base di una tale decisione vi era non solo il generale timore di turbamen-

---

[25] Cfr. il d.lgs.lgt. 5 aprile 1945, n. 146.

ti dell'ordine pubblico, che avrebbero potuto registrarsi nel corso di un lungo ed incerto contrasto fra monarchici e repubblicani in seno all'Assemblea, ma la stessa indecisione esistente all'interno di alcuni partiti politici che preferivano affidarsi agli elettori piuttosto che orientarsi come tali e in prima persona. In queste circostanze, la rottura della tregua del 1944 diveniva inevitabile, così come al tempo stesso più comprensibile, però, la contromossa monarchica.

b) Ed anzi fra monarchici e repubblicani si aprì un'ulteriore polemica, avente per tema i *criteri di valutazione dell'esito del «referendum»*: in quanto tra i primi si affermava che il voto popolare sarebbe stato decisivo nella sola ipotesi che il numero dei sostenitori della Repubblica o della Monarchia fosse risultato superiore a quello di tutti gli altri votanti, facendo pesare accanto ai fautori della tesi contraria anche coloro che avessero votato scheda bianca (Esposito); mentre i secondi asserivano che tanto i voti nulli quanto le schede bianche dovessero venire esclusi dal computo, per porre invece a diretto confronto i soli voti validamente espressi a favore dell'una o dell'altra forma istituzionale.

In verità, sia dai risultati provvisori del *referendum* che la Cassazione annunziò il 10 giugno 1946, sia dal verbale del 18 giugno sul giudizio definitivo della Cassazione stessa, emerge che l'esito si sarebbe in ogni caso rivelato favorevole alla Repubblica: poiché in tal senso si erano espressi 12.717.923 elettori, mentre i voti per la Monarchia assommavano a 10.719.284 e rimanevano minoritari quand'anche vi fossero stati aggiunti 1.498.136 tra schede bianche e voti propriamente nulli. Tuttavia, fra i costituzionalisti è divenuto da tempo pacifico che fosse fondata la tesi formulata dalla parte repubblicana: non solo perché le schede bianche sono escluse dalla valutazione degli esiti di tutti i *referendum* disciplinati dall'attuale ordinamento; ma anche – e soprattutto – perché diversamente il *referendum* istituzionale avrebbe corso il rischio di dover essere indefinitamente ripetuto, mentre l'ipotesi di una reiterazione di esso non era stata minimamente prevista dal legislatore italiano del 1946 (in contrasto – ad esempio – con le previsioni fatte in quegli stessi anni dal legislatore francese).

c) Fatto si è che Re Umberto II pur incline a resistere – facendo leva sull'argomento degli «*elettori votanti*» – di fronte all'esito del *referendum* quale proclamato dalla Cassazione il 10 giugno e ancor più dopo che il Consiglio dei ministri ebbe trasferito (tre giorni dopo, con un atto che Umberto definì «*rivoluzionario*» perché lo considerava di sostanziale usurpazione del trono), le funzioni di Capo provvisorio dello Stato ad Alcide De Gasperi, decise di lasciare l'Italia lo stesso 13 giugno alla volta di un **esilio volontario** in Portogallo.

Lì passerà il resto della vita, per spegnersi a Ginevra, settantanovenne, il 18 marzo 1983.

Semplificando, sono sostanzialmente tre le ragioni sostanziali che indussero il Re a partire: *in primis*, il timore di una guerra civile tra sostenitori della Repubblica e della Monarchia; quindi, l'acquisita certezza che i governi inglese e americano non sarebbero intervenuti in questioni che ritenevano di pertinenza esclusivamente italiana, nemmeno ove fossero stati dimostrati eventuali brogli elettorali nello scrutinio referendario; e, infine, l'intima convinzione del Re, confidata al giornalista *Luigi Barzini jr*, per cui se la «*Repubblica si può reggere col 51%, la Monarchia no ...*»[26].

d) Con la prima seduta dell'**Assemblea costituente**, svoltasi il 22 giugno del 1946, la forma di governo subisce un'ulteriore modificazione. I costituenti non si limitarono, infatti, alla progettazione ed all'approvazione della nuova Carta costituzionale, sulla base del *referendum* istituzionale del 2 giugno; ma esercitarono inoltre – secondo il decreto legislativo del 16 marzo del medesimo anno – sia certe specifiche funzioni legislative ordinarie sia l'attività di controllo politico sull'intero operato del Governo[27]. **Sin da questa fase, quindi, si ristabilì la relazione fiduciaria fra il legislativo e l'esecutivo; e si restaurò un regime di stampo parlamentare ma repubblicano**, caratterizzato dalla compresenza di tre organi costituzionali: la Costituente, il Governo ed il Capo provvisorio dello Stato, eletto dalla Costituente stessa.

Rispetto al modello parlamentare, tuttavia, un fondamentale motivo di diversità fu dato dalla circostanza che **il Governo rimase il titolare della legislazione**, fatta eccezione per singole leggi ordinarie di particolare importanza, concernenti l'ordinamento della stampa o la disciplina dei procedimenti e dei sistemi elettorali di cui si occupò la stessa Assemblea costituente[28]. Ma in quel momento si riteneva che non sarebbe stato conveniente ritornare immediatamente alla tradi-

[26] «*La Monarchia* – continuava il Re – *non è mai un Partito. È un istituto mistico, irrazionale, capace di suscitare negli uomini, sudditi e Principi, incredibili volontà di sacrificio* [...] *Non deve essere costretta a difendersi giorno per giorno dalle insidie e dalle accuse. Deve essere un simbolo caro o non è nulla*» (Bartoli).

[27] Si veda l'art. 3 del d.lgs.lgt. 16 marzo 1946, n. 98.

[28] Quanto al procedimento formativo dei decreti legislativi in questione, si veda la sent. 16 luglio 1973, n. 133, della Corte costituzionale.

Nel sito *web* della Camera dei deputati, *sub http://legislature.camera.it/frameset.asp?content=%2Faltre_sezionism%2F304%2F8964%2Fdocumentotesto%2Easp%3F*, l'elenco di tutte le leggi costituzionali e ordinarie approvate dall'Assemblea costituente.

Spiccano, per importanza, le seguenti **leggi costituzionali**: *a*) le due di proroga della durata della stessa Assemblea costituente (leggi cost. nn. 1 e 2/1947); *b*) quella di soppressione del Senato del Regno (legge cost. n. 3/1947); *c*) quella contenente «*Norme sui giudizi di legittimità costituzionale e sulle garanzie di indipendenza della Corte Costituzionale*» (legge cost. n. 1/1948); *d*) quelle contenenti gli Statuti speciali di Sicilia, Sardegna, Valle d'Aosta e Trentino Alto Adige (leggi cost. nn. 2, 3, 4, 5/1948).

Tra le **leggi ordinarie**, vanno ricordate, come anticipato e seguendo le due categorie di cui nel testo, almeno: *e*) la n. 6/1948 con «*Norme per l'elezione della Camera dei Deputati*», la legge n. 29/1948 con «*Norme per la elezione del Senato della Repubblica*», la legge n. 530/1947 con «*Modificazioni al testo unico della legge comunale e provinciale ...*», la legge n. 1379/1947 con «*Norme per la compilazione delle liste elettorali nella provincia di Gorizia*», la legge n. 25/1948 con «*Norme per la formazione delle liste elettorali nella provincia di Bolzano*»; *f*) la legge n. 47/1948 con «*Disposizioni sulla stampa*», la legge n. 379/1947 con «*Ordinamento dell'industria cinematografica nazionale*».

zionale divisione dei poteri fra il legislativo e l'esecutivo, perché la Costituente doveva rimanere libera di concentrarsi sul suo compito essenziale, varando una nuova Costituzione nei brevissimi termini fissati dal d.l. n. 98/1946.

Per la redazione di un progetto di Carta costituzionale, da sottoporre all'esame e all'approvazione dell'intera Assemblea, la Costituente formò nel suo seno l'apposita **Commissione dei 75** che si suddivise in tre sottocommissioni (rispettivamente competenti in tema di diritti civili, di organizzazione dello Stato, di rapporti economico-sociali), frazionate a loro volta in particolari gruppi di lavoro (fra i quali assunse una notevole importanza quello che studiò i problemi dell'ordinamento regionale); nel frattempo, tutti gli altri costituenti rimasero pertanto liberi di concentrare la loro attenzione sul controllo dell'attività governativa e sulle altre questioni correnti. Ma la sistematica ripartizione del lavoro non consentì all'Assemblea di esaurire il suo compito primario entro gli otto mesi prestabiliti dal d.l. n. 98/1946, né entro i successivi quattro mesi nei quali lo stesso decreto aveva ammesso che la Costituente si auto-prorogasse (*prima proroga*); a questo punto, in effetti, soltanto pochissimi articoli della nuova Costituzione erano stati definitivamente approvati, mentre fervevano le discussioni su tutta la parte residua del progetto. Sicché la Costituente si vide costretta a disporre, al di là del decreto istitutivo, una *seconda proroga* destinata a protrarsi fino al 31 dicembre del 1947 [29].

Per giustificare questa decisione, non basta però sostenere – come ha fatto a suo tempo la gran parte degli studiosi e degli osservatori – che una Costituente dispone della totalità dei poteri e dunque non può esser limitata nemmeno nel tempo del suo funzionamento. Ciò è tanto poco esatto che – per esempio – la Costituente stessa non avrebbe legittimamente potuto restaurare il regime monarchico, già tolto di mezzo dal *referendum* del 2 giugno. Piuttosto, si deve rilevare come i costituenti si siano trovati – nel giugno del 1947 – di fronte a un aperto conflitto di doveri, fondati entrambi sul decreto istitutivo e ciò poiché da una parte vi era l'esigenza di non operare al di fuori del termine massimo di un anno; ma d'altra parte sussisteva la prioritaria necessità di ultimare l'approvazione della nuova Carta costituzionale (Falzone, Grossi), dal momento che il d.lgs. 16 marzo 1946, n. 98, non prevedeva per nulla l'eventualità di un'inutile scadenza della prima Costituente e della conseguente elezione di un'altra Assemblea dotata degli stessi compiti. Ed il secondo di questi due doveri fu puntualmente adempiuto, poiché l'**approvazione finale della Carta costituzionale avvenne il 22 dicembre del 1947; dopo di che la Carta stessa fu promulgata il 27 dicembre ed entrò in vigore il 1° gennaio del 1948**, secondo l'espressa statuizione della XVIII *Disposizione transitoria*.

Nessun problema si pone, viceversa, quanto alla *terza proroga*, voluta dalla XVII Disp. trans. della stessa Carta costituzionale, per consentire ai costituenti

---

[29] Il mezzo tecnico per giungere allo scopo fu la legge cost. 17 giugno 1947, n. 2.

l'approvazione delle già ricordate (poco *supra*, in nota) leggi sulla stampa, sull'elezione del Senato e sugli statuti regionali speciali, nonché per mantenere in funzione un organo di controllo dell'attività governativa sino al momento della formazione delle nuove Camere. *In questi ultimi mesi, difatti, l'Assemblea non agì come potere costituente bensì come potere costituito*, ormai vincolato a rispettare la Costituzione già in vigore in tutte le sue deliberazioni ulteriori.

La fase della Costituente e il complessivo periodo costituzionale transitorio si concludono comunque, ad ogni effetto, con le **elezioni politiche del 18 aprile 1948** (v. nel paragrafo che segue).

Ma il nuovo ordinamento costituzionale rimaneva, a quel punto, largamente incompiuto.

In effetti, le stesse disposizioni organizzative della Costituzione repubblicana non sono state attuate che nel corso di un lunghissimo giro di anni: visto che la Corte costituzionale è entrata in funzione nel 1956, il Consiglio nazionale dell'economia e del lavoro è stato istituito nel 1957, il Consiglio superiore della magistratura risale al 1958; mentre la realizzazione della riforma regionale su tutto il territorio del Paese e la legislazione ordinaria in materia di *referendum* sopravvengono appena nel 1970. Corrispondentemente, non è certo priva di significato la circostanza che siano rimasti e rimangano tuttora in vigore, fatta eccezione per determinate normative già modificate o dichiarate illegittime, nonché per il Codice di procedura penale, le disposizioni dei Codici e di moltissime altre leggi di fondamentale importanza, che pure risalgono al periodo statutario-fascista. In verità, gli stessi studiosi inclini a concepire la continuità dello Stato in termini affatto diversi dai criteri qui prescelti, ponendo l'accento – come fa Mortati – sui regimi politici in atto anziché sugli elementi costitutivi dello Stato stesso, hanno concluso che in questo caso i ponti non sono stati definitivamente rotti nel corso del periodo costituzionale transitorio, sicché la Repubblica italiana rimane giuridicamente collegata – per paradossale che ciò possa sembrare – all'ordinamento precedente il 25 luglio 1943.

È anzi pacifico che la nuova Costituzione non ha abrogato la totalità delle norme previgenti con essa incompatibili e non ha nemmeno novato la fonte del diritto preesistente, poiché – se così fosse stato – non si comprenderebbe come possano esser rimaste in vigore, venendo poco a poco eliminate dalle sentenze di annullamento della Corte costituzionale, discipline che pure contrastavano (o contrastano tuttora) con i nuovi principi costituzionali. Certo, la nuova Costituzione esige pur sempre che i giudici e gli operatori giuridici in genere interpretino e applichino le vecchie norme nel senso più conforme alle previsioni costituzionali (o meno distante da esse). Ma il condizionamento che le leggi di prima subiscono in tal modo non implica affatto che nell'esistenza dello Stato italiano si sia registrata una complessiva soluzione di continuità. Al contrario, è proprio la circostanza che le leggi vecchie debbano venire sottoposte a *interpretazioni adeguatrici*, tali da armonizzarle per quanto possibile con la nuova Costituzione, a fornire la riprova della **fondamentale continuità dell'ordinamento**, tuttora composto da materiali normativi della più varia consistenza e provenienza che gli interpreti si sforzano di sistemare e di ridurre ad unità, per quanto improbo possa risultare un tale compito.

7. Segue: *dalle elezioni del 1948 a oggi: profili di cronaca costituzionale di settant'anni di Italia repubblicana* [30]

a) **1948 - 1963/1964**. Le da poco ricordate **elezioni politiche del 18 aprile 1948** portarono dunque alla costituzione del primo Parlamento e all'inizio della I Legislatura repubblicani.

Esse assegnarono una netta vittoria al partito moderato di centro della *Democrazia Cristiana* (DC) (che si aggiudicò la maggioranza relativa dei voti e quella assoluta dei seggi) contro il c.d. «*Fronte democratico popolare*» formato, *in primis*, dal *Partito Comunista Italiano* (PCI) e dal *Partito Socialista Italiano* (PSI). Non di poco conto, al riguardo, fu l'annuncio, effettuato all'Università di Berkeley dal Segretario di Stato USA, George Marshall, che l'enorme stanziamento di 176 milioni di dollari a favore dell'Italia (c.d. «*Piano Marshall*») non sarebbe stato elargito nell'ipotesi di una vittoria elettorale delle sinistre.

Oltre alle dette tre formazioni, conquistarono seggi il «*Blocco Nazionale*» delle libertà [BN: formazione di centro-destra composta, principalmente, dal «*Partito Liberale Italiano*» (PLI) e dal «*Fronte dell'Uomo Qualunque*» (UQ [31])]; il «*Par-*

---

[30] È fermo convincimento dei curatori di questo *Aggiornamento* che il Diritto costituzionale sia più facilmente comprensibile e materia di studio di più agevole apprendimento ove lo studente conosca quantomeno i principali avvenimenti della storia costituzionale d'Italia, o almeno dei fatti di «cronaca costituzionale» a partire dai quali quella si costruisce.

Perché la storia la si capisce correttamente solo se si è capaci di collocarla nell'ambito dei fatti accaduti durante il periodo che si intende considerare.

Per limitarsi a un solo esempio, non si può cogliere appieno il significato degli *scontri di Valle Giulia* dell'1 marzo 1968, se non si sa nulla del *Sessantotto* e non si comprende quest'ultimo, o il *concerto di Woodstock*, o il cambio di giurisprudenza tra le pronunce della Corte cost. in tema di adulterio n. 64/1961 e n. 126/1968, se nulla si conosce della Guerra del Vietnam. E, senza avere idea di cosa abbia comportato il *Sessantotto* per il nostro Paese, è difficile, per chi non ha vissuto quel periodo, spiegarsi le «*Brigate Rosse*», «*Prima Linea*», «*Lotta Continua*» o «*Ordine Nuovo*», «*Ordine Nero*» e i «*Nuclei Armati Rivoluzionari*», ecc. Né, d'altra parte, pare giusto e sensato si possa camminare per via Garibaldi o per Piazza Mazzini, sapendo perché esse recano quel nome, e ignorare perché viale Alcide De Gasperi, o largo Aldo Moro, o passaggio Amintore Fanfani si chiamano così.

Per le dette ragioni, è anche del tutto evidente che più si affrontano o trattano cose, avvenimenti o questioni accaduti di recente, maggiore sarà la conoscenza in materia da parte di chi legge e, conseguentemente, minore la necessità di esporle analiticamente in questa sede.

[31] Con il suo fondatore, il giornalista e scrittore Guglielmo Giannini, è destinato a rimanere nella storia sia perché il termine «*qualunquismo*» deriva da esso, sia perché fu l'antesignano di tutti i movimenti che fanno della c.d. «*antipolitica*» la loro bandiera, fondando il loro pensiero e la loro azione sulla sfiducia nei confronti delle istituzioni, dei partiti e, soprattutto, dei politici di professione.

tito Nazionale Monarchico» (PNM); il «*Partito Repubblicano Italiano*» (PRI), erede della tradizione mazziniana; il «*Movimento Sociale Italiano – Destra Nazionale*» (MSI-DN), in principio composto di uomini e donne che rimpiangevano l'allora recente fine del ventennio e dell'ideologia fascisti; la «*Südtiroler Volkspartei*» (SV) che è, ancora oggi, il partito che rappresenta la stragrande maggioranza delle minoranze di lingua tedesca e ladina dell'Alto Adige (... o Sud Tirolo, com'è chiamato in Austria e, in genere, da chi si esprime in tedesco); il «*Partito Sardo d'Azione*» (PSA), movimento che statutariamente ancora oggi propugna l'indipendenza della Sardegna; il «*Partito dei contadini d'Italia*» (PCDI) che rappresentava, in realtà, piccoli proprietari terrieri di ben identificate zone di confine tra Piemonte e Lombardia e del nord di questa.

Di questi partiti, tre [UQ, PDCI e PNM (i primi due ebbero i loro ultimi eletti in Parlamento nello stesso 1948, il terzo nel 1958)] abbandonarono ben presto la scena politica; mentre gli altri rimasero protagonisti della stessa o [DC, PSI, MSI-DN, PLI] fino a un'epoca (1993-1995) di poco successiva agli avvenimenti c.d. di «*Tangentopoli*» (v. *infra*), o fino a particolari fatti storici (la *caduta del muro* di Berlino del 1989) che ne segnarono l'inizio della fine (PCI), o, con successi molto alterni, fino ad oggi (PRI, PSA, SV).

Le elezioni del 1948 determinarono, tra l'altro, l'appartenenza dell'Italia all'insieme dei Paesi Occidentali che, di lì a poco, si sarebbero trovati a fronteggiare, per cinquant'anni, quelli a regime comunista dell'Est Europa [32].

Nel corso delle prime tre ***Legislature***, si succedono i primi quattordici ***Governi***, tutti a guida di esponenti della Democrazia Cristiana [*De Gasperi* (per 4 volte), *Pella*, *Fanfani* (per 4 volte), *Scelba*, *Segni* (per 2 volte), *Zoli e Tambroni*], dei quali: alcuni furono monocolori DC; uno (Tambroni) fu anch'esso un monocolore DC, ma siccome ebbe la fiducia per il determinante «*appoggio esterno*» (voto di fiducia dato, pur senza avere ministri nell'Esecutivo) del MSI-DN e del PDIUM («*Partito Democratico Italiano di Unità Monarchica*», epigono del PNM), fu rapidamente costretto alle dimissioni soprattutto a causa dei dissidi sorti all'interno della stessa DC, i rappresentanti dell'anima più di sinistra della quale avevano addirittura abbandonato la compagine di Governo; e i più (a formazione variabile) composti dalla DC con i suoi alleati storici centristi del Partito Liberale, del Partito Repubblicano e del Partito Socialista democratico Italiano (PSDI), nato nel 1951 in seguito a una scissione... della scissione per così dire «*a destra*» del Partito Socialista che, nel 1947, aveva dato vita al «*Partito Socialista dei Lavoratori Italiani*» (PSLI). (*Apparterrebbe, di per sé, a questa fase anche il*

---

[32] Già nel 1944 (in *Bulgaria*), nel 1945 (in *Albania* e *Jugoslavia*), nel 1947 (in *Germania dell'Est*, *Polonia* e *Romania*), nel 1948 (in *Cecoslovacchia*), nel 1949 (in *Ungheria*) il potere viene stabilmente assunto, con modi diversi da Paese a Paese, dai rispettivi *Partiti Comunisti* nazionali. Quegli Stati si allineano, così, mano a mano, al regime in vigore in Unione Sovietica sin dal 1917. L'Europa è di fatto divisa in due, tra Ovest e Est, da quella che per cinquant'anni [fino al crollo del muro di Berlino del 1989 (su di esso, v. *supra*, parte I, cap. II, § 5, lett. *b*)] verrà chiamata la «*cortina di ferro*».

primo governo della IV Legislatura: un altro monocolore DC, il primo a guida del futuro Presidente della Repubblica Giovanni Leone, rimasto in carica dal 22 giugno al 5 dicembre 1963. Per le ragioni che si diranno, si preferisce trattarne nel secondo periodo della cronaca repubblicana).

Da sottolineare che, a questo primo periodo, appartengono due (De Gasperi VIII e Fanfani I) dei cinque Governi che, fino ad ora, non hanno ottenuto la fiducia iniziale da parte del Parlamento.

Al Quirinale – dopo l'esperienza di *Enrico De Nicola*, prima Capo Provvisorio dello Stato *(1 luglio 1946-31 dicembre 1947)* e poi, ai sensi della I° Disp. trans. fin. Cost., Presidente della Repubblica *(1 gennaio 1948-12 maggio 1948)* – vengono eletti ***Presidenti della Repubblica*** il liberale *Luigi Einaudi (1948-1955)* e i democristiani *Giovanni Gronchi (1955-1962)* e *Antonio Segni (1962-1964)*, dimessosi, quest'ultimo, dopo soli due anni e mezzo d'esercizio del mandato, per gravi ragioni di salute[33].

Si tratta di un ***periodo*** tutto sommato ***prospero e pacifico***, senza scontri sociali di particolare rilevo che, passando per alcune tragedie nazionali[34], muovendo dalla *ripresa* di un Italia messa in ginocchio dalla guerra, porta al c.d. «*boom economico*» di fine anni Cinquanta e inizio anni Sessanta.

Quali ***avvenimenti di carattere istituzionale di particolare rilevanza***[35], si possono ricordare:

– la **legge cost. 9 febbraio 1948, n. 1**, con la quale viene tra l'altro regolamentato l'*accesso alla Corte cost. in via incidentale* quanto ai giudizi relativi alla legittimità delle leggi;

---

[33] Colpito da trombosi il 7 agosto 1964 nel mentre colloquiava, pare vivacemente, con il Presidente del Consiglio democristiano Aldo Moro e con il *leader* del Partito Socialdemocratico, in quel momento di sostegno all'Esecutivo, Giuseppe Saragat, Antonio Segni fu dichiarato «*temporaneamente impedito*» di esercitare le sue funzioni in un certificato redatto dal suo medico curante personale.

Così, in assenza di fonti specifiche sul punto (... che continuano ancora oggi a mancare), decise come si dovesse procedere un collegio formato dal Presidente del Senato (Merzagora - Indipendente, ma già senatore eletto nelle liste della DC), dal Presidente della Camera (Bucciarelli Ducci - DC) e dal Presidente del Consiglio (Moro - DC).

Mentre il Presidente del Senato esercitava, ai sensi dell'art. 86, co. 1, Cost., le funzioni di Capo dello Stato supplente per quattro mesi filati (10 agosto-12 dicembre 1964), senza che venisse mai dichiarato l'«*impedimento permanente*» che avrebbe condotto a nuove elezioni *ex* art. 86, co. 2, Cost., il Presidente Segni «*riuscì a firmare*» le sue dimissioni in data 6 dicembre e, così – ai sensi della stessa disposizione appena ricordata, ma per ragione differente –, quello della Camera indisse, nella sua veste di Presidente del Parlamento in seduta comune, l'elezione di un nuovo Presidente della Repubblica. Il 28 dicembre, al XXI scrutinio, veniva eletto proprio quel Giuseppe Saragat che era stato uno dei due soli testimoni dell'infermità insorta il 7 agosto precedente.

[34] L'«*alluvione del Polesine*» (novembre 1951); il *disastro di Marcinelle* (8 agosto 1956) in Belgio, allorché, in una miniera di carbone muoiono 262 minatori, 136 dei quali Italiani; la «*frana del Vajont*» (9 ottobre 1963).

[35] Quanto alle modifiche della Costituzione intervenute nel periodo considerato e a eventuali tentativi di mutamento della stessa, v. *infra*, nel § 8 di questo capitolo.

– la legge 28 febbraio 1949, n. 43, recante «Provvedimenti per incrementare l'occupazione operaia, agevolando la costruzione di case per lavoratori». Conosciuta anche come «*Piano Fanfani*» (dal cognome dell'allora ministro che ne fu l'ispiratore) o «***Piano INA case***», è la prima misura repubblicana in materia di «*alloggi di edilizia popolare*»;

– la nascita, il 4 aprile 1949, dell'«Organizzazione del Trattato dell'Atlantico del Nord» (**NATO**) che vede l'Italia tra i Paesi fondatori, insieme a Belgio, Canada, Danimarca, Francia, Islanda, Lussemburgo, Norvegia, Paesi Bassi, Portogallo, Regno Unito e Stati Uniti;

– la fondazione del «***Consiglio d'Europa***», a seguito della sottoscrizione del Trattato di Londra (5 maggio 1949) da parte dei dieci Paesi fondatori, tra cui anche l'Italia;

– l'istituzione, con legge 10 agosto 1950, n. 646, della «***Cassa del Mezzogiorno***» con il compito di predisporre «programmi, ... finanziamento e ... esecuzione delle opere relative al piano ... generale per la esecuzione entro un periodo di dodici anni» [dal 1950 al 1962, ma poi, con successive proroghe, in realtà fino al 1984] «di opere straordinarie dirette in modo specifico al progresso economico e sociale dell'Italia meridionale» (artt. 1, co. 2, e 1, della legge ult. cit.);

– la predisposizione, da parte del Governo, e la successiva approvazione parlamentare della legge 21 ottobre 1950, n. 841, c.d. di «***riforma agraria***», recante l'affidamento a varî enti del compito di espropriare a latifondisti, per poi distribuirli a contadini, terreni di proprietà privata trovati permanentemente incolti o male sfruttati. Operarono enti nella Maremma Tosco-Laziale, nel Territorio del Fucino, in Puglia e Lucania, nel Delta del Po, in Sardegna, in Campania, in Calabria e in Sicilia;

– la sottoscrizione, a Roma, il 4 novembre 1950, della «Convenzione europea per la salvaguardia dei diritti dell'uomo e delle libertà fondamentali» (***CEDU***)[36];

– la nascita, con la firma del Trattato di Parigi del 18 aprile 1951, della Comunità europea del carbone e dell'acciaio (***CECA***);

– la **legge cost. 11 marzo 1953, n. 1**, che estese la *competenza della Corte cost.*, di cui all'art. 134 Cost., ai *giudizi sull'ammissibilità dei quesiti referendari abrogativi ex* art. 75 Cost.[37];

– il varo della legge elettorale 31 marzo 1953, n. 148, che, fortemente voluta da De Gasperi, è passata ingiustamente alla storia come «***legge truffa***»[38];

– l'entrata, il 14 dicembre 1955 e in accoglimento di una mozione presentata dal Governo canadese, dell'***Italia nell'ONU***;

– la solenne ***seduta inaugurale della Corte costituzionale***, avvenuta il 23 aprile 1956, con conseguente piena attuazione degli artt. 134 e ss. Cost.;

---

[36] Sulla quale v. anche *infra*, parte V, cap. I, § 3*b*.

[37] Sulla quale v. anche *infra*, parte VI, cap. I, § 3*b*.

[38] V. *infra*, a fine testo, nell'«APPENDICE», *sub* LEGGI ELETTORALI POLITICHE VIGENTI NELL'ITALIA REPUBBLICANA.

– il discorso, tenuto il 6 febbraio 1957 nel corso del congresso del Partito Socialista Italiano, con il quale l'allora Segretario politico Pietro Nenni annunciava – dopo nove anni dalla sconfitta del «*Fronte Popolare*» nelle elezioni del 1948 (v. *supra*) – la ***«svolta»* del PSI**, consistente in un (ri-)avvicinamento al Partito Socialista Democratico di Giuseppe Saragat e, soprattutto, nella fine della collaborazione politica con il Partito Comunista Italiano di Palmiro Togliatti. Da questo mutamento della politica socialista nel Paese, dipenderanno le sorti dei governi della seconda, terza e quarta fase della vita repubblicana;

– la nascita, con la firma dei Trattati di Roma del 25 marzo 1957, della Comunità economica europea (***CEE***) e della Comunità europea dell'energia atomica (***EURATOM***)[39];

– l'approvazione della legge *24 marzo 1958, n. 195, che detta* «Norme sulla costituzione e sul funzionamento del ***Consiglio superiore della Magistratura***», in attuazione, seppure con dieci anni di ritardo, degli artt. 104 e ss. Cost.[40].

b) **1963/1964-1976**. Si tratta di un secondo arco temporale nell'esistenza della Repubblica che ha un suo senso e una sua autonomia perché inizia con il **primo Esecutivo di centro-sinistra**, nel quale la DC ha come alleato di governo anche il Partito Socialista Italiano e che finisce, nel pieno della **stagione dello stragismo e del terrorismo** in Italia, subito prima del **rapimento e dell'assassinio dell'on. Aldo Moro e della sua scorta**, da parte delle *Brigate Rosse*: episodio che indubbiamente segna, anche da un punto di vista istituzionale, un punto di cesura nella storia del Paese.

---

[39] Su entrambi i quali v. anche *infra*, parte II, cap. III, § 30.

[40] Sempre nel periodo considerato, il 15 settembre 1948 nasce il sindacato di ispirazione cattolica ***CISL***, come costola della ***CGIL*** che, creata già nel 1944, annovererà tra le sue fila, da quel momento in poi, solo sindacalisti comunisti; il 5 marzo 1950, a fronteggiare il sindacato comunista CGIL e quello cattolico CISL, nasce il sindacato socialdemocratico della ***UIL***; entra in vigore la legge 11 gennaio 1951, n. 25, recante la c.d. «*riforma Vanoni*» (dal cognome dello *storico* ministro delle finanze e del bilancio dei governi a guida DC dal 1948 al 1956) di ***riforma del sistema tributario***; il 25 gennaio 1952, quindici Paesi, con a capo l'URSS, si oppongono all'ingresso dell'Italia tra gli Stati componenti l'ONU; la legge 10 febbraio 1953, n. 136, istituisce l'«Ente Nazionale Idrocarburi» (***ENI***) [sul quale v. anche *supra*, parte I, cap. II, § 5, lett. *d*)], dopo che, a partire dal 1949, l'AGIP (l'«Azienda Generale Italiana Petroli» fondata dal Fascismo nel 1926) ha scoperto giacimenti di gas a Cortemaggiore e a Pontenure, in Provincia di Piacenza, a Cornegliano, oggi in Provincia di Lodi, a Bordolano, in Provincia di Cremona, a Correggio, in Provincia di Reggio Emilia e, nel 1952, a Ravenna; il 27 dicembre 1956 viene approvata la legge n. 1441 recante misure per la ***Partecipazione delle donne all'amministrazione della giustizia nelle Corti di Assise e nei Tribunali per i minorenni***; la legge 20 febbraio 1958, n. 75, approva disposizioni sull'«*Abolizione della regolamentazione della prostituzione e lotta contro lo sfruttamento della prostituzione altrui*». Passerà alla storia come «*legge sulla chiusura delle case chiuse*», o come «***legge Merlin***» (dal cognome della senatrice socialista veneta che la volle con ferma tenacia) e segnò, in un certo senso, l'inizio... della fine di un'epoca.

Sulla c.d. «*nota bipartita*» dell'8 ottobre 1953 e sul «*Memorandum d'intesa*» del 5 ottobre 1954, entrambi atti concernenti il confine orientale d'Italia, e sulle peculiari vicende *post* belliche della città di Trieste, v. *infra*, parte II, cap. II, § 3.

In un'Italia funestata, tra l'altro, dalle «*alluvioni di Firenze, Venezia* e di molte altre città» (3-4 novembre 1966), dal «*terremoto del Belice*» in Sicilia (15 gennaio 1968), dalla caduta di una cabinovia della funivia del Cermis, in Trentino (9 marzo 1976), dal «*terremoto del Friuli*»[41], si succedono le ***Legislature*** IV, V e VI (le ultime due finite prima del tempo per scioglimento anticipato delle Camere) e un totale di quindici ***Governi***, a guida, ancora una volta, sempre e comunque di esponenti della Democrazia Cristiana [5 volte *Aldo Moro*; 5 *Mariano Rumor*; 2 *Giovanni Leone*; 2 *Giulio Andreotti*; 1 *Emilio Colombo*].

Come già anticipato, non è infatti questa la novità che fa parlare di una *seconda fase di vita repubblicana*, bensì l'ingresso in otto dei quindici esecutivi del periodo, del Partito Socialista Italiano (gli altri sette, però – cinque monocolori DC; un'alleanza DC/PLI/PSDI; e una DC/PRI – hanno tutti vita molto breve): si tratta della prima fase del *Centro-Sinistra* di governo.

Appartiene al periodo qui considerato il terzo (Andreotti I) dei cinque Governi che, fino ad ora, non hanno ottenuto la fiducia iniziale da parte del Parlamento.

Quanto ai ***Presidenti della Repubblica***, non a caso, il 28 dicembre 1964 è eletto al Quirinale il socialdemocratico *Giuseppe Saragat*, dopo il settennato del quale, gli succederà il democristiano *Giovanni Leone*, eletto sesto Presidente anche con i voti del Movimento Sociale (MSI).

Contrariamente al primo, è, specie nella sua seconda parte, un **periodo particolarmente triste e oscuro nella storia d'Italia** perché – a fronte della ***conquista di alcuni diritti importanti se non fondamentali e di una società civile che subisce trasformazioni radicali*** che la mutano profondamente (... pur se non sempre e non necessariamente in meglio) – comincia e raggiunge il suo acme la ***stagione del terrorismo rosso***[42] ***e nero***[43] e quella del c.d. ***stragismo***[44] che attentano alla vita

---

[41] Circa cento morti e quarantamila sfollati provoca il primo evento; trecentosettanta morti, mille feriti e novantamila sfollati, il secondo; quarantadue morti il terzo; poco meno di mille morti, tremila feriti e quarantacinquemila senzatetto il quarto.

[42] Si pensi alle «Brigate Rosse», a «*Prima Linea*», ai «*Gruppi di Azione Partigiana*», a «*Lotta Continua*», tanto per ricordare alcune delle formazioni attive in quel periodo. All'ultima delle bande armate ricordate, e più precisamente a tre dei suoi aderenti, va, tra i tanti altri, ascritto l'*omicidio* (17 maggio 1972) del *commissario di polizia* ***Luigi Calabresi***, medaglia d'oro al merito civile alla memoria. Alla prima, sempre tra i tantissimi dei delitti commessi, l'*assassinio* (il 17 giugno 1974), nella sede del MSI di Padova, di ***Graziano Giralucci*** e ***Giuseppe Mazzola***.

[43] Da «*Ordine Nuovo*» a «*Ordine Nero*» ai «*Nuclei Armati Rivoluzionari*», sempre per limitarsi ai nuclei principali. Al primo, tra gli altri, è da ascrivere l'assassinio del giudice ***Vittorio Occorso***, il 10 luglio 1976; all'ultimo, sempre per limitarsi a un esempio, quello del sostituto procuratore ***Mario Amato***, il 23 giugno 1980.

[44] Da ricordare, almeno i seguenti episodi.

Le cinque bombe fatte esplodere, il 12 dicembre 1969 e in meno di un'ora, a metà pomeriggio, tra Roma e Milano. In quest'ultima città, il primo ordigno provoca la «***strage di piazza Fontana***» (diciassette i morti e ottantotto i feriti). Altri tre ordigni deflagrano a Roma: in una sede della «*Banca Nazionale del Lavoro*» (13 feriti); davanti all'«*Altare della Patria*»; davanti al «*Museo*

democratica dello Stato. ***Trame oscure*** (come tentativi – più o meno veri e più o meno seri – di colpi di Stato[45]), tutt'oggi non ancora del tutto chiarite, ***agitano e scuotono le istituzioni***. Anche alcuni ***omicidi di mafia*** prendono a bersaglio queste ultime e loro rappresentanti, mirando a colpire il cuore dello Stato[46].

Quali ***avvenimenti di carattere istituzionale di particolare rilevanza***[47], si possono ricordare:

– la pronuncia 14 luglio 1964 della *Corte di Giustizia delle Comunità europee*, nel caso ***Costa c. Enel***, con cui si assume il *diritto comunitario prevalente su qualunque fonte di diritto interno* dei Paesi componenti la CE[48];

– i fatti del 1 marzo 1968 avvenuti presso la facoltà di architettura dell'Università di Roma, in località *Valle Giulia*[49]. Si tratta dei primi scontri tra studenti

---

del Risorgimento» (4 feriti). Uno, a Milano, collocato nella «*Banca Commerciale italiana*», non esplode.

La c.d. «***strage di Peteano***», nei pressi di Gorizia: il 31 maggio 1972 vengono assassinati, mediante l'uso di un'autobomba, tre carabinieri. Responsabilità e condanna all'ergastolo per due appartenenti a «Ordine Nuovo».

La «***strage di Piazza della Loggia***», a Brescia, del 28 maggio 1974. Nel corso di una manifestazione sindacale, viene fatta scoppiare una bomba che provoca otto morti e centouno feriti. La rivendicazione è di «Ordine Nuovo». Dopo una serie che sembrava senza fine di processi, il 20 giugno 2017 (a 43 anni dai fatti!) la Cassazione ha confermato in via definitiva la condanna all'ergastolo di due appartenenti all'organizzazione: un ottantatreenne e un sessantacinquenne.

La «***strage dell'Italicus***» del 4 agosto 1974. Un ordigno esplode all'interno del treno Roma-Monaco mentre si trova a cinquanta metri dall'uscita di una galleria dell'Appennino nei pressi di San Benedetto Val di Sambro: dodici i morti e quarantaquattro i feriti. Pure a fronte di una rivendicazione di «Ordine Nero», i processi, conclusisi nel 1992, non hanno individuato i colpevoli.

[45] Il 7 dicembre 1970, il principe ***Junio Valerio Borghese*** (già comandante della X Mas, aderente alla Repubblica sociale italiana, nonché Presidente del Movimento Sociale Italiano (MSI) dal 1951 al 1953) capeggia un tentativo di colpo di Stato assai maldestramente organizzato e destinato a fallire da ancor prima del suo inizio.

Il 5 maggio 1976, a Torino, la medaglia d'oro al valor militare, *ex* comandante partigiano, componente della Costituente ed esponente di spicco del Partito Liberale, ***Edgardo Sogno*** viene arrestato con il giornalista ed *ex* partigiano Luigi Cavallo. L'accusa, sostenuta da un giovane pubblico ministero politicamente orientato, è di avere organizzato un c.d. «*golpe bianco*» (cioè non violento) al fine di instaurare una repubblica presidenziale con a capo un esponente del PRI. L'esito? La piena assoluzione da qualunque sospetto, intervenuta due anni più tardi.

[46] Il 5 maggio 1971, a Palermo, vengono *assassinati* dal clan dei corleonesi, il *procuratore della Repubblica* ***Pietro Scaglione*** e il suo autista ***Antonio Lo Russo***.

[47] Quanto alle modifiche della Costituzione intervenute nel periodo considerato e a eventuali tentativi di mutamento della stessa, v. *infra,* nel § 8 di questo capitolo.

[48] Se ne dirà meglio *infra*, parte II, cap. III, § 30.

[49] Ne «*L'Espresso*» del 16 giugno seguente, compare la poesia di Pier Paolo Pasolini «*Il PCI ai giovani*» nella quale – del tutto controcorrente – egli, uomo di sinistra, confessa la sua simpatia per i poliziotti che considera assai più proletari degli studenti, borghesi e «*figli di papà*» [«*...Avete facce di figli di papà. / Vi odio come odio i vostri papà. / Buona razza non mente. / Avete lo stesso occhio cattivo. / Siete pavidi, incerti, disperati / (benissimo!) ma sapete anche come essere / prepotenti, ricattatori, sicuri e sfacciati: / prerogative piccolo-borghesi, cari ...*»].

universitari e forze dell'ordine (innumerevoli ne seguiranno, negli anni a venire) e faranno da prodromo all'occupazione di molte Università italiane;

– la *pronuncia 16-19 dicembre 1968, n. 126*, con la quale la Corte costituzionale (riformando il proprio precedente costituito dalla sent. 23-28 novembre 1961, n. 64) dichiara l'illegittimità costituzionale di due commi dell'art. 559 Cod. pen., ritenendoli discriminatori per la donna, in caso di *adulterio*;

– l'approvazione, intervenuta con legge 20 maggio 1970, n. 300, del c.d. «***statuto dei lavoratori***», recante i diritti di questi ultimi relativamente al posto di lavoro, alle condizioni di lavoro, ai rapporti fra datore di lavoro e lavoratore (... d'ora in avanti assai più tutelato del primo), nonché al campo delle rappresentanze sindacali;

– le prime ***elezioni regionali*** tenute, il 7 e 8 giugno 1970, nelle ***Regioni a Statuto ordinario.*** Ha finalmente inizio la stagione del regionalismo italiano e la possibilità di dare piena attuazione alla Parte II, Titolo V Cost. (artt. 114 e ss.);

– gli avvenimenti che hanno inizio il 14 luglio 1970, allorché, a fronte della ventilata idea di collocare il capoluogo di Regione a Catanzaro, scoppia la ***rivolta di Reggio Calabria***: durerà due mesi e verrà repressa da polizia, carabinieri ed esercito;

– l'introduzione, mediante la legge 1 dicembre 1970, n. 898 (chiamata «*Fortuna-Baslini*» dal nome dei deputati socialista e liberale che se ne fecero promotori), dell'istituto del ***divorzio*** nell'ordinamento italiano;

– l'introduzione, mediante la legge 15 dicembre 1972, n. 772, dell'istituto dell'***obiezione di coscienza*** opponibile allo svolgimento del *servizio militare*, allora obbligatorio, e la contestuale previsione, al posto di quest'ultimo, di un *servizio civile sostitutivo* per ragioni di carattere religiose e morali;

– l'entrata, il 1° gennaio 1973, di Gran Bretagna, Irlanda e Danimarca nella CEE;

– lo svolgimento, il 12 maggio 1974, del *referendum* presentato per ottenere l'abrogazione della legge n. 898/1970 cit., introduttiva del divorzio: vincono i «no» (59,3%), con un altissima percentuale di affluenza alle urne (poco meno dell'88%);

– l'***abbassamento della maggiore età da 21 a 18 anni*** (legge 8 marzo 1975, n. 39);

– l'approvazione della legge 19 maggio 1975, n. 151, di ***riforma del «diritto di famiglia»***. Essa prevede, tra l'altro, la parità giuridica fra i coniugi; l'attribuzione della patria potestà a padre e madre (*potestà genitoriale*); il riconoscimento giuridico dei figli nati fuori dal matrimonio; l'eliminazione dell'istituto dotale; la possibilità di optare per il regime di comunione dei beni; il divieto di contrarre matrimonio prima dei 18 anni, con possibilità di autorizzazione ai sedicenni da parte del tribunale, ecc.;

– la firma, da parte di Italia e Jugoslavia, il 10 novembre 1975, del «*Trattato di Osimo*»: se ne dirà *infra*, parte II, cap. II, § 3;

– l'inizio dello ***scandalo*** c.d. «***Lockheed***» [su cui v. anche *infra*, tra breve, *sub* *c)ii*], il 6 febbraio 1976. Vengono inquisiti gli *ex* ministri Mario Tanassi (PSDI) e Luigi Gui (DC), nonché il più volte Presidente del Consiglio Mariano Rumor (anch'egli democristiano)[50];

– il riconoscimento della *legittimità delle trasmissioni televisive derivanti da stazioni private purché trasmesse in ambito locale*, seppure ribadendo il ruolo monopolistico della RAI-Radiotelevisione italiana (così la sent. della Corte cost. 28 luglio 1976, n. 202);

– il voto per la messa in stato d'accusa dei soli *ex* ministri Tanassi e Gui (v. *supra* e *infra*) da parte della *Commissione inquirente per i procedimenti d'accusa* della VII Legislatura (vigeva ancora il vecchio testo dell'art. 96 Cost., antecedente alla riforma operata dalla legge cost. 16 gennaio 1989, n. 1, sulla quale *infra*, nel § 8), presieduta dal senatore democristiano Mino Martinazzoli. È il 30 novembre 1976. Rumor abbandona la scena dello *scandalo «Lockheed»*[51].

c) **1976 (metà) - 1979**. È un periodo assai breve, considerando i settant'anni di vita repubblicana nel loro complesso, nonché raffrontandolo alla lunghezza degli altri quattro, ma si caratterizza per il fatto di rappresentare una irripetibile (... e infatti mai più ripetuta) *fase di transizione e congiunzione* tra il secondo e il quarto.

La ***Legislatura*** da prendere in considerazione è solo una: la VII^, iniziata il 5 luglio 1976 e terminata anticipatamente il 2 aprile 1979.

---

[50] La denominazione del caso è quella dell'azienda aereospaziale USA che avrebbe pagato tangenti a politici e militari di molti Paesi a che questi acquistassero aerei militari dell'azienda stessa e non di altre. In Italia, il periodo considerato dalla magistratura va dal 1968 (apertura delle trattative) al giugno 1971 (firma del contratto di acquisto per 61 milioni di dollari e acquisto di 14 Hercules C-130). Cinque i Governi in discussione: il Leone II, i Rumor I, II, III e il Colombo. Solo due i ministri della difesa al governo nell'intero periodo: Gui (nei primi tre Esecutivi) e Tanassi (negli ultimi due).

[51] Per chi desideri approfondire, si può ricordare come siano da ricondurre al periodo qui considerato anche: la legge 18 marzo 1968, n. 444, d'*istituzione della **scuola materna pubblica***; la legge 5 aprile 1969, n. 119, di *riforma dell'**esame di maturità***; la legge 30 maggio 1969, n. 153, che *introduce l'istituto della **pensione sociale*** erogata dall'INPS («Istituto Nazionale della Previdenza Sociale»); la legge 11 dicembre 1969, n. 910, di ***liberalizzazione dell'accesso all'Università*** (potranno frequentarla tutti gli studenti in possesso di un diploma di scuola superiore e non solo chi ha frequentato un liceo: inizia l'epoca dell'Università di massa); la legge 22 maggio 1975, n. 152 (c.d. «*legge Reale*», dal nome dell'esponente repubblicano Oronzo Reale, ministro di grazia e giustizia nel Governo Moro IV), che assegna alle forze di polizia maggiori poteri da adoperare nella ***lotta al terrorismo***; la legge 31 maggio 1975, n. 191, che, in parziale riforma della legge sul servizio militare di leva obbligatorio, riduce il ***periodo di ferma*** da ventiquattro a dodici mesi per l'Esercito e a diciotto per la Marina; la legge 30 dicembre 1975, n. 685, con la quale, per la prima volta, il Parlamento italiano detta una «*Disciplina degli **stupefacenti** e sostanze psicotrope*», distinguendo tra «spacciatore» e «consumatore», tra «droghe leggere» e «droghe pesanti», tra «modica» e non modica quantità: la prima, se «per uso personale», permette la non punibilità del fruitore. Il 1° ottobre 1976 è l'ultima volta che, nel nostro Paese, l'***anno scolastico*** prende avvio in questa data tradizionale. L'uso della parola «*remigini*» per designare chi si avviava alla prima elementare, sparisce dal vocabolario comune, derivando essa da San Remigio, patrono, appunto, del giorno 1 ottobre.

I *Governi* sono tre e tutti a guida del democristiano Andreotti.

Il primo è il suo III°, dura dal 29 luglio 1976 all'11 marzo 1978; è il primo ad annoverare un ministro donna (la democristiana Tina Anselmi è al dicastero del lavoro) ed è, come quello che seguirà (Andreotti IV: 11 marzo 1978-20 marzo 1979), un monocolore DC: circostanza molto anomala in un'epoca di Governi di coalizione (se si eccettuano quelli di durata inferiore agli otto mesi[52], l'ultimo monocolore democristiano capace di governare il Paese per un anno e mezzo, era stato il Fanfani III, tra fine luglio 1960 e fine febbraio 1962). L'ultimo della serie è l'Andreotti V, di coalizione tra Democrazia Cristiana, Partito Repubblicano, Partito Socialdemocratico e di brevissima durata: quattro mesi e mezzo, tra il 20 marzo 1979 e il 4 agosto 1979. Fu il quarto dei cinque unici Governi della storia repubblicana che non ottenne la fiducia iniziale da parte del Parlamento.

Presidenti della Repubblica furono il democristiano *Giovanni Leone* (era stato eletto il 29 dicembre 1971), protagonista fino al 15 giugno 1978, giorno in cui si dimise anticipatamente rispetto alla scadenza del mandato e il socialista *Sandro Pertini* che sarà eletto il 9 luglio 1978 e rimarrà in carica fino al 29 giugno 1985.

Ma allora cos'è che caratterizza realmente il periodo?

Tre elementi: uno (*i*) di carattere prettamente politico... con riflessi storici, uno (*ii*) giurisdizionale-costituzionale e uno proprio e solo costituzionale [e quest'ultimo è presto detto: (*iii*) il passaggio, al Quirinale, dalla Presidenza Leone a quella Pertini segna la fine di un'epoca. Il primo è l'ultimo dei Capi dello Stato - Istituzione (... solo Istituzione); il secondo è il primo dei Capi dello Stato che parlano – *esternano*, si usa dire – (... anche) alla gente e che partecipano pure apertamente, ben più di quanto non accadesse nei primi trent'anni di storia repubblicana, sia alla vita di tutte le altre Istituzioni dello Stato, sia a quella del popolo e della popolazione italiani].

Il primo degli altri due elementi è il c.d. (*i*) «***compromesso storico***» che fu instaurato tra la DC e il Partito Comunista Italiano e che, tramite l'astensione o l'«*appoggio esterno*» di quest'ultimo, dette vita a due «***Governi di solidarietà nazionale***», a trent'anni di distanza dall'ultima partecipazione dei Comunisti a un Esecutivo[53].

– Nel luglio del 1976, Andreotti ottiene, più che la fiducia del Parlamento, una «non sfiducia» da parte dello stesso per l'astensione di tutte le forze politiche, Partito Comunista *in primis*[54]. Il Governo andò poi in crisi perché il PCI preten-

---

[52] Moro V (12 febbraio 1976-29 luglio 1976); Andreotti I (17 febbraio 1972-26 giugno 1972; non ottenne la fiducia del Parlamento); Rumor II (5 agosto 1969-27 marzo 1970); Leone II (24 giugno 1968-12 dicembre 1968); Leone I (21 giugno 1963-4 dicembre 1963).

[53] Si trattava del III° Governo De Gasperi, rimasto in carica dagli inizi di febbraio 1947 a metà maggio dello stesso anno. La coalizione era formata da DC, PCI e PSI.

[54] Ottenne la fiducia al Senato (222 i presenti; 93 gli assenti) il 5 agosto 1976, con 136 voti favorevoli (135 erano i senatori democristiani), 17 contrari (15 erano i missini e 2 i liberali in Senato) e 69 astenuti (le fila della *ex* minoranza potevano contare su 116 senatori comunisti, 30 sociali-

deva di essere maggiormente coinvolto nelle scelte di governo se non, addirittura, di entrare nel Governo stesso, un nuovo «***Governo di emergenza nazionale***» con suoi rappresentanti unitamente a quelli di PSI, PSDI e PRI[55].

– Il 16 marzo 1978, la seduta in cui Andreotti (che aveva ottenuto l'incarico il 19 gennaio precedente) chiese la fiducia fu rapida quanto drammatica. Poco prima dell'inizio, a Montecitorio giunse la notizia del rapimento, in via Fani a Roma, dell'on. Moro, Presidente della Democrazia Cristiana, e dell'assassinio degli uomini della sua scorta[56]. Il voto fu quasi plebiscitario e i malumori dei dissidenti del PCI che avevano pensato di riservarsi e di esprimersi solo dopo avere ascoltato il Presidente del Consiglio incaricato, rientrarono rapidamente praticamente tutti: alla Camera, ottenne 545 voti a favore, «solo» 30 contro (MSI, PLI, Democrazia Proletaria e Partito Radicale), con 3 astenuti (Südtiroler Volkspartei); al Senato, i voti a favore furono 267 e 5 i contrari.

La percezione della gravità del momento andò aumentando nel corso dei 55 giorni di durata del sequestro e non fece che rinforzarsi a partire dal 9 maggio seguente, giorno del ritrovamento del cadavere del più volte *ex* Presidente del Consiglio, assassinato dalle Brigate Rosse e abbandonato, nel bagagliaio di una *Renault* rossa, in via Caetani, nel pieno centro di Roma, a una distanza pressoché equivalente dalle sedi della Democrazia Cristiana (allora in Piazza del Gesù) e del Partito Comunista (allora in via delle Botteghe Oscure).

– Il terzo Governo della serie non è che... un tentativo.

Andreotti e il suo V° Esecutivo (di coalizione tra DC, PRI e PSDI) giurano il 21 marzo 1979 e, dopo aver fallito la ricerca della fiducia in Parlamento (... che non poteva ottenere, visti i numeri[57]), egli presenta le dimissioni il 31 dello stesso mese.

(*ii*) L'altro avvenimento che caratterizza il periodo è lo svolgimento del **processo Lockheed**, l'unico che si è fino ad ora tenuto avanti la Corte costituzionale ai sensi dell'art. 134, co. 1, ult. alinea, Cost.[58] e di cui già si è detto e nuovamen-

---

sti e 6 di «Democrazia Proletaria», per un totale di 152 parlamentari. 7 erano i socialdemocratici e 7 i repubblicani. Se avessero voluto, sarebbe bastato il primo raggruppamento a battere la DC.

Ottenne la fiducia alla Camera (presenti 605 deputati su 630; 25 gli assenti) il 9 agosto 1976, con 258 voti a favore (262 erano i deputati democristiani), 44 contrari (35 erano i missini e 5 i liberali alla Camera) e 303 astenuti (le fila della *ex* minoranza potevano contare su 229 comunisti, 57 socialisti e 6 di «Democrazia Proletaria», per un totale di 292 deputati, già bastevoli a battere di gran lunga quelli democristiani. V'erano, inoltre, 15 socialdemocratici e 14 repubblicani).

[55] Il 28 febbraio 1978, Aldo Moro, Presidente della DC (dal Congresso del 1976 di cui si dirà tra poche note) e rappresentante dell'ala più filo-alleanza con i Comunisti del partito, contropropose, nel corso della riunione dei gruppi parlamentari democristiani, l'ingresso del PCI nella sola «***maggioranza programmatica di Governo***» (cioè non in quella non politica), per passare, disse, «***dalla fase delle astensioni a quella delle adesioni***». Fu il suo ultimo intervento pubblico.

[56] I carabinieri ***Ricci e Leonardi*** e i poliziotti ***Rivera, Iozzino e Zizzi***.

[57] Al Senato, i tre partiti (che necessitavano di 158 voti) potevano contare su 149 parlamentari; ma alla Camera (ove avevano bisogno di 316 suffragi) ne avevano *appena* 291.

[58] «*La Corte costituzionale giudica (...) sulle accuse promosse contro il Presidente della Repubblica, a norma della Costituzione*».

te si dirà [v. *supra*, parte II, cap. I, § 7*b*), nel testo e in nota, nonché *infra*, parte III, cap. III, §§ 4*b*) e 13; parte VI, cap. III, § 5].

La scansione degli eventi è la seguente:

– nell'ambito del predetto scandalo[59], il 6 febbraio 1976 vengono, tra gli altri, ***inquisiti*** due *ex* ministri della difesa della Repubblica (***Tanassi*** del PSDI e ***Gui*** della DC), nonché il già cinque volte Presidente del Consiglio Mariano ***Rumor*** (DC);

– il 29 marzo 1976, ai sensi dell'art. 96 in allora vigente[60], il magistrato procedente trasmette gli atti all'allora Presidente della Camera Pertini, per la parte in cui concernevano i tre politici;

– al termine dell'istruttoria, il 30 novembre 1976 la Commissione Parlamentare inquirente per i procedimenti d'accusa si pronuncia a favore della «messa in stato d'accusa» dei due soli *ex* ministri[61];

– il Parlamento in seduta comune vota il 10 marzo 1977 e si esprime per la «messa in stato d'accusa» di entrambi gli *ex* ministri, con 487 voti a 451, per Gui e con 513 a 425 contrari per Tanassi;

– il 15 giugno 1978 Giovanni Leone (di cui, l'anno prima, soprattutto il Partito radicale – a partire dal 7 marzo 1977 –, piccola parte del PCI, il settimanale «*L'Espresso*» e la giornalista Camilla Cederna[62] avevano invocato il coinvolgi-

---

Questo il tenore della disposizione, oggi. Ma la sua versione originaria (e in vigore all'epoca dei fatti in questione) era la seguente: «*La Corte costituzionale giudica* (...) *sulle accuse promosse contro il Presidente della Repubblica* **e i Ministri**, *a norma della Costituzione*».

Il cambiamento del testo è stato disposto dalla legge cost. 16 gennaio 1989, n. 1, di cui si dirà *infra*, nel paragrafo che segue.

[59] Lo si è descritto, in nota, trattando del periodo storico precedente.

[60] «*Il Presidente del Consiglio dei ministri e i ministri sono posti in stato d'accusa dal Parlamento in seduta comune per reati commessi nell'esercizio delle loro funzioni*».

[61] I componenti erano 20, dieci deputati e dieci senatori: 8 democristiani, 7 comunisti, 2 socialisti, 1 ciascuno per i partiti «Sinistra Indipendente» e «Democrazia Nazionale» (formato di fuoriusciti dal MSI, perché favorevoli a un'alleanza con la DC) e 1 del gruppo misto (e, per esso, dell'*Union Valdotaine*). Così si espressero: quanto a Rumor, 10 a favore della messa in stato d'accusa e 10 contrari (DC; DN e UV); per Gui, 11 a favore e 9 contro; per Tanassi, 18 a favore e 2 contrari. Per il primo, il Presidente della Commissione, il democristiano Martinazzoli, fece valore il doppio peso del suo suffragio contrario alla messa in stato d'accusa; contro Gui peso determinante assunse il voto del componente dell'*Union Valdotaine*; circa Tanassi... non ci fu storia.

[62] ... che scrisse addirittura un libro (*Giovanni Leone: la carriera di un presidente*, ed. Feltrinelli, Milano, 1978) per il quale, chiamata in giudizio dai figli e dal fratello dell'*ex* Capo dello Stato, posto che esso si occupava scandalisticamente anche delle vicende familiari del Presidente, venne condannata in tutti e tre i gradi di giudizio per diffamazione, nonché, congiuntamente all'editore e allo stampatore, al pagamento di una somma di denaro (mezzo miliardo di lire nella sent. della Corte d'Appello di Milano del dicembre 1986), e a vedere distrutte le copie del libro.

Quella del Presidente Leone è una vicenda particolarmente avvilente, ma tipica di quegli anni (... o forse anche di questi).

Travolto da uno scandalo con cui non c'entrava, infangato da un libro che affermava il falso, dovette attendere vent'anni per sentirsi chiedere pubblicamente (... pur se dubitativamente) scusa dagli esponenti radicali Pannella e Bonino che fecero pubblicare una lettera aperta ne «*Il Corriere della*

mento nell'inchiesta come *ex* Presidente del Consiglio all'epoca dei fatti), si dimette da Presidente della Repubblica su richiesta espressa del Partito Comunista (... e, evidentemente, non sufficiente difesa da parte del suo partito[63])[64];

– la Corte costituzionale, nominato il 18 aprile 1977 il giudice istruttore e relatore (Gionfrida), lavora al processo per un anno e, dopo 23 giorni di camera di consiglio, si pronuncia con sentenza del 1 marzo-2 agosto 1979: assolve Gui «per non aver commesso il fatto» e condanna Tanassi per il «reato di corruzione per atti contrari ai doveri d'ufficio, aggravato... ad anni due e mesi quattro di reclusione e a lire 400.000 di multa», nonché «all'interdizione dai pubblici uffici per il periodo di anni due, mesi sei e giorni venti», infliggendogli altresì «la sanzione costituzionale della decadenza dall'ufficio di deputato».

Quali ***avvenimenti di carattere istituzionale di particolare rilevanza***, vale la pena di ricordare[65]:

Sera» del 3 novembre 1998, al compimento del novantesimo anno d'età dell'*ex* Presidente [«... Le siamo grati per l'esempio da lei dato di fronte all'ostracismo, alla solitudine, all'abbandono da parte di un regime nei confronti del quale, con le sue dimissioni altrimenti immotivate, lei spinse la sua lealtà fino alle estreme conseguenze, accettando di essere il capro espiatorio di un assetto di potere e di prepoteri che così riuscì a eludere le sue atroci responsabilità relative al "caso Moro", alla vicenda Lockheed, al degrado totale e definitivo di quanto pur ancora esisteva di Stato di diritto nel nostro Paese... Poté accaderci di eccedere. Non ne siamo convinti. Ma se, nell'una occasione o nell'altra, questo fosse accaduto, e non fosse stato pertinente attribuire al Capo di quello Stato corresponsabilità politico-istituzionali per azioni altrui, *la pregheremmo, Signor Presidente, di accogliere l'espressione sincera del nostro rammarico e le nostre scuse*»]. Tre anni dopo, il 25 settembre 2001, egli fu il primo *ex* Capo dello Stato italiano ad essere insignito, con decreto del Presidente del Consiglio dei ministri, del titolo onorifico di «Presidente Emerito della Repubblica». Cinque anni dopo, il 25 novembre 2006, il Presidente della Repubblica in carica, l'*ex* comunista Giorgio Napolitano, manifestò esplicitamente la sua amarezza e il suo dispiacere per le gravi ingiustizie subìte, nel 1977 e 1978, da Leone e dai suoi familiari.

[63] È la DC del XIII Congresso che, tenutosi a Roma tra il 18 e il 24 marzo 1976, aveva visto prevalere, seppure di poco, l'ala sinistra del partito (contro quella centrista di Fanfani, Andreotti e Forlani), portando l'on. Aldo Moro alla Presidenza e l'on. Benigno Zaccagnini alla Segreteria. Era la DC favorevole non solo al «compromesso storico» di cui s'è detto sopra, ma anche a un'alleanza di governo con il PCI. L'omicidio di Moro cambierà tutto.

Il Congresso successivo (Roma, 16-20 febbraio 1980), il XIV, vedrà invece prevalere, con quasi il 60%, la linea politica di Forlani e Donat Cattin che escludeva qualsiasi ipotesi di alleanza con il PCI.

[64] Era stato già pienamente scagionato, finanche dai sospetti, ad opera della Commissione inquirente.

[65] ... oltre ad alcuni di quelli già ricordati trattando del periodo storico precedente.

Quanto ad ***accadimenti socialmente rilevanti***, – il 17 febbraio 1977 un fatto scioccante per il mondo sindacale: il Segretario della ***CGIL Luciano Lama*** viene talmente violentemente contestato all'Università «La Sapienza» di Roma da frange estremiste del mondo della c.d. «autonomia» (... dalla sinistra, dal PCI e dalla stessa CGIL) che interrompe il comizio e lascia la manifestazione.

Circa gli ***eventi tragici***, che accaddero nel Paese, si ricordino: – 3 marzo 1977: per un errore del pilota, ***disastro aereo sul Monte Serra***, nei pressi di Pisa: un «Hercules C-130» si schianta sulla montagna: 44 i morti, di cui 38 cadetti e un ufficiale dell'Accademia Navale di Livorno; – 15 aprile 1978: ***disastro ferroviario di Murazze di Vado*** (Bo): un treno deraglia e viene investito da quello che lo segue: 42 i morti, 120 i feriti; – 23 dicembre 1978: al largo dell'aereoporto di Palermo, a

– l'inizio (16 luglio 1976) del periodo di segreteria del PSI dell'on. Bettino Craxi che succede nella carica a Francesco De Martino. Sarà, a metà degli anni Ottanta, due volte Presidente del Consiglio e manterrà la segreteria per più di sedici anni;

– l'approvazione da parte del Governo, l'8 ottobre 1976, di un pacchetto di *misure e provvedimenti di* ***austerità*** (già allora si adoperava il termine inglese «*austerity*» come a fingere che la cosa fosse estranea al Paese o provenisse da altrove): spiccano uno scontato aumento delle tasse, il congelamento degli scatti stipendiali sulla c.d. «scala mobile» [66], l'abolizione di alcune importanti festività;

– il varo della legge 24 ottobre 1977, n. 801, recante l'«*Istituzione e ordinamento dei servizi per le informazioni e la sicurezza e disciplina del segreto di Stato*» (si tratta, più semplicemente di una radicale ***riforma dei servizi segreti*** nel Paese. Presso il Ministero della difesa, vengono istituito il *Servizio per le informazioni e la sicurezza militare* – SISMI e il *Servizio per le informazioni e la sicurezza democratica* – SISDE. I due servizi sono assoggettati a coordinamento e controllo del *Comitato esecutivo per i servizi di informazione e sicurezza* - CESIS, a sua volta posto a diretta dipendenza della Presidenza del Consiglio) [67];

---

causa di un errore umano in fase di atterraggio notturno, precipita un aereo dell'Alitalia: 108 i defunti, 21 i superstiti: è il c.d. «***disastro di Punta Raisi***»; – 14 settembre 1979: ***disastro aereo a Cagliari***: per un errore umano, l'aereo «Douglas DC-9» dell'ATI della linea Alghero – Cagliari si schianta sulle colline sopra Capoterra, a pochi chilometri da Cagliari: muoiono i 27 passeggeri e i 4 componenti l'equipaggio.

Quanto alla ***stagione del terrorismo*** che continuava a imperare: – il 24 giugno 1978, si chiude, a Torino, il primo grande ***processo alle «Brigate Rosse»***: quarantasei gli imputati tra cui i capi storici Curcio, Gallinari, Franceschini, Ognibene, Ferrari. Le condanne saranno molte, ma massimo alla pena di 15 anni di reclusione; – il *7* ***aprile*** 1979, su mandato del sostituto procuratore di Padova, Pietro Calogero, vengono arrestati o inquisiti centinaia di capi (tra cui Negri e Scalzone) e militanti di «*Autonomia Operaia*»: non un partito, non un singolo movimento, ma una sorta di galassia di gruppi con il comune denominatore di appartenere alla sinistra *extra*-parlamentare o rivoluzionaria che si opponeva tanto alla destra, alle forze di governo o comunque di sistema, quanto alla sinistra che sedeva in Parlamento e al sindacato, CGIL compresa. In AO erano tra l'altro confluiti, dal 1973, i militanti di «*Potere Operaio*» e, dal 1976, quelli di «*Lotta Continua*». Il c.d. «*teorema Calogero*» (che si dimostrerà sbagliato in quanto tale, ciò non significando che molti degli inquisiti non fossero comunque colpevoli di *associazione sovversiva* e/o *insurrezione armata contro lo Stato*) si fondava sull'errato convincimento che ad AO si dovesse la fondazione e la direzione dell'«*associazione denominata Brigate Rosse, costituita in banda armata con organizzazione paramilitare e dotazione di armi, munizioni ed esplosivi, al fine di promuovere l'insurrezione armata contro i poteri dello Stato*».

[66] A volere ricordare l'andamento di quest'ultima, veniva così chiamato un modello economico che doveva servire a fare automaticamente crescere i salari a seconda del *quantum* di aumento dei prezzi di determinati beni presi a parametro, in maniera tale da tenere sotto controllo il calo del potere di acquisto dei lavoratori a fronte della crescita del costo della vita. Fu soppressa dal Governo Amato I nel 1992.

[67] La legge 3 agosto 2007, n. 124, modificherà, a sua volta, la riforma del 1977, eliminando (o, meglio, trasformando) tutte e tre le strutture. Sull'argomento, v. anche *infra*, parte III, cap. III, § 8, *sub d9*).

– il 21 marzo 1978, il Governo adotta il d.l. n. 59 che reca «*Norme penali e processuali per la prevenzione e la repressione di gravi reati*». Convertito, con modifiche, nella legge 18 maggio 1978, n. 191 (c.d. «***antiterrorismo***»), contiene le misure da adottare, l'indicazione delle pene, ecc., nei casi di reati quali: l'«*Attentato a impianti di pubblica utilità*», il «*Sequestro di persona a scopo di terrorismo o di eversione*» (ergastolo ai sequestratori in caso di morte provocata dell'ostaggio), il «*Riciclaggio*» di denari provenienti da talune attività illecite, le «*Sommarie informazioni* [richiedibili all'] *indiziato ... arrestato e ... fermato*» anche senza la presenza di un avvocato, l'«*Esecuzione delle operazioni di impedimento, interruzione o intercettazione di comunicazioni o conversazioni*», ecc.;

– l'approvazione di almeno due leggi certamente assai più *gradite* ai Comunisti che non alla maggior parte dei Democristiani: la 22 maggio 1978, n. 194, con «*Norme per la tutela sociale della maternità e sull'****interruzione volontaria della gravidanza***» e la 13 maggio 1978, n. 180, c.d. «legge Basaglia», o sulla «***chiusura dei manicomi***», sugli «*Accertamenti e trattamenti sanitari volontari e obbligatori*»;

– l'approvazione – il 5 dicembre 1978, a Bruxelles, da parte di tutti gli allora Paesi componenti la Comunità Economica Europea, Gran Bretagna esclusa – del ***Sistema Monetario Europeo***: l'idea è quella di vedere stabilizzati i tassi di cambio e tenere sotto controllo l'inflazione, in modo da preparare l'unificazione monetaria europea che si realizzerà con l'adozione dell'Euro più di vent'anni dopo. Lo SME entra ufficialmente in vigore il 13 marzo 1979;

– il 7 e 10 giugno 1979, nei nove (in allora) stati della Comunità Economica Europea si svolgono le prime ***elezioni europee***: sono a suffragio universale e diretto, con legge elettorale proporzionale e volte a eleggere i componenti del Parlamento europeo;

– il 20 giugno 1979, Nilde Iotti, comunista, già componente dell'Assemblea costituente, deputato dal 1948 ed *ex* compagna storica del *leader* del PCI Togliatti, è eletta Presidente della Camera dei deputati: è la prima donna ad assurgere alla terza carica dello Stato.

d) **1979 - 1991**. Questo quarto periodo di vita repubblicana, che occupa poco più di una decade, parte da dopo il «caso Moro» e arriva alla vigilia delle vicende di Tangentopoli e dei *referendum* elettorali che fecero dire a più di qualcuno che, con essi, finiva la «Prima Repubblica».

È un arco di tempo economicamente abbastanza florido; ma si tratta, forse, di una prosperità più apparente che reale, posto che, nel corso di esso, l'Italia aumenta a dismisura il suo debito pubblico, passato dai 98.632 milioni di Euro del 1979 ai 755.011 milioni di Euro del 1991 [68].

d1) Sono gli anni che, in **politica estera**, vedranno come indiscussi protagonisti il Presidente degli Stati Uniti *Ronald Reagan* e la Primo Ministro britannica

[68] Fonte: Banca d'Italia, Istat: *http://www.irpef.info/testi/debito.html.*

Margaret Thatcher, l'intransigente fermezza dei quali, unita al processo di riforma intrapreso dall'ultimo Segretario Generale del Partito Comunista Sovietico *Mikhail Gorbachev*, accompagnerà verso l'ineluttabile esito del 1989 il crollo dei regimi comunisti dell'Est Europa. Il 10 settembre di quell'anno, l'Ungheria apre le sue frontiera con l'Austria: è il primo varco nella «cortina di ferro». Dalla Repubblica Democratica Tedesca (D.D.R.) fuggono a migliaia verso l'Ungheria per passare in Austria. Dopo il «cedimento» di Polonia e Cecoslovacchia, nella stessa Germania Est, il 4 novembre 1989, viene concesso ai rifugiati nelle ambasciate della Germania Ovest, di Praga e di Varsavia, di trasferirsi nella Repubblica Federale. Il 9 novembre 1989, *a Berlino, «cade» il muro che, dal 1961, divideva in due la città*.

Il 2 agosto 1990 l'Iraq di Saddam Hussein invade il Kuwait. L'occupazione irachena provoca la «*prima Guerra del Golfo*» che, avallata dall'O.N.U., condotta da una coalizione di 35 Stati (Italia inclusa) e guidata dagli U.S.A., avrà termine il 28 febbraio 1991.

d2) **Nel nostro Paese**, proseguono le stragi di matrice terroristica [69] e gli assassinii terroristici [70].

---

[69] Il 2 agosto 1980, a metà mattina, una bomba viene fatta esplodere nella sala d'attesa della ***stazione di Bologna***. I morti saranno 85 e 203 i feriti. La sentenza definitiva della Cassazione del 23 novembre 1995 conferma le condanne all'ergastolo, quali esecutori dell'attentato, ai neofascisti dei Nuclei Armati Rivoluzionari (N.A.R.) *Valerio Fioravanti* e *Francesca Mambro*, sempre dichiaratisi innocenti. L'11 aprile 2007 la Cassazione conferma un'altra sentenza, rendendola definitiva, che condanna anche *Luigi Ciavardini* come esecutore materiale.

Il 23 dicembre 1984 un ordigno viene fatto esplodere sul treno ***rapido 904*** Napoli-Milano, mentre il convoglio si trova nella Galleria Grande degli Appennini, nei pressi di San Benedetto Val di Sambro (BO). 17 i morti; 267 i feriti. Il 24 novembre 1992, la sez. V pen. della Cassazione, conferma la sentenza riconoscendo la «*matrice terroristico-mafiosa*» dell'attentato. Ergastoli per Giuseppe Calò (boss mafioso palermitano) e Guido Cercola, suo braccio destro; 24 anni a Franco Di Agostino (componente del clan di Calò); 22 anni a Friedrich Schaudinn (esperto elettrotecnico tedesco al soldo della mafia). Assolti per il reato di strage, ma condannati per detenzione illecita di esplosivo a 3 anni, Giuseppe Misso (capo clan della camorra e boss nel rione Sanità); a 1 anno e 6 mesi sia Alfonso Galeota, sia Giulio Pirozzi compari del Misso.

[70] Il 24 gennaio 1979, le Brigate Rosse assassinano il sindacalista comunista ***Guido Rossa***, operaio all'Italsider di Genova. – Cinque giorni dopo (29 gennaio 1979), Prima Linea uccide il giudice ***Emilio Alessandrini***. – Il 13 luglio 1979, sempre le Brigate Rosse uccidono, a Roma, il tenente colonnello dei Carabinieri ***Antonio Varisco***. – Il 12 febbraio 1980, ancora le Brigate Rosse assassinano a Roma, all'interno dell'Università «La Sapienza», il prof. ***Vittorio Bachelet***, vicepresidente del Consiglio Superiore della Magistratura. – Il 23 giugno 1980 a colpire sono i N.A.R. e a cadere, a Roma, il dott. ***Mario Amato***, sostituto procuratore della Repubblica. – Il 5 febbraio 1981, a Padova, ancora i neofascisti dei N.A.R. Valerio Fioravanti, Cristiano Fioravanti e Francesca Mambro assassinano i Carabinieri appuntato ***Enea Codotto*** e ***Luigi Maronese*** che, di pattuglia, li avevano scoperti mentre recuperavano un carico di armi da un canale della periferia cittadina. – Il 5 luglio 1981 le Brigate Rosse fanno ritrovare, nei pressi dello stabilimento e nel baule di una Fiat 128, il cadavere dell'ing. ***Giuseppe Taliercio***, dirigente del petrolchimico della «Montedison» di Marghera (Ve). Era stato sequestrato quarantasei giorni prima. – Il 27 marzo 1985, a Roma, le Brigate Rosse uccidono, ancora all'interno dell'Università «La Sapienza», l'economista prof. ***Ezio Taran-***

Le Brigate Rosse si spingono addirittura a rapire, il 17 dicembre 1981, a Verona, il generale U.S.A. James Lee Dozier che, all'epoca, era comandante della NATO nell'Europa Meridionale. Sarà liberato dai NOCS («Nucleo operativo centrale di sicurezza») della Polizia di Stato, a Padova, il 28 gennaio 1982.

Gli omicidi di mafia [71] sono innumerevoli.

---

telli. – Il 16 aprile 1988, le Brigate Rosse assassinano, in casa, il senatore D.C. ***Roberto Ruffilli***, cattedratico di storia contemporanea ed esperto di questioni di carattere istituzionale.

[71] Il 21 luglio 1979, a Palermo, viene colpito a morte il Capo della Squadra Mobile della città ***Boris Giuliano***. Autore materiale: Leoluca Bagarella; mandante: Totò Riina, capo del clan dei Corleonesi. – Il 25 settembre 1979, a Palermo, vengono assassinati dalla mafia palermitana il magistrato, già deputato del P.C.I., ***Cesare Terranova*** (Consigliere presso la Corte di appello di Palermo, in attesa di nomina a Capo del locale Ufficio Istruzione) e il suo autista, maresciallo della Polizia di Stato, ***Lenin Mancuso***. – Il 6 gennaio 1980 è assassinato a Palermo, per ordine dell'allora «cupola» di Cosa Nostra (Salvatore Riina, Michele Greco, Bernardo Brusca, Bernardo Provenzano, Giuseppe Calò, Francesco Madonia, Nené Geraci), il democristiano, Presidente della Regione, ***Piersanti Mattarella***, fratello maggiore dell'attuale Presidente della Repubblica. – Il 30 aprile 1982, a Palermo, vengono assassinati ***Pio La Torre***, segretario regionale del P.C.I., e il suo collaboratore nel partito ***Rosario Di Salvo***. – Il 3 settembre 1982 vengono uccisi il generale dei Carabinieri ***Carlo Alberto dalla Chiesa*** e la moglie ***Emanuela Setti Carraro***. Posto in congedo dall'Arma, stava svolgendo da appena quattro mesi le funzioni di Prefetto di Palermo, vanamente in attesa di quei poteri straordinari che gli erano stati promessi per contrastare efficacemente la mafia. Seppure a bordo di un'auto diversa, con loro venne assassinato anche il poliziotto di scorta ***Domenico Russo***. Mandanti? Gli stessi componenti della «cupola» già poco sopra menzionati, tolto il Madonia. – Il 29 luglio 1983, a Palermo, un'autobomba uccide il giudice ***Rocco Chinnici*** (ideatore di quello che diventerà il «*pool* antimafia»), i due Carabinieri della sua scorta, maresciallo ***Mario Trapassi*** e appuntato ***Salvatore Bartolotta***, nonché il portiere dello stabile in cui abitava il magistrato, ***Stefano Li Sacchi***. – Il 5 gennaio 1984, a Catania, viene assassinato il giornalista ***Giuseppe Fava***, direttore de «*I siciliani*»: è un favore di «Cosa Nostra» alla mafia imprenditoriale catanese. – Il 23 febbraio 1985, a Palermo, vengono assassinati il vicepresidente degli industriali siciliani, nonché Presidente del Palermo calcio, ***Roberto Parisi*** e il suo autista ***Giuseppe Mangano***. – Il 6 agosto 1985, sempre a Palermo, cadono il vicecapo questore di Palermo ***Antonino Cassarà*** e l'agente di Polizia ***Roberto Antiochia***. Condannati come mandanti i soliti capi della «cupola»: Totò Riina, Bernardo Provenzano, Michele Greco, Bernardo Brusca e Francesco Madonia. Si salva l'altro agente di scorta, ***Natale Mondo***, che verrà ucciso il 14 gennaio 1988. – Il 23 settembre 1985, a Napoli, viene fatto assassinare dalla camorra il giornalista ventisettenne ***Giancarlo Siani***. – Il 12 gennaio 1988, a Palermo, viene ucciso ***Giuseppe Insalaco***, per pochi mesi *ex* sindaco della città e grande accusatore di esponenti della Democrazia Cristiana cittadina e delle commistioni tra sistema di gestione degli appalti e potere politico-economico palermitano. – Il 14 settembre 1988, a Trapani, viene assassinato il giudice ***Alberto Giacomelli*** un anno dopo il suo collocamento a riposo. È il primo omicidio di un magistrato giudicante, «colpevole», come Presidente della Sezione per le misure di prevenzione del Tribunale di Trapani, di avere firmato, tre anni prima, il provvedimento di confisca dell'abitazione del fratello del capo di Cosa Nostra Totò Riina. – Il 25 settembre 1988, cade, mentre percorre la strada Agrigento-Caltanissetta, un altro alto magistrato giudicante: ***Antonino Saetta*** è, in quel momento, Presidente della Corte d'appello di Palermo e, nel corso del processo d'appello per l'omicidio Chinnici, aveva inflitto pene più pesanti di quelle inflitte in primo grado agli imputati del reato. Era oltretutto in predicato di diventare Presidente della Corte che avrebbe presto iniziato il c.d. «Maxiprocesso d'appello alla mafia». Con lui, viene assassinato anche il figlio ***Stefano Saetta***. – Il 26 settembre1988, a Trapani, viene assassinato il giornalista-sociologo ***Mauro Rostagno*** che, *ex* fondatore e *leader* di «Lotta Continua», scriveva articoli nei quali denunciava gli «affari» di esponenti di «Cosa Nostra» attivi nel trapanese. – Il 21

Non mancano omicidi di cui è presumibile che non si sapranno mai i colpevoli[72]; omicidi causati da ragioni di carattere criminale-finanziario[73]; stragi di cui, ad oggi, non si conosce, o non si può o non si vuole dire, l'autore[74].

Né mancano eventi disastrosi di carattere naturale[75] e no[76].

---

settembre 1990 viene assassinato il trentottenne giudice *a latere* presso il Tribunale di Agrigento ***Rosario Livatino*** mentre, alla guida della sua auto, sta percorrendo la statale Agrigento-Caltanissetta. L'omicidio è opera della «stidda» agrigentina: è un'organizzazione nemica di «Cosa Nostra», ma i sistemi che adopera contro i suoi «nemici» sono gli stessi.

[72] Il 13 marzo 1979, viene assassinato, a Roma, il giornalista ***Mino Pecorelli***. Le indagini e i processi vedranno via via coinvolti esponenti della «Banda della Magliana», di «Cosa Nostra», della Loggia massonica P2, nonché politici di punta come Giulio Andreotti (condannato – con il boss mafioso Badalamenti – a 24 anni di carcere dalla Corte d'assise di Perugia e poi assolto in Cassazione).

[73] L'11 luglio 1979 viene assassinato, a Milano, l'avv. ***Giorgio Ambrosoli***, commissario liquidatore della Banca Privata Italiana. Secondo la sentenza pronunciata dal Tribunale di Milano il 18 marzo 1986, mandante è l'*ex* proprietario dell'istituto bancario, il faccendiere siciliano *Michele Sindona* che, condannato all'ergastolo, viene a sua volta assassinato in carcere, a Voghera, il 22 marzo 1986... non si sa da chi.

Il 18 giugno 1982 viene ritrovato, a Londra, sotto il *Blackfriars Bridge*, il cadavere dell'*ex* presidente del Banco Ambrosiano ***Roberto Calvi***. Il secondo processo britannico non esclude né l'ipotesi del suicidio, né quella dell'omicidio. Una causa civile si è conclusa, in Italia, nel 1988, dando per presupposto l'omicidio del banchiere. Il 7 maggio 2010, la Corte d'assise d'appello di Roma, pur assolvendo tutti gli imputati di omicidio, scrive, in motivazione: «*Roberto Calvi è stato ammazzato, non si è ucciso*».

[74] Il 27 giugno 1980, dopo essere scomparso dai radar, precipita, a nord di ***Ustica***, un DC9 della compagnia «Itavia» che stava percorrendo la tratta Bologna-Palermo. Muoiono tutti i 77 passeggeri e i 4 componenti l'equipaggio. Cedimento strutturale? Bomba esplosa a bordo? Abbattimento da parte di un missile sparato da un altro aereo? E, in quest'ultimo caso, da un aereo militare di che bandiera? Errore nel corso di un'esercitazione? Errore nel tentativo di abbattere un aereo di Paese non Nato? Terminato in Cassazione, nel gennaio 2007, con una sentenza assolutoria nei confronti di tutti gli imputati, il processo per depistaggio, il processo principale non si è mai tenuto. Il 31 agosto 1999 è stata emessa un'ordinanza di rinvio a giudizio-sentenza istruttoria di proscioglimento. In essa si negano le prime due ipotesi e si legge «L'incidente... è occorso a seguito di azione militare di intercettamento, il DC-9 è stato abbattuto... con un'azione, che è stata propriamente atto di guerra, guerra di fatto e non dichiarata, operazione di polizia internazionale coperta contro il nostro Paese, di cui sono stati violati i confini e i diritti». A (molto) parziale consolazione, in Italia il reato di strage non si prescrive.

[75] Il 23 novembre 1980 la ***terra trema in Irpinia***: poco meno di 3.000 i morti; poco meno di 9.000 i feriti e circa 280.000 gli sfollati. Ingentissimi i danni nei territori colpiti tra Campania e Basilicata. Lunga, difficile e complicata dall'azione «sotterranea» della camorra in un po' tutti i campi, l'opera di ricostruzione.

[76] Sul ***disastro aereo di Capoterra***, v. *supra*, *sub c*). – Torino, 13 febbraio 1983, incendio del ***Cinema «Statuto»***: 64 i morti. – Autostrada A1, ***galleria «Melarancio»***, nei pressi dell'uscita di Firenze Certosa, 26 aprile 1983: incidente stradale. Un pullman di studenti medi napoletani, diretti in gita verso il lago di Garda, si scontra contro un autoarticolato. 11 i ragazzini morti, tutti provenienti dal quartiere cittadino Arenella; 38 i feriti. – ***Val di Stava*** (TN), 19 luglio 1985: per il cedimento degli argini della discarica della miniera di Prestavel, 180.000 m^3 di fango precipitano sull'abitato di Stava, frazione del Comune di Tesero: 268 i morti. – ***Ramstein*** (sud-ovest della Germania), 28 agosto 1988: tre aerei delle «*Frecce Tricolori*» italiane si scontrano in volo, nel corso di un'esibizione. Un aereo

Accadimenti di cronaca comune sconvolgono il Paese[77].

Avanza, pur tra mille difficoltà [come la svalutazione della lira dell'8% decisa il 19 luglio 1985 (c.d. «*venerdì nero*») dal Comitato monetario della C.E.], il processo di integrazione politico-monetario europeo[78].

d3) Quanto ad avvenimenti di carattere puntuale si possono ricordare i seguenti.

– Il 1° marzo 1979 si chiude il c.d. «*processo Lockheed*»[79];

– il 20 giugno 1979, una donna[80] viene eletta per la prima volta Presidente della Camera dei deputati;

---

precipita sulla folla: 67 le vittime e 346 i feriti tra la folla; 3 i piloti italiani deceduti. – ***Casalecchio di Reno*** (Bo), 6 dicembre 1990: un aereo militare precipita su una scuola: 12 i morti e 100 i feriti. – *Golfo di Genova*, 11 aprile 1991: un'esplosione a bordo della ***petroliera Haven*** ne causa il naufragio al largo di Voltri: 5 i morti, 30 i feriti, poco meno di 150.000 le tonnellate di greggio finite in mare che, per fortuna, furono quasi tutte combuste nel corso di un incendio durato più giorni.

[77] Nel corso del decennio Ottanta, per limitarsi ad alcuni esempi, la c.d. «Anonima Sequestri» rapisce, il 25 gennaio 1988, in provincia di Vicenza, il giovane ***Carlo Celadon***. Verrà tenuto prigioniero per 831 giorni sull'Aspromonte e rilasciato, dimagrito di trenta chili e incapace di reggersi in piedi, solo dopo il pagamento di un riscatto in due *tranches*, ammontante, pare, a 7 miliardi di lire. – Pochi giorni prima, il 18 gennaio 1988, era stato rapito, a Pavia, lo studente ***Cesare Casella***: sarà rilasciato, dopo il pagamento di un riscatto di un miliardo di lire, più di due anni dopo, il 30 gennaio 1990, nei pressi di Natile di Careri (RC). – A fine gennaio 1990 viene rapita, nel veronese, la novenne ***Patrizia Tacchella***. Sarà liberata nei pressi di Santa Margherita Ligure, il 17 aprile 1990, dai GIS («Gruppo Intervento Speciale»), le teste di cuoio dei Carabinieri. – 17 mesi dura, con carcerazione un'altra volta in Aspromonte, il sequestro del settenne torinese ***Marco Fiora***, rapito il 2 marzo 1987 (280 milioni di lire il riscatto pagato). – Il 3 ottobre 1990 tocca ad ***Augusto De Megni***, sequestrato a Perugia dall'«Anonima Sarda», tenuto prigioniero nel volterrano e liberato dai già ricordati NOCS il 22 gennaio 1991.

Tra il 6 giugno 1981 e l'8 settembre 1985 avvengono dodici dei sedici omicidi (i primi di carattere «seriale» avvenuti nel nostro Paese) attribuiti al c.d. «*mostro di Firenze*». Ebbero tutti a bersaglio giovani coppie; avvennero tutti nella campagna collinare fiorentina. Vennero condannati all'ergastolo *Mario Vanni* (per quattro degli otto duplici omicidi), a 26 anni di carcere Giancarlo Lotti (per gli stessi otto omicidi e con pena ridotta perché confesso e «pentito»). Il presunto capo e «mente» della banda, *Pietro Pacciani*, fu condannato in primo grado come unico responsabile di 7 degli 8 duplici omicidi. Venne poi assolto in appello «per non avere commesso il fatto». L'assoluzione fu annullata, con rinvio, dalla Cassazione, ma l'imputato è morto prima della celebrazione del nuovo processo.

Il 22 giugno 1983, a Roma, quaranta giorni dopo la sparizione di ***Mirella Gregori***, scompare in circostanze misteriose e a tutt'oggi mai chiarite, la giovane ***Emanuela Orlandi***, figlia di un dipendente del Vaticano. Non se ne saprà più nulla.

[78] Il 13 marzo 1979 entra in vigore il ***Sistema Monetario Europeo***: v. *supra*, *sub c*). – Il 10 giugno 1979 hanno luogo, nei nove Stati in allora componenti la Cee (Belgio, Danimarca, Francia, Germania Ovest, Irlanda, Italia, Lussemburgo, Paesi Bassi, Regno Unito), le ***prime elezioni del Parlamento europeo***. – Il 1° gennaio 1981 la Grecia entra nell'UE (in allora ancora CEE). – Lo stesso fanno, il 1° gennaio 1986, Spagna e Portogallo.

[79] V. *supra*, *sub c*).

[80] L'on. comunista *Nilde Iotti*, Costituente, componente della Commissione dei 75 e compagna di vita di Palmiro Togliatti dal 1946 alla morte di lui, nel 1964. La Iotti sarà Presidente della Camera per tre Legislature, dal 1979 al 1992.

– il 14 ottobre 1980 si svolge, a Torino, la c.d. «***Marcia dei quarantamila***»: sfilano non già solo gli operai, ma anche impiegati e quadri della FIAT che, insieme a numerosi cittadini e in aperta contrapposizione con la politica dei sindacati della Triplice (C.G.I.L., C.I.S.L. e U.I.L.), manifestano a favore di un ritorno alla normalità in città, nella quale gli operai protestano per la messa in «cassa integrazione» di più di ventimila tra loro, anche mediante picchettaggi che impediscono, da più di un mese, l'entrata in fabbrica a chiunque. Nasce la c.d. *maggioranza silenziosa*, mediante la quale si fanno sentire in piazza anche la piccola e la media borghesia. Si rompe il fronte sindacale con l'emergere delle due anime, tra loro assai distinte, di lavoratori dai «*colletti bianchi*» e dalle «*tute blu*»;

– il 17 marzo 1981 viene scoperta la ***loggia massonica (segreta) P2*** («Propaganda Due»). Essa era stata sospesa dal «Grande Oriente d'Italia» (obbedienza massonica istituita a Milano il 20 giugno 1805) già dal 1976; Gelli, che della loggia era Maestro Venerabile, venne espulso dalla massoneria il 31 ottobre 1981; in attuazione dell'art. 18, co. 2, Cost., la loggia fu sciolta con la legge 25 gennaio 1982, n. 17. La Commissione parlamentare istituita il 9 dicembre 1981 per indagare sull'attività della P2 e presieduta dalla democristiana Tina Anselmi, pubblicherà la sua relazione finale il 9 maggio 1984, confermando la veridicità degli elenchi sequestrati nella villa di Licio Gelli, la sua relazione con parte dei servizi segreti che ne «coprirono» l'attività sin dagli anni Cinquanta, la responsabilità «storico-politica» della loggia quanto all'organizzazione della strage dell'Italicus (v. poco *supra*, in nota), ma nulla potendo affermare circa la struttura della c.d. «piramide superiore» della loggia (i cui nomi non comparivano negli elenchi rinvenuti nel 1981), posto che l'archivio di Gelli si trovava in Perù;

– il 13 maggio 1981, in Piazza San Pietro, *Papa Giovanni Paolo II* sopravvive ai colpi d'arma da fuoco sparatigli dal terrorista del gruppo d'estrema destra turca dei «Lupi grigi» Mehmet Ali Agca;

– il 17 maggio 1981 si tiene il *referendum* abrogativo della l. 22 maggio 1978, n. 194, recante «*Norme per la tutela sociale della maternità e sull'interruzione volontaria della gravidanza*». Con un'affluenza alle urne del 79,43%, gli elettori respingono, con il 68% di «no», l'abrogazione della legge;

– il 12 aprile 1984 viene costituito, a Milano, il movimento autonomista «*Lega Lombarda*»;

– il 7 giugno 1984, nel corso di un comizio, a Padova, lo storico segretario del P.C.I. Enrico Berlinguer è colpito da *ictus*: morirà di emorragia cerebrale l'11 giugno. Ai suoi funerali, il 13 giugno, in piazza San Giovanni, a Roma, partecipa più di un milione di persone;

– il 4 dicembre 1989 viene costituita la «*Lega Nord*», partito indipendentista nato dalla fusione di «*Lega Lombarda*» e altri gruppi indipendentisti;

– il 10 marzo 1990, a Bologna, il comitato centrale del P.C.I. approva la mozione del segretario Achille Occhetto volta a far nascere un nuovo partito riformatore;

– il 3 febbraio 1991, al termine del congresso di Rimini, il ***Partito Comunista Italiano delibera il proprio scioglimento***, promuovendo contestualmente la costituzione del «Partito Democratico della Sinistra» (PDS).

d4) Si susseguono tre ***Legislature***: l'VIII[a] (20 giugno 1979 - 4 maggio 1983, terminata con uno scioglimento anticipato delle Camere); la IX[a] (12 luglio 1983 - 28 aprile 1987; anch'essa terminata con lo scioglimento anticipato) e la X[a] (2 luglio 1987 - 2 febbraio 1992).

I ***Governi*** furono ben tredici (dal 33° al 45°) in meno di quattordici anni. Nove a guida democristiana (*Cossiga* I e II, *Forlani*, *Fanfani* V e VI, *Goria*, *De Mita*, *Andreotti* VI e VII), due repubblicana (*Spadolini* I e II) e due socialista (*Craxi* I e II).

L'Esecutivo Spadolini I, che ebbe inizio il 28 giugno 1981, fu il primo a guida non democristiana del Paese.

L'on. Craxi, primo Socialista a ricoprire la carica di Presidente del Consiglio, governò dal 4 agosto 1983 al 17 aprile 1987, per un totale di 1.335 giorni e il suo primo Esecutivo, cessato il 1 agosto 1986, è, a tutt'oggi, con 1.093 giorni, il terzo più lungo per durata della storia repubblicana [81].

Si trattò per tutte e tredici le volte di *governi di coalizione*. Un breve monocolore D.C. con l'aggiunta di Indipendenti (Fanfani VI); due tripartiti (D.C. - P.S.D.I. - P.L.I., il Cossiga I; D.C. - P.S.I. - P.R.I., il Cossiga II); tre quadripartiti (D.C. - P.S.I. - P.S.D.I. - P.R.I., il Forlani; D.C. - P.S.I. - P.S.D.I. - P.L.I., il Fanfani V e l'Andreotti VII); e, per sette volte il «pentapartito» per eccellenza (D.C. - P.S.I. - P.S.D.I. - P.R.I. - P.L.I.: Spadolini I; Spadolini II; Craxi I; Craxi II; Goria; De Mita; Andreotti VI).

Presidenti della Repubblica furono, nel periodo, il socialista *Sandro Pertini* (dal 9 luglio 1978 al 29 giugno 1985) e il democristiano *Francesco Cossiga* (dal 3 luglio 1985 al 28 aprile 1992, con dimissioni date con leggerissimo anticipo rispetto alla scadenza naturale del mandato). Quest'ultimo, ottavo Capo dello Stato repubblicano, fu il primo ad essere eletto al primo scrutinio e con una maggioranza larghissima (752 voti su 977 votanti, con una percentuale del 76,97%), assicurata dall'appoggio di D.C., P.C.I., P.S.I., P.R.I., P.L.I., P.S.D.I. e Sinistra indipendente.

d5i) Tra gli ***avvenimenti di carattere istituzionale di particolare rilevanza***, si possono segnalare i seguenti: – 15 dicembre 1979: con il d.l. n. 625 (che sarà conv., con modifiche, nella legge 6 febbraio 1980, n. 15) vengono adottate «*Misure urgenti per la tutela dell'ordine democratico e della sicurezza pubblica*». Si prevedono, tra l'altro, il fermo di polizia di 48 ore per le «*persone nei cui confronti, per il loro atteggiamento ed in relazione alle circostanze di tempo e di luogo, si imponga la verifica della sussistenza di comportamenti ed atti che, pur non*

---

[81] Al primo e al secondo posto, gli Esecutivi Berlusconi II (2001-2005) e IV (2008-2011), rispettivamente con 1.412 e 1.287 giorni.

integrando gli estremi del delitto tentato, possano essere tuttavia rivolti alla commissione» di alcuni specifici delitti indicati nel c.p. o nel c.p.p., l'inasprimento delle pene per i reati di terrorismo, l'introduzione di benefici di legge e sconti di pena per i c.d. «terroristi pentiti» che forniscano informazioni utili a condurre efficacemente le indagini e a combattere le organizzazioni terroristiche[82]; – 13 settembre 1982: la legge n. 646 (detta «Rognoni – La Torre» dal nome dei promotori), con «*Disposizioni in materia di misure di prevenzione di carattere patrimoniale ed integrazione* [... a leggi precedenti]. *Istituzione di una commissione parlamentare sul fenomeno della mafia*», prevede, tra l'altro, il reato di «*associazione per delinquere di tipo mafioso*», inserito nel titolo V della parte II del codice penale, tra i delitti contro l'ordine pubblico; – 13 dicembre 1982: è costituita la *Commissione parlamentare sul fenomeno della mafia*, presieduta dal comunista Abdon Alinovi [istituita all'inizio di ogni Legislatura a partire dalla legge 20 dicembre 1962, n. 1720. Quanto al periodo che qui interessa, il 23 marzo 1988 viene costituita una nuova Commissione parlamentare antimafia, presieduta dal comunista Gerardo Chiaromonte]; – 15 febbraio 1984: il governo Craxi taglia, con il decreto legge n. 10, 4 punti percentuali della c.d. «scala mobile» (v. *supra*, *sub c*). Il successivo d.l. 17 aprile 1984, n. 70, sarà convertito nella legge 12 giugno 1984, n. 219; – 18 febbraio 1984: il Presidente del Consiglio Bettino Craxi e il Segretario di Stato cardinale Agostino Casaroli sottoscrivono il c.d. «Accordo di villa Madama» recante il *nuovo Concordato tra Italia e Santa Sede*: la religione cattolica non è più religione di Stato; – 6 agosto 1984: è soppressa, con d.P.R., e posta in liquidazione la *Cassa per il Mezzogiorno* [«Cassa per la realizzazione di opere straordinarie di pubblico interesse nell'Italia meridionale»: ente con personalità giuridica di diritto pubblico istituito con legge 10 agosto 1950, n. 646. V. *supra*, *sub a*)]. Sarà sostituita il 1° marzo 1986 dall'*Agenzia per la promozione dello sviluppo del Mezzogiorno*; – 13 aprile1988: è approvata la legge 13 aprile 1988, n. 117, recante *Risarcimento dei danni cagionati nell'esercizio delle funzioni giudiziarie e responsabilità civile dei magistrati*. Prevede un intervento risarcitorio da parte dello Stato in caso di errore giudiziario commesso per dolo o colpa grave; – 24 ottobre 1989: entra in vigore il *nuovo Codice di procedura penale* (varato con d.P.R. 22 settembre 1988, n. 447). Tra le novità di maggiore rilievo, l'introduzione del c.d. «rito abbreviato» e il passaggio da un processo che segue il rito inquisitorio a uno che segue quello di rito accusatorio; – legge 7 agosto 1990, n. 241, recante «*Nuove norme in materia di procedimento amministrativo e di diritto di accesso ai documenti amministrativi*»; – il 27 novembre 1990 l'Italia sottoscrive, a Parigi, il *Trattato di Schengen*; – 15 marzo 1991: è approvata la legge n. 82, di «*Conversione in legge, con modificazioni, del decreto-legge 15 gennaio 1991, n. 8, recante nuove misure in materia di sequestri di persona a scopo di estorsione e per la protezione di coloro che collaborano con la giustizia*».

---

[82] Quanto alle modifiche della Costituzione intervenute nel periodo considerato e a eventuali tentativi di mutamento della stessa, v. *infra*, nel § 8 di questo capitolo.

d5ii) Pressoché tutta interna al periodo di che trattasi, ma storia a sé, è la vicenda che vede i primi *conflitti tra televisione pubblica e televisione privata.*

Costituendo precedente fondamentale la sentenza della Corte cost. 28 luglio 1976, n. 202 (che, confermando la legittimità del monopolio Rai, legittimava le stazioni private, purché trasmettessero in ambito locale), una volta nata, nel settembre 1980, la tv privata «Canale 5» (proprietà: Berlusconi) e una volta trasmesso, nel febbraio 1981, il primo telegiornale privato dalla tv «Prima Rete» (proprietà: gruppo Rizzoli - Corriere della Sera), la Corte tornò sul tema con la pronuncia 17 luglio 1981, n. 148, confermando la legittimità delle trasmissioni private, purché solo in ambito locale.

L'1 gennaio 1982 nascono le televisioni «Retequattro» (proprietà: Mondadori - Perrone - Caracciolo) e «Italia Uno» (proprietà: Rusconi). Trasmettono tutte in ambito locale... ma contemporaneamente.

Nell'ottobre 1983 il Tribunale di Milano afferma che la pratica del «*network*» è legittima e tale anche il diritto delle televisioni di trasmettere in contemporanea.

Dall'agosto 1984, comperata anche «Retequattro», la soc. «Fininvest» di proprietà di Silvio Berlusconi controlla tutti e tre i network nazionali.

Il 16 ottobre seguente le reti Fininvest vengono oscurate, nel Lazio, in Abruzzo e in Piemonte, dai pretori di Roma, Pescara e Torino che invocano l'osservanza delle sentenze della Corte costituzionale che vietano, a loro dire, l'interconnessione televisiva oltre l'ambito locale.

Il 20 ottobre 1984 interviene il Governo che, con d.l. n. 694 (detto «*decreto Berlusconi*»), consente alle predette reti televisive di riprendere le trasmissioni in assenza di una legge sull'emittenza radiotelevisiva.

Il provvedimento d'urgenza, bocciato dalla Camera dei deputati il 28 novembre 1984, viene reiterato il 6 dicembre 1984, con d.l. n. 807 (c.d. «*decreto Berlusconi* bis»). Ponendo sulla legge di conversione la questione di fiducia, il 4 febbraio 1985 il d.l. viene convertito nella legge n. 10 di quell'anno («*Conversione in legge, con modificazioni, del decreto-legge... recante disposizioni urgenti in materia di trasmissioni radiotelevisive*»).

Nelle more dell'approvazione di una legge, il Governo approva, il 1° giugno 1985, un altro d.l., il n. 223 (c.d. «*decreto Berlusconi* ter») che, recando «*Proroga di termini in materia di trasmissioni radiotelevisive*», stabilisce la cessazione di quanto prevede al 31 dicembre 1985 e viene conv. nella legge 2 agosto 1985, n. 397.

Il 18 dicembre 1985 il Tribunale di Roma modifica in appello la sentenza di condanna emessa a carico dei *network*, stabilendo che le trasmissioni in contemporanea dei circuiti nazionali non sono previste dall'art. 195 del codice postale come reato.

Il 9 gennaio 1986, il pretore di Torino diffida i *network* dal trasmettere in contemporanea nazionale.

Il 4 giugno 1988 il Parlamento approva la c.d. «legge Mammì» 6 agosto 1990, n. 223 («*Disciplina del sistema radiotelevisivo pubblico e privato*»), sul controllo delle emittenti televisive che viene vietato ai gruppi imprenditoriali che controllano una certa quota di stampa periodica. La legge costringe Silvio Berlusconi a cedere al fratello Paolo la proprietà del quotidiano «*Il Giornale*».

d5iii) Altro accadimento che fa un po' per conto suo è il *sequestro della nave da crociera italiana* «Achille Lauro» da parte di un commando guerrigliero palestinese del *Fronte per la Liberazione della Palestina* (F.L.P.), il 7 ottobre1985. Il giorno dopo, i terroristi uccidono il cittadino statunitense disabile di origine ebraica Leon Klinghoffer. Gli altri ostaggi sono tutti liberati grazie alla mediazione di Egitto, Tunisia, dell'«*Organizzazione per la Liberazione della Palestina*» *(*O.L.P.*)* e del suo capo Yasser Arafat, in cambio di un aereo per la fuga. Il 10 ottobre 1985, aerei da caccia della Marina U.S.A. intercettano l'aereo egiziano che trasporta anche i dirottatori, costringendolo ad atterrare nella base N.A.T.O. di Sigonella, in Sicilia. Nella notte tra il 10 e l'11 ottobre 1985 si verifica la maggiore crisi italo-statunitense della storia (II^ Guerra Mondiale ovviamente a parte), con 200 *Navy Seals* della *Delta Force* U.S.A. che pretendono la consegna degli assassini di Klinghoffer, circondando i 30 uomini della V.A.M. («Vigilanza aeronautica militare») italiana che, con 20 Carabinieri, avevano circondato il Boeing egiziano, intendendo fare rispettare la giurisdizione italiana. Arrivati altri Carabinieri che, a loro volta, circondano gli americani, la spunterà l'Italia (il cui impegno ad agevolare la fuga dei terroristi era condizionato dal fatto «*che a bordo non fossero stati commessi reati*») e l'areo parte per Roma il 12 ottobre mattina. Trattenuti i quattro dirottatori (due condannati all'ergastolo, uno a 30 anni e uno, minorenne, a 17 anni, l'11 luglio 1986 dal Tribunale di Genova), ad Abu Abbas che, capo del F.L.P., veniva ancora considerato dagli Italiani più mediatore che colpevole e che era, oltretutto, in possesso di passaporto diplomatico, verrà consentito di raggiungere Belgrado, in Jugoslavia, con un aereo di linea. Verrà in seguito processato in contumacia e condannato all'ergastolo.

e) **1992-2018**. Un *quinto periodo* della vita della Repubblica italiana – anch'esso caratterizzato da attentati di mafia [83] e terroristici [84], catastrofi naturali [85] e tra-

---

[83] Oltre a quelle di cui *infra*, *sub a2*), a Firenze, il 27 maggio 1993, «*Cosa Nostra*» fa esplodere un'autobomba nei pressi della Galleria degli Uffizi: 5 i morti e 30 i feriti.

[84] Le c.d. «***Nuove Brigate Rosse***» tornano a uccidere. Il 20 maggio 1999 viene assassinato, a Roma, il prof. ***Massimo D'Antona***, lavorista; il 19 marzo 2002, a Bologna, il prof. ***Marco Biagi***, giuslavorista.

[85] – 5 maggio 1998: una ***frana*** di fango travolge alcune località campane, tra cui ***Sarno*** e ***Quindici***: 160 i morti, di cui 137 a Sarno; – ottobre 2000: ***alluvione nelle Regioni del Nord Ovest d'Italia***: 23 i morti; – 31 ottobre 2002: ***terremoto in Molise***: muoiono due persone in paese e ventisette bambini e la loro insegnante nel crollo di una scuola a San Giuliano di Puglia; – 6 aprile 2009: ***terremoto a L'Aquila*** e provincia: 309 morti, 1.500 feriti, 65.000 sfollati; – 20 maggio 2012: ***terremoto*** in ***Emilia***-Romagna, Lombardia e Veneto: 27 le vittime; 350 i feriti; 15.000 gli sfollati. I danni maggiori, ingentissimi quelli alle attività produttive, nelle province di Mantova, Modena, Ferrara e alcuni comuni del bolognese; – 24 agosto 2016 (repliche il 26 ottobre, il 30 ottobre e il 18 gennaio 2017): serie di scosse di ***terremoto in Centro Italia***: l'epicentro della prima scossa tra i paesi di Amatrice (RI), Accumoli (RI) e Arquata del Tronto (AP): più di 300 le vittime; – 18 gen-

gedie causate/subìte dall'uomo o di cui l'uomo è suo malgrado comunque protagonista sia in pace [86] che in guerra [87] – comincia con la concomitanza di tre avvenimenti di importanza sostanziale per le loro ripercussioni (anche) istituzionali.

e1) Il primo è la vicenda politico-giudiziaria che viene ricordata come di «**tangentopoli**», o di «mani pulite» [88]. Si tratta di una serie di inchieste condotta, all'inizio, dalla procura della Repubblica di Milano, ma poi rapidamente estesasi a gran parte d'Italia, contro i vertici di praticamente tutti i partiti dell'arco costituzionale per finanziamenti illeciti provenienti da tangenti sborsate da imprenditori allo scopo di ottenere la vittoria in appalti di particolare rilevanza economica. Anche per il clamore mediatico con cui vennero seguite le inchieste e la conseguente vieppiù crescente indignazione dell'opinione pubblica, parte della magistratura venne reputata all'epoca supplente di una classe politica (sia quella che aveva governato negli ultimi anni, ma anche quella che aveva condotto l'opposizione nello stesso periodo) che ne uscì distrutta. I maggiori partiti di governo (il Partito Socialista e la Democrazia Cristiana) videro i loro esponenti di punta sfilare nelle aule di tribunale e uscire sviliti dagli interrogatori di pubblici ministeri che assunsero, anche se per un limitato periodo di tempo, il ruolo di stelle della televisione.

Già le elezioni politiche del 1992 videro un crollo della DC (ma anche del PCI) e un sensibile calo del PSI.

Ne trassero giovamento solo la Lega Nord e La Rete (un movimento dalla vita breve, ma che vide, in quella stagione, una forte affermazione al Sud): basti dire che la prima passò da 2 a 80 parlamentari.

Avvisi di garanzia e arresti sia di politici che di imprenditori si succedettero a ritmi frenetici. Cominciarono, poi, i primi suicidi degli accusati, a partire da quello del tesoriere del Partito Socialista che, pur dichiarandosi colpevole, lasciò scritto in una lettera piena di dignità che il sistema riguardava, indistintamente,

---

naio 2017: una ***valanga*** travolge un albergo in località Rigopiano, nei pressi di Farindola (Pe): 29 i morti.

[86] – 25 dicembre 1996: «***strage di Natale***»: 283 clandestini, soprattutto pakistani, muoiono nel Mediterraneo, a sud di Capo Passero, in Sicilia, a causa di una collisione tra navi: è (sino a quel momento) la più grave tragedia di mare dalla Seconda Guerra Mondiale; – 3 febbraio 1998: ***strage del Cermis***: in Val di Fiemme, un aereo militare USA trancia il cavo della funivia del Cermis: 20 i morti; – 29 giugno 2009: ***disastro ferroviario a Viareggio***: un treno merci deraglia; è carico di quattordici cisterne di gpl, alcune delle quali esplodono: 32 i morti e 23 i feriti; – 13 gennaio 2012: naufragio, al largo dell'isola del Giglio, della nave «***Costa Concordia***»: 32 i morti; – 28 luglio 2013: Monteforte Irpino (AV): un ***pullman esce di strada***, in A16, e precipita da un viadotto: 40 i morti; – 3 ottobre 2013; 11 ottobre 2013; 18 aprile 2015: Lampedusa: ***naufragio*** e incendio di un barcone proveniente dalla Libia: oltre 300 i morti; – otto giorni dopo, un avvenimento analogo, nel Canale di Sicilia, causa altre 38 vittime e 50 dispersi; – un anno e mezzo più tardi, l'ennesimo naufragio nel Canale di Sicilia, provocato da uno scontro tra un'imbarcazione di migranti e l'incolpevole mercantile «King Jacob», causa più di 800 vittime: è la tragedia del mare più grave mai accaduta.

[87] A ***Nassiriya***, in Iraq, il 12 novembre 2003, un attentato suicida causa la morte di 12 carabinieri, 5 militari dell'Esercito Italiano e 2 civili italiani. I feriti sono una sessantina.

[88] Prende avvio il 17 febbraio 1992, a Milano, con l'arresto, per avere ricevuto tangenti, del socialista ***Mario Chiesa***, direttore del «*Pio Albergo Trivulzio*».

tutti i partiti politici e che esso serviva a finanziare le forze politiche, non portando all'arricchimento personale di nessuno (ribadirà gli stessi concetti, in un celebre discorso tenuto il 29 aprile 1993 alla Camera dei deputati, lo stesso *leader* socialista ed *ex* Presidente del Consiglio Craxi).

A partire dalla fine del 1992, le inchieste dei giudici si allargarono un po' a tutta Italia, facendo emergere un quadro disastroso dell'intera politica nazionale e locale, quanto a corruzione e concussione.

Finirono *in primis* indagati i *leaders* del c.d. «pentapartito» che aveva a lungo governato il Paese: dopo avere ricevuto un avviso di garanzia, i segretari politici del PSI (Craxi), PLI (Altissimo), PRI (La Malfa jr), PSDI (Vizzini) si dimisero uno dopo l'altro. Per la DC toccò al tesoriere Citaristi.

Talmente drammatica, ma anche paradossale, stava diventando la situazione che il Governo, presieduto da Giuliano Amato, varò, il 5 marzo 1993, un decreto legge (c.d. «decreto Conso», dal nome dell'allora ministro della giustizia, e grande penalista, che lo propose) che depenalizzava il finanziamento illecito ai partiti.

Nel luglio del 1993, si tolsero la vita, a pochi giorni di distanza, l'*ex* presidente dell'ENI Gabriele Cagliari, da oltre quattro mesi in carcere preventivo, e Raul Gardini, presidente del gruppo industriale Ferruzzi-Montedison, che era stato informato di un suo imminente coinvolgimento nella vicenda della c.d. «tangente Enimont».

Un anno dopo, il 13 luglio 1994, il nuovo governo del frattempo insediatosi (Berlusconi I) emanò un decreto-legge (c.d. «Biondi», sempre dal nome del ministro della giustizia proponente) che, per la maggior parte dei crimini di corruzione, favoriva l'adozione della misura degli arresti domiciliari (contro quella adottata fino ad allora della detenzione preventiva in carcere che, si disse, veniva adoperato con troppa disinvoltura per favorire le confessioni).

Nonostante le indagini del sostituto procuratore milanese Parenti e di quello veneziano Nordio, il PCI-PDS, o meglio, i suoi uomini di punta, riuscì a non subire condanne. Ovviamente, ma senza prove, non mancò chi accusò i giudici di non essersi sforzati troppo in quella direzione, tutti intenti a colpire le sole forze di governo.

Quando, con la riforma dell'art. 68 Cost. (v. *infra*, nel paragrafo che segue), venne meno l'immunità dall'arresto, l'on. Craxi fuggì in Tunisia.

Dopodiché, iniziarono le contro-accuse nei confronti dei magistrati che stavano conducendo l'inchiesta, ma qui è bene fermarsi perché i giudizi sull'operato di taluni magistrati tra il 1992 e il 1994, sugli esiti cui condussero le inchieste, sulla quantità di condanne e assoluzioni parametrata alla quantità di lavoro svolto, ecc., spetta ad altri.

Certo è che la politica del *pre* e del *post* tangentopoli non è la stessa; che i suoi protagonisti e i partiti non sono più stati gli stessi e così via.

Giuridicamente, non ha senso l'espressione «*seconda Repubblica*» che viene spesso adoperata per designare il periodo che segue le vicende giudiziarie di cui si è appena detto, perché non ci sono cambiamenti di carattere istituzionale (forma di Stato e/o forma di governo) che la giustifichino; ma che da allora sia iniziata una seconda fase della Repubblica è innegabile.

e2) Il secondo avvenimento di cui dare conto è costituito dalle due **stragi di mafia** che portarono agli omicidi dei giudici ***Falcone***[89] (23 maggio 1992) e ***Borsellino***[90] (19 luglio 1992). Attentato dinamitardo in autostrada, località Capaci, il primo; autobomba, in via D'Amelio, a Palermo, il secondo. Effetto immediato dell'omicidio Falcone, fu l'elezione a Presidente della Repubblica del democristiano *Oscar Luigi Scalfaro*, il 25 maggio 1992, cioè due giorni dopo la strage. Il Presidente della Camera in carica fu eletto, al sedicesimo scrutinio, con un'inedita alleanza tra DC, PSI, PSDI, PLI e PDS, La Rete, Verdi e Radicali: le forze di governo e le forze di opposizione (Lega Nord, Movimento Sociale Italiano e Rifondazione Comunista esclusi), insieme.

e3) Il terzo avvenimento fu, certamente, il **cambiamento della legislazione elettorale.**

I fautori di un passaggio dal sistema proporzionale, che aveva governato i primi quarant'anni di vita repubblicana, a un sistema di tipo maggioritario, portarono gli Italiani a un primo *referendum* nel 1991, per cercare l'abrogazione della preferenza plurima alla Camera dei deputati. Ottenuto il *quorum* di partecipazione con il 62,5% di affluenza alle urne, i «sì» trionfarono con la percentuale bulgara del 95,57% e le preferenze passarono da tre a una.

Nel 1993, un altro *referendum*, volto a ottenere l'abrogazione della quota proporzionale nell'elezione del Senato, vide un *quorum* di partecipazione del 77% e un nuovo trionfo dei «sì» con l'82,75%.

Il Parlamento non poté che prendere atto dei risultati, mettere mano alla legislazione elettorale «di risulta», cioè uscita dalle urne, e varare due nuove leggi, una per l'elezione del Senato e una per l'elezione della Camera, che riprendessero i *desiderata* del corpo elettorale: vennero così promulgate le **leggi 4 agosto 1993, n. 276 e n. 277**. Posto che chi si occupò dell'estensione materiale delle stesse fu l'attuale Capo dello Stato Mattarella, il sistema (per ¾ maggioritario e per ¼ proporzionale) prese sin da subito il nome giornalistico di «*mattarellum*».

e4) Le ***Legislature*** che si succedono nel periodo sono sette: l'XI^a (23 aprile 1992 - 16 gennaio 1994), la XII^a (15 aprile 1994 - 16 febbraio 1996), la XIII^a (9 maggio 1996 - 9 marzo 2001), la XIV^a (30 maggio 2001 - 27 aprile 2006), la XV^a (28 aprile 2006 - 6 febbraio 2008), la XVI^a (29 aprile 2008 - 23 dicembre 2012) e la XVII^a (15 marzo 2013 - 22 marzo 2018[91]).

---

[89] Con lui morirono la moglie ***Francesca Morvillo*** e i tre uomini della scorta ***Antonio Montinaro***, ***Rocco Dicillo*** e ***Vito Schifani***.

[90] Morirono, con il giudice, i cinque agenti di scorta: ***Emanuela Loi***, ***Agostino Catalano***, ***Vincenzo Li Muli***, ***Walter Eddie Cosina*** e ***Claudio Traina***.

[91] Lo scioglimento delle Camere è stato disposto con d.P.R. 28 dicembre 2017. Le elezioni politiche si sono svolte domenica 4 marzo 2018.

Tre (la XIII[a], la XIV[a] e la XVII[a]) sono giunte a scadenza naturale (prima della fine della XIII[a], erano trentatré anni che non capitava[92]. Delle quattro al termine delle quali v'è stato uno scioglimento anticipato, tre (la XI[a], la XII[a] e la XV[a]) sono durate meno di due anni e una (la XVI[a]) è arrivata a quattro anni e mezzo.

e5) I ***Governi*** sono stati sedici in sedici anni.

Durante l'XI[a] Legislatura, gli Esecutivi Amato (304 giorni) e Ciampi (377 giorni); durante la XII[a], Berlusconi I (252 giorni) e Dini (486 giorni); durante la XIII[a], Prodi I (887 giorni), D'Alema I (427 giorni) e II (125 giorni) [583 giorni di seguito], Amato II (411 giorni); durante la XIV[a], Berlusconi II (1.412 giorni) e III (389 giorni) [1.801 giorni di seguito]; durante la XV[a], Prodi II (722 giorni); durante la XVI[a], Berlusconi IV (1.287 giorni) e Monti (529 giorni); durante la XVII[a], i Governi Letta (300 giorni), Renzi (1.024 giorni) e Gentiloni (saranno 446 giorni il 4 marzo 2018).

V'è il Governo *più lungo* della storia della Repubblica (Berlusconi II); v'è il Presidente del Consiglio *più giovane* della storia della repubblica (Renzi, trentanovenne al momento dell'incarico); v'è l'unico che ha visto i suoi Esecutivi cadere per una *crisi di carattere parlamentare* (Prodi, con riguardo a entrambi i suoi Gabinetti); v'è quello *rimasto in carica per più tempo* (Berlusconi, con 3.340 giorni), considerati tutti gli esecutivi che ha presieduto; v'è l'unico Esecutivo (Prodi II) la cui *durata corrisponde a un'intera Legislatura (la XV[a])*.

e6) I ***Presidenti della Repubblica*** succedutisi al Quirinale sono stati il già ricordato democristiano *Oscar Luigi Scalfaro* (28 maggio 1992 - 15 maggio 1999); il politicamente indipendente *Carlo Azeglio Ciampi* 18 maggio 1999 - 14 maggio 2006; *Giorgio Napolitano*, primo *ex* comunista nella storia della Repubblica a raggiungere la carica e primo anche a essere rieletto una seconda volta Capo dello Stato (15 maggio 2006 - 22 aprile 2013; 22 aprile 2013 - 14 gennaio 2015); l'*ex* democristiano, ma eletto da indipendente in quanto proveniente dalla Corte costituzionale, *Sergio Mattarella* (eletto il 3 febbraio 2015).

e7) Circa gli ***avvenimenti di carattere istituzionale di particolare rilevanza***, se, quanto alle ***modifiche della Costituzione*** intervenute nel periodo considerato e ai tentativi di mutamento della stessa sottoposti a *referendum ex* art. 138 Cost. (uno riuscito – nel 2001 – e due no – nel 2006 e nel 2016 –), si può vedere *infra,* nel § 8 di questo capitolo, si può anche ricordare sia che, in sedici anni, il Parlamento è intervenuto per ben quattro volte in ***materia di leggi elettorali politiche*** con le leggi 4 agosto 1993, n. 276 e n. 277 («*Norme per l'elezione del Senato della Repubblica*»; «*Nuove norme per l'elezione della Camera dei deputati*»); 21 dicembre 2005, n. 270 (norme «*per l'elezione della Camera dei deputati e del* Se-

---

Ovviamente, ove la data di fine della Legislatura precedente non coincide con il giorno antecedente a quello di inizio della Legislatura che segue, essa indica il giorno di emanazione del decreto presidenziale di scioglimento.

[92] Dalla IV^ Legislatura: 21 giugno 1963 - 5 giugno 1968

nato della Repubblica»); 6 maggio 2015, n. 52 («*Disposizioni in materia di elezione della Camera dei deputati*»); 3 novembre 2017, n. 165 («*Modifiche al sistema di elezione della Camera dei deputati e del Senato della Repubblica. Delega al Governo per la determinazione dei collegi elettorali uninominali e plurinominali*»); sia che la Corte ha dichiarato parzialmente illegittime due delle stesse (con le sentt. 4-15 gennaio 2014, n. 1, nei confronti della legge n. 270/2005 cit., e 25 gennaio - 15 febbraio 2017, n. 35, nei confronti della legge n. 52/2015 cit.), sia, infine, che una (la stessa legge n. 52/2015 da ult. cit.) è stata a lungo studiata e ponderata dalle Camere... ma non è mai stata utilizzata.

Degli effetti delle nuove leggi elettorali sulla composizione degli Esecutivi (con un'indicazione precisa, da parte dell'elettorato, di chi avrebbe dovuto guidare l'Esecutivo e della maggioranza che l'avrebbe appoggiato); delle crisi di governo; delle consultazioni del Presidente della Repubblica; dei rapporti tra Presidenti del Consiglio e ministri si dirà *infra*, nel testo e nelle note[93].

e8) Il periodo considerato è vitale anche quanto alla ***partecipazione italiana alla Comunità Economica Europea/Unione Europea.***

Quest'ultima nasce l'1 novembre 1993 con l'entrata in vigore del *Trattato di Maastricht*, cui faranno séguito il *Trattato di Amsterdam* (entrato in vigore l'1 maggio 1999), il *Trattato di Nizza* (1 febbraio 2003) e, da ultimo, il *Trattato di Lisbona* e la *Carta dei diritti fondamentali dell'Unione europea* (entrati in vigore l'1 dicembre 2009).

Ai 12 Paesi già aderenti a fine 1992[94], si uniscono, l'1 gennaio 1995, Austria, Finlandia e Svezia; l'1 maggio 2004, Cipro, Estonia, Lettonia, Lituania, Malta, Polonia, Repubblica Ceca, Slovacchia, Slovenia, Ungheria; l'1 gennaio 2007, Bulgaria e Romania, l'1 luglio 2013, la Croazia.

Il totale sale così a 28, ma il 23 giugno 2016 nel Regno Unito si è svolto il *referendum* consultivo sulla c.d. «*Brexit*». Il 51,9% dei britannici si è pronunciato a favore dell'uscita del Paese dall'Unione Europea. Dopo la sentenza della Corte suprema del Regno Unito che, il 24 gennaio 2017, ha affermato come, prima di attivare le procedure previste dall'art. 50 del Trattato sull'Unione, il Governo britannico avrebbe dovuto attendere un pronunciamento del Parlamento, quest'ultimo si è espresso il 29 marzo seguente con l'*European Union Act 2017 (Notification of Withdrawal)*. Il Primo Ministro ha quindi notificato al Presidente del Consiglio europeo l'avvio della procedura il 29 marzo 2017 e, da allora,

---

[93] Vedi parte III, cap. III, §§ 2, *sub a)*; 3, *sub a4)* e ss.; 5, *sub d)* e *f8)*; 6, *sub b)*; 7; 8; 9, *sub b)*, perché, trattando del Governo, s'è scelto di dedicare spazio in particolare ad esempi che si possono trarre dagli ultimi decenni di storia repubblicana.

Per le leggi elettorali del 1994, del 2005 e del 2017, v., invece, *infra*, parte II, cap. I, § 7, *sub e7)*; e parte II, cap. III, § 3, *sub e)*, nonché, riassuntivamente, *infra*, a fine testo, nell'«APPENDICE», *sub* LEGGI ELETTORALI POLITICHE VIGENTI NELL'ITALIA REPUBBLICANA.

[94] – Belgio, Francia, Germania, Italia, Lussemburgo, Paesi Bassi sin dall'inizio (25 marzo 1957); – Danimarca, Gran Bretagna e Irlanda dal 1° gennaio 1973; – Grecia dal 1° gennaio 1981; – Portogallo e Spagna dal 1° gennaio 1986.

sono in corso le trattative tra Governo britannico e Commissione Europea per arrivare a un accordo sul *quomodo*, ma, soprattutto, sul *quantum* dovrà sborsare la GB per lasciare l'UE.

Inoltre, in tema, v'è da dare conto: – dell'entrata in vigore, il 26 marzo 1995, degli «***Accordi di Schengen***», con conseguente abolizione, all'inizio in sette Paesi UE, dei controlli delle persone alle frontiere interne dell'Unione: per l'Italia, essi entreranno in vigore il 26 ottobre 1997; – dell'istituzione, il 1° giugno 1998, della ***Banca centrale Europea***; – della nascita, il 1° gennaio 1999, dell'***Euro*** che entrerà in circolazione il 1° gennaio 2002 nei 12 Paesi dell'Unione Economica e Monetaria. Seguirà, in Italia, un periodo di doppia circolazione di Euro e Lira, fino alla fine di febbraio dello stesso anno. Il 1° marzo 2002 la Lira viene dichiarata fuori corso.

e9) Oltre a tutto ciò, rilevanti e degni di menzione appaiono anche i ***seguenti accadimenti***:

– 30 gennaio 1992: la Prima Sezione della Corte di Cassazione pronuncia la sentenza definitiva che chiude il c.d. «***Maxiprocesso***» per mafia di Palermo: 360 i condannati su 474 imputati. Tra le condanne, ergastoli a Salvatore Riina, Bernardo Provenzano e Michele Greco;

– 28 aprile 1992: il ***Presidente della Repubblica Francesco Cossiga*** rassegna, anticipatamente, seppure di poco, le sue dimissioni dalla carica;

– 20 settembre 1992: la ***Lira*** subisce una pesantissima ***svalutazione*** ed esce dal Sistema Monetario Europeo;

– 29 gennaio 1994: il Consiglio Nazionale decide l'auto-scioglimento della ***Democrazia Cristiana***;

– 27 gennaio 1995: scioglimento dello storico partito della destra italiana, il ***Movimento Sociale Italiano***. La più gran parte degli aderenti confluisce nella nuova formazione ***Alleanza Nazionale***; una minoranza, contraria allo scioglimento e in linea di continuità con il passato, fonda il «Movimento Sociale Fiamma Tricolore»;

– 18 febbraio 2000: viene approvata la legge n. 28. Reca «*Disposizioni per la parità di accesso ai mezzi di informazione durante le campagne elettorali e referendarie e per la comunicazione politica*» ed è conosciuta come legge sulla ***par condicio***;

– 5 ottobre 2000: il d.lgs. n. 297 trasforma l'Arma dei ***Carabinieri*** in Forza armata autonoma nell'ambito del Ministero della Difesa;

– 15 dicembre 2001: la legge n. 438 converte, con modifiche, il d.l. 18 ottobre 2001, n. 374, recante disposizioni urgenti per ***contrastare il terrorismo internazionale***;

– 30 luglio 2002: varata la legge n. 189 con «*Modifica alla normativa in materia di **immigrazione e di asilo***»;

– 23 dicembre 2002: la legge n. 279 «*Modifica ... gli **articoli 4**-bis **e 41**-bis della legge 26 luglio 1975, n. 354, in materia di trattamento penitenziario*». È ammessa la facoltà di sospendere l'applicazione delle ordinarie regole di trattamento penitenziario ove le stesse si pongano «*in concreto contrasto con le esigenze di ordine e di sicurezza*» per soggetti «*in relazione ai quali vi siano* *elementi tali da far ritenere la sussistenza di collegamenti con un'associazione criminale, terroristica o eversiva*» e in modo tale da «*impedire i collegamenti con l'associazione*»;

– 30 giugno 2003: il d.lgs. n. 196 introduce «il Codice in materia di protezione dei dati personali»: è la c.d. ***legge sulla 'privacy'*** (entrerà in vigore il 1 gennaio 2004);

– 1 maggio 2004: entrano nella UE Cipro, Estonia, Lettonia, Lituania, Malta, Polonia, Repubblica Ceca; Slovacchia; Slovenia, Ungheria;

– 6 settembre 2005: il d.lgs. n. 206 introduce il «***codice del consumo***» a riconoscere, garantire e tutelare «*i diritti e gli interessi individuali e collettivi dei consumatori e degli utenti*»;

– 28 dicembre 2005: la legge n. 262, introduce «*Disposizioni per la* ***tutela del risparmio e la disciplina dei mercati finanziari***»;

– 1 gennaio 2007: l'Italia è componente non permanente del Consiglio di Sicurezza dell'ONU;

– 24 dicembre 2007: la legge n. 244 (finanziaria 2008) introduce nell'ordinamento italiano la c.d. «***class action***» per le associazioni dei consumatori;

– 17 marzo 2011: ***150° anniversario dell'Unità d'Italia***;

– 5 novembre 2012: il Governo Monti approva il d.l. n. 188. Reca «Disposizioni urgenti in materia di Province e Città metropolitane» ma non sarà mai convertito in legge;

– 6 novembre 2012: il Parlamento approva la legge n. 190 (c.d. «legge Severino») con «*Disposizioni per la* ***prevenzione e la repressione della corruzione e dell'illegalità nella pubblica amministrazione***»;

– 27 novembre 2013: Berlusconi decade dalla carica di Senatore *ex* legge n. 190/2012 cit. Il più volte *ex* Presidente del Consiglio era stato condannato in via definitiva, l'1 agosto precedente, a quattro anni di reclusione (di cui 3 condonati con indulto) per frode fiscale. È ancora pendente un ricorso proposto in merito dall'*ex premier* presso la Corte europea dei diritti dell'uomo di Strasburgo;

– 20 maggio 2016: il Parlamento approva la legge n. 76 (c.d. «Cirinnà») che regolamenta le «... ***unioni civili tra persone dello stesso sesso*** e disciplina delle convivenze»;

– 2 giugno 2016: la ***Repubblica Italiana festeggia i suoi 70 anni***;

– 24 marzo 2018: per la prima volta nella storia della Repubblica, una **donna** (la sen. Maria Elisabetta Alberti Casellati di «Forza Italia») viene **eletta alla seconda più alta carica dello Stato**.

8. *Trasformazioni costituzionali (... e tentativi di trasformazioni costituzionali) dall'entrata in vigore della Costituzione a oggi*

1) **Mutamenti costituzionali**. Nel corso dei primi settant'anni di vita della Costituzione entrata in vigore il primo gennaio 1948, il testo originario ha subito radicali modifiche nella sua Parte II, quella dedicata all'*Ordinamento della Repubblica*, mentre poco o nulla è stato toccato quanto alla Parte I che si occupa *Dei diritti e doveri dei cittadini.*

Alcuni degli interventi del Parlamento repubblicano hanno modificato porzioni o interi articoli della Costituzione per ragioni le più diverse tra loro.

Rimandando l'analisi dei mutamenti alle singole parti di testo che affronteranno i temi oggetto della presente trattazione [95], si può sin da ora osservare che la maggior parte delle trasformazioni del testo hanno senz'altro riguardato:

1a) la **forma regionale dello Stato italiano**, incidendo sulla Parte II, Titolo V della Carta, dedicato a *Le Regioni, le Province e i Comuni.*

Al 1963 risale la *creazione della Regione Molise*, nata per scorporo dalla precedente unica Regione denominata «Abruzzi e Molise».

Ciò ha comportato, da parte della **legge cost. 27 dicembre 1963, n. 3** (sulla quale anche *infra* tra breve), la modifica degli **artt. 131 e 57 Cost.**: il primo perché, come conseguenza della novità, risultava necessario aggiornare l'elenco delle Regioni che vi compare; il secondo perché, trattandosi della creazione di una Regione di modeste dimensioni territoriali, si volle prevedere, in deroga alla regola in allora in vigore («Nessuna Regione può avere un numero di senatori inferiore a sette»), che, così come faceva eccezione la Valle d'Aosta che aveva diritto a un solo senatore, avrebbe fatto eccezione anche il Molise che avrebbe avuto due senatori.

Quanto alle **leggi cost. 22 novembre 1999, n. 1** (con «Disposizioni concernenti l'elezione diretta del Presidente della Giunta regionale e l'autonomia statutaria delle Regioni») e **18 ottobre 2001, n. 3**, recante «Modifiche al titolo V della parte seconda della Costituzione» si rimanda *infra*, alla parte IV, facendo sin da ora presente che esse hanno rispettivamente riguardato (legge cost. n. 1/1999) l'integrale sostituzione degli artt. **121, 122, 123, 126 Cost.** e (legge cost. n. 3/2001) la sostituzione degli artt. **114, 116, 117, 118, 119, 120, 127**, l'integrazione dell'art. **123** (ritoccato a due anni di distanza dall'intervento precedente), la modifica dell'art. **132** e l'abrogazione degli artt. **115, 124, 125, co. 1, 128, 129, 130**.

1b) Altro gruppo significativo di mutamenti ha avuto ad oggetto **singoli organi costituzionalmente previsti**, primi tra tutti ***Camera dei deputati*** e ***Senato della Repubblica.***

La **legge cost. 22 novembre 1963, n. 2**, modificando gli **artt. 56, 57, 60 Cost.**, incise (una prima volta) sulla *composizione* della Camera e su quella del Senato della Repubblica [96].

Essa stabilì sia un numero fisso di deputati (630) e un numero fisso di senatori (315), mentre, prima, il loro numero dipendeva dal numero di abitanti; sia

---

[95] Nonché all'elencazione di cui *infra*, nell'«APPENDICE», *sub* LEGGI DI MODIFICA (ESPRESSA O IMPLICITA) DELLA COSTITUZIONE.

[96] Su entrambe le Camere, v. *infra*, parte III, cap. II.

– quanto alla Camera – che la «*ripartizione dei seggi tra le circoscrizioni si effettua*[sse] *dividendo il numero degli abitanti della Repubblica, quale risulta dall'ultimo censimento generale della popolazione, per seicentotrenta e distribuendo i seggi in proporzione alla popolazione di ogni circoscrizione, sulla base dei quozienti interi e dei più alti resti*» e – quanto al Senato – un riparto dei seggi tra le Regioni effettuato «*in proporzione alla popolazione delle Regioni quale risulta dall'ultimo censimento generale, sulla base dei quozienti interi e dei più alti resti*». Inoltre, rispetto alla volontà espressa dal Costituente, che aveva previsto una Camera di durata quinquennale e un Senato della durata di sei anni, il nuovo art. 60 unificava il regime dei due rami del Parlamento, prevedendo per entrambi una legislatura della durata di anni cinque.

La legge cost. **29 ottobre 1993, n. 3**, ha modificato l'**art. 68 Cost.**, innovando la disciplina dell'*immunità parlamentare*[97].

Novità di grande rilevanza politica (più che di grande portata pratica) è stata costituita dall'approvazione delle **leggi cost. 17 gennaio 2000, n. 1**, e **23 gennaio 2001, n. 1**. La prima ha modificato l'**art. 48 Cost.**, istituendo la c.d. «circoscrizione Estero», allo scopo di consentire «*l'esercizio del diritto di voto* [ai] *cittadini italiani residenti all'estero*», ma rinviando a una legge ordinaria «*requisiti e modalità*» al fine di rendere l'esercizio di detto diritto *effettivo*. La seconda ha modificato (… un'altra volta) gli **artt. 56** e **57 Cost**., stabilendo il numero di deputati (12) e senatori (6) da eleggere quali rappresentanti degli italiani residenti all'estero. Così facendo, ma tenendo fermo il numero totale di deputati (630) e senatori elettivi (315), la novità costituzionale ha così modificato l'ultimo comma dell'art. 56: «*La ripartizione dei seggi tra le circoscrizioni,* fatto salvo il numero dei seggi assegnati alla circoscrizione Estero*, si effettua dividendo il numero degli abitanti della Repubblica, quale risulta dall'ultimo censimento generale della popolazione,* per seicentodiciotto [630-12] *e distribuendo i seggi in proporzione alla popolazione di ogni circoscrizione, sulla base dei quozienti interi e dei più alti resti*» (le modifiche sono in tondo) e così l'ultimo comma dell'art. 57: «*La ripartizione dei seggi tra le Regioni*, fatto salvo il numero dei seggi assegnati alla circoscrizione Estero*, previa applicazione delle disposizioni del precedente comma, si effettua in proporzione alla popolazione delle Regioni, quale risulta dall'ultimo censimento generale, sulla base dei quozienti interi e dei più alti resti*» (*idem*).

La **legge cost. 22 novembre 1967, n. 2**, sostituì l'**art. 135 Cost.**, incidendo, quindi, sull'organo **Corte costituzionale**[98].

Rispetto all'originale formulazione dell'articolo, essa abbassò – per i futuri giudici, facendo salva la durata originaria per quelli eletti o nominati in prima battuta – la durata del mandato da 12 a 9 anni; statuì l'impossibilità di rieleggerer-

---

[97] Se ne dirà *infra* nella parte III, cap. II, sez. I, § 7, lett. *e*).

[98] Sulla quale *infra*, la parte VI.

li o rinominarli (prima, la Costituzione prevedeva che essi non potessero essere «*immediatamente*» rieletti); costituzionalizzò la durata del mandato del Presidente, la sua rieleggibilità, «*fermi in ogni caso i termini di scadenza dall'ufficio di giudice*», nonché, alla scadenza del novennato, l'immediata cessazione «*dalla carica e dall'esercizio delle funzioni*» dei giudici, cioè, in deroga a un principio generale, l'inapplicabilità dell'istituto della *prorogatio*.

Quanto ai cc.dd. giudici aggiunti o aggregati (i sedici che integrano il collegio nell'ipotesi di giudizio nei confronti del Capo dello Stato), i «*sedici membri eletti, all'inizio di ogni legislatura, dal Parlamento in seduta comune tra cittadini aventi i requisiti per l'eleggibilità a senatore*», vennero sostituiti da «*sedici membri tratti a sorte da un elenco di cittadini aventi i requisiti per l'eleggibilità a senatore, che il Parlamento compila ogni nove anni mediante elezione con le stesse modalità stabilite per la nomina dei giudici ordinari*».

Inoltre, la legge cost. n. 2/1967 stabilì: modalità e *quorum* per l'elezione dei giudici di competenza del Parlamento in seduta comune (scrutinio segreto; maggioranza dei due terzi dei componenti l'Assemblea nei primi tre scrutini e, poi, quella dei tre quinti sempre dei componenti l'Assemblea), di quelli di competenza delle supreme magistrature ordinaria e amministrativa (è eletto chi ottiene il maggior numero di voti, purché questi rappresentino la maggioranza assoluta dei componenti del collegio e, da dopo la prima votazione, chi vince il ballottaggio con maggioranza relativa «*tra i candidati, in numero doppio dei giudici da eleggere, che abbiano riportato il maggior numero di voti*»), nonché la competenza della Corte ad «*accertare l'esistenza dei requisiti soggettivi di ammissione dei propri componenti*» sia ordinari che aggregati, «*deliberando a maggioranza assoluta dei suoi componenti*» e, infine, la più derogata (specie dal Parlamento) regola stabilita con legge costituzionale, secondo la quale, in «*caso di vacanza a qualsiasi causa dovuta, la sostituzione* [del giudice, o dei giudici mancanti] *avviene entro un mese dalla vacanza stessa*».

Quanto a ***Corte costituzionale***[99], ***Presidente della Repubblica***, ***Presidente del Consiglio*** e singoli ***ministri***, la **legge cost. 16 gennaio 1989, n. 1**, modificò gli artt. **96, 134 e 135 Cost.** e la legge cost. 11 marzo 1953, n. 1, intervenendo sulla materia, profondamente trasformandola, dei «*... procedimenti per i reati*» commessi dalle più alte cariche dello Stato[100].

Ancora relativamente al ***Presidente della Repubblica***, la **legge cost. 4 novembre 1991, n. 1**, è intervenuta a modificare il co. 2 dell'**art. 88 Cost.**, incidendo sul c.d. «*semestre bianco*», posto che, da allora, il Capo dello Stato non può sciogliere le Camere «*negli ultimi sei mesi del suo mandato, salvo che essi coincidano in tutto o in parte con gli ultimi sei mesi della legislatura*»[101].

---

[99] Circa la quale e le **leggi cost. 9 febbraio 1948, n. 1** e **11 marzo 1953, n. 1**, si rinvia *supra*, parte II, cap. I, § 7, lett. *a*), nonché *supra*, parte VI.

[100] Su ciò, *infra*, parte III, cap. III, § 12 e parte VI, cap. III, § 5.

[101] Si tornerà sull'argomento *infra*, parte III, cap. IV, §§ 1, in chiusura, e 6.

1c) In materia di **fonti**, la **legge cost. 6 marzo 1992, n. 1**, ha stabilito un nuovo regime per l'***amnistia*** e l'***indulto***, di cui all'**art. 79 Cost.**, prevedendo che vengano concesse con legge rinforzata e non più, com'era originariamente, con una c.d. «*delega legislativa anomala*», «*dal Presidente della Repubblica su legge di delegazione delle Camere*» [102].

1d) **Altre singole disposizioni** e **singoli istituti di carattere o livello costituzionale** ritoccati, o anche solo incisi, nel corso del settantennio trascorso dall'entrata in vigore della Costituzione, sono:

- l'**art. 10 Cost.** la portata del cui ultimo comma è stata ridotta dalla **legge cost. 21 giugno 1967, n. 1**, nella parte in cui ha stabilito che «*l'ultimo comma dell'art. 10 della Costituzione* ["Non è ammessa **l'*estradizione dello straniero per reati politici***"] *non si applica ai delitti di genocidio*»;
- l'**art. 27 Cost.** (unico della Parte I della Carta), il cui ultimo comma è stato modificato dalla **legge cost. 2 ottobre 2007, n. 1**, ottenendo così l'*abolizione della pena di morte* nell'ordinamento italiano;
- l'**art. 51 Cost.**, nel co. 1 del quale la **legge cost. 30 maggio 2003, n. 1**, ha voluto introdurre il principio delle cc.dd. «*pari opportunità tra donne e uomini*» relativamente all'accesso ai pubblici uffici e alle cariche elettive [103];
- l'**art. 81 Cost.**, nel quale la **legge cost. 20 aprile 2012, n. 1**, ha inserito il principio del «*pareggio di bilancio*» [104];
- l'**art. 111 Cost.**, nel quale la **legge cost. 23 novembre 1999, n. 2**, ha inserito i principi del c.d. «*giusto processo*» [105];
- la **XIII disposizione transitoria e finale della Costituzione**.

Con riguardo a quest'ultima, nei confronti degli attori della forma di governo precedentemente in vigore rispetto a quella repubblicana e di chi, con gli stessi, venne ritenuto o corresponsabile e/o comunque compromesso con il regime fascista, nonché nei confronti dei «discendenti maschi» [106] degli *ex* re di Casa Savoia (eredi al trono «in potenza»), vennero adottate dall'Assemblea costituente (con la XIII disposizione transitoria e finale della Costituzione) tre misure «punitive» di cui alla disposizione in parola, ispirata da finalità di tutela della neonata Repubblica italiana. La prima relativa a un limite al loro elettorato attivo e passivo e alla possibilità di ricoprire uffici pubblici; la seconda recante un divieto di ingresso e soggiorno in Italia; la terza in materia di avocazione, a favore

---

[102] Sul punto, *infra*, parte II, cap. III, §§ 15, *sub a*) e 17, *sub c*).

[103] V. *infra*, parte III, cap. III, § 8, *sub d3* e *d7vi*); parte IV, cap. I, § 2 e § 3, *sub a*); parte V, cap. I, § 4, *sub b*); parte V, cap. III, § 3, *sub c*).

[104] V. *infra*, parte III, cap. II, § 14, *sub c*).

[105] V. *infra*, parte V, cap. I, § 5*b*.

[106] O, meglio, di quelli che, con il senno del poi, sono stati ritenuti tali e che «responsabili» o «corresponsabili» del regime non potevano essere, né essere ritenuti tali neppure dai più accesi avversari della monarchia, perché l'unico allora nato aveva, il 1 gennaio 1948, undici anni scarsi.

dello Stato, dei beni «esistenti nel territorio nazionale» di proprietà dei soggetti che si intendevano colpire [107].

Fin da subito criticata per la sua natura di disposizione *speciale* e per la conseguente presunta «deroga» a diritti costituzionalmente garantiti (come quelli di essere elettori e di poter accedere agli uffici pubblici e alle cariche elettive; di circolare e soggiornare liberamente in qualsiasi parte del territorio nazionale, salvo le limitazioni che la legge stabilisce in via generale per motivi di sanità o di sicurezza, nonché di uscire dal territorio nazionale e di rientrarvi; e, infine, del diritto di proprietà privata, come garantito nell'art. 42 Cost.), la disposizione ha perso, con gli anni e con il definitivo consolidarsi della forma di governo repubblicana, grande parte della sua ragione di essere.

Risolta per via giudiziaria, e oramai da molti decenni, ogni questione pendente con lo Stato e relativa ai beni di Casa Savoia, nonché stabilito chi dovesse, o non dovesse, essere considerato «membro» e «discendente» di Casa Savoia quanto al divieto di elettorato attivo e alla possibilità di ricoprire uffici pubblici e cariche elettive [108], è rimasto più a lungo attuale quanto disposto dal co. 2, relativamente al divieto di ingresso nel territorio nazionale di «ex re di Casa Savoia, ... loro consorti e ... loro discendenti maschi».

Dopo la morte dell'unico ex re vivente dopo l'approvazione e l'entrata in vigore della Costituzione [109], il Governo, sulla base di un parere espresso dal Consiglio di Stato [110], acconsentì dapprima al rientro in Italia dell'unica *ex* regina allora vivente, con l'argomento che la morte del consorte aveva fatto cessare tutti gli effetti del matrimonio e, con ciò, anche il suo *status* di ex regina, in quanto «consorte di ex re».

Rimaneva dunque pendente la sola questione relativa al divieto di ingresso e soggiorno nel territorio nazionale dei «discendenti maschi» degli «ex re di Casa Savoia».

Prima che la Corte di Giustizia dell'UE potesse pronunciarsi sulla questione [dopo che la Corte europea dei Diritti dell'Uomo [111] aveva dichiarato ammissibi-

---

[107] «I membri e i discendenti di Casa Savoia non sono elettori e non possono ricoprire uffici pubblici né cariche elettive. [/] Agli ex re di Casa Savoia, alle loro consorti e ai loro discendenti maschi sono vietati l'ingresso e il soggiorno nel territorio nazionale. [/] I beni esistenti nel territorio nazionale, degli ex re di Casa Savoia, delle loro consorti e dei loro discendenti maschi, sono avocati allo Stato. I trasferimenti e le costituzioni di diritti reali sui beni stessi, che siano avvenuti dopo il 2 giugno 1946, sono nulli».

[108] Si veda la pronuncia 2 novembre 1983 della Commissione elettorale mandamentale di San Giovanni Valdarno, in *Foro it.*, 1984, III, cc. 162-177.

[109] Umberto II.

[110] Parere del Cons. St., Ad. gen., 10 dicembre 1987, n. 31/1987, e (con-)seguente deliberazione del Consiglio dei Ministri 23 dicembre 1987.

[111] Decisione 13-19 settembre 2001 della II sezione.
Sulla Corte, v. *infra*, parte III, cap. II, § 7, *sub e*); parte V, cap. I, §§ 3, *sub b*) e 5, *sub b*)

le un ricorso proposto da un discendente maschio degli *ex* re di Casa Savoia e dopo una pronuncia interlocutoria del Parlamento europeo[112], per violazione di princìpi contenuti nel diritto comunitario e nella *Convenzione Europea sui Diritti dell'uomo* (CEDU)[113], o, meglio, in alcuni protocolli addizionali alla stessa, in quanto recepiti nel diritto comunitario, e quindi sostanzialmente allo scopo di anticipare più o meno preannunciate conclusioni in senso negativo per lo Stato italiano], il nostro Parlamento ha approvato la **legge cost. 23 ottobre 2002, n. 1**, che, con una formula un po' particolare, ha disposto che i co. 1 e 2 della XIII d.t.f. Cost. «*esauriscono i loro effetti* a decorrere» dall'entrata in vigore (10 novembre 2002) della stessa legge costituzionale.

Quest'ultima, quindi, non ha abrogato i detti commi e l'impressione è che, così agendo, onde non smentire il da sempre e da più parti asserito carattere «finale» e non «transitorio» della disposizione[114], il Parlamento abbia inteso rendere *transitoria* una disposizione che nasceva come *finale*, volendo altresì rimarcare [simili essendo gli effetti (*rispetto a quelli tipici dell'abrogazione*)] che il testo della XIII d.t.f. Cost. dovrebbe essere integralmente riportato (così come in origine approvato) in tutti i testi della Costituzione, compresi quelli redatti e pubblicati dopo il 2002.

2) **Tentativi di trasformazioni costituzionali**. Anche se, a fronte delle modifiche effettivamente apportate al testo della Costituzione e di cui s'è appena detto, non si sono concretati in nulla, sembra il caso di dare conto in questa sede ad *alcuni tentativi che sono stati ripetutamente effettuati, nel corso dei decenni, cercando di fare approvare mutamenti radicali del testo*, adoperando un procedimento parzialmente o totalmente in deroga a quello previsto dall'art. 138 Cost.

2a) Ciò a partire dalla **Commissione parlamentare per le riforme istituzionali**, costituita nel corso della IX legislatura (12 luglio 1983 - 1 luglio 1987) e c.d. «Commissione ***Bozzi***» (30 novembre 1983 - 29 gennaio 1985) dal nome del suo Presidente, capogruppo del Partito Liberale Italiano (PLI). A venti deputati e venti senatori, nominati dai Presidenti dei due rami del Parlamento in modo da rispecchiare la proporzione tra i gruppi parlamentari, fu attribuito il compito di formulare proposte di riforme sia costituzionali che legislative. La Commissione, che lavorò in sede per così dire istruttoria, presentò al Parlamento una corposa *Relazione* conclusiva cui seguì una serie di proposte di revisione costituzionale delle quali nulla venne fatto.

2b) Nel corso della prima legislatura successiva agli avvenimenti di Tangentopoli (v. *supra*, parte II, cap. I), la XI (23 aprile 1992 - 14 aprile 1994), operò

---

[112] Con risoluzione datata 4 luglio 2001, il Parlamento aveva sollecitato l'Italia a riconsiderare la questione.

[113] Sulla CEDU, v. le sentt. 22 ottobre 2007, nn. 348 e 349 della Corte cost. e *infra*, parte V, cap. III, § 7, *sub b)*; parte VI, cap. II, § 9, *sub d)*.

[114] V. Corte cost., ord. 19 luglio 1989, n. 480.

una nuova **Commissione bicamerale**, detta «*De Mita - Iotti*» dal nome dei due politici [il primo democristiano e già Presidente del Consiglio e la seconda del Partito Democratico della Sinistra (PDS), diretto erede del Partito Comunista Italiano (PCI), già Presidente della Camera] che si avvicendarono alla presidenza.

Il progetto di riforma elaborato dalla Commissione fu presentato alla presidenze delle due Camere l'11 gennaio 1994, ma nulla se ne fece, posto che solo dopo cinque giorni l'allora Presidente della Repubblica Oscar Luigi Scalfaro sciolse anticipatamente le Camere.

2c) La XII legislatura (15 aprile 1994 - 8 maggio 1996) non vide l'istituzione di Commissioni bicamerali, ma solo un **Comitato di studio sulle riforme istituzionali, elettorali e costituzionali** (c.d. «*Speroni*» dal nome del senatore della Lega Nord e ministro per le riforme istituzionali in carica che la presiedette). Anche il Comitato concluse la propria opera con la redazione di un testo. Questo venne trasmesso al Presidente del Consiglio il 21 dicembre 1994, ma il 22, cioè il giorno dopo, lo stesso Presidente del Consiglio rassegnava le proprie dimissioni nelle mani del Capo dello Stato, posto l'abbandono della sua coalizione proprio da parte del partito della Lega Nord.

2d) Dal 9 maggio 1996 al 29 maggio 2001 durò la XII legislatura e fu nel corso di questa che ebbe luogo il tentativo che più di tutti gli altri si avvicinò al raggiungimento di un risultato concreto. Ciò a opera della **Commissione parlamentare per le riforme costituzionali** presieduta – dal 5 febbraio 1997 al 9 giugno 1998 – dall'on. ***D'Alema***, in allora Segretario del Partito Democratico della Sinistra (PDS). Primo particolare da sottolineare è che la Commissione – composta da 35 deputati e 35 senatori – venne istituita con legge cost. (24 gennaio 1997, n. 1) il che consentì di approvare – secondo elemento di rilievo – un procedimento in deroga a quello previsto dall'art. 138 Cost. (sul punto, v. anche *infra*, parte II, cap. III, § 11 e parte III, cap. II, § 13). Se le Camere fossero giunte ad approvare uno o più progetti di legge costituzionale, «*con due successive deliberazioni ad intervallo non minore di tre mesi*» con, nella «*seconda deliberazione* [almeno] *la maggioranza assoluta dei componenti di ciascuna Camera*», la «legge costituzionale approvata con unico voto finale ... [sarebbe stata comunque] *sottoposta ad unico referendum popolare entro tre mesi dalla pubblicazione e* [... sarebbe stata promulgata] *se al referendum* [avesse] *partecipato la maggioranza degli aventi diritto e* [se l'approvazione fosse stata disposta] *dalla maggioranza dei voti validi*». Dopo che la Commissione ebbe votato un testo di riforma costituzionale e che quindi l'approvazione della legge costituzionale sembrava oramai a portata di mano, vennero meno le «*condizioni politiche per la prosecuzione della discussione*». Se questo è un fatto, di chi furono le responsabilità del fallimento resta un punto di vista a seconda di chi risponde alla domanda.

2e) Con ciò si chiuse la stagione delle Commissioni bicamerali e si aprì quella dell'uso del **procedimento** previsto dall'art. **138 Cost.** al dichiarato scopo di **modificare** non già una o poche disposizioni costituzionali tra loro connesse in base al problema affrontato, ma **intere porzioni della Carta**.

S'è già detto [*supra*, *sub* lett. *1a*)] delle **leggi cost. 22 novembre 1999, n. 1** e **18 ottobre 2001, n. 3**, capaci, in due, di modificare, o sostituire, o abrogare *tutti* gli articoli della Parte II, Titolo V Cost. (artt. 114-133), ad esclusione dei soli artt. 131 e 133. Mentre la prima delle due leggi di riforma fu approvata, nel corso della XIII legislatura (9 maggio 1996 - 29 maggio 2001) con la maggioranza qualificata che impedisce l'utilizzo del *referendum* di cui all'art. 138 Cost., per la seconda così non avvenne e il *referendum*, richiesto, si svolse (prima volta dall'entrata in vigore della Costituzione) il 7 ottobre 2001 [a XIV legislatura (30 maggio 2001 - 27 aprile 2006) già iniziata e maggioranza di governo cambiata]. Ciononostante, la riforma passò perché a votare si recò solo il 34,1% degli aventi diritto (e *transeat*, perché, come noto, non serve *quorum* di partecipazione: v. *infra* parte II, cap. III, § 11) e, dei voti validamente espressi, il 64,2% vennero espressi a favore della promulgazione ed entrata in vigore della legge cost.

2f) Nel corso della stessa XIV legislatura all'inizio della quale si era svolto il *referendum* costituzionale di cui s'è appena detto, l'allora maggioranza di centro-destra approvò il **progetto di una legge di riforma costituzionale** di portata assai ampia che, pubblicata nella *Gazz. uff.* 18 novembre 2005, n. 269, toccava forma di governo, forma di stato, Presidente, Parlamento, Governo, Corte costituzionale, Consiglio Superiore della Magistratura, rapporti fra Stato e Regioni, organi di garanzia, prevedendo anche una profonda quanto radicale modifica dello stesso art. 138 Cost. di cui si voleva, p. es., l'abrogazione del co. 3. Il **25 e 26 giugno 2006 si svolse il *referendum ex* art. 138 Cost.** richiesto dalla minoranza parlamentare di allora. Del 52,4% degli aventi diritto che si recarono a votare (poco meno del 20% in più rispetto a quasi cinque anni prima), il 61,32% votò contro la promulgazione della legge che, quindi, non poté entrare in vigore.

2g) Assai più di recente, il corpo elettorale si è invece espresso contro un altrettanto ampio tentativo di riforma della Costituzione approvato in via definitiva dalla Camera dei deputati il **12 aprile 2016** (pubblicata nella *Gazz. uff.* 15 aprile 2016, n. 88), con maggioranza assoluta di entrambi i rami del Parlamento, ma non con quella dei 2/3 necessaria ad escludere l'uso del *referendum ex* art. 138 Cost., da un governo di centro-sinistra. E il ***referendum*** è stato effettivamente richiesto e si è svolto il **4 dicembre 2016**. Altissima, per i tempi, l'affluenza alle urne che ha superato il 65% degli aventi diritto e altissima (più del 59%) la percentuale dei contrari alla riforma che aveva lo scopo di modificare radicalmente l'intera Parte II della Costituzione. Il quesito sopposto agli elettori ha avuto formalmente ad oggetto: «... *disposizioni per il superamento del bicameralismo paritario, la riduzione del numero dei parlamentari, il contenimento dei costi di funzionamento delle istituzioni, la soppressione del CNEL e la revisione del Titolo V della Parte II della Costituzione*». Il voto contrario ha provocato le pressoché immediate dimissioni del Presidente del Consiglio (8 dicembre 2016) che, sulla riforma bocciata dal corpo elettorale, aveva posto una sorta di «*voto di fiducia popolare*» legato al suo operato.

Nota bibliografica – Sull'**insieme dei profili storici considerati** nel presente capitolo – oltre ad Arangio Ruiz, *Storia costituzionale del Regno d'Italia*, Napoli, 1985 (rist.), con prefazione di Carlassare – v. Perticone, *Lo Statuto albertino*, Roma, 1954; Allegretti, *Profilo di storia costituzionale italiana*, Bologna, 1989; F. Bonini, *Storia costituzionale della Repubblica. Profilo e documenti (1948-1992)*, Roma, 1993; Negri, *Storia politica italiana*, Milano, 1994; Labriola, *Storia della Costituzione italiana*, Napoli, 1995; P. Scoppola, *La Repubblica dei partiti. Evoluzione e crisi di un sistema politico 1945-1996*, Bologna, 1997; E. Tito (a cura di), *La Repubblica italiana: una vecchia e nuova Costituzione, 1947-1997: 50 anni di documentazione giornalistica*, Roma, 1997; G. Sabbatucci, *Il trasformismo come sistema. Saggio sulla storia politica dell'Italia unita*, Roma-Bari, 2003; Paladin, *Per una storia costituzionale dell'Italia repubblicana*, Bologna, 2004; Ghisalberti, *Storia costituzionale d'Italia (1848-1948)*, IX ed., Bari, 2015; Mammarella, *L'Italia contemporanea. 1943-2011*, Bologna, 2012; D. Fisichella, *Dal Risorgimento al Fascismo. 1861-1922*, Roma, 2012; A. Reposo, *Storia e critica comparata della Costituzione italiana*, I ed., Bologna, 2012; Martucci, *Storia costituzionale italiana. Dallo Statuto albertino alla Repubblica (1848-2001)*, I rist., Roma, 2013. Specificamente, sulla **natura dello Statuto albertino**, Pace, *La causa della rigidità costituzionale*, Padova, 1995; sulla **formazione del Regno d'Italia**, Anzilotti, *La formazione del Regno d'Italia nei riguardi del diritto internazionale*, in *Riv. dir. int.*, 1912, p. 4 ss.; S. Romano, *Scritti minori*, Milano, 1950, 1, p. 327 ss.; Crisafulli, *Stato, popolo, governo*, Milano, 1985, p. 1 ss. Sull'**ordinamento giuridico del regime fascista** v. G. Gentile, B. Mussolini, *La dottrina del fascismo*, Roma, 1932; Acquarone, *L'organizzazione dello Stato totalitario*, Torino, 1965; Aa.vv., *Il regime fascista*, Bologna, 1974; R. De Felice, *Fascismo*, in *Enciclopedia del Novecento Treccani*, Roma, 1977; R. De Felice, *Mussolini*, 7 voll., Torino, 1965-1997; nonché, **su alcuni aspetti o eventi di particolare rilevanza costituzionale**, Mortati, *L'ordinamento del Governo nel nuovo diritto pubblico*, Roma, 1931; Donati, *Sulla posizione della Corona nel governo monarchico presidenziale*, in *Arch. dir. pubbl.*, 1937, p. 5 ss.; Ferri, *La funzione di governo e il Gran Consiglio del Fascismo*, Roma, 1939-1941; A. Giovagnoli, *Il caso Moro: una tragedia repubblicana*, Bologna, 2005; Stolzi, *L'ordine corporativo. Poteri organizzati e organizzazione del potere nella riflessione giuridica dell'Italia fascista*, Milano, 2007; G. Delledonne, *I Presidenti Leone e Pertini di fronte alla Costituzione e alla crisi del Governo Andreotti IV: fra sequestro Moro, apogeo della solidarietà nazionale ed evoluzione del ruolo presidenziale*, in *Focus*, 22 gennaio 2015. Sulle **problematiche degli anni 1943-1948** v. Gueli, *Diritto costituzionale provvisorio e transitorio*, Roma, 1950; Giannini, *La Repubblica sociale italiana rispetto allo Stato italiano*, in *Riv. it. sc. giur.*, 1951, p. 330 ss.; Crosa, Bodda, *Sulla costituzionalità del d.l. P. 22 giugno 1946, n. 44*, in *Giur. it.*, 1946, IV, p. 145 ss.; Guarino, *I decreti legislativi luogotenenziali*, in *Foro pen.*, 1946, I, p. 189 ss.; Ferrari, *Formula e natura dell'attuale decretazione con valore legislativo*, Milano, 1948; nonché Esposito, *La maggioranza nel referendum*, in *Giur. it.*, 1946, I, 1, p. 385 ss.; D. Bartoli, *Da Vittorio Emanuele a Gronchi*, Milano, 1962; Presidenza del Consiglio (a cura di), *La nascita della Repubblica*, Roma, 1986; L. Cecchini, *L'anno della Repubblica*, Roma, 2000. Sull'**Assemblea costituente**, v. Aa.vv., *La fondazione della Repubblica*, Bologna, 1979, e *Scelte della Costituente e cultura giuridica*, Bologna, 1980. Sui **mutamenti e i tentativi di mutamenti costituzionali** intervenuti nel corso dei decenni, v. Amato, *Una Repubblica da riformare. Il dibattito sulle istituzioni in Italia dal 1975 ad oggi*, Bologna, 1980; Miglio (a cura di), *Verso una nuova Costituzione*, Milano, 1983; Baldassarre *et* Aa., *Innovazioni politiche e trasformazioni sociali nell'Italia degli anni 70. Le riforme istituzionali*, Milano, 1984; Pasquino, *Restituire lo scettro al principe. Proposte di riforma istituzionale*, Bari, 1985; Armaroli, *L'introvabile governabilità. Le strategie istituzionali dei partiti dalla Costituente alla Commissione Bozzi*, Padova, 1986; Baldassarre, G. Rossi (a cura di), *Le istituzioni costituzionali in Italia. Il dubbio della riforma*, Roma, 1986; Barbera, *Una riforma per la Repubblica*, Roma, 1991; Fusaro, *Guida alle riforme istituzionali*, Soveria Mannelli (Cz), 1991; Gherro, Impallomeni, L. Mazzarolli, *Il ritorno della Regina e la XIII Transitoria in tema di esilio: documenti e scritti giuridici*, a cura di C. D'Amelio, Padova, 1991; Miglio, *Una Costituzione per i prossimi trent'anni*, Bari, 1991; Miglio, *Come cambiare. Le mie riforme*, Milano, 1992; Sartori, *Seconda Repubblica? Sì, ma* *bene*, Milano, 1992; ROTELLI, *Una democrazia per gli italiani. Geometrie politiche e costituzionali di fine secolo*, Milano, 1993; CACIAGLI, CAZZOLA, MORLINO, PASSIGLI (a cura di), *L'Italia fra crisi e transizione*, Roma-Bari, 1994; SARTORI, *Come sbagliare le riforme*, Bologna, 1995; LUTHER, PORTINARO, ZAGREBELSKY (a cura di), *Il futuro della Costituzione*, Torino, 1996; COTTURRI, *La transizione lunga. Il processo costituente in Italia dalla crisi degli anni settanta alla Bicamerale e oltre*, Roma, 1997; FABBRINI, *Le regole della democrazia. Guida alle riforme*, Roma-Bari, 1997; P. SCOPPOLA, *La Repubblica dei partiti. Evoluzione e crisi di un sistema politico 1945-1996*, Bologna, 1997; TERESI, *La strategia delle riforme*, Torino, 1997; CHELI, *La riforma mancata: tradizione e innovazione nella Costituzione italiana*, Bologna, 2000; MAMMARELLA (a cura di), *Una costituente per le riforme*, Firenze, 2000; PASQUINO, *La transizione a parole. L'Italia in mezzo al guado: il vecchio che non muore, il nuovo che non nasce*, Bologna, 2000; AA.VV., *Le autonomie territoriali nella riforma costituzionale*, *Atti* del Forum di Roma, 27 febbraio 1998, a cura di A. Ferrara, Milano, 2001; RIMOLI, *Le riforme*, Bari-Roma, 2002; BARBERA, MORRONE, *La Repubblica dei referendum*, Bologna, 2003; BASSANINI (a cura di), *Costituzione: una riforma sbagliata. Il parere di sessantatré costituzionalisti*, Firenze, 2004; CECCANTI, S. VASSALLO (a cura di), *Come chiudere la transizione. Cambiamento, apprendimento e adattamento nel sistema politico italiano*, Bologna, 2004; ELIA, *La Costituzione aggredita*, Bologna, 2005; AA.VV., *Per una nuova stagione delle riforme istituzionali*, *Atti* del Seminario di studi di Firenze, 25 settembre 2006, a cura di D. Nardella, Firenze, 2006; CALISE, *La Terza Repubblica. Partiti contro presidenti*, Roma-Bari, 2006; VANDELLI, *Psicopatologia delle riforme quotidiane*, Bologna, 2006; ATRIPALDI, FICHERA, *Dalla grande riforma alla politica delle istituzioni*, Padova, 2007; LIPPOLIS, PITRUZZELLA, *Il bipolarismo conflittuale. Il regime politico della seconda Repubblica*, Soveria Mannelli (Cz), 2007; AMATO, GRAZIOSI, *Grandi illusioni. Ragionando sull'Italia*, Bologna, 2013; A. STERPA, *Il pendolo e la livella. Il federalismo all'italiana e le* riforme, Torino, 2015; AA.VV., *Testi e progetti del sistema costituzionale italiano ed europeo, Edizione speciale per il Referendum costituzionale 2016*, a cura di P. Bilancia e Federico Pizzetti, Torino, 2016; D'AMICO, ARCONZO, LEONE, *Come cambia la Costituzione? Guida alla lettura della riforma costituzionale*, Torino, 2016; GUZZETTA, *Italia, si cambia. Identikit della riforma costituzionale*, Roma, 2016; L.A. MAZZAROLLI, *Considerazioni sparse su "quel pasticciaccio brutto" della riforma costituzionale*, in *Federalismi.it*, n. 21 del 2 novembre 2016; P. POMBENI, *La questione costituzionale in Italia*, Bologna, 2016.

CAPITOLO II
IL POPOLO E IL TERRITORIO DELLO STATO ITALIANO

SOMMARIO: 1. I cosiddetti elementi costitutivi dello Stato; il popolo e la nazione. – 2. *Segue*: lo «status» di cittadinanza. – 3. Il territorio e il mare territoriale.

1. *I cosiddetti elementi costitutivi dello Stato; il popolo e la nazione*

Secondo il tradizionale concetto dello Stato inteso quale corporazione, nell'ambito della quale non si distingueva fra lo Stato-ordinamento e lo Stato-soggetto (*retro*, parte I, cap. I, § 4), si assumeva l'esistenza di tre elementi costitutivi dello Stato stesso: il ***popolo***, il ***territorio***, il ***governo*** (termine, quest'ultimo da intendere qui come «***sovranità di governo***» per la quale si rinvia *supra*, parte I, cap. I, §§ 3 e 4 e parte I, cap. II, §§ 2 e 6, nonché *infra*, parte III, cap. I, § 4).

Ed è questa la tesi che, tralatiziamente, viene tuttora sostenuta in vari manuali di diritto costituzionale e di diritto pubblico, spesso in termini del tutto immotivati, quasi che si trattasse di affermazioni pacifiche e incontrovertibili. In realtà, ciò che residua è soltanto **l'evidente verità che ogni ordinamento statale *presuppone un territorio***, indipendentemente dal quale non si potrebbe più distinguerlo dalla generalità degli ordinamenti giuridici non statali; mentre non solo gli Stati nel senso largo del termine, ma gli ordinamenti giuridici in genere, specialmente per chi li concepisca alla stregua di altrettante «istituzioni», non possono prescindere da una pluralità di soggetti che, nel caso dello Stato, assume appunto il nome di popolo.

Quanto all'odierna Italia, tuttavia, c'è da rilevare subito che il linguaggio costituzionalistico non tratta in termini omogenei della componente soggettiva dello Stato. Alcuni disposti della vigente Carta costituzionale (sul tipo di quelli contenuti negli artt. 11, 71, 75, 101, 102) ragionano senz'altro di «popolo» inteso come insieme dei cittadini italiani: come si verifica, principalmente, nel caso del capoverso dell'art. 1 per cui «la sovranità appartiene al popolo, che la esercita nelle forme e nei limiti della Costituzione».

Altri disposti (rintracciabili negli artt. 9, 11, 87, 98) si riferiscono invece alla

Nazione ovvero all'«unità **nazionale**»; anche se talvolta è dato ritenere che l'espressione «Nazione», anche se adoperata come attributo («nazionale»), è usata in senso a-tecnico, come sinonimo della prima («popolo»), come si può desumere dall'art. 67, nella parte in cui si afferma che «ogni membro del Parlamento rappresenta la Nazione» e dove è evidente la Costituzione intenda sottolineare che ogni singolo parlamentare rappresenta tutto l'insieme dei cittadini, cioè il popolo, e non i suoi soli elettori, o i componenti del collegio nel quale è stato eletto.

Salvo l'art. 67, ciò che può dirsi di massima è quanto segue. Da un lato, per **popolo** s'intende la «generazione attuale dei cittadini» (Crisafulli), viventi nel momento storico in questione[1]: ai quali viene appunto conferita la sovranità, negli ordinamenti democratici come quello italiano[2]. D'altro lato, il termine «**Nazione**» allude generalmente a una «sintesi delle generazioni passate, presenti e future» dei cittadini italiani (Crisafulli-Nocilla), oppure, ancor più facile da comprendere, come insieme di soggetti (che possono essere, ma anche no, concittadini) accomunati dalla stessa lingua, dalla stessa religione, dagli stessi costumi, usi e tradizioni. Di talché, sono cittadini italiani anche gli appartenenti alla Repubblica di nazionalità germanica che risiedono in Trentino Alto Adige, di nazionalità francese in Valle d'Aosta, di nazionalità slovena in Friuli Venezia Giulia, di nazionalità catalana in zone occidentali della Sardegna, soprattutto nella zona di Alghero, di nazionalità greca in Puglia e Calabria, di nazionalità albanese in Calabria e Sicilia. Per converso, sono di nazionalità italiana, ma non cittadini italiani, numerosi soggetti che, emigrati in epoche diverse in un po' tutte le parti del mondo, conservano un legame con la Patria dato dagli elementi sopra accennati: numerosissime le minoranze italiane in Argentina, Stati Uniti, Canada, Australia, Brasile, Venezuela, Croazia, Slovenia, ecc., per non dire, ovviamente, della Svizzera nella quale la Costituzione del Canton Ticino del 14 dicembre 1997, aggiornata al 12 giugno 2017, proclama, nel *Preambolo*, che: «*il popolo ticinese ... è fedele al compito storico di interpretare la cultura italiana nella Confederazione elvetica ...*» e, nell'art. 1, co. 1, che il: «*Cantone Ticino è una repubblica democratica di cultura e lingua italiane*», ecc. È in questo senso – per esempio – che il capoverso dell'art. 9 Cost. mette in luce l'esigenza di tutelare e conservare «il patrimonio storico e artistico della Nazione». Ma vi sono molti casi nei quali le leggi statali ordinarie e la stessa Carta costituzionale parlano della Nazione o utilizzano l'aggettivo «nazionale» nuovamente in modo assai poco tecnico, e cioè come sinonimi, rispettivamente, di Stato o «statale», per riferirsi più semplicemente allo Stato-istituzione ovvero a certi organi statali particolarmente

---

[1] Di «universalità dei cittadini» ragionava analogamente l'art. 7 della Costituzione francese del 1793.

[2] Per contro, la Costituzione francese del 1791 proclamava che «*la sovranità... appartiene alla Nazione*». Ma quell'ordinamento non era pienamente democratico, giacché il diritto di voto veniva riservato ai «cittadini attivi», necessariamente dotati di un determinato censo.

rappresentativi (sul tipo del Consiglio nazionale dell'economia e del lavoro).

Più arduo e discusso è il problema riguardante la qualificazione del popolo sul piano della dogmatica giuridica. A parte la teoria degli elementi costitutivi, si è infatti dubitato – nella dottrina italiana – se il carattere democratico del vigente ordinamento imponga di considerare il popolo stesso alla stregua di un organo dello Stato (Virga); oppure se si tratti di una *«figura soggettiva» per sé stante* (Lavagna, Crisafulli) che non può essere confusa con lo Stato-soggetto, vale a dire con quell'apparato di cui fanno parte gli organi statali propriamente detti. Giustamente prevale la seconda opinione che costituisce, oramai, un punto fermo, dato per assodato. Ciò di cui si continua a discutere, semmai, è la natura di quella fondamentale partizione del popolo che è costituita dal corpo elettorale (ma il punto verrà affrontato, *infra*, nella parte III, cap. I, § 4).

Peraltro, è corrente l'avviso che il popolo stesso non sia configurabile come una *persona giuridica* a sé stante (nel capoverso che precede si è solo ammesso che sia una *figura soggettiva per sé stante*, non una «persona giuridica»). E la circostanza che la Carta costituzionale gli conferisca senz'altro la sovranità (o ne faccia il punto di riferimento della cosiddetta rappresentanza politica, di cui al ricordato art. 67), viene appunto spiegata ricorrendo all'idea di una figura giuridica soggettiva di rango minore; salvo a ritenere che si tratti di *un'espressione sintetica*, al di là della quale i veri soggetti rimangono pur sempre i singoli cittadini italiani, in quanto effettivi titolari dei diritti e dei poteri di cui si compone la sostanza della sovranità popolare.

2. Segue: *lo «status» di cittadinanza*

La nozione di popolo non va confusa con quella di ***popolazione***, giacché i due termini divergono tanto per eccesso quanto per difetto, secondo i punti di vista che si assumano. Per popolazione s'intende, infatti, la somma degli individui che in un dato momento storico vivono (o, ad alcuni fini, risiedono) nel territorio dello Stato: sicché, da una parte, essa non comprende i cittadini viventi all'estero; e, d'altra parte, essa abbraccia anche gli stranieri, vale a dire i cittadini di altri Stati, come pure gli apolidi, cioè gli individui mancanti di qualsiasi cittadinanza, alla sola condizione che questi soggetti si trovino in Italia.

Per contro, non si può dare nessuna definizione del popolo italiano, che non si fondi sopra il concetto di **cittadinanza.** Ben diversamente dal periodo delle monarchie assolute, nel corso del quale i soggetti dell'ordinamento statale venivano qualificati come *sudditi*, in quanto sottoposti all'incondizionato potere sovrano del monarca, nei contemporanei Stati di diritto coloro che compongono stabilmente la sfera personale dello Stato-ordinamento assumono la veste di *cittadini*[3];

---

[3] Per meglio dire, ciò vale pienamente quanto alle persone fisiche, giacché per le persone giu-

e sono, come tali, dotati di una vasta serie di diritti e di doveri, suscettibili di farsi valere anche nei confronti dello Stato-soggetto (*retro*, parte I, cap. II, § 4). Peraltro, la cittadinanza non si risolve nelle singole situazioni giuridiche in questione, ma rappresenta una complessiva posizione giuridica, cui fa capo ciascuna delle situazioni stesse e che ha come sintesi il particolarissimo *vincolo* che lega ciascun cittadino al «suo» Stato di appartenenza; ed è appunto in tal senso che si suole parlare, nella dottrina internazionalistica e costituzionalistica, di uno *status civitatis*.

Le **cause di acquisto e di perdita della cittadinanza** sono però regolate in maniere diverse dai vari ordinamenti giuridici statali. Più precisamente, in tutti gli Stati contemporanei si dà un qualche rilievo ai tre principi fondamentali sui quali si regge la disciplina della materia: primo, il principio per cui la cittadinanza si acquista in virtù dei rapporti fra i cittadini e i loro discendenti (***jus sanguinis***); secondo, l'opposto principio che fa leva sul luogo di origine degli individui in questione, attribuendo senz'altro la cittadinanza a chi nasce nel territorio dello Stato (***jus soli***); terzo, il diverso principio che pone invece l'accento, al di là degli automatismi predetti, sulla **volontà** di chi chiede di far parte del popolo di un certo ordinamento statale. Ma il rango rispettivo di tali principi può mutare assai sensibilmente secondo l'indirizzo politico proprio di ciascuno Stato, soprattutto in dipendenza dei fenomeni dell'emigrazione e dell'immigrazione: giacché un ordinamento dal quale i cittadini tendono ad espatriare cerca di mantenere in vita il rapporto di cittadinanza, privilegiando il cosiddetto *jus sanguinis;* mentre gli ordinamenti la cui popolazione è costituita in molta parte da stranieri immigrati mirano piuttosto ad acquisire nuovi cittadini, spezzando i vincoli di sangue e ponendo l'accento sul luogo ove nascono i discendenti degli immigrati stessi. È questa la ragione per la quale, anche nel nostro Paese, si fa (particolarmente a partire dal 2017, anche se la questione sorge da ben prima) un gran discutere sulla concessione, o no, ai figli nati in Italia da immigrati che non sono cittadini italiani, la cittadinanza *jure soli*, con l'ovvio scontro politico-ideologico che ne consegue tra chi è favorevole all'ipotesi di un allargamento delle maglie previste dalla legge in vigore e chi è contrario, sostenendo che le previsioni della legge vigente assicurano già oggi sufficiente tutela anche a quei soggetti.

Ciò basta a spiegare il perché le diverse discipline dello *status civitatis* diano luogo a conflitti «positivi» e «negativi» (Biscottini): dai primi dei quali discendono le numerose ipotesi di **doppia cittadinanza**, mentre ai secondi si deve l'**apolidia**. Ma giova aggiungere che tali conflitti, e specialmente quelli di segno positivo, derivano anche dallo scoordinamento fra le cause di acquisto e le cause di perdita della cittadinanza: nel senso che molti ordinamenti statali attribuiscono la rispettiva cittadinanza, pur quando si tratta di individui che rimangono cit-

---

ridiche si suole parlare di «nazionalità» piuttosto che di cittadinanza (v., per esempio, l'art. 2507 Cod. civ.).

tadini di altri Stati (oppure, per contro, trascurano di conferirla, pur quando gli altri Stati variamente interessati alla vicenda comminano invece la perdita dello *status* in esame).

Quanto all'Italia, la **legge 5 febbraio 1992, n. 91**, ha sostituito l'intera legislazione previgente (legge 13 giugno 1912, n. 555) che, risalente a ben ottant'anni prima, era sempre rimasta pienamente in vigore, fatti salvi alcuni ritocchi resi indispensabili da interventi della Corte costituzionale [4].

a1) Quanto all'**acquisto** della cittadinanza, la nuova legge rimane, come quella del 1912, ancorata al criterio dello ***jus sanguinis***: è cittadino **per nascita** il figlio di padre o di madre cittadini (art. 1, co. 1, lett. *a*); mentre il criterio dello ***jus soli*** si applica in casi marginalissimi, allo scopo di evitare situazioni di apolidia, e riguarda chi è nato nel territorio della Repubblica, se entrambi i genitori sono ignoti o apolidi ovvero se il figlio non può, per qualunque ragione, seguire la cittadinanza dei genitori secondo la legge dello Stato cui questi appartengono (art. 1, co. 1, lett. *b*): si pensi, per es., al caso in cui un Paese attribuisca la propria cittadinanza esclusivamente *jure soli* e il figlio di due cittadini di quello Stato nasca in Italia: egli non avrebbe la cittadinanza dei genitori per la ragione appena detta, né di per sé quella italiana che gli viene concessa per evitare un caso di apolidìa, ritenuto sempre dalla nostra legge un disvalore quando sia possibile porre ad essa riparo. Per analoga ragione – per non farne, cioè, un apolide – è «*cittadino per nascita il figlio di ignoti trovato nel territorio della Repubblica, se non venga provato il possesso di altra cittadinanza*» (art. 1, co. 2). La cittadinanza si acquista anche per ***adozione***, nel caso in cui l'adottato da cittadino italiano sia minorenne (art. 3, co. 1): in questo caso, se è vero che «il sangue» non c'entra, è vero che viene fatto prevalere su quello il rapporto di filiazione. Allo stesso modo, sarà italiano il minore «***riconosciuto***» da padre e/o madre italiani, o quello nei confronti del quale interviene, per intervento di carattere giurisdizionale, «***dichiarazione giudiziale della filiazione***» (art. 2, co. 1) [Quando, invece, il figlio riconosciuto o dichiarato tale è maggiorenne, egli conserva la sua cittadinanza, ma ha la facoltà di «*dichiarare, en-*

[4] Gli interventi del giudice costituzionale hanno riguardato principalmente quelle disposizioni della legge n. 555 del 1912 che, violando il principio di eguaglianza di cui all'art. 3 Cost., discriminavano tra uomini e donne nella loro qualità di coniugi o genitori: si veda, ad esempio la sent. 16 aprile 1975, n. 87, ove si dichiara illegittima, con riferimento all'art. 10 della legge n. 555, la perdita della cittadinanza da parte della donna che, in seguito al matrimonio con uno straniero, acquista la cittadinanza del coniuge e ciò indipendentemente dalla volontà dell'interessata. A questo intervento della Corte fece, prima dell'adozione della nuova legge n. 91/1992, immediato seguito l'art. 143 *ter* Cod. civ. (introdotto dalla legge 19 maggio 1975, n. 151, sul nuovo diritto di famiglia), onde la moglie conservava in tal caso la cittadinanza italiana – salvo «espressa rinunzia» – quand'anche assumesse una cittadinanza straniera per effetto del matrimonio. In un secondo tempo, la sent. 28 gennaio-9 febbraio 1983, n. 30, ha annullato l'art. 1, nn. 1 e 2, legge n. 555/1912, considerandolo anch'esso ispirato all'incostituzionale criterio che la donna fosse giuridicamente inferiore all'uomo; e ha pertanto imposto che fosse cittadino per nascita «anche il *figlio di madre cittadina*», sul medesimo piano del padre.

tro un anno dal riconoscimento o dalla dichiarazione giudiziale ... di eleggere la cittadinanza determinata dalla filiazione» (art. 2, co. 2)].

a2) Quanto al rapporto di coniugio, diventa cittadino per **matrimonio** (tranne che ove ricorrano le eccezioni di cui all'art. 6) lo «*straniero o apolide*» che, sposatosi con un cittadino, o con una cittadina italiani, «*risiede legalmente da almeno sei mesi nel territorio della Repubblica* [prima del matrimonio], ovvero [, se non residente,] *dopo tre anni dalla data del matrimonio*», sempre che, ovviamente, non vi sia stato, nel frattempo «*scioglimento, annullamento o cessazione degli effetti civili e se non sussist*[a] *separazione legale*» tra i coniugi (art. 5). Nelle da ultimo delineate ipotesi la cittadinanza si acquista con decreto del ministro dell'Interno, su istanza dell'interessato presentata o al sindaco del Comune di residenza, nel primo caso, o alla competente autorità consolare, nel secondo (art. 7).

a3) Rimane fermo l'acquisto per **beneficio di legge** che riguarda casi misti di *jus sanguinis*, dati di fatto che segnano un vincolo con l'Italia, ed elemento volontaristico. Si tratta delle ipotesi di stranieri o di apolidi i cui genitori o ascendenti in linea retta di secondo grado siano stati cittadini per nascita (art. 4, co. 1); ma, oltre a ciò, devono altresì, anche alternativamente, concorrere le condizioni che seguono: *a*) prestare servizio militare per lo Stato italiano e avere preventivamente dichiarato di voler acquistare la cittadinanza italiana; *b*) assumere un pubblico impiego alle dipendenze dello Stato italiano, anche all'estero, e, sempre, dichiarare di voler acquistare la cittadinanza italiana; *c*) risiedere legalmente da almeno due anni nel territorio della Repubblica, al raggiungimento della maggiore età, e dichiarare, entro un anno dal compimento dei diciotto anni, di voler acquistare la cittadinanza italiana.

a4) Maggiori novità si incontrano nell'acquisto della cittadinanza per **naturalizzazione** (art. 9), ossia quando la cittadinanza è concessa – in base a valutazioni discrezionali che, nella prassi, guardano anche alla situazione economica del richiedente – con un procedimento più complicato che prevede, oltre alla richiesta iniziale dell'interessato, apposito decreto del Presidente della Repubblica, su proposta del ministro dell'Interno e sentito il Consiglio di Stato (art. 9, co. 1). Rispetto alla precedente regola generale che, salvo circostanze speciali, prevedeva per tutti gli stranieri la **residenza** di almeno cinque anni nel territorio italiano, la nuova disciplina distingue tra: (*i*) stranieri che sono cittadini di uno Stato membro della Unione europea e (*ii*) altri stranieri, richiedendo per i primi la residenza nel territorio italiano da almeno *quattro anni* (art. 9, co. 1, lett. *d*) e per i secondi un periodo di residenza di almeno *dieci anni*. Tempi diversi sono previsti per categorie particolari: tre anni di residenza per lo (*iii*) straniero il cui padre o madre, o ascendente in linea retta massimo di secondo grado, siano stati cittadini per nascita (art. 9, co. 1, lett. *a*); cinque anni per lo (*iv*) straniero maggiorenne adottato da cittadino italiano (art. 9, co. 1, lett. *b*), per l' (*v*) apolide (art. 9, co. 1, lett. *e*) e per lo (*vi*) straniero-rifugiato (si veda l'art. 16, co. 2, che, ai fini della legge n. 91/1992, equipara il rifugiato all'apolide). Anche per lo (*vii*) straniero nato in Italia (che è la categoria di soggetti sulla quale vorrebbero principalmente intervenire i sostenitori di una riforma che aumenti le ipotesi di concessione della cittadinanza *jure soli*) è attualmente richiesto un periodo di residenza: diviene cittadino se ha risieduto ininterrottamente in Italia *fino alla maggiore età* e se dichiara di voler acquistare la cittadinanza entro un anno dal compimento della maggiore età (art. 4, co. 2).

a5) **Ipotesi** del tutto **eccezionale** e che per questo ha, sia in astratto, sia quanto al provvedimento concreto, una motivazione di tipo politico, si ha allorché lo Stato decida di concedere la cittadinanza a uno straniero che «*abbia reso eminenti servizi all'Italia, ovvero quando ricorra un eccezionale interesse dello Stato*». Il meccanismo prevede un decreto del Presidente della Repubblica, sentito il Consiglio di Stato, previa deliberazione del Consiglio dei Ministri (che è il *vero* organo decidente) che agisce su proposta del Ministro dell'interno che, a sua volta, avrà concertato la proposta stessa con il Ministro degli affari esteri (art. 9, co. 2).

a6) Ogniqualvolta, nelle ipotesi sino ad ora descritte, la cittadinanza venga concessa con decreto (quale che sia l'autorità decretante), il provvedimento non ha effetti se il soggetto concessionario «*non presta, entro sei mesi dalla notifica del decreto medesimo*», **giuramento di fedeltà** alla Repubblica e **di osservanza** della Costituzione e delle leggi dello Stato (art. 10).

b) Quanto alla **perdita** della cittadinanza va *in primis* ricordato che ad essa si riferisce l'unica regola costituzionale che interessa questa materia: l'**art. 22 Cost.** stabilisce che nessuno può essere privato della cittadinanza (oltre che del nome e della capacità giuridica) per motivi politici.

b1) Le ipotesi di perdita non volontaria della cittadinanza previste dalla legge sono così rivolte a colpire particolari forme di infedeltà o nei confronti del soggetto *per merito* del quale si è ottenuta la cittadinanza [la perde, infatti, il figlio adottato, la cui adozione sia stata revocata per fatto a lui imputabile, purché «*sia in possesso di altra cittadinanza o la riacquisti*» (art. 3, co. 3)]; oppure nei confronti dello Stato concedente. In quest'ultima ipotesi vanno distinti due casi: il primo (*b2*) comporta la **perdita automatica** della cittadinanza e si ha quando il cittadino italiano, *durante lo stato di guerra con uno Stato estero*, abbia prestato servizio militare per tale Stato senza esservi obbligato, oppure abbia, per quello, accettato, o non abbia abbandonato, un impiego pubblico o una carica pubblica, o, ancora, ne abbia assunto la cittadinanza (art. 12, co. 2); il secondo (*b3*) può portare a una **perdita della cittadinanza previo preavviso** e si ha quando ricorrano esattamente le stesse fattispecie appena ricordate, non sia in atto lo stato di guerra e il cittadino italiano «*non ottempera, nel termine fissato, all'intimazione che il Governo italiano può* [sempre e comunque] *rivolgergli di abbandonare l'impiego, la carica o il servizio militare*» [art. 12, co. 1[5]].

---

[5] È stato sostenuto (De Siervo) che l'art. 22 Cost. avrebbe reso dubbia la costituzionalità

c) Non esistono più preclusioni nei confronti della **doppia cittadinanza,** in aderenza a orientamenti diffusi in ambito internazionale: è, infatti, espressamente disposto che «*il cittadino che possiede, acquista o riacquista una cittadinanza straniera conserva quella italiana*» (art. 11); di conseguenza, cadono quelle ipotesi di (*c1*) **rinuncia implicita** che precedentemente portavano alla perdita della cittadinanza italiana per acquisto volontario di altra cittadinanza. E la stessa (*c2*) **rinuncia volontaria** della cittadinanza posseduta, acquistata o riacquistata è circondata da cautele, perché è necessario che ad essa si accompagni la residenza all'estero (ivi).

d) In linea di massima, chi ha perduto la cittadinanza italiana la può sempre **riacquistare**, seguendo il dettato dell'art. 13 della legge n. 91/1992 e cioè: «*a)... presta*[ndo] *effettivo servizio militare per lo Stato italiano e dichiara*[ndo] *previamente di volerla riacquistare; b)... assumendo o avendo assunto un pubblico impiego alle dipendenze dello Stato, anche all'estero, dichiara*[ndo] *di volerla riacquistare; c)... dichiara*[ndo] *di volerla riacquistare ed* [avendo] *stabilito o stabil*[endo], *entro un anno dalla dichiarazione, la residenza nel territorio della Repubblica; d) dopo un anno dalla data in cui ha stabilito la residenza nel territorio della Repubblica, salvo espressa rinuncia entro lo stesso termine; e) se, avendola perduta per non aver ottemperato all'intimazione di abbandonare l'impiego o la carica accettati da uno Stato, da un ente pubblico estero o da un ente internazionale, ovvero il servizio militare per uno Stato estero, dichiara di volerla riacquistare, sempre che abbia stabilito la residenza da almeno due anni nel territorio della Repubblica e provi di aver abbandonato l'impiego o la carica o il servizio militare, assunti o prestati nonostante l'intimazione ...*» appena ricordata. Il tutto a meno che non ricorrano i due soli casi che la legge giudica, per così dire *insopportabili*, che sono i casi di perdita della cittadinanza prima illustrati connessi o alla revoca dell'adozione per fatto imputabile all'adottato, o all'ipotesi di perdita automatica collegata allo stato di guerra dell'Italia nei confronti di uno Stato estero.

e) Per chiudere, conviene aggiungere sin da ora che un regime peculiare spetta ai cittadini di uno Stato membro dell'Unione europea. Da una parte, come già riferito, è proprio la legge n. 91/1992 a stabilire che il periodo di residenza sufficiente a far loro acquistare la cittadinanza, sia di soli quattro anni anziché di dieci com'è per gli *altri* stranieri; d'altra parte, il Trattato di Maastricht[6] ha

---

dell'art. 8, n. 3, della legge n. 555/1912. Ma questo reca una disposizione sostanzialmente analoga a quella oggi prevista dall'art. 12, co. 1, della legge n. 91/1992, della cui legittimità costituzionale, quindi, si potrebbe dubitare quantomeno nella parte in cui l'intimazione del Governo dovesse reggersi su ragioni di carattere politico.

[6] È oggi regolata dagli artt. da 20 (*ex* art. 17 del *Trattato istitutivo della Comunità Europea* - TCE) a 25 (*ex* art. 22 del *Trattato istitutivo della Comunità Europea* - TCE) della Parte II della versione consolidata del *Trattato sul funzionamento dell'Unione europea* (TFUE), da ultimo modificato dall'art. 2 del *Trattato di Lisbona* sottoscritto il 13 dicembre 2007, pubblicato nella *Gazz. uff.* della UE 17 dicembre 2007, n. 306, ratificato, in Italia, dalla legge 2 agosto 2008, n. 130 ed

configurato la **cittadinanza europea** che integra quella nazionale e dalla quale derivano particolari diritti, non soltanto civili ma anche politici: come quello di entrare e risiedere in ogni Stato membro, o come l'esercizio dell'elettorato attivo e passivo nelle elezioni comunali (al momento, non politiche) ed europee[7].

3. *Il territorio e il mare territoriale*

1) Lo Stato stesso in quanto ordinamento mancherebbe di effettività, e sarebbe quindi privo di giuridica consistenza sul piano del diritto interno e internazionale (o si ridurrebbe a un qualche altro tipo di ordinamento giuridico), se non sussistesse quello che la nostra Costituzione definisce – negli artt. 10 e 16 – come «territorio della Repubblica» o come «**territorio nazionale**».

Ma (*a*) ciò non significa che il rapporto fra Stato e territorio sia comparabile a quello intercorrente fra la persona fisica e il corpo di essa, sicché il territorio formerebbe per lo Stato *l'oggetto di un diritto sulla propria persona* (Romano). Chi ragiona in questi termini non considera, infatti, che personificato non è già lo Stato-ordinamento bensì lo Stato-soggetto; né tiene conto del fatto incontestabile che lo Stato non perde né vede cambiare la sua identità, sia quale ente sia quale ordinamento, ad ogni mutare del «territorio nazionale» (come dimostra in modo illuminante la vicenda del trapasso dal Regno di Sardegna al Regno d'Italia: v. *retro*, parte II, cap. I, § 2).

D'altro canto, (*b*) non è neppure accettabile – quanto meno nel momento attuale – *l'idea che sul proprio territorio lo Stato sia titolare di un diritto reale* (Laband), come si pensava molto spesso nella dottrina internazionalistica di un tempo, soprattutto in vista di certe cessioni territoriali concepite alla stregua di vere e proprie compravendite [si pensi, a mo' di esempi, alla cessione dell'*Alaska*, da parte dello zar Alessandro II agli USA, nel 1867, per 7.300.000 dollari; oppure a quella precedente, da parte di Napoleone Primo Console e sempre agli USA, nel 1803, dietro corresponsione di circa 23 milioni di dollari, dei *territori della Loui-*

---

entrato in vigore il giorno 1 dicembre 2009. La parte che qui interessa (art. 20, co. 1) così comincia: «*È cittadino dell'Unione chiunque abbia la cittadinanza di uno Stato membro. La cittadinanza dell'Unione si aggiunge alla cittadinanza nazionale e non la sostituisce*».

[7] Cfr. l'art. 8 del *Trattato istitutivo della Comunità economica europea* (TCEE), come novellato dal *Trattato sull'Unione europea* firmato a Maastricht il 7 febbraio 1992 e ratificato in applicazione della legge 3 novembre 1992, n. 454, a sua volta modificato dall'atto di cui alla nota che precede. Oltre ai diritti menzionati nel testo [art. 20, co. 2, lett. *a*) e *b*)], si ricordino i seguenti (ivi) «... *c) il diritto di godere, nel territorio di un paese terzo nel quale lo Stato membro di cui hanno la cittadinanza non è rappresentato, della tutela delle autorità diplomatiche e consolari di qualsiasi Stato membro, alle stesse condizioni dei cittadini di detto Stato; d) il diritto di presentare petizioni al Parlamento europeo, di ricorrere al mediatore europeo, di rivolgersi alle istituzioni e agli organi consultivi dell'Unione in una delle lingue dei trattati e di ricevere una risposta nella stessa lingua*»; nonché «... *il diritto di accedere ai documenti delle istituzioni, organi e organismi dell'Unione*» (art. 15, co. 3).

siana francese (nulla a che vedere con lo Stato federale che oggi porta il nome di Louisiana, perché i territori ceduti comprendevano i seguenti odierni Stati: Iowa, Missouri, Arkansas, Louisiana, Nord Dakota, Sud Dakota, Nebraska, Kansas, Oklahoma, Montana, Wyoming, più metà Colorado, metà Minnesota e, in minima parte, Nuovo Messico e Texas)].

Quanto ai diritti reali spettanti allo Stato-soggetto (v. *supra*, parte I, cap. I, §§ 3 e 4), è agevole notare che il *demanio* e il *patrimonio* dello Stato stesso non comprendono altro che una minor parte del complessivo territorio nazionale, fermi restando i diritti reali intitolati a una massa di altri soggetti, privati e pubblici. Quanto invece all'ordinamento statale, la tesi predetta poteva esser forse sostenibile all'epoca degli Stati patrimoniali, allorché si ragionava di un «dominio eminente» che sarebbe spettato al monarca su tutto il territorio; ma non si concilia con la natura degli Stati contemporanei e meno che meno si dimostra riferibile al caso della nostra Repubblica, tanto più che l'esplicito riferimento costituzionale all'Italia [8] fa pensare che nessuna parte del presente territorio italiano sia cedibile senza ricorrere a una formale riforma della Costituzione.

Ne segue che (*c*) «*il territorio è un dato esteriore rispetto allo Stato*» (Quadri), soprattutto per chi intenda quest'ultimo come istituzione o come ordinamento giuridico. Ma di qui non discende, all'opposto, la piena fondatezza del ricordato assunto kelseniano, che (*d*) risolve il territorio nella «*sfera territoriale di validità dell'ordinamento giuridico statale*». Letteralmente inteso, secondo il senso che tali parole rivestono nel corrente linguaggio giuridico italiano, ciò starebbe infatti a significare che le norme di cui si compone l'ordinamento medesimo non possano concernere altro che rapporti giuridici localizzati nel territorio.

Il che non corrisponde alla realtà del nostro ordinamento che non solo riguarda – sotto molteplici aspetti – i cittadini italiani all'estero, ma talvolta considera le stesse condotte poste in essere da parte di stranieri al di fuori dei confini nazionali [9]: donde la cosiddetta *ultraterritorialità* o l'universalità che sono proprie, in effetti, della generalità degli ordinamenti statali. Secondo il linguaggio corrente, la tesi kelseniana dev'essere invece tradotta nell'assunto per cui (*d*) **il territorio è il luogo della sovranità statale**, entro il quale lo Stato dispone dello *jus excludendi alios* e al di fuori del quale esso non può vantare, né rivendicare l'effettività del proprio potere, arrestandosi dunque ai suoi confini la sua pretesa di *indipendenza* da qualunque altro Stato.

Ed è questa la concezione del rapporto in esame che oggi sembra prevalere, anche se sembrerebbe sterile non fare cenno ad alcuni **fenomeni tipici del nostro tempo** che non consentono di considerare più il rapporto tra sovranità e territorio alla stregua di come si usava fino a qualche decennio addietro. Basti,

---

[8] Cfr. il co. 1 dell'art. 1 Cost.

[9] V. specialmente l'art. 10 Cod. pen., circa il «delitto commesso dallo straniero all'estero», punibile ai sensi della legge italiana.

per tutti, fare cenno a quelle (auto-)*limitazioni* della propria sovranità cui l'Italia ha acconsentito onde, *ex* art. 11 Cost., dare luogo a ordinamenti che assicurino *la pace e la giustizia tra le Nazioni* (si pensi all'ONU o alla UE); ma anche a quelle (etero-)*limitazioni* che derivano da fenomeni (si pensi alla c.d. «*globalizzazione mondiale dell'economia*») che lo Stato non ha il potere di controllare, che quindi sfuggono al suo dominio e che si pongono, in definitiva, come negazione, seppure parziale, della sovranità statale sull'intero territorio nazionale a causa, appunto, della globalizzazione del mercato.

Non v'è chi non colga la differenza tra le due tipologie di limitazioni.

La prima dipende da una manifestazione di volontà dello Stato ed è per sua natura rivedibile [l'art. 50 del Trattato sull'Unione Europea, introdotto dal Trattato di Lisbona nel 2007 – di cui s'è detto poc'anzi in nota – e adoperato dalla Gran Bretagna nel 2017 per la c.d. «*Brexit*» (sulla quale v. *supra*, parte II, cap. I, § 7, *sub e7*), ne costituisce la riprova]; la seconda dipende pressoché integralmente da fattori esterni allo Stato (si pensi alla crisi economico-finanziaria insorta negli Stati Uniti all'inizio del 2007, che ha contagiato i Paesi di mezzo mondo e i cui effetti non si sono ancora del tutto esauriti) il quale, in caso di necessità, non può fare altro che tentare di limitare i danni con i mezzi – perlopiù riconducibili all'economia – che ha a disposizione, l'efficacia dei quali, però, dipenderà da qual è lo Stato che si considera (diverso è analizzare i mezzi impiegabili, a fronte di una grave crisi economica, da USA, Cina o Russia e quelli di cui possono usufruire Canada, Germania, Giappone, oppure Italia, Spagna, Grecia, o, ancora, Bolivia, Egitto, Tahilandia).

2) L'Italia raggiunse la sua massima estensione territoriale sulla base del **Trattato di Saint Germain-en-Laye** (castello sito a Nord Ovest di Parigi) che, firmato il **10 settembre 1919**, poneva anche formalmente fine al primo conflitto mondiale.

Premesso che erano già italiane, o colonie italiane, o protettorati italiani, l'*Eritrea* (dal 1882); la *Somalia* (dal 1889); le dodici isole situate di fronte alla costa turca che formavano il c.d. «*Dodecaneso*»[10], nonché , anch'esse dal 1912, la *Tripolitania* e la *Cirenaica* (che insieme formeranno la Libia), in virtù del Trattato di St. Germain si debbono aggiungere alle predette e alle terre ancora oggi comprese all'interno degli odierni confini nazionali: l'intera Istria, la città di Zara, le tre isole di Pelagosa (site in mezzo all'Adriatico a Nord-Est del Gargano), le isole dalmate (oggi croate) di Cherso, Lussino, Cazza, Lagosta e le città (oggi slovene) di Postumia, Bisterza, Idria, Vipacco e Sturie.

I **confini attuali** del territorio nazionale sono, invece, fondamentalmente quelli stabiliti dai **Trattati di pace, firmati a Parigi il 10 febbraio 1947**, ad esito della II Guerra Mondiale, con quello che interessa il nostro Paese ratificato

---

[10] Ciò dalla fine del 1912, ad esito della Guerra italo-turca del 1911-1912. Le più importanti o note tra esse erano Rodi, Patmo e Coo.

dall'Italia in virtù della legge di autorizzazione 2 agosto 1947, n. 811 [11].

Tra le altre disposizioni, quest'ultimo atto prevedeva l'istituzione del «*Territorio libero di Trieste*», fissando le relative frontiere sia sul versante italiano che sul versante jugoslavo. In realtà, però, il «Territorio» stesso non è stato mai concretamente costituito, essendo rimasto diviso in due zone (contrassegnate con le lettere «*A*» e «*B*»). L'**8 ottobre 1953**, con una «***nota bipartita***», i governi USA e britannico danno l'annuncio simultaneo della fine del governo militare alleato a Trieste, cominciato otto anni prima con la liberazione della città [12] il 2 maggio 1945 da parte delle truppe neozelandesi che avevano così affiancato (ma rimanendo nell'estrema periferia ovest) quelle jugoslave, entrate in città tre giorni prima.

Gli alleati – è l'oggetto dell'annuncio – si ritireranno dalla «*zona A*» del Territorio libero, con rimessione della stessa all'amministrazione italiana. Il **5 ottobre 1954**, mediante la firma del **«Memorandum di intesa di Londra»** da parte di Italia, Gran Bretagna, Stati Uniti e Repubblica di Jugoslavia, viene definitivamente assegnata all'Italia la testé ricordata «*zona A*» e alla Jugoslavia la «*zona B*» [13]. Le *truppe italiane entrano dunque a Trieste il 26 ottobre 1954*: di lì in avanti, si vedrà gradualmente restaurata la piena sovranità dell'Italia [14].

Il **10 novembre 1975**, a trent'anni dalla fine della II Guerra Mondiale (e a soli quattordici dalla caduta del muro di Berlino che vedrà, tra i suoi effetti, anche la dissoluzione della *ex* Jugoslavia [15]), viene firmato nelle Marche, il «**Trattato di Osimo**» tra Italia e Jugoslavia che rende definitive le frontiere fra i due Paesi siccome disegnate nel «*Memorandum*» del 1954, confermando una situazione oramai consolidata dai decenni nel frattempo trascorsi. L'Italia rinuncia per sempre a quasi tutta la Venezia-Giulia (Trieste e Muggia escluse), all'Istria, a Fiume, al Quarnaro e ai territori montagnosi che circondano Gorizia.

3) Nella dottrina internazionalistica domina ormai l'opinione che il **mare territoriale** faccia parte integrante del territorio dello Stato; ma resta aperto il pro-

---

[11] Si aggiunga che, secondo l'art. 23 del Trattato del 1947, l'Italia ha rinunciato «a ogni diritto e titolo sui possedimenti territoriali italiani in Africa»; sicché è da allora che non è più dato ragionare di varie componenti del territorio statale, contrapponendo *le colonie* al cosiddetto territorio metropolitano.

[12] Iniziata il 30 aprile dal Comitato di Liberazione Nazionale locale e dalle truppe jugoslave comuniste di Tito che, entrate in città per prime, abbandonarono Trieste solo dopo quarantatré giorni di una pesante, quanto perlopiù invisa ai cittadini, occupazione.

[13] Comprendeva le terre immediatamente a meridione di Muggia e San Dorligo della Valle, fino al fiume Quieto che, della «*Zona B*», segnò il confine Sud. Cadevano così definitivamente in mano jugoslava Capodistria, Isola e Pirano (oggi in Slovenia), nonché Umago e Cittanova (oggi in Croazia) con il loro entroterra.

[14] L'atto conclusivo di tale processo sembra esser consistito nella legge cost. 9 marzo 1961, n. l, per mezzo della quale il territorio di Trieste ha ottenuto una rappresentanza anche in seno al Senato della Repubblica (quanto invece alla Camera dei deputati, valeva già l'art. 4 della legge ordinaria 16 maggio 1956, n. 493).

[15] V. *supra*, parte I, cap. II, § 5*b*.

blema dei limiti esterni di esso. È stata da tempo abbandonata la tesi che i limiti stessi siano determinabili in base al principio di effettività, secondo il vecchio criterio della portata dei cannoni costieri (*«Terrae potestas finitur ubi finitur armorum vis»*); e non si può nemmeno sostenere che l'ampiezza del mare territoriale sia determinata ad arbitrio da ciascuno Stato.

Ma il limite delle tre miglia marine, che pareva costituire la regola da rispettare in tal campo, risulta superato anch'esso; mentre sembra imporsi, oggi, la regola delle *dodici miglia*, cui s'è adeguata l'Italia mediante il nuovo testo dell'art. 2 del Codice della navigazione[16]: «*Sono soggetti alla sovranità dello Stato i golfi, i seni e le baie, le cui coste fanno parte del territorio della Repubblica, quando la distanza fra i punti estremi dell'apertura del golfo, del seno o della baia non supera le ventiquattro miglia marine. Se tale distanza è superiore a ventiquattro miglia marine, è soggetta alla sovranità dello Stato la porzione del golfo, del seno o della baia compresa entro la linea retta tirata tra i due punti più foranei* ['id est': esterni rispetto a un porto] *distanti tra loro ventiquattro miglia marine*». Così prosegue il co. 2 della stessa disposizione: «*È soggetta altresì alla sovranità dello Stato la zona di mare dell'estensione di dodici miglia marine lungo le coste continentali ed insulari della Repubblica e lungo le linee rette congiungenti i punti estremi indicati nel comma precedente. Tale estensione si misura dalla linea costiera segnata dalla bassa marea*».

3a) Tuttavia, il limite del mare territoriale propriamente detto, nel quale si esercita a tutti gli effetti la sovranità dello Stato, può essere oltrepassato di molto ai fini della tutela e dell'esplicazione di particolari diritti spettanti allo Stato medesimo. Allo Stato medesimo, per es. nella c.d. **«zona contigua»** che, estesa per (*altre*) 12 miglia marine, consente allo Stato di esercitare la propria sovranità per effettuare controlli quanto all'esercizio, per es., del contrabbando e dell'immigrazione clandestina, e nella c.d. **«zona economica esclusiva»**, sulla quale, come appena ricordato, lo Stato non può invece vantare o rivendicare l'esercizio della propria sovranità, ma quello (in «esclusiva», appunto) di talune posizioni giuridiche soggettive di vantaggio. È questo il caso dei *diritti di pesca*, in ordine ai quali la Convenzione di Ginevra del 29 aprile 1958 riconosceva già che lo Stato costiero avesse un particolare interesse a mantenere la produttività delle risorse site «*in una parte di alto mare adiacente al suo mare territoriale*»[17]; al che hanno fatto seguito – qualora non fossero addirittura preesistenti – dichiarazioni di vari Stati sudamericani e africani, intese ad affermare il principio che i diritti sulla pesca sono esclusivamente esercitabili da parte statale fino a duecento miglia dalla costa. Il trattato internazionale di riferimento per ciò che concerne la zona

[16] Il Codice è stato introdotto nell'ordinamento italiano dal r.d. 30 marzo 1942, n. 327. Più volte modificato nei decenni, oggi dispone quanto riportato nel testo, secondo la modifica disposta dalla legge 14 agosto 1974, n. 359 (che risultava, all'epoca, già in linea con le disposizioni poi dettate al riguardo dalla Convenzione internazionale ONU del 1982 e di cui subito si dirà).

[17] Cfr. l'art. 6 della Convenzione testé citata.

economica esclusiva è la «*Convenzione delle Nazioni Unite sul diritto del mare*» (UNCLOS). Sottoscritta a *Montego Bay*, in Giamaica, il 10 dicembre 1982, è stata ratificata dall'Italia con *legge 2 dicembre 1994, n. 689*. In pari tempo, il limite delle duecento miglia è stato formalmente applicato al caso della **piattaforma continentale** dalla stessa Convenzione appena ricordata: entro questo ambito gli Stati costieri dispongono, cioè, di un diritto esclusivo di *sfruttamento del fondo marino* (fatta soltanto eccezione per il necessario riparto della piattaforma fra gli Stati confinanti o dotati di sponde contrapposte, come si verifica, per es., per l'Italia e la Tunisia); e possono anzi far valere il diritto medesimo anche oltre le duecento miglia, purché il fondo del mare rappresenti il prolungamento naturale del territorio emerso [18].

3b) Più arretrato è lo stadio della disciplina internazionalistica concernente i limiti della sovranità statale sullo **spazio** sovrastante il territorio. In proposito occorre pur sempre risalire alla Convenzione di Chicago del 7 dicembre 1944, che riconosce detta sovranità sull'atmosfera e ne considera le implicazioni [19]; ma non tiene conto, per ovvie ragioni cronologiche, dello spazio eccedente l'atmosfera stessa, con particolare riguardo ai satelliti artificiali: i quali attendono ancora, pertanto, di formare l'oggetto d'una apposita normativa organica.

Il poco che è stato sino ad ora posto in essere muove dal «*Trattato sulle norme per l'esplorazione e l'utilizzazione, da parte degli Stati, dello spazio extra-atmosferico, compresi la luna e gli altri corpi celesti*», adottato il 19 dicembre 1966, concluso a Londra, Mosca e Washington il **27 gennaio 1967**, aperto alla firma quello stesso giorno e entrato in vigore il 10 ottobre successivo. Il resto si riassume nelle seguenti Convenzioni adottate dall'Assemblea generale delle Nazioni Unite che trattano, codificandoli, specifici argomenti: «*Accordo sul **salvataggio degli astronauti**, la restituzione degli astronauti e la restituzione degli oggetti lanciati nello spazio*», adottato il 19 dicembre 1967 e aperto alla firma il 22 aprile 1968; «*Convenzione sulla **responsabilità internazionale per i danni causati da oggetti spaziali***», adottata il 29 novembre 1971 e aperta alla firma, a Londra, Mosca e Washington, il 29 marzo 1972 (in Italia, con legge 25 gennaio 1983, n. 23, sono state dettate «*Norme di attuazione* ...» di detta *Convenzione*); «*Convenzione sull'**immatricolazione degli oggetti lanciati nello spazio***» (che di questi ultimi dovrebbe così comportare la tracciabilità), adottata a New York il 12 no-

[18] Precedentemente, la Convenzione di Ginevra sulla piattaforma continentale, aperta anch'essa alla firma il 29 aprile 1958, prevedeva invece – di regola – che lo sfruttamento fosse riservato allo Stato costiero fino alla profondità di 200 metri. Ed in tal senso dispone l'art. 1 della legge italiana 21 luglio 1967, n. 613, sulla coltivazione dei giacimenti sottomarini di idrocarburi [aggiungendo, però, **secondo un corretto uso del *principio di effettività* del dominio che vale sempre, a meno che non si scontri con quello di qualche altro Stato (e non è questo il caso),** che il limite stesso può esser superato, «fino al punto in cui la profondità delle acque sovrastanti permette lo sfruttamento delle risorse naturali» del mare].

[19] Ma si veda già l'art. 3 Cod. nav.: «È soggetto alla sovranità dello Stato lo spazio aereo che sovrasta il territorio del Regno ...».

vembre 1974 e aperta alla firma il 14 gennaio 1975; «*Accordo che regola le attività degli **Stati sulla luna e sugli altri corpi celesti***», adottato il 5 dicembre 1979 e aperto alla firma il 18 dicembre.

3c) L'impressione è che, sia per lo spazio, come pure per il **sottosuolo**, ciò che vale è sempre e comunque il *principio di effettività* del dominio da parte di uno Stato, a meno che, o fin tanto che, esso non si scontri con quello di qualche altro Stato.

Posto che, quanto allo sfruttamento del sottosuolo, lo scavo più profondo mai realizzato ha sino ad ora toccato i 14 chilometri (a fronte di un raggio terrestre che ne misura 6.370), *problemi di effettività non si pongono per nessuno* e, conseguentemente, non v'è nessuna urgenza di dettare normative internazionali in materia.

Se, per converso, è vero che, quanto allo spazio, la luna dista dalla terra 380.000 chilometri e che l'uomo vi è arrivato già nel 1969, così com'è vero che una sonda (**«*Voyager 1*», lanciata nel 1977)** ha raggiunto quelli che vengono considerati i confini del sistema solare, a 20 miliardi di chilometri, dalla Terra, resta altrettanto vero che la *concreta capacità di agire nello spazio* appartiene, ad oggi, a pochissimi Stati [20].

È probabile che si tornerà a parlare di questi problemi nel momento in cui prenderanno il via alcune già programmate attività di c.d. **«turismo spaziale»**.

4) Per concludere, si tenga presente che tutto ciò che ha a che vedere con il **regime diplomatico di beni e soggetti**, nulla ha a che fare, aldilà delle apparenze, con i territori dei diversi Stati. Si fonda, invece, su consuetudini e trattati internazionali, a partire dalle *Convenzioni di Vienna*, firmate in quella città il 18 aprile 1961 («***Convenzione sulle relazioni diplomatiche***»), il 24 aprile 1963 («***Convenzione sulle relazioni consolari***»), il 22 maggio 1969 («***Convenzione... sul diritto dei trattati***»).

È nella seconda di queste che si fissano le regole su quel *particolare tipo di regime* (esteso a persone, beni, regole particolari in materia di giurisdizione e di fisco) che prende il nome di **«immunità»** e/o **«inviolabilità diplomatica»**.

5) Così, non va confuso il territorio dello Stato in quanto tale con il c.d. **«territorio navigante»** (più noto con l'espressione francese di «*Territoire flottant*»): cioè a dire le navi e gli aereomobili battenti bandiera di un determinato Stato.

La soggezione di detti mezzi alla sola giurisdizione di quest'ultimo, vale esclusivamente in mare e in spazio aereo internazionale, perché – per definizio-

---

[20] Il tutto, peraltro, tenendo sempre presente che non esiste, nemmeno tra gli scienziati, un accordo preciso relativamente a *dove comincia lo spazio*. Si va da misure che si aggirano attorno ai 100 km dalla superficie terrestre (per gli USA, 80), perché già a quell'altezza, l'influsso dell'atmosfera terrestre è trascurabile; ad altre che raggiungono gli 800 km, perché solo lì termina effettivamente l'atmosfera terrestre; ad altre ancora che considerano il punto (sito a 21 milioni di km dalla Terra) dove la gravità terrestre non ha più alcuna influenza su qualsivoglia altra forza.

ne – là non sono soggetti ad altrui sovranità, oppure quando si trovino all'interno del territorio nazionale del loro Paese d'appartenenza.

Quando, invece, una nave o un aereo, battente per es. bandiera italiana, si trova in un porto, o in un aeroporto, o nel mare territoriale d'un altrui Stato, bisogna distinguere a seconda della fattispecie che va presa in esame, nonché a seconda che si tratti di mezzi militari o civili[21].

---

[21] Così, sul punto e per estratto, gli artt. da 27 a 32 della già ricordata Convenzione di Montego Bay del 10 dicembre 1982, la cui lettura serve anche a spiegarsi la c.d. «vicenda dei **marò italiani**» (che riguarda personale militare imbarcato, in missione anti-pirateria, su una nave commerciale) arrestati in India il 15 febbraio 2012 e ben lontana da vedere una conclusione di carattere giuridico.

«Art. 27 – ***Giurisdizione penale*** *a bordo di una nave straniera*:

«*1. Lo Stato costiero non dovrebbe esercitare la propria giurisdizione penale a bordo di una nave straniera* ***in transito nel mare territoriale****, al fine di procedere ad arresti o condurre indagini connesse con reati commessi a bordo durante il passaggio ...*», salvi i casi in cui le conseguenze del reato si estendono allo Stato costiero, il reato disturba la pace del paese o il buon ordine nel «suo» mare territoriale, l'intervento delle autorità locali è stato richiesto dal comandante della nave o da un agente diplomatico dello Stato di bandiera della nave, ecc.

«*2. Le disposizioni di cui sopra non invalidano il diritto dello Stato costiero di adottare le misure previste dalle proprie leggi per procedere ad arresti o indagini di bordo di navi straniere che* ***transitano nel mare territoriale dopo aver lasciato le acque interne****.* [...]

«*5. Salvo quanto disposto alla Parte XII o in caso di violazione di leggi e regolamenti adottati conformemente alla Parte V, lo Stato costiero non può adottare alcuna misura a bordo di una nave straniera* ***in transito nel mare territoriale****, per procedere a un arresto o condurre indagini a seguito di reati commessi prima dell'ingresso della nave nel mare territoriale se questa... si limita ad attraversare il mare territoriale senza entrare nelle acque interne*».

Art. 28 – ***Giurisdizione civile*** *nei riguardi di navi straniere*:

«1. *Lo Stato costiero non dovrebbe fermare o dirottare una nave straniera che passa* ***nel suo mare territoriale, allo scopo di esercitare la giurisdizione civile*** *nei riguardi di una persona che si trovi a bordo della nave*. [...]

Sottosezione «C»: «***Norme applicabili alle navi da guerra e alle navi di Stato in servizio non commerciale***».

Art. 29 – ***Definizione di nave da guerra***:

«*Ai fini della presente Convenzione, per "nave da guerra" si intende una nave che appartenga alle Forze Armate di uno Stato, che porti i segni distintivi esteriori delle navi militari della sua nazionalità e sia posta sotto il comando di un Ufficiale di Marina al servizio dello stato ... il cui equipaggio sia sottoposto alle regole della disciplina militare*».

Art. 30 – ***Inosservanza da parte di una nave da guerra delle leggi e dei regolamenti dello Stato costiero***:

«*Se una nave da guerra non si attiene alle leggi e ai regolamenti dello Stato costiero relativi al passaggio* ***attraverso il suo mare territoriale****, e ignora la richiesta di adeguarvisi, lo Stato costiero può pretendere che essa abbandoni immediatamente il mare territoriale*».

Art. 31 – ***Responsabilità dello Stato di bandiera per danni causati da una nave da guerra o altra nave di Stato in servizio non commerciale***:

«*Lo Stato di bandiera si assume la responsabilità internazionale per ogni perdita o danno derivante allo Stato costiero dall'inosservanza da parte di una nave da guerra o altra nave di Stato in servizio non commerciale, delle leggi e dei regolamenti dello Stato costiero concernenti il* ***passaggio nel mare territoriale o delle disposizioni della presente Convenzione o di altre norme del diritto internazionale***».

NOTA BIBLIOGRAFICA – Quanto al **popolo** v. JELLINEK, *La dottrina generale del diritto e dello Stato*, Milano, 1921 (edito a Berlino nel 1900); LAVAGNA, *Basi per uno studio delle figure giuridiche soggettive contenute nella Costituzione italiana*, in *Studi Univ.*, Cagliari, 1952-1953, 54 ss.; CRISAFULLI, *Stato e popolo nella Costituzione italiana*, in *Studi per il primo decennale della Costituzione*, Milano, 1958, II, 139 ss.; ROMBOLI, *Problemi interpretativi della nozione giuridica di popolo*, in *Riv. trim. dir pubbl.*, 1984, 159 ss.; C. CORSI, *Straniero (diritto costituzionale)*, in *Enc. dir.*, Annali, VI, Milano, 2013. In particolare, sulla **cittadinanza**, v. DEGNI, *Della cittadinanza*, Torino, 1921; BALLARINO, NASCIMBENE, BAREL, *Nuove norme sulla cittadinanza*, in *Nuove leggi civ. comm.*, 1993, 1 ss.; CLERICI, *La cittadinanza nell'ordinamento giuridico italiano*, Padova, 1993, nonché LIPPOLIS, *La cittadinanza europea*, Roma, 1992. Quanto al **territorio** v. LABAND, *Il diritto pubblico dell'Impero germanico*, Torino, 1925 (edito a Tubinga nel 1911); DONATI, *Stato e territorio*, Roma, 1924; ROMANO, *Scritti minori*, cit., I, 169 ss.; ALESSI, *Intorno alla nozione di ente territoriale*, in *Riv. trim. dir. pubbl.*, 1960, 293 ss. In particolare, sul **mare territoriale**, v. CONFORTI, *Il regime giuridico dei mari*, Napoli, 1957; MENGOZZI, *Il regime giuridico internazionale del fondo marino*, Milano, 1971; G. CATALDI, *Il passaggio delle navi straniere nel mare territoriale*, Milano, 1990; G. CATALDI, *Mare (dir. int.)*, in S. CASSESE (a cura di), *Dizionario di diritto pubblico*, IV, Milano, 2006, 3587 ss.; A. DI MARTINO, *Il territorio: dallo Stato-nazione alla globalizzazione. Sfide e prospettive dello Stato costituzionale aperto*, Milano, 2010. Su **alcune delle fonti trattate nel capitolo**, v. R. LUZZATTO, F. POCAR (a cura di), *Codice di diritto internazionale pubblico*, VII ed., Torino, 2016.

Art. 32 – ***Immunità delle navi da guerra e di altre navi di Stato in servizio non commerciale***:
*«Con le eccezioni contenute nella sottosezione A e negli articoli 30 e 31, **nessuna disposizione della presente Convenzione pregiudica le immunità delle navi da guerra e delle altre navi di Stato in servizio non commerciale**».*

CAPITOLO III
LE FONTI DELL'ORDINAMENTO ITALIANO

SEZIONE I – GENERALITÀ

1. *Fonti di produzione e fonti di cognizione*

Al pari di ogni ordinamento giuridico, lo Stato concepito nel senso più ampio del termine si compone (pur non esaurendosi in esso) di un *sistema ordinato di norme giuridiche*: mediante il quale vengono disciplinati tanto i rapporti fra le persone comunque sottoposte all'ordinamento medesimo, quanto l'organizzazione dell'apparato governante. Secondo i particolari complessi in cui tali norme rientrano, corrispondentemente alla varia tipologia dei rapporti da esse regolati, si danno le varie partizioni delle quali è costituito l'intero sistema normativo, muovendo da quella di base ed esaustiva che distingue il diritto privato dal diritto pubblico: dal diritto civile al diritto penale; dal diritto commerciale al diritto amministrativo; dal diritto del lavoro al diritto internazionale; dal diritto agrario fino allo stesso diritto costituzionale, oggetto del presente manuale, con particolare riferimento alle *forme di Stato* e alle *forme di governo* dello Stato. Ma prima ancora – come già si notava (*retro*, parte I, cap. I, § 7) – il diritto costituzionale ha di mira le «norme delle norme», concernenti la creazione e la continua modificazione di tutto il sistema sottostante; in altre parole, le norme sulle **fonti normative**.

Giuridicamente, la parola «fonte» viene adoperata in vario senso, ora con riferimento alle **fonti di produzione** ora con riferimento alle **fonti di cognizione** del diritto. Per fonti di produzione, considerate nell'ambito di un dato ordinamento, s'intendono gli *atti* e i *fatti normativi*, abilitati a costituire l'ordinamento stesso, ponendo in essere e rinnovando le norme che lo compongono. All'opposto, fonti di cognizione, nel significato più stretto del termine, sono gli atti rivolti a fornire notizia legale o a facilitare comunque la conoscibilità delle norme vigenti: quali la *Gazzetta ufficiale*, la *Raccolta ufficiale* degli atti normativi della Repubblica italiana, i *Bollettini ufficiali* delle varie Regioni, le *Raccolte degli usi generali* del commercio e via dicendo.

Nel presente capitolo, l'indagine verte sulle fonti di produzione che sono le fonti normative per eccellenza. Giova comunque accennare che le fonti di cognizione vanno inquadrare a loro volta in due sottospecie ben distinte: la prima delle quali attiene alle forme di **pubblicazione necessaria**, con cui si realizza non soltanto la conoscibilità, bensì, decorso il periodo di *vacatio legis* (su cui *infra*), l'entrata in vigore delle relative norme; mentre la seconda comprende sia le forme di **pubblicazione** meramente **notiziale** [si pensi alle leggi regionali che divengono obbligatorie per effetto della pubblicazione sul rispettivo *Bollettino ufficiale* (pubblicazione necessaria), ma sono altresì riprodotte nella *Gazzetta ufficiale della Repubblica* (che, quindi, quantomeno per le leggi regionali, è una mera pubblicazione notiziale)] [1], sia le raccolte degli usi formate da parte di pubbliche autorità competenti in materia, dalle quali non dipende necessariamente la vigenza delle norme consuetudinarie in questione. Nella prima ipotesi, del resto, si determina una sorta di coincidenza tra fonti di cognizione e fonti di produzione: la pubblicazione necessaria, infatti, «concorre alla stessa produzione

[1] Si veda già in tal senso l'art. 11, co. 2 e 3 (prima dell'abrogazione disposta dall'art. 10 della legge 5 giugno 2003, n. 131, si trattava dei co. 4 e 5), della legge 10 febbraio 1953, n. 62, relativa alle Regioni ordinarie, ma similmente – ad esempio – si esprimono l'art. 32 dello Statuto speciale per il Friuli Venezia Giulia (che, nel co. 1, fa riferimento alla «*pubblicazione*» nel BUR, mentre, nel co. 2, prevede la «*riproduzione*» dell'atto nella *Gazzetta ufficiale*) e gli artt. 57 («*pubblicazione*» nel BUR) e 59 («*pubblicazione, per notizia*» nella *Gazzetta ufficiale*) del vigente Statuto speciale per il Trentino-Alto Adige.

delle norme» (Crisafulli); sicché si giustifica che quelli così pubblicati costituiscano «testi legali» delle leggi e degli altri atti produttivi di diritto[2].

Infine, va qui ricordato che per certi atti si discute addirittura se occorra classificarli fra le fonti del primo o del secondo tipo. È questo, in particolar modo, il caso dei cosiddetti «testi unici di mera compilazione» che la giurisprudenza inserisce tra le fonti di cognizione, anche se non si può tacere che una corrente dottrinale propende a qualificarli come veri e propri atti normativi (ma vedi in proposito, *infra*, la sez. II, § 17, di questo capitolo).

2. *Relatività delle fonti di produzione: concetto di fonte da assumere nell'ordinamento italiano*

Quanto alle **fonti di produzione**, esse vengono spesso definite come cause o come fattori delle norme. Ma deve essere chiaro che non sarebbe corretto, a meno di adottare concetti del tutto impropri e metagiuridici, scambiare le fonti in esame con le ragioni politiche, economiche, sociali, che stanno all'origine di ogni riforma del sistema normativo.

D'altronde, non sarebbe corretto neppure lo scambio tra le fonti e il soggetto che le pone in essere, autore materiale delle stesse. Quando si afferma – ad esempio – che il Parlamento è la fonte delle leggi, questo generico assunto può essere anche condiviso, purché non si dimentichi che le fonti propriamente dette sono in tal caso le leggi stesse. Più in generale, cioè, le fonti si risolvono nei *fatti giuridici largamente intesi* (comprensivi di atti e di fatti nel senso più stretto del termine), cui sia conferita dall'ordinamento giuridico, all'interno del quale ci si collochi, l'**attitudine a porre, trasformare, estinguere diritto**; e ciò, tanto in modo esplicito quanto per implicito, talora attribuendo a certi fatti il nome di «fonti», talora trascurando di darne una definizione contestuale.

In verità, non sarebbe dato escludere a priori l'eventualità che, nel corso della storia dell'ordinamento, vi siano stati e possano ancora registrarsi taluni ricorsi alle ***fonti c.d. «extra ordinem»***, impreviste dalle norme sulla produzione normativa ma atte ad affermarsi per forza propria; sennonché situazioni del genere rimangono eccezionali, assumendo un decisivo rilievo nei soli momenti di crisi radicale degli Stati, cui le forme ordinarie di creazione del diritto non riescano a far fronte.

Oggetti essenziali o principali dello studio riguardante le fonti di produzione sono dunque – pur sempre – le norme dell'ordinamento italiano che valgono ad identificare quei tipi di atti o di fatti che ne disciplinano il rispettivo regime, la

---

[2] Cfr. l'art. 11 del regio decreto (r.d.) 24 settembre 1931, n. 1256, sulla promulgazione e pubblicazione delle leggi e dei regi decreti, nonché l'art. 8, n. 1, del d.P.R. 28 dicembre 1985, n. 1092, di *Approvazione del testo unico delle disposizioni sulla promulgazione delle leggi, sulla emanazione dei decreti del Presidente della Repubblica e sulle pubblicazioni ufficiali della Repubblica italiana.*

competenza e la forza, l'acquisto e la perdita di efficacia, come pure le norme concernenti i soggetti titolari del potere normativo e i procedimenti formativi dei vari atti-fonte (sebbene l'analisi di questi ultimi profili rientri piuttosto nella parte concernente l'organizzazione costituzionale della Repubblica). E a tali temi si possono aggiungere – secondo le tesi seguite, in dottrina, da Pizzorusso e da Zagrebelsky – le norme che fissano i criteri per l'interpretazione dei testi normativi, come poste in essere dagli atti e dai fatti competenti, sulle quali sarà necessario soffermarsi, almeno sotto alcuni specifici aspetti.

Così inquadrato e sommariamente definito, il concetto di fonte di produzione richiede, peraltro, di venire ulteriormente precisato. In primo luogo, va sottolineato subito che la nozione stessa deve intendersi, nella prospettiva qui seguita, in senso relativo e non assoluto. La **relatività del concetto di fonte** sta a significare che il discorso da svolgere sul punto non è quello spettante alla filosofia ovvero alla teoria generale del diritto, ma deve riferirsi al solo diritto positivo e, nel nostro caso, al diritto positivo dello Stato italiano. Può ben darsi – ad esempio – che da un punto di vista puramente logico o teoretico, vertente sui problemi comuni a tutti gli ordinamenti giuridici, abbia un qualche fondamento l'intuizione kelseniana per cui gli stessi atti generalmente ritenuti applicativi e non creativi del diritto oggettivamente inteso – quali le sentenze, i provvedimenti amministrativi, i negozi giuridici... – sarebbero in realtà classificabili tra le fonti normative, sia pure di tipo «individuale» e non «generale». Ma la prospettiva *logico-teoretica* deve cedere il passo, in questa sede, alla prospettiva *dommatica*, interna a ciascun ordinamento (Crisafulli). Ed è in quest'ultimo senso che appunto si evidenzia la relatività del concetto di fonte.

Data la **pluralità degli ordinamenti giuridici**, che possono coesistere e confliggere nel medesimo ambito spaziale e personale, accade infatti che le fonti costitutive di uno dei corrispondenti sistemi normativi rientrino invece tra i fatti giuridicamente irrilevanti o anche tra i fatti illeciti, se considerate dall'angolo visuale di un altro sistema. Ed è comunque normale che certe specie di fonti siano prese in considerazione da certi ordinamenti statali, laddove altri Stati le ignorano o le escludono. Così, nel campo degli atti normativi, i decreti-legge regolati dall'art. 77 Cost. it. non trovano riscontro – per esempio – nell'ordinamento britannico. Inversamente, nel campo dei fatti normativi strettamente intesi, la *common law* concepita quale diritto non scritto, formato dal complesso dei precedenti giurisprudenziali, non ha cittadinanza nell'ordinamento italiano (come pure nella generalità degli Stati dell'Europa continentale).

Ma con quali criteri, nel vigente ordinamento italiano, le fonti di produzione sono individuabili e separabili dalla massa degli altri fatti giuridici largamente intesi? Esiste un metro, comune a tutte le fonti del nostro diritto, sulla base del quale si possa e si debba effettuare questo tipo di cernita? Alcuni autori lo hanno sostenuto e teorizzato. Con ciò stesso, però, essi hanno finito per svolgere considerazioni di carattere teoretico piuttosto che dommatico, giungendo a conclusioni scarsamente compatibili con l'ordinamento positivo.

a) Da un lato, premesso che le fonti di produzione generano norme giuridiche, si è detto in sostanza che definire le fonti comporta stabilire quali siano i caratteri distintivi delle rispettive norme, in confronto con i precetti contenuti in altri atti non normativi, come le sentenze o i provvedimenti delle autorità amministrative; e si è ritenuto in questo senso – riproponendo uno schema tradizionale e già molto diffuso – che, data la loro attitudine a formare ordinamento, le fonti stesse vengano a coincidere con i «soli fatti che esprimano *norme generali*», cioè suscettibili di una serie indefinita di applicazioni (Crisafulli).

Ma l'idea che le norme giuridiche siano perciò contraddistinte dalla loro **generalità-astrattezza** e che questo sia dunque il carattere comune alle fonti di produzione, vale a differenziare gli atti normativi (e i loro contenuti) in via soltanto normale e non necessaria[3]. Anzi, nel nostro diritto positivo, come pure negli altri ordinamenti contemporanei, tesi del genere testé riferito non sono infatti riuscite a imporsi integralmente: al contrario, le *norme singolari* ovvero le *norme del caso concreto* sono ben concepibili e trovano spesso riscontro, salvo il diverso e articolatissimo problema della loro legittimità costituzionale. Si pensi, per tutte, alle **disposizioni «*speciali*», a quelle «*eccezionali*», o alle c.d. «*leggi provvedimento*»**. Le prime sono assunte in deroga alla regola della generalità; le seconde e le terze sia alla regola della generalità sia a quella dell'astrattezza (in virtù della quale talune norme si applicano sempre, allorché ricorrano presupposti dati), con la differenza che le «*leggi provvedimento*» sono create appositamente per la regolamentazione di un caso singolo.

La stessa Costituzione repubblicana contiene una serie di *Disposizioni transitorie e finali* che non cessano di formare diritto malgrado riguardino situazioni ben determinate (o abbiano destinatari già individuati dal testo costituzionale, come nei casi della XII e della XIII *Disp. trans.*, rispettivamente relative ai «capi responsabili del regime fascista» o ai «membri» e ai «discendenti di Casa Savoia»).

Ma ben più imponente è il fenomeno delle da poco ricordate (*i*) ***leggi provvedimento*** il regime delle quali non è di per sé stesso, per il solo fatto che esse sono tali, diverso da quello spettante alle norme legislative generali e astratte[4]. Anche se, per esse, **il sindacato sul rispetto del principio generale d'eguaglianza** di tutti i cittadini davanti alla legge **dev'essere, posta la loro particolare natura, particolarmente incisivo**.

E considerazioni analoghe valgono, a più forte ragione, per i (*ii*) **«provvedi-**

---

[3] Altro è il caso di quei tipici fatti normativi che sono le «consuetudini»: per esse – come è noto (ma v. *infra*, la sez. I, § 27, di questo capitolo) – è costitutivo l'elemento dell'uniforme e costante ripetizione di certi comportamenti posti in essere nella convinzione di seguire un precetto giuridicamente dovuto.

[4] Alle leggi provvedimento si estende, in particolar modo, la previsione dell'art. 136 Cost. per cui, quando viene dichiarata l'illegittimità costituzionale di *una norma di legge, la norma* stessa cessa di avere efficacia dal giorno successivo alla pubblicazione della decisione.

menti provvisori con forza di legge» regolati dall'art. 77 Cost. (sotto il nome di decreti legge), per (*iii*) gli **atti naturalmente retroattivi** (e dunque riferiti a fatti pregressi ben determinati) come (*iii.*1) **quelli di concessione dell'amnistia e dell'indulto**, per le svariatissime (*iii.*2) **disposizioni legislative di sanatoria o di conferma** e via discorrendo. Il che avvalora l'assunto che le norme generali e quelle speciali, eccezionali o anche individuali, siano le specie di un unico genere: senza che sia dato distinguere fra di esse, al fine di caratterizzare complessivamente le fonti normative.

b) D'altro lato, nello sforzo di giungere a una qualificazione più precisa, si è invece insistito sulla **politicità delle fonti del diritto**, considerandole tutte «come espressione dei processi di unificazione politica nella sfera dell'ordinamento giuridico» (Zagrebelsky). Coerentemente, si è sostenuto che i titolari del potere normativo dispongano tutti – per definizione – d'una valutazione discrezionale o libera dei rapporti giuridici da disciplinare, con la conseguenza che gli atti non conformi a questo schema, quali sarebbero ad esempio i regolamenti di mera esecuzione delle leggi, non avrebbero titolo per essere classificati tra le fonti. Di più: qualsiasi fonte eccedente lo schema stesso, quand'anche produttiva di diritto, dovrebbe dirsi *extra ordinem* (ivi comprese le «consuetudini», così assimilate alla «necessità» quale fatto normativo non disciplinato e non disciplinabile dall'ordinamento giuridico, secondo un'opinione già espressa da Mortati).

Ma anche questa teoria finisce per collocarsi sul piano delle astrazioni scientifiche, inutilizzabili – al limite – dal punto di vista dommatico. Nel diritto italiano la qualità di fonte può prescindere dalla sua valenza politica (anche se questa è presente nella generalità dei casi). Ogni regolamento, quali che ne siano i contenuti, va positivamente riguardato come fonte, purché non si tratti di un regolamento «interno», costitutivo di un ordinamento minore e diverso da quello generale. Ne offriva testuale conferma la legge *31 gennaio 1926, n. 100*, sulla «facoltà del potere esecutivo di emanare norme giuridiche», rimasta a lungo vigente in vari suoi disposti; e ne dà la riprova, attualmente, la legge *23 agosto 1988*, n. *400, con particolare riguardo per quanto essa dispone nell'art. 17*. Né corrisponde al linguaggio corrente la classificazione delle consuetudini tra le fonti *extra ordinem:* sia perché degli «usi» ragionano esplicitamente le norme sulle fonti normative premesse al Codice civile sotto il titolo di «Disposizioni sulla legge in generale»; sia perché – alla lettera – *extra ordinem* sono i fatti eversivi di un certo ordinamento (o comunque formativi di nuovo diritto, malgrado il loro contrasto con le norme sulle fonti)[5], e non quelli che lo costituiscono conformemente alle regole dell'ordinamento stesso (v. *infra* il § 31 di questo capitolo).

---

[5] In altri e più precisi termini, le fonti *extra ordinem* non sono mai previste dalle apposite norme sulla produzione (o da altre nonne che comunque disciplinino fatti normativi), ma rappresentano «un prodotto immediato del principio di effettività», determinando «l'introduzione nell'ordinamento giuridico di norme derogatorie rispetto a quelle che deriverebbero dal sistema delle fonti legali» (Pizzorusso).

c) Conclusivamente, allora, occorre riaffermare che la selezione delle proprie fonti spetta a ciascun ordinamento, sulla base di criteri autonomamente prescelti. A questa stessa stregua compete a ogni sistema normativo fissare il livello al di sopra del quale si collocano gli atti e i fatti produttivi di diritto, in contrapposizione a ogni altro atto o fatto che, seppure del pari «giuridico», va collocato al di sotto del livello medesimo e – per ciò stesso – tenuto all'osservanza delle previsioni o dei precetti normativi stabiliti dalle varie fonti.

Non si vuole alludere, con questo, alla cosiddetta gerarchia delle fonti (della quale si dirà più avanti, allorché si ragionerà sul *come* si può dare sistemazione alle fonti stesse), sia perché essa presuppone che ci si stia già esclusivamente muovendo all'interno del mondo delle fonti, sia perché essa rappresenta un criterio *proprio* di un ordinamento dato di sistemazione degli atti e dei fatti normativi del medesimo: la gerarchia, infatti, rappresenta tuttora un criterio *interno* di sistemazione degli atti e dei fatti normativi, considerati nei loro reciproci rapporti. Si vuole invece intendere, più semplicemente, che le fonti di produzione d'un certo ordinamento, riguardate nel loro intero complesso, si sovrappongono alla totalità degli altri fatti generativi di effetti giuridici, determinandone l'**antigiuridicità** qualora essi contrastino con le norme giuridiche così prodotte. Secondo le varie prospettive e le varie terminologie peculiari dei diversi rami del diritto, nonché secondo gli effetti propri e peculiari del tipo di antigiuridicità prodotta, si dirà dunque che gli atti incompatibili con le norme costitutive dell'ordinamento sono nulli o annullabili, illegittimi o illeciti, che illecite sono le corrispondenti condotte e via discorrendo.

Ma rimane fermo che le norme giuridiche condizionanti ogni altro atto e fatto giuridico, nell'ambito di un dato sistema normativo, non sono tali perché costantemente e necessariamente provviste di determinati caratteri intrinseci (quali la generalità-astrattezza o la politicità di esse); bensì perché formate, con qualunque contenuto o con qualunque grado di valenza politica, dagli atti e dai fatti *sopraordinati* in quel certo sistema, cui positivamente spetti la qualifica di fonti.

3. *Problemi e criteri di individuazione delle fonti normative*

Quanto si è detto non toglie che l'individuazione delle fonti dia luogo a svariati e frequenti problemi, specialmente nell'ambito di un ordinamento come quello vigente in Italia, dove la tipologia delle fonti medesime si presenta estremamente ricca e complicata. Talvolta è addirittura incerto se alcuni *tipi di atti* rientrino o meno tra le fonti. In molti altri casi, può essere arduo stabilire se un *singolo atto* presenti o meno le caratteristiche proprie di un determinato *tipo* di fonte. E tali difficoltà si accentuano relativamente ai fatti normativi strettamente intesi, con particolare riguardo alle consuetudini.

Di regola, però, può dirsi che *l'individuazione delle singole fonti-atto si effettua mediante il ricorso a* ***criteri formali***, che hanno di mira (*a*) l'*autorità compe-*

tente, (*b*) il «*nomen juris*», il (*c*) *procedimento formativo* o altri caratteri messi in luce dal testo dell'atto stesso.

Le (*i*) *leggi* di ogni genere, costituzionali e ordinarie, statali e regionali, rappresentano senza alcun dubbio altrettanti atti normativi (salvi soltanto i problemi attinenti alle cosiddette leggi meramente formali: v. *infra*, il § 15 della sez. II di questo capitolo); l'appartenenza ai tipi in questione può considerarsi pacifica ogni qualvolta un certo atto assume il nome di *legge* (eventualmente qualificandosi come legge costituzionale o come legge di una data Regione) e rappresenta il frutto dei procedimenti prescritti in tal senso dalla Costituzione. In tutte queste ipotesi, cioè, i criteri formali escludono la necessità e la possibilità stessa di fare ricorso a criteri sostanziali: essendo indifferente – come si diceva – che la legge contenga norme generali o provvedimenti puntuali (salvo il rispetto delle prescrizioni costituzionali che talvolta impongono la generalità delle disposizioni legislative aventi determinati contenuti).

Analogamente, il ricorso ai criteri formali risulta necessario e sufficiente allo scopo per quanto concerne i (*ii*) *decreti-legge* previsti dall'art. 77 Cost. Nelle *Gazzette ufficiali* tali atti sono identificabili con immediatezza in virtù del loro tipico nome; ed a ciò si aggiungono, quali dati distintivi del tutto peculiari, sia l'iniziale riferimento – contenuto nelle premesse – ai presupposti giustificativi della necessità e dell'urgenza, sia la finale clausola di stile per cui ciascuno degli atti medesimi va «presentato alle Camere per la conversione in legge» (come appunto esige il secondo comma dell'art. 77 Cost.). Ma il *nomen juris* vale attualmente a contraddistinguere altre fonti, quali le (*iii*) *leggi delegate* ovvero i più importanti fra gli (*iv*) *atti di esercizio della potestà regolamentare*. Ancora in tempi non remoti, le leggi delegate restavano confuse nella massa dei decreti del Presidente della Repubblica, dei quali potevano rappresentare i contenuti; oggi, al contrario, le leggi stesse sono formalmente e appositamente qualificate come *decreti legislativi*, in virtù della legge 23 agosto 1988, n. 400 (art. 14, co. 1). Ed è sempre quella legge ad imporre sia che i *decreti legge* siano presentati «... *per l'emanazione al Presidente della Repubblica con la denominazione di "decreto-legge"* ...» (art. 15, co. 1), sia che gli *atti regolamentari del Governo e dei ministri* rechino appunto la denominazione di «*regolamento*» (art. 17, co. 4), oltre ad essere adottati «previo parere del Consiglio di Stato» [6] (anche se l'inosservanza della prima di tali prescrizioni non è del tutto chiara nelle sue conseguenze: Rescigno).

Sotto vari aspetti, tuttavia, i criteri formali non soccorrono o non bastano sempre ad operare l'individuazione di cui si discute. In primo luogo (*I*), può ben darsi che i criteri medesimi – pur quando previsti e richiesti dall'ordinamento giuridico – non siano tutti presenti e rispettati nel caso specifico. Così, per esempio, può ben darsi che un atto si auto-denomini «legge» e però non scaturisca dal procedimento legislativo prefigurato dalla Costituzione, non essendosi adem-

---

[6] In tale senso l'art. 17, co. 1, sempre della legge n. 400/1988 cit.

piuto – nel formarlo – a questa o quella *norma procedurale* costituzionalmente stabilita: donde il dilemma – da risolvere volta per volta – se l'inadempimento determini soltanto l'illegittimità costituzionale dell'atto-fonte (o d'una parte di esso), ferma restando la sua capacità di produrre diritto fino a quando il vizio non venga accertato e sanzionato, o sia così grave da escludere in partenza la tipica efficacia dell'atto stesso, rendendolo a priori inesistente oppure nullo (così certamente sarebbe nell'ipotesi di una asserita «legge» il cui testo fosse stato approvato da una sola delle due Camere).

In secondo luogo *(II)*, vi sono alcuni tipi di atti-fonte riconosciuti come tali dall'ordinamento italiano vigente, in ordine ai quali non si può ragionare di criteri distintivi ravvisabili sul piano formale. Si pensi specialmente ai *regolamenti* adottabili dalle competenti autorità del potere esecutivo, prima che sul punto intervenisse la detta legge n. 400/1988. In base alle «*Disposizioni sulla legge in generale*» tali atti venivano esplicitamente inseriti tra le «fonti del diritto». Per essi, nondimeno, il nome di regolamento poteva e talvolta può ancora far difetto, senza risultare comunque decisivo allo scopo della loro specifica individuazione (mentre il nome ufficiale dell'atto che li conteneva era quello, assai generico, di decreto presidenziale o di decreto ministeriale, o prefettizio o altro); il procedimento formativo era sovente ed è ancora talvolta comune all'*iter* mediante il quale si adottano i più vari provvedimenti amministrativi (e non normativi); e si rendeva pertanto necessario – come verrà subito chiarito – fare appello a criteri di natura sostanziale.

In terzo luogo *(III)* accade che per interi complessi di atti o di fatti in senso stretto si dubiti se essi vadano o meno inquadrati tra le fonti di produzione normativa. Qualche autore ha messo addirittura in discussione (v. *infra* il § 18 della sez. II di questo capitolo) la qualità di fonti dei decreti-legge, relativamente all'attuale ordinamento italiano; e per altri versi è stato posto in dubbio (anche se può sembrare inverosimile) che la qualifica di fonte spetti ai *regolamenti parlamentari* ovvero ai *referendum* abrogativi di cui all'art. 75 Cost.

(IV) Ma interrogativi in parte affini riguardano il nome di regolamento: che a volte si applica ai *regolamenti esterni*, costitutivi dell'ordinamento generale dello Stato italiano e dunque classificabili per definizione tra le fonti; laddove altre volte si tratta di *regolamenti interni*, costitutivi di ordinamenti minori e comunque distinti da quello generale, per cui non è più dato ragionare di atti-fonte nella prospettiva di questo *Manuale*[7].

---

[7] Ciò vale a più forte ragione per le *circolari ministeriali* (e per le *circolari amministrative* in genere) che rappresentano meri strumenti di comunicazione di atti del più vario contenuto (Giannini) e per definizione non sono costitutive di diritto oggettivo: possono sì porre norme, ma *interne* di amministrazione, aventi soprattutto una funzione interpretativa, ma in termini insuscettibili di vincolare le competenti autorità giurisdizionali, essendo già tutta da discutere (e probabilmente errata) l'idea che possano vincolare ad alcunché soggetti che non facciano parte dell'amministrazione che le emana.

Ed altre questioni non meno difficili, sebbene assai diverse, investono le fonti fatto per eccellenza, cioè *(V)* le consuetudini. Ad esse, infatti, le «*Disposizioni sulla legge in generale*» attribuiscono l'impropria e problematica denominazione di «usi»: senza peraltro chiarire in che si differenzino gli *usi normativi*, cui vogliono far riferimento le *Disposizioni* stesse, dagli innumerevoli *usi non normativi* (quali sono ad esempio, nel campo del diritto costituzionale, quelle regole di correttezza cui gli organi supremi dello Stato si conformano nei reciproci rapporti, non producendo in tal senso consuetudini costituzionali propriamente dette).

È per questo articolato insieme di motivi che i criteri formali cedono talora il passo ai cosiddetti **criteri sostanziali** di individuazione delle fonti. Sennonché gli stessi criteri sostanziali si dimostrano profondamente diversi gli uni dagli altri, ricevendo determinazioni ed applicazioni ben distinte, secondo che vengano in considerazione fonti normative dell'uno o dell'altro tipo. Così, per quanto attiene alle (*i*) consuetudini o agli usi normativi, l'essenziale fattore caratterizzante è rappresentato – come si vedrà – dalla cosiddetta *opinio juris*. Quanto ai (*ii*) regolamenti parlamentari ovvero ai (*iii*) *referendum* abrogativi, il problema ineludibile (che peraltro si pone in termini differenti per i due tipi di atti) è quello di stabilire: se essi concorrano o meno a costituire e rinnovare l'ordinamento statale. Quanto ai (*iv*) regolamenti esterni dell'esecutivo, si suole invece pensare che, per differenziarli dai provvedimenti amministrativi emanabili dalle medesime autorità (e spesso nelle medesime forme, specialmente prima dell'entrata in vigore della legge n. 400/1988), occorra far valere il criterio della generalità-astrattezza: in contrapposto al carattere individuale e concreto che sarebbe per contro peculiare dei provvedimenti.

Anche in quest'ultimo senso, però, interpreti e studiosi vanno incontro a notevoli motivi di difficoltà. Innanzitutto, occorre superare alcuni ostacoli definitori, determinati dalla varietà dei linguaggi dottrinali e accentuati dal fatto che la generalità e l'astrattezza delle norme (se ne è già detto anche nel § precedente) regolamentari vengono abitualmente trattate come una sorta di endiadi, confondendo e scambiando a vicenda i due termini in questione.

Isolatamente presa, comunque, la **generalità** può risolversi in ciò: che la norma generale è riferita a una serie indeterminata e indeterminabile di soggetti, così contrapponendosi ai comandi individuali, sicché la norma stessa riguarda una categoria di potenziali destinatari e non persone preventivamente individuate. A sua volta, l'**astrattezza** è propria della norma in quanto «volizione preliminare, che precede e regola una futura volizione concreta» (Romano): il che comporta che la norma stessa sia atta a ricevere una serie di applicazioni indefinite e indefinibili a priori, anziché limitarsi a risolvere un puntuale e attuale problema della vita. In altre parole, l'astrattezza è stata intesa in dottrina come sinonimo di *ripetibilità* e dunque di generalità nell'ordine «temporale», così distinguendosi dalla generalità in senso stretto che invece attiene all'ordine «spaziale» (Crisafulli), o, forse meglio, perché più immediatamente comprensibile, all'ordine «soggettivo»: il che spiega, fra l'altro, come possano considerarsi astratte norme giuridiche volta per volta applicabili a un singolo soggetto e non a altri, come ad esempio nel caso delle norme costituzionali riguardanti il solo Presidente della Repubblica (l'astrattezza delle quali dipende dal fatto che esse si applicano a qualunque titolare detenga – nel tempo – la carica di Capo dello Stato).

Sta comunque di fatto che la generalità-astrattezza può concepirsi quale condizione indispensabile per aversi una disciplina regolamentare nel senso che l'autorità amministrativa non dispone della «capacità di formare atti legislativi (o normativi) singolari», derogatori nei confronti di altri regolamenti (Zanobini); ma *(VI)* non è sufficiente a distinguere, in certe situazioni-limite, i regolamenti dai provvedimenti amministrativi estranei al novero delle fonti del diritto. Si pensi alle deliberazioni con le quali il CIP [Comitato interministeriale prezzi, soppresso con l'art. 1, co. 21, della legge 24 dicembre 1993, n. 547, con successivamente disposto trasferimento delle sue residue competenze al Comitato interministeriale per la programmazione economica (CIPE): v. *infra*, parte III, cap. III, § 10, *sub a2)* e *a8)*] stabiliva i prezzi di determinate merci per un indefinito periodo di tempo: nella prevalente dottrina e in giurisprudenza tali atti sono ritenuti amministrativi e non normativi, «*sia dal punto di vista formale, sia dal punto di vista sostanziale*» (cfr. la sent. 25 giugno 1957, n. 103, della Corte costituzionale); eppure le deliberazioni stesse erano certamente suscettibili di un'applicazione ripetuta, in una serie indeterminata di situazioni e nei confronti di un indeterminato complesso di soggetti. Si pensi, ancora, alle *(VII) ordinanze* e agli altri provvedimenti di necessità e di urgenza, adottabili da varie autorità amministrative anche in deroga alle leggi vigenti [8]; atti necessitati del genere, pur derogando ad altre norme e pur presentando sovente le caratteristiche della generalità e dell'astrattezza, vanno classificati fra quelli non normativi [9], in nome di ulteriori e peculiari criteri: ossia perché legati a situazioni contingenti ed eccezionali, senza che le autorità munite del potere in questione siano mai competenti a modificare permanentemente l'ordinamento giuridico [10].

In breve, *ciò basta a mettere in luce che* ***non esiste un taglio netto fra gli atti normativi e gli atti amministrativi***, fra le consuetudini e gli usi non produttivi di diritto, fra le fonti di produzione in genere e gli atti o i fatti non costitutivi dell'ordinamento generale dello Stato. Al contrario, i confini fra le une e gli

---

[8] Basti citare l'art. 2, co. 1, del testo unico delle leggi di pubblica sicurezza (r.d. 18 giugno 1931, n. 773), ai sensi del quale, pur con il limite precisato nella nota che segue, «il prefetto, nel caso di urgenza o per grave necessità pubblica, ha facoltà di adottare i provvedimenti indispensabili per la tutela dell'ordine pubblico e della sicurezza pubblica».

[9] Si veda, in tal senso, la sent. 23 maggio 1961, n. 26, della Corte costituzionale, che nega ai prefetti «il potere di emettere ordinanze senza il rispetto dei principi dell'ordinamento».

[10] Un ulteriore esempio è offerto dai «piani regolatori generali» dei Comuni che, diversamente dai «regolamenti edilizi» (sui quali v. il d.P.R. 6 giugno 2001, n. 380, con particolare riguardo per gli artt. 4 e 2, co. 4), vengono il più delle volte esclusi dalla serie degli atti normativi e sono comunque trattati come provvedimenti.

altri sono contrassegnati da varie zone grigie, nelle quali si collocano atti e fatti giuridici di classificazione incerta o controversa [basti pensare all'atto «*decreto del Presidente della Repubblica*», in breve «d.P.R.», con il quale vengono emanati, «*oltre gli atti previsti espressamente dalla Costituzione o da norme costituzionali e quelli relativi all'organizzazione e al personale del Segretariato generale della Presidenza della Repubblica*», anche tutti quelli di cui all'art. 1, co. 1, della legge 12 gennaio 1991, n. 13, e successive modificazioni: si va, così, dal decreto legislativo delegato, fonte primaria, alla «*concessione del titolo di città*» (ivi, lett. *ee*) che configura certamente un provvedimento amministrativo]; sicché, per qualificarli, occorre che gli operatori e gli interpreti, con particolare riguardo ai giudici competenti in materia, tronchino i problemi servendosi ad un tempo dei criteri più diversi, formali e sostanziali, nessuno dei quali si presta, però, a risolvere da solo e in via complessiva le questioni in esame, includendo tutte le fonti normative dell'ordinamento italiano ed escludendo tutti gli atti amministrativi, o giurisdizionali, o comunque mancanti dell'attitudine di creare diritto.

4. Segue: *rilevanza dell'individuazione delle fonti*

Resta da stabilire quale sia, agli effetti del nostro diritto positivo, l'**utilità di tutto questo sforzo di individuazione**.

Che la determinazione delle fonti abbia un concreto rilievo risulta incontestabile – e non viene in sostanza contestato – quando si ragiona della appartenenza di ogni singolo atto normativo a questo o quel tipo. Stabilire, ad esempio, se si tratti di un atto avente valore di legge o di un regolamento determina sicure e notevolissime implicazioni, sia quanto alla *forza* dell'atto stesso, sia quanto al *trattamento* che esso si presta a ricevere: *basti pensare che il sindacato sulla legittimità degli «atti aventi forza di legge» – secondo la dizione degli artt. 134 e 136 Cost. – spetta alla Corte cost.; mentre il sindacato giurisdizionale dei regolamenti viene alternativamente esercitato, con presupposti ed effetti diversi, dai giudici amministrativi oppure dai giudici ordinari*. Più in generale, è il sistema o la sistemazione delle fonti che esige l'esatta collocazione di tutte le loro componenti, poiché la *competenza* o il *grado gerarchico* propri di ogni tipo sono diversificati dalla Costituzione o dalle leggi, mediante un taglio sovente assai netto e profondo.

Ben altrimenti delicato è l'interrogativo basilare, concernente ***il senso dell'identificazione delle fonti normative nel loro intero complesso***.

Fra i costituzionalisti, si è sostenuto che alla categoria delle fonti andrebbe attribuito un «valore meramente scientifico-descrittivo» e non un «valore giuridico-normativo»: dal momento che l'inclusione o l'esclusione di un atto o di un fatto entro la categoria medesima o fuori di essa non comporterebbero in sé stesse «conseguenze normative di sorta» (Zagrebelsky).

Sembra allo scrivente che si debba aderire, viceversa, alla tesi che l'individuazione delle fonti presenti una precisa «*rilevanza pratica*» (Crisafulli), per una serie di ragioni riscontrabili nell'ordinamento vigente.

a) È già stato ricordato che, nell'insieme degli atti e dei fatti giuridici, quelli normativi detengono una ***posizione di primazia***, nel senso che qualunque fatto incompatibile con le norme da essi prodotte va considerato antigiuridico. Ciò si riscontra, oltre che per le norme costituzionali o legislative, anche per quelle collocate ai livelli inferiori della cosiddetta gerarchia delle fonti, con particolare riguardo ai regolamenti che, nel rapporto con i provvedimenti, sono contraddistinti normalmente dalla loro **inderogabilità**, cioè dalla loro prevalenza nei confronti degli atti sostanzialmente amministrativi, quand'anche adottati dalle medesime autorità (Carlassare)[11].

Vero è, però, che moltissime norme giuridiche, non solo regolamentari ma anche legislative, sopportano in vario senso *deroghe* da parte di atti formalmente sottoordinati. Così, quei provvedimenti amministrativi che assumono il nome di «ordinanze» vengono spesso dotati, per il perseguimento di finalità più o meno determinate, della capacità di contraddire le leggi stesse, salvi soltanto i principi generali dell'ordinamento. Del pari, in diritto civile sono ben note le *norme dispositive* o *suppletive* che rispettivamente cedono di fronte a patti contrari, derivanti da un legittimo esercizio dell'autonomia privata, ovvero si limitano a colmare eventuali lacune dei patti medesimi. Ma tanto il potere di ordinanza quanto l'autonomia dei privati sono in grado di essere validamente esercitati con esiti del genere, in quanto lo stesso ordinamento (dal Codice civile fino alle più varie leggi amministrative) preveda che le norme giuridiche cedano in presenza di atti non normativi con esse contrastanti (e quando ricorrono le condizioni specificamente stabilite dalla legge). Le eccezioni alla regola sono dunque apparenti, ma in realtà confermano la regola medesima, *giacché la derogabilità di questa o quella norma non dipende se non dalle puntuali previsioni fissate in tal senso dalla legislazione che disciplina la materia*; e non può mai costituire, per converso, il frutto dell'efficacia naturalmente propria degli atti non normativi.

b) In secondo luogo, è stato giustamente osservato che l'**interpretazione delle norme giuridiche** obbedisce a regole particolari, in vario senso diverse da quelle che volta per volta si applicano nell'interpretare l'una o l'altra specie di atti non normativi, come già si desume – almeno in parte – dall'art. 12 delle «*Disposizioni sulla legge in generale*», implicitamente riferibile a tutte le fonti o, quanto meno, agli atti normativi in genere e non alle sole leggi formali. Peculiare delle nor-

---

[11] Se ne traeva testuale conferma dall'art. 6 del r.d. 3 marzo 1934, n. 383, che attribuiva al Governo la «facoltà, in qualunque tempo, di annullare... gli atti viziati da incompetenza, eccesso di potere o violazione di leggi o di regolamenti generali o speciali». Ma si veda ora il più generico art. 2, co. 3, lett. *p*), della legge 23 agosto 1988, n. 400, nella parte in cui prevede la sottoposizione a deliberazione del Consiglio dei ministri delle «*determinazioni concernenti l'annullamento straordinario a tutela dell'unità dell'ordinamento, degli atti amministrativi illegittimi, previo parere del Consiglio di Stato* ...».

me giuridiche, nell'ambito del nostro come di ogni altro ordinamento, è l'essere costitutive dell'ordinamento stesso: con la conseguenza necessaria che ognuna di esse concorre a formare – per definizione – un sistema normativo dal quale discende la sua giuridicità. Di qui la decisiva importanza dell'interpretazione **sistematica**, soprattutto nell'ambito di un ordinamento assai complesso come quello statale italiano; sicché l'interpretazione **letterale** e quella imperniata sulla **intenzione del legislatore** (di cui al co. 1 dell'art. 12 *Disp. prel.*) non hanno in tal campo una piena preminenza, ma devono fare i conti con il senso che ogni norma acquisisce nei suoi collegamenti con il sistema (appunto) di norme in cui sono inserite, cioè con il circostante diritto oggettivo, sia pure fondato su fonti diverse; e vanno comunque integrate mediante il ricorso alle «disposizioni che regolano casi simili o materie analoghe» (***analogia legis***) ovvero ai «principi generali dell'ordinamento giuridico dello Stato» (***analogia iuris***), come si precisa nell'art. 12 cpv.

Il che non trova compiuto riscontro né quanto ai *contratti*, per i quali è determinante «la comune intenzione delle parti» (cfr. l'art. 1362 Cod. civ.); né quanto agli *atti amministrativi*, in ordine ai quali è risolutiva l'importanza del loro testo, della volontà del loro autore, degli altri atti posti in essere dalle medesime autorità, e via discorrendo. In realtà, però e a ben vedere, anche i diversi canoni di interpretazione propri di contratti e atti amministrativi (che fonti normative non sono), non possono ritenersi inutili ai fini del discorso che si va facendo, perché esistono fonti del diritto per le quali, data la loro natura, diviene fondamentale proprio la ricerca della *comune intenzione delle parti* (com'è per i «trattati internazionali»), o quella della *volontà dell'autore* (com'è per le «leggi provvedimento»). E non è un caso, posto che gli uni non sono altro che *accordi tra parti*, proprio come i contratti, e posto che nelle altre la loro *caratteristica provvedimentale* (cioè propria del caso singolo) assume un'importanza determinante relativamente alla ragione per cui sono state varate.

In linea di massima, inoltre, le norme giuridiche da applicare al caso s'impongono ai giudici in qualsiasi tipo di giudizio, siano o non siano state dedotte dalle parti. «Nel pronunciare sulla causa» – recita in tal senso l'art. 113 Cod. proc. civ. – «il giudice deve seguire le norme del diritto, salvo che la legge gli attribuisca il potere di decidere secondo equità»: e ciò in applicazione del principio **jura novit curia**, in base al quale il giudice stesso è tenuto anzitutto ad individuare d'ufficio la norma o le norme applicabili, in virtù di *un'assoluta presunzione di conoscenza* (che invece non sussiste per alcun altro tipo di atto o di fatto giuridico). Soltanto nei riguardi delle leggi straniere, richiamate dalle norme del diritto internazionale privato, si sono talvolta affermate in giurisprudenza posizioni contrarie o diverse, a partire dalle tesi che sostengono l'esigenza di una collaborazione fra il giudice e le parti; ma ciò si spiega appunto in considerazione della circostanza che la «legge regolatrice» è in tali casi quella di uno Stato diverso dall'Italia. In ogni caso, comunque, la legge 31 maggio 1995, n. 218, recante «*Riforma del sistema italiano di diritto internazionale privato*», ha ribadito la piena validità del principio «*jura novit curia*» con riguardo alla conoscibilità, da parte del giudice italiano, anche del diritto straniero, affermando, nell'art. 14 («*Conoscenza della legge straniera applicabile*»), che «*L'accertamento della legge straniera è compiuto d'ufficio dal giudice*» (co. 1), con l'eventuale ausilio, se lo ritiene necessario o anche solo opportuno, «*oltre che degli strumenti indicati dalle convenzioni internazionali, di informazioni acquisite per il tramite del Ministero di grazia e giustizia* [e l'interpello di] *esperti o istituzioni specializzate*» (ivi), nonché dell'«*aiuto delle parti*» (co. 2). Ciò non esime affatto il giudice dal dovere di conoscenza presunto dalla legge, tanto che solo «*Qualora il giudice non riesca ad accertare la legge straniera indicata, neanche con l'aiuto delle parti, applica la legge richiamata mediante altri criteri di collegamento eventualmente previsti per la medesima ipotesi normativa. In mancanza si applica la legge italiana*» (co. 2).

Ancora, le norme giuridiche e le relative fonti rilevano ai fini del compito precipuo e caratterizzante della **Corte di cassazione**, che consiste nell'assicurare – come dispone l'art. 65 dell'«*Ordinamento giudiziario*» adottato con r.d. 30 gennaio 1941, n. 12, e nei decenni molte volte modificato – «l'esatta osservanza e l'uniforme interpretazione della legge, l'unità del diritto oggettivo nazionale», largamente intesi. Basti qui ricordare che la Cassazione, specialmente in sede civile, è chiamata a garantire l'osservanza di qualsiasi fonte normativa, conoscendo a tal fine della «violazione o falsa applicazione di norme di diritto» da parte dei giudici inferiori (cfr. l'art. 360, n. 3, Cod. proc. civ.) [12]. In altri termini, spetta a tale Corte accertare gli eventuali *errori di diritto*, mentre la cognizione dei fatti rimane esclusa dalla sua competenza; e restano del pari escluse le violazioni di norme interne o di atti non normativi, salvo che esse non emergano sotto forma di vizi della motivazione.

5. *I problemi di sistemazione delle fonti nella prospettiva storica: dagli Stati di polizia ai «governi rappresentativi»*

All'individuazione delle fonti, considerate come tipi di atti o di fatti giuridici, deve fare seguito la **sistemazione delle fonti** stesse. Le leggi e gli atti equiparati, i regolamenti e le consuetudini, nel loro continuo succedersi ed interferire, determinano infatti – inevitabilmente e con la massima frequenza – una serie incessante di **antinomie**: cioè di contrasti del più vario genere, riscontrabili fra le norme che ognuno di essi produce. Per superare le antinomie, facendo applicazione delle une piuttosto che delle altre norme così contrastanti, occorre perciò costruire un **sistema delle fonti normative**, individuando i criteri da osservare nel dare la prevalenza a questa o quella norma astrattamente applicabile al caso

[12] Similmente, l'art. 606, co. 1, lett. *b*), Cod. proc. pen. fa consistere il secondo motivo di ricorso per cassazione nella «*inosservanza o erronea applicazione della legge penale o di altre norme giuridiche, di cui si deve tener conto nell'applicazione della legge penale*».

(e nello stabilire quali siano gli effetti di tale prevalenza). Indipendentemente da un sistema delle fonti non è concepibile né perseguibile, invero, neanche un sistema delle rispettive norme: *la sistemazione in esame rappresenta perciò una premessa indispensabile affinché possa aversi un vero e proprio ordinamento giuridico*, in luogo di un caos normativo, insuscettibile di esser dipanato dagli operatori e dagli interpreti.

Tuttavia, la problematica riguardante il sistema delle fonti è divenuta sempre più complessa nel corso della storia (e si presenta particolarmente complicata nell'ordinamento italiano vigente). Il continuo crescere del numero delle fonti, qualificabili tanto come atti quanto come fatti normativi nel senso stretto del termine, ha non soltanto moltiplicato le concrete antinomie, ma si è ripercosso sulla tipologia di esse, richiedendo – come si vedrà – il ricorso a nuovi criteri di risoluzione dei conflitti fra le norme, variamente condizionanti i criteri tradizionali (e condizionati da questi). Per rendersi compiutamente conto del come e del perché vicende siffatte si siano verificate (e continuino a verificarsi), occorre perciò risalire nel tempo, considerando in un modo sia pure assai sintetico le varie sistemazioni che su questo piano si sono succedute.

Se si guarda agli Stati moderni fin dalle prime origini degli ordinamenti statali, si può dire anzitutto che ogni sistema normativo del genere conosce almeno due tipi di fonti: le **consuetudini**, cioè le fonti-fatto per eccellenza, e le **leggi**, qui intese come sinonimo di atti normativi. Tanto in astratto quanto in vista dei diversi concreti ordinamenti positivi riscontrabili nel corso della storia, i rapporti fra queste due specie essenziali di fonti hanno determinato e possono determinare «tre situazioni tipiche» (Bobbio): (*i*) primo, che le consuetudini prevalgano sulle leggi (ovvero sugli atti normativi comunque denominati: editti, ordinanze, proclami, regolamenti, statuti e via dicendo); (*ii*) secondo, che la prevalenza spetti invece alle fonti di diritto scritto, poste in essere da parte di autorità specificamente competenti (donde l'inconcepibilità di valide consuetudini *contra legem*); (*iii*) terzo, che i due tipi di fonti siano parificati per ciò che riguarda la loro forza o la loro efficacia, essendo dunque in grado di contraddirsi e di abrogarsi a vicenda.

Quest'ultima situazione (*iii*) è tuttora peculiare dell'*ordinamento canonico*, in cui la consuetudine, purché *rationabilis* e fatta valere per un adeguato periodo di tempo, può bene abrogare le leggi (o far cessare la loro efficacia in via di desuetudine); mentre le leggi successive nel tempo, a loro volta, abrogano le consuetudini con esse incompatibili[13]. Quanto invece alla *preminenza delle consuetudini sulle leggi* (*i*), si tratta di una situazione difficile da intendere, secondo la logica diffusa fra i giuristi contemporanei. Ma proprio questo era invece il rapporto normale fra i due tipi di fonti, agli albori dello Stato moderno. Le costituzioni stesse, ovvero le norme fondamentali dei diversi Regni, rientravano allora – di regola – nell'ambito del diritto non scritto, fondato sulla tradizione. E si

---

[13] Si vedano, ora, i canoni 23 ss. del nuovo Codice di diritto canonico, promulgato il 25 gennaio 1983.

tendeva a ritenere che neanche il *monarca*, sebbene *assoluto*, potesse contravvenire alle norme in questione: fino al punto di concludere – come si verificò in Inghilterra [14] – che la legislazione regia fosse tenuta a rispettare il diritto consuetudinario, a pena d'invalidità.

A partire dalla fase degli *Stati di polizia*, il diritto scritto comincia però ad affermarsi in maniera sistematica, riducendo corrispondentemente lo spazio spettante alle consuetudini (v. *retro*, parte I, cap. II, § 3). Ma non ne deriva senz'altro un vero e proprio sistema delle fonti normative con preminenza del diritto scritto sulle consuetudini (*ii*), sia perché i rapporti fra gli atti e i fatti normativi non sono ben definiti, fino a quando la codificazione non prende stabilmente piede; sia perché gli atti stessi non sono ben differenziati fra di loro, con riguardo alla competenza e alla forza proprie di ciascun tipo, dal momento che nelle monarchie assolute tanto la *potestas legislativa* quanto quelle *executiva e iudiciaria* – concettualmente differenziate le une dalle altre non senza ripercussioni sui rispettivi procedimenti – fanno pur sempre capo al Re, indipendentemente da una effettiva separazione dei poteri.

È invece nell'ambito degli *Stati di diritto* che si realizza una netta distinzione fra le *leggi formali* e le fonti-atto dell'esecutivo, a partire dai *regolamenti;* e, per conseguenza, ne deriva un sistema di stampo gerarchico, fondato essenzialmente su tre specie di fonti, dotate in vario grado della capacità di produrre diritto. Il trasferimento della sovranità dal Re alla Nazione, rappresentata dal corpo legislativo (o dalla Camera elettiva del Parlamento), determina necessariamente la **preminenza delle leggi formali** *(ii)*, approvate dalle assemblee legislative (e semplicemente «sanzionate» – cioè emanate previo assenso e non esercizio del diritto «di veto» – dal Re), rispetto a ogni altra fonte normativa. Così, già nella Costituzione francese del 1791 sta scritto che «il Potere esecutivo non può fare alcuna legge, neppure provvisoria, ma solamente dei proclami conformi alle leggi, per ordinarne o richiamarne la esecuzione» [15]. Sotto il nome di proclami quel testo ricomprende, incontestabilmente, anche gli atti normativi adottati dal Re o dai suoi ministri, che dunque si collocano in secondo piano nel sistema delle fonti, alla stregua degli odierni regolamenti dell'Esecutivo. Ed è su di un terzo livello, assolutamente subordinato, che stanno le consuetudini, di cui – generalmente – le moderne Costituzioni scritte non contengono neppure il *nomen*.

La **primazia del potere legislativo**, quanto alla creazione del diritto, riceve in tal modo costanti e solenni riconoscimenti, in tutti gli ordinamenti retti da «Governi rappresentativi» [16]. Nello **Statuto albertino del 1848**, ispirato sul punto

---

[14] Va specialmente ricordato il *Bonham's Case*, risolto dal giudice Coke nel 1610 con una decisione in cui si apriva la strada (quasi presagendo le forme contemporanee della giustizia costituzionale) alle dichiarazioni giudiziali di nullità degli atti del Parlamento, promulgati dal Re, qualora contrastanti con le consuetudini.

[15] Cfr. l'art. 6, sezione I, capitolo IV del titolo III.

[16] ... secondo il linguaggio utilizzato – fra l'altro – dall'art. 2 dello Statuto albertino.

dalla medesima logica della prima Costituzione scritta della Francia, l'art. 6 dispone pertanto che «il Re ... fa i decreti e regolamenti necessari per l'esecuzione delle leggi, senza sospenderne l'osservanza o dispensarne». E nell'esperienza statutaria il **carattere subordinato della potestà regolamentare**, sia governativa sia ministeriale sia spettante ad altre autorità, costituisce pur sempre un punto fermo, anche se i regolamenti vengono utilizzati ben oltre la pura e semplice «esecuzione» delle leggi, per trovare piuttosto applicazioni assai diffuse entro moltissime materie non disciplinate dal legislatore, «in virtù dei poteri direttamente conferiti al Re dalla Costituzione» (Cammeo).

6. Segue: *la gerarchia delle fonti; l'abrogazione come strumento essenziale per la risoluzione delle antinomie*

In un quadro come quello statutario, comune alla generalità delle Costituzioni ottocentesche, viene dunque spontaneo ragionare di una **gerarchia delle fonti normative** (anche se tale concetto si deve a una dottrina più tarda, legata soprattutto al nome di Kelsen). I sostenitori della cosiddetta struttura gerarchica degli ordinamenti giuridici statali teorizzano appunto la necessaria esistenza di fonti sopraordinate alle altre che in esse rinvengono il loro *fondamento* (o, quanto meno, il loro *limite giuridico*). Le fonti di rango superiore, collocate sul gradino più alto della scala gerarchica, sono cioè *condizionanti* nei riguardi delle fonti inferiori, per le quali determinano sia l'*autorità competente ad emanarle*, sia le *procedure* da seguire, sia anche – eventualmente – certi contenuti normativi necessari; laddove le fonti di rango inferiore, per contro, ne risultano *condizionate*, in quanto tenute a rispettarne le prescrizioni, di carattere procedurale e sostanziale (fermo restando – s'intende – che il riferimento alle procedure vale per le fonti-atto e non per le fonti-fatto, quali le consuetudini a formazione spontanea).

Al vertice del sistema – secondo le tesi gradualistiche di stampo kelseniano – dovrebbe porsi sempre la Costituzione, concepita come fonte primaria delle norme sulla normazione (v. *retro*, parte I, cap. I, § 7). Ma un simile assunto, formulato nella prospettiva della teoria generale del diritto, non trova riscontro negli ordinamenti statali in cui vigano *Costituzioni di tipo flessibile*; e tale era il caso dello Statuto albertino, al pari della maggioranza delle Carte costituzionali del secolo scorso. Per quanto il suo preambolo qualificasse lo Statuto stesso come «*Legge fondamentale, perpetua e irrevocabile della Monarchia*», è stato già ricordato (si veda parte II, cap. I, § 1) come ciò non comportasse «il divieto giuridico di recare eventuali emendamenti»[17]; sicché l'opinione divenuta ben pre-

[17] Alla tesi citata nel testo, Racioppi e Brunelli aggiungevano «Il vero significato della frase (perpetua ed irrevocabile) è semplicemente questo: che il Re Carlo Alberto, nel promulgare il

sto dominante, in mancanza di apposite previsioni statutarie che disciplinassero il procedimento di revisione, fu nel senso che tale *atto* restasse *equiparato, nella gerarchia delle fonti, ad ogni altra legge formale, con la conseguenza che leggi successive potevano validamente contraddirlo o addirittura sovrapporsi ad esso nella disciplina di questo o quell'organo costituzionale (come in effetti si verificò nel periodo fascista). Fonti primarie* dell'ordinamento statutario erano dunque le leggi, senza alcuna distinzione interna alla categoria; mentre i regolamenti si ponevano come *fonti secondarie*, quand'anche le norme da questi dettate stabilissero – in concreto – una disciplina di carattere indipendente, non condizionata da una specifica legislazione formale.

La chiave per esprimere e sintetizzare questa supremazia consisteva (e in parte ancora consiste) nella cosiddetta **forza di legge**: locuzione – questa – inizialmente coniata nella letteratura giuridica (Jellinek, Laband), ma poi largamente utilizzata dalla legislazione fascista e dalla stessa Costituzione repubblicana [18].

Per forza di legge s'intende cioè – secondo l'opinione tuttora prevalente fra i giuspubblicisti italiani – la tipica «capacità di innovare nell'ordine legislativo» che spetta alle norme dettate dalle leggi formali (Sandulli). Da un lato, perciò, nei sistemi sul tipo di quello statutario si diceva che la legge formale fosse dotata di un'incondizionata *forza attiva*, consistente nella capacità di abrogare le norme poste da fonti subordinate o dalle stesse leggi precedenti nel tempo, qualora incompatibili con i suoi disposti. D'altro lato, la legge medesima era contraddistinta da una *forza passiva*, consistente nella sua capacità di resistere all'abrogazione da parte di fonti subordinate (mentre nei soli rapporti fra leggi formali veniva meno la resistenza in questione e trovava invece applicazione il tradizionale principio della prevalenza della *lex posterior*).

Come si vede, nell'ambito dell'ordinamento statutario, strumento fondamentale di eliminazione delle antinomie è appunto l'**abrogazione**. Vero è che non si tratta, neanche in un sistema delle fonti normative che ancòra si presenta alquanto elementare, di uno strumento esclusivo. Quanto ai regolamenti che contrastino con leggi precedenti, spetta ai giudici amministrativi disporne *l'annullamento*, al pari che per ogni altro atto illegittimo delle pubbliche amministrazioni [19]. Quanto alle consuetudini *contra legem*, occorre invece effettuarne la *disapplicazione*; e quest'ultima è altresì lo strumento del quale si avvalgono i giudici ordinari che si accorgano della presenza di regolamenti che dovrebbero applicare per risolvere il giudizio sottoposto alla loro decisione e che si rivelano incom-

---

promesso Statuto, dichiarava di assumere *per sé e pei successori suoi* l'obbligazione solenne e spontanea di non tornare mai addietro», ritrattando l'avvenuta concessione della Carta costituzionale.

[18] V. specialmente, da un lato, l'art. 3 della legge 31 gennaio 1926, n. 100; e, d'altro lato, gli artt. 77, 134 e 136 Cost.

[19] Circa «la possibilità istituzionale (*ex* art. 113 Cost.) del sindacato giurisdizionale di legittimità su ogni deviazione nell'esercizio della normazione amministrativa», v. la sent. 23 marzo 1966, n. 26, della Corte costituzionale.

patibili con le norme dettate da leggi formali già in vigore[20]. Sennonché lo strumento abrogativo rimane quello utilizzabile con maggiore frequenza; tanto più che esso non opera nei soli rapporti fra leggi formali, rispettivamente precedenti e successive nel tempo (come parrebbe risultare testualmente dall'art. 15 delle «***Disposizioni sulla legge in generale***» premesse al *Codice civile* sin dalla prima edizione di questo, allorché fu emanato con il regio decreto 16 marzo 1942, n. 262), bensì negli stessi rapporti fra leggi e regolamenti anteriori, fra atti normativi in genere e consuetudini ad essi preesistenti, nonché fra regolamenti e altri regolamenti di pari grado, fra consuetudini anteriori e consuetudini sopravvenute.

A tutti questi effetti, dunque, s'imponeva e s'impone l'**art. 15 *Disp. prel. Cod. civ.*** *per cui «le leggi non sono abrogate che da leggi posteriori per dichiarazione espressa del legislatore o per incompatibilità tra le nuove disposizioni e le precedenti o perché la nuova legge regola l'intera materia già regolata dalla legge anteriore»*. Più precisamente, tre sono i fattori dell'effetto abrogativo, così previsti dalle preleggi. All'**abrogazione espressa**, prodotta da uno specifico disposto normativo che fa menzione esplicita della disposizione, o delle disposizioni, che intende abrogare, vanno contrapposte – secondo il corrente linguaggio dottrinale – due specie di **abrogazione tacita**. Ma il linguaggio in questione non è condiviso da tutti, giacché l'abrogazione tacita viene talvolta riferita alle sole ipotesi *d'incompatibilità* fra le norme legislative sopravvenute e quelle antecedenti; mentre, nelle varie ipotesi di *ridisciplina dell'intera materia*, per effetto della quale venga novata la fonte delle stesse norme corrispondenti a quelle già poste da leggi anteriori, vi è chi ragiona di un'**abrogazione implicita** (Zagrebelsky).

Ciò che maggiormente conta è comunque il fatto che, nel primo caso (quello dell'abrogazione espressa), questa costituisce il frutto di una *clausola abrogativa*, appositamente inserita nella legge abrogante, che identifica le norme abrogate facendo puntuale riferimento alle corrispettive disposizioni (vale a dire agli atti legislativi, ai singoli articoli di legge o anche ai commi coinvolti nell'abrogazione). Per contro, nel secondo e nel terzo caso (abrogazioni tacita e implicita), il verificarsi dell'abrogazione e l'estensione di essa formano l'oggetto di *questioni interpretative*, che vanno risolte da parte dei giudici competenti in materia (sicché spetta alla giurisprudenza, nel suo consolidarsi, stabilire se le *antinomie* fra le leggi precedenti e le leggi successive siano *reali* o soltanto *apparenti*, richiedendo o escludendo il ricorso allo strumento abrogativo). Inversamente, d'altronde, in tutte le ipotesi in cui tali opzioni competano agli interpreti si deve ra-

[20] Vale, infatti, quanto già stabilito dall'art. 5 della legge 20 marzo 1865, n. 2248, allegato E: «Le Autorità giudiziarie applicheranno gli atti amministrativi ed i regolamenti generali e locali in quanto siano conformi alle leggi».

Attualmente, in realtà, il co. 3 dell'art. 113 Cost. affida alla legge la determinazione degli «organi di giurisdizione» competenti ad «annullare gli atti della pubblica amministrazione», senza dunque escludere a priori i giudici ordinari. Ma un tale disposto non è mai stato generalmente applicato in quest'ultimo senso.

gionare di abrogazione tacita (o implicita): con la conseguenza che rientrano in tal campo anche quelle superflue (perché – che ci siano, o no – se l'incompatibilità esiste, l'abrogazione opererà comunque) clausole abrogative con cui ci si limita a dichiarare abrogate tutte le «disposizioni contrarie o comunque incompatibili», senza peraltro chiarire – contestualmente – quali siano le disposizioni stesse.

Almeno a prima vista, potrebbe sembrare che l'abrogazione debba essere distintamente definita come un atto o come un fatto giuridico, a seconda che il legislatore la disponga in maniera testuale e precisa, oppure lasci agli interpreti il compito di determinarla. Ma in ogni caso ciò che ne risulta è un comune **effetto abrogativo**, operante a carico delle norme abrogate. Più specificamente – come ha argomentato la Corte costituzionale – «l'abrogazione non tanto estingue le norme, quanto piuttosto ne delimita la sfera materiale di efficacia, e quindi l'applicabilità, ai fatti verificatisi sino ad un certo momento nel tempo»; in altra prospettiva – stando alle parole della Corte stessa [21] – «l'abrogazione, limitando ai fatti verificatisi fino ad un certo momento la sfera di operatività della legge abrogata, incide su questa nel senso che, originariamente fonte di una norma riferibile ad una serie indefinita di fatti futuri, essa è oramai fonte di una norma riferibile solo ad una serie definita di fatti passati».

L'abrogazione, dunque, non estingue, non elimina, non annulla, non disapplica, non rende nulla o inesistente una norma: fa invece sì che questa **non sia più applicabile** a partire da un determinato momento (quello dell'abrogazione, appunto) in poi, senza che ciò comporti alcunché con riguardo al periodo antecedente all'abrogazione medesima. Ciò non significa solo che i casi già risolti con la norma abrogata lo sono stati validamente, ma pure che, in applicazione della locuzione secondo cui *tempus regit actum*, i fatti insorti antecedentemente all'abrogazione vanno comunque risolti con la norma abrogata.

Di più, se quanto sin qui esposto è chiaro, dovrebbe anche essere perfettamente comprensibile, proseguendo nel ragionamento, perché, nel corso di un processo insorto successivamente all'abrogazione, ma vertente su un fatto verificatosi prima di essa, allorché il giudice dubiti della legittimità costituzionale della norma abrogata dovrebbe (non già potrebbe) sollevare su di essa la relativa questione di legittimità costituzionale in via incidentale (v. *infra*, parte VI, cap. II, sez. II, §§ 2 e ss.) avanti la Corte costituzionale.

Tutto ciò non esclude – s'intende – che la disciplina dettata dalla legge abrogatrice possa anche **retroagire**, in deroga al principio generale dell'irretroattività delle leggi, stabilito dall'art. 11 delle «*Disposizioni sulla legge in generale*» [22]: nel

---

[21] Nel primo senso, v. la sent. 2 aprile 1970, n. 49; nel secondo senso si esprime la coeva sent. 28 aprile 1970, n. 63.

[22] Così la citata disposizione: «***La legge non dispone che per l'avvenire: essa non ha effetto retroattivo***». Prevista dunque dalle *Preleggi*, essa ha forza di legge così come la fonte che la contiene: *ergo*, non può vincolare il legislatore (ordinario) futuro, di talché ogni legge poteva (sotto la vigen-

qual caso – eccezionalmente – le norme abrogate non sarebbero più suscettibili di venire applicate neppure a tutti i rapporti pregressi, insorti durante la piena vigenza delle norme stesse, bensì solo a quelli che si possano, nel frattempo, ritenere «*esauriti*» o «*chiusi*» per le più diverse ragioni (v. *infra*, parte VI, cap. II, sez. III, § 13, lett. *a* e *b*).

Quanto al ***fondamento dell'abrogazione***, nelle situazioni di contrasto fra leggi anteriori e leggi successive (cioè tra fonti che si ipotizzano di pari grado, ma emanate in tempi diversi), esso non andava e non va ricercato nella maggior forza degli atti sopravvenienti nel tempo (o delle norme da essi prodotte). Nella gerarchia delle fonti, atti del genere rimangono sempre equiparati e non sopraordinati gli uni agli altri, diversamente da ciò che si verifica nei rapporti fra leggi successive e regolamenti, o consuetudini, anteriori; sicché, per spiegare gli effetti abrogativi che continuamente si danno in tal senso, non si deve ricorrere al criterio gerarchico, bensì al cosiddetto **criterio cronologico** (Crisafulli). A sua volta, il criterio cronologico è reso indispensabile nell'ordinamento statutario – al pari che in tutti gli ordinamenti statali contemporanei – dalla presenza di un potere legislativo «permanente e potenzialmente inesauribile» (Pugliatti), qual era, in effetti, il potere attribuito alle due Camere ed al Re, in virtù dell'art. 3 dello Statuto albertino.

L'abrogazione delle leggi precedenti (o meglio delle rispettive norme) è imposta appunto dall'*inesauribilità della legislazione*, vale a dire dall'ovvia ed incontestata esigenza che lo spazio spettante alle scelte legislative, effettuabili dal Parlamento in qualsiasi tempo, non si riduca progressivamente a causa delle scelte già effettuate: giacché l'esaurirsi della funzione legislativa corrisponderebbe al venir meno dello stesso «governo rappresentativo», basato sulla sovranità nazionale o popolare. Ogni altra spiegazione del fenomeno si risolve nel fraintendimento di esso ovvero in una complicazione concettuale: come nel caso della tesi dottrinale (Esposito, Modugno), per cui ciascuna norma conterrebbe in se stessa un'implicita «condizione risolutiva della propria efficacia», destinata ad operare nel momento dell'entrata in vigore della fonte abrogatrice. In realtà, le leggi formali [*ma il discorso vale per le fonti normative in genere, fatta eccezione per quelle costituenti:* v. *infra*, la sez. II, § 11, di questo capitolo] *non possono auto-attribuirsi un'efficacia e/o una forza diversa rispetto a quelle che caratterizzano il* «tipo» *di fonte cui appartengono. Di talché, se si ammettesse che esse possano condizionare in alcun modo la cessazione della propria efficacia [attraverso quella che si potrebbe chiamare* «autoabrogazione» *(Patrono)], ne risul-*

---

za dello Statuto albertino), ma può anche ora (posto che la Costituzione non ha stabilito nulla di diverso in argomento, tranne che per ciò di cui subito si dirà) disporre, per sé stessa, di essere retroattiva e fino a quando fare retroagire i propri effetti. L'unica blindatura disposta dalla Costituzione repubblicana nei confronti della retroattività delle leggi è quella di cui all'art. 25, co. 2, Cost. Se, secondo questa disposizione, nessuno «*può essere punito se non in forza di una legge che sia entrata in vigore prima del fatto commesso*», significa che nessuna legge penale può essere retroattiva, a pena della sua certa illegittimità costituzionale.

terebbe compromessa sia l'inesauribilità della legislazione, intesa in senso lato (perché una fonte finirebbe per vincolare il legislatore futuro), sia la gerarchia delle fonti, posto che la legge formale in ipotesi condizionante finirebbe con il risultare giocoforza più «forte» *delle altre leggi.*

«Per ammettere siffatta deroga ai principi generali che regolano la successione delle leggi nel tempo... occorre poter risalire ad una precisa ed univoca statuizione costituzionale» (così la Corte costituzionale, sia pure con riguardo alla Costituzione in allora vigente, nella sent. 19 gennaio 1972, n. 4); e statuizioni del genere non figuravano nel sistema statutario delle fonti. La deroga introdotta dall'art. 1 della legge 7 gennaio 1929, n. 4, per cui le norme da questa dettate in materia di *violazione delle leggi finanziarie* non potevano «essere abrogate o modificate da leggi posteriori concernenti i singoli tributi se non per dichiarazione espressa del legislatore», era solo apparente: sia perché i giudici non erano in grado di sindacare la validità delle leggi che avessero disatteso quell'imperativo, ma dovevano rimettere il problema alla Corte di cassazione, in base all'art. 23 della legge cit.; sia perché, in ogni caso, ne sarebbe nata una questione interpretativa e non una questione di legittimità costituzionale delle leggi medesime che nell'ordinamento statutario non era concepibile, posta la natura flessibile dello Statuto albertino. E considerazioni analoghe valevano quanto al ricordato art. 11, co. 1, delle preleggi, in base al quale «la legge non dispone che per l'avvenire» e pertanto «non ha effetto retroattivo»: anche in presenza di quell'affermazione di principio nessuno dubitava (o dubita tuttora) che la legge ordinaria potesse (e possa) discostarsene; sicché il principio stesso si rivolgeva (e si rivolge) solamente agli interpreti, imponendo l'applicazione delle leggi in senso irretroattivo, fin dove non sia univoca la contraria intenzione del legislatore. In un ordinamento qual è l'attuale, invece, non v'è legge (né fonte subordinata alla legge) che possa derogare a ciò che di essa dispone la fonte superiore che ne prevede l'esistenza, i limiti, l'efficacia, la forza o la competenza (sul quale ultimo concetto v. *infra*, il § 9 di questo capitolo). Resta solo da risolvere se, ed eventualmente perché, la Costituzione, fonte suprema che non appare rispondere ad alcun'altra fonte collocata al di sopra di essa, possa contenere vincoli nei confronti del legislatore costituzionale futuro. Più chiaramente, per portare sin da subito un esempio concreto, in base a cosa l'articolo 139, di chiusura della nostra Costituzione, può stabilire che la: «*forma repubblicana non può essere oggetto di revisione costituzionale*»? (Anche su ciò, v. *infra*, la sez. II, § 11, di questo capitolo).

7. Segue: *dallo Statuto albertino alle «Disposizioni sulla legge in generale»*

Il sistema statutario delle fonti subisce progressivamente, peraltro, una serie di modificazioni aggiuntive: alcune delle quali si producono fin dai primi anni di funzionamento del nuovo regime; mentre in altri casi l'alterazione si manifesta soltanto a notevole distanza di tempo.

Seguendo un naturale ordine d'importanza, va ricordata anzitutto la graduale comparsa di varie specie di **atti aventi forza di legge**, promananti dal potere esecutivo ma tali da assumere – entro il sistema predetto – un rango equiparabile a quello spettante alle leggi formali. In primo luogo, la Carta costituzionale del 1848 prevedeva – nell'art. 78 e nell'art. 79 – che il Re potesse (ma nulla si diceva dello strumento che avrebbe dovuto adoperare) «creare» nuovi «Ordini cavallereschi» e «prescriverne gli statuti», nonché conferire nuovi «titoli di nobiltà». Con questo fondamento implicito, si ritenne che l'ordinamento statutario ammettesse il ricorso ad altrettanti *decreti legislativi di prerogativa regia;* ed analoghi atti normativi dell'esecutivo si ebbero anche in materia militare, dato l'art. 5 dello Statuto albertino, per cui spettava al Re stesso comandare «tutte le forze di terra e di mare»[23]. Di più: indipendentemente dallo Statuto, dei decreti legislativi venne fatto uso, in un momento più tardo, per dettare la *legislazione coloniale* nei territori africani gradualmente sottoposti alla sovranità italiana.

Tuttavia, in nessuno di questi settori si giunse a ritenere che l'esecutivo disponesse di una competenza legislativa riservata, intangibile dalle leggi formali: sia pure derogando alla logica dello Statuto, quanto agli ordini cavallereschi o quanto allo stesso ordinamento militare, *le leggi potevano invece sovrapporsi ai preesistenti decreti, determinandone l'abrogazione. Ma proprio di qui sarebbe discesa – secondo opinioni allora diffuse ma oggi discutibili, perché, a parità di forza, si sarebbe dovuto anche ammettere che decreti di prerogativa regia successivi e contrastanti con una legge avrebbero potuto determinare l'abrogazione di quest'ultima, il che pare assai arduo sostenere – l'eguale forza dei due tipi di atti*, anche se il Parlamento rimaneva provvisto di una competenza generale, mentre l'esecutivo non poteva in tal senso esorbitare dagli ambiti testé ricordati.

Ben più notevoli furono comunque i frutti del ricorso alla **delegazione legislativa** dal Parlamento al Governo. *Che il potere legislativo potesse venire così delegato, non era in verità previsto dallo Statuto albertino* (che pure non poneva uno specifico divieto, sul tipo di quello rintracciabile nell'art. 45 della Costituzione francese del 1795); ed anzi si tendeva a sostenere che un tale silenzio implicasse un'esclusione, dato il principio di separazione dei poteri e vista la conseguente ripartizione statutaria delle competenze fra l'esecutivo e il legislativo. Nondimeno, nella prassi – dopo alcune iniziali resistenze della giurisprudenza e della dottrina – si affermò l'idea che la flessibilità dello Statuto albertino lasciasse spazio alle *leggi formali di delegazione*, con cui – volta per volta – si consentiva al Governo, in deroga allo Statuto, l'esercizio di questa o quella funzione legislativa de-

[23] Può aggiungersi la citazione dell'art. 83, co. 1, St., che attribuiva al Re, per l'esecuzione dello Statuto medesimo, il compito di «fare le leggi sulla stampa, sulle elezioni, sulla milizia comunale, e sul riordinamento del Consiglio di Stato». Ma in quest'ultimo caso si trattava di un potete legislativo meramente transitorio appartenendo l'art. 83 alle disposizioni nel loro insieme rubricate, appunto «*Disposizioni transitorie*».

legata[24], fino all'estremo rappresentato dalle deleghe dei pieni poteri in periodo di guerra. Ed anche a questi effetti il Governo fu in grado di adottare altrettanti *decreti legislativi*, dotati per definizione della forza di legge: decreti che poi ricevettero un generale riconoscimento, dapprima in virtù del r.d. 14 novembre 1901, n. 466, e successivamente ad opera della legge 31 gennaio 1926, n. 100[25].

Infine, questa volta in chiaro, e non solo tacito e ipotetico, contrasto con la lettera dello Statuto, l'esecutivo non esitò a porre in essere **decreti-legge**, fuori dagli ambiti della prerogativa regia e prescindendo da previe delegazioni legislative, tutte le volte che sembrava imporlo un *preteso diritto dettato dalla necessità*, con particolare riguardo alla materia finanziaria e al ristabilimento dell'ordine pubblico. A stretto rigore, atti normativi del genere avrebbero dovuto considerarsi *extra ordinem*, con la conseguenza che le autorità giudiziarie non avrebbero potuto/dovuto dar loro applicazione, prima che il Parlamento provvedesse ad approvarli mediante una «legge di ratifica» (Racioppi-Brunelli). Ma l'opinione di gran lunga prevalente – nella prassi – fu invece nel senso che i decreti-legge, pur destinati ad esser quanto prima *convertiti in leggi formali*, costituissero atti normativi con forza di legge. Anche in dottrina fu autorevolmente sostenuto che la *necessità* dovesse dunque concepirsi *quale fonte prima del diritto* (Romano). Ed un tale genere di legislazione dell'esecutivo finì per venire adoperato in maniera sistematica, precedentemente e successivamente alla legge n. 100/1926 che impose: *a*) di munire ogni decreto siffatto della «clausola di presentazione al Parlamento per la conversione in legge»; *b*) di presentarlo – «a pena di decadenza» – «non oltre la terza seduta dopo la sua pubblicazione»; *c*) di ottenere la conversione entro due anni, senza di che ne sarebbe derivata la cessazione, seppure *ex nunc* (e non *ex tunc* com'è ora e dopo il ben minore periodo di tempo di sessanta giorni) della vigenza dell'atto[26], assimilabile a una sorta di abrogazione automatica.

Alla moltiplicazione degli atti aventi forza di legge corrispose, poi, lo scomporsi dei regolamenti in vari tipi di fonti differenziate sia per l'autorità competente a formarle, sia per la competenza spettante a ciascuna di esse, sia per la posizione rispettiva entro il sistema delle fonti stesse. Stando all'art. 6 dello Statuto albertino, poteva in verità sembrare che fossero ammissibili i soli **regolamenti governativi** emanati dal Re. Precisamente in tal senso, nell'ordinamento statutario si richiedeva il parere del Consiglio di Stato su tutte le «proposte di regolamento generale di pubblica amministrazione» e si affidava al Consiglio dei ministri la deliberazione dei regolamenti sia «generali di pubblica amministrazione», sia «per l'esecuzione delle leggi»[27]; mentre nel periodo fascista così pareva di-

[24] Le prime indicazioni giurisprudenziali in tale direzione si ebbero da parte della Cassazione torinese, con sentenze del 30 marzo 1857 e del 1° marzo 1858.

[25] V. rispettivamente l'art. 1, n. 7, del r.d. cit. e l'art. 3, co. 1, n. 1, della legge cit.

[26] Cfr. l'art. 3, co. 1, n. 2, co. 2, 3 e 8, della legge cit.

[27] V. rispettivamente l'art. 9, n. 1, della legge 20 marzo 1865, n. 2248, allegato D, e l'art. 1, n. 7, del r.d. 14 novembre 1901, n. 466 cit.

sporre, con riguardo a ogni possibile specie di regolamenti, l'art. 1 della legge n. 100/1926. In realtà nessuno di quei disposti, in quanto dettati da leggi ordinarie, valse ad impedire che altre leggi attribuissero la potestà regolamentare – anche in via permanente – ad altre autorità del potere esecutivo, quali i singoli ministri: donde i **regolamenti ministeriali**, quelli prefettizi ed altri ancora (per non dire dei regolamenti comunali e provinciali), emanati senza una previa delibera del Consiglio dei ministri e senza che fosse sentito il parere del Consiglio di Stato.

Del pari, al di là dei **regolamenti di esecuzione** previsti dallo Statuto, si ebbero i più vari **regolamenti indipendenti** per la disciplina delle facoltà spettanti al potere esecutivo nelle materie non considerate organicamente dalle leggi, non senza problemi riguardanti sia la necessità di norme di legge attributive del potere in questione (che certi autori – come Zanobini – ritenevano indispensabili, laddove altri tendevano a prescinderne), sia l'esatta linea distintiva tra i regolamenti stessi e i decreti legislativi di prerogativa regia (posto che entrambe le fonti finivano con l'essere accomunate dal non avere una fonte che ne prevedesse l'esistenza).

In varie ipotesi, anzi, la dottrina amministrativistica ragionava addirittura di **regolamenti delegati** intesi come atti normativi carenti della forza di legge ma «autorizzati» dalle leggi a superare i limiti comunemente propri della potestà regolamentare, fino al punto di derogare alle leggi medesime, di ridisciplinare materie già disciplinate in via legislativa, di intervenire in settori normalmente riservati alla legge e via dicendo. Ma la cosiddetta delegazione della potestà regolamentare non dava luogo a un tipo di regolamento per sé stante, bensì era «sempre accessoria di una potestà regolamentare ordinaria» (Ragnisco, Zanobini); sicché i regolamenti «delegati» potevano farsi confluire tra i regolamenti «indipendenti» o anche tra i regolamenti «di esecuzione», sebbene abilitati a disporre ciò che sarebbe rimasto sottratto al potere esecutivo, senza l'intermediazione di un'apposita legge autorizzatrice che era la *vera* fonte cui si dovevano ricondurre gli effetti formalmente demandati al regolamento delegato, posto che quest'ultimo, in virtù del principio gerarchico, mai avrebbe potuto – in sé solo considerato – incidere su quanto disposto con legge. Si spiega, perciò, che dei regolamenti delegati l'art. 1 della legge n. 100/1926 non facesse neanche il nome, limitandosi a distinguere fra i regolamenti sulla «esecuzione delle leggi», sull'«uso delle facoltà spettanti al potere esecutivo», sull'«organizzazione ed il funzionamento delle Amministrazioni dello Stato» e della generalità degli enti pubblici. Ma i detti **regolamenti di organizzazione** potevano altresì considerarsi «delegati», giacché l'esecutivo veniva autorizzato a servirsene quand'anche si trattasse «di materie sino ad oggi regolate per legge» (così realizzando quella che attualmente si denomina *delegificazione*).

Per completare il quadro, ragionando delle fonti introdotte nella fase fascista dell'ordinamento statutario, bisogna in primo luogo aggiungere un riferimento ai **contratti collettivi di lavoro** previsti dall'art. 10 della legge 3 aprile 1926, n. 563: al di là del loro nome, si trattava di atti normativi (sia pure carenti della forza di legge) dal momento che vincolavano – con effetto *erga omnes* – i datori di lavoro e i lavoratori in genere della categoria considerata da ciascun contratto. Lungo questa linea si inserirono, in secondo luogo, le previsioni di varie specie di **norme corporative**, poste in essere a partire dalla legge 20 marzo 1930, n. 206, sul «Consiglio nazionale delle corporazioni»[28]: norme che il Codice civile del 1942 – nell'art. 2063 – considerava competenti a riguardare «la disciplina unitaria della produzione», «il regolamento dei rapporti tra determinate categorie professionali», nonché certe specie di «tariffe». (Nulla, dell'ordinamento corporativo e delle sue norme, è sopravvissuto al fascismo).

In terzo luogo – per effetto della legge 9 dicembre 1928, n. 2693 – assunsero specifico rilievo le **leggi costituzionali** che in determinate materie dovevano essere approvate dopo aver «sentito il parere del Gran Consiglio»[29]. Ma non per questo prevalse l'opinione dottrinale che inclinava a desumerne il carattere rigido e non più flessibile della Costituzione italiana (Esposito). Al contrario, si ritenne che l'obbligo introdotto dalla legge n. 2693 non assumesse carattere «giuridico», ma solo «politico», collocandosi «all'interno della fase dell'iniziativa del procedimento di formazione delle leggi materialmente costituzionali» (Pizzorusso), senza che alcun giudice potesse mai dichiarare l'incostituzionalità di leggi formali ordinarie o di atti equiparati.

Già allorché si giunse a questo punto, parve a qualche autore che *il criterio gerarchico non fosse più adeguato a sistemare per intero le fonti del diritto italiano; e che si dovesse in qualche caso ragionare di competenze riservate* a singoli tipi di atti normativi, con particolare riguardo alle «*ordinanze corporative*» e agli «*accordi economici collettivi*». In definitiva, però, **il sistema configurato dagli artt. 1 ss. delle «*Disposizioni sulla legge in generale*»** (altrimenti denominate «preleggi» o «*Disposizioni preliminari al Codice civile*») fu ancora ispirato da un rigoroso criterio della gerarchia delle fonti normative: sia pure collocate su quattro gradini diversi e non semplicemente tripartite, come alle origini dell'ordinamento statutario. Un (*i*) primo livello, cioè, veniva attribuito alle *leggi in genere*, senza che la distinzione fra leggi ordinarie e leggi costituzionali rilevasse agli effetti giuridici (è vero che di «*leggi di carattere costituzionale*» si ragionava testualmente negli artt. 2 e 3, co. 1, delle *Disp. prel. al Cod. civ.*, ma ciò non muta la conclusione già raggiunta sulla loro natura meramente «politica»), nonché agli «*atti* del Governo *aventi forza di legge*». Sul (*ii*) secondo piano si collocavano gli *atti regolamentari*, nell'ambito dei quali i «regolamenti emanati dal Governo» prevalevano su quelli emessi da «altre autorità», statali e non statali (con particolare riguardo ai Comuni ed alle Province). Seguivano, su di un (*iii*) terzo piano, le «*norme corporative*», cui restava impedito di «derogare alle disposizioni imperative delle leggi e dei regolamenti»[30]. Da (*iv*) ultimo venivano le

---

[28] Si veda, altresì, la legge 5 febbraio 1934, n. 163 («Costituzione e funzioni delle corporazioni»).

[29] Cfr. l'art. 12, co. 1, della legge cit.

[30] Cfr. l'art. 7 Disp. prel. che in tal modo smentiva la tesi d'una competenza riservata alle norme corporative.

consuetudini, testualmente definite «*usi*», che le «preleggi» subordinavano tanto alle leggi e ai regolamenti, quanto alle norme corporative[31].

8. *Il superamento delle «Disposizioni sulla legge in generale» nel periodo repubblicano*

Nella fase transitoria successiva alla caduta del fascismo (v. *retro*, parte II, cap. I, § 5), le sole alterazioni del sistema delle fonti consistettero, da un lato, nell'estinguersi della formazione corporativa, dovuta alla soppressione delle organizzazioni sindacali fasciste[32]; d'altro lato, nel sistematico ricorso agli atti governativi aventi forza di legge (... d'altra parte, la seconda Camera – quella dei fasci e delle corporazioni – era stata sciolta appena otto giorni dopo la caduta del fascismo, con regio decreto legge 2 agosto 1943, n. 705), fra i quali s'inserirono gli anomali *decreti legislativi luogotenenziali*, previsti dall'art. 4 del d.lgs.lgt. 25 giugno 1944, n. 151, che in sostanza ne rappresentò il prototipo, pur continuando ad auto-qualificarsi «decreto-legge»[33].

Per contro, l'**elenco e lo stesso sistema delle fonti sono rivoluzionati dalla Costituzione repubblicana**. Fatta eccezione per le norme corporative, le fonti

---

[31] «*Disposizioni sulla legge in generale*» – Capo I – «*Delle fonti del diritto*»
«*Art. 1* – Indicazione delle fonti
Sono fonti del diritto:
1) le leggi;
2) i regolamenti;
3) le norme corporative; (COMMA ABROGATO DAL D.LGS. LGT. 23.11.1944, N. 369)
4) gli usi.
Art. 2 – Leggi
La formazione delle leggi e l'emanazione degli atti del Governo aventi forza di legge sono disciplinate da leggi di carattere costituzionale.
Art. 3 – Regolamenti
Il potere regolamentare del Governo è disciplinato da leggi di carattere costituzionale.
Il potere regolamentare di altre autorità è esercitato nei limiti delle rispettive competenze, in conformità delle leggi particolari.
Art. 4 – Limiti della disciplina regolamentari
I regolamenti non possono contenere norme contrarie alle disposizioni delle leggi.
I regolamenti emanati a norma del secondo comma dell'art. 3 non possono nemmeno dettare norme contrarie a quelle dei regolamenti emanati dal Governo».

[32] Cfr. il d.lgs.lgt. 23 novembre 1944, n. 369. Peraltro, l'art. 43 del decreto medesimo manteneva in vigore le norme corporative preesistenti, salve le loro «successive modifiche», fermo restando che le norme stesse non avevano forza di legge, né potevano acquisirla nell'ordinamento repubblicano (come ha chiarito la Corte costituzionale con la sent. 12 febbraio 1963, n. 1).

[33] «Finché non sarà entrato in funzione il nuovo Parlamento» – disponeva il co. 1 dell'art. 4 del decreto cit. – «i provvedimenti aventi forza di legge sono deliberati dal Consiglio dei Ministri». «Tali decreti legislativi» – aggiungeva il co. 2 – «sono sanzionati e promulgati dal Luogotenente Generale del Regno».

già previste dalle «preleggi» continuano a costituire diritto oggettivo. Ma la triade leggi-regolamenti-usi viene profondamente alterata per effetto dell'*inserimento di un gran numero di atti e anche di fatti normativi* che non trovano riscontri di sorta nell'ordinamento statutario fascista.

La maggior parte di queste fonti è testualmente fondata sulla Carta costituzionale del 1947 e la prima di esse consiste appunto nella nuova (*i*) **Costituzione** non più equiparata alle leggi ordinarie dello Stato ma sovrapposta ad esse in virtù della sua rigidità. Quale necessaria conseguenza di ciò, sta la previsione di apposite (*ii*) **leggi costituzionali e di revisione costituzionale** che rappresentano gli unici atti normativi abilitati a modificare la Costituzione, a derogare ad essa, ad ampliare, in altri termini, il campo della materia costituzionale, nonché, dunque, gli unici atti normativi che trovano la propria fonte in un atto di grado pari rispetto a sé stessi, posto che, diversamente da qualsiasi altra fonte, sono frutto di potere costituente (per definizione libero nel fine) e non di potere costituìto (v. *infra*, la sez. II di questo capitolo); e non vi è dubbio che si tratti di fonti ben differenziate dalle leggi ordinarie, come sta a dimostrare il procedimento legislativo prescritto per la loro formazione dall'art. 138 Cost. (per non dire delle norme sulla Corte costituzionale, poste a garanzia della rigidità della Cost. e dettate dagli artt. 134 e ss.).

Con tutto ciò, l'(*iii*) **ordinaria legislazione dello Stato**, dotata pur sempre di una competenza generale, rimane la colonna portante del complessivo ordinamento giuridico. Ma questo tipo di fonte risulta ormai frantumato al proprio interno, cioè si suddivide in un complesso di sottospecie costituzionalmente previste che variamente si differenziano dalle (*iii*.1) *leggi ordinarie intese in senso stretto*. Tale, anzitutto, è il caso delle cosiddette (*iii*.2) *leggi rinforzate*, ciascuna delle quali è il frutto di un procedimento legislativo aggravato rispetto a quello normale, che tuttavia non si confonde con *l'iter* formativo delle leggi costituzionali (v. *infra*, la sez. II, § 15, di questo capitolo). Ma tale è anche il caso contrario delle (*iii*.3) *leggi depotenziate* che sono sottoposte a limiti maggiori di quelli comuni, costituzionalmente stabiliti in vista delle varie peculiarità delle loro differenti specie. Più generalmente, tale è il caso di tutte le c.d. *«fonti atipiche»*, cioè di quelle che in vario senso divergono – per il trattamento loro riservato ad opera della stessa Costituzione – dal regime del corrispondente «tipo» di fonte normativa: ossia, nell'ipotesi predetta, dal regime della legge statale ordinaria strettamente intesa, di talché sono «atipiche», *in primis* e ognuna a suo modo, proprio le appena ricordate «leggi rinforzate» e «leggi depotenziate».

D'altronde, è sempre nella Carta costituzionale che trovano il loro fondamento **nuove specie di atti con forza di legge del potere esecutivo**: dai (*iii*.4) *decreti di esercizio dei «poteri necessari» caso di guerra*, previsti dall'art. 78 Cost., fino ai *decreti di concessione dell'amnistia e dell'indulto*, in applicazione del testo originario dell'art. 79 [quanto a quest'ultima fonte, ci si riferisce, qui, al testo originario dell'art. 79 Cost. che prevedeva, appunto «decreti» e non «leggi rinforzate», come invece fa oggi, dopo la modifica di cui alla legge cost. 6 marzo

1992, n. 1 (v. *supra*, parte II, cap. I, § 8, *sub 1c*)]. Ciò che più conta, nella Costituzione repubblicana consiste la base – diretta o indiretta – di una (*iv*) **eterogenea serie di fonti-atto**, mediante le quali si concretano altrettante **autonomie normative** costituzionalmente garantite a favore di organi supremi dello Stato, ovvero di enti pubblici minori. Nel primo senso (fonti di organi supremi dello Stato), l'esempio principale sembra essere fornito (salvi i conseguenti problemi di collocazione e di sistemazione: v. *infra*, la sez. II, § 19, *sub* lett. *a*, di questo capitolo) dai (*iv*.1) **regolamenti parlamentari** previsti negli artt. 64 e 72 Cost.: regolamenti che certo non vanno confusi con quelli emanabili dalle competenti autorità del potere esecutivo. Nel secondo senso (minori – rispetto allo Stato – enti pubblici), spiccano le varie specie delle (*iv*.2) **leggi regionali**, adottabili dalle Regioni ordinarie sulla base dell'art. 117 Cost. e dalle Regioni differenziate per effetto delle corrispondenti disposizioni dei rispettivi (*iv*.3) **statuti speciali** (aventi, questi ultimi, la forma della legge costituzionale); ma sostanzialmente sono il frutto dell'autonomia normativa regionale anche altre fonti-atto, comunque inquadrate, quali gli (*iv*.4) **statuti ordinari** delle Regioni di diritto comune, o i (*iv*.5) **regolamenti «interni» dei Consigli regionali**. E in questo novero vanno inoltre inseriti gli attuali (*iv*.6) *statuti dei Comuni e delle Province*; gli (*iv*.7) *statuti ed i regolamenti adottabili dalle Università*, in virtù del riconoscimento della loro autonomia effettuato dall'ult. co. dell'art. 33 Cost.; per non dire di certi (*iv*.8) *anomali atti emessi dal Consiglio superiore della magistratura* che qualche autore considera normativi, ricollegandoli appunto alla definizione costituzionale della magistratura stessa come «ordine autonomo» [34].

Ma l'attuale Costituzione ha inciso sulle stesse **fonti-fatto**, con particolare riguardo alle (*v*) consuetudini: sia dotando, seppure implicitamente, le (*v*.1) **consuetudini costituzionali** di un rango ben più elevato di quello spettante agli usi previsti dalle «preleggi», per l'ovvia ragione che fonti del genere trovano oggi il loro punto di riferimento in una Carta costituzionale rigida; sia prevedendo le (*v*.2) **consuetudini internazionali** e garantendo il rispetto di esse mediante il richiamo delle norme «generalmente riconosciute» del diritto internazionale, contenuto nel co. 1 dell'art. 10.

Da ultimo, pur non avendole considerate in maniera testuale, è la Costituzione che ha consentito l'emergere di **ulteriori fonti**, nel corso degli sviluppi dell'ordinamento repubblicano seguiti al 1° gennaio 1948. Quanto agli *atti normativi*, valgano gli esempi offerti dai (*vi*) **decreti legislativi di attuazione degli statuti speciali** (su cui v. *infra*, la sez. II, § 17, *sub* lett. *d*, di questo capitolo), previsti dalla più parte degli statuti medesimi; dai (*vii*) **regolamenti della Corte costituzionale**, letteralmente fondati sulla legge ordinaria 11 marzo 1953, n. 87 (e sui quali v. *infra*, la sez. II, § 19, *sub* lett. *b*, di questo capitolo); dai (*viii*) **de-**

---

[34] Cfr. il co. 1 dell'art. 104 Cost. (ma vedi, *infra*, parte III, cap. II, § 5).

creti di recepimento degli accordi sindacali per il pubblico impiego, già configurati dalla «legge quadro» 29 marzo 1983, n. 93 (v. *infra*, parte II, cap. III, in chiusura del § 25). Quanto ai *fatti normativi*, basti qui ricordare le (*ix*) **fonti costitutive di altri ordinamenti**, esterni rispetto a quello italiano, che a vari effetti rilevano nel nostro stesso diritto, come si verifica – per eccellenza – nel notevolissimo caso dei (*x*) **regolamenti dell'Unione europea** (v. *infra*, la sez. III, § 30, di questo capitolo).

9. Segue: *gerarchia e competenza quali criteri concorrenti di sistemazione delle attuali fonti normative*

Malgrado l'estrema varietà degli atti e dei fatti abilitati a costituire l'ordinamento italiano dal 1948 in poi, i primi tentativi dottrinali di sistemazione tendono pur sempre a mettere in luce i tradizionali «rapporti di parità e gerarchia» (Zanobini). Ed *effettivamente anche alcune tra le nuove fonti sono ancora sistemabili per mezzo del* **criterio gerarchico**: con particolare evidenza nel caso delle leggi di revisione costituzionale e delle altre leggi costituzionali cui si riferisce l'art. 138 Cost., in quanto sovrapposte alle leggi ordinarie dello Stato. Del resto, anche in vista di altre fonti assai più refrattarie ad inquadramenti del genere, quali le diverse specie di leggi regionali, il dibattito svoltosi negli anni immediatamente successivi all'entrata in vigore della Costituzione mirava per l'appunto a stabilire se tali atti fossero equiparati o subordinati rispetto alle leggi statali; sicché le concezioni gradualistiche (cioè fondate sul diverso *grado di forza* sussistente tra le fonti, e dunque sulla gerarchia) sembravano trovare anche in tal campo una piena applicazione, al di là delle diverse soluzioni prospettate dai diversi autori. La stessa teorizzazione delle cosiddette «leggi rinforzate», distinte dalla generalità delle leggi ordinarie per il loro speciale ed aggravato *iter* formativo, tendeva inizialmente a concludere che esse si sovrapponessero alle altre leggi, «alterando così il tradizionale ordine gerarchico delle fonti normative» (Ferrari), ma senza implicare il passaggio ad un ordine diverso, anche se, a ben vedere, la *sovrapposizione* e l'*alterazione* appaiono difficilmente conciliabili con un non intervenuto passaggio a un ordine diverso, seppure all'interno della categoria «legge».

Già sul finire degli anni Cinquanta, tuttavia, si generalizza invece la convinzione che *le nuove fonti non siano tutte collocabili nell'ambito di una comune gerarchia*; ed abbiano dunque l'effetto «di dissolvere dall'interno lo stesso sistema gerarchico solitamente insegnato» (Crisafulli), o per meglio e più chiaramente dire, almeno parte di esso. In sintesi, cioè, si avverte che la Costituzione repubblicana configura un vasto ed eterogeneo complesso di fonti rette anche dal **criterio della competenza** piuttosto che dal solo criterio gerarchico, giacché *varie norme costituzionali sottraggono materie od oggetti o rapporti del più vario genere alla competenza della legge statale ordinaria, configurando in* *tal modo altrettante fonti normative che non sono né inferiori né parificate né superiori al confronto con la legge medesima, bensì differenziate per l'ambito di attività normativa spettante ad ognuna di esse.* E il non essere né inferiori, né pari, né superiori rispetto alla legge formale, significa che quelle fonti non hanno un rapporto di forza con la legge stessa, né, quindi, possono in alcun modo essere sistemate per tramite del criterio gerarchico che sulla forza della legge fa perno.

Il caso più evidente è quello dei, già citati in chiusura del paragrafo precedente, *regolamenti parlamentari* cui la Costituzione assegna la disciplina dell'organizzazione delle Camere e degli stessi procedimenti di approvazione degli atti legislativi, sottraendola del tutto al campo attribuito alla legislazione ordinaria, di talché, posto quel «*del tutto*», si può ben concludere che laddove sussiste competenza normativa dei regolamenti parlamentari che viene loro attribuita direttamente dalla Costituzione, si tratta di una **competenza esclusiva** e non può dunque esistere competenza normativa alcuna della legge ordinaria.

Ma tale è anche il caso delle *leggi regionali* (anch'esse già menzionate nel paragrafo che precede), sebbene le leggi statali non siano, né possano quindi affermarsi, completamente incompetenti nelle materie variamente affidate alle Regioni. Per cogliere adeguatamente la posizione di quelle fonti, occorre infatti servirsi di un criterio composito di sistemazione, entro il quale la superiorità gerarchica spettante – a determinati effetti – alle leggi ordinarie dello Stato è però temperata da una riserva di competenza costituzionalmente prevista a favore dei legislatori locali. Il che equivale a dire che, quanto al rapporto tra leggi statali e leggi regionali, vi sono casi nel quali la legge dello Stato ha una competenza che esclude l'intervento delle Regioni (come nelle ipotesi di cui all'art. 117, co. 2, sempre, e 117, co. 3, relativamente ai soli principi di legislazione statale), ma anche casi nei quali sussiste una **competenza** della legge regionale che, rispetto alla legge statale, gode di per sé della **preferenza**, da parte della Costituzione, anche se ciò non esclude del tutto l'intervento dello Stato, a fronte, per esempio, dell'inerzia del legislatore regionale (cfr. l'art. 117, co. 3, relativamente alla c.d. «normativa di dettaglio»).

Più in generale, sul criterio della competenza si fondano le *fonti atipiche:* ravvisabili – fra l'altro – ogniqualvolta si registri una «scissione» tra la forza attiva e la forza passiva delle fonti stesse, cioè tra la «*vis abrogans*» e la resistenza all'abrogazione che vengono loro attribuite (La Pergola). Si pensi – per rendersene subito conto – alle *leggi di esecuzione degli accordi di modifica dei Patti lateranensi* che appunto in vista delle intervenute intese fra l'Italia e la Santa Sede «non richiedono procedimento di revisione costituzionale»; mentre rimarrebbe ferma l'esigenza di procedere alla revisione tutte le volte che l'intesa facesse difetto. Ma nel medesimo quadro rientra quel particolare tipo di fonti atipiche che sono le cosiddette *leggi rinforzate*, giacché tali fonti non dispongono d'una maggiore efficacia o forza (ricollegabile a un procedimento legislativo «rafforzato»), bensì di una *diversa e speciale competenza* (v. *infra*, la sez. II, § 15, di questo capitolo).

Con tali premesse, la fondatezza delle quali non viene più contestata dalla maggior parte dei costituzionalisti italiani, una prima corrente dottrinale ha sostenuto che al criterio della gerarchia debba oggi accompagnarsi, ed in qualche caso subentrare integralmente, il detto criterio della competenza (Crisafulli). Con la sistemazione gerarchica – per cui la Costituzione e le leggi costituzionali, le leggi statali ordinarie e gli atti equiparati, i regolamenti e le consuetudini si succedono in ordine decrescente di forza – verrebbe dunque a concorrere la competenza propria di vari atti e fatti normativi: nel senso che talune **riserve di materia** sarebbero (per competenza «esclusiva» o «riservata», appunto) immediatamente stabilite dalla Costituzione, con riferimento ad altrettante specie di fonti diversificate dalle altre e direttamente condizionate dalle sole norme di rango costituzionale; mentre in altre ipotesi – come quelle riguardanti alcuni tipi di intervento da parte delle leggi regionali – gerarchia e competenza «per preferenza» si combinerebbero con riferimento ai medesimi tipi di atti normativi.

Una diversa corrente dottrinale ha invece affermato la tesi per cui tutte le fonti sarebbero ormai sistemabili esclusivamente in base alla rispettiva competenza (Esposito, Modugno). Al vertice del sistema si porrebbe cioè la sola Costituzione che direttamente o indirettamente determinerebbe gli ambiti di formazione spettanti ad ogni altra fonte normativa; sia pure nel senso di consentire che la legge statale ordinaria definisca gli ambiti stessi, come appunto si verificherebbe nel caso dei regolamenti. In altri termini ancora, la Costituzione sarebbe l'unico atto provvisto della «competenza della competenza»; mentre ogni fonte «costituita» risulterebbe, per questo solo fatto, competente nei limiti costituzionalmente stabiliti ed entro questi limiti potrebbe, a sua volta, costituire minori competenze normative, a vantaggio di quelle fonti che solitamente si considerano subordinate nella gerarchia.

Ora, delle due contrapposte opinioni, la seconda presenta l'apparente merito di semplificare al massimo grado il discorso, individuando un'unica chiave ricostruttiva dell'intero sistema delle fonti.

Ma, con tutto ciò, varie ragioni inducono a preferire – almeno in questa sede – l'opinione intermedia che continua a valersi dei *due concorrenti criteri della gerarchia e della competenza.* In primo luogo, sta di fatto che la stessa Carta costituzionale continua a servirsi di espressioni che comportano il permanere d'un qualche rapporto gerarchico: quali sono la «forza di legge» e il «valore di legge» che nel linguaggio costituzionale formano una vera e propria endiadi. In secondo luogo, una gerarchia delle fonti suole tuttora venire presupposta – da parte della generalità dei giuristi – non solamente allorché sono poste a confronto la Costituzione e tutte le fonti «costituite» da essa, ma anche quando si ragiona dei rapporti fra le leggi costituzionali e le leggi ordinarie, nonché fra leggi e regolamenti; sicché un corso di lezioni di diritto costituzionale italiano non può prescindere da questi dati, a pena di trascurare uno fra i suoi fini principali, consistente nel fornire nozioni che non divergano – senza uno stringente fondamento – da quelle più comunemente accolte.

Sezione II – ANALISI DELLE FONTI-ATTO

10. *La Costituzione*

Qualunque sia la sistemazione delle fonti che concorrono a formare il vigente ordinamento italiano, appare incontrovertibile che la **Costituzione** rappresenti la **fonte suprema**, condizionante ogni altro atto e fatto normativo, senza esserne mai condizionata (con la sola eccezione del *referendum istituzionale*, mediante il quale fu il popolo a pronunciarsi irrevocabilmente per la forma repubblicana, imponendo la propria decisione fondamentale al rispetto della stessa Assemblea costituente). Lo dimostra, in effetti, il **carattere rigido** della Carta del 1947, modificabile attraverso le sole procedure previste dall'art. 138 Cost. (e garantita nella sua rigidità, in virtù dell'apposita giurisdizione costituzionale di cui agli artt. 134 ss., il che ne fa anche una Costituzione **forte**), a fronte del *carattere flessibile* dello Statuto albertino, modificabile con legge ordinaria.

Nondimeno, circa la reale primazia di tutte le disposizioni contenute nella Costituzione repubblicana si è per vari anni dubitato, in giurisprudenza e in dottrina; e il fondamento di quelle diffuse svalutazioni è consistito nella tesi che molte fra le disposizioni stesse, essendo almeno apparentemente prive di contenuto normativo (ci si tornerà tra breve), non potessero nemmeno venire inquadrate fra le fonti del diritto. Vero è che la presente Carta costituzionale italiana non appartiene al genere delle **Costituzioni brevi**, peculiari dell'Ottocento [lo era, come più volte ricordato, lo Statuto albertino, composto di 84 articoli, a fronte dei 139 (più 18 «*Disposizioni transitorie e finali*») della Costituzione repubblicana], che si limitavano a considerare gli aspetti essenziali dell'organizzazione dei pubblici poteri, salva la proclamazione di alcuni diritti fondamentali [35].

---

[35] In certi casi estremi, anzi, le proclamazioni dei diritti difettavano del tutto: così, nella Costituzione nordamericana, il cosiddetto «*Bill of rights*» fu inserito attraverso i primi dieci emendamenti, approvati nel 1791; del pari, nella Francia rivoluzionaria, la «*Dichiarazione del diritti dell'uomo e del cittadino*» rimase affidata all'originario atto del 26 agosto 1789, precedendo ed integrando in tal modo la prima Costituzione francese.

Lo Statuto albertino aveva i primi 23 articoli dedicati ai caratteri del Regno, al Re, alla famiglia reale e all'istituto della reggenza; poi nove (artt. 24-32) ai «*diritti e doveri dei cittadini*»; quindi sei (artt. da 33 a 38) al *Senato*; nove (artt. da 39 a 47) alla *Camera*; diciassette (artt. da 48 a 64) a di-

Si tratta, al contrario, di un documento classificabile senz'altro fra le **Costituzioni lunghe**; e ciò non tanto in vista dei suoi 139 articoli (giacché in altre Carte costituzionali, europee ed extraeuropee, le corrispondenti disposizioni sono di gran lunga più numerose), quanto *in conseguenza degli oggetti che essi riguardano*. Anziché considerare – nelle sue linee essenziali – il solo assetto dello Stato-apparato e degli altri enti pubblici costituzionalmente rilevanti, la Costituzione italiana dedica la quasi totalità dei suoi «principi fondamentali» e l'intera parte prima al riconoscimento e alla disciplina dei diritti spettanti ai (ma anche di doveri gravanti sui) cittadini (o agli uomini in genere), e ciò senza limitarsi ai soli diritti civili e politici di stampo tradizionale, bensì statuendo una serie di proclamazioni e di garanzie del tutto nuove rispetto a quelle desumibili dallo Statuto albertino, che a volta si rinvengono nell'ambito degli stessi titoli dedicati ai «*rapporti civili*» (per es.: dalla libertà personale a quella di domicilio, a quella della corrispondenza; dal diritto di circolazione e soggiorno a quello di riunione, di associazione, di libera professione del proprio credo religioso, di libera manifestazione del pensiero, di difesa, ecc.) e ai «*rapporti politici*» (per es.: dal diritto di voto a quello di associarsi in partiti politici, al diritto di petizione, ecc.) (artt. 13-28; 48-54); ma il più delle volte hanno sede nei titoli concernenti i «*rapporti etico-sociali*» (per es.: dai diritti della famiglia a quelli dei figli; dal diritto a vedere tutelata la salute alla libertà dell'arte e della scienza; dal diritto all'istruzione, ecc.) e i «*rapporti economici*» (per es.: dalla tutela del lavoro ai diritti dei lavoratori a quelli specifici delle lavoratrici; da quello all'assistenza sociale al diritto di sciopero; dalla libertà quanto all'iniziativa economica privata al diritto di proprietà privata, ecc.) (artt. 29-34; 35-47).

Appunto a questi effetti si è prospettato il dubbio – emerso già nel corso dei lavori della Costituente – sul se le disposizioni costituzionali valgano tutte a dettare altrettante *norme giuridiche* ovvero si riducano, almeno in certi casi, a meri *manifesti politici* del preconizzato Stato sociale, che in sé non contribuirebbero a comporre l'ordinamento. Ci si è domandati – ad esempio – quale sia la valenza normativa del ricordato art. 3, co. 2 («*è compito della Repubblica rimuovere gli ostacoli di ordine economico e sociale, che, limitando di fatto la libertà e l'eguaglianza dei cittadini, impediscono il pieno sviluppo della persona umana e l'effettiva partecipazione di tutti i lavoratori all'organizzazione politica, economica e sociale del Paese*»), ovvero dell'art. 4, co. 1 («*La Repubblica riconosce a tutti i cittadini il diritto al lavoro e promuove le condizioni che rendano effettivo questo diritto*»), o anche dell'art. 9, co. 2 (per cui la Repubblica «*tutela il paesaggio e il patrimonio storico e artistico della Nazione*»); ed interrogativi analoghi sono stati prospettati a fronte dell'art 32, co. 1 (là dove si afferma che «*la Repubblica tutela la salute come fondamentale diritto dell'individuo e interesse della colletti-*

---

sposizioni comuni a entrambe le *Camere*; appena tre (artt. da 65 a 67) ai *Ministri*; sei (artt. da 68 a 73) all'*Ordine giudiziario*; otto (artt. da 74 a 81) erano qualificati «*Disposizioni generali*» e, infine, tre (artt. 82, 83 e 84) «*Disposizioni transitorie*».

vità»), ovvero dell'art. 38, co. 1 («*Ogni cittadino inabile al lavoro e sprovvisto dei mezzi necessari per vivere ha diritto al mantenimento e all'assistenza sociale*»).

Ma occorre aggiungere che anche varie norme costituzionali di carattere organizzativo, contenute nella parte seconda della Costituzione, esigono di essere integrate dal legislatore per divenire compiutamente applicabili: come si riscontrava, soprattutto, nel caso delle previsioni del titolo V concernenti le Regioni ordinarie, prima che la riforma regionale venisse concretamente posta in opera a partire dal 1970[36]. Anche in quest'ultimo senso pareva pertanto che la Costituzione, per alcune sue parti, avesse quale unico destinatario il Parlamento, non ponendo norme che fossero senz'altro direttamente imperative a tutti (giudici *in primis*, ma anche cittadini) i loro possibili effetti.

Più di preciso, nel periodo immediatamente successivo all'entrata in vigore della nuova Carta costituzionale, la Corte di cassazione ebbe a sentenziare che delle norme dettate dalla Costituzione «alcune sono di immediata applicazione, altre no»; e, quanto da ultimo, con particolare riguardo alle «**norme programmatiche**», ipoteticamente dirette al solo legislatore che ne doveva «curare l'attuazione»[37]. Similmente, nella letteratura giuridica, taluno affermò addirittura che la Costituzione avesse «come destinatario principale l'organo legislativo» (Virga); mentre altri autori, muovendo sulla base di più accurate distinzioni interne, sostennero che alcune delle norme costituzionali fossero **norme precettive**, ma che, all'interno di questa categoria unitaria, solo talune fossero *ad applicazione diretta e immediata* e altre *ad applicazione differita* (in quanto richiedenti attuazioni legislative); avvertirono anzi che, accanto alle norme comunque precettive, stavano le *disposizioni puramente direttive*, volte «a indicare un indirizzo al legislatore futuro», tanto da non formare «vere e proprie norme giuridiche» (Azzariti).

Opinioni siffatte, però, sono state ben presto superate, quanto meno sotto un triplice profilo. Per prima cosa, la **precettività di tutte le norme costituzionali** è stata fatta consistere, cioè, (*i*) nell'*invalidità di qualsiasi legge ordinaria contrastante con le norme stesse*, sia pure nel senso di ostacolare o di allontanare l'attuazione dei loro «programmi» o dei loro obiettivi: non a caso, fin dalla sua prima decisione, la Corte costituzionale ha precisamente asserito che «la nota distinzione fra norme precettive e norme programmatiche... non è decisiva nei giudizi di legittimità costituzionale, potendo la illegittimità di una legge derivare... anche dalla sua non conciliabilità con norme che si dicono programmati-

---

[36] Ma altri esempi – fra i molti – riguardavano tanto il *referendum* abrogativo previsto dall'art. 75 Cost. quanto la stessa giustizia costituzionale prefigurata dagli artt. 134 e ss.

[37] Le citazioni sono tratte dalla sent. 7 febbraio 1948 delle sezioni unite penali della Cassazione. Ma quel primo precedente ebbe un amplissimo seguito, fino al punto di far considerare programmatica la stessa disciplina dettata dall'art. 21 Cost. in tema di libera manifestazione del pensiero.

che»[38]. Secondariamente, già prima della loro attuazione o della loro integrazione per mezzo di apposite leggi, tutte le norme costituzionali hanno potuto venire adoperate – con particolare frequenza a partire dalla fine degli anni Sessanta – quali (*ii*) *criteri d'interpretazione* delle leggi esistenti, quand'anche precedenti la Costituzione. Infine, una volta attuate le singole parti della Carta costituzionale (nel corso di un processo che ha investito, a settant'anni di distanza dalla sua promulgazione, la quasi totalità di quel testo), al legislatore ordinario è interdetto – sotto pena di annullamento delle leggi che non ne tenessero conto – retrocedere lungo la strada già percorsa, rendendo nuovamente inapplicabili le norme operative. Ma non, ovviamente, perché il legislatore di oggi o di domani non possa mutare il contenuto delle leggi ordinarie attuative dei disposti costituzionali varato dal legislatore di ieri, bensì perché non potrebbe ricreare il vuoto normativo precedente all'attuazione stessa; sicché la Costituzione e la legislazione ordinaria attuativa di essa finiscono per «fare corpo», sorreggendosi e presupponendosi a vicenda (ben diversamente che nei rapporti fra la Costituzione e le leggi anteriori, in vista dei quali si era pensato alle disposizioni «programmatiche» o «puramente direttive»). Dal che il terzo profilo precettivo delle norme costituzionali capaci di (*iii*) *imporre direttamente*, cioè senza intermediazione di organi o fonti, la *permanenza in vigore delle leggi ordinarie di cui s'è appena detto, sostituibili, o modificabili, nel contenuto, ma non più eliminabili.*

Ciò non toglie, peraltro, che di norme programmatiche sia dato ragionare ancora: tali, in effetti, possono pur sempre definirsi quelle *«norme di legislazione»* che comportano interventi legislativi specifici, strutture da costituire *ex novo* o da riorganizzare, spese pubbliche da sostenere e da fronteggiare..., affinché gli obiettivi costituzionalmente previsti siano conseguiti o almeno avvicinati. Ma anche le cosiddette norme programmatiche conservano «natura propriamente obbligatoria» (Crisafulli). Semplicemente, quella che varia è la loro «attitudine normativa» (Lavagna), la quale risente del grado di concretezza dei programmi in questione, della conseguente ampiezza delle scelte affidate al legislatore ordinario, dell'esistenza o meno di altri obiettivi costituzionali che condizionino il perseguimento dei programmi stessi, e via discorrendo.

11. *Le leggi di revisione della Costituzione e le altre leggi costituzionali*

È corrente l'assunto che la Carta costituzionale rappresenti l'irripetibile frutto di un **potere costituente** esauritosi il 22 dicembre 1947, con la definitiva approvazione della Carta stessa; sicché non si potrebbe introdurre una Costituzione integralmente nuova se non *extra ordinem*, al di fuori del presente sistema delle fonti (Pizzorusso, Zagrebelsky). La Costituzione repubblicana è certo modi-

[38] Cfr. la sent. 14 giugno 1956, n. 1.

ficabile, seguendo le procedure contestualmente indicate dall'art. 138; ma non lo è del tutto, in quanto ogni altro potere normativo deve dirsi *costituito* e dunque destinato a svolgersi nei limiti costituzionalmente previsti. In altre parole, la *Costituzione* è l'unica fonte abilitata a condizionare l'abrogazione delle *proprie norme*, con la conseguenza che per essa l'effetto abrogativo può farsi derivare da un'implicita condizione risolutiva, il verificarsi della quale dipende a sua volta dalle revisioni deliberate dal Parlamento (v. *retro*, la sez. I, § 6, di questo capitolo).

Ne offre puntuale conferma l'**art. 139 Cost.**, per cui «la forma repubblicana non può essere oggetto di revisione costituzionale». È infatti dominante l'interpretazione che ricava dall'articolo stesso un *limite insuperabile*, salva una rottura della legalità costituzionale che giuridicamente assumerebbe i caratteri d'una rivoluzione o d'un colpo di Stato; mentre sono rimaste del tutto minoritarie le tesi di quanti ritenevano aggirabile il divieto in esame, sia ricorrendo ad una sorta di revisione in due tempi (dapprima abrogativa dell'art. 139 e poi restaurativa della forma monarchica), sia organizzando ed indicendo un nuovo *referendum* istituzionale, destinato a superare quello svoltosi il 2 giugno del 1946.

D'altra parte, sembra trattarsi di un limite contraddistinto da un'amplissima portata, ben oltre il significato più specifico che nel nostro ordinamento può attribuirsi all'espressione **repubblica**, in contrapposto alla monarchia. Per sé considerata, la «forma repubblicana» parrebbe riguardare unicamente l'investitura e la permanenza in carica del Capo dello Stato: il quale dev'essere eletto e rinnovato periodicamente (come in effetti risulta dagli artt. 83 e 85 Cost.), anziché ereditare permanentemente il trono, come si verificava – di regola[39] – nel Regno di Sardegna e poi nel Regno d'Italia. Ma la circostanza che l'art. 139 si ricolleghi testualmente al co. 1 dell'art. 1 Cost., per cui «l'Italia è una Repubblica democratica», induce a ritenere che sottratta a revisione sia la stessa **democrazia** (Mortati, Reposo), considerata **nei suoi cardini essenziali e indefettibili, dal principio di eguaglianza di cui all'art. 3 Cost. al suffragio universale, fino alle libertà di associazione e di pensiero** (v. *infra*, parte III, cap. I, § 1): il che, beninteso, non significa affatto ritenere immodificabili tutte le norme costituzionali che oggi configurano la democrazia italiana, a meno che non vengano messe in discussione le fondamenta del regime democratico.

Anche in questa prospettiva, rimane aperto il problema se la revisione costituzionale incontri **ulteriori limiti ma impliciti**, diversi da quelli fondati sull'art. 139.

Si è innanzitutto pensato che tali potrebbero essere, in quanto definiti «inviolabili» dallo stesso testo costituzionale, i *diritti fondamentali dell'uomo*, riassuntivamente proclamati dall'art. 2 Cost. (Grossi); ma la circostanza che i diritti specificamente detti «inviolabili» nel seguito della Carta costituzionale (quali

---

[39] Faceva infatti eccezione la «reggenza», prevista dagli artt. 12 ss. dello Statuto albertino.

sono la libertà personale, la libertà di domicilio, la libertà di corrispondenza e il diritto di difesa) corrispondano soltanto a una piccola parte delle situazioni soggettive coessenziali a un moderno Stato di diritto [40], consiglia di non sopravvalutare appigli testuali del genere. Preferibile, semmai, è una soluzione del tutto indipendente dal testo, fondata sull'assunto che il vigente sistema costituzionale s'informi a una serie di **principi supremi**, indefettibili e dunque incancellabili senza compromettere il nucleo del sistema medesimo. Nella giurisprudenza costituzionale, in effetti, dei «principi supremi» si è ragionato più volte, soprattutto per risolvere certe controversie riguardanti la legittimità della legislazione attuativa del Concordato del 1929 [41]. Ma i Patti lateranensi non sono stati costituzionalizzati (v. *infra* il § 15 della presente sezione); sicché non si può ancora desumere da quelle sole decisioni che la Corte abbia inteso elevare i «valori costituzionali fondamentali» – in quanto dotati di una maggiore «pregevolezza normativa» (Buggeri) – ad altrettanti limiti della legislazione costituzionale, affiancandoli alla «forma repubblicana» [42]. Ed è piuttosto nelle sentt. 29 dicembre 1988, n. 1146, e 23 luglio 1991, n. 366, che la Corte ha sostenuto a tutti gli effetti la tesi per cui l'osservanza dei principi supremi condiziona la legittimità di qualsiasi legge costituzionale.

A parte la «forma repubblicana» e fatti eventualmente salvi i «principi supremi», ogni disposizione costituzionale è comunque suscettibile di essere modificata o derogata o integrata, purché si seguano le procedure dell'art. 138. Mediante le «**leggi di revisione costituzionale**» si possono, cioè, abrogare o sostituire o emendare gli articoli della Costituzione, immettendo nuovi disposti nel testo della Carta stessa, e così pure si possono inserirvi articoli aggiuntivi [43]. Le «**altre leggi costituzionali**», invece, non alterano la Carta costituzionale in quanto atto normativo, ma variamente incidono sull'originaria logica di quel documento: sia derogando alle norme costituzionali strettamente intese, ma senza

---

[40] Basti ricordare, in verità, che la stessa libertà di manifestazione del pensiero non è letteralmente definita «inviolabile».

[41] V. specialmente la sent. 2 febbraio 1982, n. 18, che fa rientrare fra i «principi supremi dell'ordinamento costituzionale» il «diritto alla tutela giurisdizionale», con particolare riguardo al «diritto di agire e resistere in giudizio» Ma si può anche citare – su altro piano – la sent. 18 luglio 1985, n. 214, ove la Corte riconosce che alla costruzione del concetto «*della cosiddetta "fondamentalità" dei principi, certamente concorrono almeno quelli costituzionali definiti "supremi"*».

[42] Ciò vale altresì per il **sindacato sulla legittimità costituzionale delle leggi** che si tende considerare ineliminabile (Crisafulli, Sandulli, Zagrebelsky). Anche a questa stregua, del resto, insuscettibile di revisione sarebbe soltanto la presenza di una qualche garanzia giurisdizionale della Costituzione, ferma invece restando la modificabilità di tutte le particolari norme riguardanti la giustizia costituzionale di tipo accentrato, istituita in Italia dagli artt. 134 ss.

[43] Fino a questo momento, tuttavia, le revisioni costituzionali sono state relativamente poco frequenti: v. *retro*, parte II, cap. I, § 8, *sub* 1, nonché nell'elencazione di cui *infra*, nell'«APPENDICE», *sub* LEGGI DI MODIFICA (ESPRESSA O IMPLICITA) DELLA COSTITUZIONE.

mutare il corrispondente articolato[44]; sia, soprattutto, costituzionalizzando la disciplina di altri oggetti, non considerati dalla Costituzione del 1947 ma successivamente ritenuti meritevoli di una regolamentazione sopraordinata rispetto a quella legislativa ordinaria.

Alcuni esempi del secondo genere di fonti (le *leggi costituzionali «altre»*, cioè *non «di revisione»*) sono ricavabili dalle espresse previsioni della Carta costituzionale. Così, è alla «legge costituzionale» che il co. 1 dell'*art. 71 Cost.* affida l'ampliamento delle forme di iniziativa legislativa costituzionalmente previste (anche se a ciò già si provvede, variamente, nel seguito del testo della Costituzione); del pari, è nella forma di altrettante «leggi costituzionali» che vanno adottati gli statuti delle Regioni ad autonomia differenziata, in base all'*art. 116 Cost.*; ancora, alle medesime fonti compete costituire nuove Regioni, da aggiungere a quelle indicate nell'*art. 131*, secondo l'apposito procedimento prescritto dall'art. 132[45]; e, così pure, alla legge costituzionale l'*art. 137, co. 1*, demanda il compito di stabilire «le condizioni, le forme, i termini di proponibilità dei giudizi di legittimità costituzionale, e le garanzie di indipendenza dei giudici della Corte»[46].

Ma non si deve credere che la competenza spettante alle leggi costituzionali sia perciò specializzata, potendosi esercitare nelle sole ipotesi testualmente previste dalla Costituzione. Né sembra dato supporre che si tratti di una competenza comunque circoscritta alla *«materia costituzionale»*, al di fuori della quale sarebbe illegittimo servirsi degli atti legislativi in questione. Sia pure nel risolvere un altro genere di controversie, la Corte costituzionale ha infatti affermato che la «materia costituzionale» (locuzione che compare, per es., nell'art. 72, ult. co., Cost., ove si tratta della c.d. «riserva di Assemblea») coincide con quella regolata dalla Costituzione o dalle apposite fonti menzionate nell'art. 138 Cost. e cioè con «quelle norme, alle quali il Parlamento, per finalità di carattere politico, intende attribuire efficacia di legge costituzionale»[47]. Il che comporta che alle leggi medesime spetti una **competenza generale**, liberamente esercitabile fin dove la Costituzione non frapponga specifici limiti, anche nel senso di **costituzionalizzare normative** che dapprima trovavano la loro fonte in leggi ordinarie.

Entro un tale ambito, assumono peraltro un particolare rilievo determinati sottotipi di leggi costituzionali, differenziate per le procedure della loro approvazione o della loro revisione. Nel primo senso, è dato parlare di **leggi costi-**

---

[44] ... come nel caso della legge cost. 21 giugno 1967, n. 1, che ha inciso sull'ultimo comma dell'art. 10, in tema di estradizione dello straniero.

[45] In entrambe le ipotesi le «leggi costituzionali» finiscono però con l'alterare d testo della Costituzione: come appunto si desume dalla citata legge cost. n. 3/1963, nella parte istitutiva della Regione Molise.

[46] Concretamente, a questo compito hanno provveduto due atti distinti, ossia la legge cost. 9 febbraio 1948, n. 1, e la legge cost. 11 marzo 1953, n. 1.

[47] Cfr. la sent. 23 dicembre 1963, n. 168.

tuzionali rinforzate, specie per quanto concerne «la fusione di Regioni esistenti o la creazione di nuove Regioni con un minimo di un milione di abitanti», in base al co. 1 dell'art. 132 Cost.: quella disposizione esige infatti che l'approvazione della legge costituzionale istitutiva non si abbia se non «quando ne facciano richiesta tanti Consigli comunali che rappresentino almeno un terzo delle popolazioni interessate e la proposta sia approvata con *referendum* dalla maggioranza delle popolazioni stesse»[48]. Ma occorre precisare subito che l'aggettivo «rinforzate» non dev'essere preso alla lettera, in quanto non si tratta di leggi gerarchicamente sovrapposte ai congeneri atti normativi, bensì di leggi chiamate a risolvere – secondo gli appositi disposti della Costituzione – questioni particolarissime, indipendentemente dalle quali non avrebbe senso (e non produrrebbe nessuna conseguenza giuridica) seguire il mero procedimento aggravato di cui al co. 1 dell'art. 132 Cost., se non ai fini per cui è previsto in quella disposizione; sicché il criterio di sistemazione delle fonti in esame, comunque denominate, non è la gerarchia bensì la competenza (Spagna Musso) e ciò per ragioni analoghe a quelle già esposte *retro*, nel § 9 di questo stesso capitolo, ragionando delle leggi rinforzate in generale.

Per contro, si danno altre **leggi costituzionali** che sotto certi aspetti si prestano a venir modificate, senza seguire le procedure aggravate dell'art. 138: con la conseguenza che esse potrebbero dirsi **depotenziate** rispetto alle altre. In questo quadro rientrano, principalmente, le disposizioni di vari statuti speciali in tema di finanze regionali, che sono suscettibili di essere alterate, «sentita la Regione» oppure «in accordo con la Giunta regionale», mediante leggi statali ordinarie; per non dire della circostanza (invero alquanto criticabile) che, nuovamente in deroga al procedimento previsto dall'art. 138 Cost., tutti gli statuti speciali stabiliscono che, nell'ipotesi di loro modifiche, la legge costituzionale non vada sottoposta a *referendum* nazionale[49]. Ma ciò non significa che gli statuti siano – per queste parti – «decostituzionalizzati»; piuttosto, che le disposizioni predette ri-

---

[48] Un altro caso di procedimento «superaggravato» (Cicconetti) è quello previsto dall'art. 54 della legge costituzionale recante lo Statuto regionale sardo, per cui va sentito il parere del Consiglio regionale sulle revisioni dello Statuto medesimo; ed ove il parere sia contrario al progetto di modifica, come approvato dalle Camere in prima deliberazione, «il Presidente della Regione può indire un *referendum* consultivo prima del compimento del termine previsto dalla Costituzione per la seconda deliberazione». Ma la circostanza che il «superaggravamento» sia qui stabilito dalla stessa legge costituzionale che si tratterebbe di modificare induce a dubitare della legittimità dell'art. 54 St. Sard.: anche le leggi costituzionali non possono infatti condizionare la loro stessa abrogazione per le medesime ragioni già esposte *retro*, nella sez. I, § 6, di questo capitolo.

[49] Dopo le modifiche apportate agli Statuti speciali dalla legge cost. n. 2/2001, v. ora, quanto alle *finanze regionali*, gli artt. 54, co. 5, St. Sard.; 50, co. 5, St. V.d.A.; 63, co. 5, St. F.V.G.; 104, co. 1, St. T.A.A.

Le disposizioni che si pronunciano sul procedimento di modifica degli statuti e sulla *non sottoponibilità della stessa a referendum nazionale* sono, invece, le seguenti: artt. 54, co. 4, St. Sard.; 50, co. 4, St. V.d.A.; 63, co. 4, St. F.V.G.; 103, co. 4, St. T.A.A. e 41 *ter*, co. 4, St. Sic.

vestono un *carattere dispositivo*, analogamente a ciò che si verifica più volte nei rapporti fra le leggi ordinarie e i regolamenti cosiddetti delegati.

Sennonché il depotenziamento degli statuti adottati con legge costituzionale, in base all'art. 116 Cost., si manifesta anche in altri termini. Lo stesso art. 116 delimita infatti la competenza spettante a tali atti normativi, abilitandoli unicamente a definire «forme e condizioni particolari di autonomia» nelle corrispondenti Regioni. Ne segue che uno statuto speciale disciplinante materie esorbitanti dalla sua specifica competenza (o dal legittimo perseguimento delle finalità in vista del raggiungimento delle quali è stato dettato l'articolo) sarebbe costituzionalmente invalido. Non a caso, la Corte costituzionale ha appunto annullato gli artt. 26 e 27 dello Statuto siciliano, in cui si prevedeva un'apposita giurisdizione penale dell'Alta Corte per la Sicilia, quanto ai reati del Presidente o degli assessori regionali [50].

12. *Le leggi ordinarie dello Stato*

Statuendo che «la funzione legislativa è esercitata collettivamente dalle due Camere», l'art. 70 Cost. non definisce ma presuppone il concetto di **legislazione**. I soli punti fermi consistono in ciò: (*i*) che le leggi ordinarie dello Stato, cui si riferiscono gli artt. 70 ss., sono **gerarchicamente subordinate alla Costituzione e alle leggi costituzionali** [51] e che (*ii*) anch'esse **dispongono di una competenza generale** (tolto il poco che si può ritenere di competenza riservata alle Regioni da dopo la riforma dell'art. 117 Cost. intervenuta nel 2001), sebbene più circoscritta di quella propria delle leggi costituzionali, alle quali è dato di comprimere la competenza stessa (come si è rilevato nel precedente paragrafo).

a) Dubbio e controverso, nondimeno, rimane il **rapporto fra legislazione statale ordinaria e Costituzione**. Secondo una corrente dottrinale (Modugno), alle leggi ordinarie spetterebbe esclusivamente la realizzazione delle norme costituzionali: donde il carattere attuativo e discrezionale delle leggi stesse, in quanto rivolte allo scopo specifico di concretare i principi, i programmi e i fini costituzionalmente indicati. Ma l'opinione prevalente è invece nel senso che la legislazione ordinaria abbia un **carattere libero** [52], sia pure nel necessario rispetto delle

---

[50] Cfr. la sent. 22 gennaio 1970, n. 6 (e vedi, *infra*, parte VI, cap. I, § 3).

[51] Una tesi dottrinale (Lavagna) include fra le fonti gerarchicamente sopraordinate anche le «precedenti leggi costituzionali», così definite dalla XVI *Disp. trans. Cost.*: vale a dire quegli atti normativi che delle leggi costituzionali prendevano il nome nel periodo fascista. Ma tale opinione è rimasta del tutto isolata, giacché le cosiddette «leggi costituzionali» menzionate nelle «preleggi» non avevano, in realtà, forza maggiore o comunque diversa da quella spettante alle leggi ordinarie. Lo si è già visto e se ne è già detto *supra*, parte II, cap. III, § 7.

[52] Tale, in effetti, è il significato a-tecnico della formula «potere discrezionale del Parlamento», coniata dall'art. 28 della legge 11 marzo 1953, n. 87 (e poi riutilizzata, in numerosissime occasioni, dalla giurisprudenza della Corte costituzionale).

prescrizioni costituzionali. Quelli risultanti dalla Costituzione sono, in altri termini, *divieti* o *limiti negativi*, nell'ambito e nell'osservanza dei quali le opzioni legislative ordinarie rappresentano il frutto di *valutazioni politiche*, cioè rientranti nella piena discrezionalità del Parlamento, e, in quanto tali, insindacabili da parte della stessa Corte costituzionale. Infatti, il disegno costituzionale, malgrado la Carta repubblicana rientri fra le Costituzioni lunghe, non può considerarsi chiuso e completo, ma è dovunque aperto a una gamma di integrazioni egualmente legittime, la scelta delle quali rimane affidata – caso per caso e in vista delle mutevoli esigenze proprie dei vari momenti storici – alle responsabili valutazioni del Parlamento; sicché, se la funzione legislativa ordinaria non può dirsi propriamente e *in toto* «discrezionale», ciò è corretto solo quando si pretende di adoperare il termine nel senso tecnico dell'espressione, perché se è vero che *essa non è del tutto libera*, poiché costretta entro i limiti dettati dalla Carta, *essa non è però nemmeno del tutto vincolata* (o, meglio, non lo è proprio) dalle indicazioni costituzionali *per ciò che concerne le finalità da perseguire.*

b) Altro problema: può dirsi che la Costituzione presuppone un determinato ***concetto di «funzione legislativa»***, *da intendere come funzione normativa esplicata dal Parlamento attraverso leggi ordinarie contenenti disposizioni generali e astratte*?

Nella sua prospettazione più radicale, questa tesi sostiene l'implicito divieto di adottare **leggi-provvedimento**, che avrebbero un carattere amministrativo anziché costitutivo dell'ordinamento giuridico, fuori dalle ipotesi in cui leggi del genere sono espressamente ammesse dalla Costituzione. Ma l'opinione dominante in dottrina e in giurisprudenza non è in questo senso. Significativo, in particolar modo, è l'indirizzo seguito sul punto dalla Corte costituzionale per cui l'art. 70 Cost. non definisce la funzione legislativa «nel senso che essa consista esclusivamente nella produzione di norme giuridiche generali ed astratte»; e viceversa consente l'adozione di leggi-provvedimento, ogniqualvolta ricorrano «particolari situazioni di interesse generale», soggette alla «valutazione politica» del potere legislativo[53]. Giuridicamente, anzi, le leggi-provvedimento non possono nemmeno essere contrapposte alle cosiddette «*leggi-norma*» per definizione generali e astratte, dal momento che anche quelle, al pari di queste, costituiscono fonti del diritto assoggettate al medesimo regime e dotate della medesima forza di tutte le altre leggi ordinarie (v. *retro*, la sez. I,

[53] Cfr. la sent. 13 maggio 1957, n. 60, concernente l'attuazione della riforma fondiaria meditante atti con forza di legge riguardanti soggetti determinati.

Gli assunti citati nel testo sono stati ribaditi nella sent. 29 marzo 1988, n. 331, relativamente alle leggi regionali. «Per un verso» – ha notato quest'ultima pronuncia – «tanto la Costituzione (artt. 70 e 121) quanto gli Statuti regionali definiscono la legge non già in ragione del suo contenuto strutturale o materiale, bensì in dipendenza dei suoi caratteri formali, quali la provenienza da un certo organo o potere, il procedimento di formazione e il particolare valore giuridico». «Per altro verso [... *e il punto è determinante* ...], nessuna disposizione costituzionale o statutaria prevede che gli atti a contenuto particolare e concreto debbano necessariamente avere forma di atto amministrativo».

§ 2, di questo capitolo). E l'ordinamento vigente offre innumerevoli esempi del genere: dalle leggi di esproprio nel caso concreto[54] alle leggi di sanatoria e di convalida, ovvero alle leggi comunque retroattive; dalle leggi incentivanti – per determinate zone e per determinati periodi – specifiche attività economiche alle leggi contenenti norme transitorie nel campo del pubblico impiego, fino alle leggi personali nel senso più stretto che sono addirittura destinate a soggetti nominati dal legislatore.

In verità, con tutto questo rimane inconcepibile un «ordinamento che non abbia un certo grado di stabilità e permanenza nel tempo»: il che vale ad escludere che la formazione di un ordinamento giuridico propriamente detto possa essere interamente affidata ad «una somma seriale di precetti individuali, esaurentisi ciascuno *una tantum*» (Crisafulli). Ma ne consegue soltanto che le cosiddette leggi-norma, generali ed astratte, debbono pur sempre comporre l'ossatura del diritto oggettivo; senza, però, che sia dato vietare a priori, in nome dell'art. 70 Cost., l'adozione di atti legislativi contenenti *norme individuali*, quali sono appunto le leggi-provvedimento.

13. Segue: *il principio generale di eguaglianza come limite della funzione legislativa*

In realtà, se si guarda al diritto positivo italiano, chi vuole rinvenire un **limite costituzionale dell'intera funzione legislativa ordinaria non deve mirare all'art. 70, bensì all'art. 3, co. 1, Cost., là dove si proclama che «*tutti i cittadini ... sono eguali davanti alla legge*».**

Si tratta di un'affermazione tutt'altro che nuova, in quanto l'art. 24 dello Statuto albertino (al pari di moltissime Carte costituzionali ottocentesche) prescriveva già l'**eguaglianza dinanzi alla legge**, sulle tracce della «*Dichiarazione dei diritti*» del 1789. Sennonché in regime di Costituzione flessibile, qual era lo Statuto, proclamazioni del genere implicavano soltanto che le attività di esecuzione delle leggi, amministrative e giurisdizionali, dovessero rispettare l'esigenza della parità giuridica, mediante l'*eguale applicazione delle norme legislative* da far valere nei vari casi specifici di un medesimo tipo; mentre la legislazione, come fonte primaria del diritto, restava insindacabile quand'anche producesse qualsivoglia disparità di trattamento. Nel vigente diritto costituzionale, per contro, è pacifico che anche la legislazione ordinaria debba conformarsi al principio generale stabilito dall'art. 3, co. 1, che perciò si risolve in un **imperativo di eguaglianza delle leggi stesse**. L'imparzialità della pubblica amministrazione e la soggezione dei giudici alla legge, da applicare in modi eguali per tutti, si fondano anzi su particolari e diversi precetti costituzionali, rispettivamente

---

[54] Oltre alla sent. n. 60/1957 cit., si veda la sent. 11 luglio 1966, n. 95.

contenuti negli artt. 97, co. 1, e 101, co. 2, Cost. Viceversa, la giurisprudenza costituzionale sviluppatasi a partire dalla fine degli anni Cinquanta dimostra in termini non più controvertibili che *l'eguaglianza va ormai concepita come un vincolo comune a tutte le leggi ordinarie, quali che ne siano i destinatari e i contenuti normativi*[55].

S'intende che il vincolo in questione non mira a realizzare una parità di natura assoluta. Se così fosse, ne verrebbero precluse a priori quelle distinzioni e quelle classificazioni legislative, dalle quali dipende l'esistenza stessa dell'ordinamento giuridico: chi prendesse alla lettera l'assunto per cui la «legge dev'essere eguale per tutti» dovrebbe infatti concludere – paradossalmente – che i rei e gli onesti, i creditori e i debitori, gli attori e i convenuti, i giudici e le parti... vadano tutti trattati alla medesima stregua; il che renderebbe impensabile e comunque superfluo il diritto oggettivo in ogni sua partizione. Quella voluta dall'art. 3, co. 1, Cost. è invece un'**eguaglianza relativa**: cioè *preclusiva delle arbitrarie discriminazioni fra soggetti che si trovino in situazioni identiche o affini (come pure delle arbitrarie assimilazioni fra soggetti che si trovino in situazioni diverse)*[56]. Ed è in questi termini che l'intera legislazione ordinaria si dimostra assoggettata al principio generale di eguaglianza; tanto è vero che, negli ultimi anni del Novecento, addirittura i tre quarti delle impugnative incidentali promosse dinanzi alla Corte costituzionale si sono fondati – in modo esclusivo o concorrente con altri parametri costituzionali – sul richiamo del principio stesso.

Più precisamente, i conseguenti giudizi di legittimità costituzionale sul rispetto del principio di eguaglianza hanno per tema la **ragionevolezza** delle classificazioni legislative: ragionevolezza che non si risolve, però, nell'intrinseca bontà delle scelte effettuate dal Parlamento, ma riguarda piuttosto la **coerenza delle differenziazioni (o delle assimilazioni)** in esame, valutata nel rapporto con il trattamento che le leggi riservino ad altre categorie o ad altre fattispecie, comparabili con quella contestata. Pertanto, il sindacato sul rispetto della norma costituzionale di eguaglianza non mette in gioco due soli termini, consistenti da un lato nella norma legislativa impugnata e d'altro lato nel principio dell'art. 3, co. 1; bensì coinvolge, per definizione, un terzo termine (denominato appunto, nel linguaggio giurisprudenziale ormai corrente, ***tertium comparationis***), formato dalla disciplina o dalle discipline messe a raffronto con quella di cui si contesta la legittimità. Valgono – fra i tanti – gli esempi dei benefici pensionistici concessi dal legislatore a certe categorie di soggetti ed implicitamente negati ad altre

---

[55] Di più: il vincolo può riferirsi a qualunque attività normativa, compresa quella regolamentare. Ma la parte più importante delle possibili applicazioni del vincolo stesso riguarda pur sempre la legislazione.

[56] Nel primo senso, si vedano già le sent. 26 gennaio 1957, n. 3 e n. 28, per cui va garantita «ad ognuno eguaglianza di trattamento, quando eguali siano le condizioni soggettive e oggettive alle quali le norme giuridiche si riferiscono». Nel secondo senso, cfr. anzitutto la sent. 14 luglio 1958, n. 53, per cui si lede il principio di eguaglianza «quando il legislatore assoggetta ad una indiscriminata disciplina situazioni che esso stesso considera e dichiara diverse».

categorie: qualora la Corte riscontri l'affinità delle due situazioni a raffronto, e dunque rilevi l'**ingiustificatezza della discriminazione legislativa**, essa estenderà il diritto in questione a vantaggio delle categorie discriminate, utilizzando la legge che lo prevede quale terzo punto di riferimento del proprio giudizio. In questa ipotesi, i soggetti esclusi chiederanno ai giudici di adire la Corte costituzionale invocando – ad un tempo – l'art. 3 Cost. ed il *tertium* rappresentato dalla normativa concernente il beneficio stesso; cosicché la Corte, per poter stabilire o ristabilire l'eguaglianza, dovrà pronunciare una sentenza di accoglimento additiva (*v. infra*, parte VI, cap. II, § 16), estendendo alle persone svantaggiate la disciplina di raffronto.

Precisamente per questa via, d'altra parte, si recupera un minimo grado di generalità-astrattezza delle norme di legge. Il ricorso alle *leggi-provvedimento*, ovvero alle misure legislative del caso concreto, rimane costituzionalmente consentito, purché non si tratti di misure lesive del principio di eguaglianza. Ma quanto più basso è il grado della generalità-astrattezza, cioè quanto più ristretto è il novero dei destinatari di certe discipline ad esclusione di altri destinatari potenziali, *tanto più dev'essere severo il controllo sulla ragionevolezza* delle scelte effettuate in tal senso dal legislatore. Non a caso, l'art. 3, co. 1, Cost. vieta espressamente l'adozione di leggi che distinguano secondo «condizioni personali» e dunque prevedano *privilegi*, favorevoli o anche odiosi, nei riguardi di determinati soggetti per i quali non soccorrano puntuali giustificazioni [57].

Occorre subito aggiungere, però, che la Corte valuta il carattere più o meno ragionevole delle previsioni legislative, anche in vista di parametri diversi dall'art. 3, co. 1. Specialmente a fare data dall'ultimo decennio del Novecento, in effetti, la giurisprudenza costituzionale si è appellata più volte a un **«principio di ragionevolezza», concepito in termini ben più ampi del principio costituzionale di eguaglianza** [58]. Ma non si può dire che si tratti di un principio vero e proprio. La varietà dei parametri volta per volta utilizzati dalla Corte e l'eterogeneità delle tecniche utilizzate dall'organo della giustizia costituzionale inducono, piuttosto, a ritenere che la ragionevolezza si risolva in una espressione verbale, relativa a una serie di molteplici criteri di giudizio, alla base dei quali, semmai, sta l'uso di argomentazioni «diverse da quelle proprie del sillogismo giudiziale» (R. Tosi). E che, tuttavia, non basta a formare un ulteriore limite di generalissima portata, accomunante l'intera legislazione ordinaria. (Sulla ragionevolezza, v. anche *infra*, parte VI, cap. II, § 11).

---

[57] La Corte costituzionale, infatti, non impone incondizionatamente l'esigenza che le «norme legislative siano dettate per categorie di destinatari e non *ad personam*» (come si legge nella sent. n. 28/1957 cit.), ma suole svolgere anche in tal campo un sindacato di ragionevolezza (v. per esempio la sent. 6 luglio 1966, n. 92).

[58] V. per esempio la sent. 30 dicembre 1993, n. 474.

14. Segue: *le riserve di legge e il principio di legalità*

Entro la generale competenza che spetta alle leggi statali ordinarie, il legislatore è normalmente abilitato a esercitare la competenza stessa, sia disciplinando per legge le materie che la compongono, sia demandando il compito in questione ad altre fonti normative; e queste non si risolvono necessariamente in atti equiparati alla legge formale, aventi forza e valore di legge, bensì consistono spesso in fonti subordinate, a cominciare dai regolamenti dell'esecutivo. L'unica esigenza che deve rimanere salva in ogni caso, è che non si alteri la gerarchia costituzionalmente prevista, cioè che resti ferma la cosiddetta **preferenza della legge**, per cui nell'ambito della competenza legislativa ordinaria la legge prevale sulle fonti di rango inferiore.

Tuttavia, i rapporti fra le fonti predette si alterano allorché sia la stessa Costituzione a stabilire, per la disciplina di determinati oggetti, altrettante **riserve di legge**. Ben diversamente che nell'ordinamento statutario, tali riserve comportano infatti una *limitazione della potestà legislativa*, eliminando o riducendo quella libera scelta fra una disciplina disposta per legge e una disciplina demandata dalla legge ad altre fonti, della quale il Parlamento è comunemente dotato. In regime di Costituzione flessibile, cioè, le riserve di legge non possono implicare – per definizione – alcun limite a carico del legislatore ordinario; e dunque si risolvono in un limite gravante sulle fonti normative subordinate (o sulla stessa discrezionalità della pubblica amministrazione), che il Parlamento resta libero di rimuovere, del tutto o in parte, derogando alle corrispondenti norme costituzionali (... perché, appunto, flessibili). In regime di Costituzione rigida, invece, le riserve di legge vincolano precisamente il potere legislativo; giacché il legislatore che non facesse direttamente fronte al compito in tal modo conferitogli violerebbe le prescrizioni costituzionali. Qualora la legge istituisse una potestà regolamentare in materia costituzionalmente riservata alla legislazione ordinaria, illegittime sarebbero non solo le norme regolamentari adottate con quel fondamento dal potere esecutivo, bensì – prima ancora – le norme legislative concernenti l'attribuzione della potestà medesima.

Nel quadro comune a tutte le riserve di legge occorre peraltro distinguere, non senza profonde conseguenze sulla soluzione dei problemi in esame. La generalità dei settori così riservati si presta, innanzitutto, ad essere disciplinata sia dagli atti legislativi del Parlamento sia dagli atti normativi equiparati del potere esecutivo: la Corte costituzionale (come la dominante dottrina) ritiene infatti che «il principio della riserva legislativa» sia rispettato a meno che non ricorrano ipotesi specifiche, messe espressamente in rilievo, anche quando la materia venga regolata a mezzo di leggi delegate o di decreti-legge [59]. Per asserire il contrario, dunque, non basta una generica riserva, ma occorre che si tratti di una (*i*)

---

[59] V. specialmente la sent. 11 luglio 1969, n. 126.

riserva di legge formale; e tale figura non ricorre se non allorché ci si trovi in presenza di *espressi e tassativi riferimenti costituzionali alle Camere* del Parlamento (art. 77, co. 1, in tema di deleghe legislative; art. 77, co. 2, in tema di conversione dei decreti-legge; art. 77, co. 3, in tema di sanatoria degli effetti dei decreti decaduti; art. 78, in tema di conferimento dei poteri necessari al Governo nel caso di guerra; art. 79, co. 1, in tema di concessione dell'amnistia e dell'indulto; art. 80, in tema di autorizzazione alla ratifica dei trattati internazionali; art. 81, co. 1, in tema di approvazione dei bilanci e dei rendiconti consuntivi; art. 116, co. 3, in tema di attribuzione di «*Ulteriori forme e condizioni particolari di autonomia* ...» dallo Stato alle Regioni); o quando, comunque, *lo esiga la natura delle delibere legislative in questione* (anche se, nel già ricordato art. 79 Cost., non fosse espressamente menzionata la parola «Camera», la «riserva di legge formale» sarebbe implicita nella circostanza per cui la Costituzione pretende che la legge di cui lì trattasi sia «*deliberata a maggioranza dei due terzi dei componenti di*» ciascun ramo del Parlamento: non v'è infatti alcun atto avente forza o valore di legge che potrebbe dare soddisfazione a una simile pretesa della Carta cost.). Del resto, relativamente ad alcune di queste ultime ipotesi, non è pacifico che la decretazione legislativa d'urgenza sia sempre preclusa, pur dove ricorrano circostanze straordinarie che la rendano necessitata (ma sul punto si veda, *infra*, il § 18 della presente sezione).

Più grave è il problema se le riserve di legge riguardino (là dove la Costituzione non contenga precisazioni testuali) la sola legislazione **statale**, oppure includano anche la legislazione **regionale**, quanto ai settori di competenza propria delle Regioni ordinarie e speciali. In un primo tempo, la Corte costituzionale aveva senz'altro ritenuto che «la Costituzione, quando riserva puramente e semplicemente alla legge la disciplina di una determinata materia, si riferisca soltanto alla legge dello Stato» [60]. In un secondo tempo, tuttavia, il rigore dell'originario assunto è stato assai temperato, giacché la Corte ha riconosciuto che le Regioni possono legiferare negli stessi ambiti costituzionalmente riservati alla legge, dove lo impongano le altre norme costituzionali che attribuiscono loro – in determinate materie – una qualche potestà legislativa [61]. Ma la soluzione del quesito risulta tutt'altro che netta: dal momento che per talune riserve – come quelle concernenti il diritto penale, *ex* art. 25, co. 2, o anche le cause d'ineleggibilità, *ex* art. 51, co. 1, Cost. – la competenza è stata in ogni caso attribuita al legislatore statale «per una ragione logica prima che giuridica», consistente nell'esigenza che in quei campi sia fatta salva la *parità di tutti i cittadini sull'intero territorio nazionale* [62]. D'altra parte, che la Corte

---

[60] Cfr. la sent. 25 giugno 1956, n. 4.

[61] In questi termini si esprime la sent. 12 luglio 1965, n. 64, quanto alle leggi regionali tributarie, incidenti sulla riserva prevista dall'art. 23 Cost.

[62] Quanto al diritto penale, si veda già la sent. 26 giugno 1956, n. 6; quanto alle cause d'ineleggibilità, l'assunto citato nel testo è tratto dalla sent. 8 luglio 1957, n. 105.

avesse visto giusto sembra ora confermato, proprio in relazione al contenuto dell'art. 51, co. 1, dall'aggiunta disposta dalla legge cost. 30 maggio 2003, n. 1 (su cui più approfonditamente *infra*, parte V, cap. I, § 4, *sub b*), che ha previsto che esso così si concluda: a tale fine [a quello, cioè, di garantire che l'accesso agli uffici pubblici e alle cariche elettive avvenga in condizioni di eguaglianza], «*la Repubblica promuove con appositi provvedimenti le pari opportunità tra donne e uomini*». «*Repubblica*» non significa necessariamente «Stato-persona», anzi: è vero, tendenzialmente, proprio il contrario: nell'art. 114, co. 1, dove compaiono entrambi i termini («Repubblica» e «Stato»), è evidente che il primo indica lo «Stato-ordinamento» e il secondo lo «Stato-persona». Di talché, a ben guardare, nella disposizione così come vigente dal 2003, la legge statale soddisfa la necessità di un'uniformità della disciplina circa l'accesso agli uffici pubblici e alle cariche elettive, mentre la Repubblica (fatta di Stato e, tra l'altro, Regioni) promuove *le pari opportunità* non (solo) con leggi, ma «*con appositi provvedimenti*», cioè anche con atti amministrativi.

Se, quando la Costituzione stabilisce una riserva di legge formale, intende escludere tutto ciò che non è legge proveniente delle Camere, la distinzione tra riserve (*ii*) **assolute** e riserve (*iii*) **relative** attiene all'esclusione, o no, da una determinata materia o porzione di materia dell'intervento dell'Esecutivo quando opera con atti regolamentari. Le (*ii*) prime infatti comprendono, oltre alle riserve di legge formale, tutti gli oggetti la cui disciplina debba essere integralmente dettata da leggi (ovvero da atti aventi forza di legge): tanto da rendere incostituzionale la previsione di regolamenti (fatta forse eccezione per quelli meramente esecutivi delle leggi in questione), come pure il conferimento di poteri discrezionali a favore della pubblica amministrazione. Un esempio sicuro è offerto dall'art. 13, co. 1, Cost., per cui le restrizioni della libertà personale non sono ammesse «se non per atto motivato dell'autorità giudiziaria e nei soli casi e modi previsti dalla legge» (mentre i provvedimenti provvisori dell'autorità di pubblica sicurezza, consentiti dal secondo comma del medesimo articolo, vanno del pari adottati «in casi eccezionali di necessità ed urgenza, indicati tassativamente dalla legge»). Ma un altro esempio riguarda la determinazione dei reati e delle pene, che deve effettuarsi «in forza di una legge» per il disposto dell'art. 25, co. 2, Cost.; e ciò, sebbene la giurisprudenza costituzionale ammetta che le norme penali vengano integrate da provvedimenti amministrativi «rispondenti a valutazioni di carattere tecnico» (come nel caso degli elenchi delle sostanze stupefacenti)[63].

(*iii*) Relative, invece, sono le riserve in vista delle quali il legislatore è tenuto a dettare soltanto la *disciplina di principio* ovvero a fornire la base legislativa delle conseguenti attività amministrative. Non a caso, esemplare in tal senso risulta la disposizione dell'art. 23 Cost. («Nessuna prestazione personale o patrimoniale

---

[63] Cfr. la sent. 19 maggio 1969, n. 36 (cui sono seguite varie altre decisioni analogamente orientate).

può essere imposta se non *in base alla legge*»): tanto in dottrina quanto nella giurisprudenza costituzionale è infatti pacifico che in tali campi la disciplina legislativa possa essere parziale, riguardando l'oggetto e i soggetti passivi dell'imposizione, non già l'esatta determinazione quantitativa di essa. Ma relativa – per comune avviso – è altresì la riserva stabilita in materia di organizzazione dei pubblici uffici dall'art. 97, co. 2, Cost. («*I pubblici uffici sono organizzati secondo disposizioni di legge*»); ed anche in quel caso è indiscusso che residui spazio per l'attribuzione di competenze regolamentari al potere esecutivo, come si registra abitualmente nella prassi e come, d'altro canto, non potrebbe non essere, essendo sufficiente soffermarsi a pensare cosa vorrebbe dire se tutto ciò che riguarda la mera organizzazione degli uffici pubblici (cioè anche la variazione di una pianta organica, o la predisposizione dell'arredo di un ufficio) dovesse necessariamente essere disposta con legge o con atto dotato della forza della legge[64].

Meritano poi almeno una menzione: la c.d. (*iv*) **riserva d'Assemblea** in relazione a materie (costituzionale; elettorale; delegazione legislativa; autorizzazione alla ratifica di trattati internazionali; approvazione di bilanci e consuntivi) che, *ex* art. 72, ult. co., Cost., pretendono non già solo una regolamentazione di legge formale, ma pure che quest'ultima segua il procedimento «*normale*» di approvazione delle leggi ed escludendo quindi i procedimenti per Commissione redigente o deliberante (su tutti v. *infra*, parte III, cap. II, § 10); la (*v*) **riserva rinforzata** che si ha quando la Costituzione non si limita ad assegnare una materia alla disciplina della legge, ma detta anche limiti a quest'ultima come, per es., nel caso in cui, disciplinando la libertà di circolazione e soggiorno nell'art. 16, stabilisce che ogni «*cittadino può circolare e soggiornare liberamente in qualsiasi parte del territorio nazionale, salvo le limitazioni che la legge stabilisce in via generale per motivi di sanità o di sicurezza*». La legge, dunque, non può dettare una qualsivoglia disciplina in materia, perché il legislatore è vincolato, nello scegliere, a una normativa da statuire «*in via generale*» e «*per motivi di sanità e sicurezza*» (è chiaro, pertanto, che ogni riserva rinforzata è sempre e necessariamente una riserva assoluta). In tema, v. anche *infra*, il paragrafo che segue. Discorso a sé, perché da collegare, per ciò che concerne il rango, a quanto riportato *supra*, nel § 11 di questo capitolo, vale per la (*vi*) **riserva di legge costituzionale** che si ha nelle ipotesi in cui la Costituzione ritiene di tale importanza una materia da pretendere che non solo se ne occupi il legislatore, ma sempre e solo con fonte di rango costituzionale [si vedano gli artt. 71 (per il caso in cui si vogliano cambiare o aumentare i soggetti che dispongono del potere di iniziativa delle leggi ordinarie); 116, co. 1 (per l'adozione o modifica degli statuti speciali); 132, co. 1

---

[64] Con le riserve propriamente dette, assolute o relative che siano, non vanno peraltro confusi i meri rinvii costituzionali alle leggi ordinarie, mediante i quali la Costituzione si limita ad indicare al legislatore un qualche fine da raggiungere (si pensi all'art. 44 Cost. là dove afferma che la legge «aiuta la piccola e la media proprietà»), senza alterare né il normale sistema delle fonti, né i rapporti che generalmente intercorrono fra il legislativo e l'esecutivo.

(per la fusione di Regioni esistenti o la creazione di nuove Regioni, nell'ambito di un particolare procedimento); 137 (per disciplinare «*condizioni... forme... termini di proponibilità dei giudizi di legittimità costituzionale, e* [le] *garanzie d'indipendenza dei giudici della Corte*»)].

Qualunque sia la natura delle riserve, trattandosi sempre di un limite – più o meno intenso – all'ordinaria potestà legislativa, è da ritenere che il limite stesso presenti un **carattere specifico**, cioè che non sussista al di fuori delle ipotesi in cui sia puntualmente riscontrabile, in base al testo ma anche alla logica informatrice delle norme costituzionali in esame, che la Costituzione abbia inteso stabilirlo. Anche in questo senso può ben darsi che vigano (*vii*) **riserve di legge** che possono definirsi **implicite** perché la Carta costituzionale non rimanda necessariamente quanto espressamente alla legge: così è nel caso delle «norme generali sull'istruzione», genericamente previste dall'art. 33, co. 2, Cost., oppure nell'ipotesi dei limiti all'iniziativa economica privata, che è sì proclamata «*libera*» (art. 41, co. 1, Cost.), ma che non «*può svolgersi in contrasto con l'utilità sociale o in modo da recare danno alla sicurezza, alla libertà, alla dignità umana*» (ivi, co. 2). E si pensi per es. anche all'art. 76 quando dispone che l'«*esercizio della funzione legislativa non può essere delegato al Governo se non con determinazione di principi e criteri direttivi e soltanto per tempo limitato e per oggetti definiti*». Chi delega e come? Siccome l'oggetto è l'«*esercizio della funzione legislativa*», non può che trattarsi di una fonte di rango primario, ma posto che il delegato sarebbe assurdo coincidesse con il delegante, a delegare non può essere il Governo. *Ergo*, non può che trattarsi di una legge formale del Parlamento e necessariamente d'Assemblea, posto che la fattispecie compare nell'art. 72, ult. co., Cost. Analogo discorso può essere fatto con riguardo all'autorizzazione alla ratifica di trattati internazionali (i trattati li conclude il Governo e quindi non può essere quest'ultimo ad autorizzare il Presidente della Repubblica a ratificare il proprio operato) e all'approvazione di bilanci e consuntivi (si tratta di atti dell'Esecutivo che non avrebbe senso alcuno se li auto-approvasse).

Resta escluso – secondo chi scrive – che l'intero diritto amministrativo sia retto da una sorta di riserva relativa, per cui qualunque funzione esercitabile dall'Esecutivo debba trovare la sua base e la sua disciplina nelle leggi o negli atti normativi equiparati.

Vero è che in dottrina si suole ragionare di un generale **principio di legalità** dell'amministrazione, secondo il quale ogni attività di quest'ultima deve trovare fondamento e limite in una legge. Ciò detto, l'**importante è**, allora, **non confondere il principio medesimo con le riserve di legge**.

Innanzitutto, si dimostra dubbia e controversa la stessa portata della legalità di cui si tratta: taluni la intendono in senso puramente **formale**, come sinonimo della necessaria conformità della pubblica amministrazione rispetto alla legge; altri affermano che ogni potere amministrativo dovrebbe trovare puntuale fondamento in una *norma attributiva*, ammettendo però che le norme di base possano essere regolamentari e non soltanto legislative; altri ancora ritengono invece indispensabile l'*interpositio legislatoris*, cui dunque spetterebbe di fondare e individuare tutti i poteri in questione; e, finalmente, vi è chi si spinge fino al punto di considerare costituzionalmente indispensabile che il legislatore prestabilisca lo schema di ogni attività amministrativa, intendendo pertanto la legalità in senso **sostanziale** e traducendola in un limite delle leggi stesse. Se così fosse, risulterebbe difficile distinguere l'esigenza della legalità da quella sottesa alle riserve relative di legge (che quindi diverrebbero superflue o puramente confermative). Ma il concetto sostanziale della legalità sembra essere il frutto di una forzatura; ed effettivamente la giurisprudenza costituzionale non lo condivide in pieno, dal momento che la Corte lo risolve in un «principio generale dell'ordinamento giuridico dello Stato», dal quale il legislatore statale ordinario potrebbe però derogare, senza ledere per questo solo fatto nessuna norma costituzionale[65].

Stando al diritto «vivente», la legalità può dunque definirsi come un **limite della funzione amministrativa** e **non come un limite della funzione legislativa dello Stato** (che trova un limite, se proprio si vuole adoperare quel termine, nella *legalità costituzionale*), salvo che l'attribuzione di un nudo potere discrezionale agli organi dell'Esecutivo non violi altri precetti stabiliti dalla Costituzione quali il principio generale d'eguaglianza ovvero il principio d'imparzialità dell'amministrazione.

15. Segue: *le leggi «rinforzate» e le altre leggi «atipiche»*

a) È stato ricordato (v. *retro*, la sez. I, § 8, di questo capitolo) che alcune leggi statali si distinguono dalla generalità degli altri atti legislativi ordinari approvati dalle Camere, pur non confondendosi con le leggi costituzionali e di revisione costituzionale, in quanto la loro approvazione dev'esser preceduta – secondo gli appositi disposti costituzionali che le riguardano – da particolari adempimenti che in vario senso ne aggravano l'*iter* formativo. A queste fonti viene abitualmente attribuito il nome di **leggi rinforzate**, sebbene la posizione che ad esse è riservata nel sistema degli atti normativi obbedisca al criterio della competenza anziché al criterio della gerarchia (come già si è notato – v. *retro*, il § 11 di questa sezione – relativamente alle leggi «rinforzate» di rango costituzionale).

Il primo esempio fattibile è quello offerto dal nuovo testo dell'art. 79 Cost. – introdotto dalla legge cost. 6 marzo 1992, n. 1 – per cui «l'**amnistia** e l'**indulto** sono concessi con legge deliberata a maggioranza dei due terzi dei componenti di ciascuna Camera, in ogni suo articolo e nella votazione finale»: in questo caso, però, le fasi del procedimento legislativo non sono alterate, ma viene aggra-

---

[65] Cfr. la sent. 2 marzo 1962, n. 13, dove peraltro si afferma la necessità che il principio in questione venga rispettato dalle leggi regionali (ma vedi, inoltre, la sent. 21 marzo 1989, n. 143).

vata la sola maggioranza necessaria. Un secondo esempio è fornito dal disposto dell'art. 132, co. 2, Cost., per cui la legge statale ordinaria può **trasferire Province e Comuni dal territorio dell'una a quello di un'altra Regione**, ma previa «richiesta» degli enti trasferendi, sulla base di un *referendum* che faccia registrare il consenso delle popolazioni interessate e dopo aver «sentito i Consigli» di entrambe le Regioni coinvolte. Del pari, è sempre alle leggi ordinarie della Repubblica che spettano il **mutamento delle circoscrizioni provinciali e l'istituzione di nuove Province nell'ambito di ciascuna Regione**; ma l'art. 133, co. 1, Cost. esige che ciò avvenga «su iniziativa dei Comuni». In quest'ultimo caso, si è addirittura sostenuto che la Costituzione configurerebbe una forma riservata e del tutto anomala di iniziativa legislativa, in sostituzione, con riguardo a questa sola fattispecie, di qualsiasi altra (v. *infra*, parte III, cap. II, § 9). Ma, anche se così non fosse, l'*iter* formativo di leggi siffatte verrebbe comunque a comporsi di un indispensabile momento ulteriore (ed anzi di due momenti del genere, giacché l'art. 133, co. 1, prescrive pure che venga sentita la Regione interessata); sicché la legge statale modificativa di una circoscrizione provinciale, che fosse approvata senza aver comunque rispettato le specifiche indicazioni costituzionali, sarebbe certamente invalida e dunque annullabile [66].

Affinché sia dato ragionare di leggi rinforzate, è però necessario che l'aggravamento delle loro procedure formative venga puntualmente imposto da apposite **norme di rango costituzionale**. Nei casi testé ricordati, si tratta di norme dettate dalla stessa Costituzione; in altri casi, le prescrizioni in esame risultano da altre leggi costituzionali, come quelle contenenti gli statuti delle Regioni ad autonomia differenziata (v. *retro*, il § 11 della presente sezione). Per contro, se tali prescrizioni difettano, sicché l'aggravamento di certe procedure deriva dalle libere scelte del Parlamento, gli atti legislativi in tal modo prodotti non si distinguono affatto dalla generalità delle leggi ordinarie dello Stato. Così, non sono inquadrabili fra le leggi rinforzate quelle che le Camere approvino dopo aver sentito i pareri del Consiglio nazionale dell'economia e del lavoro, in base al secondo comma dell'art. 99 Cost.: infatti i pareri in questione non sono obbligatori bensì facoltativi, cioè suscettibili di essere o meno richiesti a discrezione delle assemblee parlamentari [67], senza che le rispettive leggi assumano particolari posizioni entro il sistema delle fonti del diritto.

b) La figura delle leggi rinforzate diverrebbe alquanto più ampia e importan-

---

[66] Giova però ricordare che l'art. 63 (prima e originaria versione) della legge 8 giugno 1990, n. 142 (*Ordinamento delle autonomie locali*), aveva delegato al Governo «la prima revisione delle circoscrizioni provinciali»; e la Corte costituzionale – con la sent. 19-25 luglio 1994, n. 347 – ha ritenuto legittimo il ricorso a tali decreti legislativi, purché preceduti dagli adempimenti costituzionalmente necessari.

[67] Cfr. l'art. 9 della legge 5 gennaio 1957, n. 33, istitutiva del CNEL (cui si è sovrapposto l'analogo art. 11 della legge 30 dicembre 1986, n. 936, con *Norme sul Consiglio nazionale dell'economia e del lavoro*).

te se fosse comprensiva dei **casi previsti dagli artt. 7 e 8 Cost.**, in tema di rapporti fra lo Stato e le confessioni religiose, per le quali ipotesi, però, non pare corretto adoperare la medesima terminologia. Costituiscono certamente anch'essi casi di **fonti atipiche**, ma, rispettivamente, *Patti* e *Intese* non possono definirsi alla stregua di rinforzi procedimentale, bensì quali «*presupposti indefettibili*» del procedimento legislativo.

Quanto alla Chiesa cattolica, l'art. 7, co. 2, rimanda, in effetti, alle disposizioni dei **Patti lateranensi**, storicamente formati dal Trattato e dal Concordato stipulati l'11 febbraio 1929 e modificati il 18 febbraio 1984; ed anzi aggiunge che «le modificazioni dei Patti, accettate dalle due parti, non richiedono procedimento di revisione costituzionale». Quanto alle confessioni diverse da quella cattolica, l'art. 8, co. 3, esige a sua volta che le relative leggi dello Stato vengano approvate «sulla base di **intese**» con le rappresentanze delle confessioni stesse. Qualora i Patti o le intese predette potessero venir considerati come atti preparatori delle corrispondenti leggi di esecuzione (Landolfi), anche in queste ipotesi sarebbe perciò configurabile un aggravamento necessario del processo legislativo, rispetto all'*iter* dal quale scaturisce la comune legislazione ordinaria. Ma l'opinione prevalente non è in questo senso, cioè non considera gli accordi fra lo Stato e le varie confessioni religiose quali fasi del procedimento legislativo destinato a regolare i loro rapporti; bensì li definisce come presupposti che non possono mancare, verificatisi i quali il procedimento può validamente iniziare e concludersi nei modi consueti. Il che, concettualmente, impone se mai che si ragioni di ***leggi atipiche*** e non di vere e proprie leggi rinforzate.

Tutto ciò, peraltro, non modifica minimamente la sostanza dei fenomeni in questione. Fermo rimane, pur sempre, che gli artt. 7 ed 8 Cost. prevedono appunto una serie di atti legislativi diversi dalle tipiche leggi ordinarie, in quanto tenuti a fondarsi su previ accordi e a conformarsi ai loro contenuti. Un tanto non comporta – beninteso – che le leggi applicative dei citati disposti costituzionali debbano ritenersi costituzionalizzate. La tesi della costituzionalizzazione (Del Giudice, D'Avack, Lener) non regge neanche per ciò che riguarda i Patti lateranensi, dal momento che lo stesso art. 7, co. 2, Cost. consente la loro modificazione con legge ordinaria una volta intervenuto l'accordo fra lo Stato e la Chiesa cattolica [68]. Costituzionalizzato, piuttosto, è il cosiddetto **procedimento concordatario**, mediante il quale vanno poste le premesse perché in materia si adottino nuove leggi ordinarie [69]: come si è si è verificato quando la legge 25 marzo 1985, n. 121, ha

---

[68] Lo ha rilevato più volte la Corte costituzionale, a partire dalle sent. 1° marzo 1971, nn. 30, 31 e 32, sia pure con riguardo alle leggi di esecuzione dei Patti e non ai Patti stessi in sé considerati che hanno natura assimilabile a quella delle convenzioni internazionali (ma si veda, inoltre, nel medesimo senso, la sent. 7 febbraio 1978, n. 16).

[69] Sul «principio pattizio da valere nella disciplina dei rapporti fra lo Stato e la Chiesa cattolica», si veda già la sent. n. 30/1971 cit. della Corte costituzionale. Sull'art. 7, co. 2, come norma «di accoglimento del principio concordatario», cfr. la sent. 2 febbraio 1972, n. 12 (seguita da varie altre decisioni conformi).

dato piena e intera esecuzione all'accordo modificativo del Concordato lateranense stipulato il 18 febbraio 1984 fra la Repubblica italiana e la Santa Sede. Ma considerazioni analoghe s'impongono, a più forte ragione, per le leggi fondate sulle intese fra il Governo italiano e le confessioni acattoliche, ai sensi del terzo comma dell'art. 8 [70]. In tutti questi casi, cioè, le leggi stesse dispongono di una **forza passiva peculiare**. Esse non sono sostituibili, abrogabili o derogabili da parte di altre leggi ordinarie dello Stato, se non intervengono ulteriori intese, alle quali il Parlamento si deve conformare (Finocchiaro); ed è precisamente in questo dato che consiste la loro atipicità rispetto alla restante legislazione statale ordinaria.

Così concepita, la figura delle **leggi atipiche** eccede, però, le ipotesi regolate dagli artt. 7 e 8 Cost.

(*i*) Da un lato, essa è comprensiva delle stesse *leggi «rinforzate»* configurate nel senso più stretto del termine.

(*ii*) D'altro lato, essa può forse abbracciare ipotesi diverse ed alquanto eterogenee, a cominciare dalle *leggi sottratte al referendum abrogativo*, in base al secondo comma dell'art. 75 Cost. Alcune leggi – come quelle tributarie e di bilancio, di amnistia e d'indulto, di autorizzazione a ratificare trattati internazionali (v. *infra*, il § 20 della presente sezione) – non sono abrogabili in via referendaria; ed in questo senso è dato ipotizzare una loro *atipicità*.

(*iii*) Di leggi atipiche si è poi ragionato (Crisafulli, Sorrentino) con riferimento all'*ultimo comma dell'art. 72 Cost.* che vieta di seguire il procedimento di approvazione delle leggi per commissione deliberante (se ne è detto nel paragrafo precedente, parlando della riserva d'Assemblea), quanto ai disegni «in materia costituzionale ed elettorale e per quelli di delegazione legislativa, di autorizzazione a ratificare trattati internazionali, di approvazione di bilanci e consuntivi» (v. *infra*, parte III, cap. II, § 11). Sennonché lo stesso Crisafulli ha rilevato che l'esame e l'approvazione diretta in assemblea rappresentano – per Costituzione – la procedura legislativa «normale» e non certo un *iter* aggravato.

Inoltre, vale la considerazione che non sussiste un riparto costituzionale di competenza fra le leggi da approvare nel *plenum* e quelle da approvare in commissione, secondo il criterio dettato dalla legge istitutiva della Camera dei fasci e delle corporazioni (v. *retro*, parte II, cap. I, § 4); sicché può ben darsi che il medesimo atto legislativo, fuori dai casi indicati nell'art. 72, co. 4, venga approvato da un ramo del Parlamento in commissione e dall'altro in assemblea, contraddicendo in tal modo l'ipotesi che a questi effetti si diano «rafforzamenti» di qualsiasi tipo.

---

[70] Un primo esempio è formato dalla legge 11 agosto 1984, n. 449. Nell'art. 1, co. 1, di tale atto si prevede appunto che «i rapporti fra lo Stato e le Chiese rappresentate dalla Tavola valdese sono regolati dalle disposizioni degli articoli che seguono, sulla base della intesa stipulata il 21 febbraio 1984, allegata alla presente legge».

Per *l'elenco delle Intese ad oggi stipulate*, v. *http:// presidenza.governo.it/USRI/confessioni/intese_indice.html.*

(*iv*) Ancora più discutibile è il caso – che pure ha dato origine alla figura in esame (La Pergola) – previsto dal *secondo comma dell'art. 10 Cost.*: per cui «la *condizione giuridica dello straniero* è regolata dalla legge in conformità delle norme e dei trattati internazionali». Stando a una diffusa opinione dottrinale, saremmo in presenza di leggi costituzionalmente dotate d'una particolare competenza, sottoposta a specifici limiti fissati dal diritto internazionale vigente in materia; sicché, per converso, le leggi stesse non si presterebbero a venire contraddette da altre leggi ordinarie concernenti la condizione degli stranieri, se la legislazione sopraveniente non risultasse – a sua volta – conforme alle norme e ai trattati internazionali subentrati in tal campo. Ma occorre obiettare, in primo luogo, che i compiti in questione non spettano necessariamente ad atti legislativi appositi, provvisti di una competenza riservata, ma possono essere assolti da singole disposizioni di legge, purché conformi al co. 2 dell'art. 10; in secondo luogo, che tale conformità può concretarsi anche nel senso di riservare agli stranieri in Italia un *regime più favorevole*, rispetto allo *standard* minimo costituzionalmente previsto (A. Cassese). E ciò fa pensare che in casi del genere si tratti non tanto di leggi atipiche, quanto di normative assoggettate – *ratione materiae* – a *particolari vincoli di ordine costituzionale*.

(*v*) Piuttosto, si danno altri complessi di leggi ordinarie che la Costituzione assoggetta a limitazioni e regimi del tutto specifici, rendendole in tale modo atipiche. Il caso più importante concerne le *annuali leggi di approvazione dei bilanci preventivi dello Stato* di cui all'art. 81 Cost. nella sua nuova formulazione dovuta all'art. 1 della legge cost. 20 aprile 2012, n. 1 (e che i regolamenti parlamentari disciplinano nell'ambito di un'apposita «sessione di bilancio»).

(*vi*) Casi ulteriori, di analogo ma non identico genere, attengono peraltro all'intero complesso delle cosiddette *leggi meramente formali* che la dottrina pubblicistica d'impronta tradizionale considerava e considera non-costitutive dell'ordinamento giuridico, perché incompetenti a produrre norme di qualunque genere. Ed effettivamente, quale che ne sia la ricostruzione dogmatica, si danno *atti legislativi* – come quelli di autorizzazione alla ratifica dei trattati internazionali, di approvazione dei rendiconti consuntivi, di approvazione degli statuti delle Regioni di diritto comune e del bilancio annuale dello Stato – *i cui contenuti non sono definibili ad arbitrio da parte delle Camere, bensì risultano necessariamente da altri atti precostituiti al di fuori del Parlamento*; sicché le Camere svolgono, in forma legislativa, funzioni che sostanzialmente potrebbero dirsi di controllo (ma si veda, in proposito, *infra*, il § 24 della presente sezione, nonché parte III, cap. II, § 14).

16. *Gli atti governativi con forza di legge: le leggi delegate*

Il principio di separazione dei poteri postula l'esclusiva spettanza del potere legislativo al Parlamento. Ed è in quella prospettiva che l'art. 70 Cost. dispone: «*La funzione legislativa è esercitata collettivamente dalle due Camere»*. Ma il principio stesso subisce una serie di eccezioni, costituzionalmente previste: la prima delle quali riguarda la **delega della funzione legislativa** a favore del potere esecutivo, disciplinata nell'art. 76 della Carta costituzionale.

Fin dalle prime Costituzioni ottocentesche, in verità, risultavano in tal senso alcune esplicite deroghe al monopolio parlamentare della legislazione[71]. Negli stessi casi in cui le Carte costituzionali tacevano oppure stabilivano espliciti divieti, la prassi ha anzi provveduto – in genere – a colmare le lacune, oppure ad aggirare i divieti medesimi; e ciò non soltanto nei sistemi a Costituzione flessibile come quello albertino (v. *retro*, il § 7 della sez. I di questo capitolo), ma anche nei sistemi retti da Costituzioni rigide, quale – per esempio – la terza Repubblica francese (1870-1940). Nella realtà costituzionale, desumibile dall'esame dell'effettivo funzionamento di quasi tutti gli ordinamenti statali di stampo liberal-democratico, si dimostrano dunque l'estensione e l'importanza dei processi di devoluzione di consistenti poteri normativi dalle assemblee parlamentari all'esecutivo. Questo stato di cose ha influito sensibilmente sui lavori dell'Assemblea costituente, specie per quanto concerne il problema della delegibilità della legislazione al Governo, che è stato risolto nel senso affermativo – quasi senza discussioni – tanto in commissione quanto in aula. *S'è infatti riconosciuta l'inevitabilità del fenomeno; e di conseguenza si è preferito regolamentarlo e circoscriverlo, per non depotenziare troppo il ruolo delle Camere, anziché opporre uno sterile rifiuto.*

Il risultato finale di tali lavori consiste principalmente nel disposto dell'art. 76 Cost., per cui «*l'esercizio della funzione legislativa non può essere delegato al Governo se non con determinazione di principi e criteri direttivi e soltanto per tempo limitato e per oggetti definiti*»; e già da un primo sommario esame si può desumere con quali scopi la Costituzione lo abbia formulato.

Il potere legislativo delegabile al Governo *non corrisponde*, cioè, a *tutto quello* del quale le Camere sono titolari in base all'art. 70 Cost., ma si rivela *diverso per natura e minore per portata*, in quanto assai più gravemente condizionato nel proprio esercizio. *Si tratta di un potere diverso*, perché le Camere non si spogliano per nulla della funzione legislativa. È infatti pacifico che, per il solo fatto della delega, esse non perdono la competenza a regolare autonomamente la materia interessata dalla delega stessa; ma possono in ogni tempo *revocare* del tutto o in parte la delegazione, tanto con un esplicito atto di revoca quanto in modo implicito, ossia deliberando una legge formale che disciplini gli oggetti del potere dapprima delegato. Già in questo senso bisogna dunque concludere che *la delega legislativa non comporta* – come si soleva sostenere in dottrina (Tosato) – *un trasferimento né della titolarità né dell'esercizio dell'ordinaria potestà legislativa;*

---

[71] Per contro, tanto la Costituzione degli Stati Uniti d'America (cfr. la sez. I dell'art. 1) quanto la Costituzione francese del 1791 (cfr. la sez. I del cap. III del titolo III) riservavano, o riservano tuttora, l'approvazione delle leggi al potere legislativo.

ma si risolve piuttosto nella **creazione di un potere legislativo nuovo** che il Parlamento affida al Governo senza per questo vedersi privato della correlativa competenza.

Ma si tratta anche d'una *legislazione di rango minore*, in quanto essa subisce (o dovrebbe subire) almeno *cinque tipi di limitazioni* peculiari: tre delle quali sono imposte espressamente dall'art. 76, mentre le altre due si possono desumere dalla logica del rapporto di delegazione. Anzitutto, (*i*) una fondamentale ragione distintiva consiste in ciò che la legislazione delle Camere è giuridicamente libera (salvo soltanto il rispetto delle prescrizioni costituzionali), mentre la legislazione delegata è sottoposta agli ulteriori vincoli dettati dalla legge di delegazione, con particolare riguardo ai «principi e criteri direttivi» delle conseguenti scelte del Governo: sotto questo aspetto, si è rilevato in dottrina che la funzione legislativa delegata non è dunque libera ma **discrezionale**, appunto perché non dispone dei suoi fini ultimi che debbono invece venire prefissati dalle Camere. Secondariamente, (*ii*) un'altra discriminante deriva dalla previsione costituzionale che il legislatore delegato operi entro un «tempo limitato»: se infatti la potestà legislativa delle Camere è per definizione permanente, quella del Governo deve dirsi invece **temporanea**. Ancora, è determinante che (*iii*) il Governo non possa venire abilitato a legiferare se non «per oggetti definiti», in contrapposto all'ordinaria competenza legislativa che non è più universale (data la presenza di materie direttamente disciplinate dalla Costituzione o da leggi costituzionali), ma resta pur sempre generale, quella delegabile al Governo è una competenza **specializzata**, ossia circoscritta ai soli settori espressamente indicati da ciascuna legge di delegazione.

In via ricostruttiva si possono poi evidenziare due cause ulteriori di divario. Da un lato si riscontra – per lo meno di regola – che la potestà delegata al Governo ha un (*iv*) **carattere istantaneo**, in quanto si esaurisce in un unico atto di esercizio [ma v. *infra*, in questo stesso paragrafo, *sub* lett. *e*), quel che si dirà dei decreti legislativi «correttivi»]; diversamente dall'inesauribile legislazione spettante alle Camere che può essere esercitata tutte le volte in cui ciò si riveli necessario o comunque opportuno. D'altro lato, si sa che normalmente il Parlamento ha la facoltà di esercitare o meno la legislazione, in vista di un libero apprezzamento delle varie situazioni; laddove (*v*) l'esercizio della delega legislativa da parte del Governo deve o dovrebbe ritenersi **obbligatorio**, salva una disposizione contraria della stessa legge di delegazione.

a) Per passare ad una analisi più dettagliata di tali limitazioni, bisogna chiarire – preliminarmente – quali siano e in che consistano i possibili **oggetti della delega**.

Nell'attuale ordinamento, infatti, vi sono materie o tipi di discipline che la Costituzione riserva in modo assoluto alle leggi formali (v. *retro*, il § 14 della presente sezione); sicché il ricorso alla delega sarebbe in queste ipotesi illegittimo, oltre che inconciliabile con i rapporti che devono intercorrere fra le Camere e il Governo[72]. Più dubbia e discussa è la questione se siano riferibili alla delega legislativa quei limiti di materia che, apponendo una riserva di legge d'Assemblea, il quarto comma dell'art. 72 Cost. ha stabilito in ordine al procedimento per commissione deliberante, imponendo la procedura legislativa «normale» per l'approvazione di una serie di disegni di legge (v. *infra*, parte III, cap. II, § 11). Nel poco comprensibile silenzio, al riguardo, dell'art. 14 della legge n. 400/1988 (posto che l'art. 15 elenca invece espressamente ciò che non si può porre in essere mediante decreto legge), in dottrina è diffusa (Lignola, Cervati), ma non incontestata, la tesi che l'espresso divieto di approvare simili disegni in commissione escluda implicitamente – a più forte ragione – la delegabilità di tali oggetti dal Parlamento al Governo. Ma è certo, in ogni caso, che per la maggior parte degli oggetti stessi l'illegittimità di un'eventuale delega si fonda ancor meglio su altri passi del testo costituzionale o su altri motivi, anche di carattere meramente logico, come quelli cui s'è già accennato riferendosi all'implausibilità di un Governo che deleghi sé stesso, o che si auto-approvi e/o auto-autorizzi propri atti, che non sul (solo) fatto di essere gli stessi riservati all'approvazione da parte dell'Aula; sicché l'interpretazione estensiva o analogica dell'art. 72, co. 4, presenta un autonomo rilievo soltanto per ciò che riguarda la *materia elettorale*[73].

Al di fuori delle poche ipotesi indicate nella disposizione appena ricordata (materia costituzionale; elettorale; delegazione legislativa; autorizzazione alla ratifica di trattati internazionali; approvazione di bilanci e consuntivi), la delega legislativa è invece ammissibile dovunque il delegante disponga della competenza a legiferare. Il limite degli «oggetti definiti» non impedisce, anzi, che il Parlamento deleghi al Governo la disciplina di intere vastissime materie, purché non si arrivi all'estremo di una delega dei «pieni poteri».

Non a caso, nella prassi è frequente il ricorso alle **delegazioni plurime**, contestualmente relative a una pluralità di oggetti, ciascuno dei quali può essere disciplinato dal Governo per mezzo di un distinto decreto delegato; mentre l'art. 14, co. 3, della legge n. 400/1988 prevede espressamente che le deleghe riguardanti «oggetti distinti suscettibili di separata disciplina» siano esercitabili «mediante più atti successivi per uno o più degli oggetti predetti».

---

[72] Sull'inconcepibilità delle deleghe legislative in tema di approvazione dei bilanci o di autorizzazione alla ratifica dei trattati internazionali si veda la sent. 25 maggio 1957, n. 60, della Corte costituzionale.

[73] Inaccettabile è invece l'idea (Ferri) che le deleghe legislative non siano escluse nei soli settori coperti da una riserva di legge formale, ma in qualunque altro campo in cui la Costituzione riservi alle leggi una certa disciplina. La Corte costituzionale ha infatti dichiarato più volte che la riserva di legge può esser soddisfatta, nella generalità dei casi, anche ricorrendo agli atti governativi con forza di legge, anziché alle leggi formali ordinarie (v. specialmente la sent. 11 luglio 1969, n. 126, già cit.). E questa giurisprudenza trova moltissimi riscontri nella prassi, con particolare riguardo alle deleghe per l'emanazione di nuovi Codici.

b) Per non confondere la delega legislativa con un incondizionato trasferimento di competenza, la Costituzione ha stabilito che l'emanazione del decreto o dei decreti legislativi del Governo debba avvenire entro un **tempo limitato** dalla stessa legge delegante [74]. Molto spesso, peraltro, il termine non viene fissato dalle Camere con riferimento a una data ben precisa, ma risulta relativamente indefinito nel *quando*, pur essendo ben certo nell'*an*. Accade – per meglio dire – che il Parlamento imponga al Governo di attuare la delega entro un dato periodo di tempo, la decorrenza del quale non è tuttavia prestabilita fin dal momento delle delibere parlamentari, in quanto il periodo stesso è destinato ad iniziare nel giorno dell'entrata in vigore della legge delegante.

Tecniche legislative siffatte rispondono a una esigenza reale, perché se le Camere prestabilissero a tal fine una data certa, il tempo a disposizione del Governo varierebbe imprevedibilmente secondo la minore o maggiore durata del procedimento formativo dell'atto di delegazione. A volte, però, il Governo ha abusato di questo tipo di previsioni, ritardando indebitamente la pubblicazione (e quindi l'entrata in vigore) della legge di delega, allo scopo di poter utilizzare un periodo più lungo di quello che la legge gli assegnava. Ma il tentativo è stato censurato da parte della Corte costituzionale che in simili casi non ha esitato a ipotizzare l'illegittimità degli stessi decreti delegati [75] (quanto agli altri problemi inerenti al rispetto del termine, si veda invece – *infra* – parte III, cap. III, § 11).

c) Fra i limiti prescritti dall'art. 76 Cost., quello sostanzialmente nuovo (rispetto all'epoca precedente l'entrata in vigore della Cost. repubblicana) è rappresentato dai **principi e criteri direttivi** che la legge delegante deve prefiggere. Limitazioni inerenti al tempo e all'oggetto della delega figuravano comunemente, infatti, già nelle delegazioni legislative del periodo statutario e fascista; ma ciò non implicava ancora – necessariamente – una serie di vincoli di tipo finalistico e contenutistico.

Ciò malgrado, non si può certo affermare che nella prassi il limite in questione venga imposto con molto rigore. Anzitutto, non ha avuto seguito la tesi (Cervati, Lavagna) che cercava di distinguere fra i principi e i criteri, sostenendo che nel primo senso il Parlamento dovrebbe fissare le *norme fondamentali* della disciplina degli oggetti delegati, lasciando al Governo la sola normativa di dettaglio; mentre nel secondo senso si tratterebbe di definire gli scopi da raggiungere, i mezzi da utilizzare in conseguenza, gli *standards* da osservare nel completamento del quadro. Di fatto, la distinzione stessa non è stata accolta e le due espressioni vengono considerate a mo' di un'endiadi, esprimendo esse un unico concetto, perché nelle leggi di delegazione si ritrova abitualmen-

---

[74] V. *infra*, parte II, cap. III, § 18, *sub* lett. *f*), in nota, la natura del potere del Presidente della Repubblica.

[75] Cfr. le sentt. 19 dicembre 1963, n. 163, e 4 febbraio 1967, n. 13.

te un unico elenco di norme direttive del più vario genere, nell'ambito del quale gli scopi della delega e i principi propriamente detti tendono a fare tutt'uno.

D'altra parte, è ancora più notevole la circostanza che tali direttive siano spesso estremamente vaghe, difficili da interpretare o addirittura lapalissiane, cioè perfettamente ovvie dati gli oggetti della delega. Ma non si può ritenere che la legge delegante sia viziata per carenza di principi e criteri, se non quando essa ometta integralmente di fissare direttive di sorta, relativamente a questo o quel settore della delega stessa. Quando invece si riscontra una semplice insufficienza di penetrazione delle norme-principio, si potrà dire che la formulazione della legge è difettosa, ma non si dovrà argomentarne l'incostituzionalità; anche perché non vi sarebbe bisogno di ricorrere alla delega, se il Parlamento fosse in grado di stabilire da solo una compiuta regolamentazione della materia [76].

Accanto ai *molti casi* in cui le leggi di delegazione *hanno dettato principi e criteri assai poco dettagliati* (fino al punto di lasciare mano libera al Governo), si sono però avuti rapporti delegativi di un tipo addirittura opposto, nell'ambito del quale *il delegante ha precostituito – sotto forma di direttive – l'intero contenuto delle leggi delegate*: come si è verificato per effetto delle leggi di riforma fondiaria oppure della legge istitutiva dell'Enel, che hanno attribuito al Governo compiti di mera esecuzione, da assolvere per mezzo di decreti legislativi [77]. Ma anche in queste ipotesi l'art. 76 Cost. non è stato violato. Quelli che la Costituzione esige, a pena d'invalidità della stessa legge delegante, non sono infatti i limiti massimi ma i *limiti minimi* della delegazione; sicché nulla esclude che il Parlamento introduca *limitazioni ulteriori*, consistenti in direttive particolarmente dettagliate o in norme materiali che prefigurino in tutto e per tutto le disposizioni dei decreti delegati [78].

Nello specifico, la Corte ha espressamente affermato che la «*necessità della indicazione di princípi e di criteri direttivi idonei a circoscrivere le diverse scelte discrezionali dell'esecutivo riguarda i casi in cui la revisione ed il riordino comportino l'introduzione di norme aventi contenuto innovativo rispetto alla disciplina previgente, mentre tale specifica indicazione può anche mancare allorché le nuove disposizioni abbiano carattere di sostanziale conferma delle precedenti*» (sent. 22 ottobre 2007, n. 350, ove si richiama anche il precedente della sent. 13 gennaio 2005, n. 66).

---

[76] Si veda giù in tal senso la sent. 26 gennaio 1957, n. 3, della Corte costituzionale, come pure la sent. 22 gennaio 1992, n. 4.

[77] V. rispettivamente la legge «Sila» 12 maggio 1950, n. 230; la legge «stralcio» 21 ottobre 1950, n. 841; la legge 6 dicembre 1962, n. 1643.

[78] In questo stesso campo alcuni autori (Zagrebelsky) inseriscono anche le previsioni, da parte delle leggi deleganti, di commissioni parlamentari chiamate a dare **pareri** al Governo, in sede di esercizio della delega (ma vedi in proposito, *infra*, il cap. III, § 11, della parte III).

d) L'art. 76 non precisa quante volte possa legittimamente esercitarsi il potere legislativo delegato, prima che scada il termine della delegazione. Ciò spiega che in proposito si siano formate – fondamentalmente – due contrapposte correnti dottrinali: l'una che afferma la necessaria **istantaneità** del potere medesimo, il quale si esaurirebbe in un *unico atto di esercizio*, dal momento che quella prevista dall'art. 76 dovrebbe concepirsi come una delega di atti e non di funzioni (Balladore Pallieri, Mortati); l'altra che invece contesta questo tipo di ricostruzioni, assumendo che, nel dubbio – salvo un contrario orientamento della legge delegante –, la delega legislativa dovrebbe essere intesa come un'attribuzione temporanea ma *continuativa* di poteri, suscettibile dunque di un'utilizzazione ripetuta, per mezzo di una pluralità di decreti delegati sovrapposti gli uni agli altri (Crisafulli, Patrono, Martines).

Certo è che, nella prassi, l'uso ripetuto della delega non è stato previsto dal Parlamento se non in talune occasioni, sia pure importanti. Basti qui ricordare: le deleghe aventi per oggetto la tariffa doganale, per cui l'esecutivo ha potuto ritoccare più volte la tariffa medesima, tenendo conto delle esperienze fatte in sede applicativa; le deleghe intese ad eseguire gli atti delle Comunità europee; le deleghe riguardanti il diritto tributario, a partire dalla legge di riforma 9 ottobre 1971, n. 825; nonché la delega concernente il nuovo Codice di procedura penale [79]. Inoltre, le leggi deleganti in questione sono state variamente contestate nella loro stessa legittimità: quanto alla tariffa doganale si è infatti rilevata la carenza di principi e criteri direttivi; quanto all'adempimento degli obblighi comunitari si è sostenuto che facesse addirittura difetto la definizione degli oggetti, dal momento che le Camere non sapevano in partenza quali sarebbero stati gli atti comunitari richiedenti un'apposita attività di esecuzione interna; e quanto, infine, alla riforma tributaria, si è detto che la materia dei tributi sarebbe stata in sostanza enucleata dalla competenza legislativa delle Camere per essere inclusa in una permanente competenza normativa del Governo [80].

Fermo rimane, comunque, che *nella grande maggioranza dei casi nessuno ha mai dubitato dell'istantaneità dei poteri delegati al Governo.* Questa circostanza induce a concludere che l'istantaneità rappresenti un *requisito normale*, anche se non completamente indispensabile, delle deleghe legislative previste dell'art. 76

[79] Effettivamente, l'art. 17 della legge n. 825/1971 ha previsto che «disposizioni integrative e correttive, nel rispetto dei principi e criteri direttivi determinati dalla presente legge…, potranno essere emanate, con uno o più decreti aventi valore di legge ordinaria, fino al 31 dicembre 1972»; e questo termine e stato ripetutamente prorogato da successive leggi di delega.

A sua volta, l'art. 7 della legge 16 febbraio 1957, n. 81, ha stabilito che, «entro tre anni dalla entrata in vigore del nuovo codice di procedura penale, il Governo della Repubblica potrà emanare disposizioni integrative e correttive ...».

[80] Quest'ultima questione di legittimità è stata peraltro ritenuta non fondata dalla Corte costituzionale, mediante la sent. 23 maggio 1985, n. 156. Ma in quell'occasione la Corte non ha affrontato il problema dell'istantaneità, limitandosi a legittimare le insistite proroghe legislative del termine per l'emanazione dei decreti delegati previsti dall'art. 17 della legge n. 825/1971 cit.

Cost., cui non si dovrebbe derogare, a pena d'illegittimità delle leggi delegate, se non quando si possa desumere univocamente dalle rispettive leggi deleganti l'intenzione di permettere all'esecutivo un uso ripetuto delle deleghe stesse (sul punto, v. anche *infra* tra breve).

e) Già a partire dal decennio (1998-2008) immediatamente successivo all'uscita della terza edizione di questo Manuale, quelle che in essa erano state avvertite e definite «*limitate eccezioni*», si sono trasformate in una prassi oramai consolidata, secondo la quale è tutt'altro che infrequente che il legislatore – o direttamente all'interno di una legge di delega (che può finire quindi con il prevedere due termini di scadenza differenti [81]), o in un momento successivo alla formazione, approvazione ed entrata in vigore di un decreto legislativo delegato, ma ovviamente sempre mediante legge [82] – approvi disposizioni di legge che delegano il Governo a emanare uno o più «**decreti legislativi correttivi**» di altri decreti legislativi, anche relativi a oggetti diversi [83].

---

[81] La non remota proposta di legge n. 2098 presentata alla Camera dei deputati il 21 dicembre 2006, nel corso della XV legislatura, e recante «*Delega al Governo per la riforma del Codice penale militare di pace* …», serve a rendere l'idea. Lo stesso articolo (il primo della legge) dispone, nel co. 1, che il «Governo è delegato ad emanare, entro dodici mesi dall'entrata in vigore della presente legge… un decreto legislativo recante il nuovo codice penale militare di pace …» e, nel co. 3, che entro «due anni dall'entrata in vigore del codice penale militare di pace, di cui ai commi 1 e 2, il Governo può adottare uno o più decreti legislativi recanti disposizioni integrative e correttive, nel rispetto dei principi e criteri direttivi indicati nell'art. 2 e secondo le modalità previste dal co. 1 del presente articolo».

[82] Si può vedere, tanto per portare un esempio, il d.lgs. 28 novembre 2005, n. 253, che reca *Disposizioni correttive ed integrative del decreto legislativo 28 novembre 1997, n. 464, e successive modificazioni, recante riforma strutturale delle Forze armate, a norma dell'art. 2, comma 1, della legge 27 luglio 2004, n. 186*. L'originaria legge di delega è la legge 28 dicembre 1995, n. 549 (*Misure di razionalizzazione della finanza pubblica*); il d.lgs. che ne deriva è il n. 464/1997 cit. A distanza di sette anni, la legge n. 186/2004 cit. autorizza il Governo a tornare sulla materia, ma non mediante una nuova delega (che avrebbe dovuto soddisfare tutti i requisiti di cui all'art. 76 Cost.), bensì con un semplice comma che così dispone: «Il Governo è delegato ad adottare, senza nuovi o maggiori oneri per il bilancio dello Stato, entro il termine di dodici mesi dalla data di entrata in vigore della presente legge, uno o più decreti legislativi integrativi e correttivi dei decreti legislativi [… *segue un elenco di sette decreti legislativi* …] e 28 novembre 1997, n. 464, attenendosi alle procedure e ai principi e criteri direttivi di cui all'articolo 1, co. 2 e 3, all'articolo 5, co. 2 e 3, e all'articolo 7 della legge 6 luglio 2002, n. 137» la quale si occupa genericamente della *Delega per la riforma dell'organizzazione del Governo e della Presidenza del Consiglio dei ministri, nonché di enti pubblici*.

[83] Si veda, per es., la legge 22 marzo 2001, n. 85 (*Delega al Governo per la revisione del nuovo codice della strada*), che prevede, nell'art. 1, co. 1 e 2, la delega al Governo «ad adottare, entro nove mesi dalla data di entrata in vigore della presente legge… un decreto legislativo recante disposizioni integrative e correttive del nuovo codice della strada… nonché della legislazione vigente concernente la disciplina della motorizzazione e della circolazione stradale, in conformità ai princìpi ed ai criteri direttivi di cui all'articolo 2. [/] 2. Il Governo è altresì delegato ad adottare, anche con separati decreti legislativi, nei termini e secondo le procedure di cui al co. 1, nonché nel rispetto dei princìpi e dei criteri direttivi di cui all'articolo 2, disposizioni per integrare, coordinare e armonizzare il nuovo codice della strada con le altre norme legislative comunque rilevanti in materia, nonché disposizioni di carattere transitorio».

La Corte costituzionale, richiesta di pronunciarsi sulla legittimità di una siffatta prassi, ne ha sostenuto la conformità alla Carta perché essa «si presta ad essere utilizzata soprattutto in occasione di deleghe complesse, il cui esercizio può postulare un periodo di verifica, dopo la prima attuazione, e dunque la possibilità di apportare modifiche di dettaglio al corpo delle norme delegate, sulla base anche dell'esperienza o di rilievi ed esigenze avanzate dopo la loro emanazione, senza la necessità di far ricorso ad un nuovo procedimento legislativo parlamentare, quale si renderebbe necessario se la delega fosse ormai completamente esaurita e il relativo termine scaduto. Nulla induce a far ritenere che siffatta potestà delegata possa essere esercitata solo per "fatti sopravvenuti": *ciò che conta, invece, è che si intervenga solo in funzione di correzione o integrazione delle norme delegate già emanate, e non già in funzione di un esercizio tardivo, per la prima volta, della delega "principale"*; e che si rispettino pienamente i medesimi principi e criteri direttivi già imposti per l'esercizio della medesima delega "principale"» [84].

f) Ancor più problematico di quanto non sia relativamente all'istantaneità del potere, è il discorso sulla **doverosità dell'esercizio** dei poteri delegati dal Parlamento al Governo. Nel silenzio dell'art. 76, la dottrina costituzionalistica (Abbamonte, Baldassarre, Cerri) è tuttora incline a ritenere – come già nel periodo statutario e fascista – che le delegazioni siano di norma *imperative* e non semplicemente autorizzative della conseguente attività del delegato, poiché, diversamente, non avrebbe un senso compiuto il fatto di provvedere alla delega e di prefissare anche un termine per l'attuazione di essa. Ma queste convinzioni dottrinali sono apertamente contraddette dai comportamenti che il Governo e le forze politiche hanno tenuto negli ultimi decenni: giacché il primo ha lasciato scadere inutilmente i termini di varie importantissime deleghe legislative; e le seconde non hanno quasi reagito di fronte a così gravi inadempienze.

Così stando le cose e nonostante nell'art. 15 della legge n. 400/1988, co. 2, si trovi che «*L'emanazione del decreto legislativo* ***deve avvenire*** *entro il termine fissato dalla legge di delegazione ...*», l'obbligatorietà della delegazione viene posta seriamente in dubbio. Non è dato cioè ritenere vigente una norma costituzionale non scritta, come quella che dovrebbe imporre al Governo l'efficace e tempestivo esercizio del potere delegato, quando in concreto si riscontra che essa rimane inosservata senza che il trasgressore subisca sanzioni di sorta. Le norme non scritte si fondano infatti, per loro natura, sulla costante ripetizione dei comportamenti da esse imposti, mancando la quale, viene meno l'elemento materiale indispensa-

---

[84] Corte cost. 6 giugno 2001, n. 206. Ancor più recente e nello stesso senso, la sent. 24 ottobre 2007, n. 367, che trae una logica conseguenza dall'enunciato principio, pretendendo che chi ricorre alla Corte, sostenendo la presenza di un «eccesso di delega per... presunta carica "innovativa"» del d.lgs. correttivo, deve «indica[*re*], in modo puntuale ed argomentato, rispetto a quali specifici principi e criteri direttivi della delega [...*originaria*] le norme denunciate si porrebbero in contrasto», a pena di inammissibilità della questione.

bile per aversi consuetudine (v. *infra*, la sez. III, § 27, del presente capitolo). Di talché, e per concludere, l'unica sanzione ipotizzabile da parte del Parlamento nei confronti di un Governo che non ottemperi nei termini all'esercizio di una o più deleghe, non può che essere di *carattere meramente politico.*

g) In tema di decreti legislativi delegati, meritano una segnalazione particolare quantomeno due pronunce della Corte cost.

g1) La prima è la **sent. 13-28 luglio 2004, n. 280**, che, per la prima volta, provvede ad **annullare una porzione di una legge di delega**[85] perché contrastante con l'art. 76 Cost., «sotto il profilo [*dell'*] incongruenza e… contraddittorietà della delega legislativa prevista». La delega, infatti, avendo ad oggetto un'attività di «mera ricognizione» (si trattava della «adozione di decreti "meramente ricognitivi" dei principi fondamentali delle materie dell'art. 117 della Costituzione»), o «sarebbe del tutto "inutile", o, altrimenti, non potrebbe non avere carattere "innovativo", anche perché il conferimento della "forza di legge" e la predeterminazione dei principi e criteri direttivi cui si dovrebbe attenere il Governo mal si concilierebbero con un'attività meramente ricognitiva».

Ma se, optando per la «lettura minimale» della delega (e quindi, appunto, per il suo carattere ricognitivo), la Corte ritiene di potere fare salva la legittimità costituzionale, pronunciandosi per il rigetto del ricorso avverso l'art. 1, co. 1 della legge, essa al contempo ritiene che sia quella stessa lettura («l'unica conforme a Costituzione») che rende impossibile «salvare» anche i co. 5 e 6 dell'art. 1 della legge impugnata. Il 5 perché ciò che prevede non consente al Governo di «limitarsi ad una mera attività ricognitiva», giacché, per evitare ciò, il Governo sarebbe invece chiamato a «identificare le disposizioni che incidono su materie o submaterie di competenza regionale concorrente, contemporaneamente riservate alla competenza esclusiva statale [*e dovendo quindi allo scopo*] necessariamente fare opera di interpretazione del contenuto delle materie in questione». Interpretazione «largamente discrezionale, che potrebbe finire con l'estendersi anche a tutte le altre tipologie di competenza legislativa previste dall'art. 117 della Costituzione». Il co. 6 perché «nell'indicare i criteri direttivi della delega, fa espresso riferimento… ai "settori organici della materia", nonché ai criteri oggettivi desumibili dal complesso delle funzioni e da quelle "affini, presupposte, strumentali e complementari", allo scopo di individuare i principi fondamentali vigenti», con il che «viene del tutto alterato il carattere ricognitivo dell'attività delegata al Governo in favore di forme di attività di tipo selettivo…, ad un'attività [*cioè*] di sostanziale riparto delle funzioni e ridefinizione delle materie, senza peraltro un'effettiva predeterminazione di criteri».

g2) La seconda pronuncia è la recente **sent. 9 novembre 2016, n. 251**. Con essa, la Corte ha dichiarato l'illegittimità costituzionale di alcune disposizioni della

---

[85] Legge 5 giugno 2003, n. 131 (*Disposizioni per l'adeguamento dell'ordinamento della Repubblica alla legge costituzionale 18 ottobre 2001, n. 3*).

legge 7 agosto 2015, n. 124 (*Deleghe al Governo in materia di riorganizzazione delle amministrazioni pubbliche*), c.d. «legge Madia», perché, nel prevedere le deleghe, non hanno tenuto nel dovuto conto che «*gli interessi e le competenze coinvolti dalle disposizioni impugnate sono*» non solo statali ma anche regionali, errando quindi nell'individuazione dello strumento e dell'organo corretti, per avere previsto «*... che* [alcuni] *decreti legislativi attivati siano adottati previa acquisizione del parere reso in sede di Conferenza unificata*[86]*, anziché previa intesa in sede di Conferenza Stato-Regioni*[87]», nonché, in altra parte, nell'individuazione del solo strumento, per avere previsto che decreti legislativi siano adottati «*... previo parere anziché previa intesa, in sede di Conferenza unificata*».

17. Segue: *le deleghe legislative anomale*

a) Rispetto al modello configurato nell'art. 76 Cost., si danno conferimenti di poteri legislativi a favore del Governo, che in vario modo divergono dal tipico rapporto di delegazione. Il primo caso da mettere in rilievo è quello dei **testi unici,** cioè degli atti miranti a raccogliere e riformulare una pluralità di disposizioni legislative, in precedenza dettate da molteplici leggi succedutesi nel tempo, sebbene accomunate dalla materia così disciplinata.

Va notato anzitutto che, nel linguaggio legislativo di un tempo, il Governo non veniva delegato bensì «autorizzato» ad adottare gli atti in questione, quasi che essi rientrassero nella sua normale competenza. Nondimeno, era ed è pacifico che si tratti di decreti aventi forza di legge, se non altro per ciò che riguarda i cosiddetti (*a1*) ***testi unici di coordinamento***, mediante i quali l'esecutivo è chiamato ad armonizzare le leggi vigenti in un determinato campo: se così non fosse, tali atti non potrebbero perseguire il loro fine, cioè non sarebbero in grado di modificare in alcun modo la legislazione preesistente (e meno ancora di novarne la fonte, abrogando le leggi da essi riprodotte e coordinate). Ma la delega legislativa sulla quale essi risultano fondati rimane anomala, giacché in tali ipotesi il Parlamento non suole prefissare principi e criteri direttivi[88].

Per contro, quanto mai dibattuto è il caso dei (*a2*) ***testi unici di mera compi-***

---

[86] Istituita con d.lgs. 28 agosto 1997, n. 281, è sede congiunta della «Conferenza Stato-Regioni» e della «Conferenza Stato-Città ed autonomie locali».

[87] «*La Conferenza permanente per i rapporti tra lo Stato, le Regioni e le Province autonome di Trento e Bolzano* [istituita con d.P.C.M. 12 ottobre 1983, ma poi destinataria di numerosi provvedimenti del più vario genere: v. *http://www.statoregioni.it/normative.asp?CONF=CSR*] *opera nell'ambito della comunità nazionale per favorire la cooperazione tra l'attività dello Stato e quella delle Regioni e le Province Autonome, costituendo la "sede privilegiata" della negoziazione politica tra le Amministrazioni centrali e il sistema delle autonomie regionali*»: così in *http://www.statoregioni.it/*.

[88] Investita del problema, la Corte costituzionale ha risposto (v. soprattutto la sent. 26 gennaio 1957, n. 16) che i principi direttivi sono in tali casi *ricavabili aliunde*, mirando all'intero complesso delle leggi da coordinare, intese come «parti di un sistema organico».

lazione che si risolvono nella riproduzione delle disposizioni vigenti, senza che il Governo sia dotato di alcun potere di emendamento. In dottrina (Tosato, Esposito) si afferma da tempo che anche questi atti avrebbero natura di leggi delegate, giacché – diversamente – essi mancherebbero di ogni autorità, collocandosi al medesimo livello delle raccolte private. In giurisprudenza, si suole invece negare che i decreti stessi abbiano forza di legge [89]: il che parrebbe esigere la loro degradazione a fonti di cognizione e non di produzione del diritto. Ma un'antica opinione dottrinale (Cammeo), tuttora ripresa da qualche costituzionalista (Rossano, Crisafulli), è nel senso che tali testi prescrivano una sorta di «interpretazione amministrativa» vincolante, quantomeno, per le pubbliche amministrazioni in quanto proveniente dal Governo; laddove i giudici avrebbero sempre il potere-dovere di disapplicarli, qualora difformi dalle leggi che essi sono tenuti a riprodurre.

a3) A partire dalla fine del 2000 [90], una nuova categoria di testi unici ha arricchito, seppure per una breve stagione, le varietà conosciute in precedenza (t.u. «di coordinamento» e t.u. «di mera compilazione»): si tratta dei **testi unici** detti **«misti»**, perché recano disposizioni sia legislative che regolamentari.

La previsione della loro esistenza risale alla legge 8 marzo 1999, n. 50 [91], il cui art. 7, co. 6, prevede, di per sé per tutti i testi unici, ma con una norma di legge di dubbia efficacia e capacità effettiva di vincolare (come tutte quelle che ipotizzano di potere restringere l'ambito di azione del legislatore futuro: v. *retro*, parte III, cap. II, § 6), che «le disposizioni contenute in un testo unico non possono essere abrogate, derogate, sospese o comunque modificate se non in modo esplicito, mediante l'indicazione precisa delle fonti da abrogare, derogare, sospendere o modificare. La Presidenza del Consiglio dei ministri adotta gli opportuni atti di indirizzo e di coordinamento per assicurare che i successivi interventi normativi incidenti sulle materie oggetto di riordino siano attuati esclusivamente mediante la modifica o l'integrazione delle disposizioni contenute nei testi unici».

Sui tt.uu. «misti» dispone l'art. 7, co. 1, stabilendo che il Consiglio dei ministri avrebbe dovuto provvedere al riordino delle «norme legislative e regolamentari che disciplinano le fattispecie previste e le materie elencate» di seguito, procedendo (co. 2) «entro il 31 dicembre 2001 mediante l'emanazione di testi unici riguardanti materie e settori omogenei, comprendenti, *in un unico contesto e con le opportune evidenziazioni, le disposizioni legislative e regolamentari*».

Poco meno di due anni dopo, la legge 24 novembre 2000, n. 340 [92], modifica-

---

[89] L'assunto che i testi unici si dividano «in due categorie» è stato ripreso anche dalla Corte costituzionale, a partire dalla sent. 17 aprile 1957, n. 54.

[90] Si veda il d.P.R. 28 dicembre 2000 n. 445, recante il *Testo unico delle disposizioni legislative e regolamentari in materia di documentazione amministrativa*.

[91] *Delegificazione e testi unici di norme concernenti procedimenti amministrativi - Legge di semplificazione 1998.*

[92] *Disposizioni per la delegificazione di norme e per la semplificazione di procedimenti amministrativi - Legge di semplificazione 1999.*

va la predetta disposizione, non solo ampliando l'elenco degli ambiti di intervento e prorogando il termine di un anno, ma specificando (anche al fine di risolvere le perplessità destate sia dalla formulazione dell'art. 7 della legge n. 50/1999 [93], sia dai primi t.u. «misti», se non altro relativamente alla confusione che si rischiava di fare tra norme legislative e norme regolamentari) che, al fine di emanare «i testi unici riguardanti materie e settori omogenei, comprendenti, in un unico contesto e con le opportune evidenziazioni, le disposizioni legislative e regolamentari... *ciascun testo unico*, aggiornato in base a quanto disposto dalle leggi di semplificazione annuali, *comprende le disposizioni contenute in un decreto legislativo e in un regolamento che il Governo* emana ai sensi dell'art. 14 e dell'art. 17, co. 2, della legge 23 agosto 1988, n. 400 [94], attenendosi ai ... criteri e princìpi direttivi» che venivano lì di seguito indicati [95].

L'atto che riunisce «in un unico contesto» il decreto legislativo (fonte primaria dotata della forza della legge) e il regolamento (fonte normativa, ma di natura amministrativa) è un decreto del Presidente della Repubblica [c.d. «TESTO A»] [96] che diventa, a questo punto e a sua volta, un atto normativo di natura «ibrida», dal punto di vista del rango, e che in più costituiva l'unica fonte da considerare ove si ritenesse di abrogare, modificare una o più norme del decreto legislativo (norme contrassegnate, nel «TESTO A» dalla lettera «L») e/o del regolamento (norme contrassegnate, nel «TESTO A» dalla lettera «R») [97].

L'art. 23 della legge 29 luglio 2003, n. 229 [98], ha abrogato l'art. 7 della legge n.

---

[93] V'era chi lo leggeva come un'attribuzione permanente di potestà regolamentare (di delegificazione) al Governo e chi, invece, come vera e propria legge di delega, in vista dell'emanazione di soli decreti legislativi delegati.

[94] Sull'art. 17 («*Regolamenti*») della legge n. 400/1988, v. *infra*, parte II, cap. III, § 25, partic. *sub c*) e *d*).

[95] Art. 1, co. 6, lett. *e*), della legge n. 340/2000 cit.

[96] V., per es., il d.P.R. 8 giugno 2001, n. 327 (poi modificato dal d.lgs. 27 dicembre 2002, n. 302) [*Testo unico delle disposizioni legislative e regolamentari in materia di espropriazione per pubblica utilità.* (Testo A)]; il d.P.R. 6 giugno 2001, n. 380 [*Testo unico delle disposizioni legislative e regolamentari in materia edilizia.* (Testo A)]; il d.P.R. 30 maggio 2002, n. 115 [*Testo unico delle disposizioni legislative e regolamentari in materia di spese di giustizia* (testo A)].

[97] Si vedano, al riguardo, le tre, identiche circolari (20 aprile 2001, recanti «*Regole e raccomandazioni per la formulazione tecnica dei testi legislativi*») dei Presidenti di Camera e Senato e del Presidente del Consiglio dei ministri, nella parte in cui precisavano (punto 3, *sub m*) che la «modifica a norme dei testi unici "misti"... è fatta unicamente al decreto del Presidente della Repubblica (cosiddetto testo A)... In caso di sostituzione o aggiunta di articoli o commi è necessario precisare, apponendo la lettera L o R, il rango della disposizione oggetto di modifica. Ove la modifica sostituisca un intero articolo, o introduca un articolo aggiuntivo, la novella reca, dopo la parola «Art.», la lettera (L o R) corrispondente alla fonte che opera la modifica. Se la modifica comporta la sostituzione o l'aggiunta di un comma all'interno di un articolo a contenuto «misto», la lettera (L o R) è posta in calce al comma stesso. Se la sostituzione riguarda singole parole, tale indicazione è invece omessa, fermo restando che modifiche a parti di testo di livello inferiore al comma possono essere apportate solo da atti di fonte pariordinata».

[98] *Interventi in materia di qualità della regolazione, riassetto normativo e codificazione - Legge di semplificazione 2001.*

50/1999 cit., ma consentendo che le «procedure avviate ai sensi del citato articolo 7 per le quali, alla data di entrata in vigore della presente legge, sia intervenuta la richiesta di parere al Consiglio di Stato, po[*tessero*] essere completate con l'emanazione dei previsti testi unici entro centoventi giorni dalla data di entrata in vigore della presente legge».

b) In base all'art. 78 Cost., «le Camere deliberano lo **stato di guerra** e conferiscono al Governo i **poteri necessari**». Ed è diffusa in dottrina (Scudiero) la tesi che tale conferimento si risolva in una delega, sia pur differenziata dalla fattispecie dell'art. 76[99].

In verità, *nessuno dei limiti previsti dall'art. 76 ricorre senz'altro nel caso in questione*. È certo pensabile che la legge di conferimento dei «poteri necessari» prestabilisca un termine, coincidente con la fine delle operazioni militari, se non addirittura con la ratifica del trattato di pace; ma ciò non può dirsi indispensabile, giacché la cessazione dello «stato di guerra», agli effetti dell'esercizio dei detti poteri, dipenderebbe altrimenti da una formale delibera parlamentare di ritorno allo stato di pace. È difficilmente credibile, invece, che si abbia alcuna determinazione di principi e criteri direttivi: risulta infatti evidente che «le esigenze belliche richiedono ben altra elasticità di normativa» (Giardina). Lo stesso limite degli «oggetti definiti» non trova qui riscontro, giacché i «poteri necessari» a fronteggiare la guerra, pur non coincidendo con i «pieni poteri» ben noti nell'ordinamento statutario, coinvolgono qualunque settore dell'ordinamento in cui possano porsi concrete esigenze attinenti alla difesa della Patria. Ciò è tanto più vero, in quanto i poteri conferibili al Governo comprendono – secondo esperienza – la facoltà di autorizzare i comandi interessati all'emanazione di *bandi militari*: sia pure subordinati alle leggi, nel sistema delle fonti normative, e non pariordinati ad esse, come era stato disposto nel periodo fascista[100].

---

[99] Del pari, è abbastanza pacifico che occorra a tal fine una legge formale (Mortati). Quanto al conferimento dei «poteri necessari» non sussistono, cioè, i dubbi riguardanti la delibera dello stato di guerra che alcuni autori (Elia) considerano non-legislativa, mentre altri (Ferrari) la ritengono anch'essa riservata alla legge.

[100] L'art. 17 della «legge di guerra» (r.d. 8 luglio 1938, n. 1415) stabiliva infatti che i «**bandi militari**» avessero «valore di legge», nei limiti della competenza propria dei comandi emananti; ma il carattere chiuso del vigente sistema delle fonti concorrenziali con la legge ordinaria impone, viceversa, di declassare tali atti ad *ordinanze amministrative,* eventualmente suscettibili di derogare alle leggi senza però contraddire i principi generali dell'ordinamento (salvo a ritenere che l'equiparazione dei bandi alle leggi formali possa essere prevista dalle norme di conferimento dei «poteri necessari», in diretta applicazione dell'art. 78 Cost., sotto forma di subdelega delle funzioni cosi attribuite al Governo).

Il Titolo II del Libro I del «*Codice penale militare di guerra*» (approvato con r.d. 20 febbraio 1941, n. 303) era, fino al 2002, intitolato «*Della emanazione dei bandi militari*». Si componeva degli artt. 17, 18 («*Casi di grave e imminente pericolo esterno*»), 19 («*Occupazione militare. Corpi di spedizione militare*»), 20 («*Efficacia obbligatoria dei bandi militari*»). Solo il primo è tuttora vigente; il 18, il 19 e il 20 sono stato abrogati dall'art. 2, co. 1, lett. *i*), della legge 31 gennaio 2002, n. 6 (di conversione in legge, con modificazioni, del d.l. 1 dicembre 2001, n. 421). Il Titolo II del Li-

Di più: nell'attuale dottrina predomina la tesi che l'art. 78 consenta al Parlamento e allo stesso Governo di *derogare alla Costituzione senza ricorrere a revisioni costituzionali*, soprattutto nel senso di sospendere talune libertà fondamentali come quella personale o come quella di pensiero e di stampa. Comunque poi s'intenda il disposto dell'art. 78, è certo che lo «stato di guerra» si discosta fortemente dal normale regime che la Costituzione configura per il tempo di pace, sia perché può essere eccezionalmente prorogata la durata di ciascuna Camera, sia perché si estende la giurisdizione spettante ai tribunali militari [101], per non dire della circostanza che – fino alla revisione costituzionale operata dalla legge cost. 2 ottobre 2007, n. 1 – l'ult. co. dell'art. 27 stabiliva che la pena di morte non era ammessa nel nostro ordinamento «... *se non nei casi previsti dalle leggi militari di guerra*»: oggi, dopo detta revisione, quel comma prevede, perentoriamente, che, in Italia, senza eccezioni «*Non è ammessa la pena di morte*».

Da queste premesse prende lo spunto la tesi (Cervati, Lavagna) secondo la quale i rapporti disciplinati dell'art. 78 non rientrano nell'ambito delle delegazioni propriamente concepite: tesi che qualche autore (Ferrari) ha cercato di condurre alle estreme conseguenze, costruendo gli atti governativi di esercizio dei «poteri necessari» come decreti-legge anomali, piuttosto che alla stregua di leggi delegate anomale. Ma quest'ultima opinione non si dimostra fondata, giacché i poteri in questione debbono trovare il loro fondamento in apposite leggi attributive, ben diversamente dai decreti-legge previsti dall'art. 77 Cost. (ai quali il Governo potrebbe fare ricorso, salva la loro conversione in leggi formali, nelle sole ipotesi in cui lo richiedesse l'esigenza di fronteggiare tempestivamente un aggressione già in atto, o un imminente pericolo). Ed è in tal senso, cioè considerando che spetta al Parlamento conferire e revocare i poteri medesimi, che la tesi di una *delega legislativa anomala* sembra essere la più adeguata al caso.

c) Nettamente diversificato dai rapporti instaurabili fra il Parlamento e il Governo in base all'art. 76 Cost. era anche il caso considerato dall'art. 79, co. 1, allorché questo disponeva che: «L'amnistia e l'indulto sono concessi dal Presidente della Repubblica su legge di delegazione delle Camere».

In primo luogo, era peculiare che l'oggetto o gli oggetti della delega venissero in tale caso definiti dalla Costituzione stessa [102]. In secondo luogo, risultava ancor

---

bro I del C.p.m.g. è ora [*ex* lett. *h*) dell'art. 2, co. 1, ult. cit.] rubricato «*Comandante supremo*» e l'art. 17 così dispone: «*Agli effetti della legge penale militare, è comandante supremo chi è investito del comando di tutte le forze operanti*». La «*Legge italiana di guerra*», di cui al r.d. n. 1415/1938 cit. (mai abrogato), stabilisce, nel terzo cpv. («*Facoltà di emanare bandi*») del Capo III del Titolo I, che «*Il comandante supremo ha facoltà di emanare bandi*», che detta facoltà «... *può essere delegata ... ai comandanti di grandi unità terrestri, navali, aeronautiche o di piazze forti*» e che i «*bandi, emanati a norma dei commi precedenti, hanno valore di legge nella zona delle operazioni e nei limiti del comando dell'ufficiale che li ha emanati*». Ma, su ciò, vale quanto già osservato nel cpv. prec. della presente nota.

[101] V. rispettivamente gli artt. 60, co. 2, 103, co. 3 e 111, co. 7, Cost.

[102] L'***amnistia*** cui si riferisce l'art. 79 determina tipicamente, infatti, l'estinzione del reato (ov-

più caratteristica la natura *necessaria* della delega in questione. Diversamente dalle normali delegazioni, che il Parlamento è libero di disporre o meno, ben potendo conseguire i propri scopi mediante il diretto esercizio della potestà legislativa, la concessione dell'amnistia e dell'indulto non poteva essere effettuata se non dal Presidente della Repubblica, sia pure attraverso leggi delegate, ognuna delle quali presupponeva altrettante leggi deleganti [103]. Ma i problemi ricostruttivi, generati da quella singolare previsione costituzionale, sono *stati* superati dal **nuovo testo dell'art. 79, come modificato dalla legge cost. 6 marzo 1992, n. 1**, e che ha riservato a leggi formali rinforzate l'intero potere in questione, stabilendo un nuovo regime sia per ***l'amnistia*** sia per l'***indulto*** (v. *retro*, il § 15 di questo capitolo) [104].

d) Alle leggi delegate sono stati altresì avvicinati i **decreti legislativi di attuazione degli statuti speciali**, espressamente o implicitamente previsti da svariate norme statutarie concernenti le Regioni differenziate [105]. Ma la Corte costituzionale ha giustamente escluso che in tal caso si abbia una delega legislativa, direttamente operata dagli statuti e destinata a esaurirsi con un'unica serie di atti di esercizio, per sostenere, al contrario, che «gli statuti regionali differenziati consentono *in via permanente* al Governo di dettare norme di attuazione, ogni qual volta sia necessario» [106]. Del resto, è solo nello Statuto per il Trentino-Alto Adige che si è stabilito un termine entro il quale il Governo avrebbe dovuto completare l'emanazione dei relativi decreti [107]; ma il termine è stato ritenuto ordi-

---

vero fa cessare l'esecuzione delle condanne già in atto), sospendendo in generale l'applicazione delle norme penali indicate dalla legge; e ciò in via retroattiva, tanto più che l'art. 79 esclude – tuttora – la previsione di siffatte misure in ordine «*ai reati commessi successivamente alla presentazione del disegno di legge*». Del pari l'***indulto*** incide – sempre in via generale e retroattiva – sulla pena già determinata per certi reati, che viene in tutto o in parte condonata o commutata, così riducendo gli effetti delle sentenze di condanna (cfr. gli artt. 151 e 174 Cod. pen.).

In entrambi i casi, i provvedimenti di clemenza sarebbero lesivi del principio di eguaglianza, se non fossero sorretti da una «ragione oggettiva» (Zagrebelsky). Ma la Corte costituzionale ha ribadito solo in via di principio (cfr. la sent. 14 luglio 1971, n. 175) il «carattere del tutto eccezionale» dell'amnistia; affrettandosi ad aggiungere, nel tempo stesso, di non poter sindacare a questi effetti l'uso della discrezionalità legislativa riservata al Parlamento.

[103] Che i provvedimenti presidenziali di concessione fossero atti con forza di legge era stato riconosciuto – fra l'altro – dalla Corte costituzionale con la sent. 20 dicembre 1962, n. 110.

[104] Con ciò, è venuto meno anche il dilemma se l'esecutore delle delibere parlamentari fosse il Governo (Sica) oppure il Presidente della Repubblica (Palmerini, Dell'Andro).

[105] Testualmente, ai «*decreti legislativi*» in questione si riferiscono l'art. 65 dello Statuto per il F.V.G., l'art. 107 dell'attuale St. T.A.A. e l'art. 48 *bis* dello St. V.d.A. come inserito dall'art. 3 della legge cost. 23 settembre 1993, n. 2; più genericamente, di «*norme di attuazione*» o «*per l'attuazione del presente Statuto*» si ragiona invece negli artt. 56 dello St. Sard. e 43 dello St. Sic. Quanto poi alla Valle d'Aosta, anche per quella Regione è stata istituita, sempre dall'appena cit. art. 3 della legge cost. n. 2/1993, una Commissione paritetica, con il compito di predisporre decreti legislativi di attuazione, da deliberare in Consiglio dei ministri.

[106] Si esprime in questi termini la sent. 18 luglio 1984, n. 212. Ma si veda già, nel medesimo senso, la sent. 17 maggio 1961, n. 22.

[107] L'art. 108, co. 1, St. cit. dispone infatti – di regola – che «i decreti legislativi contenenti le

natorio, e non perentorio, da parte della Corte costituzionale, con la conseguenza che le norme di attuazione continuano ad essere validamente prodotte, specie per quanto riguarda la Provincia di Bolzano [108].

Quella disposta dagli statuti speciali è dunque *un'attribuzione istituzionale di competenza*, avente ad oggetto – in modo esclusivo o almeno principale [109] – il passaggio degli uffici e del personale statale alla Regione, entro le materie di competenza regionale, come pure ogni altra disciplina occorrente all'attuazione delle norme statutarie. Ormai dominante in dottrina (Crisafulli) e nella giurisprudenza costituzionale è inoltre l'assunto che si tratti di una *competenza avente un carattere «separato e riservato, rispetto a quella esercitabile dalle ordinarie leggi della Repubblica»* [110]. Non a caso, tutti gli statuti in questione esigono – a pena d'illegittimità dei decreti attuativi – che le delibere di approvazione governative siano precedute dalle proposte o dai pareri di altrettante **commissioni paritetiche**, composte da rappresentanti dello Stato e della Regione interessata [111], *senza che, nel rapporto dialettico che si instaura tra Commissioni e Governo vengano minimamente coinvolte le Camere del Parlamento* il quale, quindi, quanto ai decreti legislativi in parola, non ha ruolo alcuno, dal che la principale anomalìa che fa collocare le fonti in parola in questa sede: il che spiega pure – dato il carattere aggravato e del tutto peculiare delle loro procedure formative – come tali atti siano stati collocati anche nel quadro delle *fonti normative rinforzate.*

18. Segue: *la decretazione legislativa d'urgenza*

a) Dei **decreti-legge**, intesi quali atti con forza di legge che il Governo poteva adottare al di fuori di una qualsiasi delega legislativa, si cominciò a fare uso fin

---

norme di attuazione dello statuto saranno emanati entro due anni dalla data di entrata in vigore della legge costituzionale 10 novembre 1971, n. 1».

[108] Cfr. la sent. 24 maggio 1985, n. 160.

[109] La Corte costituzionale ha infatti ritenuto – da ultimo con la sent. n. 212/1984 cit. – che le norme di attuazione possono anche «integrare le norme statutarie», in linea con le finalità informatrici dei rispettivi statuti.

[110] Le espressioni citate nel testo sono tratte dalla sent. 22 dicembre 1980, n. 180.

[111] Quanto alla Provincia di Bolzano, l'art. 107, co. 2, del relativo statuto ha poi costituito l'apposita Commissione «dei sei», formata da tre rappresentanti dello Stato e da tre rappresentanti dell'Amministrazione provinciale.

In argomento, si vedano, poi, gli artt. 65 St. F.V.G.; 56 St. Sard.; 43 St. Sic.; 107 St. T.A.A.; 48 *bis* St. V.d.A.

L'elenco dei decreti legislativi di attuazione si trova, rispettivamente, in: *http://www.consiglio.regione.fvg.it/export/sites/consiglio/istituzione/allegati/Norme_attuazione_statutaria.pdf*; *https://www.regione.sardegna.it/regione/statuto/norme.html*; *http://www.regione.sicilia.it/bbccaa/dirbenicult/normativa/NormativaNazionale/STATUTORS.htm*; *http://www.regione.taa.it/codice/ricercaA.aspx.*; *http://www.consiglio.regione.vda.it/app/normediattuazione*. Per tutte, v. *http://www.camera.it/parlam/leggi/deleghe/dlattsta.htm.*

dagli ultimi decenni dell'Ottocento (v. *retro*, la sez. I, § 7, del presente capitolo). Mentre però il loro numero rimase limitato durante la fase dello *Stato liberale ottocentesco*, allorché risultava ancora saldo il principio del monopolio legislativo del Parlamento, si può ben dire che tanto il *regime fascista* (informato all'idea dell'assoluta supremazia del potere esecutivo), quanto lo stesso *regime statutario degli anni precedenti la marcia su Roma* si ressero in gran parte su questa forma di legiferazione, divenuta di fatto normale e ordinaria, anziché eccezionale e sporadica.

È questo il motivo per cui, *nel periodo dell'Assemblea costituente*, la Commissione dei 75, nel formulare il progetto di Costituzione, mantenne inizialmente un atteggiamento negativo di fronte al quesito se i decreti-legge dovessero venire ancora ammessi. In seno alla Commissione ci si limitò a riconoscere che provvedimenti del genere avrebbero potuto risultare utili per soddisfare specifiche esigenze non fronteggiabili dalle Camere in maniera tempestiva (soprattutto in materia di tributi), ma in ogni altro senso si ritenne che la legittimazione di questo tipo di fonti fosse da evitare, per non dare adito a rinnovati abusi.

Durante la discussione in assemblea plenaria, prevalsero invece opinioni diverse miranti a consentire che il Governo continuasse a servirsi in ogni campo della decretazione legislativa d'urgenza, ma sottoponendo i decreti-legge a vincoli assai più rigorosi che in passato. Dal dibattito finì anzi per emergere l'idea che i decreti-legge non convertiti in leggi ordinarie nel perentorio termine di sessanta giorni dovessero considerarsi decaduti *ex tunc* (cioè con efficacia retroattiva) e non dal momento della denegata conversione o dell'inutile scadenza del termine stesso, come era invece stato disposto dalla legge n. 100/1926[112]. Ne derivarono i co. 2 e 3 dell'*art. 77 Cost.*, nella sua formulazione conclusiva: «Quando, in casi straordinari di necessità e d'urgenza, il Governo adotta, sotto la sua responsabilità, provvedimenti provvisori con forza di legge, deve il giorno stesso presentarli per la conversione alle Camere che, anche se sciolte, sono appositamente convocate e si riuniscono entro cinque giorni. – I decreti *perdono efficacia sin dall'inizio*, se non sono convertiti in legge entro sessanta giorni dalla loro pubblicazione. Le Camere possono tuttavia regolare con legge i rapporti giuridici sorti sulla base dei decreti non convertiti».

b) Con tutto questo, però, alla Carta costituzionale sottostanno numerosi problemi ancora controversi in dottrina. Innanzitutto, un'interpretazione letterale dell'art. 77 potrebbe far ritenere che i decreti-legge abbiano solo forza, ma non valore di legge, dato che il primo comma del medesimo articolo subordina l'emanazione di decreti aventi «valore di legge ordinaria» a una previa «delegazione delle Camere». Ma la tesi non convince, poiché i lavori preparatori e lo

---

[112] In un primo tempo – a dire il vero – il nuovo testo della Commissione prevedeva la decadenza *ex nunc* dei decreti non convertiti; sicché il divario rispetto al passato si risolveva nella forte abbreviazione del termine, ridotto a sessanta giorni in luogo dei due anni indicati dalla legge n. 100.

stesso testo costituzionale dimostrano che la Costituzione fa un **uso promiscuo dei termini «forza» e «valore» di legge**, considerandoli come sinonimi [mentre, a voler dare una definizione in senso tecnico delle due espressioni si potrebbe azzardare che hanno «*forza di legge*» gli atti capaci di ottenere gli stessi effetti di una legge formale senza l'intervento di altri atti (il decreto legge, appunto, quantomeno per i sessanta giorni che precedono la conversione, o non conversione, in legge), laddove hanno «*valore di legge*» quelli che quegli effetti possono ottenere solo mediante l'intervento di un altro atto (il decreto legislativo delegato, senza una legge di delega, nulla può)]. Per darne la prova, è sufficiente ricollegare l'art. 77 all'art. 87, co. 5, in virtù del quale il Presidente della Repubblica «emana i decreti aventi valore di legge». E dunque, mentre l'art. 77, co. 2, qualifica gli atti in questione come «provvedimenti provvisori con forza di legge», l'art. 87, co. 5, li classifica infatti – sullo stesso piano dei decreti legislativi – fra gli atti dotati del valore delle leggi formali. E questo dato basta a far concludere che i provvedimenti in esame hanno la stessa efficacia degli altri atti legislativi, sebbene la Costituzione riservi loro un **regime ben diverso e del tutto peculiare**.

Con il che, però, appaiono di impatto politicamente significativo, ma giuridicamente discutibile, le disposizioni di legge ordinaria con le quali il Parlamento tenta di limitare l'uso dello strumento decreto legge. L'art. 4 della legge 27 luglio 2000, n. 212 («*Disposizioni in materia di statuto dei diritti del contribuente*»), per es., reca quanto segue: «*Non si può disporre con decreto-legge l'istituzione di nuovi tributi né prevedere l'applicazione di tributi esistenti ad altre categorie di soggetti*». Ma, in mancanza di un aggancio, nel merito, con una disposizione di rango costituzionale che disponga altrettanto, pare impossibile ritenere che detta disposizione di legge possa realmente vincolare il Governo ad astenersi dall'uso della decretazione d'urgenza. A reputare diversamente, infatti, si dovrebbe giocoforza concludere che la legge n. 212/2000 è *più forte* di una fonte di rango ordinario e non forte tanto quanto questa [113].

c) Vero è che i decreti-legge, diversamente dalle leggi formali e dalle stesse leggi delegate, sono caratterizzati non solo e non tanto dalla ***temporaneità*** ma, forse prima ancora, dalla ***precarietà*** dei loro disposti. Nel nostro ordinamento, cioè, essi rappresentano l'unico caso di fonti normative destinate ad operare per un periodo massimo di sessanta giorni, trascorso il quale non sono più produttive di effetti né per il futuro né per il passato, poiché la loro conversione in legge comporta una **novazione** dei loro contenuti, tale che la legge stessa si sostituisce retroattivamente al relativo decreto; mentre la mancata conversione determina – come già si è notato – la loro totale **decadenza** *ex tunc*, cioè con efficacia retroattiva, e quindi a fare data dalla loro emanazione. Dalla rigorosissima regolamentazione costituzionale deriva anzi, in tal senso, un paradosso ulteriore: i decreti-legge sono infatti gli unici atti normativi suscettibili di trasformarsi – nel

---

[113] Sul punto, v. *supra*, parte II, cap. 3, § 6.

caso non vengano tempestivamente convertiti – da fonti del diritto in *fonti di illecito*, lasciando del tutto privi di fondamento i rapporti instauratisi ai sensi delle loro prescrizioni. Di più, nell'ipotesi scolastica, ma non completamente irrealizzabile, di una sentenza non più impugnabile che sia stata emessa in applicazione di un decreto-legge destinato a decadere, deriva la possibilità che venga meno la stessa autorità della «cosa giudicata», al di fuori dei casi testualmente previsti dalle norme processuali [114].

Di fronte alle difficoltà che attengono all'attuale disciplina dei decreti-legge, si è cercato in dottrina (Esposito, Sorrentino) di troncarle alla radice, negando la premessa dalla quale esse discendono, ossia contestando che i decreti stessi costituiscano in origine, fin dal momento della loro entrata in vigore, atti normativi del Governo equiparabili alle leggi formali. Si è sostenuto, in particolar modo, che tali provvedimenti sarebbero in partenza invalidi e non si trasformerebbero in fonti di diritto che per effetto della loro conversione in legge; sicché la «forza di legge» che viene loro assegnata dall'art. 77 dovrebbe essere intesa alla maniera di una *provvisoria efficacia* che li renderebbe «esecutori» nei confronti degli organi delle pubbliche amministrazioni, ma non obbligatori nei confronti dei giudici e della generalità dei privati cittadini: tanto che i giudizi aventi ad oggetto la loro applicazione dovrebbero essere sospesi fino a quando la situazione normativa non sia stata definitivamente chiarita dalle conseguenti deliberazioni delle Camere.

Simili tentativi dottrinali non fanno però che aggravare, nello sforzo di risolverlo, il paradosso dei decreti-legge. A parte ogni altra considerazione, essi hanno il decisivo torto di non far capire il perché dell'inserimento dell'art. 77 nel testo costituzionale. Se, veramente, i costituenti avessero voluto escludere la legittimazione preventiva dei decreti-legge, tanto sarebbe valso non fare alcun cenno della decretazione governativa d'urgenza, lasciando alle Camere la facoltà d'intervenire *ex post*, mediante apposite leggi di sanatoria, per convalidare gli illeciti eventualmente compiuti dal Governo.

L'espressa disciplina costituzionale sta a dimostrare, al contrario, che i decreti-legge sono stati intesi come **fonti del diritto**, sebbene legati da una parte all'esistenza dei presupposti giustificativi della necessità e dell'urgenza di provvedere, dall'altra al tempestivo consenso delle Camere, manifestato nella forma della legge di conversione.

d) Peraltro è innegabile che il **regime di fonti siffatte rimane singolarissimo**, anche e soprattutto perché si registrano frequenti sfasature fra l'iniziale giustificatezza dei decreti-legge e la sorte ultima che è loro destinata.

Per meglio dire, (*d1*) si sono avuti più volte provvedimenti governativi con forza di legge, alla base dei quali non c'era la straordinaria situazione di necessi-

---

[114] Cfr. gli artt. 395 Cod. proc. civ. e 630 Cod. proc. pen., rispettivamente in tema di revocazione e di revisione delle sentenze.

tà e d'urgenza prescritta dall'art. 77, co. 2, che tuttavia sono stati integralmente convertiti in leggi ordinarie. E (*d2*) si sono avuti, per converso, decreti inizialmente sorretti da sicuri presupposti giustificativi che, tuttavia, sono stati lasciati decadere *ex tunc*, sia perché i loro contenuti non si prestavano a venire politicamente approvati dalle Camere, sia, specialmente, perché l'ostruzionismo delle forze politiche di minoranza aveva reso impossibile alla maggioranza di convertirli in legge nel perentorio termine di sessanta giorni.

e) Nei fatti, però, di gran lunga più frequente è stato l'**abuso della decretazione**. È prevalsa, cioè, nella prassi dell'ultimo ventennio del Novecento, un'**interpretazione assai lassista dei presupposti giustificativi** dei decreti-legge, onde il Governo ha fatto un crescente ricorso alla potestà conferitagli dall'art. 77, dando spesso ai suoi provvedimenti contenuti diversi da quelli che dovrebbero esser tipici della decretazione legislativa d'urgenza. Nei primi anni di vita dell'ordinamento repubblicano, i decreti-legge si risolvevano – fondamentalmente – in due categorie: quella dei *decreti-catenaccio*, utilizzati per cogliere i contribuenti di sorpresa, elevando all'improvviso tributi oppure prezzi controllati; e quella dei *decreti di emergenza*, recanti provvidenze in occasione di pubbliche calamità. Successivamente, viceversa, si sono aggiunte due altre categorie che in precedenza non trovavano se non eccezionali e sporadici riscontri: quella dei *decreti di proroga*, usati per dilazionare la scadenza di discipline o di rapporti ormai prossimi all'esaurimento (come per esempio in tema di blocco dei fitti); e quella ancor più rilevante dei *decreti di riforma*, usati per modificare (di certo, anzi quasi per definizione, senza urgenza) talune strutture portanti del nostro ordinamento (come si è visto nei casi delle misure pretese urgenti per l'Università, del nuovo regime dei titoli azionari, dell'istituzione del Ministero dei beni culturali ed ambientali...). In queste e in altre ipotesi ancora, la necessità e l'urgenza del provvedere sono determinate unicamente dalla prolungata inerzia del raccordo Governo-Parlamento, dimostratosi incapace di servirsi in tempo utile delle procedure legislative ordinarie [115].

f) Ciò che più conta, nel caso d'una inutile scadenza del termine di conversione, i Governi degli ultimi decenni del Novecento hanno fatto ricorso – con

---

[115] D'altra parte, la giurisprudenza costituzionale si è da non poco orientata nel senso che la Corte non possa sindacare e sanzionare vizi del genere, se non nel caso di una «evidente mancanza» dei requisiti costituzionalmente prescritti (cfr. l'ord. n. 90/1997); ma se quest'ultima era un'ordinanza di manifesta inammissibilità, la **sent. 9-30 maggio 2007, n. 171** (ma poi anche la **sent. 16 aprile 2008, n. 128**), ha fatto uso dell'anzidetto principio per dichiarare l'illegittimità costituzionale di parte di un decreto legge perché la sua «***... utilizzazione... e l'assunzione di responsabilità che ne consegue per il Governo secondo l'art. 77 Cost. ... non può essere sostenuta dall'apodittica enunciazione dell'esistenza delle ragioni di necessità e di urgenza, né può esaurirsi nella constatazione della ragionevolezza della disciplina che è stata introdotta***». D'altronde, «[a]***ffermare che la legge di conversione sana in ogni caso i vizi del decreto significherebbe attribuire in concreto al legislatore ordinario il potere di alterare il riparto costituzionale delle competenze del Parlamento e del Governo quanto alla produzione delle fonti primarie***».

crescente frequenza – all'integrale o quasi integrale **riproduzione** dei decreti decaduti (come si era già visto con il «decretone» adottato e riadottato dal Governo Colombo fra l'estate e l'autunno del 1970, per superare l'ostruzionismo del PSIUP). Se poi le Camere non erano sollecite nel convertire il secondo decreto, poteva bene accadere che il Governo ne adottasse un terzo o anche un quarto o un quinto..., così da formare vere e proprie catene **(fenomeno della c.d. «reiterazione» dei decreti legge)**, talvolta comprendenti più di una decina di provvedimenti consecutivi, fino ad arrivare al *record* del d.l. 2 gennaio 1992, n. 1 («*Differimento di termini previsti da disposizioni legislative e interventi finanziari vari*», ma conosciuto a tutti come «*decreto milleproroghe*»), in parte alla fine convertito nella legge 23 dicembre 1996, n. 649, dopo ben 29 reiterazioni. A loro volta, i decreti successivi (cioè lo stesso Governo) facevano sovente salvi, per il passato, gli effetti prodotti dai decreti precedenti, in aperta violazione dell'art. 77, ult. co., per cui spetta alle Camere «regolare con legge i rapporti giuridici» in questione. Ed anzi accadeva, persino, che il Governo riproducesse e rinnovasse, con marginali modifiche, decreti formalmente bocciati dall'una o dall'altra Camera.

Un primo, parziale rimedio è derivato dalla legge n. 400 che, nel 1988, ha regolato l'«attività di Governo»: essa ha esplicitamente escluso tanto la reiterazione dei decreti per i quali il Parlamento avesse negato la conversione, quanto la sanatoria governativa degli effetti imputabili ai decreti comunque decaduti [116]. Ma ciò non è valso a frenare l'abuso, condotto fino al punto che ancora nel 1996 la decretazione legislativa d'urgenza superava la cifra complessiva di 350 provvedimenti. Si è reso pertanto indispensabile un ulteriore intervento della Corte costituzionale che, in via di principio almeno, ha posto fine alla prassi della reiterazione. Mediante la **sent. 17-24 ottobre 1996, n. 360, la Corte costituzionale** ha infatti escluso – di regola – «*che il Governo, in caso di mancata conversione, possa riprodurre, con un nuovo decreto, il contenuto normativo dell'intero testo o di singole disposizioni*» di esso [117]; e ha eccezionalmente consentito il superamento di questo limite nella sola ipotesi in cui il nuovo provvedimento risulti «*caratterizzato da contenuti normativi sostanzialmente diversi ovvero da presupposti giustificativi nuovi di natura straordinaria*». Il che ormai permette (... o, forse meglio, impone) che lo stesso Presidente della Repubblica possa attivarsi in via preventiva, negando l'emanazione dei decreti-legge non corrispondenti a siffatti requisiti [118].

---

[116] Cfr. l'art. 15, co. 2, lett. *c*) e lett. *d*), della legge n. 400/1988 cit. e v., inoltre, la contemporanea sentenza 10 marzo 1988, n. 302, della Corte costituzionale.

[117] In verità, analoghi assunti si trovano già nella motivazione della sent. n. 302/1988 cit.; ma il contenuto di quella decisione, di poco precedente la legge n. 400 del medesimo anno, non era stato fatto integralmente proprio dal legislatore.

[118] La Corte costituzionale ha affermato che **il controllo** «***spettante al Presidente della Repubblica in sede di emanazione degli atti del Governo aventi valore di legge*** *ai sensi dell'art. 87, quinto comma, della Costituzione* **[va]** ***ritenuto di intensità almeno pari a quello spettante allo stesso Pre-***

Calato sensibilmente il numero dei decreti reiterati, ci sono comunque da registrare alcuni casi in cui il Governo usa in modo palesemente illegittimo la decretazione d'urgenza, o in cui lo fa il Parlamento con la legge di conversione. Con la **sent. 13 febbraio 2012, n. 22**, la Corte ha dichiarato costituzionalmente illegittimo un d.l., già convertito in legge, perché «*le norme impugnate nel... giudizio, inserite nel corso del procedimento di conversione del*» decreto legge «*sono del tutto* ***estranee alla materia e alle finalità del medesimo***», il che viola il **principio della «necessaria omogeneità del decreto-legge**, la cui interna coerenza va valutata in relazione all'apprezzamento politico, operato dal Governo e controllato dal Parlamento, del singolo caso straordinario di necessità e urgenza [*che*] deve essere osservata dalla **legge di conversione**» [119], perché quest'ultima è – per ruolo, previsione, collocazione nel sistema delle fonti, regole particolari che la connotano – una «*legge a competenza tipica*» [120].

g) Contrariamente a quanto (non) fa in relazione ai decreti legislativi delegati, la legge n. 400/1988 elenca espressamente, nel co. 2 dell'art. 15, ciò che il **Governo non può fare mediante decreto legge**.

Si tratta delle seguenti cinque operazioni: «... *a) conferire deleghe legislative ai sensi dell'articolo 76 della Costituzione; b) provvedere nelle materie indicate nell'articolo 72, quarto comma, della Costituzione; c) rinnovare le disposizioni di decreti legge dei quali sia stata negata la conversione in legge con il voto di una delle due Camere; d) regolare i rapporti giuridici sorti sulla base dei decreti non convertiti; e) ripristinare l'efficacia di disposizioni dichiarate illegittime dalla Corte costituzionale per vizi non attinenti al procedimento ...*». Ricordando che le materie di cui all'art. 72, ult. co., sono la costituzionale, l'elettorale, la delegazione legislativa, l'autorizzazione a ratificare trattati internazionali e l'approvazione di bilanci e consuntivi, v'è da sottolineare, in primo luogo, che l'elencazione di cui alla legge n. 400/1988 non sarebbe, in sé stessa e in sé sola (in quanto prevista da una fonte di rango ordinario), in grado di limitare l'azione di una fonte prevista direttamente dalla Costituzione, di talché dev'essere chiaro che ognuna delle voci in essa prevista è meramente ricognitiva di una ragione rinvenibile direttamente nella Costituzione.

---

sidente sulle leggi *ai sensi dell'art. 87, terzo comma, della Costituzione*» (così nella sent. 6 luglio 1989, n. 406).

[119] La Corte chiude così il cerchio già aperto con la **sent. 1 dicembre 2010, n. 355**. Già in quest'ultima essa aveva affermato che «... *la valutazione in termini di necessità e di urgenza deve essere indirettamente effettuata per quelle norme, aggiunte dalla legge di conversione del decreto-legge, che non siano del tutto estranee rispetto al contenuto della decretazione d'urgenza; mentre tale valutazione non è richiesta quando la norma aggiunta sia eterogenea rispetto a tale contenuto*». Siffatta valutazione, che nel 2010 la Corte rimetteva alla «*discrezionalità delle Camere e* [riteneva di poter sindacare] *soltanto se essa sia affetta da manifesta irragionevolezza o arbitrarietà, ovvero per mancanza evidente dei presupposti (sentenza n. 116 del 2006)*», rientra in pieno nel disposto di cui alla sent. n. 22/2012 cit.

[120] Così, la sent. 12 febbraio 2014, n. 32.

Quanto indicato nella lett. *a*) si sovrappone, addirittura, al disposto dell'art. 72, ult. co., Cost.

Il contenuto delle lett. *c*) e *d*) ha certamente a che vedere sia con quello dell'art. 70 Cost., a mente del quale «*La funzione legislativa è esercitata collettivamente dalle due Camere*», sia con la *ratio* che giustifica l'esistenza di una riserva di legge formale (v. *retro*, parte II, cap. III, § 14) allorché sia necessario distinguere ruoli e poteri di due organi costituzionali. Così, il Governo che dispone del potere di decretazione d'urgenza non può anche ridettare, con lo stesso mezzo, le medesime disposizioni che il Parlamento abbia espressamente stabilito di non convertire in legge, né «*regolare i rapporti giuridici sorti sulla base dei decreti non convertiti*», compito che l'art. 77, ult. co., Cost. assegna esclusivamente (quanto ovviamente) a una «*legge*» posta in essere dalle «*Camere*».

Circa le rimanenti materie di cui all'art. 72, ult. co., che la *costituzionale* non possa essere regolata con decreti legge lo si ricava agevolmente dalla natura rigida della Costituzione e dall'esistenza dell'art. 138 Cost. che stabilisce un apposito procedimento per modificarla e/o integrarla. Che non si possa, con decreto legge, né autorizzare la *ratifica di trattati internazionali*, né *approvare bilanci e consuntivi* è in *re ipsa*, posto che si tratta di autorizzare la ratifica, o di approvare atti posti in essere dallo stesso Governo (nuovamente, sul punto, v. *supra*, parte II, cap. III, § 14, la trattazione delle riserve di legge formali e implicite).

Rimane la materia *elettorale*.

L'art. 15, co. 2, della legge n. 400/1988 stabilisce, rimandando, *sub* lett. *b*), all'elenco di cui all'art. 72, ult. co., Cost., che il Governo non può trattarne; ma perché? Non v'è disposizione costituzionale che possa servire da aggancio, e quindi da giustificazione, di detto divieto e, come già anticipato, la circostanza che questo sia contenuto in una fonte ordinaria non può bastare. Residua un'ultima ragione, di carattere logico-pragmatico. È difficile ipotizzare, più che la necessità, l'urgenza che a doversi occupare di una riforma elettorale debba per forza di cose essere il Governo. Essendo per sua natura «*costituzionalmente necessaria*» (sul concetto, v. *infra*, parte II, cap. III, § 20, *sub c6*), la legge elettorale non può mai mancare, di talché, finché non ce n'è una nuova, quella esistente resta necessariamente in vigore. Il che, peraltro, non esclude in radice che il Governo possa comunque intervenire in materia, magari con atti esecutivi o attuativi di una normativa di provenienza parlamentare.

Certo, nell'eventualità che dovesse in futuro ripetersi una situazione paradossale quanto assurda, quale quella che si è venuta a creare, tra il 2014 e il 2017, nel corso della XVII legislatura [121], non è affatto da escludere *a priori* un'azione

---

[121] Si veda, *infra*, nell'«*Appendice*», *sub* LEGGI ELETTORALI POLITICHE VIGENTI NELL'ITALIA REPUBBLICANA, la successione di eventi che portò al rischio (scongiurato dalla tardiva e frettolosa adozione della legge 3 novembre 2017, n. 165) di andare al voto, alle elezioni politiche della primavera 2018, con due leggi elettorali diverse per Camera (legge 6 maggio 2015, n. 52) e Senato (legge 21 dicembre 2005, n. 270), entrambe dichiarate, in momenti diversi, parzialmente illegittime

dell'Esecutivo volta a eliminare disarmonie, a riparare situazioni abnormi relative alla mappatura dei collegi e finanche a riempire qualche lacuna [... che nelle sentenze che concernono «*leggi costituzionalmente necessarie*» non dovrebbe/potrebbe esserci (v. nuovamente *infra*, parte II, cap. III, § 20, *sub c6*)] individuabile dopo un intervento seppure manipolativo della Corte costituzionale [122].

h) Quanto al **procedimento**, basti sottolineare che il Governo delibera il decreto legge; lo presenta – «*con la denominazione di* "*decreto-legge*"» (art. 15, co. 1, della legge n. 400/1988) – al Presidente della Repubblica cui spetta, *ex* art. 87, co. 5, Cost. il compito di emanarli [123]. Immediatamente dopo l'emanazione, il d.l. «*è pubblicato, senza ulteriori adempimenti, nella Gazzetta Ufficiale*» (art. 15, co. 2, della legge n. 400/1988), ma già il giorno dell'adozione sta al Governo stesso presentare il decreto alle Camere per ottenerne la conversione in legge. Le Camere, anche se sciolte, sono appositamente convocate per quest'ultima e si riuniscono entro cinque giorni dal ricevimento dell'atto (art. 77, co. 2).

Ovviamente, il Parlamento è libero di convertire in legge il decreto lasciandolo immutato; di convertirlo in legge con modificazioni; di non convertirlo, rifiutando esplicitamente la conversione; di non convertirlo, lasciando che decorrano i sessanta giorni stabiliti dalla Costituzione.

Gli **emendamenti** che le Camere eventualmente apportino in sede di conversione possono essere di natura *modificativo-aggiuntiva*, *modificativo-soppressiva*, *sostitutiva*.

La legge n. 400/1988 è assai laconica sul punto, prevedendo unicamente (art. 15, co. 5) che le «*modifiche eventualmente apportate al decreto-legge in sede di conversione hanno efficacia dal giorno successivo a quello della pubblicazione della legge di conversione, salvo che quest'ultima non disponga diversamente*».

In realtà, l'***efficacia temporale degli emendamenti*** è mutevole a seconda della loro tipologia, perché hanno efficacia *ex nunc*, cioè non retroattiva, i soli *aggiuntivi* [la disciplina che contengono non c'era nel momento del varo del d.l. ad opera del Governo e non si vede perché dovrebbe retroagire, posto che nemmeno le leggi hanno efficacia retroattiva a meno che non lo dispongano espressamente (v. *retro*, parte II, cap. III, § 6 e v. anche l'ultima porzione della disposizione

---

dalla Corte costituzionale (rispettivamente con sentt. 25 gennaio-9 febbraio 2017, n. 35 e 4 dicembre-13 gennaio 2014, n. 1) e quindi con un sistema elettorale che non era affatto un «sistema», ma una mera «casualità», perché guidato da tutto tranne che da una matrice e una *ratio* unitarie.

[122] In fondo, non è molto diverso l'argomento che ha adoperato la Corte nella ***sent. 3 luglio 2013, n. 220***, quando ha affermato che «... a fortiori *si deve ritenere non utilizzabile lo strumento del decreto-legge quando si intende procedere ad un riordino circoscrizionale globale, giacché all'incompatibilità dell'atto normativo urgente con la prescritta iniziativa dei Comuni si aggiunge la* ***natura di riforma ordinamentale delle disposizioni censurate****, che introducono una disciplina a carattere generale dei criteri che devono presiedere alla formazione delle Province*».

[123] V. poco *supra*, *sub* lett. *f*) di questo stesso paragrafo, in nota, la natura del potere del Presidente della Repubblica.

appena ricordata: «*... salvo che quest'ultima non disponga diversamente*»)]; mentre hanno efficacia *ex tunc*, cioè retroattiva, i *soppressivi* e i *sostitutivi*. Immediato comprendere il perché per i primi (la soppressione, da parte delle Camere, equivale a una mancata conversione); altrettanto facile, ma con un passaggio logico in più, per i secondi, posto che sostituire significa, del pari, non convertire ciò che viene sostituito perché scartato, e aggiungere, conseguentemente, ciò che viene inserito al suo posto dalle Camere[124] (da ultimo, Cass., sez. III civ., 10 maggio 2016, n. 9386, che ragiona di emendamenti *modificativi* con riguardo a tutti quelli che non siano *sostitutivi*, ravvisando «modifica» a fronte di un d.l. «*contenente una fattispecie astratta alla quale la legge di conversione aggiunge o sottrae soltanto alcuni elementi costitutivi*» e «sostituzione» «*al cospetto d'una legge di conversione che continua a disciplinare la stessa fattispecie concreta già disciplinata da una norma contenuta nel decreto-legge, ma lo fa in modo totalmente diverso rispetto a quest'ultimo*»).

Circa i ***limiti all'utilizzo degli emendamenti***, anch'essi derivano dalla circostanza che la legge di conversione è, come poc'anzi già ricordato, «legge a competenza tipica», di talché essa «*non può ... aprirsi a qualsiasi contenuto ulteriore, come del resto prescrivono anche i regolamenti parlamentari (art. 96-bis del Regolamento della Camera dei Deputati e art. 97 del Regolamento del Senato della Repubblica, come interpretato dalla Giunta per il regolamento con il parere dell'8 novembre 1984). Diversamente, l'iter semplificato potrebbe essere sfruttato per scopi estranei a quelli che giustificano l'atto con forza di legge, a detrimento delle ordinarie dinamiche di confronto parlamentare. Pertanto, l'inclusione di emendamenti e articoli aggiuntivi che non siano attinenti alla materia oggetto del decreto-legge, o alle finalità di quest'ultimo, determina un vizio della legge di conversione in parte qua*». Se, quindi, non è di per sé vietato il «caso di provvedimenti governativi ab origine a contenuto plurimo», ciò che non si può fare è «*un uso improprio*» del potere di emendamento in sede di conversione che «*si verifica ogniqualvolta sotto la veste formale di un emendamento si introduca un disegno di legge che tenda a immettere nell'ordinamento una disciplina estranea, interrompendo il legame essenziale tra decreto-legge e legge di conversione, presupposto dalla sequenza delineata dall'art. 77, secondo comma, Cost.*». E, dunque, anche a fronte di **decreti legge «*a contenuto plurimo*** *[...] ogni ulteriore disposizione introdotta in sede di conversione deve essere strettamente collegata ad uno dei contenuti già disciplinati dal decreto-legge ovvero alla ratio dominante del provvedimento originario considerato nel suo complesso*» (così, nuovamente, la sent. n. 32/2014 cit.).

---

[124] Cfr. la sent. 15 dicembre 2010, n. 367, ove si può leggere: «*Questa Corte ha avuto modo, in effetti, di rilevare come – per l'aspetto che interessa – al decreto-legge non convertito vada equiparato il "decreto [...] convertito in legge con emendamenti che implichino mancata conversione in parte qua", e che, pertanto, nel caso di conversione con emendamenti, spetta all'interprete [...] accertare quale delle eventualità si sia verificata*» (sentenza n. 51/1985).

Al ministro di Grazia e Giustizia il compito di assicurare immediata ***pubblicazione*** in *Gazzetta ufficiale* sia del rifiuto di conversione da parte delle Camere; sia della mancata conversione per decorrenza del termine; sia di una conversione parziale, purché definitiva, del d.l. (art. 15, co. 6, della legge n. 400/1988), sia, a maggiore ragione, della conversione integrale. Nell'ipotesi di conversione parziale, vengono pubblicati sia la legge che reca le modifiche al decreto che risulta, però, di assai difficile lettura, sia il *testo* del decreto *coordinato* con la legge di conversione stessa.

19. *I regolamenti degli organi costituzionali*

a1) Il complesso degli *atti normativi immediatamente subordinati alla sola Costituzione* (e alle leggi costituzionali) non si risolve, peraltro, nelle leggi statali ordinarie e nei decreti presidenziali aventi forza e valore di legge; bensì ricomprende, in particolar modo, la normazione cosiddetta regolamentare di alcuni organi costituzionali. E in questo campo spiccano, per la loro importanza e per la posizione che detengono entro il sistema delle fonti, i **regolamenti delle Camere**.

Relativamente a tali atti si è lungamente dubitato, in verità, se essi rientrassero o meno tra quelli costitutivi dell'ordinamento generale. Nel periodo statutario, era diffusa l'idea che si trattasse di norme regolamentari interne [125], ricadenti fra gli *interna corporis*, cioè fra le regole non sindacabili né applicabili da parte di autorità esterne a ciascuna delle Camere stesse (Racioppi, Romano). Ma la tesi non è più sostenibile nella sua integralità, da quando l'art. 64, co. 1, della Costituzione ha stabilito che «*ciascuna Camera adotta il proprio regolamento a maggioranza assoluta dei suoi componenti*»; mentre l'art. 72, co. 1, 2 e 3, ha specificato che spetta ai regolamenti la puntuale disciplina dei procedimenti (o *sub*procedimenti) di approvazione delle leggi ad opera delle assemblee parlamentari. Nella sent. 5 maggio 2014, n. 120, a scanso di ogni eventuale residuo dubbio al riguardo, si può ora leggere quanto segue: «*Se tuttavia... la* ratio *dell'insindacabilità dei regolamenti parlamentari è costituita... dalla garanzia di indipendenza delle Camere da ogni altro potere, ciò non comporta che essi siano, come nel lontano passato, fonti puramente interne. Essi* ***sono fonti dell'ordinamento generale della Repubblica****, produttive di norme sottoposte agli ordinari canoni interpretativi, alla luce dei principi e delle disposizioni costituzionali, che ne delimitano la sfera di competenza*».

I richiami costituzionali dei regolamenti delle Camere non hanno costituzionalizzato tali atti, né li hanno comunque elevati a *parametri* nei giudizi sulla le-

---

[125] A rafforzare questa tesi concorreva l'art. 61 dello Statuto albertino, in cui si disponeva che «così il Senato, come la Camera dei Deputati, determina, per mezzo di un suo regolamento *interno*, il modo secondo il quale abbia da esercitare le proprie attribuzioni».

gittimità costituzionale delle leggi [126], come invece assumevano e assumono alcuni costituzionalisti (Abbamonte, Modugno). Ma non vi è dubbio, per quanto riguarda le diverse forme di esame e di approvazione delle leggi e – verosimilmente – per tutto ciò che attiene all'organizzazione delle rispettive assemblee, che la Costituzione abbia configurato una **riserva di regolamento** (Bon Valsassina, Galeotti, Crisafulli); tanto più che l'art. 64, co. 1, esige, per la formazione di queste norme, la *maggioranza assoluta*. Posto che, a salvaguardia dell'autonomia di ciascuna Camera, ognuna di esse adotta il proprio regolamento con atto monocamerale e con la predetta maggioranza, è evidente che la legge (atto per sua natura bicamerale) non può sostituirsi ai singoli regolamenti; di talché questi ultimi non sono collocabili nel sistema delle fonti in base al criterio gerarchico, ma solo mediante il criterio di competenza (v. *supra*, parte III, cap. II, §§ 6 e ss. e 9), posta, appunto, la già ricordata riserva assoluta disposta a favore di detti atti dall'art. 64 Cost. Leggi ordinarie che contraddicessero i regolamenti, nel campo attribuito alla loro esclusiva competenza, sarebbero perciò costituzionalmente illegittime; e la conseguente limitazione della generale competenza attribuita al potere legislativo non si spiega se non riconoscendo che i regolamenti parlamentari concorrono oggi a formare il complessivo ordinamento giuridico. Del resto, valgono anche in tal senso le disposizioni finali degli attuali regolamenti del Senato e della Camera, approvati il 17 e il 18 febbraio 1971, per cui «il presente regolamento entra in vigore sessanta giorni dopo la sua *pubblicazione* nella Gazzetta Ufficiale della Repubblica italiana» [127].

a2) *Resta il grave problema se i regolamenti parlamentari possano pertanto venire inseriti fra gli «atti aventi forza di legge dello Stato», ai fini della loro sindacabilità – ex* art. 134 Cost. – da parte dell'organo della giustizia costituzionale. La prevalentissima dottrina (Crisafulli, Cicconetti, Cervati, Floridia, Mortati, Modugno, Occhiocupo, Zagrebelsky) era ed è nel senso affermativo, notando che altrimenti si sovrapporrebbero gli atti in questione alle stesse norme costituzionali, consentendo loro di dettare qualsivoglia previsione e di non subire mai sanzioni di sorta, non senza concrete conseguenze, là dove siano in gioco situazioni soggettive costituzionalmente garantite.

La Corte costituzionale, per contro, ha dichiarato *inammissibile* un'impugnativa sollevata nei riguardi di norme regolamentari attribuenti alla Camera e al Senato la cosiddetta «autodichia», cioè la giurisdizione domestica esercitabile

---

[126] Fin dalla sent. 9 marzo 1959, n. 9, la Corte costituzionale ha infatti precisato che la violazione di norme regolamentari, in sede di approvazione delle leggi a opera di ciascuna Camera, «riguarda una norma, sull'interpretazione della quale... è da ritenersi decisivo l'apprezzamento della Camera» stessa. Nel medesimo senso, peraltro, v. la sent. 9 luglio 1998, n. 262.

[127] Quanto al regolamento del Senato, esso era stato anzi pubblicato fin dal 1948, sia pure ad effetti meramente notiziali.

Dal 1971, entrambi i regolamenti sono stati più e più volte integrati e modificati. Il testo vigente si può leggere in *https://www.senato.it/1043* e in *http://leg16.camera.it/437?conoscerelacamera=237*.

«in via definitiva» per risolvere le controversie fra le assemblee parlamentari e i rispettivi dipendenti [128]; la *mancata menzione dei regolamenti delle Camere nell'art. 134 Cost.* (diversamente da ciò che si riscontra in altre Costituzioni europee contemporanee) e l'«*indipendenza guarentigiata*» che spetta alle Camere medesime varrebbero infatti ad escludere la pretesa assimilazione alle leggi formali e agli atti governativi equiparati, dimostrando così l'*incompetenza della Corte ad esplicare il relativo sindacato.*

Assai più convincente la motivazione, che pure arriva alla medesima conclusione, contenuta nella già cit. sent. n. 120/2014 che, se sottolinea nuovamente come i «*regolamenti parlamentari non rientr*[i]*no espressamente tra le fonti-atto indicate nell'art. 134, primo alinea, Cost. – vale a dire tra le «leggi» e «gli atti aventi forza di legge»* – che possono costituire oggetto del sindacato di legittimità rimesso a questa Corte», pone poi l'accento sulla «*sfera di competenza riservata*» dei regolamenti «*e distinta rispetto a quella della legge ordinaria e nella quale, pertanto, neppure questa è abilitata ad intervenire*». Ciò premesso, posto che l'art. «*134 Cost., indicando come sindacabili* [dalla Corte] *la legge e gli atti che, in quanto ad essa equiparati, possono regolare ciò che rientra nella competenza della stessa legge, non consente di includere tra gli stessi i regolamenti parlamentari*», risiedendo «*dunque in ciò, e non in motivazioni storiche o in risalenti tradizioni interpretative, la ragion d'essere attuale e di diritto positivo dell'insindacabilità degli stessi regolamenti in sede di giudizio di legittimità costituzionale*». Anche se la Corte, onde non smentire sé stessa e i suoi precedenti di cui alle sentt. n. 154/1985 cit. e 18-14 ottobre 1995, nn. 444 e 445, continua asserendo che va «*di conseguenza confermata la consolidata giurisprudenza di questa Corte, la quale... ha escluso che essi possano essere annoverati fra gli atti aventi forza di legge*», sembra più pertinente ragionare in termini di atti dei quali non si può dire che abbiano, o che non abbiano, la forza della legge, perché non sono con questa fungibili, né quindi ad essa parametrabili.

Come i regolamenti parlamentari non possono costituire né oggetto nel giudizio di legittimità costituzionale, né parametro del medesimo, così essi non possono costituire un co-parametro come *norme interposte*: sul punto, però, v. più approfonditamente *infra*, parte VI, cap. II, § 9.

Sempre nella sent. n. 120/2014, inoltre, si trova scritto, e finalmente a chiare lettere [probabilmente non senza un collegamento con la decisione 28 aprile 2009 (*Savino et aa. c. Italia*) della Corte europea dei Diritti dell'Uomo che aveva sindacato i regolamenti, in tema di autodichia (v. *infra*, parte III, cap. II, § 7, lett. *b*), e in relazione all'art. 6 della CEDU, circa il principio di imparzialità in senso oggettivo degli organi di giurisdizione interna delle Camere], ciò che sia dottrina sia giurisprudenza costituzionale (cfr. per es., la sent. 17 ottobre-2 no-

---

[128] Si tratta della quanto mai discussa sent. 23 maggio 1985, n. 154, relativa agli artt. 12.1 reg. Senato e 12.3 reg. Camera che la Corte di cassazione contestava per asserito contrasto con il diritto di agire in giudizio a tutela dei propri diritti e interessi legittimi.

vembre 1996, n. 379) sostenevano da tempo e cioè che, nonostante l'indiscutibile esistenza di un ambito riservato alla normazione da parte dei regolamenti parlamentari, questi ultimi rimangono pur sempre **fonte subordinata rispetto alla Costituzione**, i cui principi, le cui disposizioni e le cui norme è impensabile possano venire violati da quelli senza che via sia un'autorità capace di porre rimedio a siffatta lesione. *Ergo*, il «*rispetto dei diritti fondamentali, tra i quali il diritto di accesso alla giustizia... così come l'attuazione di principi inderogabili*» non possono essere sottratti alla «*funzione di garanzia assegnata alla Corte costituzionale*»; di talché, esclusa la via del ricorso in via incidentale o principale, rimane, quale «*sede naturale in cui trovano soluzione le questioni relative alla delimitazione degli ambiti di competenza riservati... quella del conflitto fra i poteri dello Stato: "Il confine tra i due distinti valori (autonomia delle Camere, da un lato, e legalità-giurisdizione, dall'altro) è posto sotto la tutela di questa Corte, che può essere investita, in* ***sede di conflitto di attribuzione****, dal potere che si ritenga leso o menomato dall'attività dell'altro" (sentenza n. 379/1996). – In tale sede* [su cui v. *infra*, parte VI, cap. III, § 1] *la Corte può ristabilire il confine – ove questo sia violato – tra i poteri legittimamente esercitati dalle Camere nella loro sfera di competenza e quelli che competono ad altri, così assicurando il rispetto dei limiti delle prerogative e del principio di legalità, che è alla base dello Stato di diritto*».

b) Meno dibattuto, ma anche assai meno lineare, è il caso dei **regolamenti della Corte costituzionale**. Diversamente dai regolamenti parlamentari, la Costituzione non li considera in modo testuale; e anzi stabilisce, nell'art. 137, co. 1 e 2, una duplice riserva di legge, per cui spetta alla legge costituzionale regolare «le condizioni, le forme, i termini di proponibilità dei giudizi di legittimità costituzionale, e le garanzie di indipendenza dei giudici della Corte»; mentre con legge ordinaria vanno dettate «le altre norme necessarie per la costituzione e il funzionamento della Corte». Sennonché la legge ordinaria 11 marzo 1953, n. 87, nell'assolvere agli imperativi derivanti dalla seconda di tali riserve, ha precisato che «la Corte può disciplinare l'esercizio delle sue funzioni con *regolamento* approvato a maggioranza dei suoi componenti», da pubblicare nella *Gazzetta Ufficiale*; e ha aggiunto che spetta alla Corte dettare «*norme integrative*» per regolare lo svolgimento dei giudizi di sua competenza [129]: ciò cui la Corte ha puntualmente adempiuto, adottando, prima, le «*Norme integrative per i giudizi davanti alla Corte costituzionale*» e, poi, il «*Regolamento generale*» [130].

---

[129] V. rispettivamente gli artt. 14, co. 1, e 22, co. 2, legge cit.

[130] Il primo atto, datato 16 marzo 1956 (ma successivamente modificato), è stato pubbl. in *Gazz. uff.* 24 marzo 1956, n. 71, ed. spec., e si può leggere in *http://presidenza.governo.it/CONTENZIOSO/contenzioso_costituzionale/documentazione/19560316.pdf*.

Il secondo, datato 20 gennaio 1966 (ma anch'esso successivamente modificato), è stato pubbl. in *Gazz. uff.* 19 febbraio 1966, n. 45, ed. spec., e si può leggere in *https://www.cortecostituzionale.it/documenti/download/pdf/CC_Fonti_REGGENluglio_2009_05032011.pdf*.

Chi si limitasse a tener conto di questi dati dovrebbe collocare i regolamenti della Corte sul piano della normazione secondaria (o, a volere considerare anche la Costituzione, terziaria), al pari dei regolamenti dell'esecutivo.

b1) Vanamente, infatti, si è sostenuto che la legge n. 87 farebbe corpo con la legge cost. n. 1/1953 e dovrebbe dunque ritenersi dotata di una forza passiva peculiare che la renderebbe inderogabile da parte di leggi ordinarie successive (Modugno, Panunzio); sicché ne deriverebbe, in sostanza, una ulteriore riserva di regolamento, avente ad oggetto la prevista normazione regolamentare della Corte, che potrebbe venire assimilata a quella direttamente risultante dalla Costituzione in ordine ai regolamenti delle Camere. Indipendentemente da ogni altra considerazione (ma non si può non dare conto almeno di quella che vede la legge n. 87/1953 modificata da disposizioni di legge ordinaria, come, per es., la legge 5 giugno 2003, n. 131, che ne ha sostituito gli artt. 31 e 35, nonché l'ult. co. dell'art. 32, e modificato il co. 1 dell'art. 33; oppure, più di quarant'anni prima, la legge 25 gennaio 1962, n. 20, il cui art. 35 ne ha abrogato gli artt. da 43 a 53, cioè l'intero Capo IV), la tesi pare infatti respinta dalla Corte stessa (v. *infra*, parte VI, cap. II, § 1).

b2) Al di là della legge n. 87/1953, si è allora affermato (Crisafulli) che la menzione legislativa dei regolamenti della Corte sarebbe solo *ricognitiva* e non costitutiva della potestà regolamentare in questione: la quale troverebbe comunque il suo primo fondamento nella «*piena indipendenza dei membri della Corte*», costituzionalmente garantita dall'art. 135 Cost. Ma questo assunto vale, semmai, a configurare una riserva di regolamento per ciò che riguarda le *strutture della Corte*, la gestione delle relative *spese*, l'ordinamento del suo *personale*[131].

Quanto invece alla *disciplina dei giudizi davanti alla Corte*, occorre ritenere che le norme regolamentari in questione abbiano – appunto – un carattere meramente interpretativo e integrativo, non già potenzialmente derogatorio rispetto alla legge n. 87/1953 (ed allo stesso art. 137 Cost. che ne costituisce piuttosto l'aggancio costituzionale); anche se rimane il fatto che sarebbe proprio la Corte – che ne è l'autrice e gode, come appena ricordato, del potere di *autodichia* – a fungere da giudice unico della legittimità e dell'applicabilità della propria normazione[132]. Il tutto, insomma e per concludere, porta a ritenere anche la fonte

---

[131] Al pari delle Camere, anche la Corte è in effetti dotata di *autodichia* che però si fonda sull'espresso disposto dell'art. 14, co. 3, della legge n. 87/1953, per cui la Corte stessa «è competente in via esclusiva a giudicare sui ricorsi dei suoi dipendenti». Ma al di là di questo – con dec. 16 dicembre 1985, n. 2 – la Corte ha precisamente affermato che **i suoi «regolamenti amministrativi» non sono assimilabili ai comuni regolamenti «statali» (o dell'esecutivo)**.

[132] Sul punto, la Corte ha finora sottolineato la funzione interpretativa che spetterebbe alle «*Norme integrative*» rispetto alla legge n. 87/1953 (cfr. infatti la sent. 18 marzo 1957, n. 47). Nella sent. 6 luglio 1983, n. 210, la Corte stessa ha anzi effettuato una diretta applicazione della stessa legge n. 87, superando gli ostacoli che parevano frapposti dalle «*Norme integrative*», quanto all'intervento del Presidente del Consiglio dei ministri (v. *infra*, parte VI, cap. II, § 4). In ogni ca-

in parola riconducibile a una sistemazione da effettuare in base al criterio di competenza e non a quello gerarchico.

c) Questioni analoghe a quelle concernenti la potestà regolamentare della Corte costituzionale potrebbero sembrare investire anche quei **particolari regolamenti del Governo, mediante i quali il potere esecutivo può disciplinare il funzionamento del Consiglio dei ministri**.

Già testualmente previste dalla Costituzione della Germania federale [133], tali fonti non trovano riscontro nella Carta costituzionale italiana che configura in materia una riserva di legge ordinaria, attraverso il disposto dell'art. 95, co. 3. Sennonché la stessa legge n. 400/1988 sull'ordinamento della Presidenza del Consiglio dei ministri ha espressamente disposto, nell'art. 4, co. 3, che un apposito regolamento – definito «interno» ma soggetto a *pubblicazione* nella Gazzetta Ufficiale – disciplini «*gli adempimenti necessari per l'iscrizione delle proposte d'iniziativa legislativa e di quelle relative all'attività normativa del Governo all'ordine del giorno del Consiglio dei ministri; i modi di comunicazione dell'ordine del giorno e della relativa documentazione ai partecipanti alle riunioni del Consiglio...; i modi di verbalizzazione, conservazione e conoscenza delle deliberazioni adottate; le modalità di informazione sui lavori del Consiglio*», a cura del Sottosegretario alla Presidenza. E il «regolamento interno» del Consiglio dei ministri è stato in effetti emanato il 10 novembre 1993 [134].

Malgrado il carattere indubbiamente costituzionale dell'organo Governo, l'assimilazione di questo atto ai regolamenti della Corte riesce tuttavia difficile. A differenza dei rimanenti organi costituzionali collegiali (come le Camere e la stessa Corte costituzionale), il Consiglio dei ministri e l'intero Governo considerato nella sua complessità non dispongono che di una circoscritta se non addirittura nulla autonomia organizzativa e gestionale (specie per quanto riguarda le entrate, le spese, il personale addetto); sicché sarebbe azzardato ragionare anche in questa ipotesi d'una qualche riserva di normazione regolamentare, opponibile al legislatore statale ordinario.

d) «Riservati» – semmai – potrebbero forse definirsi (Occhiocupo) i cosiddetti **regolamenti presidenziali, approvati dal Capo dello Stato su proposta del Segretario generale della Presidenza della Repubblica**, per disciplinare gli uffici e i servizi della Presidenza stessa [135]. Ma, in questo caso, al ritenere detti atti do-

---

so, poi, **alle «*Norme integrative*» la Corte ha negato «valore di legge»** (cfr. l'ord. 28 dicembre 1990, n. 572).

[133] Si veda l'ultima parte dell'art. 65 della «*legge fondamentale*» per la Repubblica federale tedesca, ove si può leggere: «*Il Cancelliere federale... guida l'attività* [del Governo federale] *secondo un regolamento interno adottato dal Governo federale e approvato dal Presidente federale*».

[134] La versione più aggiornata del regolamento si può leggere in: *http://presidenza.governo.it/normativa/allegati/dpcm_19931110.pdf*.

[135] V. spec. l'art. 3, co. 3, della legge 9 agosto 1948, n. 1077 (la si può leggere in: *http://www.quirinale.it/qrnw/amministrazione/doc/legge1077_1948.pdf*). In senso contrario alla tesi cui si ac-

tati di una competenza peculiare, o di una forza diversa da quella propria degli atti secondari, osta la considerazione che la potestà regolamentare imputata al Presidente va esercitata in necessaria collaborazione con un soggetto sicuramente privo del rango spettante agli organi costituzionali, quale il Segretario generale. E la circostanza che neppure tali fonti siano menzionate dalla Carta costituzionale fa pensare che la sola esigenza da tenere ferma è che sia fatta comunque salva – per legge o per regolamento – l'indipendenza del Capo dello Stato, nell'esercizio delle funzioni che gli spettano secondo la Costituzione (ivi compresa la disponibilità delle strutture e del personale occorrenti allo scopo).

20. *Il «referendum» abrogativo di leggi dello Stato*

a) Se la Costituzione repubblicana – al pari di altre Carte costituzionali europee [136] – avesse previsto quei *referendum costitutivi*, per mezzo dei quali il corpo elettorale è chiamato ad approvare progetti di legge in luogo del Parlamento, ciò avrebbe indubbiamente dato luogo a un nuovo tipo di fonte atto. Ma un'ipotesi del genere è stata senz'altro scartata dalla Commissione dei 75, perché ritenuta incompatibile con la forma parlamentare di governo, e l'Assemblea costituente si è limitata, a sua volta, a configurare tre forme di *referendum* interessanti leggi dello Stato: quello **abrogativo** disciplinato dall'art. 75 Cost., per mezzo del quale gli elettori possono «deliberare l'abrogazione, totale o parziale, di una legge o di un atto avente valore di legge»; quello che in dottrina suole venire definito **consultivo** (Martines, Scudiero), con riferimento al primo e al secondo comma dell'art. 132, quanto alle modifiche delle circoscrizioni regionali; e quello **approvativo** delle leggi di revisione della Costituzione e delle altre leggi costitu-

---

cenna nel testo, si veda peraltro la sent. 10 maggio 1988, n. 3422, delle sezioni unite civili della Cassazione; mentre si esprime per la **natura amministrativa dei regolamenti in parola** il Cons. Stato, IV, 4 luglio 1978, n. 699.

Spetterà alla Corte cost. risolvere, in un non lontano futuro, un conflitto di attribuzione sollevato dalla Cassazione, con ordinanza del 19 ottobre 2015, relativamente alla spettanza (e alla natura) del potere che la Presidenza della Repubblica si è auto-attribuito relativamente alla risoluzione di eventuali **conflitti con i propri dipendenti** (v. d. pres. 26 luglio 1996, n. 81, integrato dal d. pres. 9 ottobre 1996, n. 89, e modificato dal d. pres. 30 dicembre 2008, n. 34, recante la «*disciplina concernente il Collegio giudicante e il Collegio di appello competente a decidere sui ricorsi presentati dal personale del Segretariato generale della Presidenza della Repubblica*»). Certo è che, sin da ora, diversamente da quanto accade per la autodichia delle Camere, sembra difficile sostenere che esiste un fondamento costituzionale di detta potestà.

Il regolamento recante l'«*Ordinamento degli Uffici e dei Servizi del Segretariato Generale della Presidenza della Repubblica*», adottato con d.P.R. 18 aprile 2013, n. 107 (e succ. modificazioni e integrazioni), si può trovare in *http://www.quirinale.it/qrnw/amministrazione/amministrazione.html*, così come gli altri atti che regolamentano, per es., l'«*amministrazione e contabilità*», l'«*archivio storico*», il «*funzionamento* [della] *biblioteca*» della Presidenza della Repubblica.

[136] V. specialmente l'art. 73, co. 3, della Costituzione tedesca del 1919.

zionali, ai sensi del secondo comma dell'art. 138. Quanto ai ***referendum* regionali**, si rimanda a *infra*, parte II, cap. III, § 24, *sub* lett. *b*).

b) Ora, sia nel secondo che nel terzo caso, si tratta di *referendum* che s'inseriscono nei procedimenti formativi di leggi statali ordinarie ovvero di leggi costituzionali, concretizzando autonome fasi dei procedimenti stessi; sicché le vere fonti sono pur sempre formate, in entrambe le ipotesi, dalle leggi e non dai *referendum* che esse presuppongono (v. *retro*, relativamente alle leggi «rinforzate», i §§ 11 e 15 della presente sezione; ed *infra*, parte III, cap. II, § 13). Nel primo caso, d'altronde, il corpo elettorale non dispone – attraverso il *referendum* – se non dell'abrogazione o della permanenza in vigore della disciplina legislativa sottoposta al voto popolare: il che induce una corrente dottrinale (Galeotti, Panunzio) a negare che in questa stessa ipotesi ne possa derivare un vero e proprio atto normativo, mettendo piuttosto l'accento sulla circostanza che il popolo esercita in tal modo una *funzione di controllo politico* sulle scelte legislative delle Camere.

Nondimeno, prevale in dottrina l'idea che il *referendum* si risolva pur sempre, qualora gli elettori si esprimano a favore dell'abrogazione, in una **fonte-atto**. Vero è che una fonte siffatta differisce dalla generalità delle altre fonti di produzione normativa, dato il suo carattere necessariamente «unidirezionale» (Sandulli) ovvero «a senso unico» (Pizzorusso), tale da non poter generare altro che una sorta di «legislazione negativa» (Crisafulli). In primo luogo, però, il fatto stesso che dall'esito del *referendum* dipenda la permanenza in vigore di una legge statale o di un atto normativo equiparato, induce a *collocare i voti popolari abrogativi sul medesimo piano (ed entro il medesimo sistema) nel quale si collocano le norme che vengono abrogate*. In secondo luogo, l'abrogazione referendaria determina comunque *«conseguenze modificative» dell'ordinamento* (Zagrebelsky), sia che il Parlamento si affretti a reagire ridisciplinando la materia, sia che il vuoto normativo così prodotto non venga affatto colmato. Anche in quest'ultimo caso, cioè, abrogare significa «disporre diversamente» (Crisafulli), facendo sì che i rapporti già disciplinati dalle norme legislative abrogate ricevano una differente disciplina mediante l'applicazione delle altre norme cui gli operatori devono fare ricorso per colmare la lacuna: con tanto maggiore evidenza allorché il *referendum* sia solo parziale, cioè produttivo dell'abrogazione di singoli frammenti di leggi, in modo da far acquisire alle rimanenti disposizioni legislative significati difformi da quelli originari (Sorrentino).

Posto dunque che la deliberazione popolare abrogativa è per definizione produttiva di diritto, la dottrina costituzionalistica è orientata a ritenere che, in tale evenienza, il *referendum* dia luogo ad un **atto avente forza di legge ordinaria dello Stato**. È infatti rimasta minoritaria l'opinione (Modugno) per cui le leggi costituzionali non sarebbero sottratte a *referendum*; prevale, per contro, l'idea che la Costituzione non lasci alcuno spazio a procedimenti di legislazione costituzionale incidenti sulla Costituzione stessa, al di fuori di quello appositamente previsto dall'art. 138 (Balladore Pallieri, Crisafulli, Mortati). In ogni caso, la Corte costituzionale ha ormai troncato il problema, ribadendo che «la stessa previsione di uno specifico *referendum* approvativo, contenuta nel co. 2 dell'art. 138, contribuisce ad escludere che in tema di revisione e di legislazione costituzionale vi sia posto per un ulteriore *referendum* abrogativo, nelle medesime forme previste per le leggi ordinarie» [137].

D'altra parte, nel qualificare l'abrogazione referendaria si dimostra determinante il fatto che «la delibera del corpo elettorale è destinata ad assumere la forma di *decreto del Capo dello Stato*» (Pizzorusso). In sé considerato, il corpo elettorale non è un organo dello Stato-soggetto (v. *infra*, parte III, cap. I, § 4). Ma ciò non forma ostacolo all'inclusione del *referendum* abrogativo fra gli atti aventi forza di legge dello Stato stesso, appunto perché spetta al Presidente della Repubblica dichiarare «l'avvenuta abrogazione»; la quale «ha effetto a decorrere dal giorno successivo a quello della pubblicazione del decreto nella Gazzetta Ufficiale» [138]. Lo Stato-soggetto fa proprio, in tal modo, «il contenuto dell'atto scaturente dalla consultazione popolare» (Crisafulli): non senza concrete conseguenze per ciò che riguarda il regime dell'atto medesimo e la sindacabilità di esso da parte della Corte costituzionale (v. *infra*, parte VI, cap. II, § 8).

c) Rispetto alle leggi statali ordinarie e agli atti governativi equiparati il *referendum* abrogativo subisce, però, una serie di **limitazioni peculiari**. Una parte di esse risulta, *testualmente*, dal secondo comma dell'art. 75 Cost., per cui «non è ammesso il *referendum* per le leggi tributarie e di bilancio, di amnistia e di indulto, di autorizzazione a ratificare trattati internazionali».

Ma, a partire dal 1978 [139], la giurisprudenza della Corte costituzionale (cui spetta giudicare se le richieste di *referendum* abrogativo siano o meno ammissibili: v. *infra*, parte III, cap. V, § 3) ha introdotto un ampio ed eterogeneo complesso di *limitazioni ulteriori – ricavabili sia, per via interpretativa, dallo stesso art. 75, sia dall'intero sistema costituzionale* – che rappresentano (e così la Corte esprime la *ratio* delle sue scelte future) «una serie di cause inespresse, previamente ricavabili dall'intero ordinamento costituzionale...».

«Vero è che questa Corte giudica dell'ammissibilità dei referendum... "ai sensi del secondo comma dell'art. 75 della Costituzione". Ma non per questo si può sostenere che il comma 2 debba essere isolato, ignorando i nessi che lo ricollegano alle altre componenti la disciplina costituzionale del referendum abro-

---

[137] Cfr. la sent. 7 febbraio 1978, n. 16, della quale fu relatore il giudice Livio Paladin.

[138] Cfr. l'art. 37 della legge 25 maggio 1970, n. 352, dove si aggiunge – nel co. 2 – che il decreto presidenziale in questione dev'essere anche «inserito nella Raccolta ufficiale delle leggi e dei decreti della Repubblica italiana»; mentre il co. 3 ragiona espressamente di «entrata in vigore della abrogazione» che il Presidente può ritardare per non più di sessanta giorni dalla pubblicazione del decreto stesso.

[139] Negli anni precedenti, la Corte aveva sposato la tesi della tassatività delle previsioni contenute nell'art. 75, co. 2: cfr. le sentt. 26 gennaio 1972, n. 10, e 22 dicembre 1975, n. 251.

gativo. Il processo interpretativo deve muoversi invece nella direzione opposta. Occorre cioè stabilire, in via preliminare, se non s'impongano altre ragioni, costituzionalmente rilevanti, in nome delle quali si renda indispensabile precludere il ricorso al corpo elettorale, ad integrazione delle ipotesi che la Costituzione ha previsto in maniera puntuale ed espressa» [140].

Dal che (in collegamento con il testo dell'art. 75) è innanzitutto agevole comprendere perché non siano ammissibili *referendum* su:

c1) **leggi intimamente connesse a quelle elencate nello stesso art. 75**: se quest'ultimo menziona espressamente le leggi di bilancio, è anche comprensibile che non sia esperibile lo strumento in parola avverso le *leggi finanziarie* [141]; se l'art. 75 fa riferimento alle leggi di autorizzazione a ratificare trattati internazionali, è altrettanto ovvio escludere le *leggi di esecuzione degli stessi trattati* [142], o le «*norme la cui esistenza ed il cui contenuto siano imposti da obblighi assunti dallo Stato italiano per effetto di trattati internazionali che non lascino alcuno spazio per scelte discrezionali riguardanti l'attuazione*, sì che l'abrogazione di esse comporti necessariamente una responsabilità dello Stato italiano nei confronti degli altri contraenti per violazione del trattato» [143], ecc. Insomma, l'interpretazione letterale dell'art. 75 Cost. «deve essere integrata "da un'interpretazione logico-sistematica, per cui vanno sottratte al referendum le disposizioni produttive di effetti collegati in modo così stretto all'ambito di operatività delle leggi espressamente indicate nell'art. 75, che la preclusione debba intendersi sottintesa"» [144].

In più, data per data la ***ratio* del *referendum*** [«... corrisponde alla naturale funzione dell'istituto (aderendo ad alcune importanti indicazioni ricavabili dagli atti dell'Assemblea Costituente) l'esigenza che il quesito da porre agli elettori venga formulato in termini semplici e chiari, con riferimento a problemi affini e ben individuati ...» [145]], è logico pretendere che il relativo *c2*) **quesito** sia:

---

[140] Sent. della Corte cost. 2 febbraio 1978, n. 16, *sub* 2 del *Considerato in diritto*.

Per comprendere appieno la consonanza tra il contenuto di L. PALADIN, *Diritto costituzionale*[3], Padova, 1998, nelle pagine che trattano il presente argomento e la fondamentale sent. n. 16/1978, si deve sapere e tenere presente che relatore di quest'ultima fu proprio l'autore di quel testo, in allora giudice (e poi Presidente) della Corte costituzionale.

[141] V. già la stessa sent. n. 16/1978, *sub* 10 del *Considerato in diritto*.

[142] V. la sent. 13 febbraio 1981, n. 30.

[143] V. la sent. 16 gennaio - 4 febbraio 1993, n. 28, e, dopo, anche le sentt. 30 gennaio - 10 febbraio 1997, n. 27, e 3 - 7 febbraio 2000, n. 31.

[144] V. la sent. 11 - 12 gennaio 1994, n. 2, che cita, nel § 5 del *Considerato in diritto*, la sent. n. 16/1978. Quest'ultima aveva dichiarato inammissibile la richiesta di *referendum* per l'abrogazione della legge 27 maggio 1929, n. 810, quanto all'esecuzione di alcuni articoli del Trattato ed all'intero Concordato del medesimo anno; v. anche la sent. 13 febbraio 1981, n. 30, sull'inammissibilità della richiesta concernente la **disciplina degli stupefacenti**, dettata dalla legge 22 dicembre 1975, n. 685, in esecuzione d'una Convenzione internazionale del 1961.

[145] Così sempre la sent. n. 16/1978, *sub* 5 del *Considerato in diritto*.

c2i) **omogeneo** e **univoco** (che consenta, cioè, a chi esprime la preferenza di manifestarla con un «sì» o con un «no») [146],

c2ii) **chiaro, coerente, intelleggibile** [147].

Dall'«intero ordinamento costituzionale», invece, discende l'**inammissibilità** di *referendum* avverso:

c3) **leggi costituzionali** (posto che la Costituzione prevede un apposito procedimento per la loro formazione nell'art. 138, non è pensabile che esse siano abrogabili con lo stesso strumento che consente di eliminare le leggi ordinarie);

c4) **leggi a forza passiva peculiare** [la ragione è in fondo analoga: se si potessero abrogare mediante lo strumento che consente di eliminare le leggi ordinarie, la loro forza passiva non sarebbe affatto particolare. Una categoria che consente di comprendere appieno quel che si sta dicendo è rappresentata dalle (*c4i*) *leggi di amnistia e indulto* [148]. È vero che esse compaiono nel testo dell'art. 75 Cost., ma in origine si trattava di deleghe legislative seppure anomale (l'amnistia e l'indulto venivano concesse dal Presidente della Repubblica su legge di delega del Parlamento). Dopo la riforma dell'art. 79 disposta con la legge cost. 6 marzo 1992, n. 1, si tratta invece di leggi, ma deliberate a «maggioranza dei due terzi dei

---

[146] V. la sent. n. 16/1978; le sentt. 13 febbraio 1981, nn. 28 e 30, nonché la sent. 17 gennaio - 2 febbraio 1991, n. 47.

Della prima merita ricordare come essa si esprima nei termini che segue: «... la cosiddetta discrezionalità legislativa non esclude il sindacato degli arbìtri del legislatore, operabile da questa Corte in rapporto ai più vari parametri; *così la normativa dettata dall'art. 75 non implica affatto l'ammissibilità di richieste comunque strutturate, comprese quelle eccedenti i limiti esterni ed estremi delle previsioni costituzionali, che conservino soltanto il nome e non la sostanza del referendum abrogativo. Se è vero che il referendum non è fine a se stesso, ma tramite della sovranità popolare, occorre che i quesiti posti agli elettori siano tali da esaltare e non da coartare le loro possibilità di scelta; mentre è manifesto che un voto bloccato su molteplici complessi di questioni, insuscettibili di essere ridotte ad unità, contraddice il principio democratico, incidendo di fatto sulla libertà del voto stesso*» [*sub* 5 (ma tornandoci anche *sub* 7) del *Considerato in diritto*]. Con queste premesse la sent. n. 16/1978 ha ritenuto inammissibili le richieste rispettivamente concernenti – in blocco – **97 articoli del Codice penale comune** e l'intero **Codice penale militare di pace**. Ma la medesima logica informa ad esempio le sentt. n. 28/1981 con cui si è aperta la nota (sul richiesto *referendum abrogativo* di 31 articoli del Codice penale) e 10-13 febbraio 1981, n. 29 (in tema di **ordinamento della Guardia di finanza**).

[147] V. le sentt. 13 febbraio 1981, n. 27; 3 febbraio 1987, n. 28 e n. 47/1991 cit.

Con le prime due pronunce, sulla base di argomentazioni eccedenti la **logica dell'omogeneità**, sono state dichiarate inammissibili tre richieste referendarie in tema di caccia.

Si veda altresì la sent. 30 gennaio-10 febbraio 1997, n. 39, che tratta l'argomento anche in relazione ai c.d. «*referendum* manipolativi» (sui quali v. *infra*, in chiusura di paragrafo): *quando «... poi, l'abrogazione parziale venga perseguita mediante la soppressione dal testo normativo di singole parole, si accentua l'esigenza di garantire al popolo, nell'esercizio del suo potere sovrano, la possibilità di una scelta chiara, che è insita nella logica dell'istituto del referendum* e che presuppone una domanda di abrogazione i cui effetti (sul piano normativo) siano realmente individuabili e possano essere effettivamente ottenuti con la soppressione delle locuzioni delle quali si chiede l'abrogazione».

[148] Ne ragiona diffusamente la sent. della Corte cost. 6-12 settembre 1995, n. 427, *sub* 2.1 del *Considerato in diritto*.

componenti di ciascuna Camera, in ogni… articolo e nella votazione finale». Questa particolarità relativa al procedimento di formazione spiega la ragione di una necessaria differenziazione rispetto alle altre leggi anche quanto alla loro abrogazione per la quale è necessario seguire la stessa modalità adoperata per porle in essere [149]] [150];

c5) **disposizioni legislative ordinarie a contenuto costituzionalmente vincolato** [151]: l'accento va posto sulla circostanza che queste disposizioni (rare, per la verità) hanno il *contenuto vincolato* da una disposizione di rango costituzionale: se si potessero abrogare (nella parte in cui si aggredisse *quella determinata parte di contenuto*) mediante l'uso del *referendum*, quindi, si tornerebbe, *mutatis mutandis*, all'ipotesi di cui s'è già detto relativamente alle leggi costituzionali.

La differenza sta nella forma: mentre in queste ultime la riconoscibilità del rango costituzionale è diretta, posto il procedimento seguìto per la loro formazione, nel caso di cui qui si tratta ci si trova, invece, di fronte a disposizioni legislative ordinarie (prive della «forma costituzionale»), ma con un contenuto che è intimamente connesso a, che dipende da, che è eguale a quello di un'altra disposizione costituzionale.

Insomma, «*occorre che la legge ordinaria da abrogare incorpori determinati princìpi o disposti costituzionali, riproducendone i contenuti o concretandoli nel solo*

---

[149] Nella sent. 11 - 18 luglio 2000, n. 298, la Corte ragiona di un'altra particolarità delle **leggi di amnistia e indulto** in relazione al principio di eguaglianza di cui all'art. 3 Cost. Spetta infatti solo al legislatore stabilire qual è la «sfera dei reati ricompresa nel provvedimento di clemenza» e (posto che il potere del Parlamento è fissato dalla Costituzione in espressa deroga al principio di uguaglianza formale in materia penale) la sua scelta non è sindacabile dalla Corte, a meno che non sia «irrazionale» o «irragionevole» (*sub* 2 del *Considerato in diritto*) e purché risulti «chiara e non arbitraria la ragione ispiratrice del provvedimento» (ivi, *sub* 4).

[150] Si pensi al consueto esempio costituito dalle **leggi di esecuzione dei Patti lateranensi**.

Nella sent. n. 16/1978, *sub* 4 del *Considerato in diritto*, si sottolinea come la «circostanza che i Patti non abbiano la forza attiva di "negare i principi supremi dell'ordinamento" non esclude affatto, quindi, che, sotto il profilo della forza passiva o della resistenza all'abrogazione, tali fonti normative siano *assimilabili alle norme costituzionali*; tanto è vero che esse non possono venire legittimamente contraddette o alterate se non con lo strumento delle leggi di revisione costituzionale, là dove si tratti di modificazioni unilateralmente decise dallo Stato italiano».

[151] La sent. n. 16/1978, *sub* 3 del *Considerato in diritto*, così le descrive: hanno ad «oggetto disposizioni legislative ordinarie…, il cui nucleo normativo non [*può*] venire alterato o privato di efficacia, senza che ne risultino lesi i corrispondenti specifici disposti della Costituzione stessa (o di altre leggi costituzionali)». Nella pronuncia, per citare un esempio concreto, si fa riferimento (*sub* 7 del *Considerato in diritto*) all'«art. 1 del r.d. n. 1022/1941… per cui "la **giustizia penale militare** è amministrata: dai tribunali militari; dal tribunale supremo militare"» e con una locuzione che è quindi analoga a, o comunque direttamente derivante da, quella di cui all'art. 103, co. 3, Cost. Nello stesso senso, la sent. 10 febbraio 1981, n. 26, sull'inammissibilità del *referendum* «massimale», proposto dal «Movimento della vita» per togliere di mezzo lo stesso **aborto terapeutico** che la Corte costituzionale aveva ritenuto indispensabile, per la tutela della vita e della salute della madre, mediante la sent. n. 27/1975 (ma vedi anche le sentt. 10 febbraio 1997, nn. 17, 18 e 19, sulla richiesta soppressione del **Ministero della sanità** e della **funzione statale di indirizzo e coordinamento** delle attività regionali).

modo costituzionalmente consentito (anche nel senso di apprestare quel minimo di tutela che determinate situazioni esigano secondo Costituzione); sicché la richiesta di referendum, attraverso la proposta mirante a privare di efficacia quella legge, tenda in effetti ad investire la corrispondente parte della Costituzione stessa» [152].

Le leggi ordinarie di cui trattasi, quindi, non sono certo tutte quelle «"costitutive o attuative di istituti, di organi, di procedure, di principi stabiliti o previsti dalla costituzione", ma solo... quelle "che *non possono venir modificate o rese inefficaci, senza che ne risultino lese le corrispondenti funzioni costituzionali*"» [153].

Il *referendum* avverso le disposizioni in parola è sempre e irreparabilmente inammissibile;

c6) **leggi costituzionalmente necessarie**: l'accento viene in questo caso posto sulla non abrogabilità di una legge in sé, o, meglio, di un'intera legge in sé, posto che l'eliminazione totale della disciplina normativa in un determinato argomento porterebbe alla lesione di principi costituzionali [154] con la creazione di una lacuna normativa inammissibile per l'ordinamento costituzionale, perché costringerebbe ad affidarsi all'eventualità (non a una certezza) che o il Governo con un

---

[152] Così Corte cost., sent. 10 febbraio 1981, n. 26 (ne fu relatore ancora una volta l'autore del *Manuale*), *sub* 3 del *Considerato in diritto*.

Ma, poi, anche Corte cost. 30 gennaio 1997, n. 17 [«Ciò che conta è la domanda abrogativa, che va valutata nella sua portata oggettiva e nei suoi effetti diretti, per esaminare, tra l'altro, se essa abbia per avventura un contenuto non consentito perché in contrasto con la Costituzione, presentandosi come equivalente ad una domanda di abrogazione di norme o principi costituzionali... È dunque inammissibile un quesito che proponga al corpo elettorale di pervenire, attraverso la soppressione di un **intero Ministero** (*nel caso, quello della sanità*), alla eliminazione di funzioni che siano costituzionalmente necessarie, e come tali non possano essere soppresse senza con ciò stesso ledere principi costituzionali»]; n. 18 [sulla «**funzione di indirizzo e coordinamento** delle attività delle Regioni» e con esito di inammissibilità del quesito perché «coinvolge[*va*] il potere medesimo in sé, nella sua esistenza e quindi, necessariamente, nel suo fondamento, che risiede nella stessa Costituzione»] e n. 19 [sul «**principio di leale collaborazione** tra Stato e Regioni» e con esito di inammissibilità del quesito perché la sua «*ratio* ispiratrice... non è la sostituzione di un modello di coordinamento con altro..., bensì l'eliminazione in radice di ogni forma di coordinamento fra Stato e Regioni in materia di attività promozionali all'estero», il che è volto «a colpire inammissibilmente il principio costituzionale di leale cooperazione che trova il suo diretto fondamento nell'art. 5 della Costituzione»].

Si vedano anche le sentt. 9 gennaio 1997, n. 7 (sul processo civile); 30 gennaio 1997, n. 35 (sulla legge 22 maggio 1978, n. 194, con *Norme per la tutela sociale della maternità e sull'interruzione volontaria della gravidanza*); 3 febbraio 2000, n. 42 (sugli istituti di patronato e di assistenza sociale) e 13 gennaio 2005, n. 45, sulla legge 19 febbraio 2004, n. 40, con *Norme in materia di procreazione medicalmente assistita*.

[153] Corte cost., sent. 28 gennaio 2005, n. 45, che dichiara inammissibile la richiesta di *referendum ex* art. 75 Cost. avverso l'intera legge 19 febbraio 2004, n. 40, con *Norme in materia di procreazione medicalmente assistita*.

[154] Così, nel cpv. che precede il PQM, la sent. 3 - 7 febbraio 2000, n. 42, ragionando della normativa che detta la disciplina degli Istituti di beneficenza e assistenza.

atto d'urgenza, o il Parlamento, sempre che trovasse la maggioranza necessaria per farlo, provvedessero a colmare la lacuna.

Ecco, allora, perché esistono pronunce della Corte costituzionale che ammettono quesiti[155] referendari avverso le (c6i) ***leggi elettorali*** ed altre che non ammettono quesiti[156] che hanno ad oggetto lo stesso tipo di leggi; per non dire di quelle che contengono sia l'una che l'altra soluzione[157].

Il punto non sta nella materia, ma nell'assicurare operatività concreta ad una disciplina di legge ordinaria che non può non esserci[158].

«Le leggi elettorali appartengono alla categoria delle leggi costituzionalmente necessarie, la cui esistenza e vigenza è indispensabile per assicurare il funzionamento e la continuità degli organi costituzionali della Repubblica»[159].

Posto, però, che, come il Parlamento, tutti gli «organi costituzionali o di rilevanza costituzionale non possono essere esposti alla eventualità, anche soltanto teorica, di paralisi di funzionamento [, *per*] tale suprema esigenza di salvaguardia di costante operatività, l'organo, a composizione elettiva formalmente richiesta dalla Costituzione, una volta costituito, non può essere privato, neppure temporaneamente, del complesso delle norme elettorali contenute nella propria legge di attuazione. Tali norme elettorali potranno essere abrogate nel loro insieme esclusivamente per sostituzione con una nuova disciplina, compito che solo il legislatore rappresentativo è in grado di assolvere»[160].

---

[155] V., per es., Corte cost., sent. 16 gennaio - 14 febbraio 1993, n. 32, che dichiara ammissibile la richiesta di *referendum* popolare per l'abrogazione, *in parte qua*, di alcuni artt. della legge per l'elezione del Senato.

[156] V., per es., Corte cost., sentt. 11 - 12 gennaio 1995, n. 5, e 30 gennaio - 10 febbraio 1997, n. 26, di inammissibilità dei quesiti volti a ottenere l'abrogazione parziale del t.u. delle leggi recanti norme per l'elezione della Camera dei deputati e del t.u. delle leggi recanti norme per l'elezione del Senato della Repubblica, nonché, di recente, 16 gennaio 2008, nn. 15, 16, 17.

Con la sent. n. 26/1997 testé cit. la Corte ha peraltro escluso che, qualora una legge elettorale venga (parzialmente) abrogata in via referendaria, essa possa essere «ultrattiva», nell'attesa che il vuoto sia colmato mediante nuove leggi.

[157] Corte cost., sent. 17 gennaio 1991, n. 47.

[158] La Corte ha dunque cambiato avviso rispetto al suo iniziale orientamento. La giurisprudenza costituzionale era infatti originariamente orientata nel senso di ritenere ammissibili le richieste referendarie concernenti le *«leggi costituzionalmente obbligatorie*, purché si trattasse di scelte politiche del Parlamento, suscettibili di esser sostituite da scelte diverse, senza per questo violare la Costituzione; e ciò, malgrado l'avviso espresso in contrario da un'autorevolissima corrente dottrinale, che invece sosteneva l'esigenza di sottrarre anche queste discipline al *referendum* abrogativo, per evitare il prodursi di lacune tali da pregiudicare la piena operatività delle norme costituzionali (Chiappetti, Crisafulli, Lavagna, Modugno, Mortati, Pizzorusso).

[159] Corte cost., sent. 16 gennaio 2008, n. 15, *sub* 4 del *Considerato in diritto*.

[160] Così la sent. della Corte cost. 16 gennaio 1987, n. 29 (*sub* 2 del *Considerato in diritto*), riguardante il *referendum* volto a ottenere l'abrogazione di talune norme sull'elezione del CSM (la legge è la 24 marzo 1958, n. 195, recante *Norme sulla costituzione e sul funzionamento del Consiglio superiore della Magistratura*).

Tutto ciò contribuisce a spiegare perché il limite in discussione non funzioni sempre e in assoluto, ma a seconda di come sia costruito il quesito.

Il c.d. (*c6ii*) «***referendum manipolativo***» [161] [cioè quello che mediante la richiesta dell'abrogazione di una o più disposizioni, finisce con l'ottenere una normativa diversa (ma efficace e concretamente operante anche all'indomani della data di svolgimento di un *referendum* con esito favorevole ai «sì») da quella in vigore prima del *referendum*] oggi non solo è ammesso, ma richiesto dalla Corte cost. [162], in particolare con riguardo proprio alle leggi elettorali, per le quali i «*referendum* elettorali... risultano essere intrinsecamente e inevitabilmente "manipolativi"» [163].

Sempre per le leggi elettorali, per es., i «*requisiti fondamentali di ammissibilità dei* referendum *abrogativi concernenti leggi elettorali... implicano, come conseguenza logica e giuridica, che i quesiti referendari... non possono avere ad oggetto una legge elettorale nella sua interezza, ma devono necessariamente riguardare parti di essa, la cui ablazione lasci in vigore una normativa complessivamente idonea a garantire il rinnovo, in ogni momento, dell'organo costituzionale elettivo.* L'indefettibilità delle leggi elettorali è di massima evidenza e rilevanza per le due Camere del Parlamento, anche allo scopo di non paralizzare il potere di scioglimento del Presidente della Repubblica previsto dall'art. 88 Cost. [/] Da quanto detto deriva che, ai fini dell'ammissibilità, un *referendum* in materia elettorale deve essere necessariamente parziale, deve cioè investire solo specifiche norme contenute negli atti legislativi che disciplinano le elezioni della Camera dei deputati o del Senato della Repubblica. L'abrogazione referendaria richiesta deve perciò mirare ad espungere dal corpo della legislazione elettorale solo alcune disposizioni, tra loro collegate e non indispensabili per la perdurante operatività dell'intero sistema» [164].

Ciò detto, però, va anche ricordato come (*c6iii*) *in altre pronunce, non riguardanti la legislazione elettorale, il "referendum" «manipolativo» non abbia incontrato pari fortuna davanti alla Corte*, con il risultato di più di un quesito dichiarato inammissibile.

E ciò «in quanto contrario alla logica dell'istituto, giacché si adotta non una proposta referendaria puramente ablativa, bensì innovativa e sostitutiva di norme»: non si verifica, «quindi, il *proprium* del referendum abrogativo, che è essenziale per l'istituto [...] In definitiva, l'abrogazione parziale chiesta con il quesito referendario si risolve sostanzialmente in una proposta all'elettore, attraverso l'operazione di ritaglio sulle parole e il conseguente stravolgimento dell'origi-

---

[161] Di alcune caratteristiche del quale s'è già detto *supra*, *sub c4i*, in una nota, in calce al testo, che tratta della necessaria intelleggibilità del quesito.

[162] Corte cost., sent. 16 gennaio 2008, n. 15, *sub* 4 del *Considerato in diritto*.

[163] *Idem*.

[164] *Idem*.

naria *ratio* e struttura della disposizione, di introdurre una nuova statuizione, non ricavabile *ex se* dall'ordinamento, ma anzi del tutto estranea al contesto normativo» [165].

d) Va notato, per chiudere, che il rapporto fra i *referendum* abrogativi e le leggi ordinarie (o gli altri atti aventi forza di legge) non corrisponde a quello che normalmente interessa la successione delle leggi nel tempo.

Da un lato, una volta presentata una richiesta referendaria, essa può sempre essere bloccata mediante l'approvazione di una legge abrogativa di quella sottoposta al voto popolare, che ne determini l'entrata in vigore prima dello svolgimento della consultazione: ma l'**effetto preclusivo dello svolgimento del *referendum*** (così previsto dall'**art. 39 della legge 25 maggio 1970, n. 352**) non si realizza se la legge abrogativa comporta *innovazioni di pura forma* o di mero dettaglio (v. *infra*, parte III, cap. V, § 3).

Dall'altro lato, sebbene la legge n. 352/1970 non affronti affatto la questione, è difficilmente pensabile che l'abrogazione referendaria di una certa legge non produca alcuna conseguenza a carico dell'ordinaria potestà legislativa delle Camere: è poco verosimile, cioè, che sia legittimo reintrodurre nell'ordinamento, subito dopo il voto popolare, la stessa legge che gli elettori abbiano inteso «togliere di mezzo»; e sembra preferibile pensare che un siffatto esercizio della legislazione sia precluso a propria volta, fino a quando le Camere del Parlamento non vengano ricostituite dal corpo elettorale (Mortati), così da generare una situazione politicamente e giuridicamente diversa da quella già in atto. Con il che si spiega come sia accaduto, per es. e oramai in più occasioni, che dopo un intervenuto *referendum* abrogativo della legge istitutiva di un ministero, quest'ultimo sia stato reintrodotto nell'ordinamento [166],

---

[165] Corte cost., sent. 30 gennaio-10 febbraio 1997, n. 36, *sub* 4 del *Considerato in diritto*.

«La richiesta di referendum abrogativo… investe il co. 6 dell'art. 8 della legge 6 agosto 1990, n. 223 (*Disciplina del sistema radiotelevisivo pubblico e privato*). Il quesito è limitato all'abrogazione di alcune parti testuali del comma in oggetto. Ed infatti (mentre il testo del … comma … così recita: "La trasmissione dei messaggi pubblicitari da parte della concessionaria pubblica non può eccedere il 4 per cento dell'orario settimanale di programmazione ed il 12 per cento di ogni ora; un'eventuale eccedenza, comunque non superiore al 2 per cento nel corso di un'ora, deve essere recuperata nell'ora antecedente o successiva"), la proposta referendaria mira (mediante l'abrogazione delle parole: "4 per cento dell'orario settimanale di programmazione ed il 12 per cento di ogni ora; un'eventuale eccedenza, comunque non superiore al" e delle parole: "deve essere recuperata nell'ora antecedente o successiva") a modificare il testo stesso nei seguenti termini: "La trasmissione di messaggi pubblicitari da parte della concessionaria pubblica non può eccedere il 2 per cento nel corso di un'ora"» (ivi, *sub* 1 del *Considerato in diritto*).

[166] Il 18-19 aprile 1993 venne abrogato dal corpo elettorale l'art. 1 del r.d. 12 settembre 1929, n. 1661 («*Trasformazione del Ministero dell'economia nazionale in* ***Ministero dell'agricoltura*** *e delle foreste …*»). Adducendo esigenze connesse all'appartenenza dell'Italia alla UE, la legge 4 dicembre 1993, n. 491, istituì, a soli otto mesi dal voto, il «*Ministero delle risorse agricole, alimentari e forestali*». Quattro anni dopo, fu lo stesso Parlamento ad abrogare (con il d.lgs. 4 giugno 1997, n. 143) la legge ult. cit., a sopprimere il «*Ministero delle risorse agricole, alimentari e forestali*», ma

o che lo stesso sia accaduto con riferimento a istituti particolari, o ad altre previsioni di legge [167].

Di per sé, sarebbe opportuno che un'eventuale reintroduzione della normativa abrogata avvenisse, se del caso, solo una volta intervenuto il cambiamento del Parlamento durante la cui Legislatura il *referendum* si è svolto; ma, come appena fatto notare, ciò non accade sempre. Né, d'altra parte, ci si può eccessivamente dolere di ciò: sia perché il *referendum* è un atto che ha la stessa forza della legge (e non una forza superiore rispetto a quella: v., sul punto, *supra*, parte II, cap. 3, § 6), di talché non si può pensare che ciò che con quello si statuisce possa durare in eterno, o vincolare il legislatore per sempre; sia perché, ma in fondo non si tratta che della seconda faccia della stessa medaglia, il corpo elettorale non ha una «legittimazione ad agire», in questa o in quella materia, di peso maggiore rispetto a quella propria del Parlamento.

21. *Le leggi regionali: la tipologia*

Fra le novità più rilevanti nel sistema delle fonti normative previsto dalla Costituzione repubblicana rientra, senza dubbio, la configurazione di **varie specie di potestà legislative regionali**, variamente attribuite alle Regioni ordinarie e differenziate. Una volta abbandonate quelle riduttive impostazioni che intendevano conferire alle Regioni una normazione meramente regolamentare, l'attribuzione di potestà legislative a favore di tutte le Amministrazioni regionali è stata in effetti concepita come il momento fondamentale e caratterizzante della loro autonomia. Ma i poteri legislativi in questione risultano alquanto diversi gli uni dagli altri – stando almeno ai disposti di rango costituzionale che riguardano ognuno di essi – sia nel rapporto fra Regioni a statuto ordinario e Regioni a statuto speciale, sia confrontando fra di loro gli statuti di quest'ultimo tipo di enti.

Quanto alle Regioni ordinarie, la Commissione dei 75 aveva progettato un assetto tripartito, per cui certe materie di competenza regionale avrebbero dovuto venire disciplinate mediante una legislazione locale di carattere **primario** o **pieno** od **esclusivo**, altre materie avrebbero invece formato l'oggetto di una legislazione locale **concorrente** con quella dello Stato, altre ancora sarebbero infine ricadute nell'ambito d'una competenza legislativa di tipo **integrativo** o **attuativo**

---

contestualmente istituendo il «*Ministero per le politiche agricole*» (... che poi ha ancora, e più volte, mutato denominazione).

[167] Dopo un originario fallimento referendario, nel 1978, il 18-19 aprile 1993 vennero abrogati dal corpo elettorale alcuni artt. della legge 2 maggio 1974, n. 195 («Contributo dello Stato al **finanziamento dei partiti politici**»). Anche in questo caso, il Parlamento adottò una nuova disciplina in materia già con legge del 10 dicembre 1993, n. 515 («*Disciplina delle campagne elettorali per l'elezione alla Camera dei deputati e al Senato della Repubblica*»), i cui artt. 9 e ss. trattano delle spese elettorali e dei contributi statali alle medesime.

delle leggi statali [168]. Ma le successive delibere dell'Assemblea costituente hanno fatto cadere la prima e la terza di tali figure, conglobando le funzioni legislative istituzionalmente attribuite alle Regioni ordinarie nella sola e comune previsione iniziale dell'art. 117, co. 1, Cost., in vigore dal 1948 al 2001: «La Regione emana per le seguenti materie norme legislative nei limiti dei principi fondamentali stabiliti dalle leggi dello Stato, sempreché le norme stesse non siano in contrasto con l'interesse nazionale e con quello di altre Regioni».

A seguito della riforma del Titolo V della Costituzione, approvata con legge costituzionale n. 3 del 2001, la *potestà legislativa concorrente* rimane affidata alle Regioni relativamente ad un elenco di materie, pur diverso da quello contenuto nella versione originaria dell'art. 117 cit., e preceduto da altro elenco riguardante le *materie di esclusiva competenza dello Stato*; è stata altresì introdotta una disposizione (il quarto comma dell'art. 117 cit.) ai sensi della quale: «*Spetta alle Regioni la potestà legislativa in riferimento ad ogni materia non espressamente riservata alla legislazione dello Stato*».

Al contrario, la tripartizione testé ricordata (salvo quanto ci si appresta a precisare alla fine del presente paragrafo) continua a contraddistinguere l'ordinamento di varie Regioni differenziate, quali la Sardegna, il Trentino-Alto Adige, il Friuli-Venezia Giulia. Le Regioni stesse (ed anche le Province di Trento e di Bolzano, nel caso del Trentino-Alto Adige) dispongono in effetti – per certe materie – di una potestà legislativa più importante e più ampia, testualmente destinata a svolgersi «in armonia con la Costituzione, con i principi generali dell'ordinamento giuridico dello Stato, con le norme fondamentali delle riforme economico-sociali e con gli obblighi internazionali dello Stato, nonché nel rispetto degli interessi nazionali e di quelli delle altre Regioni». In altri campi esse sono competenti a legiferare «con l'osservanza dei limiti generali» predetti «ed in armonia con i principi fondamentali stabiliti dalle leggi dello Stato nelle singole materie». E, da ultimo, per ulteriori settori dell'ordinamento, esse hanno la «facoltà di adeguare» alle proprie esigenze «le disposizioni delle leggi della Repubblica, emanando norme di integrazione e di attuazione» [169].

Ma occorre notare, in primo luogo, che le materie rispettivamente assegnate dalle varie norme statutarie alle varie specie della potestà legislativa regionale sono diverse (e diversamente ripartite); tanto più che nel *Trentino-Alto Adige* – secondo lo Statuto risultante dal d.P.R. 31 agosto 1972, n. 670, che ha in gran parte rinnovato lo Statuto originario del 1948 – la *competenza legislativa delle due Province* è molto più significativa di quella regionale. In secondo luogo, è ancor più rilevante il fatto che in *Sicilia* e nella *Valle d'Aosta* la tipologia delle potestà legislative regionali si dimostra semplificata ed anche alterata. Lo Statuto sicilia-

---

[168] Cfr. gli artt. 109, 110 e 111 del progetto di Costituzione.

[169] Le citazioni si riferiscono agli artt. 4, 5 e 6 dello Statuto del Friuli-Venezia Giulia. Ma disposizioni analoghe, anche se non altrettanto elaborate, si rinvengono negli artt. 3, 4 e 5 dello Statuto sardo, 4, 5 e 6 dello Statuto per il Trentino-Alto Adige.

no distingue, infatti, due tipi di legislazione locale, la prima delle quali viene espressamente definita «esclusiva», mentre la seconda parrebbe collocarsi a mezza strada fra la potestà legislativa c.d. concorrente e la potestà integrativa [170]; lo Statuto della Valle d'Aosta configura, a sua volta, una potestà di tipo primario ed una potestà di tipo integrativo, senza configurare alcuna potestà di tipo concorrente [171].

È peraltro da ricordare che, secondo quanto oggi previsto dall'art. 10 della legge cost. n. 3/2001: «Sino all'adeguamento dei rispettivi statuti, le disposizioni della presente legge costituzionale si applicano anche alle Regioni a statuto speciale ed alle province autonome di Trento e di Bolzano per le parti in cui prevedono forme di autonomia più ampie rispetto a quelle già attribuite». Per effetto di tale previsione, le Regioni ad autonomia differenziata potranno dunque giovarsi delle disposizioni del Titolo V della Costituzione, come modificato nel 2001, se ad esse più favorevoli rispetto a quanto per ciascuna di esse previsto nei rispettivi Statuti speciali. Tale *clausola «di maggior favore»* ha trovato applicazione, nella giurisprudenza costituzionale, anche e soprattutto con riguardo all'esercizio della potestà legislativa, consentendo ad esempio ad alcune Regioni autonome di legiferare in materie non previste dagli Statuti, e però rientranti nel catalogo, di cui all'art. 117 Cost., delle materie di potestà legislativa concorrente o comunque attribuibili alle Regioni ordinarie in applicazione della «*clausola residuale*» di cui al citato co. 4 dell'art. cit.

Riassumendo, la ripartizione della potestà legislativa tra Stato e Regioni può essere oggi compendiata nel modo seguente:

a) lo Stato dispone di una competenza esclusiva nelle materie di cui all'art. 117, co. 2, Cost.;

b) le Regioni ordinarie dispongono di una competenza legislativa concorrente con lo Stato nelle materie di cui all'art. 117, co. 3, Cost.; per tali materie spetta allo Stato la determinazione dei principi fondamentali;

c) spetta alle Regioni la competenza legislativa nelle materie non riservate allo Stato, secondo l'art. 117, co. 4, Cost.;

d) le Regioni a statuto speciale esercitano la potestà legislativa nelle materie previste dai rispettivi statuti, potendo trattarsi di potestà legislativa primaria (soggetta al rispetto dei principi generali dell'ordinamento giuridico e delle norme fondamentali delle riforme economico-sociali), concorrente (soggetta a principi fondamentali stabiliti dalle leggi dello Stato) o di attuazione e integrazione di leggi statali;

e) le Regioni a statuto speciale possono giovarsi delle disposizioni del Titolo V della Costituzione nella parte in cui prevedono forme di autonomia più ampie rispetto agli statuti.

---

[170] Cfr. gli artt. 14 e 17 St.

[171] Cfr. gli artt. 2 e 3 St.

22. Segue: *i limiti comuni a tutte le specie della potestà legislativa regionale*

Malgrado la loro varietà, tutte le potestà legislative regionali sottostanno – come già risulta dagli statuti speciali – ad una vasta serie di limiti comuni. Ciò rende possibile, ed anzi necessario, conglobare le diverse specie in un unico genere: con tanta maggiore evidenza in quanto la giurisprudenza costituzionale, nel fare applicazione dei limiti stessi, ha determinato una progressiva riduzione del distacco intercorrente – sulla carta – fra i diversi tipi di legislazione locale, soprattutto per ciò che riguarda la legislazione primaria od esclusiva nei rapporti con la legislazione concorrente.

a) Qualsiasi legge regionale, a qualsiasi specie appartenga, rappresenta in primo luogo il frutto di una competenza legislativa specializzata, gli oggetti della quale sono attribuiti dalla Costituzione o dagli statuti speciali, o vengono ricavati per esclusione, come nel caso dell'art. 117, co. 4, Cost. In ciò consiste il cosiddetto **limite delle materie**, che la Corte costituzionale, vigente l'art. 117 Cost. nel testo anteriore alla riforma del 2001, ha rigorosamente inteso alla stregua di un criterio normativo di definizione: cioè sostenendo che le formule in questione («assistenza sanitaria», «urbanistica», «turismo», «agricoltura e foreste», «artigianato» e via dicendo) «si debbono interpretare secondo il significato che hanno nel comune linguaggio legislativo e nel vigente ordinamento giuridico» [172]. Il più delle volte, ciò ha significato che la Costituzione e gli statuti speciali sono stati applicati sulla falsariga degli appositi decreti legislativi di trasferimento delle funzioni statali alle Regioni, appunto perché tali atti fornivano (e spesso continuano a fornire) le sole definizioni puntuali delle materie di competenza regionale.

Peraltro, nello stesso ambito di tali materie, la Corte ha variamente ritagliato particolari settori (o particolari modi di disciplina), sottraendoli alla potestà legislativa regionale. Valga per tutti l'esempio dei *rapporti di diritto privato*, che in nome della necessaria unità dell'ordinamento giuridico sono stati riservati alla legislazione statale: ivi comprese materie sul tipo dell'«agricoltura», che potenzialmente includono la disciplina dei contratti agrari [173].

L'introduzione nell'art. 117 Cost., con la riforma costituzionale del 2001, di un nuovo elenco di materie di potestà legislativa esclusiva statale, ha imposto alla Corte costituzionale uno sforzo interpretativo volto a delimitare gli ambiti della legislazione statale e, in generale, a ridefinire i confini delle materie; la giurisprudenza dei primi tre lustri di applicazione della riforma costituzionale è stata, in questo senso, sovente contraddistinta da una esegesi favorevole allo Stato, in ragione, fra gli altri elementi:

---

[172] La citazione è tratta dalla sent. 22 dicembre 1961, n. 66. Ma la giurisprudenza è sul punto pressoché costante.

[173] La formulazione più rigorosa della tesi ricordata nel testo si può rintracciare nella sent. 27 luglio 1972, n. 154.

1) del riconoscimento del carattere «trasversale» di alcune materie statali (ad esempio la «determinazione dei livelli essenziali delle prestazioni concernenti i diritti civili e sociali che devono essere garantiti su tutto il territorio nazionale», o la «tutela della concorrenza»), che come tali possono interessare ambiti materiali riconducibili alla potestà legislativa regionale;

2) di una estesa applicazione del criterio c.d. di «prevalenza» nelle ipotesi in cui è possibile riscontrare una «concorrenza di competenze» – a seconda dei casi, esclusive, concorrenti, residuali – di Stato e Regioni in varie discipline, quando le stesse non risultano agevolmente riconducibili a titoli competenziali unici. In tali evenienze la Corte prende atto che la Costituzione non prevede espressamente un criterio di composizione delle interferenze, e risolve la questione ricorrendo al criterio della «prevalenza» quando si rende evidente, all'interno dell'intreccio delle materie, un «nocciolo duro» che appartiene ad una di esse, tale da rendere dominante la relativa competenza legislativa (quasi sempre statale);

3) di una applicazione del *principio di sussidiarietà* nell'esercizio delle funzioni amministrative, previsto dall'art. 118 Cost., co. 1 (v. *infra*, parte IV, cap. I, § 5). Su questa base la giurisprudenza costituzionale, in casi in cui non si versa in ambiti di competenza legislativa esclusiva (o in casi in cui quanto meno ricorre un concorso di competenze di diversa natura), afferma che il riparto di competenze, amministrative ma anche legislative, può essere derogato sulla base del principio di sussidiarietà quando sussiste una esigenza di esercizio unitario delle funzioni amministrative, tenuto conto che l'applicazione del principio di legalità impone che ogni funzione amministrativa sia in qualche misura disciplinata dalla legge («anche in materie di competenza regionale la legge può attribuire allo Stato funzioni amministrative e [...], in ossequio ai canoni fondanti dello Stato di diritto, essa è anche abilitata a organizzarle e regolarle, ...»: in questi termini la sent. 1 ottobre 2003, n. 303). Nondimeno, ha precisato la Corte, «i principi di sussidiarietà e di adeguatezza convivono con il normale riparto di competenze legislative contenuto nel Titolo V e possono giustificarne una deroga solo se la valutazione dell'interesse pubblico sottostante all'assunzione di funzioni regionali da parte dello Stato sia proporzionata, non risulti affetta da irragionevolezza ..., e sia oggetto di un accordo stipulato con la Regione interessata» (cfr. sent. n. 303 cit.).

La giurisprudenza costituzionale, in questo modo, ha ridimensionato la competenza c.d. residuale delle Regioni, prevista ai sensi dell'art. 117, co. 4, Cost. nelle materie non espressamente riservate allo Stato; una competenza che, oltre ad essere in concreto riferibile a ben poche materie, non può certo essere definita come esclusiva, essendo soggetta a sovrapposizioni ed interferenze del legislatore statale secondo i criteri sopra evidenziati.

b) In secondo luogo, ogni potestà legislativa regionale è naturalmente soggetta ad un **limite territoriale**. È infatti evidente che le leggi locali non possono disciplinare oggetti non localizzati nei territori delle corrispondenti Regioni, a meno che non ricorrano particolarissime esigenze (come quelle che hanno consentito a svariate Amministrazioni regionali di istituire propri uffici nella capitale) [174]. Ed ove gli oggetti in questione trascendano anche in parte il territorio regionale, come ad esempio si verifica per le linee di trasporto o per i bacini fluviali collocati in più Regioni, la competenza regionale è di regola esclusa, a meno che norme legislative statali non prevedano *intese* fra le varie Amministrazioni cointeressate [175].

La portata del limite è stata anzi allargata da alcune decisioni che vi hanno fatto ricorso per negare la competenza regionale nella disciplina di situazioni o di rapporti ultraterritoriali: come nel caso degli enti o delle aziende di credito aventi sede nella Regione Sardegna, ma esercitanti una parte delle loro attività al di fuori del territorio di essa [176]. Senonché il tema dei riflessi che le scelte legislative regionali possono determinare al di là dei rispettivi territori investe in realtà, oltre al limite territoriale, altri limiti della legislazione locale, da quello degli interessi nazionali (contemplato dal testo dell'art. 117 Cost. ante riforma del 2001) fino allo stesso limite delle materie (Bartole).

c) In terzo luogo, per tutte le leggi regionali si può ragionare – specificamente – di un **limite costituzionale**, da non confondere con i restanti limiti costituzionalmente o statutariamente previsti. Allorché gli statuti speciali ragionano della necessaria «armonia con la Costituzione», essi intendono anzitutto evidenziare che varie prescrizioni costituzionali, testualmente riferite al solo legislatore statale o al solo apparato dello Stato-soggetto, vincolano le Regioni stesse: basti pensare alle leggi regionali di bilancio, assoggettate anch'esse all'art. 81 Cost., specie per quanto riguarda il divieto di «stabilire nuovi tributi e nuove spese» [177]. Inoltre, certi imperativi costituzionali sono rivolti alle sole leggi regionali, come si riscontra – ai sensi dell'art. 120 Cost. – per i divieti di «istituire dazi d'importazione o esportazione o transito», di «adottare provvedimenti che ostacolino in qualsiasi modo la libera circolazione delle persone e delle cose», di «limitare il diritto dei cittadini di esercitare in qualunque parte del territorio nazionale la loro professione, impiego o lavoro». Ma soprattutto, infine, è in questa chiave che la Corte costituzionale riferisce talune riserve di legge alle sole leggi dello Stato: con particolare rigore nel caso delle *sanzioni penali*, su cui le Regioni, anche prima della introduzione della materia «ordinamento civile e penale» nell'art. 117 Cost. quale ambito di competenza esclusiva statale, non potevano (e non possono) comunque incidere, ostando il

174 ... o come quelle cui si riferisce – da ultimo – la sent. 21 luglio 1988, n. 829, della Corte costituzionale, che ha ritenuto legittima una legge regionale contributiva al «fondo di solidarietà» istituito da un'altra Regione.

175 Quanto ai trasporti si veda l'art. 84, co. 2, del d.P.R. 24 luglio 1977, n. 616.

176 Cfr. la sent. 24 novembre 1958, n. 58, della Corte costituzionale.

177 La giurisprudenza costituzionale è costante in tal senso, già a partire dalla sent. 11 marzo 1958, n. 9.

principio di legalità dei reati e delle pene, dettato dal secondo comma dell'art. 25 Cost. [178].

d) In quarto luogo, il primo comma dell'art. 117 Cost. impone alle Regioni (come pure allo Stato), nell'esercizio della funzione legislativa, il rispetto dei **vincoli derivanti dall'ordinamento comunitario e dagli obblighi internazionali**. La previgente formulazione della norma non conteneva alcun accenno ai predetti vincoli, per quanto il rispetto dei trattati internazionali si imponesse comunque alle Regioni, essendo di regola riservati alle autorità centrali «gli apprezzamenti di politica estera e la formulazione di accordi con soggetti propri di altri ordinamenti» (c.d. *potere estero*), mentre per quanto concerne gli obblighi europei (o comunitari, fino alla nascita dell'Unione europea) l'art. 11 Cost., nella interpretazione della Corte costituzionale (v. *infra*, il § 30), legittimava le limitazioni di sovranità che giustificano la prevalenza delle norme europee su quelle interne, statali e regionali.

Prima della riforma costituzionale era fortemente incerta, altresì, la definizione dei limiti gravanti sulle Regioni quanto alle loro possibili attività in ambito internazionale e dell'Unione europea, e quanto all'esercizio della funzione legislativa su tali questioni. Oggi l'art. 117 cit., co. 1, deve essere letto congiuntamente al riconoscimento alle Regioni di una potestà legislativa concorrente in materia di «rapporti internazionali e con l'Unione europea delle Regioni» e della facoltà (art. 117, ult.c., Cost.) di concludere accordi con Stati e intese con enti territoriali interni ad altro Stato, però «nei casi e con le forme disciplinate dalle leggi dello Stato». Va tuttavia rilevato che la legge 5 giugno 2003, n. 131, in attuazione della norma costituzionale, ha disconosciuto agli accordi e alle intese regionali l'effetto di vincolo nei confronti del legislatore statale (mentre il vincolo sussiste per le Regioni, quando gli accordi sono conclusi dallo Stato), ed ha contenuto le attività internazionali delle Regioni entro limiti che richiamano quelli delle «attività promozionali» o «di mero rilievo internazionale» configurati dalla legislazione ordinaria ante 2001 e già avallati dalla giurisprudenza costituzionale.

Discorso diverso vale con riferimento ai rapporti delle Regioni con l'Unione europea, tenuto conto che l'art. 117, co. 5, Cost., dispone che «*le Regioni e le Province autonome di Trento e di Bolzano, nelle materie di loro competenza, partecipano alle decisioni dirette alla formazione degli atti normativi comunitari e provvedono all'attuazione e all'esecuzione degli accordi internazionali e degli atti dell'Unione europea, nel rispetto delle norme di procedura stabilite da legge dello Stato, che disciplina le modalità di esercizio del potere sostitutivo in caso di inadempienza*». Le leggi di riferimento (prima la legge n. 9 marzo 1989, n. 86, poi la legge 4 febbraio 2005, n. 11, infine la legge 24 dicembre 2012, n. 234) hanno fa-

---

[178] Anche a questi effetti la giurisprudenza costituzionale è da tempo costante, con una sola eccezione riguardante i reati elettorali in Sicilia (cfr. la sent. 8 luglio 1957, n. 104).

vorito un crescente coinvolgimento delle Regioni non solo nella fase c.d. ascendente (di formazione ed elaborazione degli atti normativi dell'Unione europea), ma anche nella c.d. fase discendente (di attuazione della normativa europea): secondo la disciplina in vigore (art. 29 legge n. 234 del 2012), «*lo Stato, le regioni e le province autonome di Trento e di Bolzano, nelle materie di propria competenza legislativa, danno tempestiva attuazione alle direttive e agli altri obblighi derivanti dal diritto dell'Unione europea*». Al riguardo, le disposizioni che individuano i principi fondamentali nel rispetto dei quali le Regioni e le Province autonome esercitano la propria competenza normativa per recepire o per assicurare l'applicazione di atti dell'Unione europea nelle materie di cui all'art. 117, co. 3, Cost., sono contenute in una legge annuale (c.d. di delegazione europea) presentata dal Governo, sul cui testo è acquisito il preventivo parere della Conferenza permanente per i rapporti tra lo Stato, le Regioni e le Province autonome (c.d. Conferenza Stato-Regioni, su cui v. *infra*, parte IV, cap. I, § 5).

Residuano, ancora, due ordini di limiti menzionati negli statuti delle Regioni ad autonomia speciale, con riguardo alla potestà legislativa primaria dalle stesse esercitata: le **norme fondamentali delle grandi riforme economico-sociali** e i **principi generali dell'ordinamento**. Prima della riforma del Titolo V essi si applicavano anche alle Regioni ordinarie (per deduzione logica, in quanto la potestà legislativa delle Regioni ordinarie era vincolata al più invasivo limite dei principi stabiliti dalle leggi dello Stato); dopo la riforma del Titolo V, si ritiene che quantomeno nell'esercizio della potestà legislativa residuale (cioè, come si è detto, riguarda materie che l'art. 117 Cost. non attribuisce alla potestà esclusiva statale, né alla potestà concorrente) le Regioni ordinarie possano sottrarsi a tali limiti, e la stessa possibilità va riconosciuta alle Regioni a statuto speciale, ove le stesse intendano avvalersi dell'art. 117 Cost., co. 4, in quanto più favorevole rispetto alle previsioni statutarie.

e) Quanto alle **grandi riforme** economico-sociali della Repubblica (o meglio alle «norme fondamentali» delle riforme medesime), si possono citare gli esempi della nazionalizzazione delle imprese produttrici di energia elettrica, disposta dalla legge 6 dicembre 1962, n. 1643, oppure della legge 8 agosto 1985, n. 431, sulla tutela delle zone di particolare interesse ambientale, che hanno convolto la stessa legislazione regionale primaria, degradandola in sostanza al rango della legislazione concorrente (Spagna Musso) o addirittura svuotandola in certe ipotesi-limite.

f) In merito ai **principi generali dell'ordinamento**, si tratta di un *limite residuale*, perché alcuni tra questi principi sono stati direttamente costituzionalizzati. La giurisprudenza costituzionale ha applicato i principi generali in occasioni alquanto rare, per lo più concernenti leggi regionali ritenute in contrasto con il principio d'irretroattività di cui all'art. 11 delle «disposizioni sulla legge in generale»; va detto, peraltro, che pure nei casi in cui la Corte non ha escluso in radice la retroattività delle leggi regionali – prima e dopo la riforma costituzionale – le stesse hanno formato oggetto di uno scrutinio particolarmente rigoroso, a tutela dei principi di ragionevolezza, eguaglianza e legittimo affidamento, negli stessi termini in cui vengono scrutinate le leggi statali aventi efficacia retroattiva [179].

g) Prima della riforma costituzionale del 2001 le varie potestà legislative regionali erano soggette ad un settimo ed ultimo limite comune, formato dagli **interessi nazionali**. Secondo il testo costituzionale e la dottrina degli anni cinquanta e sessanta del Novecento, doveva infatti trattarsi d'uno straordinario *limite politico*, non riguardante la legittimità delle leggi regionali: tanto è vero che l'art. 127, co. 4, Cost. nel testo anteriore alla riforma del 2001, precisava che «la questione ... di merito per contrasto di interessi» andava promossa dal Governo «davanti alle Camere» e non già «davanti alla Corte costituzionale». Di fatto, però, alle Camere non sono mai state rivolte impugnative del genere. Ed è spettato alla Corte pronunciarsi in vario modo sul riparto e sulla ricomposizione degli interessi nazionali e regionali, sia nel sindacare la legittimità di certe previsioni legislative locali, sia – soprattutto – per difendere disposizioni legislative statali incidenti sulle competenze attribuite alle Regioni.

Fin dalle sue prime decisioni la Corte ha cioè ritenuto che non fossero illegittime le leggi statali rivolte a «definire e salvaguardare interessi nazionali» nelle stesse materie indicate dall'art. 117 (o dai corrispondenti disposti degli statuti speciali): una tesi contraria sarebbe stata infatti assurda – per l'organo della giustizia costituzionale – «giacché determinerebbe una paralisi in settori di importanza nazionale preminente, inibendo tanto alle regioni quanto allo Stato di legiferare e di amministrare» [180]. Sicché l'interesse nazionale si è trasformato da «limite negativo ... in *presupposto positivo di competenza statale*» (Crisafulli), dando corpo all'idea che nei rapporti fra Stato e Regioni spetti al potere centrale una posizione di «supremazia» (Bartole): sia pure temperata dall'esigenza di collaborazione fra il centro e la periferia, nonché dal necessario accertamento che i pretesi interessi nazionali siano effettivamente tali [181].

Nel testo vigente del Titolo V della Costituzione è stato espunto il riferimento all'interesse nazionale quale clausola generale limitativa della potestà legislativa, per quanto un richiamo indiretto al concetto possa essere desunto, talora, dal riconoscimento di un carattere trasversale di alcune competenze legislative statali (che a volte sembrano chiamare in causa interessi nazionali) e dalla stessa applicazione del meccanismo di «chiamata in sussidiarietà» – descritti al sottoparagrafo *b*), punti 1) e 3) – allorquando vengono in rilievo esigenze di esercizio unitario, a livello statale, di una data funzione.

---

[179] Cfr. ad esempio la sent. 12 maggio 1982, n. 91. Per una pronuncia della Corte successiva alla riforma del Titolo V cfr. sent. 8 maggio 2007, n. 156.

[180] V. nel primo senso la sent. 4 luglio 1956, n. 15; e nel secondo la sent. 14 maggio 1966, n, 37.

[181] Si vedano – per tutte – le sentt. 2 marzo 1987, n. 64, e 18 febbraio 1988, n. 177.

23. Segue: *le leggi-cornice nelle materie di competenza delle Regioni ordinarie; leggi statali e leggi regionali nel sistema delle fonti*

a) Nelle materie assegnate alla potestà legislativa concorrente, le Regioni subiscono il *limite dei principi* assai più gravemente di quanto non avvenga per la legislazione primaria od esclusiva. Ben oltre i principi generali dell'ordinamento, le leggi locali in questione sono infatti assoggettate alla «determinazione dei principi fondamentali, riservata alla legislazione dello Stato»; ed è pacifico – anche se il punto viene chiarito dal solo Statuto del Friuli-Venezia Giulia – che si tratti dei principi relativi alle *singole materie* elencate dal terzo comma dell'art. 117 Cost. (o dai corrispondenti disposti degli statuti speciali in cui si prevede questo tipo di legislazione). Ne segue che in tali materie la **competenza legislativa** è costituzionalmente **bipartita**, spettando appunto allo Stato la *normazione di principio*, mentre alle Regioni è generalmente riservata la *normazione di dettaglio*.

L'espressione «stabiliti», riferita ai principi fondamentali e contenuta nel previgente testo dell'art. 117, co. 1, Cost., aveva fatto anzi pensare che occorressero al lo scopo apposite **leggi-cornice**: in mancanza delle quali le Regioni, astrattamente competenti, non avrebbero affatto potuto esercitare la loro potestà legislativa. Già sostenuta in dottrina (Miele, Mortati), questa rigorosissima tesi è stata fondamentalmente accolta – in un primo tempo – dall'art. 9 della legge 10 febbraio 1953, n. 62 [182]. Giunti però alla vigilia dell'effettiva costituzione delle Regioni ordinarie, l'art. 9 è stato abrogato dall'art. 17 della legge 16 maggio 1970, n. 281, perché ritenuto lesivo dell'autonomia regionale (Bassanini). In luogo di esso, si è invece disposto che «l'emanazione di norme legislative da parte delle Regioni nelle materie stabilite dall'art. 117 Cost. si svolge nei limiti dei principi fondamentali quali risultano da leggi che espressamente li stabiliscono per le singole materie *o quali si desumono dalle leggi vigenti*». Ed effettivamente, nel momento in cui la riforma regionale veniva estesa all'intero territorio nazionale, le leggi-cornice facevano ancora difetto; sicché, sulla base della soluzione indicata nella legge n. 62/1953, «l'esercizio delle potestà legislative regionali rischiava di essere procrastinato *sine die*, ed era comunque praticamente rimesso alla mera discrezione del legislatore statale» [183].

Dal 1970 ad oggi, tuttavia, un'apposita legislazione statale di principio è stata adottata in parecchie materie rientranti nella competenza regionale concorrente; basti qui ricordare la legge 23 dicembre 1978, n. 833, istitutiva del Servizio sani-

---

[182] Precisamente, il primo comma di tale articolo disponeva che il Consiglio regionale non potesse «deliberare leggi sulle materie attribuite alla sua competenza dall'art. 117 della Costituzione», se non fossero state «preventivamente emanate ... le leggi della Repubblica contenenti, i principi fondamentali cui deve attenersi la legislazione regionale»; ma il secondo comma indicava talune materie di minore importanza, nelle quali sarebbe stato dato derogare alla regola predetta.

[183] Così ha motivato la Corte costituzionale, nella sent. 4 marzo 1971, n. 39.

tario nazionale, o anche la «legge quadro sul pubblico impiego» 29 marzo 1983, n. 93. Ciò ha reso concreto l'ulteriore problema della sorte spettante alle leggi regionali già entrate in vigore nelle materie medesime, ma contrastanti con le sopravvenute leggi-cornice. Sul punto, la dottrina costituzionalistica si era divisa fin dagli anni cinquanta: gli uni sostenendo che in tal caso le leggi regionali, pur conservando la loro efficacia, sarebbero divenute illegittime e dunque annullabili dalla Corte costituzionale (Balladore Pallieri); gli altri asserendo che la successiva legislazione statale di principio avrebbe invece prodotto *l'abrogazione* della preesistente ed incompatibile disciplina legislativa regionale (Mazziotti). Nel secondo senso si era però espressa la legge n. 62/1953, disponendo come segue: «Le leggi della Repubblica che modificano i principi fondamentali ... abrogano le norme regionali che siano in contrasto con esse»[184].

La Corte costituzionale ha ritenuto che quest'ultima impostazione sia pienamente legittima[185]. Ma l'effetto abrogativo così ipotizzato dalla legge n. 62 è destinato a prodursi nelle sole ipotesi in cui le nuove norme statali di principio si prestino a ricevere applicazioni immediate, senza abbisognare delle specificazioni offerte dalle rispettive norme di dettaglio; viceversa, una legge-cornice che si limiti a dettare principi non ancora operativi (in mancanza – ad esempio – delle strutture o delle procedure che essi presuppongano) non è atta ad abrogare un bel nulla. Ciò spiega, allora, che varie leggi statali del genere accompagnino le norme di principio con una *transitoria normativa di attuazione.* L'abrogazione di tutta la previgente legislazione regionale diviene in tal modo inevitabile; mentre alle leggi locali sopravvenienti rimane il solo compito di sostituire le norme statali di dettaglio, così da recuperare la competenza legislativa concorrente, propria di ogni singola Regione[186].

Dopo la riforma del Titolo V della Costituzione la legittimità della previsione di norme statali «cedevoli» di dettaglio, applicabili fino all'intervento del legislatore regionale, è controversa, potendosi riscontrare, nella giurisprudenza costituzionale, posizioni di contrarietà più o meno netta, accompagnate però da eccezioni, ritenute ammissibili in situazioni specifiche, peraltro non infrequenti (ad es. nel caso di «chiamata in sussidiarietà», o per assicurare la continuità di servizi pubblici).

b) Tali circostanze valgono ad illuminare i rapporti fra le leggi statali ordinarie e le leggi regionali, nelle materie in cui si svolge la potestà legislativa concorrente. Malgrado la competenza costituzionalmente attribuita alle Regioni, non si può certo affermare che le leggi statali siano comunque escluse dagli ambiti in questione. Da un lato, s'impone in tutti i settori spettanti alle Regioni stesse, or-

---

[184] Cfr. l'art. 10, co. 1, legge cit.

[185] Si veda la sent. 3 marzo 1972, n. 40.

[186] La tecnica in questione ha ricevuto l'avallo della Corte costituzionale, mediante la sent. 22 luglio 1985, n. 214.

dinarie e differenziate, il principio per cui, «fino a quando non sia diversamente disposto con leggi regionali, si applicano le leggi dello Stato» [187].

D'altro lato, pur quando e pur dove la competenza regionale concorrente risulti già esercitata, le leggi statali successive possono legittimamente prevalere sulle leggi regionali preesistenti. Lo dimostra l'art. 10 della ricordata legge n. 62, sorretto dalla giurisprudenza costituzionale. Lo conferma la prassi consistente nell'inserire nelle leggi-cornice *medio tempore* le occorrenti norme statali di attuazione o di integrazione dei nuovi principi: prassi in vista della quale si è ragionato (Crisafulli, R. Tosi) di **preferenza** e non di riserva della legislazione regionale di dettaglio negli ambiti della competenza bipartita.

Ma effetti in parte analoghi si registrano anche nelle materie proprie di altre specie della potestà legislativa regionale. Quanto alla legislazione locale integrativa o attuativa, prevista da vari statuti speciali, la preminenza delle leggi statali sulle leggi regionali è anzi incondizionata, salvo soltanto il problema se siano ammissibili talune deroghe, introdotte dalle Regioni nell'ordinamento legislativo generale allo scopo di adattarlo alle particolari esigenze delle Regioni medesime. Quanto alla stessa legislazione regionale primaria od «esclusiva», le leggi statali s'impongono al più vario titolo, sia quando dettano i principi dell'ordinamento, sia quando realizzano «grandi riforme», sia quando eseguono accordi internazionali, sia quando perseguono interessi nazionali od ultraregionali. In tutte queste ipotesi, la legislazione della Repubblica può bene *abrogare* le leggi regionali incompatibili, pretendendo immediata applicazione anche nei territori delle Regioni ad autonomia differenziata.

Ciò basta per contestare la pur diffusa opinione che le leggi regionali siano parificate alle leggi dello Stato, nel senso che a ciascuno dei due tipi di fonti spetterebbero ambiti «rigorosamente distinti» (Cuocolo, D'Atena, Ruggeri). Sebbene si possa ragionare della legge regionale come d'una specie di «legge in senso tecnico» (Galeotti), nel sistema delle fonti, anche dopo la riforma costituzionale del 2001, la legge medesima risulta – sotto vari ed importantissimi aspetti – subordinata alla legislazione statale. Per meglio dire, il criterio della competenza va indubbiamente utilizzato, se non si vuole trascurare l'esistenza d'una sfera di autonomia legislativa regionale, costituzionalmente garantita nei confronti delle stesse leggi dello Stato: senza di che le leggi regionali, frutto della potestà primaria o anche di quella concorrente, verrebbero degradate al rango dei regolamenti comunali e provinciali (discorso diverso vale, ovviamente, per la più ampia potestà legislativa regionale residuale). Ma la separazione delle rispettive competenze non è certo così netta, come per esempio nei rapporti fra leggi statali ordinarie e regolamenti parlamentari. Al contrario, concretizzando l'uno o l'altro dei limiti della potestà legislativa regionale, sulla base di scelte relativa-

[187] Cfr. gli artt. 57 dello Statuto sardo, 51 dello Statuto della Valle d'Aosta, 105 dello Statuto per il Trentino-Alto Adige, 64 dello Statuto del Friuli-Venezia Giulia.

mente libere o politiche, il legislatore statale può validamente imporre le proprie opzioni in luogo di quelle regionali; sicché i relativi conflitti si risolvono presupponendo che, almeno a questi effetti, il *criterio gerarchico* interferisca con il *criterio della competenza* e la legge statale ordinaria sia dunque dotata di una forza prevalente.

24. *Gli Statuti delle Regioni ordinarie; gli atti regionali aventi forza di legge; le forme e condizioni particolari di autonomia* ex *art. 116 Cost.*

a) Diversamente dalle Regioni differenziate, che vengono bensì dotate di «forme e condizioni particolari di autonomia», ma sulla base di appositi statuti adottati dal Parlamento mediante leggi costituzionali [188], ogni Regione ordinaria «ha uno statuto», che «ne determina la forma di governo e i principi fondamentali di organizzazione e funzionamento» dell'ente in questione (oltre a regolare gli altri oggetti specificamente indicati dall'art. 123, co. 1, della Costituzione). Esiste pertanto una sfera di **autonomia statutaria**, distinta dalla sfera dell'autonomia legislativa; tanto è vero che le rispettive competenze sono almeno in parte separate e che, soprattutto, diversi risultano i rispettivi procedimenti di formazione e di controllo. Mentre le leggi regionali sono soggette al controllo successivo da parte del Governo (ed eventualmente al sindacato della Corte costituzionale) gli statuti ordinari – che prima della riforma introdotta dalla legge costituzionale n. 1/1999 venivano approvati con legge della Repubblica, previa deliberazione del Consiglio regionale a maggioranza assoluta – sono sì leggi regionali, ma l'*iter di approvazione e modifica* delineato dall'art. 123 Cost. è particolare, prevedendo che il Consiglio regionale debba deliberare due volte sul testo, a maggioranza assoluta dei componenti e ad un intervallo non inferiore a due mesi tra le due deliberazioni. Inoltre, all'esito dell'approvazione (e della pubblicazione dello Statuto a scopo notiziale), il Governo può promuovere, entro 30 giorni dalla pubblicazione, la questione di legittimità costituzionale sullo statuto davanti alla Corte costituzionale. Il *controllo* ha carattere *preventivo*, riguardando una legge non ancora in vigore; come pure in via preventiva è possibile che lo statuto venga sottoposto a *referendum popolare*, entro tre mesi dalla pubblicazione, su richiesta di un cinquantesimo degli elettori della Regione o di un quinto dei consiglieri regionali (nel caso in cui entrambi gli strumenti – impugnativa davanti alla Corte cost. e richiesta di referendum – vengano contemporaneamente attivati, l'art. 123 Cost. non ne regola il concorso, dovendosi comunque ritenere, secondo logica, che lo svolgimento del referendum debba essere preceduto dal giudizio della Corte sulla legittimità dello statuto, giacché nel caso di declaratoria di illegittimità verrebbe meno l'oggetto stesso del referendum).

---

[188] Cfr. l'art. 116 Cost.

Nel sistema delle fonti, per la particolarità del loro procedimento di approvazione e soprattutto per la tipicità del loro contenuto, gli statuti ordinari occupano un posto ben distinto dalle posizioni che spettano tanto alle leggi dello Stato quanto alle altre leggi delle Regioni ordinarie. Mentre, ante riforma, gli statuti dovevano trovarsi in armonia con le leggi della Repubblica, oggi è previsto che gli statuti siano *in armonia con la Costituzione*; riguardo alle leggi statali gli statuti godono dunque di una competenza riservata, mentre della Costituzione gli statuti debbono rispettare non soltanto i singoli precetti (che su alcuni contenuti statutari, ad esempio la forma di governo regionale, prevedono vincoli particolarmente stringenti), ma anche i principi e lo «spirito complessivo» (così Corte cost. 3 luglio 2002, n. 304).

D'altra parte, nei loro rapporti con le leggi regionali, gli statuti sono sopraordinati, almeno a certi effetti. In vari settori, pertinenti all'organizzazione costituzionale ed amministrativa delle Regioni, può determinarsi una sovrapposizione della competenza statutaria e della competenza legislativa locale; sicché gli statuti e le leggi in questione concorrono nel disciplinare i settori medesimi. Ora, in tutte queste ipotesi, non si impone affatto il criterio cronologico della *lex posterior*; occorre, al contrario, far valere la disciplina statutaria, fino al punto di annullare le norme legislative locali con essa incompatibili. Altrimenti – come ha precisato la Corte costituzionale in una pronuncia anteriore alla riforma del 1999, ma esprimendo un principio tuttora applicabile [189] – «non avrebbe senso l'apposito ed aggravato procedimento formativo dello statuto... previsto dal capoverso dell'art. 123». Ma di qui deriva la presenza d'un ulteriore *limite di legittimità* della legislazione delle Regioni ordinarie, non previsto dall'art. 117 Cost. e reso però necessario dal sistema (anche se l'applicazione del limite stesso è stata fino ad oggi molto rara).

Rispetto al contenuto degli statuti, come prefigurato dal previgente testo dell'art. 123 Cost., la novità più rilevante introdotta dalla riforma consiste nel riconoscimento a tale fonte del compito di disciplinare la *forma di governo della Regione*. Come si vedrà (v. *infra*, parte IV, cap. I, § 2), spetta ad esempio allo statuto l'indicazione se il Presidente della Giunta regionale sia eletto dal popolo o dal Consiglio regionale, o se il potere regolamentare debba essere esercitato dalla Giunta, dal Consiglio o da entrambi. Sotto questo profilo, è parso evidente l'ampliamento dell'autonomia delle Regioni ordinarie, al punto da porre le medesime in posizione più favorevole rispetto alle *Regioni ad autonomia speciale*, vincolate alle disposizioni statutarie come approvate con legge costituzionale. Per tale ragione la legge cost. n. 2/2001 ha modificato i cinque statuti speciali, consentendo alle Regioni autonome di disciplinare la rispettiva forma di governo con legge regionale, ancorché rinforzata in ragione di un procedimento di adozione che ricalca – con qualche differenza – quello previsto dall'art. 123 Cost. per gli

---

[189] Cfr. la sent. 10 marzo 1983, n. 48.

statuti ordinari, e che parimenti prevede il controllo preventivo da parte del Governo e la possibile sottoposizione di tale tipologia di leggi (definite dalla dottrina «*leggi statutarie*») al sindacato della Corte costituzionale.

b) Disponendo che «la Corte costituzionale giudica sulle controversie relative alla legittimità costituzionale delle leggi e degli **atti aventi forza di legge ... delle Regioni**», l'art. 134 Cost. presuppone l'esistenza di atti normativi regionali equiparati alle leggi locali. Ma questa specie di fonti presenta contorni incerti ed alquanto problematici.

Verrebbe fatto di pensare – in analogia con gli atti normativi equiparati alle leggi ordinarie dello Stato – che l'art. 134 Cost. intenda riferirsi alle *leggi regionali delegate* ovvero ai *decreti-legge* adottabili dalle Giunte delle Regioni. Ma l'una e l'altra ipotesi sono state escluse dalla giurisprudenza costituzionale, in nome dell'inderogabilità delle competenze costituzionalmente o statutariamente stabilite [190]. In effetti, né la Costituzione né gli statuti speciali ammettono la delegabilità delle funzioni legislative dai Consigli alle Giunte e nemmeno prevedono la decretazione legislativa d'urgenza ad opera degli esecutivi regionali [191]; e questo silenzio viene comunemente interpretato alla stregua di un divieto (v. *infra*, parte IV, cap. I, § 4).

La ricerca degli atti regionali con forza di legge dev'essere pertanto rivolta altrove, prendendo anzitutto in considerazione i **referendum abrogativi di leggi regionali**, che ciascuna Regione ordinaria è tenuta – in forza del primo comma dell'art. 123 Cost. – a regolare attraverso il proprio statuto. Al pari dei *referendum* abrogativi di leggi statali, l'esito dei quali è dichiarato da un apposito decreto del Presidente della Repubblica (v. *retro*, il § 20 della presente sezione), anche per i corrispondenti *referendum* regionali l'abrogazione si ricollega ad un decreto del Presidente della Regione [192]; ed è quest'ultimo atto che consente di imputare all'ente la volontà del rispettivo corpo elettorale, facendola così rientrare nella previsione dell'art. 134 Cost.

Ma un altro esempio di atti regionali con forza di legge può trarsi, verosimilmente, dal quinto comma dell'art. 126 Cost., là dove si prevede che nel caso di *scioglimento del Consiglio regionale* subentri una «Commissione di tre cittadini», con il compito di provvedere – fra l'altro – «agli atti improrogabili» spettanti non solo alla Giunta bensì al Consiglio stesso. Atti del genere non potrebbero esser privi della forza di legge, per lo meno quando fosse necessario approvare il bilan-

---

[190] V. principalmente le sentt. 28 luglio 1959, n. 50 (quanto ai decreti legge), e 9 giugno 1961, n. 32 (quanto alle leggi delegate).

[191] Anche gli artt. 36, co. 1, dello Statuto valdostano, 44 n. 5 e 54 n. 7 dello Statuto per il Trentino Alto Adige, che facoltizzano la Giunta ad assumere «in caso di urgenza» i provvedimenti di competenza consiliare, sono stati interpretati restrittivamente dalla Corte costituzionale, con riferimento alle sole delibere amministrative spettanti al Consiglio (v. nuovamente la sent. n. 50/1959).

[192] A titolo esemplificativo, si veda l'art. 82, co. 2, dello Statuto del Piemonte.

cio preventivo della Regione o anche autorizzarne l'esercizio provvisorio: in entrambe le ipotesi, infatti, si dà una riserva di legge regionale, corrispondente a quella prevista dall'art. 81 Cost. per ciò che riguarda il bilancio dello Stato[193].

Si è ancora affermato in dottrina (Crisafulli) che nel novero potrebbero anche rientrare i cosiddetti *regolamenti «interni» dei Consigli regionali;* ed in questo senso pareva essersi pronunciata la Corte costituzionale, sostenendo l'analogia fra tali atti e le leggi locali. Ma l'assunto è stato successivamente abbandonato dalla Corte stessa, con una decisione in cui si nega la sindacabilità di siffatti regolamenti ai sensi dell'art. 134 Cost.[194] e dunque si esclude che essi abbiano forza di legge regionale.

c) A chiusura della trattazione dedicata alla potestà legislativa regionale conviene aggiungere qualche cenno alle ***«forme e condizioni particolari di autonomia»*** che potrebbero essere **riconosciute alle Regioni ordinarie** utilizzando il procedimento previsto dall'art. 116, co. 3, Cost., introdotto dalla legge cost. n. 3/2001; ciò in quanto l'ampliamento dell'autonomia regionale riguarderebbe, in prima battuta, proprio la potestà legislativa. Al momento, la disposizione non ha conosciuto concreta attuazione, per quanto, sulla spinta di due referendum consultivi svoltisi rispettivamente nelle Regioni Lombardia e Veneto[195] il 22 ottobre 2017, siano state avviate trattative tra lo Stato e alcune Regioni (non solo quelle interessate dai *referendum*), i cui esiti potrebbero sopravvivere alla conclusione della XVII legislatura, per essere eventualmente recepiti dalle Camere insediatesi dopo le elezioni del 2018. L'art. 116 cit., infatti, prevede che l'attribuzione di maggiore autonomia alle Regioni ordinarie trovi il suo fondamento in una *legge dello Stato*, approvata da ciascuna Camera a maggioranza assoluta dei componenti *sulla base di intesa tra lo Stato e la Regione interessata.*

In mancanza di una disciplina attuativa o integrativa, la normativa costituzionale offre pochi punti fermi: una indicazione delle materie sulle quali possono formarsi le intese fra Stato e Regione (tutte le materie attribuite alla potestà legislativa concorrente, *ex* art. 117, co. 3, Cost., nonché alcune materie di potestà legislativa esclusiva statale: giustizia di pace; norme generali sull'istruzione, tutela dell'ambiente, dell'ecosistema e dei beni culturali); l'iniziativa rimessa alla Regione interessata; la necessità della consultazione degli enti locali (in quale forma e in quale fase del procedimento non è chiaro); il «rispetto dei principi di cui all'articolo 119» (autonomia finanziaria). È condiviso, dalla dottrina, che per

---

[193] Un discorso analogo vale per il caso dell'approvazione del bilancio della Regione Trentino-Alto Adige da parte di un apposito «organo regionale di riesame»; caso considerato dalla Corte costituzionale nella sent. 30 dicembre 1987, n. 611.

[194] Cfr. la sent. 28 luglio 1987, n. 288, che ha superato in tal senso la sent. 18 febbraio 1970, n. 18.

[195] Quanto al referendum svoltosi nella Regione Veneto, la legge che lo prevedeva ha formato oggetto di un giudizio di legittimità costituzionale, deciso dalla Corte costituzionale con sent. 25 giugno 2015, n. 118.

lo Stato sia il Governo a rendersi titolare della trattativa, trovando la sua naturale controparte nella Giunta regionale; è viceversa controverso se la legge di approvazione possa emendare o integrare i contenuti dell'intesa raggiunta, e ancora più incerti risultano i limiti alla concessione di maggiore autonomia alle Regioni ordinarie, anche in considerazione della fonte – legge rinforzata, ma pur sempre ordinaria, e non costituzionale – che recepisce l'intesa.

25. *I regolamenti del potere esecutivo*

a) Della potestà regolamentare spettante all'esecutivo la Costituzione tratta soltanto in maniera incidentale – nel quinto comma dell'art. 87 – là dove si dispone che il Presidente della Repubblica *«emana... i regolamenti»*. Malgrado i dubbi espressi al riguardo (Martines), può tuttavia sostenersi che la Carta costituzionale non ha inteso riservare al Capo dello Stato l'emanazione di tutti i regolamenti dell'esecutivo; bensì ha ribadito che compete al Presidente della Repubblica conferire la forma del decreto presidenziale a quei **regolamenti governativi**, deliberati dal Consiglio dei ministri, i quali venivano emanati dal Re nel periodo statutario e in quello fascista (Zanobini, Crisafulli).

In altre parole, l'art. 87, co. 5, non ha voluto «regolare *ex novo* la materia dei regolamenti» (Carlassare). Il sistema costituzionale delle fonti risulta chiuso e compiuto solo per ciò che riguarda le leggi e gli atti equiparati (o comunque dotati di una competenza costituzionalmente riservata o garantita); non già per quanto attiene al regime delle fonti subordinate, di cui la Costituzione non tratta organicamente. Fermo rimane, pertanto, che quella di regolamento è una denominazione comune ai più vari **atti normativi del potere esecutivo** non aventi forza di legge (Giannini, Cheli): atti adottabili ed emanabili non solo dal Governo e dal Capo dello Stato, ma da tutte le altre autorità che si vedano attribuita dalle leggi una qualche potestà regolamentare. La stessa Corte costituzionale ha preso chiaramente posizione sul punto, argomentando che l'art. 87 Cost. «contiene una semplice enunciazione delle competenze del Capo dello Stato... compresa quella di emanare i regolamenti»: «quali siano questi regolamenti e quale il procedimento che deve essere seguito per la loro formazione non è però indicato dalla Costituzione dalla quale i regolamenti sono presupposti così come erano per l'innanzi disciplinati dall'ordinamento» [196]. Sono rimasti fermi in particolar modo, malgrado non fossero previsti neanche dalla legge n. 100/1926, mentre oggi sono menzionati dalla legge 23 agosto 1988, n. 400, i **regolamenti ministeriali**, adottabili ed emanabili da un singolo ministro (o da più ministri di

[196] Cfr. la sent. 3 giugno 1970, n. 79. Peraltro, successivamente a questa decisione, importanti innovazioni relative al procedimento sono state introdotte dall'art. 17 della legge 23 agosto 1988, n. 400, dove si è stabilito – fra l'altro – che tutti i regolamenti di organi governativi devono recare la denominazione di *regolamento,* per meglio distinguersi dai provvedimenti amministrativi aventi anch'essi la forma del decreto presidenziale o ministeriale.

concerto: **regolamenti interministeriali**), senza una previa delibera del Consiglio dei ministri [197]. Ma resta in pari tempo ferma la sistemazione indicata dall'art. 4, co. 2, delle «*Preleggi*», onde i regolamenti governativi prevalgono sui regolamenti «di altre autorità».

Quanto invece all'ambito della potestà regolamentare dell'esecutivo e quanto alla tipologia sommariamente descritta dall'art. 1 della legge n. 100/1926 (v. *retro*, il § 7 della sez. I di questo capitolo), non vi è dubbio che la Costituzione repubblicana abbia introdotto – sia pure per implicito – importanti fattori di novità; ed abbia comunque generato una serie di problemi dapprima ignorati o sottovalutati. Innanzitutto, c'è oggi da chiedersi se spetti ancora al Governo quella generale competenza a deliberare norme regolamentari che veniva attribuita o riconosciuta al potere esecutivo dalla legge n. 100/1926; più precisamente, c'è da domandarsi se il Consiglio dei ministri possa adottare regolamenti nei limiti delle leggi vigenti anche senza fondarsi sopra una *specifica attribuzione di potestà regolamentare*, disposta da una legge formale o da un atto equiparato.

Vero è che la dottrina appare fortemente divisa in proposito. Vari costituzionalisti (Crisafulli, Lavagna, Mortati, Pizzorusso) ammettono cioè che il Governo eserciti la potestà regolamentare a prescindere dalle puntuali attribuzioni legislative del potere stesso, in diretta applicazione dell'art. 87, co. 5, dell'art. 95 e dell'art. 97 Cost., così realizzando una sorta di «sganciamento» della fonte regolamentare governativa dalla legge formale (Cheli): donde un'ulteriore ragione distintiva rispetto ai regolamenti dei ministri o di altre autorità che invece richiedono – per definizione – di essere fondati sulla legge [198]. Per contro un'opposta corrente dottrinale (Amato, Carlassare, Sandulli, Zagrebelsky) ammette – semmai – che il Governo deliberi autonomamente i regolamenti di mera esecuzione delle leggi; mentre i cosiddetti regolamenti indipendenti non sarebbero effettivamente tali, perché il *principio di legalità* precluderebbe la loro adozione al di fuori delle ipotesi espressamente prefigurate mediante norme di legge. Da ultimo, la legge disciplinante l'«attività di Governo» ha fatto propria la prima tesi, statuendo che i regolamenti governativi sono senz'altro competenti, oltre che a considerare «l'esecuzione» e l'«attuazione» delle leggi, anche a riordinare «le materie in cui manchi la disciplina da parte di leggi o di atti aventi forza di legge, sempre che non si tratti di materie comunque riservate alla legge» [199]. Ma il problema non è ancora risolto, dal momento che la legittimità di una tale previsione legislativa ordinaria potrebbe venire contestata in sede di giustizia costituzionale.

---

[197] Diversamente da quelli governativi, i regolamenti ministeriali erano anche esentati dall'obbligatorio parere del Consiglio di Stato. Ma il parere stesso è oggi richiesto dall'art. 17, co. 4, della legge n. 400/1988 cit.

[198] V. nuovamente l'art. 3, co. 2, delle «*Preleggi*», nonché l'art. 17, co. 3, della legge n. 400/1988 cit.

[199] Cfr. l'art. 17, co. 1, della legge n. 400/1988 cit.

b) Per meglio intendere i termini del dilemma, bisogna peraltro riconsiderare la *tradizionale tipologia dei regolamenti dell'esecutivo, alla luce della sopravvenuta Costituzione repubblicana.* È stato già ricordato che la legge n. 100/1926 prevedeva tre specie di regolamenti: quelli di esecuzione delle leggi; quelli indipendenti (sebbene collegati dalla legge stessa alla disciplina delle «facoltà spettanti al potere esecutivo») e quelli di organizzazione, ai quali si aggiungevano, su diverso piano, i cosiddetti regolamenti delegati. Ora, i regolamenti di esecuzione non hanno subìto determinanti alterazioni nel vigente ordinamento, fatta soltanto eccezione per i rapporti che formino l'oggetto di riserve assolute di legge o siano attribuiti alla competenza delle Regioni o di altri enti autonomi territoriali: continua a trattarsi, cioè, di regolamenti adottabili da parte del Governo ogni volta che una disciplina legislativa statale abbisogni di essere integrata in via normativa per divenire applicabile; e con le leggi da essi eseguite (o rese operative) tali regolamenti fanno corpo, sicché l'abrogazione delle leggi medesime fa cessare senz'altro l'efficacia delle correlative discipline regolamentari. Diverso è il caso dei regolamenti indipendenti che certi autori contestano nel loro intero complesso, e ancora differente, inoltre, è il discorso concernente i regolamenti di organizzazione degli apparati pubblici, lo spazio dei quali si è molto ridotto, dal momento che l'art. 97, co. 1, Cost. riserva alla legge la disciplina di principio dei pubblici uffici, tanto da aver fatto sostenere (Guarino) che tali atti sarebbero del tutto confluiti nella categoria dei regolamenti di esecuzione.

Circa i regolamenti «delegati», è stato già notato che non si trattava di fonti equiparate alla legge (v. *retro*, il § 7 della sez. I di questo capitolo); e questo assunto è più che mai fondato nell'attuale sistema, giacché la Costituzione non consente alla legge ordinaria di istituire fonti «concorrenziali», costituzionalmente impreviste (Crisafulli). Tuttora, però, tali normative vengono eccezionalmente abilitate a derogare ai limiti della potestà regolamentare; ma le deroghe oggi legittime sono alquanto più ridotte di quelle teorizzate ed attuate nel periodo statutario e fascista. In particolar modo, non è più dato alle normative stesse di intervenire liberamente in *materie riservate alla legge:* riserve del genere non si risolvono infatti – secondo la Costituzione repubblicana – in altrettanti limiti della potestà regolamentare, rimuovibili *ad libitum* dal legislatore stesso, ma vincolano in prima linea il potere legislativo che non può dunque disporne in alcun modo (v. *retro*, il § 14 della presente sezione).

c) Sul tema dei regolamenti del potere esecutivo si deve tenere conto di come la legge **23 agosto 1988, n. 400**, recante disposizioni in materia di «*Disciplina dell'attività di Governo e ordinamento della Presidenza del Consiglio dei Ministri*», abbia, nel Capo III dedicato alla «Potestà normativa del Governo»[200], l'art. 17 intitolato, semplicemente, «Regolamenti».

---

[200] Gli artt. del Capo III che precedono quello che qui più interessa, sono nell'ordine dedicati: il 14 ai decreti legislativi, il 15 ai decreti-legge e il 16 alla valutazione delle conseguenze finanziarie degli atti aventi valore o forza di legge.

Quest'ultimo, sostituendo la disciplina di diritto positivo dei regolamenti del Governo già contenuta nella legge n. 100/1926, prevede e disciplina la **tipologia di atti** che segue:

c1) *sub* lett. *a*) del co. 1, i **regolamenti di «esecuzione** delle leggi e dei decreti legislativi», nonché, da dopo l'entrata in vigore della legge 5 febbraio 1999, n. 25 [201], e segnatamente del suo art. 11 (che ha integrato l'originario testo dell'art. 17, co. 1, lett. *a*), della legge n. 400/1988), dei regolamenti comunitari;

c2) *sub* lett. *b*) del co. 1, i **regolamenti di «attuazione e ... integrazione** delle leggi e dei decreti legislativi»;

c3) *sub* lett. *c*) del co. 1, i **regolamenti** c.d. **«indipendenti»**;

c4) *sub* lett. *d*) del co. 1, i **regolamenti** sull'**«organizzazione** ed il **funzionamento delle amministrazioni pubbliche»**;

c5) *sub* co. 2, i **regolamenti** detti di **«delegificazione»**, o **«delegati»**, o **«autorizzati»**;

c6) *sub* co. 3, i **regolamenti ministeriali** [202].

Trattandosi di atti – seppure normativi – del potere esecutivo, la prima necessità è che il Consiglio dei ministri o i singoli ministri, nell'emanarli siano rispettosi del **principio di legalità**: tutti i menzionati atti, cioè, devono trovare quantomeno il proprio fondamento, se non anche i propri limiti, nella legge.

L'art. 17 della legge n. 400/1988 lo ricorda espressamente sia per i regolamenti di *attuazione e integrazione* (le leggi e i decreti legislativi da attuare e/o integrare sono quelli «... recanti norme di principio»: il che significa che una legge, o un decreto legislativo non possono non esserci, a monte del regolamento); sia per quelli sull'*organizzazione ed il funzionamento delle amministrazioni pubbliche* («... secondo le disposizioni dettate dalla legge»); sia per i regolamenti *di delegificazione* (debbono essere le «... le leggi della Repubblica [*ad autorizzare*] l'esercizio della potestà regolamentare del governo [*e a determinare*] le norme generali regolatrici della materia»); sia per i *regolamenti ministeriali* («... quando la legge espressamente conferisca tale potere»).

E ciò anche se, quantomeno per i regolamenti del primo e del secondo tipo, la precisazione appare, in verità, superflua.

Nel caso dei *regolamenti di attuazione e/o integrazione* di leggi e di decreti legislativi «recanti norme di principio», infatti, si tratta, evidentemente, di quel particolare tipo di regolamenti deputati a dettare la normativa di dettaglio nelle mate-

---

[201] Reca «*Disposizioni per l'adempimento di obblighi derivanti dall'appartenenza dell'Italia alle Comunità europee* ...» ed è normalmente conosciuta e menzionata come «*legge comunitaria 1998*».

[202] Un'originaria lettera *e*), relativa ai regolamenti sull'«organizzazione del lavoro ed i rapporti di lavoro dei pubblici dipendenti in base agli accordi sindacali», è stata abrogata dall'art. 38 del d.lgs. 23 dicembre 1993, n. 546 [che ha sostituito l'art. 74 del d.lgs. 3 febbraio 1993, n. 29 (*Razionalizzazione dell'organizzazione delle amministrazioni pubbliche e revisione della disciplina in materia di pubblico impiego* ...)] e dall'art. 72 (*Abrogazioni* ...) del d.lgs. 30 marzo 2001, n. 165 (*Norme generali sull'ordinamento del lavoro alle dipendenze delle amministrazioni pubbliche*).

rie coperte da *riserva relativa di legge*, in relazione alle quali spetta a norme primarie (come le leggi e i decreti legislativi, appunto) dettare norme di principio.

Nel caso dei *regolamenti sull'organizzazione e sul funzionamento delle p.A.*, poi, a parte la circostanza che è materia storicamente da sempre di competenza dell'Esecutivo, va menzionato il fatto che si tratta di materia assoggettata a *riserva relativa di legge ex* art. 97 Cost., di talché non può, anche relativamente ad essa, intervenire regolamento alcuno senza che vi sia a monte una legge che definisca la normativa di principio che il regolamento deve rispettare nel dettare quella di dettaglio.

Quindi, le fattispecie in relazione alle quali apparentemente manca un'espressa menzione di una legge che autorizzi il Governo ad emanare regolamenti e in relazione alle quali potrebbero pertanto insorgere dubbi in relazione al rispetto del principio di legalità, sono solo quelle relative ai regolamenti *di esecuzione* e ai regolamenti *indipendenti*. Ma se, per i primi, il problema è solo apparente (se «eseguono» leggi e decreti legislativi... quelle e/o questi non possono mancare), per i secondi (la cui esistenza – se è vero che intervengono in materie in cui manca «la disciplina da parte di leggi o di atti aventi forza di legge» – paradossalmente sembra presupporre anziché la presenza, l'assenza di una legge o di un atto ad essa equiparato), seppure con una evidente e tautologica forzatura (posto che manca comunque e sempre una disposizione di legge volta per volta attributiva del potere), si è soliti sostenere che la legge attributiva del potere è, una volta per tutte... proprio la legge n. 400/1988, mediante il suo art. 17, co. 1, lett. *c*).

d) Quanto ai **limiti dell'azione dell'esecutivo** e all'**oggetto della disciplina dei diversi regolamenti** mediante le fonti in parola, essi discendono dalla natura e dal tipo dei singoli regolamenti.

I regolamenti «*indipendenti*» non possono intervenire su materie comunque riservate alla legge [203] (riserva assoluta o relativa che sia).

I regolamenti sull'«*organizzazione ed il funzionamento delle amministrazioni pubbliche*» [204], per le ragioni da poco esposte, non possono intervenire su materie per le quali una fonte di rango costituzionale preveda una riserva di legge assoluta. Per le stesse ragioni, così è anche per i regolamenti di «*attuazione e... integrazione*». Questi ultimi, quando di provenienza governativa, non possono altresì ovviamente intervenire in «materie riservate alla competenza regionale» [205].

Tutti gli altri regolamenti, per il solo fatto di essere tali, non dovrebbero potersi occupare di materie per le quali viga una riserva di legge assoluta (la legge n. 400/1988 lo afferma testualmente anche per i c.d. regolamenti di «*delegifica-*

---

203 Art. 17, co. 1, lett. *c*), della legge n. 400/1988 cit.

204 Ma v. *infra*, nella nota 210, la particolare ipotesi dei regolamenti che determinano «l'organizzazione e la disciplina degli uffici dei Ministeri».

205 Art. 17, co. 1, lett. *b*), della legge n. 400/1988 cit.

zione»[206]), la quale, di per sé, presuppone l'intervento della sola legge e degli atti aventi forza di legge.

Per i regolamenti di «*esecuzione*», tuttavia, taluno ritiene (ma la conclusione non è pacificamente condivisa, pur dovendosi sottolineare che spesso sono le stesse leggi ad autorizzarla) che quando siano di «stretta o mera esecuzione», possano dettare norme anche relativamente a materie coperte da riserva di legge assoluta. Di regola, quelli esecutivi sono i tipici regolamenti con i quali si riesce a garantire la concreta operatività di leggi, decreti legislativi e regolamenti comunitari.

I regolamenti *ministeriali* e quelli *interministeriali* trovano il loro limite naturale nel doversi occupare esclusivamente delle materie «di competenza del Ministro o di autorità sottordinate al Ministro» (o di materie di competenza di più ministri). E (a conferma dell'esistenza di una gerarchia anche interna alla categoria dei regolamenti dell'Esecutivo che trova già un proprio riconoscimento, fin da prima dell'entrata in vigore della Costituzione, nell'art. 4, co. 2, delle *Preleggi* al c.c.) essi debbono pure astenersi dal «dettare norme contrarie a quelle dei regolamenti emanati dal Governo»[207].

La tipologia di regolamenti per la quale merita spendere una parola in più è però senza dubbio quella dei regolamenti di «*delegificazione*», o «*delegati*», o «*autorizzati*».

Se è infatti vero che questi ultimi intervengono in materie, o in porzioni di materia, «*al posto di una legge o di più leggi*» (è solo così che possono finire con il *de-legificare* la materia) e che «l'abrogazione delle norme vigenti [*ha*] effetto dall'entrata in vigore delle norme regolamentari»[208], è anche vero che, essendo pur sempre atti secondari, non è pensabile siano essi stessi a provocare l'eliminazione della legge (o delle leggi) dall'ordinamento giuridico o anche solo una limitazione nel tempo (tipica dell'abrogazione) dei loro effetti, a pena di una inammissibile deroga al principio di legalità e al criterio gerarchico.

Ciò che in realtà accade (e che configura il c.d. «meccanismo della delegificazione») è che, a parte la legge n. 400/1988, esiste sempre un'altra legge, a monte del regolamento: che, per un verso, *autorizza* il regolamento a intervenire in una determinata materia, o àmbito di materia, dando così soddisfazione al principio di legalità; che, per altro verso, lo *delega* a intervenire al posto di una legge o di un atto avente forza di legge, in modo da ottenere l'effetto voluto che è, appunto, quello della *delegificazione*; che *produce l'effetto abrogativo* (è la legge a farlo) nei confronti della legge preesistente all'intervento del regolamento (non può infatti essere certo quest'ultimo a provvedere in tale senso, posto che una fonte di rango inferiore non può determinare l'abrogazione di una fonte di

---

[206] Art. 17, co. 3, della legge n. 400/1988 cit.

[207] *Idem*.

[208] *Idem*.

rango superiore per effetto del principio gerarchico di sistemazione delle fonti)[209]; che *determina le norme generali regolatrici della materia*; e che, infine, *posterga l'effetto abrogativo stesso all'entrata in vigore del regolamento* del quale sta autorizzando l'intervento, in modo tale da evitare un periodo di vuoto normativo tra l'abrogazione della legge che precedentemente regolamentava la materia e l'entrata in vigore del regolamento che la regolerà da quando sarà stato posto in essere in avanti[210].

Ciò detto, però, non può essere passata sotto silenzio la perdurante prassi in base alla quale la legge di autorizzazione non si sforza affatto di indicare, in modo sufficientemente puntuale, le norme legislative precedenti di cui pure essa dispone la abrogazione e si sforza assai poco quanto alla determinazione delle «norme generali regolatrici della materia».

A tale ultimo riguardo, si è ammesso che la disciplina legislativa di principio venga ricavata dalle leggi in questione, anziché dettata in modo apposito dalla legge autorizzativa. Né vi sono state, sul punto, significative reazioni da parte della Corte costituzionale, che anzi ha difeso la prassi, mediante la sent. 20 luglio 1995, n. 333. Fra gli ambiti privilegiati di applicazione dei regolamenti di delegificazione rientra l'organizzazione e la disciplina degli uffici dei Ministeri, da poco ricordati in nota, relativamente ai quali l'indicazione delle norme regolatrici della materia è determinata in via generale (e generica) dall'art. 17, co. 4 *bis*, della legge n. 400/1988, esso pure appena richiamato in nota.

Il fenomeno dei decreti di natura (auto-definita) non regolamentare per la definizione dei compiti delle unità dirigenziali nell'ambito degli uffici dirigenziali generali (le strutture di vertice dei singoli Ministeri), è sempre più ricor-

---

[209] Da questo punto di vista, costituiscono una sorta di **regolamenti di delegificazione anomali** quelli abilitati ad intervenire dalla «legge comunitaria», perché non sono preceduti dall'abrogazione di norme.

[210] Il tutto *ex* art. 17, co. 2, della legge n. 400/1988 cit.

Tra gli oggetti dei regolamenti di delegificazione, vanno menzionati (a seguito di un'integrazione dell'art. 17 della legge n. 400/1988, effettuata dalla legge 15 marzo 1997, n. 59, il cui art. 13 ha introdotto nell'art. 17 il nuovo co. 4 *bis*) «*l'organizzazione e la disciplina degli uffici dei Ministeri*», circa le quali si deve statuire «su proposta del Ministro competente d'intesa con il Presidente del Consiglio dei ministri e con il Ministro del tesoro, nel rispetto dei principi posti dal decreto legislativo 3 febbraio 1993, n. 29, e successive modificazioni, con i contenuti e con l'osservanza dei criteri che seguono: *[/]* a) riordino degli uffici di diretta collaborazione con i Ministri ed i Sottosegretari di Stato, stabilendo che tali uffici hanno esclusive competenze di supporto dell'organo di direzione politica e di raccordo tra questo e l'amministrazione; *[/]* b) individuazione degli uffici di livello dirigenziale generale, centrali e periferici, mediante diversificazione tra strutture con funzioni finali e con funzioni strumentali e loro organizzazione per funzioni omogenee e secondo criteri di flessibilità eliminando le duplicazioni funzionali; *[/]* c) previsione di strumenti di verifica periodica dell'organizzazione e dei risultati; *[/]* d) indicazione e revisione periodica della consistenza delle piante organiche; *[/]* e) previsione di decreti ministeriali di natura non regolamentare per la definizione dei compiti delle unità dirigenziali nell'ambito degli uffici dirigenziali generali». Su questi ultimi, v. tra poco, nel testo.

rente nella legislazione di riferimento, come pure non infrequente è l'adozione di provvedimenti amministrativi che contengono norme generali e astratte e che sarebbero così invece ascrivibili al *genus* dei regolamenti. Queste prassi, riassunte dalla dottrina in termini di «*fuga dal regolamento*», consentono al Governo di sfuggire all'*iter* di approvazione dei regolamenti di cui si dirà immediatamente.

e) Quanto al **procedimento di formazione** dei regolamenti, anch'esso stabilito dalla legge n. 400/1988, occorre distinguere tra i *regolamenti del Governo* e i regolamenti ministeriali.

Per i primi, l'art. 17, co. 1, della legge in parola prevede l'uso di un d.P.R. (decreto del Presidente della Repubblica) che dà forma a una previa deliberazione del Consiglio dei ministri (che agisce su impulso del ministro o dei ministri competente/i per materia), il quale ha l'obbligo di «sentire» il Consiglio di Stato, il cui parere è quindi obbligatorio (esso *deve* essere assunto), ma non vincolante (il Consiglio dei ministri può discostarsi dal contenuto del parere stesso, ma allora ha l'obbligo di motivare la ragione della sua scelta in tale senso)[211].

Quanto ai *regolamenti ministeriali*, invece, essi vengono adottati con decreto ministeriale. Se la materia trattata è relativa a materie di competenza di più ministri, possono essere adottati con *decreti interministeriali*. Anche il procedimento di adozione dei regolamenti ministeriali e di quelli interministeriali prevede che venga «sentito» il Consiglio di Stato, il cui parere è nuovamente obbligatorio, ma non vincolante, nel senso da poco precisato[212]. Tutti i regolamenti in parola vanno sempre «comunicati al Presidente del Consiglio dei Ministri prima della loro emanazione»[213], e ciò semplicemente perché la stessa legge n. 400/1988[214] prevede una serie di poteri esperibili dal Presidente del Consiglio nei confronti dei singoli ministri, tra i quali spiccano – per quanto qui interessa – il potere di «sospendere», prima, ed eventualmente «avocare», poi, a deliberazione del Consiglio dei ministri qualunque atto di ogni singolo ministro, «in ordine a questioni politiche e amministrative».

Ex art. 17, co. 4, della legge n. 400/1988, infine, tutti i regolamenti di «esecuzione», di «attuazione e... integrazione», «indipendenti», sull'«organizzazione ed il funzionamento delle amministrazioni pubbliche», ministeriali o interministeriali, affinché il loro procedimento di formazione possa dirsi effettivamente concluso, devono superare anche una fase integrativa dell'efficacia del medesimo, mediante sottoposizione «al visto ed alla registrazione della Corte dei conti», per infine essere «pubblicati nella Gazzetta Ufficiale». Essi devono, inoltre,

---

[211] Così l'art. 17, co. 1 (e co. 4), della legge n. 400/1988 cit., ove viene anche precisato che l'organo consultivo «deve pronunziarsi entro novanta giorni dalla richiesta» di parere.

[212] Così nell'art. 17, co. 4, della legge n. 400/1988 cit.

[213] Sin qui il disposto dell'art. 17, co. 3, della legge n. 400/1988 cit.

[214] Cfr. l'art. 5 (*Attribuzioni del Presidente del Consiglio*), co. 2, lett. *c*), della legge n. 400/1988 cit.

«recare la denominazione di "regolamento"»[215], il che, contrariamente a quel che potrebbe a prima vista sembrare, non è cosa da poco, tanto che la medesima legge n. 400/1988 cit. pretende lo stesso anche per i decreti-legge[216] e per i decreti legislativi delegati[217]. Si tratterà pure di un mero accorgimento formale, ma è tale da contribuire indubbiamente a tenere distinti regolamenti e atti aventi forza di legge da qualsiasi altro atto contenuto in decreti del Presidente della Repubblica, o in decreti ministeriali o interministeriali diversi da quelli recanti le fonti in parola.

26. *I regolamenti degli enti autonomi territoriali*

Nel trattare dei regolamenti come fonti secondarie, subordinate alle leggi ed agli atti equiparati, occorre fare una specifica menzione dei **regolamenti regionali, provinciali e comunali**, che per vari aspetti si distinguono dai regolamenti dell'esecutivo.

a) Quanto alle Regioni, il parallelismo con l'assetto dello Stato avrebbe consigliato di riservare la potestà regolamentare a quello che l'art. 121, co. 3, della stessa Costituzione definisce come «l'organo esecutivo»: vale a dire alla Giunta regionale. Ma tale soluzione era stata accolta, prima della legge cost. n. 1/1999, dai soli Statuti della Sicilia, del Trentino-Alto Adige e del Friuli-Venezia Giulia[218]. Nelle altre Regioni differenziate ed in tutte le Regioni ordinarie – come chiarisce il secondo comma dell'art. 121 Cost. – l'esercizio della potestà regolamentare era di *competenza del Consiglio*, mediante procedure in gran parte coincidenti con *l'iter* di formazione delle leggi locali. Solo all'esito della riforma costituzionale è stato espunto il riferimento all'esercizio della potestà regolamentare da parte del Consiglio regionale; *spetta oggi ai singoli statuti ordinari, e alle leggi statutarie per le Regioni ad autonomia differenziata, individuare i soggetti abilitati all'esercizio della predetta potestà*, potendo optare ad esempio per una integrale attribuzione alla Giunta, o per conservare in tutto o in parte il potere regolamentare in capo al Consiglio. Di dubbia legittimità sarebbe l'eventuale configurazione di regolamenti dei singoli assessori, mentre pare ammissibile (e alcuni statuti in effetti lo prevedono) il riconoscimento di un potere regolamen-

---

[215] Art. 17, co. 4, della legge n. 400/1988 cit., dovendosi fare notare come il rinvio espressamente operato ai soli commi 1 e 3 dell'art. 17, «lasci fuori» i «regolamenti di delegificazione», disciplinati nel co. 2 della stessa disposizione.

[216] Ognuno dei quali deve recare la «denominazione di decreto-legge» *ex* art. 15, co. 1, della legge.

[217] Ognuno dei quali deve recare la «denominazione di decreto legislativo» *ex* art. 14, co. 1, della legge.

[218] V. rispettivamente gli artt. 12, co. 3, e 13, co. 1, St. Sic., 43 e 44 n. 1, 53 e 54 n. 1, St. T.A.A., 46 St. F.V.G.

tare al Presidente della Giunta, specie in tema di organizzazione degli uffici amministrativi che coadiuvano il medesimo.

Quanto sopra illustrato spiega come, almeno prima della riforma del 1999, la funzione regolamentare sia stata svolta assai raramente. Allo stato, l'incremento dell'utilizzo dei regolamenti potrebbe essere favorito dalla estensione della potestà regolamentare regionale, posto che l'art. 117 Cost., come modificato dalla legge cost. n. 3/2001, limita la potestà regolamentare dello Stato alle sole materie in cui esso esercita una competenza legislativa esclusiva, e dunque abilita la sola fonte regolamentare regionale nelle materie di competenza legislativa concorrente e residuale. Ma una ragione ulteriore della preferenza per la funzione legislativa consiste negli specifici vincoli che i regolamenti regionali incontrano. Nelle materie di competenza regionale, soltanto le leggi locali possono validamente contraddire, nei limiti previsti dalla Costituzione o dagli statuti speciali, le vigenti leggi dello Stato. E, d'altra parte, benché taluni, in dottrina, abbiano tentato di argomentare – *post* riforma del 2001 – l'ammissibilità di regolamenti regionali indipendenti, in quei campi continua ad imporsi una *riserva di legge regionale*, sia pure relativa e non assoluta: con la conseguenza che la potestà regolamentare in questione deve risolversi nell'emanazione di *regolamenti soltanto esecutivi o attuativi* delle leggi stesse[219].

b) Diversamente da quelli regionali, i regolamenti comunali e provinciali concorrevano a formare l'ordinamento generale ben prima dell'entrata in vigore della Costituzione repubblicana[220]. Nel periodo statutario ed in quello fascista, tuttavia, Comuni e Province non disponevano di alcuna competenza regolamentare riservata; al contrario, i loro regolamenti si collocavano sul gradino più basso della scala degli atti normativi, in applicazione del criterio risultante dall'art. 4 cpv. delle «preleggi». Nell'ordinamento vigente, viceversa, vale anche a questi effetti il principio fondamentale stabilito dall'art. 5 Cost., per cui «la Repubblica... riconosce e promuove le autonomie locali». Se il previgente e ora abrogato art. 128 Cost. demandava a leggi generali della Repubblica la definizione della autonomia normativa degli enti minori, oggi il riconoscimento agli stessi, *ex* art. 114 Cost. della natura di enti costitutivi della Repubblica, accompagnato dall'art. 117 Cost., co. 8, che contiene un esplicita attribuzione di **potestà regolamentare agli enti locali quanto «alla disciplina dell'organizzazione e dello svolgimento delle funzioni loro attribuite»**, rafforza il ruolo di tali fonti normative.

Il legislatore statale, a maggior ragione se si considera che l'esercizio delle funzioni amministrative deve svolgersi in applicazione del principio di sussidiarietà ai sensi dell'art. 118 Cost., e pertanto con preferenza per il livello locale, subisce limiti che gli impongono di non circoscrivere ad arbitrio, senza ragioni giustificative

---

[219] Si veda in tal senso – specialmente – la sent. 11 luglio 1966, n. 96, della Corte Costituzionale.

[220] V. soprattutto gli arti. 131 del r.d. 4 febbraio 1915, n. 148, 149 del r.d. 3 marzo 1934. n. 383, e ora l'art. 5 della legge n. 142/1990 cit.

costituzionalmente rilevanti, la potestà regolamentare già spettante ai Comuni ed alle Province; in buona sostanza, importa «che vi siano enti posti in grado di disciplinare in concreto tanta materia e in maniera tanto organica che ne sorgano ordinamenti particolari entro l'ordinamento dello Stato» (Esposito, Beni, Pizzetti).

SEZIONE III – ANALISI DELLE FONTI-FATTO

27. *Le consuetudini: elementi costitutivi*

Le consuetudini rientrano per eccellenza tra i fatti normativi (Bobbio), tanto da far pensare – di primo acchito – che esse esauriscano questa categoria, ad eccezione delle sole fonti *extra ordinem*; in ogni caso, le consuetudini stesse tendono a coprire l'intero campo del diritto non scritto, essendo pressoché incontroverso che alle *norme* consuetudinarie non corrispondono *disposizioni* del medesimo genere, diversamente da ciò che si riscontra nel caso degli atti produttivi di diritto (come pure di alcuni fatti normativi diversi da quelli in esame: v. *infra*, il § 29 della presente sezione). Ma di tali fonti non ricorre neanche il nome, nelle varie disposizioni costituzionali e legislative ordinarie che riguardano l'individuazione degli atti e dei fatti costitutivi dell'ordinamento giuridico. La Costituzione non ne tratta, per lo meno in modo esplicito; le stesse «preleggi» ragionano solo degli «*usi*» [221], servendosi di una espressione riduttiva, che non consente di percepire né la reale portata né la reale natura del fenomeno in questione.

Il *nomen* «usi» lascia unicamente intendere, con immediatezza, perché le consuetudini rientrino appunto tra i fatti anziché tra gli atti normativi. Alla base del formarsi e del permanere di queste fonti non possono mancare le condotte ed i veri e propri atti, posti in essere da coloro che osservano una certa norma consuetudinaria [222]. Per definizione, tuttavia, il singolo atto conforme ad una consuetudine (o anche rivolto a stabilire un precedente che possa poi tradursi in diritto consuetudinario) non realizza mai lo scopo di far sì che viga (e, meno ancora, quello di far nascere) la consuetudine stessa. Occorre in primo luogo, viceversa, che sia riscontrabile l'*usus*, cioè la **costante ed uniforme ripetizione di un comportamento**, più o meno protratta nel tempo a seconda dei contenuti delle varie norme consuetudinarie. Ed è in questo senso che si suole parlare

---

[221] V. nuovamente gli art. 1, 8 e 9 delle «disposizioni sulla legge in generale».

[222] Di atti introduttivi e costitutivi delle consuetudini si suole parlare, in particolar modo, nel diritto canonico.

d'involontarietà, quanto al procedimento formativo delle consuetudini: volontario essendo solamente ognuno degli atti che entrano a comporre la catena, non già l'insieme o la serie degli atti che delle consuetudini rappresenta un fattore indispensabile.

Vero è, specialmente nel campo delle consuetudini costituzionali, che per generarle può bastare un *precedente*, ribadito in pochissimi casi dai soggetti politici a ciò interessati; ma in queste stesse ipotesi ciò che ne risulta è sempre un fatto, strettamente inteso, non già un atto produttivo di diritto, perché determinante è appunto la ripetizione e non il precedente in sé considerato. Se mai, si riduce di molto la cosiddetta *diuturnitas*, ossia la durata necessaria perché le norme in esame si consolidino ed entrino in vigore: in contrapposto all'estremo formato della prassi pluridecennale, richiesta ad esempio dal diritto canonico (o anche dal diritto internazionale). Per un altro verso, può talvolta alterarsi la stessa costanza dell'*usus*, dal momento che si danno vari casi di ripetizione «discontinua» (Crisafulli), caratteristica delle consuetudini «facoltizzanti» che i titolari degli organi costituzionali possono applicare a loro discrezione, traendone appunto facoltà e non doveri. Ma l'ampia gamma delle forme che le consuetudini possono assumere non esclude affatto che tali fonti consistano sempre in fenomeni collettivi, coinvolgendo nel tempo una coerente pluralità di soggetti.

Il dato della ripetizione è però insufficiente – come già si accennava (v. *retro*, il § 3 della sez. I di questo capitolo) – ad individuare gli *usi normativi*, separandoli dall'eterogeneo complesso di regole sociali non produttive di diritto. Quali sono i tratti che differenziano le consuetudini – ad esempio – dalle regole del galateo ovvero da quelle che riguardano la *correttezza costituzionale* o il costume politico (e che presuppongono anch'esse la ripetizione generalizzata di certi comportamenti)? Dal momento che l'*usus* è riscontrabile alla radice di tutti questi fenomeni, per distinguerli occorre fare ricorso ad un secondo elemento costitutivo delle norme consuetudinarie, che viene per lo più risolto nell'***opinio juris et necessitatis***: cioè nella convinzione, propria di quanti si adeguano alle norme in esame, che il loro comportamento sia giuridicamente dovuto (o consentito, nel caso delle consuetudini «facoltizzanti»).

Così definita, l'*opinio* ha formato l'oggetto di numerose obiezioni dottrinali. I suoi sostenitori sono stati accusati di psicologismo giuridico, laddove il diritto positivo oggettivamente inteso non potrebbe fondare la propria vigenza sul modo di sentire dei soggetti sottoposti ad esso. Più in particolare, si è sostenuto che l'*opinio* sarebbe il frutto di un circolo vizioso oppure di un errore, dal momento che essa non avrebbe senso in vista di norme che non fossero già in atto; sicché le credenze di coloro che per primi si conformassero ai comportamenti in questione presupporrebbero l'esistenza di norme consuetudinarie non ancora formatesi nella realtà giuridica (Kelsen, Bobbio, Giannini, R. Quadri). Si può tuttavia replicare, in primo luogo, che resta il problema del come differenziare gli usi normativi da quelli non normativi; ed il giurista non può fare a meno di tentare una risposta, trattandosi di stabilire – al limite – fin dove giunga l'ordinamento giuridico e dunque lo stesso diritto. In secondo luogo, al pari dell'*usus*, anche l'*opinio* va fatta consistere in una *convinzione collettiva* e non individuale. I singoli soggetti che ritengono giuridicamente indispensabile (o comunque rilevante) un certo comportamento possono bene sbagliarsi, considerando costituita una norma consuetudinaria che ancora non è tale; e possono anche, d'altra parte, adottare consapevolmente quell'atto o quella condotta, con l'intento di concorrere alla formazione d'una nuova consuetudine, sino a quel momento insussistente (come in effetti si verifica, con qualche frequenza, nel campo del diritto costituzionale). Ma le volizioni o gli stati d'animo dei singoli, in fatto di norme consuetudinarie, sono irrilevanti o insufficienti per definizione.

Determinante è invece la circostanza che il corpo sociale interessato da una consuetudine avverta la giuridica rilevanza dell'uso in questione, ossia l'attitudine di esso a far parte integrante dell'ordinamento giuridico (Bobbio). In diversi termini, decisive sono le «reazioni della coscienza sociale» di fronte al rispetto e di fronte alla violazione d'una norma consuetudinaria (Mortati): il che ha fatto dire che «l'*opinio* va ricercata anzitutto e soprattutto *negli altri*» (Crisafulli). Non a caso, è corrente l'assunto per cui «spetta al giudice un compito non meramente ricognitivo, ma interpretativo-creativo», nell'individuazione delle consuetudini (Zagrebelsky); sicché la dimostrazione più sicura della vigenza di un uso normativo consiste nell'applicazione che ne viene fatta in sede giudiziaria. Ma il giudice stesso, da solo, non pone in essere le consuetudini, bensì concorre con le sue decisioni a consolidare quei comportamenti e quei convincimenti sociali, da cui le consuetudini dipendono.

Per converso, le consuetudini cessano di vigere allorché vengono meno l'*usus* oppure l'*opinio*, od entrambi ad un tempo. La *desuetudine* ovvero il formarsi d'una consuetudine contraria valgono dunque ad abrogare le norme consuetudinarie. Ma l'accertamento dell'effetto abrogativo e la sua datazione sono altrettanto difficili delle valutazioni che riguardano, corrispondentemente, il nascere delle consuetudini; ed anche in ciò si registra uno *iatus* fra questo tipo di fonti e la generalità degli atti normativi.

28. Segue: *tipologia e posizione delle norme consuetudinarie nel sistema delle fonti*

Anche per quanto concerne il rango spettante alle consuetudini, rispetto alle altre fonti, le soluzioni offerte dalle «preleggi» si dimostrano troppo riduttive. Con quel fondamento, si potrebbe addirittura sostenere l'ammissibilità delle sole consuetudini *secundum legem*, puntualmente previste da specifiche disposizioni legislative; sicché le vere fonti – secondo una certa dottrina (Rocco) – consisterebbero appunto nelle leggi richiamanti le consuetudini e non negli usi stessi, che si limiterebbero a fornire i necessari contenuti normativi. In effetti, l'art. 8, co. 1, delle disposizioni preliminari al Codice civile afferma unicamente che «nelle materie regolate dalle leggi e dai regolamenti gli usi hanno efficacia solo in quanto sono da essi richiamati»; e se per «materie» si intendessero i vari settori dell'ordinamento giuridico, bisognerebbe escludere che sussista spazio per una formazione consuetudinaria indipendente, integrativa delle norme risultanti dagli atti normativi, giacché in tutti questi campi sarebbero sempre riscontrabili precetti di rango legislativo e regolamentare. Di più: allo stesso risultato si potrebbe giungere anche sulla base dell'art. 101 Cost., che considera i giudici «soggetti soltanto alla legge» e non alle consuetudini *praeter legem* (cioè alle consuetudini che disciplinano ambiti nei quali la legge non è intervenuta); come pure ai sensi dell'art. 12 disp. prel., là dove si prescrive il ricorso all'analogia oppure ai principi generali, anziché alle consuetudini, per colmare le lacune della legislazione (Zagrebelsky).

Vero è che delle *consuetudini integrative* sarebbe dato ragionare in vista dello stesso art. 8 delle «preleggi», sostenendo che esso presupponga l'esistenza di «materie» (*rectius*: di fattispecie) non disciplinate né in via legislativa né in via regolamentare; ed alla medesima conclusione si potrebbe giungere anche «in virtù del generale richiamo contenuto nell'art. 1 disp. prel.», che tratta degli usi senza distinguere fra quelli *secundum* e quelli *praeter legem* (Pavone La Rosa). Ma gli usi normativi rimarrebbero pur sempre confinati sull'ultimo gradino della scala gerarchica. Le stesse consuetudini «sostitutive», a fronte delle quali le disposizioni di legge dichiarano di cedere[223], sono infatti tali sol perché lo ha prescritto il legislatore. Se mai, proprio le norme consuetudinarie *secundum legem* sarebbero dotate di maggiore forza nei confronti di quelle integrative, giacché assumerebbero «l'efficacia stessa della norma rinviante», legislativa o regolamentare secondo le diverse ipotesi (Pizzorusso).

Tuttavia, quelle che richiedono un attento riesame sono proprio le premesse del discorso: vale a dire gli assunti che le «disposizioni sulla legge in generale» contengano una compiuta disciplina delle consuetudini e che – in ogni caso – fra le consuetudini stesse e gli usi normativi considerati dagli artt. 1 ss. disp. prel. esista una perfetta equivalenza. Gli «usi» in questione formano, in realtà, soltanto una parte delle consuetudini costitutive del vigente ordinamento. Ed è precisamente la parte più importante, agli effetti del sistema delle fonti, che invece esorbita dalle previsioni delle «preleggi».

a) In primo luogo, ad arricchire la tipologia delle consuetudini concorre l'art. 10, co. 1, Cost., per cui «l'ordinamento giuridico italiano si conforma alle norme del diritto internazionale generalmente riconosciute». Un'autorevole dottrina (R. Quadri) ritiene che si tratti di un principio implicante *l'adattamento automatico* del diritto italiano all'intero diritto internazionale, ivi compresi tutti i trattati stipulati dall'Italia; e ciò, in quanto fra le norme cui rimanda l'art. 10 rientrerebbe anzitutto la fondamentale regola *pacta sunt servanda.* Ma la ricostruzione

---

[223] V. per esempio l'art. 892 Cod. civ., in tema di «distanze per gli alberi».

di gran lunga prevalente è invece nel senso che la conformità prescritta dalla Costituzione non riguardi i trattati, cui si riferisce specificamente l'art. 80 Cost., bensì unicamente le **consuetudini internazionali**, che per definizione formano le sole fonti del diritto internazionale riconosciute dalla generalità degli Stati; e questa tesi, corrispondente ai lavori preparatori, è stata più volte fatta propria dalla Corte costituzionale, la quale ha escluso che l'art. 10, co. 1, si riferisca «ai singoli impegni assunti in campo internazionale dallo Stato» italiano ed ha invece posto l'accento sulle corrispondenti «consuetudini generali»[224].

Continua peraltro ad imporsi, in tali termini, il congegno dell'adattamento automatico: con la conseguenza che, ogniqualvolta si possa riscontrare la vigenza di una consuetudine internazionale, ad essa si conforma immediatamente il diritto interno, mediante la produzione di una norma coincidente con la consuetudine stessa (Perassi, Cassese). Quanto alle consuetudini vigenti nel momento dell'entrata in vigore della Costituzione, esse hanno pertanto avuto ingresso nel nostro ordinamento sin dal 1° gennaio 1948; e quanto alle consuetudini successivamente venute in essere, bisognerebbe comunque collocarle – secondo un'opinione dottrinale (La Pergola) – sul medesimo piano spettante alle norme costituzionali. La Corte costituzionale – nella sent. n. 48/1979 – aveva in sostanza fatto propria questa tesi, sostenendo che nei rapporti fra la Costituzione e le consuetudini preesistenti andrebbe applicato il «*principio di specialità*», con la conseguenza di risolvere gli eventuali contrasti a favore delle norme consuetudinarie; mentre, per le consuetudini sopravvenute, non si potrebbe «in alcun modo consentire la violazione dei principi fondamentali del nostro ordinamento costituzionale». È da rilevare che la possibile distinzione tra consuetudini formatesi anteriormente o successivamente al 1° gennaio 1948, quanto al rispetto dei principi fondamentali dell'ordinamento costituzionale, è venuta meno, avendo la Corte costituzionale, nella sent. 22 ottobre 2014, n. 238, affermato che il principio per il quale «il controllo di legittimità costituzionale riguarda sia norme posteriori che norme anteriori alla Costituzione repubblicana, vale anche per le norme del diritto internazionale generalmente riconosciute di cui al meccanismo di adattamento automatico dell'art. 10, co. 1, Cost. che si siano formate prima o dopo la Costituzione». In tale sede la Corte ha riconosciuto che «la norma consuetudinaria internazionale sull'immunità dalla giurisdizione degli Stati stranieri, ..., nella parte in cui esclude la giurisdizione del giudice a conoscere delle richieste di risarcimento dei danni delle vittime di crimini contro l'umanità e di gravi violazioni dei diritti fondamentali della persona, determina il sacrificio totale del diritto alla tutela giurisdizionale dei diritti delle suddette vittime», senza che sussista un interesse pubblico tale da giustificare tale sacrificio, così violando il principio supremo dell'ordinamento costituzionale espresso dall'art. 24 Cost.

---

[224] Cfr. le sentt. 18 maggio 1960, n. 32, 27 giugno 1973, n. 96, 18 giugno 1979, n. 48, 6 giugno 1989, n. 323.

Ad ogni modo, quale che sia la posizione rispettiva della Costituzione e delle consuetudini internazionali, ciò che ne risulta con certezza è il profondo divario esistente fra tali fonti e gli «usi» previsti dalle «preleggi». Rispetto alle leggi ordinarie, cioè, le norme di adattamento al diritto internazionale generale dispongono di una **competenza costituzionalmente riservata**, comparabile a quella conferita alle fonti atipiche «intermedie» fra la Costituzione e le leggi medesime. Pertanto, le posteriori norme legislative contrastanti con le consuetudini in esame debbono ritenersi illegittime (Sorrentino); mentre le consuetudini stesse non sottostanno – secondo la giurisprudenza costituzionale – altro che ai *«principi supremi»* desumibili dalla Costituzione, al pari delle leggi di esecuzione dei Patti lateranensi previsti dall'art. 7 Cost. (Cassese, Pizzorusso).

b) In secondo luogo, pur non essendo menzionate dalla Costituzione, anche le **consuetudini costituzionali** detengono un rango ben diverso da quello proprio degli «usi».

Occorre premettere che tutte le Costituzioni scritte presentano *lacune* più o meno ampie, con particolare evidenza per ciò che riguarda l'organizzazione costituzionale dello Stato. Nel caso dello Statuto albertino, una delle aree insufficientemente regolate concerneva addirittura la forma di governo del Regno di Sardegna e poi del Regno d'Italia; sicché rimase spazio per il formarsi di consuetudini, da alcuni ritenute introduttive della monarchia parlamentare in luogo di quella costituzionale, da altri interpretative o stabilizzatrici di un sistema già voluto – implicitamente – dalle stesse disposizioni statutarie (v. *retro*, parte II, cap. I, § 1). Ma anche nel caso di Costituzioni «lunghe» come quella vigente in Italia, le lacune costituzionali non mancano e non sempre si prestano a venire colmate dalle leggi, perché la soluzione dei rispettivi problemi dev'essere a volte rintracciata sul piano costituzionale e non sul piano legislativo ordinario (o perché le leggi, transitoriamente, non forniscono la necessaria disciplina di attuazione). Si danno anzi ipotesi in cui la Carta costituzionale sembra disporre in termini organici e compiuti, ma viene viceversa intesa dagli operatori come se si trattasse di un testo lacunoso (Esposito); sicché la prassi riesce ad inserirsi in questi stessi campi, dando luogo a costanti ripetizioni di comportamenti sorretti dall'*opinio juris* e così deformando la Costituzione scritta.

Non tutte le lacune costituzionali comportano, però, l'insorgere di altrettante consuetudini. In un primo tempo, quando ancora difetta il dato della costante ripetizione, in quegli ambiti sogliono formarsi puntuali **convenzioni**, vale a dire accordi fra i titolari degli organi costituzionali (eventualmente coinvolgenti altri soggetti politici), mediante i quali vengono – caso per caso – risolte questioni costituzionalmente rilevanti. Più d'una di tali convenzioni si rivela insuscettibile di tradursi in consuetudine: sia perché non si presta a venire ripetuta (si pensi al *«patto di Salerno»* della primavera del 1944, che rappresentò la premessa del regime luogotenenziale e della stessa elezione dell'Assemblea costituente: v. *retro*, parte II, cap. I, § 5); sia perché il termine convenzione può mantenere un valore puramente politico, senza integrare in alcun modo la Costituzione (come si verificava, ad esempio, per la cosiddetta *conventio ad excludendum*, che dal 1948 in poi ha generalmente trovato applicazione in Italia, nel senso di estromettere il partito comunista dalle coalizioni di governo). Ma laddove l'*usus* e l'*opinio* si combinano, le convenzioni si trasformano in fonti normative; ed è questo, di regola, il processo formativo delle consuetudini costituzionali (Rescigno, Zagrebelsky).

Così, non vi è dubbio che il procedimento di formazione che Governo sia solo parzialmente regolato dall'art. 92 Cost.; ed è sostenibile che la Costituzione sia stata dunque integrata mediante consuetudini ormai stabilizzate da vari decenni, con riferimento alla fase preparatoria ed alla fase costitutiva del procedimento stesso, rappresentate dalle *consultazioni* e *dall'incarico* (v. *infra*, parte III, cap. III, § 2). Del pari, gli esempi più noti di consuetudini costituzionali «facoltizzanti» riguardano – prima che entrasse in vigore la legge n. 400/1988 – le *componenti non necessarie del Governo*, dai vicepresidenti ai ministri senza portafoglio. Ancora, è in questo campo che si collocano gli atti di *iniziativa del Presidente della Repubblica*, enucleati dalla prassi malgrado l'art. 89, co. 1, Cost., che parrebbe consentire i soli atti presidenziali emanati su proposta del ministro competente (v. *infra*, parte III, cap. IV, § 5).

Ora, *consuetudini siffatte non sono certo subordinate alle leggi ordinarie, bensì sopraordinate ad esse*. Nell'integrare la Costituzione, tali fonti non pongono regole indifferenti dal punto di vista costituzionale, modificabili o derogabili ad arbitrio da parte dei medesimi soggetti o ad opera dei medesimi organi che le hanno poste in essere. Al contrario, i principi costituzionali riguardanti gli organi stessi ed i loro rapporti vedono definito dalle consuetudini il loro contenuto normativo; sicché l'eventuale violazione delle norme non scritte si risolve in violazione delle norme scritte ovvero dei principi da queste desumibili. Non a caso, la prevalente dottrina (Crisafulli, Esposito, Sorrentino, Mazziotti) ha sostenuto che i «conflitti di attribuzione tra i poteri dello Stato», di cui all'art. 134 Cost., vadano affrontati facendo ricorso alle consuetudini che si fossero formate sul punto; e questa tesi ha trovato un preciso riscontro sia nella sent. 10 luglio 1981, n. 129, con cui la Corte costituzionale – nel risolvere un conflitto fra le Camere, il Presidente della Repubblica e la Corte dei conti – ha fatto applicazione dei «principi non scritti, manifestatisi o consolidatisi attraverso la ripetizione costante di comportamenti uniformi»; sia nella sent. 18 gennaio 1996, n. 7, che si è similmente richiamata alle «prassi applicative» della Costituzione in tema di mozioni di sfiducia avverso singoli ministri, per desumerne che esse «rappresentano l'inveramento storico di principi contenuti nello schema definito dagli artt. 92, 94 e 95 Cost.». Ma similmente la consuetudine potrebbe anche integrare i parametri dei giudizi concernenti la legittimità costituzionale delle leggi (Grottanelli de' Santi): basti pensare – per rendersene subito conto – alla violazione dell'art. 94 Cost., prescrivente il rapporto di fiducia tra il Governo e il Parlamento, che si produrrebbe qualora una legge ordinaria escludesse le consultazioni *dall'iter* formativo del Governo stesso.

c) Diverso, ma non del tutto dissimile nelle conclusioni ultime, è il discorso da svolgere per le cosiddette «*consuetudini interpretative*». Tale locuzione è stata più volte utilizzata nella nostra dottrina (Romano, Bobbio), per evidenziare il fatto che tutte le norme giuridiche, a partire da quelle dettate attraverso atti normativi, rivestono un senso preciso – e sotto questo aspetto acquisiscono o perdono efficacia – nel momento in cui sono interpretate ed applicate in un determinato modo piuttosto che in termini diversi. Sul punto, l'ordinamento italiano è certo lontano dagli ordinamenti di *common law*, nei quali il diritto viene almeno in parte creato dai giudici, soprattutto ad opera delle Corti supreme le cui decisioni pongono precedenti atti a vincolare i giudici inferiori (quanto alle sentenze di accoglimento «additivo» della Corte costituzionale v. peraltro *infra*, parte VI, cap. II, § 16). Ma anche in Italia non vi è dubbio che il momento applicativo delle varie fonti normative assuma una determinante importanza, sebbene il precedente giurisprudenziale non rappresenti a sua volta un'autonoma fonte.

Nel nostro ordinamento, quanto alle stesse leggi ed agli altri atti normativi, resta fermo cioè che il Parlamento e le diverse autorità emananti gli atti in questione determinano solo le **disposizioni**, ovvero i testi o le statuizioni legislative o regolamentari. Ma in vario senso può dirsi che le disposizioni non coincidono con le rispettive **norme**. Accade non soltanto che ciascun disposto ponga una pluralità di norme, ogniqualvolta si tratti di una statuizione a contenuto complesso; e che – per converso – da certe formulazioni testuali si traggano soltanto frammenti di norme, l'insieme delle quali risulta desumibile da più disposizioni in combinazione reciproca. Ciò che più conta, accade altresì che da ogni disposizione (o da più statuizioni formanti un combinato disposto) si possano ricavare alternativamente norme fra loro diverse: dal momento che la disposizione stessa, interpretata in un certo senso, produce la norma A, ma interpretata in un senso diverso diviene invece la fonte della norma B o della norma C. Può verificarsi, anzi, l'esistenza di «norme senza disposizioni» (Crisafulli), anche al di là dell'ambito occupato dalle consuetudini: tali sono infatti, in particolar modo, molti fra i «principi generali dell'ordinamento», di cui all'art. 12 delle «preleggi».

È un dato di esperienza, insomma, che la norma vive, nella sua concretezza, «solo nel momento in cui viene applicata» (Ascarelli). Ed è un punto fermo che il Parlamento (od ogni altro autore di ciascun tipo di atto normativo) non può predeterminare integralmente il momento applicativo, sebbene le stesse disposizioni preliminari al Codice civile impongano di intendere la legge nel senso «fatto palese dal significato proprio delle parole secondo la connessione di esse, e dalla intenzione del legislatore». L'interpretazione letterale e quella fondata sui lavori preparatori si rivelano spesso insufficienti e devono cedere il passo *all'interpretazione logico-sistematica*, resa indispensabile dalla fondamentale unità dell'ordinamento giuridico. Ed è per questa via, precisamente, che si realizza il distacco fra la disposizione e la norma, fra il *diritto scritto* e il «*diritto vivente*» in ogni singolo momento storico.

Tuttavia, ciò non significa ancora che le «consuetudini interpretative», prodotte dalla giurisprudenza dominante (specialmente ad opera delle «supreme magistrature» quali la Corte di cassazione o la stessa Corte costituzionale), vadano confuse con le vere e proprie fonti del diritto. Si tratta, piuttosto, dei concreti modi di essere delle norme giuridiche, contrapposte alle corrispondenti disposizioni normative, fermo restando che le fonti propriamente dette sono pur sempre le leggi, i regolamenti e via dicendo.

29. *Il diritto internazionale privato*

Oltre alle consuetudini, *tra le fonti-fatto possono farsi rientrare anche le leggi ed altri atti costitutivi di ordinamenti esterni a quello italiano*: purché si riscontri che determinate fonti del nostro diritto rimandano alle fonti degli ordinamenti medesimi, dando ingresso ai loro contenuti normativi per la disciplina di determinate fattispecie. Più precisamente, i rapporti fra l'ordinamento statale italiano ed altri ordinamenti sovrani o comunque originari si concretano a volte per mezzo di **rinvii ricettizi**, o «materiali», o «fissi», attraverso i quali disposizioni normative interne si appropriano delle norme dettate da fonti straniere già in vigore, tanto da realizzare una sorta di «nazionalizzazione» di esse. Altre volte, però, il collegamento fra gli ordinamenti stessi viene effettuato mediante **rinvii formali** o «mobili» (o di «produzione»), con cui si rendono applicabili da parte dei giudici italiani tutte le norme prodotte da fonti dei detti ordinamenti esterni con riferimento a certe materie o a certi complessi di situazioni, poco importando se si tratti di norme vigenti o di norme sopravvenute, rispetto all'entrata in vigore delle disposizioni rinvianti. In quest'ultimo caso, gli atti normativi stranieri ed i loro disposti non vengono affatto «nazionalizzati»; ma piuttosto si trasformano, nella prospettiva dell'ordinamento italiano, in fatti automaticamente e continuativamente produttivi di diritto, attraverso la mediazione del richiamo operato dalle nostre leggi.

Al di là delle varie sfumature del pensiero proprio dei vari autori, tale è la sistemazione spettante – secondo l'opinione più diffusa nella dottrina italiana (Romano, Perassi, Ago, Barile) – al cosiddetto **diritto internazionale privato** ed alle leggi straniere chiamate da esso a regolare i rapporti in questione: così risolvendo i conflitti o le «collisioni» che altrimenti si verificherebbero fra le norme interne e le norme di altri Stati. Qui pure, in verità, si è ragionato talvolta di «nazionalizzazione», sostenendo che le disposizioni di rinvio ponessero altrettante «norme in bianco», destinate ad assumere i contenuti mano a mano risultanti dalle fonti richiamate (Anzilotti). Ma una ricostruzione del genere è stata per lo più considerata artificiosa; e si è preferito ritenere che le fonti stesse, nella prospettiva del nostro ordinamento, rappresentino appunto una serie di *fatti*, utilizzati ai fini del diritto applicabile in Italia.

Beninteso, però, rimane fermo che le norme del diritto internazionale privato (da altri definito come «diritto statale in materia internazionale»: R. Quadri) fungano pur sempre da indispensabile tramite: il che basta a soddisfare la fondamentale regola in virtù della quale il Parlamento italiano detiene, di massima, il monopolio della legislazione statale (Ballarino). Così – per esempio – è per effetto degli artt. 20 e 23 della legge 31 maggio 1995, n. 218 (sulla «riforma del sistema italiano di diritto internazionale privato»), che la capacità giuridica e la capacità di agire delle persone fisiche sono regolate dalla loro «legge nazionale».

Siffatta utilizzazione del diritto straniero incontra, del resto, vari *limiti imposti dall'ordinamento italiano vigente*. Per un primo verso, non è più sostenibile la vecchia tesi per cui gli artt. 17 e ss. delle «preleggi» ponevano norme di rinvio aventi in sostanza un valore costituzionale; al contrario, la Corte costituzionale ha escluso che le norme stesse siano insindacabili, in quanto inidonee a toccare «la sfera di operatività della Costituzione», ed anzi ha dichiarato l'illegittimità di alcune fra di esse[225]. Per un altro verso, le leggi straniere così richiamate non vanno applicate se i loro effetti «sono contrari all'ordine pubblico»[226]. Vero è che il *limite dell'ordine pubblico* viene variamente inteso, ora nel senso che si tratti degli inderogabili principi dell'ordinamento interno, ora – piuttosto – con riferimento ai comuni principi della «civiltà giuridica», cui s'informa anche la nostra Repubblica. Ma in entrambi i casi ne risulta che i fatti normativi in questione non sono completamente equiparabili alla Costituzione e neppure alle leggi statali ordinarie.

30. *Le fonti dell'Unione europea*

a) Gli atti normativi posti in essere dai competenti organi dell'Unione europea – ed il discorso vale per corrispondenti atti adottati dagli organi delle Comunità europee preesistenti all'Unione (CECA, CEE, EURATOM) – concorrono a formare non soltanto il diritto dell'Unione, ma anche – in pari tempo – il diritto applicabile dalla generalità dei soggetti dell'ordinamento italiano, con particolare riguardo alle autorità giurisdizionali. Per meglio dire, le **direttive** – secondo quanto previsto dall'art. 288, co. 3, del *Trattato sul funzionamento dell'Unione europea* – vincolano lo Stato membro cui sono rivolte «per quanto riguarda il *risultato* da raggiungere, salva restando la competenza degli organi nazionali in merito alla forma e ai mezzi»; salvo che, come accade nella prassi, le direttive siano tanto dettagliate da consentire applicazioni immediate, senza una

---

[225] Cfr. le sentt. 26 febbraio 1987, n. 71, e 10 dicembre 1987, n. 477, che hanno rispettivamente annullato per violazione del principio di eguaglianza l'art. 18 (quanto alla necessaria applicazione della legge nazionale del marito) e l'art. 20, co. 1, disp. prel. (quanto alla prevalenza della legge nazionale del padre). Ma vedi, ora, gli artt. 29 ss. della legge n. 218/1995.

[226] Cfr. l'art. 16, co. 1, della legge n. 218 cit.

previa intermediazione legislativa, e così tendendo a confondersi con i **regolamenti**.

Questi ultimi, al contrario, come previsto sempre dall'art. 288 cit., co. 2, oltre ad avere «portata generale» sono obbligatori in tutti i loro elementi e direttamente applicabili in ciascuno degli Stati membri: con la conseguenza che essi entrano – indirettamente – a comporre il sistema delle fonti interne o, quanto meno, interferiscono nel modo più stretto con il sistema medesimo, sempre che i loro specifici contenuti normativi risultino suscettibili di applicazione immediata.

Nel dir questo non si vuole intendere che tali fonti siano state nazionalizzate, mediante un «rinvio recettizio»: è oggi fuori discussione che i regolamenti dell'Unione non vadano inquadrati tra gli «atti aventi forza di legge dello Stato», suscettibili di esser sindacati dalla Corte costituzionale. Anche in questo caso, piuttosto, quelli che per l'ordinamento comunitario costituiscono altrettanti atti normativi, nella prospettiva dell'ordinamento italiano assumono la veste di *fatti* produttivi di diritto, sicché l'Italia «ne riconosce gli effetti» (Capotosti). La Corte costituzionale, nella sent. 8 giugno 1984, n. 170, ha affermato da un lato che *i sistemi del diritto dell'Unione e del diritto interno sono «autonomi e distinti, ancorché coordinati»*, secondo la ripartizione di competenza stabilita e garantita dai Trattati europei; e d'altro lato ha riconosciuto che le disposizioni contenute nei regolamenti dell'Unione, in quanto direttamente applicabili, non possono e non devono essere riprodotte o trasformate in corrispondenti disposizioni dell'ordinamento nazionale.

I regolamenti (prima «comunitari», e oggi) dell'Unione europea si impongono, insomma, in base ai trattati istitutivi delle Comunità europee, e al Trattato sul funzionamento dell'Unione europea (TFUE), per effetto degli ordini di esecuzione contenuti nelle leggi che ne hanno autorizzata la ratifica. Certo, rimane fermo che gli atti normativi dell'Unione vanno interpretati e sindacati dalla Corte di giustizia dell'Unione europea, in base a quanto previsto in primis dall'art. 19 del *Trattato sull'Unione europea (TUE)*, e non dai vari giudici nazionali; ma le leggi italiane e – per certi aspetti – anche la Carta costituzionale risentono del diritto dell'Unione, nel momento della loro interpretazione e della loro applicazione.

b) Per quanto siano stati discussi i loro rapporti con le leggi statali ordinarie, si è sempre considerato pacifico che i regolamenti in questione, ben oltre il loro *nomen iuris*, avessero comunque un **valore primario**, essendo immediatamente subordinati alla Costituzione; e ciò ha posto subito il problema del loro *fondamento costituzionale*. Indipendentemente da una base rintracciabile nell'ambito delle norme di rango costituzionale – oggi certamente rinvenibile nel primo comma dell'art. 117 Cost., come riformato dalla legge cost. n. 3/2001, oltre che nell'art. 97, co. 1, Cost., inserito dalla legge cost. n. 1/2012 – i regolamenti stessi non sarebbero stati in grado di avere ingresso nel nostro ordinamento, dato il carattere chiuso e tassativo delle fonti primarie costituzionalmente previste (cui le sole leggi ordinarie, come quelle esecutive dei Trattati europei, non potrebbero legittimamente aggiungere alcun tipo di atto o fatto normativo).

A partire dalla sent. 7 marzo 1964, n. 14 della Corte costituzionale, la generalità degli interpreti ha fatto ricorso, in tal senso, a quella proposizione dell'art. 11 Cost. per cui l'Italia «consente, in condizioni di parità con gli altri Stati, alle limitazioni di sovranità necessarie ad un ordinamento che assicuri la pace e la giustizia fra le Nazioni». Vero è che i costituenti intendevano riferirsi, con ciò, alla imminente adesione dello Stato italiano all'Organizzazione delle Nazioni Unite; ma l'*occasio legis* non vale ad escludere (come ha rilevato la Corte costituzionale nella sent. 27 dicembre 1973, n. 183) che la formula predetta risulti ispirata «a principi programmatici di valore generale, di cui la Comunità europea e le altre organizzazioni regionali europee costituiscono concreta attuazione». Indicazioni di analogo tenore si ritrovano, del resto, nello stesso Trattato CEE, ove gli Stati firmatari si risolvono a «rafforzare ... le difese della pace e della libertà», e più recentemente nel Preambolo al TUE, ove si rammenta «l'importanza storica della fine della divisione del continente europeo e la necessità di creare solide basi per l'edificazione dell'Europa futura», e nel quale gli Stati confermano «il proprio attaccamento ai principi della libertà, della democrazia e del rispetto dei diritti dell'uomo e delle libertà fondamentali nonché dello Stato di diritto», con ciò rendendo meno astruso, di quanto potrebbe a prima vista sembrare, il consolidato richiamo all'art. 11 Cost.; rispetto al quale l'art. 117 Cost., co. 1, che vincola Stato e Regioni al rispetto dei vincoli derivanti dall'ordinamento comunitario, e l'art. 97 Cost., che pone un vincolo di coerenza con l'ordinamento dell'Unione europea quanto all'equilibrio dei bilanci e alla sostenibilità del debito pubblico, hanno oggi una funzione rafforzativa e non sostitutiva.

Ma in che consistono le «*limitazioni di sovranità*», derivanti dall'immediata applicabilità dei regolamenti comunitari? E quali sono, in particolar modo, i criteri di risoluzione dei possibili contrasti fra quelle previsioni «regolamentari» e le disposizioni legislative ordinarie dello Stato? A fronte di tali interrogativi, le risposte offerte dalla giurisprudenza costituzionale sono state, nel tempo, profondamente diverse. In base al primitivo orientamento della Corte, ogni conflitto del genere avrebbe dovuto venire risolto «secondo i principi della *successione delle leggi*», facendo senz'altro prevalere la legislazione o la normazione regolamentare posteriore e considerando abrogate le rispettive norme previgenti, senza pertanto «dar luogo a questioni di costituzionalità» (così Corte cost., sent. n. 14/1964). In un successivo momento, la stessa Corte ha invece avvertito che dall'attribuzione di potestà normativa agli organi dell'Unione non può non derivare «la corrispondente limitazione di quella propria degli organi costituzionali dei singoli Stati membri»: con la conseguenza che in Italia – dato l'art. 11 Cost. – i regolamenti europei non avrebbero potuto formare oggetto di provvedimenti statali riproduttivi, integrativi o esecutivi; e che per converso sarebbe stato precluso alle leggi ordinarie, a pena di incostituzionalità, di «sostituirsi ad essi, derogarvi o abrogarli, anche parzialmente» (Corte cost. sentt. n. 183/1973 cit. e 30 ottobre 1975, n. 232). La prevalenza delle fonti comunitarie veniva dunque assicurata da un lato mediante l'*abrogazione delle leggi ordinarie preesistenti*, e, d'altro lato, mediante la *dichiarazione dell'incostituzionalità di leggi successive qualora incompatibili.*

Da ultimo, però, la Corte costituzionale si è adeguata alle indicazioni della Corte di giustizia delle comunità europee (oggi dell'Unione europea), come pure ai criteri già seguiti nell'ambito di altri stati membri, ed ha sostenuto, con la già citata sent. n. 170/1984, che le disposizioni del diritto dell'Unione immediatamente applicabili «devono, ..., entrare e permanere in vigore nel territorio italiano, senza che la sfera della loro efficacia possa essere intaccata dalla legge ordinaria dello Stato. Non importa, al riguardo, se questa legge sia anteriore o successiva. Il regolamento comunitario fissa, comunque, la disciplina della specie. L'effetto connesso con la sua vigenza è perciò quello, non già di caducare, nell'accezione propria del termine, la norma interna incompatibile, bensì di impedire che tale norma venga in rilievo per la definizione della controversia innanzi al giudice nazionale». La necessaria applicazione del regolamento esige, infatti, la disapplicazione (o più correttamente, secondo la dottrina, la **«non applicazione»**, perché la disapplicazione, in altre ipotesi conosciute al nostro ordinamento, si accompagna ad un giudizio sulla invalidità dell'atto, mentre in questo caso un tale giudizio non viene effettuato) della legge interna che interferisce con il regolamento, senza che da ciò derivi una questione di legittimità da sottoporre alla Corte costituzionale. Non si determina, come precisa la Corte nella stessa sentenza, alcuna abrogazione della norma interna incompatibile con la norma europea, perché il fenomeno abrogativo può manifestarsi solo in presenza di norme all'interno dello stesso ordinamento statuale, e ad opera delle sue fonti.

La non applicazione della norma interna incompatibile con il regolamento dell'Unione è compito che incombe su «tutti i soggetti competenti nel nostro ordinamento a dare esecuzione alle leggi (e agli atti aventi forza o valore di legge), tanto se dotati di poteri di dichiarazione del diritto, come gli organi giurisdizionali, quanto se privi di tali poteri, come gli organi amministrativi», come è stato affermato dalla Corte costituzionale nella sentenza n. 11 luglio 1989, n. 389; inoltre, l'immediata applicazione del diritto europeo da parte dei predetti soggetti deve riguardare anche le statuizioni della Corte di giustizia (Corte cost., sent. 23 aprile 1985, n. 113).

Il sindacato della Corte costituzionale, quanto alla incompatibilità delle leggi interne con i regolamenti, non è tuttavia escluso del tutto: se il giudizio davanti alla Corte viene instaurato in via diretta (su cui v. parte VI, cap. II, § 5), per effetto della impugnazione statale di una legge regionale o dell'impugnazione regionale di una legge dello Stato, la Corte si ritiene competente a sindacare la legittimità delle leggi impugnate (così Corte cost., sentt. 10 novembre 1994, n. 384 e 30 marzo 1995, n. 94): in simili ipotesi, infatti, il giudizio di legittimità costituzionale sarebbe non meno sollecito di quello esercitato da qualsiasi altro giudice, senza smentire il principio dell'immediata applicabilità dei regolamenti comunitari.

Resta il problema delle indispensabili garanzie costituzionali. Come far sì che i regolamenti dell'Unione non oltrepassino i limiti materiali della competenza ad essi attribuita dai trattati europei, posto che tali fonti non sono impugnabili dinanzi alla Corte costituzionale italiana? E come, specialmente, far valere l'esigenza che le fonti stesse non ledano – al limite – diritti costituzionalmente spettanti ai cittadini? La Corte stessa ha precisato, in proposito, «come la legge di esecuzione del Trattato possa andar soggetta al suo sindacato, in riferimento ai principi fondamentali del nostro ordinamento costituzionale e ai diritti inviolabili della persona umana» (Corte cost., sentt. n. 183/1973 e 170/1984); riferimenti, questi, che la dottrina riassume con l'espressione **controlimiti** [perché rappresentano, appunto, un «limite alle limitazioni» (di sovranità) che l'Italia ha accettato con la ratifica dei trattati europei]. Ma una risposta necessariamente collegata alla denuncia degli accordi istitutivi delle Comunità e dell'Unione europea risulta, per questo solo fatto, altamente improbabile e scarsamente efficace. Ed è preferibile immaginare, in estrema ipotesi, che in situazioni siffatte la Corte possa annullare la legge di esecuzione del trattato limitatamente al caso della disciplina dell'Unione riscontrata illegittima (ad es. utilizzando la formula «nella parte in cui prevede che venga dato ingresso nell'ordinamento italiano ad un regolamento che ...»); a meno di supporre che spetti ad ogni giudice italiano disapplicare, anziché la legge interna incompatibile, il regolamento lesivo della Costituzione (Sorrentino).

Il controllo della Corte costituzionale rimane pieno ed esclusivo con riguardo al possibile contrasto tra leggi italiane e norme europee non direttamente applicabili: in questi casi il giudice dovrà sollevare una questione di legittimità costituzionale della norma interna (oggi per violazione dell'art. 117 Cost.). Un trattamento particolare sembra essere riservato, in base ad una decisione della Corte costituzionale (14 dicembre 2017, n. 269), alla Carta dei diritti fondamentali dell'Unione europea, alla quale il Trattato di Lisbona ha riconosciuto effetti giuridici vincolanti, equiparandola ai Trattati: pur potendosi configurare una diretta applicabilità delle disposizioni della Carta, il contenuto di questa – afferma la Corte – ha una «impronta tipicamente costituzionale», perché i principi e diritti ivi enunciati «intersecano in larga misura i principi e i diritti garantiti dalla Costituzione». Ciò rende necessario, nei soli casi in cui vi sia il dubbio che una legge interna contrasti contemporaneamente con la Costituzione e con la Carta dei diritti fondamentali, che il giudice sollevi la questione di legittimità costituzionale sulla legge stessa.

Con riguardo alla normativa europea non direttamente applicabile, agli Stati membri incombe non soltanto l'obbligo di non legiferare in contrasto con essa, ma anche l'obbligo di darne attuazione entro i termini indicati nei singoli atti, pena la sottoposizione ad un procedimento di infrazione promosso dalla Commissione europea, e deciso dalla Corte di giustizia. Per questa ragione il legislatore italiano ha da tempo disciplinato appositi strumenti di attuazione del diritto europeo, oggi previsti dalla **legge 24 dicembre 2012, n. 234**; il sistema si concentra essenzialmente su due leggi annuali: la *legge di delegazione europea*, con la quale il Governo viene delegato dal Parlamento ad attuare una serie di direttive e di altri atti europei, e la *legge europea*, con la quale l'attuazione è assicurata direttamente dal Parlamento. La legge di delegazione europea ha inoltre la funzione di dettare i principi fondamentali nelle materie di competenza legislativa concorrente delle Regioni, le quali, come previsto dall'art. 117, co. 5, Cost., possono dare applicazione diretta agli atti dell'Unione europea (cfr. *supra*, § 22).

31. *Le fonti* «extra ordinem»

Sono stati finora analizzati i vari tipi di atti e di fatti abilitati a costituire e rinnovare l'ordinamento giuridico, sulla base di previsioni normative facenti parte dell'ordinamento stesso. Ma nella realtà giuridica, anche all'interno di un dato ordinamento storicamente riguardato[227], può bene accadere che fonti diverse da quelle legali o atti comunque scaturenti da procedure anomale (o produttivi di effetti non riconducibili a quelli che nella specie sarebbero stati giuridicamente consentiti) riescano a modificare stabilmente il sistema normativo, senza che vengano fatti valere efficaci rimedi da parte delle autorità competenti e senza che siano applicate sanzioni di sorta. Di qui, precisamente, le **fonti *extra ordinem***, che si aggiungono alle fonti legali originariamente previste, fino al punto di alterare l'intero quadro degli atti e dei fatti normativi, già proprio dell'ordinamento in esame.

La gravità e l'incidenza di simili fenomeni possono risultare, tuttavia, profondamente dissimili secondo le diverse ipotesi; tanto che in vari casi non è dato ragionare di fonti *extra ordinem* nel senso più stretto e preciso del termine, giacché si tratta di produzioni normative implicanti specifiche, singole o addirittura episodiche *rotture del sistema*. Si pensi – per esempio – alla decretazione legislativa d'urgenza talvolta utilizzata dal Governo nel periodo statutario. Malgrado i decreti-legge si ponessero in evidente contrasto con la disciplina della produzione normativa dettata dallo Statuto (v. *retro*, la sez. I, § 7, del presente capitolo), ciò non valse ad incrinare, almeno fino allo scoppio della prima guerra mondiale, lo stesso regime parlamentare vigente in Italia (né ad evidenziarne l'incombente crisi). Di più: i decreti stessi vennero quasi sempre intesi dal Parlamento e dai giudici come atti legittimi, rientranti nella competenza del Governo, superando la mancata previsione statutaria di provvedimenti siffatti.

In altri casi, per contro, la sistematica utilizzazione di fonti *extra ordinem*

---

[227] Il presente paragrafo prescinde dalle *rivoluzioni* instaurative di ordinamenti affatto nuovi, non riconducibili a quello preesistente. Fatti normativi del genere si pongono all'origine di sistemi a sé stanti, che non hanno – per definizione – più nulla in comune con quelli già vigenti nei medesimi ambiti spaziali e personali. Ed è stato già detto (v. *retro*, parte II, cap. I, § 3) che nella storia costituzionale italiana tali fenomeni non trovano affatto riscontro.

coincide con l'*instaurarsi di nuove forme di governo e di Stato*, sebbene permanga la complessiva continuità dell'ordinamento giuridico. Vale per tutti l'esempio – saliente nella storia costituzionale italiana (v. *retro*, parte II, cap. I, § 5) – dei decreti-legge adottati dal Governo Badoglio per togliere di mezzo le strutture del regime fascista; nonché dei conseguenti decreti legislativi luogotenenziali, emanati a partire dal 25 giugno 1944, sui quali si è fondato l'ordinamento costituzionale transitorio fino al *referendum* istituzionale ed alla elezione dell'Assemblea costituente.

S'intende, però, che fonti siffatte non si sono imposte alla stessa maniera delle leggi, dei regolamenti e degli altri atti normativi già previsti dall'ordinamento statale italiano, ma si sono rese obbligatorie *per forza propria*. È per questo motivo che, in origine, la produzione del diritto *effettuata extra ordinem* può considerarsi alla stregua di un **fatto normativo**, pur quando essa assuma la veste di un atto o di una serie di atti, promananti da soggetti dotati di autorità nello Stato. In altri termini, le fonti in questione rappresentano una «espressione diretta della costituzione materiale» o reale (Zagrebelsky), in antitesi alla Costituzione scritta, che a questo punto appare peraltro destinata ad un più o meno rapido superamento. In certe ipotesi, a fondamento di ciò, vari autori fanno anzi ricorso alla necessità riguardata come fonte autonoma ed «invocata al fine di sovvertire la struttura dell'ordinamento» (Mortati).

Ma, non appena si formano quelle che un'altra corrente dottrinale definisce «consuetudini confermative» delle fonti *extra ordinem* (Esposito), accade che il generale sistema delle fonti ne risulta modificato; sicché non è più dato ragionare di fatti normativi, ma ne scaturiscono senz'altro nuove specie di atti produttivi di diritto, al medesimo titolo delle fonti legali già configurate dall'ordinamento. Così, dal punto di vista della Costituzione repubblicana, i decreti-legge del Governo Badoglio ed i conseguenti decreti legislativi hanno legittimamente concorso a formare il diritto costituzionale transitorio: come, del resto, appare testualmente confermato dalla XV disp. trans. Cost., ai sensi della quale «si ha per convertito in legge il decreto legislativo luogotenenziale 25 giugno 1944, n. 151, sull'ordinamento provvisorio dello Stato».

NOTA BIBLIOGRAFICA – Sulle **fonti normative in generale** – oltre a CRISAFULLI, *Lezioni di diritto costituzionale*, II, Padova, 1984, p. 1 ss. – v. ZANOBINI, *Scritti di diritto pubblico*, Milano, 1955; MODUGNO, *L'invalidità della legge*, Milano, 1970; SORRENTINO, *Corte costituzionale e Corte di giustizia delle Comunità europee*, I, Milano, 1970; MORTATI, *Scritti sulle fonti del diritto e sull'interpretazione*, Milano, 1972; PIZZORUSSO, *Fonti del diritto*, nel *Commentario Scialoja-Branca*, Bologna-Roma, 1977; GUASTINI, *Dalle fonti alle norme*, Torino, 1990 (nonché *Le fonti del diritto e l'interpretazione*, Milano, 1993; e *Teoria e dogmatica delle fonti*, Milano, 1998); SORRENTINO, *Le fonti del diritto*, Genova, 1991; GIOCOLI NACCI, *Appunti sulle fonti normative*, Bari, 1992; RUGGERI, *«Itinerari» di una ricerca sul sistema delle fonti*, Torino, 1992 (nonché *Fonti e norme nell'ordinamento e nell'esperienza costituzionale*, Torino, 1993); ZAGREBELSKY, *Il sistema costituzionale delle fonti del diritto*, Torino, 1992; PALADIN, *Le fonti del diritto italiano*, Bologna, 1996; CICCONETTI, *Le fonti del diritto*, Torino, 1997; DE NITTO, *Diritto dei* *giudici e diritto dei legislatori*, Lecce, 2002; AA.VV., *Diritto costituzionale e diritto giurisprudenziale, Annuario 2002, Atti* del Convegno annuale dell'A.I.C. tenutosi a Milano l'11-12 ottobre 2002, Padova, 2004; MODUGNO, *Appunti dalle lezioni sulle fonti del diritto*, Torino, 2005; CARLASSARE, voce *Fonti del diritto (diritto costituzionale)*, in *Enc. dir.*, Annali, II, 2008; GROSSI, *Premesse per uno studio sistematico delle fonti del diritto*, Torino, 2008; BIN, PITRUZZELLA, *Le fonti del diritto*, II ed., Torino, 2012; nonché l'annuale *Osservatorio sulle fonti*, a cura di De Siervo e poi di Caretti. **Sull'interpretazione degli atti normativi** BETTI, *Interpretazione della legge e degli atti giuridici*, Milano, 1949; A. GIULIANI, *Logica del diritto (teoria dell'argomentazione)*, in *Enc. dir.*, XXV, Milano, 1975; TARELLO, *L'interpretazione della legge*, nel *Trattato di diritto civile e commerciale*, 1, Milano, 1980; G. BERTI, *Interpretazione costituzionale*, IV ed., Padova, 2001; M. DOGLIANI, *Interpretazione*, in AA.VV., *Dizionario di diritto pubblico*, a cura di S. Cassese, vol. III, Milano, 2006; PINO, *Interpretazione e «crisi» delle fonti*, Modena, 2014; MODUGNO, *Interpretazione giuridica*, Padova, 2015. Su **alcuni profili storici della problematica in esame** v. CODACCI PISANELLI, *Legge e regolamento*, in *Scritti di diritto pubblico*, Città di Castello, 1900; CAMMEO, *Della manifestazione della volontà dello Stato nel campo del diritto amministrativo*, nel *Trattato Orlando*, Milano, 1901, p. 30 ss.; RACIOPPI e BRUNELLI, *Commento allo Statuto del Regno*, Torino, 1909; ROMANO, *Scritti minori*, cit., 1, p. 213 ss., p. 297 ss.; SALTELLI, *Potere esecutivo e norme giuridiche*, Roma, 1926; TOSATO, *Le leggi di delegazione*, Padova, 1931; ESPOSITO, *La validità delle leggi*, Milano, 1934; PERASSI, *Scritti giuridici*, Milano, 1958; PERELMAN, *Le disposizioni sulla legge in generale. Artt. da 1 a 15*, in AA.VV., *Trattato di diritto privato*, diretto da P. Rescigno, Torino, 1999, p. 398 ss. **Sui problemi di sistemazione delle fonti** v. CRISAFULLI, *Gerarchia e competenza nel sistema costituzionale delle fonti*, in *Riv. trim. dir. pubbl.*, 1960, p. 775 ss.; RUGGERI, *Gerarchia, competenza e qualità nel sistema costituzionale delle fonti normative*, Milano, 1977. Sull'**abrogazione** SORRENTINO, *L'abrogazione nel quadro dell'unità dell'ordinamento giuridico*, in *Riv. trim. dir. pubbl.*, 1972, p. 18 ss.; R. QUADRI, *Dell'applicazione della legge in generale*, nel *Commentario Scialoja-Branca*, Bologna-Roma, 1974. Sulla **forza di legge** SANDULLI, *Legge, forza di legge e valore di legge*, in *Riv. trim. dir. pubbl.*, 1957, p. 299 ss.; QUADRI, *La forza di legge*, Milano, 1975. Sulle **fonti atipiche** FERRARI, *Le leggi rinforzate nell'ordinamento italiano*, in *Studi sulla Costituzione*, Milano, 1958, II, p. 447 ss.; LA PERGOLA, *Costituzione e adattamento dell'ordinamento interno al diritto internazionale*, Milano, 1961; SPAGNA MUSSO, *Costituzione rigida e fonti atipiche*, Napoli, 1966. Sulla **Costituzione come fonte** v. AZZARITI, *Problemi attuali di diritto costituzionale*, Milano, 1952, p. 97 ss.; CRISAFULLI, *La Costituzione e le sue disposizioni di principio*, Milano, 1952; PENSOVECCHIO LI BASSI, *L'interpretazione delle norme costituzionali*, Milano, 1972; DOGLIANI, *Interpretazione della Costituzione*, Milano, 1982; NANIA, *Il valore della Costituzione*, Milano, 1986; DOGLIANI, *Introduzione al diritto costituzionale*, Bologna, 1994; BARTOLE, *La prematura scoperta della rigidità*, in AA.VV., *Scritti in memoria di Livio Paladin*, vol. I, Napoli, 2004, p. 117 ss.; AA.VV., *Commentario alla Costituzione*, in 3 voll., a cura di Bifulco, Celotto, M. Olivetti, Torino, 2006; AA.VV., *Commentario breve alla Costituzione*, II ed., a cura di Bartole, Bin, Padova, 2008. Sulla **revisione della Costituzione e sulle leggi costituzionali** ESPOSITO, *Costituzione, legge di revisione della Costituzione e «altre leggi costituzionali»*, in *Scritti Jemolo*, Milano, 1963, III, p. 191 ss.; CONTINI, *La revisione costituzionale in Italia*, Milano, 1971; CICCONETTI, La *revisione della Costituzione*, Padova, 1972; GROSSI, *Introduzione allo studio dei diritti inviolabili nella Costituzione italiana*, Milano, 1972; PEDRAZZA GORLERO, *Le variazioni territoriali delle Regioni*, Padova, 1979-1991; RIDOLA, *I diritti fondamentali. Un'introduzione*, Torino, 2006; GROPPI, *Commento all'art. 138 Cost.*, in *Commentario alla Cost.*, cit.; G. DI COSIMO, *Commento all'art. 138 Cost.*, in *Commentario breve*, cit.; AA.VV., *La Costituzione e la sua revisione*, a cura di V. Baldini, Pisa, 2014; DE MARTINO, *Le deroghe all'articolo 138 della Costituzione: l'esperienza repubblicana*, Napoli, 2014. Sulle **leggi ordinarie e sui relativi limiti** v. FOIS, *La «riserva di legge»*, Milano, 1963; PALADIN, Il *principio costituzionale d'eguaglianza*, Milano, 1965 (nonché *Corte costituzionale e principio generale d'eguaglianza*, in *Scritti Crisafulli*, cit., I, p. 605 ss.); ROSSANO, *L'eguaglianza giuridica nell'ordinamento costituzionale*, Napoli, 1966; BARBERA, *Leggi di piano e sistema delle fonti*, Milano, 1968; MORTATI, *Le leggi provvedimento*,

Milano, 1968; DI GIOVINE, *Introduzione allo studio della riserva di legge nell'ordinamento costituzionale italiano*, Torino, 1969; PALADIN, *La legge come norma e come provvedimento*, in *Giur. cost.*, 1969, p. 871 ss.; SATTA, *Principio di legalità e pubblica amministrazione nello Stato democratico*, Padova, 1969; GROTTANELLI DE' SANTI, *Profili costituzionali della irretroattività delle leggi*, Milano, 1970; CERRI, *L'eguaglianza nella giurisprudenza della Corte costituzionale*, Milano, 1976; SORRENTINO, *Lezioni sulla riserva di legge*, Genova, 1977; B. CARAVITA, *Oltre l'eguaglianza formale*, Padova, 1984; BIN, *Atti normativi e norme programmatiche*, Milano, 1988; CICCONETTI, *Prime riflessioni sul nuovo testo dell'art. 79 della Costituzione*, in *Giur. cost.*, 1994, p. 3033 ss.; AA.VV., *Trasformazioni della funzione legislativa*, a cura di F. Modugno, Milano, 2000; LORELLO, *Funzione legislativa e Comitato per la legislazione*, Torino, 2003; PICCIRILLI, *L'emendamento nel processo di decisione parlamentare*, Padova, 2008; ALBANESI, *Pareri parlamentari e limiti della legge*, Milano, 2010; L.A. MAZZAROLLI, *Del peculiare rapporto sussistente tra la legge ordinaria e il principio dell'autonomia universitaria costituzionalmente garantita*, in AA.VV., *Scritti in onore di Aldo Loiodice*, vol. I, Bari, 2012, p. 805 ss. Sui **rapporti fra lo Stato, la Chiesa cattolica e le altre confessioni religiose** v. specialmente LANDOLFI, *L'intesa tra Stato e culto acattolico*, Napoli, 1962; D'AVACK. *Trattato di diritto ecclesiastico italiano*, Milano, 1969 (rist.); AA.VV., *Concordato e Costituzione*, Bologna, 1985 (a cura di S. Ferrari). Sugli **atti governativi con forza di legge** v. FERRI, *Sulla delegazione*, in *Studi Rossi*, Milano, 1952, p. 187 ss.; LIGNOLA, *La delegazione legislativa*, Milano, 1956; MORTATI, *Atti con forza di legge e sindacato di costituzionalità*, Milano, 1964; SCUDIERO, *Aspetti dei poteri necessari per lo stato di guerra*, Napoli, 1969; DI CIOLO, *Questioni in tema di decreti-legge*, Milano, 1970; CERVATI, *La delega legislativa*, Milano, 1972; SORRENTINO, *La Corte costituzionale fra decreto-legge e legge di conversione*, in *Dir. soc.*, 1974, p. 507 ss.; PALADIN, *Gli atti con forza di legge nelle presenti esperienze costituzionali*, in *Scritti Mortati*, cit., II, p. 452 ss.; PATRONO, *Utilizzo «rinnovato» della delega legislativa*, in *Dir. soc.*, 1981, p. 661 ss.; FRESA, *Provvisorietà con forza di legge e gestione degli stati di crisi*, Padova, 1981; AA.VV., *La decretazione d'urgenza*, Roma, 1985 (a cura della Camera dei deputati); ANGIOLINI, *Necessità ed emergenza nel diritto pubblico*, Padova, 1986; PALICI DI SUNI, *La regola e l'eccezione*, Milano, 1988; PINNA, *L'emergenza nell'ordinamento costituzionale italiano*, Milano, 1988; PITRUZZELLA, *La legge di conversione del decreto-legge*, Padova, 1989; STRIANO, *Decisione politica ed elasticità del modello nella delega legislativa*, Napoli, 1990; CELOTTO, *L'«abuso» del decreto-legge*, Padova, 1997; CELOTTO, *I decreti-legge possono incidere in materia referendaria?*, in AA.VV., 'Par condicio' *e Costituzione*, a cura di F. Modugno, Milano, 1999; MALFATTI, *Rapporti tra deleghe legislative e delegificazioni*, Torino, 1999; CONCARO, *Il sindacato di costituzionalità sul decreto-legge*, Milano, 2000; N. MACCABIANI, *La conversione dei decreti legge davanti alla Camera dei deputati. La prassi del Comitato per la legislazione*, Brescia, 2001; SIMONCINI, *Le funzioni del decreto-legge. La decretazione d'urgenza dopo la sentenza n. 360/1996 della Corte costituzionale*, Milano, 2003; C. LATINI, *Il governo legislatore: delega legislativa e dottrina dei pieni poteri tra Otto e Novecento*, Milano, 2004; LUCIANI, *Art. 75*, in *Commentario della Costituzione*, a cura di Branca e proseguito da Pizzorusso, Bologna-Roma, 2005; AA.VV., *L'emergenza infinita: la decretazione d'urgenza in Italia*, a cura di Simoncini, Macerata, 2006; CELOTTO, DI BENEDETTO, *Commento all'art. 77*, in AA.VV., *Commentario alla Costituzione*, a cura di Bifulco, Celotto, Olivetti, Torino, 2006; RUOTOLO, SPUNTARELLI, *Commento all'art. 76*, in AA.VV., *Commentario alla Costituzione*, a cura di Bifulco, Celotto, Olivetti, Torino, 2007; M. MALO, *Commento agli artt. 76 e 77 Cost.*, in *Commentario breve*, cit.; AA.VV., *La delega legislativa tra teoria e prassi*, *Atti* del seminario svoltosi in Roma, Palazzo della Consulta, il 24 ottobre 2008, Milano, 2009; AA.VV., *Le trasformazioni della delega legislativa; contributo all'analisi delle deleghe legislative nella XIV e XV legislatura*, a cura di E. Rossi, Padova, 2009; LUPO, *Il ruolo normativo del Governo*, Il Filangieri. Quaderno 2010, pp. 81-134; PIZZORUSSO, *L'ampliamento dei poteri normativi dell'esecutivo nei principali ordinamenti occidentali a cinquant'anni dal saggio di Enzo Cheli*, in AA.VV., *Lo Stato costituzionale la dimensione nazionale e la prospettiva internazionale: scritti in onore di Enzo Cheli*, a cura di Caretti e Grisolia, Bologna, 2010; RUBECHI, *Gli «atti equiparati» alla legge ordinaria*, in AA.VV., *La costruzione giurisprudenziale delle fonti del diritto*, a cura di

Califano, Fano, 2010; MALFATTI, *Corte costituzionale e delegazione legislativa, tra «nuovo volto» procedurale e sottoposizione al canone di interpretazione conforme*, in AA.VV., *Studi in onore di Franco Modugno*, III, Napoli, 2011; CHINNI, *Decretazione d'urgenza e poteri del Presidente della Repubblica*, Napoli, 2014; nonché, su **alcuni specifici aspetti considerati nel testo**, MERINI, *Profili costituzionali dell'amnistia e dell'indulto*, in *Riv. trim. dir. pubbl.*, 1954, p. 103 ss.; BARTHOLINI, *La delegazione legislativa in materia di amnistia e indulto*, in *Riv. trim. dir. pubbl.*, 1955, p. 502 ss.; ABBAMONTE, *Aspetti della delegazione legislativa*, in *Annali*, Macerata, 1959; ESPOSITO, *Caratteristiche essenziali (e comuni) dei testi unici delle leggi*, in *Giur cost.*, 1961, p. 496 ss.; ROSSANO, *I testi unici nell'esercizio della funzione amministrativa e di quella legislativa*, in *Rass. dir. pubbl.*, 1963, II, p. 185 ss.; BALDASSARRE e CERRI, *Decreti legislativi vincolati*, in *Giur. cost.*, 1965, p. 813 ss.; MODUGNO e NOCILLA, *Riflessioni sugli emendamenti al decreto legge*, in *Dir. soc.*, 1973, p. 351 ss.; ZAGREBELSKY, *Amnistia, indulto e grazia. Profili costituzionali*, Milano, 1974. Sui **regolamenti degli organi costituzionali** v. – nell'ordine – BON VALSASSINA, *Sui regolamenti parlamentari*, Padova, 1955; CICCONETTI, *Regolamenti parlamentari e giudizio di costituzionalità nel diritto italiano e comparato*, Padova, 1979; OCCHIOCUPO, *Il diritto ad un giudice «indipendente ed imparziale» del personale degli organi costituzionali*, in *Dir. soc.*, 1979, p. 737 ss.; CERVATI, Il *controllo di costituzionalità sui vizi del procedimento legislativo parlamentare in alcune recenti pronunce della Corte costituzionale*, in *Giur. cost.*, 1985, I, p. 1445 ss.; FLORIDIA, *Il regolamento parlamentare nel sistema delle fonti*, Milano, 1986; NOCILLA, *Aspetti del problema relativo alle fonti che disciplinano la Corte costituzionale*, in *Giur. cost.*, 1968, p. 1980 ss.; PANUNZIO, *I regolamenti della Corte costituzionale*, Padova, 1970; OCCHIOCUPO, *Il Segretariato generale della Presidenza della Repubblica*, Milano, 1973; STANCATI, *I regolamenti della Presidenza della Repubblica*, Milano, 1990; PALADIN, *Sulla natura dei «regolamenti presidenziali»*, in *Riv. trim. dir. pubbl.*, 1991, p. 1071 ss.; PANUNZIO, *Regolamenti della Corte costituzionale*, in *Enc. dir.* XXX, Roma, 1991, p. 1 ss.; PIZZORUSSO, ROMBOLI, *Le norme integrative per i giudizi davanti alla Corte costituzionale dopo quasi mezzo secolo di applicazione*, *Atti* del Seminario di Pisa, 26 ottobre 2001, a cura di Famiglietti, Malfatti, Sabatelli, Torino, 2002; CERASE, *Commento all'art. 68 Cost.*, in *Commentario alla Cost.*, cit.; GIUPPONI, *Commento all'art. 68 Cost.*, in *Commentario breve*, cit.; LAMARQUE, *Le nuove norme integrative per i giudizi davanti alla Corte costituzionale*, in *Dir. soc.*, 1/2009, p. 113 s. Sui ***referendum*** v. CRISAFULLI, *Norme statali e norme regionali in materia di referendum*, in *Riv. amm.*, 1955, I, p. 457 ss.; MARTINES, *Il referendum negli ordinamenti particolari*, Milano, 1960; SCUDIERO, *Il referendum nell'ordinamento regionale*, Napoli, 1971; CHIAPPETTI *L'ammissibilità del referendum abrogativo*, Milano, 1974; DE MARCO, *Contributo allo studio del referendum nel diritto pubblico italiano*, Padova, 1974; MODUGNO, *«Trasfigurazione» del «referendum» abrogativo «irrigidimento» dei Patti Lateranensi?*, in *Giur. cost.*, 1978, I, p. 181 ss.; PANUNZIO, *Il referendum abrogativo*, in *Attualità e attuazione della Costituzione*, Bari, 1979; *Il referendum abrogativo in Italia*, Roma, 1981 (a cura della Camera dei deputati); GIORGIS, *I referendum elettorali*, Torino, 1991; CARNEVALE, *Il referendum abrogativo e i limiti della sua ammissibilità nella giurisprudenza costituzionale*, Padova, 1992; SALERNO, *Referendum*, Padova, 1992; CARIOLA, *Referendum abrogativo e giudizio costituzionale*, Milano, 1994; AA.VV., *Il giudizio di ammissibilità del referendum abrogativo*, Milano, 1998; PIZZOLATO, *Commento all'art. 75 Cost.*, in AA.VV., *Commentario alla Cost.*, cit.; VIGEVANI, *Commento all'art. 75 Cost.*, in AA.VV., *Commentario breve*, cit.; SICLARI, SORRENTINO, *Il referendum costituzionale*, Roma, 2016; MAZZAROLLI, *Annotazioni e riflessioni sul* referendum *veneto in materia di* autonomia, in *Federalismi.it*, n. 17 del 13 settembre 2017; AA.VV., *La riforma respinta (2014-1016): riflessioni sul d.d.l. costituzionale Renzi-Boschi*, Bologna, 2017. Sulle **leggi regionali, prima della riforma del 2001** v. MIELE, *La Regione nella Costituzione italiana*, Firenze, 1949; VIRGA, La *Regione*, Milano, 1949; GALEOTTI, *Osservazioni sulla legge regionale come specie della «legge» in senso tecnico*, in *Riv. trim. dir. pubbl.*, 1957, p. 97 ss.; PALADIN, *La potestà legislativa regionale*, Padova, 1958, e *Diritto regionale*, Padova, 1996; MAZZIOTTI, *Studi sulla potestà legislativa delle Regioni*, Milano, 1961; SPAGNA MUSSO, *Programmazione statale ed affievolimento della competenza regionale* a *carattere esclusivo in competenza concorrente*, in

Rass. dir. pubbl., 1963, p. 501 ss.; BARTHOLINI, *Interesse nazionale e competenza delle Regioni nella giurisprudenza della Corte costituzionale*, Padova, 1967; CUOCOLO, *Le leggi cornice nei rapporti fra Stato e Regioni*, Milano, 1967; BASSANINI, *L'attuazione delle Regioni*, Firenze, 1970; ITALIA, *Le disposizioni di principio stabilite dal legislatore*, Milano, 1970, e *Problemi di diritto regionale*, Milano, 1976; BARTOLE, *Supremazia e collaborazione nei rapporti fra Stato e Regioni*, in *Riv. trim. dir. pubbl.*, 1971, p. 84 ss.; BARBERA, *Regioni e interesse nazionale*, Milano, 1973; D'ATENA, *L'autonomia legislativa delle Regioni*, Roma, 1974; FASO, *Le minori potestà legislative della Regione*, Milano, 1975; RUGGERI, *Ancora in tema di leggi statali e leggi regionali su materie di competenza ripartita*, in *Riv. di dir. pubbl.*, 1977, p. 267 ss.; CARETTI, *Ordinamento comunitario e autonomia regionale*, Milano, 1979; CRISAFULLI, *Vicende della «questione regionale»*, in *Le Regioni*, 1982, p. 495 ss.; MARTINES, RUGGERI, *Lineamenti di diritto regionale*, Milano, 1987; R. TOSI, *«Principi fondamentali» e leggi statali nelle materie di competenza regionale*, Padova, 1987; CARLI, *Il limite dei principi fondamentali*, Torino, 1992; MANGIAMELI, *Le materie di competenza regionale*, Milano, 1992. Sugli **statuti delle Regioni ordinarie, prima della riforma del 2001** v. CARLASSARE, *La promulgazione degli Statuti delle Regioni ad autonomia ordinaria*, in *La Regione e il governo locale*, Milano, 1965, I, p. 71 ss.; BASSANINI, ONIDA, *Gli statuti regionali di fronte al Parlamento*, Milano, 1971; DE SIERVO, *Gli Statuti delle Regioni*, Milano, 1974; D'ATENA, *Forma e contenuto degli Statuti regionali ordinari*, in *Scritti Crisafulli*, cit., p. 217 ss. **Sulle fonti regionali successivamente alla riforma costituzionale del 2001**, v. L.A. MAZZAROLLI, *Spunti per una riconsiderazione del limite degli interessi nazionali nel nuovo Titolo V della Costituzione*, in *Il diritto della Regione*, n. 5/2001, p. 945 ss.; AA.VV., *La riforma del titolo V della Costituzione e i problemi della sua attuazione*, a cura di Associazione per gli Studi e le ricerche sulla Riforma delle Istituzioni Democratiche e sull'innovazione nelle amministrazioni pubbliche (ASTRID), Roma, 2002; TORCHIA, *La potestà legislativa residuale delle Regioni*, in *Le Regioni*, 2002, p. 343 ss.; TOSI, *Il sistema delle fonti regionali*, in *Il diritto della regione*, n. 5/2002; AA.VV., *La Repubblica delle Autonomie. Regioni ed enti locali nel nuovo titolo V*, a cura di Groppi, Olivetti, Torino 2003; AA.VV., *Stato, regioni ed enti locali nella legge 5 giugno 2003, n. 131*, a cura di Falcon, Bologna, 2003; CAPPUCCIO, *Il procedimento di revisione degli statuti speciali introdotto dalla legge costituzionale n. 2 del 2001. Una nuova ipotesi di rottura della Costituzione?*, in *Le Regioni*, 2003, p. 408 ss.; AA.VV., *Regioni ed enti locali dopo la riforma del titolo V della Costituzione. Fra attuazione ed ipotesi di ulteriore revisione*, a cura di Chieffi, Clemente di San Luca, Torino 2004; BARTOLE, BIN, FALCON, TOSI, *Diritto regionale*, Bologna, 2005; PAJNO, VERDE, *Gli statuti-leggi costituzionali delle regioni speciali*, in AA.VV., *Osservatorio sulle fonti 2005. I nuovi Statuti regionali*, a cura di Caretti, Torino, 2006; AA.VV., *Gli Statuti di seconda generazione. Le Regioni alla prova della nuova autonomia*, a cura di Bifulco, Torino 2006; TARCHI, *Le competenze normative statali e regionali tra riforme e giurisprudenza costituzionale. Un primo bilancio*, Torino, 2006; SERGES, *Commento all'art. 117, co. 1, Cost.*, in AA.VV., *Commentario alla Cost.*, cit.; COSSIRI, *Commento all'art. 117, co. 1, Cost.*, in AA.VV., *Commentario breve*, cit.; BENELLI, *Commento all'art. 117, co. 2 ss., Cost.*, in AA.VV., *Commentario breve*, cit.; L.A. MAZZAROLLI, *Il concetto di «materie» nell'art. 117, Titolo V, Cost. Se i «lavori pubblici» e gli «appalti pubblici» si prestino ad esservi riportati e come si attui, per essi, il riparto di competenze tra enti*, in AA.VV., *Studi in onore di Leopoldo Mazzarolli*, a cura di E. Casetta, A. Romano, F.G. Scoca, vol. III Padova, 2007, pp. 431-465; A. MORRONE, *Il regionalismo differenziato. Commento all'art. 116, comma 3 della Costituzione*, in *Federalismo fiscale*, n. 1, 2007, p. 139 ss.; AA.VV., *I nuovi statuti delle Regioni ad autonomia ordinaria*, a cura di D'Atena, Milano, 2008; AA.VV., *I principi negli Statuti regionali*, a cura di Cheli, Catelani, Bologna, 2008; ANTONINI, *Il regionalismo differenziato*, Milano, 2009; CAVALERI, *Diritto regionale*, Padova, 2009; ROLLA, *Diritto regionale e degli enti locali*, II ed., Milano, 2009; AA.VV., *Diritto regionale e degli enti locali*, a cura di S. Gambino, Milano, 2009; AA.VV., *Studi sulle fonti del diritto. Le fonti delle autonomie territoriali*, a cura di Pajno e G. Verde, 2° vol., Milano, 2010; F. TERESI, *Il sistema delle autonomie territoriali. Profili di diritto regionale e degli enti locali*, Palermo, 2010; ZUDDAS, *L'influenza del diritto dell'Unione Europea sul riparto di competenze legislative tra Stato e Regioni*, Padova, 2010; BIN, FALCON, *Diritto regionale*, Bologna, 2012; MARTINES, RUGGERI, SALAZAR, *Lineamenti di diritto regionale*, IX ed., Milano, 2012; CORVAJA, *Statuti regionali e «leggi della Repubblica»*, in *www. forumquadernicostituzionali.it*, n. 8/2013, p. 8 ss.; F. CORVAJA, *La potestà concorrente, tra conferme e novità*, in *Le Regioni*, 2011, p. 287 ss.; F. CORVAJA, *Le materie di potestà legislativa ripartita*, in AA.VV., *Lineamenti di diritto costituzionale della regione del Veneto*, a cura di P. Cavaleri ed E. Gianfrancesco, Torino, 2013, p. 226 ss.; F. CORVAJA, *Le materie di potestà legislativa residuale*, in AA.VV., *Lineamenti di diritto costituzionale della regione del Veneto*, cit., pp. 251-274; AA.VV., *Le autonomie territoriali nella riforma costituzionale*, *Atti* del Convegno 23 novembre 2015, Istituto A.C. Jemolo (a cura di), Roma, 2016; AA.VV., *Temi e problemi di diritto regionale*, a cura di P. Perlingieri, Napoli, 2016; CARETTI, TARLI BARBIERI, *Diritto regionale*, Torino, 2016; D'ATENA, *Diritto regionale*, Torino, 2017. Sui **regolamenti dell'esecutivo** v. GUARINO, *Legge e regolamento*, in *Foro it.*, 1953, I, 1, c. 120 ss.; AMATO, *Rapporti fra norme primarie e secondarie*, Milano, 1962, CARLASSARE, *Regolamenti dell'esecutivo e principio di legalità*, Padova, 1966; CHELI, *Potere regolamentare e struttura costituzionale*, Milano, 1967; A. SANDULLI, *L'attività normativa della pubblica amministrazione*, Napoli, 1970; G.U. RESCIGNO, *Il nome proprio degli atti normativi e la legge n. 400 del 1988*, in *Giur. cost.*, 1988, II, p. 1494 ss.; AA.VV., *Legge e regolamento*, in *Quad. cost.*, 1990, n. 1; CERRONE, *La potestà regolamentare tra forma di governo e sistema delle fonti*, Torino, 1991; AA.VV., *Norme secondarie e direzione dell'amministrazione*, a cura di De Siervo, Bologna, 1992; LUCARELLI, *Potere regolamentare*, Padova, 1995; TARLI BARBIERI, *La delegificazione (1989-1995)*, Torino, 1996. Sui **regolamenti degli enti autonomi** ESPOSITO, *La Costituzione italiana*, cit., p. 67 ss.; MIELE, *La potestà regolamentare delle Regioni*, in *Riv. trim. dir. pubbl.*, 1958, p. 3 ss.; BERTI, *Il regolamento come atto normativo regionale*, in *Riv. trim. dir. pubbl.*, 1973, p. 136 ss.; PIZZETTI, Il *sistema costituzionale delle autonomie locali*, Torino, 1979; PEGORARO, *Gli statuti degli enti locali*, Rimini, 1993; GROPPI, *Autonomia costituzionale e potestà regolamentare degli enti locali*, Milano, 1994; M.C. ROMANO, *Regolamenti dei comuni*, in *Dig. discp. pubbl.*, *Agg. VI*, Torino, 2015. Sulle **consuetudini** v. BISCARETTI DI RUFFIA, *Le norme della correttezza costituzionale*, Milano, 1939; BOBBIO, *La consuetudine come fatto normativo*, Padova, 1942; GIANNINI, *Sulla consuetudine*, in *Riv. int. fil. dir.*, 1947, p. 89 ss.; ASCARELLI, *Problemi giuridici*, Milano, 1959; ORESTANO, *Dietro la consuetudine*, in *Riv. trim. dir. pubbl.*, 1963, p. 521 ss.; A. CASSESE, *L'art. 10 della Costituzione italiana*, in *Riv. trim. dir. pubbl.*, 1964, p. 350 ss.; ZAGREBELSKY, *Sulla consuetudine costituzionale nella teoria delle fonti del diritto*, Torino, 1970; G.U. RESCIGNO, *Le convenzioni costituzionali*, Padova, 1972; BARTOLE, *Le convenzioni della Costituzione tra storia e politica*, in *Pol. dir.*, 1983, p. 251 ss.; ROSSANO, *La consuetudine nel diritto costituzionale*, Napoli, 1992. Sul **diritto internazionale privato** v. ANZILOTTI, *Opere*, III, Padova, 1960; BALLARINO, *Diritto internazionale privato*, Padova, 1982; G. BARILE, *Costituzione e rinvio mobile a diritto straniero, diritto canonico, diritto comunitario, diritto internazionale*, Padova, 1987. Sulle **fonti comunitarie** v. SORRENTINO, *Corte costituzionale e Corte di giustizia delle Comunità europee*, Milano, 1970-1973; AA.VV., *Il primato del diritto comunitario e i giudici italiani*, Milano, 1978; AA.VV., *L'influenza del diritto europeo sul diritto italiano*, Milano, 1982; CAPOTOSTI, *Questioni interpretative della attuale giurisprudenza costituzionale sui rapporti tra diritto inferno e diritto comunitario*, in *Giur. cost.*, 1987, I, p. 3810 ss.; GALEOTTI, *Legge nazionale, regolamento comunitario e controllo giurisdizionale*, in *Scritti Giannini*, III, Milano, 1988, p. 351 ss.; GUZZETTA, *Costituzione e regolamenti comunitari*, Milano, 1994; DONATI, *Diritto comunitario e sindacato di costituzionalità*, Milano, 1995; CARTABIA, GENNUSA, *Le fonti europee e il diritto italiano*, Torino, 2009; L.A. MAZZAROLLI, *«Primato» del diritto comunitario e diritto per i singoli Stati di «recedere» dall'Unione. Dalla cd. «Costituzione europea» al «Trattato di Lisbona»: due concetti che diventano, ora, nella prospettiva comunitaristica, apparentemente incompatibili*, in AA.VV., *Studi in onore di Vincenzo Atripaldi*, vol. II. Napoli, 2010, pp. 1566-1594; ZUDDAS, *L'influenza del diritto dell'Unione Europea sul riparto di competenze legislative tra Stato e Regioni*, Padova, 2010; VECCHIO, *Primazia del diritto europeo e salvaguardia delle identità costituzionali. Effetti assimmetrici dell'europeizzazione dei controlimiti*, Torino, 2012; BIN, CARETTI, PITRUZZELLA, *Profili costituzionali dell'Unione europea*, Bologna, 2015.

Parte III
LO STATO SOGGETTO

CAPITOLO I

LE BASI COSTITUZIONALI DELLA FORMA DI STATO VIGENTE IN ITALIA

SOMMARIO: 1. La forma repubblicana. – 2. La democraticità della repubblica; democrazia diretta e democrazia rappresentativa. – 3. *Segue*: rappresentanza e responsabilità politica. – 4. La sovranità popolare. – 5. I partiti politici.

1. *La forma repubblicana*

Va subito avvertito che non tutti i profili della forma di Stato, sui quali si sofferma la Costituzione repubblicana, possono trovare trattazione in questa sede. Un complesso assai vario e notevole di tali aspetti viene separatamente riguardato nelle pagine concernenti i diritti e i doveri dei cittadini, nonché i corrispondenti principi fondamentali (v. *infra* la parte V); ed altri aspetti, come quelli relativi alla tipologia ed ai differenti contenuti delle autonomie territoriali costituzionalmente previste e garantite, vanno invece analizzati dopo avere preso in esame l'organizzazione costituzionale dello Stato-apparato (v. *infra* la parte IV). Nella sede presente, per contro, occorre fissare le sole premesse indispensabili per poter considerare puntualmente quello che la Costituzione denomina l'«ordinamento della Repubblica», con particolare riguardo alla disciplina dei singoli «poteri» dello Stato e dei loro reciproci rapporti (artt. 55-113 Cost.). A questa stregua, due sono i perni di tali premesse: da un lato essi consistono nelle proposizioni centrali dell'art. 1 Cost., per cui «l'Italia è una Repubblica democratica», sicché «la sovranità appartiene al popolo»; d'altro lato essi poggiano sul testo dell'art. 49, ai sensi del quale «tutti i cittadini hanno diritto di associarsi liberamente in partiti per concorrere con metodo democratico a determinare la politica nazionale».

L'affermazione che «l'Italia è una Repubblica», da cui prende le mosse la Carta costituzionale, rappresenta il portato necessario del *referendum* istituzionale svoltosi il 2 giugno 1946, che vincolò la stessa Assemblea costituente: «in questa parte», cioè, «la Costituzione non aggiunge o toglie nulla all'esito del *referendum*» (Esposito); ed il risultato di quel voto popolare fornisce d'altronde, nel contempo, la *ratio* dell'ultimo articolo della Costituzione, onde «la forma repubblicana non può essere oggetto di revisione costituzionale». Il combinato disposto degli artt. 1 e 139 Cost. pone in tal senso il *nucleo immodificabile* del regime vigente in Italia (pur fermo restando il problema se vi siano ulteriori principi costituzionali a tal punto «supremi» da non poter tollerare legittime alterazioni, quand'anche disposte con il procedimento legislativo aggravato dell'art. 138). In altre parole, è qui che può farsi consistere la vigente *costituzione materiale* dello Stato italiano, se si vuole assegnare a questo termine un significato preciso, giuridicamente apprezzabile.

Ma quale è il senso che deve attribuirsi in questa chiave alla parola **Repubblica**? È stato ricordato (v. *retro*, parte II, cap. III, § 11) che il divieto posto dall'art. 139 Cost. non concerne il solo *carattere elettivo del Capo dello Stato*, in contrapposto alle monarchie ereditarie sul tipo di quella prevista dallo Statuto albertino, né va riferito unicamente alla *temporaneità dell'ufficio di Presidente della Repubblica.* Ben più generalmente, alla nozione costituzionale della «forma repubblicana» appare coessenziale l'attributo della *democraticità*, come appunto risulta dal testo dell'art. 1, co. 1; ed anche l'attributo, dunque, «partecipa della stessa garanzia di intangibilità», caratteristica della forma in questione (Mortati). Del resto, la necessaria elettività del Capo dello Stato non avrebbe senso qualora venisse isolata dalla complessiva forma dello Stato italiano. Ciò che l'art. 1 Cost. intende confermare, sulla base del voto popolare del 2 giugno, è invece il principio per cui lo stesso Capo dello Stato va concretamente concepito quale soggetto rappresentativo del popolo, al pari degli organi statali di governo.

Ma ciò non comporta che le singole disposizioni costituzionali specificanti l'assetto democratico dei «poteri» dello Stato siano coperte a loro volta dalla garanzia fondata sul combinato disposto degli artt. 1 e 139. Non è casuale che la Costituente abbia respinto un emendamento inteso a preannunciare testualmente, già in seno all'art. 1, il carattere «parlamentare» dell'ordinamento italiano [1]. Che la Repubblica democratica abbia una forma di governo parlamentare o presidenziale oppure mista; che i congegni della rappresentanza politica siano dell'uno o dell'altro tipo, fra quelli compatibili con la democrazia cui miravano tutti i costituenti; che i sistemi elettorali siano dunque proporzionali o maggioritari o comunque intermedi fra i due possibili estremi: tutto ciò non rientra nel nucleo costituzionale immodificabile.

Essenziale è soltanto che le eventuali riforme della Costituzione non giungano a negare la democrazia come tale, sia pure nel senso di instaurare un regime pretesamente democratico, accomunato soltanto nel nome, e non nella sostanza, alla forma di Stato vigente in Italia secondo l'art. 1. Esiti del genere sarebbero infatti preclusi giuridicamente; e la sola via per conseguirli, di fatto, consisterebbe in un colpo di Stato.

---

[1] Cfr. *Atti Ass. Cost.*, 22 marzo 1947.

2. *La democraticità della repubblica; democrazia diretta e democrazia rappresentativa*

La soluzione proposta non fa, tuttavia, che aprire un secondo e più grave problema. In che consiste o dovrebbe consistere la **democrazia**? Qual è il significato che spetta al vocabolo in questione, sia generalmente preso, sia considerato agli specifici effetti dell'ordinamento costituzionale italiano?

Etimologicamente, la democrazia suole venir definita quale potere del popolo o quale *governo del popolo.* Ma in presenza di una collettività come quella popolare, in cui la volontà dei cittadini non è altro che una somma di volontà individuali fra loro distinte, la definizione dev'essere spinta più a fondo. È infatti impensabile che il governo spetti egualmente alla totalità dei cittadini stessi; e la mitica «volontà generale», una e indivisibile, già cara a Rousseau, non è che una finzione dietro la quale si nascondono spesso regimi tutt'altro che democratici. Per contro, non si può fare a meno di chiarire a chi spetti entro il complessivo ambito del popolo, ed alla stregua di quali criteri, il potere politico effettivo: secondo le varie risposte che si diano in presenza di questi interrogativi, gli stessi modelli di democrazia risultano, cioè, fortemente diversificati o addirittura contrapposti.

Una prima risposta consiste, indubbiamente, nel riconoscere che ogni regime effettivamente democratico si regge sul **principio maggioritario**. Senonché una regola siffatta può essere intesa tanto in termini assoluti, ossia nel senso che in regimi del genere «valgono solo i più», quanto in maniera temperata, vale a dire nel senso che «i più prevalgono sui meno, ma contano anche i meno» (Sartori). Nella prima specie di sistemi il principio maggioritario finisce per fondare, al limite, una democrazia *totalitaria*, cioè la dittatoriale egemonia della maggioranza giunta al potere in un determinato momento storico, che toglie pertanto alle minoranze di oggi la stessa possibilità di tradursi nelle forze prevalenti del domani: come si verificava – per esempio – nel sistema configurato dagli artt. 1 e 2 della Costituzione sovietica del 1936, dove la logica dello «Stato socialista degli operai e dei contadini» portava la Carta costituzionale a ragionare – testualmente – di una «dittatura del proletariato»[2]. Viceversa, nelle democrazie di stampo *liberale* e dunque *pluralistico*, la Costituzione o le leggi fondamentali del regime garantiscono l'avvicendamento delle contrapposte forze politiche al governo del Paese, secondo il principio «dell'alternarsi del comando e dell'obbedienza, per cui i governanti di oggi sono in potenza i sudditi di domani» (Esposito).

---

[2] Della «dittatura del proletariato» si riportava, peraltro, nel preambolo della stessa Costituzione sovietica del 7 ottobre 1977, che pure attribuiva al popolo, senza distinzioni interne, «tutto il potere nell'URSS» (come si legge nell'art. 2, co. 1). Del pari, alla «guida della classe operaia» faceva riferimento l'art. I, co. 1, della Costituzione della Repubblica democratica tedesca; mentre la formula della «dittatura del proletariato, diretto dalla classe operaia», ricompare nell'art. 1 della Costituzione cinese del 1° marzo 1978.

È in quest'ultimo gruppo che giuridicamente rientra la nostra Repubblica democratica. Connaturate al regime vigente in Italia, sulla base dell'art. 1 Cost., sono in tal senso le *libertà fondamentali*, proclamate e tutelate nella prima parte della Costituzione: a cominciare dalle libertà di associazione e di manifestazione del pensiero, indipendentemente dalle quali le minoranze non potrebbero mai aspirare a farsi maggioranza. Ma nel medesimo quadro ricadono anche garanzie formali, come quelle consistenti nella *rigidità della Costituzione* e nel *sindacato della Corte costituzionale* sulla legittimità delle leggi: lo scopo ultimo al quale tendono le garanzie medesime non è infatti quello di negare o limitare la democrazia, bensì di temperare il principio maggioritario, evitando che il sistema possa essere sovvertito per mezzo di leggi ordinarie, approvate dalle assemblee parlamentari a maggioranza semplice (e precludendo alle stesse leggi costituzionali o di revisione costituzionale la facoltà di incidere validamente sul nucleo del regime liberal-democratico).

Insorge però a questo punto un ulteriore dilemma, riguardante le forme di esercizio del potere democratico. Anche sotto questo aspetto, in vero, si contrappongono due modelli: l'uno costituito dalla **democrazia diretta** o *partecipativa;* l'altro consistente nella **democrazia** *indiretta* o **rappresentativa**. Nel primo caso, ciascun cittadino dotato della capacità di agire prende parte all'adozione di determinate scelte politiche, più o meno numerose ed importanti secondo le logiche dei singoli ordinamenti giuridici statali. Nel secondo caso, il corpo elettorale si limita ad eleggere uno o più collegi politicamente rappresentativi del popolo, cui resta affidata la deliberazione delle leggi e, più in generale, la determinazione dell'indirizzo politico; e anzi in sistemi del genere la rappresentanza politica può essere anche *di secondo grado*, con organi costituzionali formati dai collegi immediatamente eletti dai cittadini o altrimenti sorretti dal maggioritario consenso dei collegi stessi (come si verifica in Italia, rispettivamente, per il Capo dello Stato e per il Governo).

Astrattamente, il diretto coinvolgimento di ogni cittadino «attivo» nella definizione della politica generale del Paese parrebbe concretare la forma più perfetta, autentica e compiuta della democrazia. Nelle visioni più estreme, sarebbero di questo tipo i soli regimi effettivamente democratici, dal momento che la sovranità popolare – al pari di ogni potere sovrano rettamente inteso – non potrebbe venire delegata o alienata a favore di chicchessia (Rousseau). In altri termini, quella diretta o partecipativa costituirebbe una democrazia «governante» (Burdeau), in antitesi alla democrazia «governata», che invece vedrebbe gli elettori spogliati del potere effettivo da parte degli eletti. Ma il pieno autogoverno del popolo non può concretarsi, in verità, se non quando concorrano certe premesse, che storicamente si sono realizzate solo in rari momenti ed in rare occasioni. Non a caso, quale modello di democrazia diretta così concepita si sogliono indicare le cosiddette città-Stato della Grecia antica, nelle quali le ridotte dimensioni della popolazione maschile in condizioni di libertà consentivano – ma non senza gravi inconvenienti – la primazia delle assemblee popolari. Ciò lascia subito intendere come un tipo siffatto non sia riproponibile in presenza di Stati contraddistinti dalle loro grandi dimensioni territoriali, dal numero ingentissimo dei loro cittadini, dalla stessa mole delle decisioni da prendere quotidianamente, nei più vari settori ed ai più vari effetti. Quella che si suole definire «democrazia degli antichi» forma pertanto, nella prospettiva moderna o contemporanea, un modello fittizio ed «affatto irreale» (Böckenförde), anche perché l'attuazione di esso esigerebbe una totale e continua «devozione dei cittadini al pubblico servizio» (Sartori), che praticamente risulta impensabile.

Del resto, quando si consideri che il principale istituto di democrazia diretta è oggi il **referendum**, ci si può rendere subito conto dell'impossibilità di farne un uso sistematico. Solo in uno Stato relativamente piccolo e notevolmente omogeneo come la Svizzera accade che a tali consultazioni si ricorra con molta frequenza; e nello stesso ordinamento elvetico la maggior parte delle decisioni politiche resta pur sempre affidata, di fatto o anche di diritto, agli organi centrali o cantonali di governo. Altrove, comunque, fra gli istituti di democrazia diretta e quelli sui quali s'incentra la democrazia rappresentativa si può riscontrare un nettissimo squilibrio, a tutto vantaggio dei secondi. La macchinosità delle consultazioni referendarie basterebbe ad escludere che si possa attivarle tutti i giorni (o più volte al giorno), come sarebbe indispensabile per fondare su di esse la politica generale del Paese. Ma anche nell'ipotesi di un ricorso a tecniche molto più semplici e rapide (come quelle elettroniche e informatiche), rimarrebbe determinante l'ostacolo costituito dal carattere elementare e generalmente dicotomico (sì no) delle domande rivolte ai cittadini e delle risposte così manifestate: il che, a parte tutto, rischierebbe di radicalizzare permanentemente la lotta politica, impedendo il conseguimento di quei compromessi fra le opposte tesi che solo la dialettica interna ai corpi rappresentativi permette di realizzare.

Ciò spiega che in Italia la democrazia diretta abbia bensì ricevuto un qualche spazio, dalle iniziative legislative popolari previste nel secondo comma dell'art. 71 Cost., fino ai *referendum* abrogativi regolati nell'art. 75 ed utilizzati a partire dagli anni settanta del secolo scorso in alcune occasioni di grande rilievo (v. *infra*, in questa parte, cap. V, § 2); ma sia rimasta ferma, nell'intero periodo repubblicano, la *predominanza degli istituti di democrazia rappresentativa*, imperniata soprattutto sul Parlamento eletto a suffragio universale in entrambi i suoi rami. Proprio perché dotato del più alto grado di legittimazione democratica, il Parlamento è il primo fra gli organi costituzionali rappresentativi del popolo, secondo l'ordine seguito dalla stessa Carta costituzionale; e precisamente in tal senso si è ragionato più volte di «centralità» del Parlamento medesimo (o delle assemblee elettive in genere: Barbera).

3. Segue: *rappresentanza e responsabilità politica*

Resta da verificare a quali effetti la democrazia italiana appartenga dunque, fondamentalmente, al tipo rappresentativo: più in generale, resta cioè da stabilire che cosa debba intendersi – secondo una formula consueta ma quanto mai discussa – per **rappresentanza politica**.

È innanzitutto corrente l'assunto che si tratti di situazioni e di rapporti ben diversi da quelli compresi nel quadro della rappresentanza di diritto civile. Non senza un'eccessiva enfasi, molti autori spingono la contrapposizione fino al punto di negare che la rappresentanza politica sia effettivamente tale o possa comunque definirsi come una sottospecie della rappresentanza giuridica (quasi che il diritto costituzionale ed i vari concetti che esso presuppone in tal campo non riguardassero l'ordinamento positivo). Esagerazioni a parte è certo, però, che nella specie non ricorrono gli estremi della *rappresentanza volontaria*, a base della quale sta il conferimento di un mandato da parte dello stesso interessato: in particolar modo, diversamente dai mandanti previsti nel Codice civile, gli elettori non possono revocare gli eletti, privandoli anzitempo del loro ufficio, né sono prima ancora in grado di imporre mandati imperativi, fissando caso per caso i limiti dei poteri così attribuiti ed obbligando il mandatario al cosiddetto rendiconto[3]. Direttive e vincoli del genere hanno se mai trovato posto nelle esperienze delle assemblee rappresentative medioevali. Oggi, per contro, il **divieto del mandato imperativo**, a carico dei parlamentari, viene spesso esplicitato dalle Carte costituzionali: come appunto si riscontra nell'art. 67 della vigente Costituzione italiana e come già si leggeva nello Statuto albertino[4]. Né si potrebbe immaginare la revoca di alcuni fra gli eletti, prima del termine della legislatura o prima dello scioglimento anticipato di una o di entrambe le Camere.

Ma quella politica non può nemmeno risolversi nella *rappresentanza legale*, cui pure essa è stata avvicinata. Per quanto i poteri delle assemblee parlamentari e dei loro componenti risultino dalla stessa Costituzione, la rappresentanza politica non prescinde affatto dal voto popolare, indipendentemente dal quale si tratterebbe di una mera espressione verbale, appartenente al campo della più fuorviante retorica giuridica (come nel caso dei monarchi assoluti o dei dittatori che assumevano di «rappresentare» la Nazione o il popolo). Del resto, giova ricordare che la rappresentanza legale ricorre – nel diritto – quanto ai soggetti incapaci di agire; e sarebbe paradossale voler considerare tali i cittadini muniti del diritto di voto ovvero quello stesso popolo al quale l'art. 1 cpv. Cost. conferisce non solo la titolarità ma l'esercizio del potere sovrano.

Precisamente con questo fondamento, si è detto moltissime volte che l'idea di un governo rappresentativo – una volta escluso che il preteso rappresentante sia giuridicamente obbligato ad eseguire la volontà del rappresentato – sarebbe il portato di una «finzione politica», volta a «nascondere la situazione reale» (Kelsen); e per un altro verso si è sostenuto – nella dottrina italiana (Manzella,

---

[3] V. rispettivamente gli artt. 1711, 1713 e 1723 Cod. civ.

[4] In forza dell'art. 41 St., i deputati rappresentavano «la nazione in generale e non le sole province in cui furono eletti», con la conseguenza che gli elettori non potevano dar loro «nessun mandato imperativo».

Ortino) – che la stessa formula della rappresentanza politica sarebbe incompatibile con la sovranità popolare. Conclusioni siffatte sono peraltro inficiate da una visione formalistica e statica dei fenomeni in esame, che non tiene conto dei loro molteplici fattori e profili. La circostanza che i parlamentari (e gli altri eletti dal popolo, quali i consiglieri regionali, comunali) non siano vincolati o vincolabili da nessun mandato imperativo, non toglie che un qualche mandato vi sia: come dimostra il significato che comunemente si annette alle elezioni politiche ed agli esiti di esse (e come si ricava dalla stessa parola «deputati», etimologicamente intesa). Ma per capire quale ne sia l'esatta consistenza, nelle liberaldemocrazie dell'Europa contemporanea, non è più dato di considerare isolatamente le relazioni rappresentati-rappresentanti od elettori-eletti, bensì risulta indispensabile riflettere sulla decisiva presenza di quelle forze intermedie ed intermediatrici, che sono i partiti politici. La rappresentanza politica è infatti – o dovrebbe – essere una sorta di «processo» (Böckenförde), messo in moto dai rapporti bidirezionali fra partiti ed elettori, elettori e parlamentari, parlamentari e partiti di appartenenza.

A questa stregua si può concepire la rappresentanza come **rappresentazione** del popolo, quanto alle sue componenti politiche dotate di un minimo grado di organizzazione; ma sul medesimo piano si può ragionare di una «rappresentanza degli interessi politici» (Mortati), pur fermo restando che le assemblee rappresentative non sono né praticamente né giuridicamente in grado di fungere da specchio integrale del Paese, perché lo impediscono sia le modalità della loro elezione sia le funzioni che esse vengono chiamate ad esplicare. Ciò che più conta, acquista in tal modo un senso il diffusissimo – e a torto contestato – assunto per cui la rappresentanza in questione è resa effettiva dalla **responsabilità politica** degli eletti e dei governanti in genere (come hanno ribadito – ad esempio – Cotta, Fisichella e Nocilla): senza di che non potrebbe ristabilirsi e rinnovarsi di continuo il nesso fra rappresentati e rappresentanti, i quali devono sì governare, ma in collegamento costante con il detentore ultimo del potere sovrano, cioè con il popolo.

Vero è che nel caso della responsabilità politica non si danno sanzioni preordinate dall'ordinamento statale. Ma questo non toglie che i rappresentanti politici siano comunque chiamati a rispondere, in forme molto elastiche eppure significative. Da un lato, nel corso dell'intero mandato essi sono censurabili, e resi perciò responsabili, da parte dell'opinione pubblica in genere (attraverso i mezzi d'informazione di massa) e in particolare ad opera del loro elettorato: il che dovrebbe già – di massima – garantire la loro *responsiveness*, cioè la «rispondenza» del loro operato alle tendenze ed alle istanze politiche dei rappresentati (Sartori). D'altro lato, non può essere sottovalutata quella sorta di revoca «intermittente» (Carré de Malberg) che i rappresentanti si prestano a subire allorquando si candidano per venire rieletti. Non giova obiettare che responsabilità del genere si dimostrano solo eventuali, dal momento che gli eletti possono bene evitare di ricandidarsi nella successiva tornata elettorale. Quelli che a tali effetti risultano periodicamente e necessariamente responsabilizzati sono anzitutto i partiti politici, che perseguono in modo incessante l'aumento o quanto meno la conservazione delle rispettive aree di consenso e di influenza; e sono i partiti che, a loro volta, fanno rispondere i membri dei corrispondenti gruppi parlamentari, disponendo della loro ricandidatura.

Rapporti e processi del genere, indubbiamente, non sottostanno a precisi inquadramenti normativi; ed è per questo motivo che la responsabilità politica viene contrapposta alla responsabilità giuridica, intesa in senso stretto (G.U. Rescigno). Ma i congegni in esame rimangono abbastanza efficaci per assicurare – se non altro nelle grandissime linee – la coerenza fra l'azione politica degli organi rappresentativi gli orientamenti maggioritari degli elettori. Solo così, a parte tutto, la democrazia funziona e consegue il suo scopo; mentre l'alternativa è costituita dalla sua dissoluzione, generata dallo stacco fra la classe politica e la società civile.

4. *La sovranità popolare*

Nel testo elaborato dalla Commissione dei 75, alla proclamazione del carattere democratico della Repubblica si aggiungeva – con linguaggio particolarmente cauto – l'affermazione che «la sovranità emana dal popolo ed è esercitata nelle forme e nei limiti della Costituzione e delle leggi» [5]. Su quest'ultimo punto l'Assemblea costituente non ha peraltro esitato ad intervenire, disponendo nel secondo comma dell'art. 1 Cost. che «la sovranità appartiene al popolo», il quale «la esercita nelle forme e nei limiti della Costituzione»; sicché risulta chiaro che il popolo stesso non è solo la fonte ideale o l'astratto titolare del potere sovrano, ma dispone – o dovrebbe disporre – *dell'esercizio* di esso, sia pure nei modi consentiti dalle forme di Stato e di governo dello Stato, che vengono configurate nel seguito della Carta costituzionale.

Ma come, in questi termini, conciliare sovranità del popolo e sovranità dello Stato? È manifesto che il problema non si pone, se la sovranità è riferita allo Stato-ordinamento, quale supremazia che gli spetta – per definizione – rispetto ad ogni altro ordinamento giuridico vigente nel territorio italiano e quale indipendenza nei confronti degli altri Stati (v. *retro*, parte I, cap. I, §§ 3-4): così concepito, lo Stato è infatti inclusivo del popolo; ed è a questa stregua che la sovranità statale viene intesa nel diritto internazionale, comunque si voglia costruire – a quegli effetti – il rapporto fra lo Stato ed i suoi cittadini. Ma l'interrogativo si presenta – ed ha lungamente affaticato i costituzionalisti – allorché ci si chiede quale sia il soggetto sovrano nell'ambito dell'ordinamento statale (o dello Stato riguardato come tutto): in tale prospettiva, la **sovranità popolare** sembrerebbe

---

[5] Cfr. l'art. 1, co. 3, del progetto di Costituzione.

infatti incompatibile con il tradizionale assunto per cui la spettanza del potere sovrano risiede nello Stato-persona o nello Stato-governo.

Malgrado opinioni del genere affiorassero nella letteratura giuridica di un tempo, la conciliazione non può essere cercata ipotizzando che il popolo si risolva in un organo dello Stato. Fra lo Stato-persona e l'intero complesso dei cittadini non sussiste, in effetti, alcun rapporto organico: in quanto non si danno – nell'ordinamento giuridico vigente – atti del popolo che vengano direttamente imputati allo Stato. Se mai, si potrebbe a prima vista sostenere che organo dello Stato sia il *corpo elettorale*, composto dai cittadini capaci ed «attivi» cui spetta di costituire i collegi politicamente rappresentativi nonché – attraverso il tramite di questi – anche gli altri organi costituzionali di governo (Mortati, Virga). Ma la circostanza che gli elettori svolgano in tal senso una *pubblica funzione* – tanto è vero che la Carta costituzionale definisce l'esercizio del voto come un «dovere civico»[6] – non basta a risolvere nell'apparato statale gli elettori stessi, cioè la parte essenziale del popolo italiano. I cittadini ai quali la Costituzione conferisce il «diritto di voto»[7] non sono equiparabili – per questo solo fatto – ai funzionari statali propriamente detti, giacché non si compenetrano nell'organizzazione dello Stato-apparato.

Nel contempo, l'assunto che gli elettori siano solo il mezzo tecnico atto a consentire la rinnovazione degli organi rappresentativi dello Stato (e sotto questo aspetto rientrino anch'essi nel novero degli organi statali) stravolge il senso dell'art. 1, co. 1 e 2, della Costituzione repubblicana: in cui si concepisce l'apparato statale governante come rappresentativo del popolo (e politicamente responsabile di fronte ad esso), sicché lo Stato-persona è lo strumento, od uno fra gli strumenti, della sovranità popolare e non viceversa. In altri termini, «ciò che si vuole, attraverso le elezioni, è proprio che alcuni elementi dell'organizzazione statale (le Camere rappresentative) siano formati ad opera del popolo, considerato come *contrapposto alla organizzazione statale*; che lo Stato cioè riceva almeno in parte la sua organizzazione dal di fuori, ad opera della volontà di un soggetto estraneo» (Balladore Panieri). E l'interesse cui mira il corpo elettorale «non è un interesse dello Stato-soggetto, ma un interesse proprio della collettività, del popolo, e ad un tempo un interesse proprio di ciascun elettore»; sicché l'interesse dello Stato alla regolare e periodica rinnovazione di certi suoi organi «si aggiunge a quello, fondamentale e primario, direttamente perseguito attraverso la funzione elettorale, restandone tuttavia ben distinto» (Crisafulli, Romano).

Per rendere l'idea della rivoluzione copernicana che la democrazia comporta quanto alla stessa concezione della sovranità, è stato sostenuto che non il popolo, né il corpo elettorale, sarebbe qualificabile come organo dello Stato; ma piuttosto lo Stato-apparato dovrebbe oggi intendersi come «organo del popolo» (Tosato,

[6] Cfr. l'art. 48, co. 2.

[7] ... secondo il linguaggio dell'art. 48, co. 3.

Nocilla). Simili definizioni non si prestano, però, a venire intese in senso tecnico, per l'evidente ragione che il popolo non è una persona giuridica, agente per mezzo di veri e propri organi.

Nel ragionare della sovranità popolare occorre tenere presente, in realtà, che ci si trova in presenza di due *espressioni sintetiche*. Da un lato, è questo il caso del popolo, che globalmente preso si risolve nell'*universalità dei cittadini viventi*[8]; fermo restando, però, che si tratta di una complessa **figura giuridica soggettiva** (Crisafulli, Ferrara, Nocilla), a formare la quale concorrono gruppi ed individui collocati nelle posizioni più diverse e fra loro interferenti, dal corpo elettorale complessivamente riguardato fino agli elettorati regionali e comunali, dai partiti politici ai sindacati ed alle altre formazioni sociali, fino ai cittadini cui spettano le libertà e i diritti proclamati e garantiti dalla parte prima della Costituzione. D'altro lato, le stesse considerazioni valgono quanto alla sovranità popolare: che va concepita, a questa stregua, come la *risultante dell'esercizio di tutti i diritti propri dei cittadini*, sia come singoli sia nelle formazioni alle quali appartengono in base all'art. 2 Cost. (o come soggetti agenti per il tramite delle formazioni medesime). Sicché i poteri in questione concernono, ad un tempo, l'«investitura», la «critica», il «controllo», la «direttiva», che i cittadini sono posti in grado di effettuare, valendosi di tutti i mezzi prefigurati a tali scopi dalla Costituzione (Esposito).

5. *I partiti politici*

La compiuta analisi di tali mezzi non può essere svolta in questa sede (v. *infra*, parte V). Ma vi è per lo meno un profilo dei fenomeni ai quali si accennava – concernente i rapporti fra i cittadini, i partiti politici ed i pubblici poteri – che presenta un rilievo così decisivo nella configurazione della stessa forma dello Stato italiano, come pure della forma di governo, da esigere immediata trattazione.

Per sé considerata, la libertà dei cittadini di associarsi in partiti, secondo l'art. 49 Cost., non è che un momento della generale *libertà di associazione*. Ma chi confinasse i partiti nel campo delle libertà civili e politiche, sul medesimo piano di altre formazioni sociali costituzionalmente garantite, ne avrebbe una visione estremamente riduttiva. Nella generalità degli ordinamenti democratici contemporanei, al di là delle forme di governo previste dalle Carte costituzionali, si deve ragionare – in effetti – di altrettanti **Stati di partiti**, secondo una formula corrente nella stessa dottrina italiana (da Romano a Mortati a Giannini a Predieri ed oltre). La presenza dei partiti e la loro capacità di condizionare le scelte degli organi politicamente rappresentativi sono cioè determinanti – come

---

[8] Si esprimeva appunto in questi termini l'art. 7 della Costituzione francese del 1793.

già si notava – nella ricostruzione dei meccanismi della rappresentanza e della responsabilità politica. E non si verifica a caso, pertanto, che alcune Costituzioni europee del periodo più recente – diversamente dalla Carta costituzionale italiana – si occupino dei partiti fin dalle loro iniziali disposizioni di principio, prima di trattare dei diritti sia pur fondamentali [9].

Collocazioni testuali a parte, l'attuale *rilievo costituzionale* dei partiti politici forma un fattore decisivo di consolidamento della democrazia, atto ad impedire che la rappresentanza politica rimanga una «finzione». Secondo la Costituzione italiana, analogamente alle altre Carte costituzionali europee che hanno preso in specifica considerazione tali associazioni politiche, i partiti non vengono infatti concepiti come fine a sé stessi, ma come tramiti attraverso i quali i cittadini possono concorrere alla determinazione della «politica nazionale». Sicché si è potuto parlare – nell'Assemblea costituente [10] – di «esercizio quotidiano di sovranità popolare che si celebra attraverso la vita dei partiti»; mentre nella letteratura giuridica tedesca (Leibholz) si è giunti a ragionare di una nuova «democrazia plebiscitaria», caratterizzata dalla preminenza del voto di lista, a favore di un contrassegno e dunque di un indirizzo partitico, ben più che di un singolo candidato.

È in questa luce che si spiegano e si giustificano le numerose norme giuridiche, scritte e non scritte, che in vario modo riguardano i partiti: sia nel senso di conferire a tali associazioni specifici poteri, sia nel senso di soddisfare i loro bisogni, in quanto connessi all'esercizio di funzioni costituzionalmente rilevanti. Di per sé stessi, i partiti politici non sono altro che **associazioni non riconosciute** o di fatto, prive di personalità giuridica e dunque soggette al regime comune dettato dagli artt. 36 e ss. Cod. civ.; più precisamente, si tratta di «associazioni di associazioni» (Bettinelli), dal momento che tutti i partiti costituiti sul piano nazionale si articolano in un organismo centrale ed in vari organismi periferici, distintamente responsabili agli effetti civili. Ma le incontestabili peculiarità dei partiti medesimi hanno pur sempre dato luogo ad una complessa disciplina speciale, in parte stabilita per mezzo di atti normativi, in parte fondata su certe consuetudini o convenzioni costituzionali. La disciplina in questione è applicata, per inciso, anche ai gruppi di movimenti politici che rifiutano la denominazione «partito», ma che con i partiti condividono l'obiettivo della determinazione della politica nazionale, ai sensi dell'art. 49 Cost.

Fondamentale, anzitutto, è il ruolo spettante ai partiti nei procedimenti elettorali. La legge elettorale per la Camera dei deputati prevede, cioè, che spetti a ciascun partito o gruppo politico organizzato il **deposito dei contrassegni** delle

---

[9] Così, l'art. 4 della Costituzione francese del 1958 si riferisce ai partiti ed ai gruppi politici in genere, già nel titolo primo concernente «la sovranità». Del pari, l'art. 6 della Costituzione spagnola del 1978 disciplina i partiti politici nell'ambito del suo «titolo preliminare».

[10] Si veda l'intervento dell'on. Basso, in *Atti Ass. Cost.*, 11 Sc., 20 novembre 1946.

rispettive candidature individuali e di lista [11]; ed analoghe norme s'impongono, oggi, quanto alle candidature per la elezione del Senato [12]. Su queste basi si reggeva, d'altronde, almeno parzialmente, la legislazione concernente il ***finanziamento statale dei partiti*** stessi, prima che il decreto-legge 28 dicembre 2013, n. 149, convertito con modificazioni dalla legge 21 febbraio 2014, n. 13, ne disponesse l'abolizione. La nuova disciplina, nel regolare le modalità per l'accesso a forme di contribuzione volontaria fiscalmente agevolata e di contribuzione indiretta a favore dei partiti politici, prevede peraltro che essi rispettino determinati requisiti di trasparenza e democraticità. Ad esempio, tra i contenuti necessari degli statuti, di cui i partiti debbono dotarsi se intendono giovarsi dei benefici della legge, figurano (art. 3, co. 2, lett. *l*), del d.l. cit.) «le modalità di selezione delle candidature per le elezioni dei membri del Parlamento europeo spettanti all'Italia, del Parlamento nazionale, dei consigli delle regioni e delle province autonome di Trento e di Bolzano e dei consigli comunali, nonché per le cariche di sindaco e di presidente di regione e di provincia autonoma», a confermare che tali associazioni non vengono in rilievo quali soggetti meramente privati, bensì quali fattori della politica generale, in collegamento necessario e strettissimo con gli organi costituzionali dello Stato.

Oltre che sulla legislazione statale (e regionale), la presenza dei partiti incide poi sui regolamenti delle due assemblee parlamentari. Salvi i «gruppi misti», cui possono iscriversi deputati o senatori che non si riconoscono in alcun partito (o quelli che rappresentano gruppi politici di minima entità), ognuno degli altri **gruppi parlamentari**, tanto alla Camera quanto al Senato, corrisponde ad un «partito organizzato nel Paese», che abbia ottenuto un certo seguito in sede elettorale [13]. Di regola, in altre parole, tali gruppi «sono l'espressione parlamentare dei partiti» (G.U. Rescigno); e precisamente per questa ragione costituiscono i motori dell'attività delle Camere. Non a caso, gli statuti dei partiti organizzati sul piano nazionale prendono in esplicita considerazione i rispettivi gruppi parlamentari (soprattutto ai fini della cosiddetta disciplina di gruppo), mentre i regolamenti dei gruppi prevedono – a loro volta – che si tratti di associazioni aventi una doppia natura, cioè costituenti ad un tempo strutture del Parlamento e strutture partitiche (Ferri).

Ma l'influenza dei partiti sugli organi statali di governo trova molto spesso fondamento in *regole non scritte*, originariamente di carattere convenzionale e quindi trasformatesi (o suscettibili di trasformarsi) in vere e proprie consuetudini costituzionali sia pure facoltizzanti, là dove convergano la ripetizione di esse e l'*opinio juris*. Così, a partire dagli anni sessanta del Novecento, i segretari dei

---

[11] Cfr. gli artt. 14, 14 *bis* e 18 *bis*, come modificato (il primo) e introdotti (il secondo e il terzo) dalla legge n. 165 del 2017.

[12] Cfr. gli artt. 8 e 9 del d.lgs. n. 533/1993.

[13] V. rispettivamente l'art. 14, co. 2, reg. Camera e l'art. 14, co. 4, reg Senato.

partiti politici sono stati gradualmente inseriti, accanto ai presidenti dei rispettivi gruppi parlamentari, nella fase preparatoria del procedimento formativo del Governo, in occasione delle *consultazioni* effettuate dal Capo dello Stato. Del pari, nei Governi di coalizione è tuttora frequente il caso che le indicazioni dei partiti alleati siano recepite – in linea di fatto – dal Presidente del Consiglio incaricato, anche per ciò che riguarda i *nominativi dei ministri* da proporre, in base al capoverso dell'art. 92 Cost. Ancora, i partiti stessi concorrono – attraverso i ministri posti a capo delle rispettive «delegazioni» – a formare il «Consiglio di gabinetto» previsto dall'art. 6 della legge n. 400/1988, sull'ordinamento della Presidenza del Consiglio dei ministri; come già componevano e compongono i cosiddetti *vertici di maggioranza*, addirittura inserendovi i loro segretari, quand'anche formalmente estranei al Governo (ma vedi in proposito, *infra*, in questa parte, cap. III, § 10). In vista di simili vicende sarebbe fuori di luogo lamentare la violazione della Carta costituzionale, argomentando che questa non le facoltizza in maniera testuale. L'art. 49 della stessa Costituzione, riconoscendo che la «politica nazionale» promana dai partiti, comporta che tali soggetti siano «puntualmente sottintesi nel funzionamento delle assemblee parlamentari e nel meccanismo dei rapporti tra Parlamento e Governo» (Crisafulli); e più in generale fa sì che il sistema partitico sia «esplicitamente o implicitamente presupposto dalle norme costituzionali» in discussione (Elia).

Tutto questo non vale a giustificare, però, la **partitocrazia** concepita nel senso degenerativo del termine: cioè l'occupazione, effettuata specialmente dai partiti detentori del governo centrale o dei vari governi locali, di aree eccedenti la determinazione della «politica nazionale», bensì riservate all'amministrazione ovvero spettanti alle autonome scelte della società civile. Intromissioni del genere, mediante le quali la classe politica s'impadronisce delle posizioni dominanti di qualsiasi tipo, sono anzi divenute così sistematiche e gravi, da generare svariate proposte di riforma, miranti ad invertire o almeno frenare le tendenze in atto: dalle «autorità indipendenti», create o da creare nel settore dell'informazione e negli altri campi esposti alle concentrazioni monopolistiche, fino al riordinamento della dirigenza pubblica, volto a ristabilire il rispetto dei principi dell'imparzialità e del buon andamento dei pubblici uffici [14].

Per converso, nell'Italia odierna è diffuso l'assunto che i partiti di stampo tradizionale siano in crisi proprio per quanto riguarda le loro funzioni peculiari, costituzionalmente rilevanti: dimostrandosi spesso incapaci di reclutare e di rinnovare il personale politico, di formulare programmi ed indirizzi atti a mobilitare nel lungo periodo l'opinione pubblica, di trasformare gli interessi particolari in solidarietà ed in domande aventi una portata veramente «nazionale» (Farneti, Pasquino, Pizzorno). Lo stesso sistema dei partiti italiani è stato accusato – con

[14] Cfr. il secondo comma dell'art. 97 Cost. Ma vedi altresì, quanto alla necessaria «separazione tra politica e amministrazione», l'art. 1, co. 2, lett *i*), n. 1, della legge 24 dicembre 1993, n. 537.

particolare insistenza negli ultimi anni – di essersi risolto in un «regime di poliarchia» sostanzialmente irresponsabile: dal momento che le coalizioni governative tendevano a formarsi dopo le competizioni elettorali, «all'infuori di ogni intervento popolare» (Mortati), che consentisse agli elettori di precostituire le formule di governo, dando in tal modo agli eletti un effettivo mandato politico.

C'è inoltre da chiedersi fino a che punto sia adeguata la stessa disciplina costituzionale dei partiti. L'art. 49 Cost. contiene, in verità, una serie di fondamentali indicazioni: tale è specialmente il «principio del concorso» (Ridola), dal quale discende il necessario **pluralismo dei partiti**, per cui sempre nuove formazioni politiche possono venire liberamente create dai cittadini, senza autorizzazioni di sorta, in base al collegamento fra l'art. 49 e l'art. 18, sulla generale libertà di associazione (Crisafulli, Mazziotti, G.U. Rescigno); tale può dirsi la conseguente esigenza che tutti i gruppi politici organizzati dispongano di *eguali possibilità* nelle competizioni politiche; e tale, ancora, risulta il precetto del **metodo democratico**, che mira ad escludere i soprusi e le condotte sleali dall'ambito della lotta politica.

Senonché, da un lato, l'art. 49 non impone letteralmente – a differenza di quanto stabilisce la Costituzione tedesca [15] – che ogni partito debba avere un **ordinamento interno democratico**. Verosimilmente una simile esigenza è implicita nel testo costituzionale in esame, se non altro perché sono tutti i cittadini iscritti a dover disporre liberamente dell'azione dei partiti, anziché sottostare a strutture elitarie ed oligarchiche (Esposito). Ma il cosiddetto diritto dei partiti si risolve, sul punto, nei soli statuti di tali associazioni, fatti valere dai vari istituti di «giustizia interna» (Caretti, Grassi) che gli atti medesimi prevedono. Ed anche a ritenere che sussistano diritti azionabili dai singoli interessati dinanzi alle autorità giudiziarie comuni, a cominciare dal «diritto all'ammissione» (Bardusco), la politicità delle valutazioni da svolgere sarebbe pur sempre così grande da vanificare in partenza o rendere comunque difficile il sindacato giurisdizionale.

D'altro lato, le lacune dell'ordinamento generale si manifestano anche per ciò che riguarda il «metodo democratico». In particolar modo, né la Carta costituzionale né la legislazione ordinaria dello Stato prescrivono alcunché di preciso a carico dei partiti «antisistema», che non aderiscano alla tavola dei valori costituzionali, ma cerchino di sabotarne o di combatterne apertamente la realizzazione [16]. Sotto quest'ultimo aspetto, vi è solamente lo specifico **divieto di riorganizzazione del partito fascista**, sancito dalla XII disp. trans. Cost. e fatto quindi valere dalla legge «Scelba» 20 giugno 1952, n. 645 [17]. Ma l'estremismo politico

---

[15] Cfr. l'art. 21, co. 1, della «legge fondamentale» del 1949.

[16] Che metodo democratico non consenta «l'usurpazione violenta dei poteri», ma richieda «e il rispetto della sovranità popolare affidata alle maggioranze legalmente costituite, e la tutela dei diritti delle minoranze, e l'osservanza delle libertà stabilite dalla Costituzione», è stato affermato dalla Corte costituzionale, nella sent. 6 luglio 1966, n. 87.

[17] La legge «Scelba» è stata a sua volta integrata e modificata dalla legge 22 maggio 1975, n. 152, contenente «Disposizioni a tutela dell'ordine pubblico».

non è stato altrimenti sanzionato, salva la preclusione delle associazioni che perseguano «scopi politici mediante organizzazioni di carattere militare», stabilita in via generale dall'art. 18 Cost.; e la stessa legge «Scelba» non ha ricevuto, del resto, altro che isolate applicazioni, malgrado intendesse colpire, «al di là degli atti di riorganizzazione strettamente intesi, anche quelli idonei a creare un effettivo pericolo» [18].

In definitiva, posti di fronte al dilemma se istituzionalizzare o meno i partiti politici, tanto i costituenti quanto i Parlamenti repubblicani si sono orientati nel senso negativo. Già l'Assemblea costituente, nonché rigettare l'idea di qualsivoglia «controllo interno nella vita dei partiti», ha scartato la stessa proposta mirante ad un loro «riconoscimento giuridico» [19]. A più forte ragione, non ha avuto seguito – né legislativo né dottrinale – la tesi che i partiti dovessero considerarsi quali organi dello Stato (Ferri, Virga). È stata pienamente soddisfatta, invece, la richiesta costantemente avanzata da tali associazioni, al fine «di rimanere nel diritto privato» (P. Rescigno). Ma, precisamente per questo motivo, la piena attuazione degli scopi perseguiti e dei criteri indicati dall'art. 49 Cost. rimane per ora in prevalenza affidata all'autodisciplina di siffatti centri di potere.

Allo stato, l'unica disciplina funzionale all'osservanza del metodo democratico nella organizzazione interna dei partiti politici è rappresentata, seppure indirettamente, dal citato d.l. n. 149/2013. Ad esso, come anticipato, debbono uniformarsi i soli partiti che intendano avvalersi dei benefici ivi previsti (ad esempio le erogazioni liberali disposte dai contribuenti); considerata l'abolizione del finanziamento pubblico, che era stato introdotto dalla legge 2 maggio 1974, n. 195 (in parte interessata da un *referendum* abrogativo nel 1993, e successivamente riformata dalla legge 3 giugno 1999, n. 157, prima, e dalla legge 6 luglio 2012, n. 96, poi), è peraltro probabile che i partiti non possano e non vogliano sottrarsi all'applicazione della disciplina, ove non intendano trasformare il rifiuto in uno strumento di lotta politica. La normativa prevede l'istituzione di un registro dei «partiti politici riconosciuti», nel quale i partiti sono iscritti previa verifica del contenuto dei loro statuti, eseguita dalla «Commissione di garanzia degli statuti e per la trasparenza e il controllo dei rendiconti dei partiti politici», composta da cinque magistrati designati dai vertici delle supreme magistrature e nominati dai presidenti delle Camere. Per superare il vaglio della Commissione gli statuti debbono prevedere, oltre alle già citate modalità di selezione delle candidature di partito per le elezioni, la disciplina di alcuni aspetti certamente connessi alla loro democraticità interna, quali ad esempio: le modalità della elezione degli organi deliberativi, esecutivi e di controllo e la durata dei relativi incarichi; la cadenza delle assemblee congressuali nazionali o generali; le procedu-

---

[18] Cfr. la sent. 6 dicembre 1958, n. 74, della Corte costituzionale.

[19] V. rispettivamente l'intervento dell'on. Merlin e gli emendamenti Mortati e Sullo, in *Atti Ass. Cost*, 22 maggio 1947.

re richieste per l'approvazione degli atti che impegnano il partito; i diritti e i doveri degli iscritti e i relativi organi di garanzia; le modalità di partecipazione degli iscritti all'attività del partito; i criteri con i quali è promossa la presenza delle minoranze, ove presenti, negli organi collegiali non esecutivi; le misure disciplinari che possono essere adottate nei confronti degli iscritti, gli organi competenti ad assumerle e le procedure di ricorso previste, assicurando il diritto alla difesa e il rispetto del principio del contraddittorio; le procedure per modificare lo statuto, il simbolo e la denominazione del partito; le regole che assicurano la trasparenza, con particolare riferimento alla gestione economico-finanziaria, nonché al rispetto della vita privata e la protezione dei dati personali.

NOTA BIBLIOGRAFICA – Sui **temi trattati nel presente capitolo** v. in generale ESPOSITO, *La Costituzione italiana* cit., pp. 1 ss., 215 ss.; CRISAFULLI, *Stato, popolo, governo*, cit., p. 89 ss., 207 ss. Sulla **nozione di Repubblica** REPOSO, *La forma repubblicana secondo l'art. 139 della Costituzione*, Padova, 1972; LUCATELLO, *Scritti giuridici*, Padova, 1983, p. 61 ss. Sulla **democrazia** KELSEN, *La democrazia*, Bologna, 1985 (parzialmente edito a Tubinga nel 1929); SARTORI, *Democrazia e definizioni*, Bologna 1968 (nonché *Elementi di teoria politica*, Bologna, 1987, e *Democrazia: cosa* è, Milano, 1994); BARBERA, *Le istituzioni del pluralismo*, Manduria, 1977; LIJPHART, *Le democrazie contemporanee*, Bologna, 1988 (edito a Londra nel 1984); MANIN, *La democrazia dei moderni*, Milano, 1992; RIMOLI, *Pluralismo e valori costituzionali*, Torino, 1999; AZZARITI, *Forme e soggetti della democrazia pluralistica*, Torino, 2000. Sulla **rappresentanza e la responsabilità politica** v. ESPOSITO, *La rappresentanza istituzionale*, in *Studi Romano*, Padova, 1940, 1, p. 301 ss.; G.U. RESCIGNO, *La responsabilità politica*, Milano, 1967; VENTURA, *Le sanzioni costituzionali*, Milano, 1981; AA.VV., *Quale riforma della rappresentanza politica?*, Milano, 1985 (a cura di Lanchester); AA.VV., *Rappresentanza e democrazia*, Bari, 1988; NOCILLA, *Crisi della rappresentanza e partiti politici*, in *Giur. cost.*, 1989, II, p. 527 ss.; LANCHESTER, *Rappresentanza, responsabilità e tecniche di espressione del suffragio*, Roma, 1990; LUCIANI, *Il voto e la democrazia*, Roma, 1991; AA.VV., *Rappresentare e governare*, Bologna, 1994 (a cura di Massari e Pasquino); BERTI, *La responsabilità pubblica*, Padova, 1994; HOFMANN, *Rappresentanza – Rappresentazione*, Milano, 2007. Sulla **sovranità popolare** v. – oltre gli AA. citt. *supra* nella *NOTA BIBLIOGRAFICA* al cap. I, nella parte I – M. GALIZIA, *La teoria della sovranità dal Medio Evo alla Rivoluzione francese*, 1952; TOSATO, *Sovranità del popolo e sovranità dello Stato*, in *Riv. trim. dir. pubbl.*, 1957, p. 3 ss.; AMATO, *La sovranità popolare nell'ordinamento italiano*, in *Riv. trim. dir. pubbl.*, 1962, p. 74 ss.; FERRARA, *Alcune osservazioni su popolo, Stato e sovranità nella Costituzione italiana*, in *Rass. dir. pubbl.*, 1965, p. 272 ss.; QUAGLIONI, *La sovranità*, Bari, 2004; BARCELLONA, *Metamorfosi della sovranità e strategia dei diritti*, Troina (En), 2010. Sui **partiti politici** v., oltre ad alcuni degli AA. citt. *supra*, su «la rappresentanza e la responsabilità politica», VIRGA, *Il partito nell'ordinamento giuridico*, Milano, 1948; FERRI, *Studi sui partiti politici*, Roma, 1950; PREDIERI, *I partiti politici*, nel *Commentario sistematico alla Costituzione italiana*, Firenze, 1950, 1, p. 171 ss.; DUVERGER, *I partiti politici*, Milano, 1970 (edito a Parigi nel 1951); AA.VV., *Il ruolo dei partiti nella democrazia italiana*, Cadenabbia, 1965; P. RESCIGNO, *Persona e comunità*, Bologna, 1966, p. 139 ss.; AA.VV., *La funzione dei partiti nello Stato democratico*, Milano, 1967; BARDUSCO, *L'ammissione del cittadino ai partiti*, Milano, 1967; MORTATI, *Note introduttive ad uno studio sui partiti politici nell'ordinamento italiano*, in *Raccolta di scritti*, Milano, 1972, III, p. 355 ss.; ROSSANO, *Partiti e Parlamento nello Stato contemporaneo*, Napoli, 1972; FARNETI, *I partiti politici*, in *Attualità e attuazione della Costituzione*, cit., p. 3 ss.; CARETTI, GRASSI, *La «giustizia interna» nei partiti*, in *Riv. trim. dir. proc. civ.*, 1976, p. 1584 ss.; PASQUINO, *Crisi dei partiti e governabilità*, Bologna, 1980 (nonché

Degenerazione dei partiti e riforme istituzionali, Bologna, 1982); PIZZORNO, *I soggetti del pluralismo*, Bologna, 1980; D'ANTONIO, NEGRI, *Il partito politico di fronte allo Stato e di fronte a sé stesso*, Milano, 1983; TRAVERSO, *Partito politico e ordinamento costituzionale*, Milano, 1983; PINELLI, *Disciplina e controlli sulla democrazia interna nei partiti*, Padova, 1984; AA.VV., *"Par condicio" e Costituzione*, a cura di Modugno, Milano, 1997; SCOPPOLA, *La Repubblica dei partiti. Evoluzione e crisi di un sistema politico 1945-1996*, Bologna, 1997; LIPPOLIS, *Partiti, maggioranza, opposizione*, Napoli, 2007; ROSSI, *I partiti politici*, Roma-Bari, 2007; BIONDI, *Il finanziamento pubblico dei partiti politici*, Milano, 2012; IGNAZI, *Forza senza legittimità. Il vicolo cieco dei partiti*, Roma-Bari, 2012; BONFIGLIO, *I partiti e la democrazia. Per una rilettura dell'art. 49 della Costituzione*, Bologna, 2013.

CAPITOLO II
IL PARLAMENTO

SOMMARIO: *Sezione I - Le strutture.* – 1. Cenni introduttivi sulla forma di governo. – 2. I principi informatori dell'organizzazione del Parlamento: il principio bicamerale. – 3. *Segue*: i procedimenti e i sistemi di elezione delle Camere. – 4. *Segue*: il Parlamento in seduta comune. – 5. Il principio di continuità. – 6. Il principio di autonomia: gli organi delle Camere. – 7. *Segue*: i regolamenti parlamentari; la verifica dei poteri; il divieto del mandato imperativo; le immunità parlamentari *Sezione II - Le funzioni.* – 8. Il procedimento legislativo: la fase dell'iniziativa. – 9. *Segue*: le singole forme d'iniziativa delle leggi. – 10. *Segue*: i sistemi di approvazione delle leggi; la procedura normale. – 11. *Segue*: le forme anomale di approvazione. – 12. *Segue*: la promulgazione e la pubblicazione delle leggi. – 13. La formazione delle leggi costituzionali. – 14. Le funzioni di «controllo» esercitate in forma legislativa: l'autorizzazione alla ratifica dei trattati; l'approvazione dei bilanci e delle leggi finanziarie. – 15. Le forme non legislative di esercizio delle funzioni ispettive e d'indirizzo: le interrogazioni e le interpellanze; gli atti di indirizzo politico; i poteri del parlamento nei rapporti con l'Unione europea; le inchieste; le indagini conoscitive; le Commissioni bicamerali permanenti.

SEZIONE I – LE STRUTTURE

1. *Cenni introduttivi sulla forma di governo*

Una volta stabilito, mediante il *referendum* istituzionale, che l'Italia dovesse essere una Repubblica, il dilemma essenziale che si prospettò per la nostra Assemblea costituente consistette nella scelta fra la forma parlamentare e quella presidenziale della Repubblica stessa. Ma fu ben presto scartata anche la soluzione della Repubblica presidenziale, che suscitò molto scarsi consensi; e tutto lo schieramento dei partiti presenti in Assemblea, da quello liberale a quello comunista (fatta eccezione per certi settori del partito d'azione), si dichiarò invece propenso all'adozione di un **regime tendenzialmente parlamentare**[1], a favore del quale militavano varie ragioni, di carattere storico, politico e tecnico.

[1] Tale scelta risale all'approvazione dell'ordine del giorno Perassi, in cui si premetteva che «né il tipo di governo presidenziale, né quello del governo direttoriale risponderebbero alle condizioni della società italiana» (*Atti II Sc.* 4-5 settembre 1946).

In primo luogo, alla generica sfiducia verso la forma presidenziale, che l'esperienza comparatistica dimostrava (e dimostra) incline a degenerare nella dittatura, si sommava la diffidenza vigorosamente alimentata dal ricordo recente del ventennio fascista; e infatti, delle due forme in questione, quella presidenziale appariva molto più vicina al regime fascista, caratterizzato dal predominio dell'esecutivo, di quanto non fosse il modello parlamentare. In secondo luogo, pesavano precedenti storici antichi e recenti, che in forza della tradizione consigliavano di riallacciarsi all'esperienza parlamentare statutaria anteriore al fascismo; mentre a ciò contribuiva l'esigenza di tenere conto degli stessi equilibri politici faticosamente raggiunti dopo il 25 luglio del 1943 (che s'erano decisamente orientati nel senso parlamentare, soprattutto in base al d.lgs. n. 98/1946). Inoltre la Costituente non fu insensibile alla suggestione delle forme parlamentari di governo allora vigenti non solo in Inghilterra ma anche in Francia, che da tempo si ponevano come esempi da imitare in Italia. Né, soprattutto, si trascurò di considerare che il sistema presidenziale si addice scarsamente a quei Paesi il cui corpo elettorale sia disomogeneo.

A confronto del bipartitismo che caratterizzava e caratterizza tuttora – per esempio – la scena politica nordamericana, si contavano allora in Italia all'incirca una decina di formazioni politiche miranti a contendersi il consenso dell'elettorato, essendosi aggiunti all'«esarchia» i partiti repubblicano e socialdemocratico, nonché il movimento qualunquista, per citare solo i gruppi più consistenti. In un tale quadro di minima omogeneità politica e sociale la forma parlamentare consentiva – almeno sulla carta – che il Parlamento funzionasse come *elemento di intermediazione* fra il popolo e l'esecutivo, determinando inoltre la possibilità che si formassero Governi rappresentativi di varie forze politiche coalizzate; laddove nel modello presidenziale viene privilegiato soltanto il partito che esprime il *leader* prescelto quale Presidente della Repubblica e quale Capo dell'esecutivo stesso (v. *retro*, parte I, cap. II, § 8).

Si spiega, perciò, che già nelle ripartizioni della Carta costituzionale si rispecchi l'opzione parlamentare della Costituente. I primi tre titoli della parte seconda della Costituzione sono rispettivamente dedicati al *Parlamento*, al *Presidente della Repubblica* e al *Governo*, vale a dire ai tre organi essenziali della forma prescelta. E se poi si procede ad una prima lettura dei relativi articoli, si conferma l'impressione che le posizioni e le funzioni degli organi stessi siano quelle peculiari del parlamentarismo. Così, la funzione legislativa è riservata alle Camere (art. 70 Cost.), mentre quella esecutiva è attribuita al Governo, come si desume dal riferimento all'«indirizzo politico ed amministrativo», che il Presidente del Consiglio ha il compito di ridurre ad unità (art. 95); e fra i due organi deve intercorrere – ciò che più conta – un formale **rapporto di fiducia** (art. 94), sulla base del quale entrambi definiscono la *politica generale del Paese*.

Inoltre, dal combinato disposto degli artt. 89 e 90 si ricava che **il Presidente della Repubblica non partecipa alla determinazione dell'indirizzo politico**, in quanto organo politicamente e giuridicamente irresponsabile, tranne che per alto tradimento o per attentato alla Costituzione; e non potendo l'irresponsabilità conciliarsi – in un regime democratico – con la capacità di definire la politica generale del Paese, la volizione degli atti formalmente presidenziali si deve pertanto di regola al Governo. Nella sfera delle attribuzioni sostanzialmente presidenziali continuano invece a ricadere la *nomina del Presidente del Consiglio* (art. 92, co. 2) ed entro certi limiti lo *scioglimento delle Camere* (art. 88 Cost.), secondo la logica propria della forma di governo parlamentare (v. *retro*, parte I, cap. II, § 9).

La nostra Costituzione contiene, nondimeno, una serie di altre disposizioni recanti **correttivi** che hanno l'effetto di alterare il modello parlamentare «puro»: sia nel senso di riequilibrarlo con l'inserimento, accanto ai tre essenziali, di almeno un quarto organo fondamentale, quale è la *Corte costituzionale*; sia nel senso d'introdurre l'istituto del *referendum*, che consente al corpo elettorale di opporsi alle decisioni del Parlamento in quanto organo legislativo; sia nel senso di istituire le *Regioni* e di garantire anche agli enti territoriali minori (Comuni, Province e Città metropolitane) una qualche autonomia politica dagli organi di governo dell'apparato statale. Ed a tutto questo si potrebbe aggiungere l'attribuzione allo stesso Presidente della Repubblica di poteri ulteriori rispetto a quelli che naturalmente gli spettano in un regime parlamentare tradizionalmente inteso; anche se, a dire il vero, poteri del genere ritrovano il loro fondamento in una serie di precedenti interpretativi della Costituzione, piuttosto che basarsi su di un diretto ed esplicito conferimento operato dal testo costituzionale (v. *infra*, in questa parte, cap. IV, § 5).

Come già si diceva, in effetti, non basta esaminare la Carta costituzionale e ricostruire in tal modo un modello «legale» della forma di governo. Al contrario, ciò che si richiede anche al giurista è soprattutto un'attenta considerazione della realtà, che si manifesta attraverso le consuetudini costituzionali e la prassi, direttamente o indirettamente suscettibili di assumere esse stesse un giuridico rilievo. Altro è il diritto costituzionale scritto ed altro è il diritto costituzionale vivente, nel quale si impongono anche regole non scritte, spesso formate da poteri che non sono neppure menzionati nella Costituzione o lo sono soltanto di sfuggita: verificandosi frequentemente che la formulazione e la precisazione dell'indirizzo politico si compiano fuori della loro sede naturale, cioè del raccordo Governo-Parlamento. Ed è con questi criteri che occorre trattare della struttura e delle funzioni del Parlamento, del Governo e del Presidente della Repubblica; per poi considerare le deroghe ed i correttivi or ora accennati, che la stessa Costituzione apporta alla forma parlamentare pura.

2. *I principi informatori dell'organizzazione del Parlamento: il principio bicamerale*

Al di là delle questioni più minute, la struttura del Parlamento può essere indagata analizzando i tre principi fondamentali che la informano: il principio bicamerale, il principio di continuità ed il principio di autonomia, che rispettivamente trovano il loro fulcro nelle norme stabilite dagli artt. 55, co. 1, 61, co. 2, e 64, co. 1, Cost.

Si suole ritenere che non sia compito del giurista ricercare le cause che hanno portato alla formulazione di una norma, se non nei limiti dell'indagine sulla *ratio* della norma stessa; ma a questo canone il costituzionalista si deve più volte sottrarre, in considerazione delle peculiarità della materia ed anche in vista di possibili revisioni costituzionali. L'avvertenza vale a questo punto per il **principio bicamerale**. Già in sede costituente, infatti, su di esso si formò la maggioranza ma non l'unanimità dei consensi, anche perché i comunisti – almeno in linea di massima – erano fautori convinti del monocameralismo. E con l'andare del tempo, a mano a mano che s'è allargato il dibattito sulla «crisi delle istituzioni», gli iniziali motivi di dissenso e di perplessità non hanno fatto altro che approfondirsi.

Quanto al fondamento giustificativo del bicameralismo, si deve anzitutto osservare che talora la sua adozione risulta imposta dalla logica interna di determinati ordinamenti, talaltra può soltanto essere opportuna. Ricorre la prima ipotesi nel caso degli *Stati federali*, o profondamente decentrati, nei quali l'istanza centralistica si contrappone all'istanza federalistica; sicché devono esistere – per definizione – una rappresentanza di ciascuno Stato membro (o dei relativi cittadini) accanto ad una rappresentanza del popolo complessivo dello Stato centrale (così negli USA si hanno il Senato e la Camera dei rappresentanti, organi esponenziali – rispettivamente – degli Stati federati e dell'intero Stato federale)[2]. Sotto questo aspetto – si noti – la necessità del principio bicamerale sussisteva anche negli Stati federali comunisti, come in particolare si verificava nell'URSS, la cui Costituzione prevedeva due Soviet, uno dell'Unione e un secondo delle nazionalità; peraltro la medesima struttura bicamerale caratterizza attualmente il Parlamento della Russia, che infatti ha un ordinamento di tipo federale[3].

Più in generale, tuttavia, il bicameralismo (o perfino il pluricameralismo) s'impongono allorché nell'interno dello stesso ordinamento coesistano istanze divergenti, ciascuna delle quali richieda di essere singolarmente rappresentata in Parlamento, a pena di alterare la stessa forma di Stato o di governo dello Stato.

---

[2] È degno di rilievo che il Senato degli USA sia «composto da due senatori per ogni Stato» (cfr. l'art. 1, sez. III, Cost.), indipendentemente dal peso elettorale degli Stati stessi.

[3] Cfr. gli artt. 109 e 110 della Carta costituzionale del 1977 ed ora gli artt. 94 e ss. della Costituzione della Russia, adottata nel 1993.

Ciò avviene specialmente quando sussistano – a livello costituzionale – divisioni del popolo per ceti o per classi sociali: come accadeva ad esempio nella Svezia feudale, dove si contavano addirittura quattro Camere, o nella Francia prerivoluzionaria con i suoi tre «*Stati generali*», o anche in Inghilterra dove la *Camera dei Lords* si affiancava (e si affianca tuttora) a quella dei Comuni. Ma così pure, per un altro verso, nell'assetto delle monarchie costituzionali ottocentesche è tipica la compresenza di una Camera eletta dal popolo e di un'altra Camera (Senato) di nomina regia, poiché in tal modo si esprime il dualismo caratteristico di quella forma di governo.

In altri Paesi, viceversa, la scelta del principio bicamerale è dettata soltanto da considerazioni di opportunità, per lo più di ordine politico. Tale è stato ed è sicuramente il caso dell'Italia, per la quale va escluso che il Senato costituisca fin d'ora la «Camera delle Regioni», poiché l'art. 57, co. 1, Cost., disponendo che quest'organo «è eletto a base regionale», vuole solo significare che, in luogo di circoscrizioni elettorali altrimenti formate, l'elezione dei senatori si svolge e si conclude entro il territorio di ciascuna Regione. Non a caso, per attuare la trasformazione del Senato in un collegio almeno parzialmente rappresentativo delle Regioni intese come enti, secondo il modello del bicameralismo negli Stati federali e decentrati, nelle scorse legislature sono state presentate – per iniziativa parlamentare o per iniziativa di appositi organi – svariate proposte di revisione costituzionale. Ad esempio, la Commissione bicamerale per le riforme, nel 1997, aveva predisposto e votato un progetto secondo il quale il Senato avrebbe dovuto includere «in sessione speciale» tanti consiglieri regionali, provinciali e comunali quanti fossero stati i relativi senatori. Diversamente, il d.d.l. di riforma costituzionale respinto dal corpo elettorale nel *referendum* del 4 dicembre 2016 prevedeva che il Senato fosse composto da cento membri, novantacinque dei quali eletti dai Consigli delle Regioni e delle Province autonome tra i loro componenti (e dunque rappresentativi delle istituzioni territoriali) e cinque designati dal Presidente della Repubblica.

È invece in vigore, per quanto non ancora attuato, l'art. 11 della legge cost. n. 3/2001, ai sensi del quale «i regolamenti della Camera dei deputati e del Senato della Repubblica possono prevedere la partecipazione dei rappresentanti delle Regioni, delle Province autonome e degli enti locali alla Commissione parlamentare per le questioni regionali» (su cui anche *infra*, § 15). Senza modificare in alcun modo l'assetto bicamerale, la disposizione favorisce un qualche coinvolgimento degli enti territoriali e locali nel procedimento legislativo, abilitando la Commissione come sopra integrata (per la quale, in dottrina, è stata coniata la denominazione «*Bicameralina*») a rendere pareri in riferimento a progetti di legge riguardanti le materie di cui al terzo comma dell'art. 117 Cost. e di cui all'art. 119 Cost. Al parere, se negativo o con osservazioni, la competente Commissione parlamentare che esamina il singolo progetto (v. *infra*, § 6) potrà adeguarsi o meno, ma in caso di mancato adeguamento l'Assemblea plenaria dovrà deliberare sul progetto a maggioranza assoluta dei suoi componenti. Allo stato, i regolamenti parlamentari non sono stati ancora adeguati in modo da consentire l'applicabilità dell'art. 11 cit.

Ma quali sono allora le ragioni che da noi sostengono la scelta del sistema bicamerale? La risposta più comune è quella che si incentra sul compito di organo di riflessione assegnato alla seconda Camera: la quale deve fungere – si dice – da *Camera di «raffreddamento»*, al fine di una migliore ponderazione, politica e tecnica, delle esigenze da soddisfare mediante l'esercizio della funzione legislativa. A questi assunti si oppone peraltro il rilievo che l'adozione del principio in esame va inevitabilmente incontro ad un duplice rischio (già segnalato dal giurista Sieyès, durante l'elaborazione della Carta costituzionale francese del 1791): da un lato può infatti accadere che la seconda Camera sia un mero doppione della prima, nel qual caso essa finisce per non adempiere affatto ai suoi tipici compiti di riflessione e di riesame; dall'altro, all'opposto, può verificarsi che i due organi risultino composti in maniera tanto eterogenea da renderne impossibile un funzionamento armonico.

Al riguardo, però, si devono distinguere i regimi a **bicameralismo perfetto**, proprio di quegli Stati nei quali le Camere sono assolutamente parificate per funzioni e per prerogative, dai sistemi a bicameralismo imperfetto, nei quali la volontà dell'uno dei due rami del Parlamento finisce col prevalere in caso di dissenso, fino al punto che l'altro dei due organi viene sovente dotato di semplici funzioni consultive. È evidente che privilegiando una Camera nei confronti dell'altra, quanto al potere di assumere le decisioni ultime, si evita a priori il rischio che il bicameralismo finisca per bloccare la funzionalità del potere legislativo, poiché le delibere determinanti competono appunto ad un unico collegio, quello considerato più rappresentativo del popolo; laddove l'eventualità di un inceppamento è connaturata al bicameralismo perfetto, giacché le incertezze ed i voti negativi di una delle Camere, data la loro assoluta parità, paralizzano necessariamente anche l'altra.

S'intende, perciò, quali siano i motivi che hanno indotto una gran parte delle Costituzioni del mondo occidentale ad optare per la prima anziché per la seconda soluzione. Ed effettivamente esempi di bicameralismo imperfetto si riscontrano in Inghilterra, dove la Camera dei Lords può solo temporaneamente sospendere le leggi approvate dalla Camera dei Comuni; in Germania, dove in sede legislativa il *Bundestag* prevale analogamente sul *Bundesrat*; nella quinta Repubblica francese, dove compete all'Assemblea nazionale di decidere definitivamente – su richiesta del Governo – superando gli eventuali disaccordi con il Senato; e sotto certi aspetti finanche negli USA, dove la volontà del Senato è spesso determinante ed esclusiva [4].

---

[4] V. rispettivamente, quanto alla Camera dei Lords, i *Parliament Acts* del 1911 e del 1949; quanto alla Germania, gli artt. 50 e 76 ss. della vigente «legge fondamentale»; quanto alla Francia, l'art. 45 della Costituzione del 1958; quanto agli USA, l'art. I, sez. III e l'art. II, sez. II della Costituzione.

Nel nostro ordinamento vige invece il principio del bicameralismo perfetto, tanto per ciò che riguarda l'esercizio della funzione legislativa quanto in sede di concessione e di ritiro della fiducia al Governo, oltre che in ordine alle prerogative dei deputati e dei senatori. Si osservi, anzi, come al Presidente del Senato sia riservata la supplenza nella carica di Presidente della Repubblica, mentre al Presidente della Camera spetta – al fine di accentuare per quanto possibile il bilanciamento – di presiedere il Parlamento in seduta comune e di indire l'elezione del nuovo Capo dello Stato (cfr. rispettivamente gli artt. 63, co. 2, e 86 Cost.).

Su questa base, stante il duplice rischio insito nel principio bicamerale così configurato, l'Assemblea costituente ha dunque dovuto prospettarsi l'esigenza di differenziare le due Camere, senza però approfondire il divario fino a renderlo incolmabile. Scartate le proposte che intendevano ridurre il Senato ad un organo di rappresentanza delle categorie professionali sul tipo dell'attuale Consiglio nazionale dell'economia e del lavoro oppure miravano a far eleggere i senatori da parte dei Consigli regionali, entrambi i rami del Parlamento sono stati concepiti come **assemblee politiche rappresentative del corpo elettorale**; ma i costituenti ne hanno diversificato la composizione, la durata e il sistema di elezione.

Circa la *composizione* basti ricordare, da un lato, che l'età minima per essere eleggibili a deputati o senatori consiste rispettivamente nell'aver compiuto il venticinquesimo ed il quarantesimo anno di età; d'altro lato, che il numero dei deputati è pari al doppio di quello dei senatori elettivi (630 contro 315)[5], anche se a questi ultimi si aggiungono alcuni senatori a vita (*ex* Presidenti della Repubblica, più cinque cittadini nominati dal Capo dello Stato – in base all'art. 59, co. 2, Cost. – fra quanti si siano segnalati «per altissimi meriti nel campo sociale, scientifico, artistico e letterario»).

Circa la *durata* del Senato, essa avrebbe dovuto essere di sei anni, contro i cinque spettanti alla Camera dei deputati; ma il condizionale è qui indispensabile, perché un tale criterio distintivo non è mai divenuto operante in Italia.

Finalmente, circa le *modalità delle elezioni*, la Costituzione si limita a diversificare la composizione dei due corpi elettorali, disponendo che gli elettori del Senato devono aver superato il venticinquesimo anno di età e che il Senato stesso dev'essere eletto – come già si è ricordato – «a base regionale». Peraltro, l'Assemblea costituente approvò inoltre una risoluzione – non trasferita nella Carta costituzionale ed immediatamente disattesa da parte dei costituenti mede-

---

[5] Si vedano gli artt. 56, co. 2 e 3, 57, co. 2, e 58, co. 2, Cost., a seguito delle modifiche apportate dalla legge cost. 9 febbraio 1963, n. 2. In precedenza, il numero dei parlamentari non era fisso ma mobile, dal momento che l'art. 56, co. 1, assegnava alla Camera «un deputato per ottantamila abitanti o per frazione superiore a quarantamila»; mentre l'art. 57, co. 2, prevedeva che ad ogni Regione fosse attribuito «un senatore per duecentomila abitanti o per frazione superiore a centomila».

simi – in base alla quale il sistema elettorale, proporzionale per la Camera, doveva essere maggioritario per il Senato [6].

Di tutti questi caratteri differenziatori, i più significativi avrebbero comunque dovuto consistere nella diversa durata e nel diverso congegno di elezione. Ed effettivamente, se l'iniziale programma della Costituente fosse stato attuato sotto entrambi questi aspetti, si sarebbe senz' altro evitato di ridurre la seconda Camera a un doppione della prima. In particolare, notevoli sarebbero stati non solo gli effetti di una reale diversità dei sistemi elettorali, ma anche quelli di una diversa scadenza delle Camere, che avrebbe potuto dar luogo ad un netto divario fra le forze degli schieramenti politici rappresentati nell'una o nell'altra di esse.

Viceversa, la norma costituzionale sulla diversa durata del Senato fu dapprima elusa, quando nel 1953 e nel 1958, avvicinandosi la cessazione della Camera dei deputati, il Presidente della Repubblica sciolse anticipatamente il Senato stesso, su sollecitazione di alcune parti politiche; e quindi fu anche formalmente abrogata dalla *legge costituzionale 9 febbraio 1963, n.* 2, che ha fissato in cinque anni il periodo di vita di ambedue i rami del Parlamento [7].

Quanto poi al secondo dei due principali tratti distintivi, le conclusioni sono in certo senso analoghe; giacché una netta differenziazione dei sistemi elettorali non è stata mai realmente attuata. Ma, per rendersi conto della fondatezza di quest'ultimo assunto, occorre aprire un'ampia parentesi, descrivendo la disciplina adottata per l'elezione della Camera e per quella del Senato.

3. Segue: *i procedimenti e i sistemi di elezione delle Camere*

a) Ovviamente comuni, in primo luogo, sono i principi che governano l'**elettorato**, tanto **attivo** quanto **passivo**. Da un lato, la stessa Costituzione proclama che deputati e senatori sono eletti a **suffragio universale e diretto** [8]. D'altro lato, comune è il regime delle **cause d'ineleggibilità e d'incompatibilità**. Dettate per i deputati dalla legge elettorale riguardante la Camera, le cause d'ineleggibilità sono state infatti estese ai senatori, superando così le iniziali ragioni di dubbio [9]. Del pari, la disciplina legislativa ordinaria delle cause d'incompatibilità abbraccia fin dalle origini tutti i membri del Parlamento, come risulta in particolar modo dalla legge 13 febbraio 1953, n. 60; e lo stesso vale per la corrispondente disciplina costituzionale.

Alle situazioni di ineleggibilità e incompatibilità si affiancano, come discipli-

---

[6] Si tratta dell'ordine del giorno Nitti, in *Atti Ass. Cost.*, 7 ottobre 1947.

[7] Cfr. il nuovo testo dell'art. 60, co. 1, Cost.

[8] Cfr. gli artt. 56, co. 1, e 58, co. 1, nel testo novellato dalla legge cost. n. 2/1963.

[9] V. rispettivamente gli artt. 6 e ss. del d.P.R. n. 361/1957 cit. e il richiamo ora effettuato dall'art. 5 del d.lgs. n. 533/1993 cit., in tema di elezioni del Senato.

nate dal d.lgs. 31 dicembre 2012, n. 235, ipotesi di radicale **incandidabilità**, che vengono sottoposte al vaglio già degli uffici elettorali in sede di presentazione delle candidature (mentre le prime due situazioni formano oggetto di valutazione da parte delle Camere medesime, come previsto dall'art. 66 Cost.). In particolare, non possono essere candidati coloro che hanno riportato condanne definitive a pene superiori a due anni di reclusione per i delitti, consumati o tentati, previsti dall'art. 51, co. 3 *bis* e 3 *quater*, Cod. proc. pen.; coloro che hanno riportato condanne definitive a pene superiori a due anni di reclusione per i delitti, consumati o tentati, previsti nel libro II, titolo II, capo I, del codice penale; coloro che hanno riportato condanne definitive a pene superiori a due anni di reclusione, per delitti non colposi, consumati o tentati, per i quali sia prevista la pena della reclusione non inferiore nel massimo a quattro anni, determinata ai sensi dell'art. 278 Cod. proc. pen. Qualora tali provvedimenti colpiscano deputati o senatori già in carica, le cause di incandidabilità si tramuteranno in altrettante cause ostative alla prosecuzione del mandato elettivo.

Tornando alle cause di ineleggibilità, assolutamente ineleggibili ad entrambi i rami del Parlamento *sotto pena d'invalidità*, salvo che l'esercizio delle relative funzioni sia cessato almeno 180 giorni prima della scadenza del quinquennio delle Camere (od entro i sette giorni successivi alla data del decreto di scioglimento anticipato), sono i presidenti delle Province, i sindaci dei Comuni con popolazione superiore a 20.000 abitanti, gli alti gradi e i funzionari della pubblica sicurezza, i capi di gabinetto dei ministri, i prefetti ed i viceprefetti, gli alti gradi delle forze armate quanto al loro comando territoriale [10]; ed analoghe norme s'impongono per i magistrati e per i diplomatici, nonché per i soggetti «vincolati con lo Stato» ad «adempimenti specifici» in virtù di contratti o di provvedimenti amministrativi o di sovvenzioni statali continuative [11]. Al che si aggiungono le cause stabilite o direttamente desumibili dalla Costituzione: onde non sono eleggibili il Presidente della Repubblica ed i giudici della Corte costituzionale, come pure – su tutt'altro piano – non lo erano, fino alla cessazione di efficacia della XIII disposizione transitoria della Costituzione (avvenuta con legge cost. n. 1/2002) i membri e i discendenti di Casa Savoia [12].

Nella generalità di tali casi, l'esclusione «risponde a imprescindibili esigenze di interesse generale», le quali richiedono, per un verso, «che la espressione del voto rappresenti la libera e genuina manifestazione di volontà dell'elettore, donde l'ineleggibilità delle persone e dei funzionari che possono esercitare pres-

---

[10] Cfr, l'art. 7 del d.P.R n. 361/1957 cit. Quanto invece all'ineleggibilità dei consiglieri regionali, già prevista dalla lettera *a)* dell'art. 7, co. 1, essa è stata dichiarata illegittima dalla Corte costituzionale, con la sent. 28 luglio 1993, n. 344.

[11] Vedi, nell'ordine, gli artt. 8, 9, e 10 d,P.R cit.

[12] Quanto ai giudici costituzionali, cfr. l'art. 7 della legge 11 marzo 1953, n. 87 cit. Sulla legge cost. n. 1/2002 v. *supra*, nella parte II, cap. I, § 8.

sione sugli elettori stessi»; e, per un altro verso, impongono di precludere l'elezione di coloro che «non danno garanzia di obiettività e di disinteresse nell'esercizio delle funzioni alle quali aspirano» [13]. Al di fuori di questi tipi d'ipotesi, si pongono invece numerose cause d'incompatibilità, che non rendono annullabile l'elezione, ma sono *sanabili* qualora gli interessati optino entro un breve termine fra le cariche da essi ricoperte ed il mandato parlamentare [14]. In particolare, la stessa Costituzione dichiara incompatibile l'ufficio di Presidente della Repubblica e quello di giudice costituzionale, ferma però rimanendo l'ineleggibilità del Presidente e dei giudici in carica, i quali volessero presentarsi candidati alle elezioni [15]. A loro volta, varie leggi ordinarie configurano situazioni d'incompatibilità per i parlamentari che ricoprano «cariche e uffici di qualsiasi specie in enti pubblici o privati, per nomina o designazione del Governo o di organi della Amministrazione dello Stato», che abbiano funzioni direttive «in associazioni o enti che gestiscano servizi di qualunque genere per conto dello Stato o della pubblica amministrazione» ovvero ricevano contributi statali «in via ordinaria», che siano membri degli organi regionali di controllo sugli atti degli enti locali ovvero che siano componenti del Consiglio nazionale dell'economia e del lavoro [16]. Come si vede, le ragioni dell'inconciliabilità con il mandato parlamentare sono assai diverse: ora riguardando la *natura delle funzioni in esame*, che in capo ad un parlamentare determinerebbero – specialmente – la commistione fra la figura del controllante e quella del controllato, ora concernendo piuttosto la *materiale impossibilità* di svolgere adeguatamente entrambi gli uffici in questione.

Ma, in ogni caso, sul punto non sussiste alcun divario fra il regime dei deputati e dei senatori. Le sole differenze, già segnalate, attengono invece a quella che si suole definire la **capacità elettorale** (Offidani, Prosperetti, Ferrari, Di Ciolo): vale a dire all'età minima richiesta per votare e per essere votati. Ma anche da quando lo stacco è salito ad un settennio (con il conferimento del voto per la Camera agli ultradiciottenni), la distinzione relativa all'elettorato attivo giova solo a saggiare gli orientamenti politici delle più giovani generazioni, senza tuttavia che ne derivino profonde alterazioni delle maggioranze e delle minoranze presenti nelle due assemblee. Ed a loro volta i quarant'anni occorrenti per poter

[13] Così ha motivato la Corte costituzionale, nella sent. 11 luglio 1961, n. 42.

[14] Cfr. l'art. 7 della legge n. 60/1953. Peraltro, tale disposto non prescrive la decadenza automatica dei parlamentari che non esercitano tempestivamente la prevista opzione: detta sanzione compete infatti alla Camera di appartenenza, in base all'art. 66 Cost. (v. *infra* il § 6 del presente capitolo).

[15] Cfr. gli artt. 84, co. 2, e 135, co. 6, Cost., nonché il citato art. 7 della legge n. 87/1953. Per contro, la disposizione dell'art. 65, co. 2, Cost., per cui «nessuno può appartenere contemporaneamente alle due Camere», veniva sanzionata con la «nullità dell'elezione» (cfr. l'art. 9, co. 2, del d.lgs. n. 533/1993).

[16] Cfr. l'art. 57 della legge 10 febbraio 1953, n. 62, e l'art. 8 della legge: 30 dicembre 1986, n. 936.

comporre la Camera alta non fanno che giustificare le denominazioni di senatore e Senato, senza affatto incidere sulla valenza politica di tali uffici.

b) Fondamentalmente comuni si dimostrano, altresì, i rispettivi **procedimenti elettorali** (sul concetto di procedimento v. *infra*, il § 8 di questo capitolo). In entrambi i casi, l'*iter* si suddivide – secondo diffuse classificazioni dottrinali (Ferrari, Mortati) – in quattro o cinque momenti fra loro distinti: cioè nella fase dell'**iniziativa**, nella fase **preparatoria** (entro la quale taluno suggerisce di enucleare la fase delle *candidature*), nella fase della **votazione** e nella fase dello **scrutinio**.

A mettere in moto la macchina elettorale, in base all'art. 87, co. 3, Cost., è il decreto con il quale il Presidente della Repubblica, previa deliberazione del Consiglio dei ministri [17], «indice le elezioni delle nuove Camere» ovvero effettua – stando al linguaggio legislativo – la **convocazione dei comizi elettorali**: decreto che va pubblicato nella Gazzetta ufficiale, «non oltre il 45° giorno antecedente quello della votazione» [18]. Si apre a questo punto la complessa fase preparatoria (o «procedimento elettorale preparatorio», secondo la definizione della legge elettorale per la Camera), con la costituzione dei vari **uffici elettorali**, presso la Corte di cassazione (nel caso dell'ufficio nazionale per la Camera) o presso le Corti d'appello e i Tribunali (nel caso degli uffici circoscrizionali ovvero degli uffici regionali per il Senato) [19]. Ed è agli uffici stessi, previo deposito dei loro contrassegni presso il Ministero dell'interno, che i partiti o i gruppi politici organizzati presentano le candidature nei collegi uninominali e le rispettive *liste di candidati*, contraddistinte da uno dei contrassegni predetti [20]; dopo di che la fase preparatoria si conclude con la campagna elettorale e con la costituzione dei seggi nei quali sono destinate a svolgersi le operazioni di voto [21].

Quanto alla fase della votazione, s'impone in ogni caso il rispetto delle proclamazioni sulla **personalità**, **libertà** e **segretezza del voto**, dettate dall'art. 48, co. 2, Cost. Nel primo senso, rimane escluso il voco per procura e solo in situazioni di gravissimo impedimento – come quelle riguardanti i ciechi, gli amputati delle mani e gli affetti da paralisi – si ammette che gli elettori esercitino i loro diritti per il tramite di un «accompagnatore» [22]. Nel secondo e nel terzo senso,

---

[17] Che l'atto di indizione sia sostanzialmente governativo, nei termini sopraindicati, risulta testualmente dall'art. 11, co. 1, d.P.R. n. 361/1957 e dall'art. 4, co. 1, lett. *a*), d.lgs. n. 533/1993, rispettivamente concernenti la Camera e il Senato.

[18] Cfr. il secondo comma dell'art. 11 del d.P.R. n. 361/1957 cit., come sostituto dall'art. 1 della legge 23 aprile 1976, n. 136, nonché l'art. 4, co. 2, d.lgs. n. 533/1993.

[19] Cfr. gli artt. 12 e 13 del d.P.R. n. 361 cit. e gli artt. 6 e 7 del d.lgs. n. 533/1993.

[20] Si vedano gli artt. 14 e ss. del d.P.R. n. 361 cit. e gli artt. 8 e ss. del d.lgs. n. 533/1993.

[21] V. rispettivamente la legge 10 dicembre 1993. n. 515 cit. (in tema di campagne elettorali), e gli artt. 34 e ss. del d.P.R. n. 361 cit.

[22] Cfr. l'art. 55 del d.P.R. n. 361 cit.

occorre invece – a pena di nullità – che gli elettori manifestino il loro voto mediante apposite schede e nelle cabine apprestate presso i vari seggi (anziché per corrispondenza); ed occorre altresì che le schede non «presentino scritture o segni tali da far ritenere che l'elettore abbia voluto far riconoscere il proprio voto»[23].

In ogni seggio, dopo che gli elettori hanno votato, si svolgono le prime operazioni di scrutinio, con la dichiarazione dei relativi risultati e con l'invio del materiale necessario agli uffici elettorali costituiti presso le predette sedi giudiziarie. Ed è su quella base, una volta effettuate le ulteriori operazioni richieste dai sistemi elettorali rispettivamente vigenti per la Camera e per il Senato, che gli uffici medesimi provvedono alla **proclamazione degli eletti**[24].

c) Entro un tale quadro, dunque, le sole varianti significative potrebbero discendere dalla diversità dei **sistemi** di elezione delle due assemblee.

I sistemi elettorali sono complessi «meccanismi per la trasformazione dei voti in seggi» (Lanchester): nella definizione dei quali rileva anzitutto la varia tipologia dei **collegi elettorali** e delle corrispondenti *circoscrizioni*. Di norma, il territorio dello Stato viene a questi fini suddiviso in più circoscrizioni e dunque in più collegi; mentre è singolare il caso di un collegio unico nazionale, comprendente il corpo elettorale nella sua totalità, entro il quale si svolgano immediatamente ed esclusivamente le elezioni politiche[25]. Tali collegi si dicono **uninominali**, quando ognuno di essi dispone di un solo seggio; **plurinominali**, quando i seggi rispettivamente assegnati sono più d'uno e concretamente possono assommare anche a varie decine di unità.

La scelta dell'uno o dell'altro modello condiziona il funzionamento del sistema elettorale propriamente detto, ma non lo predetermina nella sua interezza. Al di là della nota contrapposizione fra i sistemi elettorali maggioritari e i sistemi elettorali proporzionali, i meccanismi in questione si prestano a venire quanto meno quadripartiti (Fisichella): in primo luogo, cioè, si danno i sistemi **maggioritari estremi** o **puri**, per cui la forza politica che consegue nel collegio la maggioranza relativa si vede con ciò stesso attribuiti il seggio o i seggi disponibili; in secondo luogo, seguono i sistemi **maggioritari corretti**, l'applicazione dei quali lascia qualche spazio o qualche possibilità alle forze politiche di minoranza, pur continuando a premiare i gruppi maggioritari; in terzo luogo, vengono i sistemi proporzionali corretti, per mezzo dei quali la ripartizione dei seggi si effettua in proporzione ai suffragi ottenuti dai vari partiti concorrenti, escludendo in partenza – però – le forze organizzate che non

---

[23] Oltre all'art. 55, co. 1, si vedano gli artt. 58 e ss. e 70, co. 1, d.P.R. n. 361 cit.

[24] Cfr. – nell'ordine – gli artt. 77 e ss. d.P.R. n. 361 cit. e 15 e ss. del d.lgs. n. 533 cit.

[25] Valgono in quest'ultimo senso gli esempi forniti dall'Olanda e dallo Stato di Israele. Tutt'altro è il caso dei collegi unici utilizzati per l'assegnazione dei seggi residui, non attribuiti in sede circoscrizionale.

superino certe soglie minime di consenso elettorale[26]; in quarto luogo, il quadro è completato dai sistemi **proporzionali estremi** o **puri**, in cui non vigono correttivi di sorta, sicché il Parlamento tende ad essere lo specchio fedele del Paese politicamente considerato. Ma giova notare che vari studiosi (quali Schepis o Mortati) aggiungono una quinta specie costituita dai sistemi elettorali *misti* o combinati, con riferimento ai correttivi di tale entità da snaturare la logica dei sistemi maggioritari o proporzionali: anche se le linee di separazione fra i primi e i secondi rimangono affidate, inevitabilmente, alle soggettive valutazioni di ciascun osservatore.

Ora, in presenza di collegi uninominali, occorre per definizione avvalersi dei sistemi maggioritari, non sussistendo altri mezzi per assegnare l'unico seggio disponibile. Ma i sistemi stessi possono essere *ad unico turno* (e quindi puri), come nel caso della Gran Bretagna, ovvero *a doppio turno* (e per ciò stesso corretti), come si verifica tuttora in Francia e come avveniva nei primi decenni di vita dell'ordinamento statutario: con la conseguenza che nella seconda ipotesi i seggi non sono senz'altro assegnati ai candidati che ottengano comunque i maggiori suffragi nei rispettivi collegi, ma vengono attribuiti solamente a favore di chi – nel primo turno – riesca ad ottenere una certa quota minima di voti; mentre i seggi residui sono invece destinati in una tornata elettorale immediatamente successiva, mediante ballottaggio fra i due candidati più votati nel primo turno ovvero escludendo coloro che non abbiano superato una determinata soglia (sicché – fra i due turni – si formano spesso coalizioni politiche, entro le quali i partiti minori barattano il loro appoggio in cambio di alcuni seggi, compresi fra quelli ai quali aspira la rispettiva coalizione). Per contro, i collegi plurinominali richiedono generalmente l'applicazione dei sistemi proporzionali, puri o corretti che siano; ma non mancano alcune eccezioni, rappresentate da quei *sistemi maggioritari «di schiacciamento»*, per mezzo dei quali le forze politiche prevalenti conseguono tutti i seggi spettanti al collegio (come ad esempio si riscontra negli Stati Uniti d'America, quanto alle elezioni del Presidente della Repubblica).

Relativamente all'Italia, comunque, si può avvertire fin d'ora che i congegni elettorali politici riguardanti entrambe le Camere rientravano – fino alle riforme elettorali del 1993 – nel tipo dei sistemi proporzionali corretti, ma con l'applicazione di correttivi così poco rilevanti da collocarli in prossimità dei sistemi proporzionali puri od estremi; il che non dipendeva da una scelta di ordine costituzionale, risultante dal testo della Costituzione o ricollegabile ai principi «supremi» del nostro sistema politico (malgrado la tesi contraria sia stata sostenuta da Lavagna), bensì da opzioni che i costituenti fissarono per mezzo di leggi ordinarie[27]. Dal 1993 il sistema elettorale per la Camera e il Senato è stato modi-

---

[26] Particolarmente noto, su questo piano, è il sistema elettorale riguardante il *Bundestag* della Germania federale, per accedere al quale – in sede nazionale – occorre superare il 5% dei voti, in base alla cosiddetta clausola di esclusione (*Sperrklausel*).

[27] V. rispettivamente la legge 20 gennaio 1948, n. 6, e la legge 6 febbraio 1948, n. 29 cit., fon-

ficato per due volte, ed è stato interessato da *due fondamentali decisioni della Corte costituzionale* (sentt. 13 gennaio 2014, n. 1 e 9 febbraio 2017, n. 35), che hanno tra l'altro favorito una ulteriore modifica, rappresentata dalla legge 3 novembre 2017, n. 165; la quale ultima ha introdotto un sistema misto a netta prevalenza proporzionale, ma con una quota di seggi assegnata mediante collegi uninominali.

d) L'abbandono del sistema proporzionale risalente alla legislazione del 1948 fu dovuto, oltre al crollo dei partiti tradizionali, al *referendum* del 18 aprile 1993, che a larghissima maggioranza portò ad una parziale abrogazione della legge elettorale per il Senato: questa, prevedendo la presenza di 238 collegi uninominali, esigeva ai fini dell'attribuzione del seggio il raggiungimento di una soglia (65% dei votanti) elevatissima, data la frammentazione del sistema politico italiano, rendendo quasi sempre obbligatoria (tranne sporadiche eccezioni in alcuni collegi contraddistinti dalla presenza di partiti a forte radicamento territoriale, quale la Südtiroler Volkspartei in Alto Adige) l'attribuzione dei seggi con metodo proporzionale. Il *referendum* ebbe ad oggetto proprio la soglia predetta, abrogando la quale il sistema elettorale si trasformò, per circa tre quarti (238 seggi su 315) in senso maggioritario a turno unico. La **legge 4 agosto 1993, n. 276** recepì le indicazioni del *referendum*, e contemporaneamente si ritenne di accogliere la medesima impostazione anche per la Camera dei deputati, ove con **legge 4 agosto 1993, n. 277** il sistema elettorale venne modificato sulla falsariga del Senato (tre quarti maggioritario a turno unico, un quarto proporzionale).

L'obiettivo dell'alternanza politica, propugnato da alcuni dei sostenitori del maggioritario, fu in effetti raggiunto, se si guarda al risultato delle consultazioni elettorali che si tennero negli anni 1994, 1996 e 2001. Non egualmente soddisfacente si dimostrò il sistema elettorale con riferimento all'obiettivo della stabilità di governo, per quanto nel periodo considerato (1994-2006) si siano succeduti otto diversi governi, cioè un numero lievemente inferiore alla media (di circa un governo all'anno) che aveva caratterizzato il periodo 1948-1994. Proprio nel dichiarato tentativo di ovviare al problema della governabilità, la legge elettorale per la Camera formò oggetto di due consultazioni referendarie, nel 1999 e nel 2000, volte ad abrogare la quota proporzionale; le iniziative si conclusero con un nulla di fatto in ragione del mancato raggiungimento del *quorum* di cui all'art. 75 Cost.

Con leggi cost. 17 gennaio 2000, n. 1 e 23 gennaio 2001, n. 1, venne affrontata la questione della garanzia del diritto di voto per i cittadini italiani residenti all'estero: la soluzione prescelta consistette nel riconoscimento della possibilità di esprimere il voto all'estero, evitando ai connazionali il rientro in Italia ai fini

---

date entrambe sull'art. 3 del d.lgs.lgt. 16 marzo 1946, n. 98, che appunto affidava tale compito all'Assemblea costituente.

dell'esercizio di un diritto tutelato dall'art. 48 Cost. (che infatti venne parzialmente modificato in questo senso), ed istituendo una circoscrizione Estero per le elezioni delle Camere, alla quale la seconda delle citate leggi assegnò dodici deputati e sei senatori, lasciando inalterato il numero complessivo dei componenti. La disciplina di attuazione è dettata dalla legge 21 dicembre 2001, n. 459, che prevede una procedura di voto per corrispondenza.

In vista delle elezioni del 2006, con **legge 21 dicembre 2005, n. 270** il sistema elettorale per entrambe le Camere venne radicalmente riformato, mediante l'introduzione di un sistema definibile, con qualche approssimazione, quale «proporzionale con premio di maggioranza». La disciplina prevedeva, infatti, l'attribuzione, alla Camera, di una quota di 340 seggi assegnata su base nazionale alla lista o (più probabilmente, come in effetti si è verificato) alla coalizione di liste che avesse riportato il maggior numero di voti, senza la previsione del raggiungimento di una particolare soglia percentuale. Al Senato, sul presupposto del rispetto della elezione «a base regionale» prevista dall'art. 57 Cost., la scelta si orientò sulla attribuzione di un premio di maggioranza per ciascuna Regione, fissato in una quota pari al 55% dei senatori assegnati alla Regione medesima, e anche in questo caso senza la previsione di soglie percentuali minime ai fini del conseguimento del premio. La ripartizione dei seggi, ferma l'attribuzione del premio, avveniva con metodo proporzionale tra le varie liste (coalizzate o meno), prevedendosi in questo caso alcune soglie differenziate per l'accesso alla ripartizione dei seggi (alla Camera: 10% per le coalizioni, purché almeno una delle liste coalizzate raggiungesse il 2%, o il 20% in ambito circoscrizionale se rappresentativa di minoranze linguistiche; 4% per le liste non facenti parte di alcuna coalizione, o per le liste appartenenti a coalizioni che non avessero raggiunto il 10%; al Senato: 20% a livello regionale, purché almeno una delle liste coalizzate raggiungesse il 3%; 8% per le liste non facenti parte di alcuna coalizione, o per le liste appartenenti a coalizioni che non avessero raggiunto il 20%). Regole particolari erano previste per la Valle d'Aosta ed il Trentino Alto Adige (unico collegio uninominale nel primo caso, sistema misto a prevalenza maggioritaria nel secondo caso). Le liste dei candidati, secondo la legge n. 270 cit., erano bloccate, per cui l'elettore non aveva la possibilità di esprimere preferenze, ed i seggi venivano assegnati nel rispetto dell'ordine dei candidati in lista.

Il sistema è stato testato in tre consultazioni elettorali: se nel 2008 esso ha prodotto una maggioranza omogenea in entrambi i rami del Parlamento, non altrettanto è accaduto nel 2006 e nel 2013; quanto alla governabilità, dal 2006 si sono succeduti sette governi, dunque con una cadenza simile a quella del periodo precedente. Il sistema ha altresì resistito ad un tentativo di abrogazione referendaria, fallito nel 2009 per mancato raggiungimento del *quorum*, ed avente ad oggetto la possibilità di formare coalizioni tra liste e la presentazioni di candidature in più circoscrizioni alla Camera. Il *referendum* abrogativo, però, non avrebbe ovviato alle due maggiori criticità evidenziate con riferimento alla disciplina elettorale: da un lato l'attribuzione del premio di maggioranza (al Senato, per giunta, su scala regionale) indipendentemente dalla percentuale di voti conseguiti; d'altro lato la previsione delle liste bloccate.

Sono queste ultime le censure che hanno formato oggetto di un giudizio di legittimità da parte della Corte costituzionale, che innovando almeno in parte rispetto alla propria giurisprudenza ha ammesso una questione di legittimità costituzionale sollevata dalla Corte di cassazione, nell'ambito di un giudizio civile promosso da alcuni elettori, i quali chiedevano l'accertamento della avvenuta violazione del diritto di esercitare un voto eguale e libero, come previsto dall'art. 48 Cost. Le eccezioni di inammissibilità della questione erano concentrate essenzialmente sul fatto che quella instaurata avanti il tribunale milanese fosse una c.d. *fictio litis*, cioè una controversia avente l'unico scopo di consentire la rimessione della questione di legittimità alla Corte; tali eccezioni sono state respinte con la **sentenza n. 1 del 2014**, nella quale la Corte ha per un verso identificato distinte domande (c.d. *petitum*) tra il giudizio di merito e il giudizio di legittimità (v. anche *infra*, parte VI, cap. II, § 3), e per altro verso ha valorizzato l'esigenza di evitare la creazione di c.d. zone franche nel sistema di tutela delle situazioni soggettive, specie quando venga in rilievo un diritto fondamentale per il funzionamento di un sistema democratico, quale il diritto di voto. Nel merito, la Corte ha ritenuto che la previsione di un premio di maggioranza, in un sistema che si definiva comunque proporzionale, se non accompagnata dalla previsione di una soglia percentuale di voti minima comportasse un eccessivo sacrificio del principio di rappresentatività, pur se preordinata alla tutela della governabilità. Al Senato, peraltro, tale ultimo obiettivo neppure poteva ritenersi coerentemente perseguito, posta l'aleatorietà dei risultati in dipendenza di singoli premi di maggioranza assegnati su scala regionale. Quanto alle liste bloccate, la Corte ha sanzionato il sistema elettorale italiano nella parte in cui non consentiva all'elettore di esprimere almeno una preferenza, stigmatizzando la previsione di liste anche molto lunghe e dunque tali da rendere difficilmente conoscibili i candidati agli elettori, pur senza disconoscere la legittimità in astratto del meccanismo delle liste bloccate (del resto presente in molti Stati europei).

Per effetto della sent. n. 1 cit., i sistemi elettorali della Camera e del Senato rimanevano in vigore in una versione «amputata» dalla Corte, trasformandosi in sistemi proporzionali, con il correttivo delle citate soglie per la partecipazione al riparto dei seggi, e con la possibilità per gli elettori di esprimere una preferenza.

Collegata all'ipotesi di riforma costituzionale respinta nel già menzionato *referendum* del 4 dicembre 2016 era l'iniziativa di una ulteriore riforma elettorale, in questo caso riguardante la sola Camera dei deputati (il Senato si sarebbe trasformato, in caso di approvazione della riforma costituzionale, in organo non eletto direttamente dal popolo). Così, con la **legge 6 maggio 2015, n. 52**, veniva introdotto un sistema di tipo proporzionale, ma con attribuzione di un premio di maggioranza pari a 340 seggi, correlato al raggiungimento della soglia del 40% dei voti, oppure all'esito di un ballottaggio che avrebbe contrapposto, in un secondo turno di votazione, le due liste più votate su scala nazionale al primo turno. Anche in questo caso erano previste delle soglie per l'accesso al riparto dei seggi (3%, a parte le disposizioni speciali a tutela delle liste rappresentative di minoranze linguistiche riconosciute). Nell'ambito delle liste, il primo seggio eventualmente spettante sarebbe stato aggiudicato al capolista, mentre all'elettore era consentita la possibilità di esprimere una preferenza (o due, se a soggetti di genere diverso) in favore di un altro candidato. Con la **sent. n. 35/2017** la Corte costituzionale ha tuttavia dichiarato l'illegittimità costituzionale della attribuzione del premio in sede di ballottaggio, posto che per l'accesso al secondo turno non era previsto il raggiungimento di alcuna soglia minima percentuale di voti, con ciò riproducendosi, ad avviso della Corte, il medesimo problema evidenziato nella sent. n. 1/2014. In aggiunta, la Corte ha sanzionato la possibilità per un capolista, se eletto in più collegi, di optare ad arbitrio per uno di questi, affidando «irragionevolmente alla decisione del capolista il destino del voto di preferenza espresso dall'elettore nel collegio prescelto», in violazione dei principi di uguaglianza e personalità del voto. Hanno viceversa superato il vaglio della Corte l'attribuzione del premio di maggioranza in caso di superamento della soglia del 40% dei voti al primo turno e la soglia di sbarramento del 3% per le liste; quanto al doppio turno, nei confronti di tale metodo la Corte non ha espresso una preclusione in astratto, censurandone però la configurazione prescelta dal legislatore nel caso concreto.

Per effetto delle due menzionate sentenze, i sistemi elettorali per il Senato e per la Camera risultavano significativamente diversi tra loro (proporzionale con soglie alte di sbarramento per coalizioni o liste, a livello regionale, al Senato e con la possibilità del voto di preferenza, senza il rispetto delle quote di genere; proporzionale alla Camera, ma per sole liste, con l'incentivo del premio di maggioranza al raggiungimento del 40% dei voti e con preferenza di genere ma con i capilista bloccati), così rendendo ancor più improbabile la formazione di maggioranze omogenee nei due rami del Parlamento; per questa ragione, anche su impulso del Presidente della Repubblica, il Parlamento si è risolto ad approvare una nuova **legge elettorale,** la citata **n. 165/2017**. Detta disciplina (che interviene, come del resto le precedenti, nel corpo del d.P.R. 30 marzo 1957, n. 361 e della legge per l'elezione del Senato), può essere così descritta:

– alla **Camera** il territorio nazionale è ripartito in **28 circoscrizioni**; ciascuna circoscrizione è suddivisa in collegi uninominali ed in uno o più collegi plurinominali. I **231 collegi uninominali** del territorio nazionale sono ripartiti in ciascuna circoscrizione sulla base della popolazione (si aggiunge **1** collegio uninominale della Valle d'Aosta);

– al **Senato** il territorio nazionale è ripartito in **20 circoscrizioni** corrispondenti al territorio di ciascuna regione. Ciascuna circoscrizione regionale è suddivisa in collegi uninominali ed in uno o più collegi plurinominali. I **109 collegi**

uninominali del territorio nazionale sono ripartiti in ciascuna circoscrizione sulla base della popolazione (ad essi si aggiungono **1** collegio in Valle d'Aosta e **6** collegi in Trentino-Alto Adige);

– ciascun **partito o gruppo politico organizzato** che intende presentarsi alle elezioni – sia alla Camera sia al Senato – è tenuto a depositare il proprio **contrassegno** e ad indicare la propria **denominazione** presso il Ministero dell'interno nei termini previsti; contestualmente al deposito del contrassegno deve essere altresì depositato il **programma elettorale**, nel quale viene dichiarato il nome e cognome della persona indicata come capo della forza politica. L'art. 14 del d.P.R. n. 361/1957 prevede che il partito o gruppo politico organizzato è tenuto a depositare il relativo statuto ovvero, in mancanza, una dichiarazione che indica gli elementi minimi di trasparenza previsti dalla legge: il legale rappresentante del partito o del gruppo politico organizzato; il soggetto che ha la titolarità del contrassegno depositato e la sede legale nel territorio dello Stato; gli organi del partito o del gruppo politico organizzato, la loro composizione nonché le relative attribuzioni;

– sia alla Camera sia al Senato i partiti o i gruppi politici organizzati possono presentarsi come **lista singola** o in **coalizione**. La coalizione è unica a livello nazionale; i partiti in coalizione presentano candidati unitari nei collegi uninominali;

– sia alla Camera sia al Senato, in ogni collegio plurinominale, ciascuna lista è composta da un **elenco di candidati**, presentati secondo un determinato ordine numerico; in ogni caso il numero dei candidati **non può essere inferiore a due né superiore a quattro**;

– sia alla Camera sia al Senato nessun candidato può essere incluso in liste con lo stesso contrassegno in più di 5 collegi plurinominali, a pena di nullità dell'elezione. Il candidato in un collegio uninominale può essere candidato altresì nei collegi plurinominali, fermo restando il limite di 5. Non può essere, infine, candidato alla Camera o al Senato il candidato nella circoscrizione Estero;

– nella successione interna delle liste nei collegi plurinominali, sia della Camera sia del Senato, i candidati devono essere collocati secondo un **ordine alternato di genere**; alla Camera è previsto che nel complesso delle candidature presentate da ogni lista o coalizione di liste nei collegi uninominali a livello nazionale, nessuno dei due generi può essere rappresentato in misura superiore al 60%o, con arrotondamento all'unità più prossima. Inoltre, nel complesso delle liste nei collegi plurinominali presentate da ciascuna lista a livello nazionale, nessuno dei due generi può essere rappresentato nella posizione di capolista in misura superiore al 60%, con arrotondamento all'unità più prossima. Al Senato le medesime previsioni sono stabilite a livello regionale;

– ciascun elettore dispone di **un voto** da esprimere su **un'unica scheda**, recante il nome del candidato nel collegio uninominale e il contrassegno di ciascuna lista o, nel caso di liste collegate in coalizione, i contrassegni di tali liste, con a fianco i nominativi dei candidati nel collegio plurinominale; il voto è valido a favore della lista e ai fini dell'elezione del candidato nel collegio uninominale. Qualora il segno sia tracciato solo sul nome del candidato nel collegio uninominale, i voti sono comunque validi a favore della lista e ai fini dell'elezione del candidato nel collegio uninominale; nel caso di più liste collegate in coalizione, i voti sono ripartiti tra le liste della coalizione in proporzione ai voti ottenuti da ciascuna di esse nel collegio uninominale;

– nei **collegi uninominali** il seggio è assegnato al candidato che consegue il **maggior numero di voti validi**; in caso di parità è eletto il più giovane per età;

– per i seggi da assegnare alle liste e alle coalizioni di liste nei **collegi plurinominali**, alla **Camera** il riparto avviene a **livello nazionale**, con metodo proporzionale, tra le coalizioni di liste e le liste che abbiano superato le **soglie di sbarramento**, pari al 3% dei voti validi a livello nazionale per le liste singole ed al 10% dei voti validi a livello nazionale per le coalizioni, a condizione che almeno una lista della coalizione abbia conseguito il 3% dei voti validi a livello nazionale (la soglia per le liste infra-coalizione è in ogni caso pari al 3% dei voti validi a livello nazionale anche qualora la coalizione non abbia raggiunto la soglia del 10%). Per le coalizioni non vengono in ogni caso computati i voti conseguiti dalle liste che non hanno superato la soglia dell'1% dei voti validi; specifiche disposizioni garantiscono le liste rappresentative di minoranze linguistiche riconosciute presentate in una regione ad autonomia speciale il cui statuto o le relative norme di attuazione prevedano una particolare tutela di tale minoranze;

– al **Senato** l'assegnazione dei seggi alle liste è effettuata con metodo proporzionale e avviene a **livello regionale**. La soglia per accedere al riparto dei seggi è – come per la Camera – pari al 3% dei voti validi a livello nazionale per le liste singole ed al 10% dei voti validi a livello nazionale per le coalizioni, a condizione che almeno una lista della coalizione abbia conseguito il 3% dei voti validi a livello nazionale o il 20% dei voti validi in una Regione. Per le coalizioni non vengono in ogni caso computati i voti conseguiti dalle liste che non hanno superato la soglia dell'1% dei voti validi; come alla Camera, specifiche disposizioni garantiscono le liste rappresentative di minoranze linguistiche riconosciute presentate in una regione ad autonomia speciale il cui statuto o le relative norme di attuazione prevedano una particolare tutela di tale minoranze;

– sono proclamati eletti in ciascun collegio plurinominale, nei limiti dei seggi ai quali ciascuna lista ha diritto, i candidati compresi nella lista del collegio, secondo l'ordine di presentazione; per la sola Valle d'Aosta, dove è attribuito un seggio alla Camera e un seggio al Senato, è infatti costituito un unico collegio uninominale, sia per l'elezione alla Camera sia al Senato, dove è proclamato eletto il candidato che ha ottenuto il maggior numero di voti validi.

Complessivamente, dunque, si tratta di un **sistema misto**, proporzionale con sbarramento per circa due terzi dei seggi, maggioritario per il rimanente terzo. Vi è, naturalmente, la possibilità che la legge venga sottoposta ad un giudizio di legittimità costituzionale, ancorché la stessa sembri *prima facie* immune quantomeno dai vizi riscontrati dalla Corte nelle sentenze in precedenza citate.

4. Segue: *il Parlamento in seduta comune*

Il principio bicamerale non richiede soltanto che esistano due Camere del Parlamento, su piede di assoluta parità, ma esige che tutte le deliberazioni spettanti al Parlamento stesso vengano prese da entrambe le Camere separatamente. Una importante eccezione al principio così concepito risulta però dall'art. 55, co. 2, Cost., per cui il Parlamento si riunisce, sia pure «nei soli casi stabiliti dalla Costituzione», «in seduta comune dei membri delle due Camere».

Il **Parlamento in seduta comune** trova la sua prima origine nel progetto elaborato dalla Commissione dei 75, che prevedeva l'istituzione di un'«*Assemblea nazionale*», con importanti funzioni politiche in tema di fiducia e sfiducia al Governo, di dichiarazione dello stato di guerra, di amnistia e d'indulto, di approvazione degli statuti regionali, e via dicendo. La proposta fu respinta dalla Costituente, che non ritenne opportuno creare una sorta di supercamera, sovrapposta alle due tradizionali. Ma di essa è rimasta una traccia nel disposto costituzionale già citato, anche se quest'ultimo spoliticizza il Parlamento in seduta comune, conferendogli funzioni di rilievo, che non sono però determinanti nella definizione della politica generale del Paese. In definitiva le Camere riunite sono oggi chiamate ad esplicare unicamente compiti **elettorali** e compiti **accusatori**. E le funzioni in esame, tassativamente indicate nella Costituzione (sicché non è possibile operarne alcuna integrazione analogica), sono tali che il loro esercizio non avrebbe potuto essere efficacemente svolto dalle due Camere separate, ostandovi ragioni sia di ordine tecnico che di ordine politico. Si considerino infatti le funzioni aventi per oggetto l'elezione del Presidente della Repubblica (art. 83, co. 1, Cost.), quella di un terzo dei componenti il Consiglio superiore della magistratura (art. 104, co. 4) e quella di un terzo dei giudici costituzionali (art. 135, co. 1); cui si aggiunge la periodica compilazione degli elenchi dai quali estrarre a sorte i giudici costituzionali aggregati, per i «giudizi d'accusa» di competenza della Corte (art. 135, ult. co.). Funzioni siffatte non si prestano ad un esercizio disgiunto, essendo già difficile raggiungere le prescritte maggioranze qualificate a Camere riunite. Viceversa, in ordine alle funzioni accusatorie che oggi si risolvono nella messa in accusa del Presidente della Repubblica (art. 90, co. 2, Cost.), a consigliare la riunione delle Camere sono considerazioni di carattere politico, dal momento che sarebbe gravissima la situazione determinata da una Camera che deliberasse lo stato d'accusa, in contrasto con l'altra che fosse di diverso avviso[28].

Il Parlamento in seduta comune è stato variamente configurato in dottrina, sostenendosi da alcuni che esso verrebbe a formare un terzo organo, distinto dalla Camera e dal Senato (Mortati), da altri che si tratterebbe di un semplice

---

[28] Analoghe considerazioni valevano circa le accuse riguardanti il Presidente del Consiglio e i ministri, in base all'originario disposto dall'art. 96 Cost. Ma quel testo è stato sostituito dalla legge cost. 16 gennaio 1989, n. 1 (v. *infra*, in questa parte, cap. III, § 12).

modo di riunione delle Camere stesse, senza che esse perdano la loro identità (Balladore Pallieri). La seconda tesi ha però il torto di travisare l'effettivo funzionamento del collegio: quando si eleggono il Presidente della Repubblica, i cinque giudici costituzionali oppure i dieci membri del CSM, o quando si procede alla messa in accusa, non c'è più distinzione fra deputati e senatori; ed i componenti dell'assemblea perdono la loro identità originaria, come risulta con chiarezza all'atto del computo dei *quorum* necessari, che si fa conteggiando la maggioranza dei componenti stessi, senza dare alcun rilievo alla loro provenienza dall'uno o dall'altro ramo del Parlamento. In considerazione di ciò, si deve sostenere – dunque – che l'adunanza comune rappresenta piuttosto un *modo di riunione di tutti i parlamentari*; il che forma un valido argomento per considerare le Camere riunite come un **organo collegiale per sé stante**, costitutivo di quell'organo complesso che è il Parlamento nella sua totalità.

Ci si chiede se anche le Camere riunite, al pari delle Camere separatamente prese, siano padrone del proprio ordine del giorno e possano quindi mutare l'oggetto in vista del quale il Presidente della Camera le abbia convocate. Si suole rispondere negativamente e già su questa base si rileva che il collegio in questione non è provvisto della pienezza dei poteri spettanti alle altre assemblee parlamentari (Ferrara). Nondimeno, ciò non significa ancora che le Camere riunite non possano comunque discutere, prima della deliberazione, sul tema che esse debbono affrontare. Qualora si tratti di esercitare funzioni accusatorie, è anzi evidente che occorre un previo dibattito, riguardante la sussistenza dei reati in esame. Quanto invece alle funzioni elettorali, la prassi richiede che si proceda senz'altro alla votazione. Ma anche a questi effetti il Parlamento in seduta comune potrebbe pur sempre esser tenuto a deliberare in via preliminare, circa l'effettiva presenza dei presupposti cui sono legate convocazioni siffatte: con particolare evidenza, qualora il Presidente della Camera considerasse colpito da un impedimento permanente il Capo dello Stato in carica e dunque convocasse l'assemblea per eleggere un nuovo Presidente, laddove il soggetto pretesamente impedito si ritenesse ancora in grado di svolgere le proprie attribuzioni.

5. *Il principio di continuità*

L'art. 60, co. 2, Cost., statuendo che «la durata di ciascuna Camera non può essere prorogata se non per legge e soltanto in caso di guerra», sottopone la **proroga** a due condizioni: l'una di carattere formale, consistente nella riserva delle relative decisioni alle leggi ordinarie; l'altra sostanziale, rappresentata dalla previa o contemporanea delibera dello *stato di guerra*, ai sensi dell'art. 78 Cost. In ogni altro caso, salvi gli scioglimenti anticipati, la durata di entrambe le Camere è di cinque anni. Ma le fratture suscettibili di prodursi fra l'una e l'altra legislatura, oltre che nel corso delle legislature stesse, sono temperate dal principio di continuità.

Nel nostro ordinamento, cioè, le Camere sono **organi permanenti** tanto in relazione ai loro **lavori**, giacché possono riunirsi in ogni momento senza alcuna limitazione, quanto in relazione alla loro **esistenza**, giacché tra la Camera scaduta e quella neoeletta non si frappone alcuna interruzione temporale. Sotto questi profili, nei secoli scorsi la vita dei Parlamenti era invece discontinua, poiché spettava al Re di convocarli e di scioglierli; e si producevano anzi divisioni corrispondenti non solo alle *legislature* ma anche alle *sessioni*, che rappresentavano ben distinti periodi di funzionamento, aperti e conclusi dal sovrano, nel corso dei quali tutto il lavoro programmato doveva essere completamente svolto, senza di che bisognava riprendere da capo l'intera attività durante la sessione successiva. Secondo l'opinione comune, inoltre, la scadenza della legislatura comportava la cessazione della Camera intesa come organo: sino al punto che il regolamento della Camera uscente si considerava riapprovato – sia pur tacitamente – da parte della Camera entrante.

Riferito all'attività parlamentare, il principio di continuità si concreta nella previsione costituzionale di *riunioni di diritto* ed *in via straordinaria* (cfr. l'art. 62): le une, fissate per il primo giorno non festivo di febbraio e di ottobre (in collegamento con l'annuale approvazione dei bilanci), potrebbero effettuarsi – al limite – anche indipendentemente dalla convocazione ad opera del *Presidente di ciascuna Camera* (Manzella, Marra); mentre le altre presuppongono che l'iniziativa della convocazione sia presa dallo stesso Presidente o da *un terzo dei componenti dell'assemblea* oppure dal *Capo dello Stato*, la cui richiesta è però configurata da vari autori (Bozzi, Mortati, Mazziotti; contra Baldassarre, Barile, Tosi) come un atto su proposta del Governo. Nel caso di riunione in via straordinaria di una Camera, l'altra è convocata di diritto (art. 62, co. 3); ma la disposizione costituzionale va letta anche a rovescio, nel senso di impedire la riunione di un ramo del Parlamento, allorquando l'altro non possa adunarsi perché sciolto ai sensi dell'art. 88 Cost.

Dal momento che ciascuna Camera organizza normalmente i propri lavori programmandoli in base ad un certo calendario[29], quando termina un periodo di attività si può addivenire al c.d. *aggiornamento*, che consiste in una breve sospensione dei lavori con l'indicazione della prossima data di riunione dell'assemblea (ed eventualmente del relativo ordine del giorno). Ne consegue che la convocazione straordinaria serve – in situazioni alquanto eccezionali – al precipuo scopo di abbreviare l'aggiornamento stesso, qualora ne ricorra la necessità. Il potere di riunione in via straordinaria compete comunque, in questo caso, al Presidente di ciascuna Camera, il quale è obbligato ad esercitarlo quando ne facciano richiesta il Presidente della Repubblica od un terzo dei membri della Camera stessa (Ferrara, Longi). Sorge questione nell'ipotesi che il Presidente si rifiuti illegittimamente di procedere alla convocazione: un caso del genere si è verificato per il Consiglio della Valle d'Aosta, che il Presidente

[29] Cfr. gli artt. 23 e ss. reg. Camera e gli artt. 53 e ss. reg. Senato.

di quel collegio non convocò al fine di evitare che esso votasse la sfiducia alla Giunta; e l'omissione fu allora sanzionata penalmente, ai sensi dell'art. 289 Cod. pen. che configura come reato l'«attentato contro organi costituzionali e contro le assemblee regionali». Ma ciò non toglie che in proposito sarebbe opportuna una disciplina più specifica, sul tipo di quella già contenuta in alcuni statuti regionali.

Quanto al principio di continuità nell'esistenza, esso trova il suo presupposto nella previsione che le nuove Camere vengano elette entro settanta giorni dalla fine delle Camere uscenti (art. 61, co. 1). La Costituzione pone in tal modo un termine massimo assai lungo, anche se il legislatore ordinario ha stabilito di limitare la campagna elettorale a trenta giorni. Ma, relativamente a questa fase, l'art. 61, co. 2, aggiunge: «Finché non siano riunite le nuove Camere sono prorogati i poteri delle precedenti».

Così disponendo, però, il testo costituzionale fa nascere un duplice ordine di problemi. In quale preciso momento, cioè, si conclude l'esistenza delle Camere? E, prima ancora, quali sono la misura e la natura dei poteri esercitabili dalle Camere stesse, nell'intero corso della loro c.d. *prorogatio*?

La portata dei **poteri prorogati** viene fatta coincidere, secondo una prima tesi (Balladore Pallieri, Giocali Nacci), con la pienezza di tutti i poteri già spettanti alle Camere nel corso del quinquennio: dovendosi ritenere che se nella prassi s'è imposto qualche limite, esso sia stato il frutto di un'autorestrizione, consigliata da esigenze di mera correttezza, non impegnative sul piano giuridico. Secondo un'altra tesi (Mortati), le Camere che agiscono in regime di *prorogatio* sono invece scadute; e pertanto è ridotta l'ampiezza dei compiti da esse esplicabili, che non dovrebbero comunque esorbitare dall'ordinaria amministrazione, dato il principio generale del nostro ordinamento per cui l'organo prorogato si deve limitare a svolgere gli affari correnti. Il limite in questione avrebbe dunque natura giuridica ed importerebbe l'illegittimità costituzionale degli atti, anche legislativi, che le Camere scadute adottassero eccedendo dalle loro peculiari funzioni; tanto che l'eventuale inosservanza sarebbe sanzionabile dalla Corte costituzionale e, prima ancora, dallo stesso Presidente della Repubblica nell'esercizio dei suoi poteri di controllo sulle leggi (art. 74 Cost.).

Prevalente e preferibile è, tuttavia, un'opinione intermedia (Elia, A.A. Romano), per cui l'ordinaria amministrazione della quale si ragiona in questa sede non va intesa alla lettera, ma anzi si risolve nel suo contrario. Nel periodo della loro *prorogatio*, le Camere non deliberano altro che in circostanze straordinarie, allorché si renda necessario provvedere d'urgenza; al di fuori di ciò – nella prassi – esse non si considerano legittimate a compiere atti di indirizzo politico, sia deliberati in assemblea sia posti in essere dalle varie commissioni. Così può spiegarsi, in particolar modo, quella previsione dell'art. 77, co. 2, Cost., onde i decreti-legge devono – il giorno stesso della loro adozione – essere presentati per la conversione alle Camere, che anche se sciolte sono appositamente convocate: riesce infatti evidente che la conversione non rientra nell'ordinaria amministrazione, tanto più che il Parlamento può emendare il decreto-legge ed anche inserirvi disposizioni affatto nuove[30].

Ma la circostanza che le attribuzioni delle Camere cessate non si prestino ad essere definite se non sulla base di «parametri largamente discrezionali, perché fondati su considerazioni di opportunità politico-istituzionale» (Traversa), induce a ritenere che i limiti in discussione non siano suscettibili di essere fatti valere da organi estranei alle Camere, mediante valutazioni di pura legittimità, come invece avverrebbe ad opera della Corte costituzionale. Sotto quest'ultimo aspetto, l'unico limite costituzionalmente previsto, e dunque sindacabile *ab extra*, deriva dalla norma dell'art. 85, co. 3, che deferisce *l'elezione del Presidente della Repubblica* alle Camere neoelette, se le precedenti sono sciolte o se mancano meno di tre mesi alla loro cessazione[31].

Del resto, se si considera che nel corso della *prorogatio* i parlamentari sono comunemente impegnati nella campagna elettorale, si comprende ancor meglio il perché le Camere si riuniscano nei soli casi in cui si tratti di esercitare funzioni di straordinaria amministrazione. E questa situazione fa nascere un'ulteriore difficoltà di ordine terminologico: poiché, da un lato, non si dovrebbe in tal senso utilizzare l'espressione *prorogatio*, che meglio si addice all'interpretazione più riduttiva dell'art. 61 cpv.; d'altro lato, non si può nemmeno parlare di «proroga», dal momento che questa ricorre soltanto nel caso di guerra.

Ciò posto, un diverso problema riguarda l'interpretazione della frase «finché non siano riunite le nuove Camere», essendo controverso se si debba convocare le Camere nuove o quelle già scadute, nel caso che si renda necessario attivare le Camere *stesse* durante il *periodo intercorrente fra l'avvenuta elezione e la prima riunione*, prefissata dal decreto presidenziale di convocazione dei comizi elettorali. Ma sembra congruo rispondere, malgrado il testo costituzionale, che in questo breve spazio di tempo le Camere cessate non possano più riunirsi; e che, per contro, non sia nemmeno dato puntare sulle Camere entranti, salvo che un nuovo decreto del Presidente della Repubblica ne anticipi di qualche giorno la prima riunione, in base al terzo comma dell'art. 87 Cost. Nel primo senso, una volta effettuate le elezioni, non sarebbe più concepibile – né politicamente, né istituzionalmente – continuare a servirsi delle Camere uscenti (Mortati); sicché non può essere accolta l'interpretazione letterale del disposto in esame, pur so-

---

[30] Analogamente si può bene ammettere – ed è in effetti accaduto – che le Camere cessate approvino il bilancio preventivo (o variazioni del bilancio stesso), allorché si tratti di rispettare i termini costituzionalmente prescritti (o di fronteggiare esigenze sopravvenute nel corso dell'anno finanziario).

[31] Un problema specifico è insorto allo fine della decima legislatura, per effetto di un rinvio presidenziale disposto in coincidenza dello scioglimento delle Camere. Contro la tesi affacciata dal Presidente Cossiga, le Giunte per il regolamento delle due Camere – in data 11 marzo 1992 – hanno ritenuto che spettasse alle Camere stesse procedere ad una «nuova deliberazione» secondo l'art. 74 Cost.; senza di che il rinvio si sarebbe tradotto in un veto assoluto, imponendo alle nuove Camere di riprendere da capo l'intera procedura.

stenuta in dottrina per superare le difficoltà nelle quali s'imbatte la tesi contraria (Giocoli Nacci, A.A. Romano). Nel secondo senso, non sarebbe nemmeno possibile convocare le nuove Camere non appena conclusa la fase della votazione, dal momento che difetterebbero ancora le proclamazioni dei deputati e dei senatori entranti. Il che fa capire come – in concreto – sussista uno iato fra le Camere uscenti e le Camere entranti; e come, in via di principio, l'espressione «riunite», di cui al capoverso dell'art. 61, sia sinonimo di «ormai convocate» (Elia).

Riferito all'esistenza delle Camere il principio di continuità non si presta, peraltro, ad essere applicato incondizionatamente. In particolare, esso non significa che le nuove Camere debbano continuare i **lavori già iniziati dalle Camere precedenti**; ché anzi l'attività non perfezionata richiede, almeno formalmente, di venire ripresa da capo ad opera degli organi neoeletti.

In contrario si è sostenuto che, qualora un ramo del Parlamento scaduto abbia già approvato un progetto di legge, sarebbe sufficiente che l'altro ramo del nuovo Parlamento lo approvi a sua volta; ed effettivamente, al termine della quarta legislatura (1968), verificandosi le condizioni per fare applicazione della tesi prospettata, essa fu riproposta in sede politica ed in sede dottrinale (La Malfa, Bassanini). Ma la tesi non è stata accolta, perché troppo discordante con i principi posti dagli artt. 70 e 62, ult. co., Cost.: i quali implicano – come è confermato dalla prassi – *un'attività concomitante delle due Camere* nell'ambito di una medesima legislatura. La circostanza che la funzione legislativa debba essere esercitata «collettivamente» e che la riunione di una Camera in via straordinaria comporti la convocazione di diritto dell'altra, rafforza infatti l'idea che i due rami del Parlamento siano – per così dire – tenuti a lavorare in tandem (Traversa); e questa soluzione è stata accolta dal regolamento della Camera dei deputati, per cui «qualora nei primi sei mesi dall'inizio della legislatura sia presentato un progetto di legge che riproduca l'identico testo di un progetto approvato dalla Camera nella precedente legislatura, l'assemblea, quando ne dichiari l'urgenza, può fissare ... un termine di quindici giorni alla commissione per riferire»; dopo di che il progetto dev'essere comunque sottoposto all'esame dell'assemblea o della competente commissione in sede legislativa[32].

Essendo necessaria la riapprovazione da parte della nuova Camera, non è dunque sufficiente che il Senato neoeletto approvi a sua volta il progetto di legge già approvato dalla Camera scaduta (o viceversa). E ciò corrisponde alla natura degli organi in questione, che una volta rinnovati devono essere liberi di determinare in modo originale il proprio indirizzo politico, utilizzando il lavoro già svolto solo se esso è coerente con l'indirizzo prescelto. Significativa in tal senso è anche la norma regolamentare[33] che tende a semplificare l'attività della Camera, consentendo alle commissioni in sede referente di adottare le relazioni già

---

[32] Cfr. l'art. 107, co. 1 e 2, reg. Camera; ma vedi pure l'art. 81 reg. Senato.

[33] V. l'art. 107, co. 3, reg. Camera.

approvate dalle commissioni precedenti, ma senza vincolarle in nessun modo alle risultanze delle relazioni stesse. Analoghi criteri valgono anche per ciò che riguarda le sorti del Governo in carica nel periodo elettorale, che secondo una prassi ormai costante rassegna le proprie dimissioni all'atto stesso della costituzione del nuovo Parlamento; ed effettivamente non sarebbe in armonia con il sistema che il Governo, anziché dimettersi, si limitasse a chiedere la conferma del voto di fiducia, poiché le nuove Camere devono essere completamente libere, e non impacciate dalla presenza di un Gabinetto ancora in carica, nel determinare la propria linea politica (v. *infra*, in questa parte, cap. III, § 5). Così pure, del resto, nello stesso caso che sia stata concessa dalla precedente Camera l'autorizzazione ad arrestare un parlamentare, se questi è rieletto la nuova dev'essere chiamata a riconcederla, dal momento che anche l'autorizzazione è il frutto di una valutazione politica, che spetta a ciascuna assemblea senza condizionamenti di sorta.

6. *Il principio di autonomia: gli organi delle Camere*

L'autonomia costituisce tuttora il terzo fondamentale principio, sul quale si regge l'organizzazione delle Camere; ma la sua *ratio* ed i suoi contenuti sono oggi assai mutati rispetto al passato.

Un tempo – non tanto in Italia quanto in altri Paesi costituzionalmente più evoluti, a cominciare dall'Inghilterra – il potere legislativo richiedeva di esser tutelato essenzialmente nei confronti dell'esecutivo, o meglio del Re, che tendeva ad influenzare e predeterminare l'operato delle Camere; e solo a poco a poco queste riuscirono ad emanciparsi dal sovrano, sia rivendicando la facoltà di autoconvocarsi e di definire autonomamente i propri programmi di lavoro, sia vedendo garantiti i propri componenti dal pericolo di arresti arbitrari. Nella stessa Italia, il problema dei rapporti fra il legislativo e l'esecutivo è riemerso improvvisamente nel periodo fascista, dopo che lo Statuto Albertino pareva averlo risolto una volta per tutte: basta ricordare, infatti, i progressivi condizionamenti che le Camere hanno subito nel corso del ventennio, per comprendere come diminuisca la loro autonomia, quando il Governo si arroga poteri incidenti sull'organizzazione o sul funzionamento di esse.

Nel vigente ordinamento italiano, tuttavia, l'autonomia di ciascun ramo del Parlamento non viene garantita dalle inframettenze del solo esecutivo, ma ha una portata ben più vasta, interessando anche i rapporti con il potere giudiziario, con i partiti ed i gruppi politici organizzati, con la stessa pubblica opinione, oltre che operare nei confronti dell'altro dei due rami del Parlamento stesso.

Rispetto all'esecutivo, l'autonomia del Parlamento è implicitamente tutelata dalla norma che riserva alle Camere il compito di eleggere fra i loro componenti il Presidente e l'Ufficio di presidenza (art. 63, co. 1, Cost.), escludendo così che il potere di nomina spetti viceversa al Capo dello Stato, su proposta del Governo. Ma nel medesimo senso concorrono le cosiddette immunità parlamentari, implicanti la necessità di autorizzazione della Camera di appartenenza di ciascun membro del Parlamento, affinché questi possa esser sottoposto ad arresto o ad altre privazioni della libertà personale o domiciliare o di comunicazione (cfr. l'art. 68, co. 2 e 3).

S'intende, peraltro, che le immunità garantiscono i parlamentari anche e soprattutto *nei confronti del potere giudiziario*; ed in tale direzione si rivolge, in particolar modo, il principio dell'insindacabilità delle opinioni espresse e dei voti dati dai membri del Parlamento nell'esercizio delle loro funzioni (art. 68, co. 1, Cost.). Su tutt'altro piano, un ulteriore limite che il giudiziario incontra, a vantaggio dell'autonomia delle Camere, è formato da quell'art. 66 Cost., che riserva alle Camere stesse il giudizio sui titoli di ammissione dei loro componenti nonché sulle cause sopraggiunte d'ineleggibilità e d'incompatibilità.

Altre norme costituzionali assicurano poi *l'indipendenza reciproca dei due rami del Parlamento*, specialmente là dove si prevede (art. 64, co. 1) che le norme sull'organizzazione interna delle due Camere siano stabilite nella forma dei regolamenti parlamentari, anziché mediante atti legislativi presupponenti deliberazioni bicamerali. Ed altre norme ancora tutelano il legislativo dalle pressioni di forze esterne all'apparato statale: come nel caso dell'art. 64, co. 2, che consente alle Camere di riunirsi in seduta segreta, sottraendosi dunque – sia pure in via del tutto eccezionale – al diretto controllo della pubblica opinione; dell'art. 67, che spezza il vincolo di mandato fra i parlamentari ed i gruppi politici dai quali essi provengono; dell'art. 69, che mira a dotare i membri delle Camere dell'autosufficienza economica, rendendoli in tal modo meno corruttibili e meno dipendenti (in contrasto con il vecchio criterio, per cui la carica di parlamentare era gratuita, coerentemente con il carattere censitario dell'elettorato).

a) Vale comunque la pena di analizzare gli aspetti più significativi del principio di autonomia, a cominciare dai poteri di autoorganizzazione dei quali le Camere dispongono: non solo eleggendo il Presidente e l'Ufficio di presidenza, secondo il ricordato disposto costituzionale, ma anche formando – sulla base dei rispettivi regolamenti – i gruppi parlamentari, le giunte, le commissioni.

Tra i primi adempimenti ai quali è chiamato ciascun ramo del Parlamento, si colloca l'elezione del **Presidente**, per cui nella Camera è richiesta – diversamente che in seno al Senato – la maggioranza dei due terzi nei primi tre scrutini e la maggioranza assoluta a partire dalla quarta votazione[34]. La ragione di simili *quorum* consiste nell'esigenza che il Presidente operi in modo imparziale, secondo il modello inglese anziché secondo il modello nordamericano (che

---

[34] V. rispettivamente l'art. 4 reg. Camera e l'art. 4 reg. Senato (che richiede la maggioranza assoluta nella prime due votazioni, la maggioranza dei presenti nel terzo scrutinio e quindi il ballottaggio fra i due candidati che abbiano ottenuto il maggior numero di voti).

fa del Presidente uno strumento della maggioranza, al fine di sveltire i lavori delle Camere). La collocazione del Presidente al di sopra o al di fuori delle parti si è consolidata del resto – sia nella Camera sia nel Senato – sulla base di convenzioni costituzionali ripetutamente applicate, e dunque trasformatesi in consuetudini (soprattutto a partire dalla riforma regolamentare del 1971): in forza delle quali, tra l'altro, il Presidente non vota e non manifesta convinzioni politiche personali, bensì parla a nome dell'intera assemblea. La delicatezza dei compiti presidenziali conforta ulteriormente la tesi *dell'imparzialità dell'organo* (Manzella, Marra): difatti «il Presidente rappresenta la Camera» e, oltre a sovraintendere all'amministrazione interna, assicura il buon andamento dei lavori, facendo osservare il regolamento in applicazione del quale egli «dà la parola, dirige e modera la discussione, mantiene l'ordine, pone le questioni, stabilisce l'ordine delle votazioni, chiarisce il significato del voto e ne annunzia il risultato»[35].

Con il Presidente collabora l'**Ufficio di presidenza**, composto in entrambi i casi da quattro vicepresidenti, tre questori ed otto segretari, eletti con il metodo del voto limitato, per cui ogni elettore esprime un numero di voti inferiori a quello dei seggi in palio: il che consente una rappresentanza di tutti i gruppi parlamentari, secondo l'espressa previsione del regolamento della Camera[36]. In particolare, i *questori* assicurano l'autonomia parlamentare finanziaria, sovraintendendo alle spese della Camera e predisponendo il progetto di bilancio e il rendiconto consuntivo, che l'assemblea provvede ad approvare; mentre i *segretari* sono preposti – fra l'altro – alla redazione del processo verbale ed alle operazioni di voto.

Fin dall'inizio della legislatura, per consentire la stessa costituzione dell'Ufficio di presidenza, si formano inoltre i gruppi parlamentari, che rappresentano la proiezione dei partiti nell'assemblea. Il numero richiesto per la costituzione di essi è di venti deputati (e di dieci senatori); in data 20 dicembre 2017 il Senato ha approvato alcune modifiche al proprio regolamento, precisando che ogni gruppo deve rappresentare un partito o movimento politico che abbia presentato alle elezioni propri candidati con lo stesso contrassegno, conseguendo l'elezione di senatori, e che il numero minimo di componenti sia ridotto a cinque solo se il gruppo sia costituito da senatori che appartengano a minoranze linguistiche o siano eletti in Regioni nelle quali gli statuti speciali prevedono la tutela di tali minoranze. Il regolamento della Camera prevedere deroghe al numero minimo, su decisione dell'Ufficio di Presidenza, ma solo ove il gruppo rappresenti un partito organizzato nel Paese che abbia presentato proprie liste di candidati alle

---

[35] Cfr. l'art. 8 reg. Camera e il consimile art. 8 reg. Senato. Ma vedi altresì gli artt. 23-24 reg. Camera e 53 e ss. reg. Senato, circa i poteri dei rispettivi Presidenti in tema di programma e di calendario dei lavori.

[36] Così dispone l'art. 5, co. 3, aggiungendo che prima di procedere alle votazioni «il Presidente promuove le opportune intese tra i gruppi».

elezioni. I deputati (o i senatori) che non possono o non vogliono rientrare in alcun altro gruppo si costituiscono tutti in *gruppo misto*[37].

Successivamente e conseguentemente alla formazione dei gruppi parlamentari, si organizzano le **commissioni parlamentari**. Il loro numero è di quattordici in entrambi i rami del Parlamento, a seguito della introduzione della Commissione Politiche dell'Unione europea (alla Camera nel 1997, al Senato nel 2003). Tali commissioni riferiscono comunque all'assemblea sui progetti di legge e talora deliberano immediatamente, come si vedrà fra breve; e la politicità dei loro compiti richiede, fin dove matematicamente possibile, che esse rispecchino i rapporti esistenti tra le forze politiche presenti nel *plenum*. Ne segue che ciascun gruppo parlamentare designa i propri rappresentanti, ripartendoli in numero eguale per ciascuna commissione permanente; dopo di che il Presidente, sulla base delle proposte dei gruppi, distribuisce i deputati che non siano rientrati nella ripartizione, nonché quelli che appartengono a gruppi la cui consistenza numerica è inferiore al numero delle commissioni, ma facendo sempre in modo che sia riprodotta la *proporzione tra le formazioni politiche interessate*. Per altro, le commissioni stesse vanno rinnovate ogni due anni alla Camera e dopo il primo biennio al Senato, salva restando la possibilità di confermare i commissari precedenti[38].

Al Presidente della Camera spetta invece, non appena costituiti i gruppi parlamentari, la nomina dei componenti delle tre **giunte**: per il regolamento, per le elezioni e per le autorizzazioni previste dall'art. 68 Cost. (ma nel Senato questi due ultimi collegi sono fusi in uno solo, con il nome di Giunta delle elezioni e delle immunità parlamentari)[39]. Per quanto il rispetto della proporzione di forze tra i diversi gruppi sia richiesto espressamente in relazione alla sola Giunta per il regolamento, è intuitivo che il Presidente deve tener conto della consistenza e delle indicazioni dei gruppi medesimi; tuttavia le scelte presidenziali non sono qui del tutto vincolate, dal momento che la funzione delle giunte presenta bensì un rilievo politico, ma non concorre alla formazione della politica generale del Paese. Infatti la *Giunta per il regolamento* propone all'assemblea le modificazioni e le integrazioni del regolamento stesso, fornisce pareri sull'interpretazione delle norme regolamentari, risolve i conflitti di competenza tra le commissioni qualora il Presidente non vi provveda personalmente. A sua volta, la *Giunta delle elezioni* procede ad una semplice ricognizione della realtà storica, riferendo all'assemblea sulla regolarità delle operazioni elettorali e sui titoli di ammissione dei deputati (o dei senatori), per poi formulare le relative proposte di convalida, di annullamento o di decadenza. Più accentuatamente politico, ma non certo di indirizzo, è invece il compito della *Giunta per le autorizzazioni*: che nel termine

---

[37] Cfr. gli artt. 14 reg. Camera e 14 reg. Senato.

[38] Cfr. gli artt. 20 e ss. reg. Camera e 21 reg. Senato.

[39] V. rispettivamente gli artt. 16 e ss. reg. Camera e 17 e ss. reg. Senato.

«tassativo» di trenta giorni dalla trasmissione fatta dal Presidente della Camera dovrebbe proporre all'assemblea la concessione o il diniego delle autorizzazioni previste dai co. 2 e 3 dell'art. 68 Cost. (anche se il termine non può dirsi in realtà perentorio, poiché lo stesso regolamento della Camera ne prevede la prorogabilità)[40].

7. Segue: *i regolamenti parlamentari; la verifica dei poteri; il divieto del mandato imperativo; le immunità parlamentari*

b) Le Camere del Parlamento non sono dotate soltanto dell'autonomia organizzativa consistente nella potestà di scegliere liberamente i componenti dei propri organi interni, bensì dispongono di un'ampia **autonomia normativa e organizzatoria**, che consente loro di disciplinare l'assetto ed il funzionamento rispettivo, senza doversi attenere a modelli prefissati dal di fuori, fatta eccezione per la necessaria osservanza delle scarne disposizioni costituzionali. Tale autonomia, già rispondente ad una antica tradizione, ritrova oggi il suo fondamento nella stessa Carta costituzionale: poiché da una parte l'art. 64, co. 1, Cost. dichiara che «ciascuna Camera adotta il proprio regolamento»; dall'altra l'art. 72 precisa che al regolamento spetta, in particolar modo, di determinare le procedure di approvazione dei disegni di legge in seno alle Camere stesse. Il che determina una *competenza esclusiva*, rafforzata dalla previsione che le Camere approvino le rispettive norme regolamentari «a maggioranza assoluta» dei loro componenti (v. *retro*, parte II, cap. III, § 19)[41].

All'autonomia normativa ed organizzatoria si ricollega, inoltre, l'*autonomia contabile*, con la conseguente esenzione delle Camere dai giudizi spettanti in materia alla Corte dei conti; sicché la corretta gestione del denaro pubblico, nell'ambito delle assemblee parlamentari, viene assicurata dall'interno ed è disciplinata per mezzo di appositi regolamenti[42]. Del pari, è su questa base che si regge l'*autodichia* delle Camere medesime, onde i regolamenti parlamentari – sempre fondati su di una costante tradizione – riservano agli uffici di presidenza le decisioni sui ricorsi che attengano allo stato ed alla carriera

---

[40] Cfr. l'art. 18, co. 2, reg. cit.

[41] L'art. 16, co. 4 bis del regolamento della Camera (introdotto il 28 febbraio 1990) precisa che «si procede con votazione nominale allorché sia necessario constatare la maggioranza di cui all'art. 64 Cost.».

[42] Si veda, in proposito, la sent. 10 luglio 1981, n. 129, della Corte costituzionale, che ha risolto in questi termini un conflitto fra la Corte dei conti, le Camere e in Presidenza della Repubblica.

Analoghi criteri hanno anche ispirato la sent. 2 novembre 1996, n. 379, con cui la Corte ha negato che spetti alla magistratura ordinaria sindacare le modalità delle votazioni effettuate nelle assemblee parlamentari.

giuridica ed economica dei rispettivi dipendenti: ad esclusione sia dei giudici ordinari sia dei giudici amministrativi, cui diversamente spetterebbe la giurisdizione[43].

c) Analoghe conseguenze discendono dall'art. 66 Cost., che affida in via esclusiva ad ogni Camera – come si è ricordato – il compito di giudicare «dei titoli di ammissione dei suoi componenti e delle cause sopraggiunte di ineleggibilità e di incompatibilità»; poiché, se non vi fosse la norma costituzionale sulla **verifica dei poteri**, il compito in questione spetterebbe ai giudici amministrativi oppure a quelli ordinari, secondo le rispettive sfere di giurisdizione. È indubbio, però, che la previsione dell'art. 66 rappresenta un anacronismo e ha dato luogo a gravi ingiustizie: talora, infatti, i giudizi delle Camere sono stati a tal punto arbitrari, da far registrare alcuni casi di candidati che, pur avendo ottenuto un maggior numero di voti rispetto a chi già sedeva in Parlamento, alla stregua di formali accertamenti della Giunta, non sono stati dichiarati eletti. Non meno delicata è la risoluzione delle questioni applicative della disciplina elettorale che possono sorgere nella fase antecedente alle elezioni, e che in alcuni casi esigerebbero un intervento sollecito in caso di contestazioni. Non ha avuto seguito, al riguardo, la delega conferita al Governo con legge 18 giugno 2009, n. 69, affinché fosse prevista la giurisdizione del giudice amministrativo sul contenzioso pre-elettorale per la Camera e il Senato, mentre la problematica ha generato un conflitto di giurisdizione c.d. negativo: la Corte di cassazione, in più occasioni, ha ribadito la giurisdizione delle Giunte delle elezioni in seno alle Camere, mentre queste ultime hanno ritenuto, nel 2006, insussistente la loro giurisdizione, quantomeno con riferimento alle decisioni di esclusione di liste o candidati dalle elezioni disposte dagli uffici elettorali. La Corte costituzionale, con sent. 19 ottobre 2009, n. 259, ha tuttavia dichiarato inammissibile la questione di legittimità costituzionale sollevata con riguardo ad alcune disposizioni in materia (contenute nel d.P.R. n. 361/1957), ritenendo che le divergenze interpretative sopra menzionate possano e debbano essere risolte «con gli strumenti giurisdizionali, comuni e costituzionali, esistenti».

In prima istanza, comunque, il giudizio sulla regolarità delle operazioni elettorali e sugli altri titoli di ammissione dei parlamentari spetta alla Giunta delle elezioni, che agisce per lo più su ricorso di un interessato ma può anche attivarsi d'ufficio (Elia). Qualora la Giunta concluda che non vi è stato nulla d'irregolare o che non sussistono cause d'ineleggibilità o d'incompatibilità, essa emette senz'altro una dichiarazione di *convalida*, che solo per una scolastica ipotesi l'assem-

[43] Sul punto, si veda la sent. n. 154/1985 cit. della Corte costituzionale e soprattutto la sent. 13 dicembre 2017, n. 262 della Corte costituzionale, ove – risolvendo un conflitto di attribuzioni promosso dalle Sezioni unite della Corte di cassazione – si afferma che «gli organi di autodichia sono chiamati a dirimere, in posizione *super partes*, controversie tra l'amministrazione dell'organo costituzionale e i suoi dipendenti secondo moduli procedimentali a carattere giurisdizionale», sicché non vi è per i dipendenti alcun *deficit* di tutela.

blea potrebbe disattendere[44]. Se invece la *contestazione* è per essa fondata, la Giunta si limita ad istruire la questione, sulla quale l'assemblea delibera successivamente con votazione a scrutinio segreto (il che concorre a spiegare gli arbitri or ora accennati). Il giudizio *ex* art. 66 Cost. include anche le ipotesi di incandidabilità sopravvenute o comunque accertate in corso di mandato, come previsto dall'art. 3 del d.lgs. n. 235/2012.

d) Tutt'altro che inattuale, viceversa, è la garanzia derivante da quell'art. 67 Cost., per cui «ogni membro del Parlamento rappresenta la Nazione ed esercita le sue funzioni *senza vincolo di mandato*»; sicché ne deriva il generale **divieto del mandato imperativo**.

Non è accidentale che la disposizione sia diversamente formulata dal corrispondente art. 41 dello Statuto albertino, dove si stabiliva che «i Deputati rappresentano la Nazione in generale e non le sole provincie in cui furono eletti» e si aggiungeva che «nessun mandato imperativo può loro darsi dagli elettori». Agli albori del parlamentarismo, quando le sessioni risultavano assai brevi, quando i problemi da considerare erano noti in partenza e quando si adottavano sistemi elettorali maggioritari, fondati su collegi uninominali, poteva infatti accadere che gli elettori cercassero di vincolare i loro rappresentanti per mezzo di mandati imperativi ben precisi. Senonché, una volta divenuti imprevedibili i programmi di lavoro e le conseguenti decisioni delle Camere del Parlamento, riesce praticamente (prima ancora che giuridicamente) impossibile configurare un mandato nei termini di un tempo; e tale impossibilità si rendeva ancora più evidente, nel periodo in cui si utilizzavano sistemi elettorali di tipo proporzionale.

Tuttavia, l'art. 67 Cost. non rappresenta affatto un relitto storico, ma resta ancora applicabile a diversi notevoli effetti, sia nei rapporti fra gli elettori e i parlamentari sia – specialmente – nei confronti dei partiti politici cui questi appartengono all'atto della loro elezione. Quanto agli elettori, la norma in esame vale ad escludere la legittimità di una legge elettorale che prevedesse – superando le difficoltà di ordine tecnico – l'anticipata cessazione dall'ufficio di un deputato o di un senatore, in virtù di un voto di revoca (o di mancata conferma) del corpo elettorale interessato, secondo il modello del *recall*, istituito in alcuni Stati membri degli USA. Del resto, non da oggi ma sin dalla fase statutaria, sarebbe per definizione inammissibile che i parlamentari venissero intesi come i rappresentanti di una certa circoscrizione elettorale, per il semplice motivo che essi rappresentano la Nazione intera.

Quanto poi ai partiti politici di appartenenza, l'art. 67 non vuole certamente disconoscere l'incontestabile realtà dei legami esistenti fra di essi e le personalità che siedono in Parlamento (v. *retro*, in questa parte, cap. I, § 3). Ma la disposi-

---

[44] Formalmente, tuttavia, quelle spettanti alla Giunta sono «proposte di convalida» (cfr. l'art. 17, co. 1, reg. Camera); sicché va respinta l'opinione dottrinale (Virga) che ragionava in tal campo di una esclusiva competenza della Giunta stessa.

zione costituzionale ha lo scopo e l'effetto di impedire che i legami stessi, comunque formalizzati, assumano un giuridico rilievo; tanto è vero che, nell'ordinamento generale dello Stato, rimangono privi di qualunque efficacia gli *impegni eventualmente sottoscritti dai candidati*, che li obbligherebbero a dimettersi nell'ipotesi che il loro partito lo richieda; né si verifica che il parlamentare decada dal suo ufficio, qualora venga espulso dal movimento politico di appartenenza, che lo ha sostenuto nel corso della campagna elettorale.

Ma non per questo si deve ritenere – come qualche autore ha sostenuto (Leibholz) – che il principio espresso dall'art. 67 contrasti con la norma dell'art. 49, che affida in sostanza ai partiti la determinazione della «politica nazionale», o con il basilare principio democratico stabilito dall'art. 1, co. 1, Cost. In realtà, la *ratio* dell'art. 67 non consiste nel consentire ai parlamentari di frodare i loro elettori, mutando arbitrariamente di avviso o di bandiera nel corso della legislatura (anche se nulla esclude – al limite – che episodi del genere possano succedere). Se si considerano i motivi per cui normalmente si spezza il collegamento tra un parlamentare e il suo partito, si constata talora che essi dipendono da ragioni di coscienza. Ma il più delle volte, alla loro base si ritrovano *scissioni* registratesi nell'ambito della stessa formazione politica interessata: che non sono prive – di regola almeno – di giustificazioni obiettivamente rilevabili e non comportano affatto che gli scissionisti non abbiano più seguito nel corpo elettorale, ma restino in carica contraddicendo alle regole della democrazia. I regolamenti parlamentari possono, al più, prevedere disposizioni disincentivanti il cambio di gruppo parlamentare in corso di legislatura: così, ad esempio, il regolamento del Senato, come modificato nei dicembre 2017, prevede che i vicepresidenti e i segretari dell'assemblea – come pure i presidenti, vicepresidenti e segretari delle commissioni – che entrino a far parte di un gruppo diverso da quello al quale appartenevano al momento dell'elezione decadono dall'incarico.

e) Per ricostruire il principio dell'autonomia delle Camere nei suoi principali profili, bisogna soffermarsi – da ultimo – sulla problematica delle **immunità parlamentari**. Ma vale subito la pena di avvertire che la funzione e la portata di queste garanzie – per quanto raggruppabili sotto la medesima denominazione – devono essere nettamente distinte, secondo che si abbia di mira il primo comma oppure i due commi successivi dell'art. 68 Cost.

Nell'un caso si tratta di quella che viene abitualmente definita la **prerogativa dell'irresponsabilità**, in vista della quale non sono sindacabili e sanzionabili le opinioni espresse e i voti dati dai membri delle Camere nell'esercizio delle loro funzioni: prerogativa che continua ad esplicarsi anche nei riguardi degli *ex*-parlamentari, nel senso che essi non divengono retroattivamente perseguibili dai giudici per il fatto di essere scaduti dall'ufficio. Nell'altro dei due casi, invece, viene in questione la **prerogativa dell'inviolabilità**, che non si limita affatto a concernere gli atti compiuti nell'esercizio delle funzioni in esame, ma è nel tempo stesso più ristretta della prima immunità, in quanto l'autorizzazione a colpire la libertà personale dei parlamentari (e le altre libertà connesse) si richiede – ovviamente – per il solo periodo di permanenza nell'ufficio, dopo di che le misure cui si riferisce l'art. 68, co. 2 e 3, possono essere portate senz'altro a compimento.

Per ciò che riguarda l'irresponsabilità, essa è chiaramente stabilita in vista di un più libero esercizio dei compiti spettanti ai deputati o ai senatori. Non è dunque casuale che alcuni autori la configurino molto rigorosamente, circoscrivendo la garanzia alle sole ipotesi nelle quali l'illecito compiuto da un parlamentare sia sicuramente «funzionalizzato» (per esempio, quanto ai reati di opinione commessi nel corso del dibattito o quanto ai compensi ricevuti per la presentazione di certi disegni di legge), anziché estenderla a tutti gli altri illeciti che il parlamentare stesso possa compiere in occasione dell'esercizio delle funzioni ma non in vista di esse (per esempio, quanto alle offese pronunciate nei confronti di altri soggetti, specialmente se estranei al Parlamento). Ma la prassi è nel senso che in entrambe le situazioni si possa tutt'al più ricorrere a sanzioni disciplinari, ispirate non tanto allo scopo di colpire l'illecito in sé considerato, quanto di ristabilire l'ordine eventualmente turbato in seno all'assemblea (Traversa).

Per converso, malgrado le vistose oscillazioni della prassi, bisogna escludere che l'irresponsabilità si allarghi fino a coprire le attività extraparlamentari di un membro del Parlamento (per esempio nelle ipotesi di comizi o di altre forme di propaganda elettorale). Se così fosse, si determinerebbe oltre tutto una inaccettabile discriminazione fra i parlamentari uscenti e gli altri candidati, che non potrebbero esser tutelati dalla garanzia dell'art. 68. Anche la Corte costituzionale – con sent. 29 dicembre 1988, n. 1150 – ha chiarito che le Camere, nel valutare le condotte addebitate ai loro membri, non possono fare arbitrarie applicazioni dei rispettivi poteri, consentendo che i deputati o i senatori – solo perché tali – facciano strame dell'onore e della reputazione spettanti alla generalità dei comuni cittadini. In altre parole, il sacrificio del «diritto alla tutela giurisdizionale del cittadino che si ritenga offeso nell'onore o in altri beni della vita» si giustifica soltanto in vista di «opinioni espresse da un senatore o da un deputato nell'esercizio delle sue funzioni» (cfr. la sent. 24 aprile 1996, n. 129); e resta ferma la «possibilità di controllo della Corte ... sulla correttezza della deliberazione», tramite un conflitto di attribuzione sollevato da un giudice competente (come la Corte stessa ha confermato, da ultimo, con la sent. 18 luglio 1998, n. 289).

Da ultimo, con le sentt. 17 gennaio 2000, n. 10 e n. 11 la Corte ha valorizzato forse al massimo grado il concetto di «**nesso funzionale**» tra le attività alle quali si propone di estendere la garanzia costituzionale dell'insindacabilità e l'esercizio delle funzioni parlamentari, affermando che, tra le attività esercitate c.d. *extra moenia*, cioè non nell'ambito dei lavori delle Camere o dei loro organi interni, possono dirsi rientranti nella sfera di applicazione dell'art. 68, co. 1, Cost. solo quelle per le quali «si riscontri la identità sostanziale di contenuto fra l'opinione espressa in sede parlamentare e quella manifestata nella sede esterna». Successivamente, alla iniziativa del Parlamento, che con legge 20 giugno 2003, n. 140 aveva tentato di estendere l'insindacabilità ad «ogni altra attività di ispezione, di critica e di denuncia politica, connessa alla funzione di parlamentare espletata anche fuori dal Parlamento», ha fatto riscontro, in sede di decisione di una questione di legittimità costituzionale sollevata dal Tribunale di Milano, la sentenza della Corte cost. 16 aprile 2004, n. 120, con la quale si è affermato che la legge scrutinata può e deve essere interpretata in senso conforme alla giurisprudenza costituzionale inaugurata dalle citate decisioni del 2000.

La verifica della sussistenza della garanzia prevista dall'art. 68, co. 1, Cost. è affidata al giudice davanti al quale essa viene invocata (art. 3 legge n. 140 cit.). Se ritiene sussistente l'insindacabilità, il giudice lo dichiara in ogni stato e grado del procedimento; in caso contrario il giudice trasmette copia degli atti alla Camera di appartenenza o alla quale apparteneva il deputato o senatore delle cui dichiarazioni si discute, ed il procedimento è sospeso sino a novanta giorni (incrementabili di ulteriori trenta ad opera della stessa Camera, e decorrenti dalla ricezione degli atti da parte della medesima); anche l'interessato può rivolgersi preventivamente alla Camera di appartenenza, la quale può chiedere al giudice la sospensione del procedimento. Nel caso in cui la Camera si pronunci in senso favorevole all'applicazione dell'art. 68, il giudice dovrà assumere le decisioni conseguenti (dovrà, cioè, considerare come insindacabile la dichiarazione di cui si tratta), salva la possibilità di promuovere conflitto di attribuzioni davanti alla Corte costituzionale. Il sistema di verifica, così configurato, è stato tuttavia sottoposto al vaglio della Corte europea dei diritti dell'uomo, la quale ha talora rilevato la violazione dell'art. 6 della CEDU (diritto ad un giusto processo, con specifico riguardo al diritto di accesso ad un giudice; cfr. la sentenza della Corte EDU, CGIL-Cofferati vs. Italia, 24 febbraio 2009): il problema avvertito dalla Corte europea riguarda l'impossibilità di sottoporre al vaglio di una autorità giurisdizionale la delibera parlamentare di insindacabilità, tutte le volte in cui il giudice non ritenga di sollevare conflitto di attribuzione, o in cui il conflitto non venga deciso dalla Corte costituzionale nel merito, così determinandosi un vuoto di tutela a danno del cittadino che si ritenga leso dalle dichiarazioni del parlamentare (perché, ovviamente, la delibera parlamentare di insindacabilità condiziona l'esito del giudizio in senso favorevole al deputato o senatore, impedendo che questi possa essere condannato in sede penale e/o tenuto al risarcimento del danno arrecato al cittadino).

Ben altro è invece il discorso da fare sulle autorizzazioni previste dai co. 2 e 3 dell'articolo in esame. Prima della recente riforma, l'art. 68 riservava a ciascuna Camera la potestà di autorizzare o meno i procedimenti penali a carico dei rispettivi appartenenti, per qualsiasi tipo di reato. Nella prassi, ne era derivata la tendenza a negare l'autorizzazione, pur quando si trattasse di reati comuni, per i quali l'azione penale non fosse ispirata da alcuna intenzione persecutoria della magistratura, nei confronti del Parlamento e dei suoi componenti. Di più: accadeva molto spesso che le Camere non si pronunciassero affatto, lasciando trascorrere inutilmente l'intera legislatura. Sicché si poteva ben dire che il vecchio testo dell'art. 68, co. 2, fosse l'espressione di un *privilegio*, utilizzato a favore degli interessi personali dei parlamentari (Mortati, Zagrebelsky), piuttosto che di una *prerogativa* propriamente detta, concepita dall'ordinamento per il migliore esercizio della rispettiva funzione.

La cosiddetta questione morale, esplosa nella prima metà degli anni 1990, ha pertanto indotto le Camere stesse ad effettuare un drastico ridimensionamento dell'inviolabilità parlamentare. La legge cost. 29 ottobre 1993, n. 3, ha infatti eliminato l'autorizzazione a procedere, che aveva dato luogo a troppi abusi; mentre è rimasta ferma l'autorizzazione all'arresto (ed agli altri provvedimenti restrittivi indicati dal testo in vigore), sulla base della considerazione che misure del genere possono incidere sulla funzionalità delle assemblee e dei loro organi interni, fino al punto di alterare gli esiti delle rispettive deliberazioni. L'autorizzazione, peraltro, non è necessaria se occorre dare esecuzione ad una sentenza irrevocabile di condanna o quanto il deputato o il senatore sia colto nell'atto di commettere un delitto per il quale è previsto l'arresto obbligatorio in flagranza. Analoga autorizzazione è necessaria per sottoporre deputati o senatori ad intercettazioni di conversazioni o comunicazioni, in qualsiasi forma, o a sequestro di corrispondenza. Quanto alle intercettazioni telefoniche, con sent. 23 novembre 2007, n. 390 la Corte costituzionale ha precisato che, ove le stesse siano «casuali», cioè riguardanti conversazioni di un parlamentare intercettate su utenze telefoniche appartenenti a soggetti terzi, e il parlamentare non sia destinatario diretto dell'attività di intercettazione, esse non sono soggette ad autorizzazione *ex* art. 68 Cost. in caso di utilizzo nei soli confronti dei terzi.

Sezione II – LE FUNZIONI

8. *Il procedimento legislativo: la fase dell'iniziativa*

Fondamentalmente, tutte le funzioni spettanti alle Camere nel nostro ordinamento sono raggruppabili in due tipi: quelle **legislative** e quelle **ispettive** o di controllo politico (che interessano in particolar modo, anche se in via non esclusiva, l'attività del Governo). Fra di esse, le funzioni legislative hanno di gran lunga il maggiore rilievo e vanno comunque esaminate in prima linea: sia perché il Parlamento ne rappresenta il titolare naturale, sia perché la Costituzione le considera in termini abbastanza dettagliati, laddove le funzioni ispettive non formano l'oggetto che di rare e disorganiche disposizioni costituzionali. Tuttavia resta fermo che le une e le altre non sono nettamente staccate e contrapposte, ma si sovrappongono a vicenda: poiché il controllo politico del Parlamento assume più volte la forma della legge e la legislazione comporta sovente un controllo nel senso più largo ed atecnico di tale espressione, specialmente nei frequenti ed importanti casi nei quali le Camere prendono in esame disegni di legge d'iniziativa governativa. Inoltre, può dirsi ormai dominante – sebbene qualche autore lo metta ancora in dubbio (Martines) – l'avviso che anche le funzioni legislative, e non soltanto le funzioni ispettive, concorrano nella loro totalità alla determinazione dell'**indirizzo politico**: sia perché la legislazione è normalmente libera e dunque politica per definizione (nei limiti fissati dalla Costituzione); sia perché il nostro ordinamento – al pari di quasi tutti gli ordinamenti giuridici statali contemporanei – ha strutture portanti che sono in gran parte legislative, sicché le decisioni politiche non divengono effettive se non trovano espressione nelle leggi vigenti. Diversamente dal periodo statutario, la funzione legislativa non presenta però caratteristiche comuni e costanti: in quanto il carattere rigido della Costituzione repubblicana fa sì che *l'iter* formativo delle leggi costituzionali e di revisione costituzionale sia diverso ed aggravato rispetto a quello legislativo ordinario; ed a questo si aggiunge che fra le leggi ordinarie e le leggi costituzionali s'inseriscono vari tipi di leggi c.d. rinforzate o depotenziate, disciplinanti specifici oggetti con uno specifico procedimento (v. *retro*, parte II, cap. III, § 15). Nell'ordine, dunque, si dovrà considerare anzitutto la formazione delle leggi ordinarie, per poi passare all'esame delle leggi costituzionali e per accennare – da ultimo – ai casi anomali più significativi.

A titolo introduttivo del discorso, conviene ricordare che la nozione di **procedimento**, riferita all'attività legislativa, è stata mutuata dal diritto amministrativo: nell'ambito del quale si parla di procedimenti (Sandulli) per designare fenomeni analoghi a quelli che il diritto processuale denomina processi. In tutti e tre questi campi, cioè, il procedimento non è altro che una serie giuridicamente preordinata di atti e di attività dovuti a soggetti diversi, al termine della quale il procedimento stesso perviene per l'appunto a conclusione, anziché interrompersi lungo il suo corso, con un determinato atto perfetto ed efficace, tipico della relativa funzione: quale il provvedimento nel caso del procedimento amministrativo, la sentenza nel caso del procedimento giurisdizionale, la legge nel caso di quello che si suole denominare procedimento legislativo (Donati, Esposito, Galeotti, Gueli).

L'*iter* formativo delle leggi si presenta articolato in almeno tre fasi: quella dell'**iniziativa**, quella propriamente costitutiva che si sostanzia nell'**approvazione** e quella formalmente perfettiva ed integrativa dell'efficacia dell'atto, che ricomprende la **promulgazione** e la **pubblicazione**. Ma vale la pena di avvertire subito che simili sistemazioni danno già per risolti problemi apertissimi, concernenti in particolar modo la natura della promulgazione (che alcuni autori collegano allo stadio perfettivo, mentre altri identificano a tutti gli effetti la perfezione della legge con l'avvenuta approvazione da parte delle Camere: v. *infra*, il § 12 di questo capitolo). E giova aggiungere, inoltre, che certi costituzionalisti vorrebbero suddividere ulteriormente il procedimento legislativo, staccando la promulgazione dalla pubblicazione o scomponendo la fase approvativa nel momento della discussione ed in quello della votazione; laddove altri studiosi tendono invece a semplificare la serie, escludendo senz'altro l'iniziativa dal procedimento stesso o risolvendola nella fase dell'approvazione.

Le discussioni vertenti su quest'ultimo punto sembrano però fondate su un equivoco. Vero è che tutte le forme d'iniziativa attualmente esistenti, fatta eccezione per quella parlamentare, sono a loro volta il frutto di un complesso procedimento, *distinto da quello legislativo*, tanto che i relativi vizi procedimentali non si ripercuotono sulle leggi che ne derivano (Sandulli). Così – per esempio – i disegni di legge governativi nascono da un *iter* che vede concorrere i singoli ministri interessati, il Consiglio dei ministri, lo stesso Presidente della Repubblica; e considerazioni analoghe valgono per l'iniziativa popolare, per quella regionale, per quella del CNEL. Ma il fatto che sia lecito parlare di appositi procedimenti per l'iniziativa delle leggi non toglie che il procedimento legislativo propriamente detto non possa iniziarsi se non sulla base di un disegno, presentato ad una delle Camere; ed è in quest'ultimo senso, con riguardo al momento finale della serie di atti e di attività nella quale si concreta l'iniziativa stessa, che si può trattarne come della prima fase dell'*iter* formativo delle leggi.

Che l'iniziativa faccia parte del procedimento legislativo è stato però messo in dubbio anche da un altro punto di vista: cioè ricostruendo il procedimento come quella serie in cui le varie fasi sarebbero concatenate necessariamente (Galeotti), in quanto la conclusione di ciascuna di esse renderebbe indispensabile avviare e concludere la fase successiva, anziché rappresentarne un puro e semplice precedente temporale, improduttivo di vincoli di sorta. Simili concatenazioni non sembrano, invece, caratterizzare tutti i momenti in cui si suole suddividere la formazione delle leggi, e in particolar modo non sussistono – come si dirà fra breve – tra l'iniziativa e l'approvazione delle leggi stesse. Ed è precisamente per questo motivo che taluno ha pensato di dover estromettere la presentazione dei disegni di legge dall'*iter* formativo delle leggi, per sé considerato.

Ora, la conseguenza è probabilmente eccessiva, perché muove da un concetto troppo rigido e restrittivo delle serie procedimentali, le quali non cessano di essere tali solo perché un certo soggetto è facoltizzato anziché obbligato ad agire, sulla base di atti previamente compiuti da altri soggetti (Elia). Sicuramente fondata è invece la premessa del discorso, ossia che la presentazione di un disegno di legge consente alle Camere di passare alla fase approvativa ma non le obbliga a farlo.

Vanamente infatti si sostiene (Balladore Pallieri, Galeotti, Spagna Musso) che le Camere non potrebbero mai accantonare i disegni di legge ma dovrebbero prenderli in esame fino in fondo, appellandosi al disposto costituzionale dell'art. 72, co. 1, ed alle conseguenti norme dei regolamenti parlamentari, che parrebbero imporre altrettanti obblighi alle commissioni competenti ed alle rispettive assemblee[45]. Accade tuttavia che tali precetti regolamentari si limitano a

[45] In base alla Costituzione, «ogni disegno di legge, presentato ad una Camera è, secondo le nonne del suo regolamento, esaminato da una commissione e poi dalla Camera stessa, che l'appro-

vincolare le commissioni, prevedendo che alla scadenza dei termini loro assegnati il progetto di legge possa essere senz' altro «iscritto all'ordine del giorno dell'assemblea» o «preso in considerazione, in sede di programmazione dei lavori» del *plenum* [46]; ed anche in questo senso accade che tali precetti non siano concretamente sanzionati, sicché la maggioranza dei disegni non viene affatto portata all'esame delle Camere (Cuocolo, Di Ciolo, Mazziotti). Ma in ogni caso, relativamente alle assemblee parlamentari considerate nel loro complesso, la prassi dell'*insabbiamento*, per quanto si voglia considerarla scorretta, ritrova la sua giustificazione ultima nel principio di autonomia. In altri termini, ciascuna Camera, essendo titolare di funzioni politiche da esercitare con il massimo grado possibile di libertà, deve poter disporre del proprio ordine del giorno. E ne dispone in effetti, non soltanto in via di prassi, ma sulla base di norme ben precise, che impongono all'assemblea ed alle commissioni di organizzare i loro lavori sotto forma di «programmi» definiti di comune accordo o con il consenso della maggioranza [47].

Coerentemente, decisiva ai fini dell'esame o dell'insabbiamento di un progetto è la circostanza che il programma ne disponga o meno l'inserimento nel *calendario dei lavori*, in un punto tale dell'ordine del giorno che l'assemblea o la stessa commissione abbiano il tempo occorrente per trattarne (Cervati). Del resto non potrebbe essere altrimenti, se si considera che le assemblee parlamentari non sono concretamente in grado di esaminare tutti i disegni di legge ad esse presentati (e nemmeno la parte maggiore di essi); sicché l'esame in questione è necessariamente il frutto di un'insindacabile scelta politica, mentre l'iniziativa svolge solo una indispensabile «funzione di stimolo» (Lucifredi).

A questa stregua non è dato concepire l'iniziativa come una proposta in senso tecnico, malgrado le dizioni contenute nel regolamento della Camera. È invece preferibile inquadrarla fra le «richieste» (Cuocolo), anche se da tali atti scaturiscono alcuni effetti costanti ed immancabili. In primo luogo, cioè, la presentazione di un progetto di legge obbliga il Presidente di ciascuna Camera ad assegnarlo alla commissione competente per materia, salvo che esso riproduca «sostanzialmente» il contenuto di progetti respinti nei sei mesi precedenti [48]. In se-

---

va articolo per articolo e con votazione finale»; mentre gli art. 81, co. 1, reg. Camera e 44, co. 1, reg. Senato prevedono che le commissioni referenti devono presentare le loro relazioni sui disegni di legge assegnati entro due mesi (dall'inizio dell'esame in sede referente alla Camera; dalla data di assegnazione al Senato).

[46] V. rispettivamente l'art. 81, co. 4, reg. Camera (che peraltro consente all'assemblea di fissare «un termine ulteriore non più ampio di quello ultimo assegnato e non più prorogabile») e l'art. 44, co. 3, reg. Senato.

[47] Si tratta degli artt. 23 e ss. reg. Camera e 53 e ss. reg. Senato.

[48] Cfr. gli artt. 72 reg. Camera, 34 e 76 reg. Senato. L'art. 8 di quest'ultimo regolamento attribuisce inoltre al Presidente il potere-dovere di valutare la «ricevibilità dei testi», cioè di bloccare in partenza i progetti comunque inammissibili, in quanto viziati sul piano formale o procedurale; ma compiti analoghi spettano, implicitamente, anche al Presidente della Camera (Di Ciolo).

condo luogo, i progetti stessi identificano nelle grandi linee gli oggetti sui quali le Camere dovranno pronunciarsi (Galeotti), sempre che pervengano al voto finale. In terzo luogo, gli atti in discussione non sono scollegabili da quelli che attengono alla medesima materia: giacché, in questo caso, la commissione è tenuta ad effettuarne un *esame congiunto* o «abbinato»[49].

9. Segue: *le singole forme d'iniziativa delle leggi*

Nell'ordinamento statutario «la proposizione delle leggi» apparteneva «al Re ed a ciascuna delle due Camere»[50]; anche se, ben presto, l'iniziativa regia divenne in realtà governativa, dal momento che il Re si limitava a firmare i progetti di legge deliberati dal Consiglio dei ministri; mentre, per ovvie ragioni, fu il singolo parlamentare che in effetti esercitò l'iniziativa formalmente attribuita ad ogni Camera, la quale non faceva che deliberare sulla *«presa in considerazione»* del disegno, in omaggio alla lettera dello Statuto.

Nell'attuale ordinamento, viceversa, l'iniziativa legislativa non è più accentrata come nel periodo statutario, ma presenta un **carattere diffuso** (Spagna Musso): in quanto spetta, oltre che al Governo ed a ciascun membro delle Camere, «agli organi ed enti ai quali sia conferita da legge costituzionale»[51]. Ma in verità la dizione è imprecisa, poiché il potere di farsi presentatori di progetti di legge non è disciplinato da distinte leggi costituzionali, bensì dalla Costituzione stessa: che lo attribuisce al popolo, al Consiglio nazionale dell'economia e del lavoro, ai singoli Consigli regionali e, forse, ai Comuni[52].

La Carta costituzionale configura quindi cinque o, forse, sei tipi di iniziativa legislativa. Ma nella realtà delle cose le forme nuove non hanno che una minima importanza, poiché non è avvenuto se non in rarissimi casi che proposte di legge siano state presentate dagli elettori o dal CNEL, mentre i progetti regionali, sebbene assai meno infrequenti, sono rimasti quasi regolarmente insabbiati. Di fatto, perciò, l'iniziativa continua a risultare accentrata nelle mani dei parlamentari, che quantitativamente presentano il maggior numero di disegni (pari a più dei due terzi dell'intero complesso), e soprattutto nelle mani del Governo, che si fa presentatore di progetti relativamente meno numerosi, ma in compenso realizza effetti di gran lunga più importanti, in quanto le sue proposte sono le sole che vadano generalmente in porto.

---

[49] V. rispettivamente gli artt. 77 reg. Camera e 51 reg. Senato.

[50] Così disponeva l'art. 10 St.

[51] Cfr. l'art. 71, co. 1, Cost.

[52] V. rispettivamente l'art. 71 cpv., l'art. 99, co. 3, l'art. 121, co. 2, e, quanto all'«iniziativa dei Comuni», l'art. 133, co. 1, Cost.

a) Le ragioni sulle quali si fonda la supremazia dell'**iniziativa governativa** sono di ordine politico, tecnico e giuridico-costituzionale. Politicamente, dato il rapporto fiduciario che lega il Governo al Parlamento, quest'ultimo non può bocciare sistematicamente le proposte governative, poiché un tale atteggiamento comporterebbe sfiducia e condurrebbe ad una crisi. Tecnicamente, d'altronde, la stesura di molti progetti di legge presuppone un bagaglio di conoscenze che sono sovente monopolio del Governo o anche di un determinato Ministero (e dei relativi esperti): si pensi, specialmente, ai dati occorrenti per soddisfare in maniera efficace l'obbligo di copertura delle leggi implicanti nuove spese non previste dal bilancio; o anche alle proposte contenenti programmi o piani economici globali, che praticamente soltanto il Governo potrebbe formulare, come è avvenuto nel caso della legge del 1967 sul programma quinquennale di sviluppo economico del Paese [53].

Giuridicamente, poi, tale iniziativa è l'unica che abbia una portata **universale**, cioè comprensiva di qualunque oggetto ricadente nella competenza del legislatore statale: essendo testualmente riservata al Governo la presentazione dei bilanci e dei rendiconti consuntivi – in base all'art. 81, co. 4, Cost. – e spettandogli anche la proposta delle leggi di «autorizzazione» alla ratifica dei trattati internazionali indicati dall'art. 80 Cost., per l'ovvia ragione che è l'esecutivo a condurre i negoziati che portano alla conclusione degli accordi stessi. Ma bisogna ancora aggiungere che, secondo certi autori (Mortati), sussisterebbe a favore del Governo una vera e propria riserva costituzionale d'iniziativa legislativa in tema di presentazione dei disegni di conversione dei decreti-legge (*ex* art. 77, co. 2, Cost.); ed anche coloro che considerano legittimati gli altri titolari del potere in questione, qualora il Governo rimanesse inattivo (Esposito, Pizzorusso), non possono non riconoscere che in linea di fatto un tale adempimento è sempre toccato al Governo soltanto.

Il «principio di equiparazione formale di ogni tipo di iniziativa delle leggi» (Cervati) subisce già in tal senso una serie di eccezioni. Ciò che più conta, in alcuni di questi casi accade fin d'ora che l'iniziativa governativa sia privilegiata anche sul piano procedurale, disponendo di *«corsie preferenziali»*. Così – in applicazione dell'art. 81 Cost. – i regolamenti di entrambe le Camere prevedono oggi una «apposita *sessione parlamentare di bilancio*», riservata all'esame del disegno di legge di approvazione dei bilanci e dei disegni di legge correlati alla manovra di finanza pubblica (v. *infra*, il § 14 del presente capitolo): durante la quale è sospesa – di massima – «ogni deliberazione, da parte dell'Assemblea e delle Commissioni in sede legislativa, sui progetti di legge che comportino nuove o maggiori spese o diminuzioni di entrate» [54]. Del pari – in applicazione

---

[53] Si tratta della legge 27 luglio 1967, n. 685.

[54] Cfr. l'art. 119 reg. Camera, come modificato nella seduta del 29 settembre 1983. Analogamente si esprime l'art. 126 reg. Senato, nel testo introdotto il 31 luglio 1985.

dell'art. 77 Cost. – i regolamenti stessi disciplinano in modo specifico le procedure di approvazione dei disegni governativi per la *conversione dei decreti· legge:* sia disponendo la loro immediata assegnazione alle commissioni competenti, che debbono pronunciarsi entro un brevissimo termine, sia sottoponendo il disegno di conversione al parere di un apposito Comitato per la legislazione, che nella Camera può proporre alle commissioni stesse l'introduzione degli emendamenti necessari, sia facendo valere tali norme anche nel corso della «sessione di bilancio»[55]. D'altra parte, la **primazia dell'iniziativa governativa** è confermata dalla presenza di un rappresentante del Governo nella «conferenza dei presidenti di gruppo», all'atto della predisposizione del programma dei lavori dell'assemblea[56]; ed è ulteriormente messa in luce da quei passi del regolamento della Camera che riservano la denominazione di «disegni di legge» ai soli progetti governativi, laddove i progetti di origine diversa vengono genericamente definiti quali «*proposte di legge*»[57].

La presentazione dei disegni governativi è tuttavia preceduta – come si diceva – da un particolare e distinto *iter* formativo dei progetti medesimi. La parte essenziale di questo procedimento si svolge all'interno dell'esecutivo: giacché la predisposizione degli schemi di disegno spetta al ministro oppure ai vari ministri competenti in materia, dopo di che su tali testi deve necessariamente deliberare l'intero Consiglio dei ministri[58]. In una fase immediatamente successiva, la sottoposizione del disegno all'una o all'altra Camera del Parlamento dev'essere *autorizzata* dal Presidente della Repubblica che provvede mediante un apposito decreto, ai sensi dell'art. 87, co. 4, Cost.; e, sulla carta, il Presidente potrebbe rifiutarsi di apporre la sua firma al decreto medesimo, qualora riscontrasse – in particolar modo – l'illegittimità costituzionale dell'intero disegno o di parte di esso. Di regola almeno, però, i poteri presidenziali non implicano nulla più che la facoltà di invitare il Governo a non prendere certe iniziative (o a prenderle in forme diverse da quelle progettate); e questo, preferibilmente, piuttosto prima che dopo la delibera del Consiglio dei ministri, la quale costituisce già una sorta di fatto compiuto. A sostegno di ciò, lo stesso Presidente Einaudi rilevava che il Capo dello Stato dispone comunque di un potere di controllo esercitabile al termine del procedimento legislativo, sotto forma di rinvio delle leggi approvate dalle Camere, in base all'art. 74 Cost.; sicché sarebbe incongruo – al di fuori delle ipotesi di gravi ed evidenti violazioni costituzionali – che egli bloccasse il pro-

---

[55] Cfr. gli artt. 16 *bis* (introdotto il 24 settembre 1997), 96 *bis* e 119, co. 4, reg. Camera.

[56] Cfr. gli artt. 23 e ss. reg. Camera e 55 e ss. reg. Senato.

[57] V. specialmente l'art. 68, co. 1, reg. cit. Per contro, il regolamento del Senato ragiona sempre di «disegni di legge», conformemente alla terminologia costituzionale.

[58] Nel primo periodo repubblicano, veniva in tal senso seguita la norma già dettata dall'art. 1, n. 2, r.d. n. 446/1901 cit. Attualmente, s'impone a questo effetto l'art. 2, co. 3, lett. *b*), della legge n. 400/1988 cit., che assegna al Consiglio dei ministri sia l'approvazione dei disegni governativi di legge sia la deliberazione concernente il *ritiro* dei progetti già presentati al Parlamento.

cedimento in partenza, sottraendo alle Camere la possibilità di esprimere il loro avviso sul punto.

b) Sebbene l'art. 71, co. 1, Cost. affidi la presentazione dei disegni di legge «a ciascun membro delle Camere» anziché alle Camere stesse, come disponeva letteralmente lo Statuto albertino, **l'iniziativa parlamentare** ha continuato per un lungo periodo ad essere sottoposta alla ricordata «presa in considerazione», quanto ai progetti implicanti oneri finanziari, da parte del regolamento della Camera dei deputati [59]. Il regolamento del 1971 non ha tuttavia ribadito questo vincolo, che del resto non figurava affatto nel regolamento del Senato ed anzi si era ridotto ad una «pura formalità» (Cuocolo). Attualmente, perciò, l'iniziativa parlamentare non incontra limiti diversi da quelli comuni a tutti i disegni di qualunque provenienza (salvi gli oggetti riservati all'iniziativa del Governo). In particolare, anche e soprattutto per essa si apre il problema se il precetto dell'art. 81, co. 4, Cost., per cui qualunque legge comportante maggiori spese «deve indicare i mezzi per farvi fronte», s'imponga agli stessi presentatori dei progetti di legge. Quanti rispondono in senso affermativo (Lucifredi, Mortati, Onida) tendono peraltro a riconoscere che nel nostro ordinamento non sussiste un'«irricevibilità finanziaria» di stampo francese [60]; sicché non pare pensabile che i progetti carenti nella copertura dei previsti oneri siano dichiarati irricevibili e quindi bloccati in partenza dai Presidenti delle Camere (Buscema, Cervati), salvo ciò che dispone il regolamento del Senato, ma limitatamente ai disegni del Governo, delle Regioni e del CNEL. Allo stato, perciò, il solo rimedio consiste nelle previsioni regolamentari che prescrivono di sentire il parere della Commissione bilancio e programmazione, «sulle *conseguenze di carattere finanziario*» che deriverebbero dall'approvazione dei progetti medesimi [61].

Ma il vero limite dell'iniziativa parlamentare sta nella sua scarsa incisività. Nella gran parte dei casi, cioè, i disegni in questione sono destinati a decadere inutilmente al termine della legislatura. E la sola via per cui l'iniziativa dei deputati e dei senatori si rivela realmente efficace non consiste, perciò, nella presentazione di autonomi progetti, bensì negli emendamenti che ognuno di essi può proporre, non senza un frequente successo, a modificazione degli stessi disegni del Governo [62].

c) Sul piano giuridico, problemi più notevoli derivano (o derivavano in passato) dall'**iniziativa popolare**, esercitabile «mediante la proposta, da parte di almeno cinquantamila elettori, di un progetto redatto in articoli» [63].

---

[59] Cfr. l'art. 133, co. 4, del regolamento del 1948.

[60] Si veda l'art. 40 della Costituzione del 1958.

[61] Cfr. gli artt. 74 reg. Camera e 40 reg. Senato. Ma vedi, altresì, l'art. 76 *bis* reg. Senato.

[62] Il rilievo di tali progetti può essere accresciuto, nondimeno, qualora essi vengano fatti propri da gruppi parlamentari, ai sensi dell'art. 79 reg. Senato.

[63] V. nuovamente l'art. 71 cpv. Cost.

Prima dell'entrata in vigore della legge 25 maggio 1970, n. 352, era anzitutto controverso se un tale potere spettasse immediatamente agli elettori, sulla base della citata norma costituzionale. Secondo l'opinione affermativa, seguita dal Senato, bastava che le cinquantamila firme necessarie fossero autenticate da un notaio o da un altro pubblico ufficiale a ciò competente; viceversa, la Camera dei deputati riteneva inammissibili le iniziative popolari, fino a quando non fosse intervenuta una legge attuativa della Costituzione. Ma la legge n. 352/1970 ha ora risolto il dilemma, disponendo che la proposta, accompagnata «da una relazione che ne illustri le finalità e le norme», deve essere corredata dalle firme occorrenti, autenticate da un notaio o da un cancelliere della pretura o del tribunale, nella cui circoscrizione è compreso il Comune dove è iscritto l'elettore interessato, ovvero dal giudice conciliatore o dal segretario del Comune stesso [64].

Un altro quesito, tuttora attuale, concerne la definizione degli oggetti sui quali può vertere l'iniziativa popolare. Secondo un'opinione dottrinale (Balladore Pallieri, Spagna Musso, Virga), nelle materie cui la Costituzione non consente il ricorso al *referendum* abrogativo (leggi tributarie e di bilancio, di amnistia e di indulto, di autorizzazione alla ratifica dei trattati), sarebbe esclusa la stessa iniziativa spettante agli elettori; e ciò per ragioni di ordine pubblico, che sconsiglierebbero la raccolta delle firme popolari là dove il popolo non può deliberare in via diretta. Ma la tesi non ha avuto quasi nessun seguito, sebbene in entrambi i casi si tratti di istituti di democrazia diretta; ed effettivamente essa si fonda sopra un accostamento analogico assai labile fra due strumenti notevolmente diversi, quali l'iniziativa popolare e il *referendum*, che danno luogo ad effetti incomparabili fra loro (senza corrispondere neanche alla prassi, nella quale s'è avuto almeno un caso di proposta popolare in tema di amnistia e d'indulto, che il Senato non ha ritenuto inammissibile).

d) In ordine decrescente d'importanza, conviene ora passare all'**iniziativa regionale**, prevista dall'art. 121, co. 2, Cost., che consente ai Consigli regionali di fare proposte di legge alle Camere, e ribadita da quasi tutti gli statuti speciali delle Regioni differenziate. Il tenore della formula costituzionale è tuttavia diverso da quello delle corrispondenti disposizioni statutarie. L'art. 121 non indica, infatti, nessun determinato campo entro il quale l'iniziativa regionale debba contenersi; e fa per ciò stesso pensare che si tratti di un potere di portata generale, escluso dai soli settori riservati al Governo. Gli statuti speciali precisano invece – sia pure con espressioni diverse – che la rispettiva Regione ha il potere di fare quelle proposte di legge che per essa presentino un «*particolare interesse*» [65]: il che farebbe intendere che tale iniziativa sia specializzata e materialmente circoscritta (Mortati, Bartole).

---

[64] Cfr. l'art. 49 legge cit. (che rimanda agli artt. 7 ed 8 della legge cit.), Il contestuale art. 48, co. 3, precisa che «possono essere proponenti» tutti i cittadini ultra diciottenni, «iscritti nelle liste elettorali».

[65] V. rispettivamente gli artt. 18 St. Sicilia, 51, co. 1, St. Sardegna, 35 St. Trentino-Alto Adige, 26, co. 1, St. Friuli-Venezia Giulia.

All'atto pratico, però, non è facilmente immaginabile (e non si è mai registrato nelle esperienze delle varie Regioni) che le stesse Camere del Parlamento sindachino l'effettiva sussistenza di un requisito sfuggente, se non addirittura inconsistente, come quello dell'interesse regionale. Sembra perciò preferibile ritenere che ci si trovi di fronte ad una sorta di *autolimite*, egualmente operante per tutte le Regioni, ordinarie e differenziate, ed esclusivamente valutabile da parte del Consiglio regionale competente; tanto più che l'esame delle proposte di legge finora presentate da questa o quella Regione dimostra che spesso i progetti regionali si sono spinti al di là degli specifici interessi locali (Martines): per esempio, nel caso dei vari disegni concernenti la riforma della RAI-TV, che miravano in vero ad inserire una rappresentanza regionale negli organi direttivi dell'ente radio-televisivo, ma avevano ad oggetto una materia che certamente coinvolge interessi ultraregionali.

e) Ragioni di completezza impongono che si consideri anche **l'iniziativa del CNEL**. Ma di questo potere è stato fatto scarsissimo uso, in quanto il Consiglio nazionale dell'economia e del lavoro si trova da molti anni in uno stato di semi–quiescenza.

Del resto, nel presentare disegni di legge, il CNEL incontra una serie di pesanti limitazioni, materiali e procedurali. Da un lato, la Costituzione stessa chiarisce in maniera inequivocabile che l'organo in questione può solo avanzare *proposte specializzate*, aventi di mira la «legislazione economica e sociale»; e la legge istitutiva di tale Consiglio aggiungeva che esso non poteva prendere l'iniziativa «per le leggi costituzionali né per le leggi tributarie, di bilancio, di delegazione legislativa, di autorizzazione a ratificare trattati internazionali» [66].

D'altro lato, perché il Consiglio esplichi la propria iniziativa, occorre che esso abbia in precedenza deciso «la presa in considerazione» del disegno [67]; e limiti ulteriori possono oggi discendere dai regolamenti del Consiglio stesso (anche se l'attuale disciplina è molto meno rigorosa, sul punto, di quella dettata dalla legge istitutiva). Un tanto si spiega in vista del fine già perseguito dalla legge del 1957, ossia che le due principali componenti del CNEL, quella costituita dai rappresentanti dei lavoratori e quella rappresentativa degli imprenditori, siano in larga misura concordi nella formulazione e nella presentazione delle proposte. Ma l'intento del legislatore si è rivelato fino ad ora velleitario, poiché riesce quasi impossibile conciliare posizioni tanto diverse in sede di elaborazione di specifici progetti da sottoporre alle Camere: se non altro in quanto i sindacati tendono a non assumere impegni troppo precisi e dilazionati nel tempo, specialmente operando nell'ambito di un collegio sul tipo del CNEL, che i sindacati stessi hanno sempre considerato insufficientemente rappresentativo dei lavo-

[66] Cfr. l'art. 10, co. 2, legge 10 gennaio 1957, n. 33. Peraltro, i limiti predetti non figurano più nel nuovo ordinamento del CNEL, stabilito dalla legge 30 dicembre 1986, n. 936.

[67] Lo si argomenta tuttora dall'art. 10, lett. *g*), della legge n. 936 cit.

ratori (nella versione vigente dell'art. 2 della legge 30 dicembre 1986, n. 936, il CNEL è composto da sessantaquattro membri oltre al presidente, tra i quali ventidue rappresentano i lavoratori dipendenti e tre, fra questi, i dirigenti; nove i lavoratori autonomi; diciassette le imprese; sei le associazioni di promozione sociale e le organizzazioni di volontariato; a completare il numero concorrono dieci esperti scelti tra qualificati esponenti della cultura economica, sociale e giuridica).

f) Secondo una minoritaria opinione dottrinale (Spagna Musso, Costanzo), accanto ai cinque tipi finora esaminati, esisterebbe una sesta forma d'iniziativa legislativa, eccezionalmente prevista dall'art. 133, co. 1, Cost.: che affida alle leggi della Repubblica, «su iniziativa dei Comuni», il mutamento delle circoscrizioni provinciali e l'istituzione di nuove Province nell'ambito di una stessa Regione. Ma varie ragioni concorrono ad escludere che *l'iniziativa comunale* debba essere intesa in senso tecnico, anziché nel senso materiale di *richiesta* che i Comuni rivolgano a chi di dovere.

Sistematicamente, infatti, sarebbe incongruo pensare che i Comuni dispongano d'una iniziativa riservata, ad esclusione della stessa iniziativa universale del Governo; tanto più che essa non potrebbe esplicarsi in nessun altro campo al di fuori di quello della modificazione delle circoscrizioni provinciali. Praticamente, inoltre, è significativo che in alcuni casi di istituzione di nuove Province la proposta di legge sia stata regionale o parlamentare o governativa, sebbene condizionata dall'avvenuta richiesta dei Comuni interessati (che tuttavia potrebbero approvare proposte del genere anche dopo la loro presentazione al Parlamento). E letteralmente, poi, basta confrontare il riferimento all'«iniziativa», contenuto nell'art. 133, co. 1, con il corrispondente riferimento alla «richiesta» dei Consigli comunali, alla quale accenna l'art. 132, co. 1, Cost., con riguardo alla creazione di nuove Regioni, per capire che i due termini sono stati adoperati come sinonimi e che nel nostro ordinamento non vi è spazio per una iniziativa comunale concepita in senso tecnico (Crisafulli, Sandulli).

10. Segue: *i sistemi di approvazione delle leggi; la procedura normale*

Si è visto che, nella fase preliminare dell'iniziativa legislativa, di fatto e di diritto predomina il Governo, il quale funziona da vero e proprio *comitato direttivo delle Camere.* Ma questa preminenza si attenua di molto nel corso della fase approvativa, che anzi dimostra in maniera evidente – specie nel periodo più recente – come la logica del parlamentarismo sia stata sovente derogata in un senso assembleare, con frequenti commistioni e compromessi fra la maggioranza e le opposizioni.

Occorre peraltro distinguere fra i vari sub-procedimenti (così denominati perché si tratta di parti del procedimento complessivo) di approvazione delle leggi ordinarie. Per lo meno nelle grandi linee, tre di essi risultano disciplinati dall'art. 72 della stessa Carta costituzionale: che accanto ad una procedura normale, comunemente detta **per commissione referente**, prevede una procedura speciale per l'**approvazione d'urgenza** di certi disegni di legge ed un terzo sistema alquanto anomalo, **per commissione deliberante**. Una quarta forma, **per commissione redigente**, è stata nuovi, sebbene con qualche modifica rispetto al passato. Va ricordato anzitutto che quando si parla di commissioni in sede referente, deliberante o redigente, si hanno per lo più di mira le medesime commissioni parlamentari permanenti, che agiscono però sulla base di norme costituzionali e regolamentari diverse. Alle tre sedi or ora indicate si aggiunge, anzi, *lo sede consultiva*, in cui tali organi sono chiamati a fornire pareri alle altre commissioni, direttamente investite dell'esame del disegno in questione. Se, infatti, «il Presidente della Camera ritenga utile acquisire il parere di una Commissione su un progetto di legge assegnato ad altra Commissione, può richiederlo prima che si deliberi sul progetto»; ed anche «la Commissione competente può, previo assenso del Presidente della Camera, chiedere il parere di altra Commissione» [68].

In tali ipotesi il parere è facoltativo, nel senso che può essere richiesto se lo si considera opportuno. Ma si danno anche pareri obbligatori da richiedersi necessariamente, come quando la Commissione per il bilancio e la programmazione è chiamata ad esprimere il suo avviso sulle «conseguenze di carattere finanziario» dei «progetti di legge implicanti entrate o spese».

a) Le commissioni in sede referente, come risulta dalla loro stessa denominazione, hanno il peculiare compito di **riferire** all'assemblea sui disegni di legge loro assegnati, predisponendo e presentando una o più *relazioni* (dal momento che la maggioranza suole contrapporsi alle opposizioni sin da questa fase del procedimento). In molti casi, però, la commissione non si limita a stendere le relazioni, ma redige a sua volta un *nuovo progetto* o controprogetto destinato a sovrapporsi al disegno di legge assegnatole in origine, monopolizzando in sostanza il successivo esame dell'assemblea (Elia). Giuridicamente, il titolo che legittima la presentazione del controprogetto va individuato nei poteri di iniziativa e di emendamento, che spettano a ciascun parlamentare (ed a più forte ragione vanno riconosciuti alle intere commissioni) [69]; mentre sul piano politico le ragioni di una simile prassi sono dovute talvolta all'insoddisfazione della maggioranza per la stesura originaria del disegno di legge, talaltra all'esigenza di trovare una base di accordo con le opposizioni.

---

[68] Cfr. l'art. 73, co. 1, reg. Camera, nonché l'art. 38 reg. Senato. Resta salva, peraltro, la riunione delle commissioni stesse, qualora esse decidano di «deliberare in comune» (*ex* art. 72, co. 3, reg. Camera e 34, co. 2, reg. Senato).

[69] Sulla «redazione di un testo unificato», nel caso che la commissione debba procedere all'esame di «progetti abbinati», si veda l'art. 77, co. 3, reg. Camera. Sugli emendamenti direttamente proposti dalle commissioni competenti, nel corso dell'esame in assemblea, cfr. l'art. 86, co. 5, reg. Camera e l'art. 100, co. 2, reg. Senato.

Quanto alla procedura seguita dalle commissioni referenti, essa è analoga a quella che poi sarà seguita in assemblea, articolandosi anch'essa in più «*letture*» del disegno: vale a dire l'esame preliminare del disegno stesso, la discussione e la votazione dei singoli articoli di esso, l'approvazione finale (che però non assume un valore definitivo, ma semplicemente consente la trasmissione del testo alla Camera)[70]. Per meglio intendere il perché di queste tre «letture», conviene dunque analizzare subito le modalità dell'approvazione del disegno in assemblea, che si svolgono sulla base delle relazioni e delle eventuali proposte alternative della commissione chiamata a riferire. Su questo punto, l'art. 72, co. 1, si limita a disporre che ogni disegno di legge venga approvato (o disapprovato) «articolo per articolo e con votazione finale». Ma i regolamenti parlamentari precisano che l'esame dell'aula comprende in prima linea la «**discussione sulle linee generali del progetto**»: nel corso della quale – alla Camera – intervengono i relatori, sia di maggioranza che di minoranza, un rappresentante del Governo ed un deputato per gruppo; dopo di che un presidente di gruppo o venti deputati possono chiedere un più ampio dibattito, anche sulla base delle informazioni fomite dal Governo[71].

Al Senato, prima dell'inizio dell'esame degli articoli possono essere presentate proposte dirette ad impedire il passaggio all'esame degli articoli[72]. In entrambe le Camere possono essere presentate questioni pregiudiziali di legittimità e di merito; e soltanto se queste vengono respinte dall'assemblea, si dà luogo all'esame del disegno articolo per articolo, giacché l'economia del procedere impone che, prima di scendere nei particolari, si accerti se la Camera è disposta a prendere in considerazione il disegno globalmente assunto.

La caratteristica saliente della «seconda lettura», riguardante l'**approvazione articolo per articolo**, consiste negli **emendamenti** (e nei sottoemendamenti) che in questo momento ciascun parlamentare può proporre, salvo il rispetto dei termini variamente indicati dai regolamenti parlamentari. Tali emendamenti sono del più vario genere; ma vengono comunque suddivisi dagli studiosi, con riferimento agli effetti sostanziali, in soppressivi, aggiuntivi e modificativi; e con agli effetti formali, inerenti al modo di formulazione del disegno, in riunitivi, divisivi e traspositivi. Quanto all'ordine delle relative votazioni, la prassi già formatasi nel Parlamento inglese impone che si dia la precedenza a quelli che, ove approvati, precluderebbero ogni ulteriore votazione concernente il medesimo disposto: pertanto sugli emendamenti soppressivi si delibera prima che sui testi alternativi; e questi ultimi sono a loro volta «posti ai voti cominciando da quelli che più si allontanano dal testo originario»[73].

S'intende che la facoltà di proporre emendamenti costituisce un'arma nelle mani delle opposizioni, che ne possono usare anche a fioni ostruzionistici, fa-

[70] V. rispettivamente, su queste varie fasi, gli artt. 79 reg. Camera e 43 reg. Senato.

[71] Cfr. gli artt. 82-83 reg. Camera, nonché l'art. 94 reg. Senato.

[72] Si veda l'art. 96 reg. Senato.

[73] Cfr. gli artt. 85, co. 8, reg. Camera e 102, co. 2, reg. Senato.

cendo votare alle Camere innumerevoli disposti alternativi. In questo caso il Governo non ha che il rimedio consistente nel porre la *questione di fiducia* sull'approvazione dell'articolo originariamente formulato: con l'ulteriore vantaggio che la questione stessa va votata per appello nominale – *ex* art. 94, co. 2, Cost. – sicché può essere meglio assicurata la disciplina di gruppo. La questione di fiducia, secondo una prassi divenuta più frequente a partire dalla XIII legislatura, può essere posta anche a seguito della riformulazione, da parte del Governo, di un unico articolo (c.d. *maxiemendamento*), nel quale possono essere in parte recepite le proposte emendative presentate. La prassi suscita qualche dubbio di legittimità costituzionale, proprio con riferimento alla possibile violazione dell'art. 72 Cost. e alla regola della votazione articolo per articolo; le perplessità si aggravano quando il maxiemendamento è presentato in relazione ad una legge di conversione di un decreto-legge, aggiungendosi ulteriori profili problematici rappresentati dalla omogeneità fra le disposizioni originarie del d.l. e le proposte emendative presentate in sede di conversione, e trasfuse nel maxiemendamento. A risentirne, certamente, è la comprensibilità dei testi legislativi, potendosi segnalare casi eclatanti, quali la riforma delle province e delle città metropolitane (legge 7 aprile 2014, n. 56), che si esaurisce in un unico articolo composto da 151 commi, approvato nella forma di un maxiemendamento.

Secondo l'art. 72 cit., conclusa la votazione articolo per articolo, si torna invece a votare sull'intero progetto di legge, il che potrebbe sembrare a prima vista superfluo. Ma la necessità di un'**approvazione finale** del testo legislativo risulta evidente, se si riflette sulle maggioranze talora occasionali che si coagulano intorno ai vari singoli disposti, senza corrispondere alla maggioranza che ha sostenuto il disegno complessivo; sicché, giunti al termine della fase approvativa, è indispensabile che i parlamentari si rendano conto di ciò che è stato fatto, valutando in particolar modo se il testo conservi una certa coerenza, malgrado le alterazioni sopportate. Non a caso, prima della votazione finale, può essere avanzata una proposta di rinvio, mirante a consentire «le correzioni di forma e le modificazioni di *coordinamento*» che appaiano opportune, come pure sono proponibili ulteriori emendamenti di «quelle disposizioni già approvate che sembrino in contrasto tra loro e inconciliabili con lo scopo della legge» [74].

In vista dell'importanza di questa deliberazione riassuntiva, il regolamento della Camera stabiliva che essa avvenisse «per scrutinio segreto» [75]. Ma una tale previsione e, più in generale, tutte le nonne che permettevano un generalizzato

[74] Così dispone l'art. 103 reg. Senato. Di un mero «coordinamento formale» ragiona invece l'art. 90 reg. Camera; ma coordinamenti di quest'ultimo genere – secondo la giurisprudenza costituzionale (si veda infatti – da ultimo – la sent. 19 dicembre 1984, n. 292) – sono legittimamente effettuabili anche dopo l'approvazione finale dell'intero testo.

[75] Cfr. l'art. 91, co. 1, del regolamento del 1971.

ricorso a sistemi di votazione tali da non far emergere gli orientamenti di ogni singolo deputato o senatore hanno dapprima formato l'oggetto di aspre discussioni (tanto più che esse trovavano scarsissimi riscontri nel diritto parlamentare degli altri Stati assimilabili all'Italia); e sono state quindi ridimensionate, mediante le riforme regolamentari del 1988. In particolare, alla Camera è stato disposto che possono effettuarsi a *scrutinio segreto* le sole «votazioni riguardanti le persone, nonché quelle che incidono sui principi e sui diritti di libertà» e «sui diritti della famiglia» costituzionalmente garantiti, come pure «le votazioni sulle modifiche al regolamento, sull'istituzione di Commissioni parlamentari di inchiesta, sulle leggi ordinarie relative agli organi costituzionali dello Stato ... e agli organi delle regioni, nonché sulle leggi elettorali». In ogni altro caso, le stesse votazioni finali sui disegni di legge vanno invece effettuate a scrutinio palese, «mediante procedimento elettronico con registrazione dei nomi»[76].

Una volta approvato da uno dei due rami del Parlamento (che può essere tanto la Camera quanto il Senato, dato il principio del bicameralismo perfetto), il progetto deve poi passare *all'esame dell'altra assemblea.* Nella prassi è infatti scontato che le due Camere si debbano pronunciare separatamente e consecutivamente, sebbene qualche autore (Balladore Pallieri) mostri di ritenere possibile la presentazione e la discussione contemporanea del medesimo disegno dinanzi ad entrambe le assemblee. La seconda di esse, però, rimane dotata degli stessi poteri già spettanti alla prima, sia sul piano procedurale che sul piano delle scelte sostanziali. Pertanto, essa può preferire un sub-procedimento approvativo diverso da quello prescelto dalla prima (optando ad esempio per la sede deliberante, anche se in precedenza si sia scelta l'assegnazione alla sede referente); e, così pure, essa può introdurre nel disegno tutte le modificazioni ritenute opportune.

Se ciò si verifica, il disegno emendato dev'essere ovviamente restituito alla prima Camera, poiché la legge non nasce se non dalla duplice approvazione dell'identico testo. Astrattamente potrebbero dunque ipotizzarsi interminabili andirivieni di uno stesso progetto fra l'uno e l'altro ramo del Parlamento; ma simili ipotesi rimangono irreali, poiché le divergenze normalmente si risolvono con qualche compromesso. E, d'altra parte, anche se mancano specifiche norme per il superamento dei conflitti, i regolamenti parlamentari semplificano queste fasi eventuali del procedimento, disponendo che il primo dei due rami si limiti in casi del genere a deliberare sulle modificazioni apportate dall'altro, senza riprendere in esame l'intero disegno[77].

---

[76] Si veda il nuovo testo dell'art. 49, co. 1, comma reg. cit., introdotto nella seduta del 13 ottobre 1988. Analoghe innovazioni hanno investito anche il regolamento del Senato, come ora risulta dall'art. 113.

[77] Cfr. infatti gli artt. 70, co. 2, reg. Camera e 104 reg. Senato.

11. Segue: *le forme anomale di approvazione*

b) La procedura d'urgenza è quella che meno sensibilmente si discosta dalla procedura normale, poiché l'anomalia si risolve in una riduzione dei termini assegnati alla commissione referente.

L'**urgenza** di un dato disegno di legge è dichiarata dall'intera Camera, per mezzo di una *votazione preliminare* che può esser provocata dal Governo, da un presidente di gruppo o da dieci deputati (mentre al Senato la richiesta spetta al proponente, al presidente della commissione interessata oppure ad otto senatori). Ciò comporta appunto l'abbreviazione del tempo concesso per la presentazione delle relazioni, che viene normalmente dimezzato ma può essere ulteriormente compresso per decisione del Presidente dell'assemblea[78]; dopo di che l'approvazione da parte dell'aula si svolge negli stessi modi or ora descritti, senza che i regolamenti parlamentari garantiscano specificamente la sinteticità e la brevità del dibattito.

c) Veramente straordinaria si rivela invece la **procedura per commissione deliberante**; e ciò, sia nel nostro attuale ordinamento, come è dimostrato dalle cautele con cui la Carta costituzionale ha considerato questa forma di approvazione delle leggi, sia da un punto di vista comparatistico, trattandosi di un istituto che non è affatto previsto dalla generalità degli altri ordinamenti costituzionali vigenti (con la sola importante eccezione dell'odierna Spagna). Singolare è anche l'origine storica dell'istituto stesso, risalente alla citata legge n. 129/1939, che nel trasformare la Camera dei deputati in Camera dei fasci e delle corporazioni conferiva una potestà legislativa di portata generale alle commissioni permanenti, riservando al *plenum* la sola approvazione di singole leggi più importanti. Tuttavia l'art. 72, co. 3 e 4, rovescia il precedente rapporto, in quanto attribuisce la competenza generale all'assemblea, consentendo che i regolamenti parlamentari deferiscano alle commissioni l'esame e l'approvazione di certi disegni, ma soltanto in via di eccezione e nel rispetto di svariati limiti procedurali e sostanziali. Ferma invece rimane la *ratio* della sede deliberante, che consiste nella necessità di moltiplicare le forze del Parlamento, rendendo più semplice ed efficiente «la macchina di produzione delle leggi», secondo la motivazione data da Perassi alla Costituente.

«Quando un progetto di legge riguardi questioni che non hanno speciale rilevanza di ordine generale» o che «rivestano particolare urgenza» il Presidente può proporne l'assegnazione ad una commissione, per l'esame e l'approvazione di esso: la proposta, iscritta all'ordine del giorno della seduta successiva, si ha per accettata se non vi è opposizione; diversamente la Camera vota per alzata di mano[79]. Peraltro, se il Governo o un decimo dei componenti l'assemblea o an-

---

[78] Cfr. gli artt. 69 ed 81 reg. Camera, nonché l'art. 77 reg. Senato.

[79] Così dispone l'art. 92, co. 1, reg. Camera; mentre: l'art. 35, co. 1, reg. Senato prevede che

che un quinto dei membri della commissione interessata esprimono avviso contrario, si deve comunque seguire il procedimento normale; ma questo si spiega – come si vedrà fra breve – in considerazione dell'apposito disposto dell'art. 72, co. 3, Cost. Inoltre, il disegno dev'essere approvato in aula, nell'ipotesi che nascano insuperabili contrasti fra la commissione competente ed altra commissione chiamata a collaborare in sede consultiva (per esempio nel campo finanziario). Se invece il progetto di legge rimane assegnato alla commissione deliberante, il testo subisce le stesse vicende che si avrebbero in sede referente, salvo che l'approvazione data in commissione equivale senz'altro a quella che altrimenti spetterebbe al *plenum*. Ed è appunto in tal senso che nel regolamento della Camera si parla in proposito di **sede legislativa**.

Nondimeno, non sembra che il rapporto assemblea–commissione sia tale che si possa costruire una vera e propria delega legislativa dalla Camera alla commissione stessa (Mortati). A questa ricostruzione si oppone non solo e non tanto la circostanza – più volte rilevata (Balladore Pallieri, Ruini, Sandulli) – che la commissione è una struttura interna della Camera (dato che nel nostro diritto positivo si danno vari casi di deleghe intercorrenti fra organi semplici che fanno parte di un medesimo organo complesso). Piuttosto, va ricordato che la delega legislativa si fonda su un'espressa delibera del delegante, di cui le norme dettate dai regolamenti parlamentari non prevedono la necessità: limitandosi invece a richiedere che l'assemblea consenta, sia pure in via tacita, ad una formale proposta del suo Presidente, il quale pertanto si pone come l'effettivo «delegante» (Elia).

Parallelamente anche la revoca di questa pretesa delegazione, cioè la *rimessione del testo dalla commissione al «plenum»*, può essere provocata – come già si accennava – non solo da un decimo dei componenti l'assemblea, ma da un quinto dei membri della stessa commissione deliberante e perfino dal Governo; ed è manifesto che almeno in queste due ultime ipotesi l'autorità «revocante» non coincide affatto con l'autorità «delegante», titolare della potestà legislativa. In realtà, dunque, il ricorso alla figura della delegazione è improprio (Cervati), ma serve a sottolineare il carattere eccezionale dell'approvazione delle leggi in commissione: ossia per ribadire che i regolamenti parlamentari non sarebbero abilitati a disciplinare e prevedere un simile procedimento, qualora mancasse un'esplicita norma costituzionale facoltizzante.

La *straordinarietà della sede deliberante* è d'altra parte accentuata dal comma finale dell'art. 72 Cost., che introduce una *«riserva di legge d'assemblea»* (Traversa), imponendo la procedura normale di approvazione diretta da parte della Camera «per i disegni di legge in materia costituzionale ed elettorale e per quelli di delegazione legislativa, di autorizzazione a ratificare trattati internazionali, di approvazione di bilanci e consuntivi». I regolamenti parlamentari estendono la riserva di assemblea ad altre categorie di leggi, quali le leggi di conversione dei

l'assegnazione sia disposta dallo stesso Presidente il quale si limita a darne «comunicazione» all'assemblea.

decreti-legge, la legge finanziaria (oggi legge di stabilità), le leggi rinviate dal Capo dello Stato.

Particolarmente problematica appare, però, la figura dello «*materia costituzionale*»: che alcuni (Cicconetti, Lavagna, Martines) ritengono comprensiva delle sole leggi formalmente costituzionali o di revisione costituzionale, approvate ai sensi dell'art. 138 Cost., mentre altri studiosi (Esposito, Mazziotti, Mortati) la concepiscono in termini più larghi, includendovi anche le leggi ordinarie integrative o attuative delle previsioni costituzionali (come – per esempio – quelle sul *referendum* abrogativo, sul processo costituzionale, sulla finanza regionale, e via discorrendo).

Fino al 1958 il Parlamento ha seguito questa seconda interpretazione, accentuando con ciò la preminenza della procedura normale, a danno di quella per commissione deliberante. Ma la prassi è stata rovesciata a partire dalla legge 24 marzo 1958, n. 195, sul Consiglio superiore della magistratura, approvata dal Senato in commissione legislativa; e la Corte costituzionale, chiamata a decidere sul punto, ha fatto propria la tesi per cui la «materia costituzionale» e la «forma costituzionale» si equivalgono [80].

Sin d'ora, del resto, si può dire che il ricorso all'approvazione delle leggi in commissione deliberante ha finito per essere assai più massiccio di quanto non fosse immaginato ed auspicato dall'Assemblea costituente. Giuridicamente straordinaria, questa procedura è infatti divenuta pressoché abituale, specie per l'approvazione delle più varie «leggine», recanti benefici a categorie determinate o anche a particolari persone (Predieri). Ed è solo negli anni Novanta che la prassi sembra avere subito una netta inversione di tendenza, dovuta al prevalere di criteri maggioritari nella conduzione dei lavori parlamentari. Allo stato, le preoccupazioni su un possibile abuso della procedura in sede deliberante si sono oltremodo attenuate; prova ne sia che in data 20 dicembre 2017 il Senato ha approvato una riforma del proprio regolamento, prevedendo che, ad eccezione di alcune tipologie di leggi (prime fra tutte, ovviamente, quelle per le quali sussiste la riserva di assemblea *ex* art. 72 Cost.) i disegni di legge siano assegnati «di regola» in sede deliberante o in sede redigente [81].

d) Le **commissioni in sede redigente** si collocano nel mezzo tra la sede referente e la sede deliberante: esse non sono però disciplinate né previste dalla stessa Carta costituzionale, ma trovano oggi il loro fondamento nei regolamenti delle Camere [82]. La qualifica di *redigente*, ufficialmente imposta a tali commissioni dai regolamenti parlamentari, non va presa alla lettera: poiché la loro caratteristica funzione non consiste di certo nella stesura del disegno di legge, che deve – come sempre – essere già predisposto e redatto in articoli fin dal momento della

---

[80] Tale giurisprudenza si fonda sulla sent. 23 dicembre 1963, n. 168.

[81] Cfr. l'art. 34, co. 1-*bis*, reg. Senato.

[82] Cfr. gli artt. 96 reg. Camera, 36 e 42 reg. Senato.

sua presentazione, bensì nel fissarne definitivamente il testo, discutendo e votando sulle eventuali *proposte di emendamento*; dopo di che alla Camera spetta «l'approvazione senza dichiarazioni di voto (e senza ulteriori poteri di modifica) dei singoli articoli nonché l'approvazione finale del progetto», mentre il Senato si limita ad operare quest'ultima votazione conclusiva.

Tuttavia, già in vista del vecchio regolamento della Camera dei deputati, era stata sostenuta l'incostituzionalità di una simile procedura, in quanto mancante di una legittimazione costituzionale (Mortati); ed era stata notata la difficoltà di rintracciare un adeguato fondamento nell'art. 72, co. 2, dove si affida ai regolamenti la determinazione di «procedimenti abbreviati per i disegni di legge dei quali è dichiarata l'urgenza», dal momento che i procedimenti in questione rientrano pur sempre tra le forme ordinarie di approvazione delle leggi: il che non può dirsi per la sede redigente. In effetti, l'approvazione cui si riferisce l'art. 72 Cost. non si può risolvere in un voto delle Camere avente per oggetto il disegno complessivo, ma implica un'appropriazione del contenuto dell'atto, sicché la facoltà di emendamento (monopolizzata dalle commissioni redigenti) rappresenta una sua componente indefettibile.

Ma la straordinarietà della sede redigente non significa ancora che essa contraddica le previsioni costituzionali. È invece preferibile concludere che essa rappresenti una *sottospecie della procedura in sede deliberante*, con la conseguenza che nei suoi confronti dovrebbero operare – per analogia – i limiti procedurali e materiali, posti dai co. 3 e 4 dell'art. 72 Cost. (Elia). Non a caso, il regolamento del Senato precisa che le norme in questione non si applicano ai disegni di legge in materia costituzionale ed elettorale, nonché nelle altre ipotesi indicate dal comma finale dell'art. 72; per poi stabilire che il disegno va sottratto alla sede redigente e restituito alla procedura normale, su richiesta dei soggetti menzionati nell'art. 72, co. 3 [83]. Ed entrambe le disposizioni dovrebbero valere per l'altro ramo del Parlamento; poiché solo a questo patto la sede redigente potrebbe superare, senza dubbio alcuno, le dette obiezioni di legittimità costituzionale.

12. Segue: *la promulgazione e la pubblicazione delle leggi*

È controverso fino a che punto, nell'ultima fase del processo formativo delle leggi, la promulgazione e la pubblicazione debbano essere funzionalmente distinte, rientrando in due sottofasi staccate (se non radicalmente contrapposte). Queste due serie di adempimenti sono infatti accomunate da chi le considera necessarie per *integrare l'efficacia* della legge, che tuttavia sarebbe già *perfetta* (vale a dire giuridicamente compiuta come atto) in virtù della sola approvazione di entrambe le Camere. Altri viceversa (e tale è l'opinione di chi scrive) ritiene indispensabile differenziarle in sede concettuale, assumendo che la legge non si

[83] Cfr. l'art. 36, co. 1 e 3, reg. cit.

perfezioni come atto prima di venire promulgata; o, meglio, riconoscendo che essa sia sostanzialmente compiuta sin dalla conforme approvazione dei due rami del Parlamento, ma richieda ancora la promulgazione da parte del Presidente della Repubblica, affinché si realizzi la sua *perfezione formale*.

a) Per meglio intendere i termini attuali della controversia, va ricordato anzitutto che nell'ordinamento statutario e fascista si ponevano in antitesi, fondamentalmente, due concezioni dottrinali della **promulgazione**. Secondo una prima teoria (Romano, Esposito), questo atto veniva fatto rientrare senz'altro nella *funzione legislativa*, dato l'art. 3 dello Statuto albertino, che imputava la legislazione tanto al Parlamento quanto al Re, sotto forma di sanzione e di promulgazione delle leggi. Secondo una diversa ed opposta ricostruzione (Criscuoli, Zanobini), si riteneva invece che l'autorità promulgante agisse nell'esercizio del *potere esecutivo*, conferendo alle leggi l'*«esecutorietà»* e dunque vincolando gli organi della pubblica amministrazione ad osservarla ed a farla osservare (come appunto dispongono le formule promulgative); mentre alla pubblicazione sarebbe spettato di rendere le leggi obbligatorie nei confronti di tutti gli altri sottoposti all'ordinamento statale.

Ma entrambe queste tesi sono oggi abbandonate, almeno per quanto riguarda le formulazioni più estreme di esse: la prima perché l'art. 70 Cost. dichiara che «la funzione legislativa è esercitata collettivamente dalle due Camere», senza che ad esse si aggiunga il Capo dello Stato; la seconda perché – a dire il vero – essa non era seriamente sostenibile neppure in passato, data l'evidente impossibilità di distinguere, ai fini dell'osservanza delle leggi, i pubblici funzionari dai comuni cittadini, vincolando gli uni ad eseguire le leggi non appena promulgate, vale a dire in un momento precedente l'entrata in vigore delle leggi stesse dal punto di vista degli altri sottoposti, e dando quindi luogo a sistematici conflitti di comportamenti e di doveri.

Nell'ordinamento attuale potrebbe invece parere – a prima vista – che la promulgazione assolva una funzione di *controllo*, in quanto il primo comma dell'art. 74 Cost. assegna espressamente al Capo dello Stato il potere di richiedere che le Camere deliberino nuovamente sulla legge trasmessagli per esser promulgata. Ma una ricostruzione del genere non può essere accolta, giacché la stessa Carta costituzionale introduce una netta distinzione fra il controllo presidenziale sulle leggi da promulgare e la promulgazione in sé considerata (Galeotti): risultando dall'art. 74 che «il Presidente della Repubblica, *prima di promulgare la legge*, può con messaggio motivato alle Camere chiedere una nuova deliberazione».

In realtà la promulgazione rappresenta soltanto l'occasione perché il controllo presidenziale si effettui, ma non si confonde con esso; e ne dà conferma il capoverso dell'art. 74, in cui si dispone che, «se le Camere approvano nuovamente la legge, questa *deve* essere promulgata», malgrado il Presidente non abbia ulteriori controlli da effettuare. Inoltre, si sa che il Capo dello Stato è tenuto a promulgare anche quelle leggi in ordine alle quali molti dubitano che egli disponga del potere di rinvio: quali le leggi di revisione costituzionale e le altre leggi costituzionali. Ed è ancora più notevole il fatto che le leggi regionali vengano necessariamente promulgate dal Presidente della Regione, sebbene egli sia privo di qualunque funzione di controllo della legittimità o del merito degli atti medesimi.

Resta aperto, a questo punto, il solo dilemma se la promulgazione attenga unicamente all'*integrazione dell'efficacia* della legge (Biscaretti, Galeotti), sul medesimo piano della pubblicazione; o invece consista nella *documentazione* della volontà espressa dalle due Camere, operata dal Capo dello Stato perché quelle delibere diano luogo ad una legge formalmente perfetta (Bartholini, Modugno). Ma la prima impostazione non vale a spiegare la ragion d'essere dell'atto promulgativo nel nostro ordinamento. Preferibile è invece la seconda tesi: in base alla quale la promulgazione è indispensabile perché le due concordi deliberazioni delle Camere, giuridicamente distinte ed interne all'apparato statale, si fondano in un unico atto legislativo imputabile allo Stato-persona. Ed è appunto in tal senso che l'attività svolta dal Presidente, quasi nella veste di un notaio, dà vita ad un documento formalmente costitutivo di ciò che le Camere hanno deciso, concorrendo alla formazione della legge pur senza appartenere alla funzione legislativa sostanzialmente intesa (tanto è vero che la *data della legge* è quella della sua promulgazione).

b) Ciò malgrado, non vi è dubbio che la parte più importante e problematica della disciplina costituzionale concernente la promulgazione consista nelle norme sul **rinvio** presidenziale delle leggi.

Dato il silenzio dell'art. 74, co. 1, che non precisa i motivi in base ai quali il Presidente della Repubblica può rinviare le leggi alle Camere, ci si chiede anzitutto se l'atto presidenziale si possa fondare, oltre che sugli eventuali vizi di legittimità costituzionale, anche su ragioni di merito o di opportunità politica. Purché si circoscrivano i vizi di merito rilevabili in questa sede, la soluzione dev'essere affermativa: sia perché l'art. 74, co. 1, non distingue affatto fra il merito e la legittimità degli atti legislativi in questione, sia perché nella prassi, accanto ai rinvii motivati sul piano della legittimità, ve ne sono stati alcuni motivati anche nel merito puro e semplice (in particolare ad opera dei Presidenti Pertini e Cossiga), che non hanno suscitato gravi reazioni da parte degli organi costituzionali e delle forze politiche interessate. Ma bisogna subito chiarire che le ragioni di merito adducibili dal Presidente della Repubblica non consistono certo in contingenti argomentazioni di convenienza, formulate dal punto di vista della maggioranza di governo (né dall'angolo visuale delle opposizioni); bensì riguardano il cosiddetto *merito costituzionale*, che viene in considerazione quando il Capo dello Stato ritenga che una legge possa turbare il funzionamento delle istituzioni o gli equilibri sui quali si regge l'ordinamento complessivo (Guarino). Valga l'esempio di una disciplina che, senza ledere l'art. 97 Cost., si dimostrasse però gravemente inopportuna ai fini del buon andamento dell'amministrazione: come nel caso verificatosi sotto la presidenza di Einaudi, che rinviò una legge sperequativa nell'attribuire emolumenti a certe categorie di dipendenti pubblici [84]. Il che, peraltro, non toglie che la maggior parte dei rinvii presidenziali concernano la sola *legittimità*, con particolare riguardo al rispetto dell'art. 81, co. 4, Cost., cioè l'obbligo di copertura finanziaria delle leggi che introducono nuove spese o riducono le entrate. A partire dalla presidenza Ciampi (1999-2006) pare aver prevalso la tesi che il potere di rinvio possa essere esercitato nelle sole ipotesi di evidente incostituzionalità della legge.

Altro problema è poi quello concernente le leggi riapprovate in seguito al rinvio presidenziale, che il Capo dello Stato consideri ancora contrastanti con la Costituzione. Di massima – come già si notava – bisogna che il Presidente interpreti ed applichi alla lettera la disposizione costituzionale che, in simili ipotesi, gli fa obbligo di promulgare. Ma ciò non esclude che in certe situazioni estreme la promulgazione debba (o per lo meno possa) venire del tutto rifiutata: in particolare, se l'atto legislativo risulti così gravemente viziato nella forma da essere nullo o inesistente in radice; oppure se la legge sia tale da comportare un vero e proprio attentato alla Costituzione (Cicconetti), nel qual caso il Presidente non dovrebbe promulgare, per non incorrere in uno dei reati previsti dall'art. 90, co. 1, Cost. (salvo il definitivo giudizio della Corte costituzionale, nella forma del conflitto di attribuzioni fra le Camere ed il Presidente stesso). Inoltre, è chiaro che l'art. 74 cpv. non si riferisce alle leggi riapprovate con emendamenti, se questi non corrispondono ai messaggi presidenziali ma introducono discipline del tutto nuove: relativamente a simili modifiche, infatti, il Presidente dispone pur sempre del potere di rinvio, come se si trattasse di leggi per sé stanti.

c) Nell'ordinamento italiano, il procedimento legislativo si conclude necessariamente con la **pubblicazione della legge**, in quanto l'art. 73, co. 3, Cost. prescrive che un tale adempimento si verifichi – ad opera del Ministro di grazia e giustizia (nella veste di «Guardasigilli») – «subito dopo la promulgazione» [85]. Al di là della Costituzione, tuttavia, la legislazione ordinaria risalente al periodo fascista (e fondamentalmente confermata negli anni Cinquanta) prevede tuttora un sistema di *doppia pubblicazione*, sotto forma di stampa della legge nella *Gazzetta ufficiale* della Repubblica italiana e d'inserzione (o di «ripubblicazione»: D'Atena) nella *Raccolta ufficiale* degli atti normativi [86].

---

[84] Si tratta del rinvio effettuato il 21 novembre 1953, con riferimento ai cosiddetti compensi casuali.

[85] L'art. 6, co. 1, del d.P.R. 28 dicembre 1985, n. 1092, consente però che la pubblicazione avvenga sino a trenta giorni dalla promulgazione: in chiaro contrasto con la volontà manifestata dalla Carta costituzionale.

[86] V. ora la legge 11 dicembre 1984, n. 839, nonché il testo unico contenuto nel d.P.R. n. 1092/1985 cit.

Viene spontaneo chiedersi il perché di questi due distinti adempimenti. Si è sostenuto a suo tempo in dottrina (Ferrari) che l'inserzione nella Raccolta svolgerebbe una funzione di certezza e, secondariamente, di conservazione dell'atto legislativo (così come un tempo si provvedeva a trascriverne il testo su tavole di bronzo), mentre la pubblicazione in Gazzetta sarebbe in funzione della notorietà della legge, rendendone conoscibili a tutti le disposizioni: con la concreta conseguenza che il primo testo prevarrebbe sul secondo, nell'ipotesi di una pubblicazione difforme. Tesi del genere, non prive di fondamento storico, sono però superate nel diritto italiano positivo. Non già che in Italia non esistano forme di pubblicità degli atti normativi, istituite a scopi notiziali: si pensi, infatti, alle ordinarie leggi regionali che entrano invece in vigore dopo la pubblicazione nel Bollettino, ma sono riprodotte nella Gazzetta perché il loro testo sia maggiormente diffuso; come pure si verifica per certe consuetudini, la pubblicazione delle quali non vale a trasformarle in fonti di diritto scritto, ma serve appunto a renderle più facilmente conoscibili (v. *retro*, parte II, cap. III, § 1). Ma tutto ciò non toglie che, nell'ordinamento vigente, si registri se mai la *preminenza della pubblicazione nella Gazzetta* (D'Atena): come risulta in modo esplicito dalla disposizione che fa decorrere da questo adempimento la *vacatio legis* precedente l'entrata in vigore degli atti normativi dello Stato [87].

In ogni caso, la pubblicazione determina l'entrata in vigore della legge, conferendole l'attributo dell'**obbligatorietà**. Il valore giuridico del detto complesso di adempimenti non coincide, pertanto, con quello attribuitogli dal senso comune, in vista del quale esso serve a diffondere la conoscenza delle disposizioni legislative (come – per esempio – accade negli USA dove la pubblicazione delle leggi è sempre notiziale). Nel nostro ordinamento, al contrario, la legge vige indipendentemente dalla conoscenza che ne abbiano o ne possano avere i suoi destinatari [88].

È ben vero che, normalmente, le leggi entrano in vigore il quindicesimo giorno successivo alla loro pubblicazione, il che consente a tutti di averne notizia. Ma la ***vacatio legis*** può essere soppressa o quanto meno ridotta [89], tanto che si danno numerosi esempi di leggi entrate in vigore il giorno stesso della stampa di esse in Gazzetta (contro la tesi dottrinale per cui la *vacatio* potrebbe venire abbreviata ma non esclusa del tutto). Ed è manifesto che una legge esplicante i suoi effetti

---

[87] Si veda l'art. 7 del d.P.R. n. 1092 cit., secondo il quale «le leggi ... entrano in vigore nel quindicesimo giorno successivo a quello della loro pubblicazione nella *Gazzetta ufficiale* della Repubblica italiana, salvo che sia altrimenti disposto».

[88] Il rigore di tale principio è però variamente temperato, nei vari rami dell'ordinamento giuridico. Ai fini dello stesso diritto penale, la regola *ignorantia legis non excusat* non riceve più applicazioni incondizionate, da quando la Corte costituzionale ha dichiarato l'illegittimità dell'art. 5 Cod. pen., nella parte in cui non escludeva il caso dell'«ignoranza inevitabile» (cfr. la sent. 24 marzo 1988, n. 364).

[89] Più in generale, l'art. 73, co. 3, Cost. prevede che ogni legge possa disporre del termine iniziale della propria entrata in vigore, anche dilazionando il termine stesso.

con immediatezza (o anche a distanza di un unico giorno dalla pubblicazione) diviene obbligatoria senza esser conoscibile in modo ufficiale.

13. *La formazione delle leggi costituzionali*

Accanto al procedimento legislativo ordinario finora descritto, se ne pongono altri aggravati o «rinforzati»: poiché, per adottare determinati tipi di leggi, occorre che si compiano, a pena d'incostituzionalità se non di nullità dell'atto, taluni adempimenti ulteriori. Fra questi procedimenti il più rilevante è quello formativo delle leggi di revisione della Carta costituzionale e delle «altre leggi costituzionali» (v. *retro*, parte II, cap. III, § 11).

Prima di analizzare le fasi *dell'iter* stabilito a questo fine dall'art. 138 Cost., giova ricordare che nel diritto costituzionale comparato si conoscono essenzialmente tre tipi di procedimenti modificativi (od integrativi) di una Costituzione rigida. Secondo un primo sistema, la revisione compete ad un *organo legislativo appositamente costituito:* come si è verificato negli USA, dove questa funzione può essere svolta – tra l'altro – da una Convenzione organizzata *ad hoc*[90]. In altri Stati, tra i quali la Svizzera, nel compito in esame viene invece coinvolto il corpo elettorale, che legifera in luogo del Parlamento (o aggiungendosi ad esso), mediante *referendum* formativi di nuove leggi costituzionali[91]. Ed altri ordinamenti ancora contemplano un *procedimento legislativo parlamentare variamente complicato* richiedendo, come ad esempio in Germania[92] maggioranze qualificate (o, altrove, doppie votazioni, o altri accorgimenti analoghi).

Rispetto a questi modelli, la nostra Costituzione ha adottato un **sistema misto**, che presenta caratteristiche proprie sia del secondo che del terzo tipo or ora descritti. Infatti, per l'approvazione delle leggi costituzionali sono necessarie due successive deliberazioni di ciascuna Camera, intervallate almeno da tre mesi, e nella seconda votazione dev'essere raggiunta come minimo la maggioranza assoluta. A questo punto, su richiesta di un quinto dei membri di una Camera o di cinquecentomila elettori o di cinque Consigli regionali, le leggi stesse sono sottoposte ad un *referendum* popolare approvativo; che tuttavia non si presta a venire provocato ed effettuato, se in sede di seconda approvazione sia stata raggiunta la maggioranza dei due terzi dei componenti di ciascuna Camera. Diversamente dal procedimento legislativo ordinario, quello costituzionale si articola dunque in *quattro fasi:* tre delle quali sono comuni e necessarie (l'iniziativa, l'ap-

---

[90] L'art. 5 della Costituzione degli Stati Uniti prevede infatti che il Congresso possa, su richiesta di due terzi dei legislativi dei vari Stati membri, convocare un'assemblea per proporre emendamenti suscettibili di essere approvati dai tre quinti dell'assemblea medesima.

[91] V. specialmente l'art. 195 della Costituzione svizzera.

[92] La «legge fondamentale» della Germania dispone appunto – all'art. 79 – che le revisioni costituzionali siano approvate da entrambe le Camere, con una maggioranza dci due terzi.

provazione parlamentare, la fase perfettiva ed integrativa dell'efficacia dell'atto); mentre una fase eventuale, imperniata sul *referendum*, può venire ad inserirsi precedentemente alla promulgazione.

L'art. 138 Cost. non considera peraltro l'**iniziativa** delle leggi costituzionali: sicché in questa parte, come anche per integrare le lacune risultanti nella disciplina delle fasi successive, si deve ritenere che al procedimento legislativo costituzionale vadano applicate – in quanto compatibili – le norme dettate per la formazione delle leggi ordinarie. Pertanto, non essendovi alcuna ragione d'incompatibilità, l'iniziativa legislativa costituzionale rimane disciplinata dall'art. 71 Cost., spettando attualmente a tutti i titolari dell'iniziativa legislativa ordinaria.

Gravi problemi investivano invece la **fase approvativa** prima delle riforme regolamentari del 1971. Ci si chiedeva, anzitutto, quale dovesse essere l'ordine delle «due successive deliberazioni» che ciascuna Camera è tenuta ad adottare «ad intervallo non minore di tre mesi», in base al primo comma dell'art. 138. E mentre alcuni propendevano per la necessaria *consecutività* di tali approvazioni, nel senso che alla prima delibera di uno dei due rami del Parlamento avrebbe dovuto seguire, operata ad almeno tre mesi di distanza, la seconda delibera spettante a quella stessa Camera (dopo di che l'approvazione sarebbe stata conclusa dalla seconda assemblea, con due votazioni distanziate a loro volta nel tempo); altri sostenevano la tesi dell'*alternatività*, desumendone che il progetto di legge costituzionale adottato una prima volta dalla Camera dovesse venir subito trasmesso al Senato o viceversa, con la conseguenza che il periodo di tre mesi veniva a decorrere – per una sola volta – dopo la prima approvazione.

A favore della prima soluzione, si osservava che essa avrebbe comportato un duplice intervallo di tre mesi, corrispondendo alla *ratio* dell'art. 138 Cost., mirante ad un procedimento per quanto possibile aggravato. All'opposto, i fautori dell'alternatività rilevavano che la Carta costituzionale impone un unico «intervallo» di tre mesi; ed aggiungevano che solo a questo modo si poteva sfuggire all'inconveniente di porre la seconda Camera di fronte ad una sorta di fatto compiuto, precostituito dalle due conformi delibere già prese dall'altra assemblea.

Altrettanto oscillante è risultata la prassi: giacché nella prima legislatura le approvazioni furono alternative, nella seconda e nella terza consecutive, laddove con l'approvazione della legge cost. 9 febbraio 1963, n. 2, si è tornati ad applicare il criterio dell'alternatività, che ora è ribadito dai regolamenti parlamentari [93]. Ma giustamente è stato notato che, non risultando nulla di preciso dall'art. 138, il problema ritrova la sua soluzione ultima nell'art. 72, co. 1, Cost., che rimanda appunto ai regolamenti la disciplina dei procedimenti di approvazione delle leg-

[93] Cfr. gli artt. 97, co. 2, reg. Camera e 121, co. 2, reg. Senato. Gli artt. 98 reg. Camera e 122 reg. Senato precisano, poi, che per ciascuna assemblea il termine di tre mesi decorre dalla prima deliberazione dell'assemblea medesima: il che consente un'ulteriore abbreviazione dell'*iter*.

gi, e dunque la scelta fra la consecutività e l'alternatività delle delibere approvative delle leggi costituzionali (Esposito).

Un ulteriore problema concerne gli **emendamenti** apportabili ai disegni di legge costituzionale (o di revisione costituzionale). Non è dubbio, in effetti, che la seconda assemblea, cui viene trasmesso un disegno già sottoposto alla prima approvazione (ed alle eventuali modifiche) dell'altro ramo del Parlamento, lo può modificare a sua volta con piena libertà: poiché altrimenti verrebbe contraddetto il principio bicamerale. È invece incerta e discussa la questione dell'*emendabilità del testo medesimo nel corso della seconda deliberazione.*

Su quest'ultimo punto sono state formulate tre distinte ipotesi: che gli emendamenti siano ancora possibili, con la conseguenza che per il testo emendato da una Camera basterebbe una sola approvazione da parte dell'altra assemblea; che in sede di seconda deliberazione le proposte di emendamento siano a priori inammissibili; che le modifiche siano comunque consentite, ma debbano anch'esse venire sottoposte a quattro votazioni approvative, sicché l'introdurle a questo punto equivarrebbe al rigetto del disegno originario. Nella prima direzione si orientò la Camera dei deputati a partire dal 1953, disponendo nel suo regolamento che «gli emendamenti e gli articoli aggiuntivi ... sono votati a maggioranza semplice e non richiedono ulteriore deliberazione» [94]. Ma la stessa Camera si è poi resa conto che l'interpretazione più corretta è la seconda, per cui gli emendamenti vanno esclusi e la seconda deliberazione si risolve – anche in base alla lettera dell'art. 138 Cost. – nell'approvazione finale dell'intero testo. In effetti, entrambi i regolamenti parlamentari prevedono ora che «ai fini della seconda deliberazione ... dopo la discussione sulle linee generali si passa alla votazione finale del progetto di legge», senza che siano «ammessi emendamenti, né ordini del giorno, né richieste di stralcio di una o più norme» [95].

Secondo come si conclude la fase approvativa, per le fasi successive del procedimento di revisione costituzionale l'art. 138 Cost. prestabilisce una serie di varianti. Se infatti «la legge è ... approvata nella seconda votazione da ciascuna delle Camere a maggioranza di due terzi dei suoi componenti», il terzo comma dell'art. 138 dispone che non si faccia luogo ad alcun *referendum* approvativo, ma si proceda direttamente alla promulgazione: evidentemente, perché si presume in tal caso che il grado del consenso manifestato dai rappresentanti del corpo elettorale sia così elevato da rendere superflua una consultazione diretta degli elettori medesimi.

Se invece si raggiunge la sola «maggioranza assoluta dei componenti di ciascuna Camera», l'art. 138, co. 2, consente – come si è ricordato – che venga richiesto un **referendum** popolare: inserendo pertanto il corpo elettorale nell'*iter* formativo delle leggi in questione, tanto che in dottrina si è tentato di configu-

---

[94] Si veda l'art. 107, co. 5, reg. cit.

[95] V. rispettivamente l'art. 99 reg. Camera e l'art. 123 reg. Senato.

rarlo come un organo eventuale dello Stato. Bisogna notare, però, che sebbene agli elettori spetti il compito di approvare tali atti, esercitando una funzione deliberativa comparabile a quella già svolta dalle Camere (Mortati), lo scopo realmente perseguito dai promotori del *referendum* (sia che si tratti di un quinto dei membri di una Camera o di cinquecentomila elettori o di cinque Consigli regionali) consiste nel bloccare il procedimento di legislazione o di revisione costituzionale, provocando un voto popolare negativo e mantenendo in vigore la Costituzione nel suo testo originario: poiché, diversamente, l'effetto si realizzerebbe comunque lasciando decorrere il termine per la richiesta del *referendum* medesimo. E in vista di questa implicita *ratio* di garanzia dell'ordinamento costituzionale positivo, si spiega il divario che passa tra la disciplina del *referendum* abrogativo delle leggi ordinarie (di cui all'art. 75 Cost.) e quella dettata per l'approvazione delle leggi costituzionali.

La prima rilevante ragione di diversità deriva dal fatto stesso che la richiesta del *referendum* costituzionale può provenire da una minoranza qualificata di ciascuna Camera, a differenza di quanto è previsto per il *referendum* abrogativo. Inoltre, peculiari sono i vari aspetti del procedimento regolato dalla legge 25 maggio 1970, n. 352 (prima della quale tutte le leggi costituzionali dovevano essere approvate con la maggioranza di due terzi, non essendo stato ancora organizzato il *referendum*). Sulla «legittimità» (o, meglio, sulla regolarità della richiesta) decide con ordinanza un apposito Ufficio centrale costituito presso la Corte di cassazione[96]; mentre non vi è spazio per quel successivo giudizio sull'ammissibilità della richiesta stessa che spetta alla Corte costituzionale in tema di *referendum* abrogativi, non sussistendo in tal campo alcun limite di materia né alcun tipo di legge sottratta alla consultazione popolare[97]. Intervenuta l'ordinanza che accerta la regolarità della richiesta, il *referendum* è indetto con decreto del Presidente della Repubblica, su deliberazione del Consiglio dei ministri[98]. Ed a questo punto la votazione comporta in ogni caso un valido effetto, dal momento che l'art. 138, co. 2, Cost. non impone – diversamente dall'art. 75 – che vi prenda parte «la maggioranza degli aventi diritto», né fissa comunque alcun *quorum* di partecipazione; sicché non si dà luogo a revisione costituzionale ogniqualvolta il numero dei voti negativi sia comunque maggiore dei voti affermativi (cioè favorevoli all'approvazione ed all'entrata in vigore della legge contestata).

Un'ulteriore singolarità del procedimento in esame consiste nel fatto che la legge costituzionale approvata in seconda votazione a maggioranza assoluta, ma inferiore ai due terzi dei membri di ciascuna Camera, è soggetta ad una pubbli-

---

[96] Cfr. l'art. 12 della legge n. 352/1970 cit.

[97] Si aggiunga che il *referendum* in esame – diversamente da quello abrogativo – deve concernere tutta la legge e non parti di essa.

[98] Cfr. l'art 15 della legge n. 352/1970 cit.

cazione anticipata nella Gazzetta ufficiale [99]; la quale, però, assume anch'essa un valore necessario, non avendo il solo scopo di far conoscere il testo della legge a chi voglia proporre il *referendum* disapprovativo, ma essendo indispensabile perché incominci a decorrere il trimestre entro il quale può farsi la richiesta. Viceversa la seconda pubblicazione, conseguente alla promulgazione dell'atto, ne determina l'entrata in vigore; e dunque presuppone che entro i tre mesi prescritti non sia stata avanzata domanda di *referendum*, o questa sia stata proposta ma ritenuta illegittima, o che il *referendum* stesso abbia dato un risultato favorevole (mentre nell'ipotesi inversa l'esito della consultazione popolare viene pur sempre comunicato ufficialmente nella Gazzetta ufficiale) [100].

A conclusione del discorso, va ricordato che qualche autore considera caratteristica anche la disciplina della **promulgazione** delle leggi costituzionali, negando che il Presidente della Repubblica possa rinviare alle Camere un atto legislativo sul quale le Camere stesse si siano già pronunciate per due volte (Balladore Pallieri, Bozzi, Pizzorusso). Si può replicare, però, che lo scopo del rinvio non si risolve nel provocare una seconda deliberazione, ma consiste piuttosto nel mettere in luce un vizio dell'atto (o delle sue disposizioni); e l'art. 138 non esclude una simile eventualità, la quale si rivela anzi tanto più concreta in quanto le stesse leggi costituzionali possono essere viziate nella legittimità, se non altro nell'ipotesi che non sia rispettato il procedimento costituzionalmente prescritto per la loro formazione (Cicconetti, Contini, Grottanelli de' Santi, Virga).

Occorre ancora aggiungere che nel 1993 e nel 1997 due consecutive leggi costituzionali [101] hanno derogato in più punti all'art. 138 Cost., introducendo procedimenti alternativi di revisione costituzionale, peraltro destinati a ricevere una sola applicazione. La scelta di base è consistita nel prevedere e formare un'apposita *Commissione bicamerale*, chiamata a predisporre e presentare un progetto di riforma della parte seconda della Costituzione, sostituendosi alle commissioni normalmente competenti presso le due Camere del Parlamento. Una volta che le Camere avessero approvato la riforma con due successive deliberazioni, la seconda delle quali esigeva pur sempre la maggioranza assoluta, il testo sarebbe stato comunque sottoposto al voto popolare: donde un *referendum necessario* e non solo eventuale, come invece dispone il secondo comma dell'art. 138. Inoltre, alla consultazione popolare doveva prender parte la maggioranza degli aventi diritto; senza di che la proposta non poteva considerarsi approvata.

Sebbene assai discussa, questa disciplina faceva salvo il principio di rigidità della Costituzione, configurando un procedimento anomalo ma sufficientemen-

---

[99] Si veda l'art. 3 legge cit.

[100] In quest'ultimo senso dispone l'art. 26 legge cit.

[101] Si tratta della legge cost. 6 agosto 1993, n. 1, e della legge cost. 24 gennaio 1997, n. 1, intitolata alla «Istituzione di una Commissione parlamentare per le riforme costituzionali».

te aggravato. Nondimeno, la disciplina stessa non ha prodotto alcuna riforma. Nel 1993-1994, infatti, il progetto della Bicamerale non è stato preso in esame né dalla Camera né dal Senato, essendosi conclusa anzitempo l'undicesima legislatura. Nel 1998, il testo è stato in parte discusso ed approvato dalla Camera dei deputati, ma senza concrete conseguenze, dal momento che nel giugno di quell'anno insuperabili difficoltà politiche hanno bloccato l'intera procedura.

Peraltro, proprio per effetto di una legge di revisione costituzionale (legge cost. n. 2/2001), è stato introdotto un peculiare *procedimento per la sola modifica dei cinque statuti speciali* (che, lo si ricorda, sono leggi costituzionali): detto procedimento, disciplinato da apposita disposizione contenuta in ciascuno degli statuti, attribuisce l'iniziativa per le modificazioni anche al Consiglio regionale, aggiungendo che i progetti di modificazione di iniziativa governativa o parlamentare sono comunicati dal Governo al Consiglio regionale, che esprime il suo parere entro due mesi. Inoltre, le modificazioni approvate non sono in ogni caso sottoposte al referendum di cui all'art. 138 Cost.

14. *Le funzioni di «controllo» esercitate in forma legislativa: l'autorizzazione alla ratifica dei trattati; l'approvazione dei bilanci e delle leggi finanziarie*

Una buona parte dei procedimenti legislativi implica che il Parlamento svolga – in senso largo ed improprio – un'attività di controllo quanto ai disegni di legge proposti dal Governo, verificando l'opportunità delle relative scelte di politica legislativa ed eventualmente correggendole. Ma il nesso fra l'attività legislativa e l'attività di controllo appare particolarmente stretto nei casi in cui l'iniziativa delle leggi è riservata all'esecutivo e la stessa potestà parlamentare di emendamento ne risulta circoscritta od esclusa in partenza (Donati): come si verifica per le leggi di autorizzazione *alla ratifica di trattati* internazionali e per quelle di approvazione *dei bilanci e dei consuntivi*, rispettivamente considerate dagli artt. 80 ed 81 Cost.

a) L'art. 80 ha innovato rispetto allo Statuto albertino, che nell'art. 5 conferiva al Re la competenza di stipulare i trattati di pace, d'alleanza, di commercio ed altri, limitandosi a prescrivere che egli ne desse «notizia» alle Camere, nelle forme e nei tempi consentiti dall'esigenza di salvaguardare «l'interesse e la sicurezza dello Stato» (con la sola eccezione dei «trattati che importassero un onere alle finanze, o variazioni di territorio dello Stato», per i quali veniva fin d'allora imposto – a pena d'inefficacia – lo specifico «assenso delle Camere»). Nel nostro ordinamento attuale, invece, occorre che il Parlamento conceda per legge la sua preventiva **autorizzazione**, affinché si ratifichino i «trattati internazionali che sono di natura politica, o prevedono arbitrati o regolamenti giudiziari, o importano variazioni del territorio od oneri alle finanze o modificazioni di leggi»; e ciò, sebbene si tratti di accordi per i quali sarebbe comunque necessario – nella gran parte delle ipotesi – un successivo intervento legislativo delle Camere stesse, rivolto a dar loro *esecuzione* nell'ordinamento italiano. Volendo stabilire quali tipi di trattati internazionali rimangano fuori dall'ampia previsione in esame, gli unici esempi di un certo rilievo sono rappresentati dagli *accordi commerciali* o *culturali* (sempre che non importino oneri finanziari immediati). Nella prassi a questi si aggiungono i cosiddetti *accordi in forma semplificata* (Udina), che per definizione sfuggono all'osservanza del descritto procedimento di ratifica (come nel caso del «Memorandum d'intesa» dell'ottobre 1954, sull'amministrazione delle zone A e B del Territorio di Trieste, del quale le Camere non hanno preso atto che in via successiva ed implicita, malgrado le sue notevolissime implicazioni politiche): ma non senza suscitare notevoli obiezioni sul piano costituzionale (A. Cassese).

Anche per gli accordi ricadenti nella disposizione dell'art. 80 Cost., si suole però sostenere che all'atto di autorizzarne con legge la ratifica (cioè di approvarne le clausole) il Parlamento non possa introdurre emendamenti nel testo concordato; dal momento che qualsiasi modifica – per divenire operante – richiederebbe il consenso dell'altro o degli altri contraenti, equivalendo in sostanza ad un diniego d'immediata approvazione (Condorelli). Ed è appunto in tal senso che le leggi in questione vengono classificate fra gli atti di controllo, anziché restare attribuite alla legislazione sostanzialmente intesa, i cui contenuti sono liberamente fissati dalle Camere.

Tuttavia, specialmente negli ultimi tempi, il principio dell'integrità dei trattati (che li rende inemendabili da parte delle Camere) ha subito un sensibile ridimensionamento; e sempre più largamente s'è ammesso – dovunque la natura del trattato lo consenta – che i singoli Stati contraenti esprimano **riserve**, sia formulandole in sede di sottoscrizione, sia manifestandole in vista della ratifica degli accordi medesimi. A patto che ciò non alteri le caratteristiche essenziali del trattato (imponendo una nuova trattativa con la controparte), il legislatore può pertanto incidere sul testo che gli è sottoposto: da un lato, nel senso di non autorizzare le riserve proposte dal Governo; dall'altro, nel senso di condizionare la ratifica all'introduzione di riserve non progettate dal Governo stesso, ma considerate indispensabili dal Parlamento. Ed anche per questi motivi nella dottrina più recente (Mortati, A. Cassese) più d'uno contesta che la legge autorizzativa si risolva in un atto di controllo tecnicamente inteso, per sottolineare piuttosto che le Camere partecipano alla formazione delle scelte in esame.

Il più delle volte, inoltre, nelle leggi formali di autorizzazione alla ratifica dei trattati internazionali si inseriscono disposizioni sostanzialmente legislative, contenenti la clausola che rende senz'altro possibile l'esecuzione dei trattati stessi: con la sola eccezione degli accordi che abbisognino di apposite dettagliate norme, tali da specificarne il contenuto e da renderlo applicabile nel nostro ordinamento, nel qual caso il momento dell'autorizzazione e quello della prima esecuzione rimangono per forza di cose separati.

b) Anche la legge di approvazione dei bilanci veniva tradizionalmente classificata fra quelle meramente formali (Crisafulli, Sandulli): poiché si supponeva che essa non fosse propriamente creativa di diritto [102], ma contenesse provvedimenti di natura amministrativa predisposti dal Governo, che le Camere non avrebbero potuto se non approvare o disapprovare in blocco, senza modificarli in alcun modo. In effetti, l'art. 81 Cost., al terzo comma – rimasto in vigore sino alla revisione costituzionale del 2012, di cui si dirà in seguito – prevedeva che con la legge di approvazione del bilancio non si potessero stabilire «nuovi tributi e nuove spese». Ma simili configurazioni, che già non si adattano in pieno alle leggi autorizzanti la ratifica dei trattati, sono meno ancora applicabili alle leggi di bilancio: le quali rientrano – in realtà – fra le leggi in senso sostanziale, pur essendo, prima della citata riforma, *depotenziate* o soggette a limitazioni che la generalità delle altre leggi non incontra (Onida).

Meramente formali, se mai, vanno considerate le leggi approvative dei **rendiconti consuntivi**, giacché con tali atti il Parlamento non innova l'ordinamento giuridico, ma prende solamente conoscenza – spesso a vari anni di distanza – delle entrate e delle spese realizzate nel corso di un dato esercizio finanziario (e già verificate dalla Corte dei conti mediante un apposito giudizio di «parificazione», che la Corte stessa comunica alle Camere). Viceversa l'approvazione (e la disapprovazione) dei **bilanci preventivi** riveste una notevole importanza, sia dal punto di vista politico che da quello giuridico. Sul piano politico la mancata approvazione implica il rigetto dell'indirizzo politico governativo che nel bilancio si esprime; e pur non obbligando il Governo a dimettersi, lascia presagire la caduta dell'intero Gabinetto o almeno del singolo Ministro interessato (qualora si tratti di una disapprovazione parziale, relativa ad un certo Ministero) [103]. Sul piano giuridico, poi, il rifiuto di approvazione comporta in tal caso una vera e propria paralisi dell'azione statale, in quanto fa mancare il titolo che legittima le spese dello Stato (per non dire delle stesse entrate). In difetto della legge di bilancio relativa all'esercizio finanziario in corso, si può tutt'al più ritenere – in effetti – che l'esecutivo sia in grado di disporre i pagamenti relativi alle spese obbligatorie, già puntualmente previste dall'ordinamento. Quanto alle altre spese, invece, l'unico rimedio consiste nell'**esercizio provvisorio** del bilancio; ma anche in questo caso bisogna che le Camere provvedano «per legge e per periodi non superiori complessivamente a quattro mesi» (cfr. l'art. 81, co. 5, Cost.), dopo di che il problema si riapre in tutta la sua gravità.

---

[102] Che quella di bilancio fosse «una legge formale che non può portare nessun innovamento nell'ordine legislativo, sì che da essa non possono derivare né impegni né diritti ... diversi da quelli preesistenti alla legge stessa» era stato affermato anche dalla Corte costituzionale nella sentenza 2 marzo 1959, n. 7.

[103] Vero è che, di fatto, alla bocciatura del bilancio nella parte riguardante un determinato Ministero, fa immediatamente seguito la presentazione di un testo modificato da parte del Governo, sul quale il Parlamento viene chiamato a ripronunciarsi: il che con sente di attenuare le conseguenze politiche del primo voto negativo.

La legge di bilancio può essere definita come «legge di organizzazione dell'attività finanziaria dello Stato» (Bartole). La circostanza che si tratti di una legge nel senso sostanziale anziché meramente formale del termine trova conferma nel potere parlamentare di modifica del quadro delle entrate e delle spese predisposto dal Governo. Oltre che in una lunga ed univoca prassi, la *facoltà* che le Camere hanno *di emendare i bilanci preventivi* è saldamente fondata sulle seguenti disposizioni regolamentari: «Gli emendamenti ... che propongono variazioni compensative all'interno dei singoli stati di previsione debbono essere presentati nella Commissione competente per materia ... Gli emendamenti che modificano ... le ripartizioni di spesa tra più stati di previsione ovvero i totali generali dell'entrata e della spesa ... sono presentati alla Commissione bilancio ... Gli emendamenti respinti in Commissione possono essere ripresentati in Assemblea» [104].

Concettualmente, dunque, si può ben dire che le Camere, approvandolo, si appropriano del bilancio ed appunto per questo lo possono emendare. Praticamente, però, l'importanza delle modifiche apportabili dal legislatore può restare alquanto circoscritta, dal momento che la definizione dei preventivi di entrata e di spesa presuppone complesse valutazioni tecniche, che non sono operabili efficacemente e sistematicamente se non dai competenti Ministeri finanziari. Si aggiunga, inoltre, che il bilancio dello Stato italiano (analogamente a quello di una buona parte degli ordinamenti statali contemporanei) si limita ad autorizzare un massimo di spesa per ciascun capitolo, al di là del quale il Governo non potrebbe provvedere se non sulla base di appositi atti di variazione [105]. Di conseguenza, si producono costantemente sfasature evidentissime fra le previsioni di partenza e i consuntivi finali; e ciò fa capire come il Parlamento, approvando il bilancio preventivo, si trovi di fronte ad un testo del quale non è in grado di cogliere tutte le implicazioni.

D'altra parte, differenziata dagli altri atti legislativi è anche la *struttura della legge di bilancio.* Il testo della legge, che si riferisce ad un periodo triennale (art. 21 legge n. 196/2009, e soprattutto art. 15 legge 24 dicembre 2012, n. 243), si compone di *due sezioni.* La prima sezione dispone annualmente il quadro di riferimento finanziario e provvede alla regolazione annuale delle grandezze previste dalla legislazione vigente al fine di adeguarne gli effetti finanziari agli obiettivi programmatici indicati nel **Documento di economia e finanza** (o DEF, che

---

[104] Cfr. l'art. 121 reg. Camera. In termini fondamentalmente coincidenti dispone l'art. 128 reg. Senato.

L'unico limite specifico del potere in questione – previsto dall'art. 121, co. 5, reg. cit. – consiste nell'inammissibilità degli emendamenti che concernano «materie estranee all'oggetto proprio ... della legge di bilancio».

[105] L'art. 7, co. 2, lett. *e*), legge 31 dicembre 2009, n. 196 prevede, fra gli strumenti della programmazione finanziaria e del bilancio, un disegno di legge di assestamento, da presentare alle Camere entro il 30 giugno di ogni anno.

rappresenta il primo atto annuale di programmazione finanziaria, presentato alle Camere entro il 10 aprile di ogni anno e da ciascuna di queste approvato con una risoluzione parlamentare).

La prima sezione contiene, inoltre, l'indicazione del saldo netto da finanziare e del livello massimo del ricorso al mercato finanziario (che erano, fino al 2015, contenuti nelle leggi finanziarie o di stabilità, di cui si dirà nel sottoparagrafo *b*). Non possono essere previste norme di delega, di carattere ordinamentale o organizzatorio, né interventi di natura localistica o microsettoriale. La seconda sezione del disegno di legge di bilancio contiene le *previsioni di entrata e di spesa*, espresse in termini di competenza (spese che lo Stato prevede di dover pagare ed entrate che prevede di poter riscuotere nell'anno di riferimento, in base al momento di nascita dell'obbligo o del diritto) e di cassa (spese che effettivamente verranno liquidate ed entrate che effettivamente saranno incassate), formate sulla base della legislazione vigente, tenuto conto dei parametri economici indicati nei documenti di programmazione finanziaria e di bilancio, apportando a tali previsioni le variazioni determinate dalla prima sezione del disegno di legge. La seconda sezione contiene, nell'ordine di presentazione e di votazione, in distinti articoli, lo stato di previsione dell'entrata, gli stati di previsione della spesa distinti per Ministeri e il quadro generale riassuntivo con riferimento al triennio. Le entrate sono ripartite in titoli, in base alla natura o alla provenienza dei cespiti – entrate ricorrenti e non ricorrenti – e tipologie, ai fini dell'accertamento dei cespiti. Per la spesa, il bilancio si articola in missioni, che rappresentano le funzioni principali e gli obiettivi strategici, e in programmi, quali aggregati diretti al perseguimento degli obiettivi definiti nell'ambito delle missioni. Le singole unità di voto parlamentare sono costituite, per le entrate, dalle tipologie e, per la spesa, dai programmi.

c) Per attenuare l'irrigidimento della legge del bilancio, che era arrivata, negli anni settanta del secolo scorso, a presentare una quota di spesa modificabile di poco superiore al dieci per cento del totale, con legge 5 agosto 1978, n. 468 era stato introdotto, in presentazione contemporanea con il disegno di legge di approvazione del bilancio, un progetto governativo di legge finanziaria, avente la funzione di modificare e integrare disposizioni legislative aventi riflesso sul bilancio, e dunque configurandosi quale legge in senso sostanziale. Il collegamento con la legge di bilancio era tanto stretto da aver indotto la Corte costituzionale ad estendere alla legge finanziaria le ragioni di inammissibilità del referendum abrogativo di cui all'art. 75 Cost., a stretto rigore precluso per le sole «leggi di bilancio».

La prassi ha ben presto trasformato la legge finanziaria in una sorta di legge omnibus, idonea a prevedere i più diversi interventi e le più diverse spese nel complessivo ambito dell'attività finanziaria pubblica, e ciò anche grazie alla «corsia preferenziale» (ai fini dell'approvazione) in cui la manovra finanziaria è tuttora inserita per effetto dei regolamenti parlamentari, e alla presentazione di moltissimi emendamenti, avallati oppure osteggiati dal Governo mediante la posizione della **questione di fiducia.** Ne sono risultate leggi di dimensioni ragguardevoli, a scapito della comprensibilità e della sistematicità della normativa (ad esempio la legge 27 dicembre 2006, n. 296 – legge finanziaria 2007 – si compone di un unico articolo suddiviso in 1364 commi!).

La disciplina legislativa della **manovra di bilancio** ha formato oggetto di ulteriori modifiche, anche allo scopo di ovviare ai problemi in precedenza segnalati (legge 23 agosto 1988, n. 362; legge 25 giugno 1999, n. 208; legge n. 196/2009 cit. che ha introdotto, in luogo della legge finanziaria, la c.d. legge di stabilità); nel frattempo, alla legge finanziaria (o di stabilità) venivano affiancati ulteriori disegni di legge c.d. «collegati», introducendo un nuovo fattore di complicazione e di incertezza.

Il rafforzamento del processo di integrazione europea, e dei vincoli che ne derivano, e la crisi economica e finanziaria iniziata nel 2008 hanno avuto notevoli ripercussioni anche sulla struttura della manovra di bilancio. In data 2 marzo 2012 gli Stati dell'Unione europea, al di fuori della cornice giuridica dei trattati, hanno sottoscritto il *Trattato sulla stabilità, il coordinamento e la* governance *nella Unione economica e monetaria*, cosiddetto **Fiscal compact**, impegnandosi al raggiungimento di alcuni obiettivi, tra i quali un bilancio statale in pareggio o in attivo (essendo tollerato un deficit che non eccede lo 0,5% del Prodotto Interno Lordo), e introducendo meccanismi di correzione ad applicazione automatica, salva la possibilità di deroghe per circostanze eccezionali in periodi di grave recessione.

In attuazione del Fiscal Compact, con **legge cost. 20 aprile 2012, n. 1,** rubricata «Introduzione del principio del **pareggio di bilancio** nella Carta costituzionale», si è proceduto anzitutto all'aggiunta di tre commi all'art. 81 Cost., il primo dei quali prevede che «lo Stato assicura *l'equilibrio tra le entrate e le spese* del proprio bilancio, tenendo conto delle fasi avverse e delle fasi favorevoli del ciclo economico». Il secondo comma dell'art. 81 cit. ora precisa che «il *ricorso all'indebitamento* è consentito solo al fine di considerare gli effetti del ciclo economico e, previa autorizzazione delle Camere adottata a maggioranza assoluta dei rispettivi componenti, al verificarsi di eventi eccezionali». Confermati il *principio della copertura finanziaria delle leggi* («ogni legge che importi nuovi o maggiori oneri provvede ai mezzi per farvi fronte»), e *l'annualità del bilancio statale* («le Camere ogni anno approvano con legge il bilancio e il rendiconto consuntivo presentati dal Governo. L'esercizio provvisorio del bilancio non può essere concesso se non per legge e per periodi non superiori complessivamente a quattro mesi»), l'ultimo comma dell'art. 81 cit. dispone che «il contenuto della legge di bilancio, le norme fondamentali e i criteri volti ad assicurare l'equilibrio tra le entrate e le spese dei bilanci e la sostenibilità del debito del complesso delle pubbliche amministrazioni sono stabiliti con legge approvata a maggioranza assoluta dei componenti di ciascuna Camera, nel rispetto dei principi definiti con legge costituzionale».

La struttura della manovra di bilancio è stata pertanto irrigidita sul piano delle fonti del diritto, prevedendosi dapprima la determinazione di principi con legge costituzionale (dettati, in prima attuazione, dalla stessa legge cost. n.

1/2012), e successivamente una legge ordinaria rinforzata, ad oggi rappresentata dalla legge 24 dicembre 2012, n. 243. Detto provvedimento (il quale, peraltro, in parte rinvia ad una successiva legge) contiene disposizioni per assicurare l'**equilibrio dei bilanci** e la **sostenibilità del debito delle amministrazioni pubbliche**, secondo quanto previsto dalla nuova formulazione dell'art. 97, co. 1, Cost. (il quale, sempre per effetto della legge cost. n. 1/2012, prevede un primo e aggiuntivo comma così formulato: «**le pubbliche amministrazioni, in coerenza con l'ordinamento dell'Unione europea, assicurano l'equilibrio dei bilanci e la sostenibilità del debito pubblico**»). Nella legge n. 243 cit. sono incluse disposizioni sui contenuti della legge di bilancio, e viene istituito l'**Ufficio parlamentare di bilancio**, organismo indipendente per l'analisi e la verifica degli andamenti di finanza pubblica e per l'osservanza delle regole di bilancio. La legge di bilancio, per effetto di quanto disposto da ultimo con legge 4 agosto 2016, n. 163, ora ingloba, nella sua prima sezione, i principali contenuti delle precedenti leggi finanziarie e di stabilità, come riassunti al precedente sottoparagrafo *b*).

Riassumendo, il complesso delle iniziative, legislative e non, che determina la programmazione finanziaria dello Stato, si articola nel modo seguente:

– documento di economia e finanza (DEF), da presentare alle Camere entro il 10 aprile di ogni anno, per le conseguenti deliberazioni parlamentari;

– nota di aggiornamento del DEF, da presentare alle Camere entro il 27 settembre di ogni anno, per le conseguenti deliberazioni parlamentari;

– disegno di legge del bilancio dello Stato, da presentare alle Camere entro il 20 ottobre di ogni anno;

– disegno di legge di assestamento, da presentare alle Camere entro il 30 giugno di ogni anno;

– eventuali disegni di legge collegati alla manovra di finanza pubblica, da presentare alle Camere entro il mese di gennaio di ogni anno.

Non è strumento di programmazione, ma è nondimeno costituzionalmente prevista (art. 81, co. 4, Cost.), la legge di approvazione del **rendiconto consuntivo dello Stato**, che il Ministro dell'economia e delle finanze presenta alle Camere entro il mese di giugno, relativamente all'esercizio finanziario scaduto il 31 dicembre dell'anno precedente.

15. *Le forme non legislative di esercizio delle funzioni ispettive e d'indirizzo: le interrogazioni e le interpellanze; gli atti di indirizzo politico; i poteri del Parlamento nei rapporti con l'Unione europea; le inchieste; le indagini conoscitive; le Commissioni bicamerali permanenti*

Le Camere sindacano l'operato del Governo non solo mediante l'approvazione degli atti legislativi predisposti dall'esecutivo, ma anche esplicando la loro **funzione ispettiva** per mezzo di interrogazioni, di interpellanze, di inchieste e di indagini conoscitive.

a) Mentre gli strumenti costituiti dalle inchieste e dalle indagini conoscitive non sono utilizzabili se non sulla base di deliberazioni collegiali delle Camere o delle Commissioni parlamentari permanenti, la presentazione delle interrogazioni e delle interpellanze spetta ad ogni singolo parlamentare. Precisamente, l'**interrogazione** consiste – secondo l'espresso disposto del regolamento della Camera – «nella semplice domanda, rivolta per iscritto, se un fatto sia vero, se alcuna informazione sia giunta al Governo, o sia esatta, se il Governo intenda comunicare alla Camera documenti o notizie o abbia preso o stia per prendere alcun provvedimento su un oggetto determinato». Per converso l'**interpellanza** – stando alla definizione regolamentare – «consiste nella domanda, rivolta per iscritto, circa i motivi o gli intendimenti della condotta del Governo in questioni che riguardino determinati aspetti della sua politica»; sicché il parlamentare interpellante suppone di essere già a conoscenza dei fatti in questione, ma intende precisare il suo giudizio sulla relativa azione dei ministri responsabili [106].

Sebbene giuridicamente distinte, interrogazioni ed interpellanze tendono però a confondersi le une con le altre (e ad esorbitare dai limiti fissati nei regolamenti, coinvolgendo sovente soggetti diversi e non dipendenti dal Governo: Amato); ed anche la loro disciplina normativa risulta fondamentalmente comune. In entrambe le ipotesi (salvo il cosiddetto *question-time*, riguardante le interrogazioni a risposta immediata), trascorse due settimane dalla loro presentazione al Presidente dell'assemblea, i quesiti sono posti all'ordine del giorno [107]. Ma ciò non toglie che l'incisività di entrambi gli strumenti ispettivi rimanga molto scarsa: dal momento che il Governo è sempre in grado di bloccare la discussione – ai sensi dei regolamenti parlamentari [108] – dichiarando di non poter rispondere (con una sommaria indicazione dei motivi di rifiuto) oppure differendo la risposta (sia pure entro termini certi di tempo); ed anzi, nella prassi, accade molto spesso che il Ministro non risponda affatto o lo faccia in maniera tardiva ed elusiva.

Dopo le eventuali dichiarazioni del Governo (che può anche rispondere per mezzo di un Sottosegretario delegato dal Ministro competente per materia), sia l'interrogante che l'interpellante possono comunque precisare, attraverso brevissime repliche, se si considerano o meno soddisfatti. A questo punto, il regolamento della Camera aggiunge che l'interpellante può «promuovere una discussione sulle spiegazioni date dal Governo», facendosi promotore di un'apposita **mozione** (anche se nella pratica simili sviluppi sono alquanto rari). Analoghe previsioni non si ritrovano invece nell'attuale regolamento del Senato, il quale non ha ritenuto opportuno consentire ad un solo senatore la presentazione di mozioni, sia pure collegate ad una previa interpellanza: con il che, tuttavia,

---

[106] V. rispettivamente gli artt. 128 e 136 reg. Camera, 145 e 154 reg. Senato.

[107] Cfr. gli artt. 129, 135 *bis* e 137 reg. Camera, nonché gli artt. 148 e 156 reg. Senato.

[108] Cfr. gli artt. 131 e 137 reg. Camera, nonché l'art. 148 reg. Senato.

il regime delle interpellanze stesse è divenuto più che mai consimile a quello delle interrogazioni [109].

La funzione ispettiva può dunque, in certi casi, essere prodromica all'esercizio della **funzione di indirizzo politico** (v. *supra*, § 8); quest'ultima, però, può essere esercitata anche in forma autonoma, con appositi strumenti previsti dai regolamenti parlamentari, sia dall'assemblea parlamentare nel suo *plenum*, sia dalle singole commissioni permanenti. Tali strumenti assumono la denominazione di **mozione** (citata in precedenza) e **risoluzione**, e consentono di «manifestare orientamenti o a definire indirizzi su specifici argomenti» (così prevede, per le risoluzioni in commissione, l'art. 117 del Regolamento della Camera). La natura di atti di indirizzo, attribuita a mozioni e risoluzioni, fa sì che nei confronti del destinatario, che è il Governo, non si produca altro che un vincolo politico, e non giuridico: nel senso che il Governo, nel caso in cui non accogliesse gli auspici del Parlamento, potrebbe incorrere – ma è una ipotesi di improbabile verificazione – non tanto in responsabilità giuridiche, quanto nel rischio di veder compromesso il rapporto di fiducia.

In alcune situazioni, però, uno strumento di indirizzo politico viene utilizzato in forza di quanto esplicitamente previsto dalla legge o dai regolamenti parlamentari: in questo senso, oltre alle deliberazioni con le quali il Parlamento accorda, conferma o revoca la fiducia al Governo (art. 94 Cost.) si possono ricordare il già citato Documento di economia e finanza, approvato con risoluzione, oltre alle ipotesi in cui determinate leggi, ai fini della loro attuazione, rinviano a provvedimenti governativi da adottarsi «in coerenza» con appositi atti parlamentari di indirizzo.

Menzione autonoma e particolare meritano gli atti di indirizzo che le commissioni parlamentari possono approvare nell'ambito della c.d. **fase ascendente del diritto dell'Unione europea**. I trattati europei affidano specifiche competenze ai parlamenti nazionali: in particolare, l'**art. 12 del TUE** prevede espressamente che i parlamenti nazionali contribuiscano attivamente al buon funzionamento dell'Unione, venendo informati dalle istituzioni dell'Unione e ricevendone i progetti di atti legislativi; vigilando sul rispetto del principio di sussidiarietà; partecipando, nell'ambito dello spazio di libertà, sicurezza e giustizia, ai meccanismi di valutazione ai fini dell'attuazione delle politiche dell'Unione in tale settore ed essendo associati al controllo politico di Europol e alla valutazione delle attività di Eurojust (sono organismi europei di coordinamento e di assistenza giudiziaria e di polizia); partecipando alle procedure di revisione dei trattati; venendo informati delle domande di adesione all'Unione; partecipando alla cooperazione interparlamentare fra parlamenti nazionali e con il Parlamento europeo.

Il **protocollo (n. 1) sul ruolo dei parlamenti nazionali nell'Unione europea** prevede che la Commissione europea sia tenuta a inviare direttamente ai parla-

---

[109] V. rispettivamente l'art. 138, co. 2, reg. Camera e l'art. 157, co. 1, reg. Senato, che invece esige la presentazione di tutte le mozioni da parte di «almeno otto senatori».

menti nazionali, all'atto della pubblicazione, tutti i documenti di consultazione redatti dalla Commissione stessa (libri verdi, libri bianchi e comunicazioni), nonché il programma legislativo annuale e gli altri strumenti di programmazione legislativa o di strategia politica, contestualmente alla trasmissione al Parlamento europeo e al Consiglio, come pure i progetti di atti legislativi indirizzati al Parlamento europeo e al Consiglio.

Sui predetti documenti le Camere, operando quasi sempre per mezzo delle rispettive commissioni permanenti (in particolare, per la Camera e il Senato italiani, le rispettive Commissioni dedicate alle «Politiche dell'Unione europea») possono adottare «ogni opportuno atto atti di indirizzo al Governo»: lo prevede, nel nostro ordinamento, l'art. 7 della **legge 24 dicembre 2012, n. 234**, che in questi casi impegna il Governo – rafforzando l'efficacia degli strumenti parlamentari di indirizzo – ad assicurare «che la posizione rappresentata dall'Italia in sede di Consiglio dell'Unione europea ovvero di altre istituzioni od organi dell'Unione sia coerente con gli indirizzi definiti dalle Camere in relazione all'oggetto di tale posizione». Inoltre, «nel caso in cui il Governo non abbia potuto attenersi agli indirizzi delle Camere, il Presidente del Consiglio dei Ministri o il Ministro competente riferisce tempestivamente ai competenti organi parlamentari, fornendo le adeguate motivazioni della posizione assunta».

I trattati europei, in certi casi, abilitano i parlamenti nazionali ad una interlocuzione diretta – dunque senza il tramite dei rispettivi governi – con le istituzioni comunitarie: la procedura prevista dal **protocollo (n. 2) ai Trattati comunitari, dedicato all'applicazione dei principi di sussidiarietà e di proporzionalità**, consente ai parlamenti nazionali e di presentare opposizione ai progetti di atti legislativi europei, attraverso «*pareri motivati*» inviati ai presidenti del Parlamento europeo, del Consiglio e della Commissione, esponendo le ragioni per le quali ritengono che il progetto in causa non sia conforme ai predetti principi (ricordando che il principio di sussidiarietà è quel principio in virtù del quale l'Unione europea, nei settori che non sono di sua esclusiva competenza, interviene «soltanto se e in quanto gli obiettivi dell'azione prevista non possono essere conseguiti in misura sufficiente dagli Stati membri, né a livello centrale né a livello regionale e locale, ma possono, a motivo della portata o degli effetti dell'azione in questione, essere conseguiti meglio a livello di Unione»; mentre per principio di proporzionalità si intende il principio in virtù del quale «il contenuto e la forma dell'azione dell'Unione si limitano a quanto necessario per il conseguimento degli obiettivi dei trattati»).

I pareri dei parlamenti, o meglio delle singole camere nazionali, possono essere espressi entro otto settimane dal momento in cui è stato messo a disposizione un progetto di atto legislativo, e possono sortire effetti giuridicamente apprezzabili; invero, ogni sistema parlamentare nazionale dispone di due voti (nel caso italiano, uno per ciascuna Camera), e qualora i pareri motivati sul mancato rispetto del principio di sussidiarietà da parte di un progetto di atto legislativo rappresentino almeno un terzo dell'insieme dei voti attribuiti ai parlamenti nazionali, la Commissione o altra istituzione europea che ha presentato l'atto è tenuta quantomeno a riesaminare la proposta (c.d. Cartellino giallo). Se la procedura di approvazione del progetto è quella considerata ordinaria dal TFUE, qualora i pareri motivati rappresentino almeno la maggioranza semplice dei voti attribuiti ai parlamenti nazionali, la Commissione è tenuta a riesaminare la proposta, la quale – se anche ribadita dalla Commissione – potrà comunque essere definitivamente bloccata se il 55% dei membri del Consiglio o una maggioranza semplice al Parlamento europeo giungono alla conclusione che essa non soddisfa il principio di sussidiarietà (c.d. Cartellino arancione).

Da ultimo, i trattati europei attribuiscono ai parlamenti nazionali ulteriori prerogative: ad esempio la possibilità di chiedere ai rispettivi governi di presentare alla Corte di giustizia dell'Unione europea un ricorso per violazione, mediante un atto legislativo, del principio di sussidiarietà, ovvero di proporre opposizione nei casi in cui il Consiglio dell'Unione europea decida di deliberare a maggioranza qualificata in un settore o in un determinato caso in cui le decisioni devono essere prese all'unanimità, ovvero qualora si ipotizzi di utilizzare la procedura legislativa ordinaria per atti in cui il trattato sul funzionamento dell'Unione europea prevede l'adozione tramite una procedura speciale.

b) Lo strumento dell'**inchiesta** era già noto ed usato nell'ordinamento prefascista, malgrado il silenzio dello Statuto albertino. Nella fase statutaria, però, l'esercizio di questo implicito potere parlamentare ispettivo presupponeva che entrambe le Camere approvassero una legge istitutiva della relativa commissione, definendone in tal modo la competenza e le funzioni. Oggi, al contrarlo, l'art. 82, co. 1, Cost., precisando che «ciascuna Camera può disporre inchieste su materie di pubblico interesse», consente le commissioni d'inchiesta *monocamerali*, create in mancanza di un'intesa fra i due rami del Parlamento. Ma non per questo si deve desumerne che la norma costituzionale escluda l'attivazione del potere d'inchiesta da parte di entrambe le Camere, mediante l'approvazione di leggi comparabili a quelle del periodo statutario, istitutive di commissioni *bicamerali* [110]. Nella prassi è anzi avvenuto che la grande maggioranza delle inchieste sia stata fin qui deliberata in via legislativa; e la generalità degli studiosi è concorde nel leggere l'art. 82 come se dicesse che «anche ciascuna Camera può disporre inchieste», aggiungendo e non sostituendo le inchieste monocamerali alle altre di stampo più tradizionale.

L'art. 82, co. 1, non predetermina i settori nei quali si possono svolgere le inchieste parlamentari; sicché resta inteso che il Parlamento è legittimato a servirsene dovunque ravvisi problemi «di pubblico interesse», ricadenti fra quelli di sua competenza, che meritino di venire approfonditi: ad esclusione delle sole

---

[110] Di più: possono aversi inchieste bicamerali disposte attraverso concordi delibere non legislative delle due Camere: come nel caso di quella riguardante – nel corso della seconda legislatura repubblicana – le «condizioni dei lavoratori in Italia».

inchieste c.d. personali, che i singoli parlamentari sono in grado di richiedere qualora si considerino lesi nella propria onorabilità, ma non sulla base ed ai sensi della Costituzione, bensì per esplicito disposto dei regolamenti delle Camere.

In particolar modo ciò ha consentito, da una parte, l'effettuazione di inchieste *legislative*, disposte dalle Camere per acquisire i dati e per individuare i rimedi atti a consentire adeguate riforme dell'ordinamento (si pensi – per esempio – all'inchiesta «sulla miseria in Italia», risalente alla prima metà degli anni Cinquanta); e, d'altra parte, lo svolgimento di inchieste *politiche* nel senso più stretto del termine, in quanto rivolte ad indagare sui comportamenti dell'esecutivo, al fine di eventuali misure sanzionatorie (si pensi alle commissioni istituite per indagare sulla mafia, sulla strage di via Fani, sul caso Sindona e via dicendo).

Preliminarmente, si pone in quest'ultimo senso un problema riguardante il regime delle sedute e dei lavori delle commissioni. Si applica anche ad esse, in antitesi alle autorità giurisdizionali, il principio di pubblicità che governa gli organi parlamentari in genere, nei termini desumibili dagli artt. 64, co. 2, e 72, co. 3, Cost. (Virga, Long)? Oppure si deve ritenere che valga in questa stessa sede, fino al momento della presentazione delle relazioni conclusive, il principio già fissato dall'art. 307 Cod. proc. pen. del 1930, parzialmente ribadito dall'art. 329 del Codice in vigore, per cui «gli atti di indagine compiuti dal pubblico ministero e dalla polizia giudiziaria sono coperti dal segreto» (Pace)? La prassi ha oscillato sul punto, talora imponendo il segreto istruttorio (con particolare riguardo a certe inchieste politiche), talora rendendo pubbliche tutte le sedute, come nel caso dell'inchiesta «sulla loggia massonica P2». Ma la soluzione preferibile – proposta anche da parte della Corte costituzionale[111] – è ormai nel senso che le stesse commissioni possano stabilire un «**segreto funzionale**», nei limiti consentiti dagli atti istitutivi e nella misura ritenuta necessaria al conseguimento dei loro scopi istituzionali.

Più ardua è la questione dei segreti opponibili alle commissioni, per la salvaguardia di altri interessi giuridicamente rilevanti e limitativi dei poteri giurisdizionali: segreti che le commissioni parrebbero sempre tenute a rispettare, per effetto del secondo comma dell'art. 82, onde esse procedono «alle indagini e agli esami *con gli stessi poteri e le stesse limitazioni dell'autorità giudiziaria*». Si è posto infatti l'interrogativo se questi limiti siano assolutamente inderogabili, pur dove la natura dell'inchiesta da svolgere potrebbe consigliare soluzioni diverse; o se, al contrario, esista un mezzo costituzionalmente atto a far superare i limiti stessi. Una autorevole corrente dottrinale (Balladore Pallieri, Cuomo, Mortati) ha risposto che soltanto le commissioni espressamente previste dall'art. 82 Cost., cioè quelle *istituite dalle singole Camere*, sarebbero tenute ad operare sul medesimo piano delle autorità giudiziarie; mentre le inchieste *fondate su apposite leggi* potrebbero svolgersi anche al di là dei limiti in questione, sulla base delle autorizzazioni volta per volta effettuate dal Parlamento. Ma la tesi rimane criticabile, giacché presuppone che l'art. 82 disciplini solo in parte l'istituto dell'inchiesta parlamentare: il che non

[111] Cfr. la sent. 22 ottobre 1975, n. 231.

corrisponde alla *ratio* della norma costituzionale in esame, la quale ha verosimilmente inteso regolare ogni tipo d'inchiesta riguardante problemi di pubblico interesse, imponendo in ogni caso il parallelismo con i giudici (Pace).

Senonché, anche e soprattutto a questo punto, la prassi risulta quanto mai alterna. In un primo tempo, essa ha contraddetto l'ipotesi di chi voleva allargare i poteri spettanti alle singole commissioni, facendo ricorso alle leggi istitutive. In un secondo tempo, a partire dalla fine degli anni Settanta, essa ha invece offerto vari esempi di specifiche disposizioni legislative deroganti al regime generale dei segreti: così – in particolare – la legge relativa all'inchiesta sulla P2 ha disposto l'inopponibilità del segreto d'ufficio, del segreto bancario, dello stesso segreto professionale, salvo «il rapporto tra difensore e parte processuale nell'ambito del mandato»; e, più oltre ancora, la legge riguardante l'inchiesta «sulla strage di via Fani» ha considerato inopponibile anche il segreto di Stato ed è giunta a coinvolgere il segreto istruttorio gravante sui magistrati in base all'art. 307 Cod. proc. pen. del 1930 [112].

Nel valutare la legittimità di siffatte previsioni, occorre peraltro distinguere. Quanto al **segreto d'ufficio**, la generalità dei giudici dispone attualmente del potere di accertarne l'effettiva sussistenza; e può pertanto obbligare a deporre i pubblici ufficiali, i pubblici impiegati e gli incaricati di un pubblico servizio, se in realtà non si tratta di «fatti conosciuti per ragioni d'ufficio e che devono rimanere segreti» [113]. Di più: la circostanza che la Corte dei conti disponga da tempo del «diritto di chiedere ai Ministri, alle amministrazioni ed agli agenti che da esse dipendono ... tutte le notizie e i documenti necessari all'esercizio delle sue attribuzioni» [114] fa pensare che – parallelamente – anche le commissioni d'inchiesta siano dotate dei medesimi poteri (Mastropaolo). Quanto poi al *segreto di Stato* (che non può comunque riguardare l'accertamento di fatti eversivi di ordine costituzionale), il conseguente «dovere di astenersi dal testimoniare» può essere rimosso dal Presidente del Consiglio dei ministri, su richiesta dell'autorità procedente che non ritenga fondata la pretesa segretezza; mentre, nel caso di una motivata «conferma» del vincolo, dovrebbe essere salva la possibilità per la Commissione di proporre, in analogia con quanto prevede l'art. 202 Cod. proc. pen. vigente a favore dell'autorità giudiziaria, un conflitto di attribuzioni contro il Presidente del Consiglio dei Ministri [115].

La disciplina del segreto di Stato, specie dopo la riforma dell'art. 202 Cod.

---

[112] V. rispettivamente l'art. 3 della legge 23 settembre 1981, n. 527, e gli artt. 4-5 della legge 23 novembre 1979, n. 597.

[113] La formula citata nel testo si leggeva nell'art. 352, co. 1, Cod. proc. pen. ed è stata inserita – in virtù dell'art. 14 della legge 24 ottobre 1977, n. 801 – nell'art. 351, accanto al segreto professionale del quale il segreto d'ufficio condivide pertanto il regime (come ora confermano gli artt. 200 e 201 del nuovo Codice di procedura penale).

[114] Cfr. l'art. 16 del r.d. 12 luglio 1934, n. 1214.

[115] Si vedano gli artt. 39 ss. della legge 3 agosto 2007, n. 124, conformi alle indicazioni date dalla giurisprudenza costituzionale (sent. 24 maggio 1977, n. 86 e 10 aprile 1998, n. 118).

proc. pen., non rappresenta la maggiore debolezza dello strumento previsto dall'art. 82 Cost.; se mai, ciò che riduce le inchieste parlamentari ad un mezzo ispettivo spuntato e scarsamente efficace consiste nella circostanza che si tratta pur sempre d'uno «strumento di governo della maggioranza» (Pace), al quale non si ricorre se non sulla base di deliberazioni maggioritarie delle Camere; laddove altro sarebbe stato il caso se l'Assemblea costituente avesse accolto l'idea di estendere alle opposizioni il potere di determinare l'istituzione delle commissioni in esame, con il voto di una qualificata minoranza [116].

c) Indipendentemente dalle vere e proprie inchieste, i regolamenti parlamentari hanno comunque previsto che le commissioni permanenti, nelle materie di loro competenza, possano «disporre, previa intesa con il Presidente della Camera, **indagini conoscitive** dirette ad acquisire notizie, informazioni e documenti utili alle attività della Camera» stessa [117]; con riferimento a tutte le funzioni, non solo legislative e di controllo ma anche di indirizzo spettanti in Italia al Parlamento (D'Onofrio). In verità, indagini del genere venivano sporadicamente effettuate dalle commissioni, già sulla base della precedente disciplina regolamentare; ma le innovazioni introdotte nel 1971 hanno inteso consentire un uso più sistematico dello strumento in questione, secondo l'esempio delle commissioni congressuali nordamericane, che da tempo utilizzano ad analoghi scopi le cosiddette *hearings*, vale a dire le udienze di soggetti estranei alle Camere.

Nell'ambito delle indagini conoscitive, tuttavia, le commissioni permanenti non sono affatto dotate dei poteri coattivi spettanti alle commissioni d'inchiesta ma possono solo «invitare qualsiasi persona in grado di fornire elementi utili» [118]; quali – ad esempio – i ministri responsabili in materia, funzionari ministeriali, amministratori di enti pubblici e di organismi privati, esperti del più vario tipo. In altre parole, i soggetti convocati non sono tenuti a presentarsi, né hanno il dovere giuridico di testimoniare il vero; cosicché il successo dell'indagine finisce per dipendere dalla buona volontà delle persone convocate.

d) Per completare il quadro degli strumenti mediante i quali si svolgono le funzioni parlamentari ispettive e d'indirizzo, occorre accennare conclusivamente ad una eterogenea serie di **commissioni bicamerali**, formate in egual numero da deputati e da senatori.

Costituzionalmente prevista è la sola **Commissione parlamentare per le questioni regionali**, composta da venti deputati e da venti senatori, che in base all'art. 126, co. 4, Cost., dev'esser previamente consultata nel caso di scioglimento d'un Consiglio regionale e deve conseguentemente designare nove nominativi, tra i quali il Presidente della Repubblica sceglie tre commissari destinati a

---

[116] Si veda la proposta dell'on. Mortati, in *Atti II Sc.*, 21 settembre e 21 dicembre 1946.

[117] Cfr. l'art. 144, co. 1, reg. Camera, nonché l'art. 48, co. 1, reg. Senato.

[118] Cfr. l'art. 144, co. 2, reg. Camera, come pure l'art. 48, co. 2 e 5, reg. Senato.

reggere transitoriamente la Regione [119]. Ma la Commissione stessa è stata inoltre inserita – per mezzo di leggi ordinarie dello Stato – nel procedimento formativo di varie leggi delegate concernenti il passaggio delle funzioni amministrative statali alle Regioni, giacché il Governo si è visto obbligato ad acquisirne il previo parere [120]. Parallelamente, alla Commissione fanno riferimento i regolamenti parlamentari, sia per conferirle funzioni consultive nell'esame delle questioni di merito riguardanti leggi regionali impugnate dinanzi alle Camere *ex* art. 127 Cost. (v. *infra*, parte VI, cap. II, § 6), sia in vista dei pareri che essa può esprimere al Senato circa la cosiddetta coerenza regionalistica dei disegni di legge interessanti competenze regionali [121].

Al di là della Costituzione, tuttavia, varie altre commissioni bicamerali sono state *istituite per legge*, determinando in tal modo una duplice serie di obiezioni: primo, se ciò fosse in linea con la suddivisione del Parlamento in due Camere, ognuna delle quali – di regola – deve svolgere le proprie funzioni distintamente dall'altra; secondo, se non si dovesse ritenere invasa la *riserva di regolamento*, costituzionalmente stabilita in tema di organizzazione delle Camere stesse (Chimenti, Sicardi). Obiezioni del genere non investivano la legge cost. n. 1/1953, che aveva previsto un'apposita **Commissione inquirente**, costituita da dieci deputati e da dieci senatori, per riferire al Parlamento in seduta comune circa le accuse riguardanti i ministri ed il Capo dello Stato: commissione peraltro soppressa dalla legge cost. 16 gennaio 1989, n. 1 [122]. Viceversa, i problemi accennati si pongono quanto alla **Commissione per l'indirizzo e la vigilanza dei servizi radiotelevisivi** (priva di fondamenti costituzionali espliciti, ma investita di attribuzioni che discendono dall'esigenza di garantire il pluralismo dell'informazione, tutelato dall'art. 21 Cost., come ha ricordato la Corte costituzionale nella sent. 13 marzo 2009, n. 69), creata dalla legge ord. n. 103/1975; come pure nei riguardi della Commissione per il controllo degli interventi nel Mezzogiorno, già

---

[119] Cfr. gli artt. 52 e 53 della legge 10 febbraio 1953, n. 62.

[120] Si pensi, da un lato, all'art. 17 della legge 16 maggio 1970, n. 281, attinente al primo trasferimento delle funzioni, effettuato mediante i decreti presidenziali del 14-15 gennaio 1972; e, d'altro lato, all'art. 8 della legge 22 luglio 1975, n. 382, attinente al secondo trasferimento, che ha imposto due consecutivi pareri della Commissione, l'uno immediatamente successivo all'elaborazione degli schemi di normazione governativa delegata, il secondo espresso in via definitiva dopo un «esame preliminare del Consiglio dei ministri» sugli schemi predetti. A sua volta, il d.P.R. 24 luglio 1977, n. 616, emanato in attuazione di quest'ultima delega, ha prescritto una serie di ulteriori pareri della Commissione, aventi anch'essi per destinatario il Governo (cfr. gli artt. 6, 81, 113 e 114 del d.P.R. cit.).

[121] V. rispettivamente gli artt. 102 reg. Camera e 137 reg. Senato, e anche l'art. 40 reg. Senato, nel testo introdotto il 22 novembre 1988.

[122] Limitatamente ai reati presidenziali, quest'ultima legge prevede – nell'art. 3 – che il compito già conferito alla «Commissione inquirente» sia ora esplicato da un Comitato formato dai componenti della Giunta del Senato della Repubblica e da quelli della Giunta della Camera dei deputati competenti per le autorizzazioni a procedere in base ai rispettivi Regolamenti.

configurata dalla legge n. 183/1976, o della *Commissione per il controllo sulle nomine negli enti pubblici*, di cui alle leggi n. 675/1977 e n. 14/1978, o anche del **Comitato parlamentare per la sicurezza della Repubblica,** previsto dalla legge n. 124/2007, composto da cinque deputati e cinque senatori nominati dai Presidenti delle Camere garantendo una rappresentanza paritaria tra maggioranza e opposizioni, con l'importante compito di verificare che l'attività del sistema di informazione per la sicurezza si svolga nel rispetto della Costituzione, delle leggi, nell'esclusivo interesse e per la difesa della Repubblica e delle sue istituzioni. Ed anzi, in alcuni casi, come ad esempio con riguardo alla Commissione per l'indirizzo e la vigilanza dei servizi radiotelevisivi, si aggiunge il problema ulteriore se i poteri affidati a collegi siffatti non eccedano talvolta le competenze d'indirizzo e di controllo politico delle quali le Camere sono pacificamente titolari, per esorbitare nel campo delle funzioni prettamente amministrative, che in via di principio non spettano al Parlamento.

NOTA BIBLIOGRAFICA – Sulla **complessiva forma di governo** v. MARTINES, *Contributo ad una teoria giuridica delle forze politiche*, Milano, 1957 (nonché *Governo parlamentare e ordinamento democratico*, Milano, 1967); CRISAFULLI, *Stato, popolo, governo*, cit., p. 147 ss., p. 207 ss.; CHIMENTI, *Introduzione alla forma di governo italiana*, Rimini, 1985 (nonché *Un parlamentarismo agli sgoccioli*, Torino, 1992); GIOCOLI, NACCI, *L'anti-Montesquieu*, Bari, 1989; FUSARO, *Le regole della transizione*, Bologna, 1995. Sul **Parlamento in generale** v. S. TOSI, *Diritto parlamentare*, Milano, 1974; AA.VV., *Il Parlamento nella Costituzione e nella realtà*, Milano, 1979; DI CIOLO, *Il diritto parlamentare nella teoria e nella pratica*, Milano, 1980; LONGI, *Elementi di diritto e procedura parlamentare*, Milano, 1982: TRAVERSA, *Il Parlamento nella Costituzione e nella prassi*, Milano, 1989; AA.VV., *Il Parlamento a vent'anni dai regolamenti del 1971*, in *Quad. cost.*, 1991, n. 2; MAZZONI, HONORATI, *Lezioni di diritto parlamentare*, Torino, 1993 (III ed., 2005); DI CIOLO, CIAURRO, *Il diritto parlamentare nella teoria e nella pratica*, Milano, 1994 (nonché Le recenti modifiche dei regolamenti parlamentari, Milano, 1998); AA.VV., *Il Parlamento nella transizione*, a cura di Traversa, Milano, 1998; AA.VV., *Annuario 2000, Il Parlamento*, Padova, 2001; MANZELLA, *Il Parlamento*, Bologna, 2003; MASTROPAOLO, VERZICHELLI, *Il Parlamento*, Bologna, 2006; BARBERA, *I parlamenti*, Roma-Bari, 2008; MANNINO, *Diritto parlamentare*, Milano, 2010; CICCONETTI, *Diritto parlamentare*, Torino, 2010; MARTINES, SILVESTRI, DE CARO, LIPPOLIS, MORETTI, *Diritto parlamentare*, Milano, 2011; GIANNITI, LUPO, *Corso di diritto parlamentare*, Bologna, 2013; DICKMANN, *Il Parlamento italiano*, Napoli, 2015. Sul **bicameralismo** v. FERRARA, *Bicameralismo e riforma del Parlamento*, in *Dem. dir.*, 1981, p. 11 ss.; AA.VV., *Per una riforma del bicameralismo*, in *Quad. cost.*, 1984, n. 2; BERTI, *Interpretazione costituzionale*, Padova, 1990, p. 531 ss.; nonché PALADIN, *Sulla natura del Parlamento in seduta comune*, in *Studi Zanobini*, Milano, 1965, III, p. 423 ss. Sulla **disciplina elettorale** LAVAGNA, *Il sistema elettorale nella Costituzione italiana*, in *Riv. trim. dir. pubbl.*, 1952, p. 870 ss.: OFFIDANI, *La capacità elettorale politica*, Torino, 1953; PROSPERETTI, *L'elettorato politico attivo*, Milano, 1954; SCHEPIS, *I sistemi elettorali*, Empoli, 1955; FISICHELLA, *Sviluppo democratico e sistemi elettorali*, Firenze, 1970 (nonché *Elezioni e democrazia*, Bologna, 1982); AA.VV., *Crisi della rappresentanza e sistemi elettorali*, in *Quad. cost.*, 1981, n. 3; LANCHESTER, *Sistemi elettorali e forma di governo*, Bologna, 1981 (nonché *Saggi in tema di votazioni e di riforme istituzionali nel diritto pubblico*, Roma, 1984); GIULIANI, *Sistemi elettorali*, Poggibonsi, 1991; TORRETTA, *Verifica dei poteri e stato costituzionale*, Roma, 2012. Sul **principio di continuità** v. ELIA, *Durata della «prorogatio»*, in *Foro pad.*, 1954, IV, p. 109 ss.; GIOCOLI NACCI.

«Prorogazio» del Parlamento, mandato parlamentare e prerogative parlamentari, in *Rass. dir. pubbl.*, 1964, p. 717 ss.; A.A. ROMANO, *La «prorogatio» negli organi costituzionali*, Milano, 1967; BASSANINI, *Gli effetti della fine legislatura sui procedimenti legislativi pendenti*, Milano, 1968; MARRA, *La continuità legislativa*, Roma, 1971; TRAVERSA, *Proroga e «prorogatio» delle Camere*, Roma, 1983; PISANESCHI, *«Prorogatio» delle Camere ed equilibrio tra i poteri*, Torino, 1993; MARINI, *Il principio di continuità degli organi costituzionali*, Milano, 1997. Sugli **organi delle Camere** FERRARA, *Il presidente di assemblea parlamentare*, Milano, 1965; SAVIGNANO, *I gruppi parlamentari*, Napoli, 1965; PIZZORUSSO, *I gruppi parlamentari come soggetti di diritto*, Pisa, 1969. Sulle **immunità parlamentari** CAPALOZZA, *Scritti giuridico-penali*, Padova, 1962; ZAGREBELSKY, *Le immunità parlamentari*, Torino, 1979; ZANON, *Il libero mandato parlamentare*, Milano, 1991; MIDIRI, *La riforma dell'immunità parlamentare*, in *Giur. cost.*, 1994, p. 2411 ss. Sul **concetto di procedimento** – oltre a SANDULLI, *Il procedimento amministrativo*, Milano, 1940 – **con particolare riguardo alla formazione delle leggi** v. DONATI, *Atto complesso, autorizzazione, approvazione*, in *Arch. giur.*, 1903, 3 ss.; GUELI, *Il procedimento legislativo*, Catania, 1955; GALEOTTI, *Contributo alla teoria del procedimento legislativo*, Milano, 1957. Sulle singole fasi del procedimento stesso v. – nell'ordine – SPAGNA MUSSO, *L'iniziativa nella formazione delle leggi italiane*, Napoli, 1958; CUOCOLO, *Saggio sull'iniziativa legislativa*, Milano, 1971; GUIGLIA, *L'autorizzazione alla presentazione dei disegni di legge governativi*, Torino, 1991; LUCIFREDI, *L'iniziativa legislativa parlamentare*, Milano, 1968; ELIA, *Le Commissioni parlamentari italiane nel procedimento legislativo*, in *Arch. giur.*, 1961, p. 42 ss.; COCOZZA, *Il Governo nel procedimento legislativo*, Milano, 1989; CRISCUOLI, *La promulgazione nel diritto pubblico moderno*, Napoli, 1911; BARTHOLINI, *La promulgazione*, Milano, 1954; CUOCOLO, *Il rinvio presidenziale nella formazione delle leggi*, Milano, 1955; BISCARETT1 DI RUFFIA, *Sanzione, assenso e veto del Capo dello Stato nella formazione della legge negli ordinamenti costituzionali moderni*, in *Riv. trim. dir. pubbl.*, 1958, p. 241 ss.; BOZZI, *Note sul rinvio presidenziale della legge*, in *Riv. trim. dir. pubbl.*, 1958, p. 739 ss.; FERRARI, *Quesiti vecchi e nuovi in tema di pubblicazione*, in *Riv. trim. dir. pubbl.*, 1958, p. 435 ss.: PIZZORUSSO, *La pubblicazione degli atti normativi*, Milano, 1963; D'ATENA, *La pubblicazione delle fonti normative*, Padova, 1974: AINIS, *L'entrata in vigore delle leggi*, Padova, 1986; e **più in generale** AA.VV., *Il processo legislativo nel Parlamento italiano*, Milano, 1983. Sull'**art. 138 Cost.**, oltre agli AA. cit. retro nota bibliografica del cap. III, parte II, v. ESPOSITO, *Interpretazione dell'art. 138 Cost.*, in *Giur. cost.*, 1958, p. 812 ss.; MAZZONI HONORATI, *Il referendum nella procedura di revisione costituzionale*, Milano, 1982; CERVATI, PANUNZIO, RIDOLA, *Studi sulla revisione della Costituzione*, Torino, 1999; AA.VV., *La Costituzione e la sua revisione*, a cura di V. Baldini, Pisa, 2015. Relativamente alla **ratifica dei trattati ed all'approvazione dei bilanci** DONATI, *Le leggi di autorizzazione e di approvazione*, Modena, 1914; UDINA, *Gli accordi internazionali in forma semplificata e la Costituzione italiana*, in *Studi Zanobini*, cit., IV, p. 467 ss.; CONDORELLI, *Il giudice italiano e i trattati internazionali*, Padova, 1974; LIPPOLIS, *La Costituzione italiana e la formazione dei trattati internazionali*, Rimini, 1989; GRAZIANI, *Il bilancio e le spese pubbliche*, nel *Trattato Orlando*, cit., IX, Milano, 1902; ONIDA, *Le leggi di spesa nella Costituzione*, Milano, 1969; BRANCASI, *Legge finanziaria e legge di bilancio*, Milano, 1985; DE JOANNA, *Note sul primo decennio di applicazione della «legge finanziaria»*, in *Quad. Cost.*, 1989, p. 205 ss.; AA.VV., *Bilancio e legislazione di Spesa*, in *Quad. Cost.*, 1993, n. 3; LUPO, *La revisione costituzionale della disciplina di bilancio e il sistema delle fonti*, in *Il filangieri*, 2012, è. 89 ss.; BRANCASI, *Il principio del pareggio di bilancio in Costituzione*, in *Osservatorio sulle fonti*, 2012, n. 7; BERGONZINI, *Parlamento e decisioni di bilancio*, Milano, 2014; RIVOSECCHI, *L'equilibrio di bilancio: dalla riforma costituzionale alla giustiziabilità*, in *Rivista Aic*, 2016, n. 3. Sulle **funzioni parlamentari non legislative** v. VIRGA, *Le inchieste parlamentari*, in *Annali* Catania 1949-1950, p. 252 ss.; CUOMO, *Appunti sull'inchiesta politica delle Camere*, in *Rass. dir. pubbl.*, 1959, 13 ss.; S. TOSI, *La direttiva parlamentare*, Milano, 1964; AMATO, *L'ispezione politica del Parlamento*, Milano, 1968; D'ONOFRIO, *Le indagini conoscitive delle commissioni parlamentari*, Chieti, 1971; MASTROPAOLO, *La disciplina dei segreti di Stato e d'ufficio*, in *Riv. it. Sc. giur.*, 1971, p. 264 ss.; BRUNO, *Le commissioni parlamentari in sede politica*, Milano, 1972; PACE, *Il potere d'inchiesta delle As-*

semblee legislative, Milano, 1973; CHIMENTI, *Il controllo parlamentare nell'ordinamento italiano*, Milano, 1974 (nonché *Gli organi bicamerali nel Parlamento italiano*, Milano, 1979); RECCHIA, *L'informazione delle Assemblee rappresentative*, Napoli, 1979; ROLLA, *La Commissione per le questioni regionali nei rapporti fra Stato e Regioni*, Milano, 1979; AA.VV., *informazione parlamentare*, Padova, 1983; SICARDI, *Maggioranza, minoranze e opposizione nel sistema costituzionale italiano*, Milano, 1984; AA.VV., *Le inchieste delle assemblee parlamentari*, Rimini, 1985 (a cura di de Vergottini); DEGRASSI, *Le relazioni al Parlamento*, Milano, 1993; CARDUCCI, *Controllo parlamentare e teorie costituzionali*, Padova, 1996; DICKMANN, STAIANO (a cura di), *Funzioni parlamentari non legislative e forma di governo*, Milano, 2008; GIROTTO, *Parlamento italiano e processo normativo europeo*, Napoli, 2009; OLIVETTI, *Parlamenti nazionali nell'Unione europea*, in *Dig. disc. pubbl.*, Agg. V, Torino, 2012; AA.VV., *Il sistema parlamentare euro-nazionale*, a cura di Manzella, Lupo, Torino, 2014; GIUPPONI, *Segreto di stato (diritto costituzionale)*, in *Enc. dir.*, Annali, X, Milano, 2017. **Sui rapporti fra Parlamento e Governo** v. *infra*, gli AA. cit. nella *NOTA BIBLIOGRAFICA* al cap. III di questa stessa parte.

CAPITOLO III

IL GOVERNO

SOMMARIO: 1. Premesse: contenuti e lacune delle norme vigenti in materia. – 2. La formazione del Governo: le consultazioni; l'incarico. – 3. *Segue*: il conferimento e la revoca dell'incarico; l'accettazione dell'incaricato. – 4. *Segue*: i decreti di nomina; l'entrata in funzione del Governo; il Governo tra giuramento e fiducia. – 5. Le vicende del rapporto fiduciario; le crisi parlamentari ed extra-parlamentari. – 6. *Segue*: le crisi di governo e il Presidente della Repubblica; la linea distintiva tra crisi e rimpasti. – 7. Le componenti necessarie del Governo; i rapporti intercorrenti tra il Presidente del Consiglio, i ministri, il Consiglio dei ministri. La sfiducia individuale. – 8. *Segue*: spunti per una definizione dei poteri e del ruolo del Presidente del Consiglio dei ministri. La sospensione dei processi penali nei confronti del Presidente del Consiglio (... dei Presidenti dei due rami del Parlamento e del Presidente della Repubblica). Funzioni, organizzazione e ordinamento della Presidenza del Consiglio. – 9. Gli organi governativi non necessari: i vicepresidenti del Consiglio; i ministri senza portafoglio; gli alti commissari; i sottosegretari; i viceministri; i commissari straordinari; il Consiglio di gabinetto. – 10. I comitati interministeriali; i comitati di ministri. – 11. Le funzioni del Consiglio dei ministri: le procedure di formazione degli atti normativi del Governo. – 12. Le responsabilità governative e ministeriali. – 13. Il numero, l'organizzazione, le attribuzioni e l'ordinamento dei singoli ministeri: cenni. – 14. Le disposizioni per risolvere i «conflitti di interessi».

1. *Premesse: contenuti e lacune delle norme vigenti in materia*

a) Lo spazio che la Costituzione italiana dedica al Governo, inteso come organo costituzionale, risulta alquanto ristretto (soltanto cinque articoli contro i ventotto dedicati al Parlamento).

Effettivamente, *quanto alle strutture del Governo*, l'art. 92, co. 1, Cost. si limita a ricordarne le componenti necessarie (Consiglio dei ministri, Presidente del Consiglio e singoli ministri), tacendo invece dei vicepresidenti del Consiglio, dei ministri senza portafoglio, degli alti commissari, dei sottosegretari, dei comitati interministeriali, ecc. *Quanto alla formazione dell'organo*, poi, la scarna disposizione dell'art. 92, co. 2, non lascia affatto intendere come sia complessa e articolata la prassi formatasi in tal campo; *quanto alle funzioni e alle posizioni rispettive delle varie componenti*, la lacuna è pressoché totale, visto che l'art. 95, co. 1, non fa che accennare – molto ambiguamente – ai compiti del Presidente del Consiglio, senza precisare quali siano le attribuzioni dei singoli ministri e del Consiglio dei ministri. Si aggiunga che la minuziosa regolamentazione dettata dall'art. 94 Cost., quanto alle *vicende del rapporto di fiducia*, può apparire addirittura fuorviante rispetto alla realtà delle crisi ministeriali che nel nostro Paese non si sono quasi mai modellate sullo stampo costituzionale.

Si consideri, ancora, che al Parlamento repubblicano è occorso un quarantennio per approvare la legge 23 agosto 1988, n. 400, destinata a provvedere – secondo il comma finale dell'art. 95 – «all'ordinamento della Presidenza del Consiglio».

b) Nello *sforzo di integrare il testo costituzionale*, la dottrina s'è allora rifatta a una serie di fonti legislative preesistenti: dalla legge 12 febbraio 1888, n. 5195, sui sottosegretari di Stato, e dal r.d. 14 novembre 1901, n. 466, sulle attribuzioni del Consiglio dei ministri, fino al r.d.l. 10 luglio 1924, n. 1100, nuovamente in tema di sottosegretari, e alla legge 24 dicembre 1925, n. 2163, sulle attribuzioni del Capo del Governo. Ma il ricorso a queste fonti non è risultato conclusivo: poiché, da una parte, le leggi del periodo fascista avevano contraddetto e superato, per lo meno sotto certi aspetti, le leggi del periodo statutario; e, dall'altra parte, erano piuttosto le seconde (quelle più lontane nel tempo ma varate in regime democratico ancorché non pluralista) che non le prime ad armonizzarsi con la Costituzione, per cui gli interpreti tendevano a prenderle in rinnovata considerazione, sebbene da tempo abrogate o derogate o comunque superate.

c) Anche per risolvere problemi di questo tipo era dunque indispensabile fare applicazione del rinvio stabilito dall'art. 95 Cost.

Sennonché la ricordata **legge 23 agosto 1988, n. 400** (intitolata «Disciplina dell'attività di Governo e ordinamento della Presidenza del Consiglio dei ministri») non contiene una completa normativa di attuazione: continua infatti a mancare un'organica revisione delle leggi ordinarie concernenti i singoli Ministeri; è stata solo in parte superata la precedente regolamentazione di taluni organi non necessari del Governo (dai sottosegretari ai comitati ministeriali); ed è pur sempre carente la normazione scritta sul procedimento formativo e sulle crisi del Governo.

In tali circostanze, l'unica via per colmare le lacune riscontrabili tanto a livello costituzionale quanto a livello legislativo ordinario consiste tuttora nel *ricorrere a regole non scritte* sulle quali si è fondato il funzionamento del Governo dal 1948 in poi. Ma in questo stesso senso il problema non è comunque completamente risolto: giacché tali regole sono solo in parte costituite da norme giuridiche, vale a dire da *consuetudini costituzionali*; mentre in altra parte si tratta di *canoni convenzionali*, sia pure suscettibili di trasformarsi in consuetudini; e, in altra parte ancora, di regole di *correttezza* o di *galateo costituzionale* che invece non possono – per quanto ripetute – acquistare un valore normativo in mancanza di un preciso aggancio a disposizioni costituzionali (v. *retro*, parte II, cap. III, § 28).

È quindi ovvio che in questa sede si rende necessario – quando serve – concentrare l'indagine sulle consuetudini e sulle convenzioni. Più in generale, occorre stabilire – per quanto arduo sia il compito – quali componenti della prassi relativa all'organizzazione e al funzionamento del Governo siano giuridicamente necessarie, perché implicitamente volute dalla Costituzione o comunque sorrette da un'*opinio juris*; e quali invece derivino da contingenti esigenze politiche o rappresentino addirittura – come si verifica per le regole di correttezza strettamente intese – un semplice rituale costituzionale, del tutto mancante di obbligatorietà.

Nel primo campo in effetti, sia che si parli di consuetudini costituzionali sia che si preferisca ragionare di convenzioni ormai perfezionate, si può ben dire che le lacune dell'ordinamento del Governo sono solo apparenti, poiché il diritto scritto si salda con quello non scritto (tanto che una violazione delle regole in questione può comportare ricorsi alla Corte costituzionale, se non altro nella forma del conflitto di attribuzioni fra i poteri dello Stato); nel secondo campo, viceversa, le lacune rimangono aperte, sicché il comportamento dei soggetti politici può svolgersi liberamente e insindacabilmente e quindi anche mutare a seconda delle circostanze.

Ma giova ricordare, per rendersi compiutamente conto della complessità del problema, che la linea divisoria fra l'uno e l'altro settore non è affatto sicura e permanente. Al contrario, come le convenzioni possono dar vita a consuetudini, così le consuetudini stesse sono soggette a degradarsi e svanire, per il prevalere di tendenze desuetudinarie. È in entrambi i sensi, dunque, che il quadro delle fonti che regolano le strutture e le funzioni del Governo non si presenta fisso ma mobile e in continua evoluzione.

2. *La formazione del Governo: le consultazioni; l'incarico*

La Carta costituzionale disciplina la **formazione del Governo** con il seguente disposto dell'art. 92, co. 2: «*il Presidente della Repubblica nomina il Presidente del Consiglio dei ministri e, su proposta di questo, i ministri*».

Stando a questa formula così semplice e concisa, parrebbe che non si dia luogo in tale caso a un vero e proprio procedimento di formazione, dal momento che il Capo dello Stato dovrebbe addivenire immediatamente alla costituzione dell'organo governativo. Nella prassi, invece, la formazione stessa si compie attraverso un complesso *iter* articolato in quattro fasi (anche se le prime due non trovano riscontro nel testo costituzionale): (*a*) una fase preparatoria (o delle *consultazioni*), (*b*) una fase costitutiva (ovvero dell'*incarico*), (*c*) una fase perfettiva (caratterizzata dalle *nomine*); cui si aggiunge una quarta (*d*) fase integrativa dell'efficacia (che si risolve nel *giuramento* prescritto dall'art. 93 Cost.).

Tutto ciò che, ai sensi dell'art. 94 Cost., segue il momento del giuramento (vale a dire la presentazione del Governo alle Camere *e il* voto di fiducia *delle Camere stesse), non rientra invece (malgrado la contraria opinione di certi studiosi) nell'ambito del procedimento di formazione in esame.*

a) Come già si accennava, la fase preparatoria consiste essenzialmente nelle **consultazioni del Presidente della Repubblica**. Di fatto, la regola che impone al

Capo dello Stato di sentire, nella soluzione delle crisi ministeriali, l'avviso delle più qualificate personalità politiche si era già consolidata nel periodo statutario; ma fu disapplicata a partire dalla formazione del primo Governo Mussolini, anche se (come già ricordato *supra*, parte II, cap. I, § 3, e come si dirà anche alla fine della presente lettera) il successivo voto di fiducia concesso dal Parlamento a quell'Esecutivo valse a sanare quell'omissione, posto che tutta l'attività posta in essere dal Capo dello Stato in questa fase è volta all'ottenimento di quello. Ripristinata sin dalla costituzione del Governo Bonomi nel 1944, essa è rimasta da allora in vigore, sebbene in forme continuamente rinnovate.

Nella prima legislatura repubblicana (1948-1953), il Capo dello Stato si limitava a consultare l'*ex* Presidente della Repubblica, i Presidenti delle Camere, gli *ex* Presidenti della Costituente e, principalmente, i Presidenti dei gruppi parlamentari.

Dal gennaio del 1954 si aggiunsero gli *ex* Presidenti del Consiglio (con tutta una serie di progressive variazioni nell'ordine delle udienze).

Sotto la presidenza di Segni e di Saragat si è quindi introdotto l'uso di sentire due volte (all'inizio e alla fine di ogni ciclo) gli *ex* Presidenti della Repubblica e i Presidenti delle assemblee parlamentari.

Ancora più di recente (con prassi consolidata nel settennato di Saragat) si sono voluti ascoltare anche i segretari dei partiti, assieme ai rispettivi capigruppo; dopo di che – durante la presidenza Pertini – sono stati definitivamente estromessi gli *ex* Presidenti del Consiglio e gli *ex* Presidenti delle Camere.

A oggi l'elenco comprende: 1) i *Presidenti delle Camere*; 2) gli *ex Presidenti della Repubblica*; 3) le *delegazioni dei partiti* composte, nella maggior parte dei casi, dal Segretario e dai Presidenti dei gruppi parlamentari [1].

L'*ordine delle consultazioni* attiene certamente al mero «galateo» costituzionale, e varia in effetti senza che si registrino reazioni di sorta; in certi casi, anzi, può aversi l'omissione di alcuni fra questi tipi di colloqui. Tuttavia, non sarebbe esatto desumerne che tutta la fase in questione si fondi su regole di correttezza (o di galateo): se non i dettagli, per lo meno *il nucleo delle consultazioni presenta un notevole rilievo e deve ormai ritenersi giuridicamente indispensabile (e quindi frutto di una consuetudine costituzionale) a fronte dello stesso testo costituzionale*. Infatti, l'istituto si collega strettamente a quell'art. 94, co. 1, Cost., ai sensi del quale «il Governo deve avere la fiducia delle due Camere»; e la fase preparatoria tende precisamente a consentire che il Presidente della Repubblica effettui il conferimento dell'incarico di formare il nuovo Governo secondo gli indirizzi

[1] Nel corso della formazione del Governo Dini (a cavallo tra il 1994 e il 1995), la delegazione di «Forza Italia» è stata guidata dall'on. Berlusconi, quale *leader* effettivo del movimento stesso. E così è spesso accaduto, anche per altre forze politiche, da allora in poi. Non sempre, però: nel dicembre 2016, per es., dopo la caduta del Governo Renzi e prima della formazione del Governo Gentiloni, non sono saliti al Colle né lo stesso Renzi, *leader* del Partito Democratico, né Grillo, *leader* del Movimento Cinque Stelle.

espressi dai gruppi che detengono la maggioranza nelle Camere stesse, esercitando in tal modo una sorta di funzione «intermediaria» (A.A. Romano).

Su questa base, è molto agevole concludere che le sole *consultazioni* realmente *necessarie per dettato costituzionale* sono quelle riguardanti i capigruppo (cui si possono aggiungere – forse – i Presidenti dei due rami del Parlamento, per analogia con il disposto dell'art. 88, co. 1, Cost., onde il Capo dello Stato li deve sentire in occasione dello scioglimento delle Camere). Quanto invece agli *ex*-titolari di organi costituzionali, essi potrebbero venire tutti depennati dall'elenco, e nella più parte lo sono già stati.

La loro consultazione rispondeva, per la verità, specie in passato, allorché, data la natura proporzionale della legge elettorale, non si poteva che mirare alla formazione di governi di coalizione (il che potrebbe quindi cominciare a ripetersi sin da quest'anno 2018), anche allo scopo di allungare i tempi della crisi, permettendo al Presidente della Repubblica e alle forze politiche di orientarsi con maggiore calma.

Non a caso, è accaduto alcune volte che il Capo dello Stato, concluso il suo ciclo di consultazioni, non abbia senz'altro provveduto all'attribuzione dell'incarico, ma si sia servito del Presidente di una delle due Camere – cioè di una figura dotata di un alto rilevo istituzionale – per fargli effettuare un ulteriore **mandato esplorativo**, con il precipuo scopo di rinviare il momento della decisione finale (è diverso, invece, il caso del **pre-incarico** che viene talvolta conferito alla stessa personalità politica designata dalle forze di maggioranza per risolvere la crisi, ma in modo da non esporlo subito ad un possibile fallimento delle trattative).

Ciò, come già anticipato, è perlopiù accaduto sotto la vigenza della legge elettorale che ha governato la formazione del Parlamento dal 1948 al 1993. Trattandosi di una legge elettorale avente un più che preminente carattere proporzionale [2], una volta terminato il periodo di strapotere della Democrazia Cristiana (DC) che le consentiva la formazione anche di Governi monocolore, divenne con il tempo vieppiù necessario addivenire alla formazione di Esecutivi di coalizione tra più forze politiche. Così, l'esponente politico scelto per presiedere il Consiglio dei ministri doveva essere in grado di assicurarsi, in Parlamento, il voto di fiducia non solo dei parlamentari appartenenti a forze politiche diverse, ma anche di quelli che facevano capo alle differenti *correnti interne* agli stessi partiti che avrebbero formato la maggioranza.

Tutto cambia dopo l'adozione delle leggi elettorali per ¾ maggioritarie del 1993 [3], perché il sistema partitico si fa fin da subito, almeno tendenzialmente,

---

[2] V. *infra*, a fine testo, nell'«APPENDICE», *sub* LEGGI ELETTORALI POLITICHE VIGENTI NELL'ITALIA REPUBBLICANA, nonché *sub* PRESIDENTI DEL CONSIGLIO DEI MINISTRI DELLA REPUBBLICA ITALIANA (DOPO L'ELEZIONE DEL PRIMO PARLAMENTO REPUBBLICANO AVVENUTA IL 18 APRILE 1948).

[3] *Idem*.

bipolare e perché, di conseguenza, l'esito delle elezioni politiche dà, del pari sin da subito, una chiara indicazione su chi dovrà essere la guida dell'Esecutivo. Ciò spiega la ragione per la quale, nella stagione 1993-2005, le consultazioni del Presidente della Repubblica hanno una durata minima, risolvendosi, talora, in mera formalità quanto alla scelta del Capo del Governo[4], ma conservando sostanza quantomeno relativamente alla formazione della compagine di governo (sul punto, v. anche *infra*, tra breve, *sub b1*). Per non dire del caso (durante il passaggio dal governo D'Alema I al governo D'Alema II che vide un intervallo, tra le dimissioni e il nuovo giuramento dello stesso soggetto, di soli tre giorni) di una c.d. ***crisi pilotata*** voluta dal Presidente del Consiglio per l'avvertita necessità di verificare (in quel caso dopo una sofferta approvazione della legge finanziaria) la compattezza dell'alleanza che lo sosteneva.

I tempi potevano tendere a riallungarsi a partire dal 2006, cioè da subito dopo l'ennesimo cambiamento di legge elettorale a favore di un sistema proporzionale corretto. E se così non è stato nelle prime due occasioni di voto con quel sistema[5] perché non v'è stata un'estrema frammentazione delle componenti e dei gruppi politici, nella terza occasione (quella del 2013) il sistema è imploso[6].

---

[4] Nel corso delle Legislature che vanno dalla XII alla XIV, le elezioni politiche del marzo 1994, dell'aprile 1996 e del maggio 2001, portarono pressoché in automatico – data la chiara indicazione fornita dal corpo elettorale e l'esistenza di un *leader* di coalizione da già prima del voto – alla formazione dei Governi di inizio legislatura Berlusconi I, Prodi I e Berlusconi II. Nella seconda e terza occasione, le **consultazioni durarono un giorno e mezzo**; un po' di più – ma poco – nella prima, per contrasti tra Presidente del Consiglio incaricato e Presidente della Repubblica circa la formazione della lista dei ministri (v. *infra*, tra breve, nella nota 8).

[5] Dopo le elezioni politiche dell'aprile 2006 (con avvio della XV Legislatura) e dell'aprile 2008 (con avvio della XVI Legislatura) non è stato tanto più difficile individuare il Presidente del Consiglio [rispettivamente, sempre quanto all'inizio della Legislatura, Prodi II (addirittura, un solo giorno di consultazioni), Berlusconi IV (2 giorni di consultazioni)]; un po' più complicato, semmai, assicurare la tenuta delle coalizioni che, posta la legge elettorale, sono nate più frammentarie, composte di più partiti anche di assai piccole dimensioni. Lo dimostra, forse ancor meglio delle altre, la Legislatura XVII (2013-2018 e sulla cui nascita v. la nota che segue) che ha visto susseguirsi, in 5 anni, tre Presidenti del Consiglio (Letta, Renzi e Gentiloni) tutti esponenti dello stesso partito politico.

Ma è la XV Legislatura (elezioni politiche del 9-10 aprile 2006; date di inizio e fine Legislatura: 28 aprile 2006-6 febbraio 2008) a mostrare più di tutte la debolezza del sistema. Essa è stata caratterizzata dalla vittoria di una coalizione che, con il premio garantito dalla legge elettorale del 2005, ha potuto contare su una solida maggioranza alla Camera, mentre, in Senato, la sua sopravvivenza è sempre rimasta legata a un filo, posta la risicatissima maggioranza assicurata dal sistema dei premi calcolati su base «regionale» (dei 315 seggi del Senato, 158 furono quelli assegnati alla coalizione vincente; 156 quelli vinti dalla coalizione sconfitta; 1 quello vinto da un Senatore autodefinitosi «indipendente»). Il che ha spesso costretto il Presidente del Consiglio a confidare nei voti della maggioranza dei Senatori a vita (7, ad aprile 2006) che, soli, sono stati talora in grado di assicurargli la fiducia della maggioranza del Senato. Con i «numeri» usciti dalle urne è già stato difficile far durare la Legislatura poco più di diciannove mesi. La crisi del 2008 è stata quindi determinata da ragioni squisitamente politiche e di alleanza interna alle forze della coalizione di governo che non si sono dimostrate successivamente in grado né di chiarire la situazione politica, né di ripristinare la coesione di una maggioranza che evidentemente non c'era più.

[6] Dopo le elezioni politiche del febbraio 2013 (con avvio della XVII Legislatura), è stato assai

I tempi, poi, rischiano di diventare ancor più lunghi dopo lo svolgimento delle elezioni politiche fissate per il 4 marzo 2018 sulla base del nuovo sistema elettorale misto (proporzionale-maggioritario) adottato nel 2017[7]. E ciò è tanto vero che, nel corso del procedimento di formazione del primo Governo successivo alle predette consultazioni, il Presidente della Repubblica ha, per la prima volta nella storia repubblicana, conferito due mandati esplorativi, in rapida successione, ad entrambi i Presidenti dei due rami del Parlamento.

Se il designato **non accetta l'incarico**, o **lo rimette nelle mani del Capo dello Stato** dopo avere constatato l'insuccesso del suo tentativo di formare un nuovo Governo, si procede a un altro ciclo di consultazioni, nel corso del quale, tuttavia, sono stati abitualmente sentiti i soli rappresentanti delle forze politiche e i Presidenti delle due Camere.

Del resto, quand'anche il Presidente della Repubblica omettesse del tutto le consultazioni, ne risulterebbe indubbiamente un vizio del procedimento (Bozzi); ma il vizio verrebbe senato, data la *ratio* delle consultazioni stesse, qualora entrambe le Camere del Parlamento concedessero comunque la loro fiducia al Governo così costituito.

b) Neanche la fase dell'**incarico**, che pure rappresenta il momento centrale e determinante nella formazione del Governo, viene come tale considerata dalla Carta costituzionale. Ma, proprio per questo, fin dai primi anni di vita dell'attuale ordinamento l'incarico ha formato l'oggetto di un ampio dibattito dottrinale.

b1) Discusso è anzitutto il *fondamento* di un tale istituto, che alcuni considerano consuetudinario, altri convenzionale, altri costituito da regole di mera correttezza liberamente derogabili dai soggetti interessati.

b2) Ma discussa è anche la sua *collocazione*: fa parte della fase preparatoria o di quella costitutiva del procedimento?

b3) E così è discussa la *posizione dell'incaricato* che certi riducono a un fiduciario del Presidente della Repubblica, laddove altri lo ritengono investito di pubbliche funzioni del tutto peculiari.

Anticipando le conclusioni del discorso, si può sostenere fin d'ora che l'incarico abbia un (*b1*) *fondamento* consuetudinario, rispondendo a precise esigenze di ordine costituzionale; che la scelta dell'incaricato e, soprattutto, (*b2*) gli *atti che egli compie* in collaborazione con il Capo dello Stato *siano costitutivi* ad

---

complicato individuare il Presidente del Consiglio [l'on. **Letta**]. E ciò a causa di uno stallo politico causato dai risultati elettorali (alla Camera dei deputati, la Coalizione di centro-sinistra aveva conseguito il 29,55% dei voti; quella di centro-destra il 29,20% dei voti e il Movimento 5 Stelle (non disposto ad allearsi con alcuno degli altri due contendenti) il 25,56%.

A formare il Governo ci vollero **due mesi**, la prima **«grande coalizione»** all'italiana (con partecipazione di forze di entrambi i poli storicamente contrapposti) e anche, per la prima volta nella storia repubblicana, la **rielezione del Capo dello Stato** (v. *infra*, parte IV, cap. I, § 8).

[7] V. *infra*, a fine testo, nell'«APPENDICE», *sub* LEGGI ELETTORALI POLITICHE VIGENTI NELL'ITALIA REPUBBLICANA.

ogni effetto, perché condizionanti la fase delle nomine; e che, coerentemente, l'incaricato (*b3*) non si pone alle dipendenze del Presidente della Repubblica, ma sia *titolare di un organo costituzionale per sé stante, sebbene transitorio* per definizione (v. *infra*, il § 4 del presente capitolo).

Nella dottrina costituzionalistica meno recente, tutti questi assunti venivano invece messi in dubbio. In particolar modo si affermava (Predieri) che l'incarico non fosse giuridicamente indispensabile e dovesse anzi ritenersi frutto di una prassi incostituzionale. Secondo Costituzione, cioè, il Presidente della Repubblica avrebbe sì dovuto tener conto delle posizioni assunte dalle forze politiche interessate alla soluzione della crisi, ma per provvedere direttamente alla nomina del nuovo Presidente del Consiglio: cui sarebbe pertanto spettato – in base alla lettera dell'art. 92, co. 2 – svolgere quelle trattative miranti alla formazione dell'intero Gabinetto, che di fatto competevano già allora al cosiddetto Presidente incaricato, ben prima che fosse perfezionato il relativo decreto di nomina.

Opinioni del genere sono state peraltro abbandonate da tempo.

b1) La prassi è sempre stata costante nel senso dell'indispensabilità della fase in esame e, in più, sussiste una corrispondente *opinio juris*, vale a dire la diffusa convinzione che **dell'incarico non si può costituzionalmente fare a meno**.

Effettivamente, che quella dell'incarico rappresenti una strada giuridicamente obbligata, risulta dal fatto che in tale direzione concorrono i tre fondamentali principi di ordine costituzionale, concernenti la formazione e l'organizzazione del Governo: quello di **unità**, quello di **continuità** e quello che esige la **permanente fiducia** delle Camere.

Va considerato anzitutto che il ***Governo è un organo complesso***, le cui componenti sono necessariamente inserite nel tutto e non possono esistere in mancanza degli altri elementi costitutivi: ne dà conferma l'art. 92, co. 1, Cost., disponendo che «il Governo della Repubblica è composto del Presidente del Consiglio e dei ministri, che costituiscono insieme il Consiglio dei ministri». Secondariamente, va ricordato che quello governativo è un ***organo continuo***, sicché il Governo uscente e il Governo entrante si devono avvicendare in blocco, senza fratture di sorta; e l'effetto voluto non si produrrebbe, se a subentrare non fosse tutto il Gabinetto nuovo, ma il solo Presidente del Consiglio. In terzo luogo, prevedendo che ***l'intero Governo deve avere la fiducia delle Camere***, anche l'art. 94, co. 1, Cost. contribuisce ad escludere che il Presidente del Consiglio entri in carica prima degli altri ministri (come invece accade in alcune Regioni, dove il Presidente della Giunta viene eletto in un momento precedente l'elezione degli altri componenti dell'esecutivo: v. *infra*, parte IV, cap. I, § 4).

Appunto alla luce di questi tre principi si giustifica il preventivo conferimento di un incarico, dato dal Presidente della Repubblica a colui che dovrà essere (ma non è ancora) il Presidente del Consiglio dei ministri, quale unico espediente atto ad evitare l'assurdo della compresenza del Presidente entrante e dei ministri uscenti, oppure di due Presidenti del Consiglio che si ripartiscano le relative funzioni. A fare eccezione sarebbe unicamente il caso in cui la personalità prescelta dal Capo dello Stato disponesse in partenza – come suole verificarsi in Gran Bretagna – della lista dei ministri da nominare; ma simili evenienze presuppongono esiti elettorali assolutamente chiari, che rendano incontrovertibile la vittoria di un determinato partito o di una determinata coalizione, guidato/a da un *leader* che sia talmente indiscusso nell'ambito non solo del movimento politico che guida, ma pure della coalizione elettorale che raggruppi altri partiti oltre al suo, da non avere bisogno di discutere con chicchessia la compagine di Governo: il che non si è mai registrato nell'Italia repubblicana, pur dopo le riforme elettorali del 1993.

b2) Tuttavia, non si può nemmeno ritenere che la fase dell'incarico sia preparatoria al pari di quella delle consultazioni (Cuocolo). Al contrario, *essa è costitutiva.* Proprio perché il Governo deve nascere nella sua interezza e non per segmenti, sulla base di contemporanei atti di nomina del Presidente del Consiglio e dei singoli ministri, occorre che il Presidente incaricato predisponga tutto ciò che è necessario a questo scopo, precostituendo il programma governativo e la compagine ministeriale, attraverso laboriose *trattative* con le parti politiche interessate; dopo di che le nomine non fanno che formalizzare e perfezionare decisioni che nella sostanza sono state già prese.

b3) A questa stregua si può anche rispondere al quesito più delicato fra tutti che concerne la *posizione del Presidente del Consiglio incaricato e i suoi rapporti con il Presidente della Repubblica.* Il tema è stato particolarmente controverso durante la presidenza Gronchi (1955-1962), quando il Capo dello Stato rivendicò non soltanto la responsabilità della scelta dell'incaricato, ma quella ben più ampia di portare a buon fine il complessivo procedimento di formazione del Governo. Dal dovere che indubbiamente spetta al Presidente della Repubblica, di avviare la costituzione di un Gabinetto che possa avere la fiducia delle Camere, si traeva in effetti la convinzione che fosse suo compito occuparsi, tramite l'incaricato, sia dell'organizzazione del futuro esecutivo (con la conseguente pretesa d'incidere sulle nomine dei ministri, depennando e sostituendo d'autorità i nominativi di coloro che egli non considerasse idonei), sia della determinazione del programma che l'esecutivo stesso avrebbe dovuto realizzare (Cosentino). Ma l'idea che il Presidente del Consiglio incaricato rappresenti un semplice soggetto privato, strumentalizzabile dal Capo dello Stato, non è stata condivisa dai successivi Presidenti; e non ha avuto molta fortuna, né in sede politica né in sede dottrinale, neppure nel corso dello stesso settennato di Gronchi.

Presentemente, anzi, può considerarsi pacifico che il Presidente della Repubblica non sia responsabile né del risultato finale che si determina con la votazione di fiducia da parte delle Camere, né della composizione della compagine ministeriale o della definizione del programma di governo. E ciò si conforma tanto alla lettera quanto allo spirito dell'art. 95, co. 1, Cost., che attribuisce al (solo) Presidente del Consiglio, escludendo quindi il Capo dello Stato, la responsabilità inerente alla determinazione e all'attuazione dell'indirizzo politico governativo: il che non avrebbe più senso, qualora si accettassero le tesi testé criticate.

Da queste premesse deriva necessariamente che la predisposizione della lista dei ministri da parte del Presidente del Consiglio incaricato costituisce una *proposta vincolante* per il Capo dello Stato, il quale non potrebbe rifiutare alcuna nomina, se non nel caso estremo di un soggetto palesemente privo dei requisiti giuridicamente richiesti per ricoprire l'ufficio[8].

Viceversa, il compito che spetta al Presidente della Repubblica dovrebbe risolversi nel mettere in moto il processo di formazione del Governo (salvi soltanto consigli e ammonimenti). Ogni altra funzione, con le responsabilità che vi sono connesse, ricade pertanto fra le attribuzioni dell'incaricato. (Diametralmente opposta, peraltro, è stata l'interpretazione del proprio ruolo da parte del Presidente della Repubblica Mattarella, nel corso della crisi di governo seguita alle elezioni del 4 marzo 2018, sui cui anche *infra*, nell'*Appendice*).

3. Segue: *il conferimento e la revoca dell'incarico; l'accettazione dell'incaricato*

a) La circostanza che il Capo dello Stato debba avviare la soluzione della crisi *non implica*, d'altronde, che egli sia *giuridicamente libero* nella scelta dell'incaricato (anche se *politicamente condizionato* dalle indicazioni dei partiti di maggioranza).

È invece dominante in dottrina l'idea che il conferimento dell'incarico presenti un **carattere discrezionale** (Cuocolo, Cuomo, Zagrebelsky): cioè *sia vincolato quanto al fine da raggiungere* che consiste pur sempre nell'incaricare una personalità politica in grado di formare un Governo che abbia la fiducia delle Camere. Resta inteso, però, che al Presidente della Repubblica *rimane la scelta fra i mezzi più atti a conseguire questo scopo*. E se può ben darsi che in certe situazioni l'esito della scelta stessa sia predeterminato (v. nel paragrafo prec.), si danno altri casi nei quali il margine della sua discrezionalità è notevolmente ampio, sino al punto che il Capo dello Stato, nel conferire l'incarico, deve preliminarmente optare entro un ventaglio di possibili coalizioni di governo, fungendo in tal modo da «fattore di coagulazione» (Capotosti, D'Orazio).

a1) Per fare qualche esempio, si ricordi come negli anni 1948-1953, in presenza di una Democrazia Cristiana che disponeva della maggioranza assoluta ed era retta da un *leader* indiscusso quale De Gasperi, il Presidente Einaudi si sia trovato non solo politicamente ma giuridicamente obbligato (alla maniera del sistema parlamentare inglese) nella soluzione delle crisi di governo.

---

[8] È peraltro oramai assodato che il Presidente della Repubblica Oscar Luigi Scalfaro espresse più di qualche perplessità di fronte all'ipotesi di lista di ministri che il Presidente del Consiglio incaricato Silvio Berlusconi gli sottopose in bozza, dopo le elezioni di marzo 1994, allorché si avviava a formare il suo primo Governo. Quel che il Presidente della Repubblica certamente ottenne fu lo spostamento di un nominativo da un dicastero a un altro.

a2) Per converso, non appena i rapporti di forza fra i partiti mutarono sensibilmente, in seguito alle elezioni politiche del 1953, lo stesso Einaudi fu in grado di muoversi con maggiore libertà, incaricando nell'agosto di quell'anno un uomo come Pella, il cui Governo fu definito «amico» dalla Democrazia Cristiana, proprio per significare che esso non ne costituiva l'espressione necessaria e ufficiale.

a3) Del pari, designazioni operate dal Capo dello Stato con un ampio grado di autonomia, consentita o imposta dalla labilità del quadro politico dell'epoca, si ebbero all'atto della formazione del Governo Tambroni (marzo - luglio 1960) e dei due *Governi c.d. «balneari»* (perché destinati a durare lo spazio di un'estate o poco più) guidati da Leone (nel giugno - dicembre del 1963 e del 1968), come pure del primo Governo Spadolini nel giugno 1981.

a4) Ancora, nell'ambito della storia costituzionale dell'ultimo quarto di secolo, vanno ricordati il Governo Amato (luglio 1992 - aprile 1993), il Governo Ciampi (aprile 1993 - maggio 1994), il Governo Dini (gennaio 1995 - maggio 1996) e il Governo Monti (novembre 2011 - aprile 2013): esecutivi del genere, caratteristici di una non remota, ma in parte anche dell'attuale, fase di transizione, hanno fatto parlare addirittura – sia pure a torto – di **«Governi del Presidente»**, mentre, specie con riguardo a taluni tra loro, sono noti ai più come **«Governi tecnici»**. Tra tutti, quelli che hanno, più di altri, il diritto di far propria quest'ultima denominazione sono gli Esecutivi Dini e Monti, pressoché integralmente composti di soggetti che non esercitavano, al momento della nomina, attivamente la politica.

a5) Per il 1994, dopo il mese di marzo, e i periodi 1995-2005 e 2006-2017, si rimanda, relativamente ai Governi di inizio Legislatura [rispettivamente, Berlusconi I; Prodi I, Berlusconi II; Prodi II, Berlusconi IV e Letta] a quanto già osservato nel paragrafo precedente *sub a*), nel testo e in nota: il Presidente della Repubblica non ebbe invero alcunché da scegliere.

Né, per la verità, poté esercitare la sua influenza allorché, all'interno di una Legislatura, la coalizione vincente stabilì, per le ragioni più varie, che andasse cambiato il Presidente del Consiglio anche in assenza di mutamenti sostanziali della maggioranza di governo.

Così, nella XIII Legislatura [9], il Gabinetto Prodi I venne sostituito dai Governi D'Alema I (ottobre 1998 - dicembre 1999) e II (dicembre 1999 - aprile 2000) e poi dall'Amato II (aprile 2000 - giugno 2001) [stessa coalizione e *leaders* di partiti diversi]; così, ancora, nella XVII Legislatura (2013-2018), il Gabinetto Letta (aprile 2013 - febbraio 2014) venne sostituito dai Governi Renzi (febbraio 2014-

---

[9] 1996 - 2001. Fu **la prima ad essere integralmente completata dopo trentatré anni**, cioè dal termine della IV Legislatura: 21 giugno 1963 - 5 giugno 1968.

Anche la successiva, la XIV (2001-2006), durò il quinquennio previsto dalla Costituzione e, caso unico, vide **un solo soggetto politico** (l'on. Berlusconi) **Presidente del Consiglio per la sua intera durata**, seppure a capo di due distinti Governi, peraltro senza soluzione di continuità (11 giugno 2001 - 23 aprile 2005, il Governo Berlusconi II; 23 aprile 2005 - 17 maggio 2006, il Governo Berlusconi III). Da notare, anche, come il primo dei due sia, ad oggi, quello di **maggiore durata** (1.412 giorni) nella storia della Repubblica.

dicembre 2016) e Gentiloni [10] (dicembre 2016 - marzo 2018) [stessa coalizione e *leaders*, o comunque, esponenti di spicco dello stesso partito, quello «Democratico»].

a6) Si potrebbe comunque pensare – ed è stato sostenuto (Maranini) – che l'operato del Presidente della Repubblica sia totalmente svincolato da criteri di ordine giuridico, quando egli accerti che nelle Camere non si riesce a formare nessuna maggioranza, sicché la formazione del nuovo Governo si deve accompagnare allo scioglimento anticipato delle Camere stesse. Ma, anche in questa ipotesi estrema, è invece preferibile la tesi di quanti ritengono che il Presidente debba incaricare, fra tutti gli eventuali candidati, colui che disponga comunque dei maggiori consensi in sede parlamentare (tanto da poter sperare in un successo dell'ultima ora, sia pure provocato dal desiderio di evitare la fine anticipata della Legislatura e le conseguenti elezioni politiche). Qui pure, cioè, trova applicazione il principio stabilito dall'art. 94, co. 1, Cost., onde *il Governo deve essere formato in vista di un possibile, plausibile o anche solo ipotizzabile voto di fiducia* (e deve presentarsi alle Camere prima che venga emanato il decreto di scioglimento), evitando la costituzione di compagini governative che rispondano soltanto alle visioni politiche presidenziali e che si pongano fin dall'inizio in antitesi con il potere legislativo.

b) In tali criteri consiste il fondamento consuetudinario (vale a dire il *nucleo giuridicamente inderogabile)* dell'istituto dell'incarico.

b1) Al di là di questo, viceversa, l'incarico stesso si presta a subire (come già nel caso delle consultazioni del Capo di Stato) una serie di *varianti di natura convenzionale,* liberamente o discrezionalmente disponibili da parte dei soggetti interessati.

b1i) Ciò vale, in primo luogo, per la prassi degli **incarichi condizionati**, più volte adottata sotto la presidenza Saragat (1964-1971) per mezzo di formule che precisavano, sin dal momento della scelta dell'incaricato, il tipo di maggioranza (di centro-sinistra) che questi avrebbe cercato di realizzare. Evidentemente, se precisazioni del genere si fossero basate sulle tesi di Gronchi, assumendo il senso di un'intromissione del Presidente della Repubblica nella determinazione del programma di governo, esse avrebbero leso le norme costituzionali non scritte che vigano in materia. Ma risulta possibile operarne una giustificazione, supponendo appunto che il Capo dello Stato e il futuro Presidente del Consiglio si fossero previamente accordati circa la preferibile soluzione della crisi; sicché la condizione potesse concepirsi come il frutto di un'*autolimitazione dell'incaricato*, piuttosto che di un vincolo preventivamente imposto, in mancanza del quale l'incarico non sarebbe stato dato [11].

---

[10] In quest'ultimo caso, peraltro, il favore del Presidente della Repubblica Mattarella per il candidato Gentiloni ha certamente giocato un ruolo, posto che al partito proponente andavano del pari bene anche altri nomi.

[11] Una sorta di condizionamento della composizione del Governo è stata vista anche nell'attri-

b1ii) In secondo luogo, mutevole è stata altresì – dal 1948 ad oggi – la **forma di conferimento dell'incarico**.

Fino al 1958, l'incarico era *dapprima conferito oralmente*, ma veniva poi perfezionato mediante un *apposito decreto presidenziale,* controfirmato dal Presidente del Consiglio uscente e retrodatato al giorno del conferimento effettivo, sebbene emanato contemporaneamente alla piena accettazione dell'incarico stesso e alla formazione dei decreti di nomina dei membri del nuovo Governo.

Subito dopo la costituzione del secondo Governo Fanfani (giugno 1958) tutte queste finzioni complicanti e inutili vennero peraltro abbandonate, con la conseguenza che l'*incarico è stato da allora conferito in una forma esclusivamente orale*, al termine di un colloquio fra il Presidente della Repubblica e l'uomo politico prescelto, del quale il Segretario della presidenza dà subito notizia con un *comunicato* alla stampa, alla radio e alla televisione; e la modifica può considerarsi pienamente giustificata, anche se alcuni osservatori furono a quel tempo dell'avviso che Gronchi tendesse in tal modo a sminuire la posizione dell'incaricato.

In effetti, la vera forza della personalità che riceve l'incarico non consiste di certo nel fatto della successiva emanazione di uno specifico decreto, ma sta nella misura dell'appoggio politico del quale egli dispone in Parlamento, nel Paese e all'interno del suo stesso partito d'appartenenza [12]; tanto è vero che – nella grande generalità dei casi – sono stati i partiti politici a determinare in sostanza, mediante un previo accordo (Capotosti, Ferrara), la configurazione del Governo e gli obiettivi che esso si prefiggeva.

b2) Rimane in ogni caso fermo che il Presidente della Repubblica, una volta conferito l'incarico, non può interferire nelle decisioni dell'incaricato né può revocargli il mandato per motivi dipendenti dalle divergenze delle rispettive visioni po-

---

buzione dell'incarico di vicepresidenti del Consiglio a Saragat e La Malfa nel corso della formazione del quinto Governo Andreotti (marzo 1979 - agosto 1979); ma più che di una indebita intromissione del Capo dello Stato si è parlato, in questo stesso caso, di una scelta concordata con il Presidente del Consiglio incaricato (anche se ricostruzioni del genere assomigliano a una «finzione»: Calandra).

[12] Quando l'**incarico di formare il Governo è stato dato al Segretario politico di un partito**, i comportamenti tenuti dall'incaricato non sono sempre stati omogenei. Lasciando da parte il periodo in cui il Governo fu sempre formato da esponenti della DC e nel quale si seguì una prassi interna di quel partito che pretendeva la non coincidenza delle due cariche [Moro I, nel 1963, e Rumor I, nel 1968, si dimisero entrambi. Fanfani II (luglio 1958 - gennaio 1959) non lo fece e, quando il suo Governo ebbe fine, si dimise anche dalla Segreteria del partito], si potrebbe dire: che non si è dimesso dalla carica politica chi riteneva che il partito, senza la sua *leadership*, avrebbe perso di forza, cioè di elettori (Spadolini I, nel 1981, e Craxi I, nel 1983); che si è dimesso da Segretario chi ha guidato Governi di coalizione nel periodo di vigenza delle legge elettorali del 1993 (per es., D'Alema I, nel 1998); che non si è dimesso chi vede (... o vedeva) nel suo ruolo all'interno del suo partito d'appartenenza un punto di forza, e non di debolezza, in relazione alla carica di Governo (Renzi, nel 2014, succedendo al suo collega di partito Letta).

La questione è tutta italiana perché in Francia, Germania, Gran Bretagna, Spagna, ecc., di regola diventa Capo del Governo il *leader* del partito che vince le elezioni politiche... proprio perché è tale.

litiche, sia pure in vista della tutela di ipotetici «interessi nazionali» (Galizia).

Ma ciò non esclude che la *revoca dell'incarico* sia possibile e perfino necessaria, quando (*b2i*) *le trattative dell'incaricato si prolunghino in maniera abnorme*, al di là di un congruo termine prestabilito dallo stesso Capo dello Stato: come nel caso della rinuncia che Segni impose a Moro nella tarda primavera del 1963. Del pari, si può ipotizzare una revoca quando (*b2ii*) *le forze politiche indispensabili per costituire una maggioranza si dissocino esplicitamente dall'azione dell'incaricato*, senza che questi ne tragga le necessarie conseguenze, in quanto tali evenienze renderebbero a priori irrealizzabile il fine prescritto dall'art. 94 Cost., vale a dire la creazione di un Governo sorretto dalla fiducia delle Camere.

c) Di norma, però, sia che il tentativo dell'incaricato abbia successo sia che si concluda con un fallimento, l'interessato si reca dal Capo dello Stato per **sciogliere – positivamente o negativamente – la riserva** che nella prassi viene sempre espressa all'atto del conferimento (con le sole eccezioni di Segni, di Andreotti, di Berlusconi e di Conte che nel 1959, nel 1972, nel 2008 e nel 2018 – al suo secondo tentativo –, hanno accettato l'incarico incondizionatamente). Sul significato di tale riserva la dottrina è divisa, anche se il divario è piuttosto apparente che reale. Alcuni ritengono che l'incaricato si riservi di accettare, ponendo una sorta di *condizione sospensiva,* fino a quando non avrà verificato se egli sia in grado di formare un nuovo Governo (Galizia). Altri preferiscono invece parlare di una «riserva di rifiuto», operante come una *condizione risolutiva* nell'ipotesi che il tentativo fallisca (Elia). Ma, in definitiva, entrambe le concezioni si possono considerare fondate, sia pure assumendo differenti angoli visuali. Infatti l'incaricato non esercita una funzione unitaria, ma svolge compiti alquanto eterogenei, cui corrispondono all'interno della fase dell'incarico almeno *due sotto-fasi*: quella delle *trattative* e quella *propriamente costitutiva* del nuovo Governo. Rispetto alla prima, l'accettazione è senza dubbio piena e immediata, sicché la riserva funge da condizione risolutiva. Quanto all'organizzazione del Governo, viceversa, la condizione è certamente sospensiva, nel senso che l'incaricato non vi può provvedere se non quando le trattative si siano concluse favorevolmente, consentendogli di accettare definitivamente l'incarico stesso.

4. Segue: *i decreti di nomina; l'entrata in funzione del Governo; il Governo tra giuramento e fiducia*

a) Alla firma e alla controfirma dei decreti di nomina si perviene – di regola – senza alcuna soluzione di continuità, subito dopo lo scioglimento della riserva da parte dell'incaricato. È a questo punto che egli si presenta come il titolare di un **organo costituzionale** seppure **transitorio** (... mancano ancora il giuramento e la fiducia parlamentare), nell'esercizio delle pubbliche funzioni organizzative del nuovo Governo (Elia, Ferrara, Rizza).

Più precisamente, il procedimento formativo si conclude con l'emanazione di tre tipi di decreti del Presidente della Repubblica: *a1*) quello di *nomina del Presidente del Consiglio subentrante* che lo stesso nominato controfirma per attestare la propria accettazione (dal che deriva – come osserva Mortati – un atto «complesso eguale», frutto del concorso paritario delle volontà dei titolari dei due organi coinvolti nel procedimento); *a2*) quelli di *nomina dei singoli ministri,* dei quali il Presidente del Consiglio assume l'iniziativa, controfirmandoli per attestare che essi corrispondono ad una sua proposta; e *a3*) quello di *accettazione delle dimissioni del Governo uscente* (che viene emanato appena a questo punto, in applicazione del «principio di continuità» dell'organo governativo, sebbene le dimissioni medesime siano presentate – per definizione – fin dall'inizio della crisi ministeriale). È questo l'unico atto della serie che veniva controfirmato – fino al 1983 – dal Presidente del Consiglio dimissionario. Ma ora l'atto stesso viene anch'esso sottoscritto dall'entrante [13]; anche se, di per sé, di un tale decreto si potrebbe tranquillamente fare a meno, immettendone il contenuto nella premessa del decreto di nomina del nuovo Presidente del Consiglio.

Fino al 1925, in verità, anche i decreti di nomina dei nuovi componenti del Governo venivano controfirmati dal Presidente dimissionario, per sfuggire all'apparente paradosso di una controfirma apposta da un Presidente non ancora in carica. Ma già l'art. 2, co. 2, della legge 24 dicembre 1925, n. 2263, ha invece previsto che il decreto di nomina del Capo del Governo fosse controfirmato dall'entrante.

Questa regola, sempre applicata malgrado le obiezioni sollevate da una certa dottrina (Balladore Pallieri), trova oggi sostegno nell'art. 1, co. 2, della legge 23 agosto 1988, n. 400. E, in effetti, la soluzione in vigore non è affatto ingiustificata, poiché imputa la controfirma a colui che realmente può assumersi la *responsabilità* della formazione del nuovo Governo; fondandosi, così, su saldissime ragioni di ordine sistematico e testuale. Sistematicamente, perché *è appunto in questo stadio che il Presidente del Consiglio incaricato appare dotato di pubbliche funzioni*, anziché risolversi in un mero soggetto privato. Testualmente, d'altronde, la Carta costituzionale conferma la validità di una tale ricostruzione, dal momento che l'art. 92, co. 2, Cost. riserva al Presidente del Consiglio entrante (già nominato ma non ancora investito della pienezza delle sue competenze, non avendo prestato giuramento) la proposta e perciò la controfirma degli atti di nomina dei nuovi ministri: il che consente, a più forte ragione, che il nuovo Presidente controfirmi il decreto implicante la sua stessa nomina, in ordine al quale egli manca di qualsiasi potere di proposta e può soltanto esprimere la propria

---

[13] ... come è stato ribadito dall'art. 1, co. 2, della legge n. 400/1988 cit.

accettazione: a parità di fondamento, dunque, non si perda di vista che, nei due casi, si tratta di una controfirma che assume valori e significati differenti.

b) Nel momento della firma dei decreti di nomina, il procedimento di formazione dell'esecutivo può considerarsi concluso: la nuova compagine ministeriale è compiuta e già pronta ad entrare in funzione. Ma le nomine stesse non determinano ancora il passaggio dei poteri dal vecchio al nuovo Governo, in quanto ne verrebbe leso il principio di continuità, senza colmare lo spazio di tempo – sia pure brevissimo – intercorrente fra le nomine ed il ***giuramento*** dei neonominati. Effettivamente, è solo con il giuramento che si ha *l'accettazione della nomina* da parte dei singoli ministri. E non si può certo escludere che un ministro già nominato si rifiuti di giurare (sia perché insoddisfatto del dicastero assegnatogli, sia per manifestare il suo dissenso dalla formula politica governativa, sia per altre ragioni del più vario genere): nel quale caso il nuovo Governo dev'essere integrato nella sua composizione, mediante la nomina di un altro ministro, o anche adottando l'espediente di attribuire *ad interim* [14] il ministero vacante [secondo il criterio transitoriamente seguito nel corso della formazione dell'ultimo Governo Moro (febbraio-luglio 1976), in seguito al rifiuto opposto da Gui che per motivi di correttezza istituzionale [15] non volle assumere il ministero degli Interni].

Del resto, la soluzione del problema in esame può essere desunta – *a contrario* – dal seguente disposto dell'art. 93 Cost.: «Il Presidente del Consiglio dei ministri e i ministri, *prima di assumere le funzioni*, prestano giuramento nelle mani del Presidente della Repubblica».

c) L'inciso dell'art. 93 non è infatti spiegabile, se non avallando l'idea che **il**

---

[14] Significa «*nel frattempo*», cioè riferibile al tempo necessario a che un altro soggetto assuma incarico e funzione. Sul punto, v. anche *infra*, parte III, cap. III, § 9, *sub c*).

Non è raro che i dicasteri *ad interim* vengano assunti dallo stesso Presidente del Consiglio. Per es., nell'aprile 2016, il Presidente Renzi assunse la carica di ministro per lo Sviluppo economico, dopo le dimissioni (dovute a ragioni di opportunità politica) di Federica Guidi; nel gennaio 2014, il Presidente Letta assunse la carica di ministro per le Politiche agricole alimentari e forestali, dopo le dimissioni (dovute a ragioni politiche) di Nunzia De Girolamo; nel marzo 2013, il Presidente Monti assunse la carica di ministro degli Affari esteri, dopo le dimissioni [dovute a dissensi con la politica del Governo relativamente alla vicenda dei marò italiani detenuti in India (v. *supra*, parte II, cap. II, §§ 3 e 8)] di Giulio Terzi di Sant'Agata; nel maggio 2010 il Presidente Berlusconi assunse la carica di ministro dello Sviluppo Economico, dopo le dimissioni [dovute alla vicenda della provenienza dei fondi con cui il ministro avrebbe acquistato la sua casa di Roma; vicenda di cui si cominciava a parlare e a scrivere troppo, tanto che porterà a un'inchiesta giudiziaria, finita, peraltro, con un'assoluzione in primo grado «perché il fatto non costituisce reato» e poi con la prescrizione] di Claudio Scajola; nel gennaio 2002, lo stesso Presidente Berlusconi assunse anche la carica di ministro degli Affari esteri, dopo le dimissioni [dovute a dissensi con alcuni esponenti di governo della «Lega Nord» e con loro esternazioni circa l'appartenenza dell'Italia alla UE] di Renato Ruggiero, ecc.

[15] Il 6 febbraio 1976 il democristiano Luigi Gui (già ministro) venne indagato per lo «*scandalo Lockheed*» con il suo collega socialdemocratico Mario Tanassi e l'*ex* Presidente del Consiglio Mariano Rumor. Sulla vicenda, v. *supra*, parte II, cap. I, §§ 7*b*) e 7*c*); *infra*, parte III, cap. III, § 12.

nuovo Governo entra in carica per effetto della prestazione dei relativi giuramenti. In altre parole, se anche la fase perfettiva del procedimento di formazione del nuovo Governo consiste nell'adozione dei decreti di nomina, il giuramento funge da *momento integrativo dell'efficacia* delle nomine medesime; ed è solo a questo punto, dato il principio di continuità, che il Governo uscente può dunque cessare dall'esercizio dei suoi compiti.

d) Dopo il giuramento il nuovo Governo entra dunque in carica, ma la sua posizione non è ancora consolidata. Infatti l'art. 94, co. 3, Cost., portando alle sue naturali conseguenze il principio – comune a tutti i regimi parlamentari – che il Governo sia l'emanazione permanente delle Camere, dispone che il Gabinetto entrante, «*entro dieci giorni dalla sua formazione... si presenta alle Camere per ottenere la fiducia*» [16]. Al riguardo, una sottolineatura: sin dall'inizio degli anni Ottanta, il Presidente del Consiglio già nominato e che ha già giurato, si presenta non a entrambe le Camere per chiedere loro la fiducia, ma solo a una [17] che è quella alla quale egli espone personalmente le sue **dichiarazioni programmatiche**. All'altro ramo del Parlamento viene invece solo inviato il testo. Ovviamente, ciò non toglie che le Camere votino entrambe perché, *ex* art. 94, co. 1, Cost., il «Governo deve avere la fiducia» sia dell'una che dell'altra.

Quali il *fondamento e i limiti dei poteri spettanti al Governo, nel lasso di tempo intercorrente fra la prestazione del giuramento e il voto parlamentare di fiducia?*

Tutti i costituzionalisti riconoscono che un qualche limite deve sussistere, ma alcuni lo ricollegano a mere esigenze convenzionali o di correttezza (Balladore Pallieri, Crosa, Mannino), laddove altri sostengono che esso presenti un rilievo giuridico, in quanto basato su norme costituzionali, sia pure non scritte. Vari autori (Mortati, Elia, Galizia) affermano, in effetti, che in questa fase il Governo sarebbe abilitato – fondamentalmente – al (*d1*) *solo esercizio dell'ordinaria amministrazione*, trovandosi dunque in una condizione analoga a quella del Gabinetto dimissionario, nel periodo compreso fra la presentazione delle *dimissioni* e la loro conclusiva accettazione da parte del Capo dello Stato. Diversamente – si osserva – si determinerebbe un'elusione del diritto costituzionale, in quanto non si farebbe valere fino in fondo quell'art. 94, co. 1, Cost., onde «il Governo deve avere la fiducia delle due Camere».

Nella sua formulazione più estrema (Virga), la tesi in questione finisce per

---

[16] Si noti che i dieci giorni decorrono – secondo la prassi – dal giuramento e non dalla nomina (Calandra): il che avvalora lo tesi che il giuramento stesso faccia parte del procedimento formativo del Governo.

[17] Per una ragione di «galateo costituzionale» (ma che rafforza anche l'idea di quello italiano come di un «parlamentarismo perfetto»), i Presidenti del Consiglio, a prescindere dalla maggioranza che li sostiene, si presentano di persona, alternativamente, una volta alla Camera e quella dopo al Senato.

includere anche il voto di fiducia nel procedimento formativo del nuovo Governo. Ma una simile ricostruzione non corrisponde alla prassi finora seguita in Italia, né alla convinzione da tempo diffusa fra i titolari degli organi costituzionali, le forze politiche e gli stessi costituzionalisti [18].

D'altra parte, non bisogna dimenticare che il Governo dimissionario (quand'anche entrato in crisi indipendentemente da un formale voto di sfiducia, come capita nella stragrande maggioranza dei casi, se non proprio – dal 1998 – nella loro totalità) non ha *più* in nessun caso l'appoggio politico e parlamentare del quale disponeva in precedenza; mentre altrettanto non può dirsi per il Governo subentrante, il quale può ragionevolmente sperare nel consenso delle Camere, sulla base degli esiti delle consultazioni svolte dal Capo dello Stato e delle trattative che hanno condotto l'incaricato a sciogliere positivamente la riserva, accettando la nomina a Presidente del Consiglio (Calandra).

Si aggiunga che il nuovo Governo, nel breve tempo intermedio fra il giuramento e la fiducia, deve comunque procedere a vari adempimenti assai notevoli che certo non rientrano nell'ordinaria amministrazione. Non a caso, ognuno riconosce che il Gabinetto appena costituito ha il (*d2*) potere-dovere di *approvare il programma* predisposto dal Presidente del Consiglio, nonché di (*d3*) *deliberare le nomine dei sottosegretari*: senza di che le Camere non disporrebbero di tutti i dati occorrenti per valutare se il loro appoggio debba essere o meno concesso. Inoltre, già in questa fase il Governo può compiere vari atti incidenti sulla politica legislativa: primo, (*d4*) facendosi subito presentatore dei *disegni di legge* destinati alla realizzazione del programma governativo (anche se la loro approvazione sarà naturalmente successiva alla fiducia); secondo, (*d5*) adottando i *decreti legislativi* conseguenti alle deleghe destinate a scadere prima che le Camere possano pronunciarsi sulla sorte del Governo stesso; terzo, (*d6*) deliberando «*provvedimenti provvisori con forza di legge*», ai sensi dell'art. 77 Cost. Questa norma, infatti, imponendo la convocazione delle Camere, «anche se sciolte», per la conversione dei decreti-legge, ammette implicitamente che un Governo privato, o non ancora dotato, dell'appoggio parlamentare possa servirsi di tali strumenti straordinari di legislazione, ove ricorrano i presupposti giustificativi della necessità e dell'urgenza.

Al Governo subentrante, prima ancora del voto parlamentare, non spetta pertanto l'esercizio dei soli poteri di ordinaria amministrazione, ma anche l'adozione degli atti collegati al dibattito sulla fiducia, nonché degli altri atti assolutamente indilazionabili. Per ciò stesso risulta difficile sostenere che l'esecutivo appena costituito sia sminuito nei suoi compiti; e, anzi, gli interpreti inclinano attualmente a credere che i limiti in questione non rappresentino l'oggetto di consuetudini costituzionali ormai definite, ma abbiano un carattere fluido e convenzionale, derivando in so-

---

[18] In sede giurisdizionale si è anzi affermata la pienezza dei poteri spettanti al Governo in attesa di fiducia: v. infatti la dec. 4 luglio 1956, n. 713, della IV sez. del Consiglio di Stato.

stanza da un'auto-restrizione decisa dal Governo stesso per ragioni di opportunità politica, cioè per non compromettere l'esito del voto di fiducia [19].

Ne segue, allora, che *la fiducia non rappresenta una condizione sospensiva*, dal verificarsi della quale dipenda la pienezza dei poteri governativi. Piuttosto, è l'**eventuale sfiducia** a configurarsi come una **condizione risolutiva** dell'esistenza del Governo, nel senso che a questo punto esso è tenuto a dimettersi [20]. Il che, tuttavia, non tocca né la validità né l'efficacia degli atti governativi posti in essere subito dopo il giuramento, sui quali le Camere si pronunceranno – semmai – nelle forme e nei tempi comunemente previsti (per esempio, al fine di convertire entro sessanta giorni i decreti-legge in leggi formali).

5. *Le vicende del rapporto fiduciario; le crisi parlamentari ed extra-parlamentari*

a) La «razionalizzazione» del rapporto fiduciario voluta dalla Costituzione repubblicana fa sì che la fiducia non sia più presunta e che il Governo debba invece presentarsi alle Camere per il dibattito sulla fiducia, entro dieci giorni dalla sua entrata in carica.

Data l'assoluta parità delle Camere stesse, la prima presentazione può avvenire indifferentemente di fronte all'una o all'altra; tuttavia, come già anticipato, per rispettare anche formalmente il principio del bicameralismo perfetto, vige nella prassi il criterio – pure non sempre applicato – che se il precedente Gabinetto ha «affrontato» dapprima la Camera dei deputati, quello successivo si presenterà al Senato, e viceversa.

b) Ma in entrambi i casi il **voto di fiducia** è disciplinato nei medesimi termini dai due regolamenti parlamentari: tutti e due concordemente richiedono – rifacendosi in modo puntuale all'art. 94, co. 2, Cost. – che il voto abbia ad oggetto una *mozione motivata* e si svolga per *appello nominale*, al fine di garantire, in un momento così importante, il controllo dell'opinione pubblica e quello dei partiti sul comportamento di ciascun singolo membro del Parlamento [21].

---

[19] L'unico atto sicuramente precluso al Governo – in questa fase – consiste nella controfirma di un decreto presidenziale di scioglimento anticipato delle Camere (Elia).

[20] Nella storia della Repubblica, sono sino ad ora cinque gli Esecutivi che, presentatisi alle Camere per ottenerne la fiducia, hanno fallito nell'intento: i Governi De Gasperi VIII (16 luglio 1953 - 2 agosto 1953), Fanfani I (18 gennaio 1954 - 8 febbraio 1954), Andreotti I (17 febbraio 1972 - 26 giugno 1972), Andreotti V (20 marzo 1979 - 4 agosto 1979) e Fanfani VI (17 aprile 1987 - 28 luglio 1987).

[21] Cfr. gli artt. 115 reg. Camera e 161 reg. Senato.

Così il primo: «1. *La mozione di fiducia al Governo deve essere motivata e votata per appello nominale* ... [/] 2. *Non è consentita la votazione per parti separate né la presentazione di ordini del giorno* ...».

Il secondo, pur adoperando parole in parte diverse, riprende tutti i riportati concetti.

Stando alla lettera del primo capoverso dell'art. 94 («*Ciascuna Camera accorda e revoca la fiducia mediante mozione motivata e votata per appello nominale*»), dovrebbe sussistere un parallelismo pressoché perfetto tra fiducia e sfiducia; sicché qualunque crisi di Governo presupporrebbe un esplicito voto parlamentare, espresso nelle forme appositamente prescritte dall'art. 94, co. 5, per cui «*la mozione di sfiducia deve essere firmata da almeno un decimo dei componenti della Camera e non può essere messa in discussione prima di tre giorni dalla sua presentazione*».

Sennonché, mentre la normativa costituzionale e regolamentare sull'iniziale voto di fiducia delle Camere è stata fedelmente applicata nella prassi, quella concernente il voto di sfiducia ha solo raramente dato luogo a conseguenze di rilievo.

c) Nel corso di tutto il periodo repubblicano, solo cinque Governi si son visti **negare la fiducia iniziale**, che essi stessi avevano richiesto, **fin dal momento della loro prima presentazione alle Camere** [22].

d) E, dal 1948 a oggi, si sono verificate solo due ipotesi di **crisi parlamentari** provocate da un formale voto di sfiducia, adottato in Aula nei confronti di un Governo già consolidatosi nella sua posizione.

Il protagonista passivo della vicenda è stato, sia nell'ottobre 1998, sia – dieci anni dopo – nel gennaio 2008, l'on. Romano Prodi che, in entrambe le occasioni, si trovava a guida di un Esecutivo di centro-sinistra.

Nella prima occasione, il Governo cadde – per un solo voto di scarto [23] – sul voto relativo a una «***mozione di fiducia***» (non di sfiducia) presentata, allo scopo di ricompattarsi, da partiti che sostenevano la maggioranza.

E anche nella seconda esso cadde su una «*mozione di fiducia*» (nuovamente, non di sfiducia), ma con la particolarità che fu lo stesso Governo a richiedere quel voto, ottenendo la fiducia alla Camera, ma non – e l'esito era invero scontato – al Senato [24].

---

[22] Sono elencati nell'ultima nota del paragrafo precedente.

[23] 312 voti favorevoli e 313 contrari.

[24] 161 i voti contrari, 1 astenuto [ma l'astensione, in Senato, equivaleva, per Regolamento (art. 107, comma 1), a voto contrario] e 156 quelli a favore. Due i senatori a vita assenti; un senatore assente: non influirono sull'esito finale.

Si trattò di un voto sulla risoluzione conclusiva del dibattito parlamentare che si era aperto dopo l'uscita dall'Esecutivo di uno dei partiti «minori» (ma, con i numeri sui quali il Governo poteva contare al Senato, esso risultava comunque determinante) che lo avevano sino ad allora sostenuto. Ciò a seguito del c.d. «caso Mastella», *leader* di quel partito (l'UDC) e ministro della Giustizia dimissionario, in polemica con alcuni esponenti della magistratura campana che avevano disposto la misura degli arresti domiciliari per la moglie, Presidente del Consiglio regionale campano, nell'ambito di un'inchiesta sulla gestione della sanità in quella Regione.

Da notare, per comprendere la debolezza dell'Esecutivo che così cadde, che meno di un anno prima, nel febbraio 2007, Prodi si era già dimesso a séguito di un voto negativo, sempre del Senato, in materia di politica estera e su una questione reputata di una certa rilevanza, siccome «atto di

Anche le opposizioni hanno ovviamente compiuto qualche tentativo in questo senso, presentando **mozioni motivate di sfiducia**; ma l'esito dei loro sforzi è stato generalmente negativo, di solito perché il Governo destinato inevitabilmente a cadere se si fosse arrivati al voto in Aula su quella mozione, rassegnava prima le proprie dimissioni ad opera del Presidente del Consiglio[25].

e) In effetti, i rapporti Governo-Parlamento sono stati e sono tuttora diversi e più vari di quelli espressamente configurati dalla Carta costituzionale.

Per prima cosa, al di fuori di ciò che la Costituzione stabilisce [mozione di fiducia iniziale (richiesta dal Governo); mozione di sfiducia (richiesta dall'opposizione); mozione di fiducia (richiesta dalle forze che appoggiano il Governo, o dal Governo stesso)], si è largamente affermata nella prassi[26] l'eventualità che sia lo stesso Governo, già sorretto dall'iniziale manifestazione di fiducia del Parlamento, a porre un'ulteriore **questione di fiducia** sull'approvazione o sulla reiezione di emendamenti, o articoli, o interi progetti di legge, impegnandosi a dimettersi nel caso di un risultato negativo del voto (e realizzando l'effetto, tutt'altro che secondario, di bloccare il voto su tutte le proposte alternative, nonché quello di imporre la votazione per appello nominale, onde non dare spazio alle manovre dei cosiddetti «*franchi tiratori*», cioè di quei parlamentari che, celandosi dietro un voto segreto, si esprimono in senso contrario a quella che viene chiamata la «disciplina di partito»).

f) Inoltre – come già si diceva – è ancora più notevole la circostanza che quelle fino ad ora interessanti i Governi italiani siano quasi tutte classificabili come **crisi extra-parlamentari** (Galizia), in quanto estranee alle previsioni dell'art. 94 Cost.

Semplificando al massimo, si può affermare che sono tali tutte le ipotesi il cui un Governo «cade» per ragioni indipendenti da un voto espresso in Aula e legato a fattispecie implicitamente o espressamente collegate o collegabili a quanto stabilito nell'art. 94 Cost.

Entro questa vastissima figura, conviene peraltro operare una suddivisione,

---

indirizzo», in particolare dall'on. D'Alema, ministro degli Esteri di quel Governo (di cui era anche vicepresidente), soggetto quindi competente per materia circa l'atto in questione (... ma anche *ex* Presidente del Consiglio per due volte e – quel che forse più conta – uno dei più importanti *leaders* del maggiore partito della coalizione); tanto che, pochi giorni prima di quel voto, lo stesso D'Alema aveva già formalmente dichiarato che la permanenza in vita dell'Esecutivo era «condizionata» all'esito favorevole del voto stesso. Trattandosi, però, di dimissioni non dovute (perché, come già ricordato, *ex* art. 94, co. 4, Cost., il «*voto contrario di una o di entrambe le Camere su una proposta del Governo non importa obbligo di dimissioni*»), nell'occasione del 2007 il Presidente della Repubblica dapprima si riservò, per poi definitivamente respingerle a seguito di un giro di consultazioni.

[25] Così fece, per es., l'on. Berlusconi, nel dicembre 1994, ponendo fine alla sua prima esperienza di governo.

[26] ... ed è ora contemplata dall'art. 116 reg. Camera.

tenendo presenti – in concreto – le principali o più tipiche motivazioni delle crisi stesse.

Sotto questo aspetto, si possono distinguere per lo meno cinque sottospecie.

f1) In primo luogo, vi sono le crisi che inevitabilmente si producono ***all'inizio di ciascuna legislatura***; cosicché la massima durata di ciascun Governo corrisponde – giorno più, giorno meno – al quinquennio di permanenza in carica del rispettivo Parlamento.

f2) In secondo luogo, si danno le crisi originate da quei voti delle Camere che implicitamente comportano una ***manifestazione di sfiducia nei confronti del Governo, pur senza esprimersi ai sensi dell'art. 94 Cost.*** (sicché – ma non si può in alcun modo convenire con lui – qualche autore ragionava, in proposito, di crisi parlamentari: Lavagna): come nel caso della denegata conversione di un decreto legge che giuridicamente non costringe il Governo a dimettersi (dato il disposto dell'art. 94, co. 4, onde – è bene ricordarlo ancora una volta – «il voto contrario di una o d'entrambe le Camere su una proposta del Governo non importa obbligo di dimissioni»), ma certamente ne può minare la forza e la credibilità.

f3) In terzo luogo, le crisi ministeriali vengono a volte causate da fattori interni alla compagine governativa, quali sono certi ***gravi dissensi tra i ministri*** che non riescano a venire ricomposti e dunque compromettano la solidarietà dei componenti l'esecutivo (secondo l'esempio del quinto Governo De Gasperi, entrato in crisi nel 1950), o quale può essere una ***decisione personale del Presidente del Consiglio*** (secondo l'esempio delle dimissioni del terzo Governo Rumor, verificatesi nel 1974).

f4) In quarto luogo, possono anche esistere ***Governi costituiti a termine*** che assumono l'impegno politico di uscire di scena non appena si verifichi una data scadenza, più o meno definita nel tempo: come nel ricordato caso dei due Governi Leone del 1963 e del 1968 (c.d. «governi balneari»), ovvero del Governo Goria nel 1988, destinato, sin dal suo inizio, a fungere da «**traghettatore**» nell'attesa che si chiarissero i rapporti di forza tra Democrazia Cristiana e Partito Socialista Italiano, entrambi usciti rinforzati dalle elezioni del giugno 1987 e i cui due Segretari politici (De Mita e Craxi) ambivano entrambi a Palazzo Chigi.

f5) In quinto luogo, infine, stanno le crisi extra-parlamentari nel senso più stretto, provocate da un ***qualunque alterarsi della coalizione di governo formata dai partiti politici di maggioranza.*** In altre parole, il Governo entra di regola in crisi per il semplice fatto del ritiro dell'appoggio già espresso da una qualsiasi componente della coalizione stessa [27], talvolta anche se non si tratta di un partito

---

[27] Nel corso della XII Legislatura (e più precisamente alla fine del 1994), si è verificata una tipica crisi di governo extra-parlamentare, a causa dell'uscita dalla compagine di governo di una delle forze maggiormente rappresentative che l'avevano sostenuto nella fase iniziale.

Il Presidente della Repubblica, forte del carattere «parlamentare» della nostra forma di governo, si rifiutò di sciogliere le Camere (come invece avrebbe voluto il Presidente del Consiglio dimissionario Berlusconi il quale sosteneva, a torto, che la natura fortemente maggioritaria delle leg-

così consistente da far venir meno la maggioranza numerica parlamentare (poiché in ogni caso si modifica la formula politica governativa); e, parallelamente, si addiviene alla crisi nell'ipotesi opposta, vale a dire quando occorre fare posto nel Governo a un partito nuovo che, prima, si trovava all'opposizione oppure seguiva una linea di «disimpegno».

Di fronte alla realtà di tali crisi (e specialmente dell'ultima di queste cinque sottospecie), si sono registrate – sin dal primo periodo di vita dell'ordinamento repubblicano – vivaci reazioni dottrinali.

Verso il finire degli anni Cinquanta, in particolar modo, ha avuto un certo seguito la tesi (Maranini) che la prassi delle crisi extra-parlamentari fosse costituzionalmente illegittima, implicando lo scavalcamento delle Camere ad opera dei partiti politici e snaturando pertanto la logica del rapporto fiduciario. Caduta pressoché in dimenticanza nel corso degli anni Sessanta, la tesi in questione è stata riformulata all'epoca del secondo Governo Andreotti (da parte dello stesso Presidente del Consiglio); ma oggi può dirsi nuovamente superata, tanto in dottrina quanto in sede politica.

Sul piano giuridico, del resto, *non esistono valide ragioni che consentano* – malgrado l'art. 94 Cost. – *di affermare l'incostituzionalità delle crisi in questione.*

Senza dubbio, fra gli scopi che si proponeva l'Assemblea costituente vi era quello di difendere la posizione del Governo, per evitare le troppo frequenti interruzioni del rapporto fiduciario; e fu per questo motivo che i costituenti cercarono di regolare le vicende del rapporto medesimo, da un lato vietando al Governo di restare in carica senza l'iniziale fiducia delle Camere, dall'altro escludendo che una qualunque successiva divergenza di vedute fra l'esecutivo ed il legislativo potesse equivalere a un voto di sfiducia (cfr. ancora l'art. 94, co. 4, Cost.). Ma la disciplina della formale rottura delle relazioni fiduciarie, dettata dall'art. 94, non significa affatto che non possano darsi altre cause di crisi, costituzionalmente impreviste.

Al contrario, la riprova che la regolamentazione contenuta nell'art. 94 è largamente incompleta, si ricava dal fatto che certamente esistono almeno (altre) due situazioni nelle quali il Governo si deve dimettere, sebbene la Costituzione non lo prescriva in modo esplicito: vale a dire, quando il Presidente del Consi-

---

gi elettorali del 1993 pretendeva che la caduta dell'Esecutivo presieduto da chi aveva vinto le elezioni politiche conducesse automaticamente a nuove consultazioni elettorali), individuò un candidato idoneo a formare un altro governo sostenuto da una maggioranza (politicamente diversa dalla precedente) in grado di assicurargli un sostegno in entrambe le Camere. Poco più di otto mesi era durato il Governo Berlusconi I; un anno e quattro mesi durò quello che lo sostituì: il Governo Dini. Alla caduta di quest'ultimo, il Capo dello Stato [pur avendo tentato ancora una volta di prolungare la legislatura (prima, rifiutando le dimissioni di Dini; poi, mandandolo in Parlamento a cercare un voto di fiducia... ma la votazione non avvenne; quindi, dando l'incarico all'*ex* ministro Antonio Maccanico che accettò con una riserva poi sciolta negativamente)] non poté fare altro che **sciogliere anticipatamente le Camere**.

glio in carica muoia o sia colpito da un impedimento permanente; e quando il Parlamento si rinnovi allo scadere del quinquennio, o per effetto di uno scioglimento anticipato.

f6) Anzitutto, la **morte** o l'**impedimento permanente del Presidente del Consiglio** costituiscono una ragione automatica di crisi, poiché il Presidente rappresenta il perno insostituibile del suo Governo (tanto è vero, per limitarsi a un solo esempio, che ciascun Gabinetto suole venir designato con il nome di colui che lo presiede). Spetta al Presidente, infatti, proporre al Capo dello Stato la lista dei ministri da nominare ai sensi dell'art. 92, co. 2, Cost.; come pure è suo il compito di dirigere la politica generale del Governo e mantenere l'unità dell'indirizzo politico ed amministrativo, senza poter essere sostituito da nessun altro ministro, quand'anche avente il titolo di vicepresidente.

f7) Inoltre, per quanto se ne sia dubitato in dottrina (Biscaretti di Ruffia), altrettanto automatica è la causa di crisi consistente nell'**elezione di nuove Camere**.

La prassi è costante – come già si è notato, illustrando il principio di continuità del potere legislativo – nel senso che il Governo comunica le proprie dimissioni alle presidenze delle Camere neoelette, dopo di che il Presidente della Repubblica inizia senz'altro le consultazioni (sicché non si può dire che si tratti di una norma di mera correttezza).

L'unica eccezione alla regola s'è avuta nel 1948, quando il Governo De Gasperi rimase in carica pur dopo le elezioni politiche del 18 aprile, limitandosi a richiedere, e ottenendo senz'altro, il rinnovo della fiducia.

In tutti gli altri casi, quale che fosse stato l'esito delle consultazioni elettorali, il Governo, il Capo dello Stato e le forze politiche interessate hanno invece ritenuto – più correttamente – che il *rapporto di fiducia*, in quanto *intercorrente fra persone fisiche e non fra organi astrattamente intesi*, si fosse spezzato per il fatto della nuova composizione delle assemblee parlamentari. E di conseguenza *sembra essersi ormai consolidata una vera e propria consuetudine costituzionale per cui le dimissioni sono in tal caso doverose* (Ausiello Orlando); mentre il Capo dello Stato può rinviare il Governo dimissionario alle Camere – per vedere riaffermato il rapporto di fiducia – solo se le consultazioni diano a questo effetto una indicazione univoca.

f8) Ora, se è vero – come visto sino ad ora – che il Governo può o deve entrare in crisi anche in casi diversi dall'unica ipotesi prevista nell'art. 94, nulla sembra vietare che esso si dimetta (o, per meglio dire, che il Presidente del Consiglio si dimetta) in conseguenza di una sua **libera valutazione del più vario genere**, senza essere assurdamente costretto a rimanere in carica pur quando ormai lo ritenga politicamente inopportuno. La **facoltà di dimettersi** è propria di tutti i funzionari statali e a più forte ragione va dunque riconosciuta a coloro che esercitano funzioni di natura politica. Il Governo, infatti, deve anzitutto avere fiducia in sé stesso, prima ancora che nella maggioranza parlamentare chiamata a sostenerlo (Mannino, Manzella). Il che giustifica – giuridicamente – qualsiasi tipo di crisi, comprese quelle manifestamente *extra*-parlamentari, poiché nel libero apprezzamento dei membri del Governo rientrano, evidentemente, anche le dimissioni provocate da una dissoluzione o da un indebolimento della coalizione partitica di maggioranza. In altri termini, non solo il Parlamento ma anche il Governo dispone ad arbitrio del rapporto fiduciario; e può quindi decidere fino a quale momento ed in quali condizioni sia possibile la sua permanenza alla guida del Paese (Crisafulli, Galizia).

Due esempi sul punto, entrambi riconducibili alla stessa fattispecie di quando un Presidente del Consiglio ricollega la propria permanenza in carica all'esito, vittorioso per le forze politiche che sostengono il suo Esecutivo, in competizioni elettorali non di carattere politico o, addirittura, in competizioni referendarie.

Il *Governo D'Alema II*[28] ritenne di dover dare le dimissioni il 19 aprile 2000 per ragioni di opportunità e «sensibilità politica», tre giorni dopo una pesante sconfitta subita alle elezioni regionali (va detto, peraltro, che queste ultime assumevano un carattere affatto particolare, perché furono le prime che si svolsero con l'allora nuovo sistema che prevede l'elezione diretta dei Presidenti delle giunte regionali). Il *premier* aveva e avrebbe continuato ad avere la maggioranza in Parlamento, tanto che fu sostituito dal Governo Amato II[29] che si reggeva sul sostegno delle stesse forze politiche, ma aveva previamente messo politicamente in gioco il proprio Esecutivo e ritenne suo dovere dare séguito all'annuncio effettuato prima dello svolgimento della competizione elettorale regionale.

L'*esecutivo Renzi*[30] ha rassegnato le proprie dimissioni il 12 dicembre 2016, otto giorni dopo la pesante sconfitta subita, nel *referendum ex* art. 138 Cost., dalla proposta di revisione della seconda parte della Costituzione[31], sulla quale aveva impostato non poca parte della sua azione di governo. Non aveva un obbligo giuridico di darle ed è più che probabile che, se non le avesse rassegnate, la «sua» maggioranza avrebbe continuato a sostenerlo, di tant'è che egli è stato sostituito dall'on. Gentiloni[32] che gode dell'appoggio delle stesse forze politiche.

---

[28] V. *infra*, a fine testo, nell'«APPENDICE», *sub* PRESIDENTI DEL CONSIGLIO DEI MINISTRI DELLA REPUBBLICA ITALIANA (DOPO L'ELEZIONE DEL PRIMO PARLAMENTO REPUBBLICANO AVVENUTA IL 18 APRILE 1948).

[29] *Idem.*

[30] *Idem.*

[31] Se ne dirà *infra*, parte II, cap. I, § 8, *sub* 2*g*).

[32] V. *infra*, a fine testo, nell'«APPENDICE», *sub* PRESIDENTI DEL CONSIGLIO DEI MINISTRI DELLA REPUBBLICA ITALIANA (DOPO L'ELEZIONE DEL PRIMO PARLAMENTO REPUBBLICANO AVVENUTA IL 18 APRILE 1948).

6. Segue: *le crisi di governo e il Presidente della Repubblica; la linea distintiva tra crisi e rimpasti*

a) Qualora le dimissioni governative siano formalmente volontarie, il Capo dello Stato può invitare il Governo a ritirarle e a rimanere in carica fino a quando le Camere non decidano di revocare la fiducia; e può anche richiedergli di presentarsi senz'altro alle Camere stesse, per verificare – mediante una questione di fiducia – se l'appoggio parlamentare gli sia venuto meno. Ma giuridicamente – malgrado un contrario avviso dottrinale (Barile) – il Governo non ha l'obbligo di aderire né all'una né all'altra di queste eventuali sollecitazioni; e l'unico dovere che gli incombe è quello di assicurare – secondo il principio di continuità – il *disbrigo degli affari correnti* (cioè l'esercizio dell'ordinaria amministrazione), fino a che il Governo subentrante non sia stato nominato e non abbia prestato giuramento[33].

Ne danno conferma le vicende del secondo Governo Fanfani (10 luglio 1958 - 15 ottobre 1959) che avendo rassegnato le dimissioni nelle mani del Capo dello Stato fu da questi invitato a presentarsi alle Camere: ma senza fortuna, poiché il Presidente del Consiglio si rifiutò di farlo, senza nemmeno convocare il Consiglio dei ministri e rendendo così necessaria la formazione di un nuovo Governo. Né valgono a smentirlo i ripetuti sforzi miranti alla **parlamentarizzazione delle crisi** che sono stati compiuti – specialmente – dai Presidenti Pertini e Cossiga. Anche nei casi più recenti, il Capo dello Stato si è sempre limitato a rivolgere un *invito di presentazione alle Camere*; e nella prassi il Governo, una volta verificato che il dibattito parlamentare volgeva a suo sfavore, non ha nemmeno atteso il voto di sfiducia, bensì ha troncato la discussione, rinnovando le proprie dimissioni nelle mani del Presidente della Repubblica (donde le cosiddette procedure «pseudo-parlamentari», seguite anche dal secondo Governo Craxi, il 9 aprile 1987). D'altra parte, nei casi più gravi, la «parlamentarizzazione» non è stata neppure tentata; e le dimissioni sono state accettate senz'altro, in nome dell'ovvia esigenza che il Presidente della Repubblica non mantenga in vita ad ogni costo Governi ormai impotenti (Cuomo).

Il fatto che nel nostro ordinamento il Capo dello Stato non possa rifiutare incondizionatamente l'accettazione delle dimissioni spiega, del resto, il perché non si determini una vera e propria crisi quando si ha *l'elezione di un nuovo Presidente della Repubblica.* In situazioni del genere, il Governo presenta in verità le dimissioni; ma queste – per prassi ormai costante – vengono puntualmente respinte e non rappresentano altro che un gesto puramente formale d'ossequio, ispirato al ricordo dell'ordinamento statutario e ad esigenze di galateo costitu-

---

[33] L'esercizio dell'ordinaria amministrazione non forma soltanto l'oggetto di un dovere, ma concreta anche un limite giuridicamente rilevante. Valga per tutti l'esempio della «registrazione con riserva» che il Governo dimissionario non può imporre alla Corte dei conti per superarne le obiezioni di legittimità, già in base all'art. 14 del r.d. 18 novembre 1923, n. 2441.

zionale. Né potrebbe essere altrimenti, di regola almeno, poiché nel vigente sistema di governo il rapporto di fiducia non passa che tra il legislativo e l'esecutivo, senza affatto coinvolgere il Capo dello Stato [34]. La sola situazione ipotizzabile, nella quale la prassi potrebbe subire una deroga, si avrebbe nel caso che l'elezione del nuovo Presidente della Repubblica costituisse l'occasione del dissolversi della coalizione di governo e dell'enuclearsi di una diversa maggioranza: allora soltanto, in effetti, le dimissioni governative potrebbero anche venire accettate, senza generare gravi e insuperabili reazioni delle forze politiche interessate.

b) Resta ancora da chiarire in che cosa consistano (ed in che si differenzino dalle crisi propriamente dette) i cosiddetti **rimpasti ministeriali**.

Nel linguaggio costituzionalistico, per «rimpasto» s'intende la sostituzione di uno o più ministri, operata senza aprire una crisi di tutto il Governo.

Ma la figura in questione è fortemente problematica, non essendo affatto facile stabilire un limite preciso, oltre il quale le sostituzioni non potrebbero non incidere sulla permanenza in carica dell'intero Gabinetto.

In linea di massima, la demarcazione dovrebbe esser tracciata ponendo l'accento sulle ***ragioni della nomina dei nuovi ministri***: se queste fossero *squisitamente politiche*, e anzi tali da incidere sulla struttura essenziale del Governo, la crisi diverrebbe allora inevitabile; se invece si trattasse di *motivi personali*, l'ostacolo sarebbe superabile mediante il rimpasto (Galizia, Rizza). Ma si potrebbe obiettare che occorre altresì considerare il *numero dei ministri da sostituire*, poiché l'apertura della crisi potrebbe comunque apparire necessaria, se i dimissionari fossero tanti da alterare il tipo di compagine governativa, rendendola diversa da quella cui le Camere avevano espresso la loro fiducia.

Varia e oscillante è anche la prassi formatasi in proposito; ma se ne può desumere, quale indicazione di tendenza, che nel corso dell'evoluzione dell'ordinamento repubblicano l'espediente del rimpasto è stato adoperato con sempre maggiore cautela (anche se, per es., nel luglio 1990 si è verificato l'anomalo caso di cinque ministri della sinistra democristiana che si sono dimessi dal Governo Andreotti, votando peraltro – immediatamente dopo la loro sostituzione – la fiducia al Governo stesso). Oggi non sarebbero più ripetibili precedenti come quello del profondo rimaneggiamento subìto il 15 dicembre 1947 dal Governo De Gasperi IV: poiché il mutamento della coalizione politica di maggioranza dà luogo senz'altro – come già s'è detto – a una vera e propria crisi.

In definitiva, l'ultimo caso di rimpasto che sia stato assai discusso (e che vale la pena di ricordare nei dettagli) è quello che ha interessato il *Governo Tambro-*

[34] La circostanza che il Presidente del Consiglio Cossiga abbia ragionato nel 1979 d'una sorta di «doppia fiducia» (Armaroli), imperniata sia sul Parlamento che sul Presidente della Repubblica, si spiega unicamente in vista delle particolari e difficili vicende che diedero luogo alla formazione di quel Governo.

ni. Quest'ultimo formò infatti inizialmente (il 25 marzo 1960) un Gabinetto monocolore, entro il quale risultavano rappresentate tutte le correnti della DC. Presentatosi alla Camera, ne riceveva la fiducia, ma con il determinante contributo dei voti del MSI; dopo di che il Governo, ritenendo di non potersi reggere su questa base, decideva di dimettersi. Il Presidente Gronchi respinse però le dimissioni e il suo invito fu accolto da Tambroni, provocando, peraltro, le dimissioni politicamente motivate di tre ministri appartenenti alla sinistra del partito democristiano. A questo punto, dato il valore del gesto dei ministri dissenzienti, ne sarebbero dovute conseguire la ripresentazione delle dimissioni e la riapertura della crisi. Viceversa, Tambroni si limitò a sostituire i ministri dimissionari e presentò al solo Senato la compagine governativa così rimaneggiata, ottenendone il secondo voto di fiducia e considerando assolti gli obblighi che gli derivavano dall'art. 94, co. 3, Cost. (sebbene, in realtà, questa norma costituzionale non può ritenersi rispettata quando il Governo si presenta con due diverse formazioni ministeriali alle due Camere del Parlamento), non solo, così, abusando dell'espediente del rimpasto, ma «puntando» su due composizioni sensibilmente diverse, mutate nel corso dello stesso dibattito parlamentare sulla fiducia.

A tale riguardo, ma a cose oramai superate senza esiti traumatici, non si può non sottolineare come il primo Governo della XIV legislatura (il già ricordato *Berlusconi II*) abbia sperimentato una notevole serie di rimpasti che hanno avuto a che vedere anche con ministeri molto importanti (come quello degli Esteri[35], quello degli Interni[36], quello dell'Economia e delle Finanze[37]), sottosegretariati altrettanto importanti (di nuovo quello degli Interni[38]), con ragioni (oltre che di mero buon gusto[39]) fondamentali per la politica dell'Esecutivo e per la visione delle cose parzialmente diversa che avevano le forze che lo sostenevano in Parlamento (si pensi alla politica relativa all'appartenenza all'Europa; al federalismo; alla legge elettorale, ecc.), o a causa di rapporti sostanziali tra poteri (come

---

[35] Dimissioni del ministro Ruggiero (probabilmente, ma non vi sono mai state dichiarazioni ufficiali al riguardo, per polemiche con chi, all'interno del Governo, mostrava resistenze e scetticismo nei confronti della partecipazione italiana all'Europa, o alle modalità della partecipazione stessa) all'inizio di gennaio 2002, a poco più di sei mesi dall'inizio del mandato.

[36] Dimissioni del ministro Scajola (per i motivi che si diranno tra poco sempre in nota) all'inizio di luglio 2002, a poco più di un anno dall'inizio del mandato.

[37] Dimissioni del ministro Tremonti (pretese dall'on. Fini, allora *leader* di «Alleanza Nazionale», uno dei partiti che appoggiavano la maggioranza, che lo riteneva arrogante e accentratore, ma assai poco incisivo quanto a politica economica) all'inizio di luglio 2002, a poco più di un anno dall'inizio del mandato.

[38] Dimissioni del sottosegretario Taormina (per le posizioni fortemente polemiche assunte nei confronti di appartenenti alla magistratura) all'inizio di dicembre 2001, a nemmeno sei mesi dall'inizio del mandato.

[39] Il ministro dell'Interno, on. Scajola, all'indomani di un omicidio delle Nuove Brigate Rosse, aveva rilasciato dichiarazioni a dir poco discutibili e offensive sulla figura della persona assassinata, il prof. Marco Biagi.

quello tra Esecutivo e potere giudiziario), per rapporti personali tra ministri e sottosegretari [40]. Nulla di tutto ciò è stato sufficiente a provocare una crisi.

7. *Le componenti necessarie del Governo; i rapporti intercorrenti tra il Presidente del Consiglio, i ministri, il Consiglio dei ministri. La sfiducia individuale*

Il Governo suole venire definito come un **organo complesso ineguale**, poiché le sue componenti non si trovano su un piano di parità né quanto alla loro struttura, né quanto ai rapporti reciproci, né quanto ai compiti da esse esercitati.

Lasciando per ora da parte gli organi governativi non necessari o eventuali, gli elementi costitutivi previsti dall'art. 92, co. 1, Cost. sono infatti rappresentati da due tipi di organi individuali (il **Presidente del Consiglio** e i singoli **ministri**) e da un organo collegiale (il **Consiglio dei ministri**) di cui fanno parte tutti i titolari degli organi individuali. Ma sia le posizioni, sia le funzioni costituzionalmente o legislativamente attribuite a queste tre specie di organi semplici non sono in nessun modo assimilabili le une alle altre.

Tuttavia, conviene avvertire fin d'ora che l'individuazione di tali posizioni e di tali funzioni non è di certo semplice, data la lacunosità dei disposti costituzionali e l'estrema fluidità delle stesse regole convenzionali che in tal campo si formano e si rinnovano di continuo. In particolar modo, oscuro e controverso (soprattutto prima del varo della legge n. 400/1988) è il senso del primo comma dell'art. 95 Cost.: «*Il Presidente del Consiglio dei ministri dirige la politica generale del Governo e ne è responsabile. Mantiene l'unità di indirizzo politico ed amministrativo, promuovendo e coordinando l'attività dei ministri*». Su questa sola base non è facilmente precisabile, cioè, quali poteri spettino al Presidente, sia nei rapporti con i singoli ministri sia nei confronti dell'intero Consiglio. E parallelamente, nel totale silenzio della Costituzione, non è del tutto chiaro quali siano le eventuali attribuzioni dei ministri medesimi e quali, invece, le competenze spettanti all'organo governativo collegiale.

Tra le varie e contrastanti tesi dottrinali, vanno essenzialmente ricordati *tre tipi di ricostruzioni*.

i) La prima di esse è stata ed è sostenuta da quanti esaltano l'importanza dei poteri esercitabili dal Presidente del Consiglio (Mortati, Barile), affermando in sostanza che si dovrebbe parlare tuttora (cioè anche a Costituzione repubblicana vigente, così come si faceva nel periodo fascista) di un Primo ministro o di un

---

[40] Al sottosegretario dei Beni culturali Sgarbi viene revocato l'incarico poco dopo metà giugno del 2002, a poco più di un anno dall'inizio del mandato, per insanabili contrasti con il suo ministro di riferimento Urbani, cui aveva già rimesso le deleghe.

Capo del Governo, dal momento che a tale organo sarebbe imputabile l'indirizzo politico governativo. *ii*) La seconda corrente di pensiero (Balladore Pallieri, Cuomo, Mannino, Ruggeri *et* AA.) fa invece perno sulla posizione centrale del Consiglio dei ministri, teorizzando la necessaria collegialità della politica governativa. Per converso, *iii*) la terza linea interpretativa (Quadri, Rescigno) svaluta del tutto le indicazioni costituzionali, ritenendo che ciascun centro di potere interno al Governo – dal Presidente al Consiglio fino ai singoli ministri – sia giuridicamente scollegato dagli altri e che l'unità dell'indirizzo sia realizzabile soltanto in chiave politica.

Più precisamente, coloro che mirano a potenziare il Presidente del Consiglio (*i*) si sforzano di collegare l'art. 95, co. 1, all'art. 92, co. 2, Cost. Essi argomentano, cioè, che l'organo in questione sarebbe competente a predeterminare nelle linee generali l'attività del Governo e dello Stato stesso, sin dal momento in cui l'incaricato sceglie e designa i ministri destinati a collaborare all'attuazione del «suo» programma politico. Di qui la conseguenza che i ministri stessi si troverebbero, fin dall'inizio, in subordine rispetto al Presidente, con l'obbligo giuridico di eseguirne le direttive politiche e amministrative. Ed ove insorgessero divergenze di opinioni, al ministro dissenziente non sarebbero date altro che le dimissioni; in mancanza delle quali, ogni resistenza potrebbe venire superata dal Presidente del Consiglio, proponendo al Capo dello Stato la revoca del ministro stesso, in forza del medesimo potere sul quale si era fondata la relativa nomina.

Simili interpretazioni hanno però il torto di confondere l'attuale sistema di governo con quello fascista, nel quale i ministri erano in effetti gli ausiliari del Capo del Governo; senza tener conto che il modello, al quale si è rifatta in questa parte la Costituzione repubblicana, è stato piuttosto il Governo a base collegiale del periodo statutario. Non a caso, nella gran parte dei disposti costituzionali in cui si parla di «Governo» (come ad esempio negli artt. 71, 76, 77, 78, 81, 87 ...) si vuole con ogni evidenza riferirsi al *Consiglio dei ministri* e non al Presidente del Consiglio. Ma su questi dati si fonda, per l'appunto, la (*ii*) seconda delle tre posizioni dottrinali or ora descritte: in base alla quale il primo comma dell'art. 95 Cost. va inteso come se dicesse che il Presidente del Consiglio dirige la politica generale del Governo, quale essa è stata predeterminata dal Consiglio stesso, alla maniera di un *primus inter pares* anziché di un Primo ministro sopraordinato agli altri membri del Governo stesso.

Ma è degno di nota che anche questa tesi, in certe sue formulazioni, conduca alle estreme conseguenze il **rapporto di direzione** che sussisterebbe fra il Presidente del Consiglio e i singoli ministri, sia pure per far valere il programma definito e voluto dall'intero collegio, e non dal Presidente in quanto tale. In altri termini, anche in questa prospettiva si sostiene che i ministri sarebbero giuridicamente tenuti a dare applicazione alle direttive presidenziali: senza di che il Consiglio dei ministri potrebbe proporre al Capo dello Stato la revoca dei dissenzienti, o far approvare dalle Camere (Cuomo, Galizia, Guarino) una mozione di sfiducia individuale che avrebbe comunque l'effetto di costringerli a dare le dimissioni.

E, dunque, sebbene più aderente alla Costituzione di quanto non siano le tesi monocratiche o presidenzialistiche, nemmeno questo tipo di ricostruzioni può dirsi soddisfacente[41]: non foss'altro perché non si concilia con la realtà politica in atto nel nostro Paese, dal 1944 in poi. Fin da quando è stato stipulato il «Patto di Salerno» – fatta semmai eccezione per gli esecutivi puramente «tecnici» sul tipo del Governo Dini – non si sono avuti in Italia se non *Governi di coalizione* (Ferrara): tali essendo stati (sotto un certo profilo, almeno) gli stessi Gabinetti monocolore, nei quali l'accordo fra le varie correnti democristiane ha tenuto il posto dell'intesa fra i vari partiti politici di maggioranza. E questa situazione, che era già ben nota all'Assemblea costituente, ha portato inevitabilmente a un indebolimento del Presidente del Consiglio dei ministri, il quale non ha mai potuto assumere [salvo forse il caso di De Gasperi e, più di recente, di Berlusconi assai più di Prodi (nei Governi scaturiti dall'applicazione delle leggi elettorali semi-maggioritarie del 1993), posta la maggiore frammentarietà delle coalizioni di centro-sinistra, rispetto a quelle di centro-destra[42]] quella posizione di *leader* della maggioranza che caratterizza i sistemi parlamentari bipartitici, essendosi piuttosto visto costretto nella veste di un paziente mediatore fra le varie eterogenee componenti della coalizione. Non a caso, del resto, lo stesso indirizzo politico governativo suole venir considerato «come risultanza dell'accordo di coalizione» fra i partiti politici della maggioranza (Capotosti).

In un quadro del genere, non è realistico enfatizzare il rapporto di direzione fra il Presidente del Consiglio e i singoli ministri, poiché questi non rispondono tanto nei confronti del Presidente stesso, quanto – sempre e comunque e a prescindere da qual è la legge elettorale vigente – verso i partiti dai quali provengono.

O, per meglio dire, il Presidente impartisce bensì ***direttive*** agli altri membri del Governo, come oggi risulta testualmente dalla legge sull'ordinamento della presidenza del Consiglio[43]; ma tali atti forniscono spesso – paradossalmente – la conferma della scarsa solidarietà governativa e della debolezza del Presidente stesso. Così – per esempio – largamente ripetute (un po' come le «gride» manzoniane) sono le raccomandazioni di non assumere pubblicamente atteggiamenti incompatibili con la politica governativa ufficiale, gli inviti a non prendere iniziative di politico rilievo senza prima consultare il Presidente del Consiglio, e via discorrendo[44]. Sola eccezione alla regola è quella dei rapporti particolarmente stretti che intercorrono, o che sarebbe bene intercorressero – secondo una co-

---

[41] Oggi più che mai: v. *infra*, in questi stessi cap. e §, *sub* lett. *d*).

[42] V. *supra*, in questi stessi parte e cap., *sub* § 5.

[43] Cfr. l'art. 5, co. 2, lett. *a*), della legge cit., onde il Presidente del Consiglio «*indirizza ai ministri le* ***direttive politiche ed amministrative*** *in attuazione delle deliberazioni del Consiglio dei ministri nonché quelle connesse alla propria responsabilità di direzione della politica generale del Governo*».

[44] V. ora l'art. 5, co. 2, lett. *d*), della legge n. 400/1988 cit., onde il Presidente dovrebbe concordare «*con i ministri interessati le* ***pubbliche dichiarazioni*** *che essi intendano rendere ogniqualvolta, eccedendo la normale responsabilità ministeriale, possano impegnare la politica generale del Governo*».

stante tradizione (Calandra, Negri) – fra il Presidente del Consiglio e il ministro degli Esteri nella cura delle relazioni internazionali.

Un'ulteriore e decisiva conferma sta in ciò: da parte di singoli ministri si sono avute più volte manifestazioni di pubblico (e spesso clamoroso) dissenso dall'indirizzo politico governativo, ma mai ne è derivata la ***revoca*** dei dissenzienti non dimissionari. Politicamente, del resto, l'estromissione del ministro responsabile di tali comportamenti non potrebbe non incidere sulla sorte dell'intero Governo, poiché produrrebbe – verosimilmente – il ritiro dell'appoggio del partito o della corrente di appartenenza del ministro stesso, alterando così la coalizione di governo; e dimostrerebbe, in pari tempo, che anche il Presidente del Consiglio è «responsabile», per non aver saputo mantenere l'unità dell'indirizzo.

Giuridicamente, poi, è significativo che la Costituzione non menzioni affatto le revoche ministeriali; anche perché il potere di revoca non è certamente implicito nel potere di nomina, come pure ha sostenuto autorevole dottrina (Mortati, Predieri, Rizza *et* AA.).

Tutte le Carte e le leggi costituzionali, passate e attuali, che hanno voluto consentire la destituzione dei ministri dissenzienti lo hanno precisato in modo espresso: dallo Statuto albertino e dalla legge fascista sul Capo del Governo, fino alle Costituzioni vigenti in Germania e in Francia [45]. Sicché, nel silenzio della Carta costituzionale italiana, non si può ragionare per analogia, reintroducendo una norma eccezionale che i nostri costituenti hanno consapevolmente escluso.

Allo stesso modo, non sembrerebbero normalmente ipotizzabili quelle **sfiducie individuali** mediante le quali una certa dottrina suggerisce di risolvere il problema. È ben vero che, in base all'art. 95, co. 2, Cost., «i ministri sono responsabili... individualmente degli atti dei loro dicastero»; ed è altrettanto vero che il regolamento della Camera prevede in termini espliciti le «mozioni con le quali si richiedono le dimissioni di un Ministro» [46]. Ma tali strumenti, fisiologicamente, andrebbero usati dalle opposizioni, non certo ad opera di un Presidente del Consiglio che voglia estromettere un componente del suo stesso Governo.

Fatto si è, però, che una mozione di sfiducia è stata effettivamente proposta da una forza politica che sosteneva il Governo Dini, a carico del ministro Mancuso: essa è stata, prima, dichiarata ammissibile dalla Giunta del regolamento del Senato e quindi approvata da quell'assemblea, in data 19 ottobre 1995; dopodiché, la Corte costituzionale – con **sent. 18 gennaio 1996, n. 7** – ha respinto un ricorso presentato dal ministro stesso avverso il Senato, il Presidente della Repubblica e il Presidente del Consiglio, per averlo rimosso d'autorità dalla sua carica. Si è, invero, trattato di un caso eccezionalissimo: sia perché quel ministro

---

[45] Si veda l'art. 61, co. 1, della «*legge fondamentale*» per la Repubblica federale tedesca, ove si può leggere «*I ministri federali vengono nominati e revocati dal Presidente federale su proposta del Cancelliere federale*» e l'art. 4 della Costituzione francese del 1958: «*Su proposta del Primo Ministro* [il Presidente della Repubblica] *nomina e revoca gli altri membri del Governo*».

[46] Cfr. l'art. 115, co. 3, del reg. cit., introdotto il 7 maggio 1986.

si era posto in aperto e ripetuto contrasto non solo con l'intero esecutivo e con la rispettiva maggioranza, ma con lo stesso Capo dello Stato, senza affatto sentire l'esigenza di dimettersi; sia perché il ministro di Grazia e Giustizia è l'unico a essere dotato di competenze costituzionalmente riservate; sia, infine, perché la Costituzione prevede, come da poco ricordato, nell'art. 95, co. 2, sia una responsabilità collegiale dei ministri per gli atti del Consiglio dei ministri, ma pure una **responsabilità individuale di ogni singolo ministro** per gli atti del rispettivo dicastero. E – afferma la Corte – nella «*forma di governo parlamentare, la relazione tra Parlamento e Governo si snoda secondo uno schema nel quale là dove esiste indirizzo politico esiste responsabilità... e là dove esiste responsabilità non può non esistere rapporto fiduciario*».

E anche in quella ipotesi-limite, d'altronde, il Governo Dini riuscì ad evitare soltanto *in extremis* la crisi, per effetto di una mozione di sfiducia collegiale subito presentata dalle opposizioni, così confermando – in definitiva – quanto sia difficile colpire un singolo componente dell'esecutivo stesso, senza far cadere, per questo solo fatto, l'intero Gabinetto.

8. Segue: *spunti per una definizione dei poteri e del ruolo del Presidente del Consiglio dei ministri. La sospensione dei processi penali nei confronti del Presidente del Consiglio (... dei Presidenti dei due rami del Parlamento e del Presidente della Repubblica). Funzioni, organizzazione e ordinamento della Presidenza del Consiglio*

I punti fermi sin qui stabiliti lasciano intendere quanta parte di vero vi sia nelle tesi di coloro che affidano l'attuazione dell'art. 95 Cost. al prestigio politico del quale il Presidente del Consiglio sia concretamente dotato.

Ma la conclusione che i disposti costituzionali sui compiti e sulle responsabilità presidenziali siano vuoti di contenuti giuridici, e pertanto inutili dal punto di vista del diritto costituzionale positivo, appare a sua volta eccessiva e infondata. La funzione del giurista continua infatti a consistere nel dare significato alle disposizioni dettate dagli atti normativi, non già nell'accogliere interpretazioni che tolgano loro qualsiasi rilievo.

Anche nel caso particolare dell'art. 95, co. 1, Cost., simili sforzi non sono affatto votati all'insuccesso, poiché *la posizione del Presidente è giuridicamente definibile* (qualunque sia la forza che politicamente gli compete) *per lo meno sotto tre profili*: primo, quanto ai rapporti fra il Governo e gli altri organi costituzionali; secondo, quanto ai rapporti fra il Presidente stesso e il Consiglio dei ministri; terzo, nei confronti dei ministri individualmente assunti. E ne offre conferma, su tutti questi punti, la legge del 1988 sull'ordinamento della presidenza del Consiglio.

a) Nel primo senso (**rapporti fra il Governo e gli altri organi costituzionali**), è sostenibile in linea di principio che spetta al Presidente, e non agli altri organi governativi individuali, di agire per l'organo Governo complessivamente inteso, assumendo in tal modo la «**rappresentanza generale**» del Governo stesso (Labriola). Ciò è vero, anzitutto, *nei rapporti con le Camere*, poiché il Presidente presenta ed espone il *programma di governo* nel corso dell'iniziale dibattito sulla fiducia; e pone anche in seguito le *questioni di fiducia*, collegandole eventualmente all'approvazione o al rigetto di determinate proposte di legge, senza nemmeno consultare previamente il Consiglio dei ministri qualora si tratti di decisioni urgentissime (Galizia, Rescigno, Rizza)[47]. In effetti, il Presidente può mettere in gioco le sorti dell'intero Governo, allo stesso modo che può farlo cadere qualora presenti le sue personali dimissioni: il che non è dato a nessun altro componente del Governo medesimo.

Del pari, è il Presidente che *instaura*, sia pure sulla base di una previa deliberazione del Consiglio dei ministri, *i giudizi c.d. principali della Corte costituzionale* sulla legittimità delle leggi regionali[48]. Ed è il Presidente che *può intervenire, tramite l'Avvocatura dello Stato, nei giudizi incidentali* riguardanti la costituzionalità di leggi dello Stato; mentre i ministri non possono adire la Corte se non in virtù di una delega presidenziale e limitatamente al caso dei conflitti di attribuzione fra lo Stato e le Regioni[49].

Ancora, è coerente ritenere che lo stesso *Presidente della Repubblica* debba convocare il Presidente del Consiglio (o discutere, ma in sua presenza, con gli altri ministri interessati) quando voglia essere informato della politica generale del Governo[50]. Ma bisogna riconoscere che, su questo punto, l'ordinamento vigente non offre precise garanzie, poiché il Capo dello Stato è libero di convocare chiunque, senza che praticamente esista il mezzo per circoscrivere gli oggetti dei relativi colloqui.

Infine, a sottolineare la differenza di posizioni all'interno del Consiglio dei ministri, non può essere taciuto che la legge **23 luglio 2008, n. 124** (c.d. «*Lodo Alfano*»), disponeva la **sospensione del processo penale** a carico del (solo) Presidente del Consiglio (oltre che del Presidente della Repubblica, del Presidente del Senato e del Presidente della Camera dei deputati[51]). Ciò con riguardo ai

---

[47] Si vedano ora gli artt. 2, co. 2 e 3, lett. *a*), e 5, co. 1, lett. *b*), della legge n. 400/1988 cit. Sempre nei rapporti con le Camere, è al Presidente che spetta la *presentazione dei disegni governativi di legge*, come pure la *facoltà di chiedere la rimessione alla Camera*, quanto ai progetti già assegnati alle commissioni in sede deliberante (*ex* art. 5, co. 1, lett. *e*), legge ult. cit.).

[48] Cfr. gli artt. 127, co. 1, Cost. e 31, co. 2, della legge 11 marzo 1953, n. 87, nonché l'art. 5, co. 1, lett. *f*), della legge n. 400/1988 cit.

[49] V. rispettivamente l'art. 25, co. 3, e l'art. 39, co. 3, della legge n. 87/1953 cit.

[50] Coerentemente, l'art. 5, co. 1, lett. *d*), della legge n. 400/1988 cit. conferisce al Presidente del Consiglio il potere-dovere di *sottoporre al Presidente della Repubblica le leggi da promulgare, i disegni governativi da presentare alle Camere, i testi degli atti aventi forza di legge e dei regolamenti governativi da emanare*, oltre agli altri atti indicati dalle leggi.

[51] La legge del 2008 non prendeva più in considerazione, assieme alle altre «alte cariche», il Presidente della Corte costituzionale, perché quest'ultima aveva fatto notare (nella pronuncia di

casi di qualunque imputazione penale, eccezion fatta per quelle di cui gli artt. 90 e 96 Cost. (alto tradimento e attentato alla Costituzione commessi da parte del Capo dello Stato; reati posti in essere nell'esercizio delle funzioni per il Presidente del Consiglio ...). La sospensione, alla quale gli imputati potevano rinunciare e che poteva avere una durata pari, massimo, alla durata della carica, «*si applica*[va] *anche ai processi penali per fatti antecedenti l'assunzione della carica o della funzione*», nonché «*ai processi penali in corso, in ogni fase, stato o grado, alla data di entrata in vigore della*» legge.

Analoga disciplina (prevista dalla legge 20 giugno 2003, n. 140: c.d. «Lodo Maccanico»), era già stata dichiarata illegittima dalla Corte costituzionale, con sent. 20 gennaio 2004, n. 24, per violazione degli artt. 3, 24, 111 Cost. e la legge n. 124/2008 (che pure aveva previsto qualche variante rispetto alle disposizioni del 2003) ha fatto esattamente la stessa fine: è stata dichiarata costituzionalmente illegittima dalla Corte con **sent. 7 ottobre 2009, n. 262**, «*per violazione del combinato disposto degli articoli 3 e 138 Cost., in relazione alla disciplina delle prerogative di cui agli artt. 68, 90 e 96 Cost.*».

In parole più povere, ma più chiare e sempre della Corte, la disciplina «*crea un'evidente disparità di trattamento di fronte alla giurisdizione*», inventandosi «*... un eccezionale ed innovativo status protettivo, che non è desumibili dalle norme costituzionali sulle prerogative* [delle cariche considerate] *e che, pertanto, è privo di copertura costituzionale*»: la legge ordinaria «*non costituisce fonte di rango idoneo a disporre in materia*».

Il terzo tentativo il legislatore l'ha compiuto con la legge **7 aprile 2010, n. 51**, che, abbassando un po' il tiro, si era limitata a dettare «*Disposizioni in materia di impedimento a comparire in udienza*» in relazione al solo Presidente del Consiglio dei ministri che, imputato in un processo penale, non potesse intervenire a una o più udienze fissate dal giudice, invocando un ***legittimo impedimento*** limitatamente ai casi in cui fosse impegnato in attività comunque connesse allo svolgimento della sua funzione pubblica. Sebbene con pronuncia *un po' meno secca* delle altre, anche questa legge è stata dichiarata costituzionalmente illegittima dalla Corte con **sent. 13 gennaio 2011, n. 23**, e, in fondo, sempre per la stessa ragione. Posto che la legge rimetteva alla sola presidenza del Consiglio «attestare» l'impedimento, senza consentire al giudice di verificarne l'effettiva sussistenza, finiva con il mancare «*il filtro della valutazione*» di quest'ultimo «*e, più in generale... una valutazione indipendente e imparziale*». E, così prevedendo, la legge produceva «*effetti equivalenti a quelli di una temporanea sospensione del processo ricollegata al fatto della titolarità della carica, cioè di una prerogativa disposta in favore del titolare*» delle quali cose la Corte aveva già detto nelle precedenti pronunce nn. 24/2004 e 262/2009 citt.[52].

---

cui subito si dirà) che egli dispone di particolare tutela al riguardo, secondo quanto dispone la legge cost. 9 febbraio 1948, n. 1.

[52] Ciò che della legge aveva resistito alla sentenza di accoglimento della Corte, è stato abrogato

b) Circa il secondo profilo (**rapporti fra Presidente e Consiglio**), una volta che il Consiglio dei ministri sia stato convocato, nell'ambito di esso il Presidente non è dotato di poteri predominanti rispetto a quelli degli altri componenti il collegio; salvo il compito di *guidare il dibattito* e salva – ancora – la maggiore influenza che gli può derivare dalla *minaccia delle dimissioni*, le quali metterebbero inevitabilmente in crisi l'intero Gabinetto.

Ma egli dispone di poteri specifici nella fase precedente la *convocazione*. Per prima cosa, cioè, gli spetta di regolare il ritmo delle attività consiliari, in quanto può *fissare discrezionalmente le cadenze e i momenti delle singole sedute* (anche se ciò non gli consente di sottrarsi indefinitamente a un confronto con le tesi e con le richieste degli altri membri del Governo). Inoltre, egli ha la competenza di *redigere l'**ordine del giorno***, individuando gli argomenti da trattare in ciascuna riunione (sia pure con le remore or ora accennate, cioè sotto forma di «contrattazione politica» con i ministri: Pitruzzella).

Vero è che tutti questi poteri non si esplicano tanto nel sollecitare quanto nel frenare l'attività governativa, poiché il Presidente può servirsene più per rinviare le decisioni che gli siano sgradite o gli sembrino immature, che per accelerare l'adozione delle deliberazioni consiliari (in quanto sono allora i ministri interessati che possono frapporre una sorta di veto). Ma, in ogni caso, rimane fermo che la principale funzione del Presidente del Consiglio dei ministri consiste nell'avviare le decisioni dell'intero Consiglio, promuovendo la definizione collegiale dell'indirizzo politico governativo. Tale era già l'orientamento di fondo di quel r.d. 14 novembre 1901, n. 466, sulle attribuzioni del Consiglio dei ministri nel periodo statutario che, in linea di massima, ha trovato applicazione anche durante il primo quarantennio repubblicano[53].

Ciò che più conta, è tuttora tale il principio che informa sul punto il nuovo ordinamento della presidenza del Consiglio.

La legge n. 400/1988 riafferma, infatti, che il Presidente «può *sospendere l'adozione di atti* da parte dei ministri competenti in ordine a questioni politiche e amministrative, *sottoponendoli al Consiglio dei ministri nella riunione immediatamente successiva*»; e «può *deferire singole questioni al Consiglio dei ministri*, perché stabilisca le direttive alle quali i Comitati debbono attenersi», qualora si tratti di materie sulle quali siano competenti appositi collegi interministeriali[54].

---

dal corpo elettorale con uno dei *referendum* svoltisi il 12-13 giugno 2011. *Quorum* di partecipazione raggiunto (54,8%) e «*sì*» all'abrogazione schiacciante: 94,6%.

[53] In base all'art. 4 di tale decreto, al Presidente del Consiglio venivano rivolte «le domande dei ministri» intese a porre all'ordine del giorno «gli affari» che essi dovevano proporre; e il Presidente aveva il diritto di sottoporre al Consiglio «qualunque affare» sul quale credesse opportuno provocare una deliberazione consiliare. A sua volta, l'art. 8 precisava che «ciascun ministro comunica al Presidente del Consiglio la nota... di tutti i decreti che intende portare alla firma reale»; e specificava che «il Presidente può sospendere le proposte (ministeriali), richiedere schiarimenti e deferirne l'esame al Consiglio dei ministri».

[54] Cfr. l'art. 5, co. 2, lett. *c*), e l'art. 6, co. 3, della legge cit.

In vista di siffatte previsioni legislative, trova sostegno la tesi che il *Consiglio dei ministri disponga di tutte le attribuzioni del Governo (Ruggeri), cioè sia titolare di una* ***competenza generale****, attivabile appunto dal suo Presidente*: come d'altronde risulta dalla clausola per cui sono sottoponibili al Consiglio stesso tutti i provvedimenti in ordine ai quali il Presidente «ritenga opportuna la deliberazione consiliare»[55]. Ed è a questo fine che si rendono indispensabili tre ordini di poteri presidenziali: quello di esigere l'**informazione** su qualunque iniziativa ministeriale che possa interferire con la politica generale del Governo; quello di disporre la **sospensione** delle iniziative medesime; quello di stabilire la conseguente **avocazione** o rimessione delle relative decisioni al Consiglio dei ministri, ogniqualvolta ne derivino effetti che possano mettere in forse l'unità dell'indirizzo governativo.

c) A questo punto, però, per proseguire sui **poteri del Presidente del Consiglio nei confronti dei ministri individualmente assunti**, è anche necessario chiedersi quali possano essere le *conseguenze di un'eventuale inosservanza dell'obbligo di dare informazioni e di sospendere l'esecuzione delle proprie proposte* che reciprocamente ricade sui ministri interessati.

E qui l'ordinamento del Governo si rivela nuovamente lacunoso, poiché non si può dire che l'atto emanato in violazione dell'uno o dell'altro di tali doveri sia per ciò solo illegittimo e impugnabile dinanzi a un giudice amministrativo. Non essendo stato organizzato alcun procedimento tipico, entro il quale gli interventi del Presidente del Consiglio assumano un giuridico rilievo, le richieste e gli inviti provenienti dal Presidente non hanno che un *valore politico*; ed è soltanto in sede politica che il ministro responsabile potrà venire censurato, sempre che lo consenta la spesso eterogenea composizione partitica dei Governi italiani.

D'altra parte, anche nell'ipotesi che si pervenga a una deliberazione consiliare, provocata dal Presidente per mezzo del suo potere di avocazione, la delibera può essere contraddetta o frustrata dal ministro interessato, nel senso che questi può emanare un atto diverso da quello che il collegio avrebbe voluto e può anche restarsene inattivo, non emanando provvedimenti di sorta. Nel primo caso, si può ipotizzare (pur non essendo certo che il nostro ordinamento dia adito a conseguenze del genere) che l'*atto ministeriale sia illegittimo e anzi annullabile d'ufficio* dal Governo stesso[56]. Nel secondo caso, invece, non esiste rimedio sul piano giuridico, dal momento che il Consiglio può deliberare sul merito della questione, ma non può sottrarre al singolo ministro la competenza ad adottare i provvedimenti che l'ordinamento vigente gli riserva (anche se non dev'essere sottovalutato – sul piano politico – l'«effetto di condizionamento» che indubbiamente ne deriva: Capotosti).

---

[55] Si veda l'art. 2, co. 3, lett. *q*), della legge n. 400/1988 cit.

[56] Vero è che l'art. 2, co. 3, lett. *p*), legge n. 400/1988 cit., attribuisce al Consiglio la potestà di «**annullamento straordinario**... degli atti amministrativi illegittimi», senza eccettuare – testualmente – nessun tipo di provvedimento (ma si veda *infra*, parte IV, cap. I, § 5).

Le conclusioni ultime, in tema di rapporti fra le tre componenti necessarie del Governo, non sono quindi del tutto confortanti. Malgrado non si possa considerarli inconsistenti dal punto di vista del diritto costituzionale, *i poteri del Presidente* (che assicurano la stessa centralità della posizione del Consiglio, vale a dire la collegialità della politica governativa) *hanno un carattere negativo e compromissorio piuttosto che positivamente direttivo; e non sono sorretti – al limite – da strumenti sanzionatori adeguati.*

Ne segue che quella del Governo – a dispetto dell'art. 95 Cost. – finisce per essere una **struttura policentrica**, tendente al cosiddetto «ministerialismo»; tanto più che nell'ambito del Consiglio stesso non si può far valere fino in fondo la regola della maggioranza, data l'esigenza di non compromettere i delicati equilibri politici sui quali si regge la coalizione governativa (con l'ulteriore effetto che, non di rado, i voti non spettano tanto a ciascun membro del collegio, ma vanno imputati – di fatto – ai gruppi politici organizzati che i diversi ministri rappresentano).

Indubbiamente, tutto ciò determina una notevolissima deroga rispetto al classico schema dei sistemi parlamentari. Secondo la loro peculiare logica, infatti, il Governo dovrebbe esser sempre concepito come un potere unitario, dotato di una sua linea politica della quale è responsabile verso il Parlamento, sia che lo si intenda come un comitato esecutivo o – più modernamente – come un comitato direttivo della maggioranza parlamentare. *Nel nostro sistema, viceversa, risulta spesso difficile parlare di unità del Governo, di responsabilità collegiale, di solidarietà governativa, di indirizzi politici omogenei.*

È abbastanza evidente che un efficace rimedio a queste situazioni non si può rinvenire sul piano degli espedienti giuridici. Ma qualche passo in tale direzione è stato comunque compiuto, dalla legge sul nuovo ordinamento della presidenza del Consiglio fino al vigente «regolamento interno» del Consiglio stesso[57]. Né va dimenticato che le sedute consiliari sono divenute – ormai da vario tempo – periodiche e ravvicinate, ben diversamente da quanto si verificava negli anni Cinquanta e Sessanta: il che fornisce ulteriore sostegno all'esigenza della collegialità.

d) Molte le novità di cui dare conto anche in tema di **fonti che riguardano la composizione e le funzioni del Governo e della presidenza del Consiglio**.

Il **d.lgs. 30 luglio 1999, n. 300**[58], è il primo atto che, dopo l'entrata in vigore della legge n. 400/1988, tratta in modo organico l'argomento di una ***riforma dell'organizzazione del Governo***. Si è reso necessario a seguito di quanto disposto dalla legge 15 marzo 1997, n. 59[59], e in particolare dall'art. 11 di questa che

[57] V. *infra*, tra breve nel testo.

[58] *Riforma dell'organizzazione del Governo, a norma dell'articolo 11 della legge 15 marzo 1997, n. 59.*

Ci si tornerà anche *infra*, sin dall'inizio del § che segue.

[59] Cioè dalla prima (quella intitolata «*Delega al Governo per il conferimento di funzioni e com-*

mirava (mediante una delega legislativa di ampia portata e di per sé da emanare entro un anno dalla data di entrata in vigore della stessa legge n. 59/1997[60]) all'emanazione, da parte del Governo, di una serie di decreti legislativi tra l'altro allo scopo di «*a*) razionalizzare l'ordinamento della Presidenza del Consiglio dei ministri e dei Ministeri, anche attraverso il riordino, la soppressione e la fusione di Ministeri, nonché di amministrazioni centrali anche ad ordinamento autonomo».

Oltre alla disciplina dei ministeri, dei dipartimenti e delle agenzie[61], il d.lgs. n. 300/1999 cit. ha trattato l'ulteriore argomento dell'***Ordinamento della Presidenza del Consiglio dei Ministri***, al quale scopo, lo stesso giorno dell'emanazione di quel d.lgs., il Governo ha emanato anche il **d.lgs. 30 luglio 1999, n. 303**, con norme relative al detto argomento.

Per attuare l'ampia riforma dell'amministrazione che vedeva coinvolti – in un'ottica di **semplificazione** e di **snellimento dell'azione amministrativa** che caratterizza ed accomuna ognuno dei menzionati atti legislativi – tutti i livelli della stessa[62], era chiaro che si rendeva necessario partire dalla riforma di quella centrale per poi tentare di ridefinire (con un minimo di logica) i rapporti tra centro e periferia.

Se – come anticipato – della riforma relativa al numero e all'organizzazione dei ministeri si dirà tra breve[63], ed essendo logico che l'influenza delle leggi elettorali che si sono succedute dal 1993 al 2005[64] hanno contribuito a **rafforzare** non poco **la figura del Presidente del Consiglio** sia come componente all'interno della compagine di Governo (basti pensare alla legittimazione «dal basso» che a lui solo può derivare dalla modalità di svolgimento della competizione elettorale), sia come organo a sé, a prescindere dal Consiglio dei ministri, per es.

---

piti alle regioni ed enti locali, per la riforma della Pubblica Amministrazione e per la semplificazione amministrativa») delle c.d. «**leggi Bassanini**», volte tra l'altro a ottenere il risultato del massimo conferimento possibile di funzioni e compiti alle Regioni e agli enti locali, senza modificare il testo della Costituzione.

Alla legge n. 59/1997, fecero seguito la legge 15 maggio 1997, n. 127 (c.d. «Bassanini *bis*», recante *Misure urgenti per lo snellimento dell'attività amministrativa e dei procedimenti di decisione e di controllo*); la legge 16 giugno 1998, n. 191 (c.d. «Bassanini *ter*», con modifiche ed integrazioni alle prime due e ... *norme in materia di formazione del personale dipendente e di lavoro a distanza nelle pubbliche amministrazioni. Disposizioni in materia di edilizia scolastica*); la legge 8 marzo 1999, n. 50 (c.d. «Bassanini *quater*», con *Delegificazione e testi unici di norme concernenti procedimenti amministrativi - Legge di semplificazione 1998*).

[60] Ma il termine è stato differito al 31 luglio 1999 dall'art. 9 della legge Bassanini *quater*, n. 50/1999 cit.

[61] Su ciò, v. *infra*, il paragrafo che segue.

[62] Per rendersene conto, è sufficiente leggere i titoli delle quattro leggi di cui si dà conto nel testo e nelle note.

[63] V. *infra*, il paragrafo che segue.

[64] V. *supra*, parte III, cap. III, § 2, *sub* lett. *a*).

quanto ai suoi rapporti con il Parlamento[65], o con i singoli parlamentari, è qui[66] sufficiente ricordare che (in base a quanto previsto dall'art. 4, co. 3 e 4, della legge n. 400/1988[67]) è stato emanato (con d.p.c.m. 10 novembre 1993, poi modificato con d.p.c.m. 20 marzo 2002 e con l'art. 1 del d.p.c.m. 7 settembre 2007[68]) il ***Regolamento interno del Consiglio dei ministri***[69], con norme in materia di: *Disciplina delle riunioni del Consiglio dei ministri* (Capo I); *Disciplina degli atti del Consiglio dei ministri* (Capo II); *Seguito delle iniziative del Consiglio dei ministri* (Capo III).

Sempre quanto al rafforzato ruolo del Presidente del Consiglio dei ministri, senza ripercorrere cose note già contenute nella legge n. 400/1988[70] (ma che già rendevano discutibile – in particolare con riguardo ai suoi poteri nei confronti dei singoli ministri – la sua definizione in seno al Governo e nei confronti di questi ultimi, di *primus inter pares*, oggi proprio non più sostenibile), possono essere menzionati – e valgano per tutti – gli esempi che seguono.

d1) *Ex* art. 3 del d.lgs. n. 303/1999 («*Partecipazione all'Unione europea*»), «1. Il Presidente promuove e coordina l'azione del Governo diretta ad assicurare la piena **partecipazione dell'Italia all'Unione europea** e lo sviluppo del processo di integrazione europea. [/] 2. Compete al Presidente del Consiglio la responsabilità per l'attuazione degli impegni assunti nell'ambito dell'Unione europea. A tal fine, il Presidente si avvale di un **apposito Dipartimento della Presidenza del Consiglio** ...».

d2) *Ex* art. 4 del d.lgs. n. 303/1999 («*Rapporti con il sistema delle autonomie*»), «1. Il Presidente coordina l'azione del Governo in materia di rapporti con il sistema delle autonomie e promuove lo sviluppo della collaborazione tra Stato, regioni e autonomie locali. [/] 2. Il Presidente... promuove le iniziative necessarie per l'ordinato svolgimento dei rapporti tra Stato, regioni e autonomie locali ed assicura l'esercizio coerente e coordinato dei poteri e dei rimedi previsti per i casi di inerzia e di inadempienza. [/] 3. Per l'esercizio dei compiti di cui

---

[65] V. *infra*, tra breve nel testo.

[66] Rinviando per tutto il resto alla rimanente parte del presente capitolo.

[67] «3. Il regolamento interno disciplina gli adempimenti necessari per l'iscrizione delle proposte di iniziativa legislativa e di quelle relative all'attività normativa del Governo all'ordine del giorno del Consiglio dei ministri; i modi di comunicazione dell'ordine del giorno e della relativa documentazione ai partecipanti alle riunioni del Consiglio dei Ministri; i modi di verbalizzazione, conservazione e conoscenza delle deliberazioni adottate; le modalità di informazione sui lavori del Consiglio. [/] 4. Il regolamento interno del Consiglio dei Ministri è emanato con decreto del Presidente del Consiglio dei Ministri, previa deliberazione del Consiglio dei Ministri, ed è pubblicato nella Gazzetta Ufficiale».

[68] È importante *l'obbligo di verifica di compatibilità con il diritto comunitario dei provvedimenti soggetti alla iscrizione all'o.d.g. del Consiglio dei ministri*.

[69] Si veda l'art. 4, co. 3 e 4, della legge n. 400/1988 cit. (già presi in esame *retro*, parte II, cap. III, § 19), e, quanto al *regolamento interno*, anche *retro*, parte III, cap. II, § 20, lett. *c*).

[70] Se ne veda, in particolare, l'art. 5 (*Attribuzioni del Presidente del Consiglio*).

al presente articolo, il Presidente si avvale di un **apposito Dipartimento per gli affari regionali**».

d3) *Ex* art. 5 del d.lgs. n. 303/1999 («**Politiche di pari opportunità**»[71]), «1. Il Presidente promuove e coordina le azioni di Governo volte ad assicurare pari opportunità, a prevenire e rimuovere le discriminazioni, nonché a consentire l'indirizzo, coordinamento e monitoraggio della utilizzazione dei relativi fondi europei».

d4) *Ex* art. 1, co. 4, della **legge 14 luglio 2008, n. 121**[72], vengono trasferiti alla presidenza del Consiglio dei ministri compiti in materia di **politiche antidroga**, e di **Servizio civile nazionale**, nonché le funzioni di indirizzo e vigilanza sull'**Agenzia nazionale italiana per i giovani** del programma comunitario «Gioventù in azione».

d5) L'art. 1, co. 14, lett. *a*), della stessa **legge n. 121/2008,** trasferisce al Presidente del Consiglio dei ministri «le funzioni già attribuite al Ministero del lavoro e della previdenza sociale ... in tema di **finanziamenti agevolati** per sopperire alle esigenze derivanti dalla peculiare attività lavorativa svolta ovvero per sviluppare attività innovative e imprenditoriali; le funzioni in tema di **contrasto e trattamento della devianza e del disagio giovanile**, avvalendosi, tra l'altro, dell'**Osservatorio per il disagio giovanile legato alle dipendenze**...

d6) *Ex* art. 1, comma 3, della **legge 9 gennaio 2008, n. 2**[73], vengono attribuiti al Presidente del Consiglio dei ministri competenze di vigilanza sulla Società Italiana degli Autori ed Editori (**SIAE**).

d7) La **legge 17 luglio 2006, n. 233**[74], tra l'altro trasferisce alla presidenza del Consiglio dei ministri il Servizio centrale di **Segreteria del CIPE**[75] (art. 1, co. 2) e, all'art. 1, comma 19, attribuisce al Presidente del Consiglio dei ministri:

> *d7i*) «... funzioni di competenza statale attribuite al Ministero per i beni e le attività culturali... in materia di **sport**. Entro trenta giorni dalla data di entrata in vigore della legge di conversione del presente decreto, lo statuto dell'**Istituto per il credito sportivo** è modificato al fine di prevedere la vigilanza da parte del Presidente del Consiglio dei ministri e del ministro per i beni e le attività culturali;
>
> *d7ii*) le funzioni di vigilanza sull'**Agenzia dei segretari comunali e provinciali** nonché sulla **Scuola superiore per la formazione e la specializzazione dei dirigenti della pubblica amministrazione locale**;

---

[71] V. *infra*, parte V, cap. I, § 4, *sub b*), e parte V, cap. III, § 3, *sub c*).

[72] Legge di conversione del d.l. 16 maggio 2008, n. 85 (*Disposizioni urgenti per l'adeguamento delle strutture di Governo in applicazione dell'articolo 1, commi 376 e 377, della legge 24 dicembre 2007, n. 244*).

[73] ***Disposizioni concernenti la Società italiana degli autori ed editori.***

[74] Legge di conversione, con modif., del d.l. 18 maggio 2006, n. 181, recante, tra l'altro, *disposizioni urgenti in materia di riordino delle attribuzioni della Presidenza del Consiglio dei Ministri*... [e] *delega al Governo per il coordinamento delle disposizioni in materia di funzioni e organizzazione della Presidenza del Consiglio dei Ministri*...

[75] Sul quale v. anche *infra*, nel § 10 di questo capitolo.

d7iii) **l'iniziativa legislativa in materia di individuazione e allocazione delle funzioni fondamentali di comuni, province e città metropolitane di cui all'art. 117, co. 2, lett. *p*), Cost.**, nonché le **competenze in materia di promozione e coordinamento relativamente all'attuazione dell'art. 118, co. 1 e 2, Cost.**;

d7iv) le funzioni di indirizzo e coordinamento in materia di **politiche giovanili**, nonché le **funzioni di competenza statale attribuite al ministero del Lavoro e delle Politiche sociali... in materia di coordinamento delle politiche delle giovani generazioni** [76], ivi comprese le funzioni di indirizzo e vigilanza sull'**Agenzia nazionale italiana del programma comunitario gioventù**, esercitate congiuntamente con il ministro della Solidarietà sociale ...;

d7v) le funzioni di indirizzo e coordinamento in materia di **politiche per la famiglia**... nonché le funzioni di competenza statale attribuite al ministero del Lavoro e delle Politiche sociali ..., in materia di coordinamento delle politiche a favore della famiglia, di interventi per il **sostegno della maternità e della paternità**, di conciliazione dei tempi di lavoro e dei tempi di cura della famiglia, di **misure di sostegno alla famiglia, alla genitorialità e alla natalità**, di supporto all'**Osservatorio nazionale sulla famiglia**. La presidenza del Consiglio dei ministri subentra al ministero del Lavoro e delle Politiche sociali in tutti i suoi rapporti con l'Osservatorio nazionale sulla famiglia ...» (*ed esercita altresì le funzioni di competenza del Governo per l'Osservatorio nazionale per l'infanzia e l'adolescenza* [77]*, nonché la gestione delle risorse finanziarie relative alle politiche per la famiglia* [78].

[La stessa lettera *e*) dell'art. 1, co. 19, della legge n. 233/2006 attribuiva alla presidenza del Consiglio dei ministri, unitamente al ministero della Solidarietà sociale, il compito di fornire il supporto all'attività dell'**Osservatorio nazionale per l'infanzia** e del **Centro nazionale di documentazione e di analisi per l'infanzia**... e di esercitare altresì le funzioni di espressione del concerto in sede di esercizio delle funzioni di competenza statale attribuite al ministero del Lavoro e della Previdenza sociale in materia di «"**Fondo di previdenza per le persone che svolgono lavori di cura non retribuiti derivanti da responsabilità familiari**" ...» La legge n. 121/2008 (art. 1, co. 14, lett. *c*), invece, ha direttamente trasferito al Presidente del Consiglio le funzioni «concernenti il **Centro nazionale di documentazione e di analisi per l'infanzia e l'adolescenza** ..., esercitate unitamente al Ministero del lavoro, della salute e delle politiche sociali», e l'espressione del concerto di cui s'è detto].

d7vi) Le funzioni di espressione del concerto in sede di esercizio delle **fun-**

---

[76] Trasferimento ribadito dall'art. 1, co. 14, lett. *a*), della legge **14 luglio 2008, n. 121**, già cit. *supra*, *sub d*4) e *d*5).

[77] Il trasferimento di funzioni è stato ribadito dall'art. 1, co. 14, lett. *b*), della legge n. 121/2008 cit., che ha aggiunto anche ciò che si è riportato in corsivo nel testo.

[78] Così la lett. *c*) dell'art. 1, co. 14, della legge n. 121/2008 cit.

zioni di competenza statale attribuite al ministero del lavoro e delle politiche sociali dagli artt. ... *del codice delle pari opportunità tra uomo e donna* ...[79];

d7vii) le **funzioni di competenza statale attribuite al ministero delle attività produttive** dalla legge 25 febbraio 1992, n. 215, e dagli articoli 21, 22, 52, 53, 54 e 55 del citato codice di cui al decreto legislativo 11 aprile 2006, n. 198[80].

d8) L'art. 19 *bis*, sempre della legge 17 luglio 2006, n. 233, attribuisce al Presidente del Consiglio dei ministri le «funzioni di competenza statale assegnate al Ministero delle attività produttive ..., in **materia di turismo** ...».

Alla legge ult. cit. e alle altre disposizioni sopra ricordate ha fatto seguito una nutrita serie di decreti del Presidente del Consiglio necessari a dare esecuzione e possibilità di concreta attuazione alle previsione di legge[81].

d9) *Ex* art. 1 della **legge 3 agosto 2007, n. 124**[82], poi, spetta al Presidente del Consiglio, e «in via esclusiva»: «*a*) l'alta direzione e la responsabilità generale della **politica dell'informazione per la sicurezza**, nell'interesse e per la difesa della Repubblica e delle istituzioni democratiche poste dalla Costituzione a suo fondamento»; l'apposizione, la tutela e la conferma dell'opposizione del **segreto di Stato**, con determinazione dei relativi criteri [lett. *b*) e *c*) del co. 1, e co. 2]; la nomina e la revoca del direttore generale e di uno o più vice direttori generali del **Dipartimento delle informazioni per la sicurezza** e dei servizi di informazione per la sicurezza[83] [lett. *d*) e *e*) del co. 1]; stabilire l'ammontare annuo delle risorse finanziarie per i servizi di informazione per la sicurezza e per il Diparti-

---

[79] Trasferimento ribadito dall'art. 1, co. 14, lett. *d*), della legge n. 121/2008 cit.

Sul *Codice delle pari opportunità tra uomo e donna*, v. anche il rinvio di cui a qualche nota più sopra.

[80] Sul detto trasferimento v. anche l'art. 1, comma 14, lett. *e*), della legge n. 121/2008 cit. che in parte lo ribadisce e in parte lo rinnova, facendo anche riferimento al ***Comitato per l'imprenditoria femminile***.

[81] V., per es., il **d.p.c.m. 31 gennaio 2007** con *Disposizioni in ordine al trasferimento di strutture alla Presidenza del Consiglio dei Ministri* ai sensi dell'art. 1 della legge n. 233/2006 (su strutture, personale, risorse finanziarie, beni mobili strumentali ed attività informatiche, beni immobili... funzionali ai trasferimenti di cui sopra); il **d.p.c.m. 4 maggio 2007**, recante *Trasferimento alla Presidenza del Consiglio dei Ministri delle strutture e delle relative risorse finanziarie, umane e strumentali per lo svolgimento delle funzioni e dei compiti in materia di sport*; il **d.p.c.m. 4 maggio 2007**, recante *Individuazione e riordino degli organismi istituiti presso il Segretariato Generale e presso il Dipartimento per gli affari regionali*; il **d.p.c.m. 22 ottobre 2007**, recante. *Ricognizione delle competenze e delle relative risorse trasferite dal Ministero dello sviluppo economico alla Presidenza del Consiglio dei Ministri per l'esercizio delle competenze in materia di turismo, in attuazione dell'articolo 1, commi 19* bis *e 19* quater*, del decreto legge 18 maggio 2006, n. 181, convertito dalla legge 17 luglio 2006, n. 233*.

[82] *Sistema di informazione per la sicurezza della Repubblica e nuova disciplina del segreto*.

V. anche *supra*, parte III, cap. II, § 15, *sub d*), ove si tratta del «Comitato parlamentare per la sicurezza della Repubblica».

[83] L'attributo di «generale» spetta, nella disposizione, al solo direttore e all'uno o più vice direttori del Dipartimento delle informazioni per la sicurezza; non, invece, a quelli dei servizi di informazione per la sicurezza.

mento delle informazioni per la sicurezza (lett. *f* del co. 1); coordinare le politiche dell'informazione per la sicurezza, impartire direttive e, sentito il ***Comitato interministeriale per la sicurezza della Repubblica*** (CISR) [84], emanare tutte le disposizioni che reputi necessarie per l'organizzazione e il funzionamento del ***Sistema di informazione per la sicurezza della Repubblica*** (co. 3).

Curioso, da un punto di vista di tecnica normativa, può essere rimarcare, relativamente all'ultima serie di poteri indicati, la loro attribuzione al Presidente del Consiglio «in via esclusiva» (tanto che l'art. 3, co. 1, della legge, dispone che il «Presidente ..., ove lo ritenga opportuno, può delegare le funzioni che non sono ad esso attribuite in via esclusiva soltanto ad un Ministro senza portafoglio o ad un Sottosegretario di Stato, di seguito denominati "Autorità delegata"»), fatta salva, peraltro, l'ampiezza della delega attribuita in materia ad uno dei sottosegretari di Stato alla presidenza del Consiglio con d.p.c.m. 22 maggio 2008. È vero che il decreto inizia delegando «tutte le funzioni attribuite al Presidente del Consiglio dei Ministri non in via esclusiva dalla legge 3 agosto 2007, n. 124» (art. 1, co. 1, lett. *a*), ma è anche vero che termina con una disposizione [art. 4, co. 1, lett. da *a*) a *h*)] che elenca i poteri che «[*r*]estano, comunque, riservati al Presidente del Consiglio dei Ministri».

Cinque anni più tardi, la **legge 7 agosto 2012, n. 133**, ha apportato alcune «*Modifiche alla legge 3 agosto 2007, n. 124*» e, nel frattempo, il **d.p.c.m. 6 novembre 2009, n. 5 (parzialmente modificato con il d.p.c.m. 2 ottobre 2017, n. 3)**, ha dettato «*Disposizioni per la tutela amministrativa del segreto di Stato e delle informazioni classificate e a diffusione esclusiva*» e re-istituito l'«***Autorità nazionale per la sicurezza***» (*ANS*).

e) Posta la quantità delle attribuzioni sin qui elencate, attribuite al Presidente del Consiglio e/o alla **presidenza del Consiglio**, non era pensabile che anche quest'ultima non sarebbe stata riformata e, soprattutto, rinforzata.

Premesso che già la legge n. 400/1988 faceva riferimento in più articoli alla

---

[84] Istituìto presso la presidenza del Consiglio dei ministri *ex* art. 5 della legge n. 124/2007, ha «funzioni di consulenza, proposta e deliberazione sugli indirizzi e sulle finalità generali della politica dell'informazione per la sicurezza» (c. 1); «elabora gli indirizzi generali e gli obiettivi fondamentali da perseguire nel quadro della politica dell'informazione per la sicurezza, delibera sulla ripartizione delle risorse finanziarie tra il DIS [***Dipartimento delle informazioni per la sicurezza,*** *di cui all'art. 4 della legge*] e i servizi di informazione per la sicurezza e sui relativi bilanci preventivi e consuntivi» (co. 2). È presieduto dal Presidente del Consiglio dei ministri ed è composto dall'Autorità delegata [*sulla quale 'infra', tra breve*], ove istituìta, dal ministro degli affari esteri, dal ministro dell'interno, dal ministro della difesa, dal ministro della giustizia e dal ministro dell'economia e delle finanze». Su invito del Presidente (anche su loro istanza), possono essere chiamati a partecipare alle sedute del Comitato altri componenti del Consiglio dei ministri, autorità civili e militari di cui di volta in volta sia ritenuta necessaria la presenza in relazione alle questioni da trattare, e i direttori delle nuove **Agenzie per le «informazioni e sicurezza esterna» (AISE**, sulla quale l'art. 6 della legge) e per le **«informazioni e sicurezza interna» (AISI**, sulla quale l'art. 7 della legge).

struttura «Presidenza del Consiglio»[85], il già menzionato d.lgs. n. 303/1999, recante l'***Ordinamento della Presidenza del Consiglio dei Ministri***, *a norma dell'art. 11 della legge 15 marzo 1997, n. 59*, oltre a prevedere le autonome funzioni in Capo al Presidente del Consiglio di cui s'è già detto, garantisce alla struttura «*autonomia organizzativa*»[86], «*contabile e di bilancio*»[87], detta[88] norme sul personale della struttura[89] stessa e disciplina, soprattutto nel Capo I, «*l'ordinamento, l'organizzazione e le funzioni della Presidenza, della cui attività il Presidente si avvale per l'esercizio delle autonome funzioni di impulso, indirizzo e coordinamento attribuitegli dalla Costituzione e dalle leggi della Repubblica*». A tali fini, l'«*organizzazione della Presidenza tiene conto, in particolare, della*

---

[85] Gli articoli sono molti, compreso l'intero Capo V, interamente dedicato al «*Personale della Presidenza del Consiglio dei ministri*».

[86] È lo stesso Presidente che, per lo svolgimento delle funzioni istituzionali della presidenza e per i «*compiti di organizzazione e gestione delle occorrenti risorse umane e strumentali... individua con propri decreti le aree funzionali omogenee da affidare alle strutture in cui si articola il Segretariato generale*» e, sempre mediante suoi decreti, «*determina le strutture della cui attività si avvalgono i Ministri o Sottosegretari da lui delegati*».

È sempre il Presidente e sempre per decreto ad individuare «*gli uffici di diretta collaborazione propri e, sulla base delle relative proposte, quelli dei Ministri senza portafoglio o sottosegretari della Presidenza*», determinandone altresì la composizione (così nell'art. 7 del d.lgs., sul quale v. anche *infra*, nella nota 89).

[87] A decorrere dall'esercizio finanziario successivo a quello di entrata in vigore del presente decreto, «... la Presidenza provvede *all'autonoma gestione delle spese nei limiti delle disponibilità iscritte in apposita unità previsionale di base dello stato di previsione della spesa del Ministero del tesoro, del bilancio e della programmazione economica* [...] Gravano su un apposito fondo del bilancio della Presidenza, alimentato anche mediante storno di apposite disponibilità dagli stati di previsione della spesa dei Ministeri interessati, le *spese relative a gestioni affidate a Commissari straordinari di Governo...* ovvero *per il funzionamento di organi collegiali istituiti presso la Presidenza* per disposizione di legge o con decreto emanato previa deliberazione del Consiglio dei Ministri» (art. 8, co. 1 e 2, sui quali v. anche nella nota 89).

[88] Nell'art. 9, sul quale v. anche nella nota 89.

[89] Sul punto, si vedano anche il d.p.c.m. 23 luglio 2002 (e succ. modif. fino a quelle di cui ai d.p.c.m. 7 aprile 2006, 1 ottobre 2008, 1 ottobre 2012, 15 dicembre 2014, 21 ottobre 2015, 7 giugno 2016, 8 giugno 2016 e 3 luglio 2017), con l'***Ordinamento delle strutture generali della Presidenza del Consiglio dei ministri***; il d.p.c.m. 17 maggio 2004 con l'***Istituzione del ruolo dei dirigenti della Presidenza del Consiglio dei Ministri*** e il d.p.c.m. 26 luglio 2004 sui ***ruoli dei dirigenti della Presidenza del Consiglio dei ministri***.

Se è vero che il d.lgs. n. 303/1999 cit. è tutto volto a garantire l'«autonomia» della presidenza [s'è da poco accennato a quella organizzativa (art. 9), contabile e di bilancio (art. 8), e relativa al personale (art. 9)], è anche da dire che la disposizione (art. 7, co. 9) che mirava, in nome di questa stessa autonomia, a sottrarre i decreti di cui, appunto, agli artt. 7, 8, 9, al controllo della Corte dei conti, ha subìto la censura della Corte cost. Quest'ultima, pronunciandosi con la sent. 22-29 maggio 2002, n. 221, in un conflitto di attribuzioni sollevato dalla stessa Corte dei conti avverso alcuni di quei decreti emanati dal Governo, ha stabilito «*che non spetta al Governo adottare l'art. 9, comma 7, primo periodo, del decreto legislativo 30 luglio 1999, n. 303... e conseguentemente lo annulla*». [Si tornerà sul punto anche *infra*, nella parte VI, cap. III, §§ 1 e ss., trattando del giudizio della Corte cost. sul conflitto di attribuzioni].

esigenza di assicurare, anche attraverso il collegamento funzionale con le altre amministrazioni interessate, l'unità di indirizzo politico ed amministrativo del Governo, ai sensi dell'articolo 95 della Costituzione» (art. 2, co. 1).

Servente alle attività del Presidente, la presidenza viene in particolare utilizzata tra l'altro «a) per l'esercizio, in forma organica e integrata della **direzione ed i rapporti con l'organo collegiale di governo**; b) i rapporti del Governo con il **Parlamento** e con **altri organi costituzionali**; c) i rapporti del Governo con le **istituzioni europee**; d) i rapporti del Governo con il **sistema delle autonomie**; e) i rapporti del Governo con le **confessioni religiose**, ai sensi degli articoli 7 e 8, ultimo comma, della Costituzione; f) la progettazione delle **politiche generali** e le **decisioni di indirizzo politico generale**; g) il **coordinamento dell'attività normativa** del Governo; h) il **coordinamento dell'attività amministrativa** del Governo e della funzionalità dei sistemi di controllo interno; i) la promozione e il coordinamento delle **politiche di pari opportunità** e delle azioni di Governo volte a prevenire e rimuovere le discriminazioni [90]; l) il coordinamento delle attività di **comunicazione istituzionale**; m) la promozione e verifica dell'**innovazione nel settore pubblico** ed il coordinamento in materia di **lavoro pubblico** ...» (art. 2, co. 2).

La presidenza del Consiglio dei ministri ha un «**Segretariato generale**» [91], con, al vertice, il **Segretario generale** [92] e un Vicesegretario generale [93] (art. 1, co. 1) ed è organizzata in «c) ***dipartimenti*** [94]» («strutture di livello dirigenziale gene-

---

[90] V. il rinvio di cui a qualche nota più sopra.

[91] Proprio al «Segretariato generale» era già dedicato l'art. 18 della legge n. 400/1988, relativamente alla sua organizzazione e l'art. 19 che ne elencava i compiti.

[92] Egli è «responsabile del funzionamento del Segretariato generale e della gestione delle risorse umane e strumentali della Presidenza... [*Può*] essere coadiuvato da uno o più Vicesegretari generali. Per le strutture affidate a Ministri o Sottosegretari, le responsabilità di gestione competono ai funzionari preposti alle strutture medesime, ovvero, nelle more della preposizione, a dirigenti temporaneamente delegati dal Segretario generale, su indicazione del Ministro o Sottosegretario competente» (art. 7, co. 5, del d.lgs.).

Ex art. 9, co. 6, del d.lgs., è il Presidente a stabilire, con decreto, il trattamento economico del Segretario generale e dei Vicesegretari generali.

[93] V. nota prec.

[94] Avendo già poc'anzi ricordato quelli di cui il Presidente si avvale per la *partecipazione dell'Italia all'Unione europea* e quello per *gli Affari regionali* e ci si può quindi qui limitare a fare un riferimento al ***Dipartimento per l'informazione e l'editoria*** (già disciplinato dall'art. 26 della legge n. 400/1988), nonché al ***Dipartimento per gli affari giuridici e legislativi***, disciplinato dall'art. 6 del d.lgs. n. 303/1999 e deputato a curare le «funzioni relative al coordinamento dell'attività normativa... in modo da garantire... la valutazione d'impatto della regolazione, la semplificazione dei procedimenti, la qualità del linguaggio normativo, l'applicabilità dell'innovazione normativa, la adempiuta valutazione degli effetti finanziari. Il Dipartimento, in collaborazione con il Dipartimento [*testé cit. in apertura di nota*] assicura, quanto al processo di formazione ed attuazione in sede nazionale della normativa comunitaria, l'esame preliminare della situazione normativa ed economica interna e la valutazione delle conseguenze dell'introduzione di norme comunitarie sull'assetto interno».

rale in cui si articola il Segretariato generale della presidenza del Consiglio dei Ministri, comprensive di una pluralità di uffici accomunati da omogeneità funzionale»); «d) ***uffici***» («strutture di livello dirigenziale generale collocate all'interno di strutture dipartimentali ovvero in posizione di autonomia funzionale, equiparabile a quella dei Dipartimenti»); «e) ***servizi***» («unità operative di base di livello dirigenziale») (art. 1, co. 1)[95].

9. *Gli organi governativi non necessari: i vicepresidenti del Consiglio; i ministri senza portafoglio; gli alti commissari; i sottosegretari; i viceministri; i commissari straordinari; il Consiglio di gabinetto*

a) A rendere ancor più articolata l'organizzazione del Governo, contribuiscono poi le numerose varianti che la struttura di quest'organo subisce nella prassi (ma anche sulla base di leggi ordinarie integrative delle norme costituzionali).

Tutti i Governi possono infatti venire costituiti, oltre che dalle tre componenti necessarie menzionate nell'art. 92, co. 1, Cost., da **parecchi altri tipi di organi non necessari**: alcuni dei quali sono meramente eventuali, mentre altri si rinvengono costantemente, diversificandosi però per le loro funzioni o anche per il numero dei loro titolari. Tali sono, in ordine decrescente d'importanza

[95] Al momento, cioè all'emanazione dell'ultimo d.P.C.M. in materia (3 luglio 2017), sono «***Uffici di diretta collaborazione del Presidente***: – a) l'Ufficio del Presidente, comprensivo della Segreteria particolare; – b) l'Ufficio stampa e del Portavoce del Presidente; – c) l'Ufficio del consigliere diplomatico; – d) l'Ufficio del consigliere militare». Sono «... ***strutture generali della Presidenza*** i seguenti Dipartimenti e Uffici ***di cui il Presidente si avvale*** per le funzioni di indirizzo e coordinamento relative a specifiche aree politico-istituzionali: – a) Dipartimento per gli affari regionali e le autonomie; – a-*bis*) Dipartimento "Casa Italia"; – b) Dipartimento per la digitalizzazione della pubblica amministrazione e l'innovazione tecnologica; – c) Dipartimento della funzione pubblica; – d) Dipartimento della gioventù e del Servizio civile nazionale; – e) Dipartimento per le pari opportunità; – f) Dipartimento per le politiche antidroga; – g) Dipartimento per le politiche europee; – h) Dipartimento per le politiche della famiglia; – i) Dipartimento per la programmazione e il coordinamento della politica economica; – j) Dipartimento della protezione civile; – k) Dipartimento per i rapporti con il Parlamento; – l) Dipartimento per le riforme istituzionali; – [m) Dipartimento per lo sviluppo delle economie territoriali e delle aree urbane; (5)]; – m-*bis*) Dipartimento per le politiche di coesione; – n) Ufficio per il programma di Governo; – o) Ufficio per lo sport; – p) Ufficio di segreteria della Conferenza Stato-città ed autonomie locali». Sono «... ***strutture generali della Presidenza*** i seguenti Dipartimenti e Uffici ***di supporto*** al Presidente per l'esercizio delle funzioni di coordinamento e indirizzo politico generale, nonché per il supporto tecnico-gestionale: a) Dipartimento per gli affari giuridici e legislativi; b) Dipartimento per il coordinamento amministrativo; c) Dipartimento per l'informazione e l'editoria; d) Ufficio controllo interno, trasparenza e integrità; e) Ufficio del Segretario generale; f) Ufficio di segreteria del Consiglio dei Ministri; g) Dipartimento per il personale; g-*bis*) Dipartimento per i sevizi strumentali; h) Ufficio del bilancio e per il riscontro di regolarità amministrativo-contabile; i) Ufficio del cerimoniale di Stato e per le onorificenze».

politica, organi di tipo individuale quali i vicepresidenti del Consiglio, i ministri senza portafoglio, gli alti commissari, i sottosegretari di Stato; e organi collegiali come i comitati interministeriali o come i consigli di gabinetto.

Poiché nessuno degli organi stessi è disciplinato o comunque previsto dalla Costituzione, si pone anzitutto il problema complessivo se la prassi o la legislazione ordinaria che li hanno istituiti non debbano considerarsi costituzionalmente illegittime. Ma la risposta è negativa. Non si può pensare, infatti, che le scarne disposizioni contenute negli artt. 92 e 95 Cost. abbiano inteso dettare una disciplina compiuta e tassativa dell'organizzazione del Governo. Bisogna ritenere, invece, che anche in questo campo la Costituzione non escluda di essere integrata sia da leggi ordinarie, sia da convenzioni fra gli organi costituzionali interessati (quali sono – in prima linea – il Presidente del Consiglio e il Presidente della Repubblica, per non dire dei singoli ministri competenti per materia): convenzioni che sono a loro volta suscettibili, qualora vengano adeguatamente ripetute, di tradursi in *consuetudini facoltizzanti*, vale a dire in regole giuridiche permissive della creazione di organi governativi eventuali o comunque non necessari, da aggiungere agli organi costituzionalmente prescritti (v. *retro*, parte II, cap. III, § 27). In quest'ultimo senso concorre anche la considerazione (Balladore Pallieri) che tutti gli organi costituzionali, Governo compreso, dispongono di un'autonomia organizzativa ovvero di un *potere di autoorganizzazione:* con la conseguenza che il Governo stesso può essere definito come un **organo a composizione aperta**.

È lecito chiedersi, anzi, se non sarebbe costituzionalmente illegittima – per violazione di quelle norme costituzionali non scritte che ormai fanno corpo con la Costituzione – una legge ordinaria che vietasse l'istituzione e l'utilizzazione di questo o di quel tipo di organi governativi non necessari consacrati dalla prassi. Se si ritenesse che, nel caso specifico, si sia saldamente formata una vera e propria consuetudine, la risposta dovrebbe essere di segno affermativo. Mentre si potrebbe pervenire a soluzioni meno drastiche sia nel caso che la prassi non avesse ancora assunto un rilievo costituzionale, sia – soprattutto – nel caso che la legge in questione si riducesse a disciplinare e circoscrivere il fenomeno (per esempio, limitando il numero dei sottosegretari), anziché contestare in radice l'autonomia organizzativa del Governo.

b) Quanto ai **vicepresidenti del Consiglio**, si versa probabilmente nella seconda piuttosto che nella prima ipotesi. Da questo lato, in altre parole, è forse prematuro parlare di consuetudini, giacché la prassi risulta tutt'altro che costante: effettivamente si sono avuti Governi dotati di un unico vicepresidente, Governi con vari componenti così qualificati (per esempio, sulla base di certe coalizioni quadripartitiche degli anni Cinquanta) e altri Governi ancora (specialmente monocolore) nei quali i vicepresidenti non figuravano affatto. Del resto, la stessa legge n. 400/1988 si limita attualmente a prevedere che «il Presidente del Consiglio dei ministri propone al Consiglio dei ministri l'attribuzione ad uno o più ministri delle funzioni di Vicepresidente»[96], sicché il Presidente della Repubblica non viene neppure coinvolto nell'istituzione dell'organo di cui si discute.

Negli ultimi vent'anni, o poco meno, e andando a ritroso, non hanno avuto vicepresidenti i governi Gentiloni e Renzi; Letta ne ha avuto uno[97]; Monti e Berlusconi IV, di nuovo nessuno; Prodi II, Berlusconi III e Berlusconi II[98], due ciascuno. Guardando ai nomi, la tendenza, nei tempi più recenti, sembra quella di dar valore alle alleanze dei partiti che formano la maggioranza, attribuendo la vicepresidenza ai *leaders* (o, meglio, ad alcuni dei *leaders*) delle formazioni maggiori.

In ogni caso, però, l'espressione in esame non va intesa alla lettera, né assume il medesimo significato del quale è provvista in altri ordinamenti statali contemporanei. La funzione precipua del vicepresidente non è data infatti (come si verifica, invece, negli Stati Uniti, quanto al Capo dello Stato) dalla sostituzione integrale del Presidente, per dimissioni o destituzione o impedimento o morte di questi. Nel nostro sistema di governo, le responsabilità che l'art. 95, co. 1, Cost. imputa al Presidente del Consiglio, come esponente essenziale e come fulcro dell'intero Gabinetto, non si prestano ad essere affidate a un organo presidenziale vicario; cosicché, se tale fosse il caso in discussione, avrebbe ragione chi ha contestato la costituzionalità di questa figura (Mortati). Ma simili censure non hanno ragion d'essere, neanche da quando il nuovo ordinamento della presidenza del Consiglio ha conferito al vice la *supplenza* del Presidente «in caso di assenza o impedimento temporaneo»[99]. Infatti, una tale previsione dev'essere riduttivamente interpretata, con riferimento al solo esercizio dell'«ordinaria amministrazione» (Labriola) o degli altri compiti volta per volta delegati dal Presidente stesso; senza di che si rinnoverebbe il dubbio d'una violazione delle norme costituzionali concernenti la direzione politica del Governo e le relative responsabilità.

La verità è che il vicepresidente non è altro che un *ministro,* normalmente senza portafoglio, diversificato per il nome e per il maggiore prestigio politico,

---

[96] Cfr. l'art. 8, co. 1, della legge cit.

[97] L'on. Alfano, fino a metà del 2013 del «Popolo delle Libertà» e, da allora, *leader* del «Nuovo centrodestra».

[98] Rispettivamente, gli onn.: D'Alema (in allora *leader* «dei Democratici di Sinistra) e Rutelli (*leader* dei «Democrazia è Libertà - La Margherita»); Fini (leader di «Alleanza Nazionale») e Tremonti (esponente di «Forza Italia», la stessa forza politica che esprimeva il Presidente del Consiglio, ma soprattutto potente ministro dell'«Economia e Finanze»); Fini e Follini (quest'ultimo *leader* del «Centro Cristiano Democratico»).

[99] L'art. 8, co. 1, della legge n. 400/1988 cit. precisa che la supplenza spetta «qualora siano nominati più vicepresidenti, al Vicepresidente più anziano». Del pari, l'art. 8, co. 2, statuisce che, «qualora non sia stato nominato il Vicepresidente», si ricorre normalmente «al ministro più anziano secondo l'età».

In passato, viceversa, si era verificato il caso, risalente al periodo degasperiano, di conferimento della supplenza a un ministro diverso da quelli che al momento detenevano la vicepresidenza.

ma giuridicamente equiparato – nella generalità dei casi – a ogni altro componente del collegio. Le uniche funzioni peculiari, attinenti alla detta supplenza, gli sono conferite dal Consiglio dei ministri; e, sulla carta, potrebbero anche venire revocate, nel corso dell'esistenza di un dato Governo, sebbene evenienze del genere rimangano politicamente imprevedibili.

c) Quanto ai **ministri senza portafoglio**, nel senso più stretto di tale espressione, basti ricordare che per «portafoglio» s'intende in questa sede un *dicastero* o un ministero, vale a dire un apparato amministrativo gerarchicamente ordinato, corrispondente a un dato settore della pubblica amministrazione, al vertice del quale si pone un ministro (anche se si tratta di una figura tutt'altro che definita e tipizzata, essendo ormai superata la tradizionale «rappresentazione del ministero come blocco monolitico»: Carlassare). «*Senza portafoglio*», quindi, sono quei ministri che non vengono preposti ad alcun dicastero, pur essendo inseriti nel Governo.

La presenza di questi organi in tutti gli esecutivi italiani del dopoguerra, e spesso in misure numericamente notevoli, ha in un primo tempo suscitato perplessità. In effetti alcuni giuristi, negli anni immediatamente successivi all'entrata in vigore della Costituzione, si sono chiesti se la prassi non fosse in tal senso lesiva di quel disposto dell'art. 95, co. 2, che dichiara i ministri responsabili «individualmente degli atti dei loro dicasteri», così presupponendo che ogni ministro debba essere a capo di un determinato ministero ed escludendo implicitamente l'esistenza di ministri senza portafoglio che, per definizione, non potrebbero venir chiamati a rispondere altro che in via collegiale.

Una così rigida interpretazione della Carta costituzionale deve però considerarsi inesatta, se non altro per due ordini di motivi.

In primo luogo, l'esistenza di un gran numero di organi governativi che la Costituzione non ha disciplinato espressamente, sebbene essi fossero ben noti sia nell'esperienza statutaria che in quella postfascista, offre la riprova del carattere aperto ed elastico della struttura del Governo (Guarino) che viene regolata dalle norme costituzionali solo per quanto attiene alle componenti necessarie del Governo stesso, senza affatto escluderne l'integrazione da parte di componenti ulteriori.

In secondo luogo, nel presente assetto costituzionale sono ormai largamente superate le vecchie configurazioni dei ministri senza portafoglio quali personalità inserite nel Governo all'esclusivo scopo di allargare la base politica del Gabinetto. Un tempo, la comune funzione dei ministri senza portafoglio si risolveva, appunto, nel consentire che certi partiti o certi gruppi della coalizione di maggioranza disponessero di qualche posto in più nel Consiglio dei ministri, senza affatto incidere sui ministeri o sugli altri apparati burocratici che dal Governo dipendono. Oggi, al contrario, i tradizionali motivi di differenziazione fra le due specie di ministri, aventi o non aventi un «portafoglio», hanno perso in gran parte – se non completamente – il loro primitivo fondamento solo politico: in quanto gli stessi ministri senza portafoglio dispongono spesso, in realtà, di una sfera d'azione che è loro riservata ed entro la quale essi si avvalgono di *specifiche strutture burocratico-amministrative* (sia pure distinte dai ministeri propriamente detti e talvolta costituite per limitati periodi di tempo); sicché si può ben dire che essi rispondono, ai sensi dell'art. 95 Cost., non solo collegialmente (per gli atti del Consiglio dei ministri) ma anche individualmente (per gli atti che vengono loro specificamente imputati: Calandra).

In sintesi, all'interno della complessiva figura dei ministri senza portafoglio si possono infatti distinguere almeno tre tipi di ipotesi.

Per prima cosa, continuano a sussistere alcuni ministri puramente «politici», secondo il tradizionale modello testé ricordato, fra i quali rientrano – ad esempio – i *ministri per i rapporti con il Parlamento* che hanno fatto parte di quasi tutti i Governi degli ultimi tempi. Secondariamente, vi sono i ministri che rispondono in proprio di certi complessi di funzioni loro delegate dal Presidente del Consiglio o dal Consiglio stesso, pur non essendo collocati al vertice di un consistente apparato burocratico: come nel caso dei compiti svolti dai *ministri per gli Affari regionali*, tanto in sede di controllo delle leggi regionali quanto ai fini del completamento della riforma regionale dopo il 1970 [100]. Infine – ed è questa l'ipotesi più significativa – si danno quei ministri che non stanno a capo di un determinato dicastero, ma dirigono o comunque utilizzano, al più vario titolo, apparati amministrativi assai complessi, l'importanza dei quali può essere persino maggiore di quella spettante a certi ministeri di minore rilievo. Basta pensare – per rendersene conto – al *ministro per il Mezzogiorno* che ha disposto fino a tempi recenti di una competenza specifica dal punto di vista territoriale, ma funzionalmente sovrapposta alle competenze di svariati ministeri, quanto agli interventi riguardanti le regioni centro-meridionali; come pure al *ministro per la Funzione pubblica*, specialmente a partire dall'entrata in vigore della c.d. legge quadro sul pubblico impiego [101]. Il che non toglie che l'esistenza di questi stessi ministri sia solo eventuale, dal momento che la loro nomina non è giuridicamente indispensabile [102].

Vale la pena di aggiungere – per completare il discorso sui ministri – che nella prassi si danno talvolta situazioni inverse a quella dei ministri senza portafo-

---

[100] L'idea che alla base dei compiti svolti dai ministri senza portafoglio si ponga una vera e propria delega è stata messa in discussione (Romanelli); ma la legge n. 400/1988 cit. – al primo comma dell'art. 9 – continua a ragionare in proposito di «funzioni delegate».

[101] Quanto al Mezzogiorno, si veda già la legge 26 giugno 1965, n. 717; quanto alla Funzione pubblica, viene soprattutto in considerazione la legge 29 marzo 1983, n. 93 cit., istitutiva del relativo «Dipartimento» (cfr. l'art. 27 della legge cit.). Ma occorre notare che altri ministri senza portafoglio sono stati e sono previsti in via legislativa: così – per esempio – al ministro per gli Affari regionali fa riferimento l'art. 12, co. 2, della stessa legge n. 400/1988 cit.

[102] «Ogni qualvolta la legge assegni compiti specifici ad un ministro senza portafoglio e questi non venga nominato» – dispone infatti l'art. 9, co. 2, della legge n. 400 – «tali compiti si intendono attribuiti al Presidente del Consiglio dei ministri che può delegarli ad altro ministro».

glio: vale a dire casi di varianti apportate nella normale composizione del Governo, ma nel senso di diminuire piuttosto che di accrescere il numero dei loro componenti. In altre parole, vi è sempre la possibilità che il Presidente del Consiglio, o un qualsiasi altro ministro, assumano ***ad interim*** la direzione di un dicastero che diversamente rimarrebbe vacante (si pensi al caso dell'assunzione della carica di ministro degli Interni da parte del Presidente del Consiglio Moro, nel brevissimo periodo intercorso – all'inizio del 1976 – fra la mancata accettazione da parte di Gui e la conseguente nomina di Cossiga) [103].

Anche in questo campo, tuttavia, la prassi è profondamente mutata rispetto al passato. Dell'*interim* veniva fatto un uso addirittura sistematico in periodo fascista, anche e soprattutto per rafforzare la posizione del Capo del Governo che normalmente veniva allora preposto a due o più ministeri di peso (come quelli dell'Interno, degli Esteri, della Guerra ...). Nell'attuale periodo repubblicano è invece prevalsa l'opposta tendenza ad allargare per quanto possibile le compagini governative; e anche per questo l'espediente in esame non è stato utilizzato se non in ipotesi-limite, per lo più corrispondenti a situazioni di effettiva e transitoria necessità (come nel caso della morte di un ministro in carica, o di situazioni divenute per le più diverse ragioni insostenibili che hanno variamente condotto alla dimissione di ministri: v. *supra*, parte III, cap. III, § 4, *sub b*). Del resto, sotto un profilo giuridico, la nuova prassi è quella che meglio si armonizza con i principi costituzionali poiché la direzione di ciascun singolo ministero è già tanto gravosa che sarebbe certamente contrario al «buon andamento» dell'amministrazione – voluto dall'art. 97, co. 1 – riunire le direzioni stesse quando ciò non fosse strettamente necessario.

d) Inverso rispetto al caso dei ministri senza portafoglio è, sotto un altro aspetto, anche il caso degli **alti commissari**; mentre i primi erano (e, come appena visto, a volte sono tuttora) privi di specifiche responsabilità amministrative, i secondi sono infatti posti (o, meglio, lo sono stati particolarmente negli anni Quaranta e Cinquanta) a capo di importanti apparati amministrativi di settore, non ancora «ministerializzati» ma sovente destinati a trasformarsi in ministeri appositi, pur non facendo parte del Consiglio dei ministri e non rientrando pertanto fra le componenti necessarie del Governo. La stessa natura di organi siffatti rimane quindi assai dubbia: in senso lato essi possono cioè considerarsi come organi governativi, dato il rilievo delle funzioni loro conferite, mentre in senso tecnico non ricoprono (o non ricoprivano) una posizione comparabile a quella dei ministri propriamente detti.

Oggi come oggi, si può comunque affermare che la figura degli alti commissari appartiene, salvo eccezioni, al passato. Nei primi anni successivi alla caduta dell'ordinamento fascista, l'istituto dell'alto commissario è stato in effetti utilizzato più volte: si pensi all'*alto commissario per le sanzioni contro il fascismo* (1944-1946),

---

[103] Ne offre ora conferma l'art. 9, co. 4, della legge n. 400/1988 cit.

agli *alti commissari per la Sicilia e per la Sardegna* (rispettivamente operanti nei periodi 1944-1947 e 1944-1949, fino a quando non furono elette le relative assemblee regionali), all'*alto commissario per l'alimentazione* (1944-1958), a quello per l'*igiene e la sanità* (1945-1958), per concludere con quello per il *turismo* (1947-1959). Ed è notevole che negli ultimi due casi gli alti commissariati non siano stati soppressi o assorbiti in altre strutture, ma trasformati in nuovi ministeri.

Tuttavia, la figura in questione non ha completamente perso l'originaria importanza, non essendo imprevedibile che essa riceva qualche nuova applicazione: non a caso, la legge n. 400/1988 ragiona espressamente di «*commissari straordinari del Governo*» [104], ma, a mo' di esempio abbastanza recente, si consideri l'*alto commissario per la lotta alla contraffazione*, istituito dall'art. 1-*quater* della legge 14 maggio 2005, n. 80 (e soppresso dalla legge 6 agosto 2008, n. 133, di conv., con modif., del d.l. 25 giugno 2008, n. 112), da nominare con decreto del Presidente del Consiglio dei ministri su proposta del ministro delle attività produttive e destinato ad avvalersi, «per il proprio funzionamento degli uffici delle competenti direzioni generali del ministero delle attività produttive».

e) Molteplici sono gli interrogativi di ordine giuridico che si pongono quanto alla natura dei **sottosegretari**, alla loro posizione, alle loro funzioni.

Ci si chiede anzitutto se sia possibile considerarli alla stregua di veri e propri organi di governo. Dal momento che essi non partecipano alle sedute del Consiglio dei ministri (fatta eccezione per il sottosegretario alla presidenza del Consiglio che vi svolge unicamente le funzioni di segretario verbalizzante), è indubbio che essi non facciano parte del Governo strettamente inteso. Nondimeno, è altrettanto certo che essi rientrano nella complessiva compagine governativa, nel senso che concorrono a definirne la formula politica (anche per la loro inclusione, come già per quella dei ministri senza portafoglio, valgono infatti considerazioni riguardanti gli equilibri da mantenere tra le forze componenti la coalizione, oltre che le loro personali competenze tecniche). D'altra parte, quelle che vengono loro attribuite, sia pure in virtù di una delega, sono *funzioni di governo* (Elia, Roehrssen), tanto è vero che il loro titolare è il ministro posto a capo del corrispondente dicastero.

Ad aggravare i problemi, concorrono le discipline normative sovrappostesi in materia nel corso del tempo, a partire dalla fine del diciannovesimo secolo. Originariamente ai sottosegretari era stato affidato un triplice compito: quello di «sostenere la discussione degli atti e le proposte del ministero» nel Parlamento; quello di coadiuvare, più generalmente, il rispettivo ministro, esercitando le attribuzioni da questi «delegate»; e quello di rappresentarlo «in caso di assenza e di impedimento» [105]. In un secondo momento, la legislazione fascista ha invece precisato che i sottosegretari «non hanno attribuzioni proprie» e dunque non posso-

---

[104] V. *infra*, *sub* lett. *g*).

[105] V. rispettivamente l'art. 2, co. 1, della legge 12 febbraio 1888, n. 5195, e l'art. 2 del r.d. 1° marzo 1888, n. 5247.

no mai fungere da supplenti di diritto. Questa soluzione è stata poi fatta valere, anche nel periodo repubblicano, dalla giurisprudenza amministrativa; e sembra ora accolta dalla legge n. 400/1988, con la conseguenza che ai sottosegretari competono le sole *funzioni delegate* [106].

Per contro, dal secondo dopoguerra in poi si è disattesa la disciplina fascista concernente la *nomina* dei sottosegretari, che veniva allora riservata al Capo del Governo, di concerto con il ministro interessato; per fare applicazione della disciplina statutaria, che imponeva in tal senso una previa deliberazione consiliare [107]. A questo criterio, conforme al vigente sistema costituzionale, si attiene anche la legge n. 400, per cui «i sottosegretari sono nominati con decreto del Presidente della Repubblica, su proposta del Presidente del Consiglio dei ministri, di concerto con il ministro che il Sottosegretario è chiamato a coadiuvare, sentito il Consiglio dei ministri» [108].

Rimane invece insoluta, sul piano legislativo, la questione del *numero dei sottosegretari*. È caduta da tempo in desuetudine, cedendo il posto a quel tacito principio di ordine costituzionale che lascia a ogni Governo il potere di autoorganizzarsi, la limitazione prevista nell'Ottocento onde ciascun ministro (con portafoglio) disponeva di un solo sottosegretario [109]; con la conseguenza che il numero stesso viene attualmente definito volta per volta, secondo la complessità di ciascun gruppo di funzioni ministeriali e secondo le contingenti esigenze politiche [110].

f) Figurano oggi nel testo della legge n. 400/1988 (ma solo perché l'art. 10, commi 3 e 4, di quest'ultima è stato arricchito di due periodi finali dall'art. 1 della **legge 26 marzo 2001, n. 81**, con *Norme in materia di disciplina dell'attività di Governo*, come ulteriormente modif. dall'art. 12 della **legge 3 agosto 2001, n. 317** [111], i **«viceministri»**.

---

[106] Cfr. l'art. 2, co. 1, del r.d.l. 10 luglio 1924, n. 1100, e l'art. 10, co. 3, della legge n. 400/1988 cit.

[107] Si vedano, da un lato, l'art. 2, co. 4, della legge 24 dicembre 1925, n. 2263 cit., e, d'altro lato, l'art. 2, n. 3, del r.d. 14 novembre 1901, n. 446 cit.

[108] Così dispone l'art. 10, co. 1, della legge cit.

[109] V. nuovamente l'art. 2, co. 1, della legge n. 5195/1888 cit.

[110] Nel Governo Gentiloni (che ha giurato il 12 dicembre 2016 e si è dimesso il 24 marzo 2018) i sottosegretari sono stati sette, tutti appartenenti al Partito Democratico: Maria Elena Boschi ha svolto le funzioni di *Segretario del Consiglio dei ministri* e di delegata al *Programma di governo, Pari opportunità e Autorità amministrative*; Sandro Gozi di delegato alle *Politiche europee*; Maria Teresa Amici di delegata all'*Informazione e all'Editoria*; Luciano Pizzetti di delegato alle *Informazioni per la Sicurezza* e all'*Autorità delegata per la Sicurezza della Repubblica*; Angelo Rughetti di delegato al *Coordinamento delle politiche pubbliche in ambito economico, sociale e di ricerca scientifica*; Gianclaudio Bressa (dal 26 luglio 2017) di delegato agli *Affari regionali*; Paola De Micheli (dal 23 settembre 2017) di delegata al Terremoto del centro-Italia del 2016 e 2017.

[111] Conv. in legge, con modif., del d.l. 12 giugno 2001, n. 217, recante modificazioni al d.lgs. 30 luglio 1999, n. 300, nonché alla legge 23 agosto 1988, n. 400, in materia di organizzazione del Governo.

A non più di dieci sottosegretari può essere attribuito detto titolo, «*se ad essi sono conferite deleghe relative ad aree o progetti di competenza*[112] *di una o più strutture dipartimentali ovvero di più direzioni generali.* In tale caso la delega, conferita dal ministro competente [*in capo al quale restano la responsabilità politica e i poteri di indirizzo politico*], è approvata dal Consiglio dei ministri, su proposta del Presidente del Consiglio dei ministri».

I viceministri, se invitati dal Presidente del Consiglio, possono partecipare, d'intesa con il loro ministro di riferimento, alle sedute del Consiglio dei ministri «per riferire su argomenti e questioni attinenti alla materia loro delegata»: in tale caso, ovviamente, non hanno diritto di voto.

Non è forse un caso che mentre nel luglio del 1999 viene ridotto il numero dei ministeri, meno di due anni dopo (e giusto due mesi prima delle elezioni politiche del 2001) viene ideata la nuova figura del viceministro che è sì meno di un ministro, ma è più di un *qualunque* sottosegretario. Anche all'interno dei «grandi poli» di cui s'è più volte detto come aggregazioni favorite dalla legislazione elettorale vigente tra il 1993 e il 2005[113], infatti, si è sin da subito avvertito il bisogno di dare soddisfazione alle diverse anime politiche che componevano le coalizioni vincenti (né più, né meno di quanto accadeva, tra partiti, con i c.d. «governi di coalizione») e la riduzione del numero dei posti di prestigio a disposizione non favoriva certo un siffatto processo di aggregazione politica. Di tant'è, che, per ottenere un qualche risultato «di semplificazione» *effettiva*, la soluzione migliore si è fino ad ora rivelata quella di fissare un tetto massimo al numero totale dei componenti del Governo *a qualsiasi titolo*[114].

g) Circa i «**Commissari straordinari**», più che quanto già contenuto nell'art 11 della legge n. 400/1988[115], pare da sottolineare per un verso l'uso oramai divenuto «ordinario» delle figure in parola[116]; per altro verso la riduzione del 20%

---

[112] La versione originaria prevedeva l'attribuzione della delega relativamente «all'intera area di competenza».

[113] V. *supra*, parte III, cap. III, §§ 2, *sub a*), e 8, *sub d*).

[114] V. *infra*, parte III, cap. III, § 13, *sub a7*).

[115] «1. Al fine di realizzare specifici obiettivi determinati in relazione a programmi o indirizzi deliberati dal Parlamento o dal Consiglio dei Ministri o per particolari e temporanee esigenze di coordinamento operativo tra amministrazioni statali, può procedersi alla nomina di Commissari straordinari del Governo, ferme restando le attribuzioni dei Ministeri, fissate per legge. [/] 2. La **nomina è disposta con decreto del Presidente della Repubblica, su proposta del Presidente del Consiglio dei Ministri, previa deliberazione del Consiglio dei Ministri**. Con il medesimo decreto sono determinati i compiti del commissario e le dotazioni di mezzi e di personale. L'incarico è conferito per il tempo indicato nel decreto di nomina, salvo proroga o revoca. Del conferimento dell'incarico è data immediata comunicazione al Parlamento e notizia nella *Gazzetta Ufficiale*. [/] 3. Sull'attività del commissario straordinario riferisce al Parlamento il Presidente del Consiglio dei Ministri o un Ministro da lui delegato».

[116] Di recente, v. il d.P.R. 11 settembre 2017 con cui è stato nominato il «**Commissario straordinario per la ricostruzione**», dopo il terremoto dell'agosto 2016 in Abruzzo, Lazio, Marche e

dei loro compensi, dal 1° gennaio 2008, per effetto di quanto disposto dall'art. 1, comma 378, della legge finanziaria 2008, 24 dicembre 2007, n. 244; e, infine, l'esistenza, oggi, di almeno due categorie di commissari straordinari. Quella, per così dire «*propria*», cui s'è fatto sin qui riferimento e che dipende dalla legge n. 400/1988 e un'altra *che si rifà a specifiche normative di settore* e che va quindi ricondotta, quanto a procedimento di nomina e funzioni, a quest'ultima [117].

h) Il **Consiglio di gabinetto** è stato originariamente costituito – con deliberazione del 5 agosto 1983 – da parte del Consiglio dei ministri.

A configurarlo è ora l'art. 6, co. 1, della legge n. 400/1988, ma sempre sotto forma di un «organo ausiliario del Presidente del Consiglio» (Labriola).

Esso può coadiuvare il Presidente del Consiglio nello svolgimento delle funzioni di direzione della politica generale del Governo, di mantenimento dell'unità di indirizzo politico e amministrativo, mediante la promozione e il coordinamento dell'attività dei ministri [118].

I ministri che lo compongono – sempre che il Presidente del Consiglio avverta la necessità della presenza dell'organo (e quando l'avverte ci sono per lo più, e salve particolari situazioni di crisi, ragioni di carattere politico che lo inducono all'istituzione dell'organo) – sono quelli di maggior rilievo e vengono designati

---

Umbria; o il d.P.R. 5 gennaio 2017 di nomina del «**Commissario straordinario del Governo per il coordinamento delle iniziative antiracket e antiusura**», istituito presso il ministero dell'Interno; o il «**Commissario straordinario del Governo per le persone scomparse**» anch'esso istituito presso il ministero dell'Interno e prorogato con d.P.R. 12 gennaio 2016.

Per l'elenco completo dei commissari straordinari in carica, v. *http://presidenza.governo.it/AmministrazioneTrasparente/Organizzazione/CommissariStraordinari/index.html.*

Per il passato, si sono occupati di questioni le più varie: dai problemi (continuativi) del *traffico* a quelli dello *smaltimento rifiuti* (e non in una Regione sola, come pure comunemente si crede); dal coordinamento delle *attività antiracket e antiusura* all'avvertita necessità governativa di far seguìre da vicino da emissari del Governo celebri crack finanziari; dall'*organizzazione di eventi puntuali* come i funerali di un Pontefice al tentativo di seguire e accelerare i tempi (lunghi) per la *realizzazione di grandi opere pubbliche* qual è stato, per es., il c.d. «passante autostradale di Mestre»; da problemi relativi alla *salute pubblica* come quelli conseguenti alla c.d. «crisi della mucca pazza» a quelli causati da eventi come *terremoti ed alluvioni*; da problemi (cronici) di *scarsità d'acqua* in talune Regioni italiane, ecc.

«**Commissari delegati**» sono quelli cui si riferisce l'art. 5, comma 4, della legge 24 febbraio 1992, n. 225, istitutiva del «**servizio nazionale della protezione civile**». E i provvedimenti che essi pongono in essere sono, come quelli dei commissari straordinari, «atti dell'amministrazione centrale dello Stato (in quanto emessi da organi che operano come *longa manus* del Governo) finalizzati a soddisfare interessi che trascendono quelli delle comunità locali coinvolte dalle singole situazioni di emergenza, e ciò in ragione tanto della rilevanza delle stesse, quanto della straordinarietà dei poteri necessari per farvi fronte» (Corte cost., sent. 18 giugno 2007, n. 237, *sub* 5.1 del *Considerato in diritto*).

[117] Un esempio per tutti. Il «*Commissario straordinario del Governo per l'attuazione dell'Agenda digitale*» nominato con d.p.c.m. (non con d.P.R.) 16 settembre 2016.

[118] Sono le attribuzioni del Presidente del Consiglio di cui all'art. 95, co. 1, Cost., cui l'art. 6 della legge n. 400/1988 fa esplicito riferimento.

dal Capo del Governo, sentito il Consiglio dei ministri, nel rispetto degli equilibri politici della coalizione. La legge non esclude che possano essere invitati «a singole sedute del Consiglio di Gabinetto altri Ministri in ragione della loro competenza».

10. *I comitati interministeriali; i comitati di ministri*

a) In seno al Governo, tutti i ministri si trovano su di un piano di perfetta parità formale: tanto è vero che a ognuno di essi, quand'anche non disponga di alcun «portafoglio», spetta un voto deliberativo nel Consiglio (diversamente da quanto si verifica – ad esempio – nell'ordinamento inglese, dove i soli ministri più importanti fanno parte del *Cabinet*, diversamente da quelli di rango meno elevato).

Anche nel nostro sistema di governo, tuttavia, si sono dati e si danno tuttora vari casi di **riunioni di determinati ministri** (eventualmente associati ai relativi sottosegretari, a funzionari ministeriali, ad esperti del più diverso tipo ...), convocate e presiedute dallo stesso Presidente del Consiglio o da un suo delegato, con lo scopo di istruire le questioni coinvolgenti le competenze dei corrispettivi ministeri, prima di sottoporre i relativi provvedimenti all'intero Consiglio, o anche per meglio coordinare le attività individuali dei ministri stessi.

Del pari, si sono più volte registrati i cosiddetti **vertici politici** fra il Presidente del Consiglio e i principali esponenti dei partiti inclusi nella maggioranza di governo, per concordare preventivamente la linea (del pari politica) da seguire in sede governativa. Ancora, è stata di recente prevista la possibilità che il Presidente del Consiglio, quanto all'esercizio delle sue funzioni, venga coadiuvato da un **Consiglio di gabinetto** composto dai ministri da lui designati [119]. Ma non ne sono derivate modificazioni del diritto costituzionale, nel quale continuano a vigere i principi dell'eguale e comune responsabilità di tutti i ministri per le decisioni di governo e della formale indipendenza del Governo stesso dalle forze politiche che lo sostengono (salvo tutto ciò che si è notato nei riguardi degli accordi di coalizione, nonché delle possibili cause di crisi ministeriale).

L'ordinamento costituzionale del Governo ha invece subito una serie di notevoli alterazioni, prima ancora della fine della II guerra mondiale, per effetto del formarsi dei **comitati interministeriali**.

Con questa denominazione si suole qualificare, infatti, un complesso di veri e propri organi governativi collegiali, costituiti da tutti i ministri le cui competenze sono interessate dalle attribuzioni dei comitati stessi (per lo più con riguardo a determinati settori dell'economia pubblica), i quali tendono, storicamente, a stabilizzarsi e ad istituzionalizzarsi, pur quando non nascano sulla base di un at-

---

[119] V. *infra*, in questa parte e in questo capitolo, § 9, *sub h*).

to legislativo, ma sorgano per far fronte – in via convenzionale – a contingenti e specifiche necessità (G. Quadri).

Trascurando le ipotesi di minore importanza e di più breve durata, giova ricordare che nell'ordine – fino al momento della formale istituzione del CIPE – i principali comitati di ministri sono stati i seguenti.

a1) Il **Comitato interministeriale per il credito ed il risparmio** (**CICR**): creato nel 1936, è stato quindi soppresso nel 1944 assieme a tutte le altre strutture di controllo dell'economia, peculiari del periodo fascista, per venire poi ripristinato in altra forma nel 1947 [120]. Si tratta peraltro dell'unico comitato, che in ciò risente ancora della sua lontana origine, a non esser presieduto dal Presidente del Consiglio dei ministri bensì dal ministro dell'Economia e delle Finanze (un tempo, si trattava di quello del Tesoro).

È composto dai ministri delle Politiche Agricole, Alimentari e Forestali; dello Sviluppo Economico; delle Infrastrutture e dei Trasporti e da quello, senza portafoglio, per le Politiche Europee. Posta la materia di cui è principalmente chiamato ad occuparsi [l'art. 2, co. 1, del *Testo unico bancario* - *TUB* (d.lgs. 1 settembre 1993, n. 385, come modif., tra l'altro, dal d.lgs. 4 agosto 1999, n. 342), gli attribuisce compiti di «alta vigilanza» in materia di credito e di tutela del risparmio»; ha altresì il compito di regolare l'attività creditizia, impartendo direttive a tutti gli istituti di credito per il tramite della Banca d'Italia], alle sue sedute partecipa, ma senza diritto di voto, anche il Governatore della Banca d'Italia. In relazione alla trattazione dei singoli argomenti posti all'ordine del giorno, il Presidente può invitare a prendere parte a singole riunioni del Comitato, ma a soli fini consultivi, altri ministri o i Presidenti di altre Autorità di vigilanza.

a2) Il **Comitato interministeriale prezzi** (**CIP**): creato nel 1944, con funzioni di coordinamento e di disciplina dei prezzi delle merci di più largo consumo, è rimasto in funzione sino alla fine del 1993 [121]. Aveva sede in Roma, ma si trovava al vertice di una struttura periferica composta dai comitati provinciali dei prezzi, svolgenti in sede locale i medesimi compiti conferiti al CIP sul piano nazionale.

a3) Il **Comitato interministeriale per la ricostruzione** (**CIR**): istituito nel 1945, allo specifico scopo di guidare la ricostruzione del Paese [122], è tuttavia sopravvissuto a lungo come organo di programmazione degli interventi pubblici nel campo economico.

a4) Il **Comitato dei ministri per il Mezzogiorno**: organizzato nel 1950 allo scopo di formulare un piano di interventi straordinari nelle regioni centromeridionali [123], è stato poi prorogato fino al 1965, anno della sua definitiva soppressione.

---

[120] Cfr. il d.lgs. C.p.S. 17 luglio 1947, n. 691.

[121] V. specialmente il d.lgs.lgt. 19 ottobre 1944, n. 347 ed il d.lgs.lgt. 23 aprile 1946, n. 363.

[122] ... in base ai d.lgs.lgt. 12 luglio 1945, n. 432, e 22 dicembre 1945, n. 824.

[123] ... dalla legge 10 agosto 1950, n. 646.

a5) Il **Comitato permanente per le partecipazioni statali**: creato nel 1956, parallelamente al ministero delle partecipazioni, per coordinarne l'azione con quella degli altri ministeri economici e per definire le direttive inerenti ai vari settori controllati dal ministero stesso, è stato soppresso nel 1965 [124].

a6) Come si vede, la formazione di tutti questi nuovi organi ha costantemente corrisposto a un allargamento degli interventi pubblici nel campo economico. E la giustificazione comunemente addotta dal legislatore s'è appunto imperniata sulla **necessità di collegare e armonizzare gli interventi stessi, anziché affidarli alle disordinate iniziative dei singoli ministeri competenti**; sicché si è ritenuto che la ragion d'essere dei comitati potesse consistere in quel ricordato disposto dell'art. 95, co. 1, Cost., che imputa al Presidente del Consiglio il compito e la responsabilità di mantenere «l'unità di indirizzo politico ed amministrativo, promuovendo e coordinando l'attività dei ministri».

a7) Tuttavia *questo scopo*, in sé perfettamente conforme all'ordinamento costituzionale del Governo (come pure alle esigenze della programmazione economica), *ha finito per essere vanificato dal troppo grande numero e dall'eccessiva frantumazione delle competenze dei diversi comitati*. In altre parole, la proliferazione di tali collegi non ha compensato, ma anzi ha incrementato il policentrismo, determinando in seno al Governo l'emergere di svariati centri di potere che non sono stati tenuti sotto lo stretto controllo del Presidente del Consiglio (il quale ne delegava abitualmente la presidenza ai singoli ministri più direttamente interessati); ed hanno perciò funzionato, nella maggior parte delle ipotesi, ciascuno per suo conto (Giannini). Negli stessi casi in cui ciò non è successo, la ragione va ricercata più nell'inefficienza dei comitati interministeriali che non nell'effettivo coordinamento della loro azione con quella degli altri organi governativi.

a8) Si spiega pertanto che nel 1965, in coincidenza con il tentativo di avviare una programmazione economica nazionale (estesa all'intero Paese ed inclusiva di tutte le aree di intervento pubblico), si sia verificato un primo radicale mutamento di indirizzo concretatosi nell'istituzione del **Comitato interministeriale per la programmazione economica** (**CIPE**) quale *organo governativo sopraordinato agli altri comitati e ai singoli ministri competenti all'attuazione del programma*.

In un **primo tempo**, il CIPE ha funzionato sulla base di una semplice deliberazione del Consiglio dei ministri.

In un **secondo tempo**, invece, la legge 27 febbraio 1967, n. 48, ne ha formalmente previsto e regolato l'esistenza, la composizione, le funzioni, raccordandolo con gli organi essenziali e necessari del Governo. Ed a questo punto il complesso

---

[124] Si veda la legge 22 dicembre 1956, n. 1589. Peraltro, la legge stessa è stata abrogata mediante *referendum* popolare (cfr. il d.P.R. 5 giugno 1993, n. 174).

dei preesistenti comitati è stato drasticamente ridotto o ridimensionato: sia perché sono stati soppressi il Comitato per la Ricostruzione, quello per le Partecipazioni statali e quello per l'Enel, come già quello per il Mezzogiorno; sia perché i comitati residui, vale a dire il CICR ed il CIP, sono stati posti alle dipendenze del CIPE che impartiva loro direttive [125].

D'altra parte, la legge del 1967 ha contribuito ad attenuare le critiche di ordine giuridico, sovente mosse dagli studiosi al precedente sistema dei comitati di ministri. Prima d'allora, infatti, soltanto alcuni autori contestavano che la creazione dei comitati avesse apportato sostanziali mutamenti nel quadro dei rapporti fra le varie componenti del Governo, sostenendo che le loro attribuzioni non fossero altro che la somma delle competenze individuali dei singoli ministri partecipi di tali collegi (Bachelet). La dottrina prevalente riteneva invece – più giustamente – che i comitati fossero dotati di competenze nuove rispetto a quelle esercitate individualmente dai ministri: cioè di *competenze* tipicamente *collegiali* sfocianti più volte nell'adozione di atti dotati di rilievo esterno, direttamente produttivi di effetti nei confronti dei cittadini interessati, senza richiedere alcuna intermediazione ministeriale (come nel caso esemplare del Comitato prezzi, chiamato ad esercitare collegialmente funzioni che in precedenza non spettavano ad alcun ministro, emanando provvedimenti amministrativi generali che si imponevano direttamente a tutti gli operatori economici dei settori così disciplinati).

Proprio in questa luce, tuttavia, diventava difficile ricostruire i rapporti fra i comitati interministeriali e le tre componenti necessarie del Governo (Presidente del Consiglio, Consiglio dei ministri, singoli ministri) in termini compatibili con i disposti costituzionali.

Quanto al Presidente del Consiglio, si sosteneva bensì che il suo potere-dovere di coordinamento di tutta l'azione governativa trovava riscontro nel fatto che le leggi istitutive dei vari comitati gli attribuivano generalmente la presidenza dei collegi stessi (Quadri); ma si replicava, in linea di diritto, che ciò non era vero per un comitato pur così importante come il CICR; e si aggiungeva, in linea di fatto, che l'effettiva presidenza di ciascun collegio finiva sovente per spettare a un ministro delegato. Quanto al Consiglio dei ministri, si affermava che la centralità della sua posizione poteva comunque venire mantenuta mediante un opportuno esercizio del suo potere di direttiva nei confronti dei diversi comitati; ma si doveva constatare, in realtà, che un tale potere non veniva adeguatamente esercitato, anche per l'eccessivo numero dei destinatari delle eventuali direttive consiliari. Quanto, infine, ai ministri non si poteva fare a meno di notare come fossero privilegiati coloro che venivano inseriti nei singoli collegi in questione, nei riguardi di coloro che ne restavano esclusi (Cuomo): donde una lesione del principio della perfetta parità formale fra tutti i componenti del Governo.

La legge n. 48 del 1967 ha cercato invece di risolvere – come già si accennava – una buona parte se non la totalità di questi problemi, configurando un ar-

---

[125] Cfr. l'art. 18 della legge n. 48/1967 cit.

monico sistema di rapporti, entro il quale i comitati potessero trovare la loro giusta collocazione, nell'osservanza dei principi costituzionali relativi all'assetto del Governo. In base alla legge istitutiva, il CIPE ha infatti, per un verso, il compito di predisporre gli indirizzi della politica economica nazionale e di indicare le linee per l'elaborazione del *programma economico nazionale* e per l'impostazione del progetto di bilancio, salve restando le definitive deliberazioni che in tutti questi campi continuano a competere al Consiglio dei ministri; e, per un altro verso, ha il potere di indicare le direttive generali di attuazione del programma, promuovendo e coordinando in tal senso l'attività della pubblica amministrazione nonché degli altri comitati interministeriali [126].

Stando alla lettera della legge, parrebbe pertanto che il sistema sia stato strutturato su tre piani distinti, avendo per vertice il Consiglio dei ministri che prende le decisioni politiche di fondo, approvando il programma economico nazionale e il bilancio preventivo da sottoporre alle Camere del Parlamento; mentre in secondo piano si colloca il CIPE che, concepito come organo bifronte, nella fase ascendente della programmazione predispone i contenuti delle deliberazioni del Consiglio e, nella fase discendente, provvede a integrare e a far applicare le deliberazioni stesse; in terzo piano si trovano le pp.aa. in genere, ivi compresi gli altri comitati come il CICR e il CIP, tutti sottoposti alle direttive del CIPE.

Così stando le cose, verrebbero allora assicurate non solo la preminenza del Consiglio dei ministri, ma anche le peculiari funzioni che l'art. 95, co. 1, affida al Presidente del Consiglio: in quanto egli presiede di diritto – a meno di una delega al ministro del Bilancio – anche il Comitato per la programmazione. E nel contempo rimarrebbe tendenzialmente ferma la pariordinazione di tutti i ministri, dal momento che il CIPE è un collegio a composizione elastica, alle cui sedute possono intervenire i ministri volta per volta interessati, compresi quei pochi che non ne fanno di regola parte.

a9) Ma *l'edificio previsto dal legislatore non si è compiutamente realizzato*, essendo venuto a mancare il suo fondamentale presupposto, ossia la politica di programmazione economica globale che ha subito un fallimento totale (e verosimilmente irreversibile) già sul finire degli anni Sessanta (**terza fase**). Per il Consiglio dei ministri, infatti, la possibilità di mantenere sotto controllo l'operato del CIPE dipendeva e dipende dalla vigenza di una legge approvativa del programma pluriennale dello Stato, adottata dalle Camere su proposta del Consiglio stesso. In mancanza di ciò, l'organo centrale del Governo s'è trovato privo dello strumento giuridico atto ad indirizzare l'attività del CIPE; e quest'ultimo collegio, non più sottoposto a direttive programmatiche, s'è procurato un notevole margine d'autonomia di decisione che leggi successive al 1967 hanno ulteriormente ampliato e rafforzato, attribuendogli nuove importanti competenze (per esempio in tema di riparto di finanziamenti statali fra le

[126] Si veda l'art. 16 della legge n. 48/1967 cit.

varie Regioni) [127], cui non corrisponde alcun potere decisorio del Consiglio dei ministri.

D'altra parte, non essendovi il punto di riferimento costituito dal programma pluriennale, anche le direttive che il CIPE destina alle pubbliche amministrazioni e agli altri comitati ne risultano sminuite; sicché quel collegio non riesce a guidare la politica economica governativa (Amato, Ciriello). Non a caso, si tende in dottrina a sostenere che tali direttive non abbiano generalmente un'efficacia esterna tale da rendere viziati ed annullabili in sede di giustizia amministrativa gli atti difformemente adottati dalle pubbliche amministrazioni e dagli enti pubblici economici; ma siano dotate di un valore per così dire interno, essendo destinate soltanto ai ministri e agli altri organi o enti interessati, senza che il giudice possa sanzionare – su ricorso di terzi soggetti – la loro eventuale inosservanza.

a10) Il dato più grave è però consistito nella «nuova proliferazione dei comitati di indirizzo settoriale» (Calandra), determinatasi a partire dalla seconda metà degli anni Settanta, con il conseguente «*sfaldamento del ruolo del CIPE*» (Serrani).

In questa terza fase è infatti accaduto che siano stati istituiti moltissimi comitati nuovi: fra i quali basti qui citare quello *per il coordinamento della politica industriale* (CIPI), quello *per la politica economica estera* (CIPES), quello *per lo politica agricola ed alimentare* (CIPAA) [128].

Ma negli ultimi anni sono nati vari altri collegi ministeriali, sia pure di minori dimensioni: tanto da poter dire che, a questo punto, ogni ministro torna a pretendere un suo comitato, come già negli anni precedenti l'esperimento della programmazione economica globale (Cassese, Bartole). Più d'uno di tali collegi è stato anzi sottratto alle direttive del CIPE, per non dire dello stesso Consiglio dei ministri: come nel caso del *Comitato interministeriale per le informazioni e la sicurezza* (CIS), chiamato dalla legge a svolgere «funzioni di consulenza e proposta», in diretto rapporto con il Presidente del Consiglio [129]. E questo insieme di circostanze, tali da concretare una sorta di «governo per comitati» in cui le responsabilità dei singoli ministri non sono più conformi alla lettera della Costituzione, ha generato in dottrina rinnovate censure d'incostituzionalità (Ruggeri).

Relativamente al CIPE, va infine detto che alcune delle sue originarie attribuzioni di carattere gestionale sono state in parte ridotte e in parte eliminate.

Si vedano in particolare il **d.lgs. 5 dicembre 1997, n. 430**, con, tra l'altro, norme sul… *riordino delle competenze del Cipe*, ma, soprattutto, la legge **17 maggio 1999, n. 144**, che, pur non facendo alcun riferimento al CIPE nel titolo, comincia a trattarne sin dal co. 5 dell'art. 1, per stabilire all'art. 2 norme in materia di

---

[127] V. specialmente l'art. 9, co. 2, della legge 16 maggio 1970, n. 281 cit., quanto al «fondo per il finanziamento dei programmi regionali di sviluppo».

[128] V. rispettivamente la legge 24 maggio 1977, n. 227; la legge 12 agosto 1977, n. 675; la legge 27 dicembre 1977, n. 984.

[129] Si veda l'art. 2 della legge 24 ottobre 1977, n. 801.

«*Partecipazione alle riunioni del CIPE*» e, all'art. 3, i «*Compiti del CIPE*», così iniziando: «1. Il comma 2 dell'articolo 1 del decreto legislativo 5 dicembre 1997, n. 430, è sostituito dal seguente: "2. I compiti di gestione tecnica, amministrativa e finanziaria attualmente attribuiti al CIPE sono trasferiti alle amministrazioni competenti per materia, tenuto conto dei settori ai quali si riferiscono le relative funzioni ..."». Al dettato della legge il CIPE si è adeguato nei tempi da quella stabiliti, emanando, con propria **delibera del 6 agosto 1999**, il ***Regolamento concernente il riordino delle competenze del CIPE.***

Come già a suo tempo ricordato [130], l'art. 1, co. 2, della legge **n. 233/2006** cit., ha trasferita alla presidenza del Consiglio dei ministri *la **segreteria del CIPE*** e le relative *funzioni, unitamente alle «inerenti risorse finanziarie, strumentali e di personale».*

a11) Di qui prende le mosse la **quarta fase**, già prevista dalla legge n. 400.

Scaduta la delega disposta dall'art. 7 della legge stessa, «per il riordinamento dei Comitati di ministri e dei Comitati interministeriali», è sopraggiunta la **legge 24 dicembre 1993, n. 537, la quale ha soppresso la generalità dei Comitati operanti nel campo della politica economica, fatta eccezione per il CICR** e ha demandato a uno o più regolamenti governativi il compito di ridisciplinare le relative funzioni (il che ha comportato – in particolar modo – la devoluzione al CIPE delle attribuzioni già spettanti al Comitato interministeriale dei prezzi) [131].

a12) Circa i Comitati interministeriali, tolto il **CICR** di cui s'è detto e rimandando ad altra parte per il **Comitato interministeriale per la sicurezza della Repubblica (CISR)** [132], un cenno, per concludere, a quelli attualmente esistenti che meritano di essere ricordati: il **Comitato interministeriale per la revisione della spesa pubblica** (istituìto dall'art. 1 del d.l. 7 maggio 2012, n. 52, conv. in legge 6 luglio 2012, n. 94); il **Comitato interministeriale per la Cooperazione e lo Sviluppo (CICS)**, istituìto con l'art. 15 della legge 11 agosto 2014, n. 125; il **Comitato interministeriale per le politiche urbane (CIPU)**, istituìto con l'art. 12 *bis* della legge 7 agosto 2012, n. 134, e, infine, il **Comitato interministeriale per gli affari comunitari europei (CIACE)** istituito presso la presidenza del Consiglio dei ministri, ai sensi della legge 4 febbraio 2005, n. 11 [133], e convocato e presieduto dal presidente del Consiglio dei ministri o dal ministro per le politiche comunitarie [134], al «fine di concordare le linee politiche del Governo nel processo

---

[130] V. *supra*, in questa parte e in questo capitolo, § 8, *sub d7*).

[131] V. rispettivamente l'art. 1, co. 21 e 24, della legge n. 537/1993, e l'art. 5 del regolamento 20 aprile 1994, n. 373.

[132] V. *supra*, in questi stessi parte e capitolo, § 8, *sub d9*).

[133] *Norme generali sulla partecipazione dell'Italia al processo normativo dell'Unione europea e sulle procedure di esecuzione degli obblighi comunitari.*

[134] *Ex* art. 2 della legge n. 11/2005, ove viene altresì precisato che ai lavori del Comitato partecipano il ministro degli Affari esteri, il ministro per gli Affari regionali e gli altri ministri aventi

di formazione della posizione italiana nella fase di predisposizione degli atti comunitari e dell'Unione europea e di consentire il puntuale adempimento dei compiti di cui alla presente legge».

Ciò detto, non resta che fare presente come esistano organi che, nel linguaggio corrente, vengono pur qualificati «Comitati interministeriali», senza peraltro avere nulla a che vedere con quelli appena descritti.

È il caso, per es., del «*Comitato interministeriale per i diritti umani*» (**CIDU**) che, tanto per cominciare è stato *istituìto con un decreto ministeriale* (15 febbraio 1978, n. 519); è presieduto da un alto funzionario della carriera diplomatica; è collocato, nel quadro organico del ministero degli Affari Esteri, presso la Direzione Generale per gli Affari Politici e di Sicurezza; ma, soprattutto, la cui composizione («aggiornata» con d.m. 5 settembre 2013, n. 2000/517) vede non ministri, ma «rappresentanti» sia della presidenza del Consiglio, sia di molti ministeri (Affari Esteri, Interno, Grazia e Giustizia, Pubblica Istruzione, Sanità, Lavoro, Pari Opportunità), sia di non poche altre istituzioni e persone fisiche [135] «che a vario titolo si occupano delle tematiche dei diritti umani».

b) Organi collegiali diversi dai Comitati interministeriali sono i «**Comitati di ministri**». Istituìti con d.p.c.m., ai sensi dell'art. 5, comma 2, lett. *h*), della legge n. 400/1988 [136], hanno il «compito di esaminare in via preliminare questioni di comune competenza, di esprimere parere su direttive dell'attività del Governo e su problemi di rilevante importanza da sottoporre al Consiglio dei Ministri,

---

competenza nelle materie oggetto dei diversi punti inseriti all'ordine del giorno, nonché, quando quest'ultimo prevede si trattino questioni che interessano anche le Regioni e le Province autonome e su richiesta degli interessati, il Presidente della Conferenza dei Presidenti delle Regioni e delle Province autonome di Trento e di Bolzano e i Presidenti delle associazioni che rappresentano gli enti locali.

[135] ... del Dipartimento per gli Affari Sociali della presidenza del Consiglio dei ministri, del Comando Generale dell'Arma dei Carabinieri, del CNEL, dell'Istituto Nazionale di Statistica, di Istituzioni Universitarie, della Commissione per i diritti umani della presidenza del Consiglio dei ministri, della Commissione per le Pari Opportunità, della Commissione italiana per l'UNESCO, della Società Italiana per l'Organizzazione Internazionale; per non dire di tre «personalità eminenti» nel campo dei diritti umani.

[136] **Ma, proprio perché la regola dell'istituzione mediante d.p.c.m., è stata prevista da una legge, può accadere che sia un'altra legge ad istituire uno dei comitati in parola. Così è stato, per es., per la legge 21 marzo 2001, n. 84** (*Disposizioni per la partecipazione italiana alla stabilizzazione, alla ricostruzione e allo sviluppo di Paesi dell'area balcanica*)**, il cui art. 1, co. 2, ha istituìto** (nell'ambito delle forme di partecipazione italiana al processo di stabilizzazione, ricostruzione e sviluppo di Paesi dell'area balcanica, anche al fine di coordinare gli interventi nazionali con le iniziative assunte in sede comunitaria e multilaterale), «presso la Presidenza del Consiglio dei ministri **un Comitato di Ministri**... presieduto dal Presidente del Consiglio dei ministri o da un suo delegato, e composto dai Ministri degli affari esteri, dell'interno, del tesoro, del bilancio e della programmazione economica, del commercio con l'estero, delle finanze, della difesa, dell'industria, del commercio e dell'artigianato e per le politiche comunitarie. Alle sedute del Comitato partecipano i Ministri competenti nelle materie cui si riferiscono gli argomenti di volta in volta sottoposti all'esame del Comitato medesimo».

eventualmente avvalendosi anche di esperti non appartenenti alla pubblica amministrazione»[137].

11. *Le funzioni del Consiglio dei ministri: le procedure di formazione degli atti normativi del Governo*

a) È materialmente impossibile considerare in questa sede tutte le specifiche funzioni spettanti a ogni singola componente del Governo. Di più: analisi del genere sarebbero fuori luogo, dal momento che le varie attribuzioni dei vari ministri (e dei vari comitati) attengono al diritto amministrativo piuttosto che al diritto costituzionale.

Conviene perciò limitare il discorso alle competenze proprie del Consiglio dei ministri, quali oggi risultano dalla legge n. 400/1988.

Il rilievo costituzionale delle attribuzioni consiliari discende, infatti, da ciò che il Consiglio delibera «su ogni questione relativa all'*indirizzo politico* fissato dal rapporto fiduciario con le Camere», determinando altresì «*l'indirizzo generale dell'azione amministrativa*», ai fini dell'attuazione della «*politica generale del Governo*»[138]. In questa prospettiva, ogni deliberazione consiliare incide per definizione sulla politica stessa: il che rende perplessi nei riguardi della diffusa tripartizione delle funzioni in esame, per cui converrebbe suddividerle fra quelle prettamente politiche o di indirizzo politico, quelle legislative o più generalmente normative e quelle amministrative o di alta amministrazione (Mortati, Calandra). Sembra preferibile, invece, una quadripartizione di esse, avente precipuo riguardo agli organi e agli enti con i quali il Consiglio dei ministri si mette in rapporto, salve soltanto le funzioni normative che debbono venire analizzate in quanto tali, per le peculiarità dei loro regimi, sebbene anch'esse attengano alla definizione della politica generale del Governo.

In primo luogo, vanno allora ricordate le delibere governative concernenti i (*a1*) **rapporti Governo-Parlamento**. Rientrano nel quadro, da una parte, la pre-

---

[137] A mo' di esempio, v. il d.p.c.m. 13 aprile 2007 che costituisce il «***Comitato dei Ministri per l'indirizzo e la guida strategica in materia di tutela dei diritti umani***» [Presidente del Consiglio dei ministri (che può delegare le relative funzioni di presidenza al ministro per i Diritti e le Pari Opportunità); ministro per i Diritti e le Pari opportunità; ministro degli Affari esteri; ministro della Difesa; ministro della Giustizia; ministro dell'Interno; ministro della Pubblica Istruzione; ministro del Lavoro e della Previdenza sociale; ministro della Solidarietà sociale; ministro per le Politiche europee; ministro per le Politiche per la famiglia; sottosegretario di Stato alla presidenza del Consiglio dei ministri; con la partecipazione anche del Presidente del Comitato interministeriale dei diritti umani], o, più in là nel tempo, se il d.p.c.m. 19 settembre 2001, istituiva il «***Comitato dei Ministri per la Società dell'Informazione***», il d.p.c.m. 2 febbraio 2000, istituiva quello «*... per l'aggiudicazione di licenze individuali per l'offerta al pubblico di servizi di comunicazioni mobili di terza generazione*», ecc.

[138] V. nuovamente l'art. 2, co. 1, della legge n. 400/1988 cit.

via approvazione delle *dichiarazioni del Presidente del Consiglio, sulla base delle quali il Governo appena entrato in funzione si appresta a chiedere la fiducia* delle Camere, nonché l'*assenso – preventivo o anche successivo – all'iniziativa del Presidente «di porre la questione di fiducia»*, collegandola generalmente all'approvazione di determinate proposte governative. D'altra parte, si aggiungono le *delibere concernenti i disegni governativi di legge* e quelle riguardanti il ritiro dei disegni già presentati al Parlamento; nonché l'*approvazione delle «linee di indirizzo in tema di politica internazionale e comunitaria»*, dei «*progetti dei trattati e degli accordi internazionali*, comunque denominati, di natura politica o militare», degli «*atti concernenti i rapporti fra lo Stato e la Chiesa cattolica*» ai sensi dell'art. 7 Cost., come pure i *rapporti fra lo Stato e le confessioni acattoliche* di cui all'art. 8 [139]. In tutti questi casi, infatti, le iniziative o le linee di condotta del Governo vanno sottoposte al Parlamento o sono comunque suscettibili di essere discusse e riesaminate dalle Camere, sicché l'indirizzo politico nasce dal concorso fra il legislativo e l'esecutivo.

In secondo luogo, esigono appunto una specifica considerazione le (*a2*) **funzioni normative**, attinenti ai «decreti aventi valore o forza di legge» e ai «regolamenti da emanare con decreto del Presidente della Repubblica» [140]: con particolare riguardo ai *decreti legislativi*, ai *decreti-legge* e ai *regolamenti governativi*, cui sono dedicate apposite disposizioni della legge n. 400/1988 (v. *infra* le seguenti lettere del presente paragrafo).

In terzo luogo, varie attribuzioni costituzionali si riferiscono ai (*a3*) **rapporti Governo-Regioni**. Seguendo un ordine decrescente d'importanza, si tratta delle *impugnazioni in via diretta delle leggi regionali* dinanzi alla Corte costituzionale (v. *infra*, parte VI, cap. II, § 6); delle *deliberazioni intese a sollevare conflitti di attribuzione* (ivi compresi, peraltro, i conflitti fra i poteri dello Stato che coinvolgano l'esecutivo); delle *direttive da impartire per l'esercizio delle funzioni delegate alle Regioni stesse*, delle *proposte di sostituzione delle amministrazioni regionali inadempienti*; ed ancora, delle *delibere preordinate allo scioglimento dei Consigli regionali*, in base all'art. 126 Cost. [141].

In quarto luogo, segue un eterogeneo complesso di compiti concernenti i (*a4*) **rapporti fra il Governo e altre autorità dell'esecutivo**, a cominciare dai singoli ministri. Così, è al Consiglio che spetta anzitutto *dirimere «i conflitti di attribuzione tra i ministri»*, secondo un criterio già applicato nel periodo statutario e poi abbandonato nel periodo fascista, allorché il potere in questione era stato monopolizzato dal Capo del Governo [142]. Rientrano inoltre nelle competenze

---

[139] V. rispettivamente le lett. *b*), *h*), *i*) e *l*) dell'art. 2, co. 3, della legge cit.

[140] Cfr. l'art. 2, co. 3, lett. *c*), della legge cit.

[141] V. rispettivamente l'art. 2, co. 3, lett. *d*), *g*), *e*), *f*), *o*), della legge n. 400/1988 cit.

[142] Cfr. l'art. 2, co. 1, della legge n. 400/1988 cit., preceduto dall'art. 1, n. 8, del r.d. n. 466/1901 cit. Nel senso opposto disponeva invece l'art. 3 della legge n. 2263/1925 cit.

consiliari: le *delibere sulle decisioni spettanti di regola ai singoli ministri, in quanto rimesse al collegio* da parte del Presidente; l'*approvazione dei «provvedimenti da emanare con decreto del Presidente della Repubblica previo parere del Consiglio di Stato, se il ministro competente non intende conformarsi a tale parere»*; le *richieste di registrazione con riserva, da rivolgere alla Corte dei conti* per superarne le censure di legittimità; «le *determinazioni concernenti l'annullamento straordinario*, a tutela dell'unità dell'ordinamento, degli atti amministrativi illegittimi»; le *nomine dei sottosegretari e dei commissari straordinari del Governo, nonché degli altri funzionari indicati dalla legge*, con particolare riguardo ai Presidenti di enti, istituti o aziende, nominabili dall'amministrazione statale [143].

b) Al pari del procedimento legislativo ordinario, anche la **formazione degli atti governativi aventi forza di legge** comprende – secondo la vigente disciplina – almeno tre fasi: quella *preparatoria*, consistente nella predisposizione d'uno schema di decreto da parte del ministro o dei ministri competenti in materia; quella *costitutiva* che si risolve nell'**adozione** dell'atto da parte del Consiglio stesso; quella formalmente *perfettiva ed integrativa dell'efficacia* che include da un lato l'**emanazione** ad opera del Presidente della Repubblica e d'altro lato la **pubblicazione** sulla *Gazzetta ufficiale* (oltre che nella corrispondente *Raccolta*).

L'esatta qualificazione di tali momenti, e specialmente di quelli conclusivi dell'*iter*, assume una notevole importanza in vista del termine entro il quale il Governo è tenuto ad esercitare le **deleghe legislative**.

Quali adempimenti debbono infatti verificarsi entro il termine stesso, perché la legge di delega possa dirsi rispettata? In dottrina si sono sostenute sul punto tre tesi diverse: ora puntando sull'*adozione* del decreto legislativo (Cheli, Patrono), ora ritenendo altresì necessaria l'*emanazione* di esso (Balladore Pallieri, Modugno), ora affermando che nel termine dovesse aversi la *pubblicazione* dell'atto (Esposito, Galeotti). Ma la giurisprudenza della Corte costituzionale è consolidata nel senso che il momento-chiave sia rappresentato a questi effetti dall'emanazione [144], con la quale deve dunque reputarsi esaurito «l'esercizio della funzione legislativa» previsto dall'art. 76 Cost. La fondatezza di questo orientamento sembra dimostrata dal fatto che la sola emanazione fissa la data dei decreti legislativi, mentre la previa delibera del Consiglio dei ministri è priva di esterno rilievo; ed è altresì confermata dalla prassi nonché dalla vigente disciplina legislativa [145].

Fra l'emanazione e la pubblicazione s'inseriva peraltro, prima dell'entrata in vigore della legge n. 400/1988, una quarta fase, culminante nella *registrazione*

---

[143] Nell'ordine, si vedano l'art. 2, co. 3, lett. *q*), *m*), *n*), *p*), nonché gli artt. 10, co. 1; 11, co. 2, e 3, co. 1, della legge n. 400/1988 cit. (che peraltro eccettua «le nomine relative agli enti pubblici creditizi»).

[144] Si veda la sent. 10 dicembre 1981, n. 184.

[145] Cfr. l'art. 14, co. 2, della legge n. 400/1988 cit.

dell'atto ad opera della Corte dei conti, in applicazione dell'art. 100, co. 2, Cost., per cui la Corte «esercita il controllo preventivo di legittimità sugli atti del Governo». Il nuovo ordinamento dell'attività di governo ha però tolto di mezzo la registrazione, sia quanto alle leggi delegate sia quanto ai decreti-legge [146], in base all'implicita premessa che ad essi non si applica il citato disposto costituzionale. La circostanza che si tratti di decreti aventi forza e valore di legge, sottoposti al sindacato di legittimità della Corte costituzionale (e di nessun altro giudice), vale infatti ad escluderli dal novero degli atti amministrativi del Governo, ai quali è stato invece riferito il secondo comma dell'art. 100.

Per contro una fase intermedia fra quella preparatoria e quella costitutiva, avente un carattere solo eventuale, consiste spesso nella *consultazione di commissioni parlamentari, monocamerali o anche bicamerali*. Sulla base di espresse previsioni delle leggi deleganti, il Governo può essere obbligato, cioè, ad acquisire il parere non vincolante delle commissioni stesse, perché queste si pronuncino sul rispetto dei principi della delega, prima di adottare in Consiglio dei ministri il testo della legge delegata [147]. E i cosiddetti «**limiti ulteriori della delegazione legislativa**» (Cicconetti) vanno osservati a pena d'illegittimità accertabile dalla Corte costituzionale (v. *infra*, parte VI, cap. II, § 9).

c) Fatta eccezione per le fasi ulteriori ed eventuali, l'*iter* formativo dei **decreti-legge** coincide con quello riguardante le leggi delegate. Ma il procedimento di formazione dei decreti stessi presenta la spiccata peculiarità di sfociare nel procedimento legislativo dal quale scaturisce la conversione di essi: il che ha indotto una certa dottrina (Di Ciolo) a ragionare addirittura di un solo procedimento complessivo, comprendente entrambe le serie procedurali.

È comunque un punto fermo che, nel giorno stesso della loro pubblicazione, gli atti governativi in esame vanno presentati per la conversione alle Camere, come appunto dispone il primo capoverso dell'art. 77 Cost. [148]; o che – per essere più precisi – vanno presentati dal Governo i corrispondenti disegni di legge,

---

[146] L'art. 16, co. 1, della legge n. 400/1988 cit. precisa, in effetti, che «*non sono soggetti al controllo preventivo di legittimità della Corte dei conti i decreti del Presidente della Repubblica, adottati su deliberazione del Consiglio dei ministri, ai sensi degli articoli 76 e 77 della Costituzione*». Sulla legittimità di tale disposto, messo in discussione dalla stessa Corte dei conti, la Corte costituzionale si è pronunciata affermativamente, con sent. 14 luglio 1989, n. 406.

[147] L'art. 14, co. 4, della legge n. 400/1988, prescrive anzi, in via generale, che il Governo richieda il parere delle commissioni parlamentari competenti per materia, ogniqualvolta il «*termine previsto per l'esercizio della delega ecceda i due anni*».

[148] In verità, la lettera della Carta costituzionale farebbe pensare che l'obbligo di presentazione vada soddisfatto il giorno stesso dell'adozione dei decreti-legge. Ma la prassi non è in questo senso; e giustamente, perché i sessanta giorni di vigenza dei decreti medesimi, entro i quali va effettuata la conversione, decorrono dalla pubblicazione del provvedimento, secondo l'espresso disposto dell'art. 77, co. 3, Cost.

destinati a tradursi in altrettante **leggi di conversione**[149]. A tale scopo, le Camere si riuniscono entro cinque giorni e debbono poi convertire i decreti nel **termine perentorio di sessanta giorni**[150]; senza di che tali provvedimenti «*perdono efficacia sin dall'inizio*» – come precisa l'ultimo comma dell'art. 77 – pur ferma restando in capo alle Camere la facoltà di «*regolare con legge i rapporti giuridici sorti sulla base dei decreti non convertiti*» (e salva l'eventuale rinnovazione dei decreti stessi da parte del Governo: v. *retro*, parte II, cap. III, § 18).

Malgrado le leggi di conversione non formino l'oggetto di una «riserva d'assemblea», al pari delle altre leggi indicate dal quarto comma dell'art. 72 Cost., gli attuali regolamenti parlamentari dispongono appunto in tal senso[151]. Spetta dunque alle Camere complessivamente prese, anziché alle commissioni in sede deliberante, approvare o bocciare il disegno governativo di conversione; e spetta ad esse appropriarsi dei contenuti normativi del decreto legge in discussione, apportandovi i più vari tipi di **emendamenti**, sia soppressivi o modificativi sia anche aggiuntivi di interi articoli, rispetto all'articolo unico di cui si compone l'originario progetto di legge.

Ciò spiega, anzitutto, come il Presidente della Repubblica possa rinviare alle Camere le leggi di conversione, per un riesame di esse, pur avendo emanato i corrispondenti decreti: fra gli uni e gli altri atti possono infatti intercorrere tali divergenze, da fornire materia al rinnovato controllo presidenziale[152]. Ma la possibile e anzi frequente presenza degli emendamenti aggrava anche il problema dell'**ambito temporale di efficacia delle leggi di conversione**. Per sé considerate, le disposizioni con cui si convertono – puramente e semplicemente – i provvedimenti governativi necessitati e urgenti non sottostanno alla regola della *vacatio legis*: poiché sarebbe assurdo creare in tal modo un periodo di vuoto normativo, nel corso del quale non si potrebbe più dare applicazione ai provvedimenti stessi, una volta decorso il sessantesimo giorno dalla loro pubblicazione, e non si potrebbe nemmeno far valere le leggi di conversione, cui continuerebbe a difettare l'obbligatorietà. Di più: è prevalente in dottrina l'opinione che *le disposizioni stesse retroagiscano*, subentrando fin dall'inizio alle disposizioni convertite (Esposito, Fois, Mortati), anziché imporsi per il solo avvenire, laddove i decreti-legge continuerebbero a vigere per il passato (Lavagna). Quanto agli emendamenti, invece, si è lungamente discusso della loro retroattività, che in giurisprudenza è

---

[149] V. nuovamente gli artt. 96 *bis* reg. Camera e 78 reg. Senato.

[150] Si noti che questo è il solo termine perentorio fra quelli previsti dall'art. 77 Cost. I passi riguardanti la presentazione del decreto e la prima riunione delle Camere stabiliscono infatti – secondo l'interpretazione corrente – due termini *ordinatori* o *sollecitatori* gravanti rispettivamente sul Governo e sui Presidenti delle assemblee parlamentari.

[151] Cfr. gli artt. 96 *bis*, co. 1, reg. Camera e 35, co. 1, reg. Senato.

[152] Un precedente è costituito dal messaggio del 19 febbraio 1987 con il quale il Presidente Cossiga ha rinviato alle Camere una legge di conversione in tema di fiscalizzazione degli oneri sociali.

stata data per pacifica nel caso delle soppressioni integrali di commi o di articoli del decreto convertito [153].

Né il problema può dirsi troncato dalla legge n. 400/1988: essa infatti dispone che le «*modifiche eventualmente apportate al decreto legge in sede di conversione hanno efficacia dal giorno successivo a quello della pubblicazione della legge di conversione, salvo che quest'ultima non disponga diversamente*» [154]; ma non coinvolge – alla lettera – gli stessi emendamenti soppressivi, per i quali si può ancora sostenere che essi comportino una sorta di **conversione parziale**, implicante la decadenza *ex tunc* delle parti non convertite.

Problemi del genere non si pongono più, viceversa, nel caso di un totale diniego di conversione, da parte di una delle assemblee parlamentari. Superando i dubbi che un tempo insorgevano sul punto, la nuova disciplina dell'attività di governo ha infatti previsto che «*del rifiuto di conversione o della conversione parziale, purché definitiva, nonché della mancata conversione per decorrenza del termine sia data immediata pubblicazione nella* Gazzetta Ufficiale» [155]: il che significa che l'effetto di tali delibere è immediato, pur quando il termine dei sessanta giorni non sia ancora trascorso interamente.

d) Più complesso di quello concernente gli atti governativi con forza di legge è il procedimento formativo dei **regolamenti del Governo**. Nell'ambito di esso vanno infatti distinte sei fasi: quella *preparatoria*, quella consistente nella *consultazione del Consiglio di Stato* (che deve peraltro pronunciarsi entro novanta giorni dalla richiesta, trascorsi i quali si può prescindere dal suo parere), quella *costitutiva* nella quale delibera il Consiglio dei ministri, quella dell'*emanazione* ad opera del Capo dello Stato, quella del *controllo preventivo* spettante alla Corte dei conti, quella della *pubblicazione* nella *Gazzetta ufficiale* [156].

L'*iter* dal quale scaturiscono i regolamenti è quindi peculiare, come pure è peculiare il loro *nomen juris* che oggi li contraddistingue nei confronti degli atti amministrativi del Governo, pur fermo restando che il loro regime è ben diverso da quello degli atti equiparati alla legge formale. Ed anzi le stesse considerazioni valgono attualmente per i **regolamenti ministeriali**, sicché non si porranno in avvenire quei problemi d'individuazione degli atti normativi regolamentari che un tempo tormentavano giurisprudenza e dottrina.

Rispetto alla generalità dei regolamenti, richiedevano un apposito discorso – come già si è notato (v. *retro*, parte II, cap. III, § 25) – i *decreti presidenziali di recezione degli accordi sul pubblico impiego.* La loro formazione poggiava, infatti, sulla formulazione d'una «ipotesi di accordo» ad opera d'una delegazione della mano pubblica e della contrapposta delegazione sindacale che prendeva il luogo

---

[153] Cfr. la sent. 19 gennaio 1983, n. 72, della prima sezione penale della Cassazione.

[154] Cfr. l'art. 15, co. 5, della legge cit.

[155] Si tratta dell'art. 15, co. 6, della legge n. 400/1988 cit.

[156] V. ora l'art. 17 della legge n. 400/1988 cit.

della normale fase preparatoria. Ma tale disciplina, che aveva fatto pensare ad una serie di atti normativi «rinforzati», è stata superata dal decreto legislativo 3 febbraio 1993, n. 29 (con *Razionalizzazione della organizzazione delle Amministrazioni pubbliche e revisione della disciplina in materia di pubblico impiego...*), che stabilisce che i «contratti collettivi» per il pubblico impiego vanno senz'altro stipulati da un'apposita «agenzia per la rappresentanza negoziale», quanto alla parte pubblica, e dalle confederazioni maggiormente rappresentative, quanto alla parte sindacale [157].

12. *Le responsabilità governative e ministeriali*

Dell'esercizio di tutte le funzioni che vengono loro attribuite dalla Costituzione e dalle leggi i membri del Governo rispondono, anzitutto, nelle due forme costituzionalmente previste.

Da un lato, tutti i ministri sono politicamente responsabili e sanzionabili – al limite – mediante la rottura del rapporto di fiducia. D'altro lato, grava su di essi la responsabilità penale, già sanzionata dalla Corte costituzionale previa accusa deliberata dal Parlamento in seduta comune e ora attivabile dai giudici ordinari, nei modi indicati dal novellato art. 96 della Costituzione nonché da un'apposita legge costituzionale.

Quanto alla **responsabilità politica**, le previsioni dell'art. 94 Cost. (v. *retro,* il § 5 di questo capitolo) vanno peraltro integrate in un triplice senso. In primo luogo, il Governo può essere chiamato a rispondere di fronte alle Camere, non solo attraverso la presentazione di una formale *mozione di sfiducia*, ma anche mediante *censure* o *voti contrari* del più vario genere (Rescigno): i quali, però, non importano «obbligo di dimissioni», neppure in casi di particolare gravità come quando sia negata la conversione d'un decreto legge (e ciò, sebbene l'art. 77, co. 2, Cost. precisi che il Governo adotta tali provvedimenti «sotto la sua responsabilità»). In secondo luogo, è stato notato (v. *retro*, il § 7 di questo capitolo) che il regolamento della Camera prevede espressamente – oggi – la *mozione di sfiducia individuale* a carico di singoli ministri. Almeno sulla carta, dunque, sembra dato costringere un ministro a dimettersi dal proprio ufficio, anche se, concretamente, la solidarietà governativa e la necessità di mantenere fermi gli accordi di coalizione rendono impensabile che si colpisca il rappresentante di un certo partito o di una certa corrente politica in seno al Governo, senza che il Governo stesso ponga a questo punto una complessiva questione di fiducia (sicché le sfiducie individuali non possono avere successo se non nei confronti di ministri politicamente isolati). In terzo luogo, ogni ministro è politicamente responsabile delle delibere adottate nel Consiglio dei ministri quand'anche fosse

[157] Cfr. gli artt. 45, co. 7, e 50 del d.lgs. cit.

assente o dissenziente; ed il solo modo per esimersi da questa *responsabilità collegiale* consiste nel rassegnare le proprie dimissioni.

Quanto alla **responsabilità penale**, essa riguarda ogni singolo ministro, sia come componente del Consiglio entro il quale egli abbia concorso a formare delibere costituenti reato, sia – soprattutto – quale soggetto preposto a un certo dicastero o ad altro complesso di uffici chiamati a svolgere determinate funzioni amministrative.

Nel primo quarantennio repubblicano vigeva un'apposita disciplina costituzionale riguardante i *reati ministeriali,* «*commessi nell'esercizio delle loro funzioni*» dal Presidente del Consiglio dei ministri e dai ministri. La procedura applicabile in tal campo s'imperniava infatti sulla *messa in stato d'accusa,* deliberata dal Parlamento in seduta comune; sicché sussisteva sul punto una sorta di **giustizia politica**, ben distinta dalla giustizia ordinaria sia quanto ai soggetti imputabili sia quanto ai criteri seguiti per indagare su di essi e per esercitare l'azione penale.

Ai fini della «*messa in istato di accusa*», la legge cost. 11 marzo 1953, n. 1, aveva in effetti previsto la necessità di una previa «*relazione*», prodotta da una Commissione bicamerale costituita con questo specifico compito e poi denominata «*Commissione inquirente*» [158]. Più precisamente, a tale collegio spettavano le *indagini* «*sui fatti costituenti reato*»: indagini effettuabili tanto d'ufficio quanto a seguito di denunce o di rapporti presentati al Presidente della Camera dei deputati [159]. Salve le ipotesi di manifesta infondatezza, la Commissione riferiva al Parlamento «per le deliberazioni di sua competenza»; dopo di che le Camere riunite, a maggioranza assoluta, potevano deliberare l'accusa, eleggendo dei «*commissari*» per sostenere l'accusa medesima dinanzi alla Corte costituzionale [160].

Nel tentativo di ridurre la portata delle deroghe in tal modo introdotte, rispetto al comune diritto processuale penale, in dottrina si cercò d'interpretare riduttivamente la nozione di reato ministeriale: ora includendovi i soli reati politici, o commessi con un movente politico (Mortati); ora riferendosi ai reati inerenti all'attività di governo, ad esclusione dell'attività amministrativa (Riccio); ora affermando che la giustizia politica avesse ad oggetto i reati presupponenti un «*interesse pubblico collegato alla funzione*» (Carlassare). Ma questi sforzi non ebbero successo, in quanto prevalse l'idea che si trattasse di tutte le condotte criminose

---

[158] Cfr. l'art. 12, co. 1, della legge cost. n. 1/1953 cit., nonché gli artt. 3 e ss. della legge 25 gennaio 1962, n. 20 («*Norme sui procedimenti e giudizi di accusa*»), peraltro abrogati dalla legge 10 maggio 1978, n. 170, nella quale l'aggettivo «inquirente» non veniva più utilizzato.

[159] Cfr. gli artt. 1 e ss. della legge n. 170/1978 cit.

[160] Cfr. gli artt. 17 e ss. della legge n. 20/1962 cit., nonché – prima ancora – gli artt. 12 e 13 della legge cost. n. 1/1953 cit.

Relativamente ai reati ministeriali, l'art. 96 Cost. non prevedeva, in verità, che la maggioranza dovesse essere «assoluta»; sicché, su questo punto, l'art. 17, co. 1, della legge n. 20/1962 era sospettabile d'illegittimità costituzionale.

poste in essere dai ministri, «*comunque avvalendosi delle funzioni conferite*» (Vassalli, Zagrebelsky). Ed anzi, accanto ai soggetti componenti o già componenti il Governo, vennero spesso coinvolti cosiddetti *imputati laici* per avere agito in concorso con i ministri [161].

Ad accentuare l'eccezionalità di tale disciplina si aggiungeva, poi, la circostanza che i giudizi sulle accuse venissero affidati alla Corte costituzionale, non già nella sua composizione normale, ma *integrata* da «*sedici membri tratti a sorte da un elenco di cittadini aventi i requisiti per l'eleggibilità a senatore*» [162], così da formare un pletorico collegio, composto da ben 31 giudici! Ma quest'ultima parte della procedura trovò applicazione in un unico caso, cioè nel cosiddetto *processo Lockheed*, concluso con la condanna dell'*ex* ministro Tanassi, di cui s'è già detto *supra*, parte II, cap. I, § 7, *sub b*) e *c*).

Le critiche mosse a un meccanismo tanto pesante e così poco atto a consentire una valutazione imparziale dei fatti hanno però generato – dopo un decennio di proposte e dibattiti – una riforma costituzionale soppressiva della giustizia politica per i ministri.

La legge cost. 16 gennaio 1989, n. 1, ha infatti sostituito in questi termini il testo dell'art. 96 Cost.: «*il Presidente del Consiglio dei Ministri ed i Ministri, anche se cessati dalla carica, sono sottoposti, per i reati commessi nell'esercizio delle loro funzioni, alla* ***giurisdizione ordinaria****, previa autorizzazione del Senato della Repubblica o della Camera dei deputati*».

La sola peculiarità costituzionale del caso consiste, ormai, nella prevista *autorizzazione a procedere* che va concessa dalla Camera di appartenenza, qualora si tratti di deputati o di senatori, dal Senato nelle altre ipotesi [163].

E l'autorizzazione in esame differisce, a sua volta, da quella già concernente i procedimenti penali nei confronti di parlamentari, ai sensi dell'originario art. 68, co. 2, Cost.: sia perché l'assemblea competente non può negare l'autorizzazione, se non «a maggioranza assoluta dei suoi componenti» ed ove reputi «che l'inquisito abbia agito per la tutela di un interesse dello Stato costituzionalmente rilevante ovvero per il perseguimento di un preminente interesse pubblico nell'esercizio della funzione di Governo» [164] mentre l'autorizzazione *ex* art. 68 Cost. poteva essere negata per qualsiasi motivo); sia, viceversa, perché i ministri e gli *ex* ministri vengono in tal modo tutelati, quand'anche non siano parlamentari (all'op-

---

[161] Si veda l'art. 5, co. 2, della legge n. 170/1978 cit. La questione di legittimità concernente siffatta ipotesi di connessione è stata dichiarata non fondata dalla Corte costituzionale con sent. 4 luglio 1977, n. 125, soprattutto in vista delle «difficoltà, a volte irrisolubili», che avrebbe comportato in tali casi «un separato giudizio a carico dei soli Ministri».

[162] Cfr. l'art. 135, ult. co., Cost., che resta ora in vigore per la sola cognizione dei reati presidenziali *ex* art. 90 Cost.

[163] Si veda l'art. 5 della legge cost. n. 1/1989 cit.

[164] Cfr. l'art. 9, co. 3, della legge cit.

posto della prerogativa prevista dall'art. 68, co. 2, che riguardava i soli deputati e senatori in carica).

Da ultimo, pur non sussistendo in tal senso un'espressa previsione costituzionale, anche ai ministri si applicano le norme sulla ***responsabilità civile***. Malgrado il rilievo costituzionale del loro ufficio, i soggetti in questione rientrano pur sempre fra quei funzionari dello Stato che l'art. 28 Cost. dichiara «*direttamente responsabili, secondo le leggi penali, civili ed amministrative, degli atti compiuti in violazione di diritti*». Vero è che non può concepirsi una responsabilità ministeriale amministrativa, intesa quale responsabilità disciplinare (Mortati): le norme vigenti in materia riguardano infatti il personale dipendente dalle pubbliche amministrazioni, nell'ambito del quale non ricadono i ministri. Ma è ben concepibile, invece, una loro responsabilità nei confronti dei terzi, quanto ai danni ingiustamente arrecati. Ed è concepibile, altresì, che i ministri siano sottoposti alla giurisdizione della Corte dei conti, se «*nell'esercizio delle loro funzioni per azione ed omissione imputabili anche a sola colpa o negligenza cagionino danno allo Stato*» [165].

13. *Il numero, l'organizzazione, le attribuzioni e l'ordinamento dei singoli ministeri: cenni*

a1) Con l'art. 2, co. 1, del d.lgs. n. 300/1999 cit. viene fissato a **dodici il numero dei ministeri**: «1. Ministero degli *affari esteri*; 2. Ministero dell'*interno*; 3. Ministero della *giustizia*; 4. Ministero della *difesa*; 5. Ministero dell'*economia e delle finanze*; 6. Ministero delle *attività produttive*; 7. Ministero delle *politiche agricole e forestali*; 8. Ministero dell'*ambiente* e della *tutela del territorio*; 9. Ministero delle *infrastrutture* e dei *trasporti*; 10. Ministero del *lavoro,* della *salute* e delle *politiche sociali*; 11. Ministero dell'*istruzione*, dell'*università* e della *ricerca*; 12. Ministero per i *beni* e le *attività culturali*».

a2) Prima deroga alla virtuosa decisione di due anni prima già nel giugno 2001, in fase di formazione del Governo Berlusconi II all'inizio della XIV Legislatura, allorché il Consiglio dei ministri decise di ampliare il numero dei ministeri da dodici a **quattordici**, reintroducendo il ministero della *Sanità* (della «*Salute*» nella legge di conversione) e quello delle *Comunicazioni* [166].

---

[165] Si tratta dell'art. 52, co. 1, del r.d. 12 luglio 1934, n. 1214.

[166] Quello della *Salute* con l'art. 11 del d.l. 12 giugno 2001, n. 217, conv. nella legge 3 agosto 2001, n. 317, che ha introdotto – nel d.lgs. n. 300/1999 – gli artt. 47 *bis* (poi modif. dalla legge 13 novembre 2009, n. 172), 47 *ter* (*idem*), 47 *quater* (poi modif. dal d.lgs. 21 gennaio 2004, n. 29).

Quello delle *Comunicazioni* con l'art. 6 del d.l. 12 giugno 2001, n. 217, conv. nella legge 3 agosto 2001, n. 317, che ha introdotto – sempre nel d.lgs. n. 300/1999 – gli artt. 32 *bis*, 32 *ter*, 32 *quater* e 32 *quinquies* nel d.lgs. n. 300/1999. Successivamente, gli artt. 32 *ter* e 32 *quinquies* sono stati modificati dal d.lgs. 30 dicembre 2003, n. 366; l'art. 32 *quater* è stato modificato sia da quest'ultimo, sia dai d.P.R. 29 dicembre 2006, n. 309 e 14 maggio 2007, n. 72.

a3) Soprattutto onde fare fronte a necessità di carattere politico (per soddisfare tutte le diverse anime della eterogenea coalizione uscita vittoriosa dalle urne), in fase di formazione del Governo Prodi II (maggio 2006), il decreto del Capo dello Stato, datato 17 maggio 2006, nominava, oltre al Presidente del Consiglio, i quattordici ministri posti al vertice dei dicasteri di cui alla legge n. 317/2001 e ben undici ministri senza portafoglio.

Il giorno dopo, con d.l. 18 maggio 2006, n. 181 [167], conv. con modifiche nella legge 17 luglio 2006, n. 233, l'appena insediatosi Governo portava i ministeri da quattordici a **diciotto** [168].

a4) Il ritorno alla disciplina di cui al d.lgs. n. 300/1999 è avvenuta con la legge finanziaria 2008 [169], il cui art. 1, co. 376 (*!*), ha ripristinato, a «*partire dal Governo successivo a quello in carica alla data di entrata in vigore della presente legge... il numero dei Ministeri* [***dodici***]*... stabilito dalle disposizioni di cui al decreto legislativo 30 luglio 1999, n. 300*, nel testo pubblicato nel supplemento ordinario alla Gazzetta Ufficiale n. 203 del 30 agosto 1999».

Ha inoltre precisato che il «*numero totale dei componenti del Governo a qualsiasi titolo, ivi compresi ministri senza portafoglio, vice ministri e sottosegretari, non può essere superiore a* ***sessanta*** e la composizione del Governo deve essere coerente con il principio stabilito dal secondo periodo del primo comma dell'articolo 51 della Costituzione» [170].

a5) Nel 2008, il numero dei ministeri con portafoglio è dunque tornato effettivamente a dodici ed essi sono quelli elencati nell'art. 1 della legge 14 luglio 2008, n. 121 [171].

---

[167] *Disposizioni urgenti in materia di riordino delle attribuzioni della Presidenza del Consiglio dei Ministri e dei Ministeri.*

[168] Veniva eliminato il ministero delle «*Attività produttive*»; aggiunti quelli dello «*Sviluppo economico*» e del «*Commercio internazionale*». Il ministero già delle «*Infrastrutture e Trasporti*» veniva sdoppiato in due distinti ministeri. Il ministero del «*Lavoro, salute e politiche sociali*» (dal quale era già stato scorporato, nel 2001, quello, autonomo, della «*Salute*») veniva sostituito da quelli del «*Lavoro e Previdenza sociale*» e della «*Solidarietà sociale*». Il ministero della «*Istruzione, dell'Università e della ricerca*» veniva trasformato in due ministeri, uno dedicato alla «*pubblica Istruzione*» e un altro alla «*Università e ricerca*».

[169] Legge 24 dicembre 2007, n. 244, con *Disposizioni per la formazione del bilancio annuale e pluriennale dello Stato...*

[170] Sull'argomento delle «*pari opportunità*» v. *infra*, parte V, cap. I, § 4, *sub b*) e parte V, cap. III, § 3, *sub c*).

Il principio cui si richiama la norma citata nel testo è quello secondo il quale, affinché tutti i cittadini dell'uno o dell'altro sesso possano accedere agli uffici pubblici e alle cariche elettive in condizioni di eguaglianza, secondo i requisiti stabiliti dalla legge, *la Repubblica deve promuovere con appositi provvedimenti le pari opportunità tra donne e uomini.*

[171] Di conversione in legge, con modificazioni, del d.l. 16 maggio 2008, n. 85, con *disposizioni urgenti per l'adeguamento delle strutture di Governo in applicazione dell'articolo 1, commi 376 e 377, della legge 24 dicembre 2007, n. 244*, cioè a dire della legge finanziaria 2008 posta in essere dall'Esecutivo precedente e da poco ricordata.

«1. Ministero degli affari esteri; 2. Ministero dell'interno; 3. Ministero della giustizia; 4. Mini-

Le differenze rispetto all'originaria previsione di cui al d.lgs. n. 300/1999 sono marginali: il ministero delle «*Attività produttive*» assume la denominazione di ministero dello «*Sviluppo economico*»; quello delle «*Politiche agricole e forestali*» diventa delle «*Politiche agricole, alimentari e forestali*»; quello dell'«*Ambiente e della tutela del Territorio*» diventa dell'«*Ambiente e della tutela del Territorio e del mare*».

a6) Più interessante è l'accorpamento delle funzioni svolte dai sei ministeri che spariscono a uno dei dodici che permangono.

E così «le funzioni già attribuite al Ministero del commercio internazionale, con le inerenti risorse finanziarie, strumentali e di personale, sono trasferite al Ministero dello sviluppo economico»; quelle già del ministero dei Trasporti sono trasferite «con le inerenti risorse finanziarie, strumentali e di personale» al ministero delle Infrastrutture e dei Trasporti; quelle già del ministero della Solidarietà sociale sono trasferite in parte al ministero del Lavoro, della Salute e delle Politiche sociali [172], cui competono anche «i compiti di vigilanza dei flussi di entrata dei lavoratori esteri non comunitari... e neocomunitari, nonché i compiti di coordinamento delle politiche per l'integrazione degli stranieri immigrati»; quelle già del ministero dell'Università e della Ricerca, «con le inerenti risorse finanziarie, strumentali e di personale», sono trasferite al ministero dell'Istruzione, dell'Università e della Ricerca; quelle già del ministero della Salute, «con le inerenti risorse finanziarie, strumentali e di personale», sono trasferite al ministero del Lavoro, della Salute e delle Politiche sociali; quelle già del ministero delle Comunicazioni, sempre «con le inerenti risorse finanziarie, strumentali e di personale», sono trasferite al ministero dello Sviluppo economico [173].

a7) Infine, la **legge 13 novembre 2009, n. 172** [174], ha, con l'art. 1, sostituito il co. 376 dell'art. 1 della legge n. 244/2007 cit., e stabilito in **tredici** il **numero dei ministeri** [1. ministero degli Affari esteri (e della Cooperazione internazionale); 2. ministero dell'Interno; 3. ministero della Giustizia; 4. ministero della Difesa; 5. ministero dell'Economia e delle Finanze; 6. ministero dello Sviluppo economico; 7. ministero delle Politiche agricole alimentari e forestali; 8. ministero dell'Ambiente e della Tutela del territorio e del mare; 9. ministero delle Infrastrutture (e Trasporti);

---

stero della difesa; 5. Ministero dell'economia e delle finanze; 6. Ministero dello sviluppo economico; 7. Ministero delle politiche agricole alimentari e forestali; 8. Ministero dell'ambiente e della tutela del territorio e del mare; 9. Ministero delle infrastrutture e dei trasporti; 10. Ministero del lavoro, della salute e delle politiche sociali; 11. Ministero dell'istruzione, dell'università e della ricerca; 12. Ministero per i beni e le attività culturali».

[172] E in parte [v. *supra* in questi parte e cap., § 8, *sub d4*), *d7iv*), *d9*)] alla presidenza del Consiglio (compiti in materia di Politiche antidroga, quelli in materia di «Servizio civile nazionale»; quelli di indirizzo e vigilanza sull'«Agenzia nazionale italiana per i giovani del programma comunitario "Gioventù in azione"»).

[173] Art. 1, co. da 2 a 7, della legge n. 121/2008 cit.

[174] *Istituzione del Ministero della salute e incremento del numero complessivo dei Sottosegretari di Stato.*

10. ministero del Lavoro e delle Politiche sociali; 11. ministero dell'Istruzione, dell'Università e della Ricerca; 12. ministero per i Beni e le Attività culturali (e il Turismo); 13. ministero della Salute], in **sessantatrè «il numero totale dei componenti del Governo a qualsiasi titolo**, ivi compresi Ministri senza portafoglio, vice Ministri e Sottosegretari», sempre nel rispetto del principio poco sopra ricordato.

a8) Il Governo in carica alla data di approvazione della legge finanziaria per il 2008 era il più volte citato *Prodi II* che, quanto a componenti, aveva superato ogni *record* dall'inizio della Repubblica, contando un totale di 102 membri: 1 Presidente del Consiglio; 2 vicepresidenti del Consiglio (entrambi ministri); 4 sottosegretari di Stato alla presidenza del Consiglio; 8 ministri senza portafoglio (con un totale di 9 sottosegretari); 18 ministri con portafoglio, compresi i due vicepresidenti (con un totale di 52 sottosegretari e 10 viceministri).

a9) Quello che gli è succeduto (*Berlusconi IV*) ha più o meno rispettato la normativa di fine 2007 e contava un totale di 61 componenti (... ma comprendendovi il Presidente del Consiglio che, forse, ma se è così sbagliando, si è ritenuto non rientrare nella locuzione di cui alla legge: «totale dei componenti del Governo a qualsiasi titolo»): non v'era nessun vicepresidente del Consiglio; erano 9 i sottosegretari di Stato alla presidenza del Consiglio; 9 i ministri senza portafoglio (senza sottosegretari); 12 i ministri con portafoglio (con un totale di 30 sottosegretari e nessun viceministro).

a10) I successivi esecutivi (Monti, Renzi e Gentiloni) hanno tutti rispettato quanto disposto dalla legge e mantenuto i numeri di ministri, ministri senza portafoglio, viceministri, sottosegretari entro la soglia di cui s'è detto.

b) Per tutti i ministeri, il decreto n. 300/1999 cit. stabilisce un'**organizzazione generale**, articolata in «**dipartimenti**», qualificati come «strutture di primo livello» per tutti i dicasteri, esclusi quelli della «Difesa» e degli «Affari esteri» [cui sono stati aggiunti, però, in seguito, per dichiarati «*fini [di] riduzione della spesa relativa agli incarichi di dirigenza generale*», anche quello «per i Beni e le Attività culturali» e quello che oggi è qualificato della «Istruzione, dell'Università e della Ricerca» [175]], per i quali strutture di primo livello sono le «**direzioni generali**» [176].

Nei ministeri la cui organizzazione generale è articolata in dipartimenti, sono i «*capi*» di questi ultimi a svolgere le funzioni un tempo spettanti al «segretario generale»; in quelli, invece, organizzati per direzioni generali, viene istituita la figura del «*segretario generale*» come colui che, operando alle dirette dipendenze

---

175 Si veda, per il primo, l'art. 2, co. 94, della legge 24 novembre 2006, n. 286, di conv. in legge, con modif., del d.l. 3 ottobre 2006, n. 262, con *disposizioni urgenti in materia tributaria e finanziaria*; e, per il secondo, l'art. 2, co. 137, della stessa legge.

176 Si veda, tra breve, il riferimento al d.l. 12 giugno 2001, n. 217, convertito nella legge 3 agosto 2001, n. 317. In quell'occasione (ma si veda *supra*, la definitiva fissazione a tredici del numero dei ministeri con la n. 172/2009 cit.), il ministero della Salute aveva, come struttura di primo livello, un dipartimento e quello per le Comunicazioni una direzione generale.

del ministro, ha il compito di assicurare «il coordinamento dell'azione amministrativa; provvede[*re*] all'istruttoria per l'elaborazione degli indirizzi e dei programmi di competenza del ministro; coordina[*re*] gli uffici e le attività del ministero; vigila[*re*] sulla loro efficienza ...» [177].

Per ogni ministero, il decreto n. 300/1999 fissa le relative **«attribuzioni»**, nonché l'**«ordinamento»** [178].

Se si tratta di un dicastero di nuova istituzione vengono ivi elencate anche le **«aree funzionali»** di pertinenza. È introdotta la figura della **«Agenzia»**, come «struttur[*a*] che... svolg[*e*] attività a carattere tecnico-operativo di interesse nazionale, in atto esercitate da ministeri ed enti pubblici. Ess[*a*] opera... al servizio delle amministrazioni pubbliche, comprese... quelle regionali e locali» [179].

14. *Le disposizioni per risolvere i «conflitti di interessi»*

Con legge 20 luglio 2004, n. 215 [180], sono state dettate *Norme in materia di risoluzione dei* ***conflitti di interessi*** per i «titolari di cariche di governo», cioè a dire: Presidente del Consiglio dei ministri, ministri, viceministri, sottosegretari di Stato e commissari straordinari del Governo [181].

La disciplina [182] è ovviamente diretta a far sì che i predetti soggetti, mentre

---

[177] Art. 6, co. 1 e 2, del d.lgs. n. 300/1999.

[178] Per quello degli Esteri, si v. anche la legge 11 agosto 2014, n. 125 («Disciplina generale sulla cooperazione internazionale per lo sviluppo»), il cui art. 31, co. 2, lett. *a*), sostituisce l'art. 12 del d.lgs. n. 300/1999, in materia di «funzioni del Ministero degli affari esteri e della cooperazione internazionale» e aggiunge l'art. 13 *bis* («Agenzia italiana per la cooperazione allo sviluppo»).

[179] Così l'inizio dell'art. 8 del d.lgs. n. 300/1999 cit.

Solo a mo' di esempio, si possono ricordare: per il ministero delle Attività produttive, l'**«Agenzia per la proprietà industriale»** che «svolge i compiti e le funzioni dell'ufficio centrale dei brevetti per invenzioni, modelli e marchi, ai sensi delle disposizioni vigenti in materia di proprietà industriale» (art. 32); per il ministero dell'Ambiente e della Tutela del territorio, l'***«Agenzia per la protezione dell'ambiente e per i servizi tecnici»*** che «svolge i compiti e le attività tecnico-scientifiche di interesse nazionale per la protezione dell'ambiente, per la tutela delle risorse idriche e della difesa del suolo, ivi compresi l'individuazione e delimitazione dei bacini idrografici nazionali e interregionali» (art. 38); per il ministero dell'Economie e Finanze, le **«Agenzie fiscali»** per «la gestione delle funzioni esercitate dai dipartimenti delle entrate, delle dogane, del territorio e di quelle connesse svolte da altri uffici del ministero»: esse sono «l'**Agenzia delle entrate**, l'**Agenzia delle dogane**, l'**Agenzia del territorio** e l'**Agenzia del demanio**» (art. 57). Sull'**Agenzia italiana per la cooperazione allo sviluppo**, v. la nota prec.

[180] Marginalmente modificata, negli artt. 4, co. 2; 7, co. 1, e 9, co. 1, già con la legge 5 novembre 2004, n. 261, di conv. con modif. del d.l. 6 settembre 2004, n. 233; e, nell'art. 2, co. 1, lett. *a*), con la legge 31 maggio 2005, n. 88, di conv. con modif. del d.l. 31 marzo 2005, n. 44.

[181] Art. 1, co. 2, della legge.

[182] Che nulla toglie all'applicabilità delle altre «norme civili, penali, amministrative e disciplinari vigenti, quando ne sussistano i presupposti» (art. 4, co. 4, della legge), o a quella delle vigenti

esercitano le loro funzioni, si dedichino «esclusivamente alla cura degli interessi pubblici e si asteng[*a*]no dal porre in essere atti e dal partecipare a deliberazioni collegiali in situazione di conflitto d'interessi»[183].

Allo scopo, è dichiarata l'**incompatibilità** tra i titolari di una delle cariche di governo e «cariche o uffici pubblici diversi dal mandato parlamentare» e da quelli di cui alla legge stessa, «ad esclusione delle cariche di cui all'articolo 1, co. 2, della legge 13 febbraio 1953, n. 60» [che sono le «cariche in enti culturali, assistenziali, di culto e in enti-fiera, nonché quelle conferite nelle Università degli studi o negli Istituti di istruzione superiore a seguito di designazione elettiva dei Corpi accademici, salve le disposizioni dell'art. 2 della legge 9 agosto 1948, n. 1102» (quest'ultima, però, abrogata dall'art. 7 della legge 31 ottobre 1965, n. 1261)]; «cariche o uffici o… altre funzioni comunque denominate in enti di diritto pubblico, anche economici»; «cariche o uffici o… altre funzioni comunque denominate ovvero… compiti di gestione in società aventi fini di lucro o in attività di rilievo imprenditoriale»[184]; «attività professionali o di lavoro autonomo in materie connesse con la carica di governo, di qualunque natura, anche se gratuite, a favore di soggetti pubblici o privati. In ragione di tali attività il titolare di cariche di governo può percepire unicamente i proventi per le prestazioni svolte prima dell'assunzione della carica; inoltre, non può ricoprire cariche o uffici, o svolgere altre funzioni comunque denominate, né compiere atti di gestione in associazioni o società tra professionisti»; «qualsiasi tipo di impiego o lavoro pubblico»; «qualsiasi tipo di impiego o lavoro privato»[185].

La situazione di incompatibilità[186] inizia il giorno del giuramento («e comunque dall'effettiva assunzione della carica»), *dies a quo* «cessano» gli incarichi e le funzioni indicati dalla legge, «anche quando siano esercitate all'estero»[187].

---

disposizioni volte a prevenire e reprimere l'«*Abuso di posizione dominante e ipotesi di responsabilità*» (art. 4).

[183] Art. 1, co. 1, della legge.

[184] Per tale ipotesi, l'art. 2, co. 2 della legge, prevede che l'«imprenditore individuale provved[*a*] a nominare uno o più institori ai sensi degli articoli da 2203 a 2207 del codice civile».

[185] Art. 2, co. 1, della legge, lett. da *a*) a *f*), tenendo conto che il d.l. n. 44/2005 cit., ha disposto (con l'art. 3 *ter*, co. 1) la modifica dell'art. 2, co. 1, lett. *c*).

[186] Che è titolare di una delle cariche in parola (e anche il suo coniuge, nonché i suoi parenti entro il secondo grado) ha il dovere di dichiarare all'«**Autorità garante della concorrenza e del mercato**», entro trenta giorni dall'assunzione della carica stessa, trasmettendo all'organo, nei sessanta giorni successivi alla scadenza dei trenta, tutti i «dati relativi alle proprie attività patrimoniali, ivi comprese le partecipazioni azionarie» e con riferimento alla situazione di cui era titolare «nei tre mesi precedenti l'assunzione della carica» (art. 5, co. 1 e 2 e 6, della legge). Nel caso in cui l'incompatibilità abbia a che vedere con i «settori delle comunicazioni, sonore e televisive, della multimedialità e dell'editoria, anche elettronica, e quando i dati patrimoniali s[*ia*]no attinenti a tali settori» entrambe le dichiarazioni di cui s'è detto vanno rese pure all'«**Autorità per le garanzie nelle comunicazioni**» (ivi, co. 3 e 6).

Ogni variazione dei dati dichiarati deve essere dichiarata alle stesse Autorità di cui testé detto «entro venti giorni dai fatti che l'abbiano determinata» (ivi, co. 4 e 6).

[187] Art. 2, co. 3, della legge n. 215/2004.

Gli effetti dell'incompatibilità sono i seguenti.

Da nessuno degli incarichi e delle funzioni indicate «può derivare, per tutta la durata della carica di governo, alcuna forma di retribuzione o di vantaggio per il titolare» [188]. L'incompatibilità tra le cariche in parola e le attività professionali o di lavoro autonomo in materie connesse con la carica di governo... costituiscono «causa di impedimento temporaneo all'esercizio della professione e come tale [*sono*] soggett[*e*] alla disciplina dettata dall'ordinamento professionale di appartenenza»; l'incompatibilità tra le cariche e le predette attività professionali o di lavoro autonomo..., e qualunque carica o ufficio in enti di diritto pubblico (anche economici), e qualunque carica o ufficio o compito di gestione in società con fine di lucro o in attività di rilievo imprenditoriale non cessa del tutto con la cessazione delle funzioni di governo, ma prosegue per un anno «dal termine della carica... nei confronti di enti di diritto pubblico, anche economici, nonché di società aventi fini di lucro che operino prevalentemente in settori connessi con la carica ricoperta» [189]. Se l'incompatibilità riguarda soggetti che siano «dipendenti pubblici e privati», questi ultimi sono collocati in aspettativa a fare data dal giuramento o dall'effettiva assunzione della carica, senza che ciò rechi pregiudizio alla posizione professionale e alla progressione di carriera [190].

Il conflitto di interessi sussiste quando uno dei soggetti di cui la legge si occupa «partecipa all'adozione di un atto, anche formulando la proposta, o omette un atto dovuto, trovandosi in situazione di incompatibilità... ovvero quando l'atto o l'omissione ha un'incidenza specifica e preferenziale sul patrimonio del titolare, del coniuge o dei parenti entro il secondo grado, ovvero delle imprese o società da essi controllate... con danno per l'interesse pubblico» [191].

All'«***Autorità garante della concorrenza e del mercato***», che procede d'ufficio alle verifiche di competenza, sono affidate, quanto alla materia del «conflitto di interessi», funzioni di accertamento, vigilanza, denuncia alla competente autorità giudiziaria quando i fatti abbiano rilievo penale, di relazione al Parlamento «con comunicazione motivata diretta ai Presidenti del Senato della Repubblica e della Camera dei deputati», e di promozione delle attività conseguenti all'avvenuto accertamento di una situazione di incompatibilità permanente (art. 6). Essa, inoltre, emana, con propria delibera, *il «Regolamento sul conflitto di interesse»* [192]. In relazione al settore «del sistema integrato delle comunicazioni» [193]

---

[188] *Idem*.

[189] Art. 2, co. 4, della legge.

[190] Art. 2, co. 5, della legge.

[191] Art. 3 della legge.

[192] La versione aggiornata all'ultima modifica si può leggere in *http://www.agcm.it/normativa/conflitto-di-interessi/8311-delibera-agcm-18-maggio-2016-modifiche-al-regolamento-attuativo-in-materia-di-conflitto-di-interessi.html*.

[193] Si veda l'art. 2, co. 1, lett. *g*) della legge 3 maggio 2004, n. 112, recante *Norme di principio*

svolge funzioni in parte simili alle predette l'«***Autorità per le garanzie nelle comunicazioni***»[194].

NOTA BIBLIOGRAFICA – **In generale** v. CUOMO, *Unità e omogeneità nel governo parlamentare*, Napoli, 1957; CUOCOLO, *Il Governo nel vigente ordinamento italiano*, Milano, 1959; AA.VV., *L'istituzione Governo*, a cura di Ristuccia, Milano, 1977; AA.VV., *Costituzione e struttura del Governo*, a cura di Spagna Musso, Padova, 1979-1988. AMATO, *Il Governo*, in *Attualità e attuazione della Costituzione*, cit., p. 79 ss.; LABRIOLA, *Il Governo e alcune sue funzioni*, Padova, 1981, nonché *Il Governo della Repubblica-Organi e poteri*, Rimini, 1989; D'ANDREA, *Accordi di governo regole di coalizione*, Torino, 1991; CALANDRA, *II Governo della Repubblica*, Bologna, 2002. Sulla **formazione del Governo** v., oltre ad alcuni degli AA. citt. *infra*, nella *NOTA BIBLIOGRAFICA* al cap. IV della parte III, ELIA, *Appunti sulla formazione del Governo*, in *Giur. cost.*, 1957, p. 1181 ss.; CUOMO, *I poteri del Presidente della Repubblica nella risoluzione delle crisi di governo*, Napoli, 1962; ZAGREBELSKY, *La formazione del Governo nelle prime quattro legislature repubblicane*, in *Riv. trim. dir. pubbl.*, 1968, p. 1405 ss.; FERRARA, *Il Governo di coalizione*, Milano, 1973; A.A. ROMANO, *La formazione del Governo*, Padova, 1977; CAPOTOSTI, *Presidente della Repubblica e formazione del Governo*, in *Studi parl.*, 1980, p. 47 ss.; ARMAROLI, *La doppia fiducia*, in *Quad. cost.*, 1981, p. 580 ss.; N. SANDULLI, *Il Capo dello Stato e le crisi di Governo*, Napoli, 1981. Sulle **crisi di Governo** v., oltre ad alcuni degli AA. citt. *infra*, nella *NOTA BIBLIOGRAFICA* al cap. IV della parte III, specificamente AA.VV., *Le crisi di governo nel sistema costituzionale italiano*, in *Rass. parl.*, 1960, p. 834 ss.; AUSIELLO ORLANDO, *Note su questioni costituzionali e di diritto regionale*, Milano, 1965, p. 11 ss.; RUGGERI, *Le crisi di governo tra ridefinizione delle regole e rifondazione della politica*, Milano, 1990. Sui **rapporti fra Governo e Parlamento** v., oltre agli AA. cit. *supra*, nella *NOTA BIBLIOGRAFICA* al cap. II di questa stessa parte, GALIZIA, *Studi sui rapporti fra Parlamento e Governo*, Milano, 1972; MANNINO, *Indirizzo politico e fiducia*, Milano, 1973; LIPPOLIS, *La parlamentarizzazione delle crisi*, in *Quad. cost.*, 1981, p. 149 ss.; P. CIARLO, *Art. 95*, in AA.VV., *Comm. Cost.*, a cura di Branca, Roma, 1984; OLIVETTI, *La questione di fiducia nell'ordinamento parlamentare italiano*, Milano, 1996; AA.VV., *Le crisi di governo nell'ordinamento e nell'esperienza costituzionale*, a cura di L. Ventura, Torino, 2003; e specificamente CHIOLA, *Uno strappo alla Costituzione: la sfiducia al singolo Ministro,* in *Giur. cost.*, 1986, I, p. 810 ss.; AA.VV., *Sei domande ai costituzionalisti provocate dal «caso Mancuso»*, in *Giur. cost.*, 1995, p. 4645 ss.; DONATI, *La responsabilità politica dei ministri nella forma di governo italiana*, Torino, 1997; G. RIVOSECCHI, *Fiducia parlamentare*, in *Dig. disc. pubbl.*, III Agg., vol. I, Torino, 2008, p. 385 ss. Sulle **singole componenti del potere esecutivo** v. – nell'ordine – PREDIERI, *Lineamenti della posizione costituzionale del Presidente del Consiglio dei ministri*, Firenze, 1951; RIZZA, *Il Presidente del Consiglio dei ministri*, Napoli, 1970; CAPOTOSTI, *Accordi di governo e Presidente del Consiglio dei ministri*, Milano, 1974; PITRUZZELLA, *Il Presidente del Consiglio dei ministri e l'organizzazione del Governo*, Padova, 1986; C. BARBIERI, *Il capo del governo in Italia*, Milano, 2001; RUGGERI, *Il Consiglio dei ministri nella Costituzione italiana*, Milano, 1981; L. CARLASSARE, *Ministri (dir. cost.)*, in *Enc. dir.*, XXV, Milano, 1975; GUARINO, *Ministri senza portafoglio-Sottosegretari di Stato*, in *Rass.*

in materia di assetto del sistema radiotelevisivo e della RAI-Radiotelevisione italiana Spa, nonché delega al Governo per l'emanazione del testo unico della radiotelevisione, secondo il quale il «sistema integrato delle comunicazioni» (s.i.c.) è «il settore economico che comprende le seguenti attività: stampa quotidiana e periodica; editoria annuaristica ed elettronica anche per il tramite di INTERNET; radio e televisione; cinema; pubblicità esterna; iniziative di comunicazione di prodotti e servizi; sponsorizzazioni».

[194] Artt. 6 e 7 della legge n. 215/2004.

dir. pubbl., 1948, p. 129 ss.; ROMANELLI GRIMALDI, *I ministri senza portafoglio nell'ordinamento giuridico italiano*, Padova, 1984; ROEHRSSEN, *Comitati interministeriali e sottosegretari di Stato*, in *Rass. dir. pubbl.*, 1964, p. 992 ss.; ELIA, *I sottosegretari di Stato rivestono funzioni di governo?*, in *Scritti Giuffrè*, Milano, 1968, III, p. 449 ss.; VENTURA, *Note in tema di sottosegretari di Stato*, in *Riv. trim. dir. pubbl.*, 1986, p. 469 ss.; G. QUADRI, *I Comitati di Ministri*, Milano, 1965; GIANNINI, *Diritto pubblico dell'economia*, Bologna, 1977; BARTOLE, *Assetto del Governo* e *relazioni intragovernative*, in *Quad. cost.*, 1981, p. 354 ss.; CIRIELLO, *Ordinamento del Governo e comitati interministeriali*, Napoli, 1981; AA.VV., *I comitati ministeriali economici*, a cura di Sorace, Bologna, 1991. Sulle **funzioni dell'organo governativo in generale** v. CHELI, *Atto politico e funzione di indirizzo politico*, Milano, 1961; CARLASSARE, *Amministrazione* e *potere politico*, Padova, 1974; e specificamente NEGRI, *La direzione e il controllo democratico della politica estera in Italia*, Milano, 1967. Sulla **formazione degli atti governativi aventi forza di legge** – oltre agli AA. cit. *retro* nella *NOTA BIBLIOGRAFICA* al cap. III della parte II – v. CHELI, *Deliberazione, emanazione, pubblicazione ed esercizio della funzione legislativa delegata*, in *Giur. cost.*, 1959, p. 1007 ss.; ESPOSITO, *Invalidità della pubblicazione di legge delegata*, in *Giur. cost.*, 1959, p. 693 ss.; CICCONETTI, *I limiti «ulteriori» della delegazione legislativa*, in *Riv trim. dir. pubbl.*, 1966, p. 568 ss.; FOIS, *Problemi relativi agli effetti della conversione sull'impugnativa di decreti legge*, in *Giur. cost.*, 1968, p. 171 ss.; PATRONO, *Ombre di incostituzionalità sulla legge dei ricorsi amministrativi*, in *Dir. soc.*, 1973, p. 168 ss.; MALFATTI, *Rapporti tra deleghe e delegificazioni*, Torino, 1999; N. LUPO, *Deleghe e decreti legislativi correttivi: esperienze, problemi,* prospettive, Milano, 1996; De FIORES, *Trasformazioni della delega legislativa e crisi delle categorie normative*, Padova, 2001; MACCABIANI, *La legge-delegata. Vincoli costituzionali e discrezionalità del governo*, Milano, 2005; A. AMBROSI, *«Concorrenza di competenze» e intervento delle Regioni nel procedimento di formazione del decreto legislativo*, in *Le Regioni*, 2017, p. 519 ss. Sui **reati ministeriali, prima della riforma**, v. specialmente RICCIO, *Il processo penale avanti alla Corte costituzionale*, Napoli, 1955; CARLASSARE, *Reato ministeriale e funzione del Parlamento nel procedimento d'accusa*, Milano, 1979; VASSALLI, *I reati ministeriali tra interpretazione e riforma*, in *Giur. cost.*, 1982, I, p. 761 ss.; e, **dopo la stessa** DI RAIMO, *La legge costituzionale di riforma dell'accusa parlamentare e le normative necessarie per la sua attuazione*, in *Giur. cost.*, 1988, II, p. 594 ss.; ELIA, CARLASSARE, L.A. MAZZAROLLI, T. PADOVANI, A. TOSCHI, *Le nuove regole sui reati ministeriali*, in *Legislaz. pen.*, 1989, n. 4; A. SPADARO, *Commento all'art. 96 Cost.*, in *Commentario alla Cost.*, cit.; L.A. MAZZAROLLI, *Commento all'art. 96 Cost.*, in *Commentario breve*, cit.

CAPITOLO IV
IL PRESIDENTE DELLA REPUBBLICA

SOMMARIO: 1. L'elezione e la durata in carica del Capo dello Stato. – 2. *Segue*: gli impedimenti temporanei e permanenti. – 3. Il ruolo e le funzioni del Capo dello Stato: generalità; gli atti presidenziali e la controfirma ministeriale. – 4. Le singole specie di atti presidenziali: gli atti non controfirmati; gli atti dovuti; gli atti di iniziativa ministeriale. – 5. *Segue*: gli atti di iniziativa presidenziale. – 6. *Segue*: gli atti complessi eguali.

1. *L'elezione e la durata in carica del Capo dello Stato*

In un ordinamento repubblicano, si danno fondamentalmente tre vie per risolvere il ricorrente problema dell'elezione del Capo dello Stato: primo, che la scelta sia direttamente affidata al corpo elettorale; secondo, che il compito stesso venga riservato alle Camere del Parlamento; terzo, che si adottino sistemi intermedi fra le due ipotesi estreme, sia costituendo un collegio elettorale apposito sia configurando elezioni di secondo grado, per cui gli elettori presidenziali vengano a loro volta eletti da parte del popolo. Tuttavia, il fatto di optare per l'una o per l'altra di tali soluzioni non dipende da considerazioni meramente tecniche o d'ingegneria costituzionale, ma può condizionare la complessiva forma di governo.

Come si è notato (v. *retro*, parte I, cap. II, § 8) l'elezione popolare diretta del Capo dello Stato caratterizza le repubbliche presidenziali e suole comunque corrispondere a regimi politici che non obbediscono alla logica del parlamentarismo. Le modalità di funzionamento della Germania di Weimar (1919-1933) o dell'odierna quinta Repubblica francese, che pure essendo contraddistinte da tre organi politici fondamentali non rientrano di certo nel quadro dei governi parlamentari, forniscono una chiara riprova del fatto che il Presidente eletto dal popolo dispone il più delle volte di una forza politica propria, anche a prescindere dalla natura e dall'entità dei poteri che gli sono costituzionalmente attribuiti. Né si può dire che la regola venga smentita dal caso della Repubblica austriaca, che dalla fine della seconda guerra mondiale è sicuramente retta da un governo di stampo parlamentare, malgrado il Presidente della Repubblica stessa sia direttamente scelto dal corpo elettorale: appunto perché quella austriaca rappresenta un'eccezione, che trova scarsi riscontri nell'insieme del diritto costituzionale comparato.

Resta in ogni caso che l'Assemblea costituente ha percepito chiaramente il nesso tra l'elezione popolare diretta del Capo dello Stato e l'instaurazione di regimi affini alla repubblica presidenziale (o semipresidenziale). In coerenza con la scelta di un governo tendenzialmente parlamentare, i nostri costituenti hanno invece optato per la seconda delle tre soluzioni accennate, affidando l'elezione presidenziale al Parlamento «in seduta comune dei suoi membri», come appunto dispone l'art. 83, co. 1, Cost.

Non deve trarre in inganno la circostanza che all'elezione prendano parte «tre delegati per ogni Regione», eletti dal rispettivo Consiglio regionale «in modo che sia assicurata la rappresentanza delle minoranze», salva l'eccezione della Valle d'Aosta che dispone di un solo delegato [1]. Ciò non significa, infatti, che sia stata attuata una soluzione di tipo compromissorio, mediante la creazione di un apposito collegio elettorale: sia perché il numero dei *delegati regionali* (complessivamente pari a 58) risulta troppo esiguo rispetto a quello dei parlamentari (che si aggira attorno alla cifra di 950), per poter condizionare l'esito del voto; sia perché quasi tutti gli elettori presidenziali, delegati regionali compresi, obbediscono secondo esperienza ad una comune disciplina di partito (oppure di corrente), che prescinde dalla provenienza degli elettori medesimi.

Si suole perciò ritenere, da parte dei costituzionalisti (Balladore Pallieri, Mortati), che sia necessario prendere alla lettera il riferimento dell'art. 83, co. 1, al **Parlamento in seduta comune**: per concludere che si tratta del medesimo organo previsto dall'art. 55, co. 2, Cost., anche se la sua composizione è qui parzialmente diversa. Ne segue che la presidenza del collegio in questione continua a spettare al Presidente della Camera dei deputati [2]; che il regolamento da seguire è quello della Camera stessa, a meno che le Camere non si diano una normativa apposita (Armaroli); che ai parlamentari, integrati dai delegati regionali, dovrebbe competere l'eventuale giudizio sui titoli d'ammissione dei delegati medesimi, nella scolastica ipotesi che insorgessero contestazioni [3]. E ne deriva, ancora, che le Camere riunite potrebbero validamente procedere all'elezione del nuovo Presidente della Repubblica, anche se qualche Consiglio regionale non designasse in tempo utile – prima della scadenza dei termini prescritti dall'art. 85 Cost. – i propri rappresentanti (D'Orazio).

Tanto i *quorum* richiesti per l'elezione quanto la durata in carica del Capo

---

[1] Cfr. l'art. 83, co. 2, Cost. Quanto alla «rappresentanza delle minoranze», essa viene generalmente assicurata – nei singoli ordinamenti regionali – mediante la tecnica del voto limitato a due nominativi.

[2] Si veda, del resto, l'art. 85, co. 2, Cost., per cui spetta al Presidente della Camera convocare il Parlamento in seduta comune.

[3] Nella prassi, peraltro, la convalida suole venire effettuata dal solo Presidente, sentiti gli Uffici di presidenza delle Camere.

dello Stato fanno però intendere che i costituenti non hanno voluto stabilire un necessario collegamento fra il titolare di quest'organo e la maggioranza di governo, ma hanno cercato – con vario successo, secondo le contingenti situazioni politiche – di svincolarlo dalle forze sulle quali si regge in quella fase il raccordo Governo-Parlamento: per assicurargli in partenza quella veste di rappresentante dell'intera «unità nazionale», che gli deriva – sulla carta – dalla proclamazione iniziale dell'art. 87 Cost. (Tosato). Da un lato, infatti, il Presidente è eletto per **sette anni**; sicché la sua durata in carica, costituzionalmente prevista, eccede in ogni caso quella delle Camere che hanno provveduto all'elezione, prolungandosi nel corso di più legislature successive. D'altro lato, analoga è la *ratio* per cui l'art. 83, co. 3, esige che l'elezione stessa avvenga a **scrutinio segreto** (anziché con un voto palese, ufficialmente orientato da un certo indirizzo politico) e non dia esito se non quando si raggiunga la *maggioranza dei due terzi* degli aventi diritto nei primi tre scrutini o la *maggioranza assoluta* a partire dalla quarta votazione. L'obiettivo che questi *quorum* perseguono consiste ovviamente nel garantire al Capo dello Stato una base parlamentare e politica più larga (ed eventualmente diversa) da quella che sostiene il Governo in carica. Ed effettivamente si è verificato in vari casi che l'elezione del Presidente sia dipesa dall'occasionale coagularsi di consensi non coincidenti con l'arco dell'attuale coalizione di maggioranza; anche se la frammentazione delle forze che compongono il Parlamento rende difficile il conseguimento dell'elevatissima maggioranza dei due terzi, sicché i tre primi scrutini servono il più delle volte a mettere in evidenza le varie candidature (alcune delle quali sono anzi meramente formali e destinate a recedere fin dal momento della quarta votazione).

Come per il Governo, anche per il Presidente della Repubblica è disposto che egli, «prima di assumere le sue funzioni, presta giuramento di fedeltà alla Repubblica e di osservanza della Costituzione»[4], leggendo contestualmente – secondo la prassi – un suo messaggio alle Camere riunite, che in questa occasione sono peraltro composte dai soli parlamentari. Dal giorno del giuramento e non dal giorno della elezione comincia dunque a decorrere ciascun *settennato* presidenziale; ed è in vista in quel termine iniziale che vanno computati i termini finali prescritti dai co. 2 e 3 dell'art. 85 Cost., quanto all'elezione del successivo Capo dello Stato.

L'art. 85, co. 2, dispone, precisamente, che per l'elezione del nuovo Presidente il Parlamento dev'essere convocato «trenta giorni prima che scada il termine»; fatta eccezione per il caso – distintamente considerato dall'art. 85, co. 3 – che le Camere siano sciolte o che manchino meno di tre mesi alla loro cessazione, perché allora l'elezione deve avere luogo da parte delle Camere nuove, entro quindici giorni dalla loro prima riunione. In entrambe le ipotesi, e specialmente nella situazione normale, fino agli anni Sessanta si pensava che il tempo costitu-

---

[4] Cfr. l'art. 91 Cost.

zionalmente stabilito fosse più che sufficiente per rinnovare il titolare dell'ufficio di Capo dello Stato. Ma già nel corso dell'elezione di Saragat, e più ancora nel corso della elezione di Leone, ci si è resi conto che potrebbe concretamente verificarsi l'eventualità di un inutile superamento dei termini costituzionali, determinato dalla mancata formazione della maggioranza assoluta a tal fine prescritta. Se questo avvenisse, due sarebbero le soluzioni del problema: quella di prorogare il Presidente già in carica, per analogia con l'art. 85, co. 3 (Lucatello), e quella di affidare la supplenza al Presidente del Senato, per analogia con quanto dispone l'art. 86, co. 1, Cost., nell'ipotesi di un impedimento presidenziale (Mortati). Ma la dottrina prevalente ritiene che si debba optare per la **prorogatio**: sia perché un principio generale del nostro diritto pubblico (applicabile alla generalità degli organi costituzionali) richiede che i titolari dei pubblici uffici rimangano in carica fino all'insediamento dei loro successori; sia perché non si può dire che la ritardata elezione del Capo dello Stato costituisca una causa di impedimento, assimilabile a quelle cui allude l'art. 86, co. 1.

Certo è che la *prorogatio* del Capo dello Stato rappresenta nel nostro ordinamento un'eccezione alla regola per cui l'elezione del nuovo Presidente dovrebbe avvenire prima ancora della scadenza del settennato. Ed è un'eccezione da evitare per quanto possibile, poiché non soltanto in quest'ultimo periodo ma già negli ultimi sei mesi del suo normale mandato (c.d. *semestre bianco*) il Presidente è di norma privato del più importante fra tutti i suoi poteri, non avendo più la facoltà di sciogliere le Camere. Il limite imposto in tal senso dall'art. 88, co. 2, Cost. ritrova, in verità, una duplice giustificazione: cioè si fonda da un lato sulla presunzione che la rappresentatività del Capo dello Stato diminuisca nel corso del mandato, riducendosi al massimo grado nella fase finale del settennato; e deriva più ancora, d'altro lato, dal timore che il Presidente uscente possa essere indotto ad usare in maniera arbitraria della sua potestà di scioglimento, all'unico scopo di rafforzare la propria posizione, nella speranza che il nuovo Parlamento sia diversamente costituito e maggiormente orientato a rieleggerlo.

Non a caso, il Presidente Segni propose di abrogare la previsione costituzionale del «semestre bianco», introducendo in pari tempo il divieto-rielezione del precedente Capo dello Stato[5]. Anche se questa proposta non è stata presa in seria considerazione da parte delle forze politiche, il problema di fondo resta aperto: poiché non si può escludere che una grave crisi insorga precisamente nel corso dell'ultimo periodo del mandato presidenziale, senza poter essere risolta in maniera efficace a causa del disposto dell'art. 88, co. 2. Per ora, comunque, il solo rimedio è quello specificamente introdotto dalla legge cost. 4 novembre 1991, n. 1, per rimediare al cosiddetto *groviglio istituzionale.* Nell'eventualità che gli ultimi sei mesi del mandato presidenziale «coincidano in tutto o in parte con gli ultimi mesi della legislatura» (come stava per verificarsi nel corso del

---

[5] Si tratta del messaggio del 16 settembre 1963, al quale ha fatto subito seguito la presentazione di un disegno di legge costituzionale da parte del Governo Leone.

1992), il nuovo testo dell'art. 88 cpv. consente, infatti, che si dia luogo allo scioglimento anticipato delle Camere.

Nel silenzio della Costituzione, che nulla dispone in proposito, si pone il dubbio sulla possibilità che il Presidente della Repubblica, allo scadere del mandato, venga rieletto. Il Presidente Ciampi, richiesto da più di una forza politica di offrire la propria disponibilità ad una **rielezione**, con un comunicato ufficiale (3 maggio 2006) si era espresso in senso negativo, ritenendo, tra l'altro, che si fosse ormai creata una vera e propria consuetudine nel senso della non rieleggibilità del Capo dello Stato, e che la lunghezza del mandato presidenziale renderebbe il rinnovo poco confacente «*alle caratteristiche proprie della forma repubblicana dello Stato*». Gli eventi successivi hanno tuttavia smentito la tesi della instaurazione di una consuetudine. Il 20 aprile 2013 Giorgio Napolitano, Presidente uscente, è stato rieletto ad ampia maggioranza per un secondo mandato, avendo manifestato la disponibilità (dopo aver in precedenza declinato plurimi inviti in tal senso) a ricoprire nuovamente tale incarico in una situazione di particolare complessità: a parte un contesto economico segnato da una crisi ancora lontana dalla sua risoluzione, la situazione di stallo derivante dall'esito delle elezioni politiche del marzo 2013 (che non avevano prodotto alcuna maggioranza, quantomeno al Senato) aveva determinato l'esito infruttuoso di alcuni scrutini nel Parlamento in seduta comune, inducendo i *leaders* di alcune forze politiche a sostenere la rielezione del Presidente uscente. Il Presidente Napolitano ha cessato anticipatamente il secondo mandato, dimettendosi il 14 gennaio 2015.

2. Segue: *gli impedimenti temporanei e permanenti*

Come si accennava, l'art. 86 Cost. contempla genericamente l'eventualità che il Capo dello Stato non sia in grado di adempiere alle proprie funzioni, disponendo che in tal caso la supplenza spetti al Presidente del Senato; ed aggiunge, nel secondo comma, che se l'impedimento si configura come permanente ne segue entro quindici giorni – allo stesso modo che nelle ipotesi di morte o di dimissioni – l'elezione del nuovo titolare dell'ufficio (salva – qui pure – l'eventualità che le Camere siano sciolte o che manchino meno di tre mesi alla loro cessazione, perché allora la supplenza deve essere prolungata). Tuttavia, la disciplina costituzionale è per questa parte estremamente lacunosa, tanto è vero che ne derivano almeno quattro ordini di problemi, non ancora risolti in modo univoco: primo, quand'è che si possa parlare di un impedimento presidenziale, sia esso temporaneo o permanente; secondo, quale sia la massima durata degli impedimenti temporanei, al di là della quale bisognerebbe comunque procedere all'elezione di un nuovo Presidente; terzo, quale o quali siano gli organi costituzionali competenti ad accertare – e con quali procedure – la sussistenza degli impedimenti stessi; quarto, che poteri competano al supplente e sulla base di quali presupposti.

a) L'ipotesi più ovvia e più sicura d'impedimento presidenziale è quella di una **grave malattia**, che può configurare tanto una causa temporanea quanto una causa permanente d'impossibilità di esercitare le relative funzioni (mentre nessun impedimento deriva nel caso di una breve degenza). E qui l'impedimento stesso si presenta nella sua forma più tipica ed incontroversa: cioè come un fatto preclusivo di qualunque esercizio diretto delle funzioni spettanti al Capo dello Stato, tale che esse vanno interamente devolute al Presidente del Senato.

Viceversa, altra è la natura di ipotesi sul tipo di un **viaggio** o di una **permanenza all'estero**, che di per sé non escludono l'esercizio diretto delle funzioni che si prestino ad essere svolte al di fuori del Paese; sicché l'impedimento non è qui totale, ma consente o richiede addirittura (come nel caso di un viaggio ufficiale, compiuto dal Presidente della Repubblica nella sua veste di rappresentante dello Stato italiano) che le funzioni medesime siano bipartite, venendo affidate al supplente in quella sola parte che vada esercitata nella capitale o comunque all'interno dei confini nazionali. Proprio per questo motivo, una autorevole dottrina era incline a ritenere che il viaggio all'estero non costituisse una causa impeditiva, perché la supplenza sarebbe stata a questa stregua il frutto di una inammissibile delegazione di poteri presidenziali, compiuta dallo stesso titolare dell'ufficio (Barile, Cuomo, Guarino, Romano). Ma la prassi non è più conforme alle tesi dottrinali, da quando il Presidente Saragat – in occasione di un suo viaggio ufficiale in America e in Australia – ha trasmesso una parte delle sue funzioni al Presidente del Senato; ed effettivamente il postulato dell'indivisibilità delle funzioni presidenziali non corrisponde alla lettera dell'art. 86, co. 1, Cost., che si riferisce a qualunque causa impeditiva dell'esercizio delle funzioni medesime senza distinguere fra quelle che le coinvolgano tutte da quelle che incidano solo su alcuni poteri del Capo dello Stato (Elia, Rescigno). Del resto, la soluzione consistente nel bipartire le funzioni tra il Presidente della Repubblica e il Presidente del Senato non viene affidata all'arbitrio dello stesso interessato, ma implica un controllo del Presidente del Consiglio, il quale è chiamato a controfirmare il decreto istitutivo della supplenza[6], accertando perciò se ne ricorrano veramente gli estremi.

Ci si chiede, ancora, se la figura dell'impedimento possa essere estesa a tal punto da ricomprendervi un *grave scandalo* nel quale il Presidente della Repubblica venga coinvolto, con particolare riguardo ad un procedimento penale instaurato nei suoi confronti, per atti compiuti dal Presidente stesso nella sua qualità di soggetto privato. Ma il problema non può essere correttamente impostato, se non si considera per prima cosa ciò che stabiliscono le norme costituzionali quanto alle **responsabilità penali del Capo dello Stato**.

L'art. 90 Cost. dispone in proposito che il «Presidente della Repubblica non è responsabile degli atti compiuti nell'esercizio delle sue funzioni, tranne che

[6] Si veda – per esempio – il decreto presidenziale del 15 settembre 1982, a firma del Presidente Pertini.

per alto tradimento o per attentato alla Costituzione»; e precisa che in tali casi egli «è messo in stato di accusa dal Parlamento in seduta comune, a maggioranza assoluta dei suoi membri», per essere poi sottoposto al giudizio della Corte costituzionale.

Quando sia deliberata la messa in stato d'accusa, la Corte può disporre la sospensione del Presidente dalla carica; non si tratta, però, di un potere-dovere (Barile, Mortati, Rescigno), ma di una facoltà di sospensione, della quale la Corte farà uso in considerazione della gravità del reato e della consistenza delle accuse mosse a carico del Capo dello Stato (Cuomo, Elia); sicché l'impedimento non si realizza «di pieno diritto», sia pure nel momento in cui la Corte decida di prenderne atto, ma dipende da una valutazione discrezionale della Corte stessa. Però, se questo è vero nell'ipotesi più grave, vale a dire quando il Presidente si veda formalmente contestato un *alto tradimento* oppure un *attentato alla Costituzione,* a più forte ragione si dovrà escludere che si concreti senz'altro una causa impeditiva ogniqualvolta egli sia sottoposto ad un *procedimento penale comune* (o anche, addirittura, nel caso di uno scandalo non implicante responsabilità penalmente sanzionabili).

Ne segue, allora, che i procedimenti penali comuni non concretano – di per sé soli – una nuova causa d'impedimento presidenziale, anche ad ammettere che i procedimenti stessi possano avere normalmente corso durante il settennato. Per meglio dire, se dal procedimento derivasse una condanna comportante l'interdizione dai pubblici uffici, il Presidente dovrebbe ritenersi decaduto; mentre in ogni altro caso del genere non si produrrebbero impedimenti di sorta, anche se il fatto dell'accusa e del conseguente processo non potrebbero non deteriorare il prestigio del Capo dello Stato. Ma giova aggiungere che, in tutte queste situazioni, la valvola di sicurezza è rappresentata dalle volontarie dimissioni: alle quali il Presidente può sempre ricorrere, ogniqualvolta ritenga che la sua permanenza nell'ufficio sia divenuta insostenibile (fermo restando che il Parlamento potrebbe invece invitare il Presidente a non insistere nelle dimissioni stesse, qualora un tale gesto si dimostrasse politicamente inopportuno).

b) Meno complesso è il problema relativo alla *durata massima dell'impedimento temporaneo*; e ciò, sebbene le soluzioni proposte dagli interpreti – all'atto della grave malattia che colpì il Presidente Segni nel corso del suo settennato – siano state assai diverse e variamente motivate. Sulla base di audaci analogie, qualcuno ha sostenuto – infatti – che al di là dei sei mesi corrispondenti al «semestre bianco» si sarebbe dovuto procedere ad una nuova elezione (Cuomo); mentre altri tendevano ad abbreviare il termine, configurando un periodo non superiore ai quattro mesi per i quali può aversi la *prorogatio* (Ferrari). È invece preferibile, anche perché la Costituzione non esclude ma nemmeno considera gli impedimenti temporanei, ritenere che la determinazione della loro durata dipenda dalla discrezionale valutazione degli organi costituzionali interessati, con riferimento alla gravità della causa impeditiva, alla possibilità che essa venga meno o si protragga indefinitamente, alla stessa data di scadenza del settennato presidenziale in corso (Amato, Barile).

c) S'intende che in tal modo il problema non è ancora compiutamente risolto: perché resta da vedere – ed è qui che risiede la questione più grave e più notevole in tema di impedimenti presidenziali – a quale organo (oppure a quali organi) spetti il **potere di accertamento**. Ovviamente la questione non sussiste in tutti quei casi nei quali la verifica possa essere operata dallo stesso Presidente; anche se l'atto attestante una causa impeditiva temporanea dev'essere controfirmato, al pari di tutti i decreti del Capo dello Stato, da parte di un ministro responsabile (che, nella specie, non potrà consistere se non nel Presidente del Consiglio). Viceversa, la Carta costituzionale non chiarisce chi debba assumersi la relativa responsabilità, quando il Presidente della Repubblica non possa o – peggio ancora – non voglia riconoscersi impedito.

A ben considerare, tuttavia, è implicito che in una tale vicenda non potrà non essere coinvolta – positivamente o negativamente – una serie di altri organi costituzionali. Indiscutibile è il coinvolgimento del *Governo*, che normalmente dovrebbe essere il primo a intuire e denunciare l'esistenza dell'impedimento (Mortati): non foss'altro perché i suoi componenti si trovano in costante contatto con il Capo dello Stato, cui propongono i provvedimenti da assumere, per poi perfezionarli con la loro controfirma[7]. Ma non è meno evidente che il Governo deve ottenere a tal fine il consenso del *Presidente del Senato,* in quanto si tratta del soggetto costituzionalmente destinato a supplire il Presidente della Repubblica; sicché, se il Presidente del Senato si opponesse, non condividendo il giudizio del Governo sulla causa impeditiva, il Presidente della Repubblica dovrebbe venire mantenuto in carica, almeno fino a quando lo stesso Senato non deliberasse di darsi un altro Presidente diversamente orientato (Elia, Giocoli Nacci).

D'altra parte, come si può escludere che anche le due Camere s'inseriscano nel gioco, avviando un dibattito sul comportamento del Governo e riaprendo pertanto il discorso sull'impedimento presidenziale? Se non altro nell'ipotesi di un impedimento permanente, alle *Camere riunite* spetterebbe anzi la parola conclusiva: perché all'atto di procedere all'elezione del nuovo Capo dello Stato, esse potrebbero rimettere ogni cosa in discussione, contestando la sussistenza dei presupposti giustificativi della convocazione e reintegrando pertanto nel suo ufficio il Presidente della Repubblica già in carica (Balladore Pallieri). Di più: in questa situazione diverrebbe anzitutto necessario sentire l'avviso del *Presidente della Camera dei deputati*, cui l'art. 86, co. 2, Cost. conferma la competenza di indire l'elezione del Capo dello Stato, ogniqualvolta si determini una causa di anticipata cessazione del settennato presidenziale (Bozzi).

---

[7] V. nuovamente l'art. 89, co. 1, Cost.

Un simile quadro si presta a generare l'impressione che l'accertamento degli impedimenti presidenziali (non denunciati dal Presidente stesso) costituisca l'oggetto di una disciplina quanto mai confusa ed incerta. Ma è più giusto concludere che, allo stato attuale del diritto costituzionale, l'accertamento stesso rappresenta il frutto di un *procedimento a struttura variabile*, nel quale vari organi statali di vertice possono inserirsi sulla base di regole convenzionali, volta per volta stipulabili d'intesa fra i loro titolari. In effetti, nell'unico caso fin qui registratosi – che ha riguardato la verifica dell'impedimento del Presidente Segni [8] – l'accertamento è stato operato in conseguenza di un accordo che ha coinvolto l'intero Governo, nonché i Presidenti del Senato e della Camera. Né questo precedente dev'essere censurato, rilevando che una tale procedura metterebbe sullo stesso piano organi diversamente responsabili ed escluderebbe – al tempo stesso – una componente essenziale come quella costituita dalle Camere del Parlamento. Al contrario, si è visto come le Camere possano prendere parte al discorso, sia pure dopo essere state convocate per l'elezione del nuovo Presidente; e se nel caso di Segni il loro intervento diretto è mancato, ciò è stato causato dalla circostanza che il Presidente in carica poté sottoscrivere la propria rinuncia all'ufficio, trasformando così – senza lasciare spazio a contestazioni ulteriori – l'impedimento temporaneo in impedimento permanente.

d) Quanto infine ai **poteri del supplente**, nel silenzio della Carta costituzionale che non stabilisce in proposito alcun limite preciso, la dottrina si presenta nuovamente divisa. Alcuni autori vorrebbero infatti che il Presidente del Senato si riducesse ad adottare i soli atti presidenziali indilazionabili, lasciando al nuovo Capo dello Stato (o al Presidente in carica, una volta cessato l'impedimento temporaneo) l'esercizio di tutte le altre funzioni, specialmente se queste non fossero fondate sulle previe proposte del Governo, ma implicassero una libera valutazione dello stesso Presidente (Barile). Altri invece sostengono che esigenze del genere non sono giuridicamente ma solo politicamente apprezzabili; sicché per Costituzione il supplente potrebbe esercitare tutte le funzioni che in quelle circostanze risultassero validamente esplicabili da un vero e proprio Presidente della Repubblica (Bozzi; Cuomo, Elia), salvo il caso particolare dei viaggi all'estero, caratterizzato da supplenze estremamente brevi e predeterminate. Ed anzi vi è chi ritiene che sia dato al supplente di procedere persino allo scioglimento anticipato delle Camere; salva soltanto l'ipotesi dell'impedimento permanente, nel qual caso dovrebbe prevalere il principio dell'immediata elezione del nuovo Presidente, stabilito dall'art. 86, co. 2, Cost. (Guarino, Lavagna, Rescigno).

---

[8] Si veda il comunicato della Presidenza del Consiglio dei ministri, datato 10 agosto 1964.

3. *Il ruolo e le funzioni del Capo dello Stato: generalità; gli atti presidenziali e la controfirma ministeriale*

a) In tutte le forme di governo a tre componenti essenziali – siano esse parlamentari o pseudoparlamentari oppure ibride – nelle quali il Capo dello Stato si distingue dal Governo soggettivamente inteso, per determinare il ruolo che spetta a quest'organo entro il sistema complessivo si devono affrontare delicatissimi problemi. Di fronte ad essi, gli studiosi italiani e stranieri hanno assunto ed assumono tuttora posizioni assai diverse: ma tutte (o quasi tutte) riconducibili all'una o all'altra di quattro concezioni principali, emerse già dai dibattiti del diciannovesimo secolo.

Va ricordata anzitutto la tesi, per cui nel Capo dello Stato non si dovrebbe tanto ravvisare il titolare di un determinato potere (o complesso di poteri), quando il *potenziale detentore di tutti i poteri dello Stato,* nel quale si riassumerebbe – dunque – l'autorità dello Stato stesso (Jellinek). Beninteso, una volta avvenuto il trapasso dalle monarchie assolute alle monarchie limitate, il Capo dello Stato non potrebbe normalmente arrogarsi le funzioni riservate ad altri organi costituzionali; ma virtualmente egli sarebbe pur sempre il responsabile ultimo del buon funzionamento dello Stato, specie in quelle situazioni di crisi del sistema, nelle quali le altre strutture non fossero in grado di operare efficacemente. In verità, anche nel Novecento questa tesi ha formato il motivo ispiratore di certi ordinamenti statali: come nel celebre caso dell'art. 48 della Costituzione germanica di Weimar, che affidava appunto al Capo dello Stato il compito di prendere «le misure necessarie al ristabilimento dell'ordine e della sicurezza pubblica». Non si può dire, invece, che la tesi stessa si addica all'ordinamento italiano vigente, che non imputa al Presidente della Repubblica alcuna responsabilità del genere (pur continuando a definirlo come il «Capo dello Stato»); sicché non sembrano avere un preciso fondamento di diritto positivo gli sforzi compiuti per rinverdire siffatte concezioni anche nel nostro Paese (Esposito, Rescigno).

Del pari, può considerarsi ormai superata e scarsamente applicabile, almeno in Italia, l'idea che il Capo dello Stato si risolva – essenzialmente – nel *capo del potere esecutivo.* Simili configurazioni possono avere ancora un senso nell'ambito di forme miste e difficilmente classificabili come quella costituita dalla quinta Repubblica francese (la quale ha avuto inizio con l'approvazione della Costituzione del 1958; a cui ha fatto seguito, nel 1962, una revisione costituzionale introdotta tramite *referendum*, che ha previsto l'elezione diretta del Presidente della Repubblica), dove il Capo dello Stato continua in effetti a detenere funzioni esecutive proprie, in una alterna situazione che lo pone talvolta al di sopra del Governo, talvolta in antitesi ad esso. Ma in Italia la qualifica di capo del potere esecutivo (per quanto ribadita da autori come Balladore Pallieri) non potrebbe spettare al Capo dello Stato altro che in un senso puramente formale e nominale. Per meglio dire, a questa qualifica si possono ricollegare alcune posizioni peculiari del Presidente della Repubblica: in quanto non va dimenticato che questi è il titolare – sulla carta – del *comando delle forze armate* e, conseguentemente, ha il compito di presiedere quel *Consiglio supremo di difesa* che ai sensi dell'art. 87, co. 9, Cost. esamina i problemi attinenti alla difesa nazionale, determinando i criteri e le direttive da seguire in materia[9]. Ma, anche a tali effetti, fra il Capo dello Stato e le strutture amministrative si inserisce il Governo; ed è quest'ultimo organo che sostanzialmente si ritrova, secondo la logica del parlamentarismo, al vertice dell'esecutivo statale.

Della sostanziale preminenza che il Governo assume nei confronti dei Capo dello Stato, quanto alla direzione politica degli ordinamenti retti da un regime parlamentare, fa invece larghissimo conto la terza fra le concezioni in esame, sostenuta specialmente in Inghilterra (Bagehot). Per questa corrente di pensiero, infatti, il Capo dello Stato non è il titolare di alcun potere proprio, ma risulta investito di una sorta di «*magistratura d'influenza*»: che nei suoi rapporti con il Governo in generale, e con il Primo ministro in particolare, si risolve nel compito di consigliare, di ammonire, di incoraggiare ..., senza peraltro pretendere di strumentalizzarlo. Ed effettivamente, fino a quando è operante il raccordo Governo-Parlamento, l'azione del Capo di uno Stato parlamentare tende a ridursi in questi termini. Ma negli stessi regimi parlamentari puri le ricorrenti situazioni di crisi del rapporto fiduciario comportano – come già si è notato (v. *retro*, parte I, cap. II, § 9) – ulteriori e più notevoli interventi della Corona o del Presidente della Repubblica; e la modestia del ruolo che la tesi in esame riserva al Capo dello Stato si dimostra ancora più eccessiva se la si confronta con la realtà di certi atteggiamenti assunti dai nostri Presidenti (basti pensare al ruolo del Presidente Napolitano nella fase di crisi economica e politica aggravatasi nel 2011, sino alla sua rielezione del 2013 ed alle successive dimissioni nel 2015).

Più adeguata alla forma di governo vigente in Italia è per questi aspetti la quarta ricostruzione dottrinale, risalente a celebri teorie formulate fin dalla prima metà dell'Ottocento (Constant): vale a dire l'idea che il Capo di uno Stato parlamentare debba essere posto al di fuori dei tre tradizionali poteri statali, per venire concepito come l'esclusivo titolare di un quarto (o comunque ulteriore) potere neutro, spoliticizzato ed imparziale, avente per oggetto specifico la moderazione dei conflitti e la risoluzione delle crisi. In definitiva, è appunto questa la tesi che ha avuto maggior seguito e sulla quale si sono innestate alcune altre configurazioni, caratteristiche del Novecento. Così, specialmente, la concezione di un Capo dello Stato astratto dal gioco reciproco del legislativo e dell'esecutivo, in una posizione di terzietà e di superiorità, emerge altresì in un noto scritto pubblicato verso la fine della Repubblica di Weimar (Schmitt): in cui si teorizza – senza affatto presagire il prossimo avvento al potere di Hitler – che il Capo dello Stato fosse, per eccellenza, il **tutore della Costituzione** ovvero il garante del rispetto delle norme e dei valori costituzionali. Ma anche in Italia simi-

---

[9] La previsione costituzionale è stata attuata con la legge 28 luglio 1950, n. 624. Attualmente il Consiglio supremo di difesa è disciplinato dagli artt. 2 ss. del d.lgs. 15 marzo 2010, n. 66.

li opinioni sono state largamente riprese e sviluppate: a partire dalla famosa definizione che nel Presidente della Repubblica ravvisava la «*viva vox Constitutionis*» (Calamandrei), fino agli analoghi assunti che imputavano al Presidente una funzione di indirizzo politico-costituzionale, destinata ad evitare – in tutti i modi consentiti dall'ordinamento – che il conseguente indirizzo delle forze politiche di maggioranza si discostasse dalle direttive fissate nella Costituzione (Barile).

All'inquadramento del ruolo del Presidente della Repubblica nel sistema ha concorso anche la giurisprudenza costituzionale, soprattutto con la sent. 15 gennaio 2013, n. 1, relativa ad un conflitto di attribuzioni promosso dal Presidente Napolitano contro la Procura della Repubblica presso il Tribunale di Palermo, in relazione ad intercettazioni telefoniche di conversazioni alle quali aveva partecipato il Capo dello Stato. Nella sentenza la Corte ha affermato che:

1) il Presidente della Repubblica nel sistema costituzionale italiano è stato collocato dalla Costituzione al di fuori dei tradizionali poteri dello Stato e, naturalmente, al di sopra di tutte le parti politiche;

2) egli dispone di competenze che incidono su ognuno dei citati poteri, allo scopo di salvaguardare, ad un tempo, sia la loro separazione che il loro equilibrio;

3) il Presidente della Repubblica «rappresenta l'unità nazionale» (art. 87, co. 1, Cost.) non soltanto nel senso dell'unità territoriale dello Stato, ma anche, e soprattutto, nel senso della coesione e dell'armonico funzionamento dei poteri, politici e di garanzia, che compongono l'assetto costituzionale della Repubblica. Si tratta di un organo di moderazione e di stimolo nei confronti di altri poteri, in ipotesi tendenti ad esorbitanze o ad inerzia;

4) per svolgere efficacemente il proprio ruolo di garante dell'equilibrio costituzionale e di «magistratura di influenza», il Presidente deve tessere costantemente una rete di raccordi allo scopo di armonizzare eventuali posizioni in conflitto ed asprezze polemiche, indicando ai vari titolari di organi costituzionali i principi in base ai quali possono e devono essere ricercate soluzioni il più possibile condivise dei diversi problemi che via via si pongono. È indispensabile, in questo quadro, che il Presidente affianchi continuamente ai propri poteri formali, che si estrinsecano nell'emanazione di atti determinati e puntuali, espressamente previsti dalla Costituzione, un uso discreto di quello che è stato definito il «potere di persuasione», essenzialmente composto di attività informali;

5) l'efficacia, e la stessa praticabilità, delle funzioni di raccordo e di persuasione, sarebbero inevitabilmente compromesse dalla indiscriminata e casuale pubblicizzazione dei contenuti dei singoli atti comunicativi. La discrezione, e quindi la riservatezza, delle comunicazioni del Presidente della Repubblica sono pertanto coessenziali al suo ruolo nell'ordinamento costituzionale (nel caso considerato, la Corte ha sancito l'obbligo per l'autorità giudiziaria procedente di distruggere, nel più breve tempo, le registrazioni casualmente effettuate di conversazioni telefoniche del Presidente della Repubblica, salva l'eventuale esigenza di evitare il sacrificio di interessi riferibili a principi costituzionali supremi: tutela

della vita e della libertà personale e salvaguardia dell'integrità costituzionale delle istituzioni della Repubblica).

b) Per cogliere in tutta la sua complessità il ruolo del Capo dello Stato italiano occorre tuttavia andar oltre le teorizzazioni troppo generali e considerare che, anche sotto questo aspetto, l'Italia rappresenta un caso a sé stante. Più precisamente, occorre approfondire la questione con un metodo analitico, ricostruendo il ruolo del Presidente in vista dell'insieme delle funzioni che spettano a quest'organo e prendendo in esame, a tal fine, non solo e non tanto le risultanze del testo costituzionale quanto il sistema e la prassi alla luce della quale la Costituzione va oggi interpretata.

Chi si limitasse ad accostare le disposizioni costituzionali che lo riguardano, conferendogli questo o quel potere, dovrebbe in effetti desumerne che il Capo dello Stato è l'organo supremo del nostro ordinamento; e non soltanto in potenza ma in atto. Si consideri, da un lato, il nutritissimo elenco dell'art. 87 Cost.: «il Presidente della Repubblica è il capo dello Stato e rappresenta l'unità nazionale. Può inviare messaggi alle Camere. Indice le elezioni delle nuove Camere e ne fissa la prima riunione. Autorizza la presentazione alle Camere dei disegni di legge di iniziativa del Governo. Promulga le leggi ed emana i decreti aventi valore di legge e i regolamenti. Indice il *referendum* popolare nei casi previsti dalla Costituzione. Nomina, nei casi indicati dalla legge, i funzionari dello Stato. Accredita e riceve i rappresentanti diplomatici, ratifica i trattati internazionali, previa, quando occorra, l'autorizzazione delle Camere. Ha il comando delle Forze armate, presiede il Consiglio supremo di difesa costituito secondo la legge, dichiara lo stato di guerra deliberato dalle Camere. Presiede il Consiglio superiore della magistratura. Può concedere grazia e commutare le pene. Conferisce le onorificenze della Repubblica». E, d'altro lato, si aggiungano le funzioni presidenziali specificamente previste dagli artt. 59, co. 2 (quanto alla nomina di cinque senatori a vita), 62, co. 2 (circa la convocazione delle Camere in via straordinaria), 74, co. 1 (sul rinvio delle leggi alle Camere), 88, co. 1 (sullo scioglimento anticipato delle Camere), 92, co. 2 (sulla nomina del Presidente del Consiglio e dei ministri), 104, co. 2 (quanto alla presidenza del Consiglio superiore della magistratura), 126, co. 4 (sullo scioglimento dei Consigli regionali), 135, co. 1 (relativamente alla nomina di cinque giudici costituzionali).

Stando alla lettera di tutto questo insieme di previsioni, parrebbe dunque che il Presidente della Repubblica provveda in prima persona ad una vasta serie di fondamentali adempimenti, riguardanti l'organizzazione ed il funzionamento dei tre principali poteri, come pure l'esercizio delle tre principali funzioni dello Stato: dalla legislazione all'amministrazione (ed all'attività di governo in generale), fino alla giurisdizione stessa, se non altro per quanto concerne talune misure di clemenza, la presidenza del CSM e la composizione della Corte costituzionale. Ma è chiaro che tali disposizioni non possono avere – da sole – un significato compiuto, dovendo invece venire inserite nel complesso delle norme riguardanti l'organizzazione costituzionale dello Stato. Sistematicamente, infatti, la Costituzione stessa le ridimensiona al massimo grado – come già è stato detto (v. *retro*, in questa parte, cap. II, § 1) – mediante i precetti contenuti negli artt. 89 e 90.

Per un verso, cioè, l'art. 90, co. 1, escludendo in via di principio che il Presidente della Repubblica sia responsabile degli atti compiuti nell'esercizio delle sue funzioni, esclude in pari tempo che egli sia titolare di un ruolo politico essenziale: poiché in un sistema democratico sarebbe un controsenso che ruoli del genere spettassero a chi non può essere chiamato a risponderne. Per un altro verso, un ridimensionamento ancor più decisivo e diretto risulta dal noto disposto dell'art. 89, co. 1: «Nessun atto del Presidente della Repubblica è valido se non è controfirmato dai ministri proponenti, che ne assumono la responsabilità». Ed è manifesto che sono i ministri a proporre gli atti ministeriali, proprio perché saranno essi e non il Presidente che ne dovranno rispondere, in tutte le sedi ed a tutti gli effetti – politici, penali e civili – in cui può concretarsi la responsabilità ministeriale (v. *retro*, in questa parte, cap. III, § 12).

c) Per meglio intendere la ragion d'essere e i significati della **controfirma ministeriale** degli atti del Capo dello Stato, giova peraltro aprire una parentesi sulle origini di tale istituto e sulle profonde trasformazioni che esso ha subito o sta subendo nel corso della storia delle istituzioni politiche: storia che risale al basso medioevo, svolgendosi poi – variamente – nella fase delle monarchie assolute e nella più recente fase delle Costituzioni liberali, fino agli Stati democratici dei giorni nostri.

In sintesi, dunque, è stato sostenuto (Lettieri) che la controfirma apposta dai ministri o dai cancellieri regi, in calce agli atti sovrani comunque denominati, assolvesse una duplice funzione: quella di attestare la provenienza dell'atto da parte del monarca; e quella di impegnare il controfirmante a dare esecuzione all'atto stesso, confermando il dovere di fedeltà del funzionario (che generalmente coincideva con un signore feudale) nei confronti della Corona. Tuttavia, nella fase finale del basso medioevo, con particolare riguardo all'Inghilterra, la controfirma cominciò ad esplicare un'ulteriore funzione: significando altresì **l'assunzione delle responsabilità** per l'adozione e l'esecuzione dell'atto, in capo al funzionario controfirmante, così da tener fermo il principio dell'inviolabilità e della conseguente irresponsabilità del Re. Nei riguardi delle assemblee parlamentari (Camera dei Comuni e Camera dei Lords) in cui gli atti e le autorità pubbliche potevano esser censurati, il ministro fungeva in tal modo da parafulmine quand'anche non fosse stato altro che uno strumento nelle mani del sovrano. Ed effettivamente accadde che singoli ministri furono chiamati a rispondere della politica regia, nelle forme e con le conseguenze consone alla mentalità giuridica del tempo; sebbene in tali casi la stessa autorità personale del sovrano rischiasse, inevitabilmente, di essere rimessa in gioco.

Tale situazione originaria, per la quale il controfirmante veniva paradossalmente ritenuto responsabile di atti non propri, ma sostanzialmente e formalmente imputabili al Re, non sopravvisse però alla trasformazione delle monarchie assolute in monarchie limitate di stampo parlamentare. A questo punto, la controfirma continua ad implicare una assunzione di responsabilità da parte del ministro controfirmante; ma l'effetto in questione ritrova la propria giustificazione ed il proprio fondamento nella circostanza che è il controfirmante a costituire l'autore materiale dell'atto, sicché non sussiste più nessuno scarto fra l'area della responsabilità ministeriale e l'area della competenza governativa. In altre parole, nel momento in cui la direzione della politica del Paese ricade sul raccordo Governo-Parlamento, mentre il Capo dello Stato non è più in grado di imporre ai ministri le proprie decisioni, la controfirma acquista il significato primario di **proposta vincolante** e dunque attesta che l'atto formalmente imputabile al Capo dello Stato è, nella sostanza, il frutto di una scelta politica governativa.

Ora, è appunto a questa logica che corrisponde anche il primo comma dell'art. 89 Cost., per cui tutti gli atti presidenziali devono venir controfirmati – a pena d'invalidità se non, addirittura, di assoluta inesistenza giuridica (Sica) – da parte dei «ministri proponenti», che volta per volta dispongono di competenza in materia. Ma l'art. 89, co. 1, dev'essere a sua volta inserito nel sistema, anziché formare l'oggetto di una grossolana interpretazione testuale. Dal testo costituzionale, infatti, parrebbe risultare che il valore della controfirma sia costante ed univoco; sicché non potrebbero esservi atti presidenziali che non vengano preceduti e condizionati da una proposta del ministro competente. Dal sistema costituzionale complessivo e, soprattutto, dalla prassi ormai consolidata nel corso di settant'anni di funzionamento del sistema stesso, si ricava invece che la sottoscrizione del ministro assume significati alquanto eterogenei, per cui la controfirma con valore di proposta rappresenta la regola ma non abbraccia affatto la totalità dei decreti del Capo dello Stato.

Già dalla Carta costituzionale, correttamente interpretata, si desume in verità la necessaria esistenza di almeno due tipi di atti presidenziali, in ordine ai quali il controfirmante non si pone come soggetto proponente ma, tutt'al più, come soggetto consenziente con una iniziativa presa dal Presidente della Repubblica. I casi in questione sono precisamente quelli nei quali il Presidente opera – secondo la logica dei regimi parlamentari puri – alla stregua di un risolutore delle crisi del rapporto fiduciario: da un lato incaricando e nominando il nuovo Presidente del Consiglio, ai sensi dell'art. 92, co. 2, Cost. (mentre la regola della controfirma-proposta si riafferma – come già si è notato: v. *retro*, in questa parte, cap. III, § 2. – quando lo stesso Presidente neonominato sottoscrive gli atti di nomina dei relativi ministri); d'altro lato provvedendo all'anticipato scioglimento delle Camere, quando il Governo in carica sia stato colpito da un voto di sfiducia o abbia comunque presentato le proprie dimissioni, senza che emergano maggioranze parlamentari alternative, in grado di consentire la formazione di un Governo nuovo.

Nell'ordinamento costituzionale vigente, però, la casistica appare assai più varia e complessa. Se si considerano, per ciascun tipo di atti, il grado di autodeterminazione del quale dispone in effetti il Capo dello Stato ed i rapporti che conseguentemente s'instaurano fra il Presidente che firma ed il ministro o i ministri che controfirmano gli atti medesimi, ne segue che in Italia non si danno soltanto una oppure due, ma per lo meno cinque **distinte categorie di atti presidenziali**, ognuna delle quali dev'essere sottoposta ad una separata analisi. In primo luogo, cioè, vi sono alcuni atti presidenziali esenti da controfirma; in secondo luogo, si danno gli atti dovuti per Costituzione o per legge relativamente ai quali – per definizione – nessuno dei due sottoscriventi può assumere una propria iniziativa; in terzo luogo, sta poi la gran massa degli atti adottati su proposta del controfirmante; in quarto luogo, vi sono invece gli atti d'iniziativa presidenziale, che non coincidono – come vedremo – con le due ipotesi testé ricordate di risoluzione delle crisi di governo; in quinto luogo, infine, esistono taluni atti complessi eguali, alla determinazione dei quali concorrono tanto il Capo dello Stato quanto il Presidente del Consiglio dei ministri, senza che l'uno di questi due organi possa imporre all'altro le proprie volizioni.

4. *Le singole specie di atti presidenziali: gli atti non controfirmati; gli atti dovuti; gli atti di iniziativa ministeriale*

a) Per ovvie ragioni, fra gli **atti esenti da controfirma** rientrano anzitutto quelli personali, che il Presidente della Repubblica compie come soggetto privato e non come titolare dell'ufficio in questione; ma l'ambito di tale categoria non è ancora del tutto precisato. In particolar modo, si discute in dottrina se fra gli atti personali si debbano includere le **dimissioni**, come pure le dichiarazioni di un impedimento permanente (Biscaretti di Ruffia, Cuocolo, Labriola, Lombardi); o se in questi stessi casi sia necessaria la controfirma del Presidente del Consiglio, al pari che per gli atti attestanti un impedimento presidenziale temporaneo (Esposito, Reposo, Rescigno). Ma la prima opinione sembra preferibile, se non altro perché nessun diverso organo statale, Presidente del Consiglio compreso, potrebbe costringere il Capo dello Stato a rimanere in carica, una volta che questi avesse deciso di dimettersi; sicché la controfirma non aggiungerebbe nulla alla libera scelta già fatta dall'interessato. Ed in tale senso è anche la prassi, dalle dimissioni di Segni a quelle di Leone fino a quelle di Pertini e di Cossiga [10].

Un altro caso in cui la natura dell'atto esclude la controfirma ministeriale è quello dei messaggi orali; mentre per i messaggi scritti, puntualmente previsti dalla Carta costituzionale (sul tipo di quelli con i quali il Capo dello Stato può rinviare una legge alle Camere, in base all'art. 74, co. 1, Cost.), non vi sarebbe

---

[10] Fra tutte, le dimissioni di Segni – effettuate il 6 dicembre 1964 – risultano particolarmente significative, in quanto vi è contenuto un esplicito riferimento alla «grave malattia sofferta che mi toglie, per un lungo periodo di tempo, la possibilità di esercitare le mie funzioni», sicché le dimissioni e la dichiarazione dell'impedimento permanente finiscono per coincidere.

ragione di sottrarli alla regola che l'art. 89 pone per la generalità degli atti presidenziali. Nella prassi, soprattutto a partire dalla presidenza Gronchi, i Capi dello Stato italiano hanno infatti pronunciato discorsi pubblici abbastanza frequenti, rivolgendosi non solo alle Camere ma ai più diversi settori del Paese; ed hanno altresì manifestato informalmente – servendosi di interviste alla stampa, di lettere, di telegrammi resi pubblicamente noti – il proprio pensiero su questo o quel problema attuale, riguardante in qualche modo il loro ufficio o la loro posizione di rappresentanti dell'unità nazionale. Ora, l'esercizio di questo generico «*potere di esternazione*» (Motzo) non è disciplinato che da regole convenzionali o di mera correttezza, che vengono applicate o disapplicate secondo circostanze: a cominciare dalla regola non scritta, per cui il Presidente dovrebbe informare il Governo, prima di esprimere pubblicamente le proprie opinioni (se non altro quando esse interferiscano con la politica governativa).

Un caso ulteriore è poi rappresentato dagli atti orali di conferimento dell'incarico (v. *retro*, in questa parte, cap. III, § 3). Ed ancora si aggiungono i *regolamenti presidenziali*, che attengono all'organizzazione ed al personale della Presidenza della Repubblica (v. *retro*, parte II, cap. III, § 19): in ordine ai quali il comune principio dell'autonomia degli organi costituzionali ha indotto la legge n. 1077/1948 a prevedere l'esenzione dalla controfirma e ad attribuire il rispettivo potere di proposta al Segretario generale della Presidenza stessa.

Infine, un quarto gruppo di atti che si sottraggono alla controfirma consiste in quelli che il **Capo dello Stato** pone in essere **come competente di organi collegiali** costituzionalmente previsti, quali il *Consiglio supremo di difesa* ed il *Consiglio superiore della magistratura*; ma, anche in questo caso, la definizione della categoria comporta una serie di problemi ricostruttivi. Nessun dubbio, infatti, che per forza di cose non siano controfirmabili gli atti presidenziali compiuti nell'ambito dei collegi stessi, concorrendo a formarne le deliberazioni sul medesimo piano degli altri consiglieri: poiché da questo lato le attività individuali del Capo dello Stato (dai voti alle opinioni espresse nell'interno del relativo Consiglio) rimangono assorbite dalle complessive attività collegiali e comunque non si prestano a venir controfirmate. Viceversa, è discutibile se conclusioni analoghe valgano anche per quegli atti che il Capo dello Stato adotta *a titolo individuale*, quale Presidente del Consiglio supremo o del Consiglio superiore: per esempio, allo scopo di convocarne le sedute oppure di esternarne ufficialmente le deliberazioni.

Circa gli atti presidenziali di esternazione, l'art. 17, co. 1, della legge 24 marzo 1958, n. 195, istitutiva del Consiglio superiore della magistratura, è molto esplicito nel disporre che «tutti i provvedimenti riguardanti i magistrati (ad eccezione di quelli decretabili dal solo Ministro per la grazia e giustizia) sono adottati, in conformità delle deliberazioni del Consiglio superiore, con decreto del Presidente della Repubblica controfirmato dal Ministro». Per converso, la legge non prescrive nulla in ordine alla forma degli atti con i quali il Presidente assicura la *costituzione ed il funzionamento del collegio*: indicendo le elezioni dei componenti magistrati, richiedendo ai Presidenti delle Camere di far eleggere i componenti di designazione parlamentare e, soprattutto, convocando l'intero Consiglio o l'apposita sezione disciplinare [11]. In proposito, dunque, si possono astrattamente proporre due contrarie interpretazioni: primo, che tali atti non debbano e non possano venir controfirmati, in quanto non sarebbero propriamente imputabili al Capo dello Stato, ma verrebbero compiuti dal titolare di un organo giuridicamente diverso, costituito dal *presidente del Consiglio superiore* (Barile); secondo, che per Costituzione i due uffici si confondano in uno, sicché il silenzio della legge n. 195 non potrebbe mai essere inteso nel senso di escludere la controfirma del ministro competente (Esposito).

Tuttavia la prima interpretazione va preferita senz'altro, non solo perché trova riscontro nella prassi (ed è maggiormente atta a garantire l'indipendenza del CSM dal potere esecutivo), ma in quanto è sorretta dal seguente disposto dell'ano 19 della legge istitutiva: «Il Vice Presidente del Consiglio superiore sostituisce il Presidente in caso di assenza o impedimento, esercita le attribuzioni indicate dalla presente legge e quelle che gli sono delegate dal Presidente». Ora, risulta abbastanza evidente che gli atti compiuti in tal senso dal vicepresidente (il quale si pone, di fatto, come il vero presidente del Consiglio superiore) non vanno sottoposti ad alcuna controfirma ministeriale, in quanto tale istituto non riguarda altri rapporti che quelli fra i ministri e il Capo dello Stato; ed in questa situazione non si comprende come un medesimo tipo di atti dovrebbe venir controfirmato o meno, in base all'accidentale ed imprevedibile circostanza che a porlo in essere sia lo stesso Presidente della Repubblica oppure il vicepresidente delegato (Bartole).

b) Fra quelli imputabili al Presidente della Repubblica figurano poi vari **atti giuridicamente dovuti**: vale a dire tali che in date circostanze essi devono essere emessi con dati contenuti, per cui non si può concepire la loro controfirma alla stregua di una libera e responsabile proposta del ministro competente.

Un buon esempio in tal senso si trae da quel capoverso dell'art. 74 Cost. ai sensi del quale, «se le Camere approvano nuovamente la legge (già rinviata dal Capo dello Stato), questa deve essere promulgate». Fatta eccezione per la scolastica ipotesi di una legge che implicasse un «attentato alla Costituzione» (v. *retro*, il cap. II, § 12, di questa parte), è manifesto che a questo punto il Presidente non è dotato di alcuna facoltà di scelta, né quanto all'*an* né quanto al contenuto del suo atto; e non può nemmeno decidere sul *quando,* dal momento che la *promulgazione delle leggi riapprovate* dev'essere effettuata subito, senza poter utilizzare quel mese di tempo che in ogni altro caso è liberamente disponibile da parte dello stesso promulgante.

Per molti aspetti analogo, anche se meno stringente, è l'esempio ricavabile

[11] Cfr. l'art. 18 della legge n. 195/1958 cit. Ma vedi, altresì, gli artt. 3, 16, 21, co. 2, 37, ult. co., della legge stessa: nei quali si ragiona espressamente del «Presidente del Consiglio superiore», anziché del Presidente della Repubblica.

dal connesso disposto dagli artt. 61, co. 1, e 87, co. 3, Cost.: per cui spetta al Presidente della Repubblica indire le *elezioni delle nuove Camere* e fissarne la prima riunione, in date comprese – rispettivamente – entro settanta giorni dalla fine delle Camere precedenti ed entro venti giorni dalla relativa consultazione elettorale. Qui pure, come si vede, non vi è margine per discrezionali opzioni del Presidente della Repubblica o del Presidente del Consiglio controfirmante l'atto, se non in relazione al *quando* delle elezioni e della prima riunione delle nuove Camere, nell'ambito dei termini massimi fissati dalla Costituzione. Senonché, una volta che si fosse giunti all'ultimo giorno utile per rispettare i termini stessi, il Presidente della Repubblica non potrebbe fare a meno di emettere il decreto di indizione, anche se da parte del Presidente del Consiglio non gli fosse pervenuta nessuna proposta.

c) In ultima analisi, dunque, quegli **atti adottati su proposta del controfirmante**, cui si riferisce in maniera apparentemente esclusiva la disposizione dell'art. 89, co. 1, Cost., non rappresentano che una fra le varie categorie di atti presidenziali. Tuttavia, ciò non toglie che si tratti della categoria di gran lunga più comprensiva. E la circostanza che quella ministeriale non figuri mai come una proposta vincolante (tanto che vi sono addirittura alcuni atti, quali i decreti-legge e i decreti legislativi, che il Presidente della Repubblica ha per un lungo periodo emanato «sentito il Consiglio dei ministri», come se quello del Governo non fosse che un previo parere!) non vale a smentire che – nel nostro ordinamento – tutti questi atti vengano predeterminati dal Consiglio dei ministri o dai singoli ministri competenti per materia; sicché, nella sostanza, i relativi decreti potrebbero considerarsi governativi e non presidenziali, in vista della loro cosiddetta «ministerialità» (Sica).

Proprio a questa stregua, però, ci si deve chiedere quale possa essere – di fronte ad una controfirma ministeriale con valore di proposta vincolante – la funzione della firma che il Presidente della Repubblica deve pur sempre apporre a questi atti. La risposta che correttamente danno i costituzionalisti è nel senso che la firma assolverebbe una **funzione di controllo** (o ne attesterebbe l'avvenuto esercizio); ma l'intensità e l'estensione del controllo presidenziale non sono ben definite.

Certo è soltanto che il Presidente della Repubblica non potrebbe bloccare le proposte ministeriali per ragioni di merito politico, dal momento che il potere di indirizzo rimane in tal campo – per definizione – di piena competenza del Governo; sicché da questo lato si rivela esatta, ed applicabile anche all'Italia, l'intuizione di Bagehot che riserva al Capo di uno Stato parlamentare la mera facoltà di consigliare il Governo medesimo (senza che tali consigli siano nemmeno resi pubblici). Per converso, il controllo presidenziale dovrebbe invece svolgersi sul piano della legittimità dell'atto, implicando il rifiuto di emettere quei decreti il cui contenuto contrasti con la Costituzione o con le *leggi* vigenti in materia (o comportando, quanto meno, un potere presidenziale di «veto sospensivo»: Crisafulli, Rescigno, Cicconetti). Ma sotto questo stesso profilo si riscontra, in realtà, che il Presidente non suole approfondire il proprio esame e si dimostra particolarmente benevolo nei confronti delle proposte governative: tanto che si può ben dire che il vero controllo preventivo di legittimità non viene esercitato dal Capo dello Stato, prima dell'emanazione dei relativi decreti, ma dalla *Corte dei conti*, nella fase intercorrente fra l'adozione e il momento in cui gli atti presidenziali acquisiscono efficacia.

Del resto, l'estrema larghezza con la quale i nostri Presidenti valutano in via preventiva le proposte del Governo si giustifica in vista del fatto che essi non rispondono di qualunque violazione costituzionale, ma sono imputabili (oltre che per «alto tradimento») nella sola ipotesi di un vero e proprio *«attentato alla Costituzione»*. Ed evidentemente la figura dell'attentato non viene in questo senso ritenuta comprensiva di qualsiasi proposta ministeriale illegittima, che il Presidente perfezioni con la firma del relativo decreto, ma va riferita a quelle sole cause d'illegittimità che investano il complessivo assetto dello Stato italiano; sicché il Presidente non risulta tenuto ad esplicare il suo controllo, se non in siffatte ipotesi estreme (Guarino, Sica).

Conviene ricordare, peraltro, che nel nostro ordinamento si dà per lo meno un caso tipico, nel quale la proposta governativa ed il conseguente controllo presidenziale sono evidenziati e formalmente dissociati: fino al punto che ne derivano due atti distinti e contrapposti. Il caso è quello – già messo in rilievo – dei disegni di legge deliberati dal Consiglio dei ministri, in ordine ai quali il Presidente della Repubblica adotta ed emana appositi decreti che ne autorizzano la presentazione alle Camere. Ma, anche in queste situazioni-limite, il riscontro del Capo dello Stato non coinvolge di certo tutti i possibili vizi di legittimità delle proposte governative. Ed anzi i *decreti presidenziali di autorizzazione* rappresentano una specie di atti quanto mai singolare e difficile da ricostruire, perché sono a loro volta controfirmati da uno o più ministri, pur avendo già per oggetto una previa proposta dell'intero Governo; per cui ne deriva una serie di formalismi apparentemente inutili, la *ratio* dei quali non è affatto chiara.

5. Segue: *gli atti di iniziativa presidenziale*

d) Si potrebbe essere indotti a ritenere – e molti autori in effetti ritengono – che le più importanti e caratteristiche specie di atti, alla base dei quali si ritrova *un'autonoma iniziativa del Presidente della Repubblica*, anziché una proposta ministeriale, siano quelle collegate alle più volte ricordate funzioni presidenziali di risoluzione delle crisi insorgenti nel sistema parlamentare di governo: vale a dire il conferimento dell'incarico, il corrispondente decreto di nomina del nuovo Presidente del Consiglio, l'alternativo scioglimento di una o di entrambe le Camere del Parlamento nell'ipotesi che i parlamentari stessi non siano in grado di formare alcuna maggioranza. In realtà, per varie ragioni, nessuna di queste tre specie può essere fatta propriamente rientrare nel *genus* degli atti d'iniziativa presidenziale: non il conferimento dell'incarico, che a parte ogni altra considerazione si attua da gran tempo in forma orale, sicché la classificazione più precisa è quella che lo colloca nell'ambito degli atti presidenziali esenti da controfirma; non il successivo decreto di nomina, perché è vero che alla radice di esso sta una valutazione discrezionale del Capo dello Stato, ma non è meno vero che esso presuppone la libera accettazione del Presidente del Consiglio incaricato (e controfirmante), per cui, la sola iniziativa presidenziale non basta a perfezionarlo; e non lo scioglimento delle Camere, perché anche in questo caso – come subito vedremo – la controfirma del Presidente del Consiglio non rappresenta affatto la necessaria conseguenza di una scelta operata dal Presidente della Repubblica.

Vero è, viceversa, che esistono casi ormai scontati e pacifici di **atti di iniziativa presidenziale**, che hanno presupposti ed oggetti completamente diversi dalla soluzione delle crisi di governo; e tali sono – nell'ordine in cui giova trattarne – il rinvio delle leggi operabile in sede di promulgazione, ai sensi dell'art. 74, co. 1; i messaggi che il Presidente della Repubblica può inviare alle Camere, secondo il generale disposto dell'art. 87, co. 2, Cost., anche al di fuori della specifica ipotesi del rinvio di un atto legislativo; la nomina dei cinque giudici costituzionali di cui all'art. 135, co. 1; la nomina dei cinque senatori a vita, previsti dall'art. 59, co. 2. In nessuno di questi casi la Carta costituzionale fa capire che il ministro controfirmante non assume la consueta veste di proponente il decreto presidenziale. Ma la prassi è ormai costante (fin dall'epoca della presidenza Einaudi) nel senso che tutte le scelte in questione competono effettivamente al Capo dello Stato, con la conseguenza che il ministro interessato non può rifiutare la propria controfirma se non allorché il Presidente stia superando i limiti costituzionalmente prescritti; sicché il tempo trascorso ed i precedenti sin qui stabiliti sono ormai tali da avere trasformato le originarie convenzioni costituzionali in vere e proprie *consuetudini interpretative ed integrative della Costituzione.*

Tra queste attribuzioni, la prima che il Presidente della Repubblica abbia acquisito – fin dagli inizi del settennato di Einaudi – è stata quella riguardante il **rinvio delle leggi** con richiesta di riesame da parte delle Camere; e il motivo di fondo per cui l'esercizio di un tale potere devo essergli sostanzialmente affidato consiste nella non-appartenenza del Capo dello Stato al raccordo Governo-Parlamento (Galeotti, Guarino, Benvenuti); il rinvio rimarrebbe inutilizzato (oppure verrebbe esercitato in situazioni alquanto eccezionali), se presupponesse una proposta deliberata dal Consiglio dei ministri, visto che il Governo in carica si regge – per definizione – sul consenso della maggioranza dei parlamentari. Infatti, delle due l'una: o il Governo tollera che si approvino atti legislativi non ricollegabili al suo indirizzo politico (come si è verificato per la legge Fortuna-Baslini sul divorzio, nei confronti della quale il Gabinetto in carica assunse un atteggiamento di formale neutralità), ed allora non è congruo che esso reagisca in via successiva, imponendo alle Camere una nuova deliberazione; oppure il Governo si oppone in partenza, subendo peraltro una sconfitta, ed allora esso è indotto a dimettersi, quanto meno nell'ipotesi che lo scacco subito sia tale da compromettere gravemente la sua politica. Per converso, tutti i paradossi sono superabili a priori, qualora si ammetta – come da tempo hanno fatto gli interpreti – che il rinvio va deciso dal solo Presidente, alla luce di quella concezione schmittiana che ravvisava nel Capo dello Stato il tutore dei valori costituzionali.

Già in questo senso ne risulta, inoltre, che la stessa formulazione dei **messaggi alle Camere** rientra nella effettiva competenza del Capo dello Stato e non del Governo; perché il messaggio è la forma, nella quale si esplica, appunto, il rinvio delle leggi in sede di promulgazione. Ma tale conclusione va estesa a tutti i messaggi presidenziali, compresi quelli che non comportano alcuna richiesta di rideliberare su testi legislativi già approvati. Basta infatti pensare che l'esecutivo non ha nessun bisogno di comunicare con le Camere attraverso il tramite del Presidente della Repubblica, in quanto si trova in un costante e quasi quotidiano rapporto con le Camere stesse, come è dimostrato dal seguente disposto dell'art. 64, co. 4, Cost.: «I membri del Governo, anche se non fanno parte delle Camere ... devono essere sentiti ogni volta che lo richiedono». È chiaro, perciò, che la controfirma apposta dal Presidente del Consiglio oppure da un ministro competente per materia (come è avvenuto nel caso del messaggio sulle riforme istituzionali, inviato dal Presidente Cossiga il 26 giugno 1991) non implica affatto che il Governo si addossi la responsabilità politica delle dichiarazioni del Capo dello Stato, ma si risolve nella formale attestazione che il messaggio proviene dal Presidente della Repubblica, sulla base dell'esplicita previsione costituzionale dell'art. 87, co. 2; anche se, in concreto, nulla può evidentemente escludere che l'eventuale dibattito parlamentare sulle tesi del Presidente stesso si allarghi fino al punto di coinvolgere la linea politica governativa e le sorti del Gabinetto in carica.

Non meno significativo è il caso della **nomina di cinque giudici costituzionali**, che Einaudi si è vista riconoscere nel corso del procedimento formativo della legge n. 87/1953 [12]. La motivazione essenziale su cui si è fondato l'assunto di una competenza sostanzialmente presidenziale è consistita in ciò che solo affidando al Capo dello Stato le nomine in esame si può evitare che la maggioranza dei quindici componenti la Corte costituzionale venga espressa dal raccordo Governo-Parlamento (Galeotti. Guarino): poiché tale sarebbe l'effetto inevitabile, se ai tre giudici costituzionali designati dai gruppi parlamentari che sostengono il Governo (sul totale dei cinque eletti dalle Camere, ai sensi dell'art. 135, co. 1) si aggiungessero altri cinque giudici formalmente nominati dal Capo dello Stato, ma in realtà prescelti dal Governo stesso, per mezzo di altrettante proposte vincolanti. Ne segue allora che l'iniziativa presidenziale rappresenta in tal campo uno strumento essenziale per diversificare la composizione della Corte e per

[12] A conclusione di alterne vicende, l'art. 4 cpv. della legge n. 87/1953 cit. si è limitato a disporre che il decreto presidenziale di nomina «è controfirmato dal Presidente del Consiglio dei ministri», senza prevedere una previa proposta del Presidente stesso o del Ministro di grazia e giustizia.

meglio garantirle una certa indipendenza di giudizio. In effetti, anche se il Presidente della Repubblica viene eletto dalle Camere riunite a maggioranza assoluta, egli si trova pur sempre in una posizione di *alterità rispetto al raccordo Governo-Parlamento.*

A questo punto, la stessa controfirma ministeriale dell'atto di nomina risulta pressoché privata di senso (Cheli); tanto più che a giudicare «dei titoli di ammissione dei suoi componenti» è la Corte costituzionale – secondo l'art. 3 della legge cost. n. 1/1953 – sicché non residua spazio neanche per un controllo governativo di legittimità. Ma la considerazione che l'art. 89 Cost., nell'imporre la controfirma dei decreti presidenziali, non preveda eccezioni di sorta, induce a ritenere che la regola costituzionale non si presti a venire derogata, pur quando il controfirmante non assolve nessuna funzione degna di rilievo (salvo quella, d'altronde eventuale, di fornire consigli al Capo dello Stato).

Considerazioni non molto dissimili valgono per argomentare che deve competere al Presidente (e non al Governo) la **scelta dei cinque senatori a vita** che si aggiungono ai 315 senatori elettivi[13]. Qui pure, infatti, la maggioranza parlamentare riceverebbe un premio, se tali nomine fossero in sostanza effettuate dall'esecutivo; mentre l'affermazione che l'iniziativa spetta al Capo dello Stato assicura non tanto l'assoluta imparzialità delle nomine stesse (poiché la concezione del Presidente della Repubblica come organo *super partes* ha il torto di essere mitica ed indimostrata), quanto la scelta di persone diverse da quelle che altrimenti verrebbero proposte dal Consiglio dei ministri. Tuttavia, si deve subito aggiungere che il potere presidenziale in questione non riveste certo una particolare importanza: sia perché il numero dei senatori a vita rimane estremamente esiguo; sia perché le nomine effettuabili sono cinque in tutto, per cui potrebbe accadere che ad un certo Capo dello Stato non spetti di scegliere – nel corso del suo settennato – nemmeno un cittadino particolarmente meritevole.

Vero è che nel corso della presidenza Pertini (come pure al termine della Presidenza Cossiga) il Capo dello Stato ha interpretato l'art. 59 cpv. Cost. nel senso che *ad ogni Presidente* spettasse la nomina di cinque senatori a vita, sulla base di una lettura già proposta da una minoritaria dottrina (Ferrari). Ma i successori, a partire dal Presidente Scalfaro, hanno nuovamente applicato la norma costituzionale in esame nel senso che sia preclusa la compresenza di più di cinque senatori a vita di nomina presidenziale.

Non può essere accolta la tesi dottrinale (Sica) per cui ricadrebbe nell'iniziativa presidenziale lo *scioglimento anticipato dei Consigli regionali,* ai sensi dell'art. 126 Cost. Al contrario, l'evidente politicità delle valutazioni da svolgere, in ordine all'*an* ed al *quando* dello scioglimento stesso, fa capire perché la maggioranza degli interpreti lo consideri alla stregua di un comune atto d'iniziativa governativa (Mortati). Tuttavia, resta fermo che il Presidente della Repubblica dovrà valutare,

---

[13] L'analogia è tanto più forte dal momento che, in questo stesso caso, il *potere di convalida* e i relativi controlli spettano al Senato, non certo al Presidente del Consiglio controfirmante.

a sua volta, se ricorrano o meno le tassative ipotesi, al di fuori delle quali la Costituzione non consente di sciogliere i Consigli regionali; diversamente, la firma del Capo dello Stato potrà essere negata, per effetto di un controllo più penetrante di quello cui vengono comunemente assoggettate le proposte ministeriali [14].

Dopo la sentenza della Corte cost. 3 maggio 2006, n. 200, al novero degli atti di iniziativa presidenziale deve aggiungersi la **concessione della grazia**. Risolvendo un conflitto di attribuzioni fra poteri dello Stato promosso nel 2005 dal Presidente Ciampi contro il Ministro della giustizia Castelli, la Corte ha ricostruito la *ratio* dell'istituto della grazia, valorizzandone le finalità essenzialmente umanitarie, connesse alla funzione rieducativa della pena: una funzione che verrebbe frustrata in casi, eccezionali, nei quali gli strumenti premiali propri dell'ordinamento penitenziario si rivelassero inutilizzabili o comunque inidonei allo scopo. In tali situazioni, ha osservato la Corte, l'incidenza della grazia su decisioni giudiziarie passate in giudicato esclude, in applicazione del principio di separazione dei poteri, il coinvolgimento del potere esecutivo; inoltre, l'apprezzamento delle predette ragioni umanitarie deve essere affidato al Capo dello Stato quale organo estraneo al circuito dell'indirizzo politico-governativo. Nondimeno, la citata sentenza ha sottolineato altresì la valenza del principio di leale collaborazione tra poteri dello Stato, riconoscendo al Ministro la facoltà di esternare le proprie ragioni di dissenso rispetto all'iniziativa del Capo dello Stato, e richiedendo a quest'ultimo di dare conto, nel decreto di concessione della grazia, delle ragioni per le quali ritenga di dover ugualmente concedere la grazia malgrado i rilievi critici avanzati dal Ministro.

6. Segue: *gli atti complessi eguali*

e) Rispetto agli altri gruppi di atti presidenziali che sono stati finora esaminati, la categoria degli **atti complessi eguali** è senza dubbio la meno comprensiva, in quanto vi appartengono – verosimilmente e salve le precisazioni necessarie – due sole specie di decreti del Capo dello Stato: cioè quelli di nomina dei nuovi Presidenti del Consiglio e quelli di scioglimento anticipato delle Camere. Ma ciò non toglie che si tratti di un tipo assai problematico e di notevolissima importanza perché comprensivo – in sostanza – di entrambi i poteri dei quali il Presidente della Repubblica è alternativamente dotato per la soluzione delle crisi di governo.

Relativamente più semplice (almeno sulla base delle indicazioni che sono state già date nelle pagine concernenti *l'iter* formativo del Governo: *retro*, cap. IV, § 2 ss.) è il caso della **nomina del Presidente del Consiglio**. Qui la qualificazione

---

[14] Se mai, è più credibile la tesi che spetti all'iniziativa presidenziale la convocazione straordinaria delle Camere, attribuita al Capo dello Stato dall'art. 62, co. 2, Cost. (ma vedi in proposito, *retro*, in questa parte, cap. II, § 5).

dell'atto come complesso eguale non esclude affatto, beninteso, che all'origine di esso si ritrovi una scelta operata dal Presidente della Repubblica, indipendentemente da qualsiasi proposta governativa. Ma non per questo lo si può collocare sul medesimo piano di uno di quegli atti d'iniziativa presidenziale, in ordine ai quali le decisioni del Capo dello Stato s'impongono per forza propria, senza che il controfirmante possa opporre null'altro che gli eventuali vizi di legittimità del decreto. Vero è, viceversa, che la nomina non può essere effettuata, se l'iniziale designazione del Presidente del Consiglio incaricato non si salda con la piena *accettazione* dell'incaricato stesso; ed è appunto in tal senso che il decreto non può essere sostanzialmente imputato al solo Capo dello Stato, ma – per così dire – rappresenta un tipico e sicuro esempio di atto presidenzial-governativo.

Ben più difficile, invece, è lo stabilire quale sia la volontà preponderante ai fini dello **scioglimento anticipato delle Camere**; e non è casuale che i costituzionalisti siano fortemente divisi sul punto. Alcuni autori (fra i quali si colloca tendenzialmente anche Esposito) ritengono che la decisione sullo scioglimento debba o quanto meno possa essere *governativa:* sia perché al Governo, o meglio al Primo ministro, il potere di scioglimento appartiene in sostanza in altri regimi parlamentari come quello britannico, sui quali il parlamentarismo italiano si è modellato a suo tempo; sia perché tutti gli scioglimenti sin qui verificatisi in Italia sono stati voluti o appoggiati dal Governo e dalle forze politiche di maggioranza, mentre non si sono mai verificati (e nemmeno resi concretamente possibili) casi di dissoluzione imposta dal Presidente della Repubblica, in antitesi al raccordo Governo-Parlamento. Molti altri autori (Guarino, Crisafulli, Balladore Pallieri, Galizia) oppongono invece che il nostro ordinamento non sarebbe in questa sede equiparabile a quello inglese, ma implicherebbe la presidenzialità del potere di scioglimento: sia perché solo il Presidente sarebbe in condizione di procedere al cosiddetto scioglimento successivo, cioè provocato da una previa rottura del rapporto fiduciario (mentre il Governo «sfiduciato» non potrebbe fare altro che rassegnare le proprie dimissioni nelle mani del Presidente stesso); sia perché lo scioglimento è comunque precluso nel periodo del «semestre bianco», il che non si spiega – stando a questa corrente di, opinione – altro che in vista di una necessaria iniziativa presidenziale del relativo decreto (e per evitare il pericolo che il Presidente abusi di questa sua propria facoltà); sia perché, ancora, solo in tal senso s'intende pienamente quel precetto dell'art. 88 Cost., onde il Presidente della Repubblica, prima di sciogliere le Camere, deve consultare i loro Presidenti.

Effettivamente, numerosi e concordi argomenti indurrebbero ad includere lo scioglimento fra gli atti di *iniziativa presidenziale* (pur fermo restando che l'esecutivo è concretamente in grado di influire sulla scelta in esame); ma il significato spettante ad una simile definizione è alquanto diverso da quello riscontrabile nel caso delle nomine dei senatori a vita e dei giudici costituzionali di spettanza del Capo dello Stato. In queste ultime ipotesi – come si è visto – tutto il potere appartiene al Presidente, fino al punto che si potrebbe tranquillamente fare a meno della controfirma ministeriale, revisionando l'art. 89 Cost. Nel caso dello scioglimento, invece, non è sostenibile che la controfirma del decreto sia dovuta e che il Governo in carica non possa in alcun modo opporsi, dissociando la propria responsabilità. Se non altro, bisogna riconoscere che lo stesso Governo già dimissionario, qualora non fosse convinto dell'opportunità politica della decisione del Capo dello Stato, sarebbe in grado d'insistere nelle sue dimissioni, negando conseguentemente il proprio apporto a qualsiasi ulteriore atto di straordinaria amministrazione o di grande rilievo politico, come quello di dissoluzione delle assemblee parlamentari; ed a più forte ragione potrebbe perciò registrarsi un atteggiamento analogo da parte di un Governo tuttora dotato della pienezza dei propri poteri e sostenuto dalla maggioranza dei voti parlamentari. Ma è precisamente in tal senso che una terza corrente dottrinale (Mortati, Martines, Elia, Carlassare, Baldassarre) concepisce lo scioglimento come un *atto complesso* o «duumvirale», frutto di un potere all'esercizio del quale partecipano realmente – sebbene in posizioni diverse – tanto il Capo dello Stato quanto il Presidente del Consiglio ed il Governo complessivamente preso.

Ne segue, innanzitutto, che la responsabilità dell'atto ricade su entrambi i suoi sottoscrittori: giacché il Presidente del Consiglio (e con esso l'intero Gabinetto) si espone al pericolo che la sua politica e quella del suo partito vengano bocciate dal corpo elettorale ed in ogni caso predetermina una crisi, destinata ad aprirsi non appena le nuove Camere si saranno riunite (v. *retro*, in questa parte, cap. III, § 5); mentre il Presidente della Repubblica, pur non mettendo direttamente in gioco la propria permanenza in carica, si accolla comunque una *responsabilità politica di tipo diffuso*, esponendosi alle censure che lo sua decisione si presta a suscitare in seno alle forze politiche interessate ed all'opinione pubblica in genere.

In secondo luogo, il Presidente della Repubblica non ha alcun altro mezzo per superare l'eventuale opposizione del Governo, se non quello di servirsi della propria influenza per provocarne le dimissioni (ovvero di accettare le dimissioni stesse, nel caso di un Gabinetto già dimissionario). Ma anche in questa ipotesi non si può certo desumerne che il Presidente si ritrovi libero di formare un nuovo Governo purchessia, con l'unico scopo di ottenere la controfirma del decreto di scioglimento. In antitesi a simili «Governi di combattimento» sta infatti il principio costituzionale, più volte richiamato, per cui ogni Governo deve essere formato in vista di una possibile fiducia parlamentare, previa consultazione delle forze politiche, e deve a questo fine presentarsi ad entrambe le Camere, entro dieci giorni dalla sua formazione. In altre parole, anche se lo scioglimento si stia rivelando come l'unica via d'uscita dalla crisi in atto, l'incaricato dev'essere scelto fra coloro che diano il più alto affidamento di ottenere l'appoggio delle Camere; tanto più che queste devono poter disporre dell'*extrema ratio* consistente nel votare la fiducia ad un Governo non del tutto gradito, pur di evitare all'ultimo momento la paventata dissoluzione.

Nella corrente esperienza del nostro Paese, è rimasta peraltro irreale l'ipotesi – frequentemente prospettata da una certa dottrina (Balladore Pallieri, Galizia, Mortati) – di uno scioglimento voluto ed ottenuto dal Capo dello Stato in antitesi con i gruppi parlamentari di maggioranza: sia per verificare – qualora ciò fosse messo seriamente in dubbio – se il Parlamento rispecchi tuttora la proporzione delle forze politiche esistenti in seno al Paese; sia per agire – come altri autori sostengono (Barile, Pinto) – alla stregua di un garante della Costituzione, appellandosi al corpo elettorale contro un Parlamento che non fosse intenzionato ad attuare la Costituzione stessa. Di fatto – come già si diceva – una simile casistica è rimasta ad uno stadio del tutto scolastico; e gli scioglimenti anticipati che si sono fino ad ora avuti in Italia, possono a volte assimilarsi a degli *autoscioglimenti*, ma sono stati comunque voluti o accettati – sebbene per differenti ragioni – dalle forze politiche maggioritarie se non dalla totalità dei partiti rappresentati in Parlamento.

Tale è stato anzitutto il caso dei consecutivi scioglimenti che il Senato ha subito nel 1953 e nel 1958, con lo scopo e con l'effetto di parificarne la durata a quella della Camera dei deputati. In entrambe le ipotesi, in effetti, ciò è stato deciso con un largo consenso politico, per *abbinare le elezioni delle due assemblee* e per evitare ricorrenti consultazioni elettorali che sarebbero state troppo dispendiose per i partiti politici e troppo disturbanti ai fini dell'attività legislativa da svolgere (oltre che per attenuare – nel caso dello scioglimento del 1953 – le polemiche determinate dall'approvazione della legge elettorale maggioritaria per la Camera dei deputati).

Quanto invece agli scioglimenti del 1972, del 1976, del 1979, del 1983, del 1987, del 1994 e del 1996, del 2008 (e del 2012, per quanto tale scioglimento sia anteriore di pochi mesi rispetto alla scadenza naturale della legislatura), non si può certo dire che essi abbiano avuto di mira analoghe esigenze funzionali, dal momento che queste misure sono state rese necessarie da una *situazione di grave crisi politica*, caratterizzata dalla impossibilità di dare vita ad un Governo che potesse ottenere la fiducia delle Camere. Ma, precisamente in tal senso, qui pure i decreti del Capo dello Stato sono stati sorretti, se non dall'entusiasmo, dalla generale rassegnazione delle forze politiche interessate, di fronte ad uno sbocco che ormai appariva inevitabile; tanto è vero che in tutte queste ipotesi il Capo dello Stato ha provveduto ad accertare preventivamente gli orientamenti delle forze stesse (oltre che a consultare i Presidenti delle Camere, in base all'art. 88). Ed un vasto accordo politico si è registrato nello stesso caso dello scioglimento del 1992, di poco anticipato rispetto alla scadenza normale delle Camere, per evitare gli inconvenienti del cosiddetto groviglio istituzionale (v., *retro*, il § 1 di questo capitolo).

In verità, l'unica importante ragione distintiva degli scioglimenti del 1972 e del 1987 consiste in ciò che essi sono stati disposti dal Presidente della Repubblica d'intesa con un Governo apposito e nuovo; mentre gli scioglimenti del 1976, del 1979, del 1983, del 1992, del 1994, del 1996, del 2008, del 2012 sono avvenuti mantenendo in carica il Governo precedente (dimissionario o meno che fosse). Guardando ai due primi scioglimenti (1972 e 1976), nel primo caso il Presidente Leone accettò le dimissioni del Governo Colombo (aprile 1970-

febbraio 1972), avendo constatato l'insanabile rottura della coalizione di centro-sinistra che ne aveva consentito il nascere; e, dopo aver costituito un monocolore democristiano presieduto da Andreotti (febbraio 1972-1uglio 1972), fece controfirmare il decreto di scioglimento dal nuovo Presidente del Consiglio, una volta che a questi era stata formalmente negata la fiducia delle Camere. Nel 1976, al contrario, fu lo stesso Governo in carica – vale a dire il monocolore democristiano presieduto da Moro – a presentarsi alle Camere per constatare il dissolversi della maggioranza sulla quale si reggeva; dopo di che il Governo presentò formalmente le proprie dimissioni, pur senza essere stato colpito da un voto di sfiducia, ma venne mantenuto in carica fino alle successive elezioni politiche, dal momento che il Presidente della Repubblica sciolse senz'altro il Parlamento.

Come si vede, da un punto di vista giuridico entrambe le soluzioni possono essere considerate legittime, purché si raggiunga – come in effetti è avvenuto, tanto nel 1972 quanto nel 1976 e negli anni successivi (compreso il 1987) – la dimostrazione pubblica ed incontrovertibile che le Camere non sono più in grado di formare alcuna maggioranza di governo del Paese. Tuttavia, conviene ricordare che la scelta operata dal Presidente della Repubblica nel 1972 fu oggetto di critiche, dottrinali e politiche, ben più di quanto non si sia verificato nel 1976. Parecchi osservatori, infatti, ritennero allora che sarebbe stato preferibile mantenere in carica il Governo Colombo, caratterizzato da un più alto grado di rappresentatività, anziché formare in sua vece un monocolore come quello presieduto da Andreotti (Bassanini). Ma, nell'una come nell'altra situazione, ciò che conta veramente è che il Capo dello Stato abbia deciso lo scioglimento sulla base di un largo consenso parlamentare, anziché agire in contrasto con il raccordo Governo-Parlamento; ed è appunto in tal senso che il carattere complesso dell'atto presidenziale in questione costituisce una garanzia di buon funzionamento dell'intero sistema.

La *ratio* dello scioglimento rimane comunque diversa da quella che si riscontra in altri regimi parlamentari sul tipo della Gran Bretagna. In quell'ordinamento, salvo il caso estremo di una previa rottura del rapporto di fiducia, lo scioglimento è in effetti deciso dal Primo ministro, quale esponente principale del partito politico di maggioranza; e la Corona non può fare altro che perfezionare il relativo atto. In Italia, al contrario, il Presidente della Repubblica non è mai vincolato in tal campo dagli eventuali suggerimenti del Governo; ed in nessun caso, poi, potrebbe usare dello scioglimento all'unico scopo di avvantaggiare il Gabinetto in carica, indicendo le nuove elezioni politiche nel momento ritenuto più opportuno dalla maggioranza. Lo scioglimento resta, in altri termini, uno strumento concepito per fronteggiare le disfunzioni in cui versino una od entrambe le Camere (Carlassare). E l'accertamento di tali fattori rappresenta un momento essenziale del ruolo spettante al nostro Capo dello Stato.

NOTA BIBLIOGRAFICA – **In generale** v. GUARINO, *Il Presidente della Repubblica italiana*, in *Riv trim. diritto pubbl.*, 1951, p. 903 ss.; ESPOSITO, *Capo dello Stato-Controfirma ministeriale*, Milano, 1962: P. BARILE, *Scritti di diritto costituzionale*, Padova, 1967, p. 260 ss., p. 660 ss.; AA.VV., *La figura e il ruolo del Presidente della Repubblica nel presente sistema costituzionale italiano*, Milano, 1985: BALDASSARRE, MEZZANOTTE, *Gli uomini del Quirinale*, Bari, 1985; D'ORAZIO, *Presidenza Pertini (1978-1985): neutralità o diarchia?*, Rimini, 1985; LABRIOLA, *Il Presidente della Repubblica*, Padova, 1986; PALADIN, *Presidente della Repubblica*, in *Enc. dir.*, Milano, 1986; AA.VV., *Il Presidente della Repubblica: problematiche attuali*, in *Quad. cost.*, 1992, n. 2: GALEOTTI, *Il Presidente della Repubblica garante della Costituzione*, Milano, 1992; GALEOTTI, PEZZINI, *Presidente della Repubblica nella Costituzione italiana*, in *Dig. disc. pubbl.*, XI, Torino, 1996; AA.VV., *Il Presidente della Repubblica*, a cura di Luciani e Volpi, Bologna, 1997; nonché SCHMITT, *Il custode della Costituzione*, Roma, 1980 (edito a Berlino nel 1931), e BAGEHOT, *La Costituzione inglese*, Bologna, 1995 (edito a Londra nel 1867); FIORILLO, *Il Capo dello Stato*, Roma-Bari, 2002; FUSARO, *Il Presidente della Repubblica*, Bologna, 2003; M. TEBALDI, *Il Presidente della Repubblica*, Bologna, 2005; CHESSA, *Il Presidente della repubblica parlamentare. Un'interpretazione della forma di governo italiana*, Napoli, 2010; MANETTI, *Capo dello Stato*, in *Enc. dir.*, Annali, X, Milano, 2017. Sulle **vicende dell'organo in esame** si vedano – nell'ordine – ARMAROLI, *L'elezione del Presidente della Repubblica*, Padova, 1977; LUCATELLO, *Scritti giuridici*, cit., p. 157 ss., p. 239 ss.; REPOSO, *Semestre bianco e scioglimento delle Camere*, in *Dir. soc.*, 1979, p. 795 ss.; ELIA, *La continuità nel funzionamento degli organi costituzionali*, Milano, 1958; BOZZI, *Sulla supplenza del Presidente della Repubblica*, in *Rass. parl.*, 1959, p. 23 ss.; GUARINO, *Viaggio all'estero e supplenza del Presidente della Repubblica*, in *Studi Crosa*, Milano, 1960, II, p. 1033 ss.; AA.VV., *Natura e accertamento degli impedimenti del Presidente della Repubblica*, in *Rass. parl.*, 1964, p. 401 ss.; AMATO, *Osservazioni sulla trascorsa crisi presidenziale*, in *Dem. dir.*, 1964, p. 374 ss.; GIOCOLI NACCI, *L'obbligo del giuramento ...*, in *Rass. dir. pubbl.*, 1965, I, p. 618 ss.; FERRARI, *L'impedimento nell'esercizio delle funzioni presidenziali e la categoria giuridica della provvisorietà*, in *Riv. trim dir. pubbl.*, 1967, p. 815 ss.; CUOMO, *L'impedimento del Presidente della Repubblica*, in *Scritti Tesauro*, Milano, 1968, I, p. 165 ss.; DE CESARIS BALDASSARRE, *La supplenza del Presidente della Repubblica*, Napoli, 1990; AA.VV., *Il Presidente della Repubblica*, a cura di Luciani e Volpi, Bologna, 1997; C. ROSSANO, *Presidente della Repubblica*, in *Enc. giur. Treccani*, vol. XXIV, Roma, 2002; MAMMARELLA, CACACE, *Il Quirinale. Storia politica e istituzionale da De Nicola a Napolitano*, Roma-Bari, 2011; MODUGNO, *Appunti sul ruolo del Capo dello Stato nelle crisi dell'ordinamento*, in *Studi parlamentari e di politica costituzionale*, 2011, p. 131 ss.; LIPPOLIS, G.M. SALERNO, *La Repubblica del Presidente. Il settennato di Giorgio Napolitano*, Bologna, 2013; SCACCIA, *Il Presidente della Repubblica fra evoluzione e trasformazione*, Modena, 2015. Quanto alle **funzioni**, v. **in generale** LETTIERI, *La controfirma del Presidente della Repubblica*, Roma, 1951; SICA, *La controfirma*, Napoli, 1953; BISCARETTI DI RUFFIA, *Le attribuzioni del Presidente della Repubblica*, in *Riv. trim. dir. pubbl.*, 1963, p. 267 ss.; VALENTINI, *Gli atti del Presidente della Repubblica*, Milano, 1965; CALAMANDREI, *Scritti e discorsi politici*, Firenze, 1966. **Specificamente** – nell'ordine – MOTZO, *Il potere presidenziale di esternazione e di messaggio*, in *Arch. giur.*, 1957, p. 20 ss.; GRISOLIA, *Potere di messaggio ed esternazioni presidenziali*, Milano, 1986; AA.VV., *Dibattito sul messaggio presidenziale del 26 giugno 1991 concernente le riforme istituzionali e le procedure idonee a realizzarle*, in *Giur. cost.*, 1991, p. 3209 ss.; MOTZO, *Il comando delle forze armate e la condotta dei regimi di emergenza nel sistema costituzionale italiano*, Milano, 1959; DE VERGOTTINI, *Indirizzo politico della difesa e sistema costituzionale*, Milano, 1971; BARTOLE, *Autonomia e indipendenza dell'ordine giudiziario*, Padova, 1964, p. 67 ss.; P. BARILE, *Magistratura e Capo dello Stato*, in *Studi Esposito*, Padova, 1972, I, p. 551 ss.; CICCONETTI, *Decreti-legge e poteri del Presidente della Repubblica*, in *Dir. soc.*, 1980, p. 559 ss.; GALEOTTI, *Presidente della Repubblica e nomina dei giudici della Corte costituzionale*, in *Foro pad.*, 1951, IV, p. 219 ss.; FERRARI, *Nomina dei senatori a vita e «numerus clausus»*, in *Studi Crosa*, cit., I, p. 785 ss.; GUARINO, *Lo scioglimento delle assemblee parlamentari*, Napoli, 1948 (nonché *Lo scioglimento anticipato del Senato*, in *Foro it.*, 1953, IV, c. 89 ss.); BASSANINI, *Lo scioglimento delle*

Camere e la formazione del Governo Andreotti, in *Riv. trim. dir. pubbl.*, 1972, p. 930 ss.; PINTO, *Scioglimento anticipato delle Camere e poteri del Presidente della Repubblica*, in *Pol. dir.*, 1980, p. 227 ss.; COSTANZO, *Lo scioglimento delle assemblee parlamentari*, Milano, 1984-1988; AA.VV., *Crisi di Governo e scioglimento anticipato delle Camere*, in *Quad. cost.*, 1988. n. 1; ORTINO, *Le responsabilità costituzionali del Presidente della Repubblica*, in *Riv. it. sc. giur.*, 1973, p. 17 ss.; ZUCCALÀ, *Irresponsabilità del Presidente della Repubblica e tutela penale*, in *Studi Guicciardi*, Padova, 1975, p. 741 ss.; DIMORA, *Alla ricerca della responsabilità del Capo dello Stato*, Milano, 1990; BARTOLE, *Scioglimento delle Camere*, in *Enc. dir.*, Agg. III, Milano, 1999; VERONESI, *Responsabilità penale costituzionale del Presidente della Repubblica (giurisdizione sulla)*, in *Dig. disc. pubbl.*, XIII, Torino, 1999; CAVINO, *L'irresponsabilità del Capo dello Stato*, Milano, 2008. Su poteri e ruolo del Capo dello Stato quanto alla **formazione del Governo** e alle **crisi di Governo**, v. anche gli AA. citt. *supra*, nella *NOTA BIBLIOGRAFICA* al cap. III della parte III.

Capitolo V

I CORRETTIVI DEL REGIME PARLAMENTARE

1. *Premesse*

Già nella descrizione dei ruoli che in Italia sono stati assunti dai tre organi essenziali di ogni sistema parlamentare (Parlamento, Governo, Capo dello Stato), si è constatato che il regime vigente nel nostro Paese non coincide con il parlamentarismo puro. Da un lato, nei rapporti fra Governo e Parlamento, fra la maggioranza e le opposizioni, si sono più volte registrati – specialmente negli anni Settanta – fenomeni che obbedivano ad una *logica assembleare* piuttosto che ad una logica parlamentare: in quanto l'indirizzo politico non era predisposto dal Governo sulla base di uno stabile sostegno garantito da certi partiti e da certi gruppi, ma contrattato volta per volta, alla ricerca di amplissimi consensi conglobanti quasi tutte le forze rappresentate in Parlamento, che non corrispondevano alla dialettica maggioranza-opposizioni, peculiare della generalità dei sistemi parlamentari contemporanei. D'altro lato, neanche la posizione del Capo dello Stato rientra del tutto nel modello del parlamentarismo: dal momento che le funzioni di quest'organo debordano dalla pura e semplice risoluzione delle crisi di governo, implicando poteri di *controllo* e anche di *autonoma iniziativa* e decisione, che si risolvono in un limite – più o meno notevole, secondo le caratteristiche delle diverse Presidenze – all'indirizzo politico espresso dal raccordo Governo-Parlamento.

Accanto a queste ragioni per così dire intrinseche, si danno vari altri profili, estrinseci rispetto al sistema dei rapporti intercorrenti fra i tre organi essenziali, che vietano comunque di considerare quello vigente in Italia come un governo puramente parlamentare. Una prima eccezione alla logica del parlamentarismo consiste in tal senso nello stesso *carattere rigido della Costituzione:* sia perché alcune decisioni politiche di fondo sono sottratte, una volta per tutte, alla disponibilità del Parlamento (si pensi ancora all'art. 139 Cost., per cui «la forma repubblicana non può essere oggetto di revisione costituzionale»); sia perché nessun altro disposto costituzionale è modificabile, se non attraverso l'apposito procedimento legislativo regolato dall'art. 138 Cost., con tutti gli aggravamenti che ciò comporta rispetto al procedimento legislativo ordinario.

Quel che più conta, le disposizioni stabilite in varie parti del testo costituzionale fanno capire che nel nostro ordinamento la logica del parlamentarismo è stata sottoposta a molteplici **correttivi**. In altre parole, una serie di decisioni politiche (o politicamente rilevanti) è stata sottratta al raccordo Governo-Parlamento, per venire riservata ad altri organi o ad altri soggetti; sicché l'indirizzo politico di maggioranza ha subito e subisce altrettante limitazioni od altrettanti condizionamenti. In particolare, è questo l'effetto che deriva sia dalle previsioni costituzionali di autonomie politiche a base territoriale, sia dalla configurazione di un'apposita Corte costituzionale come giudice della legittimità delle leggi, sia dall'affermazione dell'indipendenza dell'ordine giudiziario e dal conseguente inserimento del Consiglio superiore della magistratura fra gli organi statali di rilievo costituzionale, sia – per un altro verso – dall'immissione di vari istituti di democrazia diretta, fra i quali fa spicco il *referendum*.

Alcune di tali tematiche non si prestano ad essere affrontate in questa sede, in quanto esorbitano dall'esame della forma di governo dello Stato-soggetto: così – in particolare – alle *autonomie politiche territoriali*, proprie delle Regioni, delle Province e dei Comuni, è destinata l'intera parte IV. E ulteriori tematiche, come quelle concernenti la *giustizia costituzionale*, presentano comunque peculiarità spiccatissime, generando una serie di problemi a sé stanti, tali da far intendere il perché sia loro riservata la parte VI del presente manuale.

Residuano, invece, le questioni concernenti gli altri due «contropoteri», previsti dalla vigente Costituzione: quello facente capo al corpo elettorale, nella forma del **referendum abrogativo**; e quello consistente nell'*indipendenza del potere giudiziario*, a garanzia della quale si è concepito e istituito – specialmente – il **Consiglio superiore della magistratura**. Vero è che le rispettive discipline, costituzionali e ordinarie, non hanno nulla in comune salvo il fatto di rappresentare altrettante eccezioni rispetto alla logica del parlamentarismo puro. Ma la sistematica della presente trattazione impone di considerarle entrambe a questo punto del discorso, ponendo l'accento sui limiti che ambedue comportano quanto al predominio della maggioranza, nei termini espressi dal raccordo Governo-Parlamento.

2. *Il «referendum» abrogativo nella forma italiana di governo*

Pur potendo colpire la generalità delle leggi statali e degli atti normativi equiparati, il *referendum* abrogativo previsto dall'art. 75 Cost. è stato indubbiamente concepito dall'Assemblea costituente come uno strumento utilizzabile solo in circostanze eccezionali, avendo pertanto un rilievo secondario e un *caratte-*

re complementare rispetto agli istituti della democrazia rappresentativa. Ed è in questi termini che una parte della dottrina (Chiappetti, Mazziotti) continua a considerarlo ancor oggi, sia perché gli elettori non possono venire consultati tutti i giorni, quanto alle innumerevoli scelte politiche interessanti la quotidiana azione dello Stato, sia perché l'indirizzo politico non potrebbe essere fondato sopra una serie di abrogazioni, per sé insuscettibili di creare un diritto completamente nuovo.

Tuttavia, sta di fatto che in una determinata fase della storia costituzionale italiana, durata circa un trentennio, allo strumento referendario si è fatto ricorso con notevole frequenza. Nella prima metà degli anni Settanta, a partire dall'entrata in vigore della legge regolante le «modalità di attuazione del *referendum*»[1], le richieste erano rimaste del tutto specifiche, sebbene molto importanti, avendo per oggetto dapprima il divorzio e poi l'aborto. Sul finire di quel decennio, per contro, tali iniziative sono sopraggiunte «a pioggia», soprattutto ad opera di un vero e proprio «partito del *referendum*» (Rodotà), come quello radicale: sino a raggiungere il record delle 30 richieste esaminate dalla Corte costituzionale nel febbraio del 1997, per poi assistere ad un decremento negli anni Duemila. Sicché si è formata l'impressione, sia pure condotta all'eccesso, che quella italiana fosse in effetti (o stesse diventando) una democrazia «mista» o «semirappresentativa» (Mortati, Zagrebelsky), nella quale il «contropotere» referendario (Fois) avrebbe potuto alterare o sconvolgere l'intera politica della maggioranza.

Del resto, è certo che i *referendum* abrogativi richiesti e indetti negli anni Settanta e Ottanta non hanno mancato di incidere sulle sorti stesse delle coalizioni di maggioranza, fino al punto di rappresentare la concausa di vari scioglimenti anticipati delle Camere. Dopo le dissoluzioni del 1972 e del 1976, volute anche allo scopo di dilazionare i *referendum* sul divorzio e sull'aborto, tale è stato soprattutto il caso dello scioglimento del 1987; tanto più che le consultazioni allora previste, e poi effettuate nel novembre del medesimo anno, erano state provocate od incoraggiate da alcuni partiti della maggioranza, in competizione con le altre forze componenti la coalizione di governo, mediante appelli al popolo che minavano la solidarietà governativa. Né questo, d'altra parte, rappresentava un fattore di assoluta novità: fin dagli anni della Costituente si era infatti intuito e temuto il pericolo di crisi, determinate appunto dagli esiti dei voti popolari o, prima ancora, dalle stesse iniziative referendarie (Guarino).

Ma il sistematico ricorso al *referendum* – verificatosi, oltre che nel 1987, negli anni 1977-1978, 1980-1981, 1992-1993, 1994-1995, 1996-1997, 1999-2000, 2002-2003, 2004-2005, 2008-2009, 2010-2011, 2015-2016 – non ha perseguito il solo intento di delegittimare il sistema politico in atto (Mezzanotte, Nania); bensì ha determinato una sorta di uso molteplice delle consultazioni referendarie,

---

[1] Si tratta della legge n. 352/1970 cit., adottata sulla base dell'ultimo comma dell'art. 75 Cost.

volta per volta proposte con finalità molto diverse, sino ad incidere sulla tipologia delle richieste e dei voti in esame. A fianco dei tradizionali **referendum «di rottura»**, miranti a far cadere interi istituti od intere discipline (dalla legge 10 dicembre 1970, n. 898, sullo scioglimento del matrimonio, alla legge 2 maggio 1974, n. 195, sul finanziamento dei partiti politici), si sono avuti svariati **referendum «di stimolo»** (Pizzorusso), tendenti a sollecitare il Parlamento all'approvazione di nuove leggi (come nel caso delle richieste riguardanti l'ordinamento giudiziario militare, disciplinato dal r.d. 9 ottobre 1941, n. 1022). Del pari, alle richieste meramente abrogative si sono affiancate le **richieste manipolative**, volte a rinnovare certi settori dell'ordinamento mediante l'abrogazione di parti di disposizioni legislative o addirittura di singole parole contenute nei testi di legge in questione, così da alterare il significato originario delle parti o delle parole rimanenti: con particolare evidenza nei casi del *referendum* «minimale» e del *referendum* «radicale», che nel 1981 hanno avuto per oggetto la legge 22 maggio 1978, n. 194, sull'interruzione volontaria della gravidanza, nonché dei *referendum* elettorali, promossi negli anni Novanta, che hanno profondamente condizionato la legislazione elettorale successiva. Al che, tuttavia, la Corte ha reagito, almeno in un caso estremo, nel quale i promotori miravano a costruire, saldando frammenti lessicali diversi, una disciplina completamente nuova e del tutto imprevista dal legislatore originario (cfr. la sent. 10 febbraio 1997, n. 36, riguardante la riduzione della pubblicità televisiva e radiofonica delle reti RAI, su cui v. *supra*, parte II, cap. III, § 20).

Ancora, la crescente varietà e complessità delle richieste referendarie ha messo in luce lo scarto che spesso sussiste fra i quesiti formali, ufficialmente prospettati dalle richieste medesime, e i quesiti «impliciti» (Salerno), riguardanti il significato politico delle rispettive votazioni. In altre parole, si è riscontrato che la cosiddetta *valenza politica dei referendum* può trascendere di molto la portata delle norme delle quali si chiede l'abrogazione: come nel tipico caso dei *referendum* «sul nucleare», che hanno finito per porre in questione la sopravvivenza in Italia delle relative centrali, ben oltre gli specifici interrogativi trascritti nelle schede[2].

Di fronte a questo quadro, si spiega che la Corte costituzionale abbia ritenuto di dover porre un freno, a partire dalla tanto discussa sentenza n. 16 del 1978. Mediante il *referendum* abrogativo – ha rilevato in quell'occasione la Corte – non si debbono proporre agli elettori «plebisciti o voti popolari di fiducia, nei confronti di complessive scelte politiche dei partiti o dei gruppi organizzati che abbiano assunto e sostenuto le iniziative referendarie». Un uso siffatto dell'art. 75 Cost. si rivela «distorto», giacché comporta «un voto bloccato su molteplici complessi di questioni, insuscettibili di essere ridotte ad unità»; laddove è indispensabile – come già notavano vari componenti l'Assemblea costi-

---

[2] Quanto ai singoli quesiti, essi sono riportati dalla sent. 3 febbraio 1987, n. 25, con cui la Corte costituzionale ha dichiarato l'ammissibilità delle richieste stesse.

tuente – che ciascuna richiesta ponga «un quesito comune e razionalmente unitario» (v. *supra*, parte II, cap. III, § 20).

3. *Il procedimento referendario*

a) L'*iter* attraverso il quale si giunge al voto popolare (e alla dichiarazione del suo risultato) è stato fondamentalmente strutturato in quattro fasi, ad opera della **legge 25 maggio 1970, n. 352**. A monte del procedimento si collocano i *richiedenti*, tassativamente previsti dal primo comma dell'art. 75 Cost.: cioè gli **elettori**, nel numero minimo di 500.000 sottoscrittori della richiesta, od almeno cinque **Consigli regionali**[3]. Ma la raccolta delle firme costituzionalmente previste – sulla quale si sono finora fondate, per una buona parte, le consultazioni referendarie svoltesi in Italia – dev'essere a sua volta preceduta dall'iniziativa di un gruppo di *promotori*, cui spetta assumere ufficialmente l'iniziativa stessa presso la cancelleria della Corte di cassazione, «che ne dà atto con verbale»[4].

Prende in tal modo avvio la *fase preparatoria*, tendente alla **formazione e presentazione della richiesta** (Mazziotti). A tale scopo, in appositi fogli vanno indicati «i termini del *quesito* che si intende sottoporre alla votazione popolare», introdotto dalla seguente formula di stile: «volete che sia abrogata ...?». Ed è su questi fogli che vanno apposte le firme necessarie, con le autenticazioni previste dalla legge; dopo di che i fogli stessi debbono venir depositati nella cancelleria della Cassazione, entro tre mesi dall'iniziativa[5], fatta eccezione per l'anno anteriore alla scadenza di una o di entrambe le Camere, nonché per i sei mesi successivi alla convocazione dei *comizi* elettorali[6], onde evitare che le consultazioni referendarie *siano* troppo ravvicinate nel tempo alle elezioni politiche.

Salvi i periodi predetti, il deposito può essere effettuato entro il 30 settembre di ciascun anno; e alla scadenza del 30 settembre si apre la **fase dei controlli preventivi** (Salerno), imperniata sugli accertamenti svolti e sulle decisioni consecutivamente adottate da un apposito *Ufficio centrale*, costituito presso la Corte di Cassazione, e dalla Corte costituzionale. Precisamente, l'Ufficio centrale deve accertare se le richieste «siano *conformi* alle norme di legge», per poi decidere entro il 15 dicembre – con ordinanza – sulla *legittimità* delle richieste medesime[7]. A sua

[3] La Costituente non ha invece approvato l'art. 70 del progetto di Costituzione, inteso ad estendere il potere di iniziativa al *Capo dello Stato*.

[4] Cfr. l'art. 7, co. 1, della legge n. 352, in combinato disposto con l'art. 27 legge cit.

[5] L'art. 28 legge cit. consente che a tal fine il deposito venga effettuato «da almeno tre dei promotori», i quali assumono la veste di *presentatori*.

[6] Cfr. l'art. 31 legge cit. Ma vedi, altresì l'ord. 23 ottobre 1992, con cui l'Ufficio centrale ha dichiarato legittime le richieste depositate nel gennaio 1992, interpretando come *anno solare* il periodo anteriore alla scadenza delle Camere, cui si riferisce il citato art. 31.

[7] Così dispone: l'art. 32 legge cit.

volta, la Corte costituzionale è chiamata a pronunciarsi entro il 10 febbraio successivo sull'*ammissibilità* delle richieste ritenute legittime dall'Ufficio centrale, in applicazione dell'art. 75 Cost.[8]. I due ordini di controlli sono perciò separati ma concatenati: il che consente, appunto, di inserirli nell'ambito di una comune fase procedurale, anziché scinderli l'uno dall'altro, come del resto risulta dal fatto stesso che la sola pronuncia della Corte costituzionale assume la veste della *sentenza*, cioè del provvedimento giurisdizionale decisorio che normalmente definisce il giudizio.

Al pari che nei procedimenti elettorali, segue a questo punto una fase *costitutiva*, culminante nella votazione. Ove entrambi i controlli preventivi si concludano in modo positivo, il Presidente della Repubblica, previa delibera del Consiglio dei ministri, deve decretare *l'indizione del referendum*, fissando la data di convocazione degli elettori «in una domenica compresa tra il 15 aprile ed il 15 giugno»[9]; e in quella data il corpo elettorale è chiamato ad esprimersi, salvo che nel frattempo si abbia l'anticipato scioglimento delle Camere: nel qual caso – sempre allo scopo di evitare la coincidenza o l'eccessiva vicinanza di due campagne o di due consultazioni elettorali – «i termini del procedimento ... riprendono a decorrere a datare dal 365° giorno successivo alla data della elezione»[10].

Ai fini dell'approvazione della richiesta, il penultimo comma dell'art. 75 Cost. prescrive tanto un *quorum* di partecipazione quanto un *quorum* riferito ai votanti. Occorre, cioè, che partecipi alla votazione la «*maggioranza degli aventi diritto*»[11]; e occorre che la «*maggioranza dei voti validamente espressi*» si pronunci per l'abrogazione, rispondendo al quesito in senso affermativo; il riferimento ai voti «validamente espressi» è testualmente diverso da quello riguardante i «voti validi» di cui si ragiona nell'art. 138 Cost., quanto al *referendum* approvativo delle leggi costituzionali e di revisione costituzionale. Ma in entrambi i casi è ormai pacifico che il confronto dev'essere operato fra i sì e i no, escludendo dal computo le schede nulle e le stesse schede bianche, delle quali si tiene conto – viceversa – ai fini del *quorum* di partecipazione: non a caso, l'art. 36 della legge n.

---

[8] Cfr. l'art. 33 legge cit. (e vedi *supra*, parte II, cap. III, § 20).

[9] Cfr. l'art. 34, co. 1, legge cit.

[10] L'art. 34, co. 3, legge cit. parrebbe in tal senso richiedere lo spostamento di un solo anno. Ma in realtà la consultazione referendaria può essere anche spostata di due anni, dal momento che non si deve in nessun caso oltrepassare la data del 15 giugno (a meno di un'espressa disposizione derogatoria, come quella contenuta nella legge 7 agosto 1987, n. 332, sulla base della quale alcune consultazioni sono state effettuate l'8 e il 9 novembre del medesimo anno). Il Consiglio di Stato, con parere del 24 febbraio 1973, ha infatti espresso l'avviso che il partire dal 365° giorno successivo alla data della elezione debba effettuarsi una nuova indizione del *referendum*; sicché la fase centrale del procedimento può bene concludersi oltre il 15 giugno, determinando l'esigenza di uno slittamento nell'anno ancora seguente.

[11] Tale maggioranza non è stata raggiunta, determinando l'inefficacia del voto, in occasione dei *referendum* sulla caccia e sui «pesticidi» effettuati il 3-4 giugno 1990, come pure nel caso dei sette *referendum* indetti per il 15 giugno 1997 e in più occasioni successive (v. Appendice).

352 impone all'Ufficio centrale di sommare da un lato i soli «voti validi favorevoli» e dall'altro lato i soli «voti validi contrari all'abrogazione della legge».

Effettuata la votazione, si apre comunque la quarta fase del procedimento, imperniata sulla **proclamazione** dell'esito del *referendum*. Più precisamente, se il risultato è contrario alla richiesta abrogazione, la legge n. 352 si limita a prescrivere che ne sia data «notizia» sulla Gazzetta ufficiale, ad opera del Ministro della giustizia [12]. Se invece il risultato è favorevole, «l'avvenuta abrogazione» dev'esser *dichiarata con decreto del Presidente della Repubblica*, da pubblicare nella Gazzetta e da inserire nella Raccolta ufficiale. La dichiarazione dell'esito del *referendum* parrebbe in questo senso assimilabile alla promulgazione delle leggi (Crisafulli, Lavagna); ma occorre considerare che si tratta di un atto dovuto, nel compimento del quale il Presidente non dispone di un proprio potere di controllo. In effetti, la sola facoltà spettante al Capo dello Stato (o meglio al Governo, mediante una deliberazione del Consiglio dei ministri) consiste nel *rinvio dell'entrata in vigore* dell'effetto abrogativo, «per un termine non superiore a 60 giorni dalla data della pubblicazione» [13], onde consentire che il vuoto normativo sia preventivamente colmato dal Parlamento o dal Governo stesso con decreto-legge.

b) Tali essendo le fasi essenziali del procedimento referendario, occorre subito aggiungere che vari problemi si sono posti nel corso delle esperienze compiute dal 1970 in poi. Una questione ricorrente ha riguardato, anzitutto, i **rapporti fra l'Ufficio centrale e la Corte costituzionale**.

All'Ufficio centrale la legge n. 352 assegna – come si è ricordato – il controllo sulla conformità delle richieste alle norme della legge stessa; ma l'unico punto fermo consiste in ciò, che spetta all'Ufficio verificare se il *numero delle firme valide* superi o meno il minimo di 500.000. Senonché l'organo giurisdizionale in questione si è anche arrogato il compito di stabilire se fossero in causa leggi statali od atti normativi equiparati (anziché – per esempio – leggi regionali o regolamenti dell'esecutivo). E la Corte costituzionale ne ha costantemente preso atto, riservandosi la sola «cognizione dell'ammissibilità del *referendum*», in applicazione dei limiti esplicitamente od implicitamente ricavabili dalla Costituzione [14]; sicché spetta alla Corte accertare se vengano in considerazione leggi ordinarie o leggi costituzionali o comunque «rinforzate», per le quali non si potrebbe richiedere il *referendum*, malgrado si tratti di leggi formali dello Stato. Di più: secondo la stessa Corte, sono riservate alla competenza dell'Ufficio tutte le «scelte

---

[12] Si veda l'art. 26 legge cit., in combinato disposto con l'art. 38. Quest'ultimo aggiunge che il voto popolare produce in tal caso un *effetto preclusivo*, impedendo che si propongano ulteriori *referendum* abrogativi della medesima disciplina legislativa, «prima che siano trascorsi cinque anni».

[13] Or. l'art. 37, co. 1, cit. In via di eccezione, l'art. 2 della legge n. 332/1987 cit. ha consentito che l'abrogazione venisse ritardata di 120 giorni.

[14] Si veda già la sent. 22 dicembre 1975, n. 251, come pure le sentt. 25 marzo 1980, nn. 30 e 31.

interpretative» che si collochino «sul piano della legislazione ordinaria»[15]. Una volta che l'Ufficio abbia fissato – risolvendo le eventuali controversie – il senso della disciplina legislativa sottoposta a *referendum* (inclusa la denominazione della richiesta da riprodurre nella parte interna delle schede di votazione, sentiti i promotori) e la conseguente incidenza della richiesta abrogazione, la Corte non può dunque operare «come un giudice di secondo grado», competente a riesaminare quanto deciso in sede di controllo di legittimità.

Ancor più in generale, all'Ufficio centrale compete – nel sistema che la legge n. 352 e la conseguente giurisprudenza hanno delineato – la cognizione di tutte le *vicende* riguardanti le norme legislative ordinarie assoggettate al voto popolare, che non coinvolgano la Costituzione. Con questa logica, appunto, l'art. 39 della legge n. 352 prevedeva che, in caso di *abrogazione sopravvenuta* delle norme per le quali era stata avanzata richiesta di *referendum*, fosse l'Ufficio centrale a dichiarare che le operazioni non avevano più corso. Il che si spiegava e si spiega, dal momento che l'effetto abrogativo non può prodursi due volte, in tempi diversi e ad opera di soggetti diversi, quali il Parlamento e il corpo elettorale.

Peraltro, la Corte costituzionale ha rilevato che il testo originario dell'art. 39 determinava il blocco delle operazioni referendarie nelle stesse ipotesi in cui l'abrogazione non fosse «accompagnata da una nuova disciplina della materia», ma comportasse innovazioni di mera forma o di mero dettaglio: il che avrebbe aperto la strada all'arbitrio del legislatore ordinario, consentendogli di bloccare il *referendum* senza affatto venire incontro alle domande dei promotori e dei sottoscrittori; «il valore politico delle decisioni demandate al popolo» – ha invece affermato la Corte – consiste in ciò «che gli atti o i disposti legislativi indicati in ciascuna richiesta non sono altro che il mezzo per individuare una data normativa», con riguardo ai comuni principi che se ne ricavano. Data questa premessa, l'art. 39 è stato perciò dichiarato illegittimo, nella parte in cui non prevedeva l'effettuazione del *referendum* «sulle nuove disposizioni legislative», nel caso di un'abrogazione sopravvenuta che non modificasse «né i principi ispiratori della complessiva disciplina preesistente né i contenuti normativi essenziali dei singoli precetti»[16]. E il compito di valutare un tanto, eventualmente *trasferendo* o *estendendo* la consultazione referendaria alla legislazione successiva, è stato appunto affidato all'Ufficio centrale, visto che le vicende in questione non toccavano e non toccano i parametri costituzionali del *referendum*[17].

---

[15] Cfr. la sent. 7 febbraio 1985, n. 35.

[16] Si veda il dispositivo della sent. 17 maggio 1978, n. 68.

[17] Una ipotesi di trasferimento, più vicina nel tempo, si è verificata con riguardo a una richiesta che riguardava il d.l. 25 giugno 2008, n. 112, in tema di produzione di energia nucleare: il d.l. 31 marzo 2011, n. 34 formalmente abrogava le disposizioni previgenti, prevedendo però l'adozione entro dodici mesi di una strategia energetica nazionale, senza escludere il ricorso all'energia nucleare. Di qui la decisione dell'Ufficio centrale, in data 1° giugno 2011, di trasferire il quesito abrogativo sul nuovo d.l., nel testo risultante dalla legge di conversione.

c) Le tensioni e le questioni generate dalle varie esperienze referendarie – sia in ragione della massiccia utilizzazione dello strumento fino ai primi anni Duemila, sia con riguardo alla crescente difficoltà nel raggiungimento del *quorum* – hanno formato la causa di svariate *proposte di riforma* della disciplina costituzionale e ordinaria vigente in materia.

La Corte costituzionale ha rilevato in diverse occasioni, anzitutto, che il *quesito referendario* dovrebbe esser reso più chiaro, anziché accontentarsi di formulazioni troppe volte oscure o addirittura incomprensibili per la generalità degli elettori. La legge n. 352 consente, in effetti, che si richieda il *referendum* per l'abrogazione di singoli articoli di legge od anche di singoli commi o di singole parole; ma solo in queste ultime ipotesi impone che nelle schede venga «integralmente trascritto il testo letterale delle disposizioni di legge» in discussione[18]. Ciò ha indotto la Corte a sollecitare l'introduzione delle necessarie garanzie di semplicità, di univocità, di completezza dei quesiti[19], per esempio affidando all'Ufficio centrale il compito di elaborare una formula riassuntiva, prima ancora della raccolta delle 500.000 firme necessarie; ma il suggerimento è stato raccolto dal legislatore appena in virtù della legge 17 maggio 1995, n. 173.

In secondo luogo, la Corte stessa ha consigliato *l'anticipazione dei controlli*, che andrebbero effettuati a monte del procedimento, senza attendere l'apposizione di tutte le firme sugli appositi fogli[20], se non altro per ovvi motivi di «economia procedurale» (Salerno); e in questo senso si è anche pronunciata la Commissione Bozzi, nelle sue proposte di revisione costituzionale. Ma l'auspicata riforma, pur variamente progettata, non ha avuto ancora nessun seguito.

Del pari, il *numero minimo delle firme* occorrenti per sostenere ciascuna richiesta continua ad esser quello originariamente stabilito dall'Assemblea costituente, malgrado varie parti politiche, complessivamente maggioritarie nel Parlamento, abbiano proposto di elevarlo ad un totale di 800.000 o di un milione, per tenere conto dell'aumento della popolazione intervenuto dal 1948 ad oggi, come pure del conferimento del voto agli ultradiciottenni.

Così, nel progetto di revisione costituzionale respinto con il *referendum* del 4 dicembre 2016, l'art. 75 Cost. veniva integrato con l'aggiunta di un comma, ai sensi del quale «la proposta soggetta a referendum è approvata se ha partecipato alla votazione la maggioranza degli aventi diritto o, se avanzata da ottocentomila elettori, la maggioranza dei votanti alle ultime elezioni della Camera dei deputati, e se è raggiunta la maggioranza dei voti validamente espressi». Il *quorum* di validità poteva pertanto essere sensibilmente abbassato (alle elezioni politiche del 2018 ha votato per la Camera circa il 73% degli aventi diritto), a condizione che il quesito referendario fosse sorretto da un ben maggiore numero di firme, nell'obiettivo di premiare le iniziative appoggiate da un numero più ampio di

[18] Si vedano gli artt. 27, co. 3, e 35, co. 2, legge cit.

[19] Cfr. le sentt. n. 16/1978 cit. e n. 26/1981 cit.

[20] V. nuovamente la sent. n. 16/1978 cit.

cittadini, e contando sull'effetto dissuasivo del *quorum* per le richieste riguardanti temi di minore impatto politico e sociale.

4. *L'indipendenza della magistratura e delle singole autorità giurisdizionali; giudici ordinari e giudici speciali*

a) Nel proclamare che «la magistratura costituisce un ordine autonomo e indipendente da ogni altro potere», l'art. 104, co. 1, Cost. risente senza dubbio dell'idea che uno Stato di diritto debba fondarsi sulla divisione o sulla *separazione dei poteri*. Se anzi il legislativo e l'esecutivo non possono non coordinarsi, perché si determini e si attui una coerente politica nazionale, è proprio il giudiziario che deve porsi come un corpo separato dall'esecutivo stesso e più in generale dalla maggioranza di governo, affinché non vengano svuotati o incrinati gli altri valori o principi costituzionali riguardanti la giurisdizione e i giudici. Primo fra tali valori è appunto l'**indipendenza**, riferita non solo alla magistratura come istituzione complessiva bensì a ogni singola autorità giurisdizionale. Qualora ciascun giudice non fosse indipendente nell'esercizio delle sue tipiche attribuzioni (ossia dotato della cosiddetta *indipendenza funzionale*), non si conseguirebbe l'obiettivo dell'*imparzialità* o della «terzietà» del giudice stesso rispetto alle parti del giudizio; requisiti, questi, indispensabili in quelle particolarissime forme di attuazione del diritto che assumono il nome di giurisdizione o di «giustizia» (e che la Corte costituzionale ha valorizzato nelle sue sentenze)[21].

La parallela garanzia dell'indipendenza dell'istituzione e dell'indipendenza del singolo giudice, entro la quale l'accento cade sul secondo più che sul primo principio, concorre a far capire il perché – nella Carta costituzionale – la magistratura sia denominata **ordine** piuttosto che *potere*. Legislativo ed esecutivo da un lato, giudiziario dall'altro, non sono concepibili e non sono stati concepiti dalla Costituzione «come centri di potere fra loro simili» (Pizzorusso): troppo diversi risultando il regime e la natura delle rispettive funzioni. Non è dato infatti ragionare di un indirizzo politico della magistratura complessivamente intesa, che già Montesquieu definiva – viceversa – come un potere «invisibile e nullo»; e di una qualche rilevanza «politica» (il virgolettato è d'obbligo) dell'attività giurisdizionale si potrebbe trattare, se mai, con riguardo ai soli margini discrezionali e ai momenti creativi dell'attività interpretativa delle norme giuridiche (Kelsen). Il tutto, considerando altresì la presenza di una Costituzione rigida, i cui precetti

---

[21] Sul «principio della indipendenza del giudice, comprensivo anche della terzietà o imparzialità, intesa come assoluta estraneità rispetto alla *res judicanda*», si veda – fra le tante – la sent. 9 luglio 1970, n. 123. Ma nel medesimo senso, sulla condizione di non-indipendenza del giudice coinvolto negli «interessi presenti in giudizio», cfr. le sentt. 27 dicembre 1965, n. 93, 3 giugno 1966, n. 55, 22 marzo 1967, n. 30.

s'impongono ai fini della stessa interpretazione delle leggi (v. *supra*, parte II, cap. III, § 10).

Ne segue, però, che il giudiziario si presenta come un **potere diffuso** (Capaccioli), nell'ambito del quale tutti i giudici possono assumere la veste di «poteri dello Stato», prendendo singolarmente parte ai conflitti di attribuzione devoluti alla cognizione della Corte costituzionale (v. *infra*, parte VI, cap. III, § 1). È unicamente in un senso riassuntivo si può dunque parlare di un *potere giurisdizionale* comprendente le autorità giudicanti di qualunque genere (Mortati, Bartole): in piena antitesi agli «altri poteri», globalmente evocati dal primo comma dell'art. 104.

b) Per «magistratura» – ai sensi dell'art. 104 Cost. – s'intende il solo complesso dei **giudici ordinari**, istituiti e regolati da un *apposito ordinamento giudiziario*[22]; ed è noto che i giudici ordinari non esauriscono la serie delle autorità giurisdizionali, dal momento che l'Assemblea costituente non ha accolto il principio dell'«unicità» della giurisdizione, sostenuto da Calamandrei nella Commissione dei 75. Esclusi in radice sono stati i soli *giudici straordinari*, cioè le autorità create appositamente per la risoluzione di determinate controversie, già insorte all'atto della loro istituzione[23]. Quanto invece ai **giudici speciali**, che si collocano al di fuori dell'«ordinamento giudiziario» appena citato, la Costituzione si limita – nel secondo comma dell'art. 102 – a vietarne l'istituzione *ex novo*. Ma le autorità giurisdizionali del genere, se preesistenti al gennaio 1948, hanno per lo più continuato ad operare: per queste autorità era prevista, dalla VI disposizione transitoria costituzionale, una «revisione» da compiersi entro cinque anni dall'entrata in vigore della Costituzione; ma il termine stesso è stato sistematicamente disatteso dal legislatore, e la Corte costituzionale – in linea con la dottrina (Sandulli) – lo ha considerato meramente «ordinatorio»[24].

Dalla «revisione» sono state anzi esonerate, espressamente, «le giurisdizioni del *Consiglio di Stato*, della *Corte dei conti* e dei *tribunali militari*»[25], che hanno in effetti un preciso rilievo costituzionale: in quanto previste e regolate – nelle

---

[22] Cfr. il primo comma dell'art. 102 Cost.

L'«ordinamento» cui si riferisce la Carta costituzionale risulta ancora – in larga misura – dal r.d. 30 gennaio 1941, n. 12, nonché dal r.d.l. 31 maggio 1946, n. 511, non essendo stata emanata «la nuova legge sull'ordinamento giudiziario in conformità con la Costituzione», testualmente prevista dal primo comma della VII disp. trans. Cost. Ma varie novelle sono sopraggiunte in materia, a partire dalla legge 24 maggio 1951, n. 392.

[23] Lo vietano, infatti, tanto il secondo comma dell'art. 102 quanto il primo comma dell'art. 25 Cost., onde «nessuno può essere distolto dal giudice naturale *precostituito per legge*».

[24] Cfr. sent. 11 marzo 1957, n. 41.

[25] V. nuovamente il primo comma della VI disp. trans. Cost. Peraltro, nel secondo comma si richiedeva il «riordinamento del Tribunale supremo militare», che è stato invece abolito dalla legge 7 maggio 1981, n. 180 (si veda, in proposito, la sent. 24 gennaio 1983, n. 1, della Corte costituzionale, che ha ritenuto legittima la soppressione).

grandissime linee – dall'art. 103 Cost. Di più: la Costituzione stessa considera – nel secondo comma dell'art. 125 – gli «organi di giustizia amministrativa di primo grado» da istituire in ciascuna Regione, così superando il divieto dell'art. 102, co. 2. Il che ha fatto dire – sia pure in contrasto con il linguaggio costituzionale e legislativo – che il Consiglio di Stato e i *Tribunali amministrativi regionali* (TAR) non andrebbero nemmeno inquadrati fra i giudici speciali, bensì definiti quali «giudici amministrativi ordinari» (Nigro, Silvestri).

La pluralità delle giurisdizioni è fondata soprattutto sulla tradizionale (e talora difficilmente inquadrabile) contrapposizione fra *diritti soggettivi* e *interessi legittimi* (su cui v. *infra*, parte V, cap. I, § 1) nelle controversie riguardanti gli atti delle pubbliche amministrazioni[26]; ciò non toglie, però, che la disciplina costituzionale delle attività giurisdizionali rimanga fondamentalmente comune. La «magistratura» alla quale si rivolge il titolo IV, parte II della Costituzione, ricomprende le giurisdizioni e i giudici di qualunque specie, ordinaria, amministrativa e militare. Vige in ogni caso il principio della **riserva di legge**, come risulta dall'espresso disposto dell'art. 108, co. 1 («Le norme dell'ordinamento giudiziario *e su ogni magistratura* sono stabilite con legge»). Più specificamente, tutti i giudici «sono soggetti soltanto alla legge», in base al capoverso dell'art. 101 Cost., con l'implicito intento di escludere la loro soggezione all'esecutivo o ad altre autorità. E per tutti i giudici, comprese le «giurisdizioni speciali» come pure il «pubblico ministero presso di esse», l'art. 108, co. 2 stabilisce che la legge assicura la loro indipendenza.

Ben lontano dal rappresentare una proposizione puramente retorica, l'art. 108 ha formato in tal senso la base di una imponente giurisprudenza costituzionale. Continuando a tardare la «revisione» legislativa degli organi speciali di giurisdizione, è stata infatti la Corte ad abbattere varie autorità del genere, facendo appunto leva sul difetto di indipendenza e d'imparzialità, che ne viziava la composizione e l'azione. Con questo fondamento sono state annullate – nell'ordine – la norma per cui poteva fungere da giudice il Ministro della marina mercantile; la disciplina che attribuiva ai Consigli comunali e provinciali potestà giurisdizionali in tema di controversie elettorali riguardanti i Consigli medesimi; la giurisdizione contabile e amministrativa già spettante ai Consigli di prefettura; le norme sulla composizione delle Giunte provinciali amministrative; la giurisdizione penale degli intendenti di finanza e dei comandanti di porto, come pure la giurisdizione civile dei comandanti stessi in tema di sinistri marittimi e quella spettante al Consiglio nazionale dei geometri[27]. «La necessità che le giurisdizio-

[26] Si vedano il primo comma dell'art. 103 nonché il primo comma dell'art. 113 Cost.; né l'uno né l'altro, tuttavia, definiscono queste due problematiche nozioni.

[27] V. rispettivamente le sentt. 13 luglio 1963. n. 133, 27 dicembre 1965, n. 93 cit., 3 giugno 1966, n. 55, 22 marzo 1967, n. 30 cit., 3 aprile 1969, n. 60, 9 luglio 1970, n. 121, 7 luglio 1976, n. 164. Ad esse si sono aggiunte, nel medesimo senso, le sentt. 27 luglio 1989, n. 451, e 1° aprile 1998, n. 83.

ni speciali siano sottoposte a revisione» – ha rilevato più volte la Corte costituzionale – non impone che «esse possano continuare a vivere così come sono anche quando la loro struttura e il loro modo di operare contrasti coi precetti dettati dalla Costituzione per la giurisdizione in generale».

Del resto, pur dove talune giurisdizioni speciali sono state salvate dalla giustizia costituzionale, la Corte ne ha tratto l'occasione per mettere in luce i requisiti necessari della funzione giurisdizionale. Il divieto che i giudici speciali siano revocati nel corso del loro mandato, sebbene temporaneo; le facoltà di astensione e di ricusazione riguardanti i giudici stessi, nei casi previsti dalle comuni norme processuali; la possibilità di far coesistere funzioni giurisdizionali e funzioni amministrative, purché resti escluso ogni «rapporto di subordinazione verso alcun altro soggetto»: si tratta di principi ripetutamente sottolineati dalla Corte, in applicazione del titolo IV della Carta costituzionale [28].

Sebbene con qualche sforzo, si sono così potuti mantenere in funzione i più importanti fra i giudici speciali non considerati puntualmente dalla Costituzione: cioè le *Commissioni tributarie*, previste dal d.P.R. 26 ottobre 1972, n. 636. In un primo tempo, la Corte ha finito per ammettere che tale disciplina non fosse istitutiva di una nuova giurisdizione, in contrasto con l'art. 102 Cost., ma si limitasse a revisionare una giurisdizione preesistente [29]. In un secondo tempo, la Corte ha argomentato che i componenti delle Commissioni non perseguono interessi «di categoria o di parte», malgrado le peculiari modalità delle loro nomine [30]. Ma, successivamente, la Corte stessa non ha esitato a colpire l'ordinamento del contenzioso tributario, nella parte in cui escludeva la pubblicità delle udienze, facendo appunto ricorso ai «principi costituzionali che disciplinano l'esercizio della giurisdizione» [31].

c) Certo è, tuttavia, che non tutte le norme costituzionali del titolo IV sono egualmente applicabili ai giudici ordinari e ai giudici speciali; come pure ai giudici togati e ai «cittadini estranei alla magistratura», previsti dal secondo comma dell'art. 102 Cost.

Innanzitutto, il principio della *nomina dei magistrati mediante concorso*, fissato dal primo comma dell'art. 106, riguarda i soli giudici ordinari professionali. Nello stesso ambito della magistratura ordinaria operano, anzi, soggetti per i quali la Costituzione indica o presuppone forme affatto diverse di investitura. Si pensi, in primo luogo, ai *giudici laici* (cioè non di professione) che possono comporre le *sezioni specializzate* presso gli organi giudiziari ordinari (anche se resta ferma l'esigenza che la loro preposizione venga effettuata da titolari di uffici

[28] V. specialmente le sentt. 7 dicembre 1964, n. 103, e 23 dicembre 1986, n. 284 (relativa ai Consigli nazionali professionali, esercitanti anch'essi la giurisdizione).

[29] Cfr. la sent. 27 dicembre 1974, n. 287.

[30] Cfr. la sent. 24 novembre 1982, n. 196.

[31] V. la sent. 16 febbraio 1989, n. 50.

propri della magistratura stessa)[32]. In secondo luogo, si consideri il caso dei «*magistrati onorari*», suscettibili di nomine anche elettive in base al testuale disposto dell'art. 106. In terzo luogo, si tenga presente la figura, prevista dall'ultimo comma del medesimo articolo, dei consiglieri di cassazione nominabili «per meriti insigni» (sebbene si tratti di un'ipotesi del tutto eccezionale e marginale).

Quanto alla magistratura ordinaria, tuttavia, è pur sempre esclusa la *nomina governativa* dei giudici, che ferirebbe il ben più fondamentale principio dell'indipendenza. Per contro, nomine del genere sono tuttora possibili nei confronti di giudici speciali costituzionalmente rilevanti, quali il Consiglio di Stato e la Corte dei conti. In entrambi questi casi, la Corte costituzionale ha infatti ritenuto che i giudici scelti dal Governo siano investiti legittimamente, purché si tratti di persone idonee allo svolgimento delle funzioni giurisdizionali e purché sia fatta salva l'inamovibilità dei giudici stessi[33]. Ma anche *l'inamovibilità* dei giudici speciali risulta spesso attenuata e comunque diversa da quella riguardante i magistrati ordinari. Basti pensare – per rendersene subito conto – alla circostanza che solo per i primi la Costituzione stabilisce che essi «non possono essere dispensati o sospesi dal servizio, né destinati ad altre sedi o funzioni se non in seguito a decisione del Consiglio superiore della magistratura, adottata o per i motivi e con le garanzie di difesa stabilite dall'ordinamento giudiziario o con il loro consenso».

d) Tornando ai giudici speciali menzionati dalla Costituzione, la peculiarità del loro ordinamento emerge anche quanto alla particolarità delle loro funzioni: invero, il Consiglio di Stato e la Corte dei conti sono anche **organi ausiliari** del Governo e del Parlamento. Il **Consiglio di Stato**, in particolare, esercita funzioni di «consulenza giuridico-amministrativa», cumulandole con le funzioni giurisdizionali. Anche per questa ragione esso viene suddiviso in tre sezioni consultive (le prime, storicamente, ad essere state istituite) e in tre sezioni giurisdizionali, con la più recente aggiunta (nel 1997) di una sezione, sempre consultiva, per l'esame degli schemi degli atti normativi del Governo. Le sezioni consultive rendono pareri, solitamente richiesti dal Governo, e in qualche caso obbligatori: come ad esempio ai fini della decisione dei ricorsi straordinari al Presidente della Repubblica, che rappresentano uno dei rimedi esperibili, in alternativa al ricorso giurisdizionale, nell'ambito del sistema della giustizia amministrativa. In questo secondo contesto, il Consiglio di Stato, con le proprie sezioni giurisdizionali, è giudice d'appello avverso le decisioni dei Tribunali amministrativi regionali (TAR), esercitando un giudizio di legittimità (e, in alcuni casi previsti dalla legge, anche di merito) sui provvedimenti della pubblica amministrazione che vengono impugnati da chi ritiene di avere subito una lesione di un interesse

---

[32] Cfr. la sent. 30 dicembre 1961, n. 76, della Corte costituzionale.

[33] Cfr. le sentt. 21 gennaio 1967, n. 1, e 19 dicembre 1973, n. 177.

legittimo (v. *infra*, parte V, cap. I, § 6). Sin dalla legge 30 dicembre 1923, n. 2840 al Consiglio di Stato (e successivamente ai TAR, istituiti con legge 6 dicembre 1971, n. 1034) venne assegnata, in determinate controversie, la giurisdizione anche sui diritti soggettivi (c.d. giurisdizione esclusiva); la vigente disciplina del processo amministrativo (d.lgs. 2 luglio 2010, n. 104) ha confermato tali ipotesi (nel tempo aumentate notevolmente di numero), soprattutto nella considerazione che in determinate circostanze risulta difficile la distinzione tra interessi legittimi e diritti soggettivi, così privilegiando in tali casi le esigenze di concentrazione dei rimedi giurisdizionali, in modo da non costringere il cittadino a promuovere distinte azioni giudiziarie davanti a giudici diversi. Occorre sottolineare, tuttavia, come ha riconosciuto la Corte costituzionale (sent. 6 luglio 2004, n. 204), che l'art. 103 Cost. ammette la giurisdizione esclusiva del giudice amministrativo «in particolari materie»; il legislatore ordinario può ampliare l'area della giurisdizione esclusiva purché lo faccia con riguardo a materie (in tal senso, particolari) nelle quali la pubblica amministrazione agisce come «autorità», nei confronti della quale è accordata tutela al cittadino davanti al giudice amministrativo. Non basta dunque la mera partecipazione della pubblica amministrazione al giudizio perché si radichi la giurisdizione del giudice amministrativo e, dall'altro lato, è escluso che sia sufficiente il generico coinvolgimento di un pubblico interesse nella controversia perché questa possa essere devoluta al giudice amministrativo.

Quanto alla **Corte dei conti**, essa esercita funzioni di «controllo» nei confronti di una pluralità di organi e di soggetti: vi è anzitutto un controllo preventivo di legittimità sugli atti del Governo, a cui si aggiunge un controllo successivo sulla gestione del bilancio dello Stato (art. 100 Cost., co. 2) e sulla gestione finanziaria degli enti a cui lo Stato contribuisce in via ordinaria. Una migliore definizione degli ambiti del controllo è rimessa al legislatore; la legge 14 gennaio 1994, n. 20 ha, in questo senso, elencato le tipologie di atti governativi soggetti al controllo di legittimità, precisando inoltre che la Corte dei conti svolge il controllo successivo sulla gestione del bilancio e del patrimonio delle amministrazioni pubbliche, nonché sulle gestioni fuori bilancio e sui fondi di provenienza europea, verificando la legittimità e la regolarità delle gestioni, nonché il funzionamento dei controlli interni a ciascuna amministrazione. Sull'esito di tali controlli la Corte dei conti riferisce almeno annualmente alle Camere (e ai Consigli regionali, quanto ai controlli sull'amministrazione regionale).

Oltre alle funzioni di controllo, anche la Corte dei conti esercita funzioni giurisdizionali, occupandosi di controversie in materia di pensioni degli impiegati pubblici, e soprattutto in tema di contabilità pubblica, facendo valere la responsabilità dei funzionari per i danni arrecati alla pubblica amministrazione (c.d. responsabilità erariale).

5. Segue: *l'autonomia dell'ordine giudiziario e il Consiglio Superiore della Magistratura*

a) Nel valutare il regime costituzionale dei magistrati ordinari, assume un rilievo centrale il discorso concernente le garanzie offerte dalla necessaria esistenza dell'apposito **Consiglio superiore**. Talune delle varie giurisdizioni speciali possono anche esser dotate di strumenti, più o meno analoghi, di «*autogoverno*»: così, specialmente, presso il Consiglio di Stato è in funzione un «consiglio di presidenza», costituito per la maggior parte da componenti eletti dai magistrati amministrativi, che svolge funzioni corrispondenti a quelle proprie del CSM [34]. Ma solo quest'ultimo collegio è stato previsto dalla stessa Carta costituzionale, che all'art. 104 ne disciplina la composizione, mentre gli artt. 105 ss. fissano i principi relativi alle sue competenze.

Prende corpo, in tal modo, la definizione della magistratura come «ordine autonomo», contenuta nel primo comma dell'art. 104. L'**autonomia** della magistratura stessa non va infatti collocata sul piano della normazione, alla maniera delle potestà legislative e regolamentari, spettanti agli enti autonomi territoriali (v. *supra*, parte II, cap. III, sez. II): malgrado gli spunti rintracciabili sia nella dottrina del periodo statutario (S. Romano), sia nella letteratura giuridica degli anni più recenti (Ferrari), l'attività normativa imputabile alla magistratura in genere e al CSM in particolare rimane confinata in un ambito alquanto ristretto, che non sembra preso in considerazione dalla disciplina costituzionale di cui si discute. Piuttosto, ciò che rende autonomo l'ordine giudiziario sono appunto i limiti che esso comporta, nei confronti degli altri poteri dello Stato e soprattutto dell'esecutivo, sotto forma di «potestà valutativa riservata» al Consiglio superiore (Ferrari), quanto alle persone dei magistrati ordinari. L'autonomia prevista dall'art. 104 non rappresenta perciò un attributo primario, ma è «strumentale» rispetto al valore dell'indipendenza (Bonifacio, Giacobbe). Per necessaria conseguenza, comunque, da essa deriva una corrispondente limitazione delle **attribuzioni del Ministro della giustizia**, che divengono in tal senso residuali, concernendo «l'organizzazione e il funzionamento dei servizi relativi alla giustizia» stessa, nelle parti non spettanti al CSM (nonché la collaborazione con il Consiglio medesimo, specialmente attraverso l'esercizio della «facoltà di promuovere l'azione disciplinare») [35].

In verità, un «Consiglio superiore della magistratura» operava nell'ordinamento italiano già in base alla «legge Orlando» 14 luglio 1907, n. 511. Ma la me-

---

[34] Si vedano gli artt. 7 ss. della legge 27 aprile 1982, n. 186. Del pari, l'art. 15 della legge 7 maggio 1981, n. 180, ha previsto la «costituzione dell'organo di autogoverno della magistratura militare» (concretamente creato dalla legge 30 dicembre 1988, n. 561). E analoghe garanzie sono state disposte dalla legge 13 aprile 1988, n. 117, modificata dal d.lgs. 7 febbraio 2006, n. 32, e, ancora, dalla legge 4 marzo 2009, n. 15, quanto ai magistrati della Corte dei conti.

[35] V. rispettivamente l'art. 110 e l'art. 107, co. 2, Cost.

tà dei suoi componenti era allora di nomina governativa; e tali divennero, in periodo fascista, gli stessi membri dapprima eletti dai magistrati delle Cassazioni regionali. Ciò che più conta, in quelle fasi il Consiglio non si collocava al livello del diritto costituzionale. Mentre la circostanza che la Costituzione repubblicana lo disciplini in maniera dettagliata ha fatto addirittura credere che esso sia oggi divenuto un *organo costituzionale* propriamente detto (Balladore Pallieri, Biscaretti di Ruffia, Spagna Musso).

Prevale, tuttavia, l'opinione negativa, incline a definirlo – riduttivamente – quale **organo di rilievo costituzionale** (Barile, Cheli, Mazziotti, Mortati); e in questi termini si è espressa, da ultimo, anche la Corte costituzionale [36]. Definizioni del genere sono indubbiamente il frutto della preventiva scelta – spiccatamente convenzionale – dell'una piuttosto che dell'altra nozione di organo costituzionale dello Stato e quindi sono in buona misura convenzionali (Bartole). Se però si trascendono le concezioni formali o letterali, guardando al di là del testo della Costituzione e mirando invece alle funzioni e alla posizione degli organi supremi dell'apparato statale, le istituzioni effettivamente costituzionali si riducono a quattro: il Parlamento, il Governo, il Presidente della Repubblica, la Corte costituzionale. Di questi soli poteri può infatti sostenersi che essi detengono una posizione di parità reciproca, al vertice dell'organizzazione costituzionale dello Stato, svolgendo attribuzioni incidenti sull'indirizzo politico e aventi per parametro immediato la Costituzione stessa. Il che non si riscontra nel caso del Consiglio superiore della magistratura, che non attua in maniera diretta le norme costituzionali né incide in alcun modo sulla politica nazionale, ma opera in applicazione di norme legislative ordinarie, come quelle che compongono l'ordinamento giudiziario.

A rafforzare questi assunti concorre la considerazione che il Consiglio superiore non è il vertice dell'ordine giudiziario né – come pure suoi dirsi – l'organo di governo della magistratura. Nel primo senso si può ragionare se mai – secondo uno spunto offerto dallo stesso CSM, in una relazione sullo stato della giustizia italiana – di «*vertice organizzativo*» (ferme restando, peraltro, le funzioni del Ministro, come pure le scelte previamente effettuabili dal legislatore ordinario). Nel secondo senso, data l'indipendenza garantita ad ogni giudice, quello spettante al Consiglio è solamente il «*governo del personale*» (Capaccioli), sicché la sua pretesa funzione governante va intesa in modo quanto mai circoscritto e atecnico (Volpe). Del pari, non è dato nemmeno definire il CSM come un organo di autogoverno, rappresentativo dei magistrati ordinari: lo vietano infatti – come ha notato la Corte costituzionale [37] – «la presenza nel Consiglio di membri non tratti dall'ordine giudiziario e la particolare disciplina costituzionale dettata quanto alla presidenza di esso».

---

[36] Cfr. la sent. 3 giugno 1983, n. 148.

[37] Si veda la sent. 18 luglio 1973, n. 142. Del resto, è stato proprio il CSM ad escludere in un parere espresso il 30 maggio 1972 – che fosse corretto qualificarlo come un collegio «rappresentativo degli interessi settoriali della magistratura».

In positivo, dunque, è nettamente preferibile definire il Consiglio superiore come un «*organo di garanzia costituzionale*» (Bonifacio, Giacobbe); e la natura delle sue funzioni, costituzionalmente previste, induce inoltre a qualificarlo come un collegio «fondamentalmente amministrativo» (Pizzorusso) ovvero di «alta amministrazione» (Bessone). Il che non toglie che si tratti di un organo del potere giudiziario (Devoto) e anzi di un potere per sé stante, quanto alla legittimazione attiva e passiva che sembra spettargli nei conflitti di attribuzione fra i poteri dello Stato (Bartole, Mazziotti): ma per la difesa delle proprie competenze e non già di quelle appartenenti alla massa dei giudici ordinari, nell'esercizio della giurisdizione (v. *infra*, parte VI, cap. III, § 1).

b) Per meglio intendere il perché di tali conclusioni, occorre però analizzare – sinteticamente – le norme concernenti la composizione, la struttura e le funzioni del CSM, ricordando la parte essenziale delle problematiche da esse suscitate.

Nel timore di accentuare troppo la «separatezza» dell'ordine giudiziario, i costituenti hanno ritenuto necessaria la compresenza, in seno al Consiglio, di membri eletti dai magistrati e di membri eletti dal Parlamento (non viene fissato il numero totale di componenti, che oggi ammonta a 27). Più precisamente, il secondo e terzo comma dell'art. 104 prevedono **tre componenti di diritto**: cioè il Presidente della Repubblica, che funge da presidente del Consiglio stesso, il primo presidente e il procuratore generale della Corte di cassazione. I **componenti elettivi** (che durano in carica quattro anni e non sono immediatamente rieleggibili) spettano invece per due terzi alla magistratura e per il terzo residuo al Parlamento in seduta comune, secondo l'opzione che l'Assemblea costituente ha tradotto nell'art. 104, co. 4 [38]; attualmente, come previsto dalla legge 28 marzo 2002, n. 44, dei 24 membri elettivi del CSM, 16 vanno scelti «da tutti i magistrati ordinari tra gli appartenenti alle varie categorie» (sono i c.d. *componenti togati*), 8 dalle Camere riunite «tra professori ordinari di università in materie giuridiche e avvocati dopo quindici anni di esercizio» (sono i c.d. *componenti laici*).

Quanto ai **consiglieri eletti dal Parlamento**, basti dire che la loro elezione va effettuata «con la maggioranza di tre quinti dell'assemblea», che si riduce a tre quinti dei votanti dopo il secondo scrutinio [39]. La circostanza che il *quorum* sia stato in tal modo elevato per effetto di una legge ordinaria ha determinato qualche dubbio di legittimità costituzionale (Galeotti), visto che l'art. 64, co. 3, Cost. richiede – di regola – la sola «maggioranza dei presenti, salvo che la Costituzione prescriva una maggioranza speciale». Ma i dubbi sono stati superati, sia perché l'art. 64 non sembra riferibile alle elezioni effettuate dalle assemblee parla-

[38] Il progetto di Costituzione. all'art. 97, co. 2, disponeva anzi che metà da membri elettivi fosse designata «da tutti i magistrati», mentre l'altra metà doveva essere espresse «dall'Assemblea Nazionale fuori del proprio seno».

[39] Cfr. l'art. 22, co. 1, della legge 24 marzo 1958, n. 195 cit.

mentari (Guarino), sia soprattutto perché il CSM non deve esser ridotto, in alcuna delle sue componenti, ad uno strumento della maggioranza di governo (Bartole).

Quanto ai **consiglieri eletti dai magistrati**, va notato che la loro scelta si effettua, «in un collegio unico nazionale per l'elezione di due magistrati che esercitano le funzioni di legittimità presso la Corte suprema di cassazione e la Procura generale presso la stessa Corte»; «in un collegio unico nazionale per l'elezione di quattro magistrati che esercitano le funzioni di pubblico ministero presso gli uffici di merito e presso la Direzione nazionale antimafia»; «in un collegio unico nazionale, per dieci magistrati che esercitano le funzioni di giudice presso gli uffici di merito» (o presso la cassazione, in quanto temporaneamente applicati o addetti all'ufficio del massimario) [40]. La previgente disciplina elettorale configurava un sistema proporzionale sulla base di liste concorrenti, allo scopo di rendere più democratica l'investitura del CSM (Volpe). Ma l'effetto è stato quello di accentuare in seno al Consiglio una sorta di «partitocrazia» (Mortati), sia pure sui *generis*. Oggi il sistema elettorale, come riformato nel 2002, prevede, più semplicemente: candidature singole (ma supportate da una lista di magistrati presentatori in numero non inferiore a venticinque e non superiore a cinquanta); la possibilità per ciascun magistrato di votare un solo candidato per ognuno dei tre collegi; l'elezione dei candidati che abbiano ottenuto il maggior numero di voti, in numero pari a quello dei seggi da assegnare in ciascun collegio.

Le strutture del Consiglio non sono state considerate dalla Carta costituzionale, fatta eccezione per gli uffici di **Presidente** e di **Vicepresidente**. Dopo un lungo dibattito, nel corso del quale più d'uno avrebbe voluto puntare sul primo presidente della Cassazione, l'art. 104, co. 2, Cost. ha conferito la presidenza al Capo dello Stato, che i costituenti concepivano come un soggetto imparziale per eccellenza (nella sua veste di garante dei valori costituzionali). Ma proprio questa scelta ha reso necessario prevedere un Vicepresidente, dal momento che il Capo dello Stato non è materialmente in grado di esercitare in maniera effettiva e ininterrotta le funzioni presidenziali riguardanti il Consiglio. Il titolare dell'organo vicario, espressamente menzionato dall'art. 104, co. 5, va dunque eletto dal Consiglio stesso «fra i componenti designati dal Parlamento»; e ad esso spetta il potere-dovere di svolgere le funzioni delegategli dal Presidente, di assolvere gli altri compiti indicati dalla legge istitutiva, nonché di sostituire il Presidente «in caso di assenza o impedimento» [41].

---

[40] Cfr. l'artt. 23, co. 1 e 2, della legge n. 195/1958 cit., come modificata dalla legge 28 marzo 2002, n. 44.

[41] Cfr. l'art. 19 della legge n. 195/1958 cit. Che l'effettiva presidenza sia quella spettante all'organo vicario risulta, del resto, dall'art. 2 della legge cit., onde un «Comitato di presidenza», composto dal Vicepresidente e dai due membri di diritto facenti parte della Cassazione, «promuove l'attività e l'attuazione delle deliberazioni del Consiglio».

A sua volta, nemmeno la legge istitutiva contiene una compiuta disciplina degli altri organi del Consiglio, limitandosi invece a disporre in via di massima che in seno al CSM agiscono varie **commissioni referenti**, nominate dal Presidente sulla base di un potere consiliare di autoorganizzazione. La legge stessa, però, prevede specificamente una Commissione per il conferimento degli uffici direttivi [42] e, soprattutto, una **sezione disciplinare**, cui compete la «cognizione dei procedimenti disciplinari a carico dei magistrati» [43]. Vero è che l'art. 105 Cost. parrebbe conferire i giudizi disciplinari all'intero Consiglio e non ad una sua sezione. Ma la Corte costituzionale ha ritenuto che il criterio seguito dalla legge istitutiva non possa dirsi illegittimo, purché le componenti del CSM concorrano a formare proporzionalmente la sezione stessa, come in effetti si verifica nell'ordinamento vigente [44]; e anzi la soluzione accolta risulta la più congrua, ave si consideri che quelle spettanti alla sezione disciplinare sono le sole *funzioni giurisdizionali* del Consiglio, in antitesi a tutte le altre funzioni di natura amministrativa.

Giudizi disciplinari a parte, le **funzioni tipiche** del CSM riguardano – fondamentalmente – le *assegnazioni,* i *trasferimenti* e le *promozioni* dei giudici ordinari: cioè tutte le delibere amministrative attinenti allo *status* dei magistrati in questione. Il contenuto dei conseguenti atti va determinato dal Consiglio, appunto allo scopo di assicurare l'indipendenza dei giudici stessi; ed i membri del collegio sono resi a loro volta indipendenti, sia dalla norma costituzionale che ne vieta l'immediata rielezione, sia dalla norma legislativa che ne esclude la punibilità «per le opinioni espresse nell'esercizio delle loro funzioni», purché «concernenti l'oggetto della discussione» [45].

Ma la fase costitutiva del procedimento dev'essere seguita da una fase perfettiva, imperniata sui *decreti del Presidente della Repubblica*, controfirmati dal Ministro della giustizia, cn cui si recepiscono le deliberazioni consiliari [46]; il che non offende l'autonomia della magistratura, la quale non può essere «avulsa dall'ordinamento generale dello Stato», né può prescindere dal rispetto dei principi del diritto amministrativo [47]. Inoltre, rimane ferma l'impugnabilità dei decreti in questione dinanzi ai giudici amministrativi, su ricorso dei magistrati che si ritengano lesi dai relativi provvedimenti; mentre, per ciò che riguarda le

---

[42] Cfr. l'art. 11, co. 3, della legge cit.

[43] Cfr. l'art. 4 della legge cit.

[44] Si veda la sent. 29 gennaio 1971, n. 12.

[45] V. rispettivamente l'art. 104, co. 6, Cost. e l'art. 32 *bis* della legge n. 195/1958 cit., introdotto dall'art. 5 della legge 3 gennaio 1981, n. 1. Quest'ultimo disposto è stato ritenuto legittimo dalla Corte costituzionale – mediante la sent. n. 148/1983 cit. – giacché «la garanzia che il Consiglio è chiamato ad offrire in tal campo, proprio per poter essere effettiva, richiede a sua volta che i componenti del Consiglio stesso siano liberi di manifestare le loro convinzioni, senza venire in sostanza costretti ad autocensure che minerebbero il buon andamento della magistratura».

[46] Cfr. l'art. 17, co. 1, della legge n. 195/1958 cit.

[47] Si veda, in tal senso, la sent. 23 dicembre 1963, n. 168 della Corte costituzionale.

sentenze con cui la sezione disciplinare conclude i giudizi di sua competenza, è ammesso ricorso alle sezioni unite della Cassazione, sulla base della regola dettata dal secondo comma dell'art. 111 Cost. [48]. Come ha rilevato la Corte costituzionale, gli appartenenti alla magistratura non possono rimanere «indifesi» di fronte a possibili lesioni dei loro diritti e interessi legittimi da parte del CSM; e la sottoposizione del Consiglio ad un sindacato giurisdizionale «di stretta legittimità» non vale a vanificare od attenuare la «funzione garantistica» che gli compete [49].

Peraltro, diversa è la natura e diverso è il regime delle **funzioni atipiche**, a mano a mano assunte dal CSM al di fuori dei disposti costituzionali e legislativi che lo riguardano, secondo l'implicita premessa che non si tratti di previsioni tassative. È questo, anzitutto, il caso delle *relazioni sullo stato della giustizia* che il Consiglio ha più volte inviato al Ministro per la trasmissione alle Camere, sulla base dei lavori di un'apposita commissione per i rapporti con il Parlamento e il Governo, senza supporti costituzionali e legislativi di sorta: in quanto la legge istitutiva prescrive bensì che il Consiglio esprima «proposte» e «pareri» sull'ordinamento giudiziario, sull'amministrazione della giustizia, sull'organizzazione e il funzionamento dei relativi servizi, ma indirizzandoli al solo Ministro competente, sul quale grava la responsabilità nei confronti delle assemblee parlamentari [50].

Inoltre, rientrano in tal campo le *inchieste* sul funzionamento di determinati uffici giudiziari, frequentemente effettuate dal Consiglio non senza interferire con i compiti riservati alla sezione disciplinare. Ancora, si aggiungono le cosiddette *funzioni «paranormative»*, svolte dal CSM per prestabilire i criteri di esercizio delle attribuzioni tipiche, costituzionalmente fondate. Alcuni autori (Devoto, Pizzorusso) non esitano anzi a ragionare, in proposito, di «vere e proprie norme regolamentari». Sembra però più corretto definire gli atti in questione come *circolari*, impegnative per il Consiglio ma dotate di una mera «efficacia persuasiva» (Volpe) nei confronti delle autorità giurisdizionali chiamate a sindacare le deliberazioni consiliari [51]. Per contro, le normative regolamentari del Consiglio, propriamente intese, si risolvono in pochissimi casi: dal «regolamento interno», espressamente previsto nella legge istitutiva, al regolamento sul tirocinio degli uditori giudiziari, basato sulle disposizioni di attuazione della legge medesima [52].

---

[48] V. rispettivamente il secondo e il terzo comma dell'art. 17 della legge cit.

[49] Cosi ha motivato la sent. 14 maggio 1968, n. 44.

[50] Cfr. l'art. 10, penultimo comma, della legge n. 195/1958 cit. Sulla «responsabilità politica del guardasigilli, come esponente del Governo, verso il Parlamento, per l'esercizio dei poteri che istituzionalmente a questo competono», si è pronunciata anche la Corte costituzionale, con la sent. n. 168/1963 cit.

[51] Che le «circolari» del CSM possano «dar vita ad una prassi», ma non produrre «diritto vivente», è stato affermato dalla Corte costituzionale nella sent. n. 86/1982 cit.

[52] V. l'art. 20, n. 7 della legge n. 195/1958 cit.

NOTA BIBLIOGRAFICA – Sul ***referendum* abrogativo**, oltre agli autori citati nella nota bibliografica al cap. III della parte II, v. GUARINO. *Il referendum e la sua applicazione al regime parlamentare*, in *Rass. dir. pubbl.*, 1947. I, p. 30 ss.; MAZZIOTTI, *I conflitti di attribuzione fra i poteri dello Stato*, Milano, 1972; CHIAPPETTI, *L'ammissibilità del referendum abrogativo*, Milano, 1974; DE MARCO, *Contributo allo studio del referendum nel diritto pubblico italiano*, Padova, 1974; AA.VV., *Referendum, ordine pubblico, Costituzione*, Milano, 1978; MEZZANOTTE, NANIA, *Referendum e forma di governo in Italia*, in *Dem. dir.*, 1981, p. 51 ss.; AA.VV., *Forme della democrazia ed uso del Referendum*, in *Quad. cost.*, 1985, n. 2; PIZZORUSSO, *Il Referendum e l'evoluzione della costituzione materiale vigente in Italia*, in *Foro it.*, 1985, I, c. 329 ss.; CHIOLA, *Il Referendum come atto legislativo: conflitto fra richieste e limiti*, in *Pol. dir.*, 1987, p. 335 ss.; AA.VV., *Referendum,* a cura di Luciani e Volpi, Bari, 1992; SALERNO, *Il referendum*, Padova, 1992; LUCIANI, *Art. 75*, in *Commentario alla Costituzione*, a cura di Branca e proseguito da Pizzorusso, Bologna-Roma, 2005; BARBERA, MORRONE, *La Repubblica dei referendum*, Bologna, 2011. Sui **principi costituzionali riguardanti il potere giurisdizionale** v. AA.VV., *L'ordinamento giudiziario*, a cura di Pizzorusso, Bologna, 1974; NIGRO, *Corte costituzionale e magistratura*, in *La Corte costituzionale tra norma giuridica e realtà sociale*, Bologna, 1978, p. 347 ss.; PIZZORUSSO, *L'organizzazione della giustizia in Italia*, Torino, 1982; AA.VV., *Il giudice e l'organizzazione giudiziaria*, in *Quad. cost.*, 1983, n. 1; SILVESTRI, *Giudici ordinari, giudici speciali e unità della giurisdizione nella Costituzione italiana*, in *Scritti Giannini*, Milano, 1988, III, p. 707 ss. (nonché *Giustizia e giudici nel sistema costituzionale*, Torino, 1997); POGGI, *Il sistema giurisdizionale tra «attuazione» e «adeguamento» della Costituzione*, Napoli, 1995; BARTOLE, *Il potere giudiziario*, Bologna, 2008; ZANON, BIONDI *Il sistema costituzionale della magistratura*, Bologna, 2014. Sul **Consiglio Superiore della Magistratura e sui problemi che lo coinvolgono** v. GALEOTTI, *Sull'elezione dei giudici della Corte costituzionale di competenza del Parlamento*, in *Rass. dir. pubbl.*, 1954, I, p. 56 ss.; GUARINO, *Deliberazione-nomina-elezione*, in *Riv. it. sc. giur.*, 1954, p. 73 ss.; BARTOLE, *Autonomia e indipendenza dell'ordine giudiziario*, Milano, 1964 (nonché *Materiale per un riesame della posizione del Consiglio superiore della magistratura*, in *Scritti Mortati*, cit., IV, p. 1 ss.); CHELI, *Organi costituzionali e organi di rilievo costituzionale*, in *Arch. giur.*, 1965, p. 155 ss.; FERRARI, *Consiglio superiore della magistratura, autonomia dell'ordine giudiziario e magistrati*, in *Studi Esposito*, cit., IV, p. 2263 ss.; BESSONE, *Quale riforma per il Consiglio superiore della magistratura?*, in *Giur. it.*, 1985, IV, p. 63 ss.; R. TERESI, *Il Consiglio superiore della magistratura*, Milano, 1985; ARCIDIACONO, *La Presidenza del Consiglio superiore della magistratura*, in *Studi Condorelli*, Milano, 1988, II, p. 33 ss.; AA.VV., *Il Consiglio superiore della magistratura*, in *Quad. cost.*, 1989, n. 3 e 1990, n. 2; VERDE, *L'amministrazione della giustizia fra Ministro e Consiglio superiore*, Padova, 1990; AA.VV., *Dibattito sul ruolo del Consiglio superiore della magistratura*, in *Giur. cost.*, 1992, p. 3817 ss.; nonché la *Relazione della Commissione presidenziale per lo studio dei problemi relativi alla normativa e alle funzioni del Consiglio superiore della magistratura*, in *Giur. cost.*, 1991, p. 986 ss.; PANIZZA, *Art. 104*, in *Commentario alla Costituzione*, a cura di Bifulco, Celotto, Olivetti, Torino, 2006.

PARTE IV
LE AUTONOMIE TERRITORIALI

CAPITOLO I
LE REGIONI

SOMMARIO: 1. Profili storici della riforma regionale. – 2. Le forme regionali di governo – 3. L'assetto dei consigli; il procedimento legislativo regionale. – 4. La Giunta regionale e il suo Presidente. – 5. L'amministrazione regionale; i rapporti fra le Regioni e gli enti autonomi minori. – 6. La finanza regionale.

1. *Profili storici della riforma regionale*

a) Il dibattito sulle Regioni, che aveva già contraddistinto parecchi momenti del periodo statutario, si riapre in Italia non appena caduto il regime fascista; ma non produce esiti concreti, per oltre vent'anni, se non nei riguardi delle autonomie regionali differenziate, gradualmente costituite in certe zone marginali del Paese, a partire dalla caduta del regime fascista.

È il Governo Badoglio a creare, dapprima, un «Alto Commissario» e una «Giunta consultiva» (ben presto sostituita da una «Consulta» rappresentativa delle forze locali), relativamente alla **Sardegna**; per poi dare vita ad analoghe strutture anche in Sicilia [1]. Senonché, mentre la Sardegna non acquista ancora una vera autonomia, la necessità di contrastare il separatismo conduce, viceversa, alla rapidissima emanazione di uno **Statuto speciale per la Regione siciliana**. A seguito di un voto espresso dalla Consulta dell'Isola, viene infatti elaborato un progetto di statuto, fatto proprio dal Governo nazionale prima ancora che si formi l'Assemblea costituente [2].

Già nel 1945, d'altronde, un embrione di autonomia regionale si produce nella **Valle d'Aosta**, sotto forma di circoscrizione autonoma, in corrispondenza della quale viene eretto un apposito ente pubblico, dotato di vastissime competenze amministrative [3]. E subito dopo la fine della guerra un passo determinante verso la creazione di un'altra Regione a statuto speciale, fondata sull'esigenza di

[1] V. rispettivamente i r.d.l. 27 gennaio 1944, n. 21, e 18 marzo 1944, n. 91 (nonché i d.lgs.lgt. 28 dicembre 1944, nn. 416 e 417).

[2] Si veda il r.d.lgs. 15 maggio 1946, n. 455.

[3] Cfr. il d.lgs.lgt. 7 settembre 1945, n. 545.

offrire un'efficace tutela alla minoranza linguistica tedesca, si effettua con *l'accordo italoaustriaco De Gasperi-Gruber*, concluso a Parigi il 5 settembre del 1946: in cui si prefigura una nuova autonomia territoriale, destinata a coincidere con l'area abitata dalla minoranza stessa.

Tanto in relazione alla Sicilia, alla Sardegna e alla Valle d'Aosta, quanto in vista dell'Alto Adige, l'Assemblea costituente si trova, pertanto, di fronte ad una serie di passi più o meno compiuti: il che spiegala rapidissima approvazione di quattro leggi costituzionali, contenenti i rispettivi statuti (anche se l'Alto Adige non viene preso in considerazione come tale, ma eretto in Provincia autonoma e quindi inserito, accanto alla Provincia di Trento, nella **Regione Trentino-Alto Adige**) [4]. Nel prevedere «forme e condizioni particolari di autonomia», l'art. 116 Cost. si riferisce testualmente, anzi, ad una quinta Regione differenziata: vale a dire al **Friuli-Venezia Giulia**. Ma la stessa Costituzione introduce – nella X disp. trans. – una riserva per cui tale Regione avrebbe dovuto, «provvisoriamente», subire il regime comune delle Amministrazioni regionali ordinarie. In realtà, anche la X disp. trans. è rimasta inapplicata: con la conseguenza che il Friuli-Venezia Giulia è stato senz'altro costituito come Regione a statuto speciale, una volta che lo hanno consentito le singolari vicende di diritto internazionale e interno, alle quali era stata sottopostala parte più orientale del nostro Paese [5]. Ma il processo formativo (e riformativo) delle autonomie differenziate non si è ancora concluso a quel punto; basti infatti ricordare che un *nuovo statuto per il Trentino-Alto Adige* è stato introdotto nel 1972, sulla base di una legge costituzionale che ha privilegiato le autonomie provinciali di Bolzano e di Trento, rispetto alla complessiva autonomia regionale [6].

b) Molto più lento e accidentato si è rivelato, nel frattempo, il processo costitutivo delle **autonomie regionali ordinarie**. L'VIII disposizione transitoria costituzionale prevedeva che le elezioni dei Consigli regionali di diritto comune, destinati ad operare sulla base delle disposizioni generali del titolo V, fossero indette «entro un anno dall'entrata in vigore della Costituzione»; ma il termine venne variamente prorogato, dapprima al 30 ottobre 1949 e quindi al 31 dicembre 1950, restando in ogni caso inosservato. Durante la prima legislatura repubblicana, il solo passo verso l'attuazione della riforma regionale su tutto il territorio del Paese fu rappresentato alla *legge 10 febbraio 1953, n. 62* (intitolata «Costituzione e funzionamento degli organi regionali»). Malgrado il suo titolo, però,

---

[4] Cfr. le legge cost. 26 febbraio 1948, nn. 2, 3, 4 e 5.

[5] Cfr. la legge cost. 31 gennaio 1963, n. 1, preceduta dal *Memorandum d'Intesa* del 5 ottobre 1954, che ha consentito il graduale riestendersi dell'ordinamento giuridico italiano nel territorio di Trieste.

[6] Si veda la legge cost. 10 novembre 1971, n. 1, alla quale ha fatto seguito il d.P.R. 31 agosto 1972, n. 670 cit.

quella legge non ebbe alcun seguito concreto per oltre quindici anni: nel corso dei quali l'unico passo ulteriore è consistito nell'istituzione della *Regione Molise*, accanto alle quattordici Regioni ordinarie già individuate dal testo originario dell'art. 131 Cost. [7].

È appena nella seconda metà degli anni Sessanta, che l'applicazione del titolo V si sblocca, con l'approvazione della *legge 17 febbraio 1968, n. 108*, disciplinante l'elezione dei Consigli delle Regioni di diritto comune; ed è con quel fondamento che si procede alla prime elezioni consiliari del 7 giugno 1970, subito dopo l'entrata in vigore della cosiddetta **legge finanziaria** 16 maggio 1970, n. 281. Ma l'*iter* formativo si prolunga, in effetti, nel corso degli anni Settanta: dapprima, cioè, sulla base di una delega legislativa contenuta nella «legge finanziaria» viene adottata una serie di decreti legislativi per il trasferimento – dallo Stato alle Regioni – delle funzioni amministrative nelle materie elencate nell'art. 117 Cost., dei relativi uffici e del personale ad essi addetto [8]; e successivamente si provvede a completare il trasferimento stesso mediante il **d.P.R. 24 luglio 1977, n. 616**, frutto di una nuova delega legislativa operata in tal senso a favore del Governo [9]. Senonché la sistemazione dei rapporti fra lo Stato e le Regioni, inclusa la definizione delle rispettive competenze, non poteva dirsi compiuta neppure a questo punto; tanto è vero che l'ordinamento regionale andava assumendo forme continuamente nuove, dovute alle più varie leggi statali che intervenivano nelle materie nominalmente regionali, suscitando ininterrotte controversie politiche e anche giurisdizionali, tali da impegnare in misura crescente la Corte costituzionale.

Nella seconda metà degli anni Novanta, è precisamente per mezzo di leggi statali ordinarie e di atti equiparati che Parlamento e Governo hanno allargato nuovamente la sfera dell'autonomia regionale, nell'attesa di quella profonda riforma del titolo V della Costituzione che sarebbe sopraggiunta di lì a poco. Da un lato, infatti, il capo I della «legge Bassanini» 15 marzo 1997, n. 59, ha delegato l'esecutivo a conferire alle Regioni e agli enti autonomi locali «funzioni e compiti amministrativi» in tutte le materie che la legge stessa non riservava allo Stato: ben oltre, comunque, l'elenco dell'art. 117 Cost. e lo stesso decreto n. 616/1977. D'altro lato, la delega è stata in effetti esercitata mediante una serie di decreti legislativi, fra i quali spicca il d.lgs. 31 marzo 1998, n. 112. Ed è con questo atto che è stato conseguito, a Costituzione invariata, il massimo del decentramento amministrativo storicamente realizzatosi in Italia (Falcon). Nell'ultima fase dell'evoluzione dell'ordinamento, dopo il fallimento del tentativo perseguito con l'istituzione della Commissione bicamerale per le riforme costituzionali, ad una profonda riforma si è comunque pervenuti con l'approvazione delle **leg-**

---

[7] Cfr. la legge cost. 27 dicembre 1963, n. 3.

[8] Si vedano i d.P.R. 14-15 gennaio 1972, nn. 1-11, fondati sull'art. 17 della legge n. 281 cit.

[9] Vedi l'art. 1 della legge 22 luglio 1975, n. 382, contenente nuove nonne sull'ordinamento regionale.

gi cost. 22 novembre 1999, n. 1, 31 gennaio 2001, n. 2, 18 ottobre 2001, n. 3; l'ultima delle quali è stata sottoposta, con successo, ad un *referendum* ai sensi dell'art. 138 Cost.

2. *Le forme regionali di governo*

Nel disciplinare l'organizzazione costituzionale delle Regioni ordinarie, l'art. 121 Cost. esordisce disponendo che «sono organi della Regione: il Consiglio regionale, la Giunta e il suo Presidente». Vero è che l'art. 121 non esclude affatto, malgrado il suo testo, l'istituzione di altri organi regionali del più vario genere, alcuni dei quali erano presupposti o anche menzionati dal titolo V. Non si tratta, perciò, di un numero chiuso, come pure era stato sostenuto (Sorace); quelli indicati dall'art. 121, co. 1, sono invece gli *organi costituzionali necessari*, al di là dei quali le leggi regionali possono configurare organi ulteriori (Orsi Battaglini, Carli), purché in posizioni subordinate e non di governo [10].

Ma quali sono i rapporti intercorrenti fra i tre organi fondamentali dell'Ente Regione, con particolare riguardo al legislativo e all'esecutivo?

Prima della riforma introdotta con la legge cost. n. 1/1999, l'art. 122 Cost. affidava al Consiglio regionale l'elezione del Presidente e dei membri della Giunta, definendo la stessa quale «organo esecutivo», ma non chiarendo quali fossero i rapporti tra Giunta e Consiglio. La dottrina era pressoché concorde nell'affermare che la Costituzione avesse scartato l'idea di una forma presidenziale di governo e anche l'ipotesi di una forma direttoriale di governo, lasciando piuttosto aperta la scelta tra una delle forme rimanenti, *intermedie fra il modello parlamentare e il modello assembleare*. La scelta sarebbe stata quindi rimessa agli statuti, ordinari o speciali. Questi ultimi, per le *Regioni ad autonomia speciale*, hanno configurato una *forma di governo tendenzialmente parlamentare* (con l'esclusione di un equivalente della figura che nel modello statale è rappresentata dal Capo dello Stato). Secondo gli statuti speciali, le Giunte erano titolari di tutte le funzioni amministrative, e soprattutto, più o meno esplicitamente, veniva presupposto un rapporto di fiducia tra Giunta e Consiglio, prevedendosi tra l'altro nei regolamenti consiliari le mozioni di fiducia o sfiducia.

Per quanto concerne le *Regioni ordinarie*, i rispettivi statuti – quantomeno nella loro versione originaria, risalente agli anni Settanta – hanno disciplinato una *forma di governo tendenzialmente assembleare*, riservando al Consiglio, oltre alla determinazione dell'indirizzo politico e amministrativo, tutta una serie di attribuzioni amministrative (piani e programmi di competenza regionale, nomine di amministratori di enti controllati dalla Regione ...).

---

[10] Si veda, in tal senso, la sent. 10 marzo 1983, n. 48, della Corte costituzionale.

Le riforme costituzionali hanno radicalmente innovato la disciplina della **forma di Governo regionale**; in questo caso, in ordine cronologico, conviene iniziare dalle Regioni ordinarie, per le quali ora (art. 123 Cost.) il riferimento principale è dato dallo statuto, approvato con legge regionale (v. *supra*, parte II, cap. III, § 23). Non pochi, tuttavia, sono i vincoli derivanti direttamente dal testo della Costituzione, soprattutto dall'art. 122 Cost., dal quale si desume che la scelta fondamentale, rimessa agli statuti, è quella tra elezione del Presidente della Giunta a suffragio universale e diretto ed elezione con modalità diversa (cioè ad opera del Consiglio regionale): nel primo caso il Presidente eletto si vedrà necessariamente riconosciuto il potere di nomina e revoca dei componenti della Giunta; inoltre (art. 126 Cost.), la cessazione della carica del Presidente – per approvazione di una mozione di sfiducia da parte del Consiglio, ma anche in caso di morte, impedimento permanente, dimissioni o rimozione – determinerà inevitabilmente le dimissioni della Giunta e lo scioglimento del Consiglio regionale (si utilizza, al riguardo, l'espressione latina *aut simul stabunt, aut simul cadent*). Alla medesima conseguenza (dimissioni della Giunta e scioglimento del Consiglio) si arriverà anche in caso di dimissioni contestuali della maggioranza dei componenti il Consiglio (c.d. autoscioglimento).

Il **rapporto di fiducia tra Presidente, con la sua Giunta, e Consiglio** è dunque alla base della forma di governo regionale, e lo stesso accade, a maggior ragione, nei casi in cui il Presidente sia eletto dal Consiglio (la differenza sta, in questo caso, nelle conseguenze del voto di sfiducia, avendo il Consiglio la possibilità di eleggere un nuovo Presidente). Per il resto, il Consiglio continua in ogni caso ad essere titolare della funzione legislativa; la Giunta è definita dall'art. 122 Cost. quale «organo esecutivo», e la configurazione «a tre organi necessari» (Presidente, Giunta, Consiglio) viene ribadita dall'art. 121 Cost., essendo però ammessa l'istituzione, per mezzo delle previsioni statutarie, di ulteriori organi. Oltre alla scelta fondamentale di cui sopra, quanto all'elezione del Presidente, agli statuti regionali vengono riconosciuti ulteriori margini di discrezionalità: ad esempio, saranno gli statuti a definire a quali organi spetti il potere di adottare regolamenti di esecuzione delle leggi regionali (v. *supra*, parte II, cap. III, § 26); a chi spetti la nomina dei componenti la Giunta nel caso in cui il Presidente non sia eletto a suffragio universale; e come vengano esercitate la funzione di indirizzo politico in ambito regionale e la funzione di controllo del Consiglio nei confronti del Presidente e della Giunta.

Da queste scelte dipende la definizione della forma di governo regionale dopo le riforme costituzionali: l'esistenza del rapporto di fiducia tra Consiglio e Presidente (e Giunta) esclude le forme di governo presidenziali e anche semi-presidenziali (non essendo configurabile un «governo» regionale separato dal Presidente); nel contempo, la non terzietà del Presidente della Regione rende difficile accostare la forma di governo regionale ad un modello parlamentare in senso classico, e tale accostamento diviene impraticabile ove il Presidente – come previsto in tutti i vigenti statuti delle Regioni ordinarie – sia eletto dal popolo. Per la stessa ragione, e anche per l'attribuzione delle funzione esecutiva alla Giunta, è impossibile altresì ricorrere al modello assembleare. Ne risulta, per esclusione, una forma di governo che parte della dottrina definisce come «neoparlamentare», e che comunque presenta un maggior livello di razionalizzazione (cioè di garanzia di una qualche stabilità di governo) rispetto alla forma di governo statale.

Come altrove ricordato, (v. *supra*, parte II, cap. III, § 24), le legge cost. n. 2/2001 consente alle Regioni a statuto speciale e alle Province autonome di Trento e Bolzano di disciplinare la rispettiva forma di Governo con legge regionale o provinciale approvata secondo un procedimento aggravato, sottoponendo le scelte del legislatore regionale a vincoli sostanzialmente analoghi a quelli dettati dagli artt. 121 e 122 Cost.; al riguardo, la Regione Valle d'Aosta e la Provincia di Bolzano, diversamente dalle altre Regioni autonome e dalla Provincia di Trento, hanno optato in favore dell'elezione del Presidente ad opera del Consiglio.

Alle Regioni ordinarie è oggi riconosciuta, dall'art. 122 Cost., co. 1, la **potestà legislativa in materia di elezioni del Consiglio regionale e del Presidente della Giunta** e di individuazione dei casi di ineleggibilità e di incompatibilità del Presidente e degli altri componenti della Giunta regionale, nonché dei consiglieri regionali, ma tale potestà deve essere esercitata nel rispetto dei principi fondamentali stabiliti con legge statale, la quale dispone anche quanto alla durata degli organi elettivi. La legge statale di principio è la 2 luglio 2004, n. 165, che tra l'altro introduce la non rieleggibilità, al termine del secondo mandato consecutivo, del Presidente eletto a suffragio universale, e fissa in cinque anni la durata in carica degli organi elettivi della Regione. Inoltre, anche in attuazione degli artt. 51 e 117, co. 9, Cost., le Regioni devono promuovere le pari opportunità tra donne e uomini nell'accesso alle cariche elettive, prevedendo un equilibrio di genere tra le candidature (nel senso che in ciascuna lista o, nei collegi uninominali, per le candidature presentate con il medesimo simbolo, i candidati dello stesso sesso non possono eccedere il 60 per cento del totale), e introducendo la c.d. «preferenza di genere» (se la legge consente l'espressione di preferenze, l'elettore deve poterne esprimere almeno due, di cui una riservata a un candidato di sesso diverso, pena l'annullamento delle preferenze successive alla prima).

Ai tre organi già necessari in base all'art. 121 Cost. ante riforma, la legge cost. n. 1/1999, ha aggiunto il **Consiglio delle autonomie locali** (CAL), demandandone la disciplina allo statuto (art. 123, co. 4, Cost.), e definendolo quale «organo di consultazione tra regioni ed enti locali». Ai CAL – variamente composti nelle varie Regioni, ma formati principalmente da rappresentanti di province e comuni – sono attribuite, dagli statuti, funzioni consultive (espressione di pareri su modifiche statutarie o su determinati disegni di legge, o su strumenti di pianificazione o programmazione, anche finanziaria) variando semmai l'effetto che scaturisce dall'eventuale parere negativo espresso dall'organo (potendone risultare, o meno, un aggravamento del procedimento di approvazione della legge o del documento sottoposto a parere).

3. *L'assetto dei consigli; il procedimento legislativo regionale*

a) La citata **legge n. 165/2004**, oltre alle norme dedicate alla tutela delle pari opportunità di genere, prevede questi ulteriori **principi fondamentali**: a) individuazione di un sistema elettorale che agevoli la formazione di stabili maggioranze nel Consiglio regionale e assicuri la rappresentanza delle minoranze; b) contestualità dell'elezione del Presidente della Giunta regionale e del Consiglio regionale, se il Presidente è eletto a suffragio universale e diretto. Previsione, nel caso in cui la regione adotti l'ipotesi di elezione del Presidente della Giunta regionale secondo modalità diverse dal suffragio universale e diretto, di termini temporali tassativi, comunque non superiori a novanta giorni, per l'elezione del Presidente e per l'elezione o la nomina degli altri componenti della Giunta; c) divieto di mandato imperativo.

Le regioni che hanno approvato una nuova legge elettorale hanno tratto ispirazione (pur introducendo diverse varianti) dal modello configurato dalla legge 23 febbraio 1995, n. 43, comunque previsto in via transitoria, fino alla approvazione dei nuovi statuti, dall'art. 5 della legge cost. n. 1/1999; tale modello prevede l'assegnazione dei seggi per quattro quinti in favore di liste provinciali concorrenti, con metodo proporzionale, e per un quinto in favore della più votata tra le liste regionali concorrenti, appoggiate da uno più gruppi di liste provinciali (facenti capo, dunque, ad una sola forza politica, o ad una coalizione). L'elettore, con un'unica scheda elettorale, può votare una lista provinciale – in tal caso potendo esprimere un voto di preferenza come da legge n. 165/2004 – e/o la lista regionale collegata oppure anche una lista regionale diversa (non si possono esprimere preferenze tra i candidati nelle liste regionali). Il sistema prevede l'attribuzione di un premio di maggioranza, che si applica qualora nessun gruppo di liste provinciali, o nessuna coalizione di liste abbia conseguito almeno il 55% dei seggi; il premio consiste nella attribuzione di tutta la quota di lista regionale (20%) al gruppo o ai gruppi coalizzati di maggioranza relativa, e in un ulteriore incremento dei seggi assegnati al Consiglio in caso di insufficienza del primo strumento, sino a concorrenza della citata percentuale. L'incremento può portare al raggiungimento di una soglia ancora maggiore (il 60%) se la lista regionale più votata ha ottenuto almeno il 40% del totale. Le liste regionali sono accompagnate, sulla scheda, dalla indicazione del capolista, che è anche il candidato alla Presidenza della Giunta regionale.

Quanto all'elettorato passivo, ad esso sono dedicati alcuni principi dettati dalla legge n. 165/2004, ai quale i legislatori regionali devono dare attuazione (non potendosi dimenticare, inoltre, le disposizioni di cui al d.lgs. 31 dicembre 2012, n. 235, artt. 7 ss., in tema di **incandidabilità** alle cariche elettive regionali). La legge definisce anzitutto le cause di **ineleggibilità**, che ricorrono qualora le attività o le funzioni svolte dal candidato, anche in relazione a peculiari situazioni delle regioni, possano turbare o condizionare in modo diretto la libera decisione di voto degli elettori ovvero possano violare la parità di accesso alle cariche elettive rispetto agli altri candidati; tali cause possono essere rimosse qualora gli interessati cessino dalle attività o dalle funzioni che determinano l'ineleggibilità, non oltre il giorno fissato per la presentazione delle candidature o altro termine anteriore altrimenti stabilito. I Consigli regionali hanno competenza a decidere sulle cause di ineleggibilità dei propri componenti e del Presidente della Giunta eletto a suffragio universale e diretto, ma è fatta salva la competenza dell'autorità giudiziaria a decidere sui relativi ricorsi. Quanto ai candidati alla carica di Presidente, la legge può prevedere un trattamento diverso in termini di ineleggibilità rispetto ai candidati consiglieri, e in ogni caso la legge deve prevedere il divieto di rieleggibilità del Presidente eletto a suffragio universale alla cessazione del secondo mandato elettivo consecutivo.

Le cause di **incompatibilità** (art. 3 legge n. 165 cit.) incompatibilità si concretano in una situazione di conflitto tra le funzioni svolte dal Presidente o dagli altri componenti della Giunta regionale, o dai consiglieri regionali, e altre situazioni o cariche, comprese quelle elettive, suscettibile di compromettere il buon andamento e l'imparzialità dell'amministrazione ovvero il libero espletamento della carica elettiva, o in caso di conflitto tra le funzioni svolte dagli stessi soggetti e le funzioni svolte dai medesimi presso organismi internazionali o sopranazionali. Le leggi regionali potrebbero prevedere una causa di incompatibilità tra la carica di assessore regionale e quella di consigliere regionale. Analogamente a quanto previsto per le ineleggibilità, è attribuita ai Consigli regionali la competenza a decidere sulle cause di incompatibilità dei propri componenti e del Presidente della Giunta eletto a suffragio universale e diretto, ed è nuovamente fatta salva la competenza dell'autorità giudiziaria a decidere sui relativi ricorsi. Anche in questo caso vi può essere una differenziazione della disciplina dell'incompatibilità nei confronti del Presidente della Giunta regionale, degli altri componenti della stessa Giunta e dei consiglieri regionali; sempre e comunque deve essere consentito all'interessato, entro un termine dall'accertamento della causa di incompatibilità non superiore a trenta giorni, di rimuovere la causa che determina l'incompatibilità.

Come si può facilmente constatare, netto è il divario riscontrabile fra la convalida dei parlamentari e quella dei consiglieri regionali. La prima, infatti, è completamente riservata alle Camere di appartenenza (v. *supra*, parte III, cap. II, § 7). La seconda, per contro, è caratterizzata da deliberazioni consiliari aventi un carattere amministrativo, avverso le quali è sempre ammesso il *ricorso giurisdizionale* al Tribunale amministrativo regionale, qualora si tratti di controversie inerenti alle operazioni elettorali, o al Tribunale civile, quanto alle cause d'ineleggibilità e d'incompatibilità [11].

In effetti, malgrado in entrambi i casi si tratti di organi principalmente legislativi, il regime dei Consigli regionali e dei loro componenti non coincide con quello spettante alle Camere e ai singoli parlamentari. Si pensi alla *discontinuità* dei Consigli regionali, già prevista dalla legge elettorale del 1968, con una formula antitetica rispetto a quanto prevede l'art. 61, co. 2, Cost. per le Camere: «Essi esercitano le loro funzioni, fino al 46° giorno antecedente alla data delle elezioni per la loro rinnovazione» [12]. La Corte costituzionale – con la sent. n. 468/1991 – ha posto rimedio a questa discrasia, chiarendo che fino al termine del quinquennio della loro durata in carica i Consigli non cessano senz'altro ma sono provvisti di «poteri attenuati confacenti alla loro situazione di organi in scadenza».

Del resto, il parallelo fra i Consigli e le Camere non regge in assoluto, neanche per ciò che riguarda le prerogative e i rispettivi ambiti di indipendenza da altri poteri. Sul punto, la Corte costituzionale ha giustamente argomentato che «l'analogia tra le attribuzioni delle assemblee regionali e quelle delle assemblee parlamentari non significa identità e non toglie che le prime si svolgano a livello di autonomia, anche se costituzionalmente garantita, le seconde, invece, a livello di sovranità» [13]. E la stessa Corte, risolvendo un conflitto di attribuzioni avente ad oggetto una deliberazione del consiglio regionale della Liguria, con la quale si decideva di affiancare la dicitura Parlamento della Liguria alla dizione «Consiglio regionale della Liguria», ha affermato (sent. 12 aprile 2002, n. 106) che «solo il Parlamento è sede della rappresentanza politica nazionale (art. 67 Cost.), la quale imprime alle sue funzioni una caratterizzazione tipica e infungibile. In tal senso il *nomen* Parlamento non ha un valore puramente lessicale, ma possiede anche una valenza qualificativa, connotando, con l'organo, la posizione esclusiva che esso occupa nell'organizzazione costituzionale».

Per difendere l'indipendenza consiliare, gli statuti ordinari e speciali riaffermano concordemente *l'esclusione del mandato imperativo*, in termini sostanzialmente identici a quelli risultanti dall'art. 67 Cost. Di più: la stessa Costituzione stabilisce che «i consiglieri regionali non possono essere chiamati a rispondere delle opinioni espresse e dei voti dati nell'esercizio delle loro funzioni» [14]. Ma tale immunità è stata ridimensionata dalla Corte costituzionale, la quale ha negato che essa tuteli l'esercizio di funzioni amministrative conferite ai

---

[11] Si vedano gli artt. 129 ss. del d.lgs. 2 luglio 2010, n. 104 (*Codice del processo amministrativo*).

[12] Cfr. l'art. 3, co. 2, della legge n. 108 cit.

[13] La citazione è tratta dalla sent. 26 giugno 1970, n. 110; ma vedi già la sent. 30 giugno 1964, n. 66.

[14] Cfr. il quarto comma dell'art. 122.

Consigli per mezzo di leggi regionali, senza uno specifico sostegno offerto dal titolo V o dagli statuti speciali [15].

Viceversa, non si è mai applicata ai consiglieri la garanzia dell'*autorizzazione a procedere*, non a caso ignorata dalle fonti dell'ordinamento regionale. Né si può dire, d'altra parte, che per i Consigli viga una riserva di regolamento «interno», comparabile a quella fondata sull'art. 64 Cost. (v. *supra*, parte II, cap. III, § 19). Anche i Consigli regionali sono dotati di *autonomia, specialmente normativa*. Ma i regolamenti con cui tali organi si autodisciplinano non hanno che una competenza residuale, in quanto dispongono dell'organizzazione consiliare interna nelle sole parti non regolate dalla Costituzione o dagli statuti rispettivi.

b) Fra tutte le funzioni esercitabili dai Consigli, giova porre l'accento su quella legislativa, sia per l'intrinseca importanza di essa, sia perché gli aspetti più caratteristici della sua disciplina formano l'oggetto di apposite previsioni costituzionali.

Dopo la riforma dell'art. 127 Cost., che nella versione originaria prevedeva un controllo preventivo del Governo sulle leggi approvate dal Consiglio regionale, si può oggi affermare che analogamente all'*iter* formativo delle leggi ordinarie (v. *supra*, parte III, cap. II, § 8 e ss.), il **procedimento legislativo regionale** può essere suddiviso in tre fasi: **l'iniziativa**, spettante ai vari titolari della potestà di sottoporre al Consiglio i disegni di legge; **l'approvazione** di competenza dell'assemblea legislativa; la **promulgazione** ad opera del Presidente della Giunta e la **pubblicazione** della legge nel Bollettino ufficiale della Regione, che possono entrambe inserirsi in una terza fase, perfettiva e integrativa dell'efficacia dell'atto.

Quanto all'iniziativa, essa viene disciplinata dai singoli statuti, come previsto dall'art. 123 Cost.; normalmente, l'iniziativa è riconosciuta ai singoli consiglieri regionali, alla giunta regionale (o al Presidente), al popolo e talora ad altri soggetti od organi, quali il Consiglio delle autonomie locali. Il procedimento di approvazione segue, di preferenza, una procedura che richiama quella in sede referente utilizzata per le leggi dello Stato (con la commissione competente per materia che effettua un esame della proposta di legge e propone all'assemblea un testo strutturato in articoli, spettando all'assemblea l'approvazione definitiva con eventuali ulteriori modifiche). È conosciuta agli statuti anche la procedura in sede redigente (che lascia all'assemblea soltanto l'approvazione finale del testo), e sono introdotti anche procedimenti di urgenza; talora è previsto anche un procedimento di approvazione in sede deliberante, sulla cui utilizzabilità sussiste qualche dubbio, stante la particolarità dello stesso e le limitazioni alle quali tale strumento è assoggettato per quanto concerne le leggi statali (art. 72 Cost.).

---

[15] Vedi in tal senso la sent. 20 marzo 1985, n. 69, che ha superato (o corretto) gli assunti della sent. 27 marzo 1975, n. 81.

Alcuni statuti, nel prevedere la sede deliberante, ricalcano la citata previsione costituzionale quanto alla possibilità di rimessione del progetto di legge all'assemblea prima dell'approvazione in commissione. Non poche, infine, sono le previsioni statutarie che introducono aggravamenti del procedimento legislativo, quali ad esempio la richiesta di maggioranze qualificate per l'approvazione di determinate leggi o l'acquisizione del parere del Consiglio delle autonomie locali, o il controllo di speciali organi di garanzia statutaria prima della promulgazione della legge.

Approvata la legge, non è configurabile un potere di rinvio ad opera del Presidente della Giunta, analogo a quello esercitabile dal Capo dello Stato con riguardo alle leggi del Parlamento: vi osta la collocazione del Presidente della Giunta nella forma di governo regionale, che anche nel caso di elezione ad opera del Consiglio regionale non configura il Presidente quale organo di garanzia, rendendolo viceversa protagonista della determinazione dell'indirizzo politico in sede regionale. La pubblicazione si configura pertanto quale atto dovuto; per quanto concerne l'entrata in vigore della legge, essa viene disciplinata dallo statuto, che generalmente riprende il termine di quindici giorni di cui all'art. 73 Cost., salva la possibilità che la legge stessa preveda un termine diverso.

4. *La Giunta regionale e il suo Presidente*

a) Pur definendo l'intera Giunta quale «organo esecutivo», il titolo V della Costituzione respinge la formula del governo collegiale puro, entro il quale il Presidente sarebbe soltanto un *primus inter pares* rispetto agli assessori. Nell'ambito dell'esecutivo, infatti, il Presidente mantiene una posizione distinta e preminente, giacché «rappresenta la Regione», «promulga le leggi ed i regolamenti regionali», «dirige le funzioni amministrative delegate dallo Stato alla Regione, conformandosi alle istruzioni del Governo»[16].

Tuttavia ciò non significa – come pure si è detto in dottrina (Spagna Musso) – che il Presidente svolga un duplice ruolo: ora ponendosi come il vertice dell'esecutivo regionale, ora invece atteggiandosi quale potere neutro, alla maniera del Capo dello Stato. Rimane il fatto che il Presidente della Giunta è anche il **Presidente della Regione**; e in tale veste egli ne sottoscrive gli atti, ne promulga le leggi e i regolamenti, indice i *referendum* regionali, procede – di regola – alla prima convocazione del Consiglio, prende parte alle riunioni della Conferenza permanente per i rapporti fra lo Stato e le Regioni ...[17]. Ma, nella

---

[16] Cfr. il quarto comma dell'art. 121.

[17] V. nuovamente l'art. 12 della legge n. 400/1988. Nelle Regioni a Statuto speciale, d'altronde, i rispettivi Presidenti prendono parte alle sedute dello stesso Consiglio dei ministri, «quando si trattano questioni che riguardano particolarmente la Regione».

generalità di questi casi, egli non esprime opinioni né prende decisioni personali, bensì sostiene gli indirizzi propri della Giunta e della maggioranza consiliare, pur esercitando sulla stessa una forte *leadership*, soprattutto se eletto a suffragio universale. E anche quando esercita un potere-dovere, come in sede di promulgazione delle leggi, il suo compito si distingue nettamente da quello peculiare del Presidente della Repubblica, in quanto non implica controlli di sorta sugli atti da promulgare, il vaglio dei quali spetta invece al Governo centrale (e alla Corte costituzionale).

Rimane fermo, inoltre, che le funzioni essenziali dell'organo in esame attengono alla **presidenza della Giunta regionale** e alla sua veste di **capo dell'amministrazione**. Nel primo senso, egli dispone di poteri analoghi a quelli esercitati dal Presidente del Consiglio dei ministri: dalla convocazione della Giunta e dalla determinazione dei relativi ordini del giorno, fino al coordinamento dell'azione dei vari assessori, anche nelle forme della sospensione e dell'avocazione (v. *supra*, parte III, cap. III, § 8). Nei confronti degli altri membri dell'esecutivo, la primazia del Presidente regionale era anzi particolarmente forte già prima della riforma costituzionale del 1999 (e del 2001, per le Regioni autonome), dal momento che vari statuti ordinari e speciali prevedevano che spettasse al Presidente stesso assegnarli ai rispettivi assessorati o, quanto meno, proporre alla Giunta o al Consiglio le relative delibere di assegnazione. Oggi, dopo le riforme, la posizione del Presidente è ulteriormente rafforzata, disponendo egli esplicitamente, se eletto a suffragio universale, del potere di nomina e revoca degli assessori, ed essendogli riconosciuto dagli statuti di nuova generazione un potere di direzione della politica della Giunta e di predisposizione del programma di governo.

Nel secondo senso, poi, è generalmente proprio del Presidente il compito di sovraintendere agli uffici e servizi regionali: non già limitandosi a mantenere l'unità dell'indirizzo amministrativo – secondo il modello del Governo centrale – bensì svolgendo funzioni direttive e di vigilanza nei confronti dei livelli inferiori dell'apparato esecutivo. Appunto a questa stregua si giustifica, del resto, la citata previsione costituzionale che egli diriga le «funzioni amministrative delegate dallo Stato». Se il Presidente non fosse in qualche modo a capo dell'amministrazione, egli non potrebbe – neppure a tali effetti – garantire che lo delega sia correttamente esercitata, né assicurare l'osservanza delle direttive conseguentemente impartite dal Governo.

b) Malgrado l'accentuata supremazia del Presidente sui singoli assessori, non è dubbio che la Giunta costituisca l'organo centrale del potere esecutivo regionale. In tutte le Regioni – fatta eccezione per la Sicilia – fra gli organi politici la Giunta è quello dotato di una *competenza amministrativa generale,* implicitamente estesa ad ogni provvedimento che gli statuti o le leggi locali non affidino al Presidente o ai singoli assessori. Si possono inoltre configurare *funzioni riservate* alla Giunta, alcune ai sensi della legislazione statale (come le delibere di impugnazione delle leggi statali dinanzi alla Corte costituzionale), altre in forza di previsioni degli statuti. Più in generale, anche nelle Regioni ordinarie si deve ritenere che gli **assessori** possano essere dotati – per legge – di *funzioni esterne*, proprie o delegate secondo i vari casi, al di là dei consueti compiti assessorili di *promozione* ed *esecuzione* delle determinazioni collegiali della Giunta; ma in via di principio le leggi regionali non possono lasciare ai singoli assessori se non l'esercizio dei compiti di ordinaria amministrazione, relativi agli apparati amministrativi di settore cui tali organi sono preposti, giacché gli atti di rilevanza politica vanno deliberati collegialmente dall'intero esecutivo.

Giuridicamente, le limitazioni più forti della competenza spettante alla Giunta si rinvengono nel rapporto fra l'esecutivo e il legislativo, poiché in nessuna Regione, anche dopo le riforme costituzionali, compete alle giunte l'adozione di atti aventi forza di legge: se prima l'esclusione derivava, implicitamente o esplicitamente, dalla Costituzione o dagli statuti, oggi la maggiore autonomia statutaria non può comunque spingersi alla previsione di atti della Giunta regionale aventi forza di legge, spettando esclusivamente al Consiglio regionale la funzione legislativa, *ex* art. 121 Cost., come ha riconosciuto anche la Corte costituzionale, prima implicitamente (cfr. sent. 6 dicembre 2004, n. 378), poi in termini molto netti, affermando che «la disciplina delle deroghe alla normale attribuzione del potere legislativo alle sole assemblee rappresentative è oggetto di normative speciali ed espresse di rango costituzionale», e ritenendo «pacifico che a livello regionale è solo il Consiglio regionale l'organo titolare del potere legislativo» (sent. 17 dicembre 2010, n. 361).

5. *L'amministrazione regionale; i rapporti fra le Regioni e gli enti autonomi minori*

a) Nel testo precedente alla riforma costituzionale del 2001, statuendo che «spettano alla Regione le funzioni amministrative per le materie elencate nel precedente articolo», il primo comma dell'art. 118 Cost. intendeva enunciare – come appunto si affermava in dottrina (Martines, Mortati) – il principio del **parallelismo tra legislazione e amministrazione**. Di tanto si estendeva la prima potestà, altrettanto era di norma lo spazio spettante alla seconda.

Non si è dimostrata fondata la tesi dottrinale (Bassanini), affermata all'avvio della riforma regionale, onde le Regioni – nelle materie di loro competenza – avrebbero dovuto disporre in modo esclusivo dell'amministrazione, pur dove la loro potestà legislativa fosse di natura concorrente, cioè sottoposta ai principi stabiliti dalle leggi dello Stato. Al contrario, le dette norme statali sul trasferimento delle funzioni amministrative hanno previsto moltissime volte attribuzioni destinate ad essere ancora esercitate dallo Stato, in nome del carattere nazionale o sovra regionale degli interessi da soddisfare. Analogamente hanno poi disposto, al di là delle stesse norme di trasferimento, le leggi statali che al più vario titolo sono sopravvenute nei settori di spettanza delle Regioni (v. *supra*, parte II, cap. III, §§ 22-23).

La più clamorosa riprova di questa realtà giuridica è stata offerta dalla funzione di indirizzo e coordinamento delle attività regionali: funzione che non trovava alcun fondamento testuale nel titolo V della Costituzione (o negli statuti speciali), ma è stata regolata ed esercitata dallo Stato, nelle materie di competenza delle Regioni, in virtù della «legge finanziaria» del 1970[18]. Contestata da varie Regioni che la ritenevano incostituzionale, la funzione stessa è stata subito difesa dalla Corte, che l'ha collegata al limite degli *interessi nazionali*. Di più: la Corte non ha esitato ad ammettere che le «esigenze di carattere unitario», fronteggiabili in tal modo dallo Stato, possono venire soddisfatte sia mediante leggi nazionali di principio o di cornice, «sia in altre e diverse forme», non necessariamente legislative[19]. E, su questa base, già nei primi decreti legislativi di trasferimento si è precisato che l'indirizzo e il coordinamento sono svolti, «fuori dei casi in cui si provveda con legge», «mediante deliberazioni del Consiglio dei ministri», vale a dire per mezzo di atti amministrativi del Governo[20].

Il **nuovo art. 118 Cost.**, introdotto dalla legge cost. n. 3/2001, disciplina in modo del tutto diverso l'esercizio delle funzioni amministrative: viene meno il principio del parallelismo tra funzioni legislative e amministrative, essendo ora previsto che «le funzioni amministrative sono attribuite ai Comuni salvo che, per assicurarne l'esercizio unitario, siano conferite a Province, Città metropolitane, Regioni e Stato, sulla base dei **princìpi di sussidiarietà, differenziazione e adeguatezza**». Anche in base a questa nuova formulazione (oltre ad altre considerazioni, legate al diverso ruolo degli enti territoriali e locali nel sistema costituzionale post riforma), è oggi da escludersi l'ammissibilità dell'esercizio di una funzione statale di indirizzo e coordinamento, mentre è sempre ammessa l'adozione da parte dello Stato di atti di mero coordinamento tecnico, se riconducibili all'esercizio della potestà normativa statale.

La riforma ha inoltre soppresso il previgente sistema di controlli preventivi statali sugli atti dell'amministrazione regionale: è infatti abrogato il primo comma dell'art. 125 Cost., che prevedeva l'esercizio del controllo di legittimità sugli atti amministrativi della Regione esercitato, in forma decentrata, da parte di un organo dello Stato. Rimane, viceversa, la possibilità – ammessa dall'art. **126 Cost.**, co. 1 – che con decreto motivato del Presidente della Repubblica siano disposti lo **scioglimento del Consiglio regionale e la rimozione del Presidente della**

---

[18] Precisamente, l'art. 17, co. 1, lett. *a*), della legge n. 281 cit. (abrogato dalla legge 15 marzo 1997, n. 59), prescriveva che «nelle materie indicate dall'art. 117 Cost. ... resta riservata allo Stato la funzione di indirizzo e coordinamento delle attività delle Regioni che attengono ad esigenze di carattere unitario, anche con riferimento agli obiettivi del programma economico nazionale ed agli impegni derivanti dagli obblighi internazionali».

[19] Cfr. la sent. 4 marzo 1971, n. 39, seguita dalla sent. 24 luglio 1972, n. 138.

[20] Vedi per tutti l'art. 5, co. 1 e 2, del d.P.R. 14 gennaio 1972, n. 1.

Giunta che abbiano compiuto atti contrari alla Costituzione o gravi violazioni di legge, o per ragioni di sicurezza nazionale. Il decreto è adottato sentita una Commissione di deputati e senatori costituita, per le questioni regionali, nei modi stabiliti con legge della Repubblica: trattasi della già menzionata Commissione bicamerale per le questioni regionali (v. *supra*, parte III, cap. II, § 15).

b) La regola del parallelismo, prima citata, subiva comunque una rilevante eccezione in virtù del previgente testo dell'art. 118, co. 1, seconda parte, là dove si disponeva che le **funzioni amministrative di interesse esclusivamente locale** «possono essere attribuite dalle leggi della Repubblica alle Province, ai Comuni o ad altri enti locali». Anche in forza di quanto aggiungeva l'oggi abrogato art. 128 Cost. («Le Provincie e i Comuni sono enti autonomi nell'ambito dei principi fissati da leggi generali della Repubblica, che ne determinano le funzioni»), ne risultava una limitazione per il legislatore regionale, che non poteva riappropriarsi di funzioni demandate agli enti locali dalle leggi dello Stato. In aggiunta, il previgente terzo comma dell'art. 118 Cost. disponeva che la Regione avrebbe dovuto esercitare le proprie funzioni amministrative «normalmente ... delegandole» agli enti locali, o valendosi dei loro uffici. Nella pratica, non ha trovato accoglimento la tesi (Giannini) che configurava le Regioni quali *enti ad amministrazione indiretta necessaria*, poiché queste hanno costantemente conservato un apparato amministrativo (persone, uffici, risorse) di dimensioni non certo modeste. A partire dagli anni Novanta del secolo scorso, sulla scorta della nuova legislazione statale in materia di ordinamento degli enti locali (legge 8 giugno 1990, n. 142), il ricorso alle deleghe di funzioni da parte delle Regioni in favore degli enti locali (soprattutto le Province) si è fatto più regolare e frequente, trovando ultimo compimento, a Costituzione ancora invariata, nella legge c.d. Bassanini (legge 15 marzo 1997, n. 59) e nella attuazione di questa, con d.lgs. 31 marzo 1998, n. 112.

c) Il riparto delle funzioni amministrative, come sopra anticipato, è stato nuovamente configurato all'esito della riforma del titolo V della Costituzione, che può applicarsi anche alle Regioni a Statuto speciale qualora preveda forme e condizioni più ampie di autonomia rispetto agli statuti (art. 10 legge cost. n. 3/2001). Il sistema può essere così sinteticamente descritto:

c1) l'art. 114 Cost. riconosce alle Regioni, ai Comuni, alle Province e alle Città metropolitane la natura di «**enti autonomi, dotati di propri statuti, poteri e funzioni**»;

c2) l'art. 117, co. 2, lett. *p*), Cost. assegna allo Stato la potestà legislativa in materia di «**funzioni fondamentali di Comuni, Province e Città metropolitane**»;

c3) l'art. 118, co. 1, Cost., già citato, enuncia i principi di sussidiarietà, differenziazione e adeguatezza quali criteri-guida ai fini del riparto delle funzioni amministrative fra i vari enti costitutivi della Repubblica (Stato, Regioni ed enti locali), ma individua nei Comuni i soggetti titolari delle predette funzioni, salva l'attribuzione ad altri soggetti ove occorra assicurarne l'esercizio unitario;

c4) l'art. 118, co. 2 statuisce che «i Comuni, le Province e le Città metropolitane sono titolari di **funzioni amministrative proprie** e di quelle **conferite** con legge statale o regionale, secondo le rispettive competenze».

c5) Da ultimo, l'art. 118, co. 3 prevede che «la legge statale disciplina **forme di coordinamento** fra Stato e Regioni nelle materie di cui alle lettere *b)* e *h)* del secondo comma dell'articolo 117 (immigrazione, ordine pubblico e sicurezza) e disciplina inoltre forme di intesa e coordinamento nella materia della tutela dei beni culturali».

L'assetto che deriva dalla applicazione di queste norme non è di facile inquadramento, essendo problematica, ad esempio, la distinzione tra funzioni fondamentali degli enti locali, individuate dal legislatore statale, e funzioni «proprie» dei medesimi, e la successiva distinzione con le funzioni «conferite». Quanto ai principi richiamati dall'art. 118 Cost., mentre la sussidiarietà dovrebbe implicare la preferenza, nella allocazione delle funzioni amministrative, in favore del soggetto più vicino alla comunità territoriale di riferimento, la differenziazione consente distinzioni, quanto alle competenze, tra enti di analogo livello (potendosi immaginare, ad esempio, funzioni amministrative esercitate non da tutti i Comuni, ma solo da quelli aventi una popolazione superiore ad una certa soglia), e l'adeguatezza presuppone una valutazione di efficienza e di idoneità dell'ente all'esercizio delle funzioni.

Nei primi quindici anni di attuazione della riforma costituzionale si è sviluppata una abbondante giurisprudenza costituzionale, che in parte ha chiarito alcuni dubbi, ad esempio con la già citata sent. n. 303/2003, che ha legittimato (ma lo si desumeva già dalla formulazione dell'art. 118 Cost.) una applicazione del principio di sussidiarietà «verso l'alto» (cioè a favore dello Stato), in nome di determinate esigenze di esercizio unitario delle funzioni amministrative, abilitando il legislatore statale anche a disciplinare l'esercizio delle funzioni in deroga al riparto della potestà legislativa tra Stato e Regioni *ex* art. 117 Cost. Nel contempo, la Corte ha valorizzato, in una pluralità di decisioni, il **principio di leale collaborazione**, che trova oggi qualche riferimento nella Carta costituzionale (art. 120 Cost. e, implicitamente, art. 118 Cost., co. 3), ed esige un coinvolgimento delle Regioni – mediante forme di intesa o di semplice acquisizione di pareri – non soltanto nei casi di «chiamata» (o «attrazione») in sussidiarietà sopra citati, ma anche nelle situazioni nelle quali le competenze statali e regionali siano intrecciate tra loro, o comunque vengano in rilievo livelli di interesse diversi, tali di rendere difficile se non impossibile l'individuazione di una competenza prevalente. Sede privilegiata della leale collaborazione è la Conferenza permanente per i rapporti tra lo Stato, le Regioni e le Province autonome di Trento e Bolzano (altrimenti detta «**Conferenza Stato-Regioni**»), disciplinata con d.l. 27 agosto 1997, n. 281), formata dal Presidente del Consiglio (o ministro delegato), che la presiede, e dai Presidenti delle Regioni (o assessori da questi delegati); la Conferenza in taluni casi si riunisce in forma unificata con un altro organo, la Conferenza Stato, Città e autonomie locali, disciplinata dal medesimo d.lgs. La normativa prevede la possibilità, per il Consiglio dei ministri, con deliberazione motivata, di procedere anche in assenza di intesa, decorso un certo termine, e di agire autonomamente in casi di motivata urgenza, con l'obbligo di sottoporre alla Conferenza i provvedimenti adottati, entro quindici giorni.

Collegato all'esercizio delle funzioni amministrative, e alla ripartizione delle stesse tra i vari enti, è il **potere sostitutivo** statale, previsto dall'art. 120 Cost.; esso può essere esercitato dal Governo nei confronti di organi delle Regioni, delle Città metropolitane, delle Province e dei Comuni nel caso di mancato rispetto di norme e trattati internazionali o della normativa comunitaria oppure di pericolo grave per l'incolumità e la sicurezza pubblica, ovvero quando lo richiedono la tutela dell'unità giuridica o dell'unità economica e in particolare la tutela dei livelli essenziali delle prestazioni concernenti i diritti civili e sociali, prescindendo dai confini territoriali dei governi locali. I poteri sostitutivi abbisognano di una disciplina legislativa, e devono essere esercitati nel rispetto del principio di sussidiarietà e del principio di leale collaborazione.

6. *La finanza regionale*

L'art. 119 Cost, nel testo anteriore alla legge cost. n. 3/2001, disponeva che «Le Regioni hanno **autonomia finanziaria**» «nelle forme e nei limiti stabiliti da leggi della Repubblica, che la coordinano con la finanza dello Stato, delle Province e dei Comuni». Ma quali erano i contenuti e la natura spettanti al momento finanziario dell'autonomia regionale, visto che la Carta costituzionale non ne indicava né le materie né gli altri limiti, diversamente da ciò che si riscontrava per l'autonomia normativa e per la connessa autonomia amministrativa?

In sede dottrinale si era soliti rispondere (Barile, Miele, Pierandrei, Virga) che alle Regioni non competeva, in questo senso, la mera disponibilità dei mezzi finanziari occorrenti perché esse fossero in grado di svolgere le loro «funzioni normali», come si precisava nel secondo comma dell'articolo in esame; ma andavano dati, altresì, autonomi poteri di determinazione delle loro entrate, esercitabili configurando, amministrando e riscuotendo una serie di **propri tributi**. È rimasta però minoritaria l'opinione (Moretti) che l'autonomia tributaria regionale disponesse della medesima ampiezza costituzionalmente attribuita all'autonomia legislativa; sicché le Regioni ordinarie avrebbero potuto impone tributi, nelle materie elencate dall'art. 117 Cost., con il solo obbligo di rispettare i principi fondamentali stabiliti in tali campi dalle leggi, dello Stato. Al contrario, è risultata dominante la tesi per cui la legislazione locale istitutiva di nuove tasse od imposte fosse soltanto *attuativa* della legislazione nazionale, in quanto tenuta a rispettare il cosiddetto criterio *tipologico* (Giannini), consistente nella previa determinazione delle forme e dei limiti dei tributi stessi da parte di apposite norme di legge statale. E anche la giurisprudenza costituzionale si è saldamente collocata lungo questa linea, rilevando «come l'autonomia legislativa regionale in materia tributaria ... trovi la sua specifica fonte disciplina nell'art. 119 Cost.»: donde l'esigenza che la legge statale, «oltre a precedere l'intervento regionale, sia tale da delimitare gli spazi operativi delle Regioni tanto in ordine al tipo del tributo, ... quanto in ordine al momento quantitativo dell'imposizione» [21].

In questo contesto, i margini di scelta concessi alle Regioni sono stati per lungo tempo limitati, a partire dalla legge «finanziaria» del 1970, dalla quale ha preso impulso decisivo l'istituzione delle Regioni a statuto ordinario. Agli enti territoriali è rimasta, molto spesso, soltanto una possibilità di determinazione delle aliquote – entro limiti massimi – in relazione a tributi per i quali la legge statale fissava presupposti e soggetti passivi; di talché quella regionale è stata comunemente considerata come una *finanza derivata*, o di trasferimento, alimentata nella sua maggior parte dal bilancio dello Stato. Non dissimile è stata la sorte per le Regioni a statuto speciale, per quanto i loro mezzi di finanziamento non coincidessero con quelli spettanti alle Regioni ordinarie, perché direttamente determinati dagli statuti (v. *infra*) o dalle rispettive norme di attuazione, e nonostante le Regioni autonome potessero istituire tributi propri subendo condizionamenti meno pesanti da parte del legislatore statale. Non minori erano i vincoli gravanti sugli enti territoriali ad opera di leggi statali sul versante della spesa, anche sotto il profilo della destinazione dei finanziamenti erogati dallo Stato, e per molto tempo sono mancate discipline organiche appositamente dedicate alla finanza regionale.

Anche sotto il profilo dell'autonomia finanziaria la riforma costituzionale del 2001 segna uno spartiacque: profondamente diverso è il testo vigente dell'art. 119 Cost., e anche la ripartizione della potestà legislativa in materia ha conosciuto cambiamenti, in questo ultimo caso introdotti anche successivamente, con la legge cost. n. 1/2012. Procedendo con ordine, l'autonomia finanziaria è anzitutto riconosciuta non alle sole Regioni, ma anche a Province, Comuni e Città metropolitane: lo prevede l'art. 119, co. 1, Cost., ai sensi del quale «i Comuni, le Province, le Città metropolitane e le Regioni hanno autonomia finanziaria di entrata e di spesa, nel rispetto dell'equilibrio dei relativi bilanci, e concorrono ad assicurare l'osservanza dei vincoli economici e finanziari derivanti dall'ordinamento dell'Unione europea». Il richiamo all'equilibrio di bilancio e ai vincoli europei è, appunto, il frutto della riforma del 2012 (sulla quale v. *supra*, parte III, cap. II, § 14).

Aggiunge l'art. 119 cit. che «i Comuni, le Province, le Città metropolitane e le Regioni hanno **risorse autonome**. Stabiliscono e applicano tributi ed entrate propri, in armonia con la Costituzione e secondo i princìpi di coordinamento della finanza pubblica e del sistema tributario». La competenza legislativa in tema di determinazione dei principi era stata concepita come concorrente nel-

---

[21] La citazione è tratta dalla sent. 15 giugno 1990, n. 294. Ma si vedano già le sent. 19 dicembre 1986, nn. 271 e 272, 28 maggio 1987, n. 204, ed 8 giugno 1987, n. 214.

la versione dell'art. 117 Cost. approvata nel 2001 (il riferimento materiale era alla «armonizzazione dei bilanci pubblici e coordinamento della finanza pubblica e del sistema tributario»). Con le modifiche introdotte nel 2012 l'armonizzazione dei bilanci pubblici è stata trasferita alla potestà legislativa esclusiva dello Stato, rimanendo assegnati alla competenza concorrente gli altri profili.

Viene confermata, dall'art. 119 cit., la **compartecipazione** degli enti territoriali e locali al gettito di tributi erariali riferibile al loro territorio, e la legge dello Stato può istituire un **fondo perequativo**, senza vincoli di destinazione, per i territori con minore capacità fiscale per abitante. Il sistema, così configurato, dovrebbe trovare un suo equilibrio generale, disponendo l'art. 119 cit. che «le risorse derivanti dalle fonti di cui ai commi precedenti consentono ai Comuni, alle Province, alle Città metropolitane e alle Regioni di finanziare integralmente le funzioni pubbliche loro attribuite». È comunque contemplata la possibilità che lo Stato possa destinare **risorse aggiuntive** ed effettuare **interventi speciali** in favore di determinati Comuni, Province, Città metropolitane e Regioni, se ciò è necessario per promuovere lo sviluppo economico, la coesione e la solidarietà sociale, per rimuovere gli squilibri economici e sociali, per favorire l'effettivo esercizio dei diritti della persona, o per provvedere a scopi diversi dal normale esercizio delle loro funzioni.

La citata norma costituzionale si occupa altresì di garantire un **patrimonio** «proprio» a Comuni, Province, Città metropolitane e Regioni, secondo i princìpi generali determinati dalla legge dello Stato. Di contro, l'art. 119 Cost. pone un limite all'indebitamento per questi enti, rendendolo possibile solo per finanziare spese di investimento, e (a seguito della riforma del 2012) con la contestuale definizione di piani di ammortamento e a condizione che per il complesso degli enti di ciascuna Regione sia rispettato l'equilibrio di bilancio.

Se si pone mente al diverso contesto normativo ante 2001, riassunto in precedenza, e lo si raffronta con le vigenti disposizioni costituzionali, diviene evidente la necessità di una corposa intermediazione del legislatore (si pensi, ad esempio alla individuazione dei tributi «propri», dei principi di coordinamento finanziario, delle regole di armonizzazione dei bilanci, dei criteri di attribuzione del patrimonio degli enti interessati). Per molti dei profili considerati l'attuazione dei precetti costituzionali è stata faticosa e talora insoddisfacente, e indubbiamente i vincoli di derivazione europea a cui si è assoggettata l'Italia a partire dal 2012 hanno ulteriormente condizionato e ristretto i margini di manovra del legislatore, statale o regionale. Un notevole sforzo attuativo è stato rappresentato dalla legge 5 maggio 2009, n. 42, e dai decreti legislativi da questa previsti, che hanno interessato tutto il settore della finanza decentrata (non solo le Regioni, ma anche Comuni, Province, Città metropolitane, e il particolare ordinamento di Roma capitale, menzionato dall'art. 114 Cost.), disciplinando, tra l'altro, l'armonizzazione dei sistemi contabili, l'autonomia di entrata e di spesa, il c.d. federalismo demaniale e, secondo uno dei principi ispiratori della legge del

2009, la determinazione dei c.d. costi e fabbisogni standard (nel settore sanitario, e in generale per gli enti locali).

Quanto alle Regioni, in particolare, l'art. 7 della legge n. 42 cit. prevede che le stesse dispongano di tributi e di compartecipazioni al gettito dei tributi erariali, in via prioritaria a quello dell'imposta sul valore aggiunto (IVA), in grado di finanziare le spese derivanti dall'esercizio delle funzioni nelle materie che la Costituzione attribuisce alla loro competenza esclusiva e concorrente nonché le spese relative a materie di competenza esclusiva statale, in relazione alle quali le regioni esercitano competenze amministrative. Per tributi delle regioni si intendono: i tributi propri derivati, istituiti e regolati da leggi statali, il cui gettito è attribuito alle regioni; le addizionali sulle basi imponibili dei tributi erariali; i tributi propri istituiti dalle regioni con proprie leggi in relazione ai presupposti non già assoggettati ad imposizione erariale. Per i tributi derivati e le addizionali le Regioni possono modificare le aliquote e introdurre detrazioni (e, per i tributi derivati, anche esenzioni e deduzioni). È appena il caso di ricordare, però, che sul legislatore regionale gravano vincoli sia comuni al legislatore statale (rispetto dei principi costituzionali di eguaglianza e capacità contributiva, di cui agli artt. 3 e 53 Cost.; divieto di introdurre dazi o ostacoli alla circolazione di persone e cose fra le Regioni, di cui all'art. 120 Cost.; rispetto dei trattati internazionali, come pure di trattati, regolamenti e direttive europee), sia desumibili dalla legislazione statale di principio *ex* artt. 117 e 119 Cost.

I vincoli di derivazione europea condizionano anche la spesa delle Regioni e si aggiungono al precetto costituzionale (art. 81 Cost.) che sancisce il principio della copertura finanziaria delle leggi che introducono nuove spese o riducono le entrate, e impegna anche il legislatore regionale. Se gli obblighi di equilibrio di bilancio condizionano la programmazione finanziaria dello Stato rendendolo responsabile in sede europea per gli impegni assunti con la sottoscrizione del c.d. Fiscal Compact e di altri trattati anteriori o successivi allo stesso (v. *supra*, parte III, cap. II, § 14), nondimeno tutti gli enti pubblici dotati di capacità di spesa sono tenuti a concorrere in varia misura al raggiungimento di determinati obiettivi di finanza pubblica: lo strumento principale introdotto allo scopo è stato, sino al 2016, il c.d. **patto di stabilità interno** (risalente al 1998), oggi sostituito dal «**concorso agli obiettivi di finanza pubblica da parte degli enti territoriali**». La disciplina di riferimento è data dall'art. 8 della legge n. 196/2009, come modificato dalla legge n. 163/2016, ai sensi del quale «Le Regioni, le Province autonome di Trento e di Bolzano e gli enti locali determinano gli obiettivi dei propri bilanci annuali e pluriennali in coerenza con gli obiettivi programmatici risultanti dal DEF (n.b. il Documento di economia e finanza)». Inoltre, nella Nota di aggiornamento del DEF viene definito il quadro di riferimento normativo per il concorso agli obiettivi di finanza pubblica da parte degli enti territoriali, caratterizzato da stabilità, coerenza, conformità ai parametri europei e rispetto dell'autonomia gestionale degli enti.

Successivamente, in coerenza con gli obiettivi nazionali, articolati per sottosettori, sono definiti gli interventi necessari per il loro conseguimento distintamente per Regioni, Province e Comuni.

L'autonomia finanziaria delle Regioni a Statuto speciale e delle Province autonome, come pure il concorso dei medesimi enti agli obiettivi di finanza pubblica, seguono una disciplina che si differenzia, talora in modo significativo, rispetto a quella valevole per le Regioni ordinarie. Certamente più elevata, in primo luogo, è la misura della compartecipazione di questi enti ai tributi erariali, benché al riguardo si possano riscontrare importanti differenze (solo la Sicilia e la Valle d'Aosta, ad esempio, trattengono tutto il gettito dell'imposta sui redditi delle persone fisiche riscosso nel territorio); inoltre, si devono aggiungere le speciali contribuzioni – in qualche caso menzionate negli statuti di autonomia (v. ad es. St. Reg. Friuli Venezia Giulia, art. 50) – che lo Stato eroga a questi enti. Il profilo più significativo e caratterizzante è tuttavia rappresentato dal fatto che il regime finanziario di Regioni e Province autonome è principalmente dettato da apposite disposizioni contenute negli statuti speciali, le quali possono essere modificate con legge ordinaria sentita la Regione; inoltre, la citata legge n. 42/2009 dispone (art. 27) che le Regioni e le Province autonome concorrono al perseguimento degli obiettivi di perequazione e di solidarietà e all'esercizio dei diritti e doveri da essi derivanti, nonché al patto di stabilità interno e all'assolvimento degli obblighi posti dall'ordinamento comunitario, secondo criteri e modalità stabiliti da norme di attuazione dei rispettivi statuti. Il concorso di questi enti ai predetti obiettivi e obblighi può essere attuato anche mediante l'assunzione di oneri derivanti dal trasferimento o dalla delega di funzioni statali ovvero da altre misure finalizzate al conseguimento di risparmi per il bilancio dello Stato.

Il richiamo alle norme di attuazione degli statuti speciali – adottate con decreti legislativi, sentita una commissione paritetica (formata da rappresentanti della Regione o Provincia autonoma e dello Stato) – consolida l'applicazione di quel *principio pattizio* che rappresenta una costante nella gestione dei rapporti tra Stato ed enti ad autonomia differenziata in ambito finanziario. Occorre tuttavia considerare che in numerose occasioni la Corte costituzionale ha considerato legittima l'applicazione a Regioni e Province autonome dei principi statali in tema di coordinamento finanziario, in particolare per quanto concerne il controllo della spesa (ad esempio con la sent. 29 dicembre 2004, n. 425).

NOTA BIBLIOGRAFICA – **In generale**, oltre agli AA. cit. *supra*, nella nota al cap. III della parte II, v. ROTELLI, *L'avvento della Regione in Italia*, Milano, 1967; RUFFILLI, *La questione regionale*, Milano, 1971; VOLPE, *Autonomia locale e garantismo*, Milano, 1972; BARDUSCO, *Lo Stato regionale italiano*, Milano, 1980; BARTOLE, MASTRAGOSTINO, VANDELLI, *Le autonomie territoriali*, Bologna, 1984 (2ª ed. 1988); GIZZI, *Manuale di diritto regionale*, Milano, 1986; CUOCOLO, *Diritto regionale italiano*, Torino, 1991; D'ATENA, *Costituzione e Regioni*, Milano, 1991; SPAGNA MUSSO, *Diritto regionale*, Padova, 1992; MARTINES, RUGGERI, *Diritto regionale*, Milano, 1992; AA.VV., *L'ordinamento regionale*, Bologna, 1997; BARTOLE, MASTRAGOSTINO, *Le Regioni*, Bologna, 1997; AA.VV., *Lo Stato autonomista*, a cura di Falcon, Bologna, 1998. Sulla forma regionale di governo MARTINES, *Studio sull'autonomia politica delle Regioni in Italia*, in *Riv. trim. dir. pubbl.*, 1956, p. 100 ss.; BARTHOLINI, *I rapporti fra i supremi organi regionali*, Padova, 1961; BARTOLE, *Funzione di indirizzo politico e competenze amministrative della Giunta nelle Regioni ad autonomia speciale*, in *Riv. trim. dir. pubbl.*, 1969, p. 706 ss.; AA.VV., *Problemi dello statuto regionale*, Firenze, 1970: TERESI, *Il governo regionale*, Milano, 1974; LEVI, *Studi sull'amministrazione regionale e locale*, Torino, 1978; ANGIOLINI, *Gli organi di governo della Regione*, Milano, 1983. Più specificamente, sul Consiglio v. BARTHOLINI, *Costituzione ed elezioni regionali*, Padova, 1963; MARTINES, *Il Consiglio regionale*, Milano, 1981; nonché GIZZI, *Lo scioglimento dei Consigli regionali e l'amministrazione straordinaria delle Regioni*, Milano, 1966. **In generale, dopo le riforme costituzionali del Titolo V**: BIN, *Il Consiglio regionale. Funzioni di indirizzo e controllo*, in *Le istituzioni del federalismo*, 2001; AA.VV., *Il ruolo delle assemblee elettive. I La nuova forma di governo delle Regioni*, a cura di Carli, Torino, 2001; MANGIAMELI, *La riforma del regionalismo italiano*, Torino, 2002; CARETTI, *Stato, regioni, enti locali tra innovazione e continuità: Scritti sulla riforma del Titolo V della Costituzione*, Torino, 2003; AA.VV., 2003; BARTOLE, BIN, FALCON, TOSI, *Diritto regionale*, Bologna, 2005; AA.VV., *Gli Statuti di seconda generazione*, a cura di Bifulco, Torino, 2006; PIOGGIA, VANDELLI, *La repubblica delle autonomie nella giurisprudenza costituzionale*, Bologna, 2007; DEMURO, *Commento all'art. 114 Cost.*, in *Commentario breve*, cit.; BURATTI, *Rappresentanza e responsabilità politica nella forma di governo regionale*, Napoli, 2010; CAMMELLI, *Regioni e regionalismo: la doppia impasse*, in *Le Regioni*, 2012; AA.VV., *Diritto regionale*, a cura di Bin, Falcon, Bologna, 2012; AA.VV., *Le autonomie territoriali nella riforma costituzionale*, *Atti* del Convegno 23.11.2015, a cura di Istituto A.C. Jemolo, Roma, 2016; AA.VV., *Temi e problemi di diritto regionale*, a cura di P. Perlingieri, Napoli, 2016; CARETTI, TARLI BARBIERI, *Diritto regionale*, Torino, 2016; D'ATENA, *Diritto regionale*, Torino, 2017. Sul **procedimento legislativo regionale**, v., oltre agli AA. citt. *supra*, nella NOTA BIBLIOGRAFICA alla parte II, cap. III, AA.VV., *II controllo governativo delle leggi regionali*, Milano, 1982; AA.VV., *II controllo governativo sulle leggi regionali*, Cagliari, 1986; GIANFRANCESCO, *II controllo governativo nelle leggi regionali*, Milano, 1994. Sull'**esecutivo regionale** SPAGNA MUSSO, *Il Presidente della Regione nel sistema degli ordinamenti regionali*, Napoli, 1961; ATRIPALDI, *L'assessore nell'esecutivo regionale*, Napoli, 1964; MOR, *Profili dell'amministrazione regionale*, Milano, 1974; AA.VV., *La funzione di indirizzo e coordinamento*, Milano, 1988, a cura di Gizzi e Orsi Battaglini; nonché GIANNINI, *II decentramento amministrativo nel quadro dell'ordinamento regionale*, in *Atti del terzo Convegno di studi giuridici sulle Regioni*, Milano, 1962; SCUDIERO, *I controlli sulle regioni, sulle province e sui comuni nell'ordinamento costituzionale italiano*, Napoli, 1963: ROVERSI MONACO, *La delegazione amministrativa nel quadro dell'ordinamento regionale*, Milano, 1970: A. SANDULLI, *Il potere governativo di annullamento e le Regioni*, in *Dir. soc.*, 1975, p. 205 ss.; MAINARDIS, *Poteri sostitutivi statali e autonomia amministrativa regionale*, Milano, 2007. **Sull'autonomia finanziaria**, oltre agli AA. cit. *supra*, GIANNINI, *Sulla potestà normativa in materia tributaria delle Regioni*, in *Giur. compl. Cass. civ.*, 1949, p. 1222 ss.; MORETTI, *La potestà finanziaria delle Regioni*, Milano, 1972; BERTOLISSI, *L'autonomia finanziaria regionale*, Padova, 1983; ANTONINI, *La vicenda e la prospettiva dell'autonomia finanziaria regionale: dal vecchio al nuovo art. 119 della Costituzione*, in *Le Regioni*, 2003; ANTONINI, *Il regionalismo differenziato*, Milano, 2009; FRANSONI, DELLA CANANEA, *Commento all'art. 119 Cost.*, in *Commentario alla Costituzione*, Torino, 2006; AA.VV., *Il federalismo fiscale*, a cura di Nicotra, F. Pizzetti e S. Scozzese, Roma, 2009; AA.VV., *Il «federalismo fiscale». Commento alla legge n. 42 del 2009*, a cura di A. Ferrara e G.M. Salerno, Napoli, 2010; ANTONINI, *Federalismo all'italiana. Dietro le quinte della grande incompiuta*, Venezia, 2013.

CAPITOLO II

GLI ENTI TERRITORIALI MINORI

SOMMARIO: 1. I principi costituzionali dell'ordinamento comunale e provinciale. – 2. I Comuni. – 3. Le Province e le Città metropolitane.

1. *I principi costituzionali dell'ordinamento comunale e provinciale*

L'art. 114 Cost., aprendo il Titolo V, parte II della Costituzione, dispone che «la Repubblica è costituita dai **Comuni,** dalle **Province**, dalle **Città metropolitane**, dalle Regioni e dallo Stato». Nettamente diversa è la formulazione rispetto al testo previgente, che così recitava: «la Repubblica si riparte in Regioni, Province e Comuni». Comune ad entrambi i testi è il riconoscimento di Comuni e Province, in uno con le Regioni, quali *enti* autonomi *territoriali*: territoriali, perché gli enti stessi agiscono in forza di una rappresentanza politica dei cittadini che compongono le comunità regionali, provinciali (anche se per le Province occorrerà svolgere un discorso particolare; v. *infra*, § 3) e comunali; e sono quindi capaci – nell'esercizio delle loro varie potestà – di perseguire la generalità delle loro esigenze, con particolare riguardo a quelle localizzate entro i rispettivi territori (il che vale a distinguerli dalla massa degli *altri enti locali*, che invece non hanno un carattere direttamente rappresentativo ed esercitano – il più delle volte – funzioni alquanto specifiche). Autonomi, perché una tale qualificazione non spetta alle sole Regioni, ma abbraccia Comuni e Province (Esposito), in virtù del criterio stabilito dall'art. 5 Cost. e, oggi, dal secondo comma dell'art. 114 Cost., che li definisce come tali, non diversamente dall'art. 128 Cost. abrogato dalla legge cost. n. 3/2001.

Il riconoscimento a Comuni, Province e Città metropolitane della natura di enti costitutivi della Repubblica non toglie che l'autonomia regionale è tutelata ben diversamente da quella comunale e provinciale. La prima si estende alla legislazione, svolgendosi comunque entro un complesso di materie costituzionalmente indicate o attribuite alle Regioni «in via residuale» in virtù dell'art. 117, co. 4, Cost. (v. *supra*, parte II, cap. III, § 22); e in difesa di tali competenze le Regioni possono adire la Corte costituzionale, nella forma delle impugnative delle leggi dello Stato in via principale ovvero dei ricorsi per conflitto di attribuzione (v. *infra*, parte VI, capp. II e III). Comuni e Province, per contro, sono garantiti in modo più generico dalla Costituzione, che riconosce loro «propri statuti, poteri e funzioni», rimettendo al legislatore statale l'individuazione delle funzioni fondamentali, e al legislatore statale e regionale l'individuazione delle funzioni proprie (su cui v. *supra*, cap. I, § 5) e il conferimento di ulteriori funzioni. La Corte costituzionale ha nondimeno avuto occasione di sottolineare (con riguardo a leggi di Regioni e Province autonome, ma il ragionamento si presta ad essere generalizzato) che una disposizione come quella di cui all'art. 5 della Costituzione certamente impegna la Repubblica e anche quindi le Regioni ad autonomia speciale, a riconoscere e a promuovere le autonomie, aggiungendo che le leggi regionali possono bensì regolare l'autonomia degli enti locali, «ma non mai comprimere fino a negarla» (sentt. 8 aprile 1997, n. 83 e 26 giugno 2007, n. 238). Comuni e Province, inoltre, sono garantiti nella loro complessiva *esistenza*: complessiva, perché la modifica di ciascuna circoscrizione provinciale è rimessa alla legge ordinaria della Repubblica, sia pure con gli aggravamenti procedurali previsti dall'art. 133, co. 1, Cost. (occorrendo l'iniziativa dei Comuni, e il parere della Regione); mentre le circoscrizioni comunali, e dunque l'istituzione o la soppressione dei singoli Comuni, rientrano addirittura fra gli oggetti della potestà legislativa regionale (sentite le popolazioni interessate; art. 133, co. 2, Cost.).

Per lungo tempo, vigente il Titolo V della Costituzione ante riforma del 2001, la definizione delle funzioni di Comuni e Province è stata per la più parte affidata a testi normativi risalenti nel tempo, essendo rimasti in vigore i testi unici delle leggi comunali e provinciali, rispettivamente approvati con i rr.dd. 4 febbraio 1915, n. 148, e 3 marzo 1934, n. 383, benché l'art. 128 Cost. presupponesse l'approvazione, allo scopo, di leggi generali della Repubblica. A tale ritardo ha concorso la problematica attuazione delle Regioni a statuto ordinario; la quale, secondo logica, non avrebbe potuto che precedere l'approvazione di una nuova legge comunale e provinciale. Incerti, nel disegno del legislatore costituente erano altresì i rapporti tra Regioni ed enti autonomi minori: da un lato potendosi ipotizzare che le amministrazioni regionali fossero gli enti di governo delle autonomie locali, date le loro potestà legislative e programmatorie in materie proprie dei Comuni e delle Province, e stante la vigenza dell'art. 130 Cost., che disciplinava il controllo di legittimità degli atti amministrativi comunali e provinciali da parte di un organo istituito dalla Regione; d'altro lato potendosi opporre che l'art. 128 Cost., esigendo l'approvazione di leggi generali della Repubblica, garantisse gli enti locali anche e soprattutto nei confronti delle Regioni.

Ancora più incerta, se possibile, era la collocazione delle Province nel sistema istituzionale. Se il progetto della Commissione dei 75 le ridimensionava a «circoscrizioni amministrative di decentramento», gli artt. 114 e 128 le recuperavano quali centri di autonomia. Ciò nonostante, le funzioni attribuite a questi enti erano molto esigue, e la riforma sanitaria del 1978, concentrando nelle Unità sanitarie locali la gestione dei relativi servizi, le aveva ulteriormente ridotte, dando nuovo vigore alla tesi che le amministrazioni provinciali andassero soppresse anziché rinnovate.

Per giungere ad un nuovo ordinamento delle autonomie comunali e provinciali si dovette attendere sino alla legge 8 giugno 1990, n. 142, che pure, in più parti, rinviava ad altre fonti per la sua attuazione (statuti comunali e provinciali, leggi statali, leggi regionali); da ultimo, a livello legislativo, è intervenuto il *Testo unico degli enti locali* (d.lgs. 18 agosto 2000, n. 267), che compendia – egualmente rinviando in molti casi ad altre fonti – la disciplina della forma di governo di Comuni e Province, le comunità montane, le forme associative tra gli stessi, l'organizzazione e il personale, i servizi pubblici locali e l'ordinamento finanziario e contabile.

2. *I Comuni*

Nel confronto con quelle regionali e provinciali, le amministrazioni comunali si caratterizzano molto nettamente, poiché si pongono nel più diretto e immediato rapporto con le rispettive collettività locali; ad enfatizzare il quale, nell'ordinamento delle autonomie territoriali si dispone addirittura che «il comune è l'ente locale che rappresenta la propria comunità, ne cura gli interessi e ne promuove lo sviluppo»[1]; quasi che le stesse Province (come pure le Regioni) non fossero – a loro volta – politicamente rappresentative dei propri cittadini. È in questa prospettiva, d'altra parte, che l'ordinamento riconosce testualmente ai Comuni una *competenza generale*: cioè stabilisce che «spettano al comune tutte le funzioni amministrative che riguardino la popolazione ed il territorio comunale ..., salvo quanto non sia espressamente attribuito ad altri soggetti dalla legge statale o regionale, secondo le rispettive competenze»[2].

Vero è che gli oltre 8000 Comuni italiani si differenziano assai fortemente nel loro interno, dal momento che siffatti enti autonomi di base comprendono tanto le amministrazioni comunali contraddistinte da minime dimensioni e provviste di scarsissimi mezzi, quanto le istituzioni chiamate a reggere le grandi città. In effetti, il «regime di uniformità» (Staderini), fondamentalmente conservato dal nuovo ordinamento del 1990, non manca di subire eccezioni di notevole rilievo, prima ancora che l'art. 118 Cost., come riformato nel 2001, introducesse il principio di differenziazione quanto alla attribuzione delle funzioni amministrative. E in questi termini si spiegano, precisamente, alcune deroghe apportate dalla legge n. 142 cit. e confermate dal Testo unico degli enti locali, rispetto alla regola dell'eguaglianza assoluta: primo, con riferimento alle circoscrizioni di decen-

---

[1] Cfr. l'art. 2, co. 2, della legge n. 142 cit., e ora l'art. 3, co. 2, del d.lgs. n. 267/2000.

[2] Cfr. l'art. 9, co. 1, legge cit., e ora l'art. 13, co. 1, del d.lgs. n. 267/2000.

tramento comunale, che vanno istituite nei Comuni con popolazione superiore a 250.000 abitanti e possono esserlo e in quelli con popolazione tra 100.000 e 250.000 abitanti; secondo, nei riguardi delle cosiddette aree metropolitane, oggi trasformate in città metropolitane quali enti autonomi (v. *infra*, § 3); terzo, nell'ambito di quelle comunità montane dove i Comuni sogliono essere sottodimensionati, sicché occorre perseguire «l'esercizio associato delle funzioni comunali», nonché la fusione dei Comuni medesimi; quarto, anche prescindendo dalla collocazione geografica montana, in ragione delle disposizioni di legge statale che, con maggiore frequenza a partire dal 2010 (d.l. 31 maggio 2010, n. 78, art. 27 ss.), impongono ai comuni aventi una popolazione inferiore a 5000 abitanti (o 3000, per comuni facenti parte di comunità montane) di esercitare in forma associata le funzioni fondamentali, mediante la costituzione di unioni di comuni o la stipula di convenzioni.

Va considerato, inoltre, che la legge n. 142, raccogliendo reiterate proposte dottrinali (Benvenuti, Berti), ha dotato anche gli enti territoriali minori di una specifica **autonomia statutaria**, che richiama, esclusa però la possibilità di intervenire sulla forma di governo degli enti, quella prevista per le Regioni di diritto comune; mediante la quale i Comuni possono ulteriormente diversificarsi sul piano organizzativo. Su questa base ogni Comune ha infatti dettato «le norme fondamentali per l'organizzazione dell'ente»: dalle «attribuzioni degli organi» all'«ordinamento degli uffici e dei servizi pubblici», dalle «forme della collaborazione» con gli altri enti locali fino alla «partecipazione popolare» e alla presenza di entrambi i sessi nelle giunte e negli organi collegiali non elettivi del comune e della provincia, nonché degli enti, aziende e istituzioni da essi dipendenti[3]. L'atto normativo in questione ha appunto il nome di *statuto*, da approvare a maggioranza assoluta, con voto favorevole ripetuto «per due volte» (qualora non si ottenga la maggioranza «dei due terzi dei consiglieri assegnati»); e lo statuto prevale – nel sistema delle fonti – sulla generalità dei regolamenti comunali, compresi quelli di più notevole rilievo, come nei casi delle discipline edilizie o di polizia locale[4].

Ciò non toglie che la **forma di governo** degli enti in esame risulti sostanzialmente predeterminata dalla legge, diversamente da quanto sia dato riscontrare per le Regioni ordinarie. Secondo tradizione, gli organi essenziali del Comune continuano a consistere nel **Consiglio**, nella **Giunta** e nel **Sindaco**. Di essi, direttamente formati dagli elettori sono tanto il Consiglio quanto il Sindaco: e il sistema elettorale costituisce l'oggetto di un'apposita disciplina legislativa statale – dettata dalla **legge 25 marzo 1993, n. 81** e trasfusa nel *Testo unico degli enti locali* – senza che lo statuto abbia alcuna incidenza sul punto. Precisamente, la legge stessa distingue i Comuni con popolazione sino a 15.000 abitanti da quelli

---

[3] Si veda l'art. 6, co. 2, del d.lgs. n. 267 cit.

[4] V. rispettivamente gli artt. 6, co. 4 e 7 d.lgs. cit.

con popolazione superiore. Nel primo caso, l'elezione si effettua ad unico turno, risultando eletto il candidato «che ha ottenuto il maggior numero di voti»; mentre spettano alla relativa lista «due terzi dei seggi assegnati al consiglio»[5]. Nel secondo caso, vale a dire per tutti i Comuni più importanti, il Sindaco viene eletto al secondo turno, mediante *ballottaggio* fra i due candidali che nel primo turno abbiano ottenuto il maggior numero di voti (salvo che nel primo turno un candidato ottenga «la maggioranza assoluta dei voti validi»); mentre la lista o le liste collegate al candidato vincente si vedono assegnato il 60 per cento dei seggi del Consiglio[6].

Significative novità sono state introdotte, del resto, nei rapporti fra il Consiglio, la Giunta ed il Sindaco stesso. In base alla legge n. 81, il Sindaco è l'organo responsabile dell'amministrazione del Comune ed ha la potestà di nominare e revocare i componenti della Giunta (che era invece eletta dal Consiglio, ancora in virtù della legge n. 142)[7]. A propria volta, la Giunta acquista una competenza generale o residuale, deliberando «gli atti di amministrazione che non siano riservati dalla legge al consiglio», né statutariamente attribuiti al Sindaco o ad altri funzionari comunali; sicché si rovescia il tradizionale criterio, per cui spettava al Consiglio di deliberare «sopra tutti gli oggetti ... propri dell'amministrazione comunale e non attribuiti alla Giunta od al Sindaco», per devolvere invece alla Giunta questa competenza[8].

Permane tuttora il *rapporto di fiducia* fra il Consiglio e la Giunta. Per meglio dire, il Consiglio non costituisce più gli altri due organi fondamentali, ma può soltanto approvare – a maggioranza assoluta e per appello nominale – una «mozione di sfiducia»[9]. Senonché, tale approvazione determina automaticamente lo scioglimento del Consiglio medesimo, per l'ovvia ragione che un Sindaco direttamente eletto dal popolo non può essere sostituito in forme diverse; né le conseguenze mutano, qualora il Sindaco cessi per altre cause, dalle dimissioni volontarie all'impedimento permanente e alla morte[10].

Con tutto questo, il Sindaco mantiene la duplice veste già nota nel passato ordinamento. Da un lato egli è l'*organo di vertice del Comune*, in quanto presiede non solo la Giunta ma anche, nei Comuni con popolazione inferiore a 15.000 abitanti, il Consiglio, quando la carica di presidente del Consiglio stesso non venga espressamente prevista dallo statuto[11]. D'altro lato egli esercita una serie di attribuzioni concernenti «servizi di competenza statale», agendo quale *ufficia-*

[5] Cfr. l'art. 71, co. 6, del d.lgs. cit.

[6] V. l'art. 72, co. 4 e 5, del d.lgs. cit.

[7] Cfr. l'art. 46 del d.lgs. n. 267/2000.

[8] V. l'art. 48, co. 2, del d.lgs. cit.

[9] Cfr. l'art. 52 del d.lgs. cit.

[10] Cfr. l'art. 53 del d.lgs. cit.

[11] Cfr. l'art. 39, co. 1 e 3, del d.lgs. cit.

le del Governo: donde il giuramento che il Sindaco è tenuto a prestare dinanzi al Prefetto, prima di assumere le proprie funzioni [12].

3. *Le Province e le Città metropolitane*

Nel disegno del legislatore del 1990, uno fra i cardini del nuovo ordinamento delle autonomie locali andava ricercato nel ruolo di **ente intermedio** fra le Regioni e i Comuni, mediante il quale si era inteso rivitalizzare le Province. Già ridotte ad istituzioni scarsamente utili, perché provviste di consistenti apparati cui corrispondevano funzioni ristrette e reciprocamente scollegate, le Province erano ora concepite come enti ai quali spettano «le funzioni amministrative di interesse provinciale che riguardino vaste zone intercomunali o l'intero territorio provinciale»; e ciò con riferimento ad un complesso di notevoli settori, dalla difesa del suolo e dell'ambiente alla viabilità e ai trasporti, dalla caccia e dalla pesca all'edilizia scolastica ... [13]. Inoltre, a tali *compiti di gestione* si aggiungevano i *compiti di programmazione*, consistenti sia nel concorrere alla formazione dei programmi regionali, coordinando le eventuali proposte dei Comuni, sia nell'adottare «propri programmi pluriennali», come pure il «piano territoriale di coordinamento», destinato a vincolare i piani urbanistici comunali [14].

Se già in base alle leggi del 1990 e del 2000 il ruolo che le amministrazioni provinciali potevano assumere risultava incerto (strette come erano fra le attribuzioni comunali e quelle regionali, costituzionalmente garantite), a partire dal 2011 il dibattito sul futuro di questi enti ha visto prevalere, anche in conseguenza della crisi economica iniziata nel 2008 e della conseguente necessità di riduzione della spesa pubblica, l'idea di abolire o notevolmente ridimensionare le Province. Falliti i tentativi di sottrazione delle funzioni e di accorpamento, posti in essere dal Governo Monti, è intervenuta una nuova disciplina, dettata dalla **legge 7 aprile 2014, n. 56** (c.d. legge Delrio); la quale, prefigurando una disciplina transitoria in attesa della riforma costituzionale del Titolo V (riforma viceversa respinta nel referendum del 4 dicembre 2016) definisce le Province quali **«enti territoriali di area vasta»**, attribuendo alle stesse – con alcune differenze per le Province con territorio interamente montano o confinanti con paesi stranieri – alcune funzioni fondamentali, che si esauriscono essenzialmente in compiti di pianificazione (del territorio provinciale e in materia di tutela ambientale; dei servizi di trasporto in ambito provinciale), di programmazione (della rete scolastica), e in limitatissime funzioni direttamente operative (gestione delle

---

[12] Cfr. rispettivamente gli artt. 54 e 50, co. 11, del d.lgs. cit.

[13] Cfr. l'art. 14, co. 1, della legge n. 142/1990 e, successivamente, l'art. 19 del d.lgs. n. 267/2000.

[14] Si vedano l'art. 15 della legge ult. cit. e, successivamente, l'art. 20 del d.lgs. cit.

strade provinciali, gestione dell'edilizia scolastica). I limiti e le modalità di esercizio di queste funzioni sono definiti dal legislatore statale o regionale secondo le rispettive competenze *ex* art. 117 Cost.

Quanto alla forma di Governo, se la previgente legislazione assimilava strettamente la posizione di Comuni e Province, per queste ultime la legge n. 56/2014 innova profondamente, prevedendo che gli organi rappresentativi non siano eletti a suffragio universale e diretto, a differenza dei Sindaci, bensì con **elezioni di secondo grado**. Al vertice della Provincia vi è il Presidente, eletto – tra i Sindaci della provincia – ogni quattro anni dai sindaci e dai consiglieri dei Comuni della Provincia. Il Presidente è affiancato dal Consiglio provinciale, organo di indirizzo e controllo, che approva regolamenti, piani e programmi, nonché i bilanci dell'ente. Per quanto concerne l'elezione del Consiglio, che ha durata biennale, l'elettorato attivo e quello passivo coincidono, essendo elettori ed eleggibili i Sindaci e i consiglieri dei Comuni della Provincia. A completare il quadro degli organi provinciali vi è l'Assemblea dei Sindaci, alla quale prendono parte tutti i Sindaci della Provincia, e alla quale è attribuito il compito di rendere parere sugli schemi di bilancio dell'ente e di approvare lo statuto provinciale, su proposta del Consiglio.

La legge n. 56 cit. ha dettato una disciplina organica – seppure transitoria, come sopra per le Province – anche per le **Città metropolitane**, che avevano fatto ingresso in Costituzione con la riforma del 2001. L'idea di differenziare il regime di alcune aree metropolitane era presente già nella legge n. 142/1990, che tuttavia demandava a leggi regionali (mai approvate) ai fini della loro perimetrazione, e le concepiva come super-Province, chiamate ad aggiungere determinate funzioni di rilievo sovracomunale a quelle normalmente ad esse attribuite. Superando precedenti (e vani) tentativi di attuazione dei principi costituzionali, la legge n. 56 cit. individua nove Città metropolitane, e si configura anche quale disciplina di principio per la disciplina di eventuali città metropolitane da istituire nelle Regioni Sardegna, Sicilia e Friuli Venezia Giulia. Il territorio dei questi enti coincide con le preesistenti Province, salva l'adesione di Comuni di Province limitrofe.

La Città metropolitana, ente territoriale di area vasta, è amministrata da un Sindaco metropolitano, che rappresenta l'ente e sovrintende al funzionamento dei servizi e degli uffici e all'esecuzione degli atti. Il Consiglio metropolitano è organo di indirizzo e controllo, approva regolamenti, piani e programmi e i bilanci dell'ente, previo parere della Conferenza metropolitana, la quale ultima ha il compito di adottare o respingere lo statuto proposto dal Consiglio. Quanto alla rappresentatività degli organi, per il Consiglio metropolitano l'elettorato attivo e passivo è identico a quello delle Province (Sindaci e consiglieri dei Comuni inclusi nell'ambito dell'ente); il Sindaco metropolitano è di diritto il Sindaco del Comune capoluogo, ma lo statuto della Città metropolitana può prevedere l'elezione diretta di Sindaco e Consiglio, a condizione che il territorio del Comune capoluogo venga articolato in più comuni. Quanto alle funzioni, a quelle ordinariamente esercitate dalle Province le Città metropolitane sommano altre funzioni fondamentali: adozione e aggiornamento di un piano strategico triennale del territorio metropolitano, pianificazione territoriale generale e strutturazione di sistemi coordinati di gestione dei servizi pubblici, mobilità e viabilità, promozione e coordinamento dello sviluppo economico e sociale e dei sistemi di informatizzazione e digitalizzazione in ambito metropolitano. Il modello di governo di secondo grado adottato per le Province e le Città metropolitane ha superato il vaglio della Corte costituzionale, che lo ha ritenuto non contrastante con la Costituzione, con la sent. 26 marzo 2015, n. 50.

La legge n. 56/2014 interessa anche le **Regioni e Province autonome**, ma per questi enti valgono soprattutto le prerogative riconosciute dagli statuti speciali, che attribuiscono loro (grazie alla legge cost. 23 settembre 1993, n. 2, fatta eccezione per la Sicilia, che già ne era dotata) la potestà legislativa primaria in materia di «ordinamento degli enti locali e delle relative circoscrizioni». Ciascuna Regione autonoma presenta proprie peculiarità, differenziandosi in modo anche rilevante rispetto alle Regioni ordinarie: così, ad esempio, nello Statuto della Valle d'Aosta non figurano, sin dal principio, le Province; in Friuli Venezia Giulia le Province, prima presenti, sono state espunte dallo Statuto di autonomia con legge cost. 28 luglio 2016, n. 1, con la graduale soppressione delle Province esistenti; mentre del tutto a se stante è ovviamente la situazione delle Province di Trento e Bolzano, dotate di potestà legislativa, e di autonomia neppure comparabile rispetto alle altre Province italiane.

NOTA BIBLIOGRAFICA – Oltre agli AA. cit. *supra*, nella *NOTA BIBLIOGRAFICA* al cap. I di questa parte, v. AA.VV., *L'unificazione amministrativa e i suoi protagonisti*, Vicenza, 1967 (a curo di Benvenuti e Miglio); BERTI, *Caratteri dell'amministrazione comunale e provinciale*, Padova, 1969; ORSI BATTAGLINI, *Le autonomie locali nell'ordinamento regionale*, Milano, 1974; PUBUSA, *Sovranità popolare e autonomie nell'ordinamento costituzionale italiano*, Milano, 1983; DE MARTIN, *L'amministrazione locale nel sistema delle autonomie*, Milano, 1984; PALADIN, *Il problema delle «nuove Province»*, in *Le Reg.*, 1984, p. 65 ss.; MERLONI, SANTANTONIO, TORCHIA, *Le funzioni del governo locale in Italia*, Milano, 1988; PALMA, *Autonomia locale in trasformazione*, Padova, 1989; VANDELLI, *Poteri locali*, Bologna, 1990, nonché *Ordinamento delle autonomie locali. Commento alla legge 8 giugno 1990, n. 142*, Rimini, 1990; STADERINI, *Diritto degli enti locali*, Padova, 1993; PIZZETTI, *La riforma degli enti territoriali*, Milano, 2015; VANDELLI, *Il sistema delle autonomie locali*, Bologna, 2015.

Parte V

LE SITUAZIONI SOGGETTIVE COSTITUZIONALMENTE RILEVANTI

CAPITOLO I
PREMESSE GENERALI

SOMMARIO: 1. La tipologia delle situazioni soggettive nel diritto costituzionale. – 2. Principio personalista e principio pluralista. – 3. L'individuazione dei «diritti inviolabili»: serie chiusa, serie aperta? Il ruolo della Convenzione europea dei diritti dell'uomo. – 4. Le garanzie comuni alle situazioni soggettive costituzionalmente rilevanti: la riserva di legge; l'eguaglianza. – 5. *Segue*: le garanzie relative alla giurisdizione. – 6. *Segue*: le garanzie relative all'amministrazione; le responsabilità dei funzionari e dipendenti pubblici. – 7. Cenni sulle situazioni soggettive di svantaggio.

1. *La tipologia delle situazioni soggettive nel diritto costituzionale*

Quando le posizioni attribuite dalla Costituzione ai soggetti che compongono l'ordinamento italiano sono qualificate come **libertà fondamentali**, si ragiona in realtà d'una sola componente di esse: sia pure centrale ed essenziale ai fini del discorso sulla forma di Stato vigente in Italia. Mentre le libertà nel senso stretto formano il tema di determinate disposizioni della parte prima della Carta costituzionale, per intendere compiutamente la condizione dei cittadini e delle persone in genere entro il nostro ordinamento, occorre allargare l'indagine all'intero complesso dei «rapporti civili», «etico-sociali», «economici» e «politici» considerati dalla Costituzione stessa; e anzi occorre estendere ulteriormente la prospettiva, includendo più d'uno dei «principi generali» (artt. 1-12 Cost.), come pure una serie di precetti contenuti nella parte seconda (quali sono quelli risultanti dagli artt. 111, 113, 120 per non dire della giustizia costituzionale, cui viene però dedicata la sezione conclusiva del presente manuale).

Di qui deriva subito il seguente interrogativo: come vanno classificate e definite, dall'angolo visuale dei costituzionalisti, le svariatissime **situazioni soggettive** che la Costituzione disciplina o comunque presuppone rendendole in tal modo costituzionalmente rilevanti? Che tali figure non si risolvano nei diritti di libertà, si ricava anzitutto da una considerazione elementare. Le norme costituzionali in esame, a cominciare dall'art. 2 Cost., non si limitano a configurare e garantire quelle posizioni di favore o di vantaggio, dette **situazioni attive**[1], fra le

[1] L'inesistenza di un linguaggio giuridico uniforme risalta già, tuttavia, in questa sede così pre-

quali spiccano i diritti soggettivi; si collocano anche, sebbene con molta minore frequenza, sull'opposto versante delle **situazioni passive** o di svantaggio, con particolare guardo ai doveri e agli obblighi costituzionalmente imposti o comunque previsti.

Ma la tipologia delle figure stesse è molto più eterogenea, all'interno delle due grandi categorie testé ricordate. Basta scorrere il testo costituzionale, per avvedersi che esso ragiona *della libertà* (si veda infatti l'art. 3, co. 2) e *delle libertà*, fatte consistere – più volte in modo testuale – nei contenuti di altrettanti **diritti costituzionalmente garantiti** (come nei casi dell'art. 10, co. 3, quanto alle «libertà democratiche» spettanti agli stranieri, e degli artt. 13 ss., quanto alla libertà personale, alla libertà di domicilio, alla libertà della corrispondenza e di ogni altra forma di comunicazione ...). Inoltre, accanto ai diritti soggettivi strettamente intesi, la Costituzione considera in più punti gli *interessi legittimi* (si vedano gli artt. 24, co. 1, e 113, co. 1), come pure una serie di situazioni attive facenti capo a determinate *formazioni sociali* (si pensi – per esempio – ai «diritti della famiglia», di cui al primo comma dell'art. 29).

Per contro, ricorrono anche gli accenni ai **doveri**, variamente detti *inderogabili* (art. 2 Cost.), *civici* (art. 48, co. 2), *sacri* (art. 52, co. 1), come pure agli **obblighi** dei cittadini o di determinate istituzioni (specificamente riguardati dagli artt. 32, co. 2; 33, co. 4; 39, co. 2 ...). Ma i riferimenti testuali non coprono affatto l'intera gamma delle situazioni in discussione; tanto è vero che in dottrina si tratta altresì – nelle sedi più diverse e nelle accezioni più varie – di *pretese* e di *facoltà*, di poteri e di *stati di soggezione*, per citare solo alcune fra le tante figure che i più diversi autori hanno evidenziato.

a) I primi concetti da ricostruire a questo punto sono quelli ai quali si allude allorché si ragiona, con un termine altamente polisenso, della stessa *libertà*. Il significato più noto e diffuso di tale termine è riferito ad una situazione di «non impedimento» o di «non costrizione» (Bobbio). Si tratta, in altre parole, di «libertà a contenuto negativo» (Mortati) e anzi di uno *status negativus* (Jellinek), nel quale potrebbero includersi – secondo una tradizionale impostazione – tutti i simgoli diritti di libertà, specificamente garantiti dalle stesse Costituzioni; più che fra i diritti medesimi sussisterebbe una sorta di solidarietà (Ruffini), tale che la violazione degli uni non potrebbe non ripercuotersi in danno degli altri. Di qui, comunque, ricava lo spunto la concezione della libertà giuridica come *pretesa di non essere impediti* nell'esercizio delle proprie facoltà, alla stregua di un'antica definizione, tuttora riaffermata nella dottrina italiana (Grossi).

Tesi del genere non sono, però, compiutamente soddisfacenti, se non altro nella prospettiva costituzionalistica. Da un lato la Costituzione repubblicana, al pari della generalità delle Carte costituzionali contemporanee, considera, garan-

---

liminare. Taluni autori (come Guarino) includono infatti tra le situazioni attive tanto i diritti quanto i doveri, contrapponendoli agli stati di mera soggezione, che non danno alcun rilievo ai comportamenti dei soggetti interessati.

tisce e delimita specificamente una serie di particolari situazioni attive; sicché l'immaginare che esse siano tutte conglobate in una indistinta libertà giuridica diverrebbe la causa di gravi confusioni, facilmente evitabili qualora si ragioni *delle libertà* al plurale e non al singolare, prescindendo dall'esistenza di un onnicomprensivo diritto generale di libertà[2]. D'altro lato il concetto della libertà come non-costrizione trascura la circostanza che molti diritti di libertà presentano tanto un profilo negativo quanto un profilo positivo psicologicamente e praticamente distinti sebbene ricavabili da un'unica disposizione costituzionale. Così – per esempio – la libertà di non associarsi o quella di tacere e non manifestare in alcun modo il proprio pensiero non esauriscono affatto le previsioni degli artt. 18, co. 1, e 21, co. 1, Cost.; al contrario, in entrambi i casi la Costituzione stessa ha di mira, in prima linea, determinate sfere di azione, riguardanti il diritto di associazione ovvero di espressione delle proprie idee, ognuna delle quali implica particolari problematiche giuridiche, non confondibili con quelle proprie delle corrispondenti libertà negative.

b) Siffatti momenti positivi possono essere, inoltre, della più varia natura secondo le diverse ipotesi; e la formula del non-impedimento, caratteristica della teoria di cui si discute, non basta a farne cogliere le peculiarità. Per semplificare al massimo il discorso, giova a questo punto utilizzare – ai soli fini del presente manuale – una terminologia convenzionale, che non pretende di essere più valida di altre, fra le tante che circolano e si contrappongono nella letteratura giuridica privatistica e pubblicistica, ma tende unicamente a realizzare una qualche interna chiarezza. Con tale indispensabile premessa, dunque, può dirsi che alcuni diritti di libertà implicano l'esercizio di *facoltà materialmente intese*, riducendosi – sotto questo aspetto – ad altrettante libertà di fatto (ovvero ad altrettante sfere di puro e semplice lecito giuridico: Perassi, Virga): per esempio, nel caso della libertà personale, intesa come libera disponibilità del proprio corpo (v. *infra*, cap. II, § 2, di questa parte). In altri casi, invece, i diritti in questione includono la titolarità e l'esercizio di *poteri implicanti la produzione di effetti giuridici*[3]; e valga ancora il richiamo della libertà di associazione, positivamente intesa (v. *infra*, cap. II, § 10, di questa parte).

Nell'ambito dei poteri stessi, poi, si possono distinguere le *potestà* spettanti, oltre che ai pubblici apparati, alle cosiddette «autorità private» (Bianca), cui corrisponde in capo ad altri uno stato di soggezione (Lavagna): come nel caso

---

[2] Lungo quest'ultima linea si collocava, invece, l'art. 4 della «dichiarazione» del 1789, proclamando che «la libertà consiste nel poter fare tutto ciò che non nuoce ad altri». Ma, nel concreto, la determinazione dei limiti di tale «libertà» veniva affidata alla legge, per cui la disposizione testé ricordata si risolveva in un vuoto preannuncio.

[3] La nozione indicata nel testo non coincide, ovviamente, con quella di potere come «situazione preliminare» e astratta (Romano, Monati), considerati indipendentemente dal suo concreto esercizio.

notissimo della potestà dei genitori sui loro figli, presupposta dall'art. 30, co. 1, Cost. È in quest'ultimo campo che si collocano anche i «poteri di conformazione» (Lener), più comunemente noti come *diritti potestativi* (Chiovenda), atti a modificare non solo la propria ma l'altrui sfera giuridica: dal diritto di agire in giudizio, previsto e garantito nel primo comma dell'art. 24 Cost., fino al diritto di sciopero *ex* art. 40 Cost. E ogni figura soggettiva attiva costituzionalmente rilevate include, per converso, peculiari momenti di libertà garantiti dalla Costituzione.

c) Quanto si è detto finora non deve far pensare, tuttavia, che le situazioni attive di cui si discute siano sempre concepibili come diritti soggettivi, nel senso più pieno e più tecnico di tale espressione. La garanzia costituzionale (sempre l'art. 24 Cost., ma anche l'art. 113 Cost.) abbraccia, oltre che i diritti stessi, gli interessi legittimi; e le due categorie non vanno confuse a vicenda, sebbene la loro distinzione si dimostri assai difficile, controversa e carica di implicazioni soprattutto sul piano del diritto amministrativo. In estrema siniesi, è sostenibile che entrambi i tipi di situazioni attengano ad interessi specificamente protetti; ma ciò che diverge è, principalmente, il modo della rispettiva protezione (Nigro). Nel caso dei **diritti soggettivi** costituzionalmente rilevanti ci si trova in presenza di *diritti assoluti*, garantiti nei confronti di chiunque, nell'immediato interesse del loro titolare; ad esempio, a tutela del diritto di proprietà, il titolare può reagire contro eventuali azioni di spoglio o molestie di altro genere, anche in via di urgenza. Nel caso degli **interessi legittimi**, per contro, è tradizionale l'assunto che si tratti di situazioni intimamente collegate con l'interesse pubblico (Zanobini), in situazioni nelle quali la pubblica amministrazione agisce quale autorità, esercitando poteri che le sono propri, purché entro i limiti stabiliti dalla legge. In queste situazioni, il cittadino non si trova in posizione di parità nei confronti del potere pubblico, e non può utilizzare tutti i rimedi giurisdizionali che l'ordinamento giuridico gli consentirebbe di adoperare nei confronti di un altro soggetto privato, ma può pretendere che il potere pubblico agisca nel rispetto della legge. La tutela degli interessi legittimi risulta mediata ed eventuale, risolvendosi nel potere di reagire contro i comportamenti illegittimi della pubblica amministrazione. Ciò detto, quando tale potere viene azionato, l'interesse (legittimo) che spinge il cittadino ad agire non si risolve nella sola pretesa alla legittimità del provvedimento amministrativo, ma è strumentale alla difesa di un «bene della vita».

Anche per questo motivo, rimane profondo il divario intercorrente fra gli interessi legittimi e gli *interessi semplici* o di mero fatto. I primi sono definibili come «interessi qualificati alla legittimità dell'attività amministrativa» (Cannada Bartoli): in funzione della difesa di un bene della vita di cui si dispone (c.d. interessi oppositivi, dove l'opposizione è avverso l'attività della pubblica amministrazione che potrebbe sacrificare tali interessi), o per conseguire un bene della vita di cui non si dispone (c.d. interessi pretensivi, come quello di chi partecipa ad un concorso pubblico o ad una gara di appalto): il che fa capire per quali motivi essi trovino specifica tutela presso i giudici amministrativi (TAR e Consiglio di Stato, ai quali l'art. 103 Cost. affida la giurisdizione in materia). In parecchi casi, anzi, tali situazioni sono correlate al cosiddetto «affievolimento» dei corispondenti diritti soggettivi, degradati ad interessi – secondo una diffusa impostazione – quando vengono incisi dai provvedimenti discrezionali della pubblica amministrazione: come ad esempio per le proprietà private soggette ad espropriazione, in base al terzo comma dell'art. 42 Cost. (in questo caso il diritto di proprietà, che è un diritto soggettivo, quando si verificano le condizioni per il suo legittimo sacrificio da parte del potere amministrativo si trasforma o affievolisce in interesse legittimo).

Resta fermo che gli interessi in questione sono *individuali*, avendo attinenza a particolari rapporti fra determinati soggetti e la pubblica amministrazione. Il che non esclude a priori, tuttavia, che possano esservi ulteriori «interessi giuridicamente protetti» (Comoglio), aventi natura *collettiva* o *diffusa*, inquadrabili entro la generalissima previsione costituzionale dell'art. 24 e dunque azionabili davanti ad un giudice.

d) Ancor meno lineare e sicura si presenta la distinzione centrale nel campo delle situazioni passive, cioè quella che passa fra doveri e obblighi. Anzitutto, nel diritto costituzionale non è sostenibile che tutti i doveri rappresentino il rovescio dei diritti soggettivi costituzionalmente garantiti; e basti pensare – per averne subito la prova – al «dovere di essere fedeli alla Repubblica e di osservarne la Costituzione e le leggi», imposto a carico di tutti i cittadini dal primo comma dell'art. 54 Cost. Secondo una classica opinione dottrinale (Romano), proprio questi sarebbero, anzi, i «*doveri in senso stretto*»; mentre il nome di *obblighi* andrebbe riservato a quelle posizioni di svantaggio che si presentino «correlative» a determinate specie di diritti altrui.

Ma occorre avvertire che il linguaggio della Carta costituzionale non è in linea con queste sottili distinzioni. Effettivamente, in più punti si tratta dei doveri nel senso di obblighi: come quando si afferma – nel primo comma dell'art. 30 Cost. – che «è dovere ... dei genitori mantenere ... i figli». Per contro, non mancano i passi che usano il termine obblighi, dove sarebbe stato più proprio parlare di doveri: ad esempio, quando si precisa che spetta alla legge «fissare diritti ed obblighi delle scuole non statali che chiedono la parità», oppure che «ai sindacati non può essere imposto altro obbligo se non la loro registrazione» [4]. Nella Costituzione italiana, perciò, le due locuzioni si dimostrano perfettamente fungibili.

[4] V. rispettivamente l'art. 33, co. 4, e l'art. 39, co. 2, Cost.

2. *Principio personalista e principio pluralista*

a) Nel proclamare che «la Repubblica riconosce e garantisce i diritti inviolabili dell'uomo, sia come singolo, sia nelle formazioni sociali ove si svolge la sua personalità», l'art. 2 Cost. parrebbe fare propria – a prima vista – una versione aggiornata della vecchia teoria dei **diritti pubblici soggettivi**. I «diritti inviolabili» in questione sembrerebbero, cioè, riguardare i soli rapporti fra i privati soggetti del nostro ordinamento e quei pubblici poteri, all'insieme dei quali allude appunto il termine «Repubblica». Più di preciso, secondo le vecchie concezioni della dottrina giuspubblicistica tedesca, si tratterebbe di «effetti riflessi» delle norme costituzionali che delimitano le attribuzioni dei diversi poteri (Gerber, Laband), vietando con ciò stesso arbitrarie incisioni delle sfere individuali di libertà; ovvero del frutto di un'«autolimitazione» dello Stato sovrano (Jellinek), che concederebbe ai propri sottoposti determinati diritti, conferendo loro la qualifica dell'inviolabilità. La prima obiezione, che vari interpreti muovono a questo modo di ricostruire la disposizione dell'art. 2, nasce dal testo dell'articolo medesimo: con particolare riguardo a quel passo in cui si sottolinea che la Repubblica *riconosce* i diritti in esame. L'idea di un riconoscimento presuppone – come si è fatto intendere fin dai lavori preparatori della Costituzione[5] – la preesistenza dei diritti così riconosciuti rispetto all'ordinamento statale riconoscente. In altre parole, il diritto positivo dello Stato non farebbe – per questa sua parte – se non prendere doverosamente atto della presenza di valori più alti, che nessun concreto sistema normativo dovrebbe e potrebbe disconoscere. E questa *concezione giusnaturalistica*, sottesa alla Carta costituzionale italiana come pure ad altre Costituzioni contemporanee[6], starebbe appunto in chiarissima antitesi con il vecchio assunto che i diritti pubblici soggettivi siano il frutto di una concessione effettuata dallo Stato-persona, in quanto esclusivo titolare della sovranità.

Tuttavia, l'interpretazione giusnaturalistica dell'art. 2 Cost. non può esser condivisa fino in fondo. Alla base della proposizione di cui si discute vi è, certamente, la pretesa di veder riconosciuta «la precedenza sostanziale della persona umana rispetto allo Stato e la definizione di questo a servizio di quella»[7]. Ma un tanto significa, semplicemente, che il diritto vigente e la Costituzione in prima linea hanno così posto a base delle loro discipline, quale ispirazione di fondo, i valori essenziali della civiltà giuridica comune alle liberal-democrazie di stampo occidentale; fermo restando, però, che tali valori non si concretizzano – nel nostro come in ogni ordinamento – se non attraverso l'«intermediazione di

---

[5] V. specialmente l'emendamento dell'on. Benvenuti, volto ad inserire nell'attuale art. 2 l'espressione «diritti naturali e inalienabili».

[6] Si veda in particolar modo l'art. 1, co. 2, della «legge fondamentale» per la Germania, dove si proclama che «il popolo tedesco riconosce ... gli inviolabili ed inalienabili diritti dell'uomo come fondamento di qualsiasi comunità umana ...».

[7] Così l'on. Dossetti, in *Atti Ass. cost.*, I Sc., 10 settembre 1946.

norme positive», atte a tradurli «in regole veramente efficaci» (Grossi). Effettivamente, è pur sempre ai sensi dell'ordinamento giuridico italiano che si deve stabilire in che cosa consistano i vari diritti inviolabili e quali siano dunque le corrispettive garanzie, a cominciare da quella che fa capo alla Corte costituzionale: il che comporta, appunto, che i diritti stessi «si risolvono integralmente nel diritto positivo», sebbene gli interpreti in genere, e i giudici in ispecie, dispongano sul punto di «criteri o schemi di valutazione particolarmente ampi» (Baldassarre). Non a caso, la sovranità viene sì conferita al popolo e non allo Stato-soggetto, ma «nelle forme e nei limiti della Costituzione»[8]; sicché rimane esclusa, anche per questo motivo, l'immediata applicabilità – oltretutto assai problematica – dei «precetti di diritto naturale» (Esposito).

Appare incontrovertibile, comunque, che l'art. 2 Cost. concorre in tal modo a definire la stessa forma di Stato, ponendo a base di essa, oltre al principio democratico, il **principio personalista** (Mortati; Onida) ovvero quello che altri denomina *principio liberale* (Mazziotti). I «diritti inviolabili dell'uomo» non sono pertanto concepibili come il frutto di un'autolimitazione dello Stato repubblicano, ma rappresentano un dato congenito dell'ordinamento statale vigente (Berti): in difetto del quale verrebbe sconvolta la *decisione politica* che lo contraddistingue e lo differenzia dallo Stato autoritario del ventennio fascista[9].

Ne segue – fra l'altro – che l'inviolabilità dei diritti in questione non si risolve nell'imprescrittibilità, nell'inalienabilità, nell'indisponibilità di tali situazioni, considerate dall'angolo visuale della loro titolarità; ma implica altresì la loro *intangibilità*, ad opera di qualsivoglia pubblico potere, comunque esplicato. Più precisamente, bisogna a questa stregua ritenere che tali diritti non si prestino ad essere soppressi, neanche per mezzo della revisione costituzionale (Barbera, Barile, Grossi, Mortati): giacché, diversamente, ne verrebbe alterato il nucleo essenziale della vigente forma di Stato, ivi compreso il principio democratico, che per molti profili si allaccia al principio personalista (v. *supra*, parte III, cap. I, § 2). In alcuni casi, dunque, dalla Costituzione italiana può farsi derivare una «garanzia di esistenza» di determinate situazioni attive, pur fermo restando che le leggi di revisione (se non le stesse leggi ordinarie) potrebbero validamente incidere sui loro limiti e sui loro contenuti (Grossi); in altri casi – secondo «il variegato statuto dei diritti inviolabili» (Baldassarre) – la garanzia deve estendersi al «nocciolo», cioè al «contenuto minimo» di certe posizioni inquadrabili nella generale previsione dell'art. 2 Cost. (Barile, Mortati) che lo stesso legislatore costituzionale non potrebbe menomare, senza ledere i «principi supremi» del nostro ordinamento.

---

[8] V. nuovamente l'art. 1, co. 2, Cost.

[9] Ciò non toglie che, nell'ottica del complessivo ordinamento giuridico, debba ravvisarsi una qualche continuità fra il diritto italiano vigente e quello preesistente alla Costituzione repubblicana (v. *supra*, parte II, cap. 1, § 3); ma il discorso sulla continuità prescinde – secondo la tesi seguita in questo testo – dal mutare delle fanne di Stato e di governo.

A tutto questo si aggiunge una ulteriore ragione di critica del tradizionale concetto dei diritti pubblici soggettivi. Situazioni del genere – per definizione – attengono ai soli rapporti fra i soggetti che ne sono titolari e i pubblici poteri. Ma una parte almeno dei «diritti inviolabili», sinteticamente proclamati dall'art. 2, è invece garantita nei confronti dello stesso «potere privato» (Lombardi), operando nel senso orizzontale dei rapporti fra i comuni sottoposti all'ordinamento giuridico, in base alla formula tedesca della *Drittwirkung* (che implica appunto la loro efficacia nei confronti dei terzi; il concetto presume, in altri termini, che un soggetto possa basarsi su una norma costituzionale per agire nei confronti di un altro individuo o dello Stato per la violazione dei diritti in essa contenuti). Sicché non si tratta di mere libertà dallo Stato, bensì di **posizioni tutelabili *erga omnes***, sia pure nel quadro di una complessa casistica, molto diversificata secondo la natura delle varie situazioni in esame [10].

b) Rispetto ai diritti pubblici soggettivi, tradizionalmente intesi, i «diritti inviolabili» divergono, inoltre, perché spettano – nella più parte dei casi qui considerati – agli **uomini in genere** e non solamente ai *cittadini*. Così dispone, in effetti, il testo dell'art. 2 Cost. E nel medesimo senso è da tempo orientata la giurisprudenza costituzionale, la quale ne ha desunto «il riconoscimento di quei diritti che formano il patrimonio irretrattabile della personalità umana» e «che appartengono all'uomo inteso come essere libero» [11].

Vero è che un'opinione dottrinale (Pace) ha tratto argomento, nel senso contrario, dall'intitolazione della parte prima della Carta costituzionale, riferita ai soli «diritti e doveri dei cittadini»; ed ha messo in luce come «la condizione giuridica dello straniero» venga – per Costituzione – «regolata dalla legge in conformità delle norme e dei trattati internazionali» [12]; il che sembrerebbe consentire, anche in tema di spettanza dei «diritti inviolabili», l'applicazione della *clausola di reciprocità*, nei termini fissati dalle preleggi [13]. Da un lato, però, la circostanza che nel diritto internazionale contemporaneo s'imponga il principio dello *standard minimo* di protezione, da assicurare comunque agli *stranieri* e agli *apolidi*, con particolare riguardo alle libertà fondamentali [14], toglie pratico rilievo al quesito se per i non-cittadini possa farsi diretta applicazione delle norme costituzionali concernenti i singoli «diritti inviolabili», ovvero si debba riferirsi ai patti vincolanti l'Italia. D'altro lato, non vanno trascurate le indicazioni testuali offerte da quei numerosi disposti costituzionali che imputano determinate situa-

---

[10] Che la liberà di manifestazione del pensiero «debba imporsi al rispetto di tutti, delle pubbliche autorità come dei consociati», è stato per esempio argomentato dalla Corte costituzionale, nella sent. 9 luglio 1970, n. 122.

[11] Cfr. la sent. 3 luglio 1956, n. 11.

[12] Si veda il secondo comma dell'art. 10 Cost.

[13] Cfr. l'art. 16 delle «disposizioni sulla legge in generale».

[14] Si veda già l'art. 2 della Dichiarazione universale dei diritti dell'uomo, approvata dall'Assemblea generale delle Nazioni unite il 10 dicembre 1948.

zioni attive a «tutti», oppure garantiscono che «nessuno» sia privato di determinate garanzie [15]; in contrapposto a quelle statuizioni che invece si rivolgono ai soli cittadini, per esempio in tema di assistenza sociale oppure di spettanza dei diritti politici [16].

Ma in linea di principio può dirsi abbastanza pacifico (Barile, Esposito) che sia connaturale a vari altri diritti di libertà la loro appartenenza ad ogni essere umano sottoposto al nostro ordinamento, anche se la Costituzione non chiarisce testualmente quali siano i loro titolari [17]. E anzi si può riscontrare che almeno una delle situazioni attive costituzionalmente garantite riguarda in modo specifico i soli stranieri: vale a dire il *diritto di asilo*, sancito dall'art. 10, co. 3, Cost. (si veda *infra*, cap. II, § 5, di questa parte).

D'altro canto, la cerchia dei soggetti cui sono riferiti i «diritti inviolabili» è ulteriormente allargata da quel passo dell'art. 2 Cost. in cui si ragiona delle **formazioni sociali**: fondamentalmente intese quali «*comunità intermedie*» fra i singoli e la Repubblica, secondo un linguaggio utilizzato già nella prima Sottocommissione della Costituente [18]. Accanto al principio personalista emerge in tal modo il **principio pluralista** (Mortati, Pizzorusso, Ridola), assai variamente concretato da una serie di successivi disposti costituzionali, inseriti fra i «principi fondamentali» nonché in vari punti della parte prima della Costituzione: dalle «minoranze linguistiche» alle «confessioni religiose», dalle comuni associazioni alla famiglia, dai sindacati ai partiti ... [19]. E anche in questo caso si tratta di un principio collegato – per vari profili – a quello democratico: con particolare evidenza nel caso delle associazioni costituite per fini politici.

Ma il principio pluralista non possiede – nella gerarchia dei valori costituzionali – la stessa dignità del principio personalista. Per un primo verso, infatti, le formazioni sociali possono rivelarsi fattori di oppressione anziché di valorizzazione dei singoli che le compongono: tanto è vero che la Costituzione si preoccupa, anzitutto, di esigere dalle formazioni stesse il rispetto dei «diritti inviolabili» spettanti ad ogni uomo, quand'anche si tratti di individui operanti nell'ambito di tali comunità; il che fa nascere una problematica quanto mai aperta e mul-

---

[15] A titolo esemplificativo, cfr. gli artt. 19, 21, co. 1, 22, 24, co. 1, 25 Cost.

[16] Cfr. gli artt. 38, co. 1, e 48, 55 Cost.

[17] Così – per esempio – la Corte costituzionale ha concluso, nella sent. 18 luglio 1983, n. 215, quanto alla libertà personale degli imputati stranieri che «il principio di eguaglianza vale pure per lo straniero quando trattasi di rispettare ... diritti fondamentali». Coerentemente con quanto sopra, l'art. 2, co. 1, del d.lgs. 25 luglio 1998, n. 286 (*Testo unico delle disposizioni concernenti la disciplina dell'immigrazione e norme sulla condizione dello straniero*), afferma che «allo straniero comunque presente alla frontiera o nel territorio dello Stato sono riconosciuti i diritti fondamentali della persona umana previsti dalle norme di diritto interno, dalle convenzioni internazionali in vigore e dai princìpi di diritto internazionale generalmente riconosciuti».

[18] Si veda l'ordine del giorno presentato in tal senso dall'on. Dossetti.

[19] Cfr. – rispettivamente – gli artt. 6, 8, 18, 29, co. 1, 39 e 49 Cost.

tiforme, la quale si presta a ricevere soluzioni diverse a seconda dei caratteri propri di ciascun tipo di formazione. Per un altro verso, poi, i soggetti collettivi in discussione vanno concepiti come uno «strumento» per lo sviluppo della personalità individuale (Barile). Ma ciò lascia intendere, di regola, che le formazioni sociali non sono garantite dall'art. 2 Cost., se non nella misura in cui rispondono a tale modello (Barbera); anche se precetti costituzionali più specifici possono bene allargare la sfera di questa garanzia, come nel caso delle associazioni a fini economici, certamente tutelate dagli artt. 41 ss. Cost., sebbene per esse sia dubbia l'applicabilità del principio pluralista in sé considerato (P. Rescigno).

Sempre di regola, infine, dovrebbe dirsi che i «diritti inviolabili» non possono spettare alle formazioni sociali se non mediatamente e compatibilmente con la loro natura); giacché i titolari immediati dei diritti stessi sarebbero pur sempre le sole persone fisiche (Baldassarre). Ma pure sotto questo aspetto non mancano eccezioni sicure e importanti: a partire da quelle «confessioni religiose», cui l'art. 8 assicura – come tali – l'eguale libertà davanti alla legge, il diritto di organizzarsi e la potestà di stipulare «intese» con lo Stato.

3. *L'individuazione dei «diritti inviolabili»: serie chiusa, serie aperta? Il ruolo della Convenzione europea dei diritti dell'uomo*

a) Ma quali, fra le molte situazioni attive costituzionalmente rilevanti, debbono venire definite come «diritti inviolabili»? Va subito notato che il problema non può essere risolto sulla base delle sole indicazioni testuali, desumibili dalla Costituzione. È ben vero che la Carta costituzionale denomina espressamente «*inviolabili*» talune situazioni attive: quali le libertà personale, di domicilio e di comunicazione, come pure il diritto di difesa giudiziale[20]. Ma non può dubitarsi che nel quadro rientrino altri diritti fondamentalissimi, sulla cui natura la Carta costituzionale non si pronuncia affatto: a cominciare dalle libertà di associazione e di manifestazione del pensiero.

Nell'individuazione di tali diritti occorre guardare, inoltre, anche al titolo dei «*rapporti politici*», ricomprendendovi situazioni attive quali il diritto di voto e la libera associazione in partiti. Ma non si possono nemmeno escludere i «*rapporti economici*», di cui al titolo terzo della parte prima. Da un lato, l'intera Repubblica è stata – sia pure in virtù di una formula non priva di aspetti retorici – «fondata sul lavoro»; e il «diritto al lavoro» risulta addirittura proclamato nell'ambito dei «principi fondamentali» della Costituzione, tanto che un'autorevole corrente dottrinale (Mortati, Onida) ha proposto di inserire il «*principio lavorista*» accanto ai principi democratico, personalista e pluralista[21].

---

[20] Si vedano gli artt. 13, co. 1, 14, co. 1, 15, co. 1, e 24, co. 2.

[21] V. rispettivamente gli artt. 1, co. 1, e 4, co. 1, Cost.

D'altro lato, sebbene in dottrina sia stata variamente contestata la loro «inviolabilità» (Giannini, Luciani, Rodotà), non vanno trascurati – in questa sede – valori come quelli collegati alla libera iniziativa economica e alla proprietà privata[22]. Molte altre libertà costituzionalmente garantite (si pensi alla stampa!) presuppongono infatti, per poter venire efficacemente esercitate, una qualche tutela dei diritti in questione (Mazziotti). E resta in ogni caso fermo che un regime democratico non totalitario, sul tipo di quello voluto dalla Costituzione italiana, non può non implicare «il pluralismo economico-sociale della nostra democrazia» (Baldassarre): come hanno dimostrato – fra l'altro – i macroscopici esempi offerti dalle vicende e dalle crisi delle cosiddette democrazie socialiste dell'est europeo.

Detto ciò, tuttavia, bisogna subito aggiungere che il conseguente quadro dei «diritti inviolabili» appare quanto mai disomogeneo. In comune, tali situazioni hanno unicamente – a grandi linee – la posizione ad esse spettante «nella scala dei valori costituzionali» (Baldassarre): vale a dire, più precisamente, la loro **coessenzialità rispetto alla forma di Stato vigente in Italia**.

Al di là di questo dato, s'impongono invece accurate distinzioni interne, sul tipo di quella – frequentemente proposta nella letteratura giuridica italiana e tedesca (Esposito, Fois, Pace, Schneider) – fra i **diritti individuali** e i **diritti funzionali**. Degli uni, in effetti, si suole sostenere che trovino «in se stessi la propria esclusiva finalità» (Schneider), in quanto «attinenti all'uomo come tale» (Esposito); e quale caso esemplare si adduce – a costo di qualche contestazione – la libertà di manifestazione del proprio pensiero. Degli altri, invece, si afferma che essi sarebbero contraddistinti dalla loro «funzione sociale», e dunque limitabili in ragione di quella: come appunto si verifica per l'iniziativa economica e per la proprietà privata, secondo gli espressi disposti costituzionali che riguardano questi tipi di situazioni. Ora, l'utilità e la stessa validità della contrapposizione fra diritti individuali e funzionali sono state messe in dubbio, soprattutto perché entrambi sarebbero riconosciuti e garantiti anche in vista del buon funzionamento del sistema, e dunque nel pubblico interesse (Barile). Ma queste obiezioni, di per sé fondate, non tolgono che la distinzione sia pur sempre producente, in vista dei limiti che le rispettive situazioni si prestano a subire. Alcuni fra i «diritti inviolabili» non tollerano, infatti, altro che i limiti immediatamente e specificamente risultanti dalla Costituzione, accanto a quelli imposti dall'esigenza di pregiudicare oltre misura quei valori costituzionalmente garantiti che interferiscono con l'esercizio dei diritti stessi; e vale, ancora, l'esempio della libertà di manifestazione del pensiero (v. *infra*, cap. II, § 7, di questa parte). In altri campi, per contro, la disciplina costituzionale si risolve nell'assicurare la presenza di certe specie di situazioni attive, devolvendo alla legge ordinaria il compito di determinarne i confini (e talora gli stessi contenuti), in applicazione di clausole parti-

---

[22] Cfr. gli artt. 41 e 42 Cost.

colarmente elastiche, quali l'«utilità» o la «funzione sociale»; ed è in questi settori – peculiari, ma non esclusivi, della «Costituzione economica» – che l'aggettivo «funzionale» può essere usato nel senso più stretto e più tecnico di tale espressione.

Si deve avvertire, però, che anche la configurazione dei diritti del primo tipo richiede comunque, nel più vario senso, il **bilanciamento degli interessi** in gioco; e che a questi fini, nella soluzione dei «problemi pratici della libertà» (Jemolo), nemmeno i diritti individuali possono venir considerati per sé soli, dovendo essere contemperati – come si accennava – con altre situazioni soggettive e con altri valori potenzialmente confliggenti. Le scelte inerenti ad un tale contemperamento spettano innanzi tutto alla legge. Ma le leggi stesse, non potendo divergere ad arbitrio dal disegno costituzionale, vanno a loro volta sindacate dalla Corte costituzionale (v. *infra*, parte VI, cap. II), secondo una logica che accomuna l'ordinamento italiano a vari altri sistemi giuridici contemporanei.

All'organo della giustizia costituzionale compete cioè, per prima cosa, verificare se a fondamento delle norme limitative dei diritti in questione vi siano altri *interessi costituzionalmente meritevoli* di tutela; per poi valutare, nel caso affermativo, se l'incisione così subita dai diritti stessi sia *proporzionata* alla necessità di proteggere i valori ed i beni con essi interferenti.

b) In un primo momento, l'orientamento della Corte costituzionale era comunque nel senso che la formula dell'art. 2 fosse riassuntiva delle situazioni giuridiche attive puntualmente considerate nel seguito della Costituzione (e suscettibili di considerarsi «inviolabili»). A favore di questa *interpretazione chiusa*, che in sostanza riduceva le proclamazioni dell'art. 2 ad un mero preannuncio, mancante per se stesso di specifici contenuti normativi, la Corte osservava: «nel riconoscere e garantire in genere i diritti inviolabili dell'uomo, esso necessariamente si riporta alle norme successive in cui tali diritti sono particolarmente presi in considerazione» [23].

Vero è che la giurisprudenza costituzionale non ignorava – neanche in quella fase – l'esistenza di «diritti inviolabili» non previsti dalla Costituzione e però presupposti dalla generalità delle disposizioni della parte prima (od anche da alcune soltanto fra di esse); sicché s'imponevano e s'impongono il loro riconoscimento e la loro tutela, a pena di svuotare o di rendere ineffettivi diritti che la Carta costituzionale disciplina in modo espresso. Così, specialmente, il «*diritto allo vita*» veniva fin d'allora definito come «premessa naturale di qualsiasi altra situazione costituzionalmente protetta» [24], pur non essendo considerato in termini espliciti, salvo che nel passo in cui si esclude la pena di morte [25]. Più in ge-

---

[23] In questi termini è motivata la sent. 27 marzo 1962, n. 29, richiamata da varie altre decisioni della Corte stessa.

[24] Si veda la sent. 25 maggio 1979, n. 26.

[25] Cfr. l'art. 27, co. 4, Cost.

nerale, la Corte ammetteva la sussistenza dei «diritti fondamentali inviolabili ... necessariamente conseguenti a quelli costituzionalmente previsti», con implicito riferimento alla «identità sessuale»[26]. E anche in dottrina era ed è pacifica l'ammissibilità di *interpretazioni estensive* delle norme costituzionali sulle libertà fondamentali, tali da includervi le situazioni strettamente connesse ai diritti così garantiti (Barile, Mazziotti, Pace).

Varie pronunce hanno peraltro trasceso questa concezione, pur potenzialmente tanto larga. Già negli anni Settanta, in effetti, la Corte, avuto il modo di inquadrare fra i diritti inviolabili «quello del proprio decoro, del proprio onore, della propria rispettabilità, riservatezza, intimità e reputazione», nei termini fissati dalla Convenzione europea per la salvaguardia dei diritti dell'uomo[27]: in diretta applicazione di norme non già formalmente costituzionali, bensì internazionali, quasi che il valore delle une e delle altre fosse del tutto equivalente (v. *infra*). Nella dottrina costituzionalistica, d'altronde, era nel frattempo emersa la tesi che la formula dei «diritti inviolabili» corrisponda ad una «*fattispecie aperta*» capace di tenere conto della naturale e inarrestabile «forza espansiva» delle libertà in esame (Barbera), indipendentemente dai testuali disposti della Costituzione. Il che concorre a spiegare per quali motivi, e in quale prospettiva, la giurisprudenza costituzionale abbia successivamente ragionato – per esempio – dell'inviolabilità del «*diritto all'abitazione*», come requisito caratterizzante «la socialità cui si conforma lo Stato democratico»; e ciò con specifico riferimento alla problematica dei conviventi *more uxorio*, ben prima che tale diritto venisse a questi riconosciuto dal legislatore[28].

È dubbio, però, che situazioni del genere siano davvero coessenziali alla forma dello Stato italiano, come sembra essere peculiare dei «diritti inviolabili» nel loro intero complesso. Ciò che più conta, è quanto mai incerto quali siano i contorni del preteso «diritto all'abitazione» e quali le implicazioni che esso potrebbe determinare a carico di altri diritti costituzionalmente garantiti. Ogniqualvolta si apre e si allarga il catalogo dei diritti, è infatti inevitabile che in corrispondenza si apra la serie dei doveri e degli obblighi, nei termini resi necessari dall'«armonica convivenza» delle varie sfere giuridiche (Betti). Eppure quest'ultima conseguenza non è bene accetta alla generalità degli interpreti dell'art. 2 Cost., i quali preferiscono fondarsi sul «principio di certezza dei doveri» (Lombardi), ancorandosi alle espresse e specifiche previsioni costituzionali.

Ciò induce a concludere che la portata dell'art. 2 non dovrebbe venire forza-

---

[26] Si veda la sent. 1° agosto 1979, n. 98.

[27] Cfr. la sent. 12 aprile 1973, n. 38, che richiama gli artt. 8 e 10 della Convenzione stipulata il 4 novembre 1950.

[28] Cfr. la sent. 7 aprile 1988, n. 404, che a sua volta richiama la sent. 25 febbraio 1988, n. 217 (ma vedi, inoltre, la sent. 18 maggio 1989, n. 252). Alcune fra le problematiche riguardanti le convivenze *more uxorio* sono state affrontate dal legislatore solo con la legge 20 maggio 2016, n. 76, su cui v. *infra*, cap. III, § 1, di questa parte.

ta dagli interpreti e dai giudici. Effettivamente, «le potenzialità normative» dei disposti costituzionali concernenti i diritti fondamentali «sono talmente ampie ed elastiche da ricomprendere» quei «*nuovi diritti*» che lo sviluppo della coscienza sociale proponga (Baldassarre). In altre parole, ciò che consente quasi sempre di giungere a conclusioni soddisfacenti nei singoli casi è la reciproca «integrazione» delle norme stesse (Grossi): che vanno pertanto inserite in un sistema, anziché esorbitare dal diritto costituzionale positivo, rendendo ancor più difficile quel bilanciamento che la Corte costituzionale è chiamata ad esperire.

Le difficoltà, per certi versi, sono accresciute dal riferimento, sempre più ricorrente nella giurisprudenza dei giudici ordinari e amministrativi, alle situazioni soggettive consacrate nei trattati internazionali, primo fra tutti la **Convenzione europea per la salvaguardia dei Diritti dell'Uomo e delle Libertà fondamentali – CEDU**, sottoscritta a Roma il 4 novembre 1950 ed entrata in vigore in Italia il 26 ottobre 1955, previa autorizzazione alla ratifica data con legge 4 agosto 1955, n. 848. La Convenzione, successivamente integrata da numerosi Protocolli aggiuntivi, si caratterizza anzitutto per un articolato elenco di diritti fondamentali, che gli Stati sottoscrittori si impegnano a garantire. Molti fra questi diritti trovano corrispondenza in altrettante disposizioni della nostra Costituzione, ma in taluni casi le formulazioni presentano differenze tra la Costituzione e la CEDU, e quest'ultima riconosce esplicitamente alcune situazioni soggettive che viceversa non trovano richiamo testuale nella Carta costituzionale (v. *supra*). La seconda caratteristica della CEDU è l'istituzione di un organo (Corte europea dei diritti dell'uomo, con sede a Strasburgo, in Francia) competente a giudicare sulle violazioni della CEDU da parte degli Stati membri.

Dal novembre 1998, in seguito all'entrata in vigore del Protocollo n. 11, anche le persone fisiche, le organizzazioni non governative o i gruppi di privati possono proporre ricorsi in via diretta alla Corte europea, lamentando di essere vittima di violazioni della CEDU ad opera di uno Stato; la violazione può derivare non solo da provvedimenti amministrativi, ma anche da atti legislativi o da pronunce giurisdizionali. I ricorsi di questi soggetti – esperibili dopo l'esaurimento delle eventuali vie di ricorso interne – hanno prodotto un incremento esponenziale del contenzioso davanti alla Corte europea, e un corrispondente incremento delle pronunce. Si è posta così con maggiore evidenza una questione – che per vero avrebbe potuto e dovuto essere affrontata in precedenza – riguardante l'efficacia della CEDU nel nostro ordinamento giuridico, con particolare riguardo al rapporto con le fonti di diritto interno (Costituzione *in primis*) e al valore da riconoscere alle sentenze della Corte di Strasburgo. Sotto questo profilo, l'Italia non ha scelto la soluzione adottata da alcuni Stati firmatari, i quali hanno incorporato la CEDU nella propria Carta costituzionale.

Per molti anni, non è stato possibile desumere dalla giurisprudenza della Corte costituzionale indicazioni univoche sul punto; in dottrina, erano state proposte varie soluzioni, facendo richiamo ora all'art. 10 Cost. (cioè assimilando la CEDU alle norme di diritto internazionale generalmente riconosciute, alle quali l'ordinamento italiano si deve conformare), ora all'art. 11 Cost. (dunque proponendo una ricostruzione teorica analoga a quella che è stata accolta con riferimento ai rapporti tra diritto interno e diritto dell'Unione europea, con l'obbligo del giudice di non applicare il diritto interno contrastante con la CEDU). Finalmente, con le sentt. 24 ottobre 2007, n. 348 e n. 349 (c.d. *sentenze gemelle*), la Corte ha manifestato un orientamento chiaro, quantomeno nel senso di escludere entrambe le opzioni sopra citate, per fare invece riferimento all'art. 117, co. 1, Cost.: è la norma, come introdotta dalla legge cost. n. 3/2001, che impegna il legislatore statale e regionale a rispettare i vincoli derivanti dall'ordinamento comunitario e dagli obblighi internazionali. La Corte ha nettamente distinto tra diritto UE e CEDU, qualificando però la CEDU come un trattato internazionale, e da ciò facendone derivare la superiorità di questa rispetto alle leggi interne: ogni giudice deve tentare di interpretare il diritto interno in conformità alla CEDU; ove sussista un contrasto, la violazione della CEDU, da parte del legislatore statale o regionale, configura una violazione dell'art. 117 Cost., da ciò derivandone l'illegittimità costituzionale della norma interna, che spetta alla Corte costituzionale dichiarare. Tuttavia, l'applicazione della norma CEDU è subordinata, a sua volta, alla compatibilità di questa con la Costituzione, nel senso che la norma CEDU non può fungere da parametro (interposto) di costituzionalità se si trova essa stessa in contrasto con una norma o un principio costituzionale. Da ultimo, le norme CEDU, ai fini della verifica di compatibilità con la Costituzione e della loro eventuale applicazione, devono essere interpretate nel significato che a loro viene attribuito dalla Corte europea dei diritti dell'uomo.

Nel decennio successivo alle citate sentenze, la giurisprudenza costituzionale non ha smentito questa impostazione, nei suoi connotati essenziali; nondimeno, la Corte ha avuto occasione di esplicitare alcune precisazioni: ad esempio affermando che «il confronto tra tutela prevista dalla Convenzione e tutela costituzionale dei diritti fondamentali deve essere effettuato mirando alla massima espansione delle garanzie, concetto nel quale deve essere compreso ... il necessario bilanciamento con altri interessi costituzionalmente protetti, cioè con altre norme costituzionali, che a loro volta garantiscano diritti fondamentali che potrebbero essere incisi dall'espansione di una singola tutela» (sent. 28 novembre 2012, n. 264). All'esito del bilanciamento potrebbe verificarsi che una legge interna, pur contrastante con una norma CEDU, sia nondimeno ritenuta costituzionalmente legittima in quanto giustificata dalla necessità di tutela di altri beni di rilievo costituzionale, in quanto la Corte costituzionale è tenuta ad effettuare una valutazione sistemica, e non isolata al parametro invocato, dei valori coinvolti dalla legge di cui si dubita. Quanto ai riferimenti agli orientamenti interpretativi della giurisprudenza di Strasburgo, la Corte costituzionale, con una discussa pronuncia (sent. 26 marzo 2015, n. 49) ha ridimensionato il vincolo che discende dalla interpretazione fornita dalla Corte europea, affermando che il giudice italiano sarà vincolato a recepire la norma come interpretata a Strasburgo solo nel caso in cui si trovi in presenza di un «diritto consolidato» (cioè di una interpretazione non contrastata, e comunque compatibile con i tratti peculiari dell'ordinamento italiano e ad esso applicabile) o di una «sentenza pilota» (una decisione utilizzata a fronte di un problema strutturale della legislazione di un determinato Stato, sovente contraddistinta dalla pendenza di plurimi casi che riguardano il medesimo problema giuridico; in queste situazioni, la Corte europea, nel risolvere il caso, indica nel dispositivo le misure più idonee che lo Stato deve adottare per porre rimedio al problema).

4. *Le garanzie comuni alle situazioni soggettive costituzionalmente rilevanti: la riserva di legge; l'eguaglianza*

La classificazione e l'analisi delle situazioni soggettive rilevanti ai fini del diritto costituzionale debbono esser precedute – sotto molteplici profili – dall'esame delle rispettive garanzie. Per quanto più d'una fra di esse sia peculiare dei singoli diritti fondamentali, perché volta a definire una specifica sfera di libertà, numerose altre garanzie sono invece comuni alla totalità dei diritti (e degli interessi) in esame; o formano, comunque, il tema di appositi precetti costituzionali, distinti da quelli concernenti ognuna delle dette situazioni. E anzi accade che tali precetti diano corpo ad ulteriori situazioni attive, aventi la natura delle «*libertà-garanzie*» (Barile) ovvero dei diritti che garantiscono altri diritti (Pace).

a) In una accezione assai larga del termine, fra le garanzie delle libertà fondamentali possono farsi rientrare, anzitutto, le **riserve di legge**. È ben vero che tali riserve, complessivamente riguardate, vincolano il potere legislativo a disciplinare per legge le materie così riservate, ma senza implicare – di regola – prescrizioni attinenti al contenuto delle leggi stesse, che dunque parrebbero neutre rispetto alla problematica dei «diritti inviolabili dell'uomo» (v. *supra*, parte II, cap. III, § 14). Senonché le molte riserve risultanti dalla parte prima della Costituzione sono pur sempre contraddistinte dal loro «valore garantista» (Sorrentino), che consiste nel sottrarre le libertà fondamentali alle arbitrarie incisioni altrimenti effettuabili dal potere esecutivo, configurando la legge come «regola necessaria delle attività amministrative» (Zagrebelsky). In altre parole, il potere di comprimere le libertà medesime, disponendo dei loro limiti nella misura costituzionalmente consentita, può dirsi così attribuito al solo Parlamento (oltre che al Governo, ma nella forma degli atti con forza di legge): pur fermo restando che quest'ultimo assunto si addice alle *riserve assolute*, ben più che alle *riserve relative* talora previste nella stessa parte prima della Carta costituzionale, che viceversa ammettono l'intervento dei regolamenti governativi.

Più volte, però, la garanzia risulta accentuata dalle caratteristiche proprie delle singole riserve. È questo, in primo luogo, il caso delle cosiddette *riserve rinforzate* od aggravate, alle quali corrisponde – secondo il più comune linguaggio dottrinale (Mortati) – l'obbligo di conferire alle leggi un certo «contenuto», o di conseguire certi scopi, appositamente indicati dalla Costituzione. Così, «rinforzate» nel senso più stretto sono le riserve per cui spetta alla legge determinare i «casi eccezionali di necessità ed urgenza», nei quali l'autorità di pubblica sicurezza può restringere la libertà personale; limitare le libertà di circolazione e soggiorno «per motivi di sanità o di sicurezza»; imporre obblighi e vincoli alla proprietà terriera privata, «al fine di conseguire il razionale sfruttamento del suolo e di stabilire equi rapporti sociali» [29]; e via discorrendo.

In secondo luogo, si danno riserve testualmente informate all'esigenza che il legislatore disponga «*in via generale*» [30]; il che vale escludere le discipline legislative speciali, in relazione ai loro destinatari od anche in ragione delle parti del Paese da esse considerate, che siano sorrette da puntuali ragioni giustificative. E in terzo luogo si aggiungono i casi in cui la legge, nella sua esclusiva competenza a regolare certe fattispecie, è vincolata al *principio d'irretroattività*: come si verifica, con la massima evidenza, per le norme penali incriminatrici [31].

b) Anche la garanzia dell'**eguaglianza davanti alla legge**, nei rarissimi termini in cui viene proclamata dall'art. 3 Cost., non va concepita in funzione della sola tutela dei «diritti inviolabili». Effettivamente – malgrado il punto sia stato discusso in dottrina – l'eguaglianza giuridica non forma l'oggetto di una situazione soggettiva per se stante (Agrò, Rossano; *contra* Barile, Mazziotti); e non si esaurisce, d'altronde, nell'esigenza che il godimento dei diritti fondamentali venga egualmente assicurato a tutti. È stato infatti notato (v. *supra*, parte II, cap. III, § 13) che si tratta di un principio dell'intero ordinamento, dal quale discende il solo limite generale della funzione legislativa; sicché le leggi ordinarie, sia che riguardino «diritti inviolabili» sia che disciplinino altre fattispecie di qualsiasi genere, debbono classificare *secondo ragionevolezza* le varie situazioni e le varie categorie.

Ma questo non toglie, anzitutto, che l'imperativo del pari trattamento si dimostri molto rigoroso, quando siano in causa libertà fondamentali od altri diritti costituzionalmente garantiti. Per diversificare fra i titolari delle situazioni stesse, in termini oggettivi o soggettivi, occorre cioè che le ragioni giustificative siano particolarmente forti; e si rende possibile, per contro, un sindacato assai pene-

---

[29] V. rispettivamente gli artt. 13, co. 3, 16, co. 1, 44, co. 1, Cost.

[30] Si vedano gli artt. 16, co. 1, e 21, co. 5, Cost.

[31] Cfr. l'art. 25, co. 2, Cost. Peraltro è pacifico che l'imperativo costituzionale di leggi penali «entrate in vigore prima del fatto commesso» non coinvolge le norme favorevoli al reo: le quali rispondono tuttora all'opposto principio, sancito dall'art. 2 Cod. pen., per cui «nessuno può essere punito per un fatto che, secondo una legge posteriore, non costituisce reato».

trante della Corte costituzionale, dal momento che la proclamazione di ognuno dei diritti in esame può concepirsi «quale specificazione ulteriore del principio di eguaglianza»[32].

Inoltre, alcune di tali **specificazioni** si rinvengono all'interno dell'art. 3, co. 1, là dove si prescrive l'eguaglianza «senza distinzioni di sesso, di razza, di lingua, di religione, di opinioni politiche, di condizioni personali e sociali». A prima vista, si potrebbe addirittura credere che le disparità di trattamento fondate sui detti criteri siano per ciò solo incostituzionali. Ma anche a voler ritenere, in linea con la giurisprudenza della Corte, che distinzioni del genere possano talvolta venir giustificate (soprattutto se imposte dalla cosiddetta *natura delle cose*), per esse vige una sorta di *presunzione d'illegittimità* (Barile, Cerri), sia pure superabile caso per caso.

Più precisamente, quanto al **sesso**, il generico riferimento dell'art. 3, co. 1 viene specificato a sua volta dall'art. 29, co. 2, il quale afferma l'«eguaglianza morale e giuridica dei coniugi» (v. *infra*, cap. III, § 1, di questa parte); dall'art. 37, co. 1, che equipara i diritti della «donna lavoratrice» a quelli propri dei lavoratori, nei termini oggi risultanti dalla legge 9 dicembre 1977, n. 903; e dall'art. 51, co. 1, Cost., sull'eguale accesso ai pubblici uffici, garantito a «tutti i cittadini dell'uno o dell'altro sesso». Su quest'ultimo piano, in particolar modo, si avverte come sia cresciuto – con l'andar del tempo – il peso spettante alle specificazioni del principio generale d'eguaglianza. Dapprima, infatti – pur premettendo che sesso, razza, lingua ... «non possono essere assunti quali criteri validi per l'adozione di una disciplina diversa» – la Corte costituzionale aveva fatto intendere che non fosse invalida l'esclusione delle donne dalla magistratura; e ciò, perché in tal senso avrebbe rilevato l'esigenza «della migliore organizzazione e del più proficuo funzionamento dei diversi uffici pubblici»[33]. Successivamente, invece, è stata appunto la Corte a far valere sino in fondo l'eguaglianza giuridica dei cittadini di entrambi i sessi: non senza incidere sulle discriminazioni di segno inverso a quello tradizionale, tali da favorire le donne a detrimento dei cittadini maschi[34].

Ferma restando l'assoluta irrilevanza della razza, ai fini delle classificazioni legislative, più complesso è il discorso concernente la **lingua** (mentre per la *religione* e per le *opinioni politiche* v. *infra*, cap. II, §§ 7 e 11, di questa parte). Per sé considerato, l'art. 3, co. 1, non offre – sul punto – nulla più che una tutela negativa, garantendo a tutti i cittadini l'eguale «*libertà di lingua*» (Pizzorusso) e dunque escludendo differenziazioni dovute all'uso dell'uno o dell'altro linguaggio (dialetti compresi), nell'ambito dei rapporti fra i soggetti privati. Ma l'egua-

---

[32] In tal senso si è espressa la Corte, con riferimento al combinato disposto degli artt. 3 e 24 Cost., nella sent. 6 marzo 1974, n. 55.

[33] Si veda la criticatissima sent. 3 ottobre 1958, n. 56.

[34] V. specialmente la sent. 16 giugno 1983, n. 173, sull'insegnamento nella scuola materna.

glianza giuridica può risentire assai sensibilmente, sotto l'aspetto in esame, dei particolari regimi attribuiti alle singole **minoranze linguistiche**. Quelle «apposite norme» che in base all'art. 6 Cost. possono concernere le varie minoranze, anche nel senso di rendere diseguali i rispettivi ordinamenti, offrono infatti una tutela positiva: con particolare riguardo ai rapporti fra i singoli componenti di tali minoranze e i pubblici uffici, amministrativi e giurisdizionali, operanti in determinate *zone mistilingui*. Rispetto all'art. 3, co. 1, la legislazione fondata sull'art. 6 determina pertanto – come ha rilevato la Corte costituzionale[35] – «qualcosa di diverso e di più», cioè un «trattamento specificamente differenziato».

Può ben sostenersi, anzi, che essa contiene una disciplina «di eccezione» (Pizzorusso), tale da risultare lesiva del principio generale di eguaglianza, se il supporto dell'art. 6 non consentisse (o non imponesse, almeno a certi effetti) di trascendere la mera parità formale. In particolar modo, su questo piano si colloca il vigente *Statuto speciale per il Trentino-Alto Adige* (per non dire della corrispondente normativa di attuazione): sia quando prevede che «nella Regione la lingua tedesca è parificata a quella italiana», sicché «i cittadini di lingua tedesca della Provincia di Bolzano hanno facoltà di usare la loro lingua nei rapporti cogli uffici giudiziari e con gli organi e uffici della pubblica amministrazione situati nella Provincia o aventi competenza regionale»; sia quando pone l'insegnamento «nella lingua materna», così da stabilire un regime di separatismo linguistico (Pizzorusso) per il gruppo italiano e per quello tedesco, ma non senza specifiche norme di tutela del gruppo ladino; sia, soprattutto, quando introduce la cosiddetta *proporzionale etnica*, onde i ruoli dei pubblici uffici sono suddivisi fra i cittadini dei tre gruppi, «in rapporto alla consistenza dei gruppi stessi quale risulta dalle dichiarazioni di appartenenza rese nel censimento ufficiale della popolazione»[36]. Il che rappresenta una palese deroga al principio costituzionale di eguaglianza nell'accesso ai pubblici uffici, sia pure motivata dall'opportunità di privilegiare il gruppo od i gruppi altrimenti più deboli.

Considerazioni in parte analoghe valgono, più in generale, anche per quanto concerne il principio dell'**eguaglianza sostanziale**, come proclamato dal secondo comma dell'art. 3 Cost. In dottrina si è sostenuto che la rimozione degli «ostacoli di ordine economico e sociale», limitanti «di fatto» la libertà e l'eguaglianza dei cittadini, si risolverebbe in una pura e semplice «promessa», senza contenere alcuna «regola giuridica» (G.U. Rescigno). Ma questa polemica svalutazione finisce per eccedere il segno. Quanto meno, la proclamata esigenza dell'eguaglianza sostanziale o materiale – secondo una formula desunta dalla letteratura giuridica di lingua tedesca, ma ormai diffusissima nella stessa dottrina italiana – rappresenta il titolo giustificativo delle discipline indispensabili per attuare il programma in questione, quand'anche si tratti di misure che altrimenti potrebbero

[35] Cfr. le sentt. 16 aprile 1975, n. 86, e 18 ottobre 1983, n. 312.

[36] Si vedano – nell'ordine – gli artt. 99 e 100, 19 e 102, 89 St. TAA.

sembrare discriminatorie e illegittime. Ciò vale specialmente per quegli interventi «positivi» o «di sostegno» (Baldassarre, Caravita), che tendono a creare una reale parità di trattamento, avvantaggiando i soggetti o le parti più deboli (e dunque ritrovando, su questo terreno, la loro ragione fondante).

Tra le misure o **azioni positive** rilevano particolarmente quelle adottate a sostegno del genere femminile, ad esempio in tema di esercizio di attività imprenditoriali (legge 25 febbraio 1992, n. 215, sulla quale si è pronunciata, riconoscendone la legittimità, la Corte costituzionale, con sent. 26 marzo 1993, n. 109); o per quanto concerne la partecipazione ai consigli di amministrazione delle società commerciali quotate in borsa o controllate da pubbliche amministrazioni (legge 12 luglio 2011, n. 120). L'ambito nel quale tali misure hanno trovato più compiuta esplicazione è certamente quello delle **elezioni** (amministrative e politiche): già a partire dagli anni Novanta del secolo scorso sono state introdotte, nelle candidature per le elezioni degli organi rappresentativi di Comuni, Province (e in alcune Regioni a Statuto speciale) le c.d. **quote di genere**, prevedendosi ad esempio che nelle liste di candidati ciascuno dei due sessi non potesse essere rappresentato in misura superiore ad una data frazione del totale. Dopo aver manifestato una posizione nettamente critica (sent. 12 settembre 1995, n. 422), la Corte costituzionale ha mutato orientamento (sent. 13 febbraio 2003, n. 49), anche sulla scorta di «un quadro costituzionale di riferimento che si è evoluto», per effetto di tre interventi (due anteriori, uno pressoché contemporaneo) di revisione costituzionale: i primi due, disposti con le più volte citate leggi cost. n. 2 e 3 del 2001, che hanno impegnato il legislatore regionale a promuovere «condizioni di parità per l'accesso alle consultazioni elettorali»; l'ultimo, di carattere più generale, per mezzo della legge cost. 30 maggio 2003, n. 1, la quale ha aggiunto all'art. 51, co. 1, Cost., – che già prevedeva il diritto dei cittadini dell'uno o dell'atro sesso di accedere «agli uffici pubblici e alle cariche elettive in condizioni di eguaglianza» – l'impegno della Repubblica di promuovere «con appositi provvedimenti le pari opportunità tra uomini e donne».

Le misure a tutela della pari rappresentanza di genere in materia elettorale non si esauriscono al momento della presentazione delle candidature, ma interessano anche la fase della espressione delle preferenze: al riguardo, lo strumento utilizzato è la c.d. **preferenza di genere** (cfr. *supra*, parte IV, cap. I, § 2), che si traduce nella possibilità di esprimere due preferenze, purché in favore di candidati di genere diverso, pena l'annullamento della seconda preferenza. La Corte costituzionale, con sent. 14 gennaio 2010, n. 4, ha ritenuto che la misura in esame non si ponga in contrasto con la Costituzione, essendo facoltativa e inidonea ad alterare artificiosamente la rappresentanza nell'organo elettivo, senza comprimere i diritti fondamentali di elettorato attivo e passivo. La pari opportunità di genere trova altresì esplicazione in sede di **composizione degli organi amministrativi (Giunte)** degli enti territoriali e locali: per quanto concerne le Giunte comunali, ad esempio, l'art. 1, co. 137 della già menzionata legge n. 56/2014 prevede che, nelle giunte dei Comuni con popolazione superiore a

3.000 abitanti, nessuno dei due sessi può essere rappresentato in misura inferiore al 40 per cento, con arrotondamento aritmetico.

L'eguaglianza formale di cui al primo comma e quella sostanziale, nei termini sanciti dal capoverso dell'art. 3, non stanno quindi in antitesi reciproca; piuttosto, «l'eguaglianza sostanziale si aggiunge a quella formale riempiendola di contenuti più ricchi» (Certi). Non a caso, è appunto a questa stregua che ha ragionato la Corte costituzionale, traendo dall'art. 3, co. 2, la giustificazione «di ipotesi legislative che, apparentemente discriminatrici nei confronti di categorie o gruppi di cittadini, nella sostanza ristabiliscono l'eguaglianza delle condizioni» [37].

5. Segue: *le garanzie relative alla giurisdizione*

a) Nel titolo concernente i «rapporti civili», alle riserve di legge si accompagnano alcune specifiche **riserve di giurisdizione**. Così, solamente «per atto motivato dell'autorità giudiziaria» (o sulla base di convalide disposte dai giudici, quanto ai provvisori provvedimenti adottabili dalle autorità di pubblica sicurezza) si possono restringere le libertà personale, di domicilio, di corrispondenza e di stampa [38]. Rispetto agli organi dell'esecutivo le autorità giudiziarie offrono in tal campo – evidentemente – maggiori garanzie nell'applicazione delle previe norme di legge. Ed effettivamente le cose stanno (o dovrebbero stare) in questi termini, dal momento che l'indipendenza, l'imparzialità, la conseguente terzietà dei magistrati ordinari e dei giudici in genere vengono proclamate e tutelate sotto molteplici profili dagli artt. 101 ss. Cost. (v. *supra*, parte III, cap. V, § 4). Oggi, inoltre, i medesimi principi di terzietà e imparzialità sono esplicitamente proclamati dall'art. 111, co. 2, Cost., introdotto con legge cost. 23 novembre 1999, n. 2.

Accanto alle riserve di giurisdizione, però, ulteriori e più generali garanzie sono evidenziate dalle stesse disposizioni costituzionali sui «rapporti civili»: a cominciare – nell'ordine logico – dal primo comma dell'art. 25, in cui si afferma che «nessuno può essere distolto dal giudice naturale precostituito per legge». Il principio del **giudice naturale** non si risolve nel divieto di istituire «giudici straordinari», appositamente sancito dall'art. 102 Cost.; bensì concerne le modalità di «designazione del giudice in relazione a ciascuna regiudicanda» (Nobili). Per mezzo di esso si concreta, in altri termini, la *certezza del giudice*, con riguardo a qualsiasi tipo di giudizio. In dottrina si è anzi ragionato di un «diritto al giudice naturale» (Pisani), mettendo in tal modo l'accento sul nesso riscontrabile fra tale garanzia e la tutela delle libertà fondamentali; ma sembra preferibile considerarla, invece, come una garanzia di diritto oggettivo (Romboli), attinente al corretto

[37] Così ha motivato la sent. 19 dicembre 1962, n. 106. Ma si veda già, nel medesimo senso la sent. 26 gennaio 1957, n. 28.

[38] V. rispettivamente gli artt. 13, co. 2 e 3, 14, co. 2, 15, co. 2, 21, co. 3 e 4, Cost.

svolgimento della funzione giurisdizionale, nel comune interesse delle parti e dei giudici stessi.

Più precisamente, «giudice naturale» è in linea di massima sinonimo – secondo la giurisprudenza costituzionale[39] – di giudice in vista del quale la legge effettui una «previa determinazione della competenza, con riferimento a fattispecie astratte realizzabili in futuro», non già a posteriori, in relazione a controversie già insorte. Essenziale in tal senso, cioè, appare il requisito della *precostituzione*, da verificare rispetto al momento in cui l'azione viene esercitata (od anche, nei giudizi penali, rispetto al momento della commissione del fatto: Nobili).

Così definita, tuttavia, la regola non manca di subire importanti eccezioni. Da un lato, la Corte costituzionale ha sostenuto in diverse occasioni che l'art. 25, co. 1, non esclude del tutto le *norme processuali retroattive*, ma è rispettato «quando la legge, sia pure con effetto anche sui processi in corso, modifica *in generale* i presupposti o i criteri in base ai quali deve essere individuato il giudice competente»[40]. D'altro canto, la Corte non ha mai negato che possa aversi un qualche «spostamento della competenza» dall'uno ad altro giudice: per esempio, quando si tratti di reati a danno od a carico di magistrati che appartengano all'ufficio giudiziario competente, o quando la scelta fra l'uno e l'altro tipo di istruttoria penale si risolveva nell'estromettere o meno il giudice istruttore[41].

Di qui derivava e tuttora deriva un problema ricorrente, che può esser prospettato nei seguenti termini: la scelta del *singolo magistrato* nell'ambito di un composito *ufficio giudiziario mette* o meno in gioco il principio del giudice naturale? Questioni del genere debbono, in altre parole, considerarsi puramente organizzative e non attinenti al diritto costituzionale (Jemolo) oppure dipendono – nelle loro soluzioni – dal precetto dell'art. 25, co. 1 (Barile, Nobili)? La Corte costituzionale ha tendenzialmente risposto nel secondo senso, esigendo la «preventiva individuazione del giudice, che deve postularsi legata a criteri di obiettività ed imparzialità»[42]; ma, nel concreto, essa ha largamente ammesso che i dirigenti di ciascun ufficio possano e debbano ripartire il lavoro fra i vari magistrati (e anche revocare assegnazioni già disposte), sia pure «al solo fine di una efficiente organizzazione» dell'ufficio stesso[43].

b) Nel campo della giurisdizione non trovano posto le sole garanzie di diritto oggettivo, sul tipo di quella concernente il «giudice naturale», ma veri e propri

---

[39] Cfr. le sentt. 8 aprile 1958, n. 29, e 7 luglio 1962, n. 88.

[40] V. per esempio le sentt. 5 maggio 1967, n. 56, e 28 maggio 1987, n. 207.

[41] V. rispettivamente le sentt. 22 giugno 1963, n. 109, e 28 novembre 1968, n. 117 (in ordine alla scelta fra istruzione formale e istruzione sommaria, sotto l'imperio del Codice di procedura penale del 1930).

[42] Si veda già la sent. 3 dicembre 1969, n. 146, sulla scelta della sezione giudicante nel giudizio direttissimo.

[43] Cfr. la sent. 18 luglio 1973, n. 143.

diritti soggettivi, appositamente proclamati dalla Carta costituzionale. È questo, soprattutto, il caso del diritto-potestà «di agire in giudizio», ai sensi dell'art. 24, co. 1, Cost.; nonché del conseguente diritto di difesa, testualmente definito «Inviolabile» dal secondo comma del medesimo articolo. Le due componenti, l'azione e la difesa, concorrono anzi a formare un comune «*diritto alla tutela giurisdizionale*» (Trocker): come stanno a dimostrare i nessi riscontrabili fra le due situazioni soggettive, tanto che i rispettivi parametri costituzionali vengono spesso evocati in maniera congiunta, nei giudizi riguardanti la legittimità delle norme legislative processuali [44].

Quanto all'azione, comunque, essa abbraccia la tutela di qualunque situazione soggettiva di vantaggio che abbia un «carattere sostanziale» [45]; con primario ma non esclusivo riferimento ai diritti specificamente considerati nella parte prima della Costituzione. Inoltre essa «deve trovare attuazione per tutti» – cittadini o stranieri od apolidi – «indipendentemente da ogni differenza di condizioni personali o sociali» [46]. E occorre ribadire che al diritto alla tutela giurisdizionale proclamato dall'art. 24 la Corte costituzionale, da ultimo con sent. 22 ottobre 2014, n. 238, ha riconosciuto la natura di principio supremo dell'ordinamento costituzionale. Di riflesso, la proclamazione dell'art. 24, co. 1, vieta che le relative decisioni siano sottratte al giudice, per venire riservate ad altre autorità (Denti), salvo che ricorrano particolarissime giustificazioni di ordine costituzionale.

La proclamazione stessa è quindi collegata ai seguenti disposti dell'art. 113 Cost., che ne formano una sorta di «corollario» (Barile): «Contro gli atti della pubblica amministrazione, è sempre ammessa la tutela giurisdizionale dei diritti e degli interessi legittimi dinanzi agli organi di giurisdizione ordinaria o amministrativa. – Tale tutela giurisdizionale non può essere esclusa o limitata a particolari mezzi di impugnazione o per determinate categorie di atti» [47]. È quindi venuta meno – di massima – l'antica esclusione degli *atti politici* del Governo dal novero dei provvedimenti impugnabili presso i giudici amministrativi [48]; formano infatti eccezione i soli «atti costituzionali» del potere esecutivo (Cheli), normalmente insuscettibili di ledere determinate situazioni soggettive; e formano anche eccezione – ma in tutt'altro senso – gli atti delle Camere concernenti il rispettivo personale, dato il principio di autonomia dei due rami del Parlamento (v. *supra*, parte II, cap. II, § 7).

---

[44] V. per esempio la sent. 3 giugno 1966, n. 53, quanto ai segreti che in passato potevano coprire i sinistri ferroviari.

[45] Cfr. la sent. 27 febbraio 1962, n. 7, della Corte costituzionale.

[46] La frase virgolettata è tratta dalla sent. 29 novembre 1960, n. 67.

[47] Si veda già – sul punto – la sent. 27 giugno 1958, n. 40, con cui la Corte costituzionale ha annullato una norma che circoscriveva il sindacato giurisdizionale sulle determinazioni ministeriali in tema di controversie doganali.

[48] Il testo si riferisce all'art. 31 del r.d. 26 giugno 1924, n. 1054, quanto alle attribuzioni del Consiglio di Stato in sede giurisdizionale.

Tuttavia, il precetto dell'art. 24, co. 1, non si risolve nell'assicurare l'accesso ad un giudice; bensì comporta – come ha chiarito più volte la Corte costituzionale – che sia garantita «l'effettività» della tutela, togliendo di mezzo «qualsiasi limitazione che ne renda impossibile o difficile l'esercizio da parte di uno qualunque degli interessati»[49]. Occorre, in altri termini, un giusto processo, secondo il più noto dei significati spettanti alla formula statunitense del *due process of law* (Comoglio, Vigoriti). Proprio al **giusto processo**, quale strumento di attuazione della giurisdizione, si riferisce esplicitamente il primo comma dell'art. 111 Cost., come introdotto dalla citata legge cost. n. 2/1999.

Così, la giurisprudenza costituzionale è costante nell'assumere che i *termini processuali* per l'esercizio dell'azione non debbano essere tanto brevi da vanificarlo, ma ragionevoli e congrui, «in relazione alla funzione assegnata all'istituto nel sistema dell'intero ordinamento giuridico», e dunque in vista dell'«esigenza pubblica» da soddisfare mediante quel tipo di procedimento[50]. Del pari, la Corte ha sempre richiesto che le parti abbiano *conoscenza* degli eventi dai quali può dipendere l'estinzione del processo o può decorrere il tempo utile per agire in giudizio[51]. Ancora, con questo fondamento sono stati eliminati vari ostacoli che precludevano – arbitrariamente – il ricorso alla tutela giurisdizionale: quale la *cautio pro expensis* già prevista dall'art. 98 Cod. proc. civ., per cui l'attore non ammesso al gratuito patrocinio poteva venire obbligato a prestare cauzione; o quale il *solve et repete*, onde il contribuente doveva versare il tributo in questione, prima di poterlo contestare innanzi al giudice[52].

Per contro, la Corte stessa ha ripetutamente sostenuto che anche in questo campo si possono imporre esigenze di economia processuale, tali da escludere un immediato avvio del giudizio; ed ha tenuto ferme, per questo motivo, svariate ipotesi di *giurisdizione condizionata*, nelle quali l'esercizio dell'azione è subordinato al previo esperimento di rimedi extragiudiziali[53], sicché ne risulta compromessa la tempestività del ricorso al giudice competente (Esposito, Trocker). Più generalmente, la giurisprudenza costituzionale ha sempre insistito nel senso che il legislatore ordinario possa – ragionevolmente – differenziare le discipline riguardanti i vari tipi di processi, in vista delle peculiarità dei corrispondenti rapporti. E questa giusta premessa ha talvolta generato conseguenze assai discusse, come quando si è negato, con riguardo ai soli giudici tributari, che la tutela giurisdizionale prevista dagli artt. 24 e 113 Cost. includesse necessariamente il potere di sospendere l'esecuzione degli atti impugnati[54].

---

[49] V. rispettivamente le sentt. 16 maggio 1968, n. 48, e 31 marzo 1988, n. 372.

[50] Si vedano – ad esempio – le sentt. 22 novembre 1962, n. 93, e 4 luglio 1979, nn. 56-57.

[51] V. rispettivamente – fra le altre – le sentt. 6 luglio 1971, n. 159, e 12 novembre 1974, n. 255.

[52] V. nel primo senso la sent. n. 67/1960 cit. e nel secondo la sent. 31 marzo 1961, n. 21.

[53] Si veda già la sent. 22 giugno 1963, n. 107.

[54] Cfr. la sent. 1° aprile 1982, n. 63. Nel senso opposto, la sent. 28 giugno 1985, n. 190, ha in-

Ad ogni modo, non è soltanto ai termini o alle condizioni per l'esercizio dell'azione che si riferiscono le garanzie costituzionali, poiché l'art. 111, co. 2, Cost., impone al legislatore di assicurare la **ragionevole durata** dei processi. L'introduzione del principio della ragionevole durata, secondo la dottrina comunque desumibile da una interpretazione sistematica della Costituzione, si deve alla legge cost. n. 2/1999, approvata anche in conseguenza delle plurime condanne pronunciate nei confronti dell'Italia dalla Corte europea dei diritti dell'uomo, per violazione dell'art. 6 della CEDU.

c) Nei *processi di parte* vige tendenzialmente il principio della cosiddetta parità delle armi fra i soggetti della controversia; ed è notevole che, in questo quadro, rientrino non solamente i giudizi civili e amministrativi ma anche quelli penali, dato l'espresso imperativo che «la partecipazione dell'accusa e della difesa» si svolga «su basi di parità in ogni stato e grado del procedimento»[55]. Il perno della **difesa** è infatti formato – secondo la giurisprudenza costituzionale – dal *contraddittorio* fra le parti stesse: cioè dalla concreta «possibilità di tutelare in giudizio le proprie ragioni», proponendo a tal fine domande ed eccezioni, ovvero opponendosi a quelle avanzate dalle controparti[56], prima che il giudice si pronunci sul punto (Comoglio). Il che non vieta che il contraddittorio sia talvolta differito, a conclusione di certi procedimenti sommari[57]; purché le successive fasi del giudizio valgano ad assicurare l'effettività della difesa, quanto alle parti rimaste inizialmente escluse.

Ancora una volta, ciò presuppone che i termini processuali siano congruamente stabiliti; che l'interessato «sia posto in grado di potersi difendere», avendo tempestiva conoscenza degli atti processuali[58] e specialmente delle tesi avverse; e che, soprattutto, gli sia garantito il *diritto alla prova* circa i fatti sui quali le sue ragioni si fondano. In particolare, quanto al processo penale, il terzo comma dell'art. 111 Cost., introdotto dalla legge cost. n. 2/1999, prevede specifiche garanzie, che si concretano anzitutto nel diritto della persona accusata di un reato ad esserne informata nel più breve tempo possibile e a disporre di tempo e condizioni per preparare la propria difesa, nonché ad avvalersi di un interprete se non comprende o non parla la lingua impiegata nel processo. Non tutti i mezzi di prova, in verità, sono sempre ammessi in tutti i tipi di procedi-

---

vece concluso che in tema di pubblico impiego i giudici amministrativi debbano poter disporre «i provvedimenti d'urgenza ... più idonei ad assicurare provvisoriamente gli effetti della decisione sul punto», ogniqualvolta vi sia fondato motivo di temere – *medio tempore* – «un pregiudizio imminente e irreparabile»; e ciò in applicazione del principio informatore dell'art. 700 Cod. proc. civ., quanto ai «provvedimenti d'urgenza» adottabili dai giudici ordinari.

[55] Cfr. l'art. 2, n. 3, della legge-delega 16 febbraio 1987, n. 81.

[56] Si vedano – fra le altre – le sentt. 18 marzo 1957, n. 46, e 14 aprile 1969, n. 83. Si deve altresì considerare il già citato art. 6 della CEDU.

[57] V. per esempio la sent. 15 dicembre 1967, n. 136.

[58] Si veda, in proposito, la sent. 4 maggio 1972, n. 77.

menti giurisdizionali: così – per esempio – la Corte ha sostenuto che il solo fatto di escludere la testimonianza, relativamente ai processi tributari, «non costituisce di per se stesso violazione del diritto di difesa»[59]. Ma l'impossibilità di provare comunque certe circostanze rappresenta un indice sicuro d'incostituzionalità. E analogamente sono illegittime le norme processuali che vincolino il giudice ad accertamenti effettuati in un altro giudizio, coinvolgendo «coloro che ad esso rimasero estranei perché non posti in condizione di intervenirvi»[60]. Sempre con riguardo al processo penale, l'art. 111 Cost. sancisce il diritto della persona accusata di un reato di interrogare o far interrogare le persone che rendono dichiarazioni a suo carico (co. 3), precisando che la colpevolezza dell'imputato non può essere provata sulla base di dichiarazioni rese da chi, per libera scelta, si è sempre volontariamente sottratto all'interrogatorio da parte dell'imputato o del suo difensore (co. 4). Eventuali eccezioni, su consenso dell'imputato o determinate da accertata impossibilità oggettiva o per effetto di provata condotta illecita, devono essere individuate dalla legge (co. 5).

In linea di massima, invece, la Corte costituzionale ha negato che le garanzie dell'azione e della difesa abbiano implicitamente costituzionalizzato il *principio del doppio grado di giurisdizione*[61]. Sul piano costituzionale, infatti, tale problematica non è stata presa in considerazione, se non sotto specifici profili: dalla previsione del «ricorso in Cassazione», contenuta nell'art. 111, co. 2, fino a quel disposto dell'art. 125, co. 2, in cui si ragiona degli «organi di giustizia amministrativa di primo grado», così lasciando intendere (Pototschnig) che almeno in tal campo il doppio grado rimane indispensabile[62]. Ma il diritto di impugnazione tende pur sempre ad affermarsi sulla base del principio di eguaglianza: giacché la sistematica configurazione dell'appello – propria del vigente ordinamento – priva sovente di giustificazione quelle isolate norme da cui rimane esclusa qualunque possibilità di gravame.

In ogni caso, a tutti questi effetti l'art. 24, co. 2, non garantisce la sola *difesa personale* bensì la *difesa tecnica*, consistente nel l'assistenza del difensore. La particolare complessità delle questioni da dibattere nella generalità dei procedimenti giurisdizionali esige, infatti, che patrocinatori professionali provvedano «alla corretta e completa prospettazione, in termini giuridici, delle ragioni e richieste delle parti»[63]. Solo in tal senso, del resto, si coglie il nesso fra il secondo e il terzo comma dell'art. 24, per cui «sono assicurati ai non abbienti, con appositi istituti, i mezzi per agire e difendersi davanti ad ogni giurisdizione». Il gra-

---

[59] Cfr. la sent. 12 luglio 1972, n. 128, seguita dall'ord. 10 dicembre 1987, n. 506.

[60] Con questo dispositivo la sent. 22 marzo 1971, n. 55, ha parzialmente annullato l'art. 28 Cod. proc. pen., superando l'orientamento espresso dalla sent. 19 febbraio 1965, n. 5.

[61] Si veda già la sent. 31 maggio 1965, n. 41.

[62] In proposito, cfr. la sent. 10 febbraio 1982, n. 8.

[63] La frase citata nel testo è tratta dalla sent. 30 giugno 1971, n. 150.

tuito patrocinio dovrebbe, in verità, formare un'essenziale componente della parità delle armi. Ma il condizionale è stato, per lungo tempo, un obbligo, dal momento che la disciplina vigente in materia risultava inadeguata, oltre che vetusta, fino alla legge 30 luglio 1990, n. 217 (per il processo penale) e al d.P.R. 30 maggio 2002, n. 115 (*Testo unico in materia di spese di giustizia*), applicabile anche ai giudizi civili, amministrativi, contabili e tributari. La previgente normativa non era stata colpita dalla Corte costituzionale sol perché una sentenza di secco annullamento avrebbe creato un vuoto normativo, «col risultato di privare i non abbienti anche dell'attuale forma di assistenza» [64]. Per vero, anche l'attuale disciplina del **patrocinio a spese dello Stato** non realizza una tutela del tutto completa, e mantiene inoltre sensibili differenze quanto all'applicazione dell'istituto rispettivamente nei giudizi penali e civili (differenze caratterizzate da maggiori tutele nei giudizi penali, ma quasi sempre ritenute legittime dalla giurisprudenza costituzionale – cfr. ad esempio la sent. 19 novembre 2015, n. 237 – sul presupposto della intrinseca diversità e non comparabilità tra i due giudizi: «potendo, al contrario, apparire sostanzialmente incoerente un sistema che – a risorse economiche limitate – assegni lo stesso tipo di protezione, sul piano economico, all'imputato di un processo penale, che vede chiamato in causa il bene della libertà personale, rispetto alle parti di una controversia che coinvolga, o possa coinvolgere, beni o interessi di non equiparabile valore»).

È sempre in questi termini, poi, che possono inquadrarsi le notevolissime pronunce adottate dalla Corte, quanto alla *difesa dell'imputato*. Nell'ambito di una graduale demolizione del Codice di procedura penale risalente al 1930, la Corte ha ritenuto a vari effetti necessaria la presenza del difensore in sede di istruzione sommaria, di interrogatorio istruttorio in genere, di acquisizione di prove e persino di indagini di polizia giudiziaria [65]. Di più: nel momento in cui certi imputati per fatti di terrorismo rifiutarono la difesa tecnica, la Corte obiettò che tale assistenza può essere non solo consentita ma imposta dal legislatore ordinario, per assicurare all'imputato «da maggiore possibile libertà di scelta difensiva e, insieme, la più sicura garanzia di osservanza della legalità nel processo che lo coinvolge» [66]; sicché una certa dottrina (Scaparone) ha potuto concludere che non esiste in proposito una «libertà negativa» costituzionalmente tutelata.

Rimane fermo, però, che l'interesse dell'imputato ad ottenere il riconoscimento della propria innocenza rappresenta il valore primario da proteggere; tanto è vero che le attività del difensore sono in tal senso «meramente strumentali» [67]. Non a caso, l'art. 27, co. 2, Cost., in chiaro collegamento con l'art. 24,

---

[64] Cfr. la sent. 22 dicembre 1964, n. 114.

[65] V. specialmente le sentt. 19 febbraio 1965, n. 11, 26 giugno 1965, n. 52, 20 aprile 1966, n. 33, 6 luglio 1968, n. 86, 10 dicembre 1970, n. 190, 19 aprile 1972, nn. 63-64.

[66] Cfr. la sent. 10 ottobre 1979, n. 125.

[67] V. nuovamente la sent. n. 125/1979 cit.

proclama che «l'imputato non è considerato colpevole sino alla condanna definitiva». E sulla **presunzione di non-colpevolezza** si fondano ben determinate regole di trattamento e di giudizio: sia perché la carcerazione preventiva, prevista dall'art. 13 Cost., dev'essere coordinata con il precetto dell'art. 27 (v. *infra*, cap. II, § 3, di questa parte); sia perché ne deriva il *diritto al silenzio* (Grevi), usando del quale non si viene costretti ad autoincriminarsi in sede processuale; sia perché, a questa stregua, il nuovo Codice di procedura penale ha potuto eliminare la formula *dell'assoluzione per insufficienza di prove*, disponendo che l'alternativa alla condanna – in mancanza di un congruo materiale probatorio – sta solo nel pieno proscioglimento dell'imputato [68].

6. Segue: *le garanzie relative all'amministrazione; le responsabilità dei funzionari e dipendenti pubblici*

a) Anche nel campo delle attività amministrative figurano, anzitutto, alcune garanzie di diritto oggettivo. Fondamentale è l'imperativo – dettato dal secondo comma dell'art. 97 Cost. – che i pubblici uffici vengano «organizzati secondo disposizioni di legge, in modo che siano assicurati il buon andamento e l'imparzialità dell'amministrazione». Da questa previsione emerge, in primo luogo, il **principio di legalità** dell'amministrazione: principio che tuttavia non riguarda il solo assetto dell'apparato amministrativo, anche se tale è l'oggetto delle riserve di legge disposte dall'art. 97, co. 2, e dall'art. 95, co. 3 (in tema di attribuzioni e di organizzazione dei ministeri); bensì coinvolge l'intera attività amministrativa, determinando (o confermando) la preminenza degli atti e dei fatti normativi rispetto ai puri e semplici provvedimenti (v. *supra*, parte II, cap. III, § 2). A far valere la legalità concorrono, d'altronde, non solo i rimedi giurisdizionali cui si riferisce l'art. 113 Cost., ma anche – e prima ancora – i *controlli preventivi di legittimità*, spettanti alla Corte dei conti in base all'art. 100 Cost.

Strettamente connesso è il **principio d'imparzialità** dell'amministrazione stessa: la portata del quale, però, viene assai variamente concepita in dottrina e in giurisprudenza. Da un lato, si tende a ricavarne una «istanza democratica» (Esposito); ed effettivamente la *democraticità della pubblica amministrazione* (Mortati) trova parecchi riscontri nella Carta costituzionale, dalla promozione delle autonomie locali alla regola che impone l'accesso ai pubblici impieghi mediante concorso, fino al disposto per cui «l'ordinamento delle Forze armate si informa allo spirito democratico della Repubblica» [69]. D'altro lato, si suole desumere dall'art.

---

[68] Si veda l'art. 530, co. 2, del d.P.R. 22 settembre 1988, n. 447. Peraltro, la Corte costituzionale ha sostenuto a suo tempo che la formula in questione non fosse, di per sé, lesiva dell'art. 27, co. 2, Cost. (cfr. la sent. 6 luglio 1972, n. 124).

[69] V. rispettivamente gli artt. 5, 97, co. 4, e 52, co. 3, Cost.

97, co. 2, l'esigenza di uno stacco tra la sfera della *politica*, naturalmente parziale, e quella propria delle *funzioni amministrative:* in potenziale antitesi con l'esigenza della democraticità, che potrebbe essere invocata per politicizzare l'amministrazione in tutti i suoi livelli.

Ma un tale stacco risulta a sua volta difficile, se non impossibile. Governo e pubblica amministrazione dello Stato formano infatti un *continuum* (Giannini), come è reso evidente dal fatto stesso che ad entrambi la Costituzione dedica un comune titolo della parte seconda. Appare comunque necessario non interrompere questa continuità, se non si vuoi correre il rischio di una «burocrazia acefala ed irresponsabile» (Carlassare). La mediazione fra le opposte spinte è stata perciò ricercata affidando al Governo la potestà di direzione, alla burocrazia le conseguenti scelte operative. Senonché l'equilibrio fra politica e amministrazione resta molto arduo da conseguire nel concreto; e valgono a provarlo i ricorrenti problemi degli enti pubblici economici, come pure delle imprese a partecipazione statale, pur collocate ai confini fra il diritto pubblico e il diritto privato.

Non a caso, diversa è la strada frequentemente seguita negli ultimi anni, che consiste nella istituzione di **autorità indipendenti**, scisse dalle pubbliche amministrazioni di stampo tradizionale e non sottoposte ai poteri governativi di vigilanza e di indirizzo. Il prototipo di tali organismi è la Banca d'Italia, già in base alla legge creditizia degli anni Trenta e poi – con sempre maggiore evidenza – secondo la legislazione del periodo repubblicano (e salvi i poteri attualmente riservati alla Banca centrale europea). Negli ultimi vent'anni, tuttavia, autorità del genere si sono moltiplicate: a partire dalla CONSOB (Commissione nazionale per le società e la borsa), che la legge n. 28/1985 ha reso indipendente dal Governo; dopo di che si sono rapidamente succedute le varie autorità garanti per la radiodiffusione e l'editoria, la commissione di garanzia per l'esercizio del diritto di sciopero nei servizi pubblici essenziali, l'autorità per la concorrenza, l'autorità garante per la protezione dei dati personali, l'autorità per le garanzie nelle comunicazioni, l'autorità di regolazione dei trasporti, l'autorità nazionale anticorruzione, e altre ancora [70]. Tanto le fondamenta quanto le strutture e le funzioni degli organismi stessi sono però fortemente diversificate. A volte, ma non sempre, la loro ragion d'essere assume un rilievo costituzionale, cioè si riallaccia ai valori garantiti dagli artt. 21 (in tema di libera manifestazione del pensiero e di pluralismo dei *media*), 40 (in tema di sciopero), 41 (in tema di libera iniziativa economica privata), 47 (in tema di tutela del risparmio). In certi casi, come quello della CONSOB, le nomine sono effettuate con decreto del Presidente della Repubblica su proposta del Presidente del Consiglio dei ministri; in altri casi esse sono devolute al Presidente della Repubblica, previa intesa fra i Presidenti

[70] V. rispettivamente le leggi 7 giugno 1974, n. 216 (e successive modificazioni); 5 agosto 1981, n. 416 (e successive modificazioni); 12 giugno 1990, n. 146; 10 ottobre 1990, n. 287; 31 dicembre 1996, n. 675; 31 luglio 1997, n. 249; 22 dicembre 2011, n. 214 di conversione del d.l. 6 dicembre 2011, n. 201; 11 agosto 2014 n. 114, di conversione del d.l. 24 giugno 2014, n. 90.

delle Camere, o vengono immediatamente affidate ai Presidenti stessi (oppure affidate alle Camere del Parlamento). Anche le attribuzioni sono le più varie, dall'amministrazione alla disciplina normativa del rispettivo settore (talora mediante l'approvazione di linee-guida, i cui effetti possono essere vincolanti oppure di mero indirizzo), fino ad una sorta di funzione para-giurisdizionale. In breve, non esiste un modello comune di autorità indipendente, salvo il fatto che i loro compiti di regolazione in molti casi non venivano precedentemente esercitati da alcun Ministero (né da altre autorità di vecchio stampo). Il che non toglie che, in tutte queste situazioni, si determini una deroga, più o meno incisiva, rispetto al dettato dell'art. 95 Cost., che affida al Governo, sotto il controllo del Parlamento, la definizione dell'indirizzo amministrativo. Ulteriori problemi si possono porre con riferimento alla tutela giurisdizionale nei confronti degli atti di regolazione adottati da queste autorità, e prima ancora con riguardo alla loro elaborazione: rispetto a questa fase, la prassi delle autorità vede un crescente utilizzo di forme di consultazione preventiva, al fine di agevolare la partecipazione al processo decisionale di determinati soggetti interessati, ed è generalmente condivisa la necessità che di tali atti venga data adeguata pubblicità, mediante pubblicazione nella Gazzetta ufficiale.

Ancor più controversa è la questione se l'imparzialità sancita dall'art. 97 includa o meno il principio del *giusto procedimento*. È costituzionalmente indispensabile – per esser più precisi – «udire gli interessati prima dell'emanazione dell'atto» (Barone, Berti) e dunque esercitare le funzioni amministrative «in ideale contraddittorio» con gli interessati stessi (Esposito)? La Corte costituzionale lo ha negato, pur riconoscendo che bisognerebbe – di regola – mettere i privati «in condizioni di esporre le proprie ragioni, sia a tutela del proprio interesse, sia a titolo di collaborazione nell'interesse pubblico»[71]. Ma anche in dottrina sembra prevalente, e comunque preferibile, la tesi che l'attuazione di un giusto procedimento sia rimessa alle singole norme di legge in tema di partecipazione e di contraddittorio amministrativo, nelle forme e agli effetti previsti dalle norme stesse e dalla conseguente giurisprudenza (Cassese, Bergonzini).

b) Altro è il piano sul quale si colloca quell'art. 28 Cost., per cui «i funzionari e i dipendenti dello Stato e degli enti pubblici sono direttamente responsabili, secondo le leggi penali, civili e amministrative, degli atti compiuti in violazione di diritti». Alle dette responsabilità corrisponde, infatti, il potere di richiedere e ottenere il *risarcimento del danno* (anche a prescindere dall'applicazione di apposite sanzioni penali e amministrative, eventualmente poste a carico dei responsabili). Il che contribuisce a garantire gli altri diritti, in violazione dei quali abbiano agito i funzionari pubblici, specialmente nell'esercizio dell'amministrazione. Tali soggetti non rispondono, però, di qualunque lesione arrecata alle si-

---

[71] Cfr. la sent. 2 marzo 1962, n. 13. Ma si vedano anche, per la conclusione di segno negativo, le sentt. 19 ottobre 1988, n. 978 e 19 marzo 1993, n. 103.

tuazioni soggettive altrui. La formula costituzionale «in violazione» comporta, infatti, che la lesione possa essere *imputata* a chi l'abbia materialmente prodotta; sicché non sarebbe legittimo derogare, colpendo i soli funzionari e dipendenti pubblici, alla regola fissata dall'art. 2043 Cod. cit., che esige la presenza di un «fatto doloso o colposo». Accade, anzi, che gli impiegati civili dello Stato vengano chiamati a rispondere meno duramente di quanto è disposto per la generalità dei soggetti privati: giacché l'azione di risarcimento nei loro confronti può essere esercitata – di norma – soltanto in vista di violazioni commesse «*per dolo* o *per colpa grave*»[72].

La Corte costituzionale, chiamata a sindacare previsioni siffatte, non ha aderito alla tesi che vorrebbe far gravare la responsabilità civile in termini identici per tutti (Casetta, Pace). Al contrario, la Corte è costante nel sostenere che la responsabilità in questione possa essere «disciplinata variamente per categorie o per situazioni», dal momento che l'art. 28 Cost. rinvia sul punto alle leggi ordinarie. Di più: nello stesso interno della cerchia formata dai funzionari e dai dipendenti pubblici possono perciò verificarsi disparità di trattamento, purché stabilite con un qualche fondamento giustificativo; ed è macroscopico, in tal senso, il caso dei *magistrati* anch'essi ricadenti nel quadro dell'art. 28, ma sottoposti tuttora ad una disciplina peculiare, che tiene conto delle loro particolarissime funzioni[73].

In definitiva, il solo dato sicuro che si trae da questa parte dell'art. 28 consiste nel divieto di escludere del tutto le responsabilità dei funzionari e dei dipendenti pubblici, salvo che si tratti di comportamenti obbligati: come nel caso regolato dall'ultimo comma dell'art. 51 Cod. pen., sulla non punibilità degli inferiori in grado che adempiano ad ordini illegittimi dei loro superiori, quand'anche destinati a generare una qualche «violazione di diritti»[74].

Nella prospettiva del risarcimento dei danni, tuttavia, l'azione proponibile contro il funzionario personalmente responsabile non rappresenta il mezzo più producente allo scopo; ed è viceversa preferibile, nella maggior parte delle ipotesi, chiamare senz'altro in giudizio lo Stato (od il minore ente pubblico dal quale dipenda il funzionario stesso). Vero è che l'art. 28, nella sua seconda parte, si limita a prevedere che «la responsabilità civile si estende allo Stato e agli enti pubblici», ogniqualvolta sussista – a monte – la responsabilità di un funzionario o di un dipendente: il che farebbe pensare ad una responsabilità indiretta e sussidiaria, insuscettibile di venir fatta valere senza coinvolgere il titolare dell'ufficio in questione (Casetta), dimostrando il carattere doloso o gravemente colposo della sua condotta. Ma una tale opinione è generalmente respinta – in dottrina e

---

[72] Cfr. l'art. 23, co. 1, del d.P.R. 10 gennaio 1957, n. 3. Qualora si tratti di responsabilità patrimoniale per il danno arrecato all'amministrazione, vale invece l'opposto principio per cui si risponde – di regola – delle stesse colpe lievi.

[73] V. rispettivamente le sentt. 14 marzo 1968, n. 2, e 22 ottobre 1982, n. 164, e la legge 13 aprile 1988, n. 117, sulla quale la Corte si è pronunciata mediante la sent. 19 gennaio 1989, n. 18.

[74] Si veda, in proposito, la sent. 6 luglio 1972, n. 123.

in giurisprudenza – perché inconciliabile con la nota previsione dell'art. 113 Cost., quanto alla tutela giurisdizionale dei diritti e degli interessi «contro gli atti della pubblica amministrazione». L'art. 113 presuppone, infatti, che gli atti amministrativi in violazione di diritti siano imputabili allo Stato (od ai minori enti pubblici) quantunque illegittimi; e già su questa base risulta perciò confermata la tradizionale idea della **diretta responsabilità dei pubblici apparati**, oggi affiancata alla responsabilità personale dei corrispettivi funzionari.

Chi si limitasse a ragionare in vista del primo comma dell'art. 113 dovrebbe peraltro concludere che le pubbliche amministrazioni rispondono talvolta in maniera diretta, talvolta in maniera indiretta: direttamente, qualora la lesione di un diritto sia causata dalla «formale esplicazione della funzione» (Alessi), mediante la produzione di provvedimenti amministrativi da imputare allo Stato (o ad altro ente pubblico) in forza di un rapporto organico; indirettamente, qualora l'attività lesiva sia di stampo materiale, cioè si risolva in comportamenti produttivi di danni ingiusti, indipendentemente da veri e propri atti amministrativi (come, per esempio, nel caso del danno provocato dall'imperizia del medico di un ente ospedaliero, che a questi effetti non può considerarsi un *organo* dell'ente stesso). Senonché la tesi corrente in giurisprudenza e prevalente in dottrina (Duni, Pace, Sandulli) è invece nel senso che le pubbliche amministrazioni rispondano immediatamente dell'una al pari che degli altri; salvo soltanto l'eventuale esercizio del loro potere di *rivalsa* nei confronti del funzionario o del dipendente responsabile in prima persona. In effetti, la stessa Corte costituzionale ha sostenuto che la responsabilità dello Stato non presuppone quella dei funzionari o dei dipendenti pubblici, ma «si accompagna» ad essa, anche «al di là della colpa grave o addirittura della colpa»[75]; così da ricomprendere – per effetto di una larga interpretazione sistematica – un ambito più vasto di quello considerato dal solo art. 28 Cost.

A partire dalla fondamentale sentenza della Corte di Cassazione, a Sezioni unite, 22 luglio 1999 n. 500, può dirsi affermato il principio della *risarcibilità delle lesioni degli interessi legittimi*. La risarcibilità, in precedenza, era esclusa, in antitesi a ciò che si verificava per i diritti soggettivi, per quanto i giudici ordinari tendessero a superare l'ostacolo mediante una configurazione molto ampia dei diritti stessi. Sicché si può ben dire – in ultima analisi – che il principio del *neminem ledere* vale per lo Stato e per gli enti pubblici, a prescindere dalla soggettiva colpa di taluno e persino se l'agente del danno ingiusto rimane ignoto: fino al punto di concretare in questo campo una sorta di «responsabilità oggettiva» (Assini).

---

[75] Cfr. la sent. 14 marzo 1968, n. 2 cit.

7. *Cenni sulle situazioni soggettive di svantaggio*

Lo spazio disponibile non consente di analizzare a fondo tutte le singole situazioni soggettive costituzionalmente rilevanti. In particolar modo, non è qui possibile considerare puntualmente i doveri e gli obblighi fissati nella parte prima della Costituzione; ma occorre limitarsi – a conclusione di questo capitolo – alla sommaria individuazione e classificazione delle posizioni stesse.

Ora, la sistemazione dottrinale più nota e approfondita (Lombardi) propone di distinguere fra «doveri di solidarietà politica» e «doveri di solidarietà economica e sociale»: alla base dei quali si porrebbe un comune «*principio costituzionale di solidarietà*», direttamente e letteralmente fondato sull'art. 2 Cost. Diversamente che per i «diritti inviolabili dell'uomo», per i «doveri di solidarietà» è però corrente l'opinione che la formula dell'art. 2 sia chiusa e riassuntiva di quanto dispone il seguito della Carta costituzionale. In parecchi casi, anzi, doveri od obblighi non sono che il risvolto di determinati diritti costituzionalmente sanciti, che fanno capo ai medesimi soggetti: come nell'ipotesi del dovere di lavoro, a fronte del corrispondente diritto (o della corrispondente libertà); del diritto-dovere di mantenere, istruire, educare i propri figli; dell'obbligo di sottoporsi a specifici «trattamenti sanitari», in correlazione con il generale diritto alla salute; dei diritti e degli obblighi delle «scuole non statali»; degli obblighi e dei vincoli imponibili a carico della proprietà terriera privata; come pure del diritto di voto, che la stessa Costituzione considera alla stregua di un «dovere civico»[76]. In altri casi, il momento del dovere si pone invece come quello centrale, per quanto associato alla garanzia di particolari diritti, costituzionalmente previsti o sottintesi dalle disposizioni costituzionali in esame.

a) Più precisamente, fra i *doveri di solidarietà politica* spicca anzitutto la **fedeltà alla Repubblica**, con particolare riguardo all'osservanza della Costituzione e delle leggi. Ma quale sia la portata, e quali le possibili applicazioni, della disposizione contenuta nel primo comma dell'art. 54 Cost., è molto dibattuto fra i costituzionalisti. Quanto al dovere di osservare la Costituzione e le leggi, esso non mancherebbe d'imporsi, quand'anche l'art. 54 non lo menzionasse affatto; né la generica formula costituzionale consente di risolvere i problemi dei rapporti intercorrenti fra la Costituzione e le leggi ordinarie, specialmente per ciò che riguarda la pretesa obbligatorietà delle leggi illegittime (v. *infra*, parte VI, cap. II, § 13). Quanto al dovere di fedeltà, si è detto che esso renderebbe possibili – a carico dei cittadini che lo violassero – sanzioni penali nella stessa sfera delle libertà costituzionalmente garantite, come quella di pensiero (Balladore Pallieri). Ma la tesi è generalmente respinta o valutata con molta cautela (Esposito, Mortati); e si tende soltanto ad ammettere che il legislatore ordinario possa colpire le *azioni* che compromettano la «fedeltà materiale allo Stato» (Fois), so-

---

[76] V. nuovamente gli artt. 4, co. 2, 30, co. 1, 32, co. 2 e 4, 44, co. 1, 48, co. 2, Cost.

prattutto nel campo dei «delitti contro la personalità dello Stato» medesimo, configurati dagli artt. 241 ss. Cod. pen. (Barile, Ventura).

Più delicato, se mai, è il caso del dovere di adempiere le *pubbliche funzioni* «con disciplina ed onore», secondo il capoverso dell'art. 54 Cost. Quella gravante sui funzionari pubblici è infatti una «fedeltà qualificata» (Lombardi), cui si connettono obblighi specifici: dal divieto di iscriversi ai partiti politici, che può essere previsto «per i magistrati, i militari di carriera in servizio attivo, i funzionari e agenti di polizia, i rappresentanti diplomatici e consolari all'estero» [77], fino ai limiti che può incontrare la libera manifestazione delle proprie opinioni, a causa dell'impiego ricoperto (Esposito). Ma rimane fermo che in Italia – diversamente da ciò che si verifica in altri ordinamenti, come quello tedesco – l'accesso e la permanenza nei pubblici uffici devono di regola prescindere dalle opinioni politiche degli interessati, per il combinato disposto degli artt. 3, co. 1, e 51, co. 1, Cost.

Maggiormente precisi risultano i contorni del **dovere di prestazione militare**, imposto dall'art. 52 Cost. nel quadro del più generale *dovere di difesa della Patria*, il servizio militare è infatti obbligatorio «nei limiti e modi stabiliti dalla legge»: il che giustifica, per prima cosa, che esso riguardi – fondamentalmente – i soli cittadini di sesso maschile, in deroga al principio generale di eguaglianza senza distinzione di sesso. La legge stessa, inoltre, ha potuto introdurre con questo fondamento – malgrado la Costituzione italiana non la preveda espressamente – la cosiddetta *obiezione di coscienza*, sotto forma di «servizio sostitutivo civile», oltre che di «servizio militare non armato» [78]. Impugnata per preteso contrasto con il «sacro dovere» di difesa, tale disciplina è uscita essenzialmente indenne dal sindacato della Corte costituzionale: la quale ha sostenuto che il dovere di difesa, gravante su tutti i cittadini, è «ben suscettibile di adempimento attraverso la prestazione di adeguati comportamenti di impegno sociale non armato» [79].

In ogni caso, la Costituzione assicura che l'adempimento del servizio in questione «non pregiudica la posizione di lavoro del cittadino, né l'esercizio dei diritti politici». E per «posizione» non s'intende a questa stregua la sola occupazione, ma anche ulteriori diritti scaturenti dal rapporto di lavoro, come quelli concernenti l'anzianità di servizio e la relativa indennità [80]. Allo stato, peraltro, la problematica assume un rilievo soprattutto teorico, perché la legge 14 novembre 2000, n. 331, ha disposto l'istituzione del servizio militare professionale, e (art. 3) la graduale sostituzione dei militari in servizio obbligatorio di leva con volontari di truppa e con personale civile del Ministero della difesa, mentre il d.lgs. 15

---

[77] Cfr. l'art. 98 cpv. Cost.

[78] Cfr. l'art. 5 della legge 15 dicembre 1972, n. 772 (e successive modificazioni).

[79] Cfr. la sent. 24 maggio 1985, n. 164. Mediante la sent. 31 luglio 1989, n. 470, la Corte ha anzi dichiarato incostituzionale l'art. 5 legge cit., nella parte in cui prevedeva per il servizio sostitutivo una durata «superiore di otto mesi», rispetto al normale servizio di leva.

[80] Cfr. la sent. 16 febbraio 1963, n. 8, della Corte costituzionale.

marzo 2010, n. 66 (art. 1929) prevede l'eventuale ripristino del servizio di leva se il personale volontario in servizio è insufficiente e non è possibile colmare le vacanze di organico mediante il richiamo in servizio di personale militare volontario cessato dal servizio da non più di cinque anni, e ciò nei casi di deliberazione dello stato di guerra ai sensi dell'art. 78 Cost., o se una grave crisi internazionale – nella quale l'Italia è coinvolta direttamente o in ragione della sua appartenenza ad una organizzazione internazionale – giustifica un aumento della consistenza numerica delle Forze armate.

b) Nel campo dei *doveri di solidarietà economica e sociale*, occorre ricordare in primo luogo il **dovere di istruzione**, evidenziato specialmente dal disposto per cui «l'istruzione inferiore, impartita per almeno otto anni, è obbligatoria e gratuita» [81]. Ma l'obbligo scolastico così configurato rappresenta un minimo indispensabile, che il legislatore ordinario può bene allargare. E resta, comunque, l'ulteriore obbligo ricadente sullo Stato, che deve istituire proprie scuole «per tutti gli ordini e gradi» dell'istruzione stessa [82]; il che dimostra come alla scuola di Stato spetti «un compito autonomo ed essenziale» (Pototschnig), a fianco dell'istruzione riservata ai genitori per effetto dell'art. 30 Cost.

In secondo luogo, è qui che si colloca il **dovere di concorrere alle spese pubbliche**. Sebbene inserito nel titolo dei «rapporti politici», tale dovere ha per oggetto *prestazioni tributarie*, che non gravano sui soli cittadini, ma su tutti i percettori di reddito nel territorio dello Stato (od ivi residenti), conformemente alla lettera dell'art. 53, co. 1. La nozione di «*capacità contributiva*», sulla quale poggia il dovere medesimo, esorbita peraltro dal campo del diritto costituzionale strettamente inteso. Basti pertanto accennare che i tributi non sono imponibili, se non in ragione di un «indice effettivo di ricchezza» (Mortati). È appunto in vista di questo requisito che la Corte costituzionale ha emesso una nutrita serie di decisioni, sindacando e colpendo le scelte legislative manifestamente irragionevoli, con particolare riguardo al principio dell'eguaglianza tributaria; e ciò «nel senso che a situazioni uguali devono corrispondere uguali regimi impositivi ..., a situazioni diverse un trattamento tributario disuguale» [83].

NOTA BIBLIOGRAFICA – Sulla **complessiva tematica delle libertà fondamentali e dei diritti inviolabili**, v. GERBER, *Diritto pubblico*, Milano, 1971 (edito a Dresda nel 1880); JELLINEK, *Sistema dei diritti pubblici subbiettivi*, Milano, 1912 (edito a Tübingen nel 1892); RUFFINI, *Diritti di libertà*, Torino, 1926; PERASSI, *Introduzione alle scienze giuridiche*, Roma, 1938; S. ROMANO, *Frammenti di un dizionario giuridico*, Milano, rist. 1983; VIRGA, *Libertà giuridica e diritti fon-*

[81] Cfr. il secondo comma dell'art. 34 Cost.

[82] Cfr. l'art. 33, co. 2, Cost.

[83] La citazione è tratta dalla sent. 6 luglio 1972, n. 120. Ma si veda inoltre – fra le tante – la sent. 26 marzo 1980, n. 42, che ha annullato la sottoposizione all'ILOR (Imposta locale sui redditi, abrogata dal 1998) dei redditi di lavoro autonomo.

damentali, Milano, 1947; G. GUARINO, *Potere giuridico e diritto soggettivo*, in *Rass. dir. pubbl.*, 1949, p. 238 ss.; AA.VV., *Diritto naturale vigente*, Roma, 1951; JEMOLO, *I problemi pratici della libertà*, Milano, 1961 (2ª ed. 1972); BALDASSARRE, *I diritti di libertà*, Terni, 1970 (nonché *Diritti della persona e valori costituzionali*, Torino, 1997); GROSSI, *Introduzione ad uno studio sui diritti inviolabili nella Costituzione italiana*, Padova, 1972 (nonché *I diritti di libertà ad uso di lezioni*, Torino, 1991); VILLONE, *Interessi costituzionalmente protetti e giudizio sulle leggi*, Milano, 1974; SCHNEIDER, *Carattere funzionale dei diritti fondamentali nello Stato costituzionale democratico*, in *Dir. soc.*, 1979, p. 197 ss.; PACE, *Problematica delle libertà costituzionali*, Padova, 1983-1984, 1990, 1992, 2003; P. BARILE, *Diritti dell'uomo e libertà fondamentali*, Bologna, 1984; BERTI, *Interpretazione costituzionale*, cit., p. 365 ss., p. 667 ss.; MAZZIOTTI, *Lezioni di diritto costituzionale*, II, Milano, 1993; MODUGNO, *I «nuovi diritti» nella giurisprudenza costituzionale*, Torino, 1995; AA.VV., *Garanzie costituzionali e diritti fondamentali*, Roma, 1997; RIDOLA, *Diritti di libertà e costituzionalismo*, Torino, 1997; BARTOLE, CONFORTI, RAIMONDI, *Commentario breve alla Convenzione europea dei diritti dell'uomo e delle libertà fondamentali*, Padova, 2001; AA.VV., *La Carta europea dei diritti*, a cura di P. Costanzo, Genova, 2002; AA.VV., *Diritti e Costituzione nell'Unione europea*, a cura di G. Zagrebelsky, Bari-Roma, 2003; AA.VV., *I diritti fondamentali e le Corti in Europa*, a cura di S. Panunzio, Napoli, 2005; MANGIAMELI, *L'ordinamento europeo*, Milano, 2006; AA.VV., *CEDU e ordinamento italiano. La giurisprudenza della corte europea dei diritti dell'uomo e l'impatto nell'ordinamento interno (2010-2015)*, a cura di Di Stasi, Padova, 2016; CARETTI, TARLI BARBIERI, *I diritti fondamentali*, Torino, 2017. Su **alcuni specifici aspetti della tematica stessa**, v. rispettivamente CHIOVENDA, *L'azione nel sistema dei diritti*, Bologna, 1903; P. RESCIGNO, *Persona e comunità*, cit.; LOMBARDI, *Potere privato e diritti fondamentali*, Torino, 1967; NIGRO, *Giustizia amministrativa*, Bologna, 1976 (3ª ed. 1983); BIANCA, *Le autorità private*, Napoli, 1977; D'ORAZIO, *Lo straniero nella Costituzione italiana*, Padova, 1992; AMBROSI, *La discriminazione razziale ed etnica: norme costituzionali e strumenti di tutela*, in AA.VV., *Le discriminazioni razziali ed etniche: profili giuridici di tutela*, a cura di D. Tega, Roma, 2011, p. 15 ss., ma si vedano anche gli AA. cit. nelle Note dei cap. II e III, quanto ai diritti civili, familiari, sociali, economici. Sulle **garanzie**, oltre agli AA. cit. *supra* nella Nota al cap. III della parte II, v. PIZZORUSSO, *Le minoranze nel diritto pubblico interno*, Milano, 1967 (nonché *Il pluralismo linguistico tra Stato nazionale e autonomie regionali*, Pisa, 1975); CARAVITA, *Oltre l'eguaglianza formale*, Padova, 1984; R. TOSI, *Le «quote» o dell'eguaglianza apparente*, in AA.VV., *La parità dei sessi nella rappresentanza politica: in occasione della visita della Corte costituzionale alla Facoltà di giurisprudenza di Ferrara*, *Atti* del Seminario di Ferrara, 16 novembre 2002, a cura di Bin, Brunelli, Pugiotto, Veronesi, Torino, 2003, p. 105 ss. In particolare, sulle **garanzie giurisdizionali**, v. rispettivamente JEMOLO, *Sugli asseriti riflessi costituzionali della ricusazione*, in *Giur. it.*, 1951, I, 1, p. 645 ss.; CHELI, *Atto politico*, cit., 179 ss.; PISANI, *La garanzia del «giudice naturale» nella Costituzione italiana*, in *Riv. it. dir. proc. pen.*, 1961, p. 414 ss.; SOMMA, *«Naturalità» e «precostituzione» del giudice nell'evoluzione del concetto di legge*, in *Riv. it. dir proc. pen.*, 1963, p. 797 ss.; ESPOSITO, *Onere del previo ricorso amministrativo e tutela giurisdizionale dei diritti*, in *Giur. cost.*, 1964, p. 589 ss.; DE LISO, *«Naturalità» e «precostituzione» del giudice nell'art. 25 della Costituzione*, in *Giur. cost.*, 1969, p. 2671 ss.; VIGORITI, *Garanzie costituzionali del processo civile*, Milano, 1970; GREVI, *Interrogatorio dell'imputato e diritto al silenzio nel processo penale italiano*, Milano, 1972; TROCKER, *Processo civile e Costituzione*, Milano, 1974; DENTI, *Il potere giudiziario*, in *Attualità e attuazione della Costituzione*, cit., p. 173 ss.; ROMBOLI, *Il giudice naturale*, Milano, 1981; ANDOLINA, VIGNERA, *Il modello costituzionale del processa civile italiano*, Torino, 1990; ANGIOLINI, *Riserva di giurisdizione e libertà costituzionali*, Padova, 1992; SERGES, *Il principio del «doppio grado di giurisdizione» nel sistema costituzionale italiano*, Milano, 1993; AA.VV., *La Corte europea dei diritti dell'uomo. Quarto grado di giudizio o seconda Corte costituzionale?*, a cura di C. Padula, Napoli, 2016. Sulle **garanzie inerenti all'amministrazione**, v. CASETTA, *L'illecito degli enti pubblici*, Torino, 1953; ESPOSITO, *La Costituzione italiana*, cit., p. 103 ss., p. 245 ss.; ALESSI, La *responsabilità della pubblica amministrazione*, Milano, 1955; DUNI, *Lo Stato e la responsabilità patrimoniale*, Milano, 1968; BARONE, *L'intervento del privato* *nel procedimento amministrativo*, Milano, 1969; ASSINI, *Responsabilità di diritto pubblico e principi costituzionali*, Milano, 1970; S. CASSESE, *Il privato e il procedimento amministrativo*, Modena, 1971; CERRI, *Imparzialità ed indirizzo politico nella pubblica amministrazione*, Padova, 1973; CARLASSARE, *Amministrazione e potere politico*, cit.; BERGONZINI, *L'attività del privato nel procedimento amministrativo*, Padova, 1975; MANETTI, *Poteri neutrali e Costituzione*, Milano, 1994; CASSESE, FRANCHINI, *I garanti delle regole*, Bologna, 1996; NICCOLAI, *I poteri garanti della Costituzione e le autorità indipendenti*, Pisa, 1996; PASSANO, *Le Amministrazioni indipendenti*, Torino, 1996; AA.VV., *Le autorità indipendenti nei sistemi istituzionali ed economici*, a cura di Predieri, Firenze, 1997; CLARICH, *Autorità indipendenti: bilancio e prospettive di un modello*, Bologna, 2005; CUNIBERTI, *Autorità indipendenti e libertà costituzionali*, Milano, 2007; MERUSI, PASSARO, *Le autorità indipendenti*, Bologna, 2011. In **tema di doveri** LOMBARDI, *Contributo allo studio dei doveri costituzionali*, Milano, 1967; CARBONE, *I doveri pubblici individuali nella Costituzione*, Milano, 1968; e specificamente VENTURA, *La fedeltà alla Repubblica*, Milano, 1984; ANTONINI, *Dovere tributario, interesse fiscale e diritte costituzionali*, Milano, 1996; TARLI BARBIERI, *Doveri inderogabili*, in *Dizionario di diritto pubblico*, a cura di Cassese, III, Milano, 2006.

CAPITOLO II
I DIRITTI CIVILI

SOMMARIO: 1. I fattori condizionanti l'esercizio dei diritti di libertà. – 2. La libertà personale. – 3. *Segue*: le garanzie dalle detenzioni arbitrarie; le altre forme di restrizione della libertà personale. – 4. La libertà di domicilio; la libertà di comunicazione. – 5. La libertà di circolazione e soggiorno; la libertà di espatrio; il diritto di asilo. – 6. Il regime delle prestazioni personali e patrimoniali imposte. – 7. La libertà di manifestazione del pensiero. – 8. *Segue*: il regime dei mezzi di diffusione; la stampa, la radiotelevisione, gli spettacoli. – 9. La libertà di riunione. – 10. La libertà di associazione. – 11. La libertà religiosa.

1. *I fattori condizionanti l'esercizio dei diritti di libertà*

Malgrado i diritti di libertà siano costituzionalmente attribuiti a tutti gli uomini (o, quanto meno, a tutti i cittadini), i loro titolari non si trovano sempre in situazioni di assoluta parità reciproca. Universale è soltanto la **capacità giuridica** di diritto privato, che si acquista automaticamente «dal momento della nascita», in base all'art. 1, co. 1, Cod. civ., e si perde soltanto per morte. La specifica disposizione costituzionale, onde «nessuno può essere privato, per motivi politici, della capacità giuridica» (oltre che «della cittadinanza» e «del nome»), va tuttavia riferita – soprattutto – alla cosiddetta *capacità di diritto pubblico* (De Siervo) e vuole garantire i soggetti in questione da «qualsiasi riduzione della capacità» medesima (Lavagna), che possa dirsi fondata su motivi politici. S'intende, allora, che i veri problemi non riguardano la capacità giuridica tradizionalmente intesa, malgrado il linguaggio adoperato dall'art. 22 Cost.; ma investono piuttosto la **capacità di agire**, nell'esercizio dei diritti costituzionalmente rilevanti. Ed è precisamente in questa prospettiva che vari fattori incidono sulla concreta spettanza delle libertà fondamentali.

In primo luogo, va sempre tenuto presente il fattore dell'età. La regola fissata dall'art. 2 Cod. civ. è oggi nel senso che la capacità di agire si acquista «al compimento del diciottesimo anno» [1]. Ciò vale – di massima – anche nel campo del di-

---

[1] La novellazione dell'art. 2 Cod. civ., che originariamente fissava la maggiore età «al compimento del ventunesimo anno», è stata effettuata dalla legge 8 marzo 1975, n. 39.

ritto costituzionale, là dove si tratti di costituire effetti giuridici; e fino al diciottesimo anno i figli sono comunque sottoposti alla potestà genitoriale, in virtù d'una serie di norme che si ricollegano al principio dettato dall'art. 30, co. 1, Cost. Ma viceversa, nello svolgimento di attività puramente materiali (come – per esempio – nel caso delle libere riunioni), in luogo del rigido limite dei diciotto anni rileva direttamente la capacità naturale di ciascuna persona fisica. E se i genitori (o chi ne fa le veci) sono abilitati ad intervenire anche in queste sedi, altrettanto non può dirsi per i terzi: nei confronti dei quali la minore età del soggetto esercitante una qualche libertà non toglie che occorra rispettarlo, al pari degli ultradiciottenni (Pace).

In secondo luogo, anche in correlazione con l'età, possono avere un determinante rilievo gli **ordinamenti speciali**, propri di certe formazioni sociali necessarie oppure di certe istituzioni, previste o presupposte nella Carta costituzionale: dalla *famiglia all'impresa*, concepita quale comunità di lavoro, dalle *forze armate* fino agli *istituti di prevenzione e di pena.* I soggetti sottoposti a tali ordinamenti subiscono infatti, nell'esercizio delle loro libertà fondamentali, le più varie specie di limitazioni, imposte dal perseguimento dei rispettivi scopi istituzionali. Ma rimane fermo che i diritti costituzionalmente garantiti non sono perciò comprimibili ad arbitrio, nel superiore interesse dell'istituzione di appartenenza e senza nemmeno rispettare – in certi casi – il principio di legalità dell'amministrazione. Al contrario, la gerarchia dei valori costituzionali esige – in linea di principio – che le libertà fondamentali non vengano negate o compresse, se non nelle ipotesi rese indispensabili dalla stessa natura di quegli ordinamenti: al di là delle quali i «diritti inviolabili dell'uomo» devono pur sempre riaffermarsi. Così, nel caso della famiglia, l'abuso dei poteri genitoriali può determinare addirittura la «decadenza dalla potestà sui figli»[2]; nel caso delle imprese, lo «statuto dei lavoratori» garantisce a questi – in particolar modo – la libertà di opinione e la libertà sindacale[3]; nel caso delle forze armate, le «norme di principio sulla disciplina militare» dichiarano che «ai militari spettano i diritti che la Costituzione riconosce ai cittadini», salve le limitazioni necessarie per assicurare l'assolvimento dei compiti loro propri[4]; nello stesso caso delle carceri, l'«ordinamento penitenziario» prescrive – in linea con il terzo comma dell'art. 27 Cost. – che il trattamento «deve essere conforme ad umanità e deve assicurare la dignità della persona»: con particolare riguardo ai diritti non incompatibili con la detenzione (dalla professione della propria fede religiosa allo svolgimento di attività culturali), che spettano anche a quanti si trovino «in stato di interdizione legale»[5].

In terzo luogo, su tutt'altro piano, tra i fattori in esame possono rientrare le

---

[2] Si veda l'art. 330 Cod. civ.

[3] Cfr. gli artt. 1 e 14 ss. della legge 20 maggio 1970, n. 300.

[4] Si tratta dell'art. 3 della legge 11 luglio 1978, n. 382.

[5] Cfr. gli artt. 1 e 4 della legge 26 luglio 1975, n. 354.

situazioni di emergenza, che coinvolgano l'intero Paese o determinate parti di esso. Situazioni siffatte sono costituzionalmente previste dal solo art. 78, quanto allo stato di guerra (v. *supra*, parte II, cap. III, § 17); ed è abbastanza pacifico che in un caso tanto estremo sarebbe dato sospendere l'esercizio di talune libertà fonda fondamentali, nella misura imposta dalle esigenze belliche. Di più: appare ormai scontato che la previsione dell'art. 78 possa venire applicata in vista di qualsivoglia aggressione, indipendentemente da una formale dichiarazione di guerra.

Al di là della guerra, tuttavia, si può ritenere che altre e minori emergenze legittimino la *sospensione di norme costituzionali*, a cominciare dal campo dei «diritti inviolabili»? E quali sarebbero – in ipotesi – le procedure da seguire allo scopo, senza dover percorrere la lunga e complicata strada della legislazione costituzionale? Fra i costituzionalisti italiani sono state proposte due diverse soluzioni, entrambe di segno affermativo: primo, che il procedimento dell'art. 78 si presti a venire utilizzato per analogia, in qualunque caso di effettivo pericolo interno od esterno, sicché lo stato di guerra verrebbe a ricomprendere lo *stato di assedio* (Motzo, Modugno, Nocilla, Fresa); secondo, che il Governo possa invece servirsi di decreti-legge, temporaneamente deroganti alle norme costituzionali, salva la consueta conversione in legge da parte delle Camere, ai sensi dell'art. 77 Cost. (Esposito, Pace). Né l'una né l'altra risposta risultano, però, del tutto persuasive e tranquillizzanti. Non la prima, giacché la previsione dello stato di assedio non ha trovato posto nella Carta costituzionale, malgrado gli spunti offerti dai lavori preparatori della Costituente[6]. Non la seconda, perché i decreti-legge deroganti alla Costituzione, ma convertiti in leggi ordinarie, rappresenterebbero un mezzo per eludere l'art. 138 Cost. (Balladore Pallieri, Grasso). Al che bisogna aggiungere che Governi politicamente screditati potrebbero essere indotti ad abusare della decretazione legislativa d'urgenza, fino al punto di tentare – in quelle forme – veri e propri colpi di Stato.

Altro è il problema se l'emergenza possa incidere, non sull'efficacia, ma sulla interpretazione delle norme costituzionali concernenti le libertà fondamentali. La Corte costituzionale ha risposto affermativamente, soprattutto con riferimento ai limiti massimi della carcerazione preventiva[7]. Ma questa giurisprudenza non coinvolge affatto la problematica della sospensione di determinate norme costituzionali. Essa attiene, piuttosto, al peso spettante alle situazioni di emergenza nel *bilanciamento dei valori* costituzionalmente rilevanti (e nel conseguente sindacato sulla giustificatezza delle scelte legislative ordinarie: Pinna); senza

[6] Ben altro è il caso di quelle Costituzioni europee – dalla Francia alla Germania, dalla Svezia alla Grecia, dalla Spagna al Portogallo – che ragionano espressamente degli stati «di difesa», «di tensione», «di pericolo», «d'allarme», «di eccezione», «di emergenza» e via dicendo.

[7] Si tratta della sent. 1° febbraio 1982, n. 15, con cui la Corte ha argomentato che Governo e Parlamento, «per fronteggiare con successo terrorismo ed eversione», ben potessero prolungare la detenzione preventiva, anche superando le misure che normalmente dovrebbero dirsi ragionevoli.

però che le norme in questione siano formalmente derogate (e senza riflettersi, dunque, sul sistema delle fonti normative).

2. *La libertà personale*

Fra le situazioni soggettive attive che vanno analizzate in questa sede, spiccano anzitutto i **diritti civili**: così definibili secondo il linguaggio adoperato dal titolo primo, parte prima della Costituzione, oltre che sulla falsariga di una terminologia diffusissima nella letteratura giuridica nordamericana (*civil rights*). Ma giova avvertire che in Italia, grosso modo le stesse situazioni sono anche accomunate sotto il nome di *diritti della personalità* o «della persona» (Pace). A parte la diversità delle formule, la coincidenza non risulta però del tutto piena. Da un lato, libertà come quella di stampa, sebbene ricadenti nel quadro costituzionale dei «rapporti civili», sembrano eccedere il novero dei diritti della personalità; mentre la serie di questi diritti suole venire arricchita, inserendovi alcune situazioni non previste dalla Costituzione repubblicana, come il «diritto all'onore». D'altro lato, proprio la dottrina che ragiona di «diritti della persona» definisce tali – per esempio – il diritto alla salute o il diritto al lavoro o il diritto politico di associarsi in partiti, pur considerati in altri titoli della Carta costituzionale (v. *infra*, cap. III di questa parte).

Nel più ristretto quadro dei «rapporti civili», una volta esclusi i diritti-garanzia di cui si è già trattato nel precedente capitolo, tre sono invece le situazioni fondamentali, rispetto alle quali i minori diritti in esame fanno da corona: la libertà personale, la libertà di pensiero, la libertà di associazione, rispettivamente proclamate e regolate dagli artt. 13, 21 e 18 Cost.

Fra queste la **libertà personale** parrebbe anzi la più comprensiva, fino al punto di abbracciare la totalità od una buona parte delle altre. Un siffatto esito interpretativo diverrebbe inevitabile, in particolar modo, se l'aggettivo «personale» – agli effetti dell'art. 13 Cost. – venisse concepito come sinonimo di «individuale» [8]; e se, pertanto, la libertà in esame fosse fatta coincidere con qualsivoglia *autodeterminazione* spettante ai soggetti dell'ordinamento giuridico italiano. Ma anche senza giungere a simili estremi, occorre domandarsi se l'art. 13 garantisca gli «aspetti spirituali della personalità» (Lavagna) quanto meno nel senso di includere accanto a quella fisica la libertà «morale» (Guarino, Vassalli), garantendo ogni uomo da «ogni violenza altrui» (Barile, Mazziotti).

Il concetto estensivo della libertà personale viene respinto da una notevole corrente dottrinale (Galeotti, Elia, Mortati, Pace), soprattutto perché non si concilia con l'insieme dei disposti dettati sul punto dalla Carta costituzionale. Emerge dall'art. 13, in effetti, che i costituenti hanno avuto di mira uno «stato di

---

[8] Di «libertà individuale» ragionava l'art. 26 dello Statuto albertino, sia pure in un contesto specificamente dedicato ai problemi dell'arresto e della traduzione in giudizio.

libertà fisica» (Amato), con la conseguente «pretesa» di evitare indebite coercizioni sul proprio corpo (Barbera). Più specificamente, la disciplina costituzionale in discussione s'impernia sulla problematica degli arresti arbitrari [9]; e tende pertanto a risolversi nella garanzia dell'*habeas corpus*, tipico dell'ordinamento inglese e degli altri sistemi che lo hanno preso a modello. Ma quale è il rapporto fra la libertà personale, così concepita, e altre libertà «fisiche» come quella di circolazione, puntualmente proclamata dall'art. 16 Cost.? L'interrogativo non è ozioso, né puramente concettuale, dal momento che i regimi rispettivamente stabiliti dall'art. 13 e dall'art. 16 (per non dire di altre fattispecie, quali sono ad esempio i trattamenti sanitari obbligatori *ex* art. 32 Cost.) si presentano alquanto diversi: ossia più garantistici nel primo caso che non nel secondo. Ciò spiega le discussioni che sul punto hanno diviso la dottrina: alcuni, infatti, propongono il criterio del fine rispettivamente perseguito (Mazziotti), che si rifletterebbe sulla maggiore o minore definitezza degli obblighi imposti agli interessati [10]; altri mettono l'accento sulla circostanza che le misure limitative della circolazione attengono in via generale al luogo ovvero al territorio, mentre le situazioni considerate dall'art. 13 Cost. riguardano le singole persone (Guarino); altri ancora precisano che quelle coinvolte dall'art. 13 sono le «*misure degradanti*», suscettibili di ledere la «pari dignità» sancita dall'art. 3 Cost. (Amato, Barbera, Barile, Mortati).

In quest'ultimo senso si è pronunciata da tempo la stessa Corte costituzionale [11]. Ma la «degradazione giuridica» su cui la Corte insiste, per contraddistinguere le incisioni della libertà personale, non implica che in tali casi si tratti di una pura libertà morale, da contrapporre a quella fisica. Dovunque un individuo venga sottoposto ad una speciale sorveglianza di polizia, con l'imposizione – penalmente sanzionata – di particolari obblighi di fare e di non fare (per esempio: di non rincasare dopo una certa ora), gli aspetti spirituali e quelli materiali del diritto in esame sono toccati in maniera congiunta: il che conferma come il perno dell'art. 13 consista pur sempre nella pretesa di non vedere illegittimamente esercitata alcuna «potestà coercitiva personale» [12], che gravi sui singoli per sé considerati, indipendentemente dal loro previo consenso o dalla loro spontanea collaborazione [13].

---

[9] Si noti che l'arresto in flagranza di reato – secondo l'art. 242 Cod. proc. pen. (ora sostituito dall'art. 383 del nuovo Codice) – poteva e può essere effettuato anche da un privato; la Corte costituzionale ha infatti difeso tale previsione – nella sent. 10 giugno 1970, n. 89 – malgrado non trovi testuale riscontro nell'art. 13 Cost.

[10] Si pensi al divieto di percorrere determinate strade in automobile, che palesemente riguarda la sola libertà di circolazione.

[11] Si veda già la sent. 3 luglio 1956, n. 11, seguita dalla sent. 30 giugno 1964. n. 67.

[12] V. nuovamente la sent. n. 11/1956 cit.

[13] Che gli «oneri volontariamente assunti» esorbitino dal campo di applicazione dell'art. 13 Cost., è stato più volte rilevato dalla Corte costituzionale (ad esempio nella sent. 25 giugno 1980, n. 99).

3. Segue: *le garanzie dalle detenzioni arbitrarie; le altre forme di restrizione della libertà personale*

a) Con particolare ma non esclusivo riguardo alle varie forme di detenzione, il secondo comma dell'art. 13 Cost. stabilisce due ordini di garanzie. Prima fra queste è la **riserva assoluta di legge**, nella previsione dei «casi» e dei «modi» concernenti le restrizioni della libertà personale; riserva ribadita dal terzo comma, circa i «provvedimenti provvisori» adottabili dall'autorità di pubblica sicurezza, «in casi eccezionali di necessità ed urgenza», che la legge deve indicare «tassativamente»; e risultante altresì dal quinto comma del medesimo articolo, quanto alla determinazione dei «limiti massimi della carcerazione preventiva». Al che si aggiunge, in secondo luogo, una corrispondente **riserva di giurisdizione** (v. *supra*, cap. I, § 5, di questa parte): è infatti l'«autorità giudiziaria» che deve normalmente provvedere, in applicazione delle dette norme legislative; mentre le restrizioni disposte da altre autorità, come quelle di pubblica sicurezza, vanno comunicate al giudice entro quarantotto ore, e convalidate da parte di questi nelle quarantotto ore successive [14]. Inoltre, contro i motivati provvedimenti del giudice stesso è sempre ammesso *ricorso in Cassazione per violazione di legge*, ai sensi dell'art. 111, co. 7, Cost. Ma il sistema dei rimedi giurisdizionali è stato rafforzato – almeno sulla carta – dalla legge istitutiva del «*Tribunale della libertà*», nonché dal nuovo Codice di procedura penale [15]; entrambi hanno infatti previsto che avverso le misure coercitive l'imputato possa richiedere il riesame – entro un brevissimo termine – presso il tribunale del rispettivo capoluogo di provincia.

Rimane aperto, con ciò, il grave e ricorrente problema dei fini in vista dei quali l'arresto o la carcerazione o la custodia preventiva (per non dire delle altre forme di restrizione della libertà personale) possono essere legittimamente previsti od imposti dalla legge. Si deve pensare, cioè, che il legislatore ordinario sia libero nella configurazione dei casi in esame, salva soltanto l'esigenza di rispettare il consueto imperativo della ragionevolezza (Barbera, Mazziotti, Pace)? Oppure occorre concludere, in termini assai più rigorosi, che i relativi disposti dell'art. 13 Cost. siano «serventi» od ausiliari nei confronti di altre «norme sostanziali», nelle quali andrebbe rintracciata la base giustificativa delle misure in esame (Elia, Barile)?

Quanto alle **misure cautelari personali** nei procedimenti penali, bisogna domandarsi – più precisamente – quand'è che si possa disporle a carico degli imputati. Allorché si tratti di eseguire sentenze di condanna a pene detentive che siano passate in giudicato, la restrizione della libertà personale non incontra

---

[14] Ciò vale, attualmente, anche per il pubblico ministero, gli atti del quale debbono venire, a pena d'inefficacia, immediatamente convalidati dal giudice in base all'art. 390 Cod. proc. pen.

[15] Si vedano la legge 12 agosto 1982, n. 532, e ora l'art. 309 Cod. proc. pen.

ostacoli di ordine costituzionale. Viceversa, la sottoposizione degli stessi imputati a misure detentive deve fare i conti – specialmente – con la presunzione di non colpevolezza sancita dal co. 2 dell'art. 27 Cost.: il che concorre a spiegare per quali motivi la Corte costituzionale abbia argomentato «che la detenzione preventiva in nessun caso possa avere la funzione di anticipare la pena»; ma debba venire predisposta «unicamente in vista della soddisfazione di esigenze di carattere cautelare o strettamente inerenti al processo» [16].

Negli anni Settanta e Ottanta, tuttavia, la Corte stessa ha notevolmente attenuato la potenziale portata di queste sue proclamazioni di principio. Da un lato essa ha subito ammesso – in linea con la Convenzione europea sui diritti dell'uomo [17] – che il legislatore possa limitare la libertà personale dell'imputato in nome «di una ragionevole valutazione dell'esistenza di un pericolo derivante dalla libertà di chi sia indiziato di determinati reati» [18]; sicché non ha avuto successo la tesi dottrinale (Grevi) che la custodia preventiva non debba mai fondarsi sulle sole ragioni di tutela della collettività. D'altro lato, la giurisprudenza costituzionale ha costantemente negato l'illegittimità delle norme che prevedano *mandati obbligatori di cattura*, in vista della sospettata commissione di particolari reati [19]. Senonché questo avviso – già discusso in dottrina (Barile, Pace) – risulta attualmente superato dal nuovo Codice di procedura penale: nel quale si è stabilito che le misure cautelari personali vanno volta per volta disposte dal giudice, al fine di evitare l'inquinamento delle prove, la fuga dell'imputato ovvero il pericolo della commissione di «gravi delitti» [20].

La carcerazione preventiva assolve, dunque, una pluralità di funzioni, parte processuali parte di *prevenzione speciale*. Ma lo stesso art. 13 prescrive, da un lato, che in nessun caso le «persone comunque sottoposte a restrizioni di libertà» possono formare oggetto di violenze fisiche o morali: ivi compresi – per esempio – l'uso coattivo del cosiddetto siero della verità ovvero le «misure di rigore non consentite dalla legge» [21]. D'altro lato, è indispensabile che sia la legge a fissare i massimi delle misure cautelari personali. In mancanza di ciò, la Corte costituzionale non ha esitato ad annullare – con il rischio di creare un vuoto legislativo – le norme dettate dal Codice del 1930 che limitavano alla fase istruttoria la scarcerazione automatica per decorrenza dei termini, senza tener conto delle successive fasi, durante le quali la detenzione dell'imputato poteva prolungarsi indefinitamente: infatti, la Corte ha notato molto giustamente come

[16] Cfr. la sent. 4 maggio 1970, n. 64.

[17] Si tratta dell'art. 5, co. 1, lett. *c*), Conv. cit.

[18] V. nuovamente la sent. n. 64/1970, seguita fra l'altro dalla sent. 23 gennaio 1980, n. 1.

[19] Si veda già, sul punto, l'art. 253 del Cod. proc. pen. del 1930, nonché l'art. 68, co. 2, Cost., che accenna espressamente ai mandati obbligatori gravanti sui membri del Parlamento.

[20] Cfr. l'art. 274 Cod. cit.

[21] Cfr. l'art. 608 Cod. pen.

la Costituzione abbia «inteso evitare che il sacrificio della libertà sia interamente subordinato alle vicende del procedimento» [22].

Le gravi e generalizzate lentezze della giustizia penale italiana hanno peraltro impedito che l'ultimo comma dell'art. 13 trovasse un'adeguata applicazione, pur quando i termini in questione sono stati distintamente fissati con riferimento ai vari gradi del giudizio, cassazione inclusa. La prevista durata massima della carcerazione è risultata assai lunga, specialmente prima che certe riduzioni venissero operate dal nuovo Codice di procedura penale [23]; e a protrarla ulteriormente possono concorrere svariate ipotesi di *sospensione* dei termini legali, legate soprattutto alla corrispondente sospensione ovvero al rinvio del dibattimento [24]. Dal che la conseguenza abnorme che il numero dei detenuti in attesa di giudizio si dimostra spesso superiore – anche di molto – a quello dei soggetti definitivamente condannati.

In tutte le ipotesi di ingiusta detenzione preventiva si applica, inoltre, la previsione costituzionale dell'art. 24, co. 4, concernente la «**riparazione degli errori giudiziari**». Fino ad un passato recentissimo, la riparazione operava nella sola ipotesi d'una sentenza di assoluzione, che fosse stata emessa in sede di revisione d'una previa sentenza di condanna ormai passata in giudicato; oggi, al contrario, il diritto al pagamento di una somma di denaro – nei limiti fissati dalla legge – può essere fatto valere in ogni caso di detenzione che si riveli illegittima, quand'anche il carcere sia stato sofferto da imputati assolti sin dal primo grado del giudizio penale [25]. Ed effettivamente l'originaria esclusione di quest'ultimo tipo di sacrificio della libertà personale non era sorretta da alcuna giustificazione, salvo l'intento di sottrarre lo Stato ad ingenti aggravi finanziari; anche se la Corte costituzionale, chiamata a pronunciarsi sul punto, aveva evitato una dichiarazione di totale illegittimità delle norme allora imperanti, per non determinare «un regresso della situazione normativa», aprendo un vuoto incolmabile «in sede di interpretazione» [26].

b) Nelle medesime forme delle misure cautelari personali vanno poi disposte le **altre restrizioni della libertà personale**, a cominciare dalle *ispezioni* e dalle *perquisizioni*. Rientrano ad esempio nel quadro – secondo la giurisprudenza costituzionale [27] – i rilievi segnaletici già spettanti alla polizia, e oggi riservati al giudice, come nel caso dei prelievi di sangue. Del pari, vi rientrano ormai taluni *trattamenti sanitari obbligatori*, come quelli concernenti le malattie mentali, in

---

[22] Si veda ancora la sent. n. 64/1970 cit.

[23] Ma si veda già l'art. 3 della legge 28 luglio 1984, n. 398.

[24] Sul punto, cfr. la sent. 24 maggio 1979, n. 29, della Corte costituzionale.

[25] V. rispettivamente l'art. 571 del Cod. proc. pen. del 1930, come sostituito dalla legge 30 maggio 1960, n. 604, e l'art. 314 del Codice vigente.

[26] Cfr. la sent. 24 gennaio 1969, n. 1.

[27] Da ultimo, si veda la sent. 24 marzo 1986, n. 54.

ordine ai quali è previsto che i provvedimenti del sindaco siano convalidati entro 96 ore – dal giudice tutelare[28].

Fra tutte, la disciplina più discussa attiene alle **misure di prevenzione** che possono venire imposte a carico di una vasta ed eterogenea serie di soggetti, dai vagabondi abituali a coloro che «abitualmente e notoriamente» siano dediti a traffici illeciti, dagli indiziati di appartenenza ad organizzazioni mafiose fino ai condannati per delitti relativi alle armi: sui quali possono incidere varie restrizioni della libertà personale, e principalmente l'obbligo di soggiorno in determinati Comuni (peraltro abrogato mediante un *referendum* svoltosi l'11 giugno 1995). Seguendo le indicazioni della Corte costituzionale[29], misure siffatte sono state giurisdizionalizzate, già in forza della legge 27 dicembre 1956, n. 1423. Ma anche questa legge – incluse le molte modifiche da essa subite – ha formato l'oggetto di aspre contestazioni dottrinali: sia perché l'art. 13, interpretato in collegamento con l'art. 25 Cost., non consentirebbe altro che le pene o le conseguenti «misure di sicurezza», non già il *tertium genus* rappresentato dalle misure di prevenzione, che per definizione prescindono dalla commissione e dall'accertamento di determinati fatti-reato (Elia, Amato); sia perché, comunque, le fattispecie in questione non sarebbero ben definite dalla legge, ma spesso sfuggirebbero ad ogni tentativo di preventiva determinazione (Barile).

Senonché la Corte costituzionale ha costantemente respinto simili censure, così da formare una sorta di diritto vivente, che non si può fare a meno di tenere in considerazione. Circa le misure *ante delictum*, la Corte ha postulato la vigenza di un «principio secondo cui l'ordinato e pacifico svolgimento dei rapporti sociali deve essere garantito, oltre che dal sistema di norme repressive di fatti illeciti, anche da un sistema di misure preventive contro il pericolo del loro verificarsi in avvenire»[30]. Circa la pretesa indeterminatezza, la Corte stessa ha escluso che le restrizioni in esame «possano essere adottate sul fondamento di semplici sospetti», cioè sulla base di «valutazioni puramente soggettive ed incontrollabili» dell'autorità competente; ed ha sottolineato come esse presuppongano pur sempre un'accertata «pericolosità sociale»[31].

Nel campo delle restrizioni della libertà personale s'inseriscono infine i **«provvedimenti provvisori»**, variamente spettanti alle autorità di pubblica sicurezza. Il nuovo Codice di procedura penale continua a prevedere numerose ipotesi del genere: *dall'arresto obbligatorio e facoltativo*, al quale gli ufficiali e gli agenti di polizia giudiziaria sottopongono quanti siano colti *«in flagranza»* di reato, nei casi di commissione di particolari delitti, indicati dal Codice stesso; al *fermo* dei soggetti indiziati di delitti, per i quali sussista «pericolo di fuga»; fino all'«ac-

---

[28] Cfr. l'art. 35 della legge 23 dicembre 1978, n. 833.

[29] V. nuovamente la sent. n. 11/1956.

[30] Cfr. la sent. 23 marzo 1964, n. 23.

[31] Si veda, per ultima, la sent. 5 maggio 1983, n. 126.

compagnamento coattivo per procedere a interrogatorio o a confronto», che può essere disposto dal pubblico ministero [32]. Ma nelle due prime ipotesi l'arresto od il fermo vanno convalidati dall'autorità giudiziaria, entro i termini fissati dall'art. 13 Cost.; mentre nella terza ipotesi è addirittura prescritta l'«autorizzazione del giudice».

4. *La libertà di domicilio; la libertà di comunicazione*

a) La cosiddetta **«libertà domiciliare»** (Motzo) è sottoposta – di massima – al medesimo regime della libertà personale. Riserva assoluta di legge, riserva di giurisdizione, necessaria convalida – ad opera del giudice – delle *ispezioni*, delle *perquisizioni e dei sequestri* provvisoriamente disposti dall'autorità di pubblica sicurezza nei luoghi costituenti il domicilio, sono cioè ricomprese nel richiamo effettuato dal secondo comma dell'art. 14 Cost., con riferimento alle «garanzie prescritte per la tutela della libertà personale». Il domicilio, in effetti, è stato inteso dalla Carta costituzionale come «proiezione spaziale della persona» (Amorth) e come ambito nel quale la **riservatezza** (ovvero la *privacy*) viene maggiormente e più specificamente tutelata (Pace). Il che non toglie che la libertà in esame risulti strumentale rispetto a vari altri diritti o valori fondamentali, dalle riunioni in luogo privato alla segretezza della corrispondenza (Faso) fino ai «diritti della famiglia».

Ma che s'intende per domicilio, ai sensi dell'art. 14? È corrente l'avviso che in questo campo non trovino applicazione le figure civilistiche, in base alle quali il *domicilio*, concepito come sede principale degli affari e degli interessi di ciascuna persona, viene contrapposto alla *residenza*, testualmente definita come «dimora abituale» [33]. Vale, piuttosto, la nozione penalistica, onde il domicilio corrisponde anzitutto *all'abitazione*, ad ogni altro luogo di privata dimora e alle relative «appartenenze», accessorie rispetto alle dimore stesse [34]. Senonché la tesi che l'art. 14 presupponga le definizioni elaborate dal diritto penale (Barile-Cheli) non è generalmente accolta. Si tende a ritenere, infatti, che esista un'autonoma **nozione costituzionale di domicilio** (Motzo, Amato, Faso, Mazziotti), inclusiva di ogni ambito di cui si disponga «a titolo privato» (Pace), compresi i luoghi di lavoro, purché stabilmente isolati od isolabili dall'esterno [35]. Ma giova notare che l'art. 14 Cost. non garantisce né presuppone in tal senso la proprietà dei relativi beni immobili, giacché l'abitazione e gli altri luoghi ad essa assimilati

---

[32] V. rispettivamente gli artt. 380, 381, 384 e 376 Cod. proc. pen.

[33] Cfr. l'art. 43 Cod. civ.

[34] Cfr. l'art. 614 Cod. pen.

[35] Una discussa pronuncia della Corte costituzionale ha sostenuto, anzi, che siano tali le stesse automobili (cfr. la sent. 31 marzo 1987, n. 88).

non vengono in considerazione, a questi effetti, altro che in vista del pieno realizzarsi della persona umana. E giova ancora notare, d'altronde, che titolari della libertà domiciliare sono le stesse persone giuridiche, nonché le associazioni non riconosciute, quali i partiti e i sindacati (Barile-Cheli, Mazziotti).

Di qui deriva il diritto di escludere e di ammettere chiunque voglia introdursi nel domicilio, senza averne titolo: diritto recentemente esteso alle «interferenze nella vita privata», mediante strumenti di ripresa visiva e sonora[36]. Gli stessi agenti della polizia giudiziaria devono – là dove occorre procedere a perquisizioni o sequestri – agire nel rispetto delle norme costituzionali e processuali, che impongono l'immediato riesame di tali provvedimenti da parte dell'autorità giudiziaria. Così dispone – in particolar modo – il Codice di procedura penale[37]. E in questo senso la Corte costituzionale si era già espressa più volte, specialmente nelle decisioni concernenti la ricerca di armi, munizioni o materie esplodenti, in applicazione del testo unico delle leggi di pubblica sicurezza[38].

Fanno eccezione – per testuale disposto dell'art. 14, co. 3 – le «leggi speciali» che in vista di particolari *«motivi di sanità e di incolumità pubblica»* ovvero di specifici *«fini economici e fiscali»* possono consentire *accertamenti* e *ispezioni*, senza l'osservanza delle garanzie riguardanti la libertà personale. Su questa base – ad esempio – la Corte costituzionale ha giustificato la facoltà di visitare i luoghi di lavoro, spettante agli appositi ispettori nell'esercizio della loro attività di vigilanza; e analogamente si è concluso, sempre in considerazione dei «fini economici e fiscali» da raggiungere, quanto all'accesso della polizia tributaria negli esercizi pubblici e nei locali adibiti ad azienda industriale o commerciale[39]. Ma la stessa Corte ha chiarito che il regime delle perquisizioni e dei sequestri, eccedente la «vigilanza amministrativa», rimane assoggettato alla rigorosa disciplina degli artt. 13, co. 3, e 14, co. 2, Cost.; sicché le «misure coercitive» vanno tenute distinte dalle «indagini conoscitive», alle quali soltanto la dottrina prevalente (Barile, Pace) riferisce la previsione dell'art. 14, co. 3.

b) Libertà e segretezza della **corrispondenza** e di ogni altra forma di **comunicazione**, proclamate dal primo comma dell'art. 15 Cost., sono state spesso collegate al primo comma dell'art. 21, fino al punto di farne una «sottospecie» della libertà di manifestazione del pensiero (Esposito, Italia). Ma anche in questo caso, per varie ragioni, è predominante il nesso con la libertà personale.

In primo luogo, corrispondenza e comunicazione sono qui considerate nella loro materialità, indipendentemente dai contenuti del pensiero così manifestato;

---

[36] Cfr. l'art. 615 *bis* Cod. pen., che sanziona le «interferenze illecite» incidenti sul domicilio.

[37] Cfr. gli artt. 352 e 355 Cod. civ., che peraltro affidano la convalida al pubblico ministero.

[38] Si tratta dell'interpretazione adeguatrice dell'art. 41 del r.d. 18 giugno 1931, n. 773, il testo del quale non prevede convalide di sorta ad opera del giudice; ma la convalida stessa è stata ritenuta implicitamente necessaria, nelle sentt. 19 giugno 1974, n. 173, e 6 maggio 1976, n. 110.

[39] V. rispettivamente le sentt. 2 febbraio 1971, n. 10, ed 8 maggio 1974, n. 122.

e a questa materialità si riferisce la garanzia dell'«atto *motivato dell'autorità giudiziaria*», richiesto dal capoverso dell'art. 15 per limitare la corrispondente libertà. In secondo luogo, diversamente dai «messaggi alla generalità», che vengono disciplinati dall'art. 21, quelle considerate dall'art. 15 sono le «comunicazioni interpersonali», rivolte a destinatari previamente individuati [40]. In terzo luogo, la garanzia dell'art. 15 si estende, conseguentemente, a coloro che ricevono il messaggio (Italia); anche se rimane incerto l'ambito temporale di «inviolabilità» delle comunicazioni, che alcuni fanno cessare all'atto stesso nel quale il messaggio perviene alla sua destinazione (Pace), mentre altri ne protraggono la durata fino a quando lo vogliano entrambi i soggetti interessati (Mazziotti).

D'altra parte, è dubbio quali siano – precisamente – gli oggetti della garanzia in esame. Si tratta delle sole comunicazioni idonee a rimanere *segrete*, come nel caso della corrispondenza epistolare chiusa (Pace), oppure di tutti i messaggi comunque *personalizzati* (Barile, Italia, Mazziotti), da quelli telegrafici fino a quelli inviati – per esempio – mediante segnali ottici od acustici? In altre parole, la **libertà** di comunicazione va tutelata in stretta e necessaria correlazione con la relativa segretezza, oppure dispone di una sfera più ampia, costituzionalmente protetta quand'anche i messaggi in questione siano conoscibili dai terzi? L'opinione prevalente è nel secondo senso; e anche la Corte costituzionale si è pronunciata a questa stregua, includendo nella garanzia le radiotrasmittenti portatili di debole potenza [41]. Il che risponde al testo dell'art. 15, nel quale «libertà» e «segretezza» risultano letteralmente distinte, né sembrano rappresentare una mera endiadi; e risponde alla logica del disegno costituzionale, in cui non possono trovare posto arbitrarie limitazioni del diritto di comunicare, comunque esso venga esercitato.

A fronte di comunicazioni naturalmente segrete, peraltro, la garanzia si dimostra più forte. È in questo campo, in particolar modo, che si contrappongono con maggiore evidenza i ruoli spettanti alla polizia giudiziaria (neppure menzionata dal secondo comma dell'art. 15), e all'autorità giudiziaria come tale. La prima, infatti, può solo sequestrare determinati oggetti, «senza aprirli e senza prendere altrimenti conoscenza del loro contenuto», per consegnarli subito al giudice [42]; mentre alla seconda resta riservato, specialmente, il potere di autorizzare le *intercettazioni telefoniche*, salvi i provvedimenti adottabili d'urgenza dal pubblico ministero [43].

---

[40] Si veda in tal senso la sent. 15 novembre 1988, n. 1030, della Corte costituzionale.

[41] V. nuovamente la sent. n. 1030/1988.

[42] Cfr. l'art. 254, co. 2, del vigente Codice di procedura penale; ma vedi, inoltre, la sent. 16 luglio 1968, n. 100, della Corte costituzionale, con riferimento ai poteri dell'amministrazione postale.

[43] Cfr. l'art. 267 Cod. civ. E vedi già la sent. 6 aprile 1973, n. 34, con cui la Corte costituzionale impose che tali intercettazioni fossero effettuate «sotto il diretto controllo del giudice», per «concrete» e «gravi esigenze di giustizia».

5. *La libertà di circolazione e soggiorno; la libertà di espatrio; il diritto di asilo*

a) Quanto alla **circolazione** e al **soggiorno** dei cittadini «in qualsiasi parte del territorio nazionale», l'art. 16, co. 1, Cost., non fa riferimento alle garanzie della libertà personale. Il regime dei diritti in questione è invece rimesso alla legge, sia pure sotto forma di *riserva rinforzata:* sono infatti escluse limitazioni stabilite per motivi diversi da quelli «di sanità o di sicurezza», o comunque causate da «ragioni politiche»; ed è previsto che le leggi limitative operino «in via generale», cioè con criteri e su basi obiettive[44], indipendentemente da valutazioni concernenti la personalità dei soggetti interessati (Amato, Barbera, Mortati). Inoltre, la riserva imposta dall'art. 16, diversamente da quelle configurate nell'art. 13 Cost., sembra essere di tipo *relativo* e non assoluto, senza dunque precludere provvedimenti e regolamenti specificativi dei principi dettati dal legislatore (De Siervo, Mazziotti).

Ma la peculiarità di tali previsioni costituzionali non toglie che esse interferiscano con la disciplina della libertà personale: tanto è vero che l'interpretazione delle prime si ripercuote sulla portata della seconda, e viceversa (v. *supra*, § 2 del presente capitolo). In particolar modo, una volta premesso che le garanzie dell'art. 13 vanno sempre riferite a singole persone – soprattutto in vista dei commessi reati, dei giudizi penali cui sono sottoposte, nonché della loro ritenuta pericolosità sociale – ne segue che l'art. 16 attiene piuttosto alla «relazione tra persona e territorio» (Barile): pur potendo coinvolgere i diritti di determinati individui, per esempio in quanto portatori di eventuali epidemie, ma senza affatto lederne la «pari dignità»[45]. A questo primo dato distintivo si aggiunge che, in tema di circolazione e soggiorno, la condizione rispettiva dei **cittadini** e degli **stranieri** appare fortemente differenziata. Gli uni – in via di principio – sono sempre in grado di spostarsi, di sostare, di fissare il proprio domicilio, di svolgere attività lavorative in qualunque parte dell'Italia[46]. Al di là delle ragioni limitative contestualmente previste dalla Carta costituzionale, per i cittadini la legge non può infatti stabilire limitazioni che non abbiano comunque un fondamento costituzionalmente rilevante e adeguato: come si riscontra – per esempio – nel caso degli obblighi gravanti sui membri della famiglia, della necessaria residenza dei dipendenti pubblici nel luogo ove ha sede il loro ufficio[47]; per non dire della proprie-

---

[44] Cfr. la sent. 30 maggio 1963, n. 72, della Corte costituzionale.

[45] Sotto quest'ultimo aspetto, però, la giurisprudenza costituzionale ha molto oscillato, fino al punto di assoggettare all'art. 16 gli ordini di rimpatrio con foglio di via obbligatorio (cfr. la sent. 30 giugno 1960, n. 45), malgrado essi comportino una qualche «degradazione giuridica» dei soggetti in tal modo colpiti (Mortati).

[46] Oltre all'art. 16, co. 1, si veda l'art. 120, co. 1, Cost., sia pure con testuale riferimento alle sole leggi regionali.

[47] Cfr. l'art. 12, co. 1, del d.P.R. 10 gennaio 1957, n. 3. Peraltro, l'art. 10, co. 2, prevede – in

tà – pubblica o privata – delle strade e di altri luoghi destinatili alla circolazione, che può consentire l'imposizione – ragionevolmente prescritta – di ulteriori restrizioni del più vario genere (Amato, Pace). Soltanto a carico di ben determinati cittadini, quali erano o sono gli «ex re di *Casa Savoia*», le «loro consorti» e i loro «discendenti maschi», si sono potuti vietare l'ingresso e il soggiorno nel territorio nazionale; ma anche in questo caso è occorsa un'apposita previsione costituzionale, contenuta nella XIII disp. fin.[48].

Quanto agli stranieri, invece, che il loro trattamento sia diverso (o diversificabile per legge) risulta dallo stesso testo della Costituzione. Anche a prescindere dall'art. 16, co. 1, che letteralmente si rivolge ai soli cittadini, è determinante la previsione dell'art. 10, co. 3, che nel conferire ai non-cittadini il «diritto d'asilo nel territorio della Repubblica» sottintende la possibilità di escludere o di limitare – in ogni altro caso – l'ingresso e il soggiorno di tali soggetti nel nostro Paese. Ed è significativo, d'altra parte, che sia ben diverso il regime dell'*estradizione*, rispettivamente basato sull'art. 26, co. 1 («L'estradizione del cittadino può essere consentita soltanto ove sia espressamente prevista dalle convenzioni internazionali») e sull'art. 10, ult. co., Cost. («Non è ammessa l'estradizione dello straniero per reati politici»).

Anche per gli stranieri, in verità, si può ragionare d'un diritto soggettivo di circolazione e soggiorno, limitabile soltanto in base alla legge (Mazziotti). Ma il puro e semplice fatto che la legge stessa, nel disporre di tali restrizioni, sia dotata di margini di scelta ben maggiori di quelli utilizzabili a carico dei cittadini, vale a dimostrare che le libertà in esame non rientrano fra i diritti inviolabili comuni a tutti gli uomini; tanto è vero che gli stranieri possono formare oggetto di provvedimenti di espulsione, inconcepibili in presenza del rapporto di cittadinanza[49]. E fanno eccezione i soli cittadini degli Stati membri dell'*Unione europea*, per i quali vige[50] piena libertà di circolazione e soggiorno, nonché uno specifico *«diritto di stabilimento»*.

A carico dei cittadini, resta soprattutto il vago limite della sicurezza, che la Corte costituzionale ha inteso come sinonimo di «ordine pubblico» ovvero di «ordinato vivere civile»[51]. Ma in questi stessi termini, limitativo delle libertà di circolazione e soggiorno è solamente *l'ordine pubblico materiale*, riferito all'«in-

---

via derogatoria – l'autorizzazione a risiedere altrove «quando ciò sia conciliabile col pieno e regolare adempimento d'ogni altro dovere».

[48] Tale disposizione, del resto, è stata restrittivamente interpretata dal Consiglio di Stato, che ha ritenuto esente dal divieto di ingresso la vedova dell'ex Re Umberto II (cfr. il parere espresso il 10 dicembre 1987). Sulla vicenda, v. *supra*, parte II, cap. I, § 8.

[49] Si veda, sul punto, l'ord. 10 dicembre 1987, n. 503, della Corte costituzionale.

[50] Cfr. gli artt. 48 ss. del Trattato CEE, poi parzialmente rinnovato dal Trattato di Maastricht. Cfr., da ultimo, l'art. 3 del TUE, l'art. 21 del TFUE e l'art. 45 della Carta dei diritti fondamentali della UE.

[51] Oltre alla ricordata ord. n. 503/1987, vedi già in tal senso la sent. 23 giugno 1956, n. 2.

columità delle persone e delle cose» (Mazziotti) ovvero alla pacifica convivenza; mentre il cosiddetto ordine pubblico ideale, pertinente al rispetto dei principi e dei valori cui si informa l'intero ordinamento, non può assumere rilievo agli effetti dell'art. 16 Cost., nel quale fa spicco – non a caso – il controlimite delle restrizioni comunque dovute a «ragioni politiche».

b) Nel co. 2 dell'art. 16 si aggiunge che «ogni cittadino è libero di uscire dal territorio della Repubblica e di rientrarvi, salvo gli obblighi di legge». Da un lato, però, la libertà di **rimpatrio** è incondizionata, fino a quando perduri il rapporto di cittadinanza. D'altro lato, la libertà di **espatrio** è invece subordinata al rispetto degli obblighi specificamente stabiliti (la disciplina dei quali risulta dalle «norme sui passaporti» dettate dalla legge 21 novembre 1967, n. 1185). Ma gli obblighi in questione debbono – a loro volta – disporre di un qualche fondamento costituzionale (Amato, Barile, De Siervo, Mortati, Pace); senza di che l'espatrio verrebbe affidato alla mercé del legislatore ordinario, non diversamente che nell'ordinamento statutario e fascista.

Si tratta cioè, fondamentalmente, di tre generi di obblighi: quelli *familiari*, con particolare riferimento alla potestà genitoriale e al connesso «assenso dell'altro genitore»; quelli di *giustizia*, in vista di gravi condanne e di misure di prevenzione già inflitte; e quelli *militari*, soprattutto per quanto concerne il servizio di leva [52]. In ogni caso, è corrente l'avviso che il rilascio del passaporto costituisca un *atto dovuto*, qualora non ricorrano le cause di esclusione legislativamente stabilite: con la conseguenza che in tal campo sussiste un vero e proprio «diritto di libertà» [53]. Conclusioni analoghe s'impongono, del resto, per quanto riguarda la *libertà di emigrazione*, sebbene il quarto comma dell'art. 35 Cost. la sottoponga – genericamente – agli «obblighi stabiliti dalla legge nell'interesse generale». Anche in questo caso si deve ragionare di un «diritto fondamentale», sia pure limitabile per meglio tutelare il lavoro italiano all'estero. Ma gli obblighi di quest'ultimo tipo si risolvono in altrettanti oneri (Barile, Mazziotti), poiché dalla loro osservanza può dipendere l'assistenza fornita dallo Stato agli emigranti, senza che ne venga incisa la generale libertà di espatrio per qualunque motivo apprezzabile dal solo cittadino interessato.

c) Per contro, l'ingresso degli stranieri extra-comunitari nel territorio dello Stato non forma oggetto di situazioni costituzionalmente rilevanti, fatta eccezione per il **«diritto d'asilo»**, riconosciuto a quanti si vedano impedito nel loro Paese «l'effettivo esercizio delle libertà democratiche garantite dalla Costituzione italiana». Pur concepita come un *diritto soggettivo immediatamente azionabi-*

---

[52] Cfr. l'art. 3 della legge n. 1185 cit.

[53] Viceversa, è dubbia la legittimità costituzionale delle norme che attribuiscono ai Ministri per gli affari esteri e per l'interno la potestà di sospendere il rilascio dei passaporti, per cause inerenti alla «sicurezza interna» dello Stato (oltre che alla «sicurezza internazionale»), come prevede l'art. 9 della legge stessa.

le (Barile, A. Cassese, Esposito), tale situazione è d'altronde rimessa – per Costituzione – alle «condizioni stabilite dalla legge». Per un lungo periodo di tempo, anzi, l'asilo è stato incostituzionalmente concesso dalla legge ai soli stranieri (come pure agli apolidi) provenienti da altri Stati europei; sicché si sono formate, nella prospettiva dell'ordinamento italiano, «distinte categorie di profughi politici» (Ziotti). E solo successivamente le nuove norme sull'asilo politico, sull'ingresso e sul soggiorno degli stranieri extracomunitari, hanno fatto cessare la detta «limitazione geografica», fissando i requisiti per il riconoscimento dello *status* di «rifugiato» e ammettendo il ricorso giurisdizionale avverso le decisioni «di respingimento» [54].

6. *Il regime delle prestazioni personali e patrimoniali imposte*

È stato notato (v. *supra*, § 2 di questo capitolo) come la proclamazione della libertà personale, e degli altri diritti che le fanno corona, non valga a garantire la **libertà individuale** complessivamente intesa, ma si riferisca a singoli e determinati aspetti di essa. Se mai, una garanzia residuale e assai più comprensiva risulta dall'art. 23 Cost., per cui «nessuna prestazione personale o patrimoniale può essere imposta se non in base alla legge». Ma sembra forzante l'interpretazione dottrinale (Vassalli, Pace), che vorrebbe ricavarne una globale tutela della libertà individuale dallo Stato (e anzi da qualunque pubblico potere), non soltanto in vista degli *obblighi di fare*, bensì per fissare il regime delle stesse «prestazioni negative». Malgrado la sua notevole ampiezza, la previsione dell'art. 23 appare più specifica, soprattutto perché non riguarda – alla lettera – l'imposizione di meri divieti, comunque limitativi dell'autodeterminazione propria di ogni singolo individuo, ma più semplicemente attiene – almeno di regola – agli obblighi implicanti un qualche «comportamento positivo» (Fedele, Mazziotti).

Così concepite, le **prestazioni personali imposte** sulla base dell'art. 23 si riducono ai minimi termini. La più importante, che ha per oggetto il servizio militare obbligatorio, si fonda infatti sugli appositi disposti dell'art. 52 (v. *supra*, cap. I, § 7, di questa parte); e analoghi discorsi valgono per gli obblighi inerenti alle pubbliche funzioni e ai rapporti di pubblico impiego. Fuori di ciò, l'imposizione di prestazioni personali non può essere di certo illimitata, né completamente demandata al legislatore ordinario, perché si oppone il principio fondamentale della libertà di lavoro. E dunque si rende necessario che le leggi impositive non manchino di puntuali fondamenti giustificativi (Mortati) o addirittura dispongano di particolari appigli costituzionali, distinti dal precetto dell'art. 23 (Spagna Musso).

---

[54] Cfr. l'art. 1 del d.l. 30 dicembre 1989, n. 416, come sostituito dalla legge di conversione 28 febbraio 1990, n. 39. V. ora il d.lgs. 18 agosto 2015, n. 142.

Nell'esperienza giuridica del periodo repubblicano, l'articolo in questione è stato, in effetti, raramente utilizzato nella sua prima parte. Basti qui ricordare – nell'ordine – le norme che sanzionano il rifiuto di prestare la propria opera in occasione di tumulti o pubblici infortuni o comuni pericoli; gli obblighi di comparizione davanti all'autorità di pubblica sicurezza, compresa la sottoposizione a rilievi segnaletici non implicanti «ispezioni personali» (perché in tal caso incidono le garanzie risultanti dall'art. 13 Cost.); nonché la disciplina della difesa gratuita dei non abbienti nei giudizi penali[55].

Molto più rilevante è la menzione delle **prestazioni patrimoniali**. Oggetto precipuo di questo passo della Costituzione sono – per concorde avviso – le *obbligazioni tributarie* derivanti «da un atto di autorità» (Fedele). Sebbene regolati in maniera specifica dall'art. 53 Cost., i tributi ricadono infatti nello stesso ambito di applicazione dell'art. 23; ed è in quest'ultimo senso che vige anche per essi la riserva di legge, alla quale il testo dell'art. 53 non effettua riferimenti di sorta. Ma il novero delle prestazioni patrimoniali imposte è alquanto più ampio, giacché vi sono inclusi – in linea di principio – tutti i *prelievi di ricchezza* autoritariamente stabiliti (Mazziotti), come ha chiarito più volte la giurisprudenza costituzionale[56]. E fanno eccezione, data l'apposita disciplina dell'art. 42, co. 3, le sole espropriazioni e le altre analoghe ablazioni reali (v. *infra*, cap. III, § 7, di questa parte).

In ogni caso, tutte queste imposizioni, personali o patrimoniali che siano, vengono sottoposte ad una **riserva relativa di legge:** come è reso evidente dall'espressione «in base alla legge», su cui l'art. 23 s'impernia. Ma quali debbano essere, precisamente, gli aspetti da disciplinare per legge, e quali altri profili si prestino – invece – a formare l'oggetto di norme regolamentari o di provvedimenti amministrativi del più vario genere, è un interrogativo che si pone di continuo. La Corte costituzionale ha genericamente risposto – nelle prime decisioni vertenti sul punto – che la determinazione di ciascuna prestazione non va lasciata «all'arbitrio dell'ente impositore», sicché la legge di base deve indicare «i criteri idonei» a delimitarne la discrezionalità[57]. Senonché la Corte stessa ha ben presto precisato – in linea con le più diffuse indicazioni dottrinali – che la legge è tenuta a prefigurare i «presupposti soggettivi e oggettivi della prestazione», con particolare riguardo al «soggetto debitore»[58]; mentre la riserva relativa

---

[55] V. rispettivamente le sentt. 15 luglio 1959, n. 49, relativa all'art. 652 Cod. pen.; 27 marzo 1962, n. 30; 22 dicembre 1964, n. 114; 24 aprile 1967, n. 52, della Corte costituzionale.

[56] Si veda già la sent. 26 gennaio 1957, n. 4, sui «diritti di contratto» spettanti all'Ente nazionale risi. La Corte costituzionale ha anzi sostenuto – nella sent. 16 dicembre 1960, n. 70 – che fossero assoggettati all'art. 23 gli sconti obbligatori sui prezzi di vendita dei medicinali, sebbene in questo caso venisse meno il requisito del «comportamento positivo» dei soggetti in tal modo gravati (e per quanto riuscisse preferibile appellarsi ai limiti dell'iniziativa economica privata, previsti dall'art. 41 Cost.).

[57] Oltre alla sent. n. 4/1957 cit., si veda sent. n. 30 del medesimo anno.

[58] V. per esempio le sent. 18 marzo 1957, n. 47, e 29 marzo 1972, n. 56.

non esige che venga legislativamente predeterminata la quantità dei prelievi (Bartholini), tanto più quando si tratti di entrate tributarie proprie degli enti autonomi territoriali [59].

7. *La libertà di manifestazione del pensiero*

Della libertà di pensiero la Corte costituzionale ha sempre sottolineato il carattere fondamentalissimo, in quanto «pietra angolare dell'ordine democratico», o più generalmente in quanto «condizione del modo di essere e dello sviluppo della vita del Paese in ogni suo aspetto culturale, politico, sociale» [60]. Ed effettivamente è questo un sommo bene, per il nostro come per tutti gli ordinamenti giuridici aventi le medesime radici: indipendentemente dal quale non potrebbe vigere in Italia la stessa liberal-democrazia di stampo occidentale. Un tanto non significa, però, che i diritti garantiti dall'art. 21 Cost. vadano inquadrati fra quelli «funzionali» (v. *supra*, cap. I, § 3, di questa parte), dovendo adempiere «ad una funzione sociale» (Mortati). In particolar modo, il regime della libertà di pensiero per sé considerata (a prescindere dalla disciplina dei relativi mezzi di diffusione) è retto interamente dalla premessa che si tratti di un **diritto individuale**, «garantito al singolo come tale», quali che siano i vantaggi o gli svantaggi di qui derivanti per la comunità nazionale e per lo Stato (Esposito).

Lo prova, infatti, la circostanza che la libera manifestazione del proprio pensiero sia testualmente assicurata a «tutti», *stranieri* compresi [61]; e anzi spetti alle stesse formazioni sociali e ai gruppi del più vario tipo [62]. Lo conferma l'esigenza di estendere la garanzia dell'art. 21 alla *libertà negativa di pensiero*, intesa come diritto al silenzio (Mazziotti). Ma vale specialmente a dimostrarlo il regime dei limiti che la libertà in esame incontra. Persino gli autori che la considerano funzionale, anziché individuale, evitano di condurre alle estreme conseguenze le loro definizioni; bensì privilegiano «criteri restrittivi» di determinazione dei limiti medesimi, sostenendo che «nel dubbio» il diritto proclamato dall'art. 21 dovrebbe prevalere sui contrapposti valori pur dotati d'un rilievo costituzionale (Barile, Mortati). E anche la giurisprudenza della Corte ha ormai abbandonato la tesi che «il concetto di limite» sia «insito nel concetto di diritto»; per mettere invece l'accento – come è appunto proprio delle concezioni individualistiche – sulla sola «necessità di non incidere nel campo degli altri diritti costituzional-

---

[59] Cfr. le sentt. 31 dicembre 1982, n. 257, e 23 maggio 1985, n. 159.

[60] V. specialmente le sentt. 19 febbraio 1965, n. 9, e 17 aprile 1969, n. 84.

[61] Si veda peraltro, quanto al divieto di iscrizione all'ordine dei giornalisti, posto a carico dei cittadini di Stati esteri che non pratichino – sul punto – il «trattamento di reciprocità», la sent. 23 marzo 1968, n. 11, della Corte costituzionale.

[62] Cfr. la sent. 2 maggio 1985, n. 126.

mente garantiti», ad esclusione di qualunque «pubblico interesse che possa giustificare limitazioni non consentite dalla stessa Carta costituzionale» [63].

a) Con queste premesse, però, tanto i contenuti quanto i limiti della libertà di pensiero rimangono assai problematici. Può considerarsi ormai abbandonato il tentativo dottrinale (Fois), volto a distinguere fra le «materie privilegiate» – da quella politica a quella religiosa – e le materie sprovviste di analoga tutela, nelle quali la legge ordinaria disporrebbe di più ampi margini discrezionali. Se determinate manifestazioni di pensiero incontrano limiti meno severi delle altre come nel caso della *libertà di arte e di scienza*, che non pare neanche assoggettata al rispetto del buon costume (Barile, Mortati), ciò rappresenta il portato di specifiche disposizioni costituzionali, diverse da quelle dettate dall'art. 21 [64]. All'interno della generale disciplina della libertà in esame, tutte le manifestazioni, quali che ne siano gli oggetti, debbono invece ritenersi egualmente garantite.

Ma che s'intende – agli effetti dell'art. 21 – per manifestazione del **«proprio pensiero»**? Sembra sostenibile, da un lato, che la garanzia costituzionale non si estenda alle «manifestazioni che non rispondano alle interiori persuasioni» dei vari titolari del diritto (Esposito); sicché – per esempio – si giustifica l'incriminazione delle «notizie false, atte a turbare l'ordine pubblico» [65]. D'altro lato, la garanzia non copre la diffusione di pensieri giuridicamente appartenenti ad un terzo: come nel caso del diritto di autore e del conseguente divieto di pregiudicarne l'utilizzazione economica [66].

Il riferimento costituzionale al «proprio pensiero» non implica, per contro, che venga a questo modo tutelata la sola *libertà di opinione*, senza dunque includere la narrazione dei fatti o dei casi della vita, cioè la cosiddetta libertà di cronaca. La prevalentissima dottrina e la giurisprudenza della Corte costituzionale non hanno esitato nel concludere che la libera manifestazione del pensiero corrisponde – indifferentemente – alla «libertà di dare e divulgare notizie, opinioni, commenti» [67]. Ciò viene comprovato, del resto, dall'estrema difficoltà – pratica e logica – di scindere fatti e giudizi, trascurando che gli uni sono il germe degli altri e che tra informazione e formazione sussiste un sicuro rapporto di continuità. Ed è inevitabile, allora, desumerne che l'art. 21 stabilisce una garan-

---

[63] V. rispettivamente le sentt. n. 1/1956 cit., 16 marzo 1962, n. 19, e n. 11/1968 cit.

[64] Precisamente, la proclamazione che «l'arte e la scienza sono libere» si ritrova nel primo comma dell'art. 33. Ma discorsi analoghi s'impongono quanto al «diritto di professare liberamente la propria fede religiosa», sancito dall'art. 19 Cost, (v. *infra*, il § 9 di questo capitolo).

[65] Cfr. l'art. 656 Cod. pen., che peraltro incrimina – discutibilmente – anche la diffusione delle notizie «esagerate o tendenziose».

[66] Cfr. la sent. 12 aprile 1973, n. 38, della Corte costituzionale, che in proposito distingue fra la «tutela di diritti patrimoniali» e le «limitazioni alla libera manifestazione del pensiero».

[67] Cfr. la sent. 15 giugno 1972, n. 105.

zia dall'amplissimo spettro, comprensiva delle manifestazioni più neutre sul tipo della cronaca, al pari della propaganda nei suoi più vari aspetti [68].

Ancora più arduo risulta lo sforzo mirante a separare *pensiero* e *azione;* ma una tale distinzione è resa comunque necessaria dalla complessa problematica dei **reati di opinione**. Da tempo, nella letteratura giuridica si osserva che altro sarebbe il «rapporto di pensiero», altro «l'incitamento all'azione» (Fois), che non ricadrebbe nell'area dell'art. 21, ma dovrebbe esser valutato sulla base di norme diverse, costituzionali e legislative ordinarie. Con questo fondamento, appunto, si suole affermare la legittimità delle norme penali che incriminano *l'istigazione a delinquere* [69]; tanto più che si potrebbe equipararle alle norme che colpiscono le associazioni a delinquere, precluse dal primo comma dell'art. 18 Cost. (Esposito).

Ma la giurisprudenza costituzionale si è spinta al di là di questo segno. Per un primo verso, essa ha rigettato l'impugnazione della norma che sanziona la pubblica *apologia dei delitti*: sia pure avvertendo che deve trattarsi di un «comportamento concretamente idoneo» a provocare la commissione dei delitti stessi [70], sul medesimo piano dell'istigazione. Per un secondo verso, essa ha più volte contrapposto il *diritto di critica al vilipendio*; ed ha tenuto ferme – per esempio – l'incriminazione del «dispregio delle istituzioni» da parte dei pubblici ufficiali, come pure l'esigenza di tutelare «il prestigio del Governo, dell'Ordine giudiziario, delle Forze Armate» [71]. Senonché, sotto entrambi gli aspetti, tali orientamenti non hanno mancato di suscitare obiezioni: in quanto si è rilevato che a questo modo verrebbero colpite manifestazioni «meramente verbali», prestandosi – in particolar modo – un «ossequio formale ai detentori del potere», che non troverebbe riscontro nel sistema dei valori costituzionali (Barile, Gallo-Musco).

b) Strettamente intrecciata alle questioni riguardanti i contenuti è la problematica dei limiti gravanti sulla libertà di pensiero; ma anche in tal senso la Carta costituzionale non offre compiute indicazioni. Tutt'altro che univoco, del resto, è l'unico riferimento testuale, con cui sono vietate le manifestazioni contrarie al **buon costume** [72]. Si tratta dell'etica *comune*, alla stregua del significato civilistico del termine? Oppure l'accezione fondamentalmente accolta è quella penalistica, come parrebbe confermato dal finale rinvio dell'articolo in esame, mediante il

---

[68] Sotto quest'ultimo profilo, è significativa la sent. 6 luglio 1966, n. 87, con cui la Corte ha annullato l'art. 272 Cod. pen., nella parte riguardante la «propaganda antinazionale» (malgrado essa non formi – secondo le parole della Corte stessa – «un pensiero puro ed astratto»).

Per contro, la Corte non ha accolto – nella sent. 17 ottobre 1985, n. 231 – la tesi dottrinale (Zaccaria, Capecchi) per cui l'art. 21 sarebbe finanche riferibile alla pubblicità commerciale; ed ha preferito inquadrare siffatti fenomeni nelle previsioni costituzionali dell'art. 41, in tema d'iniziativa e di attività economica privata.

[69] «L'istigazione» – ha sostenuto la Corte costituzionale nella sent. 27 febbraio 1973, n. 16 – «non è pura manifestazione di pensiero, ma è azione e incitamento all'azione».

[70] Cfr. la sent. 4 maggio 1970, n. 65, relativa all'art. 414 Cod. pen.

[71] V. rispettivamente le sentt. 11 luglio 1966, n. 100, e 30 gennaio 1974, n. 20.

[72] Cfr. l'art. 21, co. 6.

quale s'impone alla legge di stabilire «provvedimenti adeguati a prevenire e reprimere le violazioni» (Esposito)? La giurisprudenza costituzionale ha oscillato sul punto, ora assumendo che sarebbe in gioco la «pubblica decenza», ora facendo un generico richiamo alla «morale», senza ulteriori specificazioni [73]. Ma anche a ritenere – come sembra preferibile – che in questa sede venga in considerazione la sola *morale sessuale* [74], il limite del buon costume si dimostra molto difficile da determinare e applicare nel caso concreto, essendo legato – per definizione – al sentire della collettività, mutevole secondo i luoghi e i momenti storici. E le difficoltà sono accentuate dall'esigenza di offrire una particolare tutela all'«infanzia» e alla «gioventù», in base ai principi enunciati dall'art. 31 cpv. Cost.

La Carta costituzionale, per contro, non prevede il limite **dell'ordine pubblico**; ma questo silenzio viene assai variamente interpretato. In dottrina è prevalente l'avviso che non si tratti di un valore costituzionalmente opponibile alla libera espressione del pensiero, per l'ovvio motivo che la Costituzione non ne parla affatto (e negli stessi riguardi di altre situazioni garantite, quali la circolazione e le riunioni, si ragiona se mai di «sicurezza» o d'«incolumità pubblica»). La giurisprudenza costituzionale, viceversa, suole ricorrere proprio in tal campo ai cosiddetti limiti naturali delle libertà, comunque desumibili dal sistema senza che l'interprete debba indicare supporti testuali di sorta: sino al punto di affermare che l'«ordine istituzionale del regime vigente» rappresenta «un bene collettivo, che non è dammeno della libertà di manifestazione» [75].

Esagerazioni a parte, l'analisi delle controversie considerate dalla Corte fa capire come questa abbia avuto di mira, quasi sempre, *l'ordine pubblico nel senso materiale.* Così – per esempio – il limite in questione è stato utilizzato per escludere che sia consentito «diffondere il proprio libero pensiero nel colmo della notte con alto parlanti spinti al massimo del volume»; ovvero nel senso di fissare «orari e turni per le riunioni e i discorsi nelle piazze pubbliche»; od anche allo scopo di disciplinare le modalità di esercizio della propaganda elettorale [76]. Più generalmente, nella letteratura giuridica (Mazziotti) è stato fatto notare che le turbative dell'ordine pubblico si prestano ad essere impedite e colpite, là dove costituiscano – secondo un notissimo orientamento della Corte suprema degli Stati Uniti – fattori di «immediato e serio pericolo», nella prospettiva di una tollerabile convivenza fra i cittadini. Il che dimostra come non si possa negare a priori il limite dell'ordine pubblico materialmente inteso; ma occorra piuttosto stabilire, nel concreto, se il legislatore e le autori-

---

[73] V. rispettivamente le sentt. 19 febbraio 1965, n. 9, e 14 aprile 1965, n. 25.

[74] V. la sent. 6 dicembre 1988, n. 1063, quanto alla «valenza esecutiva del dovere costituzionale contenuto nell'ultima parte dell'art. 21», propria dell'art. 528 Cod. pen. («Pubblicazioni e spettacoli osceni»).

[75] Oltre alla dec. 16 marzo 1962, n. 19, dalla quale è tratto il passo citato nel testo, v principalmente la sent. 14 giugno 1956, n. 1.

[76] V. rispettivamente le sentt. 8 luglio 1971, n, 168, e 9 maggio 1985, n. 138.

tà amministrative lo abbiano fatto valere in maniera adeguata e proporzionata al caso (Corso).

Resta, pur sempre, la necessità di non pregiudicare la libera manifestazione del pensiero se non per la tutela di beni o valori costituzionali: se così non fosse, infatti, le previsioni dell'art. 21 Cost. finirebbero per corrispondere a quella contenuta nell'art. 28 dello Statuto albertino, che lasciava alla legge il potere di reprimere ad arbitrio «gli abusi» della stampa. In altre parole, la garanzia della *riserva di legge* – pur sottintesa dalle norme riguardanti la libertà in discussione[77] – deve considerarsi indispensabile ma non sufficiente.

Ciò spiega lo sforzo di agganciare alla Costituzione determinati valori sul tipo *dell'onorabilità delle persone*, evidentemente meritevoli di essere protetti in questa stessa sede. Alcuni, in effetti, richiamano l'imperativo della «pari dignità sociale», dettato dall'art. 3 Cost. (Fois, Esposito); mentre altri si appellano – immediatamente – alla clausola iniziale dell'art. 2, in tema di «diritti inviolabili dell'uomo» (Barile). Nei medesimi termini, del resto, va risolta la ricordata questione dei reati di vilipendio: si tratta cioè di stabilire se abbia rilievo costituzionale – come ipotizza una corrente dottrinale (Esposito, Mazziotti) – l'«onore delle istituzioni», al pari di quello spettante ai singoli individui. Ma non diverse, per quanto concernenti norme di tutt'altro genere, sono le questioni che discendono dalla *violazione dei segreti* legislativamente stabiliti: perché un segreto sia validamente opponibile alla libertà di pensiero (e soprattutto al diritto di cronaca), occorre che esso rappresenti «una proiezione di interessi costituzionalmente rilevanti» (Barile, Lojodice). Di più: occorre che i valori così confliggenti siano giustamente ricomposti dalla legge, mediante una «armonica tutela» dei diversi interessi in gioco[78]; senza di che la Corte costituzionale può bene sanzionare il difettoso bilanciamento, riaffermando la libertà proclamata dall'art. 21.

8. Segue: *il regime dei mezzi di diffusione; la stampa, la radiotelevisione, gli spettacoli*

Nel proclamare il diritto di libera manifestazione del proprio pensiero, il co. 1 dell'art. 21 aggiunge che tale libertà può essere esercitata «con la parola, lo scritto e ogni altro mezzo di diffusione». La garanzia costituzionale include perciò, letteralmente, il diritto di servirsi di tutti gli strumenti utilizzabili allo

[77] Sul carattere assoluto di tale riserva, v. nuovamente la sent. n. 9/1965. Ma vedi, altresì, la sent. 30 maggio 1977, n. 94, con cui la Corte costituzionale ha escluso che sussistano, in materia, competenze legislative regionali (tuttavia la Corte stessa si è ripronunciata sul punto con la sent. 20 luglio 1990, n. 348).

[78] V. specialmente le sentt. 10 febbraio 1981, nn. 16-18, in tema di procedimenti penali; nonché la sent. 8 giugno 1981, n. 100, quanto agli illeciti disciplinari dei magistrati.

scopo (sebbene resti fermo, in linea di fatto, che la reale e generalizzata disponibilità dei mezzi diversi dalla parola e dallo scritto rappresenta «un'utopia»: Barile). Non si possono dunque condividere i dubbi già espressi in dottrina circa il regime degli «altri mezzi di diffusione», che le norme costituzionali in discussione avrebbero rimesso alle scelte del legislatore ordinario (Esposito, Pace). Al contrario, è ormai sostanzialmente unanime l'avviso che l'art. 21 tuteli, se non altro, il *libero uso dei mezzi primari*. Anche la Corte costituzionale, pur senza mai sostenere che tutti i *media* debbano venire sottoposti al medesimo tipo di regolamentazione, ha chiaramente argomentato «che la Costituzione garantisce sia la manifestazione del pensiero, sia la divulgazione del pensiero dichiarato»; e che la legislazione ordinaria «non può essere mai tale da rendere più difficile» – o addirittura impossibile – «l'espressione del pensiero» [79].

a) Ciò non toglie che lo stesso art. 21 stabilisca un'apposita disciplina di principio, relativamente ad uno degli «altri mezzi»: cioè con riguardo alla **stampa**, e più di preciso alla *stampa periodica*.

Il carattere privilegiato di questo regime poggia sul nesso particolarmente stretto che sussisteva e sussiste – non soltanto nel 1947 ma anche nella società contemporanea – fra la libertà di stampa e la democraticità delle forme di Stato e di governo [80]. Si spiega in tal senso che la stampa non sia suscettibile – in base al secondo comma dell'art. 21 – né di *autorizzazioni*, costituite da «provvedimenti preventivi» discrezionalmente adottati da parte di autorità amministrative [81]; né di *censure*, ossia di controlli concernenti i contenuti dei giornali, dei periodici e degli stampati in genere (Fois). L'unica misura consentita dal terzo comma consiste nel *sequestro* degli stampati, che può venire disposto dall'autorità giudiziaria esclusivamente «nel caso di delitti, per i quali la legge sulla stampa espressamente lo autorizzi, o nel caso di violazioni delle norme che la legge stessa prescriva per l'indicazione dei responsabili» [82]. E la *riserva di giurisdizione* non può esser derogata – in base al quarto comma del medesimo articolo – se

---

[79] Cfr. la sent. 16 luglio 1973, n. 131; e vedi inoltre la sent. n. 126/1985 cit.

[80] Vale a confermarlo la circostanza che la «legge per la stampa», malgrado la sua natura formalmente ordinaria, sia stata deliberata dall'Assemblea costituente, in forza del primo comma della XVII disp. trans. Cost.

[81] Vedi in proposito le sentt. 26 gennaio 1957, n. 31, e 23 gennaio 1974, n. 11, della Corte costituzionale. Peraltro, la discutibile e discussa sent. 24 giugno 1961, n. 38, ha considerato in linea con l'art. 21 l'autorizzazione amministrativa all'esercizio dell'arte tipografica, argomentando che il termine «stampa» non sarebbe comprensivo «dell'attività materiale che permette la riproduzione del pensiero da manifestare».

[82] In realtà, la sola indicazione dei responsabili viene prescritta dall'art. 2 dell'apposita «legge sulla stampa» 8 febbraio 1948, n. 47. Quanto ai delitti che possono dar luogo al sequestro – dalle pubblicazioni oscene all'apologia del fascismo – essi sono stati previsti da altre leggi; ma la Corte costituzionale – mediante la sent. 19 gennaio 1972, n. 4 – ha escluso che ciò concretasse una violazione dell'art. 21, non essendo costituzionalmente indispensabile la «riunione formale» di tutte le norme riguardanti la materia.

non ricorrono situazioni di «assoluta urgenza», nelle quali «non sia possibile il tempestivo intervento dell'autorità giudiziaria». Di più: per la comunicazione e la convalida dei *provvedimenti provvisori*, i termini costituzionali risultano dimezzati rispetto a quelli imposti in tema di restrizioni della libertà personale (v. *supra*, § 3 di questo capitolo), giacché il sequestro dev'essere convalidato dal giudice entro quarantott'ore (24 + 24) dall'esecuzione di tale misura ad opera degli «ufficiali di polizia giudiziaria».

A sua volta, però, il quinto comma dell'art. 21 ammette che la legge stabilisca, «con norme di carattere generale, che siano resi noti i mezzi *di finanziamento della stampa periodica»:* all'evidente scopo di far sì che i lettori individuino gli interessi sottostanti alle diverse imprese giornalistiche (Lucatello). Ma la **legge sull'editoria** 5 agosto 1981, n. 416 (e successive modificazioni), si è spinta ben oltre l'espressa previsione costituzionale, in quanto ha voluto precludere il formarsi di *monopoli* o di *oligopoli*; ed ha istituito a tal fine uno specifico «garante», cui spetta – fra l'altro – l'«azione di nullità» quanto alle cessioni di testate che vengano a determinare «una posizione dominante nel mercato editoriale» [83].

Tuttavia, non si può condividere la tesi – adombrata anche in dottrina (Mazziotti) – che le norme *anti-trust* contraddicano la libertà di diffusione del pensiero e la libera iniziativa economica; né si dimostra accettabile l'assunto che il problema sia privo di rilevanza costituzionale (G.U. Rescigno). È dallo stesso primo comma dell'art. 21 che si può desumere il principio del «pluralismo notiziale» (Ghiaia) ed «imprenditoriale» (Zaccaria-Capecchi): giacché, su questo piano, si tratta di conciliare la libertà di ognuno con la libertà di tutti (o meglio, del maggior numero possibile di interessati), vietando perciò che il formale esercizio di quella libertà finisca per generare una ristrettissima serie di troppo forti e troppo esclusive posizioni di potere privato. Del resto, ne offre sicura conferma la giurisprudenza costituzionale: nella quale è ricorrente l'avviso che ai privati non possa spettare «una influenza incompatibile con le regole del sistema democratico» e con «la generale libertà di manifestazione del pensiero»; sicché il «valore costituzionale del *pluralismo dell'informazione*» assume addirittura un rilievo fondamentale [84].

Di qui hanno tratto lo spunto un'autorevole dottrina (Mortati, Sandulli) e la stessa Corte costituzionale [85], per sostenere che giornali e periodici formino l'oggetto di un «servizio pubblico essenziale». Senonché nemmeno questa tesi

---

[83] Cfr. l'art. 4, co. 1, della legge n. 416. Più precisamente, l'art. 4, co. 2, colpisce la posizione di chi detenga «oltre il venti per cento delle copie complessivamente tirate dai giornali quotidiani in Italia»; mentre l'art. 3, co. 1, lett. *d*), della legge 25 febbraio 1987, n. 67, vieta altresì che si «diventi titolare di collegamenti con società editrici di giornali quotidiani», per una tiratura superiore al trenta per cento di quella complessiva.

[84] Da ultimo, cfr. le sentt. 14 luglio 1988, n. 826, 4 aprile 1990, n. 155, 26 marzo 1993, n. 112, e 7 dicembre 1994, n. 420.

[85] V. nuovamente la sent. n. 94/1977.

appare fondata, dal momento che essa potrebbe implicare – contro la logica del sistema e contro l'opinione dominante – la nazionalizzazione dei quotidiani e fors'anche dei settimanali, ai sensi dell'art. 43 Con. Più prudentemente, dunque, si deve se mai ragionare della «socialità» ovvero della «proiezione funzionale della stampa» (Chiola). Ma la funzione informativa di tali *media* non va enfatizzata all'eccesso, fino al punto di ricavarne un dovere giuridico (e un conseguente diritto soggettivo dei lettori). La **libertà di informazione**, della quale si avvalgono giornalisti e direttori dei giornali, può considerarsi piena; e ad essa si aggiunge il comune *«diritto di informarsi»* (Lojodice), riferito alla libera acquisizione di notizie. Nella prospettiva dei lettori, cioè sul versante passivo dell'informazione, si tratta invece di un mero *interesse*, genericamente inteso [86]; con la sola eccezione di quei *diritti ad essere informati*, che siano riconosciuti o presupposti da particolari norme costituzionali (per esempio in tema di garanzie della salute: Pace).

Sotto vari profili, però, lo *status* di coloro che svolgono la professione giornalistica rimane peculiare, a paragone con gli altri titolari delle libertà di manifestazione e diffusione. Una chiara riprova di ciò consiste nell'esistenza di un apposito *Ordine dei giornalisti:* la legittimità del quale – pur contestata in dottrina (Barile, Pace, Pedrazza Gorlero ...) – è stata più volte affermata dalla Corte costituzionale e nella stessa letteratura giuridica (Chiola, Fois), soprattutto in nome dei loro diritti e doveri «di informazione e di critica» [87]. Effettivamente, sugli iscritti all'albo dei giornalisti gravano obblighi specifici di deontologia professionale, a cominciare da quello di rispettare «la verità sostanziale dei fatti» e di rettificare «le notizie che risultino inesatte» [88]; al che corrisponde il «diritto del cronista di fornire la *prova della verità* (o verosimiglianza) dei fatti denunciati», anche a fronte di chi lo quereli per diffamazione [89].

D'altronde, peculiare è la condizione dei *direttori*, sui quali grava la responsabilità di controllare i contenuti dei rispettivi periodici [90]. Ma i poteri-doveri spettanti a tali soggetti si ripercuotono, a loro volta, sui giornalisti stessi. Quelle censure che non possono venire imposte dall'esterno sono spesso provocate, infatti, dalla natura dell'impresa giornalistica, nella quale il direttore «guida, ispira

---

[86] Si veda ancora la sent. n. 105/1972.

[87] Cfr. la sent. 23 marzo 1968, n. 11, seguita – fra l'altro – dalla sent. 10 luglio 1968, n. 98.

[88] Le disposizioni citate nel testo sono contenute nell'art. 2 della legge 3 febbraio 1963, n. 68; ma in tema di rettifiche v. specialmente l'art. 8 della «legge sulla stampa», come sostituito dall'art. 42 della legge n. 416/1981.

[89] Così è motivata la sent. 14 luglio 1971, n. 175, della Corte costituzionale. Si aggiunga che il segreto professionale dei giornalisti è oggi protetto – di massima – dall'art. 200, co. 3, del nuovo Codice di procedura penale.

[90] Varie questioni di legittimità dell'art. 57 Cod. pen., quanto alle responsabilità dei direttori, sono state respinte dalla Corte costituzionale, mediante le sentt. 23 giugno 1956, n. 3, e 24 novembre 1982, n. 198.

e coordina» quanto si va pubblicando [91]. Si tratta, in altre parole, d'una «azienda di tendenza» (Pace), retta da un comune indirizzo informativo che si sviluppa e muta di continuo; sicché i giornalisti che non vogliono adeguarsi ad un tale orientamento non sono tutelati se non dalla c.d. «clausola di coscienza», che offre loro una giusta causa di risoluzione del rapporto di lavoro.

b) Il disinteresse dell'Assemblea costituente nei riguardi dei *mass-media* diversi dalla stampa è testimoniato dal fatto che l'art. 21 Cost. non reca nemmeno la menzione delle **diffusioni radiofoniche e televisive**, sebbene le prime avessero già assunto – in Italia – un notevole rilievo, sin dagli anni intercorrenti fra le due guerre mondiali. Ma il regime di detti strumenti ha generato un grandissimo numero di controversie, variamente risolte dalla giurisprudenza costituzionale, amministrativa e ordinaria; e parallelamente ha costituito, nel tempo, il tema di varie e contrastanti discipline e misure legislative.

Originariamente, i servizi radio-televisivi erano *riservati allo Stato*, già in forza del cosiddetto codice postale del 1936. Ma questo monopolio pubblico venne giustificato dalla Corte costituzionale, data l'estrema «limitatezza» dei «canali» allora utilizzabili: tale che la sola alternativa allo Stato monopolista sarebbe consistita nell'oligopolio, cioè nel «privilegio di pochi». E con siffatte premesse – aggiunse la Corte – soltanto lo Stato era in grado di esercitare il servizio «in più favorevoli condizioni di obiettività, di imparzialità, di completezza e di continuità in tutto il territorio nazionale» [92].

In un secondo momento, pur insistendo nel giustificare la riserva allo Stato, la Corte assunse un atteggiamento assai più critico, fino al punto di imporre e prefigurare la *riforma del servizio pubblico.* Le norme riguardanti la riserva stessa furono infatti annullate, perché alla Corte non parve che il monopolio fosse realmente rivolto ai prescritti «fini di utilità generale»: cioè, da una parte, all'esigenza di offrire al pubblico una «imparziale rappresentazione delle idee che si esprimono nella società»; e, d'altra parte, all'obiettivo di attuare il «diritto di accesso» al mezzo radiotelevisivo (secondo criteri da tempo indicati in dottrina: Fois, Pierandrei), In particolar modo, l'organo della giustizia costituzionale denunciò la carenza di un «efficiente controllo del Parlamento», in luogo dei poteri allora conferiti all'esecutivo [93]. E fu su questa base che la **legge 14 aprile 1975, n. 103**, continuò a considerare la diffusione radiofonica e televisiva via etere come «un servizio pubblico essenziale» (sia pure esercitabile mediante «concessione ad una società per azioni a totale partecipazione pubblica», quale è appunto la RAI); ma sottopose il servizio medesimo alle direttive di un'apposita Commissione parlamentare (v. *supra*, parte III, cap. II, § 15), in vista della sua necessaria «indipendenza», «obiettività» ed «apertura alle diverse tendenze politiche, sociali e culturali»; e coerente-

---

[91] Cfr. la sent. 30 giugno 1960, n. 44, della Corte costituzionale.

[92] Cfr. la sent. 13 luglio 1960, n. 59.

[93] Si veda la sent. 10 luglio 1974, n. 225.

mente regolò «le richieste di accesso», oltre che talune specifiche «rubriche», dalla «Tribuna politica» a quella «elettorale»[94].

Precisamente in quella fase, però, la giurisprudenza costituzionale provocava le prime incrinature nell'armatura del monopolio statale. In effetti, le stesse decisioni del 1974 eccettuavano dalla riserva gli impianti di *televisione via cavo* a carattere locale, come pure i ripetitori di stazioni trasmittenti estere[95]; il che apriva la strada ad una pronuncia «liberalizzatrice», successiva di due soli anni. Ma la sentenza che faceva cadere il monopolio, quanto alle *«trasmissioni su scala locale via etere»*, si reggeva sopra due ordini di considerazioni affatto nuove. In primo luogo, la Corte non poteva non constatare come il «pluralismo interno», che avrebbe dovuto contraddistinguere l'assetto e il funzionamento della RAI, stesse cedendo il passo al «pluralismo di regime» (Zaccaria), generato dalla lottizzazione partitica delle reti e delle strutture. In secondo luogo, essa notava come le stazioni operanti «nell'ambito locale» disponessero ormai di frequenze utilizzabili in misura sufficiente «a consentire la libertà di iniziativa privata senza pericolo di monopoli o di oligopoli»[96]; sicché venivano meno, sotto questo profilo, le ragioni giustificative della riserva allo Stato.

Il riconoscimento di tale libertà postulava peraltro – secondo la Corte stessa – «la necessità dell'intervento del legislatore»: cui sarebbe spettato, a questo punto, il compito di regolamentare i requisiti soggettivi e oggettivi delle imprese radio-televisive private. Senonché i ripetuti richiami operati in questo senso[97] hanno tardato a produrre conseguenze, malgrado le televisioni private stessero oltrepassando da parecchi anni l'ambito locale, mediante vari tipi di interconnessioni. L'unico provvedimento legislativo degli anni Ottanta è consistito in una leggina che ha permesso – «sino all'approvazione della legge generale sul sistema radiotelevisivo» – «la prosecuzione dell'attività delle singole emittenti», locali o nazionali, già in funzione alla data del 1° ottobre 1984[98]. Ma il carattere dichiaratamente transitorio di tale disciplina e, soprattutto, la circostanza che essa si limitasse a fotografare l'esistente, senza «realizzare un razionale ed ordinato governo dell'etere» e senza porre rimedio ai «processi di concentrazione nel settore privato», hanno dato luogo a forti dubbi di legittimità: dubbi che la Corte ha superato – nel 1988 – solamente in vista della «natura provvisoria» delle norme in questione[99].

Dopo un'attesa prolungatasi per quasi tre lustri, è finalmente sopraggiunta la

---

[94] V. specialmente gli artt. 1 e 4 legge cit.

[95] Oltre alla sent. n. 225 cit., si veda la contemporanea dec. n. 226.

[96] Così argomentava la sent. 28 luglio 1976, n. 201.

[97] V. specialmente la sent. 21 luglio 1981, n. 148.

[98] Si tratta dell'art. 3 della legge 4 febbraio 1985, n. 10, di conversione del d.l. 6 dicembre 1984, n. 807.

[99] I passi citati nel testo sono tratti dalla sent. 14 luglio 1988, n. 826.

nuova «**disciplina del sistema radiotelevisivo pubblico e privato**», dettata dalla *legge 6 agosto 1990, n. 223*. La legge ammetteva la convivenza tra la società concessionaria del servizio pubblico e operatori privati, ponendo alcuni limiti (divieto per un medesimo soggetto di possedere più di tre reti televisive nazionali; tetto del 25% delle reti del piano nazionale di assegnazioni; divieto di concentrazioni multimediali, includendo la stampa giornalistica). La Corte costituzionale, con sent. 7 dicembre 1994, n. 420, ha ritenuto troppo permissivi, e in contrasto con il principio del pluralismo, i limiti in questione, esprimendo un monito al legislatore affinché questi modificasse la disciplina. Ne è seguita una nuova disciplina, dettata dalla **legge 31 luglio 1997, n. 249**, istitutiva dell'Autorità per le garanzie nelle comunicazioni, ove la concentrazione delle concessioni radiotelevisive veniva circoscritta a non oltre il 20% dei programmi irradiati su frequenze terrestri, già prefigurando, però, modalità di trasmissione via cavo o via satellite che stavano per modificare sensibilmente – e avrebbero di lì a qualche anno rivoluzionato l'offerta televisiva – e ammettendo la prosecuzione in via transitoria delle trasmissioni in favore dei concessionari che superassero i limiti di concentrazione.

Da ultimo, è intervenuta la **legge 3 maggio 2004, n. 112**, non prima che la Corte costituzionale, con sent. 20 novembre 2002, n. 466, avesse nuovamente rimarcato la necessità di garantire il pluralismo radiotelevisivo, dichiarando l'illegittimità dell'art. 3 della legge n. 249/1997 nella parte in cui non prevedeva la fissazione di un termine finale certo, e non prorogabile, entro il quale i programmi, irradiati dalle emittenti eccedenti i limiti di cui alla legge, dovessero essere trasmessi esclusivamente via satellite o via cavo. La legge n. 112/2004 ha delegato il Governo ad adottare un testo unico dei servizi di media audiovisivi e radiofonici, e il Governo vi ha provveduto con **d.lgs. 31 luglio 2005, n. 177**. In adeguamento alle novità tecnologiche caratterizzanti il settore, la disciplina attualmente considera i servizi di televisione analogica e digitale, la trasmissione continua in diretta quale il *live streaming*, la trasmissione televisiva su Internet quale il c.d. *webcasting* e il video quasi su domanda o i servizi di media audiovisivi a richiesta. A differenti modalità di fornitura di servizi radiotelevisivi corrispondono differenti titoli abilitativi (autorizzazioni) per gli operatori. Il sistema, inoltre, prevede l'adozione di un piano nazionale di assegnazione delle frequenze radiofoniche e televisive in tecnica digitale (art. 22 legge n. 112/2004), e viene stabilito che uno stesso fornitore di contenuti non possa essere titolare di autorizzazioni che consentano di diffondere più del 20 per cento del totale dei programmi televisivi o più del 20 per cento dei programmi radiofonici irradiabili su frequenze terrestri in ambito nazionale mediante le reti previste dal medesimo piano. È inoltre previsto il divieto, per gli operatori, di conseguire ricavi superiori al 20 per cento dei ricavi complessivi del sistema integrato delle comunicazioni, inteso quale [art. 2, co. 1, lett. *s*), del d.lgs. n. 177/2005] settore economico che comprende stampa quotidiana e periodica, editoria annuaristica ed elettronica anche per il tramite di Internet, radio e servizi di media audiovisivi, cinema; pubblicità esterna, iniziative di comunicazione di prodotti e servizi, sponsorizzazioni.

Tanto la legge quanto il decreto legislativo citati disciplinano, infine, gli obblighi della società concessionaria del servizio pubblico radiotelevisivo: trattasi di una società per azioni, la RAI-Radiotelevisione italiana Spa, la quale stipula apposito contratto di servizio con il Ministero dello sviluppo economico, assumendo determinati obblighi [a titolo esemplificativo: diffusione di tutte le trasmissioni televisive e radiofoniche di pubblico servizio con copertura integrale del territorio nazionale; un numero adeguato di ore di trasmissioni dedicate all'educazione, all'informazione, alla formazione, alla promozione culturale; l'accesso alla programmazione, in favore dei partiti e dei gruppi rappresentati in Parlamento e in assemblee e consigli regionali, e di altri soggetti (organizzazioni associative delle autonomie locali, sindacati nazionali, confessioni religiose ...) produzione, distribuzione e trasmissione di programmi radiotelevisivi all'estero, finalizzati alla conoscenza e alla valorizzazione della lingua, della cultura e dell'impresa italiane; trasmissioni radiofoniche e televisive in lingua tedesca e ladina per la provincia autonoma di Bolzano, in lingua ladina per la provincia autonoma di Trento, in lingua francese per la regione autonoma Valle d'Aosta e in lingua slovena per la regione autonoma Friuli-Venezia Giulia]; il costo di fornitura di detto servizio pubblico è finanziato con un canone stabilito annualmente dal Ministro delle comunicazioni. La RAI è amministrata da un consiglio di amministrazione composto da sette membri: due eletti dalla Camera dei deputati, due eletti dal Senato della Repubblica, due designati dal Consiglio dei ministri, su proposta del Ministro dell'economia, uno designato dall'assemblea dei dipendenti della RAI-Radiotelevisione italiana Spa. La nomina del Presidente del consiglio di amministrazione (decisa dal medesimo organo) diviene efficace dopo l'acquisizione del parere favorevole – a maggioranza dei due terzi dei componenti – da parte della già citata Commissione parlamentare per l'indirizzo generale e la vigilanza dei servizi radiotelevisivi, la quale deve esprimere parere favorevole anche ai fini dell'efficacia della eventuale revoca dei consiglieri, deliberata dall'assemblea della società.

c) Mentre la stampa e le stesse trasmissioni radio-televisive non tollerano censure, sul punto differiva – e in parte differisce ancora – il regime degli **spettacoli**. Le disposizioni sulla «revisione dei film e dei lavori teatrali» avevano bensì eliminato – di massima – il *nulla-osta* già previsto per il *teatro* (salvi i controlli che condizionano l'ammissione degli infra-diciottenni); ma lo avevano invece conservato, quanto alle *manifestazioni cinematografiche*, sia pure al solo scopo di prevenire l'«offesa al buon costume», sulla base dell'art. 21, co. 6, Cost. [100]. Sicché, da questo lato, non avevano avuto seguito le critiche di quanti affermavano che «la censura a tutela degli adulti rappresenta un errore di fondo» (Barile).

---

[100] Si veda la legge 21 aprile 1962, n. 161.

Con d.lgs. 7 dicembre 2017, n. 203 si è provveduto alla abrogazione della previgente disciplina e, con essa, della possibilità di vietare *in toto* la proiezione dei film, prevedendosi ora soltanto una classificazione delle opere cinematografiche (con possibili divieti per fasce di età) finalizzata ad assicurare il giusto e equilibrato bilanciamento tra la tutela dei minori e la libertà di manifestazione del pensiero e dell'espressione artistica.

È degno di nota, d'altra parte, che in fatto di spettacoli convergano e si sovrappongano tre ordini di norme costituzionali e legislative ordinarie: quelle concernenti la libera manifestazione del pensiero, quelle riguardanti le riunioni aperte al pubblico (v. *infra*, § 9 di questo capitolo) e quelle incidenti sull'iniziativa economica privata. Ciò spiega che sia tuttora richiesta la «licenza» per le rappresentazioni teatrali e cinematografiche, nonché per gli altri analoghi «trattenimenti», in quanto essi comportino l'esercizio di attività imprenditoriali. Del pari, è in vista dell'art. 17 Cost. che può giustificarsi il divieto degli spettacoli atti a «turbare l'ordine pubblico» materialmente inteso; come pure la potestà di far cessare gli spettacoli stessi, «nel caso di tumulto o di disordini o di pericolo per l'incolumità pubblica», che le norme vigenti conferiscono alle autorità di pubblica sicurezza [101].

9. *La libertà di riunione*

Quanto al «diritto di riunirsi», proclamato dall'art. 17 Cost., ricorre in dottrina (Pace) e nella giurisprudenza costituzionale l'assunto che si tratti di una «libertà strumentale»: nel senso che la situazione attiva così garantita sarebbe *servente* rispetto ai più vari diritti individuali e collettivi (Barile). Ciò non deve far credere che l'esercizio della libertà in esame sia sempre collegato ad altre situazioni costituzionalmente rilevanti; in realtà, la disciplina dell'art. 17 prescinde dallo scopo per il quale più persone si riuniscano fra loro, senza affatto escludere – al limite – il «comune divertimento o passatempo» [102]. Ma resta indiscutibile il nesso intercorrente fra la parte più significativa delle riunioni e l'interesse «di scambiare con altri le proprie conoscenze, opinioni, convinzioni» [103]. Ed è per questo motivo che giova parlarne subito dopo aver preso in considerazione la libertà di pensiero; anche se occorre avvertire che, nel caso delle riunioni, la relativa libertà viene testualmente conferita dall'art. 17 ai soli *cittadini* e non a tutti gli uomini, come invece nel caso dell'art. 21.

Perché si abbia **riunione**, agli effetti delle norme costituzionali di cui si discu-

---

[101] V. rispettivamente gli artt. 68, 70 ed 82, co. 1, del testo unico delle leggi di pubblica sicurezza (e successive modificazioni e abrogazioni). Ma vedi altresì le sentt. 8 luglio 1957, n. 121, e 15 aprile 1970, n. 56, della Corre costituzionale.

[102] Si veda la sent. 15 dicembre 1967, n. 142, della Corte costituzionale.

[103] Cfr. la sent. 10 giugno 1970, n. 90.

te, occorre comunque che più soggetti s'incontrino nel medesimo luogo in vista di uno scopo comune, sebbene transeunte; senza di che bisognerebbe parlare, piuttosto, di un mero *assembramento* od agglomeramento, esorbitante dalle previsioni dell'art. 17 e valutabile – se mai – nella prospettiva della libertà di circolazione. Ma le riunioni rimangono ben differenziate dalle *associazioni*, dal momento che per esse fa difetto quel «vincolo ideale» (Pace) o quel «patto sociale» (Barile), e quindi quel momento organizzativo che nel caso delle formazioni associative si traduce nell'atto costitutivo e nello statuto (Mortati, Giocoli Nacci). Al pari delle associazioni, tuttavia, anche le riunioni sono penalmente illecite, se tale risulta l'attività che per il loro tramite si svolge. Di più: con il regime costituzionale e legislativo ordinario delle riunioni, per sé considerate, interferisce in ogni caso il regime delle attività esplicate nell'ambito delle riunioni medesime (Barile, Guarino, Pace), come si è già rilevato in tema di spettacoli (v. *supra*, § 8 del presente capitolo).

In base all'art. 32 dello Statuto albertino, costituzionalmente riconosciuto – sia pure nei limiti propri di una Costituzione flessibile – era il solo «diritto di adunarsi» in un luogo privato; quanto invece ai «luoghi pubblici e aperti al pubblico», essi rimanevano «interamente soggetti alle leggi di polizia». Ben diversamente, la Costituzione repubblicana assimila – sul punto – **luoghi privati e luoghi aperti al pubblico**: per luoghi privati intendendosi quelli disponibili per un uso privato (Pace) da parte di determinati soggetti, che ne siano proprietari oppure ne abbiano altrimenti il titolo; mentre aperti al pubblico sono i luoghi materialmente chiusi o comunque separati dall'esterno, l'accesso nei quali sia libero, purché si osservino certe condizioni (concernenti – ad esempio – il momento della riunione o l'affollamento della sede prescelta). In particolar modo, nonché per il primo, nemmeno per il secondo tipo di riunioni viene ormai richiesto alcun avviso all'autorità di pubblica sicurezza [104].

L'obbligo di un *tempestivo preavviso* è dunque circoscritto, nell'ordinamento vigente, alle sole **riunioni in luogo pubblico**. L'espressa previsione dell'art. 17, co. 3, trova infatti riscontro nella norma che impone ai «promotori» di avvisare il questore, «almeno tre giorni prima» della prevista adunanza [105]. Soltanto sulla base di altre previsioni o di altri principi costituzionali, può accadere che l'obbligo del preavviso venga meno: come nel caso delle *riunioni elettorali*, espressamente esentate dallo stesso testo unico delle leggi di pubblica sicurezza [106].

Per tutte le riunioni resta fermo, però, l'imperativo che esse si svolgano – a

---

[104] L'art. 18 del r.d. n. 773/1931 è stato infatti annullato, relativamente «alle riunioni non tenute in luogo pubblico», dalla sent. 8 aprile 1958, n. 27, della Corte costituzionale.

[105] V. nuovamente l'art. 18, co. 1, Cost., del r.d. n. 773. Mediante la sent. 7 luglio 1976, n. 161, la Corte costituzionale ha precisato in proposito che «un termine di tre giorni non può considerarsi irragionevole o eccessivo, sol che si tenga conto delle molteplici esigenze che possono presentarsi all'autorità di pubblica sicurezza».

[106] Si veda l'art. 18, co. ult., r.d. cit., introdotto dalla legge 5 febbraio 1948, n. 26.

pena di scioglimento – «*pacificamente e senz'armi*»: di massima, i precetti costituzionali dettati in tal senso dall'art. 17, co. 1, valgono anche per le riunioni private, sebbene una parte notevole di esse sia coperta dall'inviolabilità del domicilio. Non sono quindi vietate, o suscettibili di essere impedite, le sole riunioni penalmente illecite, ma tutte quelle che concretamente mettano in pericolo *l'ordine pubblico materialmente inteso* (Borrello). E anzi bisogna ritenere, in questo stesso caso, che altri valori costituzionali possano giustificare misure impeditive o restrittive: dall'incolumità pubblica, pur menzionata nel terzo comma dell'art. 17 con riferimento alle sole riunioni in luogo pubblico, fino al *buon costume* concepito come morale sessuale [107].

Da ultimo, va ricordato il problema – assai discusso in dottrina – della sorte spettante alle riunioni in luogo pubblico per le quali difetti il preavviso. Si tratta di riunioni per ciò solo illecite e dunque tali da poter essere sciolte (Mazziotti), come in effetti dispone il testo unico delle leggi di pubblica sicurezza [108]? Oppure bisogna concludere che anche per tali adunanze lo scioglimento dovrebbe fondarsi sulle altre ragioni testé ricordate, con particolare riguardo ai «comprovati motivi di sicurezza» previsti dall'art. 17, co. 3 (Barile, Corso, Mortati, Pace)? La giurisprudenza costituzionale ha notevolmente oscillato sul punto. In un primo tempo, il preavviso è stato ritenuto indispensabile, essendo «a fondamento dell'attività discrezionale di prevenzione della pubblica sicurezza», che diversamente verrebbe a mancare. In un secondo tempo, invece, la Corte ha ritenuto che il preavviso rappresenti «un onere», posto a carico dei soli promotori; mentre gli altri partecipanti alla riunione non preavvisata eserciterebbero pur sempre «un diritto costituzionalmente protetto», senza perciò sottostare a specifiche sanzioni penali [109]. E questo orientamento sembra meritevole di esser condiviso, anche perché consente di far salve le riunioni spontanee, che non mancano di uno scopo comune, ma restano materialmente insuscettibili di venire promosse e preannunciate in maniera tempestiva.

10. *La libertà di associazione*

Statuendo che «i cittadini hanno diritto di associarsi liberamente, senza autorizzazione, per fini che non sono vietati ai singoli dalla legge penale», il primo comma dell'art. 18 Cost. sembra presupporre un larghissimo concetto di asso-

---

[107] Quanto all'incolumità, cfr. la sent. 7 maggio 1975, n. 106, della Corte costituzionale. Quanto al buon costume, si deve ritenere che ad esso alluda l'art. 18, co. 4, del r.d. n. 773, là dove si tratta delle «ragioni di moralità»: inteso in senso più ampio, quel generico richiamo risulterebbe incostituzionale.

[108] Vedi ancora l'art. 18, co. 4, r.d. cit.

[109] V. rispettivamente la sent. 11 luglio 1961, n. 54; e, d'altro lato, le sentt. 10 giugno 1970, n. 90 cit., e 10 maggio 1979, n. 11.

ciazione. Secondo l'opinione dottrinale prevalente (Bartole, Mazziotti, Pace ...), sono infatti tali le associazioni «riconosciute» e quelle «non riconosciute», provviste o mancanti di personalità giuridica, incluse le stesse società commerciali e quelle che comunque si propongano scopi economici. La circostanza che la disciplina costituzionale dei «rapporti economici» possa giustificare l'imposizione di particolari limiti a carico di quest'ultimo tipo di soggetti (Barile) non basta a dimostrare, cioè, che l'art. 18 riguardi le sole associazioni operanti nel campo dei «rapporti civili» (Sica). Al contrario, è dall'art. 18 che occorre desumere lo statuto o «la regola generale del fenomeno associativo» (Pace): su cui variamente s'innestano le *norme speciali*, dettate dagli artt. 8, 19, 20, 39, 43, 45, 49 Cost. [110].

In sostanza, la previsione dell'art. 18, co. 1, abbraccia tutte le *formazioni sociali aventi un carattere volontario:* il che avvalora la tesi – pur discussa in dottrina (Mortati) – che quella disposizione concorra a concretare buona parte del principio pluralista proclamato dall'art. 2 (Barile, Pace, Ridola, Rossi), fatta eccezione per le sole formazioni necessarie sul tipo della famiglia. Non a caso, essa pone l'accento sulla **libertà di associarsi** che spetta a ciascun cittadino, prima ancora che sulle associazioni in quanto tali. L'art. 18, co. 1, garantisce innanzitutto, dunque, il diritto di costituire associazioni di qualunque genere, l'accesso alle associazioni già esistenti nel rispetto dei loro fini istituzionali e delle loro norme statutarie, il diritto di recedere proprio di ogni singolo associato. Ma è parallelamente garantita, di riflesso, la cosiddetta *libertà negativa di associazione*, cioè la posizione di chi non intende associarsi: donde l'esclusione – in linea di principio – delle associazioni coattive, imposte dalla legge ovvero da altri atti di pubbliche autorità. La stessa giurisprudenza costituzionale è chiaramente orientata sul punto. Se in un primo tempo la Corte riteneva che i più vari interessi pubblici, purché non pretestuosi, potessero fondare «la potestà dello Stato di costringere in un nesso associativo gli appartenenti a una determinata categoria» [111]; successivamente essa ha invece argomentato che i limiti di tale libertà vanno ricavati «dal sistema della Costituzione» [112], secondo il comune criterio per cui le restrizioni dei diritti civili costituzionalmente sanciti debbono agganciarsi ad altri precetti o ad altri principi dotati del medesimo rango, anziché rimanere affidate agli apprezzamenti del legislatore ordinario.

In ogni caso, quanto alle associazioni volontarie, l'unico limite comune consiste nel divieto di quelle che perseguano fini comunque vietati dalla legge penale: non già con riguardo ai soli fenomeni associativi, bensì estendendo alle asso-

---

[110] Si tratta, rispettivamente, delle confessioni e delle associazioni religiose, dei sindacati, delle «comunità di lavoratori o di utenti», delle cooperative, dei partiti politici. In particolare, sulla riferibilità dell'art. 18 alle stesse confessioni religiose, quali le Comunità israelitiche, cfr. la sent. 30 luglio 1984, n. 239, della Corte costituzionale. Ma vedi inoltre, quanto al nesso associazioni-sindacati, la sent. 5 febbraio 1975, n. 15.

[111] V. specialmente la sent. 26 giugno 1962, n. 69.

[112] Cfr. la sent. 16 febbraio 1982, n. 40.

ciazioni stesse la disciplina penale concernente i *singoli cittadini*. In altre parole, a carico delle associazioni in genere (fatte salve le particolari previsioni costituzionali che si riferiscano ad alcune sottospecie del fenomeno in esame) non possono darsi *limitazioni specifiche*, tali da colpire siffatti organismi collettivi e i loro associati, più severamente degli individui per sé considerati [113]; il che differenzia nettamente l'attuale regime della libertà di associazione da quello vigente nel periodo fascista, ai sensi del Codice penale e del testo unico delle leggi di pubblica sicurezza. Precisamente in questa prospettiva la Corte costituzionale ha annullato dapprima le norme già miranti ad impedire l'esistenza di associazioni che svolgessero – in forme non violente – attività contrarie «agli ordinamenti politici dello Stato»; e quindi le norme che sottoponevano all'autorizzazione del Ministro dell'interno la costituzione di «associazioni, enti o istituti di carattere internazionale» [114]. Ma nella medesima luce si dimostra dubbia – ed è stata discussa in dottrina (Lavagna, Pace, Petta, Ridola) – la legittimità delle norme che tuttora sanzionano i membri delle *associazioni sovversive*, senza distinguere adeguatamente fra quelle che compiano «atti di violenza» e quelle che si limitino alla propaganda politica eversiva [115].

Effettivamente, per le comuni associazioni non s'impone il limite dell'ordine pubblico nel senso ideale, concernente il rispetto dei principi ispiratori dell'ordinamento democratico. Né occorre soddisfare l'esigenza che sia democratica la struttura interna di tali organismi (Barile, Ridola); sicché nulla esclude la mancata ammissione ovvero l'espulsione di coloro che non siano in linea con gli scopi associativi, quand'anche ciò contrasti con il principio costituzionale di eguaglianza (come nel caso delle associazioni aperte ai soli uomini od alle sole donne). La «base democratica» dell'ordinamento interno è testualmente prescritta per i soli sindacati, in forza dell'inattuato terzo comma dell'art. 39 Cost.; e da questo dato si ricava un argomento a *contrario*, quanto alla generalità delle altre associazioni.

Le sole formazioni volontarie precluse a priori, nelle stesse ipotesi che i loro fini non siano «vietati ai singoli dalla legge penale», sono quelle espressamente riguardate dal capoverso dell'art. 18: vale a dire le «associazioni segrete» e le associazioni che perseguano «scopi politici mediante organizzazioni di carattere militare». Per le seconde, comunemente dette **paramilitari** (Mortati), ha provveduto il d.lgs. 14 febbraio 1948, n. 43: nel quale si considerano tali «quelle costituite mediante l'ordinamento degli associati in corpi, reparti o nuclei, con di-

---

[113] *Contra* la sent. 4 febbraio 1970, n. 12, della Corte costituzionale, quanto all'uso di apparecchi da gioco in associazioni private cd in circoli; ma giova notare che quella decisione aveva di mira le restrizioni dell'iniziativa economica privata, ben più che il diritto garantito dall'art. 18 Cost.

[114] V. rispettivamente le sentt. 12 luglio 1967, n. 114, e 3 luglio 1985, n. 193.

[115] Cfr. l'art. 270 Cod. pen., rapportato all'art. 270 *bis* («Associazioni con finalità di terrorismo e di eversione dell'ordine democratico»).

sciplina ed ordinamento gerarchico interno analoghi a quelli militari, con l'eventuale adozione di gradi o di uniformi, e con l'organizzazione atta anche all'impiego collettivo in azioni di violenza o di minaccia»[116]. D'altronde, è sempre in questo quadro che si collocano le norme miranti a colpire la riorganizzazione del disciolto partito fascista, a partire dalla «legge Scelba» del 1952, per quanto il loro fondamento specifico sia rappresentato dalla XII disp. fin. Cost. (v. *supra*, parte III, cap. I, § 5).

Più delicato e complesso appare il caso delle **associazioni segrete.** Secondo una letterale interpretazione dell'art. 18, si potrebbe essere indotti a ritenere che la Carta costituzionale abbia vietato – mediante un precetto suscettibile di applicazione immediata e necessaria – ogni formazione associativa che mantenga nascosti l'atto costitutivo o lo statuto, o i nominativi dei soci, od ogni altra notizia concernente la propria organizzazione o la propria attività (Mazziotti, G.U. Rescigno). Ma un concetto così largo risulta inaccettabile, sotto un duplice profilo. Da un lato, le ipotesi di scioglimento delle associazioni e la connessa disciplina sanzionatoria a carico dei singoli associati formano gli oggetti d'una *implicita riserva di legge* (Mortati). D'altro lato, è ormai dominante l'avviso che le associazioni segrete siano precluse dalla Costituzione solo in quanto diano luogo ad un *potere occulto;* sicché la ragion d'essere del divieto costituzionale non si coglie fuori «dalla sfera del politico» (Pace, Barile, Petta) o, per lo meno, «dei fenomeni di interesse collettivo» (De Siervo).

Del resto, già nel testo unico delle leggi di pubblica sicurezza le associazioni segrete non venivano colpite come tali, ma unicamente «per ragioni di ordine pubblico o di sicurezza pubblica», discrezionalmente apprezzate dai prefetti[117]. Ma la politicità, che deve contraddistinguere le associazioni stesse, ha assunto un chiarissimo rilievo per effetto della legge 25 gennaio 1982, n. 17, attuativa di questa parte dell'art. 18 Cost.: il Parlamento ha infatti vietato le sole associazioni che, «occultando la loro esistenza ovvero tenendo segrete congiuntamente finalità e attività sociali ovvero rendendo sconosciuti, in tutto od in parte od anche reciprocamente, i soci, svolgano attività dirette ad interferire sull'esercizio delle funzioni di organi costituzionali, di amministrazioni pubbliche, anche ad ordinamento autonomo, di enti pubblici anche economici, nonché di servizi pubblici essenziali di interesse nazionale»[118]. L'imparzialità dell'amministrazione e, soprattutto, l'effettiva democraticità del sistema politico sono dunque i valori così tutelati: in vista dei quali il divieto delle associazioni paramilitari e quello concernente le associazioni segrete si fondano, perciò, sopra una base largamente comune.

---

[116] Cfr. l'art. 1, co. 4, d.lgs. cit. Ma l'art. 2, co. 1, vietava comunque alle associazioni politiche di «dotare di uniformi o di divise i propri aderenti».

[117] Si veda l'abrogato art. 209 del r.d. n. 773/1931.

[118] Cfr. l'art. 1 legge cit.

In entrambe le ipotesi considerate dall'art. 18 cpv., il regime delle associazioni implica inoltre una *riserva di giurisdizione* (Mazziotti), per cui spetta al giudice – se non altro di regola – decidere sullo scioglimento delle associazioni incostituzionali. Non a caso, già la «legge Scelba» del 1952 ha previsto che «la riorganizzazione del disciolto partito fascista» debba essere accertata «con sentenza», affinché il Ministro dell'interno possa ordinare lo scioglimento e la confisca dei beni [119]. Coerentemente, la medesima garanzia viene ora offerta dalla legge sulle associazioni segrete, che non possono esser sciolte in via amministrativa – a differenza di ciò che disponeva il testo unico delle leggi di pubblica sicurezza – senza un previo accertamento effettuato con sentenza irrevocabile [120]. La legge stessa ha tuttavia prescritto, in modo immediato, la dissoluzione della cosiddetta «Loggia P2»; ma questa misura – pur necessitata (De Siervo), dal momento che il caso di quella organizzazione massonica era stato all'origine della disciplina del 1982 – non ha mancato di suscitare qualche contestazione, appunto perché la fase giurisdizionale veniva in tal senso saltata.

11. *La libertà religiosa*

Per chi ne consideri il solo **momento individuale,** la libertà religiosa inerisce alla libera manifestazione del proprio pensiero, complessivamente proclamata dall'art. 21; nella prospettiva storica, anzi, la prima rappresenta la «matrice» della seconda (Barile), giacché la libertà di pensiero è stata innanzitutto concepita, rivendicata e poi salvaguardata, in quanto libertà di coscienza. Ma le disposizioni dell'art. 19 Cost., assicurando il «diritto di professare liberamente la propria fede religiosa in qualsiasi forma, individuale o associata, di farne propaganda e di esercitarne in privato o in pubblico il culto», sottolineano anche il **momento collettivo** della libertà in esame: cioè si propongono la «tutela dei gruppi sociali con finalità religiose» (Lariccia), sia che si tratti di comuni *associazioni*, sia che i gruppi stessi assumano la particolare natura delle *confessioni religiose* riguardate dall'art. 8 Cost.; e alle associazioni o alle confessioni, in particolar modo, si riferiscono il pubblico esercizio del culto, messo in distinta evidenza dall'art. 19, nonché le previsioni dell'art. 20, onde «il carattere ecclesiastico e il fine di religione o di culto d'una associazione od istituzione non possono essere causa di speciali limitazioni legislative, né di speciali gravami fiscali per la sua costituzione, capacità giuridica e ogni forma di attività». Sicché si giustifica la collocazione della libertà religiosa in coda alla serie dei diritti civili, dopo avere analizzato tanto la libertà di pensiero quanto la libertà di associazione, secondo il criterio seguito da queste pagine.

---

[119] Si veda l'art. 3, co. 1, della legge n. 645/1952.

[120] Si veda l'art. 3 della legge n. 17/1982.

Primario è comunque il momento individuale, come sta a dimostrare la spettanza della libertà religiosa a «tutti», cittadini o stranieri od apolidi, inclusi in formazioni costituite per fini di religione o separati da esse. Effettivamente, tutti gli individui soggetti all'ordinamento italiano vanno considerati eguali davanti alla legge, senza distinzione di religione; e dunque non debbono – sotto questo profilo – subire discriminazioni di sorta, né ad opera dei pubblici poteri, né relativamente ai rapporti interprivati, a cominciare da quelli di lavoro [121]. All'**eguaglianza religiosa** si ricollega, specialmente, il diritto di cambiare religione o di modificare sul punto le proprie opinioni, senza subire conseguenze negative di sorta [122]. E le sole eccezioni riguardano i rapporti di lavoro che presuppongano un determinato indirizzo religioso: come nel «caso Cordero», concernente il ritiro, da parte della Sacra Congregazione per l'educazione cattolica, del *nulla osta* già precedentemente concesso a un professore per entrare a far parte del corpo docente della Università «Cattolica» di Milano, ideologicamente caratterizzata [123].

A tutti gli individui è poi garantita la *libera propaganda* della propria fede, ivi comprese «la critica e la confutazione pur vivacemente polemica» [124] delle opinioni religiose altrui: purché non si scada nel vilipendio, cioè nell'aperto disprezzo o dileggio; al riguardo, dichiarata costituzionalmente illegittima la disposizione del codice penale che puniva il vilipendio della «religione di Stato» (in quanto contrastante con il principio di eguaglianza e di eguale tutela delle confessioni religiose), tale comportamento rimane comunque sanzionato, ma a tutela di qualunque confessione religiosa, dall'art. 403 Cod. pen. [125]. Sotto questo aspetto, anzi, è ormai prevalente la tesi che la *libertà negativa di religione*, inclusa la propaganda dell'ateismo, non sia tutelata dal solo art. 21 (Esposito, Mazziotti), ma dallo stesso art. 19 Cost. (Finocchiaro, Lariccia). Del resto, anche la Corte costituzionale sembra essersi schierata in tal senso, da quando ha dichiarato illegittime le norme in applicazione delle quali i giudici ammonivano i

---

[121] V. soprattutto l'art. 15 dello Statuto dei lavoratori, sulla nullità degli atti o dei patti «diretti a fini di discriminazione politica, religiosa, razziale, di lingua o di sesso».

[122] Era questo il motivo che faceva dubitare della costituzionalità dell'art. 5, co. 3, del Concordato del 1929, sul divieto di assumere o conservare in un insegnamento, ufficio od impiego, che li ponessero «a contatto immediato col pubblico», «i sacerdoti apostati o irretiti da censura».

[123] Sul caso in questione si veda la discussa pronuncia 29 dicembre 1972, n. 195, della Corte costituzionale. Peraltro, la sentenza stessa è stata puntualmente richiamata dal «Protocollo addizionale» del Concordato del 1984 fra la Santa Sede e la Repubblica italiana. La Corte europea dei diritti dell'uomo, nel caso Lombardi Vallauri c. Italia (20 ottobre 2009), ha comunque sottolineato la necessità di bilanciare la libertà di espressione del docente con le esigenze delle istituzioni religiose.

[124] Cfr. gli artt. 402 ss. Cod. pen., nonché la sent. 8 luglio 1975, n. 188, della Corte costituzionale.

[125] L'art. 402 Cod. pen., che puniva il vilipendio della religione di Stato, è stato dichiarato illegittimo con sentenza della Corte cost. 20 novembre 2000, n. 508.

testimoni «sulla importanza religiosa» del loro giuramento; e ciò, senza distinguere fra credenti e non credenti; dopo di che la Corte stessa ha finito per cancellare del tutto l'obbligo del giuramento nel processo civile, pareggiando la relativa disciplina a quella processualpenalistica [126].

Agli effetti pratici, resta maggiore il risalto del momento collettivo: con particolare riguardo alla libertà di culto, esercitabile in luoghi aperti al pubblico, quali i templi e gli oratori, indipendentemente da qualsivoglia autorizzazione governativa. Al pubblico esercizio del culto viene testualmente riferito il solo limite esplicitato dall'art. 19, vale a dire il divieto dei «riti contrari al buon costume»; e per *buon costume* s'intende, in questa stessa sede, la sola morale sessuale (Barile, Finocchiaro), anche se nessuna delle religioni praticate in Italia parrebbe atta ad offenderla. Viceversa, la Carta costituzionale non fa più menzione dell'ordine pubblico, che in passato condizionava l'esercizio dei «culti ammessi» [127]. Ma l'ordine materiale, inteso come sinonimo di *sicurezza pubblica*, continua ad imporsi relativamente alle riunioni in luogo pubblico, quand'anche aventi un carattere religioso [128].

Sul versante collettivo od associativo, a complicare oltremodo il discorso concorre però la circostanza che nel tronco dell'art. 19 s'innestano ulteriori disposizioni costituzionali, dettate dagli artt. 7 ed 8 Cost., con riferimento alla Chiesa cattolica e alle altre confessioni religiose. La proposizione iniziale dell'art. 8, in linea con l'art. 19, fissa il principio **dell'eguale libertà di tutte le confessioni religiose**. Ma il dire che tali formazioni «sono egualmente libere davanti alla legge» non significa ancora – come è stato evidenziato già nel corso dei lavori preparatori della Costituzione – che esse siano tutte da trattare nei medesimi termini. Al contrario, le stesse **confessioni acattoliche**, ciascuna per suo conto, «hanno diritto di organizzarsi secondo propri *statuti*», nel rispetto dei soli «principi fondamentali» dell'ordinamento nazionale [129]; e ad ogni confessione spetta raggiungere una differenziata intesa con il Governo italiano, perché su quella base un'apposita legge disciplini i suoi rapporti con lo Stato (v. *supra*, parte II, cap. III, § 15). Peraltro la Corte costituzionale, con sent. 10 marzo 2016, n. 52, ha affermato che compete al Consiglio dei ministri valutare l'opportunità di avviare trattative con una determinata associazione, al fine di addivenire, in esito ad esse, alla elaborazione bilaterale di una speciale disciplina dei re-

---

[126] Si veda la sent. 10 ottobre 1979, n. 117, in forza della quale la formula letta dal giudice istruttore – *ex* art. 251 Cod. proc. civ. – suonava in questi termini: «Consapevole della responsabilità che con il giuramento assumete davanti a Dio, se credente, e agli uomini, giurate di dire la verità, null'altro che la verità»; ma vedi, altresì, la sent. 5 maggio 1995, n. 149.

[127] Vedi l'art. 1, co. 1, della legge 24 giugno 1929, n. 1159.

[128] La precisazione è stata fatta dalla Corte costituzionale, fin dalla sent. 18 marzo 1957, n. 45.

[129] In questi termini la Corte costituzionale – nella sent. 21 febbraio 1988, n. 43 – ha interpretato la generica previsione finale dell'art. 8, co. 2, per cui gli statuti non debbono contrastare «con l'ordinamento giuridico italiano».

ciproci rapporti. Di tale decisione il Governo può essere chiamato a rispondere politicamente di fronte al Parlamento, ma non in sede giudiziaria.

Ciò che maggiormente importa, non sussiste una situazione di parità fra la **Chiesa cattolica** e le altre confessioni, né sul piano legislativo ordinario né sul piano costituzionale. Una prima fonte di privilegi può infatti consistere nei Patti lateranensi, espressamente richiamati dall'art. 7 cpv., purché i loro disposti non urtino – secondo la più matura giurisprudenza costituzionale – con i «principi supremi» ricavabili dalla Costituzione (v. *supra*, parte II, cap. III, § 11). L'affermazione iniziale del Trattato del 1929, per cui «la religione cattolica, apostolica e romana» veniva considerata «la sola religione dello Stato», risulta bensì superata dal Concordato del 1984 [130]. Ma il Concordato stesso riafferma, in particolar modo, la «missione educativa» della Chiesa cattolica, con la conseguenza che la Repubblica italiana assicura tuttora – sulla base delle opzioni dei genitori – «*l'insegnamento della religione cattolica* nelle scuole pubbliche di ogni ordine e grado» [131].

Del pari, le nuove norme concordatarie continuano a riconoscere «gli effetti civili ai matrimoni contratti secondo le norme del diritto canonico»; e parallelamente riservano ai tribunali ecclesiastici le relative sentenze di nullità, nei limiti già in precedenza fissati dalla giurisprudenza costituzionale [132].

La religione cattolica – rispetto alle altre fedi – era maggiormente protetta anche in sede penale, nelle ipotesi di «delitti contro il sentimento religioso» e di altri analoghi reati. Disuguaglianze siffatte erano state vivacemente contestate (Barile, Finocchiaro, Lariccia), in nome del classico assunto per cui «l'uguale libertà importa uguale protezione» (Ruffini). Dopo aver respinto in più occasioni altrettante questioni di legittimità costituzionale riguardanti tali ipotesi, la Corte costituzionale, oltre a censurare la norma, in precedenza citata, che puniva il vilipendio alla religione di Stato, ha altresì dichiarato (con sent. 18 ottobre 1995, n. 440) l'illegittimità dell'art. 724 Cod. pen., che punisce la bestemmia contro la Divinità, nella sola parte in cui includeva nella protezione «i Simboli o le Persone venerati nella religione di Stato», e con ciò equiparando ulteriormente la confessione cattolica alle altre confessioni religiose.

---

[130] Si veda la prima disposizione del relativo «Protocollo addizionale».

[131] V. rispettivamente l'art. 2 e l'art. 9 del testo concordato il 18 febbraio 1984.

Nondimeno, ha dato luogo a ripetute controversie il trattamento di coloro che non intendono avvalersi dell'insegnamento della religione. Da ultimo, si è pronunciata sul punto la stessa Corte costituzionale, argomentando che non può essere imposto alcun insegnamento alternativo a quello, se non si vuole introdurre una «patente discriminazione» ai danni di chi non si avvale: il quale versa dunque – secondo la sent. 12 aprile 1989, n. 203 – in uno «stato di non-obbligo».

[132] Cfr. l'art. 8 del Concordato del 1984 e la sent. 2 febbraio 1982, n. 18, con la quale la Corte ha ribadito la legittimità della detta riserva di giurisdizione, rifacendosi anche alla sent. 1° marzo 1971, n. 30.

NOTA BIBLIOGRAFICA – Oltre agli scritti cit. nella NOTA BIBLIOGRAFICA del precedente capitolo, v. **in generale** P. BARILE, *Il soggetto privato nella Costituzione italiana*, Padova, 1953; PACE, *Problematica delle libertà costituzionali*, Padova, 1985-1992; BARBERA, *Art. 2*, in *Commentario alla Costituzione*, a cura di Branca, Bologna-Roma, 1975; AA.VV., *Libertà costituzionali e limiti amministrativi,* nel *Trattato di diritto amministrativo*, Padova, 1990; AA.VV., *Nuove dimensioni dei diritti di libertà*, Padova, 1990; AA.VV., *I diritti costituzionali*, a cura di Nania e Ridola, Torino, 2006. Sullo **stato di assedio**, oltre agli AA. cit. nelle Note al cap. III della parte II e al cap. IV della parte III, GRASSO, *I problemi giuridici dello «stato d'assedio» nell'ordinamento italiano*, Pavia, 1959; AA.VV., *Costituzione della difesa e stati di crisi*, Bologna, 1991. Sulla libertà personale GALEOTTI, *La libertà personale*, Milano, 1953; VASSALLI, *La libertà personale nel sistema delle libertà costituzionali*, in *Scritti Calamandrei*, Padova, 1958, p. 355 ss.; ELIA, *Libertà personale e misure di prevenzione*, Milano, 1962; AMATO, *Individuo e autorità nella disciplina della libertà personale*, Milano, 1967; BARBERA, *I principi costituzionali della libertà personale*, Milano, 1967; G. GUARINO, *Lezioni di diritto pubblico*, Milano, 1967, II; PISANI, *Libertà personale e processo*, Padova, 1974; GREVI, *Libertà personale dell'imputato e Costituzione*, Milano, 1976; AA.VV., *La libertà personale*, Torino, 1977, a cura di Elia e Chiavario; CHIAVARIO, *Libertà personale e processo penale*, in *L'ind. pen.*, 1987, p. 223 ss.; NANIA, *La libertà individuale nella esperienza costituzionale italiana*, Torino, 1989. Sulle **libertà di domicilio e di comunicazione** MOTZO, *Contenuto ed estensione della libertà domiciliare*, in *Rass. dir. pubbl.*, 1954, p. 507 ss.; ITALIA, *Libertà e segretezza della corrispondenza e delle comunicazioni*, Milano, 1963; FASO, *La libertà di domicilio*, Milano, 1968. Sulla **libertà di circolazione e soggiorno**, oltre agli AA. cit. *supra*, v. specificamente MORTATI, *Rimpatrio obbligatorio e Costituzione*, in *Giur. cost.*, 1960, p. 683 ss.; ZIOTTI, Il *diritto d'asilo nell'ordinamento italiano*, Padova, 1988. Sul **regime delle prestazioni patrimoniali** BARTHOLINI, *Il principio di legalità dei tributi in materia di imposte*, Padova, 1957; MORANA, *Libertà costituzionali e prestazioni imposte. L'art. 23 Cost. come norma di chiusura*, Milano, 2007. Sulla **libertà di manifestazione del pensiero** CUOMO, *Libertà di stampa e impresa giornalistica nell'ordinamento costituzionale italiano*, Napoli, 1957; FOIS, *Principi costituzionali e libera manifestazione del pensiero*, Milano, 1957 (nonché *Libertà di diffusione del pensiero e monopolio radiotelevisivo*, in *Giur. cost.*, 1960, p. 1127 ss.); ESPOSITO, *La libertà di manifestazione del pensiero nell'ordinamento italiano*, Milano, 1958; CRISAFULLI, *Problematica della «libertà d'informazione»*, in *Il Politico*, 1964, p. 283 ss.; PIERANDREI, *Scritti di diritto costituzionale*, Torino, 1964, II, p. 487 ss.; LOIODICE, *Contributo allo studio della libertà d'informazione*, Napoli, 1969 (nonché *Segreti e Costituzione*, Bari, 1981); CHIOLA, *L'informazione nella Costituzione*, Padova, 1973 (nonché *Informazione, pensiero, radiotelevisione*, Napoli, 1984); BALDASSARRE, *Privacy e Costituzione*, Roma, 1974; P. BARILE, *La libertà di manifestazione del pensiero*, Milano, 1975; ZACCARIA, *Radiotelevisione e Costituzione*, Milano, 1977; A. SANDULLI, *Libertà d'informazione e massmedia nell'odierna realtà italiana*, in *Dir. soc.*, 1978, p. 71 ss.; AA.VV., *La libertà d'informazione*, Torino, 1979, a cura di Paladin; LUCATELLO, *Scritti giuridici*, cit., p. 271 ss.; PACE, *Stampa, giornalismo, radiotelevisione*, Padova, 1983; GALLO, MUSCO, *Delitti contro l'ordine costituzionale*, Bologna, 1984; MAZZIOTTI, *Appunti sulla libertà di manifestazione del pensiero nell'ordinamento italiano*, in *Scritti Crisafulli*, cit., II, p. 517 ss.; AA.VV., *Informazione, trasparenza, pluralismo*, in *Quad. cost.*, 1987, n. 1; PEDRAZZA GORLERO, *Giornalismo e Costituzione*, Padova, 1988; AA.VV., *Il sistema radiotelevisivo pubblico e privato*, Milano, 1991, a cura di Roppo e Zaccaria; AA.VV., *Libertà di pensiero e mezzi di diffusione*, Padova, 1992; RIMOLI, *La libertà dell'arte nell'ordinamento italiano*, Padova, 1992; VIGNUDELLI, *Il diritto della sibilla*, Rimini, 1993; CARETTI, *Diritto pubblico dell'informazione*, Bologna, 1994; PINTO, *Profili giuridici della radio*, Padova, 1994; AZZARITI, *La temporaneità perpetua, ovvero la giurisprudenza costituzionale in materia radiotelevisiva*, in *Quad. cost.*, 1995, p. 3037 ss.; BOGNETTI, *Costituzione, televisione e legge antitrust*, Milano, 1996; ZACCARIA, *Materiali per un corso sulla libertà di informazione e di comunicazione*, Padova, 1996; MANETTI, PACE, *Art. 21*, in *Commentario alla Costituzione*, a cura di Branca e continuato da Pizzorusso, Bologna-Roma, 2006. Sulle **riunioni** PACE, *La libertà di riunione nella Costituzione italiana*, Milano, 1967; TARLI BARBIERI, *Art. 17*, in *Com-*

mentario alla Costituzione, a cura di Bifulco, Celotto e Olivetti, Torino, 2006. Sulle **associazioni** SICA, *L'associazione nella Costituzione italiana*, Napoli, 1957; BARTOLE, *Problemi costituzionali della libertà di associazione*, Milano, 1970; PETTA, *Le associazioni anticostituzionali nell'ordinamento italiano*, in *Giur. cost.*, 1973, p. 667 ss.; RIDOLA, *Democrazia pluralistica e libertà associative*, Milano, 1987; ROSSI, *Le formazioni sociali nella Costituzione italiana*, Padova, 1989; BRUNELLI, *Struttura e limiti del diritto di associazione politica*, Milano, 1991; GEMMA, *Costituzione ed associazioni: dalla libertà alla promozione*, Milano, 1993; RIGANO, *Art. 18*, in *Commentario alla Costituzione*, a cura di Bifulco, Celotto e Olivetti, Torino, 2006. Sulla **libertà religiosa**, FINOCCHIARO, *Eguaglianza giuridica e fattore religioso*, Milano, 1958; CROCE, *La libertà religiosa nell'ordinamento costituzionale italiano*, Pisa, 2012; FERRARI, *La libertà religiosa in Italia*, Roma, 2013.

CAPITOLO III

I DIRITTI FAMILIARI, SOCIALI, ECONOMICI

SOMMARIO: 1. I «diritti della famiglia»; i rapporti fra coniugi; le potestà genitoriali e i rapporti di filiazione. – 2. I diritti sociali: premesse. – 3. Il principio lavoristico e le sue varie implicazioni costituzionali. – 4. La libertà sindacale e il diritto di sciopero. – 5. I diritti sociali di prestazione. – 6. L'iniziativa economica privata. – 7. La problematica costituzionale della proprietà privata.

1. *I «diritti della famiglia»; i rapporti fra coniugi; le potestà genitoriali e i rapporti di filiazione*

Le dimensioni in cui questo manuale si deve contenere vietano di analizzare a fondo le situazioni soggettive riguardate dagli artt. 29 ss. Cost., sotto i titoli dei «rapporti etico-sociali», dei «rapporti economici» e dei «rapporti politici». Tanto i diritti quanto i doveri che la Carta costituzionale considera «politici» sono già stati, del resto, esaminati in più punti del manuale stesso (si vedano parte III, cap. I, § 5, e cap. II, § 3, nonché, in questa parte, cap. I, §§ 3, 6 e 7). Relativamente ai diritti familiari, sociali ed economici, che trovano la loro base negli artt. 29-47 (oltre che nell'art. 4 Cost.), occorre invece tenere presente che essi appartengono ai più vari settori dell'ordinamento giuridico italiano (dal diritto civile al diritto del lavoro, dal diritto commerciale al diritto amministrativo); sicché la prospettiva costituzionalistica si limita per definizione, in tutti questi campi, ad evidenziare le cosiddette *têtes de chapitre*, nella misura in cui si tratti di principi fondamentali costituzionalmente rilevanti.

a) La celebre proposizione costituzionale, per cui «la Repubblica riconosce i **diritti della famiglia** come società naturale fondata sul matrimonio», ha offerto lo spunto alle più varie e antitetiche ricostruzioni. Da un lato, si è sostenuto – alla lettera – che la «società» in questione sarebbe titolare di propri diritti, distinti da quelli dei singoli individui che la compongono, e dunque disporrebbe di una propria soggettività (Barile, Majello), avvicinabile a quella spettante alle persone giuridiche. Di più: alla luce di un'altra prospettiva – più volte adottata già nel corso dei lavori preparatori della Costituente – si è detto e ancora si afferma che la famiglia corrisponderebbe ad una *comunità di diritto* *naturale*, dotata di un ordinamento originario del quale l'art. 29, co. 1, Cost., avrebbe preso atto, contrapponendolo all'ordinamento generale dello Stato (Grassetti).

Ma, d'altro lato, è stato per contro affermato che la famiglia ricadrebbe nel novero delle *formazioni sociali* considerate dall'art. 2 Cost. (Barcellona), pur avendo un carattere peculiare e anzi privilegiato, dato il *favor familiae* che informa gli artt. 31, 36, co. 1, e 37, co. 1, Cost. [1]; con l'ulteriore conseguenza che i «diritti della famiglia» non sarebbero altro che una «sintesi verbale», basata pur sempre sulle posizioni attive e di vantaggio, spettanti a ciascun componente il gruppo familiare (Bessone). Né si potrebbe contrapporre l'ordinamento del gruppo medesimo a quello statale, visto che i tratti essenziali e comuni di esso risulterebbero dal diritto oggettivo dello Stato: a partire dalla Costituzione, fino alle leggi ordinarie cui la Carta costituzionale rimanda in modo espresso, per armonizzare l'eguaglianza giuridica dei coniugi con l'unità familiare o per assicurare la giusta tutela dei figli nati fuori del matrimonio (od anche in modo implicito, per definire quel rapporto giuridico matrimoniale, sul quale si fonda la famiglia stessa).

È tuttavia preferibile l'opinione intermedia, che intende i «diritti della famiglia» come sinonimo di una **sfera di autodeterminazione**, riconosciuta «ai singoli nella specifica qualità di membri della famiglia» medesima (Esposito): sfera nella quale la legge non può arbitrariamente penetrare, sicché i componenti del nucleo familiare hanno appunto il diritto – per Costituzione – di organizzarsi senza rispettare modelli precostituiti (Biagi Guerini), salvi i soli principi stabiliti dagli artt. 29 e 30 Cost. (nonché dalle leggi puntualmente attuative di essi). Dalla proposizione iniziale dell'art. 29 si deve comunque desumere, in altre parole, una «garanzia costituzionale di rispetto dell'autonomia familiare», pur senza che questa si trasformi in «sovranità» (Bessone). Ed è stato anzi sostenuto (Mortati) che le strutture fondamentali della famiglia siano sottratte – in nome della sua «naturalità» – alla stessa revisione costituzionale.

La comunità garantita dall'art. 29 consiste però nella sola **famiglia legittima** (Grassetti, Lavagna, Mortati ...): come è dimostrato dal contestuale riferimento al matrimonio, sia pure fondato – a sua volta – sul libero consenso dei coniugi (e non più indissolubile, a partire dalla legge 1° dicembre 1970, n. 898). La cosiddetta **famiglia di fatto**, inclusiva della convivenza *more uxorio*, non ha in questa sede rilievo (sebbene l'art. 30 Cost. consideri i rapporti di filiazione in tutta la

---

[1] Effettivamente, l'art. 31 dichiara che «la Repubblica agevola con misure economiche e con altre provvidenze la formazione della famiglia e l'adempimento dei compiti relativi, con particolare riguardo alle famiglie numerose. Protegge la maternità, l'infanzia e la gioventù, favorendo gli istituti necessari a tale scopo». A sua volta, l'art. 36, co. 1, prescrive che la retribuzione sia sufficiente ad assicurare ai lavoratori e alle loro famiglie «un'esistenza libera e dignitosa»; mentre l'art. 37, co. 1, proclama – fra l'altro – che le condizioni di lavoro della donna «devono consentire l'adempimento della sua essenziale funzione familiare e assicurare alla madre e al bambino una speciale adeguata protezione».

loro possibile gamma, specialmente nel suo primo comma: Carraro). Senza dubbio, anch'essa rientra fra le formazioni sociali genericamente riguardate dall'art. 2; ma non ne deriva l'esigenza di equipararla integralmente alla famiglia legittima, tanto più che si tratta di comunità esorbitanti per definizione da ogni inquadramento giuridico preciso e tassativo. Argomentando, nella giurisprudenza più risalente, che i rapporti in questione sono privi «dei caratteri di stabilità e della reciprocità dei diritti e doveri» coniugali [2], la Corte costituzionale ha per lo più demandato al legislatore ordinario il compito di stabilire a quali specifici effetti debba esservi parità di trattamento [3]; e solo eccezionalmente – con particolare riguardo alle locazioni di immobili urbani – la Corte stessa ha fatto senz'altro applicazione del principio di eguaglianza, così beneficiando i conviventi abituali [4].

In tempi più recenti la Corte (sent. 15 aprile 2010, n. 138), ha dichiarato in parte inammissibile e in parte infondata la questione di legittimità costituzionale della disciplina vigente in tema di matrimonio, nella parte in cui esclude l'ammissibilità del matrimonio tra persone dello stesso sesso. In tale occasione la Corte ha riconosciuto che le unioni omosessuali sono formazioni sociali ai sensi dell'art. 2 Cost., negando però che il riconoscimento giuridico di tali unioni debba essere necessariamente realizzato mediante una equiparazione al matrimonio. Inoltre, se è vero che i concetti di famiglia e di matrimonio non possono essere cristallizzati con riferimento all'epoca in cui l'art. 29 Cost. entrò in vigore, l'interpretazione evolutiva della norma non può spingersi al punto di incidere sul nucleo della norma, modificandola in modo da includere fenomeni e problematiche non considerati in alcun modo quando fu emanata. La discrezionalità del legislatore in materia ha trovato espressione con la già citata **legge 20 maggio 2016, n. 76**, che per la prima volta ha dettato una disciplina sistematica in tema di unioni civile tra persone dello stesso sesso, regolando altresì le convivenze non matrimoniali.

b) Non meno controverso, fino a quando le dispute sono state troncate dalla riforma del diritto di famiglia, si è rivelato l'ambiguo e compromissorio capoverso dell'art. 29: «Il matrimonio è ordinato sull'eguaglianza morale e giuridica dei coniugi, con i limiti stabiliti dalla legge a garanzia dell'unità familiare». Dei due valori così proclamati, quello dell'eguaglianza e quello dell'unità, quale doveva esser posto in primo piano? E l'attuazione del necessario bilanciamento doveva comunque spettare al solo legislatore ordinario oppure si prestava ad es-

---

[2] Cfr. la sent. 14 aprile 1980, n. 45.

[3] Si pensi all'art. 199 del nuovo Codice di procedura penale, nella parte in cui estende la «facoltà di astensione» dalle testimonianze a favore di chi, «pur non essendo coniuge dell'imputato, come tale conviva o abbia convissuto con esso».

[4] Cfr. la sent. 7 aprile 1988, n. 404, cui fanno però da contrappeso le sentt. 7 aprile 1988, n. 423, e 26 maggio 1989, n. 310.

sere affidata – soprattutto in una situazione contraddistinta dall'inerzia legislativa, come quella precedente gli anni 1970 – alle decisioni della Corte costituzionale, in diretta applicazione della legge fondamentale?

Inizialmente, pareva che l'accento dovesse cadere sull'**unità familiare**, conformemente alle scelte operate dal Codice civile del 1942 (Santoro Passarelli); o che, quanto meno, ai due confliggenti principi ispiratori dell'art. 29 cpv. competesse il medesimo rango, con la conseguenza che le norme legislative ordinarie sarebbero state sostanzialmente libere di privilegiare – nelle forme più diverse – il primo oppure il secondo (Grassetti). Anche la giurisprudenza costituzionale sostenne, a questa stregua, che fosse ben consentito differenziare il regime penale della moglie da quello del marito, secondo la predominante «valutazione dell'ambiente sociale»; e che, in ogni caso, la definizione del marito quale «capo della famiglia» rappresentasse la naturale «manifestazione dell'unità familiare»[5].

Successivamente, viceversa, ha prevalso con sempre maggiore evidenza l'opinione che l'**eguaglianza coniugale** sia la regola e che le deroghe finalizzate all'unità della famiglia vadano dunque concepite «in senso strettissimo» (Esposito, Mortati). Sulla base di un'interpretazione evolutiva dell'art. 29 cpv., rovesciando i suoi stessi precedenti, la Corte costituzionale ha quindi emesso talune pronunce di annullamento: sia per pareggiare il trattamento della moglie a quello del marito, in tema di esecuzione forzata; sia per levare di mezzo le discriminazioni risultanti dal Codice penale in fatto di adulterio; sia per colpire – paradossalmente – un privilegio già spettante alla moglie in regime di separazione coniugale, dal momento che il marito doveva fronteggiarne le esigenze, indipendentemente dalle condizioni economiche di lei[6].

Ma il passo determinante è stato fatto dal Parlamento, con l'approvazione della *legge 19 maggio 1975, n. 151*, che ha riformato le disposizioni del Codice civile relative alla famiglia, in attuazione degli artt. 29 e 30 Cost. Basti qui ricordare che «con il matrimonio il marito e la moglie acquistano gli stessi diritti e assumono i medesimi doveri»; e che «i coniugi concordano tra loro l'indirizzo della vita familiare»[7]. La comunità familiare, pertanto, si regge ormai sul consenso, per quanto la legge del 1975 ammetta il ricorso al giudice, qualora i dissensi non siano diversamente componibili[8].

c) Già in partenza, l'affermazione del principio di eguaglianza risultava assai più netta in tema di rapporti fra i genitori e i figli minori: il primo comma

---

[5] V. rispettivamente la sent. 28 novembre 1961, n. 64 (in tema di adulterio femminile); e la sent. 13 luglio 1970, n. 128 (nella parte riguardante l'originario art. 144 Cod. civ.).

[6] Sul primo punto, vedi la sent. 15 dicembre 1967, n. 143; sul secondo, le sentt. 19 dicembre 1968, nn. 126 e 127; sul terzo, la sent. 23 maggio 1966, n. 46.

[7] Cfr. i novellati artt. 143 e 144 Cod. civ.

[8] Cfr. l'art. 145 Cod. cit.

dell'art. 30 Cost. considera, infatti, «diritto e dovere dei genitori mantenere, istruire ed educare i figli, anche se nati fuori del matrimonio». Da un lato, perciò, la Costituzione fissa senz'altro il principio della **parità dei genitori** (Esposito); e solo la cautela dell'organo della giustizia costituzionale, che non voleva sostituirsi al legislatore ordinario neanche nella disciplina dei rapporti di filiazione, spiega per quali ragioni la Corte degli anni Sessanta abbia tenuto ferma «la prevalenza della volontà paterna nell'esercizio della patria potestà» [9]. D'altro lato, ciò che si ricava dall'art. 30, co. 1 – ben oltre i confini della famiglia strettamente intesa – è il principio della **parità dei figli**: non avendo alcun rilievo – agli effetti qui considerati dalla Costituzione – la circostanza che si tratti di figli legittimi o naturali od anche adulterini od incestuosi[10].

Quanto ai genitori, tuttavia, appare letteralmente chiaro che il loro è un potere-dovere e dunque un *officium* (Bessone), che non può venire usato o trascurato ad arbitrio. Del resto, ne offre la riprova il secondo comma dell'art. 30, che riserva alla legge il provvedere «nei casi di incapacità dei genitori». Vero è che i provvedimenti in questione possono anche risolversi nelle «misure economiche» agevolative, previste dal successivo art. 31. Ma l'*extrema ratio* consiste, appunto, nella «decadenza dalla potestà sui figli» e nell'«allontanamento del figlio dalla residenza familiare», che il giudice può pronunciare quando i genitori non adempiano i loro doveri od abusino dei loro poteri o tengano una condotta «comunque pregiudizievole al figlio» [11].

Al limite, la *legge 4 maggio 1983, n. 184*, prescrive che siano dichiarati «in stato di adottabilità» – con tutta la prudenza necessaria in casi così dolorosi – «i minori in situazione di abbandono perché privi di assistenza morale o materiale da parte dei genitori o dei parenti tenuti a provvedervi» [12]. Ma già in presenza di una legge del 1967, che aveva introdotto nel Codice civile la cosiddetta *adozione speciale* accanto alla tradizionale adozione ordinaria, la Corte costituzionale notava come si fosse riconosciuta una «posizione preferenziale» alla situazione soggettiva del minore: così giustificando «la cessazione dei rapporti dell'adottato verso la famiglia di origine», in deroga alla regola onde il figlio ha il diritto di essere educato nell'ambito della famiglia stessa[13].

Quanto invece ai figli, è proprio la Costituzione ad escludere che spettino loro, malgrado il detto principio di parità, posizioni di assoluta eguaglianza reci-

---

[9] La citazione è tratta dalla sent. 8 luglio 1967, n. 102. Ma vedi, altresì, la sent. 23 maggio 1966, n. 49, che ha giustificato la speciale disciplina dell'amministrazione dei beni dei figli, posta dall'originario art. 340 Cod. civ. nel caso di «nuove nozze della madre»; come pure la sent. 21 giugno 1966, n. 71, sulla patria potestà da esercitare nei confronti dei figli naturali riconosciuti da entrambi i genitori.

[10] V. l'art. 279 Cod. civ.

[11] Si vedano gli artt. 330 e 333 Cod. civ.

[12] Cfr. l'art. 8, co. 1, legge cit.

[13] Si tratta della sent. 10 febbraio 1981, n. 11.

proca. Osta, innanzitutto, la disposizione dell'art. 30, co. 3, che impone alla legge di assicurare «ai figli nati fuori del matrimonio ogni tutela giuridica e sociale», purché tale regime sia «*compatibile con i diritti dei membri della famiglia legittima*». Anche in questi termini, s'intende che il legislatore ordinario non potrebbe procedere ad arbitrio: la riserva di legge così stabilita rientra, infatti, fra quelle «rinforzate», dal momento che l'obiettivo della parità rimane in linea di massima prioritario [14]. Ma l'esistenza di una famiglia legittima consente, o addirittura esige (Esposito), che i membri di essa non vengano – in particolar modo – costretti alla convivenza con i figli naturali di uno dei due coniugi [15].

2. *I diritti sociali: premesse*

Rispetto alla categoria dei diritti della famiglia, i contorni dei cosiddetti **diritti sociali** appaiono assai meno chiari. La formula in questione viene utilizzata abitualmente, ormai, se non altro da quando la Dichiarazione universale dei diritti umani, approvata dall'Assemblea generale dell'ONU il 10 dicembre 1948, ha ragionato espressamente dei diritti stessi, affiancandoli a quelli «economici» e «culturali» [16]. Senonché il dibattito su tali situazioni soggettive era iniziato ben prima, con particolare evidenza nel caso della letteratura giuspubblicistica tedesca del periodo weimariano. E anzi l'idea che occorresse una «garanzia sociale», per rendere effettivo il godimento dei diritti costituzionalmente rilevanti, risale addirittura alla Dichiarazione votata dalla Convenzione nazionale francese nel 1793 [17].

Con tutto questo, la portata della formula rimane controversa, in quanto certi autori la riferiscono ad uno specifico e omogeneo complesso di situazioni; laddove altri propendono ad allargarla oltremodo, fino al punto di farne un nome privo di concetto. Da un lato, cioè, per diritti sociali s'intendono i «*diritti civici*» (Mortati), formati da altrettanti **«diritti pubblici di prestazione»** (Biscaretti di Ruffia), che lo Stato è tenuto – per Costituzione – a fornire ai propri cittadini: come in Italia e altrove si verifica – ad esempio – per l'assistenza sanitaria, per la pubblica istruzione, per la previdenza sociale e via dicendo. D'altro lato, non si contesta che il nucleo dei diritti in esame consiste appunto in uno *status positivus* del genere or ora accennato; ma in una prospettiva assai più ampia si assegnano a quell'ambito gli stessi diritti familiari (Baldassarre, Caravita) o si definiscono sociali i «diritti di partecipazione dei gruppi e degli individui» in

---

[14] Si veda, sul punto, la sent. 14 aprile 1969, n. 79.

[15] V. ora l'art. 252 Cod. civ.

[16] Cfr. l'art. 22 Dich. cit. Ma vedi inoltre la Carta sociale europea, ratificata e resa esecutiva ai sensi della legge 3 luglio 1965, n. 929.

[17] V. specialmente l'art. 23 Dich. cit.

genere (Gurvitch), ivi compresi – fra gli altri – il diritto alla vita od anche il diritto di associazione, pur comunemente collocati fra i diritti civili.

La concezione qui assunta risulta, grosso modo, intermedia fra questi due estremi. In vista del disegno costituzionale italiano possono anzitutto considerarsi sociali – secondo la configurazione più restrittiva – il «diritto al lavoro», il diritto alla salute e quello mirante ad ottenere un minimo grado di istruzione, i diritti all'assistenza e alla previdenza sociale; e nel medesimo quadro vanno inserite le agevolazioni riguardanti la famiglia, la maternità, l'infanzia e la gioventù, che la Costituzione esige da parte della «Repubblica» [18], senza peraltro coinvolgere i «diritti della famiglia», che pongono problemi di tutt'altra natura. Ma occorre subito aggiungere che altri diritti sociali, imperniati specialmente sul «diritto al lavoro», hanno per contropartì *soggetti privati* quali i datori di lavoro, piuttosto che la sola mano pubblica (Corso, Pace); sicché la figura in esame abbraccia, in particolar modo, la previsione costituzionale della giusta retribuzione, come pure i diritti delle donne e dei minori nei rapporti di lavoro subordinato [19]. Ancora, nel quadro stesso rientrano – ad avviso di chi scrive – taluni diritti tradizionalmente propri delle coalizioni dei lavoratori, mediante i quali sono meglio tutelabili il diritto al lavoro e alla retribuzione sufficiente e adeguata: quali le libertà dell'organizzazione e dell'azione sindacale ovvero il «diritto di sciopero» [20]. Il che rende palesi, d'altra parte, le interferenze esistenti fra i diritti sociali così ricostruiti e certi diritti fondamentali di libertà, connessi *ratione materiae*: dal ricordato diritto di associarsi in sindacati alle libertà di insegnamento e di scuola, dal diritto di scegliere il proprio lavoro fino alla libera assistenza privata [21].

Si tratta, indubbiamente, di una categoria quanto mai eterogenea, perché comprensiva di diritti soggettivi in senso stretto, di interessi legittimi tutelabili dinanzi ai giudici amministrativi, di interessi semplici nei quali si riflettono i principi programmatici e i conseguenti doveri della mano pubblica, proclamati dalle dette disposizioni costituzionali. In altre parole, talune delle garanzie istituzionali di cui si discute generano immediatamente particolari situazioni soggettive costituzionalmente rilevanti; mentre, in vari casi, destinatario principale di esse è il Parlamento, sicché i rispettivi diritti od interessi non si concretano, fino a quando (e nei limiti in cui) le leggi ordinarie non abbiano attuato la Costituzione, provvedendo specialmente alla copertura delle spese necessarie. Ma questo non toglie che alla base di tutte le citate affermazioni costituzionali sussista una comune ispirazione di fondo, che basta a legittimare una definizione tanto larga dei diritti sociali.

---

[18] Cfr. gli artt. 4, co. 1, 31, 32, co. 1, 34, 35 e 38 Cost.

[19] Cfr. gli artt. 36 e 37 Cost.

[20] Si vedano gli artt. 39 e 40 Cost.

[21] Oltre agli artt. 4 e 49, v. rispettivamente gli artt. 33 e 38 ult. co., Cost.

Il primo dato che deve tenersi presente in tal senso consiste nella graduale edificazione di un tipo di ordinamento statale caratteristico del nostro secolo, qual è lo **Stato sociale di diritto** (v. *supra*, parte I, cap. II, § 5). Cardine di questa forma è l'imperativo della giustizia sociale, non già concepita in antitesi ai diritti civili peculiari del *Rechtsstaat*, bensì riguardata come la premessa indispensabile per la loro valorizzazione. Quelli che, nel bilanciamento con i diritti sociali, possono subire limitazioni e conformazioni riduttive sono – se mai – i *diritti economici*, dalla libera iniziativa fino alla proprietà privata (Luciani, Villone). Quanto invece ai *diritti civili*, la proclamazione e l'effettiva realizzazione dei diritti sociali non sono che il mezzo per assicurarne il pieno godimento, attraverso la tutela e lo sviluppo della personalità umana che ne rappresenta il comune presupposto.

Affinché ciascun cittadino sia concretamente in grado di valersi dei diritti che la Costituzione definisce inviolabili, occorre che si determini la liberazione «dal bisogno» e «dalla paura», secondo la terminologia utilizzata dal presidente americano Roosevelt negli anni Quaranta; occorre l'equiparazione dei cittadini stessi nelle loro condizioni di partenza, relative ai beni più fondamentali; occorre che a tutti sia dato, pertanto, un minimo di garanzia sociale, tale da «rimuovere» – come afferma l'art. 3, co. 2, Cost. – «gli ostacoli» che di fatto limitano «la libertà e l'eguaglianza dei cittadini»[22]. Sotto la specie dei diritti sociali, la Carta costituzionale pone dunque norme e impone misure a beneficio delle «categorie sottoprotette» (Romagnoli); sicché le situazioni di cui si discute sono state giustamente considerate quali *diritti dei cittadini ineguali* (Lombardi Vallauri). Ciò vale a spiegare, in particolar modo, le varie previsioni miranti a tutelare il lavoro subordinato (e quindi i cosiddetti contraenti deboli); la garanzia di un certo grado di istruzione e di assistenza sanitaria, specie nei riguardi dei soggetti «privi di mezzi» o addirittura «indigenti»[23]; l'affermazione dell'art. 38, co. 1, Cost., onde «ogni cittadino inabile al lavoro e sprovvisto dei mezzi necessari per vivere ha diritto al mantenimento e all'assistenza sociale».

Vero è che disposizioni analoghe per contenuti si rinvengono ormai nella generalità degli ordinamenti statali più evoluti. Ma in Italia si aggiunge il dato consistente nella **costituzionalizzazione dei diritti sociali**: vale a dire nel rilievo costituzionale conferito alle proclamazioni di principio sulle quali si fondano i diritti stessi, pur necessitando in molti casi di essere attuati in via legislativa. Né la vaghezza di proclamazioni siffatte deve indurre a sottovalutarne la portata. Mano a mano che la Costituzione e le leggi attuative concorrevano a creare un comune disegno, sempre più preciso e precettivo, quelle che inizialmente apparivano come direttive sprovviste di qualsivoglia attitudine normativa si sono rivelate cariche di significati; e basta a dimostrarlo – per fare un solo esempio – l'imponente giurisprudenza costituzionale formatasi in tema di pensioni e di al-

---

[22] Sui nessi riscontrabili fra «le condizioni minime di uno Stato sociale» e l'eguaglianza sostanziale proclamata dall'art. 3 cpv., v. la sent. n. 217/1988 cit. della Corte costituzionale.

[23] V. nuovamente gli artt. 34, co. 3, e 32, co. 1, Cost.

tri trattamenti basati sull'art. 38, in combinazione con il principio generale di eguaglianza.

3. *Il principio lavoristico e le sue varie implicazioni costituzionali*

a) È innegabile che molte tra le proclamazioni riguardanti i diritti sociali abbiano un carattere fondamentalmente programmatico. È questo, specialmente, il caso del **«diritto al lavoro»**, riconosciuto dall'art. 4 Cost. nel quadro dei «principi fondamentali» caratterizzanti la stessa forma dello Stato italiano. Il puro e semplice fatto che l'art. 4, co. 1, imponga alla Repubblica (e dunque all'insieme dei pubblici poteri) il compito di promuovere «le condizioni che rendano effettivo questo diritto», offre la riprova che non si tratta ancora di una concreta situazione soggettiva di vantaggio; bensì dell'oggetto di una «norma promozionale», che impegna gli organi di governo a perseguire – per quanto possibile – una «politica di piena occupazione» (Corso). Il massimo che può desumersi dal principio lavoristico, isolatamente preso, è il fondamento costituzionale *dell'indennità di disoccupazione* (Mortati; *contra* Mazziotti), peraltro collegata all'art. 38 oltre che all'art. 4, co. 1. Ma la Corte costituzionale ha fin dagli inizi ritenuto che il «diritto» in esame, malgrado il suo nome, si risolvesse in un «invito al legislatore», per definizione insufficiente ad assicurare a ciascun cittadino il «conseguimento di una occupazione»[24].

Senonché le graduali attuazioni legislative della direttiva costituzionale si sono in vario senso incorporate nella direttiva stessa. Così, le norme legislative ordinarie sul *collocamento dei lavoratori* nei posti di lavoro sono state giustificate dalla Corte, appunto in nome dell'intervento dei poteri pubblici, richiesto dall'art. 4, co. 1[25]. Ciò che più conta, la Corte dà per pacifico che da questa norma sia desumibile «il diritto dei lavoratori a non subire licenziamenti arbitrari»[26]; sicché si determina un nesso fra il principio lavoristico e le *norme sui licenziamenti*, dettate dalla legge 15 luglio 1966, n. 604, e poi dallo «Statuto dei lavoratori»[27]. Il che, tuttavia, lascia intendere come l'art. 4 persegua obiettivi che potrebbero rivelarsi conflittuali, operando da un lato a vantaggio dei lavoratori che ricerchino una qualche occupazione e, d'altro lato, in difesa dei posti di lavoro già ricoperti dai lavoratori occupati.

---

[24] V. rispettivamente le sentt. 26 gennaio 1957, n. 3, e 9 giugno 1965, n. 45.

[25] Cfr. la sent. 28 novembre 1986, n. 248.

[26] Così è motivata la sent. 24 marzo 1988, n. 331. Ma vedi anche la sent. 31 gennaio 1991, n. 41.

[27] V. specialmente l'art. 1 della legge n. 604/1966, quanto al licenziamento «per giusta causa» o «per giustificato motivo», e l'art. 18 della legge n. 300/1970, come modificato prima dalla legge 11 maggio 1990, n. 108, e poi dalla legge 28 giugno 2012, n. 92, quanto alla «reintegrazione nel posto di lavoro».

b) Sotto i profili indicati l'art. 4, co. 1, si riferisce comunque – in via principale o addirittura esclusiva – al lavoro dipendente. Ma quell'articolo è comunemente interpretato, in pari tempo, come la fonte di una garanzia ben più comprensiva, tale da coinvolgere qualunque attività lavorativa, subordinata od autonoma (fatte salve le limitazioni dell'iniziativa economica privata, basate sull'art. 41, co. 2, Cost.). Quale premessa indispensabile del «diritto al lavoro», si pone cioè la cosiddetta **libertà di lavoro**, concernente l'accesso al lavoro medesimo [28] e dunque lo svolgimento di «un'attività corrispondente alla propria scelta e alle proprie capacità professionali» (Baldassarre).

Secondo un'opinione dottrinale (Mazziotti), la «libertà di lavorare» rappresenterebbe, anzi, il solo diritto immediatamente protetto dall'art. 4 Cost., che in ogni altro senso rimarrebbe indirizzato al Parlamento. Ma anche quanti insistono sulle garanzie positive e sociali, ricavabili dal citato primo comma, sono unanimi nel riconoscere che le libere decisioni sulle proprie attività lavorative precedono il «diritto al lavoro»: il quale, altrimenti, si tramuterebbe in un obbligo, imponibile e sanzionabile ad arbitrio da parte dei pubblici poteri. Il solo motivo di dubbio riguarda, a questo punto, il fondamento della pretesa di non essere impediti o discriminati nelle scelte in esame, senza una ragione costituzionalmente valida. La più parte degli autori e la giurisprudenza della Corte costituzionale lo rinvengono, infatti, nello stesso primo comma dell'art. 4, che ragionerebbe dunque del lavoro in un duplice senso, positivo e negativo (Mortati, Spagnuolo Vigorita). Altri autori, per contro, fanno leva piuttosto sul secondo comma, cioè sul disposto che addossa ad ogni cittadino «il dovere di svolgere, *secondo le proprie possibilità e la propria scelta, un'attività* o una funzione che concorra al progresso materiale o spirituale della società» (Mancini). Ed effettivamente quest'ultimo appiglio è assai più pertinente del primo, anche se la Carta costituzionale accentua il momento del dovere, limitandosi a presupporre il corrispondente momento del diritto [29].

In ogni caso, la tutela costituzionale della libertà di lavoro rimane incontestabile. Sul piano giuridico, se mai, quello che rischia di rivelarsi evanescente è proprio il *dovere del lavoro*, enfaticamente affermato dal capoverso dell'art. 4; tanto è vero che in dottrina (Mazziotti) esso è stato definito come un semplice vincolo morale.

c) In applicazione del principio lavoristico, gli artt. 35 ss. della Costituzione riaffermano e puntualizzano i diritti sociali pertinenti ai rapporti di lavoro. Ma gli oggetti, il grado di penetrazione e lo stesso concetto di lavoro, che caratterizzano ciascuna di queste disposizioni, sono alquanto diversi secondo i vari casi.

Da un lato si colloca l'amplissima previsione dell'art. 35, co. 1, per cui «la

---

[28] Si vedano in tal senso – fra le altre – le sentt. 9 giugno 1965, n. 45, e 6 luglio 1965, n. 61, della Corte costituzionale.

[29] Vedi, in proposito, la sent. 23 marzo 1960, n. 12, della Corte costituzionale.

Repubblica tutela il lavoro in tutte le sue forme ed applicazioni». Come la Corte costituzionale ha ripetutamente precisato[30], tale disposto ha una «funzione introduttiva» rispetto alle altre previsioni comprese nel titolo III. Si spiega, perciò, che esso non riguardi il solo *lavoro subordinato*, ma anche il *lavoro autonomo*, con la sola esclusione delle attività imprenditoriali[31]; le quali, peraltro, non rimangono sprovviste di tutela costituzionale, bensì la ricevono in forza dell'art. 41 Cost. (Treu).

D'altro lato, però, tutte le disposizioni successive degli artt. 35-37 Cost. si riferiscono – fondamentalmente – ai lavoratori dipendenti. Ciò vale di già per il primo capoverso dell'art. 35, in cui si afferma che la Repubblica «cura la formazione e l'elevazione professionale dei lavoratori». Ma la destinazione ai rapporti di lavoro dipendente è ancora più palese quanto all'art. 36, concernente il diritto alla giusta retribuzione, la durata massima della giornata lavorativa, il riposo settimanale e le ferie annuali retribuite; come pure nel caso dell'art. 37, in tema di diritti delle donne lavoratrici e dei minori, con particolare riguardo al «limite minimo di età per il lavoro salariato». Ed effettivamente, anche la Corte costituzionale ha contrapposto con nettezza i rapporti regolati dall'art. 36 alla sfera residua dell'«autonomia contrattuale»[32].

A differenza di altri diritti sociali, che non si concretano indipendentemente da leggi ordinarie attuative della Costituzione, le proposizioni costituzionali riguardanti la **giusta retribuzione** sono state subito considerate – tanto in dottrina (Mortati) quanto in sede di giustizia civile – *immediatamente precettive* e dunque operative: con la conseguenza che i giudici competenti in materia ne hanno fatto senz'altro applicazione, per risolvere varie specie di controversie fra lavoratori e datori di lavoro. Ma il livello retributivo costituzionalmente garantito non è stato fissato a discrezione, da parte di ognuno dei giudici stessi; ciò che ha contraddistinto il ricorso all'art. 36 è stato, viceversa, l'«utilizzo giudiziale dei contratti collettivi come indicatori indiretti dei minimi di trattamento normativo» (Treu). In altre parole, sia la *sufficienza* della retribuzione sia la *proporzionalità* di essa trovano i loro «indici rivelatori» nei contratti collettivi stipulati per le varie categorie; sicché tali accordi, pur non avendo la natura di fonti normative efficaci *erga omnes* – come invece prescrive l'inapplicato art. 39 Cost. (v. *infra*, § 4 del presente capitolo) – acquistano una sorta di «ultrattività», appunto in forza dell'art. 36, co. 1[33].

---

30 Si veda già la sent. 9 marzo 1967, n. 22.

31 Cfr. la sent. 15 dicembre 1967, n. 141, con cui la Corte ha ritenuto «evidente» che l'art. 35 riguardi i soli lavoratori e non i datori di lavoro.

32 Cfr. la sent. 23 aprile 1965, n. 30.

33 V. rispettivamente le sentt. 13 luglio 1963, n. 129, e 6 luglio 1971, n. 156, della Corte costituzionale. La seconda di queste decisioni ha dichiarato illegittima la legge 14 luglio 1959, n. 741, nella parte in cui escludeva che «la sopravvenuta non corrispondenza dei minimi economici al salario sufficiente» conferisse al giudice ordinario «i poteri che gli vengono dall'art. 36 Cost.».

Più precisamente, è su questa base che spetta al giudice far corrispondere la retribuzione «a due fondamentali e diverse esigenze»: la prima delle quali «si ricollega al rapporto di scambio tra prestatoti d'opera e datori di lavoro, considerando la prestazione di lavoro nella sua consistenza quantitativa e qualitativa»; mentre la seconda, cioè la sufficienza, va salvaguardata «in ogni caso», con riguardo «alle esigenze minime di vita», proprie del lavoratore e della sua famiglia [34]. Dei due criteri, però, è quello della proporzionalità che appare primario e suscettibile di più generali applicazioni (Ghera, Perone). E ad esso fa riferimento anche l'art. 37, quando prescrive che alle **donne lavoratrici** e ai **minori** competano, «a parità di lavoro», le stesse retribuzioni di cui godano i lavoratori adulti adibiti alle medesime mansioni.

Ma l'*eguaglianza* così garantita alle donne involge «tutti gli aspetti del rapporto di lavoro e le sue varie fasi» [35]; dall'accesso al lavoro – in relazione al quale il d.lgs. 11 aprile 2006, n. 198, art. 27, tutela la pari opportunità tra uomo e donna – fino all'età del pensionamento. Di più: lo stesso art. 37 afferma che le condizioni di lavoro devono consentire l'adempimento della «essenziale funzione familiare» della donna (e in particolar modo della madre), così giustificando una particolarissima tutela legislativa, a partire dal divieto di licenziamento delle lavoratrici per causa di matrimonio ovvero in periodo di gravidanza.

4. *La libertà sindacale e il diritto di sciopero*

a) Fra i mezzi costituzionalmente predisposti a tutela del lavoro rientra, senza dubbio, la **libertà di organizzazione sindacale**, proclamata dal primo comma dell'art. 39. In netta antitesi all'«assorbimento» e all'«asservimento dei sindacati allo Stato», peculiari del periodo fascista (Esposito), la Costituzione ha così stabilito il principio del *pluralismo* dei sindacati stessi. E tale libertà si concreta, essenzialmente, nella spontanea formazione delle più varie coalizioni di lavoratori, mediante le quali il diritto di associazione viene utilizzato per rafforzare le parti che risulterebbero contrattualmente più deboli, se fossero lasciate sole nell'ambito dei rispettivi rapporti di lavoro.

Bisogna però rilevare che la disciplina dettata dall'art. 39 non si pone – diversamente da quella concernente altri diritti sociali – in collegamento diretto ed esclusivo con la disposizione dell'art. 3, co. 2, che affida alla Repubblica il compito di realizzare «l'effettiva partecipazione dei lavoratori all'organizzazione politica, economica e sociale del Paese». Da un lato, nel campo dei contratti collettivi di lavoro formati dalle associazioni sindacali, non è consentita – di

---

[34] Così argomentano le sentt. 4 maggio 1960, n. 30, e 26 aprile 1962, n. 41, della Corte costituzionale.

[35] Cfr. la sent. 18 giugno 1986, n. 137.

massima – l'intromissione della mano pubblica, sia pure in attuazione della cosiddetta eguaglianza sostanziale; e vige, all'opposto, la regola della «doverosa non ingerenza dello Stato» (Pera). D'altro lato, il testo dell'art. 39 non si concilia con la riduttiva interpretazione dottrinale (Giugni), che lo riferisce ai soli sindacati dei *lavoratori*, ad esclusione di quelli composti dai *datori di lavoro:* la stessa giurisprudenza costituzionale ha fatto anzi intendere il contrario, nel risolvere una controversia riguardante i rapporti associativi delle imprese a prevalente partecipazione statale[36].

Nel corso del periodo repubblicano, del resto, il momento della libertà e dell'autonomia sindacale si è molto accentuato, rispetto al disegno tracciato dall'Assemblea costituente. Occorre infatti notare che il primo comma dell'art. 39, onde «l'organizzazione sindacale è libera», contiene una disposizione precettiva senz'altro efficace. Viceversa i commi successivi, miranti a regolamentare e circoscrivere quella libertà, avevano ed hanno un effetto differito, in quanto presuppongono un'apposita *legge sindacale* che il Parlamento non ha mai provveduto ad approvare. È rimasta pertanto inoperante la previsione che i sindacati dovessero ottenere la *registrazione* «presso uffici locali o centrali» della pubblica amministrazione (quanto meno per essere ammessi alla contrattazione collettiva); non ha avuto alcun seguito legislativo la disposizione che conseguentemente imponeva alle organizzazioni sindacali di adottare un *«ordinamento interno a base democratica»;* ed è una lettera morta, soprattutto, la procedura indicata dal quarto comma, circa la stipulazione di *«contratti collettivi con efficacia obbligatoria»* per ogni appartenente alle relative «categorie».

La sistematica in attuazione di quasi tutto il disegno costituzionale è stata imposta, in effetti, dall'ostilità delle confederazioni sindacali che temevano di ritrovarsi in minoranza, entro le *rappresentanze unitarie*, costituite in proporzione ai rispettivi iscritti, cui la Costituente voleva affidare la contrattazione collettiva, in luogo dei singoli sindacati; dalla obiettiva difficoltà di *concretare* i disposti dell'art. 39, sia quanto al computo degli iscritti sia quanto alla definizione delle *categorie* che ciascun contratto avrebbe dovuto riguardare con efficacia *erga omnes*[37]; dalla stessa antinomicità del precetto stabilito nel primo comma, che s'impernia sulla libertà dei sindacati, rispetto a quelli dettati dal comma finale dell'articolo in esame, che invece intendevano – al limite – riservare al sindacato maggioritario e ai suoi rappresentanti le decisioni relative alla stipulazione del contratto (tanto da ridimensionare i sindacati minori, anche in vista del diritto di sciopero considerato dall'art. 40).

In definitiva, dunque, la realtà giuridica degli attuali sindacati e della loro azione si presenta alquanto lontana dalle indicazioni della Carta costituzionale.

---

[36] Si veda la sent. 26 gennaio 1960, n. 1.

[37] Nella migliore dottrina (Esposito, Pera) è stata respinta l'idea che le categorie fossero determinabili imperativamente per legge; ed ha prevalso, per contro, la «concezione contrattualistica», per cui sarebbe spettato ai sindacati stessi foggiare liberamente le categorie medesime.

Anziché registrarsi e acquisire personalità giuridica, i sindacati hanno ancor oggi la veste delle **associazioni di fatto**. Nel confronto con la massa delle altre strutture associative, essi sono dotati di particolare tutela, soprattutto in forza dello «*Statuto dei lavoratori*». Ma questa disciplina si è risolta nel rafforzamento delle loro libertà e di quelle spettanti ai loro iscritti: a cominciare dal «diritto di costituire associazioni sindacali, di aderirvi e di svolgere attività sindacale», garantito a tutti i prestatori d'opera «all'interno dei luoghi di lavoro»; per finire con il divieto degli «atti discriminatori» a carico dei componenti determinate associazioni, che grava anch'esso sui datori di lavoro, indipendentemente dalla loro natura pubblica o privata [38].

Vero è che svariate norme legislative hanno privilegiato – fra tutti i sindacati – quelli *maggiormente rappresentativi sul piano nazionale*: dotandoli di particolari poteri, in ragione dei quali i sindacati stessi possono considerarsi provvisti d'una sorta di «libertà politica» (Prosperetti) e non d'una mera libertà civile. Così – per esempio – a formare il *Consiglio nazionale dell'economia e del lavoro* concorrono, appunto, i «rappresentanti delle organizzazioni sindacali maggiormente rappresentative», per l'ampiezza e la diffusione delle loro strutture, per la consistenza numerica, per avere preso parte alla stipulazione di contratti nazionali di lavoro; e analogamente disponeva lo «Statuto dei lavoratori» (art. 19) fino all'esito favorevole di un *referendum* abrogativo svoltosi nel 1995, circa le rappresentanze sindacali aziendali. Ma la Corte costituzionale ha avvertito che disposizioni siffatte, pur non essendo irragionevoli, devono tendere «alla valorizzazione dell'effettivo consenso come metro di democrazia»; sicché la legge non potrebbe prescindere – neanche agli effetti testé ricordati dalla «rappresentanza reale», a pena di ledere «i principi di libertà e di pluralismo sindacale» [39]. E infatti, con sent. 23 luglio 2013, n. 231, la Corte ha dichiarato l'illegittimità del citato art. 19, per la parte sopravvissuta al *referendum* abrogativo, laddove la norma non prevede che la rappresentanza sindacale aziendale possa essere costituita anche nell'ambito di associazioni sindacali che, pur non firmatarie dei contratti collettivi applicati nell'unità produttiva, abbiano comunque partecipato alla negoziazione relativa agli stessi contratti quali rappresentanti dei lavoratori dell'azienda.

Lo scarto fra il diritto vigente e le previsioni costituzionali si avverte al massimo grado, d'altronde, quanto al regime dei **contratti collettivi di lavoro**, per sé ricadenti nel diritto comune, al pari delle associazioni stipulanti. Senonché l'efficacia *erga omnes*, che non si è potuta realizzare nelle forme costituzionalmente previste, viene in qualche modo conseguita con altri mezzi, e principal-

---

[38] V. rispettivamente l'art. 14 e gli artt. 15-16 della legge n. 300/1970 cit. Ma vedi altresì gli artt. 19 ss., quanto alle «rappresentanze sindacali aziendali», al diritto di assemblea nelle singole «unità produttive», ai referendum da svolgere «nell'ambito aziendale», ai «permessi retribuiti» per i dirigenti delle rappresentanze predette, e via discorrendo.

[39] Cfr. la sent. 26 gennaio 1990, n. 30.

mente attraverso il ricorso al primo comma dell'art. 36 Cost. Ciò ha fatto pensare, addirittura, che i contratti collettivi apparterrebbero pur sempre al novero delle fonti normative, sia pure *extra ordinem* (Pizzorusso), ma la conclusione sembra troppo estrema per poter essere accolta. Piuttosto, quella che presenta una base più sicura è l'esistenza di *un'area riservata all'autonomia contrattuale*, che nemmeno la legge ordinaria potrebbe cancellare o comprimere ad arbitrio. Non a caso, la Corte costituzionale ha ritenuto illegittime talune leggi che cercavano di estendere l'efficacia di determinati contratti collettivi a tutti i lavoratori appartenenti alle categorie interessate, in maniera diversa da quella stabilita nell'art. 39, co. 4; e in un momento successivo la Corte stessa ha fatto valere, nei confronti del legislatore, «la libertà delle scelte sindacali e gli esiti contrattuali di esse»[40]. Il che non toglie, s'intende, che la legge possa comunque perseguire *finalità* di carattere pubblico, trascendenti l'ambito nel quale si colloca – per Costituzione – la libertà di organizzazione sindacale e la corrispondente autonomia negoziale.

b) In luogo dello **«sciopero-delitto»**, caratteristico del periodo fascista, la Costituzione repubblicana non si è limitata ad introdurre uno spazio di libertà o di liceità penale, ma ha configurato lo **«sciopero-diritto»** (Pulitanò): come già si desume dalla lettera dell'art. 40 e come hanno, d'altronde, largamente confermato le esperienze degli ultimi decenni. La *sospensione del rapporto*, dovuta alla proclamazione dello sciopero e alla conseguente *astensione collettiva dal lavoro*, non determina – di regola almeno – sanzioni di sorta a carico degli scioperanti, né penali né civili, salva soltanto la perdita della retribuzione corrispondente alle ore non lavorate. A questi fini, non si è resa nemmeno necessaria la disciplina legislativa dello sciopero stesso, pur prevista e prescritta dall'art. 40 («il diritto di sciopero si esercita nell'ambito delle leggi che lo regolano»). Fermo restando che le limitazioni del diritto così proclamato vanno riservate alla legge, la norma in questione è stata ritenuta *immediatamente precettiva*[41]; e dunque è stata senz'altro applicata dai giudici, ordinari e costituzionali, a tutela degli scioperanti[42].

Nella prolungata (o addirittura voluta) inerzia del Parlamento, è quindi toccato alla Corte costituzionale demolire, mano a mano, l'edificio sanzionatorio eretto dal Codice penale del 1930. Primo a cadere è stato l'art. 502 Cod. pen., che incriminava tanto lo sciopero quanto la serrata «per fini contrattuali». Ma

---

[40] V. nel primo senso la sent. 19 dicembre 1962, n. 106 (nonché la sent. 22 dicembre 1965, n. 88); e nel secondo la sent. 7 febbraio 1985, n. 34.

[41] V. specialmente la sent. 28 dicembre 1962, n. 123, della Corte costituzionale.

[42] Vero è che l'art. 40 non definisce lo sciopero, ma ne presuppone il concetto; il che non ha mancato di generare dispute, in giurisprudenza e in dottrina, con particolare riguardo alle figure di più difficile classificazione, sul tipo dello sciopero «articolato» o «parziale» (Pera). In linea di massima, però, siffatte astensioni dal lavoro sono state ritenute legittime, purché contraddistinte da un «momento collettivo o superindividuale» (Zangari), ad esclusione del caso-limite d'uno sciopero proclamato od attuato da un solo lavoratore.

le motivazioni addotte dalla Corte, nell'uno e nell'altro dei due casi, appaiono nettamente diverse [43]. Quanto allo sciopero, infatti, la Corte ha ribadito che esso «è riconosciuto costituzionalmente come un diritto». Quanto invece alla serrata, effettuabile dal datore o dai datori di lavoro per resistere alle richieste dei loro dipendenti, essa è stata definita «come un atto penalmente lecito», una volta crollato l'ordinamento corporativo che ne giustificava il divieto penale; ma la relativa disciplina è rimasta demandata alle scelte del legislatore ordinario, senza comunque escluderne l'illiceità civile. Il che lascia intendere come l'art. 40 miri a tutelare – diversamente dall'art. 39 – il solo lavoro subordinato (o «parasubordinato»), in antitesi alle attività imprenditoriali e allo stesso lavoro autonomo.

A questo punto, poteva parere che si fosse legittimato il solo *sciopero economico* nei rapporti di lavoro privato, fermi restando i reati previsti dagli artt. 503-505, come pure i delitti di «abbandono» – collettivo od anche individuale – di un pubblico ufficio o servizio, sanzionati dagli artt. 330 ss. Cod. pen. Ma la Corte si è ben presto spinta assai più oltre: dapprima adottando una decisione interpretativa di rigetto, con cui si sosteneva – fra l'altro – che in ogni caso fossero legittimi gli scioperi promossi a tutela «degli interessi dei lavoratori», al di là delle «rivendicazioni di indole meramente salariale» [44]; poi, viceversa, annullando parzialmente l'art. 330 Cod. pen., in quanto applicabile «allo sciopero economico che non comprometta funzioni o servizi pubblici essenziali, aventi carattere di preminente interesse generale ai sensi della Costituzione» [45]; infine colpendo lo stesso reato di *sciopero politico*, qualora l'astensione dal lavoro – così motivata – non sia diretta «a sovvertire l'ordinamento costituzionale ovvero ad impedire o ostacolare il libero esercizio dei poteri legittimi nei quali si esprime la sovranità popolare» [46].

A conclusione di questa vicenda sono dunque rimasti formalmente in vigore – sebbene inapplicati dai giudici comuni – singoli frammenti delle disposizioni sanzionatorie dettate dal Codice penale del 1930. Ma in dottrina si è generalmente ritenuto che la giurisprudenza costituzionale fosse stata ancora troppo cauta e compromissoria: sia perché in tema di reati e di pene la certezza del diritto imporrebbe decisioni di radicale annullamento delle norme incostituzionali, anziché sentenze manipolative che lascino in vita spezzoni non definiti nella loro esatta portata (Onida); sia – soprattutto – perché l'art. 40 Cost. avrebbe imposto una generalissima libertà di sciopero, insuscettibile di subire *limitazioni*

---

[43] Si vedano, in proposito, la sent. 4 marzo 1960, n. 29, nonché la sent. 15 dicembre 1967, n. 141.

[44] V. nuovamente la sent. n. 123/1962, nonché la contemporanea sent. n. 124.

[45] Cfr. la sent. 17 marzo 1969, n. 31.

[46] Cfr. la sent. 27 dicembre 1974, n. 290, relativa all'art. 503 Cod. pen. Ad essa ha fatto seguito, nei medesimi termini, la sent. 13 giugno 1983, n. 165, relativa all'art. 504 (in tema di «coazione alla pubblica Autorità mediante serrata o sciopero»); ma vedi anche la sent. 29 maggio 1996, n. 171, in tema di «sciopero» degli avvocati.

interne, penalmente rilevanti (Suppiej). In altre parole, la disciplina costituzionale consentirebbe non più la configurazione di reati di sciopero, ma unicamente i «reati di danno» (Pulitanò): per esempio nei casi del boicottaggio o del danneggiamento, che non rappresentano tipici strumenti di tutela dei lavoratori, quand'anche commessi nel corso di una astensione collettiva dal lavoro[47]. Persino il reato di sciopero politico, come ridimensionato dalla Corte, sarebbe ormai privo di oggetto, perché le medesime condotte risulterebbero più pesantemente sanzionate dalle norme penali dettate a protezione della «personalità interna dello Stato» (Gallo).

Del resto, la tendenza a depenalizzare lo sciopero in tutte le sue sottospecie è stata fatta valere, nel 1990, mediante la legge sull'esercizio del diritto in esame nei «*servizi pubblici essenziali*». La legge stessa si basa sulla fondatissima idea che determinati servizi pertinenti, fra l'altro, alla sanità e all'igiene pubblica, alla protezione civile, all'approvvigionamento dei beni di prima necessità, all'amministrazione della giustizia, ai trasporti pubblici, alla previdenza e all'assistenza sociale interferiscono con il «godimento dei diritti della persona, costituzionalmente tutelati»; sicché, nel loro ambito, va comunque garantita «l'erogazione delle prestazioni indispensabili». Ma la mancata effettuazione di questi minimi, da parte dei lavoratori chiamati a fornirli, viene oggi sanzionata in via disciplinare; mentre risultano espressamente abrogati gli artt. 330 e 333 Cod. pen., che invece prevedevano indiscriminate sanzioni di ordine penale[48]. Del pari, è stato mantenuto fermo l'estremo rimedio della precettazione dei lavoratori interessati, ad opera dei prefetti e di altri organi dell'esecutivo; ma il rifiuto di attenersi a tali «ordinanze» comporta una semplice «sanzione amministrativa pecuniaria», e non già una pena del tipo comminato dalla legge comunale e provinciale del 1934[49].

5. *I diritti sociali di prestazione*

I diritti sociali nel senso più stretto e meno controverso del termine hanno per oggetto prestazioni dovute ai cittadini (o ad una parte di essi), in forza di specifiche disposizioni costituzionali rivolte alla Repubblica, intesa quale insieme dei pubblici poteri. Ma è proprio in questo campo che si avverte con la massima evidenza il nesso intercorrente fra diritti sociali e diritti di libertà, relativi ai

---

[47] V. nel primo senso la sent. 7 aprile 1969, n. 84, della Corte costituzionale; e nel secondo la sent. 17 luglio 1975, n. 220.

[48] Si vedano gli artt. 1, 2, 4 ed 11 della legge 12 giugno 1990, n. 146.

[49] Cfr. gli artt. 8-10 ed 11 che hanno così superato l'art. 20 del r.d. 3 marzo 1934, n. 383 (in ordine al quale si veda la sent. 12 gennaio 1977, n. 4, della Corte costituzionale). Quanto alla Provincia di Bolzano, la relativa disciplina è stata difesa dalla Corte stessa, con la sent. 28 gennaio 1991, n. 32.

medesimi settori; il che giustifica la trattazione congiunta degli uni e degli altri, al fine di offrire un organico quadro della relativa disciplina.

a) Ciò vale in primo luogo per la **tutela della salute**, che l'art. 32 Cost. considera – ad un tempo – «come fondamentale diritto dell'individuo» e come «interesse della collettività». L'utilità di proclamazioni siffatte fu posta seriamente in dubbio da certi costituenti [50], i quali sostenevano che non si sarebbe trattato né di un vero e proprio diritto sociale né di un classico diritto di libertà, bensì di un *tertium genus* d'incerta classificazione, comunque affidato alla buona volontà del legislatore ordinario; e in quest'ultimo senso si è pronunciata più volte la stessa Corte costituzionale [51]. Di più: al disposto dell'art. 32, co. 1, si sovrappone – per una notevole parte – quella previsione dell'art. 38 Cost., onde «i lavoratori hanno diritto che siano preveduti ed assicurati mezzi adeguati alle loro esigenze di vita in caso di... malattia». Dal che la *concezione assicurativa previdenziale* del diritto alla salute, che appunto confondeva – negli anni Cinquanta e Sessanta del secolo scorso – la sfera di applicazione dell'art. 32 con quella dell'art. 38, a vantaggio di categorie determinate anziché di tutti i cittadini (ovvero di tutti gli «individui», stranieri e apolidi inclusi); senza nemmeno tener conto della circostanza che l'art. 32 non va riferito alla sola cura delle malattie, ma anche alla loro prevenzione e dunque alla salubrità complessiva dell'ambiente (Montuschi).

Con tutto questo, a partire dagli anni Settanta, si sono registrate – in varie sedi e a vari effetti – l'emergenza e la graduale concretizzazione del diritto alla salute, autonomamente concepito. Da un lato, la Corte costituzionale non ha esitato nel colpire le norme legislative ordinarie suscettibili di pregiudicare il bene garantito dall'articolo in esame: come nel caso di una sentenza sull'aborto, che ha ritenuto indispensabile consentire l'interruzione della gravidanza «quando l'ulteriore gestazione implichi danno o pericolo grave ... per la salute della madre» [52]. D'altro lato, il Parlamento ha iniziato ad attuare l'art. 32, co. 1, ben oltre il campo delle malattie professionali, delle indennità di malattia e degli infortuni sul lavoro, già considerati dall'art. 38, co. 2. Dapprima, cioè, lo «Statuto dei lavoratori» si è sforzato di tutelare comunque, in via preventiva, la salute e l'integrità fisica dei lavoratori stessi nei luoghi di lavoro [53]. Successivamente, un passo decisivo è stato compiuto dalla legge istitutiva del **Servizio sanitario nazionale**, che si è proposta di assicurare «mantenimento» e «recupero della salute fisica e psichica di tutta la popolazione senza distinzione di condizioni indivi-

---

[50] V. specialmente l'intervento dell'on. Sullo, in *Atti Ass. cost.* del 24 aprile 1947.

[51] Cfr. – in particolar modo – la sent. 21 maggio 1975, n. 112, nella quale si ragiona testualmente, con riferimento agli artt. 32 e 38 Cost., di «norme di legislazione, che prefissano alla legge futura l'obiettivo di soddisfare certi bisogni di fatto emergenti nella vita associativa ...».

[52] Cfr. la sent. 18 febbraio 1975, n. 27, nonché la sent. 10 febbraio 1981, n. 26.

[53] Si veda l'art. 9 della legge n. 300/1970 cit.

duali o sociali»[54]: così superando la lettera dell'art. 32, co. 1, per cui le «cure gratuite» sono garantite ai soli «indigenti».

In pari tempo, la giurisprudenza della Cassazione, ben presto seguita dalla Corte costituzionale, ha fatto della salute il contenuto di un vero e proprio **diritto soggettivo assoluto**, spettante a chiunque non solo nei confronti della mano pubblica, bensì nei rapporti con gli altri soggetti privati. La Cassazione ha infatti esordito, affermando che dalle lesioni della salute, intesa come «diritto primario» della persona umana, «scaturisce il diritto al risarcimento dei danni»; per poi sostenere la risarcibilità del cosiddetto *danno biologico*, indipendentemente dalle conseguenze patrimoniali di esso[55]. A sua volta, la Corte costituzionale ha ribadito che sussiste l'«obbligo della riparazione, in caso di violazione del diritto stesso»; e quindi ha precisato che il primo comma dell'art. 32 Cost. integra in tal senso l'art. 2043 Cod. civ., determinando «l'ingiustizia del danno biologico», senza che un tale evento possa essere confuso con gli ulteriori danni economici derivanti dalle lesioni sofferte[56].

Per contro, non pare accettabile – in linea generale – l'assunto che l'art. 32 comporti il dovere di curarsi, soprattutto per reintegrare le proprie capacità lavorative. Vale ad escluderlo il secondo comma dell'articolo in esame, che non consente i *trattamenti sanitari obbligatori*, «se non per disposizione di legge» e nel «rispetto della persona umana». L'eccezionalità di obblighi siffatti risulta, anzi, dall'implicita esigenza che le leggi richiamate dall'art. 32 cpv. rinvengano il loro fondamento giustificativo in rilevanti e specifici interessi della collettività, oltre che nella cura di determinate malattie (Carlassare, Vincenzi Amato): cioè quando siano in gioco la salute o l'incolumità degli altri consociati, come nei tipici casi delle malattie infettive o delle forme più gravi di malattie mentali[57]. Senza di che dovrebbe prevalere il *diritto di non essere curati*, indipendentemente dal proprio assenso (Mortati).

L'esercizio di questo diritto può essere reso difficile o del tutto pregiudicato qualora la persona si trovi in condizioni tali da non poter manifestare una propria volontà; nel noto «*caso Englaro*» la Corte di cassazione (con sent. 16 otto-

[54] Cfr. l'art. 1, co. 3, della legge 23 dicembre 1978, n. 833. Peraltro, giova ricordare che il finanziamento del Servizio, pur gravando sul bilancio dello Stato, si fonda in notevole misura sulla «partecipazione contributiva degli assistiti», prevista dall'art. 57 legge cit. (oltre che sui *ticket* configurati da varie leggi-provvedimento degli ultimi anni).

[55] V. – fra le altre – le sentt. 21 marzo 1973, n. 796, delle Sezioni unite, e 6 giugno 1981, n. 3675, della prima sezione.

[56] V. rispettivamente le sentt. 26 luglio 1979, n. 88, e 14 luglio 1986, n. 184.

[57] V., in questi termini, la sent. 18 gennaio 2018, n. 5, in relazione alla imposizione di obblighi di vaccinazione, con ampia motivazione nella quale si ammette l'imposizione di trattamenti sanitari, se diretti a preservare lo stato di salute non solo di chi vi è sottoposto, ma anche degli altri; se l'incidenza sullo stato di salute di chi è obbligato sia tollerabile; se nell'ipotesi di danno ulteriore sia prevista un'equa indennità in favore del danneggiato; se, come nel caso considerato, sia in gioco la salute di un minore, che non può essere pregiudicata dalle scelte dei genitori.

bre 2007, n. 21748), proprio in applicazione dell'art. 32 Cost., ha ammesso che la richiesta presentata dal tutore di una ragazza in «stato vegetativo permanente», volta alla interruzione dell'idratazione e alimentazione artificiali somministrate alla stessa, possa essere autorizzata dal giudice quando la condizione di stato vegetativo della paziente sia irreversibile, e quando sia univocamente accertata la volontà della paziente, sulla base di elementi tratti dal vissuto della medesima, dalla sua personalità e dai convincimenti etici, religiosi, culturali e filosofici, circa il rifiuto alla continuazione del trattamento. Nel giudizio di rinvio che ha fatto seguito alla sentenza di legittimità, la Corte d'appello di Milano ha autorizzato l'interruzione del trattamento sanitario; la vicenda ha formato oggetto di un conflitto di attribuzioni tra poteri dello Stato promosso da Camera e Senato in relazione alle due pronunce citate, lamentando che i giudici avessero sostanzialmente usurpato il compito del legislatore, al quale sarebbe spettata la disciplina della materia. La Corte costituzionale, tuttavia, con ord. 8 ottobre 2008, n. 334, ha respinto il ricorso delle Camere, rilevando l'insussistenza di indici atti a dimostrare che i giudici avessero utilizzato i provvedimenti censurati come meri schermi formali per esercitare, invece, funzioni di produzione normativa o per menomare l'esercizio del potere legislativo da parte del Parlamento.

b) Anche in tema di **pubblica istruzione**, la Carta costituzionale impone allo Stato una serie di prestazioni, generando in tal modo un complesso di correlativi diritti sociali. In primo luogo, spetta alla Repubblica istituire «*scuole statali* per tutti gli ordini e gradi»; ed è per questo tipo di apparati pubblici, destinati a servire l'intero territorio nazionale, che assume un senso preciso l'imperativo onde «la scuola è aperta a tutti» (mentre le scuole private sfuggono al precetto stesso, sia perché la loro istituzione è soltanto eventuale, sia perché possono assumere un carattere confessionale o comunque ideologizzato, senza porsi al servizio della totalità di quanti richiedono di essere istruiti) [58].

Inoltre, è sempre alle scuole statali che sembra riferirsi – se non altro nella sua seconda parte – la proposizione costituzionale per cui «l'istruzione inferiore, impartita per almeno otto anni, è obbligatoria e gratuita» (Mortati, Mura; *contra* Pototschnig): la *gratuità della scuola dell'obbligo* non potrebbe, infatti, esser posta a carico dei gestori privati, senza compromettere il loro stesso diritto di istituire scuole non statali; mentre la generalizzata attribuzione di apposite provvidenze da parte dello Stato rischierebbe di rivelarsi incostituzionale e varrebbe comunque a confermare che l'obbligo in tal senso imposto grava innanzitutto sui pubblici poteri. Del pari, è sempre allo Stato e agli altri enti pubblici competenti in materia (quali le Regioni, soprattutto nei casi della Sicilia, del Trentino-

---

[58] Cfr. l'art. 33, co. 2, e l'art. 34, co. 1, Cost. Significativa, sotto il secondo profilo, è la sent. 8 giugno 1987, n. 215, con cui la Corte costituzionale ha annullato uno norma che non assicurava la frequenza alle scuole medie superiori, quanto ai «soggetti portatori di handicaps».

Alto Adige e della Valle d'Aosta) che la Costituzione prescrive di concretizzare il *diritto allo studio*, nei riguardi degli alunni o degli studenti «capaci e meritevoli, anche se privi di mezzi»: è infatti la Repubblica che viene espressamente chiamata a rendere «effettivo» un tale diritto, «con borse di studio, assegni alle famiglie e altre provvidenze», da conferire mediante concorso[59].

Lo Stato stesso, d'altronde, non è impegnato a rendere gratuita l'istruzione inferiore, se non nelle forme e nei limiti consentiti dalle somme disponibili allo scopo. Nel diritto vivente – per esser più precisi – non è stata pienamente accolta la tesi dottrinale (Pototschnig) che la misura della gratuità debba coincidere con la misura del «*diritto all'istruzione*», costituzionalmente garantito. Anche la giurisprudenza costituzionale, invece, si è fondata sul riduttivo assunto che necessariamente gratuita sia solo «la messa a disposizione degli ambienti scolastici, del corpo insegnante e di tutto ciò che direttamente inerisce a tali elementi organizzativi»; laddove le altre prestazioni collaterali, su tipo della «fornitura di libri di testo» o di «mezzi di trasporto» degli alunni, sarebbero – e sono – rimesse «al razionale giudizio» del legislatore, secondo le concrete «condizioni di bilancio»[60].

Nel disegno costituzionale concernente l'istruzione, la tematica delle prestazioni dovute dalla mano pubblica è tuttavia secondaria; mentre l'accento cade – dal particolare angolo visuale dei costituzionalisti – sul regime dei connessi diritti di libertà e sui loro reciproci rapporti. Spicca, anzitutto, la proposizione iniziale dell'art. 33, per cui «l'arte e la scienza sono libere e libero ne è l'insegnamento». La proclamazione delle **libertà di arte e di scienza** non è il frutto di un esercizio retorico dei costituenti – come a prima vista potrebbe sembrare – ma vale a chiarire che non possono esistere espressioni artistiche ufficiali, né indirizzi scientifici «di Stato» (Pototschnig): pur fermo restando che spetta alla Repubblica – in base al primo comma dell'art. 9 Cost. – promuovere «lo sviluppo della cultura», tanto da far sostenere che quello italiano sarebbe in tal senso uno «Stato di cultura» (Spagna Musso). Certo è che entrambe le situazioni garantite dall'art. 33, co. 1, non si risolvono nella generale libertà di manifestazione del pensiero, non foss'altro perché sono fatte valere senza limiti, buon costume incluso (Mura): come già si ricava – del resto – dal Codice penale, che considera l'opera d'arte o l'opera di scienza insuscettibili di costituire atti od oggetti osceni[61].

Quanto alla **libertà d'insegnamento**, testualmente riferita alla sola sfera dell'arte o della scienza, la letteratura giuridica (Crisafulli, Mortati, Pizzorusso ...) è concorde nell'assegnarle un campo ben più vasto. Da una parte, il combinato

[59] V. rispettivamente il secondo, il terzo e il quarto comma dell'art. 34.

[60] Le citazioni sono tratte dalla sent. 4 febbraio 1967, n. 7; ma vedi, altresì, la sent. 19 luglio 1968, n. 106.

[61] Cfr. l'art. 529 c.p., con l'eccezione per il caso in cui l'opera d'arte o di scienza, per motivi non di studio, sia offerta in vendita, venduta o comunque procurata ad un minore di anni diciotto.

disposto degli artt. 21 e 33 Cost. vale a garantire l'insegnamento svolto a titolo individuale, quali che ne siano le forme e senza delimitazioni di oggetto. D'altra parte, lo stesso art. 33 tutela, sia pure in modo implicito, l'insegnamento finalizzato all'istruzione ed esercitato nell'ambito delle istituzioni scolastiche di ogni ordine e grado, non soltanto universitarie, bensì secondarie e anche inferiori[62]. Ma nella seconda ipotesi l'insegnamento – diversamente dalla libera manifestazione del proprio pensiero (v. *supra*, cap. 11, § 7, di questa parte) – si presenta come una *libertà funzionale*, garantita «nell'interesse diretto e primario della società» (Pototschnig), a partire dalla scuola stessa e dai suoi alunni. Il che concorre a spiegare con quale fondamento l'attività in questione presupponga il possesso di particolari requisiti; incontri precisi limiti di contenuto ed eventualmente di programma od anche di indirizzo, secondo il tipo e il grado della relativa scuola[63]; subisca non soltanto il limite del buon costume, con la sola eccezione delle materie attinenti al sesso (Mortati), ma fors'anche il limite *dell'ordine pubblico*, là dove siano in gioco i sommi principi informatori dell'ordinamento vigente (Crisafulli, Pototschnig; *contra* Pizzorusso).

Da ultimo, l'art. 33, co. 3, statuendo che «enti e privati hanno il diritto di istituire scuole ed istituti di educazione», garantisce altresì il **pluralismo scolastico** e dunque la **libertà di scuola**: per scuola intendendosi, a questi effetti, non già l'insegnamento ma l'organizzazione di tutti gli elementi personali, tecnici e materiali, occorrenti per conseguire il «risultato» dell'istruzione (Pototschnig). La disposizione che proclama tale libertà non ha un carattere programmatico, ma immediatamente precettivo (Crisafulli); tanto è vero che la Corte costituzionale l'ha usata più volte quale parametro, specialmente annullando – fino dagli anni Cinquanta del secolo scorso – una serie di norme che sottoponevano alla discrezionale autorizzazione del Ministro l'apertura di istituti privati[64]. Ma questo non toglie che l'istituzione e il funzionamento delle scuole private rimangano assoggettati alla legge, in vista del primario interesse a che l'istruzione sia correttamente impartita[65]. Ed effettivamente lo stesso art. 33 precostituisce o determina senz'altro talune garanzie: in primo luogo, disponendo appunto che «la Repubblica detta le norme generali sull'istruzione»; in secondo luogo, vietando che la presenza degli istituti privati comporti «oneri per lo Stato»; in terzo luogo, imponendo che la legge assicuri agli alunni delle scuole non statali, qualora esse

---

[62] Circa la libertà d'insegnamento nelle scuole pubbliche, si veda la sent. 7 luglio 1964, n. 77, della Corte costituzionale. Anche agli «istituti pareggiati» si rivolge invece la sent. 23 luglio 1974, n. 240.

[63] V. specialmente la discussa sent. n. 195/1972 cit., con cui la Corte costituzionale ha affermato che «una libera università ideologicamente qualificata» può bene recedere dal rapporto «ove gli indirizzi religiosi o ideologici del docente siano divenuti contrastanti con quelli che caratterizzano la scuola».

[64] Cfr. la sent. 19 giugno 1958, n. 36.

[65] Si veda sul punto – fra le altre – la sent. 18 febbraio 1988, n. 180.

chiedano «la parità» con i corrispondenti istituti pubblici, «un trattamento scolastico equipollente a quello degli alunni di scuole statali»; in quarto luogo, prescrivendo un «esame di Stato», sia «per l'ammissione ai vari ordini e gradi di scuole o per la conclusione di essi», sia «per l'abilitazione all'esercizio professionale» [66].

Si suole ritenere che il riferimento alle **«norme generali sull'istruzione»** sottintenda – con linguaggio atecnico – una vera e propria *riserva di legge statale* (Crisafulli). La riserva di legge statale in tema di «norme generali sull'istruzione» è stata ribadita anche dopo la riforma del Titolo V della Costituzione, di cui alla legge cost. n. 3/2001, che però ha assegnato la materia «istruzione» alla potestà legislativa concorrente tra Stato e Regioni, lasciando dunque allo Stato la determinazione dei principi fondamentali: la Corte costituzionale, con sent. 2 luglio 2009, n. 200, ha faticosamente tentato di distinguere fra norme generali e principi fondamentali, ritenendo che appartengono alla categoria delle norme generali quelle «disposizioni statali che definiscono la struttura portante del sistema nazionale di istruzione e che richiedono di essere applicate in modo necessariamente unitario e uniforme in tutto il territorio nazionale, assicurando, mediante una offerta formativa omogenea, la sostanziale parità di trattamento tra gli utenti che fruiscono del servizio dell'istruzione, ... nonché la libertà di istituire scuole e la parità tra le scuole statali e non statali in possesso dei requisiti richiesti dalla legge»; viceversa, appartenendo, alla categoria delle disposizioni espressive di principi fondamentali della materia dell'istruzione «quelle norme che, nel fissare criteri, obiettivi, direttive o discipline, pur tese ad assicurare la esistenza di elementi di base comuni sul territorio nazionale in ordine alle modalità di fruizione del servizio dell'istruzione, da un lato, non sono riconducibili a quella struttura essenziale del sistema d'istruzione che caratterizza le norme generali sull'istruzione, dall'altro, necessitano, per la loro attuazione (e non già per la loro semplice esecuzione) dell'intervento del legislatore regionale, il quale deve conformare la sua azione all'osservanza dei principi fondamentali stessi».

Tornando alla riserva di legge, essa abbraccia non solo le scuole pubbliche e le scuole non statali operanti in regime di «parità», ma tutti gli istituti di istruzione, comprese quelle che la Corte costituzionale ha denominato *scuole meramente private*; e ciò, se non altro, allo scopo di tenere fermi certi requisiti minimi e comuni, pertinenti alla sicurezza, all'igiene, alla moralità pubblica [67]. Circa le *scuole private paritarie*, infatti, non si applica tanto l'implicita riserva stabilita dall'art. 33, co. 2, quanto l'espresso rimando alla legge, effettuato dal quarto comma del medesimo articolo (Mura), con particolare riguardo ai programmi d'insegnamento. Ma la tipologia delle scuole private, in realtà, risulta ancor più

[66] Cfr. il secondo, il terzo, il quarto e il quinto comma dell'art. 33.

[67] V. per esempio la sent. 14 aprile 1965, n. 24, in tema di scuole-guida.

articolata, dal momento che l'imperativo del quarto comma non è stato puntualmente attuato nel periodo repubblicano; sicché continuano a sussistere scuole «parificate», «pareggiate», «legalmente riconosciute», grosso modo nei termini previsti dalla legislazione del periodo fascista [68].

Più ardua e controversa si dimostra l'interpretazione dell'inciso **«senza oneri per lo Stato»**. L'opinione prevalente è nel senso che si tratti del tassativo divieto di qualsivoglia sovvenzione pubblica (Balladore Panieri, Barile, Crisafulli, Mortati ...), senza distinguere fra il momento dell'istituzione – testualmente considerato dall'art. 33 – e il momento della conseguente attività. Ma se il divieto è ben chiaro per ciò che attiene alle scuole meramente private, non mancano dubbi per le scuole paritarie, il funzionamento delle quali concorre a garantire che la scuola sia «aperta a tutti», in particolare nel campo dell'istruzione inferiore obbligatoria (Bertolissi). Ed è un punto fermo, comunque, che la legge possa provvedere all'assistenza scolastica – senza violare il divieto in esame – anche nei confronti degli alunni di scuole non statali [69].

Peculiare e diversamente regolata dalla Costituzione, nel complessivo sistema dell'istruzione, è la disciplina delle **Università**; alle quali, come alle accademie e alle istituzioni di alta cultura, l'art. 33, co. 6, Cost., riconosce il diritto di darsi ordinamenti autonomi nei limiti stabiliti dalle leggi dello Stato. Da sempre, tuttavia, la riserva di legge ivi prevista è stata considerata come relativa, lasciando ampio spazio ai regolamenti governativi e ministeriali; e quanto alla autonomia organizzativa, i margini di manovra relativamente ampi, previsti dalla legge 9 maggio 1989, n. 168 sono stati notevolmente ridimensionati dalla legge 30 dicembre 2010, n. 240, che detta disposizioni dettagliate quanto alla disciplina degli organi di vertice degli Atenei, al reclutamento e allo *status* giuridico dei professori.

c) A completare il discorso sui diritti di prestazione concorre l'art. 38 Cost.: sia garantendo – nel primo comma – l'**assistenza sociale** a favore dei cittadini bisognosi; sia fissando – nel secondo comma – le basi costituzionali della **previdenza sociale**, predisposta a vantaggio dei lavoratori sotto forma di *trattamenti di quiescenza*, di pensioni d'invalidità, di assegni familiari, di assicurazioni contro gli infortuni, e via discorrendo [70].

Sia nell'uno che nell'altro caso, la mano pubblica non monopolizza l'erogazione delle prestazioni necessarie; bensì fornisce un minimo grado di tutela, senza escludere altre forme di protezione, offerta da soggetti privati del più vario genere. Quanto alla previdenza, gli «organi ed istituti predisposti o integrati dallo Stato», cui si riferisce il quarto comma dell'art. 38, lasciano aperta la strada

---

[68] Cfr. la sent. 26 gennaio 1988, n. 118, della Corte costituzionale.

[69] Cfr. la sent. 16 gennaio 1982, n. 36, in tema di trasporto gratuito nella Regione siciliana.

[70] Sulla distinzione fra assistenza e previdenza, anche agli effetti dei minimi pensionistici, cfr. la sent. 5 febbraio 1986, n. 31, della Corte costituzionale.

alle assicurazioni volontarie, aventi un carattere integrativo [71]. Quanto poi alle prestazioni assistenziali, lo stesso art. 38 proclama – nell'ultimo comma – la **libertà di assistenza**. Il che spiega come la Corte costituzionale abbia potuto, dapprima, affermare l'esigenza del «pluralismo» delle relative strutture (purché tali da esprimere «realtà davvero vitali»: De Siervo); e quindi annullare una norma del periodo statutario, per cui le istituzioni di assistenza e beneficenza (IPAB) avevano tutte la veste dell'ente pubblico, pur quando disponessero ancora dei «requisiti di un'istituzione privata» [72].

Nell'ambito di quella che complessivamente è stata definita *sicurezza sociale* (Persiani), gli interventi pubblici sono però – di gran lunga – i più rilevanti e onerosi. È dunque inevitabile che sia riservato al legislatore ordinario – come ha notato più volte la Corte costituzionale [73] – il compito di determinare l'ammontare delle prestazioni, non soltanto in vista delle «esigenze di vita dei lavoratori», ma anche in considerazione delle «effettive disponibilità finanziarie»; e che, pertanto, l'attuazione dell'art. 38 debba ispirarsi a criteri di gradualità.

Ma la Corte stessa ha sempre ritenuto che si tratti, quanto meno ai fini dei suoi giudizi, di una disciplina precettiva, «immediatamente operante nell'ordinamento giuridico» [74]: con la conseguente illegittimità delle disposizioni legislative che comprimano irragionevolmente l'entità dei diritti in esame ovvero discriminino fra gli uni e gli altri beneficiari. Il che, tuttavia, non toglie che le tecniche utilizzabili per coprire la spesa siano le più diverse: dai contributi dei lavoratori interessati (e dei rispettivi datori di lavoro) alle imposizioni contributive rette da un'ottica solidaristica [75], fino ai tributi posti a carico dell'intera collettività, come nel caso ricorrente della cosiddetta fiscalizzazione degli oneri sociali.

Nell'ambito in esame si è posto in più occasioni il problema della tutela di eventuali *diritti acquisiti*, visti quali posizioni di vantaggio che non potrebbero essere compresse o sacrificate, in nome della tutela del legittimo affidamento di chi fruisce del trattamento previdenziale e nel contesto di rapporti economici di una certa durata. Al riguardo, la Corte costituzionale non esclude in assoluto che il legislatore possa agire anche con effetti retroattivi modificando in senso sfavorevole tali rapporti, ma esige che l'intervento legislativo sia ispirato a criteri di ragionevolezza «e non si ponga in contrasto con altri valori e interessi costituzionalmente protetti» (sentt. 26 luglio 1995, n. 390; 30 settembre 2011, n. 257); ad esempio, non sono state ritenute illegittime misure, finalizzate al contenimen-

[71] Sulla «previdenza volontaria» cfr. la sent. 7 luglio 1986, n. 178.

[72] V. rispettivamente le sentt. 30 luglio 1981, n. 173, e 7 aprile 1988, n. 396.

[73] V. – fra le altre – le sentt. 16 luglio 1973, n. 128, e 15 febbraio 1984, n. 28.

[74] V. per esempio la sent. 26 aprile 1971, n. 80.

[75] Sulla *solidarietà* fra lavoratori appartenenti alle medesime categorie, cfr. le sentt. 4 maggio 1984, n. 132, e 3 novembre 1988, n. 1008.

to della spesa pubblica, con le quali sono stati introdotti limiti al cumulo di trattamenti economici – erogati da pubbliche amministrazioni o enti pubblici – con trattamenti pensionistici fruiti dal medesimo beneficiario, per importi superiori ad una data soglia (sent. 26 maggio 2017, n. 124). Restano fermi, però, i principi di proporzionalità e adeguatezza delle prestazioni previdenziali, che esigono, ad esempio, la predisposizione di meccanismi di rivalutazione dei trattamenti pensionistici, anche in collegamento con il principio di sufficienza della retribuzione di cui all'art. 36 Cost., considerando il trattamento di quiescenza quale retribuzione differita. In questo senso, il blocco annuale (tra l'altro per le sole pensioni superiori ad otto volte il trattamento minimo INPS) del meccanismo di perequazione automatica delle pensioni ha superato il vaglio della Corte costituzionale (sent. 11 novembre 2010, n. 316), la quale in tale occasione avvertiva che «la sospensione a tempo indeterminato del meccanismo perequativo, ovvero la frequente reiterazione di misure intese a paralizzarlo, esporrebbero il sistema ad evidenti tensioni con gli invalicabili principi di ragionevolezza e proporzionalità»; non sorprendentemente, in una successiva pronuncia, la Corte ha censurato la previsione di un blocco biennale della perequazione, per trattamenti pensionistici superiori solo a tre volte il trattamento minimo, richiamando il precedente e inascoltato monito al legislatore (Corte cost., sent. 30 aprile 2015, n. 70).

6. *L'iniziativa economica privata*

Alla base di quella che suole essere chiamata la **Costituzione economica** (Galgano, De Cadi, Bognetti ...), si pongono i disposti dell'art. 41, che garantiscono e limitano la libertà d'iniziativa economica. Principalmente su questa disciplina si è fondato, infatti, il *carattere misto dell'economia italiana*, dalla quale i pur corposi interventi pubblici non hanno mai potuto estromettere la presenza degli operatori privati. Non a caso, il terzo comma dello stesso art. 41 ragiona espressamente – sul medesimo piano – di «attività economica pubblica e privata», che la legge può indirizzare e coordinare «a fini sociali». E anche se la Carta costituzionale non precisa, testualmente, a quale di tali iniziative spetti la priorità nei confronti dell'altra, deve ritenersi un punto fermo che l'attività dei pubblici poteri vada esplicata «secondo criteri di economicità»[76], anziché in un regime di privilegio (Galgano); giacché, diversamente, lo spazio spettante agli operatori privati rischierebbe di essere esaurito.

Nel quadro costituzionale l'iniziativa economica privata, comunque si voglia qualificarla, riceve però una tutela assai meno forte di quella attribuita ai diritti civili. A parte la compresenza dell'iniziativa pubblica, peculiari dei diritti eco-

[76] Cfr. l'art. 3 della legge 22 dicembre 1956, n. 1589, che istituiva il non più esistente Ministero delle partecipazioni statali.

nomici in esame sono le limitazioni consistenti in «concetti giuridici indeterminati» (Luciani): qual è l'«*utilità sociale*», che il secondo comma dell'art. 41 considera come un valore con cui l'iniziativa privata non dovrebbe contrastare nel suo svolgimento; o quali sono i «*fini sociali*», che la legge può assumere fra i propri obiettivi, nel determinare «i programmi e i controlli opportuni», previsti dal terzo comma. Lungi dall'essere sempre un diritto soggettivo assoluto, la libertà d'iniziativa e di attività economica si presta pertanto a venire affievolita, nella veste dell'«interesse legittimo» (Pace).

Ma questo non significa affatto che l'art. 41 non offra garanzie di sorta, affidando la libera iniziativa dei privati alle scelte insindacabili del legislatore ordinario (o dei pubblici poteri in genere). Da un lato, già dal primo comma dell'art. 41 si ricava che nessuno potrebbe esser costretto ad iniziare una qualche attività economica, fosse pure per legge. E per attività economica s'intende non solo l'insieme delle *attività imprenditoriali*, svolte in forma individuale o collettiva, ma anche altre specie di attività comunque indirizzate alla produzione (Baldassarre), fatto salvo il lavoro, subordinato e autonomo, che forma l'oggetto di altre previsioni costituzionali; fino al punto di includere nell'ambito di applicazione dell'art. 41 «l'autonomia contrattuale in materia commerciale»[77].

D'altro lato, è ben vero che la Costituzione distingue fra **l'iniziativa** strettamente intesa, come «atto di impulso» o «di avvio di un nuovo processo produttivo» (Baldassarre, Luciani), il conseguente **svolgimento** od esercizio dell'iniziativa medesima e la specifica attività economica degli operatori privati. Ma i tre commi dell'art. 41 fanno «corpo» (Pace), sia nel senso che l'«utilità sociale» può imporsi a carico di tutti e tre i momenti della libertà considerata dall'articolo stesso[78], sia nel senso che la loro compressione non può essere incondizionata, neanche per ciò che riguarda lo «svolgersi» dell'iniziativa economica o la relativa «attività». In ogni caso, cioè, la giurisprudenza costituzionale è costante nell'assumere che i limiti suscettibili di gravare su quella libertà «non debbono essere tali da renderne impossibile o estremamente difficile l'esercizio»; e che, in particolare, gli operatori economici non vanno sottoposti a sacrifici intollerabili od irragionevoli, privandoli di qualunque «margine di utile»[79].

Ciò che più conta, la Corte ha sempre affermato che limitazioni siffatte formino l'oggetto di una **riserva relativa di legge**: dal momento che la previsione di

---

[77] Cfr. la sent. 23 aprile 1965, n. 30, della Corte costituzionale.

[78] V. per esempio le sentt. 27 febbraio 1962, n. 7, e 14 giugno 1962, n. 54, della Corte costituzionale. In quest'ultima decisione si afferma espressamente che l'art. 41 «va considerato nel suo complesso», vale a dire «con l'indispensabile riferimento» al secondo e al terzo comma, anche in vista del «principio della libera iniziativa economica privata»

[79] V. rispettivamente la sent. 3 giugno 1970, n. 78 (in tema di fabbricazione di fiammiferi e accenditori), e la sent. 10 luglio 1975, n. 200.

detti limiti abbisogna del consenso dell'organo rappresentativo del popolo, «avendo presente il quadro complessivo degli interventi statali nell'economia», anziché rimanere affidata alle discrezionali valutazioni delle autorità amministrative, in diretta applicazione dell'art. 41 [80]. Il riferimento alla legge è anzi testuale, quanto alla determinazione dei «programmi» e dei «controlli» richiesti dall'art. 41, co. 3. Ma le indicazioni giurisprudenziali sono univoche nel senso che anche il secondo comma imponga una *riserva implicita*, là dove pretende il rispetto dell'«utilità sociale», nonché dei valori della «sicurezza», della «libertà» e della «dignità umana». Del resto, nei medesimi termini si esprime la maggioritaria dottrina, almeno per ciò che riguarda l'«utilità sociale», concepita quale «sintesi degli interessi della società» (Mazziotti, Galgano, Luciani). E anche gli altri limiti sommariamente previsti dall'art. 41 cpv. sono – in concreto – fondati su previsioni di legge, a partire dallo «Statuto dei lavoratori»; sicché non residua comunque uno spazio rilevante per i diretti interventi dei giudici e delle autorità amministrative, a tutela della sicurezza, della libertà e della dignità degli individui coinvolti nei vari processi dell'economia.

Solo impropriamente, dunque, si è potuto ragionare di «funzionalizzazione» dell'intera attività economica (Mortati). In realtà, quando la legge non impone vincoli specifici – soprattutto nella forma delle *autorizzazioni*, delle *concessioni*, delle *licenze* – la libertà proclamata dall'art. 41 non degrada ad interesse legittimo, ma rappresenta l'oggetto di un diritto soggettivo costituzionalmente garantito (Minervini, Pace). In particolar modo, è insostenibile che l'iniziativa economica privata non possa venire esplicata se non abbia di mira l'«utilità sociale», indipendentemente da ogni intermediazione legislativa che valga a definire l'utilità medesima. Gli stessi «fini sociali» perseguiti dalla legge in base al terzo comma dell'art. 41 costituiscono d'altronde, per i privati operatori, una serie di meri punti di riferimento (Barbera); e fanno eccezione i soli casi in cui la legge offra loro sovvenzioni od incentivi, dei quali non si possa beneficiare se non nel concorso di determinati presupposti, che gli interessati abbiano l'onere di realizzare. Anche in tal senso, tuttavia, il legislatore non è completamente libero, perché subisce, oltre a quelli costituzionali, i limiti derivanti dai **Trattati europei** (cfr., soprattutto, art. 3 e artt. 101 ss. del Trattato sul Funzionamento dell'Unione europea, TFUE), dai regolamenti e dalle direttive adottate in esecuzione dei Trattati, e dalle decisioni – in tema di compatibilità del diritto interno con il diritto europeo, o in relazione a ricorsi promossi da persone fisiche o giuridiche in riferimento ad atti adottati dalle istituzioni comunitarie – pronunciate dalla Corte di giustizia dell'Unione. Al che si aggiunge la disciplina dettata dalla legge 10 ottobre 1990, n. 287, per la tutela della concorrenza e del mercato: cui non sarebbe dato derogare, senza stringenti ragioni giustificative.

---

[80] V. specialmente le sentt. 14 febbraio 1962, n. 4 e n. 5.

Resta in ogni caso escluso che la legge sia libera di riservare alla mano pubblica determinati ambiti dell'economia nazionale. Sul punto, infatti, valgono le seguenti, apposite prescrizioni dell'art. 43 Cost.: «A fini di utilità generale la legge può riservare originariamente o trasferire, mediante espropriazione e salvo indennizzo, allo Stato, ad enti pubblici o a comunità di lavoratori o di utenti, determinate imprese o categorie di imprese ...». Le *statizzazioni*, le *nazionalizzazioni* a favore di determinati enti pubblici, le *socializzazioni e* le conseguenti *autogestioni*, complessivamente denominabili e denominate **collettivizzazioni** (Giannini), rappresentano dunque l'eccezione rispetto alla regola. In altre parole, la Costituzione ha imposto a questi effetti una *riserva rinforzata*, sotto molteplici profili: sia perché la legge espropriativa di determinate imprese o traslativa dell'intero settore deve mirare «a fini di utilità generale» (e non di mero vantaggio per lo Stato-apparato o per altri enti pubblici); sia perché l'espropriazione delle imprese già in atto dev'essere adeguatamente indennizzata; sia, soprattutto, perché deve trattarsi – come si legge nella parte finale dell'art. 43 – di «servizi pubblici essenziali», di «fonti di energia» o di «situazioni di monopolio» che «abbiano carattere di preminente interesse generale». E spetta alla Corte costituzionale sindacare se le collettivizzazioni rispondano o meno a tali requisiti, verificando la congruenza degli obiettivi perseguiti e degli strumenti prescelti dal legislatore, in vista di ognuna delle dette indicazioni costituzionali[81].

Si spiega, perciò, che nel periodo repubblicano l'applicazione dell'art. 43 sia stata alquanto rara (prima ancora che i condizionamenti dovuti all'ordinamento comunitario la rendessero pressoché impossibile). La collettivizzazione più importante è quella sfociata nell'istituzione dell'ENEL, previa nazionalizzazione della generalità delle imprese produttrici di energia elettrica[82]. Per contro, è ormai inattuale l'esempio della RAI, che in base alla legge n. 103 del 1975 si era vista confermare l'esercizio – in regime di monopolio pubblico – del servizio di diffusione radiofonica e televisiva (ma vedi in proposito *supra*, cap. II, § 8, di questa parte).

7. *La problematica costituzionale della proprietà privata*

a) Nel primo comma dell'art. 42 Cost. si premette che «la proprietà è pubblica o privata»; ma non si definiscono né l'uno né l'altro istituto, né si qualificano le corrispondenti situazioni soggettive. Del pari, nel secondo comma dell'articolo stesso si afferma unicamente che «la proprietà privata è riconosciuta e garantita dalla legge, che ne determina i modi di acquisto, di godimen-

---

[81] In linea con la tesi adombrata nel testo, si veda la sent. 7 marzo 1969, n. 14.

[82] Cfr. la legge 6 dicembre 1962, n. 1643.

to e i limiti allo scopo di assicurarne la funzione sociale e di renderla accessibile a tutti»: in chiaro contrasto, quanto meno testuale, con l'art. 29 dello Statuto albertino, che invece dichiarava «inviolabili» tutte le proprietà, «senza alcuna eccezione».

La prima impressione che si ricava da simili disposti è dunque nel senso che la proprietà, sia pure privata, non venga sostenuta da alcuna garanzia costituzionale specifica, ma sia rimessa alla legge ordinaria per tutti i profili attinenti al suo regime. Ed effettivamente è stata questa l'opinione dottrinale prevalente, per una buona parte del periodo repubblicano. In tal senso, cioè, si è detto che l'art. 42 conferirebbe alla legge il compito di stabilire «fin dove, fin quando e in quali limiti vi debba essere, e in che modo debba esistere, la proprietà privata» (Esposito); si è sostenuto che alla legge spetterebbe «la disponibilità senza indennizzo della struttura stessa e del contenuto delle proprietà preesistenti» (Mozzo, Piras); si è argomentato, pertanto, che il legislatore ordinario potrebbe disciplinare ad arbitrio «la situazione del proprietario nella sua integralità», senza che la Corte costituzionale disponga dei parametri occorrenti per sindacarne le scelte (Rodotà). E quindi si è dedotto che la Costituzione non imporrebbe, sul punto, null'altro che una **riserva di legge**, per di più **relativa**: in linea con quella giurisprudenza costituzionale per cui l'art. 42, co. 2 esige unicamente, nel rapporto fra il legislativo e l'esecutivo, che i limiti della proprietà privata non siano lasciati «in balia delle autorità amministrative», ma vengano determinati in base alla legge, così da circoscrivere la discrezionalità della pubblica amministrazione [83].

Al pieno accoglimento di tali conclusioni ostano, però, almeno due ordini di motivi. Da un lato, al di là dell'art. 42, la Costituzione stessa regola e tutela puntualmente particolari sottospecie della proprietà privata: dalle «imprese» o dalle aziende cui si riferiscono – esplicitamente od implicitamente – l'art. 41 e l'art. 43; alla «proprietà terriera», specificamente prevista e disciplinata dall'art. 44; fino alla «proprietà dell'abitazione» e alla «proprietà diretta coltivatrice», di cui al capoverso dell'art. 47. D'altro lato, deriva pur sempre dal secondo comma dell'art. 42 che la proprietà privata debba essere «riconosciuta e garantita» nell'ordinamento giuridico italiano. Ed è improduttivo discutere se tale garanzia discenda dalla Costituzione – stando al progetto della Commissione dei 75 [84] – o dalla legge ordinaria: giacché, in entrambi i casi, il legislatore è comunque tenuto, quanto meno, ad «ammettere anche in futuro un istituto cui possa continuare a darsi il nome di proprietà» (P. Rescigno) e che si renda «accessibile a tutti», come statuisce lo stesso art. 42.

---

[83] V. specialmente le sentt. 2 marzo 1962, n. 13, e 19 maggio 1966, n. 38.

[84] L'art. 38 di quel testo disponeva infatti, nella proposizione iniziale del secondo comma, «la proprietà è riconosciuta e garantita». Il che pareva implicare un diretto riconoscimento costituzionale, sebbene il seguito del comma stesso lasciasse alla legge la regolamentazione dell'istituto in esame.

Risulta evidente, tuttavia, che la *garanzia dell'istituto* sarebbe soltanto verbale, se l'art. 42 non presupponesse taluni «indici di riconoscibilità» della proprietà privata (Luciani), destinati a restare fondamentalmente costanti nel succedersi delle leggi regolatrici. È appunto in tal senso che una notevole corrente dottrinale ha sostenuto – in Germania e anche in Italia (Sandulli) – l'esistenza di un insopprimibile contenuto essenziale o minimo, che nessuna disciplina legislativa della proprietà potrebbe legittimamente disconoscere: contenuto essenziale che alcuni autori vorrebbero senz'altro far coincidere con la definizione dell'art. 832 Cod. civ., onde «il proprietario ha diritto di godere e disporre delle cose in modo pieno ed esclusivo» (Mangiameli). In realtà, tesi del genere non mancano di suscitare difficoltà insuperabili: non solo perché quello civilistico è un concetto precostituzionale, sul quale non si possono fondare interpretazioni autentiche di una fonte sopraordinata come la Costituzione repubblicana; ma anche, e principalmente, perché già prima del 1948 la parola proprietà non possedeva un «significato univoco» (Pugliatti), risolvendosi invece in una serie di istituti proprietari, configurati dalle più varie leggi speciali, sovente richiamate dal Codice stesso. Basti pensare – per rendersene subito conto – al fondamentale divario che passa fra la proprietà dei beni mobili e quella avente ad oggetto gli immobili; come anche al regime profondamente diverso che contraddistingue da un lato i fondi rustici e d'altro lato le aree fabbricabili, soggette come tali ai piani urbanistici. Del resto, se ne trae la riprova dalla giurisprudenza costituzionale, che pure era parsa accostarsi più volte alle teorie del contenuto essenziale [85].

Il comune criterio dei giudizi che la Corte ha effettuato ed effettua in applicazione dell'art. 42, co. 2, dev'essere invece rintracciato nella **«funzione sociale»** della proprietà privata. Lungi dal ridursi ad una clausola vuota o priva di senso, quella formula si dimostra, infatti, «bidirezionalmente limitativa» (Giannini). Essa vale, cioè, a giustificare le restrizioni dei diritti soggettivi spettanti ai proprietari, là dove occorra tutelare contrapposti interessi o diritti, dotati anch'essi d'un qualche rilievo costituzionale; ma vale, altresì, a circoscrivere la potestà legislativa, che non può venire legittimamente esercitata a carico della proprietà privata, là dove non si tratti di limitazioni sorrette – a loro volta – da una apprezzabile funzione sociale.

b) La Corte costituzionale ha reiteratamente sindacato la giustificatezza delle scelte legislative, anche in vista del seguente disposto dell'art. 42, co. 3: «La proprietà privata può essere, nei casi preveduti dalla legge, e salvo indennizzo, espropriata per motivi di interesse generale».

---

[85] A titolo esemplificativo, si vedano le sentt. 27 luglio 1972, n. 155, 15 gennaio 1976, n. 3, e 16 dicembre 1982, n. 220. Nella prima di tali decisioni si argomenta, appunto, che i limiti determinabili dalla legge, «se possono comprimere le facoltà che formano la sostanza del diritto di proprietà, non possono mai pervenire ad annullarle».

È stato ed è controverso, anzitutto, lo stesso concetto dell'**espropriazione**. Secondo la tradizionale nozione amministrativistica, l'espropriazione andrebbe strettamente intesa, come procedimento e come provvedimento attraverso i quali «un soggetto può essere privato del diritto di proprietà che ha sopra una cosa a favore di un soggetto diverso», generalmente ma non necessariamente pubblico (Zanobini); sicché le sarebbe connaturato un *momento ablativo* o traslativo, vale a dire un effetto «contestualmente privativo ed acquisitivo» della proprietà espropriata ovvero di un altro diritto reale analogamente coinvolto (Giannini, Sorace). Per contro, nel periodo repubblicano si sono teorizzate, accanto a quelle tradizionali, le cosiddette *limitazioni espropriative*: con la conseguenza di far ricadere nel campo di applicazione dell'art. 42, co. 3, rendendoli dunque indennizzabili dalla mano pubblica, tutti i provvedimenti di stampo particolare destinati «a diminuire in modo rilevante una posizione proprietaria», quand'anche tali da non implicare la totale espropriazione del bene (Sandulli, D'Angelo). Su quest'ultima linea si è quindi schierata la giurisprudenza costituzionale: a partire dalla seconda metà degli anni Sessanta, quando la Corte ritenne illegittima una norma che non prevedeva indennizzo per l'imposizione di servitù militari; e quando, soprattutto, la Corte stessa pretese che fossero indennizzati i vincoli urbanistici operanti a tempo indeterminato, per effetto di piani regolatori generali limitativi *del jus aedificandi*[86]. Tale orientamento giurisprudenziale si è ulteriormente consolidato, quando la Corte ha censurato la mancata previsione dell'indennizzo per i vincoli all'esproprio che fossero decaduti e successivamente reiterati, o per i vincoli prorogati per via legislativa, riconoscendo la spettanza del diritto all'indennizzo una volta superato il primo periodo di ordinaria durata (sent. 20 maggio 1999, n. 179).

Più precisamente, le pronunce della Corte sono tuttora costanti nel senso che occorra distinguere fra i limiti imposti a titolo individuale, che valgono a sottrarre il godimento di un bene determinato al suo titolare; e quelli che attengono in modo obiettivo, con riferimento alla generalità dei proprietari, al regime di intere categorie di beni[87]. Nel primo caso, l'indennizzo sarebbe costituzionalmente indispensabile, perché lo esigerebbe il terzo comma dell'art. 42, interpretato in combinazione con il principio generale di eguaglianza. Nel secondo caso, invece, la necessità di risarcire i proprietari colpiti sarebbe esclusa a priori, appunto perché tutti – a parità di condizioni – riceverebbero il medesimo trattamento: con particolare evidenza quanto ai limiti sul tipo di *quelli* paesistici, posti a tutela di bellezze naturali[88].

Ma che cos'è **l'indennizzo**, ai sensi dell'art. 42, co. 3? Deve ritenersi superata, fin dal secolo scorso, l'originaria definizione per cui «l'indennità dovuta all'e-

---

[86] V. rispettivamente le sentt. 20 gennaio 1966, n. 6, e 29 maggio 1968, n. 55.

[87] Si veda la sent. 13 luglio 1990, n. 328.

[88] Cfr. in proposito la sent. 29 maggio 1968, n. 56, e nuovamente sent. 20 maggio 1999, n. 179.

sproprio» era necessariamente pari al «giusto prezzo che... avrebbe avuto l'immobile in una libera contrattazione di compravendita»[89]. Anche la giurisprudenza costituzionale ha riconosciuto, infatti, che l'indennizzo «non significa in ogni caso integrale ristoro del sacrificio subito per effetto dell'espropriazione»[90]. Ma questo non toglie che il ristoro debba essere «serio» e non fissato in misura «meramente simbolica» o completamente scollegata dalle «caratteristiche del singolo bene da espropriare»[91]: cioè, sostanzialmente, sia destinato a coincidere con la «giusta indennità», di cui ragionava l'art. 29 cpv. dello Statuto albertino. E in ciò consiste una ulteriore garanzia costituzionale della proprietà privata.

Si aggiunga che il tema della adeguatezza dell'indennizzo viene in rilievo anche con riguardo al rispetto della Convenzione europea dei diritti dell'uomo e delle libertà fondamentali (CEDU): non a caso, le note decisioni con le quali la Corte costituzionale ha tentato per la prima volta di inquadrare il ruolo della CEDU nel sistema delle fonti del diritto (sentt. 24 ottobre 2007, n. 348 e n. 349) avevano ad oggetto proprio la compatibilità con la CEDU (Protocollo addizionale, art. 1, come interpretato da costante giurisprudenza della Corte di Strasburgo) delle disposizioni legislative in punto di indennità di esproprio (art. 5 *bis* del d.l. 11 luglio 1992, n. 333). Nei casi considerati, la Corte ha richiamato la giurisprudenza della Corte europea dei diritti dell'uomo, la quale afferma che in caso di «espropriazione isolata», pur se a fini di pubblica utilità, solo una riparazione integrale può essere considerata in rapporto ragionevole con il valore del bene, mentre solo «obiettivi legittimi di utilità pubblica, come quelli perseguiti da misure di riforma economica o di giustizia sociale possono giustificare un indennizzo inferiore al valore di mercato effettivo»; di conseguenza, la disciplina italiana è stata ritenuta contrastante con il Protocollo addizionale CEDU, e dunque con l'art. 117 Cost., prevedendo criteri di quantificazione dell'indennità molto lontani dal valore di mercato dei beni espropriati (tra il 50 e il 30 per cento di tale valore), e pretendendo addirittura di applicare tali criteri ad ipotesi di occupazione acquisitiva: cioè all'occupazione di suolo da parte della pubblica amministrazione non seguita dal completamento del procedimento di esproprio, ma con avvenuta realizzazione dell'opera pubblica.

---

[89] Così disponeva l'art. 39 della legge 25 giugno 1865, n. 2359, abrogata dal d.P.R. 8 giugno 2001, n. 327.

[90] V. per esempio le sentt. 25 maggio 1957, n. 61, 21 luglio 1983, n. 223, e 16 giugno 1993, n. 283.

[91] V. specialmente la discussa sent. 30 gennaio 1980, n. 5, che ha annullato le relative norme della legge «Bucalossi», in tema di esproprio delle aree edificabili.

NOTA BIBLIOGRAFICA – Sui **diritti familiari** v. GRASSETTI, *I principi costituzionali relativi al diritto familiare*, in *Commentario sistematico alla Costituzione italiana*, Firenze, 1950, I, p. 285 ss.; SANTORO PASSARELLI, *Saggi di diritto civile*, Napoli, 1961, I, p. 399 ss.; MAJELLO, *Profili costituzionali della filiazione legittima e naturale*, Napoli, 1965; CARRARO, *Il nuovo diritto di famiglia*, in *Riv. dir. civ.*, 1975, I, p. 93 ss.; BIAGI GUERINI, *Famiglia e Costituzione*, Milano, 1989; LAMARQUE, *Art. 30*, in *Commentario alla Costituzione*, a cura di Bifulco, Celotto e Olivetti, Torino, 2006. Sui **diritti sociali in generale** GURVITCH, *La dichiarazione dei diritti sociali*, Milano, 1949; LOMBARDI VALLADRI, *L'esperienza giuridica nella tipologia delle esperienze di rapporto*, Milano, 1969; CORSO, *I diritti sociali nella Costituzione italiana*, in *Riv. trim. dir. pubbl.* 1981, p. 755 ss.; CARAVITA, *Oltre l'eguaglianza formale*, Padova, 1984; BALDASSARRE, *Diritti sociali*, in *Enc. giur. Treccani*, XII, Roma, 1989. Sul **principio lavoristico e sulle connesse garanzie costituzionali** ABBAMONTE, *Osservazioni sul diritto al lavoro*, in *Rass. dir. pubbl.*, 1954, p. 85 ss.; MAZZIOTTI, *Il diritto al lavoro*, Milano, 1956; MORTATI, *Raccolta di scritti*, Milano, 1972, III; BIFULCO, *Art. 35*, in *Commentario alla Costituzione*, a cura di Bifulco, Celotto e Olivetti, Torino, 2006; NOGLER, *Art. 36*, in *Commentario alle leggi sul lavoro*, a cura di Grandi, Pera, Padova, 2013. Sulla **libertà sindacale e sullo sciopero** SUPPIEJ, *Diritto di sciopero e potestà di sciopero nella Costituzione italiana*, Verona, 1968; ONIDA, *Luci e ombre nella giurisprudenza costituzionale in tema di sciopero*, in *Giur. cost.*, 1969, p. 898 ss.; ZANGARI, *Il diritto di sciopero*, Milano, 1976; FOIS, *Sindacati e sistema politico*, Milano, 1977; VILLONE, *Sciopero e solidarietà nella Costituzione italiana*, Napoli, 1980; GALLO, *Sciopero e repressione penale*, Bologna, 1981; AA.VV., *Sindacati e sciopero*, in *Quad. cost.*, 1990, n. 2. Sui **diritti di prestazione** v. – nell'ordine – CARLASSARE, *L'art. 32 della Costituzione e il suo significato*, in *L'amministrazione sanitaria*, Vicenza, 1967, p. 105 ss.; CRISAFULLI, *La scuola nella Costituzione*, in *Riv. trim. dir. pubbl.*, 1956, p. 54 ss.; POTOTSCHNIG, *Insegnamento, istruzione, scuola*, in *Giur. cost.*, 1961, p. 361 ss.; SPAGNA MUSSO, *Lo Stato di cultura nella Costituzione italiana*, Napoli, 1961; PIZZORUSSO, *La libertà di insegnamento*, in *La pubblica sicurezza*, Vicenza, 1967, p. 395 ss.; MURA, *La scuola della Repubblica*, Roma, 1979; BERTOLISSI, *Scuola privata e finanziamento pubblico*, in *Dir. soc.*, 1985, 533 ss.; CERRI, *Profili costituzionali del sistema pensionistico*, in *Dir. soc.*, 1983, p. 275 ss.; DE SIERVO, *Le trasformazioni della legislazione in tema di I.P.A.B.*, in *Giur. cost.*, 1985, I, p. 269 ss.; CAMERLENGO, *Costituzione e promozione sociale*, Bologna, 2013; AA.VV., *Le dimensioni costituzionali dell'istruzione*, a cura di Angelini, Benvenuti, Napoli, 2014. Sull'**iniziativa economica** MINERVINI, *Contro la «funzionalizzazione» dell'impresa privata*, in *Riv. dir. civ.*, 1958, p. 618 ss.; SPAGNUOLO VIGORITA, *L'iniziativa economica privata nel diritto pubblico*, Napoli, 1959 (nonché *Attività economica e potere amministrativo*, Napoli, 1962); BARBERA, *Leggi di piano e sistema delle fonti*, Milano, 1968; AA.VV., *La Costituzione economica*, a cura di Galgano, Padova, 1977; CAVALERI, *Iniziativa economica privata e Costituzione «vivente»*, Padova, 1978; DE CARLI, *Costituzione e attività economiche*, Padova, 1978; PACE, *Iniziativa privata e governo pubblico dell'economia*, in *Scritti Tosato*, Milano, 1982, II, p. 527 ss.; BOGNETTI, *Costituzione economica e Corte costituzionale*, Milano, 1983; LUCIANI, *La produzione economica privata nel sistema costituzionale*, Padova, 1983; BOGNETTI, *La Costituzione economica italiana*, Milano, 1993; AA.VV., *Costituzione economica e libertà di concorrenza*, a cura di Mezzetti, Torino, 1999; CASSESE, La *nuova Costituzione economica*, Bari, 1995; BILANCIA, *Modello economico e quadro costituzionale*, Torino, 1996; AA.VV., La *Costituzione economica*, Padova, 1997; e specificamente GIANNINI, *Diritto pubblico dell'economia*, cit.; G. QUADRI, *Diritto pubblico dell'economia*, Padova, 1980; LUCIANI, *Unità nazionale e struttura economica. La prospettiva della Costituzione repubblicana*, in Associazione italiana dei costituzionalisti, *Annuario* 2011, Napoli, 2014. Sulla **proprietà privata e sull'espropriazione** v. nell'ordine – PUGLIATTI, *La proprietà nel nuovo diritto*, Milano, 1959; MOTZO, PIRAS, Espro*priazione e «pubblica utilità»*, in *Giur. cost.*, 1959, p. 151 ss.; GIANNINI, *Basi costituzionali della proprietà privata*, in *Pol. dir.*, 1971, p. 443 ss.; SANDULLI, *Profili costituzionali della proprietà privata*, in *Riv. trim. dir. proc. civ.*, 1972, p. 465 ss.; MAZZAROLLI, *Sul nuovo regime della proprietà immobiliare*, in *Riv. dir. civ.*, 1975; LUCIANI, *Corte costituzionale e proprietà privata*, in *Giur. cost.*, 1977, I, p. 1345 ss.; D'ANGELO, *Limita-*

zioni autoritative della facoltà di edificare e diritto all'indennizzo, Napoli, 1963; ROLLA, *La misura dell'indennità di espropriazione nel quadro del sistema costituzionale italiano*, Milano, 1973; SORACE, *Espropriazione della proprietà e misura dell'indennizzo*, Milano, 1974; RODOTÀ, *Il terribile diritto*, Bologna, 1981; MANGIAMELI, *La proprietà privata nella Costituzione*, Milano, 1986; VOLPE, *Le espropriazioni amministrative senza potere*, Padova, 1996; CARANTA, *Espropriazione per pubblica utilità*, in *Enc. dir.*, Agg. V, Milano, 2001.

PARTE VI
LA GIUSTIZIA COSTITUZIONALE

CAPITOLO I

NATURA E ASSETTO DELLA CORTE COSTITUZIONALE

SOMMARIO: 1. Le ragioni giustificative della giustizia costituzionale. – 2. La tipologia dei sistemi di sindacato sulla legittimità costituzionale. – 3. Le caratteristiche essenziali della giustizia costituzionale in Italia; la fase transitoria precedente l'entrata in funzione della Corte. – 4. I giudici costituzionali: nomina, permanenza in carica e «status». – 5. L'indipendenza e l'autonomia della Corte costituzionale; gli organi e le strutture della Corte.

1. *Le ragioni giustificative della giustizia costituzionale*

Nel titolo VI, parte II, della Costituzione italiana, le disposizioni concernenti la Corte costituzionale (artt. 134-137) precedono immediatamente quelle relative alla revisione della Costituzione (artt. 138-139). E non senza ragione: tanto le prime quanto le seconde, infatti, concorrono a formare ciò che la stessa Costituente ha definito «**garanzie costituzionali**».

S'intende che, in ultima analisi, la garanzia fondamentale non si affida alla Corte in sé sola considerata, né al procedimento aggravato della legislazione costituzionale inteso come istituto a sé stante, né alla sola proclamazione finale per cui la forma repubblicana non è suscettibile di revisione.

Essenziale, piuttosto, è quanto appena elencato nel suo complesso, perché è quest'ultimo a garantire che le forze politiche organizzate nel Paese (o, quanto meno, la parte maggiore di esse) rimangano fedeli ai valori che informano la Costituzione, anziché sovvertirli, sia pure con la forza. Di talché è la previsione di un'apposita **giustizia costituzionale** (composta sia dalla necessità di un procedimento legislativo aggravato per la revisione della Carta costituzionale, sia dalla Corte, sia dal divieto di revisione della forma repubblicana) a fornire un'effettiva garanzia, indipendentemente dalla quale le stesse previsioni dell'art. 138 Cost. rischierebbero di risolversi in una lettera morta.

L'esperienza storica e comparatistica sta infatti a dimostrare che non basta, ad assicurare la rigidità della Costituzione, distinguere il procedimento legislativo ordinario dall'*iter* formativo delle leggi costituzionali e di revisione costituzionale. Fino a quando compete al solo Parlamento optare, senza possibilità di un altrui sindacato o di un'altrui interferenza, fra l'uno e l'altro tipo di fonte (come ad esempio si verificava nella terza Repubblica francese [1], il rispetto della Costituzione è rimesso in sostanza all'arbitrio del potere legislativo, al pari che negli ordinamenti retti da Carte costituzionali flessibili.

In altre parole, l'auto-controllo del Parlamento non può essere sufficiente allo scopo; ma si rende invece necessario l'*etero-controllo di un organo o di organi diversi da quelli politicamente rappresentativi*. Solo a questo modo, cioè, si rafforza il principio di legalità (che è anche «*legalità costituzionale*»), imponendolo al legislatore stesso sotto forma di «**principio di costituzionalità**» [2], così da perfezionare lo Stato di diritto, nel quale la *legittimità costituzionale* costituisce una naturale integrazione della legittimità amministrativa e giurisdizionale (Crisafulli, Pierandrei, Treves ...).

I critici delle Corti costituzionali obiettano che queste ultime, proprio perché irresponsabili nei confronti del corpo elettorale, menomerebbero il basilare principio democratico; e obiezioni del genere non sono mancate nemmeno in Italia, come si ricava dai lavori preparatori della Costituente [3]. Ma è stato già detto che una compiuta democrazia, non totalitaria bensì rispettosa delle minoranze e dei diritti fondamentali di ogni cittadino (v. *supra*, parte III, cap. I, § 2), esige che la maggioranza sia limitata, in nome degli stessi valori costituzionali; sicché il limite in esame richiede – per definizione – il sindacato di una autorità indipendente dalle forze di governo (Kelsen). Ed è proprio in questa prospettiva che si è giustamente notato come la giustizia costituzionale determini uno «sdoppiamento funzionale degli apparati di vertice della democrazia» (Elia): con tanto più grande evidenza, in quanto la garanzia facente capo alle Corti costituzionali consente che esse *reinterpretino la Costituzione*, adeguandola di continuo alle mutate esigenze del Paese, nell'esercizio di una *funzione moderatrice dei conflitti sociali*, sia pure esercitata con procedure ed effetti ben diversi da quelli peculiari della funzione legislativa.

Certo, perché la forma di governo e – prima ancora – la forma di Stato non siano sovvertite, sarebbe assolutamente necessario che la giustizia costituzionale non debordasse mai nel merito allorché giudica, scambiando il sindacato di costituzionalità con un controllo allargato alla complessiva «ingiustizia delle leggi» (Volpe). Ma proprio la circostanza che nessuna Corte può dirsi assolutamente neutrale e che rimanga innegabile – nel senso più lato del termine – la politicità delle relative decisioni, deve dunque indurre le Corti stesse all'**auto-limitazione**, evitando di dar vita a quello che in dottrina è stato polemicamente denominato *governo dei giudici* (Lambert).

---

[1] V. specificamente l'art. 8 della legge cost. 25 febbraio 1875.

[2] Cfr. in tal senso – là dove si afferma l'esigenza di «*far concretamente valere l'imperio della Costituzione nei confronti di tutti gli operatori costituzionali*» – la sent. 17 febbraio 1969, n. 15, della Corte costituzionale.

[3] Si vedano in proposito le repliche di Ruini, in *Atti Ass. Cost.*,12 marzo 1947.

L'immanente pericolo di abusi non toglie, però, che la giustizia costituzionale rimanga il coronamento necessario dei sistemi sul tipo di quello vigente in Italia. Non è quindi casuale che essa, un tempo tanto rara da apparire come una sorta di curiosa deroga a sistemi ordinamentali «normali», sia oggi assai diffusa in Europa e nel mondo, fino al punto di formare la regola delle attuali democrazie di stampo occidentale. Per fermarsi al nostro continente, basta infatti ricordare che ai lontani (e parziali) precedenti svizzeri si sono gradualmente aggiunti – nell'ordine – i casi dell'Austria, dell'Italia, della Germania, della Quinta Repubblica francese (cioè, l'attuale), del Portogallo, della Spagna e sotto certi aspetti anche del Belgio; per non dire di ordinamenti quali – ad esempio – quello greco o quello svedese, nei quali il sindacato sulla costituzionalità delle leggi si affida alla generalità dei giudici (v. *infra*, § 2 di questo capitolo). Di più: le Corti costituzionali si sono diffuse anche negli Stati dell'Est Europa, con particolare evidenza a partire dagli anni Novanta del Novecento, dopo la caduta dei regimi comunisti. Sicché può ben dirsi, tornando all'Europa occidentale, che la *sola eccezione importante* è oggi formata dalla Gran Bretagna, nella quale, peraltro, il problema non può nemmeno porsi, dato il carattere flessibile, non scritto e non «giustiziabile» della costituzione britannica.

2. *La tipologia dei sistemi di sindacato sulla legittimità costituzionale*

Da queste comuni premesse derivano però, nei vari ordinamenti statali interessati, le più varie forme di sindacato sulla legittimità costituzionale delle leggi (o, anche, in certi casi, degli atti amministrativi e giurisdizionali). Ed è opportuno, preliminarmente, classificare le forme stesse, per poi stabilire dove si collochi – in un tale quadro – la giustizia costituzionale italiana.

a) La prima e più fondamentale suddivisione è quella che suole tracciarsi fra i sindacati aventi natura **giurisdizionale**, in quanto affidati a uno o più giudici in forme processuali, e i controlli di natura **politica**, spettanti ad autorità affatto diverse da quelle giudiziarie.

La linea distintiva non è peraltro sicura e, anzi, forma oggetto di notevoli controversie dottrinali. Certo è soltanto che *sono politici i controlli riservati alle assemblee parlamentari*, come si verificava in alcuni ordinamenti dell'Est Europeo, prima del crollo dei regimi comunisti[4]: nel quale caso, tuttavia, difetta addirittura il requisito dell'etero-controllo, indispensabile perché sia dato parlare – sia pure in senso largo – d'una qualche forma di giustizia costituzionale. Ma vari autori inclinano a ragionare di controllo politico, *ogniqualvolta il sindacato*

---

[4] V. per esempio l'art. 125 della Costituzione sovietica del 1977 (come revisionata il 1° dicembre 1988), quanto alle competenze del «Comitato di sorveglianza costituzionale dell'URSS», eletto dal Congresso dei deputati popolari dell'Unione.

sulla costituzionalità delle leggi sia ***preventivo*** *e dunque inserito nell'«iter» formativo delle leggi stesse*, quand'anche attribuito ad autorità indipendenti dalla maggioranza di governo (Cappelletti, Pizzorusso; *contra* Favoreu): il che indurrebbe a considerare politiche le stesse funzioni spettanti al *Conseil constitutionnel* della Quinta Repubblica francese [5], anche se riesce preferibile parlare in proposito di una «ibridazione» fra modello politico e modello giurisdizionale (Caretti, Cheli).

E ciò a maggiore ragione da quando, anche in Francia, quello che era un controllo solo preventivo, è diventato un controllo di costituzionalità misto, *in parte preventivo*, ma *in parte pure successivo* all'entrata in vigore della legge. Con la riforma costituzionale del 21 luglio 2008-724 (passata in Parlamento con un solo voto di maggioranza), infatti, dopo l'art. 61 [6] della Carta cost. francese, che prevedeva e tuttora prevede il primo, è stato aggiunto l'art. 61.1 [7] che introduce la novità del secondo. Nel caso in cui il Consiglio costituzionale accerti la violazione della Costituzione, le conseguenze saranno ovviamente diverse nella prima e nella seconda ipotesi: la legge non ancora entrata in vigore, oggetto del sindacato esercitato in via preventiva, «... *non può essere promulgata né applicata*», mentre la legge che abbia già cominciato a produrre i suoi effetti e che abbia costituito oggetto del sindacato a posteriori (della sua entrata in vigore), «... *è abrogata a partire dalla pubblicazione della decisione del Consiglio costituzionale o dalla data successiva stabilita da tale decisione. Il Consiglio costituzionale determina le condizioni ed i limiti entro i quali gli effetti prodotti da tale disposizione possono essere rimessi in discussione*» [8].

b) Più netta è la linea divisoria fra i sistemi **accentrati** e quelli **diffusi**. I primi, caratterizzanti di massima la giustizia costituzionale europea, comportano che il

---

[5] D'altronde, proprio per questi motivi, di «controllo» si è ragionato anche in vista del sindacato preventivo sulla legittimità delle leggi regionali, a suo tempo effettuato dalla Corte costituzionale italiana, ai sensi dell'art. 127 Cost. (Bartholini, Crisafulli).

[6] «*Le leggi organiche,* ***prima della loro promulgazione****, le proposte di legge di cui all'articolo 11* ***prima di essere sottoposte a*** **referendum**, *e i regolamenti delle assemblee parlamentari,* ***prima della loro entrata in vigore****, devono essere sottoposti al Consiglio costituzionale che si pronuncia sulla loro conformità alla Costituzione. – Agli stessi effetti, le leggi possono essere deferite al Consiglio costituzionale,* ***prima della loro promulgazione****, dal Presidente della Repubblica, dal Primo ministro, dal Presidente dell'Assemblea nazionale, dal Presidente del Senato, da sessanta deputati o da sessanta senatori. – Nei casi previsti dai due commi precedenti, il Consiglio costituzionale deve deliberare entro il termine di un mese. Tuttavia, a richiesta del Governo, in caso di urgenza, il termine è ridotto a otto giorni. – Nei casi menzionati, il deferimento al Consiglio costituzionale sospende il termine della promulgazione*».

[7] «*Qualora, in occasione di un* ***procedimento in corso*** *dinanzi ad una giurisdizione, si sostenga che una disposizione di legge porti pregiudizio ai diritti e alle libertà garantiti dalla Costituzione, il Consiglio costituzionale può essere investito di tale questione* ***su rinvio del Consiglio di Stato o della Corte di cassazione****, e si pronuncia entro un termine stabilito. – Le condizioni di applicazione del presente articolo sono stabilite con legge organica*».

[8] Così nell'art. 62 della Cost. francese, rispettivamente nel co. 1 e nel co. 2.

sindacato in questione sia riservato a un organo apposito, avente il nome di *Corte* o *Tribunale costituzionale* (come si verifica in Austria, in Germania, in Spagna e altrove), o spetti comunque a un determinato giudice, sebbene dotato di competenze più ampie e diverse (quale – per esempio – il Tribunale federale svizzero). I secondi trovano il loro prototipo negli Stati Uniti d'America, dove i giudizi sulla legittimità costituzionale possono considerarsi come una «*irradiazione delle stesse funzioni attribuite alla competenza istituzionale degli organi giudiziari*» in genere (Pierandrei); sicché ad ogni giudice spetta – ove lo ritenga necessario – far prevalere la Costituzione, disapplicando – anzi, meglio dichiarando «nulle» e quindi disapplicandole – le leggi ordinarie ritenute illegittime[9]. Ma

[9] È questa la sostanza della motivazione della celebre sentenza della Corte Suprema degli Stati Uniti d'America presieduta dal giudice Marshall (già segretario di Stato del secondo Presidente degli USA John Adams), *Marbury v. Madison* che, nel 1803, ha dato origine a tale sistema.

«... *La questione, se un atto, contrario alla Costituzione, possa diventare una legge del paese, è una questione che interessa profondamente gli Stati Uniti, ma fortunatamente, la sua complessità non è proporzionale al suo interesse. Sembra necessario solamente riconoscere alcuni principi, che si suppongono già ben radicati da tempo, per decider*[e in punto di diritto la controversia]. *Che il popolo abbia il diritto originario di stabilire, per il proprio governo futuro, quei principi che riterrà condurlo alla felicità, è la base su cui si fonda l'intera società americana. L'esercizio di questo diritto originario costituisce un grande sforzo, né può né deve, essere ripetuto di frequente. Quindi, i principi, che sono stati in tal modo stabiliti, sono considerati fondamentali, e poiché l'autorità dalla quale sono emanati è suprema e raramente può agire,* [quei principi costituzionali] *sono concepiti per essere permanenti. –* [...] *I poteri del ramo legislativo sono* [pertanto] *definiti e limitati, e la Costituzione è stata scritta affinché quei limiti non possano essere confusi o dimenticati. A quale scopo limitare i poteri e formalizzare questi limiti per iscritto, se poi questi limiti possono essere superati in qualsiasi momento proprio da coloro* [compresi i detentori del potere legislativo] *che dovevano essere limitati?* [...] *È una proposizione troppo chiara per essere contestata, quella secondo la quale la Costituzione controlla qualsiasi atto legislativo contrastante con essa oppure quella secondo la quale il potere legislativo può modificare la Costituzione con legge ordinaria. – Tra queste alternative, non c'è alcuna via di mezzo. O la Costituzione è una legge superiore, come tale non modificabile con procedure ordinarie, oppure ha il rango di legge ordinaria, e come gli altri atti, può essere modificata quando il potere legislativo lo decida. Se la prima alternativa è quella vera, allora una legge ordinaria, contraria alla Costituzione, non è legge; se la seconda alternativa è quella vera, allora le costituzioni scritte sono tentativi assurdi, da parte del popolo, di porre dei limiti a un potere per sua stessa natura non limitabile. – Certamente, tutti coloro che hanno emanato delle costituzioni scritte, le concepiscono come la legge sovrana e fondamentale della nazione, e la teoria di ogni governo di questo tipo dev'essere che un atto legislativo contrario alla Costituzione è nullo. Questa teoria è essenzialmente legata a una costituzione scritta, e deve di conseguenza, essere considerata da questa Corte, come uno dei principi fondamentali della nostra società.* [...] *– Se un atto del potere legislativo, contrario alla Costituzione, è nullo, questo atto vincola ciononostante le Corti, obbligandole ad applicarlo? In altre parole, anche se non è una legge, opera come se fosse una legge? Questo significherebbe capovolgere, nella pratica, ciò che è stato affermato in teoria, e sembrerebbe, a prima vista, un'assurdità troppo grande perché la si possa sostenere.* [...] *Coloro che applicano la regola a casi particolari, la devono necessariamente esporre e spiegare. Se c'è un conflitto fra due leggi, le corti devono decidere l'operatività di ciascuna. Allo stesso modo se una legge è in contrasto con la Costituzione; se sia la legge che la Costituzione trovano applicazione in un determinato caso, in modo che la Corte possa decidere il caso in conformità alla legge, senza considerare la Costituzione, oppure in conformità alla Costituzione, senza considerare la legge, la Corte dovrà determinare quale di queste regole contrastanti deve essere applicata. Questa è l'essenza stessa della funzione*

forme analoghe si rinvengono anche in Europa, dalla Svezia alla Grecia [10], come pure in vari altri ordinamenti extra-europei, fra i quali spicca il Giappone.

Così definito, il divario intercorrente fra i due ordini di sistemi risulta a prima vista profondissimo.

La *ratio* dei *sistemi diffusi* parrebbe infatti consistere nel condurre alle estreme conseguenze la «superiorità della Costituzione» (Mezzanotte), determinando l'immediata disapplicazione delle leggi incostituzionali (non diversamente da ciò che in Italia si riscontra nei rapporti fra le leggi e i regolamenti illegittimi).

Per contro, la *ratio* dei *sistemi accentrati* viene fatta risiedere nella certezza del diritto, non più esposta ai contrasti delle giurisprudenze dovute a diversi e molteplici giudici (Crisafulli, Pierandrei). Occorre però rilevare che nell'ordinamento statunitense (come pure in altri sistemi affini a quello) vige il rimedio dello *stare decisis* (che obbliga il giudice a conformarsi alla pronuncia di un'altra autorità giurisdizionale che abbia precedentemente già deciso un'identica fattispecie), per cui le decisioni della Corte Suprema (... che è tale, cioè «Suprema», anche per grado, il che non esiste, ne è concepibile in Italia dove non esiste gerarchia tra i giudici) finiscono con l'imporsi alle minori autorità giurisdizionali (almeno fino a quando la Corte stessa non muti i propri orientamenti): dal che consegue, in concreto, un sensibile riavvicinamento ai sistemi accentrati di stampo europeo.

c) Nella letteratura giuridica di lingua tedesca è poi abituale la contrapposizione fra il sindacato di natura ***astratta*** e quello di natura ***concreta***, secondo che il giudizio prescinda o meno dalle puntuali applicazioni delle leggi o degli altri atti in discussione. Ma la dottrina italiana preferisce da sempre distinguere, piuttosto, il sindacato instaurato **in via principale**, o *diretta*, da quello promosso **in via incidentale**, o *indiretta* (Calamandrei).

Nel primo caso la Corte può essere adita – *direttamente*, appunto – da determinati organi o soggetti, i quali possono ben dirsi proporre un'astratta questione di legittimità, almeno di regola indipendente dalla circostanza che la norma o l'atto impugnato ricevano questo o quel tipo di applicazione [11].

---

giudiziaria. Se poi, le corti devono considerare la Costituzione, e la Costituzione è legge superiore a qualsiasi altra legge dell'ordinamento, sarà la Costituzione, e non la legge ordinaria, ad essere applicata al caso in questione. [...] *– Da questi, e da molte altre selezioni che si potrebbero fare, è chiaro che i costituenti intendevano la Costituzione come strumento vincolante per le corti, oltre che per il potere legislativo. Perché altrimenti obbligherebbe i giudici a prestare giuramento di fedeltà alla Costituzione? ...*».

[10] In effetti, l'art. 93, co. 4, della Costituzione greca del 1975 dispone che «i tribunali sono tenuti a non applicare una legge il cui contenuto sia contrario alla Costituzione» (salve le competenze della Corte suprema speciale, di cui al successivo art. 100).

E anche l'Italia ha conosciuto il sindacato diffuso nel periodo 1948-1956: sul punto, v. *infra*, in questi stessi parte e capitolo, § 3, *sub a*).

[11] Tale era il compito originariamente attribuito alla Corte costituzionale austriaca. Quanto all'Italia, se ne dirà *infra*, cap. II, §§ 5 e ss., di questa parte.

Nel secondo caso, invece, a monte del sindacato di legittimità vi è sempre un giudizio nel quale si tratta di applicare un certo atto o una certa norma, sicché la questione non può porsi che in termini concreti (cioè in relazione a ciò che l'atto o la norma debbano significare in *quel* giudizio, non già in astratto).

Posto che è dal giudizio, dal processo, che insorge la questione proposta innanzi al giudice costituzionale; posto che, una volta risolta la questione, la soluzione di quest'ultima servirà nel giudizio, nel processo da cui quella è partita; posto che, quindi, la fase che si svolge innanzi al giudice costituzionale rappresenta un c.d. «incidente» del giudizio *a quo*, ecco spiegato il perché della denominazione di «giudizi in via incidentale» per tutti quelli che si svolgono innanzi al giudice costituzionale provenendo da un processo *a quo*. E, non per nulla, la «concretezza» della questione è un fattore tipico del sindacato diffuso, anche se – il più delle volte – le impugnative incidentali riguardano pure il sindacato di tipo accentrato [12].

d) A ciò si collega la distinzione fra i **giudizi instaurabili in via preventiva** e quelli **destinati a svolgersi in via successiva**. Gli uni assumono ad oggetto una legge o eventualmente un altro atto, che, non ancora entrati in vigore, vengono impugnati nel corso del loro procedimento formativo e dunque prima di essere messi in grado di produrre effetti. Gli altri attengono a leggi o ad altri atti già vigenti, poco importa se impugnati in via principale o incidentale.

e) Quanto invece all'efficacia propria delle decisioni concernenti la legittimità costituzionale, occorre anzitutto distinguere, circa i *soggetti nei confronti dei quali esse operano*, fra le pronunce produttive di **effetti *erga omnes***, cioè nei confronti di tutti i destinatari della legge o dell'atto sindacato, e quelle efficaci soltanto ***inter partes***, cioè con riguardo alle sole parti a vario titolo protagoniste del caso che ha dato origine al giudizio di costituzionalità.

f) Ma la distinzione maggiormente significativa appare quella concernente l'*efficacia delle pronunce di accoglimento della questione sollevata* (cioè di quelle che dichiarano l'illegittimità costituzionale dell'atto o della norma esaminati dalla Corte), *efficacia considerata in relazione all'elemento temporale*.

f1) In alcune ipotesi, infatti, dette pronunce accertano l'originaria **nullità della norma o dell'atto** (secondo il già visto in nota, antico assunto del giudice statunitense Marshall, per cui «la legge contraria alla Costituzione non è una legge»).

f2) In altre ipotesi, invece, esse producono **l'annullamento della norma o dell'atto stesso**.

f3) In altre ipotesi ancora, esse danno luogo ad un **effetto abrogativo**, oppure *f4*) **precludono l'entrata in vigore** dell'atto [13].

---

[12] Si pensi ancora all'Austria, a partire dalla revisione costituzionale del 1929.

[13] Il primo fenomeno si riscontra – ad esempio – nell'ordinamento austriaco; il secondo nella

g) E di qui discendono le ulteriori distinzioni intercorrenti fra i sistemi nei quali le **dichiarazioni d'illegittimità costituzionale** (*g1*) **operano *ex tunc***, ovverossia sin dal momento dell'entrata in vigore delle norme in esame o comunque in modo retroattivo rispetto al momento in cui è stata dettata la pronuncia della Corte, quelli che (*g2*) **circoscrivono la loro efficacia *ex nunc***, e quindi a partire dalla pronuncia del giudice in questione, e (*g3*) quelli che addirittura **prevedono un'operatività *de futuro***[14].

h) Si è già fatto intendere, peraltro, che i vari criteri distintivi sono almeno in parte collegati fra loro da determinati nessi logici e giuridici.

In via di (larga) massima, cioè, può dirsi che da un lato stanno (*h1*) i sistemi diffusi, concreti, a sindacato successivo, con decisioni efficaci *inter partes*, eventualmente dichiarative dell'originaria nullità e naturalmente retroattive.

D'altro lato, si rinvengono invece (*h2*) i sistemi accentrati, astratti (oppure fondati su impugnative principali), a sindacato anche preventivo, con decisioni efficaci *erga omnes*, produttive dell'annullamento o dell'abrogazione *ex nunc* dell'atto impugnato che sia dichiarato illegittimo.

Ma occorre subito aggiungere che, nella realtà dei vari ordinamenti interessati, si riscontrano (*h3*) le più varie contaminazioni fra gli opposti modelli: e tale, in particolare, si rivela il caso italiano.

3. *Le caratteristiche essenziali della giustizia costituzionale in Italia; la fase transitoria precedente l'entrata in funzione della Corte*

a) Dalla Carta costituzionale e dai suoi lavori preparatori risulta – con certezza – un solo carattere essenziale del nostro sistema di giustizia costituzionale: cioè quello consistente nella natura **accentrata** dei relativi giudizi, in quanto monopolizzati da un organo nuovo (nel 1948) e all'epoca appositamente creato.

Per un primo verso, infatti, rimasero isolati coloro che osteggiavano la stessa introduzione della giustizia in esame, nel timore che il controllo così esercitato dovesse rivelarsi incompatibile con la «sovranità» degli organi centrali di governo (Nitti, Vittorio Emanuele Orlando). Per un secondo verso, non trovò seguito

---

Quinta Repubblica francese, anche se, come si è da poco detto nel testo e in nota, non più in via esclusiva.

[14] Così, ai sensi della Costituzione jugoslava del 1963, la Corte costituzionale dava un termine al legislativo perché conformasse la legge illegittima alle prescrizioni costituzionali; dopo di che, se il termine scadeva inutilmente, la legge cessava di avere efficacia.

Così, dal 2008, è p. es. anche nei poteri del *Conseil constitutionnel* secondo quanto prevede il già ricordato art. 62, co. 2, della Cost. francese dove prevede che l'organo possa postergare gli effetti dell'abrogazione conseguente alla declaratoria di illegittimità costituzionale alla «... *data successiva stabilita* [nella] *decisione* ...».

Circa il del tutto peculiare caso italiano, v. *infra*, cap. II, § 16, di questa parte.

la tesi – pur se sostenuta da Einaudi, futuro Presidente della Repubblica – del sindacato diffuso, esercitabile da parte di qualunque giudice nell'ambito della sua giurisdizione; e venne ben presto scartata anche l'idea – suggerita da Nitti in via subordinata – di riservare il sindacato sulla legittimità delle leggi non già a tutti i giudici, ma a un solo preesistente organo giurisdizionale: la Corte di cassazione [15].

Entrambe le proposte alternative a un sindacato di tipo accentrato furono respinte, sia perché si volle istituire – nella **Corte costituzionale** – un giudice diverso, per formazione e per composizione, da tutti gli altri organi giurisdizionali (v. *infra*, § 4 di questo capitolo); sia – soprattutto – perché i giudizi della Corte sono profondamente dissimili da quelli attribuiti ai giudici comuni, con particolare evidenza allorché il loro oggetto è formato dalle stesse norme di legge (com'è nei casi dei giudizi sollevati in via principale nei quali, per definizione, manca un processo *a quo* soggetto alla giurisdizione di un organo giudicante).

Tanto fra i costituenti quanto nella dottrina costituzionalistica del periodo repubblicano dominava e domina, in effetti, la convinzione che i criteri propri dei giudizi che si svolgono innanzi alla Corte siano del tutto peculiari (Calamandrei, Cappelletti), dal momento che i loro parametri sono formati da norme e principi costituzionali spesso aperti a interpretazioni e ricostruzioni molteplici (Pensovecchio Li Bassi, Dogliani, Nania, Zagrebelsky), il che – fra l'altro – esige che la Corte stessa sia dotata di una «particolare sensibilità» politica, oltre che tecnico-giuridica (Pierandrei, Modugno).

Con questo fondamento si sarebbe addirittura potuto dubitare della *natura giurisdizionale della Corte* (o del complesso delle funzioni ad essa affidate); e in un primo tempo non sono mancati certi orientamenti di segno negativo, miranti a porre l'accento – piuttosto – sul *carattere politico dell'organo* in questione, considerandolo «contitolare» della funzione di indirizzo politico (Barile) o configurandolo – alla maniera kelseniana – come una sorta di «legislatore negativo»; tanto che anche la Corte ebbe a ragionare [16] d'una sua funzione di «controllo costituzionale», negando di poter essere comunque inclusa fra gli organi giudiziari di qualsiasi tipo.

Ciò tuttavia non toglie che, ormai da molti anni, sia dominante in giurisprudenza e in dottrina (Azzariti, Esposito, Giannini, Sandulli) la qualificazione della Corte come un **particolarissimo tipo di autorità giurisdizionale**: qualificazione d'altra parte confermata dal linguaggio della Carta costituzionale che, in proposito, tratta ripetutamente di «giudici» e di «giudizi» [17], nonché presupposta in moltissime occasioni dalla giurisprudenza costituzionale, a partire dalla prima sentenza con cui la Corte stessa ha sollevato dinanzi a sé – al pari di qualunque al-

[15] V. rispettivamente, nel primo senso, *Atti Ass. Cost.*, 8 e 10 marzo 1947 (di «caricatura di Corte» ragionò allora Nitti); nel secondo senso, v. *Atti cit.*, 1° febbraio 1947 e 28 novembre 1947.

[16] Cfr. la sent. 23 marzo 1960, n. 13.

[17] Cfr. gli artt. 134, 135, 137 Cost.

tro giudice – questione di legittimità costituzionale di una legge (v. *infra*, cap. II, § 2, di questa parte) e, infine, oggetto di una sorta di «auto-qualificazione» da parte della stessa Corte costituzionale che parla di sé, «*pur nella sua peculiare posizione di supremo organo di garanzia costituzionale nell'ordinamento interno,* [come di] *una giurisdizione nazionale ai sensi dell'art. 234, terzo paragrafo, del Trattato CE e, in particolare,* [di] *una giurisdizione di unica istanza*»[18].

I ***tratti distintivi*** della ***giurisdizione costituzionale*** non sono stati, però, fissati dalla Costituzione.

Il primo comma dell'art. 137 Cost. ha infatti affidato a una apposita legge costituzionale il compito di stabilire «*le condizioni, le forme, i termini di proponibilità dei giudizi di legittimità costituzionale*»; e la materia non è stata regolata che in modo assai sommario dalla stessa **legge cost. 9 febbraio 1948, n. 1**.

Ma, nonostante il loro carattere non del tutto esaustivo, le indicazioni contenute in questo atto bastano a far intendere: *a1*) che le leggi e gli atti equiparati sono impugnabili tanto *in via incidentale* quanto *in via principale* (anche se i titolari delle impugnative principali sono soltanto – di regola – lo Stato e le Regioni nei reciproci confronti, come risulta oggi evidente dai co. 1 e 2 dell'art. 127 Cost., ma, almeno in parte, come emergeva già dal co. 4 dello stesso art. 127 Cost. anche precedentemente alla riforma costituzionale del 2001[19]); *a2*) che le eventuali dichiarazioni d'illegittimità costituzionale, efficaci *erga omnes* in base all'art. 136 Cost., non possono non *retroagire* (giacché, diversamente, non avrebbe senso il prevedere che la questione possa esser sollevata «*nel corso di un giudizio*», come fa l'art. 1 della legge cost. n. 1/1948 cit.: Esposito[20]).

b) Tuttavia, le scarne disposizioni della legge cost. n. 1/1948 non erano sufficienti per consentire l'immediato avvio della giustizia costituzionale. Ai sensi dello stesso art. 137, co. 2, Cost., infatti, bisognava altresì che una legge ordinaria stabilisse «*le altre norme necessarie per la costituzione e il funzionamento della Corte*»; e occorsero altri cinque anni perché fosse promulgata la **legge ordinaria 11 marzo 1953, n. 87**, accompagnata dalla contemporanea **legge cost. 11 marzo**

---

[18] Così l'ord. 13 febbraio 2008, n. 103, su cui si tornerà anche *infra*, cap. II, § 2, *sub c*), di questa parte.

[19] Prima della legge cost. 18 ottobre 2001, n. 3, quel comma recava quanto segue: «*Ove il Consiglio regionale... approvi di nuovo a maggioranza assoluta dei suoi componenti* [la legge regionale rinviata dallo Stato], *il Governo della Repubblica può, nei quindici giorni dalla comunicazione, promuovere la questione di legittimità davanti alla Corte costituzionale, o quella di merito per contrasto di interessi davanti alle Camere. In caso di dubbio, la Corte decide di chi sia la competenza*».

[20] Che senso avrebbe, infatti, che un giudice sollevasse la questione di legittimità costituzionale «*nel corso*» del giudizio che si trova a dovere risolvere, se la decisione della Corte – qualora di accoglimento della questione sottopostale – non potesse incidere su quello stesso giudizio? E se la pronuncia della Corte incide su quel giudizio, allora vuole necessariamente dire che la sentenza del giudice costituzionale ha efficacia retroattiva, posto che essa giocoforza viene emessa dopo il momento di instaurazione del giudizio costituzionale.

1953, n. 1. La prima dettava, secondo il dettato costituzionale appena ricordato, «*Norme sulla costituzione e sul funzionamento della Corte costituzionale*»; la seconda, tra l'altro, aggiungeva un'ulteriore competenza della Corte costituzionale a quelle elencate nell'art. 134 Cost.: più precisamente, quella di «... *giudicare se le richieste di* referendum *abrogativo presentate a norma dell'art. 75 della Costituzione siano ammissibili ai sensi del secondo comma dell'articolo stesso*».

A questo punto, nucleo forte delle fonti finalmente posto in essere, occorreva formare la Corte, eleggendone (1/3 da parte del Parlamento in seduta comune e 1/3 delle Supreme magistratura), o nominandone (1/3 da parte del Presidente della Repubblica) i giudici; e tali indispensabili adempimenti diedero luogo ad ulteriori ritardi, sicché la **prima udienza pubblica della Corte si tenne appena il 23 aprile 1956**, che è anche la data della Camera di consiglio in cui si discusse della sola sent. n. 1/1956, la n. 2 recando la data del successivo 30 aprile.

c) Del resto, pur non prevedendo una **fase transitoria** così prolungata, la Costituente aveva disposto in proposito: «*Fino a quando non entri in funzione la Corte costituzionale, la decisione delle controversie indicate nell'art. 134 ha luogo nelle forme e nei limiti delle norme preesistenti all'entrata in vigore della Costituzione*»[21].

Ciò ha fatto sì che negli otto anni seguiti al 1° gennaio 1948 *il sindacato sulla legittimità costituzionale delle leggi italiane sia stato effettuato in maniera diffusa*, da parte di ogni giudice volta per volta competente.

Ma non ha prevalso l'interpretazione restrittiva delle parole «nelle forme e nei limiti delle norme preesistenti», onde i vari giudici avrebbero dovuto limitarsi a sindacare i *vizi di legittimità formale* delle leggi, come già sotto il vigore dello Statuto albertino (Esposito).

Al contrario, ha predominato in giurisprudenza e in dottrina (Azzariti) la tesi che il sindacato potesse investire – fin d'allora – anche i *vizi sostanziali*, concernenti i contenuti normativi delle leggi stesse.

Quanto alle norme legislative preesistenti alla Costituzione, ciascun giudice è stato perciò chiamato a valutare se le norme costituzionali ne avessero operato una «*abrogazione implicita*»[22].

Quanto invece alle leggi sopravvenute dopo il 1° gennaio 1948, anch'esse, durante la fase transitoria, sono state sindacate in vista di una loro eventuale *disapplicazione*, allo stesso modo nel quale i giudici ordinari disapplicano i regolamenti illegittimi[23].

Il riferimento costituzionale alle «forme» e ai «limiti» del sindacato ammesso dal precedente ordinamento non è valso, pertanto, se non ad implicare

---

[21] Si veda il, co. 2, della **VII disp. trans. Cost.**

[22] Si veda in tal senso – fra le tante – la dec. 26 maggio 1948, n. 313, della V sez. del Consiglio di Stato.

[23] V. per esempio la sent. 23 marzo 1955, n. 867, della Cassazione civile a sezioni unite.

pronunce adottate *incidenter tantum*, le quali non valutavano la legittimità costituzionale delle leggi altro che ai fini del caso in discussione, né, d'altra parte, i singoli giudici – dotati, com'è sempre, del potere di giudicare sul solo caso singolo sottoposto alla loro giurisdizione – avrebbero potuto fare diversamente o di più.

d) Nel medesimo tempo, limitatamente alla sola Regione Sicilia, alle leggi poste in essere da quest'ultima e a quelle dello Stato ritenute lesive dell'autonomia di quella Regione, in luogo della Corte costituzionale funzionò un altro giudice del tutto speciale: l'**Alta Corte per la Regione siciliana**, istituita dall'art. 24 dello Statuto della Sicilia, approvato con r.d.l. 15 maggio 1946, n. 455, convertito dall'Assemblea costituente nella legge cost. 26 febbraio 1948, n. 2.

Con quel fondamento costituzionale, all'Alta Corte spettava infatti giudicare «*sulla costituzionalità delle leggi emanate dall'Assemblea regionale*», nonché «*delle leggi e dei regolamenti emanati dallo Stato, rispetto al presente Statuto e ai fini della efficacia dei medesimi entro la Regione*». A quell'organo spettava inoltre una particolarissima giurisdizione penale, avente a oggetto i «*reati compiuti dal Presidente e dagli Assessori regionali*» nell'esercizio delle loro funzioni, previa accusa deliberata dall'Assemblea[24].

Ma l'entrata in funzione della Corte comportò, immediatamente o quasi subito, la concentrazione di tutti i giudizi di legittimità costituzionale in capo alla Corte medesima.

Da un lato, fin dalla sua prima decisione, la Corte ritenne di essere competente a sindacare la costituzionalità di *tutte* le leggi, comprese quelle anteriori alla Costituzione, senza più lasciare spazi significativi a un sindacato di tipo diffuso (v. *infra*, cap. II, § 7, di questa parte).

D'altro lato, la specifica giurisdizione dell'Alta Corte per la Regione siciliana, quanto alle appena ricordate controversie vertenti fra lo Stato e la Sicilia, è stata assorbita dalla Corte stessa, appunto in base al «**principio dell'unità della giurisdizione costituzionale**», onde l'art. 134 Cost. ha istituito la Corte «*come unico giudice della legittimità delle leggi statali o regionali e dei conflitti di attribuzione tra lo Stato e le Regioni o delle Regioni tra loro*»; e ciò perché il sistema costituzionale «*ricomprende sì le autonomie regionali, ma nel quadro e sul fondamento dell'Unità dello Stato*»[25].

Per gli stessi motivi, è venuta meno anche la competenza penale dell'Alta Corte, dal momento che la Corte costituzionale ha annullato gli artt. 25 e 26 dello Statuto siciliano, pur senza appropriarsi dei singolarissimi giudizi concernenti i reati commessi dai membri di quell'esecutivo regionale[26].

---

[24] V. rispettivamente gli artt. 25 e 26 dello Statuto Sic.

[25] Si veda la sent. 9 marzo 1957, n. 38 (per non dire della conseguente ord. 14 marzo 1984, n. 71).

[26] V. nuovamente la sent. 22 gennaio 1970, n. 6.

4. *I giudici costituzionali: nomina, permanenza in carica e «status»*

a) Stando all'art. 135, co. 1, Cost., la Corte consta – nella sua ***composizione ordinaria*** – di **quindici giudici**: «nominati per un terzo dal Presidente della Repubblica, per un terzo dal Parlamento in seduta comune e per un terzo dalle supreme magistrature ordinaria ed amministrative».

La struttura della Corte è perciò contraddistinta dalla *diversa estrazione dei giudici costituzionali* voluta dalla Costituente per mediare fra quanti proponevano una composizione maggiormente politicizzata e quanti, viceversa, intendevano stabilire un più stretto collegamento fra la Corte stessa e la magistratura[27].

Ma le necessarie attitudini ed esperienze tecniche di tutti i giudici sono state comunque garantite dal secondo comma dell'art. 135, dove si prescrive che le scelte cadano – in qualunque caso – «fra i magistrati anche a riposo delle giurisdizioni superiori ordinaria ed amministrative, i professori ordinari di università in materie giuridiche e gli avvocati dopo venti anni di esercizio»[28]; ed è alla Corte che spetta – secondo l'art. 2 della legge cost. 22 novembre 1967, n. 2 – «accertare l'esistenza dei ***requisiti soggettivi di ammissione*** dei propri componenti»[29].

---

[27] Si vedano sul punto gli *Atti Ass. Cost.*, 28-29 novembre 1947.

[28] Di fatto, peraltro, le «supreme magistrature» hanno sempre finito per eleggere magistrati scelti nel rispettivo seno; mentre le Camere riunite e il Capo dello Stato hanno generalmente privilegiato avvocati e professori universitari (con eccezioni, come quella di Gaetano Azzariti, già primo presidente della Cassazione, nominato giudice costituzionale da parte di Gronchi).

[29] A fronte di siffatto disposto di livello costituzionale, nulla si può fare qualora la Corte o non eserciti il suo potere di accertamento, o semplicemente dica di averlo esercitato e qualcuno avanzi dubbi sul *quomodo*; e ciò anche a fronte di una violazione della prescrizione costituzionale relativa ai requisiti per nomine ed elezioni. Resta per ora unico il caso della nomina a giudice costituzionale dell'avv. Fernanda Contri, da parte del Presidente della Repubblica Scalfaro, il 4 novembre 1996. Secondo il suo Consiglio dell'Ordine di appartenenza, quello di Genova, il giorno della nomina la stessa non aveva i prescritti 20 anni di iscrizione all'Albo degli avvocati. E non li aveva, seppure per un solo mese e mezzo, anche a volere computare nel ventennio i quattro anni passati dall'avv. Contri come componente del Consiglio Superiore della Magistratura: cosa peraltro non semplice, posto che, durante quel periodo, l'avvocato che diventi membro del CSM deve cancellarsi dall'Albo. Né valeva a sanare il vizio l'ipotesi formulata dall'allora Presidente della Corte Mirabelli (ma la teoria la si doveva a Giuliano Amato che era alla sua prima esperienza di Presidente del Consiglio, quando l'avv. Contri fu Segretario Generale della Presidenza del Consiglio dei ministri), secondo il quale nei 20 anni di esercizio dell'avvocatura richiesti dalla Costituzione si dovevano computare anche gli anni svolti quali «procuratore legale». Infatti, la legge che prescrive la possibilità di accorpare il periodo effettuato da procuratore legale (figura poi soppressa) con quello da avvocato, è la 24 febbraio 1997, n. 27, cioè successiva alla nomina dell'avv. Contri in Corte, avvenuta a fine 1996. Ammesso comunque che il requisito non ci fosse, anche il giudice penale che indagò sul punto (il g.i.p. del Tribunale di Roma) scrisse, nella sentenza di archiviazione del caso, che la giurisdizione ordinaria nulla può a fronte dell'insindacabilità dell'atto di nomina (ma la conclusione vale anche per eventuali atti di elezione) da parte di qualunque potere non sia la Corte costituzionale. E ciò a fronte del secco comunicato nel quale quest'ultima scrisse: «*la verifica dei requisiti per ammettere all'ufficio di giudice costituzionale è compito proprio della Corte, eser-*

Garanzie più specifiche, inoltre, sono state dapprima introdotte dalla legge n. 87/1953 cit. e poi sviluppate dalla prassi applicativa della legge stessa, per evitare che la Corte si risolvesse in uno strumento della maggioranza di governo.

a1) Quanto ai **giudici eletti dalle Camere riunite**, è degno di nota che la loro nomina debba essere deliberata, come dispone l'art. 3 della legge cost. n. 2/1967 cit., «a scrutinio segreto e con la maggioranza dei due terzi dei componenti l'Assemblea», ridotta ai «tre quinti» a partire dal quarto scrutinio incluso.

Già nell'art. 3 della legge n. 87/1953 cit., peraltro, si prescriveva (in un comma poi abrogato dall'art. 7 della menzionata legge cost. n. 2/1967) la «maggioranza dei tre quinti dell'Assemblea» (oppure «dei votanti», a partire dal terzo scrutinio).

Fin dagli inizi, pertanto, la composizione della Corte è dipesa, in questa parte, da scelte che venivano a coinvolgere anche la minoranza (quanto meno per ciò che riguardava la minoranza di sinistra).

Su questa base, tra i vari gruppi parlamentari interessati si è quindi formata una convenzione (ovviamente insuscettibile di tradursi in consuetudine, perché priva di qualsivoglia aggancio costituzionale), per cui due giudici andavano designati dalla Democrazia cristiana, uno dal PCI, uno dal PSI e uno – a rotazione – dai «laici» c.d. minori (PLI, PRI, PSDI); ma i profondi mutamenti intervenuti nel quadro politico successivo al 1992-1993 esigono il venire in essere di convenzioni nuove, non potendosene registrare a tutt'oggi alcuna di compiutamente formata [30].

a2) Quanto ai **giudici nominati dal Presidente della Repubblica**, è ancora più determinante il fatto che i relativi decreti di nomina vengano sì controfirmati dal Presidente del Consiglio dei ministri (d'altronde tutti gli atti del Presidente debbono essere controfirmati, ai sensi dell'art. 89, co. 1, Cost. [31] e che in questo caso se ne occupi direttamente il Presidente del Consiglio è dovuto sia al *rango* di chi effettua la nomina, sia a quello cui assurgono i nominati, sia, e certo non da ultimo, alla circostanza che lo prescrive l'art. 4, co. 2, della legge n. 87/1953), ma indipendentemente da qualsivoglia proposta governativa [32]. Se fosse stato approvato dalle Camere quell'iniziale progetto in cui si prevedeva espressamente la «*proposta del Ministro di grazia e giustizia*», la più parte dei

---

citato collegialmente a garanzia della sua indipendenza. Questa verifica è stata compiuta anche in occasione della nomina da parte del presidente Scalfaro dell'avv. Contri, in possesso dei requisiti previsti, sia della qualifica di avvocato, sia dell'esercizio della professione forense per oltre 20 anni». Vicenda chiusa... anche perché venne sollevata nel marzo 2000, cioè più di tre anni dopo la nomina. Dichiarare «non legittimato» un giudice che aveva preso parte a udienze e votato su questioni magari affrontate con il numero minimo di giudici consentito (11) a cosa avrebbe potuto condurre?

[30] Si vedano i nomi dei giudici eletti dal Parlamento in seduta comune dal 1993 a oggi, *infra*, nell'APPENDICE posta a fine testo, *sub* «PRESIDENTI, VICEPRESIDENTI E GIUDICI DELLA CORTE COSTITUZIONALE».

[31] «*Nessun atto del Presidente della Repubblica è valido se non è controfirmato dai ministri proponenti, che ne assumono la responsabilità*».

[32] Si veda l'art. 4, co. 1, della legge n. 87/1953: «*I giudici della Corte costituzionale, la cui nomina spetta al Presidente della Repubblica, sono nominati con suo decreto*».

giudici costituzionali avrebbe finito per ricollegarsi – di fatto – alla maggioranza di governo, attraverso le elezioni o le nomine di tre (o anche quattro) giudici di spettanza parlamentare e di tutti e cinque i giudici di spettanza presidenziale.

Così, invece, la valorizzazione delle autonome iniziative del Capo dello Stato, sia pure precedute da informali consultazioni del più vario genere, concorre a rafforzare l'indispensabile indipendenza della Corte.

a3) Problemi siffatti non si pongono, invece, quanto ai **giudici eletti dalle «supreme magistrature»**: tre dei quali vanno scelti dalla *Cassazione*, uno dal *Consiglio di Stato* e uno dalla *Corte dei conti*[33].

È significativo che sin dalla prima votazione ci si accontenti della «*maggioranza assoluta dei componenti del collegio*»; dopo di che si procede al «*ballottaggio tra i candidati, in numero doppio dei giudici da eleggere, che abbiano riportato il maggior numero di voti*»[34]. I soli problemi riguardano dunque la composizione dei collegi elettorali: a far parte dei quali non entrano – ad esempio – i primi referendari e i referendari della Corte dei conti, ma i soli consiglieri della Corte stessa, sulla base dell'assunto che la legge attuativa dell'art. 137, co. 2, Cost., la n. 87/1953, disponeva in materia di un ampio margine discrezionale[35].

Fra le varie componenti della Corte costituzionale si realizza in tal modo – secondo un'esperienza oramai più che consolidata – una equilibrata integrazione reciproca.

b) Ma l'equilibrio corre il rischio di venire meno allorché nella Corte si inseriscono, per i giudizi penali di sua competenza, i **sedici giudici aggregati** «*tratti a sorte da un elenco di cittadini aventi i requisiti per l'eleggibilità a senatore*» di cui all'art. 135, co. 7, Cost. L'estrazione è posta in essere dalla Corte stessa; mentre l'elenco è compilato dal Parlamento in seduta in comune, «ogni nove anni mediante elezione»[36] (dal che deriva – fra l'altro – un'ulteriore funzione dello stesso Parlamento in seduta comune).

Presentemente, i giudizi in questione riguardano soltanto l'eccezionalissima ipotesi di un reato imputato al Presidente della Repubblica e limitatamente ai due indicati nell'art. 90 Cost.: «alto tradimento» e «attentato alla Costituzione» (v. *infra*, cap. III, § 5, di questa parte). Ma ciò non toglie che il congegno di formazione della Corte integrata sia quanto mai barocco e discutibile, specie nella parte che si affida al sorteggio e quindi al caso (Pizzorusso, Zagrebelsky).

c) In origine prevista di *dodici anni*, quella dei giudici costituzionali è una carica di **durata novennale**[37].

---

[33] Cfr. l'art. 2, co. 1, della legge n. 87/1953.

[34] Si veda l'art. 4, co. 1 e 2, della legge cost. n. 2/1967.

[35] Vedi, in proposito, la sent. 3 luglio 1963, n. 111, con la quale la Corte costituzionale ha rigettato le relative eccezioni di legittimità.

[36] Così, sempre l'art. 135, co. 7, Cost.

[37] Si veda l'art. 135, co. 3, Cost., come novellato dalla legge cost. n. 2/1967.

c1) Di più: «alla scadenza del termine», decorrente dal giuramento, «*il giudice costituzionale* ***cessa dalla carica e dall'esercizio delle funzioni***»: il che vale a escludere la *prorogatio*, dapprima disposta in via regolamentare dalla stessa Corte, nell'attesa che fosse nominato ed entrasse in funzione il nuovo giudice [38]. È stato così derogato, ma nella forma di una legge costituzionale, un principio riferibile a tutti gli organi supremi dello Stato; e non vale replicare che la medesima legge ha imposto di effettuare le sostituzioni necessarie «entro un mese» dalle corrispondenti vacanze [39], giacché l'esperienza dimostra che il termine predetto è stato più volte e lungamente disatteso.

c2) Giova, piuttosto, il rimedio formato da ciò: che *la Corte può funzionare «con l'intervento di almeno* ***undici giudici***» *su quindici* [40]. Ma è stato notato (Nocilla, Panunzio) che la «continuità funzionale» della Corte stessa potrebbe non esser garantita – al limite – neanche in tale senso (è sufficiente che il Parlamento in seduta comune non trovi l'accordo sui cinque giudici di sua pertinenza), con la conseguenza di una inammissibile paralisi della giustizia costituzionale. In ogni caso, del resto, la scadenza di un giudice – dovuta a qualsiasi causa – sembra imporre il rinvio a nuovo ruolo di tutti i procedimenti non ancora conclusi, ma svoltisi in presenza del giudice medesimo; e ciò, perché parrebbe esigerlo la corrispondenza tra il «collegio della discussione» e il «collegio della decisione» (De Roberto) [41].

c3) Nel corso del suo novennato, però, ***nessun giudice può essere*** – di regola – ***rimosso o sospeso dall'ufficio***, né ad opera di chi lo ha nominato, né per decisione della Corte. Fanno eccezione le sole ipotesi di «*sopravvenuta incapacità fisica* o civile» e di «*gravi mancanze*» nell'esercizio delle funzioni, con particolare riguardo ad *assenze* protratte «per sei mesi» [42]; ma rimane fermo che la sussistenza

---

[38] Il passo citato nel testo si legge nell'attuale co. 4 dell'art. 135 Cost., introdotto dalla legge cost. n. 2/1967.

In precedenza, l'art. 18 del *Regolamento generale* della Corte, nel testo pubblicato il 15 febbraio 1966, disponeva invece che ciascun giudice restasse in carica «fino alla data del giuramento del giudice chiamato a sostituirlo». Il testo dell'art. 18 è stato prima soppresso con deliberazione della Corte costituzionale del 7 luglio 1969 e quello attualmente in vigore è stato aggiunto con deliberazione della Corte del 25 maggio 1999.

[39] Cfr. l'art. 5, co. 2, della legge cost. n. 2/1967.

[40] Si veda l'art. 16, co. 2, della legge n. 87/1953.

[41] La Corte costituzionale si è pronunciata in proposito mediante l'ord. 17 ottobre 1980; ma vedi pure – più di recente – l'ord. 29 gennaio 1993, n. 22.

L'art. 16, co. 3, della legge n. 87/1953 che: «*Le decisioni sono deliberate in Camera di consiglio dai giudici presenti a tutte le udienze in cui si è svolto il giudizio e vengono prese con la maggioranza assoluta dei votanti*». L'art. 17, co. 1, delle «*Norme integrative per i giudizi davanti alla Corte costituzionale*» (oggi nel testo approvato dalla stessa Corte il 7 ottobre 2008) prevede, tra l'altro, che «*... Alla deliberazione* [delle ordinanze e delle sentenze] *devono partecipare i giudici che siano stati presenti a tutte le udienze fino alla chiusura della discussione della causa*».

[42] V. rispettivamente l'art. 3 della legge cost. n. 1/1948 e l'art. 8 della legge cost. n. 1/1953. S'intende, però, che le assenze ultra-semestrali possono bene prescindere da gravi mancanze o

delle cause in questione va deliberata dalla Corte stessa, con la maggioranza dei due terzi [43].

c4) Come qualunque altro dipendente o funzionario pubblico, o titolare di una carica pubblica, anche il giudice costituzionale e finanche il Presidente della Corte può rassegnare le proprie ***dimissioni***.

Ciò si è fino ad ora verificato in sei occasioni.

La prima, al massimo livello, fu quella delle dimissioni di *Enrico De Nicola*. Già Capo provvisorio dello Stato, eletto dall'Assemblea costituente il 28 giugno 1946, venne nominato giudice costituzionale dal Presidente della Repubblica Gronchi, il 3 dicembre 1955; prestò giuramento il 15 dicembre seguente. Fu eletto Presidente della Corte il 23 gennaio 1956, giorno in cui si tenne la prima seduta (non pubblica) della Corte stessa. Si dimise dalla carica il 10 marzo 1957, successivamente rifiutando l'invito di Gronchi, sollecitato dalla maggioranza dei giudici della Corte, a ritirare le dimissioni e tornando in Senato, dove sedeva, a vita, nella sua qualità di *ex* Presidente della Repubblica.

Anche perché richiesta dallo stesso De Nicola, la Corte volle deliberare una presa d'atto formale il 26 marzo seguente [44].

Il secondo caso trent'anni dopo, nel 1987: è quello delle dimissioni del giudice *Giuseppe Ferrari* che, sconfitto nella corsa alla carica di Presidente da Francesco Saja, impugnò, siccome ritenuta illegittima, la convocazione della seduta elettorale a firma del Presidente uscente La Pergola, ma fece altresì pubblicamente comprendere che riteneva l'elezione di Saja frutto di una sorta di complotto a suo danno, ordito da un ministro, da almeno due giudici e da un pesante intervento di parte politica.

A fronte di una compatta reazione della Corte che emanò un comunicato assai pesante e aprì un procedimento disciplinare a suo carico per le *gravi mancanze* di cui s'è appena detto *sub c3*), l'11 giugno 2007 rassegnò le dimissioni.

Ad altri vent'anni di distanza, a fine aprile 2007, le dimissioni vennero prima minacciate e, il 30, date dal giudice *Romano Vaccarella* che non si era sentito abbastanza tutelato (... né sufficientemente seguìto, nella sua riprovazione, dai suoi colleghi) a fronte di attacchi di parte governativa riportati in articoli de «*Il Cor-*

---

colpe del giudice interessato ed essere dovute a cause del tutto indipendenti dalla volontà del giudice stesso.

[43] Cfr. l'art. 7 della legge cost. n. 1/1953.

[44] Sulle ragioni delle dimissioni si è discusso a lungo. Si disse che De Nicola non era d'accordo sulla presa di posizione della Corte avverso la giurisdizione dell'Alta Corte per la Regione Siciliana [v. *supra*, nel § che precede, *sub d*)]; che si trattava di un gesto di protesta nei confronti del Governo ritenuto non abbastanza rapido nel provvedere a rendere più democratiche le istituzioni giudiziarie della Repubblica (... opinione assai discutibile posto che Presidente del Consiglio era Segni, futuro Presidente della Repubblica, e uomo certamente conservatore, ma non per questo illiberale); che, assai più semplicemente, si trattava di motivi di salute. Restando ai dati, quel che è sicuro è il contenuto della deliberazione della Corte, datata 22 marzo, ove si trova messo per iscritto: «*... che, secondo quanto consta... pur non essendovi motivazione alcuna di dimissioni, il Presidente... si è dimesso perché ha ritenuto di non godere più della fiducia unanime dei colleghi ...*».

riere della Sera» del 25-26 aprile precedente che tentavano di spacciare la Corte costituzionale (con chiaro riferimento ad alcuni suoi giudici in particolare) come *sensibili* alle indicazioni di (altra) parte politica. Nonostante alcune dichiarazioni pacificatorie in particolare dell'allora Presidente del Consiglio Prodi, del Presidente della Camera Bertinotti e la sollecitazione dei colleghi giudici che, il 2 maggio, respingevano all'unanimità le dimissioni[45], Vaccarella le confermò il 4 maggio.

Cessazione necessitata, ma per tutt'altra ragione, quella dalla carica di giudice costituzionale d'elezione parlamentare *Mattarella*. Eletto il 31 gennaio 2015 alla carica di Presidente della Repubblica, ha prestato giuramento e assunto le relative funzioni il 3 febbraio successivo, avendo, il 2 febbraio, rassegnato le dimissioni da giudice. Se riguardato dal punto di vista delle regole concernenti la Corte, il caso è di incompatibilità sopravvenuta [v. *infra*, *sub d2*), ma non v'è chi non colga come si tratti di una fattispecie affatto particolare].

Semplici dimissioni dovute a ragioni di salute e per questo immediatamente accettate dalla Corte, quelle del giudice *Frigo*, il 7 novembre 2016.

Recentissimi gli accadimenti riguardanti il giudice *Zanon*. Informato di un'indagine pendente a suo carico presso la procura di Roma, quest'ultimo ha, il 9 marzo 2018, offerto le sue dimissioni al collegio per «*rispetto dell'etica istituzionale e della Corte*», contestualmente auto-sospendendosi per un semestre quanto alla partecipazione ai lavori dell'organo. Il 13 marzo, la Corte ha respinto le dimissioni all'unanimità e, il 23 seguente, la procura ha chiesto l'archiviazione del procedimento.

d) Ulteriori garanzie dell'**indipendenza dei giudici costituzionali** risultano dalla disciplina del loro *status*.

d1) In primo luogo, consiste anche in ciò il fondamento della norma costituzionale che *vieta la loro nomina per un* ***secondo novennato***, sottraendoli ai condi-

---

[45] Delibera «*Sulle dimissioni del giudice costituzionale prof. Romano Vaccarella*», adottata «*in esito alla Camera di consiglio del 2 maggio 2007*»: «... considerato che alcuni quotidiani il 25 aprile e il 26 aprile u.s. hanno attribuito ad esponenti del Governo dichiarazioni relative alla posizione della Corte in tema di ammissibilità di referendum su leggi elettorali; e che a seguito di tali dichiarazioni non smentite, il Giudice costituzionale prof. Romano VACCARELLA ha per protesta il 30 aprile u.s. rassegnato le dimissioni dalla Corte; – considerato che il Presidente del Consiglio dei Ministri ha affermato il 29 e il 30 aprile u.s. la necessità del rispetto del ruolo istituzionale della Corte e della totale sua indipendenza ed autonomia, negate dalle dichiarazioni riportate dagli organi di stampa, il cui contenuto deve quindi considerarsi nella sostanza disapprovato dal Governo; – considerato inoltre che il Presidente della Repubblica ha ricordato i suoi precedenti interventi sulla necessità dell'assoluto rispetto da ogni parte dovuto all'alta funzione di garanzia della Corte stessa; e che anche i Presidenti del Senato e della Camera hanno sottolineato l'indipendenza e l'autonomia della Corte; – considerato che *occorre ribadire la necessità che esponenti di altre Istituzioni evitino comportamenti denigratori della Corte, come le dichiarazioni suddette, e rispettino il suo ruolo di garanzia costituzionale, osservando il principio della divisione dei poteri*; – visto l'art. 17, comma 2, del Regolamento generale della Corte costituzionale [«*La deliberazione con la quale la Corte accetta le dimissioni è depositata in cancelleria*»]; – DELIBERA – all'unanimità, di non accettare le dimissioni del Giudice costituzionale prof. Romano VACCARELLA».

zionamenti che diversamente ne potrebbero discendere[46].

d2) In secondo luogo, è questo lo scopo cui tendono le norme sulle rispettive ***cause d'incompatibilità***, ai sensi delle quali «l'ufficio di giudice della Corte è incompatibile con quello di membro del Parlamento, di un Consiglio regionale, con l'esercizio della professione di avvocato e con ogni carica e ufficio indicato dalla legge» (art. 135, co. 6, Cost.); mentre – per legge – i giudici stessi «non possono assumere o conservare altri uffici o impieghi pubblici o privati, né esercitare attività professionali, commerciali o industriali, funzioni di amministratore o sindaco in società che abbiano fine di lucro» (art. 7, co. 1, della legge n. 87/1953), né continuare nell'esercizio delle funzioni di magistrato o di professore universitario (ivi, co. 2), e nemmeno «svolgere attività inerente ad una associazione o partito politico» (art. 8 della legge ult. cit.)[47].

d3) In terzo luogo, al pari dei parlamentari, i giudici in questione «*non sono* ***sindacabili****, né possono essere* ***perseguiti*** *per le opinioni espresse e i voti dati nell'esercizio delle loro funzioni*»[48]; ma è stato giustamente rilevato (D'Orazio) che la garanzia riguarda in sostanza il collegio piuttosto che i suoi singoli componenti, dal momento che questi non dispongono – nell'attuale ordinamento – della facoltà di manifestare ufficialmente *opinioni dissenzienti* da quelle espresse nelle decisioni della Corte.

d4) In quarto luogo, ai giudici in carica competono le «***immunità***» già previste dall'art. 68, co. 2, Cost.; ed è la Corte che può, in tali casi, deliberare le necessarie ***autorizzazioni a procedere e agli arresti***[49], anche se la prima di tali

---

[46] Si veda ora l'art. 135, co. 3, Cost. Il testo originario dello stesso articolo si limitava, invece, ad escludere l'immediata rieleggibilità.

Anche la loro ***retribuzione*** è (o dovrebbe essere) garanzia di indipendenza. Ai sensi dell'art. 12, co. 1, della legge 11 marzo 1953, n. 87 [come sost. dall'art. 37 della legge 27 dicembre 2002, n. 289 (recante la ... *legge finanziaria 2003*)], infatti, i «*giudici della Corte costituzionale hanno tutti egualmente una retribuzione corrispondente al più elevato livello tabellare che sia stato raggiunto dal magistrato della giurisdizione ordinaria investito delle più alte funzioni, aumentato della metà. Al Presidente è inoltre attribuita una indennità di rappresentanza pari ad un quinto della retribuzione*».

[47] «Sulle questioni relative alle incompatibilità dei Giudici decide esclusivamente la Corte» *ex* art. 14 del *Regolamento generale* cit.

L'art. 10, sempre della legge n. 87/1953, chiarisce, inoltre (pur scrivendolo espressamente per la particolarissima posizione «*dei cittadini eletti dal Parlamento ai sensi dell'ultimo comma dell'art. 135 della Costituzione*», cioè i c.d. «*giudici aggregati*» di cui s'è detto *supra, sub b*), che, per il caso in cui «*gli stessi, dopo la loro elezione, vengano a perdere i requisiti per la eleggibilità o si rendano incompatibili*» spetta «*alla Corte pronunciar*[n]*e la decadenza*».

È evidente che sempre e solo alla Corte spetti giudicare delle cause sopraggiunte d'ineleggibilità e d'incompatibilità dei suoi componenti.

[48] Cfr. l'art. 5 della legge cost. n, 1/1953.

[49] Così dispone l'art. 3, co. 2, della legge cost. n. 1/1948.

Operativamente, l'art. 9 della legge n. 87/1953 dispone che le «*domande dell'autorità competente per sottoporre a procedimento penale o procedere all'arresto di un giudice della Corte*

garanzie risulta ormai per così dire *sfasata*, essendo venuto meno il suo punto di riferimento. Il testo originario dell'art. 68, co. 2, Cost., cioè quello vigente allorché fu dettata la legge cost. n. 1/1948, prevedeva, infatti che «[s]*enza autorizzazione della Camera alla quale appartiene, nessun membro del Parlamento* [potesse] *essere sottoposto a* procedimento penale*; né... essere arrestato, o altrimenti privato della libertà personale, o sottoposto a perquisizione personale o domiciliare, salvo che* [fosse] *colto nell'atto di commettere un delitto per il quale è obbligatorio il mandato o l'ordine di cattura*». Dopo la riforma posta in essere con legge cost. 29 ottobre 1993, n. 3, che quell'articolo della Costituzione ha modificato, dell'autorizzazione non c'è più necessità «*per sottoporre a procedimento penale*» i parlamentari, ma i giudici della Corte ancora sì. Analogamente, per le restrizioni della libertà personale dei componenti di Camera e Senato cui si riferisce la disposizione, oggi non serve autorizzazione se sono disposte «*in esecuzione di una sentenza irrevocabile di condanna, ovvero se*» essi siano colti «*nell'atto di commettere un delitto per il quale è previsto l'arresto obbligatorio in flagranza*», mentre per i giudici continua a valere il regime precedente al 1993.

5. *L'indipendenza e l'autonomia della Corte costituzionale; gli organi e le strutture della Corte*

a) Sempre allo scopo di assicurarne l'indipendenza, la Corte è stata dotata di una vasta e articolata autonomia, corrispondente – almeno nel suo nucleo – a quello che si suole definire il regime o il «diritto comune» degli organi costituzionali (Barile, Sandulli).

a1) Il cardine consiste nell'**autonomia normativa** che ha consentito alla Corte di produrre un *Regolamento generale* e vari regolamenti «amministrativi» minori[50]

---

costituzionale sono trasmesse alla Corte stessa per il tramite del Ministero di grazia e giustizia», e l'art. 15 del *Regolamento generale* che, qualora «*pervenga alla Corte la richiesta di autorizzazione... il Presidente nomina una Commissione di tre Giudici per la relazione e fissa la seduta della Corte per un giorno non successivo al trentesimo da quello in cui è pervenuta la richiesta. Della richiesta e della convocazione è data notizia al Giudice che può prendere visione degli atti depositati presso la Presidenza. Il Giudice può presentare memorie scritte e ha diritto di essere ascoltato, quando ne faccia richiesta. La deliberazione della Corte è presa a scrutinio segreto ed è depositata nella cancelleria*». Per ciò che concerne la deliberazione stessa, infine, va ricordato che l'art. 11 della legge n. 87/1953 prevede – con una disposizione a carattere generale – che tutti «*provvedimenti che la Corte adotta nei confronti dei giudici* (...) *sono deliberati in camera di consiglio ed a maggioranza dei suoi componenti;* [e che] *essi devono essere motivati e sono resi pubblici ...*».

[50] *Ex* art. 31 dello stesso *Regolamento generale*, l'«*ordinamento degli uffici, le norme sullo stato giuridico ed economico del personale della Corte e la relativa pianta organica,* nonché tutti gli altri regolamenti amministrativi*, sono approvati dalla Corte su proposta dell'Ufficio di presidenza, sentite le Commissioni competenti*».

(oltre alle «*Norme integrative*» per i giudizi di sua competenza, in ordine alle quali v. *infra*, cap. II, § 1, di questa parte)[51].

Sebbene previste da una legge ordinaria[52], sono queste norme regolamentari che disciplinano – in particolar modo – le strutture della Corte stessa (fatta eccezione per ciò che la Costituzione e la legge n. 87/1953 stabiliscono quanto al Presidente), come pure gli uffici da essa dipendenti, l'organico, lo stato giuridico e il trattamento economico del rispettivo personale. Ed è pacifico che la disciplina concernente il personale possa derogare alle norme generali sul pubblico impiego[53]; mentre – per ragioni analoghe a quelle già dette con riguardo all'impossibilità di sistemare gerarchicamente i regolamenti della Corte alla stregua dei regolamenti posti in essere dall'Esecutivo[54] – predomina l'avviso che la legge ordinaria non potrebbe a sua volta sovrapporsi alle norme regolamentari sull'organizzazione interna della Corte, almeno fino a quando non lo imponga o non lo permetta una nuova disciplina di rango costituzionale.

a2) Si aggiungono l'**autonomia finanziaria, contabile, amministrativa**, riguardanti la gestione dei propri fondi e del proprio apparato. Pur fermo restando che le somme occorrenti vanno stanziate «con legge del Parlamento»[55], è la Corte che indica al Governo e alle Camere le sue necessità finanziarie, per poi destinare le somme stesse, indipendentemente da controlli esterni[56]. Di tant'è che, negli anni della crisi che ha investito l'intero Paese e a noi più vicini, è stata la stessa Corte (ma al pari di altri organi costituzionali) a voler contribuire «al contenimento della spesa pubblica», versando al bilancio dello Stato una percentuale di quanto stanziato per la sua dotazione annuale[57].

a3) D'altronde, è sull'indipendenza della Corte, costituzionalmente rilevante e garantita, che si basa anche la cosiddetta **giurisdizione domestica** (*o «autodi-*

---

[51] I testi, sempre aggiornati, del «*Regolamento Generale della Corte costituzionale 20 gennaio 1966*» e delle «*Norme integrative per i giudizi davanti alla Corte costituzionale 7 ottobre 2008*» si trovano in *https://www.cortecostituzionale.it/jsp/consulta/istituzioni/fonti_disciplina.do*.

[52] V. nuovamente l'art. 14 della legge n. 87/1953, di cui già s'è detto *supra*, parte II, cap. III, § 19.

[53] È infatti caduto – per effetto della legge 18 marzo 1958, n. 265 – l'originario riferimento al «personale degli uffici della Corte di cassazione», contenuto nell'art. 14, co. 2, della legge n. 87/1953.

[54] Sul punto, v. ancora *supra*, parte II, cap. III, § 19.

[55] … come precisa – nella sua prima parte – l'art. 14, co. 2, della legge n. 87/1953.

[56] Anche all'organo della giustizia costituzionale si applica, infatti, la *ratio decidendi* della sent. 10 luglio 1981, n. 129, che ha esentato i tesorieri delle Camere e della Presidenza della Repubblica dalla giurisdizione contabile della Corte dei conti.

[57] V., p. es., il Comunicato stampa del 17 novembre 2010 (pubbl. in *https://www.cortecostituzionale.it/comunicatiStampa.do;jsessionid=14BC4221B8FB16726203846816282750*): «*Per contribuire al contenimento della spesa pubblica, la Corte costituzionale ha deliberato in data odierna, nell'esercizio della propria autonomia di organo costituzionale* […] *di versare al bilancio dello Stato la somma di 1.160.000 euro per ciascuno degli anni del triennio 2011-2013. Tale cifra corrisponde a circa il 2,2% dell'attuale dotazione e deriva da riduzioni del trattamento economico dei Giudici costituzionali e del personale della Corte*».

chìa»), per cui le spetta giudicare «in via esclusiva» sui ricorsi dei propri dipendenti [58].

a4) Nel medesimo quadro vanno poi collocate le norme riguardanti l'**auto-organizzazione**, cioè la formazione degli organi e delle strutture interne della Corte.

Così, sono i giudici costituzionali ordinari che provvedono alla elezione del loro **Presidente** [59], il quale dura in carica per non più di un triennio, salva l'eventuale rielezione entro il «suo» novennato, in base all'art. 135, co. 4, Cost. [60]. Ed è il Presidente che convoca e presiede la Corte, determina i ruoli delle udienze pubbliche e delle camere di consiglio, nomina i relatori delle varie cause, sottoscrive le decisioni unitamente ai loro estensori, rappresenta la Corte e parla in suo nome, disponendo infine del voto decisivo nel caso di parità [61], in deroga alla *par condicio* di tutti i giudici costituzionali all'interno del collegio (Martines).

Al Presidente spetta poi designare un *Vicepresidente* della Corte, destinato a sostituirlo in caso di impedimento, secondo il disposto della legge n. 87/1953 [62]. Per contro, sono le norme regolamentari che provvedono a disciplinare *in toto* le altre strutture della Corte, dall'ufficio di presidenza alle varie commissioni competenti in tema di amministrazione interna.

NOTA BIBLIOGRAFICA – Sugli **aspetti generali e complessivi della giurisdizione costituzionale**, oltre ad alcuni degli scritti citati nelle note precedenti, v. KELSEN, *La giustizia costituzionale*, Milano, 1981 (che raccoglie una serie di saggi pubblicati fra le due guerre mondiali); ESPOSITO, *La Costituzione italiana*, cit., p. 263 ss.; A. SANDULLI, *Il giudizio sulle leggi*, Milano, 1967; MODUGNO, *L'invalidità della legge*, Milano. 1970; AA.VV., *La Corte costituzionale tra norma*

---

[58] Cfr. l'art. 14, co. 3, della legge n. 87/1953.

Detta disposizione va considerata unitamente al *Regolamento per i ricorsi in materia di impiego del personale della Corte costituzionale*, approvato con delibera di quest'ultima del 16 dicembre 1999 e successivamente più volte modificato, p. es. con delibere 22 novembre 2001 e 22 giugno 2006. (È sempre aggiornata la versione pubbl. in *http://www.giurcost.org/fonti/regolimpiego.htm*).

Di «giurisdizione domestica» si è già detto, sia per le Camere che per la stessa Corte cost., *supra*, parte II, cap. III, § 20, *sub a2*) e *b*), sia in testo che in nota, come pure parte II, cap. II, § 7, *sub b*).

[59] Cfr. l'art. 16, co. 3, della legge n. 87/1953.

[60] Si può vedere, nell'APPENDICE al volume, *sub* «PRESIDENTI, VICEPRESIDENTI E GIUDICI DELLA CORTE COSTITUZIONALE», come ciò si sia fino ad ora verificato in tre sole occasioni, per i Presidenti Ambrosini (a metà degli anni Sessanta), Elia (negli anni Ottanta) e Saja (a cavallo tra gli anni Ottanta e Novanta).

[61] Cfr. l'art. 6, co. 4, della legge cit., integrato dall'art. 22 *bis* del *Regolamento generale* cit.

[62] «La Corte elegge a maggioranza dei suoi componenti il Presidente» – dispone l'art. 6, co. 1, della legge n. 87/1953 – ed eventualmente effettua, a partire dalla terza votazione, il «*ballottaggio*» fra i candidati che abbiano ottenuto il maggior numero di voti. L'art. 7, co. 1, del *Regolamento generale* cit. precisa inoltre che l'elezione «*ha luogo a scrutinio segreto*» (secondo un principio applicabile a tutte le votazioni del genere), «*sotto la presidenza del presidente uscente o del giudice più anziano*».

giuridica e realtà sociale, a cura di Occhiocupo, Bologna, 1978; MEZZANOTTE, *Il giudizio sulle leggi*, Milano, 1979, nonché *Corte costituzionale e legittimazione politica*, Roma, 1984; AA.VV., *Corte costituzionale e sviluppo della forma di governo in Italia*, a cura di Barile, Cheli e Grassi, Bologna, 1982; CRISAFULLI, *Lezioni di diritto costituzionale*, Padova, 1984, II, p. 221 ss.; ZAGREBELSKY, *La giustizia costituzionale*, Bologna, 1988; E. CHELI, *Il giudice delle leggi*, Bologna, 1996; CERRI, *Corso di giustizia costituzionale*, Milano, 1999; RUGGERI, SPADARO, *Lineamenti di giustizia costituzionale*, 4ª ed., Torino, 2009; MALFATTI, PANIZZA, ROMBOLI, *Giustizia costituzionale*, 5ª ed., Torino, 2016; G. AZZARITI, *Appunti per le lezioni. Parlamento. Presidente della Repubblica. Corte costituzionale*, 3ª ed., Torino, 2017; ZAGREBELSKY, MARCENÒ, *Giustizia costituzionale*, vol. I, *Storia, principi, interpretazioni*, Torino, 2018. Sui **dati comparatistici della giustizia costituzionale, limitatamente agli scritti pubblicati o tradotti in lingua italiana**, v. CAPPELLETTI, *La giurisdizione costituzionale delle libertà*, Milano, 1955 (nonché *Il controllo giudiziario di costituzionalità delle leggi nel diritto comparato*, Milano, 1968); AA.VV., *La giustizia costituzionale in Europa dai modelli alla prassi*, in *Quad. cost.*, 1982, n. 2; AA.VV., *Giustizia costituzionale e valori costituzionali*, in *Quad. cost.*, 1984, n. 1; AA.VV., *Costituzione e giustizia costituzionale nel diritto comparato*, a cura di Lombardi, Torino, 1985; PEGORARO, *La Corte costituzionale italiana e il diritto comparato. Un'analisi comparatistica*, Bologna, 2006; AA.VV., *La «manutenzione» della giustizia costituzionale. Il giudizio sulle leggi in Italia, Spagna e Francia*, *Atti* del seminario tenutosi a Roma il 18 novembre 2011, a cura di Decaro, Lupo, Rivosecchi, Torino, 2012, nonché alcuni dei volumi èditi da ESI, Napoli, 2006 e ricordàti *infra* nella *NOTA BIBLIOGRAFICA* in calce al cap. II della parte VI e dedicati alla **giurisprudenza della Corte costituzionale analizzata per grandi temi** [*Accesso alla giustizia costituzionale*; *Ambiente, territorio e beni culturali*; *Autonomia privata individuale e collettiva*; *Corti europee*; *Decisioni della Corte*; *Diritto amministrativo*; *Diritto comparato*; *Diritto del lavoro*; *Diritto ecclesiastico*; *Diritto internazionale e europeo*; *Diritto penale*; *Diritto processuale civile*; *Diritto tributario*; *Fonti del diritto*; *Fonti europee*; *Forma di governo*; *Impresa pubblica e intervento dello Stato in economia*; *Iniziativa economica*; *Interpretazione della Costituzione*; *Interpretazione in generale*; *Persona, famiglia e successioni*; *Rapporti con la UE*; *Rapporti patrimoniali*; *Responsabilità civile*] **a cinquant'anni dalla sua entrata in funzione**. Circa la **natura della Corte costituzionale italiana**, A. SANDULLI, *Sulla «posizione» della Corte costituzionale nel sistema degli organi supremi dello Stato*, in *Riv. trim. dir. pubbl.*, 1960, p. 705 ss.; P. BARILE, *Scritti di diritto costituzionale*, cit., 226 ss. Sulla **entrata in funzione della Corte**, D'ORAZIO, *La genesi della Corte costituzionale*, Milano, 1981. Sullo ***status*** **dei giudici costituzionali e sull'organizzazione della Corte**, v. ancora D'ORAZIO, *Aspetti dello status di giudice della Corte costituzionale*, Milano, 1966; DE ROBERTO, *Note sull'immutabilità del collegio nel processo costituzionale*, in *Giur. cost.*, 1980, 1, p. 1221 ss.; MARTINES, *Il Presidente della Corte costituzionale*, in *Scritti Crisafulli*, cit., I, p. 493 ss.; PINARDI, *L'autorizzazione a procedere per i giudici della Corte costituzionale dopo la riforma delle immunità parlamentari*, in *Giur. cost.*, 1995, p. 1161 ss.; *L'organizzazione e il funzionamento della Corte costituzionale*, a cura di Costanzo, Torino, 1996; A. RAUTI, *Riflessioni in tema di imparzialità dei giudici costituzionali*, in *Riv. it. dei costituzionalisti*, n. 5/2009, pp. 453-477. Sull'**esperienza di un giudice costituzionale**, v. CASSESE, *Dentro la corte. Diario di un giudice costituzionale*, Bologna, 2015.

CAPITOLO II

I GIUDIZI SULLE LEGGI E SUGLI ATTI EQUIPARATI

1. *Generalità; le fonti normative disciplinanti i processi costituzionali*

a) Oltre che in tema di «*controversie relative alla legittimità costituzionale delle leggi e degli atti, aventi forza di legge, dello Stato e delle Regioni*», la Corte costituzionale è competente a giudicare «*sui conflitti di attribuzione tra i poteri dello Stato e su quelli tra lo Stato e le Regioni, e tra le Regioni*», nonché «*sulle accuse promosse contro il Presidente della Repubblica*». E a questo elenco, fissato dall'art. 134 Cost., l'art. 2 della legge cost. n. 1/1953 ha aggiunto i *giudizi sull'ammissibilità delle «richieste di* referendum *abrogativo presentate a norma dell'art. 75 Cost.»* (in ordine ai quali ultimi giudizi, peraltro, v. *supra*, parte II, cap. III, § 20, come pure parte III, cap. V, §§ 2-3).

Pur non esaurendo la giurisdizione costituzionale, i giudizi sulle leggi e sugli atti equiparati formano, però, il «cuore» della giurisdizione stessa.

Indipendentemente da essi, infatti, l'istituzione di un'apposita Corte perderebbe – come già si è notato (v. *supra*, cap. I, § 1, di questa parte) – la sua fondamentale ragion d'essere. Sicché si giustifica che a tali «controversie» venga dedicato per intero il presente capitolo; mentre l'analisi di tutte le altre funzioni della Corte potrà essere svolta separatamente e conclusivamente.

b) Prima di prendere in considerazione i processi costituzionali per eccellenza, aventi ad oggetto le leggi e gli atti equiparati, conviene tuttavia considerare il **quadro delle fonti** normative che li hanno regolati.

Diversamente da ciò che si riscontra per certi altri organi supremi dello Stato, la disciplina vigente in tal campo è quanto mai dettagliata; ma la circostanza che le rispettive fonti siano le più diverse, per il loro rango, la loro provenienza e la loro stessa entrata in vigore, ha determinato (e determina tuttora) una serie di problemi.

b1) Così, è stato assai discusso – con particolare riguardo all'efficacia delle decisioni della Corte – il rapporto fra la prima sezione del titolo VI, parte II, della Costituzione (quella che contiene gli artt. che vanno dal 134 al 137 della Carta) e la legge cost. n. 1/1948.

b2) Si è poi posta in dubbio l'indispensabilità di un'ulteriore legge costituzionale, non prevista dall'art. 137 Cost. (quella che dà esecuzione a quest'ultimo essendo, appunto, la n. 1/1948), com'è quella recante il numero 1 del 1953.

b3) Ci si è domandati, d'altronde, a quale titolo la legge (ordinaria) n. 87/1953 (che certamente dà esecuzione al co. 2 dell'art. 137 Cost., ove stabilisce che con «*... legge ordinaria sono stabilite le altre norme necessarie per la costituzione e il funzionamento della Corte*») abbia eventualmente anche inciso sulla riserva di legge costituzionale risultante dallo stesso art. 137 (ma co. 1), circa «*le condizioni, le forme, i termini di proponibilità dei giudizi di legittimità costituzionale*».

b4) Corrispondentemente, si è sollevato il problema dei rapporti fra la legge n. 87/1953 e le *Norme integrative* adottate dalla Corte per disciplinare i procedimenti di sua competenza.

b5) Centrale è la questione concernente la **natura della legge n. 87/1953**, dal momento che questa è la fonte in cui si rinviene gran parte delle norme destinate a regolare in via primaria i processi costituzionali. Oltre che nel secondo comma dell'art. 137 Cost. (che – come anche da poco ricordato – le attribuisce il compito di dettare «*le altre norme* necessarie per la costituzione e il funzionamento della Corte»), la legge n. 87 trova il suo fondamento specifico nell'art. 1 della legge cost. n. 1/1953 che reca la stessa data (11 marzo), nella quale si dispone che «la Corte costituzionale esercita le sue funzioni nelle forme, nei limiti ed alle condizioni di cui alla Carta costituzionale, alla legge costituzionale 9 febbraio 1948, n. 1, e alla *legge ordinaria emanata per la prima attuazione* delle predette norme costituzionali».

La circostanza che essa venga definita come «legge ordinaria» sia nell'art. 137 Cost. sia nella legge cost. n. 1/1953, dovrebbe troncare ogni dubbio concernente il suo rango. Ma non è stato così, dal momento che in dottrina più d'uno l'ha considerata invece come (*1*) una «fonte atipica» (Panunzio), o come (*2*) una legge «rafforzata rispetto alle altre leggi ordinarie» e addirittura (*3*) «sottratta al sindacato di costituzionalità» (Abbamonte, Pierandrei). Si è anzi ragionato a questa stregua di (*4*) una legge contenente disposizioni legislative «costituzionalizzate», anche perché esse ricadrebbero entro una materia tuttora riservata alla legge costituzionale (Redenti, Modugno).

Il diritto positivo e «vivente» non sembra però confortare né l'una (*1*, *2*, *3*), né l'altra (*4*) opinione.

Va infatti rilevato, per un verso, che la legge n. 87/1953 è stata a sua volta modificata e parzialmente abrogata da leggi ordinarie posteriori (fra le quali spiccano la legge 25 gennaio 1962, n. 20, in tema di procedimenti e giudizi di accusa e la legge 5 giugno 2003, n. 131, con «*Disposizioni per l'adeguamento dell'ordinamento della Repubblica alla legge costituzionale 18 ottobre 2001, n. 3*»): il che non si concilia, evidentemente, con l'idea che si tratti di una legge «costituzionalizzata» o comunque «rinforzata». Inoltre, e per altro verso, va ricordato che varie disposizioni della legge stessa sono state sindacate dalla Corte costituzionale che le ha quindi considerate poste sul medesimo piano di quelle legislative ordinarie[1].

Quel che è piuttosto sostenibile è che l'art. 1 della legge cost. n. 1/1953, in via di «interpretazione autentica» dell'art. 137, co. 1 e 2, Cost. (Crisafulli), abbia *decostituzionalizzato* la disciplina dei giudizi di legittimità costituzionale nelle parti non considerate in modo specifico dalla Costituzione e dalla legge cost. n. 1/1948. Il che ne ha consentito la regolamentazione da parte del legislatore ordinario, appunto a cominciare dalla legge n. 87/1953.

E ciò perché la legge n. 87/1953 non poteva certo contraddire le norme costituzionali (*ex* art. 137 Cost., appunto), o quelle di rango costituzionale (*ex lege* cost. n. 1/1948) interferenti con ciò che essa ha poi finito con il regolamentare. E, a loro volta, le **Norme integrative** adottate in materia dalla Corte costituzionale, secondo l'art. 22 della legge n. 87/1953 medesima, non possono – in linea di principio – porsi in contrasto né con quella legge, né con le leggi ordinarie successive. Le eventuali difformità fra la normazione integrativa e la legislazione ordinaria, che pure si riscontrano in taluni casi[2], vanno invece superate in sede interpretativa, soprattutto nel senso di ipotizzare che certe previsioni di legge abbiano un carattere *dispositivo* o *suppletivo*, e dunque «cedevole» rispetto ai *Regolamenti* della Corte (Crisafulli, Nocilla, Panunzio); ma senza mai consentire che i *Regolamenti* stessi stravolgano il normale rapporto tra le fonti primarie e le fonti secondarie. (Sul perché i *Regolamenti* della Corte, la cui esistenza potrebbe

---

[1] V. specialmente la sent. 15 dicembre 1966, n. 127, là dove nega in modo esplicito il carattere «rinforzato» della legge n. 87/1953.

[2] Si pensi, in particolar modo, alla disciplina dei giudizi penali dettata dalle *Norme integrative* in deroga alle comuni norme penali e processuali penali, cui facevano richiamo la legge n. 87/1953 e la legge n. 20/1962 (ma lasciando salva – nell'art. 34 della legge ult. cit. – l'ipotesi che fosse «diversamente disposto»).

Il testo originario delle *Norme integrative per i giudizi davanti alla Corte costituzionale* venne approvato il 16 marzo 1956 e pubblicato nella *Gazz. Uff.*, ed. spec., 24 marzo 1956, n. 71; modificato *in toto* con deliberazione della Corte 27 novembre 1962 (pubbl. nella *Gazz. Uff.*, ed. spec., 15 dicembre 1962, n. 320); poi, parzialmente, con delibera del 10 giugno 2004 (pubbl. nella *Gazz. Uff.*, ed. spec., 30 giugno 2004, n. 151) e, infine, nuovamente rivisto con delibera del 7 ottobre 2008, pubbl. nella *Gazz. Uff.*, ed. spec., 7 novembre 2008, n. 261.

sembrare dipendere dalle sole previsioni delle legge ordinaria n. 87/1953, hanno una natura del tutto peculiare, assimilabile a quella dei Regolamenti parlamentari e non a quella dei regolamenti dell'Esecutivo, v. *supra*, parte II, cap. III, § 19).

c) L'art. 22 della legge n. 87/1953 stabilisce, a mo' di norma di chiusura, che nei procedimenti che si svolgono davanti alla Corte costituzionale, eccezion fatta per i giudizi penali a carico del Presidente della Repubblica, «... *si osservano, in quanto applicabili, anche le norme del* ***regolamento per la procedura innanzi al Consiglio di Stato in sede giurisdizionale***» di cui al r.d. 17 agosto 1907, n. 642 e successive modificazioni. Quest'ultimo, però, è stato abrogato dall'art. 4 del recente d.lgs. 2 luglio 2010, n. 104, recante il «*Codice del processo amministrativo*».

Già anteriormente all'entrata in vigore di questo, peraltro, la Corte aveva sempre sostenuto «*che il rinvio al regolamento di procedura innanzi al Consiglio di Stato in sede giurisdizionale opera soltanto se manca una disposizione appositamente dettata per il giudizio costituzionale*» (sent. 20 maggio 1987, n. 179), ma essa ha altresì più di recente chiarito che quello operato dall'articolo della legge n. 87/1953 è un «rinvio mobile», di talché l'intervenuta abrogazione del regolamento stesso ha fatto sì che, sempre limitatamente ai casi in cui ve ne sia effettivo bisogno in carenza di apposita disciplina, il rinvio va inteso come operante nei confronti delle corrispondenti norme ora contenute nel d.lgs. n. 104/2010 cit. (così, per es., nella sent. 2 aprile 2012, n. 85, § 2 del *Cons. in dir.*).

SEZIONE I - IMPUGNATIVE INCIDENTALI E IMPUGNATIVE PRINCIPALI

2. *L'instaurazione dei giudizi di legittimità costituzionale in via incidentale: il giudizio* «a quo»

a) È di gran lunga preferibile ragionare di impugnative (o di impugnazioni) *incidentali* delle leggi, anziché di impugnative *indirette*.

Quello spettante in tal senso alla Corte costituzionale non è infatti un sindacato di secondo grado, sul tipo dei giudizi di appello. Ciò che ancor più conta è che la questione di legittimità costituzionale proposta in tal modo alla Corte è ben diversa dalla questione che si tratta di risolvere nel giudizio di origine. I giudici che si rivolgono alla Corte in via incidentale debbono affrontare – secondo i vari tipi di giurisdizione – controversie riguardanti responsabilità civili, illeciti penali, provvedimenti amministrativi ritenuti illegittimi e via dicendo; per contro, ciò che si chiede alla Corte è il **sindacato sulle leggi** relative a quelle responsabilità, a quegli illeciti, a quei provvedimenti, ecc.

L'art. 1 della legge cost. n. 1/1948 lo mette in chiara evidenza, disponendo che «*la questione di legittimità costituzionale di una legge di un atto avente forza di legge della Repubblica, **rilevata d'ufficio o sollevata da una delle parti nel corso di un giudizio** e non ritenuta dal giudice manifestamente infondata, è rimessa alla Corte costituzionale per la sua decisione*».

Più precisamente ancora, la legge n. 87/1953 stabilisce che «***nel corso di un giudizio dinanzi ad una autorità giurisdizionale** una delle parti o il pubblico ministero possono sollevare questione di legittimità costituzionale mediante apposita istanza...*» e che la «*questione di legittimità costituzionale può essere sollevata, di ufficio, dall'autorità giurisdizionale davanti alla quale verte il giudizio ...*»: dal che risulta di tutta evidenza come la questione medesima possa essere anche proposta dalla detta autorità, indipendentemente da istanze di sorta[3].

Le controversie delle quali si tratta insorgono, pertanto, sotto forma di questioni incidentali (cioè accessorie, anche se non necessariamente di importanza secondaria, rispetto alla questione principale oggetto del giudizio e la cui soluzione è tale da rendere necessaria la sospensione di questa per attendere la soluzione di quelle), *nel corso di un altro processo* civile, penale, amministrativo, tributario, contabile, ecc., secondo le diverse ipotesi possibili. Questioni, dunque, che occorre risolvere pregiudizialmente, perché da esse dipendono o possono dipendere – come si dirà (v. *infra*, § 3 di questo capitolo) – le sorti stesse del *procedimento principale.* Giova al riguardo avvertire fin d'ora che, in base a un'altra e più diffusa terminologia, quest'ultimo viene anche definito come **giudizio *a quo***, in quanto è da esso che provengono le questioni di legittimità da affrontare nel processo costituzionale incidentale.

b) In vista dell'***ammissibilità* di tali impugnative** il citato passo della legge n. 87/1953 richiede comunque – di massima – il concorso di due requisiti: che l'«istanza» sia proposta (o la questione sia comunque sollevata) «*nel corso di un giudizio*»; e che il giudizio stesso veda investita una «*autorità giurisdizionale*».

La necessaria definizione del giudice e del giudizio *a quo* parrebbero implicare, nello sfondo, che sia determinato il *concetto stesso di giurisdizione*, superando le moltissime dispute che sul punto vedono divisa la dottrina processualistica italiana.

Ma nella presente sede, in realtà, non sarebbe pertinente addentrarsi in problematiche così complesse e così generali, concernenti l'intero diritto processuale.

Basta invece ricordare che *le figure del giudice e del giudizio vanno qui considerate agli specifici fini delle impugnative incidentali delle leggi*[4]; sicché la loro identificazione non dev'essere effettuata in astratto, con riguardo a qualsiasi tipo di processo, bensì alla stregua della giurisprudenza costituzionale formatasi in

---

[3] Cfr. l'art. 23, co. 1 e 3, della legge cit.

[4] Così ha ragionato la Corte costituzionale, specialmente nella sent. 2 febbraio 1971, n. 12, relativa alla sezione disciplinare del Consiglio superiore della magistratura.

materia, cioè privilegiando il diritto «vivente» rispetto alle precostituite e unilaterali impostazioni dogmatiche.

A prima vista, la prospettiva della Corte parrebbe assai più elastica e larga di quella indicata dalla legge n. 87/1953, giacché lo stesso organo della giustizia costituzionale ha sostenuto che, per sollevare una questione di legittimità, possono bastare – alternativamente – un giudice oppure un giudizio.

In altre parole – ha sostenuto la Corte[5] – «*i due requisiti, soggettivo ed oggettivo, non debbono necessariamente concorrere affinché si realizzi il presupposto processuale richiesto dalle norme richiamate*». Ed è sufficiente, viceversa, che organi, «pur estranei all'organizzazione della giurisdizione ed istituzionalmente adibiti a compiti di diversa natura, siano tuttavia investiti, anche in via eccezionale, di funzioni giudicanti per l'obiettiva applicazione della legge»; ovvero che procedimenti di qualsivoglia natura «si compiano... alla presenza e sotto la direzione del titolare di un ufficio giurisdizionale».

Ciononostante, di regola il concorso del **requisito soggettivo** (giudice) e del **requisito oggettivo** (giudizio) rimane indispensabile.

Non a caso, non tutte le funzioni spettanti agli stessi giudici ordinari possono dare adito alla proposizione di questioni di legittimità costituzionale.

Riassuntivamente e non lontana nel tempo, può risultare utile la sent. della Corte cost. 7 maggio 2008, n. 164 (partic. nel § 2 del *Considerato in diritto*), nella quale la Corte fa il punto sulla propria interpretazione dei «*due requisiti – soggettivo (il giudice) e oggettivo (il giudizio) – richiesti dalla legge per poter sollevare una questione incidentale di legittimità costituzionale, anche mediante letture non restrittive di entrambi, al fine di ridurre le aree normative sottratte al controllo di costituzionalità*». Essa richiama, allo scopo, la propria di poco precedente ordinanza 14 gennaio 2008, n. 6, in cui ha statuìto che «*affinché possa ritenersi sussistente il presupposto processuale richiesto... non è sufficiente il solo requisito soggettivo* [...]. *Infatti... l'intervento di un magistrato, di per sé solo, non è idoneo ad alterare la struttura di un procedimento ed a connotarlo per ciò stesso quale "giudizio"* [...], *restando escluso che ciò accada nel caso in cui tale intervento consista nello svolgimento di una funzione di carattere formale* [...]». Pertanto, «*affinché la questione possa ritenersi sollevata nel corso di un "giudizio", l'applicazione della legge da parte del giudice deve essere caratterizzata da entrambi gli attributi dell'obiettività e "della definitività, nel senso dell'idoneità (del provvedimento reso) a divenire irrimediabile attraverso l'assunzione di un'efficacia analoga a quella del giudicato", poiché è in questo caso che il mancato riconoscimento della legittimazione comporterebbe la sottrazione delle norme al controllo di costituzionalità*».

b1) Vero è che la Corte ha ritenuto ammissibili impugnative sollevate in sede di *giurisdizione volontaria*, oltre che in sede di giurisdizione contenzio-

---

[5] Cfr. la sent. 2 luglio 1966, n. 83.

sa [6]; ha concluso nel medesimo senso per le impugnative sollevate in sede *istruttoria*, oltre che in sede dibattimentale, salvo che si trattasse di decisioni riservate al collegio giudicante [7]; e, sempre facendo riferimento ai predetti criteri, ha riconosciuto la «natura giurisdizionale» di un procedimento *a quo* che si svolgeva innanzi al «*Commissario per il riordinamento degli usi civici della regione Abruzzo*», organo rimettente la questione di legittimità costituzionale, nonché, soprattutto, affermato che «anche gli *arbitri rituali* possono e debbono sollevare incidentalmente questioni di legittimità costituzionale delle norme di legge che sono chiamati ad applicare quando risulti impossibile superare il dubbio attraverso l'opera interpretativa» e ciò perché in «un assetto costituzionale nel quale è precluso ad ogni organo giudicante tanto il potere di disapplicare le leggi, quanto quello di definire il giudizio applicando leggi di dubbia costituzionalità, anche gli àrbitri (*il cui giudizio è potenzialmente fungibile con quello degli organi della giurisdizione*) debbono utilizzare il sistema di sindacato incidentale sulle leggi» [8].

Ma la Corte stessa ha pure affermato che non fossero legittimati a proporre questioni di costituzionalità il pretore o il presidente di un tribunale, operanti «nell'ambito di un *procedimento amministrativo*» [9]; e che, più in generale, ai fini in esame *l'autorità giurisdizionale dev'essere provvista di un qualche* «**potere decisorio**» [10].

b2) Per contro, non è sempre vero che l'autorità chiamata ad affrontare un qualsiasi tipo di controversie, sia pure in forme affini a quelle giurisdizionali, possa porsi per questo solo fatto come un giudice *a quo*. Nella fase più matura

---

[6] V. per esempio la sent. 12 dicembre 1957, n. 129, quanto ai procedimenti di iscrizione delle società nel registro delle imprese (art. 2330 Cod. civ.).

[7] Si veda la sent. 23 luglio 1980, n. 125 (indicativa di vari precedenti).

[8] La prima fattispecie è stata decisa con la sent. 13 novembre 1997, n. 345. La seconda, con la sent. 22 novembre 2001, n. 376.

[9] V. – fra le altre – le sentt. 16 luglio 1973, n. 132, e 28 aprile 1976, n. 96.

[10] Cfr. la sent. 5 aprile 1971, n. 74.

Così, gli organi denominati «***Collegi centrali di garanzia elettorale***» sono organi amministrativi seppure costituiti presso il giudice ordinario, con una collocazione che però non comporta un loro inserimento «*nell'apparato giudiziario, evidente risultando la carenza, sia sotto il profilo funzionale sia sotto quello strutturale, di un nesso organico di compenetrazione istituzionale che consenta di ritenere che essi costituiscano sezioni specializzate degli uffici giudiziari presso cui sono istituiti... Escluso dunque che il Collegio rimettente sia qualificabile come giudice in senso soggettivo, il riconoscimento della sua legittimazione a sollevare questioni di costituzionalità presupporrebbe necessariamente che l'attività applicativa della legge* [funzioni tra le più tipiche di un organo amministrativo e/o appunto "esecutivo"], *da parte sua, fosse di tipo giurisdizionale, ed avesse quindi non solo l'attributo dell'obiettività, ma anche quello della definitività, nel senso dell'idoneità a divenire irrimediabile attraverso l'assunzione di un'efficacia analoga a quella del giudicato*». Attributo che, nella specie, è da ritenersi assente (Corte cost., sent. 17 ottobre 1996, n. 387). Lo stesso discorso vale per la **Corte d'appello quando esercita le funzioni che la legge le affida nel corso del procedimento di verifica dei risultati referendari relativi alla legge reg. statutaria**: Corte cost., sent. 7-20 maggio 2008, n. 164.

della sua giurisprudenza, la Corte ha sempre preteso che autorità del genere, sebbene eccedenti il novero dei giudici ordinari o comunque previsti dalla Carta costituzionale, fossero dotate dell'**indipendenza** prescritta dall'art. 108 Cost.[11]. In mancanza di ciò, e in ogni caso in cui non fosse riscontrabile la loro estraneità (cioè la loro terzietà, cioè la loro indipendenza, appunto) rispetto agli interessi in gioco, la giurisprudenza costituzionale si è invece orientata nel senso che autorità siffatte non fossero giurisdizionali, quanto meno agli effetti di cui si discute[12]; e, anzi, è pervenuta, in diverse occasioni, a dichiarare l'illegittimità costituzionale delle norme che, cionondimeno, conferivano loro una qualche giurisdizione (v. *supra*, parte III, cap. V, § 4).

Ma la stessa indipendenza può essere insufficiente allo scopo, nei casi di più manifesta scissione fra il requisito oggettivo e quello soggettivo. Così, la giurisprudenza della Corte risulta assolutamente costante – malgrado alcune obiezioni dottrinali (Crisafulli, Galizia, Giocoli Nacci) – nel negare che fosse legittimato alle impugnative incidentali il *pubblico ministero*, pur quando gli spettavano poteri decisori nelle istruzioni penali sommarie[13]. Se si torna a qualche riga più sopra, *sub a*), ove si riporta il dettato dell'art. 23, co. 1, risulta di tutta evidenza che la lettera della legge n. 87/1953 è chiarissima nel conferire al p.m. la facoltà di presentare «istanze», ponendolo – come sarebbe d'altronde giusto che sempre fosse in un processo penale di tipo «accusatorio» (e non già «inquisitorio») com'è quello italiano – sul medesimo piano delle parti del giudizio *a quo*. Che sia quindi una delle parti o il p.m. a proporre di sollevare la questione, la decisione sulle impugnative è poi riservata all'autorità giurisdizionale competente, cioè al giudice, il che il p.m. non è (... è magistrato, sì, ma non esercita funzione giudicante).

c) Nel novero dei giudici legittimati a sollevare questioni di legittimità si è auto-inserita anche la **Corte costituzionale** che si è cioè posta più volte **come giudice *a quo*** di sé stessa, proponendo dinanzi a sé impugnative incidentali, relative alle leggi da applicare nei vari processi costituzionali.

Una simile eventualità, apparentemente paradossale, non è prevista dal diritto scritto vigente in Italia (in contrasto con ciò che si riscontra – per esempio –

---

[11] Sull'indipendenza e sulla neutralità fa leva – tra le altre – la discussa sent. 18 novembre 1976, n. 226, che ha legittimato la *sezione di controllo della Corte dei conti* a proporre questioni di legittimità costituzionale. Peraltro, la sent. 17 ottobre 1991, n. 384, ha precisato che la Corte dei conti è legittimate in tal senso «a sollevare questioni di costituzionalità limitatamente a profili attinenti alla copertura finanziaria di leggi di spesa» (ma vedi pure – più recente – la sent. 14 giugno 1995, n. 244).

[12] Valga – per tutti – l'esempio delle *Commissioni tributarie* precedenti la riforma del 1971: in ordine alle quali le sentt. 6 febbraio 1969, n. 6, e 10 febbraio 1969, n. 10 (pur superate da una successiva giurisprudenza), ebbero appunto a sostenere «il carattere amministrativo» (... e dunque non giurisdizionale), tenendo conto delle loro modalità di funzionamento e della loro stessa composizione.

[13] Si vedano le sentt. 9 aprile 1963, nn. 40-42.

nell'attuale ordinamento spagnolo). Ma la Corte ha argomentato che non poteva esserle imposta – nella sua veste di unico «organo competente a decidere delle questioni di costituzionalità delle leggi» – l'applicazione di norme incostituzionali [14]. In pari tempo, essa ha scartato l'ipotesi (Cappelletti) che le fosse consentita la disapplicazione *incidenter tantum* delle norme ritenute illegittime (avrebbe dovuto farlo, altrimenti, con effetti limitati al solo giudizio *a quo* in decisione), per concludere, invece, che anche la Corte ha l'obbligo di «mettere in moto il meccanismo... destinato a condurre... alla eliminazione, con effetti *erga omnes*, delle leggi incostituzionali».

In un primo momento, impugnative siffatte sono state proposte nel corso di procedimenti diversi da quelli riguardanti la legittimità costituzionale delle leggi: cioè, precisamente, nell'ambito di giudizi su conflitti di attribuzione fra Stato e Regioni (sui quali *infra*, nel cap. che segue), aventi ad oggetto atti amministrativi sì (com'è d'altronde normale che sia nei giudizi di quel genere), ma adottati sulla base di leggi contestate nella loro legittimità.

Più tardi, però, non sono mancate le impugnazioni che la Corte ha rimesso a sé stessa nell'ambito di controversie relative alla legittimità costituzionale di determinate leggi. Anche in tal caso, in effetti, può verificarsi che la risoluzione di questioni sollevate da giudici comuni presupponga il sindacato sulla legittimità di *altre leggi* (o di altre norme legislative): per esempio, quando sia dubbia la costituzionalità del *tertium comparationis*, in vista del quale si deve valutare se una legge si conformi al principio generale di eguaglianza [15]. Ancor più di recente, infine [16], una novità di un certo rilievo è stata costituita dalle pronunce con le quali

---

[14] Cfr. l'ord. 9 aprile 1960, n. 22.

[15] Così, l'ordinanza n. 258/1982 ebbe a sollevare questione di legittimità dell'art. 10, co. 2, della legge 13 giugno 1912, n. 555, nella parte in cui non prevedeva l'acquisto automatico della cittadinanza per la donna straniera che avesse sposato un cittadino italiano; e ciò nel corso di un giudizio in tema di rinunzia alla cittadinanza automaticamente acquisita per matrimonio.

Sul *tertium comparationis* v. *supra*, parte II, cap. III, § 13 e *infra*, in questi stessi parte e capitolo, §§ 11 e 17.

[16] A partire dall'ordinanza 13 febbraio 2008, n. 103.

Il fatto che si tratti di un giudizio in via principale non è un caso, posto che solo in relazione a questo tipo di giudizi, «*a differenza di quelli promossi in via incidentale,* [la Corte cost. rappresenta] *l'unico giudice chiamato a pronunciarsi sulla controversia*», di talché, e «*conseguentemente, ove nei giudizi di legittimità costituzionale promossi in via principale non fosse possibile effettuare il rinvio pregiudiziale di cui all'art. 234 del Trattato CE, risulterebbe leso il generale interesse alla uniforme applicazione del diritto comunitario, quale interpretato dalla Corte di giustizia CE*». Se è quindi vero che «*la Corte costituzionale, pur nella sua peculiare posizione di supremo organo di garanzia costituzionale nell'ordinamento interno, costituisce una giurisdizione nazionale ai sensi dell'art. 234, terzo paragrafo, del Trattato CE e, in particolare, una giurisdizione di unica istanza*», non può che discenderne, nei giudizi di legittimità costituzionale promossi in via principale, la sua piena legittimazione «*a proporre questione pregiudiziale davanti alla Corte di giustizia CE*».

Ovviamente, ciò ha acquistato rilievo del tutto particolare dal momento in cui la riforma del Titolo V della Parte II Cost. ha cambiato, in particolare, l'art. 117, co. 1, Cost., rendendo ammissibile «*nei giudizi promossi in via principale davanti a questa Corte sulla legittimità costituzionale di*

la Corte si fa giudice *a quo*, ma in relazione alla possibilità di *sollevare questioni di interpretazione di disposizioni comunitarie innanzi alla Corte di Giustizia UE*.

Rimane in ogni caso fermo che anche alla Corte è precluso il ricorso alle impugnative d'ufficio, quando non si tratti di questioni pregiudiziali attinenti, o comunque strettamente connesse, rispetto a quelle originariamente prospettate [17].

3. *Le ordinanze di rimessione; la rilevanza e la non manifesta infondatezza delle questioni di legittimità costituzionale*

a) Sulle istanze di parte il giudice *a quo* provvede mediante *ordinanza* – secondo i disposti della legge n. 87/1953 – sia che le accolga sia che le respinga [18].

Qualora l'autorità giurisdizionale competente aderisca a tali eccezioni di legittimità costituzionale (ma anche se l'impugnativa incidentale è sollevata d'ufficio), il provvedimento assume, però, le particolari caratteristiche dell'**ordinanza di rimessione** alla Corte.

b) Si tratta comunque e sempre di un'ordinanza e non di una sentenza perché il giudizio in corso non viene definito con quell'atto del giudice: anzi, esso subisce una necessaria **sospensione** – quanto meno in relazione alle sue parti coinvolte dalla questione di legittimità – fino a quando la Corte costituzionale non si sia pronunciata [19]; tanto è vero che la questione risulta inammissibile, per

---

leggi regionali, [il richiamo] *di norme comunitarie quali elementi integrativi del parametro di costituzionalità di cui all'art. 117, comma 1, Cost.*». Se, allora, come nel caso trattato, «*il giudizio pende davanti alla Corte costituzionale a séguito di ricorso proposto in via principale dallo Stato e ha ad oggetto la legittimità costituzionale di una norma regionale per incompatibilità con le norme comunitarie, queste ultime "fungono da norme interposte atte ad integrare il parametro per la valutazione di conformità della normativa regionale all'art. 117, comma 1, Cost." (sentt. n. 129/2006; n. 406/2005; n. 166 e n. 7/2004) o, più precisamente, rendono concretamente operativo il parametro costituito dall'art. 117, comma 1, Cost. (come chiarito, in generale, dalla sentenza n. 348/2007), con conseguente declaratoria di illegittimità costituzionale della norma regionale giudicata incompatibile con tali norme comunitarie*». Ma se la normativa comunitaria finisce con l'essere «*elemento integrante il parametro di costituzionalità*», la sua corretta interpretazione, che solo alla Corte di Giustizia UE spetta fornire, «*costituisce la precondizione necessaria per instaurare, in via di azione, il giudizio di legittimità costituzionale della legge regionale che si assume essere in contrasto con l'ordinamento comunitario*». Di qui alla prospettazione delle questioni pregiudiziali davanti alla Corte di giustizia UE ai sensi dell'art. 234 del Trattato UE.

[17] Si veda già, in tal senso, l'ord. 12 novembre 1965, n. 73 (sebbene in quel caso, concernente la gratuità dei procedimenti avanti alla Corte, la pregiudizialità o la strumentalità della questione sollevata risultassero molto discutibili).

[18] V. rispettivamente l'art. 23, co. 2, e l'art. 24, co. 1, della legge cit. Ma nel caso di un provvedimento negato può bene accadere, in realtà, che esso venga assorbito nella sentenza conclusiva di quella fase del giudizio (Pizzorusso); dopo di che, tuttavia, l'art. 24, co. 2, della legge n. 87/1953 consente comunque che l'eccezione sia «*riproposta all'inizio di ogni grado ulteriore del processo*».

[19] Sulla immediata **trasmissione degli atti alla Corte costituzionale** e sulla sospensione del giudizio si veda ancora l'art. 23, co. 2, della legge n. 87/1953.

manifesta irrilevanza ai fini del giudizio *a quo*, se la sospensione non viene contestualmente disposta.

c) Sempre a pena d'inammissibilità, occorre che il giudice *a quo* determini anzitutto il c.d. ***thema decidendum***: provveda cioè a indicare l' (*c1*) *oggetto dell'impugnativa*, rappresentato dalle «disposizioni della legge o dell'atto avente forza di legge dello Stato o di una Regione» che egli ritenga – in ipotesi – «viziate da illegittimità costituzionale»; come pure il (*c2*) *parametro del relativo giudizio*, formato dalle «disposizioni della Costituzione o delle leggi costituzionali, che si assumono violate»[20]. La legge n. 87/1953 ragiona in tal senso di *disposizioni*; ma l'esatta definizione dei termini dell'impugnativa richiede che il giudice *a quo* indichi nell'ordinanza di rimessione, oltre ai testi legislativi contestati, anche le *norme* reputate illegittime (o di dubbia legittimità), cioè le interpretazioni dei testi medesimi che egli ritenga di adottare e che – tuttavia – risultino controvertibili quanto alla loro costituzionalità. In mancanza di una tale opera esegetica, la Corte s'è infatti orientata – nella fase più recente della sua giurisprudenza – a ritenere *inammissibili le impugnative incidentali, ogniqualvolta esse appaiano equivoche, polivalenti, perplesse, contraddittorie o contraddistinte dalla «antinomia della lettura interpretativa»*[21]. È il giudice *a quo*, insomma, a dovere indicare (e non la Corte a dovere desumere) qual è la norma di cui ritiene dubbia la legittimità costituzionale.

Secondo una terminologia ricorrente nelle stesse decisioni della Corte, si suole dire che il giudice *a quo* deve in tal modo precisare il *petitum*, cioè la «domanda», che egli rivolge all'organo della giustizia costituzionale (Zagrebelsky); mentre altri autori non esitano a ragionare, in proposito, di una «denunzia» d'illegittimità (Andrioli, Calamandrei), o anche di una «azione» giudiziaria volta ad ottenere una pronuncia della Corte (Cappelletti). Ma in contrario si osserva che il giudice *a quo* non può mai intervenire nel processo costituzionale (Modugno), *ergo* non di una sua *azione* può trattarsi, e che, in ogni caso, nel nostro ordinamento egli si limita o dovrebbe limitarsi «a prospettare un dubbio» (Crisafulli).

d) A prescindere dalle questioni terminologiche, certo è che l'autorità rimettente deve **motivare l'ordinanza**, chiarendo in qual senso sussistano i due requisiti necessari e imprescindibili delle questioni incidentali di legittimità costituzionale: quello attinente alla loro **rilevanza** e quello consistente nella loro **non manifesta infondatezza**. La circostanza che la legge n. 87/1953 esiga testualmente la ***motivazione***, ma quanto alle sole ordinanze emesse su istanza di parte[22], non toglie infatti che l'obbligo di argomentare le decisioni in esame sia ancora più stringente per quelle adottate d'ufficio che non possono limitarsi a riferire i termini e i motivi delle istanze stesse. Di più: la recente giurispru-

[20] Cfr. l'art. 23, co. 1, lett. *a)* e *b)*, della legge n. 87/1953.

[21] Si veda già la sent. 26 ottobre 1982, n. 169.

[22] Cfr. l'art. 23, co. 2, della legge cit., in contrapposto all'art. 23, co. 3, della stessa.

denza costituzionale è divenuta così rigorosa sul punto, da *escludere che la motivazione possa mai farsi* «per relationem», rinviando, cioè, ad altri atti di causa: e ciò malgrado il fascicolo contenente gli atti medesimi venga trasmesso alla Corte unitamente all'ordinanza di rimessione[23]. Anticipando le accuse di formalismo che le sono state subito rivolte (Carlassare, Crisafulli, Pizzorusso), la Corte ha infatti notato che l'ordinanza introduttiva del suo giudizio è «soggetta ad apposito regime di pubblicità» (va pubblicata nella *Gazzetta ufficiale* ed è quindi a disposizione di chiunque – soprattutto di ogni giudice – che però non ha a disposizione gli atti di causa), volto a fornire una «chiara e generale conoscenza delle questioni di legittimità costituzionale» (v. anche *infra*, nel § 4 di questo capitolo).

d1) Dei due requisiti predetti, di gran lunga più discusso e problematico è quello concernente la cosiddetta **rilevanza**. A suo tempo, qualche autore (Pizzetti, Zagrebelsky) ebbe addirittura a sostenere che il requisito stesso sarebbe stato arbitrariamente introdotto dalla legge n. 87/1953, posto che la legge cost. n. 1/948 si limitava (come si limita) ad esigere che la questione sia «ritenuta dal giudice non manifestamente infondata»[24].

Ma la tesi ormai dominante, condivisa o addirittura presupposta dall'intera giurisprudenza costituzionale[25], è invece nel senso che la legge n. 87/1953, là dove prescrive che «*il giudizio non possa essere definito indipendentemente dalla risoluzione della questione di legittimità*» di cui si tratta, non abbia fatto che esplicitare una norma che non solo corrisponde alla, ma che è presupposta dalla, logica del processo costituzionale incidentale.

Se, infatti, le impugnative in esame non sono proponibili altro che «*nel corso di un giudizio*»[26], ciò basta a dimostrare che la strumentalità di tali questioni, in vista della definizione del giudizio *a quo*, non può essere eventuale, risultando piuttosto indispensabile.

A volere diversamente argomentare, d'altra parte, bisognerebbe concludere che, da un qualunque processo, il giudice che lo presiede potrebbe sollevare una questione di legittimità costituzionale relativamente a qualsivoglia norma, quand'anche quest'ultima nulla abbia a che vedere con quello stesso processo. Di più, bisognerebbe concludere che anche le parti di quell'ipotetico processo potrebbero domandare al *loro* giudice di sollevare una questione di legittimità vertente su quale che sia norma dell'ordinamento.

Più precisamente, occorre dunque che la questione sollevata attenga a una delle discipline legislative, poco importa se processuali o sostanziali, *applicabili* nel giudizio *a quo*; anzi, proprio in *quella* certa fase del giudizio medesimo, ad

---

[23] A titolo del tutto esemplificativo, si vedano l'ord. 26 luglio 1979, n. 96, e la sent. 27 luglio 1989, n. 451.

[24] Cfr. l'art. 1 della legge cit.

[25] Si veda, in particolare, l'ord. 9 giugno 1971, n. 130.

[26] V. nuovamente l'art. 1 della legge cost. n. 1/1948.

opera dell'autorità giurisdizionale rimettente e non di un altro giudice. Giustamente si è notato (Crisafulli) che l'impugnativa incidentale è necessariamente *concreta* (nel senso già illustrato nel cap. I, § 2, di questa parte). E sul medesimo piano si è precisato – ma anche a ciò si è già fatto cenno– che la rilevanza, prima ancora che la questione proposta, riguarda la *norma* investita dall'impugnativa (Modugno).

Secondo il linguaggio più diffuso in dottrina (Calamandrei, Cappelletti, Pizzorusso e Zagrebelsky) e ricorrente nella giurisprudenza costituzionale, le questioni di legittimità prospettate in via incidentale debbono essere dunque caratterizzate dalla loro **pregiudizialità** nei confronti del giudizio di origine.

Da un lato, perciò, si rende indispensabile che il *giudizio stesso risulti ancora in corso*, sicché l'applicazione della norma impugnata non sia già preclusa [27]; d'altro lato, sarebbe viceversa necessario che la *questione di legittimità fosse attuale*, anziché venire prematuramente (o tardivamente) sollevata, quando il giudice *a quo* dovesse ancora risolvere – pregiudizialmente o preliminarmente –, o avesse già risolto, altre questioni attinenti al suo giudizio. Ma occorre notare che quest'ultima esigenza non viene fatta valere rigorosamente, né da parte dei giudici comuni, né da parte della Corte costituzionale. È solo in casi estremi, infatti, che la Corte stessa si è avventurata in questo campo: per esempio, dichiarando senz'altro inammissibili impugnative sollevate ad opera di giudici manifestamente carenti di giurisdizione in materia, ovvero in presenza di determinate cause d'improcedibilità penale non ancora superate dai giudici medesimi [28].

Certo è che la rilevanza dev'essere valutata «*allo stato degli atti*» (Crisafulli, Pizzorusso), senza escludere che il nesso di strumentalità possa venire meno nel seguito del giudizio *a quo*, per effetto di più approfonditi e maturi riscontri dell'autorità giurisdizionale competente, dai quali risulti esclusa o non necessaria l'applicazione della norma impugnata: il che ha fatto parlare (Modugno) di una «rilevanza probabile» e non sicura in partenza.

Inoltre, è ben vero che la pregiudizialità delle questioni di legittimità costituzionale implica *una qualche influenza* delle rispettive decisioni sul giudizio *a quo*.

Ma una tale esigenza non va enfatizzata fino al punto di pretendere che l'esito concreto del processo principale debba essere sempre legato alle pronunce incidentali della Corte.

d1i) Se così fosse – ad esempio – le *norme penali di favore* non potrebbero mai essere impugnate, perché andrebbero applicate in ogni caso, quand'anche annullate dalla Corte stessa, dato il principio del *favor rei* sancito dall'art. 2

[27] V., per es., l'ord. 11 marzo 1958, n. 24, oppure l'ord. 17 marzo 1988, n. 319.

[28] V. rispettivamente la sent. 30 gennaio 1980, n. 5 (seguita – sul punto – dalla sent. 10 marzo 1983, n. 48), e la sent. 30 luglio 1980, n. 139.

Cod. pen.: e così, la giurisprudenza costituzionale che ne desumeva l'inammissibilità di questioni siffatte [29], può dirsi ormai definitivamente superata. La rilevanza delle impugnazioni concernenti norme penali di favore discende, cioè, dal puro e semplice fatto che il loro annullamento modifica comunque la *ratio decidendi* del giudice, imponendogli di applicare la disciplina incostituzionale ma in combinato disposto con l'art. 2 Cod. pen.; sicché l'influenza delle relative decisioni della Corte va fatta consistere nei loro «effetti giuridici» (Zagrebelsky) piuttosto che nelle conseguenze pratiche a carico dell'imputato [30].

d1ii) Analogamente e assai più di recente, d'altra parte, la Corte si è pronunciata sulla legittimità costituzionale di due *leggi elettorali*: la 21 dicembre 2005, n. 270, dichiarata parzialmente illegittima con la sent. 4 dicembre-13 gennaio 2014, n. 1; e la 6 maggio 2015, n. 52, dichiarata parzialmente illegittima con la sent. 25 gennaio-9 febbraio 2017, n. 35, la quale, sul punto che interessa, rinvia espressamente alla precedente.

Sulla base della prima sentenza, nel momento in cui la Corte si è pronunciata, il Parlamento della XVII Legislatura era già stato eletto il 24 e 25 febbraio 2013; la seconda legge, sempre quando la Corte ha emesso la sua sentenza, già si sapeva non avrebbe mai trovato applicazione, posto l'esito del *referendum* costituzionale del 4 dicembre 2016 [31].

Non c'è quindi verso di sostenere la rilevanza (intesa nei termini di cui sopra) né della prima, né della seconda questione di legittimità costituzionale e la Corte non ha nemmeno tentato di forzare sul punto, limitandosi ad affermare, per un verso, che «"*la circostanza che la dedotta incostituzionalità di una o più norme legislative costituisca l'unico motivo di ricorso innanzi al giudice 'a quo' non impedisce di considerare sussistente il requisito della rilevanza, ogni qualvolta sia individuabile nel giudizio principale un **'petitum' separato e distinto dalla questione (o dalle questioni) di legittimità costituzionale**, sul quale il giudice rimettente sia chiamato a pronunciarsi*" (sent. n. 4/2000)»; per un secondo verso, che «*il riscontro dell'**interesse ad agire** e la verifica della **legittimazione delle parti**, nonché della **giurisdizione del giudice rimettente**, ai fini dell'apprezzamento della rilevanza dell'incidente di legittimità costituzionale sono... rimessi alla valutazione del giudice 'a quo' e non sono suscettibili di riesame da parte di questa Corte, qualora sorretti da una motivazione non implausibile (fra le più recenti, sentenze n. 91 del 2013, n. 280 del 2012, n. 279 del 2012,*

---

[29] Si vedano le sentt. 6 febbraio 1975, n. 26; 14 aprile 1976, n. 85; 20 giugno 1977, n. 122.

[30] Si veda in tal senso la sent. 3 giugno 1983, n. 148, la quale aggiunge che le dette pronunce della Corte possono anche far nascere questioni interpretative del più vario genere, tali da alterare il quadro normativo che il giudice *a quo* si era inizialmente prospettato.

[31] Su detto *referendum* costituzionale, v. *supra*, parte II, cap. I, §§ 7 e 8, rispettivamente *sub 7e*) e *2g*).

Sulla normativa elettorale, v. *supra*, parte III, cap. II, § 3, *sub d*).

n. 61 del 2012, n. 270 del 2010)», ma soprattutto che è compito della Corte «***scongiurare* "*la esclusione di ogni garanzia e di ogni controllo*" *su taluni atti legislativi*** *(nella specie le leggi-provvedimento: sentenza n. 59 del 1957)*». In relazione a quest'ultima argomentazione, nella sent. n. 35/2017 si usa la seguente frase ad effetto: «*Ciò per evitare la creazione di una zona franca nel sistema di giustizia costituzionale, in un ambito strettamente connesso con l'assetto democratico dell'ordinamento*».

d1iii) Resta da vedere quali siano i rimedi utilizzabili dalla Corte, qualora il giudice *a quo* disattenda l'uno o l'altro imperativo desumibile sul punto dalla legge n. 87/1953 o dalla corrispondente giurisprudenza costituzionale. Va innanzitutto scartata l'idea – talora affiorata in dottrina – che le valutazioni sulla rilevanza siano insindacabili ad opera della Corte stessa: se così fosse, l'effettiva osservanza della legge n. 87/1953 rimarrebbe affidata all'arbitrio del giudice (tanto più che le ordinanze riguardanti le questioni di legittimità costituzionale non sono impugnabili nei gradi successivi del medesimo giudizio). In effetti, la giurisprudenza costituzionale è ormai costante nell'esigere – a pena d'inammissibilità – che la rilevanza venga motivata dall'autorità giurisdizionale rimettente e che la motivazione sia congrua e non contraddittoria [32]. E anzi – negli anni più recenti – le ordinanze non rispondenti a tali requisiti sono state senz'altro dichiarate **manifestamente inammissibili**[33].

d1iv) Più delicato è il problema se la Corte possa mai riesaminare – ed eventualmente in quali limiti e a quali effetti – la rilevanza che il giudice rimettente abbia invece argomentato, mediante una motivazione di per se stessa adeguata. Sotto questi aspetti, la giurisprudenza è molto oscillante. Nella più parte dei casi l'organo della giustizia costituzionale si arresta dinanzi a quanto risulta dal testo delle ordinanze di rimessione; ma non mancano eccezioni che vedono la Corte rivalutare autonomamente la rilevanza, anche ricorrendo al cosiddetto fascicolo degli atti di causa, trasmessi dal giudice *a quo* in applicazione dell'art. 23 della legge n. 87/1953 [34].

Però, tutte le volte che la Corte dubita della rilevanza ma non voglia approfondire il suo giudizio, sovrapponendolo a quello del giudice rimettente, lo strumento adeguato consiste in una **ordinanza di restituzione degli atti**, piuttosto che in una pronuncia d'inammissibilità. Rinviando gli atti stessi al giudice *a quo*, perché riesamini – eventualmente rimotivandola – la rilevanza dell'impugnativa già proposta, la Corte lascia aperto il giudizio pendente innanzi ad essa, anziché definirlo mediante una decisione processuale (Pizzorusso); anche se, in concreto, ordinanze siffatte sono equivalenti a quelle di manifesta inammissibilità (Sandulli, Luciani), posto che, in entrambi i casi, la risoluzione della questio-

---

[32] V., per es., la sent. 26 giugno 1962, n. 65.

[33] Si veda già – fra le tante – l'ord. 30 marzo 1971, n. 65.

[34] V., per es., la sent. 17 novembre 1971, n. 180.

ne in esame finisce per dipendere da una nuova iniziativa del giudice *a quo*, sia pure innestata su quella precedente.

Delle ordinanze di restituzione, comunque, la Corte fa un sistematico uso specialmente nelle ipotesi di ***jus superveniens***: vale a dire, quando la disciplina contestata dall'impugnazione incidentale sia totalmente o anche solo parzialmente novellata dal legislatore, nelle more del processo costituzionale[35]. Ed è raro, per contro, che in tali evenienze sia la Corte stessa a stabilire – d'ufficio – se le modifiche sopravvenute incidano o meno sull'originaria rilevanza[36].

e) Nel valutare la **non manifesta infondatezza delle questioni** di legittimità costituzionale per esse rilevanti, le comuni autorità giurisdizionali non devono, né dovrebbero, anticipare i giudizi riservati alla Corte, bensì limitarsi a verificare il ***fumus boni iuris*** delle questioni medesime (Eula), o meglio ad accertare – mediante una «cognizione sommaria» (Lavagna) – se in proposito sussista o meno un ***ragionevole dubbio***; il che, peraltro, viene spesso smentito dalla prassi, nella quale i giudici tendono senz'altro a delibare la fondatezza delle eccezioni di parte, che sia per respingerle o per farle proprie (nonché per motivare le questioni autonomamente proposte). In ogni caso, ciò sta a significare che le impugnative incidentali debbono – per definizione – superare un filtro mediante il quale ogni giudice è in grado di bloccare le questioni che egli ritenga pretestuose o comunque in ***contrasto con i precedenti fissati dalla stessa giurisprudenza costituzionale*** (Pizzetti, Zagrebelsky). E questo filtro introduce, nell'ambito di un sindacato «accentrato» sulla legittimità delle leggi e degli atti equiparati, un qualche fattore di «diffusione».

f) Qualora il giudice operante in un certo grado del giudizio respinga per manifesta infondatezza (o anche per irrilevanza) l'eccezione di parte, questa «*può essere **riproposta***» – a quanto precisa la legge n. 87/1953[37] – «*all'inizio di ogni grado ulteriore del processo*». Ma la dizione legislativa non persuade interamente: la circostanza che le questioni di legittimità costituzionale possano anche venire sollevate d'ufficio finisce, infatti, per ridurre «a mera apparenza» quella delimitazione temporale (Crisafulli), consentendo che l'impugnazione si abbia in qualunque momento precedente la conclusione del giudizio.

---

[35] V., per es., l'ord. 10 gennaio 2018, n. 25, nella quale si può leggere «*che, conformemente a quanto è già avvenuto in rapporto ad analoghe questioni (ordinanze n. 168 e n. 141 del 2017, n. 230, n. 229, n. 89 e n. 14 del 2016, n. 256 del 2015), va quindi disposta la restituzione degli atti al giudice* a quo *per un nuovo esame della rilevanza e della non manifesta infondatezza della questione sollevata alla luce dello* ius superveniens».

[36] A titolo esemplificativo, cfr. la sent. 23 luglio 1980, n. 122.

[37] Cr. l'art. 24, co. 2, della legge n. 87/1953.

4. *Gli interventi davanti alla Corte; i rapporti fra il giudizio* «a quo» *e il conseguente giudizio incidentale*

a) All'emissione dell'ordinanza di rinvio si ricollega una serie di adempimenti che la legge n. 87/1953 fa gravare in parte sul giudice *a quo* e in parte sul Presidente della stessa Corte costituzionale.

a1) Precisamente, a cura dell'autorità rimettente le ordinanze instaurative del processo costituzionale incidentale devono essere ***notificate*** «alle parti in causa ed al pubblico ministero quando il suo intervento sia obbligatorio, nonché al Presidente del Consiglio dei ministri od al Presidente della Giunta regionale a seconda che sia in questione una legge o un atto avente forza di legge dello Stato o di una Regione».

a2) Vanno altresì ***comunicate*** – secondo le diverse ipotesi – «ai Presidenti delle due Camere del Parlamento o al Presidente del Consiglio regionale interessato».

a3) Del pari, non appena pervenute le ordinanze stesse, il Presidente della Corte costituzionale deve disporre che esse vengano ***pubblicate*** «nella Gazzetta ufficiale e, quando occorra, nel Bollettino ufficiale delle Regioni interessate» [38].

In effetti, il momento della pubblicazione non riguarda il giudice *a quo* (che a quel punto ha ormai sospeso il proprio giudizio nell'attesa della decisione della Corte), ma gli altri giudici chiamati ad affrontare controversie identiche o analoghe, come pure la massa dei soggetti coinvolti dall'applicazione delle norme legislative impugnate. In particolare, sugli *altri giudici* incombe – successivamente alla pubblicazione stessa – il dovere di verificare a loro volta se la questione sollevata sia per essi rilevante e non manifestamente infondata; ma non per questo essi sono obbligati a riproporre la questione alla Corte, sospendendo anche il loro giudizio, perché precedenti del genere non possono considerarsi vincolanti nei loro riguardi [39].

Per contro, la (*a1*) notificazione dell'ordinanza mira a consentire che le parti del giudizio *a quo* si costituiscano tempestivamente dinanzi alla Corte costituzionale, pur fermo restando che il termine di venti giorni è stato fatto decorrere dalla pubblicazione, in virtù dell'art. 3 delle *Norme integrative per i giudizi davanti alla Corte*, anziché dalla notificazione stessa, come pareva disporre la legge n. 87/1953 [40]. A sua volta la (*a2*) comunicazione alle Camere, ovvero al Consiglio

---

[38] V. rispettivamente l'art. 23, co. 4, e l'art. 25, co. 1, della legge ult. cit.

[39] Si veda, in proposito, l'ord. 18 aprile 1983, n. 100, della Corte costituzionale.

[40] Nella loro versione precedente, le *Norme integrative* avevano scomputato dal termine «i giorni compresi tra quello dell'ultima notificazione e quello in cui l'ordinanza è pubblicata nella Gazzetta ufficiale della Repubblica» (art. 3, co. 2).

Oggi, più semplicemente, l'unico comma dell'art. 3 stabilisce che «*La costituzione delle parti nel giudizio davanti alla Corte ha luogo nel termine di venti giorni dalla pubblicazione dell'ordinanza nella Gazzetta Ufficiale, mediante deposito in cancelleria della procura speciale, con la elezione del domicilio, e delle deduzioni comprensive delle conclusioni*».

regionale interessato, mira a far sì che il legislatore si dia carico del problema, magari accelerando procedimenti legislativi già in corso che potrebbero condurre a soluzioni diverse da quella contestata, invece di affidarsi alle cosiddette «attività conseguenziali» (Ruggeri), dopo un'eventuale dichiarazione d'illegittimità costituzionale.

b) La **costituzione delle parti** del giudizio *a quo* non è affatto indispensabile, peraltro, affinché la Corte costituzionale si pronunci sul punto: «qualora non si costituisca alcuna parte», il solo effetto – espressamente previsto dalla legge n. 87/1953 [41] – consiste in ciò: che «*la Corte può decidere in camera di consiglio*», piuttosto che ricorrere all'udienza pubblica. Anche per tale motivo si è sostenuto in dottrina che quello incidentale sarebbe un «processo senza parti» (Romboli) o, quanto meno, un giudizio «a parti eventuali» (Crisafulli, Zagrebelsky).

Ma occorre aggiungere che le parti del giudizio *a quo*, pur quando si costituiscono dinanzi alla Corte, assumono una veste completamente diversa da quella detenuta nel procedimento principale.

Va ricordato, anzitutto, che non spetta alle parti originarie bensì alla competente autorità giurisdizionale disporre dell'impugnazione incidentale, tanto più che l'esercizio di essa può bene prescindere dalle istanze delle parti stesse. Conseguentemente, nel processo costituzionale di cui si discute *i soggetti costituiti non possono mai rinunciare al giudizio della Corte*, in antitesi a ciò che si verifica nei procedimenti instaurati in via principale; e le sole facoltà che vengono loro conferite sono quelle consistenti nel sollecitare la Corte a emettere questo o quel tipo di decisione, interloquendo per iscritto (mediante il deposito di deduzioni o di memorie illustrative), ovvero oralmente (mediante le conclusioni svolte dai loro difensori nella pubblica udienza) [42].

---

[41] Cfr. l'art. 26, co. 2, della legge n. 87/1953.

[42] Si vedano gli artt. 3 («*Costituzione delle parti*»), 6 («*Deposito degli atti del processo*»), 9 («*Convocazione della Corte in camera di consiglio*»), 10 («*Deposito di memorie*»), 16 («*Udienza pubblica*») e 17 («*Deliberazione delle ordinanze e delle sentenze*») delle *Norme integrative*. Va notato in proposito che tali facoltà sono riservate alle «parti», oltre che al Presidente del Consiglio dei ministri (ovvero al Presidente della Giunta regionale). La giurisprudenza costituzionale è infatti costante nell'**escludere l'ammissibilità di soggetti diversi dalle parti del giudizio principale**, quantunque in ipotesi interessati all'esito del giudizio incidentale; sicché nell'ordinamento della giustizia costituzionale italiana non trovano posto né la figura dell'«*amicus curiae*», né quella del *controinteressato*, né quella dell'*interveniente «ad adiuvandum»* che già non siano parti nel giudizio principale (si veda in tal senso l'ord. 21 luglio 1956, n. 25) o legittimati ad intervenire nell'ambito di esso (cfr. le sent. 27 novembre 1991, n. 429, e 1° luglio 1992, n. 314). Il che peraltro non esclude *a priori* la possibilità di intervenire nel giudizio in via incidentale a soggetti che non avevano ragione alcuna per costituirsi o intervenire nel giudizio *a quo* ed il cui interesse ad essere presenti nel giudizio di legittimità costituzionale sorga solo in seguito alla formulazione dell'ordinanza di rimessione con cui la Corte abbia sollevato una questione dinanzi a sé stessa (così Corte cost. nella sent. 19 gennaio 1982, n. 20).

L'art. 4 delle *Norme integrative* stabilisce che «*Eventuali interventi di altri* [rispetto al Presi-

In realtà, è solo in senso assai lato (e in fondo improprio) che la legge n. 87/1953 e le *Norme integrative* ragionano di «parti» del processo costituzionale incidentale.

Per non dare luogo ad equivoci, sarebbe preferibile parlare di «*soggetti interessati*» (Modugno, Romboli) ovvero di «*soggetti intervenienti*» (Zagrebelsky), sia pure in termini alquanto diversi dagli interventi previsti nell'art. 105 («*Intervento volontario*») del Codice di procedura civile [43].

La ragione più plausibile per cui le disposizioni in esame trattano costantemente di «parti» sembra comunque risolversi nell'esigenza di contrapporre questa categoria di soggetti processuali a quegli intervenienti del tutto peculiari del processo costituzionale che sono – rispettivamente – il Presidente del Consiglio dei ministri e il Presidente della Giunta regionale, in ordine ai quali le disposizioni stesse fanno uso, in effetti, dell'espressione «*intervento*» [44]. Ma anche la Corte ha rilevato che «il giudizio di legittimità costituzionale, pur ammettendo la partecipazione di parti private, si svolge al di sopra dei loro interessi ...»: dal che – fra l'altro – la conseguenza che nel processo in questione «non vi sono né vincitori né vinti» e dunque non trovano posto «imposizioni tributarie e condanne nelle *spese*» [45].

c) Il cosiddetto **intervento del Presidente del Consiglio dei ministri** (o del **Presidente della Giunta regionale** interessata, ove si tratti della legittimità d'una legge di quella Regione) [46] risulta – a sua volta – ancora più lontano dai correnti schemi processualistici. Fin dagli inizi, infatti, la Corte ha giustamente negato che il Presidente stesso debba necessariamente vantare un qualche specifico interesse per intervenire; ed ha argomentato, viceversa, che «*questo intervento ha... un carattere suo proprio, come mezzo di integrazione del contraddittorio pre-*

---

dente del Consiglio o della/e Regione/i] *soggetti, ferma la competenza della Corte a decidere sulla loro ammissibilità, devono aver luogo con le modalità* ...» previste per i Presidenti delle Regioni e di cui *infra*, tra breve, *sub c*), in nota.

[43] L'unico parallelo possibile potrebbe esser quello riferito all'intervento adesivo, ma limitatamente alle «parti» del processo costituzionale che appunto aderiscano alle tesi esposte nell'ordinanza di rimessione, anziché contestarle.

[44] Cfr. l'art. 25, co. 3, della legge n. 87/1953 e l'art. 4 delle *Norme integrative*.

[45] Cfr. la sent. 6 dicembre 1965, n. 75.

[46] «*L'intervento in giudizio del Presidente del Consiglio dei Ministri ha luogo con il deposito delle deduzioni, comprensive delle conclusioni, sottoscritte dall'Avvocato generale dello Stato o da un suo sostituto... – L'atto di intervento di cui ai commi precedenti deve essere* depositato *non oltre venti giorni dalla pubblicazione nella Gazzetta Ufficiale dell'atto introduttivo del giudizio... – Il cancelliere dà comunicazione dell'intervento alle parti costituite*»: il tutto, *ex* art. 4 delle *Norme integrative*.

Ferme restando le disposizioni sul deposito e sulla comunicazione ad opera del cancelliere, «... *Il Presidente della Giunta regionale interviene depositando, oltre alle deduzioni, comprensive delle conclusioni, la procura speciale rilasciata a norma dell'art. 3, contenente l'elezione del domicilio*» (*ibidem*).

scritto dalla legge», ben diversamente dagli interventi previsti dalle norme sui processi civili e amministrativi[47].

Quale sia la ragione della presenza del Presidente del Consiglio, rappresentato e difeso dall'Avvocatura dello Stato, non è tuttavia ben chiaro. Non ha avuto fortuna – perché in contraddizione con il ruolo di un tale organo governativo, naturalmente portatore di un determinato indirizzo politico – la tesi che il Presidente debba in questa sede operare *super partes*, sostenendo le ragioni che gli sembrino imposte da una corretta lettura dell'ordinamento vigente. Ma non ha trovato un seguito concreto nemmeno il più prudente avviso per cui si tratterebbe di un anomalo «intervento di opinione» (Crisafulli, Giannini), tale da consentire – secondo le circostanze e coerentemente con la natura politica dell'organo – le più varie prese di posizione, favorevoli o contrarie alla dichiarazione d'illegittimità della disciplina impugnata.

Di fatto, gli interventi sono stati a senso unico, giacché il Presidente – pressoché tutte le volte nelle quali ha ritenuto di intervenire nel giudizio – lo ha fatto per difendere la validità della norma in discussione (o per sostenere l'inammissibilità dell'impugnativa incidentale): il che ha indotto un'altra corrente dottrinale ad affermare che l'intervento medesimo avrebbe «*natura di atto politico*» (Tosi), motivato dall'opportunità di mantenere in vigore le leggi esistenti (Mortati), anche al fine di evitare un vuoto del quale il Governo dovrebbe darsi carico.

Nondimeno, i motivi di perplessità residuano: da un lato, in quanto la politicità della scelta di intervenire o di non presenziare richiederebbe – a monte – una deliberazione del Consiglio dei ministri che invece non viene richiesta dall'ordinamento vigente[48]; d'altro lato, in quanto gli interventi «a senso unico» non valgono ad assicurare una compiuta integrazione del contraddittorio, quale potrebbe viceversa risultare dalla imparziale presenza di un Procuratore generale presso la Corte (Crisafulli, Sandulli).

In ogni caso, tutto questo concorre a spiegare il perché la Corte stessa abbia deciso di non equiparare il Presidente del Consiglio intervenuto (ovvero il Presidente della Giunta regionale interessata) alle cosiddette parti private. La costi-

---

[47] Cfr. la sent. 14 giugno 1956, n. 1.

[48] Si veda infatti l'art. 5 («*Attribuzioni del Presidente del Consiglio dei Ministri*»), co. 1, lett. *f*), della legge n. 400/1988: «*Il Presidente del Consiglio dei Ministri a nome del Governo... f) esercita le attribuzioni di cui alla legge 11 marzo 1953, n. 87, e promuove gli adempimenti di competenza governativa conseguenti alle decisioni della Corte costituzionale. Riferisce inoltre periodicamente al Consiglio dei Ministri, e ne dà comunicazione alle Camere, sullo stato del contenzioso costituzionale, illustrando le linee seguite nelle determinazioni relative agli interventi nei giudizi dinanzi alla Corte costituzionale. Segnala altresì, anche su proposta dei Ministri competenti, i settori della legislazione nei quali, in relazione alle questioni di legittimità costituzionale pendenti, sia utile valutare l'opportunità di iniziative legislative del Governo*». A fondamento di tale normativa, del resto, si pone la sent. 6 febbraio 1969, n. 6, con cui la Corte costituzionale ha negato che l'intervento stesso debba essere autorizzato dal Consiglio.

tuzione di queste ultime impone, infatti, la discussione in pubblica udienza, salve le ipotesi di manifesta infondatezza o inammissibilità; per contro, in presenza del solo intervento governativo (o comunque di parte pubblica) le cause si prestano a venire senz'altro decise in camera di consiglio [49].

d) Resta allora sempre fermo, per tutte le ragioni esposte, che il giudizio costituzionale incidentale non si risolve affatto nel tutelare talune delle posizioni soggettive in gioco nel giudizio *a quo*.

È dominante, al contrario, la tesi che si tratti d'una **giurisdizione di diritto oggettivo** (Zagrebelsky) da esercitare in vista del ***pubblico interesse consistente nella garanzia della Costituzione*** (D'Orazio); tanto è vero che qualche autore (Cappelletti, Carnelutti) non ha esitato a parlare, con questo fondamento, d'una particolarissima forma di giurisdizione volontaria. Pur riconoscendo che la sua attività «*si svolge secondo modalità e con garanzie processuali ed è disciplinata in modo da rendere possibile il contraddittorio fra i soggetti e gli organi ritenuti più idonei*», anche la Corte ha rilevato – in effetti – che essa «*è chiamata a risolvere la questione di legittimità, astraendo dai rapporti con la controversia principale e persino dalle successive vicende processuali di questa*» [50].

Ciò non toglie – s'intende – che il procedimento principale e quello incidentale siano collegati necessariamente da una sorta di «***cordone ombelicale***» (Crisafulli) che, in fondo, è comprovato dall'elemento necessitato della rilevanza della questione.

Il giudizio *a quo* rappresenta, infatti, la sede esclusiva dalla quale scaturiscono le impugnazioni in esame; e in tale sede viene definito, fondamentalmente, anche il *thema decidendum* (v. *supra*, § 3 del presente capitolo). La Corte è perciò vincolata da quella che in dottrina si suole denominare **corrispondenza fra il chiesto e il pronunciato** (Crisafulli, Modugno), sebbene in termini affatto diversi dalla «corrispondenza» prescritta nell'art. 112 Cod. proc. civ. [51].

In luogo delle domande di parte stanno infatti – per la Corte – le *domande* del giudice *a quo*, sempre che una simile espressione si addica alle ordinanze di rinvio. La Corte stessa, comunque, non se ne può discostare salvo che ad effetti marginali e particolari: cioè reinterpretando – al di là della lettera di ciascuna ordinanza – la reale portata della questione proposta, sia nel senso di ampliarla, sia nel senso di restringerla rispetto alle indicazioni del dispositivo di quel provvedimento [52]. La legge n. 87/1953 prescrive, in verità, che l'organo della giustizia

---

[49] Si veda la sent. 6 luglio 1983, n. 210, con cui la Corte ha restrittivamente interpretato l'art. 26, co. 2, della legge n. 87/1953 e l'art. 8, co. 2, delle proprie *Norme integrative*.

[50] V. nuovamente la sent. n. 13/1960.

[51] Art. 112 Cod. proc. civ. (*Corrispondenza tra il chiesto e il pronunciato*) – *Il giudice deve pronunciare su tutta la domanda e non oltre i limiti di essa; e non può pronunciare d'ufficio su eccezioni, che possono essere proposte soltanto dalle parti.*

[52] Nel senso riduttivo, v. per esempio la sent. 23 marzo 1981, n. 42, in cui la Corte rivendica

costituzionale si pronunci «*nei limiti dell'impugnazione*»[53] e l'unica eccezione, contestualmente prevista, riguarda la ***dichiarazione della illegittimità c.d. conseguenziale***, volta a colpire disposizioni diverse da quelle impugnate ma indissolubilmente collegate ad esse tanto che il *cadere* delle prime non può non condurre alla declaratoria di illegittimità costituzionale anche delle seconde (su quest'ultimo punto v. *infra*, § 13 del presente capitolo).

Ma il «cordone» di cui poc'anzi si diceva «si spezza» non appena instaurato il processo costituzionale.

Dalla particolare controversia all'esame del giudice *a quo* la Corte ricava talvolta elementi di fatto, atti a illuminare le applicazioni possibili e dunque la ragionevolezza della norma impugnata; sennonché il suo giudizio, vertendo unicamente sulla norma stessa, per sé sola considerata, può bene prescindere – e di regola astrae – dalle peculiarità di quel caso specifico.

Di qui la relativa **autonomia del processo costituzionale**, comprovata da quel disposto in cui si precisa che la «*sospensione, l'interruzione e l'estinzione del processo principale non producono effetti sul giudizio davanti alla Corte costituzionale*»[54]: disposto che deve ritenersi legittimo, appunto perché rispondente alla logica dei giudizi incidentali (Pierandrei), anche se la Corte non vi ha fatto un ricorso del tutto costante[55].

L'art. 22 della versione precedentemente in vigore delle Norme integrative aggiungeva, in coda a una disposizione d'analogo tenore: «*... neppure nel caso in cui, per qualsiasi causa, sia venuto a cessare il giudizio rimasto sospeso davanti all'autorità giurisdizionale, che ha promosso il giudizio di legittimità costituzionale*». La circostanza per cui la disposizione è cambiata non è sufficiente a fare ritenere che la relativa norma sia venuta meno; anzi, è talmente data per scontata che non occorre metterla espressamente per iscritto, semplificando la disposizione medesima.

In conclusione, dunque, ciò che è più importante sottolineare è che, una volta ritualmente instaurato, il giudizio in via incidentale prosegue sino a decisione della Corte, prescindendo da qualsiasi attività o manifestazione di volontà in senso contrario delle parti o del giudice *a quo*, quand'anche questi ultimi si trovino nella nuova e sopravvenuta condizione di potere condurre a termine il giudizio *a quo* prescindendo dal giudizio pendente davanti alla Corte.

Il che dimostra che il giudizio in via incidentale non è nella disponibilità né delle parti processuali, né del giudice *a quo* e che quindi la Corte è chiamata a svolgere, in quel caso, una funzione, a tutela dell'ordinamento complessivamen-

---

– preliminarmente – la potestà di ridefinire la questione sottoposta al suo esame, sulla base degli atti del giudizio *a quo*.

[53] Cfr. l'art. 27 della legge n. 87/1953.

[54] Si tratta dell'art. 18 delle *Norme integrative*.

[55] Si veda comunque, in proposito, la sent. 14 aprile 1986, n. 88.

te inteso, che – come si vedrà tra breve – nel giudizio in via principale non le viene chiesto di interpretare.

5. *Il quadro e le caratteristiche comuni dei giudizi principali*

a) In altri sistemi europei di giustizia costituzionale, l'instaurazione diretta dei giudizi sulle leggi rappresenta la regola (o una delle regole), non già l'eccezione.

Così, il controllo preventivo del *Conseil constitutionnel* può essere attivato, nella **Quinta Repubblica francese**, unicamente ad opera del Presidente della Repubblica, del Primo Ministro o del Presidente di una delle due Camere, nonché su ricorso di una qualificata minoranza di parlamentari [56], che «tutti» possono provvedere ad investire senz'altro il *Conseil.*

D'altronde, in **Germania**, al Tribunale costituzionale federale può essere direttamente rivolto il ricorso (*Verfassungsbeschwerde*) di chiunque si ritenga «*leso dalla pubblica autorità in uno dei suoi diritti fondamentali o in uno dei diritti previsti dagli articoli 20, quarto comma, 33, 38, 101, 103 e 104*» [57]; e analogamente può verificarsi – per esempio – nel vigente **ordinamento spagnolo**, sotto forma di *recurso de amparo constitucional*, *ex* art. 161, co. 1*b*, Cost. [58].

b) Non è così in **Italia**, malgrado le proposte di revisione costituzionale avanzate in tal senso.

Nel nostro ordinamento, infatti, non v'è la previsione di un diritto generalizzato in tale senso, bensì una rigorosa delimitazione e una puntuale indicazione dei soggetti legittimati e degli atti rispettivamente impugnabili in questa sede.

b1) Da un lato, sulla base del co. 1 dell'art. 127 Cost. [59], legittimato è il **Go-**

---

[56] Quest'ultimo tipo di impugnazione, di gran lunga più importante di quelli già previsti dall'originaria Carta costituzionale, è stato introdotto dalla legge di revisione del 29 ottobre 1974.

V. (*supra*, cap. I, § 1, di questa stessa parte) l'art. 61 della vigente Cost. francese, come riportato in nota.

[57] Così l'art. 93, co. 4, della Cost. tedesca attualmente in vigore.

Gli artt. cui rimanda la disposizione trattano, rispettivamente, del «*diritto di resistere a chiunque tenti di rovesciare* [l'] *ordinamento, qualora non vi sia altro rimedio possibile*»; dei «*diritti civici... civili e politici,* [di] *ammissione ai pubblici uffici,* [di quelli] *acquisiti nella funzione pubblica*»; del «*diritto di voto*»; di quello di non essere «*sottratto al giudice precostituito per legge*»; del diritto «*di essere ascoltato* [dalle corti] *nei modi stabiliti dalla legge*»; dei diritti relativi al godimento «*della libertà personale*».

[58] «*Il Tribunale Costituzionale ha giurisdizione in tutto il territorio spagnolo ed è competente a conoscere: ... – del ricorso di amparo per violazione dei diritti e libertà menzionati nell'articolo 53, 2 di questa Costituzione e nei casi e con le forme che la legge stabilisca ...*». L'art. 53, co. 2, rinvia a sua volta all'articolo sul diritto d'eguaglianza, alla sezione sui «... *diritti fondamentali e.. libertà pubbliche*» e al diritto all'obiezione di coscienza.

[59] Come risultante dalla radicale modifica costituzionale disposta con l'art. 8 della legge cost.

verno della Repubblica che può, «*entro sessanta giorni dalla sua pubblicazione*», «*promuovere la questione di legittimità costituzionale dinanzi alla Corte costituzionale*», quando «*ritenga che una **legge regionale** ecceda la competenza della Regione*», nonché avverso una ***legge delle Province autonome di Trento e Bolzano***[60]; e, sempre in via diretta, avverso le particolari, «nuove» (perché introdotte dalla legge cost. n. 2/2001[61]) leggi regionali, dette ***«leggi statutarie», delle Regioni a Statuto speciale*** (eccezion fatta per quanto concerne la Regione Trentino-Alto Adige, in relazione alla quale si debbono considerare le «leggi statutarie» delle Province autonome di Trento e Bolzano che sono le sole abilitate a disporre mediante le predette fonti[62]).

D'altro lato, le impugnative principali spettano anche a ogni singola **Regione**[63]

---

n. 3/2001 e come ripreso nell'art. 31, co. 2, della legge n. 87/1953, come sost. dall'art. 9, co. 1, della legge n. 131/2003.

Per il passaggio tra i due regimi, v. Corte cost. 28 gennaio 2002, n. 17.

[60] Per le ragioni e ai sensi di cui all'art. 55, co. 1 e 2 (e 97ss.), dello St. T.A.A. [di cui al d.P.R. 31 agosto 1972, n. 670, e più volte modificato, come, per es., non da moltissimo e al pari di tutti gli altri Statuti speciali, dalla legge cost. 31 gennaio 2001, n. 2].

Sull'**impugnazione di una legge della Provincia autonoma di Bolzano da parte di una Regione «altra»**, si può vedere la sent. della Corte cost. 2 dicembre 2002, n. 533.

[61] Reca «*Disposizioni concernenti l'elezione diretta dei Presidenti delle Regioni a Statuto speciale e delle Province autonome di Trento e di Bolzano*».

Della legge cost., si vedano, per ciò che qui interessa: l'art. 1, co. 1, lett. *f*), in relazione all'art. 9, co. 3, dello St. Sic.; l'art. 2, co. 1, lett. *c*), in relazione all'art. 15, commi finali, dello St. V.d.A.; l'art. 3, co. 1, lett. *c*), in relazione all'art. 15, commi finali, dello St. Sard.; l'art. 4, co. 1, lett. *v*), circa l'art. 47, co. 2, 3 e 4, dello St. T.A.A. e, per ciò che concerne le sole leggi provv. di Trento e Bolzano, l'art. 5, co. 1, lett. *d*), in relazione all'art. 12 dello St. F.V.G.

[62] Il testé cit. art. 47 dello Statuto speciale prevede, infatti, che siano leggi provinciali, ma approvate con la maggioranza assoluta dei componenti, a determinare, in «*armonia con la Costituzione e i princìpi dell'ordinamento giuridico della Repubblica, con il rispetto degli obblighi internazionali e con l'osservanza di quanto disposto dal presente Capo* [...] *la forma di governo della Provincia e, specificatamente, le modalità di elezione del Consiglio provinciale, del Presidente della Provincia e degli assessori, i rapporti tra gli organi della Provincia, la presentazione e l'approvazione della mozione motivata di sfiducia nei confronti del Presidente della Provincia, i casi di ineleggibilità e di incompatibilità con le predette cariche, nonché l'esercizio del diritto di iniziativa popolare delle leggi provinciali e del referendum provinciale abrogativo, propositivo e consultivo* ...».

Ciò detto, forse è il caso di ricordare che in Trentino-Alto Adige il Consiglio regionale è «*composto dai membri dei Consigli provinciali di Trento e Bolzano*» (art. 25, co. 1, dello St. T.A.A., come sost. dall'art. 4, co. 1, lett. *f*), della legge cost. n. 2/2001).

[63] Occupandosi anche dell'impugnativa in via principale di parte regionale delle leggi statali e di quelle delle altre Regioni, il «nuovo» co. 2 del «nuovo» art. 127 Cost. finisce anche con il coprire e con il rendere superfluo, se non con l'**abrogare**, quanto, relativamente allo stesso tema, disponeva l'**art. 2, co. 1 e 2, della legge cost. 9 febbraio 1948, n. 1**: «*Quando una Regione ritenga che una legge od atto avente forza di legge della Repubblica invada la sfera della competenza ad essa assegnata dalla Costituzione, può, con deliberazione della Giunta regionale, promuovere l'azione di legittimità costituzionale davanti alla Corte, nel termine di 30 giorni dalla pubblicazione della legge o dell'atto avente forza di legge. [/] Una legge di una Regione può essere impugnata... anche da un'altra Regione, che ritenga lesa da tale legge la propria competenza. L'azione è proposta su deliberazione della Giunta regionale, entro 60 giorni dalla pubblicazione della legge*».

la quale[64], sempre «*entro sessanta giorni dalla pubblicazione della legge o dell'atto avente valore di legge*», può del pari «*promuovere la questione di legittimità costituzionale dinanzi alla Corte costituzionale*», quando «*ritenga che una legge o un atto avente valore di legge dello Stato o di un'altra Regione leda la sua sfera di competenza*».

b2) Con il che, *oggi non è più dato parlare di quella posta in essere dallo Stato nei confronti di una o più Regioni come una sorta di forma di controllo su quanto le Regioni avrebbero inteso disporre con legge*[65].

Ciò è peraltro più che logico, oltre che facilmente comprensibile, per almeno due ragioni entrambe derivanti dall'articolato della Carta cost. quale risulta in séguito alla riforma costituzionale del Titolo V della Parte II Cost. del 2001.

Di entrambe s'è già detto e dunque non ci si sofferma, se non per ricordarle rapidamente anche con riguardo all'argomento qui trattato.

b2i) Se, nel *nuovo* testo dell'art. 114 Cost., Stato e Regioni sono entrambi elementi costitutivi della Repubblica[66], avendo, quanto a ciò, per così dire una pari dignità, non si vede a quale titolo lo Stato-ente dovrebbe esercitare un «controllo» sull'operato legislativo dell'ente Regione.

b2ii) E ciò a maggiore ragione se si considera che nel co. 1 del *nuovo* art. 117 Cost.[67], la «potestà legislativa» dello Stato-ordinamento è considerata in modo unitario ed è «… esercitata dallo Stato *[- soggetto]* e dalle Regioni» senza che il potere dell'uno sia superiore, inferiore o pari a quello esercitato dalle altre, di

---

Quanto invece alla circostanza per la quale la legge cost. n. 1/1948 facesse riferimento alla «***Repubblica***» della quale la Regione poteva impugnare leggi e atti aventi forza di legge, mentre l'art. 127 Cost. fa, nella sua nuova versione, sempre e solo riferimento allo «***Stato***», non si deve dimenticare che l'**art. 114 Cost.** di apertura del Titolo V della Parte II Cost. (nella sua «nuova» versione introdotta dall'art. 1 della legge cost. n. 3/2001) riconosce essere la «*Repubblica… costituita dai Comuni, dalle Province, dalle Città metropolitane, dalle Regioni e dallo Stato*», di talché non è certo la prima [la «Repubblica», appunto, che *anche* (ma non solo) dallo Stato è costituita] a essere titolare del potere legislativo proprio dello Stato *ex* artt. 70 ss. Cost. e a poter essere menzionata al posto di quest'ultimo. «Repubblica» e «Stato» potevano invece essere ragionevolmente adoperati come sinonimi vigente il precedente testo del Titolo V della Parte II Cost. e cioè antecedentemente al 2001, allorché l'art. 114 riconosceva che la «*Repubblica si ripart*[iva] *in Regioni, Province e Comuni*», lasciando intendere che, non menzionandolo come ente territoriale a sé stante accanto agli altri, lo Stato *fosse* la Repubblica… e viceversa.

[64] *Ex* art. 127, co. 2, Cost., nel suo nuovo testo e come ripreso negli artt. 32, co. 1, e 33, co. 1 [solo parzialmente modificato (e unicamente per sostituire il precedente titolo/aggancio costituzionale, originariamente costituito dall'art. 2, co. 2, della legge cost. n. 1/1948, con il nuovo, di cui all'art. 127, co. 2, Cost.) dall'art. 9, co. 3, della legge n. 131/2003], della legge n. 87/1953.

[65] Sul regime in vigore prima della riforma costituzionale del 2001, v. *infra*, in questi parte e capitolo, § 6, *sub a*).

[66] V. poche note più sopra.

[67] Come sostituito dall'art. 3 della legge cost. n. 3/2001 e sul quale, come sul riparto di competenze legislative tra Stato e Regioni, v. *supra*, parte II, cap. III, §§ 21 e ss.

Specificamente sui limiti di cui al co. 1 dell'art. 117 Cost., v., *supra*, parte II, cap. III, § 22, *sub c*)-*d*) e parte V, cap. I, § 3, *sub b*).

tant'è che le leggi degli enti in discussione devono – tutte e a prescindere dall'ente che si considera – osservare una serie di *limiti comuni* rappresentata dalla necessità di rispettare la «*Costituzione*», i «*vincoli derivanti dall'ordinamento comunitario*» e gli «*obblighi internazionali*».

Conseguentemente, con riguardo al ruolo un tempo attribuibile al sindacato di legittimità costituzionale esercitato in via preventiva dallo Stato avverso le delibere di legge regionali, non si può più nemmeno dire che il giudizio della Corte costituzionale (che interviene su una legge regionale perfetta, vigente e produttiva di effetti) forma – oggi – l'«*ultima fase di un procedimento di controllo sulla legge regionale, in cui si manifesta la superiorità dello Stato nei confronti della Regione*» (Onida).

b3) In questo quadro vanno infine inseriti i ricorsi previsti dallo Statuto speciale per il Trentino-Alto Adige, cioè quelli proponibili dalle **Province di Trento e di Bolzano** avverso le leggi e gli atti aventi valore di legge della Repubblica, nonché con riguardo alle leggi della Regione o dell'altra Provincia [68]; e

b4) quelli spettanti – in via del tutto eccezionale – alla *maggioranza dei consiglieri dei gruppi linguistici* costituiti in seno al Consiglio regionale ovvero al Consiglio provinciale di Bolzano, quanto ai «disegni di legge approvati dal Consiglio regionale o ... provinciale», varati «nonostante il voto contrario dei due terzi dei componenti il gruppo linguistico che ha formulato la richiesta» di una *votazione separata* «per gruppi linguistici», o quando una siffatta richiesta «non sia accolta» [69].

c) In tutti questi casi – di regola – occorre che l'impugnativa sia preceduta da una **deliberazione collegiale** dell'organo competente [Consiglio dei ministri, Giunta regionale, Giunta provinciale di Trento o Bolzano (nelle ipotesi di cui all'art 98, co. 3, St. T.A.A.), Consiglio provinciale di Trento o Bolzano (nelle ipotesi di cui all'art 98, co. 1, St. T.A.A. [70]].

Costituiva eccezione la sola Sicilia, il cui Statuto speciale affidava l'impugnazione delle leggi regionali al *Commissario dello Stato* anziché al Governo della Repubblica [71]. Anche questo, ora, non è più, essendo venuto meno per effetto

---

[68] Si vedano l'art. 98, co. 1, e l'art. 97, co. 3, dello St. T.A.A.

Dette disposizioni hanno novellato in questi termini l'art. 83 del precedente Statuto, ai sensi del quale era sempre la sola Regione che poteva impugnare le leggi dello Stato, quand'anche si trattasse di pretese violazioni della competenza provinciale; mentre le leggi regionali si prestavano, fin d'allora, ad essere direttamente impugnate dalle due Province (e le leggi provinciali ad esser denunciate dalla rispettiva Regione), in base all'art. 82, co. 3.

[69] Cfr. l'art. 56, co. 1 e 2, St. T.A.A. e l'art. 55 quanto all'atto da impugnare.

[70] Così non è, invece, per l'altra ipotesi prevista nell'art. 97, co. 3, dello St. T.A.A., e già da poco ricordata, ove, per i casi di doglianza avverso le leggi della Regione o dell'altra Provincia, lamentati da una delle due Province autonome, ci si riferisce addirittura a una impugnazione che avviene ad opera «*di uno dei Consigli provinciali della regione*», ponendo direttamente l'accento sull'atto dell'organo collegiale.

[71] Si veda l'art. 28 St. Sic.

L'art. 30 prevedeva che fosse lo stesso Commissario dello Stato ad impugnare, innanzi alla

della sent. 3 novembre 2014, n. 255, posto che la dichiarazione di illegittimità costituzionale del frammento normativo che manteneva fermo il particolare sistema di controllo delle leggi siciliane, di cui si dirà nel § che segue, «*rende non più operanti le norme statutarie relative alle competenze del Commissario dello Stato nel controllo delle leggi siciliane, alla stessa stregua di quanto affermato da questa Corte con riguardo a quelle dell'Alta Corte per la Regione siciliana (sentenza n. 38 del 1957), nonché con riferimento al potere del Commissario dello Stato circa l'impugnazione delle leggi e dei regolamenti statali (sentenza n. 545 del 1989)*»[72].

I ricorsi dello Stato vengono dunque bensì proposti in nome del Presidente del Consiglio dei ministri, ma sulla base di una previa e conforme delibera del Consiglio stesso che può essere indotto ad agire «*anche su proposta della Conferenza Stato-Città e autonomie locali*»[73].

L'espressa previsione già contenuta in tal senso nella legge n. 87/1953, è stata, in effetti, ribadita dalla legge n. 400/1988[74]; ed è rimasta isolata una sentenza

Corte, anche le leggi e i regolamenti statali ritenuti lesivi dell'autonomia regionale, ma la Corte cost. – alla prima occasione – ha dichiarato l'inammissibilità per difetto di legittimazione di una questione sollevata seguendo quella prescrizione, perché tale «*competenza deve... ritenersi non più operante, non tanto (come accenna lo stesso Commissario nel proprio ricorso) per la mancata adozione di specifiche norme di attuazione o per effetto di desuetudine, quanto per la caducazione dello speciale potere di impugnativa di cui è causa, intervenuta a seguito dell'entrata in vigore della Costituzione repubblicana e del conseguente assorbimento delle attribuzioni conferite dallo Statuto speciale all'Alta Corte per la Regione Siciliana nella competenza generale assegnata dalla stessa Costituzione alla Corte costituzionale*» (sent. 30 novembre 1989, n. 545). L'attuale testo dell'art. 30 St. Sic. prevede, oggi, che sia il «*Presidente della Regione, anche su voto dell'Assemblea regionale...* [a potere] *impugnare per incostituzionalità davanti l'Alta Corte* [leggasi Corte cost. ai sensi di quanto ricordato *supra*, cap. I, § 3, *sub* lett. *d*), di questa parte] *le leggi ed i regolamenti dello Stato, entro trenta giorni dalla pubblicazione*».

[72] Sui due punti, v., rispettivamente, *supra*, in questo cap., in chiusura del § 3 e la nota che precede.

Conseguenza diretta della sent. n. 255/2014 cit. fu la declaratoria di disapplicazione degli artt. «27..., 28, 29 e 30 dello statuto di autonomia... per effetto dell'estensione alla Regione siciliana del controllo successivo previsto dagli artt. 127 Cost. e 31 della legge n. 87 del 1953 per le Regioni a statuto ordinario, secondo quanto già affermato dalla richiamata giurisprudenza di questa Corte per le altre Regioni ad autonomia differenziata e per le Province autonome»: per la Reg. V.d.A., ord. 23 luglio 2002, n. 377; per la Reg. F.V.G., ord. 28 febbraio 2002, n. 65; per la Reg. T.A.A. e le Provv. di Trento e di Bolzano, sent. 26 luglio 2002, n. 408, avendo «*ritenuto che il sistema di controllo successivo garantisse forme di autonomia più ampie rispetto a quello preventivo, facendo venir meno il potere di condizionamento dell'Esecutivo sull'attività legislativa delle Regioni*» (si tornerà su quest'ultimo punto *infra*, in questi parte e cap., § 6, *sub b*).

[73] Così nell'art. 31, co. 3, della legge n. 87/1953, come sost. dall'art. 9, co. 1, della legge 5 giugno 2003, n. 131. L'organo è quello istituito con d.p.c.m. 2 luglio 1996 con funzione di «*coordinamento nei rapporti tra lo Stato e le autonomie locali*» [così nell'art. 9, co. 5, lett. *a*), del d.lgs. 28 agosto 1997, n. 281. Quanto alle funzioni, v. lo stesso art. 9, partic. co. da 5 e 7].

[74] V. rispettivamente l'art. 31, co. 2, della legge n. 87/1953 e l'art. 2, co. 3, lett. *d*), della legge n. 400/1988 (cui si aggiunge la sent. 2 febbraio 1990, n. 54, della Corte costituzionale).

della Corte costituzionale che, in via derogatoria, aveva consentito la proposizione del ricorso da parte del solo Presidente del Consiglio, purché l'intero Governo provvedesse alla ratifica di un tale comportamento [75].

Del pari, è incontestato che i ricorsi del Presidente della Giunta regionale (o provinciale), da proporre anche su proposta del Consiglio delle autonomie locali [76], debbano essere sorretti dal voto del rispettivo collegio [77]. In entrambe le ipotesi, senza che sia dato distinguere fra le impugnative statali e quelle regionali, la violazione delle predette norme comporta pertanto l'*inammissibilità del ricorso*, come ormai risulta da una nutrita serie di decisioni della Corte [78].

d) Già da questi indici risulta che quelle sottostanti alla proposizione dei vari ricorsi sono altrettante *scelte politiche* (come la Corte stessa ha sottolineato nella sentenza n. 496/1993).

E se la scelta ha natura politica, non può non vigere, in questo campo, il principio della «*facoltatività del ricorso*» (Zagrebelsky), sicché tanto lo Stato quanto le Regioni non si trovano affatto nella posizione del giudice *a quo*, giuridicamente obbligato a sollevare una impugnativa incidentale ogniqualvolta egli dubiti della legittimità di una norma legislativa da applicare nel corso del suo giudizio.

Ma resta inteso che la politicità delle delibere adottabili dal Consiglio dei ministri e dalle Giunte regionali non si estende ai *motivi del ricorso* stesso: i quali debbono sempre investire la *legittimità* delle leggi impugnate, laddove la prospettazione di un vizio di *merito* determina – ancora una volta – l'inammissibilità dell'azione davanti alla Corte. A dirlo, oltre che la natura stessa della Corte che è «giudice di legittimità delle leggi», è chiarissimo, in tale senso, il disposto dell'art. 28 della legge n. 87/1953 (che vale per i giudizi in via principale, così come per quelli in via principale), ove prevede che: «*Il controllo di legittimità della Corte costituzionale su una legge o un atto avente forza di legge esclude ogni valutazione di natura politica e ogni sindacato sull'uso del potere discrezionale del Parlamento*».

Diversamente dai processi incidentali [79], quelli instaurati in via principale

---

[75] Cfr. la sent. 27 luglio 1972, n 147.

[76] *Ex* art. 32, co. 2, della legge n. 87/1953, come sost. dall'art. 9, co. 2, della legge n. 131/2003. L'organo è quello «*di consultazione fra la Regione e gli enti locali*» di cui all'ult. co. dell'art. 123 Cost., come aggiunto dall'art. 7 della legge cost. n. 3/2001, dopo che l'art. 3 della legge cost. n. 1/1999 aveva già sost. la restante parte dell'originaria disposizione.

[77] Cfr. l'art. 33, co. 2, della legge n. 87/1953.

[78] V. rispettivamente, circa i ricorsi regionali, la sent. 10 aprile 1962, n. 33; circa i ricorsi statali, v. la sent. 19 dicembre 1966, n. 119.

[79] In comune con i quali hanno l'applicabilità [*ex* art. 23 delle *Norme integrative* (come sost. dall'art. 1 delle *Modifiche alle norme integrative...* approvate dalla Corte cost. il 1 ottobre 1987 e come da ultimo modif. dall'art. 7 della delibera della stessa Corte del 10 giugno 2004, nonché da quella del 7 ottobre 2008)] di alcune delle disposizioni dettate nel Capo I delle stesse *Norme integrative*, dedicato alle *Questioni di legittimità costituzionale nel corso di un giudizio*.

vengono comunque concepiti – dalla giurisprudenza costituzionale e dalla prevalente dottrina – come **giudizi di parti**; e sono solo le parti «necessarie», cioè il Presidente del Consiglio e il Presidente della Giunta interessata, che possono stare in giudizio, ad esclusione di ogni altro soggetto (ivi comprese – a quanto sembra – le Regioni diverse da quelle ricorrenti o resistenti)[80].

Alla maniera dei giudizi amministrativi è quindi richiesta – sempre sotto pena d'inammissibilità – **la notifica del ricorso** del Governo al Presidente della Giunta regionale, quanto alle leggi di quella Regione; e, analogamente, occorre che i ricorsi regionali vengano notificati al Presidente del Consiglio dei ministri o al Presidente dell'altra Regione di cui si impugna una legge, nel medesimo termine fissato per le relative impugnazioni[81].

Ciò riguarda, in particolare, gli artt. 4 (*Interventi in giudizio*); 5 (*Notificazioni e comunicazioni*); 6 (*Deposito degli atti del processo*); 7 (*Nomina del giudice per l'istruzione e per la relazione*); 8 (*Convocazione della Corte in udienza pubblica*); 9 (*Convocazione della Corte in Camera di* consiglio), ma limitatamente ai co. 2, 3, 4; da 10 a 17 [10 (*Deposito di memorie*); 11 (*Trasmissione degli atti ai giudici*); 12 (*Mezzi di prova*); 13 (*Assunzione dei mezzi di prova*); 14 (*Chiusura dell'istruttoria e riconvocazione della Corte*); 15 (*Riunione di procedimenti*); 16 (*Udienza pubblica*); 17 (*Deliberazione delle ordinanze e delle sentenze*)]. Rispetto al passato, la delibera del 7 ottobre 2008 ha dunque espunto dal rinvio gli articoli su: *Astensione e ricusazione dei giudici*; *Spese del giudizio*; *Pubblicazione delle sentenze e delle ordinanze*; *Correzione delle omissioni o degli errori materiali delle sentenze e delle ordinanze*, ma semplicemente perché, riordinando la numerazione e la disposizione degli articoli, ha fatto di questi ultimi gli artt. da 29 a 32, inserendoli (con il 28 dedicato al *Deposito dei ricorsi*, con il 33 sulla *Raccolta ufficiale delle sentenze e delle ordinanze della Corte costituzionale* e con il 34 sull'*Entrata in vigore delle presenti norme integrative*) in un autonomo Capo IV che raccoglie le *Disposizioni finali* delle *Norme integrative*.

[80] Infatti, non è stato applicato in questo senso l'art. 20, co. 2, della legge n. 87/1953, per cui «*gli organi dello Stato e delle Regioni hanno diritto di intervenire in giudizio*».

V., recente, l'ord. 18 marzo 2010, n. 107, ove si legge «*che, secondo la consolidata giurisprudenza di questa Corte, il giudizio di legittimità costituzionale in via principale si svolge esclusivamente fra soggetti titolari di potestà legislativa, fermi restando per i soggetti privi di tale potestà i mezzi di tutela delle loro posizioni soggettive, anche costituzionali, di fronte ad altre istanze giurisdizionali ed eventualmente anche di fronte a questa Corte in via incidentale (sentenze n. 254 del 2009, n. 233 del 2009, n. 405 e n. 51 del 2008; n. 265, n. 129, n. 116, n. 103, n. 80, n. 59 e n. 51 del 2006; n. 469, n. 383, n. 336 e n. 150 del 2005) ...*».

[81] V. rispettivamente l'art. 31, co. 3; l'art. 32, co. 2; l'art 33, co. 2, della legge n. 87/1953, come modificati o sostituiti, anche parzialmente, dalla legge 5 giugno 2003, n. 131, in attuazione della nuova disciplina dettata dall'art. 127 Cost. Entro dieci giorni dalla notificazione, il ricorso va poi **depositato nella cancelleria della Corte**, per il disposto degli artt. 31, co. 4; 32, co. 3; e 33, co. 3, della legge n. 87/1953.

Nell'art. 19 delle *Norme integrative* [come sost. dall'art. 5 della delibera della Corte cost. del 10 giugno 2004 e poi da ultimo modif. il 7 ottobre 2008 (con disposizione che si applica anche ai particolari ricorsi in via principale previsti dallo Statuto del T.A.A. e dei quali s'è detto più sopra)], si precisa: che il **deposito del ricorso** va effettuato «insieme con gli atti e con i documenti»; che «per la **costituzione in giudizio delle Regioni** è altresì necessario il deposito della procura speciale contenente l'atto di elezione del domicilio» e che «la **parte convenuta può costituirsi** in cancelleria entro il termine perentorio di trenta giorni dalla scadenza del termine stabilito per il deposito del ricorso, con memoria contenente le conclusioni e l'illustrazione delle stesse».

Nell'art. 28, co. 1 e 2, delle *Norme integrative* [come sost. dall'art. 6 della delibera della Corte

Su disposizione del Presidente della Corte, ma sulla base «delle verifiche effettuate dal cancelliere ai sensi del regolamento di cancelleria», una volta «accertata la regolarità degli atti e delle notificazioni», tutti **i ricorsi** in parola (si badi, si fa qui riferimento ai ricorsi e non agli atti che si reputano viziati) **vanno pubblicati** «nella *Gazzetta Ufficiale*..., nonché, ove si faccia questione di un atto di una Regione o di una Provincia autonoma, nel rispettivo *Bollettino Ufficiale*, previa annotazione dei ricorsi stessi, a cura del cancelliere, in ordine cronologico, nell'apposito registro ...» [82].

Trattarsi, nei casi in questione, di giudizi di parti, spiega perché nei giudizi in esame la **rinuncia al ricorso**, se accettata «da tutte le parti», ***estingua il processo*** [83]: la rinunciabilità costituisce, in effetti e contrariamente alla logica del giudizio incidentale [84], la naturale conseguenza della disponibilità dell'azione, sulla base di libere valutazioni di ciascuna parte legittimata a ricorrere. In varie ipotesi, anzi, si prescinde da una formale rinuncia e da una formale accettazione: giacché la Corte costituzionale suole dichiarare ***cessata la materia del contendere***, quando la legge regionale in discussione venga comunque modificata nei sensi pretesi dall'impugnazione, o abrogata retroattivamente, nonché quando risulti eliminato ogni effetto pregiudizievole della disciplina legislativa statale contestata (per esempio a causa di emendamenti apportati in sede di conversione d'un decreto-legge) [85] e via discorrendo.

e) Altro tratto comune a tutti i giudizi in via principale è costituito da un'*importante novità* introdotta da una delle modifiche che la legge 5 giugno 2003, n. 131, ha apportato alla legge n. 87/1953.

Nei casi previsti dagli artt. 31 [86], 32 [87], 33 [88] di quest'ultima (rispettivamente: ricorso dello Stato avverso una legge regionale; ricorso di una Regione avverso

---

cost. del 10 giugno 2004 e modif. dalla delibera del 7 ottobre 2008 (e anche questa disposizione si applica pure ai particolari ricorsi di cui allo Statuto T.A.A.)], si stabilisce, infine, che il **deposito** «può essere effettuato avvalendosi del **servizio postale**» e che in «tal caso, ai fini dell'osservanza dei termini per il deposito, vale la data di spedizione postale».

[82] Così l'art. 20 delle *Norme integrative*, come sost. dall'art. 6 della delibera della Corte cost. del 10 giugno 2004. e da ultimo modif. da quella del 7 ottobre 2008.

[83] Cfr. l'art. 23 delle *Norme integrative*.

Per un esempio concreto, v., tra le tante, l'ordinanza 4 luglio 2017, n. 201, nella quale, oltre a una applicazione pratica della regola esposta, si può anche riassuntivamente leggere: «*nei giudizi di legittimità costituzionale in via principale la rinuncia alla impugnazione della parte ricorrente, accettata dalla resistente costituita, determina l'estinzione dei processi ai sensi dell'art. 23 delle norme integrative per i giudizi davanti alla Corte costituzionale* (ex plurimis, *ordinanze n. 65 del 2017, n. 49 del 2017, n. 264, n. 171, n. 62 e n. 6 del 2016*)».

[84] V. *supra*, in chiusura del § che precede.

[85] Si veda in proposito la sent. 8 giugno 1984, n. 169.

[86] Come sost. dall'art. 9, co. 1, della legge 5 giugno 2003, n. 131.

[87] Come modif. dall'art. 9, co. 2, della legge n. 131/2003.

[88] Come modif. dall'art. 9, co. 3, della legge n. 131/2003.

una legge o un atto avente forza di legge dello Stato; ricorso di una Regione avverso la legge d'un'altra Regione), ai sensi dell'art. 35 [89], sempre della legge n. 87/1953, la Corte costituzionale, qualora «... *ritenga che l'esecuzione dell'atto impugnato o di parti di esso possa comportare il rischio di un irreparabile pregiudizio all'interesse pubblico o all'ordinamento giuridico della Repubblica, ovvero il rischio di un pregiudizio grave ed irreparabile per i diritti dei cittadini, trascorso il termine di cui all'articolo 25* [almeno venti giorni dall'avvenuta notifica del ricorso], *d'ufficio può adottare i provvedimenti di cui all'articolo 40* [sono quelli relativi alla **sospensione dell'atto**: cioè, per essere chiari quanto più è possibile, un provvedimento di sospensione degli effetti di una legge, o di un atto avente forza di legge o di parti degli stessi [90]]. *In tal caso l'**udienza di discussione** [91] è fissata entro i successivi trenta giorni e il dispositivo della sentenza è depositato entro quindici giorni dall'udienza di discussione*». Il che significa che l'efficacia della sospensione ha, per legge, un'estensione temporalmente limitata, a massimo quarantacinque giorni, trascorsi i quali la Corte si dovrà pronunciare sull'atto impugnato, mediante una delle pronunce di cui fa uso abitualmente [92], come se la sospensione non fosse mai stata disposta [93]. (Per una critica dell'istituto in quanto introdotto con legge ordinaria, L.A. Mazzarolli).

---

[89] Come sost. dall'art. 9, co. 4, della legge n. 131/2003.

[90] Così, dunque, in combinato disposto [senza che la Costituzione faccia riferimento alcuno al relativo potere né trattando dei poteri della Corte costituzionale, né trattando degli effetti della legge ordinaria, né trattando (per quel che se ne può ricavare per via interpretativa) dei rapporti tra fonti di livello costituzionale e fonti primarie], gli artt. 35, 25 e 40 della legge – ordinaria – n. 87/1953, come modif. dalla legge – ordinaria – n. 131/2003.

Non si può non ricordare, al riguardo, che, allorché il legislatore, successivamente al 1948, volle aggiungere alle attribuzioni della Corte cost. menzionate nell'art. 134 Cost., il potere di giudicare sull'ammissibilità del *referendum* abrogativo, lo fece con il disposto formalmente costituzionale di cui all'art. 2 della legge cost. n. 1/1953.

Per un esempio di pronuncia che respinge l'istanza di sospensione, v. l'ord. 18 marzo 2010, n. 107.

[91] Solitamente fissata «entro ***novanta giorni dal deposito***», *ex* art. 35 della legge n. 87/1953, come sost. dall'art. 9, co. 4, della legge n. 131/2003.

Il **giorno dell'udienza** e **la convocazione della Corte** vengono fissati e disposti con decreto del Presidente che, «***almeno trenta giorni prima della data fissata per l'udienza***... è comunicato in copia, a cura del cancelliere, alle parti costituite». (Così l'art. 8, co. 1 e 2, delle *Norme integrative*, come sost. dall'art. 3 della delibera della Corte cost. del 10 giugno 2004 e poi modif. con la delibera del 7 ottobre 2008. L'articolo, seppure contenuto nel Capo I, dedicato alle *Questioni di legittimità costituzionale nel corso di un giudizio*, si applica anche alle questioni di legittimità costituzionale in via principale, in virtù del rinvio disposto nell'art. 23 delle *Norme integrative*, come sost. dall'art. 1 delle *Modifiche alle norme integrative*... approvate dalla Corte cost. il 1° ottobre 1987, come modif. dall'art. 7 della delibera della stessa Corte del 10 giugno 2004 e infine dalla delibera del 7 ottobre 2008).

[92] V. *infra*, § 12.

[93] Quando il Presidente «*ravvisi l'urgenza di provvedere*», «*sentito il relatore, convoca la Corte in camera di consiglio*... *Con il medesimo provvedimento il Presidente può autorizzare l'audizione dei rappresentanti delle parti e lo svolgimento delle indagini ritenute opportune. La cancelleria comunica immediatamente alle parti l'avvenuta fissazione della camera di consiglio e l'eventuale*

6. *Impugnative statali e impugnative regionali: i tratti distintivi*

a) Anteriormente alla modifica dell'art. 127 Cost. operata dalla legge cost. n. 3/2001, ciò che maggiormente distingueva le impugnative esercitabili dallo Stato rispetto a quelle spettanti alle Regioni e alle Province di Trento e di Bolzano era che il Governo poteva agire esclusivamente «*in via preventiva*» (tranne che avverso le leggi della Regione Trentino Alto Adige e quelle delle Province autonome se non si adeguavano alle sopravvenute leggi statali di principio), mentre gli altri enti solamente «*in via successiva*». Lo Stato, cioè, impugnava non già una legge regionale perfetta, ma – secondo un procedimento scandito dalla Carta costituzionale *ante* riforma – una delibera regionale nel corso dell'*iter* di formazione della legge, di talché veniva preclusa la promulgazione delle *legge* regionale, fino a quando la Corte non si fosse pronunciata al riguardo.

Caso a sé faceva la Sicilia – ma v. *infra* tra poche righe – perché, in base al suo Statuto speciale, decorsi trenta giorni dalla impugnazione senza che la Corte si fosse pronunciata, le leggi venivano «promulgate ed immediatamente pubblicate nella Gazzetta ufficiale della Regione» [94].

a1) Oggi, invece, i **ricorsi in via principale sono tutti in via successiva**, con la sola eccezione di quello di cui al co. 2 dell'art. 123 Cost. (nel testo successivo alla riforma della Costituzione intervenuta nel 2001), che il «*Governo della Repubblica può promuovere*» dinanzi alla Corte costituzionale, avverso gli «*statuti regionali entro trenta giorni dalla loro pubblicazione*».

Si tratta, però, di una fattispecie del tutto particolare, dovuta alla peculiarità della fonte considerata e del suo procedimento di formazione [95].

a2) Anche l'ipotesi eccezionale relativa alla *Regione Sicilia* cui era rimasto consentito (in base al disposto dell'art. 31, co. 2, della legge n. 87/1953, pur dopo la sostituzione avvenuta ad opera dell'art. 9, co. 1, della legge 5 giugno 2003, n. 131) di mantenere «[f]*erma... la particolare forma di controllo delle leggi prevista dallo statuto speciale della Regione siciliana*», è alla fine caduta ad opera della *sent. della Corte cost. 3 novembre 2014, n. 355* [96], che ha dichiarato l'illegittimità

---

autorizzazione all'audizione»: così, *ex* art. 21 (*Istanza di sospensione*) delle «*Norme integrative per i giudizi davanti alla Corte costituzionale*», secondo la versione approvata con delibera del 7 ottobre 2008.

[94] Cfr. l'art. 29, co. 2, dello St. Sic.

[95] Oltre alla fonte cost., cfr. l'art. 31, co. 1, della legge n. 87/1953, come sost. dall'art. 9, co. 1, della legge 5 giugno 2003, n. 131.

Sull'argomento, v. *supra*, parte II, cap. III, § 24, ove si tratta della fonte Statuto ordinario e dei suoi: procedimento di formazione (inclusa la possibilità di sottoporli a *referendum* popolare entro tre mesi dalla pubblicazione), limiti e contenuti. Per quanto concerne il regime precedente alle riforme del 2001, v. *infra*, non pochi degli AA. citt. nella *NOTA BIBLIOGRAFICA* al presente cap.

[96] Che ha rivisto, in senso contrario, la precedente decisione assunta con la sent. 13 ottobre 2003, n. 314.

costituzionale parziale del predetto art. 31, co. 2, della legge n. 87/1953 «... *limitatamente alle parole "Ferma restando la particolare forma di controllo delle leggi prevista dallo statuto speciale della Regione siciliana"* ...» [97].

b) Conseguentemente, anche i **termini** per impugnare erano tutti diversi tra loro; mentre oggi sono di 60 giorni dalla pubblicazione dell'atto, sia per lo Stato, sia per le Regioni [98].

c) Da dopo la riforma del 2001, ciò che rimane profondamente diverso attiene ai **motivi deducibili o ai vizi denunciabili**, rispettivamente, per mezzo dei ricorsi statali e regionali.

c1) Quanto al Governo della Repubblica, l'art. 127, co. 1, Cost. prevede che esso possa agire «*quando ritenga che una legge regionale ecceda la competenza della Regione*» [99].

---

[97] Le ragioni della decisione? Sono riassumibili con questa argomentazione riassuntiva e conclusiva della Corte: «*Sulla base della richiamata giurisprudenza di questa Corte, per effetto del più volte menzionato art. 10 della legge cost. n. 3 del 2001, deve pertanto estendersi anche alla Regione siciliana il sistema di impugnativa delle leggi regionali, previsto dal riformato art. 127 Cost., atteso che detto regime, alla stregua della summenzionata «clausola di maggior favore», configura una «forma di autonomia più ampia» rispetto al sistema di impugnazione attualmente in vigore per le leggi siciliane (sentenze n. 408 e n. 533 del 2002* ...».

La Corte lo aveva già affermato per le altre Regioni a statuto speciale. La «*soppressione del meccanismo di controllo preventivo delle leggi regionali, in quanto consente la promulgazione e l'entrata in vigore della legge regionale anche in pendenza di un giudizio di legittimità costituzionale in via principale promosso prima della*...» riforma costituzionale [del 2001,] «*si traduce in un ampliamento delle garanzie di autonomia rispetto*» al regime previsto per il passato. Di talché, ai sensi dell'art. 10 sempre della l. cost. n. 3/2001 (al quale è stata data attuazione con l'art. 11 della l. n. 131/2003), nella parte in cui prevede che sino all'adeguamento degli Statuti regionali al nuovo regime, le disposizioni della legge stessa *si applichino «anche alle Regioni a Statuto speciale... "per le parti in cui prevedono forme di autonomia più ampie rispetto a quelle già attribuite"*», quanto al procedimento di impugnazione delle delibere legislative «*della Regione autonoma Valle d'Aosta... regolato dall'art. 31 dello statuto speciale in modo analogo a quello previsto, per le regioni a statuto ordinario, dall'originaria formulazione dell'art. 127 della Costituzione*», la nuova disciplina posta da quest'ultimo «*è applicabile, a norma dell'art. 10 della legge costituzionale n. 3 del 2001, anche al procedimento di impugnazione in via principale delle leggi della Regione autonoma Valle d'Aosta*» (Corte cost., ord. 23 luglio 2002, n. 377).

[98] Per l'impugnativa di leggi regionali, cfr. la sent. della Corte cost. 20 giugno 2002, n. 304: «... *il termine per promuovere il controllo di legittimità costituzionale dinanzi a questa Corte decorre dalla pubblicazione notiziale della delibera statutaria e non da quella, successiva alla promulgazione, che è condizione per l'entrata in vigore* ...».

Per l'impugnazione proposta dalla maggioranza dei consiglieri di uno dei gruppi linguistici costituiti in seno al Consiglio regionale o al Consiglio provinciale di Bolzano, il termine è di trenta giorni dalla pubblicazione della legge, *ex* art. 56, co. 2, dello Statuto regionale del T.A.A.

Il tutto, peraltro, sempre con l'eccezione dell'impugnativa della legge regionale che contiene lo Statuto di una Regione, per la quale il termine è di 30 giorni dalla pubblicazione dell'atto. Vale il rinvio di cui nella nota che precede.

[99] Dal che il significato del disposto di legge secondo il quale è compito delle Regioni assicurare «*la pronta reperibilità degli atti recanti la pubblicazione ufficiale degli statuti e delle leggi regionali*»: art. 9, co. 5, della legge n. 131/2003.

E siccome «eccedere la competenza» può significare sia farlo sino ad *invadere* quella altrui, sia farlo fino a semplicemente *ledere*, in misura più o meno grave, quella altrui, ciò significa che lo Stato, oggi come ieri (cioè ante riforma del 2001), agisce «*a tutela dell'ordinamento giuridico complessivo*» (Crisafulli), essendo i ricorsi governativi, almeno a tali effetti, uno degli strumenti posti a salvaguardia «dell'unità della Repubblica» (Zagrebelsky); e che, per farlo, può denunciare in questa sede **qualunque contrasto con la Costituzione**[100].

c2) Le Regioni, invece, possono, *ex* art. 127, co. 2, Cost., agire solo «*quando ritenga*[no] *che una legge o un atto avente valore di legge dello Stato o di un'altra Regione leda*[no] *la* [loro] *sfera di competenza*»[101].

È ben diverso, perché significa che i ricorsi regionali non possono che basarsi – per essere ammissibili – sulla ***pretesa invasione o lesione delle attribuzioni* solo proprie *della Regione ricorrente*.** E ciò non è mutato, rispetto al passato, perché già sin dalla legge cost. n. 1/1948 risultava espressamente che tali azioni sono proponibili «quando una Regione ritenga che una legge od atto avente forza di legge della Repubblica *invada la sfera della competenza ad essa assegnata dalla Costituzione*»[102].

E così, oltre che nell'art. 127, co. 2, Cost., nel suo testo pre-riforma, anche nel non riformato co. 1 dell'art. 32 della legge n. 87/1953 che fa (ancora) testualmente riferimento ad atti statali che «*invad*[ono] *la sfera della competenza assegnata alla Regione... dalla Costituzione e da leggi costituzionali*».

È evidente a chiunque che, da un punto di vista di esegesi letterale, dove c'è *invasione* di competenze, c'è sempre una *lesione*, mentre dove c'è *lesione*, può trattarsi, ma non necessariamente, di un'*invasione*. Perché quest'ultima presuppone che un qualche soggetto agisca al posto di un altro, sottraendo a questo competenze sue. Mentre si può ledere un'altrui competenza, anche nell'esercizio di competenze di per sé proprie.

Al riguardo, dunque, se va detto che l'avere il nuovo testo dell'art. 127, co. 2, Cost. mutato il termine *invasione* con il termine *lesione*, amplia il potere regionale di ricorrere avverso leggi statali (o di un'altra Regione), ciò è in realtà vero solo in apparenza, poiché, a tale riguardo, non si può omettere di ricordare che la Corte costituzionale interpretava in senso estensivo già il precedente testo dell'art. 127 Cost., quando sosteneva che «*il requisito dell'*invasione *di una qualche competenza regionale non è presentemente da intendere in senso stretto. Si danno, anzitutto, alcuni statuti speciali che fanno capire come le Regioni ricorrenti*

[100] V. soprattutto la sent. 18 maggio 1959, n. 30, ma anche le più recenti pronunce citt. *infra* tra poche note.

[101] Nell'appena ricordata sent. n. 30/1959, si legge che «*per competenza legislativa attribuita alla regione deve intendersi la sfera entro la quale la stessa può legiferare, sfera che trova i suoi limiti nelle stesse norme costituzionali attributive della potestà*».

[102] Cfr. l'art. 2, co. 1, della legge cit.

possano appellarsi a tutte le disposizioni statutarie riguardanti il loro assetto ed i loro rapporti con lo Stato, anche a prescindere dal fatto che il legislatore nazionale abbia esercitato potestà legislative ad esse riservate[103] ... *Ciò che più conta, la giurisprudenza costituzionale è ormai costante nel senso che basti, a rendere ammissibile il ricorso, prospettare alla Corte qualunque tipo di* 'menomazione' *o* 'lesione' *delle proprie attribuzioni costituzionalmente garantite*» [104].

La differenza che da ciò derivava, così come ancora oggi deriva [105], alla diversità di posizione di Stato e Regioni?

Che, con il predetto fondamento, la giurisprudenza costituzionale ha, anche prima che mutasse il testo costituzionale, sempre ragionato, per le Regioni, di un indispensabile **interesse a ricorrere (che lo Stato non occorre né abbia, né, tantomeno, dimostri)**, cioè di un requisito ulteriore e distinto rispetto all'astratta legittimazione a rivolgersi alla Corte, in linea con l'«interesse ad agire» di cui all'art. 100 Cod. proc. civ. (Bartole).

Così, la Corte stessa ha richiesto, fin dalle sue prime decisioni, che l'*interesse* risulti ***concreto***, ossia che l'impugnazione regionale si presti ad avere «pratico effetto», qualora accolta dall'organo della giustizia costituzionale [106]. Del pari, sono stati ritenuti inammissibili i ricorsi non sorretti da un *interesse **attuale***: come nel caso delle Regioni (o delle Province autonome) che non avessero ancora legiferato in materia [107]. Sicché può ben dirsi che i processi in questione si sono svolti secondo la logica di un «conflitto di attribuzioni legislative» (Volpe, Zagrebelsky), piuttosto che assumere a modello le altre impugnative dalle quali scaturiscono i giudizi sulle leggi.

Ciò che più conta, la giurisprudenza costituzionale era da tempo ormai costante nel senso che bastasse, a rendere ammissibile il ricorso, prospettare alla Corte qualunque tipo di «*menomazione*» o «*lesione*» delle proprie attribuzioni costituzionalmente garantite, sia pure dovuto – in ipotesi – a leggi statali che si mantengano nell'ambito della loro competenza, e con riferimento a *parametri*

---

[103] Si pensi all'art. 25, lett. *b)* dello St. Sic., per cui la Corte «*giudica sulla costituzionalità delle leggi e dei regolamenti emanati dallo Stato, rispetto al presente Statuto ed ai fini dell'efficacia dei medesimi entro la Regione*»; o anche all'art. 97, co. 1, dello St. T.A.A., che anzi affianca alla violazione delle norme statutarie quella concernente il «principio di parità tra i gruppi linguistici».

[104] Così, L. PALADIN, in *Diritto costituzionale*, 3ª ed., Padova, 1998, pp. 744-745, ricordando le sentt. 29 ottobre 1985, n. 243, e 10 marzo 1988, n. 302, della Corte costituzionale.

[105] Che non ci sia, in ciò, cambiamento di sorta rispetto al passato, lo dimostra anche la stessa giurisprudenza della Corte costituzionale che «*ha infatti ripetutamente affermato che, anche nell'assetto derivato dalla riforma del Titolo V della II parte della Costituzione, lo Stato può impugnare le leggi regionali in via principale deducendo come parametro qualsiasi norma costituzionale, pur se estranea al riparto delle competenze legislative*» (Corte cost., sent 15 luglio 2005, n. 277, citando i propri precedenti di cui alle sentt. 8 luglio 2003, n. 274, e 26 maggio 2004, 162).

[106] V. per esempio la sent. 12 luglio 1956, n. 18.

[107] V., fra le altre, la sent. 19 febbraio 1976, n. 28.

costituzionali «collocati al di fuori del titolo quinto della Costituzione» [108]; il che conferma l'assimilabilità di tali giudizi ai conflitti di attribuzioni fra lo Stato e le Regioni, quali essi vengono attualmente concepiti (ma vedi in proposito, *infra*, cap. III, § 3, di questa parte).

c3) Certo di minore rilievo se considerato unitamente a quel che s'è detto finora sul piano generale, ma con un tratto distintivo del tutto peculiare, è il caso dei vizi che possono dare luogo al caratteristico tipo di ricorso in via di azione proponibile dalla *maggioranza dei consiglieri di uno dei gruppi linguistici costituiti in seno al Consiglio regionale o al Consiglio provinciale di Bolzano*. Si tratta, infatti, della peculiare ipotesi nella quale [109] «una proposta di legge sia ritenuta *lesiva della parità dei diritti fra i cittadini dei diversi gruppi linguistici o delle caratteristiche etniche e cultuali dei gruppi stessi*».

SEZIONE II - GLI OGGETTI DEL SINDACATO SPETTANTE ALLA CORTE

7. *Analisi degli atti impugnabili in base al primo alinea dell'art. 134 Cost.*

Nel disporre che «la Corte costituzionale giudica sulle controversie relative alla legittimità costituzionale delle leggi e degli atti, aventi forza di legge, dello Stato e delle Regioni», l'art. 134 Cost. determina due grandi ordini di questioni: primo, *a quali tipi di leggi e a quali altri atti si riferisca il citato disposto*; secondo, *che cosa debba intendersi per «legittimità costituzionale» e quali siano i tipi dei vizi sindacabili* in tal senso dalla Corte.

a) Pur fermo restando che nella iniziale previsione dell'art. 134 rientrano anzitutto le (*a1*) **leggi ordinarie dello Stato**, un problema insorto fin dagli anni Cinquanta (e che talvolta continua a riproporsi) riguarda il sindacato sulle (*a2*) **leggi anteriori alla Costituzione**. S'intende che i contrasti ipotizzabili fra le previsioni costituzionali e la legislazione entrata in vigore antecedentemente al 1° gennaio 1948 non attengono ai procedimenti di formazione delle leggi stesse: sotto questo profilo s'impone, infatti, il principio *tempus regit actum*; sicché gli atti legislativi in esame sono comunque validi se e in quanto posti in essere secondo le norme che in quel momento disciplinavano l'*iter* formativo di esse. L'incompatibilità con la Costituzione può invece concernere i contenuti normativi delle leggi anteriori, ancora suscettibili di trovare applicazione dal 1948 in

---

[108] Cfr. le da poco già ricordate sentt. n. 243/1985 e n. 302/1988.

[109] … *ex* art. 56, co. 1, dello St. T.A.A.

poi. Ma precisamente in tal senso occorreva, come ancora oggi può occorrere, stabilire a chi spetti il relativo sindacato e con quali conseguenze.

Ora, due sono le soluzioni astrattamente sostenibili.

Da un lato si può immaginare che, in presenza di una tale incompatibilità, si applichi l'art. 15 delle *Disp. prel. Cod. civ.*, quanto *all'abrogazione* delle leggi per effetto di leggi posteriori (poco importando che in tal caso si tratti della stessa Costituzione, sopraggiunta nel tempo): a questa stregua, il sindacato sarebbe dovuto restare *diffuso*, spettando alla generalità dei giudici comuni, come si era già verificato – del resto – nella fase transitoria precedente l'entrata in funzione della Corte costituzionale (v. *supra*, cap. I, § 3, di questa parte) [110].

D'altro lato, è per contro, sostenibile che il sindacato debba comunque venire *accentrato*, una volta divenuto operante l'apposito organo della giustizia costituzionale: con la conseguenza che, a questo punto, non si dovrebbe mai ragionare di abrogazione delle norme legislative anteriori, ma d'*incostituzionalità sopravvenuta* a partire dal 1° gennaio 1948, verificabile e dichiarabile dalla Corte secondo gli artt. 134 e 136 Cost.

Così prospettate, entrambe le tesi avrebbero potuto applicarsi in Italia, dal 1956 in poi. Non a caso, in Germania, il Tribunale costituzionale, chiamato a risolvere il medesimo problema, ha sostenuto che in materia fossero pur sempre competenti i giudici comuni e non il Tribunale stesso; mentre l'organo della giustizia costituzionale spagnola ha viceversa affermato la propria competenza, ogniqualvolta investito da parte di un giudice che non ritenesse di sentenziare – autonomamente – l'avvenuta abrogazione di norme pre-costituzionali.

Di quest'ultimo genere è stato l'orientamento adottato e seguito dalla Corte costituzionale italiana, fin dalla sua prima decisione.

«L'assunto che il nuovo istituto della illegittimità costituzionale si riferisce solo alle leggi posteriori alla Costituzione e non anche a quelle anteriori, non può essere accolto» – ha precisato la Corte [111] – «sia perché, dal lato testuale, tanto l'art. 134 della Costituzione quanto l'art. 1 della legge costituzionale 9 febbraio 1948, n. 1, parlano di questioni di legittimità costituzionale delle leggi, senza fare alcuna distinzione, sia perché, *[anche]* dal lato logico, è innegabile che il rapporto tra leggi ordinarie e leggi costituzionali e il grado che ad esse rispettivamente spetta nella gerarchia delle fonti non mutano affatto, siano le leggi ordinarie anteriori, siano posteriori a quelle costituzionali».

Questa affermazione di competenza è stata però interpretata, a sua volta, in due modi assai diversi.

Vari autori (Andrioli, Calamandrei, Esposito, Mortati) hanno sostenuto che si

---

[110] Valga – per tutti – l'esempio dell'art. 113, co. 1, Cost., che per costante giurisprudenza del Consiglio di Stato venne ritenuto, fin dal 1948, abrogativo delle norme che sottraevano alla tutela giurisdizionale determinate specie di atti amministrativi.

[111] V. nuovamente la sent. 14 giugno 1956, n. 1.

dovesse trattare di una *«competenza esclusiva»*, tale da non lasciare alcuno spazio al sindacato dei giudici comuni. Ma altri autori (Crisafulli, Liebman) hanno invece ipotizzato una sorta di *concorso*, per cui ogni giudice avrebbe mantenuto il potere di considerare abrogata la norma del suo giudizio, sia pure ad opera della sopravvenuta Carta costituzionale laddove la Corte, una volta adita, non avrebbe potuto esimersi dal decidere – nel merito – secondo la consueta alternativa della legittimità-illegittimità costituzionale.

In effetti, la Corte stessa lasciava spazio alla seconda interpretazione, là dove argomentava – sempre nell'ambito della sua prima sentenza – che *«i due istituti dell'abrogazione e dell'illegittimità costituzionale non sono identici fra loro, si muovono su piani diversi,* con effetti diversi e con competenze diverse»*;* e la Corte di cassazione si affrettava, con tale fondamento, a dichiarare ancora l'avvenuta abrogazione, quanto alle ipotesi di più evidente contrasto fra la Costituzione e le leggi anteriori [112].

Di fatto, in ogni caso, il sindacato svolto dalla Corte costituzionale è stato di gran lunga preponderante, anche perché le dichiarazioni della sopravvenuta illegittimità sono efficaci *erga omnes*, diversamente dalle concorrenti decisioni dei giudici comuni che non producono alcuna certezza. Ma ciò non toglie che, nella visione della Corte, «*il riconoscimento dell'avvenuta abrogazione*» rientri – potenzialmente – «*nella competenza del giudice ordinario*», quando questi è chiamato a pronunciarsi sulla rilevanza della relativa questione di legittimità; mentre la proposizione dell'impugnativa incidentale esclude per sé sola «*l'intercorsa abrogazione*», dando adito senz'altro al sindacato della Corte [113].

In parole più povere, è il giudice che sceglie se dichiarare l'intervenuta abrogazione, o rivolgersi alla Corte; ma, se decide di adire il giudice della legittimità costituzionale, ciò al contempo significa che non è intervenuta abrogazione.

b) Per un altro verso, a prima vista potrebbe parere che sottratte al sindacato della Corte siano le **leggi costituzionali e di revisione costituzionale**, in quanto abilitate a modificare o contraddire la Costituzione stessa. Ma non è così, per lo meno sotto un duplice profilo. (*b1*) In primo luogo, il legislatore costituzionale è pur sempre tenuto a seguire il procedimento prescritto dall'*art. 138 Cost.*, fino a quando esso non sia revisionato a propria volta. In secondo luogo, s'impone comunque la norma fondamentale dell'*art. 139 Cost.*, quanto all'assoluta immodificabilità della «forma repubblicana».

(*b2*) Assai più incerte sono l'esistenza e la portata di altri limiti, inespressi ma vincolanti la revisione e la legislazione costituzionale in genere (v. *supra*, parte II, cap. III, § 11).

Limiti siffatti sono stati peraltro applicati in alcuni specifici casi, concernenti

---

[112] V. per esempio la sent. 26 luglio 1956, n. 2893, della terza sezione civile della Corte suprema.

[113] Si veda, sul punto, la sent. 3 luglio 1985, n. 193.

lo Statuto speciale della Sicilia. Dapprima l'Alta Corte per la Regione siciliana – con una pronuncia quanto mai discussa [114] – ebbe a dichiarare l'illegittimità di una norma costituzionale autorizzante le leggi statali ordinarie a modificare lo Statuto per coordinarlo con la Costituzione repubblicana [115]; e ciò per preteso contrasto con la gerarchia delle fonti, costituzionalmente stabilita. In un secondo tempo, la stessa Corte costituzionale ha invece colpito lo Statuto siciliano, dichiarandolo illegittimo nella parte in cui conferiva all'Alta Corte la cognizione dei reati compiuti dal Presidente e dagli assessori regionali [116].

Vero è che in quest'ultima occasione la Corte ha sostenuto che lo Statuto speciale per la Sicilia non fosse stato «costituzionalizzato», relativamente ai suoi disposti incompatibili con la Costituzione. Ma la motivazione suona «artificiosa» (Zagrebelsky) e non riesce a nascondere l'effettiva sostanza della decisione.

Al di là delle espressioni adoperate, infatti, la Corte sembra avere ritenuto che anche le leggi costituzionali possano risultare costituzionalmente illegittime, soprattutto se dotate, come appunto nel caso degli statuti speciali, di una «limitata competenza derogatoria» (Lombardi), da esercitare nel necessario rispetto dei «principi fissati nella Costituzione», in base all'art. 115 della Carta costituzionale (Bartholini), allora vigente e successivamente abrogata, nel 2001, dalla legge cost. n. 3.

8. Segue: *l'individuazione degli atti con forza di legge sindacabili dalla Corte*

c) Nella logica dell'art. 134 Cost. l'insieme delle fonti costituzionalmente rilevanti, sulle quali si concentra il sindacato della Corte costituzionale, non coincide affatto con l'intero complesso degli atti normativi suscettibili di costituire e modificare l'ordinamento giuridico italiano.

Si tratta, al contrario, di una serie chiusa, comprensiva di ben determinate specie di atti-fonte, testualmente individuati dalle norme costituzionali o riconosciuti come tali dalla Corte, in via d'interpretazione sistematica o d'integrazione analogica della Costituzione.

Quanto alle leggi statali e alle **leggi regionali** [ivi compresa – dalla riforma del 1999 – quella, del tutto particolare, che reca gli statuti delle Regioni ordinarie (sui quali v. *supra*, parte II, cap. III, § 24)], esse sono già poste in sufficiente evidenza dal primo alinea dell'art. 134.

Ma, ciò detto, nella serie rientrano allora unicamente (*c1*) **gli atti aventi forza di legge dello Stato** (quelli regionali – sempre ammesso che ne esistano – essendo

---

[114] Si tratta della dec. 19 luglio-10 settembre 1948.

[115] La previsione cui si fa cenno nel testo era contenuta nell'art. 1, co. 2, della legge cost. 26 febbraio 1948, n. 2.

[116] Cfr. la sent. 22 gennaio 1970, n. 6, relativa agli artt. 26 e 27 St. Sic.
Su ciò e sulle altre vicende che caratterizzarono l'Alta Corte dopo l'inizio del funzionamento della Corte cost., v. *supra*, in questa parte, cap. I, in chiusura del § 3.

pochissimi e del tutto particolari[117]) equiparati a questi effetti dalla Costituzione stessa (ovvero da specifici disposti contenuti in leggi costituzionali) alle leggi.

Per identificare tali atti nel loro intero complesso, si suole rilevare che essi si presentano – per definizione – come ***fonti primarie***. Ma qualificazioni del genere si prestano a generare equivoci.

In primo luogo, le fonti in esame sono tutte subordinate alla Costituzione, rispetto alla quale dev'essere appunto valutata la loro legittimità; e nelle varie ipotesi in cui le norme costituzionali concorrono a disciplinare la materia della quale si tratti, sicché le conseguenti leggi o gli atti equiparati debbano integrare o attuare le norme medesime, si potrebbe dunque definirle *secondarie*, proprio per mettere in luce questa loro funzione peculiare.

In secondo luogo, non va dimenticato che la primarietà può ben contraddistinguere (*c2*) talune specie di *fonti-fatto*, quali le consuetudini costituzionali o anche i regolamenti comunitari (v. *supra*, parte II, cap. III, § 30); ma è prevalentissimo l'avviso che i fatti normativi strettamente intesi non possano mai formare oggetto del sindacato di legittimità costituzionale spettante alla Corte in base al primo alinea dell'art. 134, dove la Costituzione si esprime solo in termini di «atti».

In terzo luogo, per contro, primari potrebbero di per sé considerarsi (*c3*) i *regolamenti dell'esecutivo* (o di altre autorità come i Consigli comunali e provinciali), qualora indipendenti o autonomi, e dunque vertenti in materie non disciplinate dalla legge, ovvero abilitati a derogare o sostituire la legge stessa; ma la tesi che siffatte norme regolamentari fossero quindi inquadrabili fra quelle assoggettate al sindacato della Corte (Mortati) non è mai stata accolta dalla giurisprudenza costituzionale, la quale ha distaccato nettamente gli «atti aventi forza di legge» dai regolamenti di ogni genere, affermando «*per costante giurisprudenza*» (non remota, e specificamente in tema di regolamenti di 'delegificazione', v. l'ord. 5 aprile 2000, n. 100), che essi eccedono «*i limiti della sua giurisdizione*»[118].

Nello sforzo di precisare meglio le caratteristiche degli atti impugnabili e sindacabili ai sensi del primo alinea dell'art. 134, si è detto – allora – che determinante sarebbe la loro (*c4*) «posizione di *immediata subordinazione alla sola Costituzione* e di sovraordinazione rispetto ad ogni altra manifestazione normativa nella stessa materia» (Amato, Zagrebelsky). Paradossalmente, si tratta di una tesi che non appariva condivisibile nell'epoca in cui fu formulata (cioè antecedentemente alla riforma del 2001 che ha profondamente rivisto il Titolo V della Parte II Cost.), dati i limiti che la legislazione ordinaria dello Stato concretava e imponeva a carico delle leggi regionali, ma che può invece esserlo ora (con la precisazione di cui subito si dirà), posto che dire di una fonte che è

---

[117] V. *supra*, parte II, cap. III, § 24, *sub b*).

[118] Corte cost., sent. 9 ottobre 2000, n. 427.

«immediata subordinazione alla sola Costituzione» è come dire che è «primaria», o che «ha la stessa forza della legge» (in quest'ultimo caso, è ovvio, limitatamente alle fonti sistemabili con il criterio gerarchico, perché se invece c'entra il criterio di competenza, la forza della legge è concetto non utilizzabile[119]).

Meno ancora, d'altronde, la definizione stessa si attaglia al decreto legislativo delegato, frutto di una potestà legislativa istituita *ex novo* dalle rispettive leggi deleganti (tanto che in dottrina si è ragionato sul punto di un «valore legislativo derivato» e non «originario»: Modugno).

In definitiva, dunque, la determinazione degli «atti aventi forza di legge», agli effetti del sindacato di legittimità costituzionale, deve anzitutto fondarsi sulla lettera della Costituzione.

Per sé decisivo può dirsi, in altri termini, il dato testuale consistente nell'attribuire a certi atti normativi la «forza» o il «valore di legge»: giacché le due espressioni sono usate dalla Carta costituzionale in modo indifferenziato; e, anzi, l'espressione «valore» è quella concettualmente più propria, trattandosi in tal caso del *regime* degli atti medesimi (Sandulli), piuttosto che dei loro rapporti (in termini di «forza» che, riguardando il solo rapporto gerarchico, non si può adoperare relativamente al criterio di competenza: v. *supra*, partic. parte II, cap. III, § 9) con le altre fonti normative.

Di qui la conclusione che l'art. 134, primo alinea, va certamente riferito alle (*c5*) **leggi delegate** e ai **decreti-legge**, visto il tenore degli artt. 76 e 77 Cost. Ma la conclusione stessa s'impone altresì per gli atti strettamente equiparati a quelli, sul tipo – ad esempio – dei (*c6*) **decreti legislativi di attuazione degli statuti speciali per le Regioni differenziate**; laddove rimane incerto e discusso il trattamento riservato ad altri atti normativi primari per i quali non soccorrono le precedenti considerazioni, a partire dai regolamenti degli organi costituzionali fino alla problematica categoria degli atti aventi forza di legge regionale.

d) Quanto ai (*d1*) **decreti legislativi delegati**, che essi possiedano «valore di legge ordinaria» risulta testualmente dal primo comma dell'art. 77 Cost. Ma i problemi concernenti la concreta individuazione di ciascuno dei decreti stessi hanno dato luogo ad una complessa casistica.

In linea di massima, comunque, s'impongono a tal fine i *criteri formali*, aventi anzitutto riguardo alla lettera della legge delegante (dalla quale dovrebbe risultare se il Parlamento abbia inteso conferire una delega legislativa oppure una mera potestà regolamentare), e quindi al procedimento formativo dei decreti delegati (che vanno deliberati dal Consiglio dei ministri anziché da un singolo ministro, senza l'obbligo di sentire il Consiglio di Stato), nonché alla cosiddetta «autoqualificazione» degli atti in esame (Crisafulli, Esposito). A volte, però, nella giurisprudenza costituzionale emergono *criteri sostanziali*, con riferimento alla natura della funzione esercitata, a seconda che si tratti di normazione o di am-

---

[119] V. *supra*, parte II, cap. III, § 9.

ministrazione, di norme attuative ovvero di norme destinate a divergere dalle leggi vigenti in materia [120]. Ma resta il fatto che simili problemi attengono al passato piuttosto che al presente, soprattutto a partire dalla legge n. 400/1988 [121]. E resta che, ove residui anche un minimo dubbio in relazione alla natura, alla forza, alla portata dell'atto, gli atti del Governo dovrebbero venir considerati privi della forza di legge, per essere trattati quali regolamenti o quali provvedimenti amministrativi [122].

Dubbi del genere non si pongono, invece (o, per meglio dire, non si pongono più), per quelle particolari specie di atti con forza di legge, che consistono nei (*d1i*) *decreti legislativi di concessione dell'amnistia e dell'indulto* (o, piuttosto, con riguardo a questi ultimi «consistevano», posta la riforma costituzionale dell'art. 79 di cui alla legge cost. 6 marzo 1992, n. 1), ovvero (*d1ii*) *di attuazione degli statuti speciali.* In entrambi i casi non sussistono – o almeno non dovrebbero sussistere – problemi di individuazione, date le peculiarità degli oggetti spettanti a queste fonti, come pure dei loro procedimenti formativi [v. *supra*, parte II, cap. III, § 17, *sub* lett. *c*) e *d*)].

Per un altro verso, è da gran tempo risolta la questione, caratteristica delle leggi delegate, se il sindacato sugli (*d1iii*) **eccessi di delega** (cioè sui contrasti ravvisabili fra le leggi stesse e le rispettive leggi deleganti) spetti ai giudici comuni oppure alla Corte costituzionale. La Corte stessa ha infatti affermato la propria competenza, quantunque il termine di riferimento dei suoi giudizi non sia rappresentato – in queste ipotesi – dalla Costituzione o da leggi di rango costituzionale, bensì da leggi statali ordinarie, come quelle, appunto, che dispongono le deleghe legislative. Superando le obiezioni espresse in dottrina (Giocoli Nacci, Zagrebelsky), la giurisprudenza costituzionale si è pronunciata nel senso che l'eccesso di delega, «traducendosi in una usurpazione del potere legislativo da parte del Governo», determini una *indiretta violazione* degli artt. 70, 76 e 77, co. 1, Cost. D'altronde, sebbene viziate per contrasto con le leggi deleganti, le leggi delegate non si degradano – secondo la sent. 26 gennaio 1957, n. 3, della Corte costituzionale – ad atti amministrativi, sindacabili da parte di altri giudici; bensì conservano forza di legge, con la conseguenza che solo la Corte le può eliminare, dichiarando l'illegittimità costituzionale degli atti o delle norme in esame. In tema sia di «eccesso di delega», sia di declaratoria di illegittimità costituzionale di *decreti legislativi delegati c.d. «correttivi»* e di *leggi di delega*, v. *supra*, parte II, cap. III, § 16, *sub e*); quanto al concetto di «norma interposta», v. invece *infra*, parte VI, cap. II, § 9.

---

[120] V. per esempio la sent. 18 gennaio 1958, n. 4, o anche la sent. 30 luglio 1984, n. 239.

[121] L'art. 14, co. 1, della legge cit. dispone, in effetti, che «i decreti legislativi adottati dal Governo ai sensi dell'articolo 76 della Costituzione sono emanati dal Presidente della Repubblica con la denominazione di «decreto legislativo» e con l'indicazione, nel preambolo, della legge di delegazione, della deliberazione del Consiglio dei ministri e degli altri adempimenti del procedimento prescritti dalla legge di delegazione».

[122] Si veda in tal senso la sent. 28 novembre 1968, n. 118.

L'appartenenza dei (*d2*) **decreti-legge** alla categoria degli atti con forza di legge, sindacabili dalla Corte costituzionale, è resa evidente dall'art. 77, co. 2, Cost.; ma la connaturale precarietà di tali provvedimenti legislativi non ha mancato di suscitare problemi, anche ai fini dei relativi giudizi di legittimità. Fermo restando che i provvedimenti stessi sono impugnabili durante il breve periodo della loro provvisoria vigenza (come in effetti è accaduto, tanto in via principale quanto nelle forme incidentali), è occorso cioè stabilire quali fossero le sorti delle impugnative, una volta scaduto il periodo medesimo.

Ora, nell'ipotesi che si determini la *decadenza del decreto per mancata o denegata conversione in legge*, la giurisprudenza costituzionale è orientata a dichiarare l'*inammissibilità* (sopravvenuta) di tali impugnative, per il retroattivo venir meno del loro oggetto [123].

Se, viceversa, il *provvedimento in discussione viene tempestivamente convertito*, occorre distinguere secondo che i vizi denunciati fossero peculiari (*d2i*) di quell'atto, ovvero (*d2ii*) suscettibili di ripercuotersi sulla rispettiva legge di conversione.

Nel primo caso, la questione, in passato, diventava nuovamente inammissibile, ritenendosi – senza eccezioni – di non potere più controvertere – ad esempio – circa la sussistenza dei presupposti della necessità e dell'urgenza che non condizionano la legittimità delle leggi ordinarie dello Stato, conversioni comprese; ma dopo una prima sentenza che sembrava dovere costituire un caso isolato [124], la Corte è tornata sul punto per affermare che, invece, a tale riguardo, eccezioni non possono non esserci quanto ai particolari casi che si sono già ricordati *supra*, parte II, cap. III, § 18, partic. *sub e*) e *f*) [125]. Resta ferma la regola generale secondo

---

[123] V. per esempio la sent. 11 ottobre 1983, n. 307.

[124] Si tratta della sent. 27 gennaio 1995, n. 29, in cui la Corte costituzionale aveva argomentato che le stesse leggi di conversione fossero viziate, qualora il Parlamento avesse valutato «erroneamente l'esistenza di presupposti... in realtà insussistenti».

[125] Le sentt. ivi ricordate in argomento sono la 13 novembre 2003, n. 341; la 9 maggio 2007, n. 171; la 16 aprile 2008, n. 128, che sembrano avere messo finalmente termine, in favore della menzionata posizione, a non poche oscillazioni della giurisprudenza costituzionale. Nelle sentt. 11 luglio 1996, n. 330; 9 ottobre 2000, n. 419 e 14 febbraio 2002, n. 29, infatti, un «[d]*iverso orientamento* [era] *stato adottato, senza specifica motivazione sul punto*». Così la stessa Corte, appunto nella cit. sent. n. 171/2007 che, per prima, ha dichiarato l'illegittimità costituzionale della legge di conversione di un d.l. emanato in evidente assenza dei requisiti prescritti dall'art. 77 Cost.: la «*espressione usata dalla Costituzione per indicare i presupposti alla cui ricorrenza è subordinato il potere del Governo di emanare norme primarie ancorché provvisorie – ossia i casi straordinari di necessità e urgenza – se da un lato, come si è detto, evidenzia il carattere singolare di detto potere rispetto alla disciplina delle fonti di una Repubblica parlamentare, dall'altro, però, comporta l'inevitabile conseguenza di dare alla disposizione un largo margine di elasticità. Infatti, la straordinarietà del caso, tale da imporre la necessità di dettare con urgenza una disciplina in proposito, può essere dovuta ad una pluralità di situazioni (eventi naturali, comportamenti umani e anche atti e provvedimenti di pubblici poteri) in relazione alle quali non sono configurabili rigidi parametri, valevoli per ogni ipotesi.* [/] *Ciò spiega perché questa Corte abbia ritenuto che il difetto dei presupposti di legittimità della decretazione d'urgenza, in sede di scrutinio di costituzionalità, debba risultare evidente*

cui «*eventuali vizi attinenti ai presupposti della decretazione d'urgenza devono ritenersi sanati in linea di principio* [cioè allorquando la mancanza dei requisiti non è 'evidente'] *dalla conversione in legge*» [126].

Nel secondo caso (quello di vizi capaci di ripercuotersi sulla legge di conversione), se la legge di conversione riproduce tal quali le disposizioni impugnate, sicché il contenuto di esse «resti inalterato», il giudizio *si trasferisce* a carico della legge medesima [127]; mentre il problema non si presta a ricevere soluzioni così nette qualora la conversione sia stata accompagnata dall'approvazione di emendamenti del più vario genere, per ognuno dei quali si rende necessario definire l'ambito temporale di efficacia (Fois). Anche su ciò, per ulteriori spunti, v. *supra*, parte II, cap. III, § 18, partic. *sub e*), *f*) e *h*).

(*d3*) Per il fatto stesso di incidere su leggi o atti normativi equiparati, anche i ***referendum* abrogativi** dovrebbero inquadrarsi fra gli «atti aventi forza di legge»; e come tali essi sono stati, sostanzialmente, qualificati dalla Corte costituzionale [128].

Coerentemente, la Corte ha fatto intendere in varie occasioni che l'effetto abrogativo del *referendum* potrebbe generare esiti «non conformi alla Costituzione»: nel quale caso «la conseguente situazione normativa» sarebbe però sindacabile dalla Corte stessa, nella sede di un comune giudizio di legittimità avverso la normativa c.d. «di risulta» [129] (quella cioè che residua dopo l'effettuazione del *referendum* e un'eventuale vittoria dei «*sì*», o – in caso di *referendum* «manipolativo» – quella concernente le norme chiamate a colmare la lacuna prodotta dal voto popolare). Né si porrebbero insuperabili ostacoli, circa l'imputabilità del *referendum* allo Stato-soggetto, secondo la logica dell'art. 134, primo alinea: è stato già notato, infatti, che l'imputazione si realizza mediante l'apposito decreto presidenziale dichiarativo dell'avvenuta abrogazione (v. *supra*, parte II, cap. III, § 20).

I veri problemi riguardano, piuttosto, lo «spazio» spettante al successivo giudizio di costituzionalità.

[...] *La Corte ritiene di dover ribadire il principio per primo ricordato* [...] ***Affermare che la legge di conversione sana in ogni caso i vizi del decreto significherebbe attribuire in concreto al legislatore ordinario il potere di alterare il riparto costituzionale delle competenze del Parlamento e del Governo quanto alla produzione delle fonti primarie*** [...] *Inoltre, se si ha riguardo al fatto che in una Repubblica parlamentare, quale quella italiana, il Governo deve godere della fiducia delle Camere e si considera che il decreto-legge comporta una sua particolare assunzione di responsabilità, si deve concludere che le disposizioni della legge di conversione in quanto tali... non possono essere valutate, sotto il profilo della legittimità costituzionale, autonomamente da quelle del decreto stesso*».

[126] Così la stessa Corte nella sent. n. 341/2003, facendo anche riferimento alle pronunce 28 gennaio 2002, n. 16; n. 29/2002; 10 dicembre 1998, n. 398 e n. 330/1996.

[127] V. specialmente la sent. 3 luglio 1967, n. 75.

[128] «La natura del *referendum* abrogativo nel nostro sistema costituzionale» – ha infatti argomentato la sent. 3 febbraio 1987, n. 29 – «è quella di atto fonte dell'ordinamento dello stesso rango della legge ordinaria».

[129] V. per esempio la sent. 3 febbraio 1987, n. 26.

Come è concepibile, in effetti, che la Corte sindachi il detto decreto del Presidente della Repubblica (e il sottostante risultato del *referendum*), dal momento che l'organo della giustizia costituzionale deve pronunciarsi in via preventiva sull'ammissibilità di ciascuna consultazione popolare?

In dottrina si è risposto (Raveraira) che residuerebbero svariate «ipotesi di vizi del procedimento referendario»: in ordine ai quali le pronunce dell'Ufficio centrale istituito presso la Corte di cassazione non potrebbero precludere il sindacato di costituzionalità, attivabile allorché si perfezioni l'effetto abrogativo (tanto più che alcune fasi dell'*iter* sono posteriori alle pronunce stesse). D'altronde, la Corte costituzionale ha argomentato che il suo preventivo controllo di ammissibilità [sul quale v. *infra*, parte II, cap. III, § 20, *sub c*) e ss.] non si estende alla totalità dei vizi sostanziali dell'eventuale abrogazione referendaria [130]; i quali, peraltro, investono, come da poco ricordato, la sola normativa «di risulta» e non il *referendum* in sé considerato, quand'anche fosse questo l'oggetto formale dell'impugnativa (Chiappetti).

e) Più in generale, è stato sostenuto che nel novero delle fonti equiparabili alla legge ricadrebbero tutti gli *atti normativi abilitati «a sostituirsi... nella disciplina di determinate materie, ad essi riservate, alla stessa legge formale»* (Crisafulli); e ciò in applicazione del criterio della competenza, qualora utilizzato dalla Costituzione oppure da altre fonti di rango costituzionale (v. *supra*, parte II, cap. III, § 9).

Sulla base di questa interpretazione dell'art. 134 Cost., di per sé dovrebbero dirsi assoggettati agli appositi giudizi di legittimità anche i (*e1*) **regolamenti degli organi costituzionali**, con particolare riguardo ai (*e1i*) regolamenti parlamentari.

Si è visto, però, che la Corte ha risolto il problema nel senso negativo (v. *supra*, parte II, cap. III, § 9).

E la conclusione accolta per la disciplina regolamentare delle Camere dovrebbe valere a maggiore ragione in ordine ai (*e1ii*) regolamenti «presidenziali» e a (*e1iii*) quelli adottati dalla Corte costituzionale (come pure per il (*e1iv*) regolamento «interno» del Consiglio dei ministri che, contrariamente ai precedenti, è fonte di secondo grado, cioè non primaria); cosicché il solo sindacato di costituzionalità, eventualmente concepibile in tutto questo ambito, sarebbe destinato ad effettuarsi nelle forme e nei limiti del «conflitto di attribuzione», ai sensi del secondo alinea dell'art. 134.

f) Quanto agli **atti con forza di legge delle Regioni**, è ormai un punto fermo – malgrado le obiezioni dottrinali (Crisafulli) – che gli esecutivi regionali non possono adottare né decreti legge né decreti legislativi delegati. Ma questo non toglie che gli atti che fossero eventualmente così qualificati si prestino, comunque, ad esser sindacati e annullati dalla Corte costituzionale. Nel caso di un (pre-

---

[130] V. per esempio la sent. 10 febbraio 1981, n. 24.

teso) «decreto-legge» con cui la Regione siciliana intendeva – illegittimamente – autorizzare l'istituzione di una casa da gioco nel Comune di Taormina, la Corte ha reagito dichiarando senz'altro invalido il provvedimento stesso [131], sulla base dell'implicita premessa che l'auto-qualificazione di un tale atto, sebbene del tutto eccedente la competenza del Governo regionale, bastasse a conferirgli «forza di legge», imponendone perciò l'annullamento agli effetti degli artt. 134 e 136 della Costituzione.

Viceversa, la Corte ha finito per escludere la propria competenza a sindacare i regolamenti «interni» dei Consigli regionali, negando – fra l'altro – che si tratti di «fattori normativi» aventi «un ruolo essenziale nella produzione dell'ordinamento» [132]. I soli esempi di atti con forza di legge regionale, rientranti fra le attribuzioni dell'ente Regione, rimangono quindi costituiti dai (*fi*) *referendum abrogativi* delle leggi stesse e – probabilmente – dagli (*fii*) *atti improrogabili* spettanti alle Commissioni che transitoriamente surrogano i Consigli disciolti (v. *supra*, parte II, cap. III, § 24).

9. *I parametri dei giudizi di legittimità costituzionale*

a) Per definizione, *la «legittimità costituzionale» delle leggi e degli atti equiparati parrebbe sindacabile in vista delle sole norme sopraordinate, immediatamente deducibili dalla Costituzione repubblicana, dalle rispettive leggi di revisione e dalle altre leggi costituzionali.*

Lo conferma testualmente, del resto, anche la legge n. 87/1953, là dove prevede che le ordinanze e i ricorsi mediante i quali vengono promosse le impugnative incidentali e principali debbano indicare «*le disposizioni della Costituzione o delle leggi costituzionali che si assumono violate*» [133].

Stando alla lettera di tale previsione sembrerebbe, cioè, che il criterio di determinazione dei **parametri** alla luce dei quali la Corte costituzionale svolge i suoi giudizi sulle leggi sia puramente *formale*, avendo riguardo a ben precisi *testi*, frutto del potere costituente esercitato dall'apposita Assemblea negli anni 1946-1947 ovvero del procedimento aggravato prescritto dall'art. 138 Cost. Ed effettivamente sono rimaste minoritarie, né hanno trovato seguito nella giurisprudenza della Corte, le opinioni dottrinali intese a includere fra i parametri in esame le leggi ordinarie materialmente costituzionali [134] (Modugno) o – quanto

---

[131] V. nuovamente la sent. 28 luglio 1959, n. 50.

[132] Cfr. la sent. 28 luglio 1987, n. 288.

[133] Cfr. l'art. 23, co. 1, lett. *b*), e l'art. 34, co. 1, della legge cit.

[134] Se sono «leggi ordinarie» non possono essere «leggi (formalmente) costituzionali», però possono avere una valenza materialmente costituzionale, com'è, per es., nel caso delle leggi elettorali politiche, o della tante volte ricordata legge n. 400/1988 (che reca la *Disciplina dell'attività di Governo e ordinamento della Presidenza del Consiglio dei Ministri*) ecc.

meno – le cosiddette «leggi costituzionali» del periodo fascista o della successiva fase transitoria (Lavagna)[135].

Vero è che la stessa giurisprudenza costituzionale ha fatto, eccezionalmente, un qualche uso di parametri desunti da norme antecedenti al 1° gennaio 1948 (e non parificabili alla Costituzione), sia per verificare la legittimità di un decreto legge adottato in base alla legge istitutiva della Camera dei fasci e delle corporazioni[136]; sia per sindacare le deleghe legislative esercitate nel periodo fascista o prefascista, in vista delle rispettive leggi deleganti[137]; ma si trattava, in entrambi questi casi, di vizi accertabili e censurabili – almeno sulla carta – già da parte delle autorità giurisdizionali allora operanti; sicché la portata delle deroghe in questione – pur variamente discusse in dottrina (Crisafulli, Esposito) – ne risulta fortemente ridimensionata.

Elevare a parametro le sole *disposizioni* di rango costituzionale – è questo il linguaggio adoperato dalla legge n. 87/1953 – non è tuttavia corretto né esaustivo, per un triplice ordine di motivi.

b) In primo luogo, è manifesto che la **Costituzione scritta** e gli articolati delle successive **leggi costituzionali** formano oggetto d'interpretazione, sia da parte di quanti sollevano le questioni di legittimità, sia – soprattutto – ad opera dell'organo della giustizia costituzionale; ed **è per questa via che si passa dalle disposizioni alle norme di rango costituzionale**, nelle quali si risolve il parametro propriamente concepito. Il distacco fra le une e le altre assume, anzi, una particolare evidenza, quando l'esegesi deve prendere di mira l'intero sistema costituzionale, risalendo ai *principi* informatori della Costituzione: la necessaria indicazione numerica, e comunque precisa, degli articoli e dei commi cui si fa riferimento in questi stessi casi non toglie, infatti, che il denunciato contrasto riguardi precetti e valori eccedenti i puri e semplici dati testuali[138].

c) In secondo luogo, è appunto in tal senso che le **consuetudini costituzionali**, sebbene inquadrabili tra le fonti-fatto, possono entrare a comporre i parametri dei giudizi sulle leggi. Fra queste fonti spiccano, cioè, le norme consuetudinarie interpretative o integrative di norme principi costituzionali nel senso formale del termine; e ciò basta a determinarne la «parametricità» (Mo-

---

[135] Altro era infatti il significato della XVI *Disp. trans. Cost.*, per cui si sarebbe dovuto procedere «entro un anno dall'entrata in vigore della Costituzione... alla revisione e al coordinamento con essa delle precedenti leggi costituzionali» non ancora abrogate: ai fini di tale coordinamento restavano e restano ferme, in realtà, le competenze di regola spettanti alle leggi costituzionali e alle leggi ordinarie.

[136] Cfr. la sent. 12 dicembre 1957, n. 129.

[137] V. specialmente la sent. 11 luglio 1961, n. 53.

[138] Sul «contrasto con norme desumibili dal combinato disposto di due o più disposizioni costituzionali», si veda la sent. 17 febbraio 1969, n. 15.

dugno), anche se all'atto di adire la Corte il richiamo di una certa consuetudine dev'essere integrato – a propria volta – dall'indicazione del disposto, o dei disposti, di rango costituzionale con cui la consuetudine stessa si colleghi, incorporandosi in essi.

d) In terzo luogo, è pacifico che dei parametri facciano parte le cosiddette **norme interposte** (Lavagna): cioè le previsioni stabilite o desumibili da fonti *sub*-costituzionali, ma elevate dalla Costituzione (oppure da leggi aventi rango costituzionale) ad altrettanti limiti delle leggi ordinarie o degli atti equiparati.

Esempi sicuri di ciò si ricavano dall'**art. 76 Cost.** che, in combinato disposto con l'art. 77, co. 1, Cost., vincola il legislatore delegato, sotto pena d'illegittimità dei relativi decreti, a rispettare quanto il Parlamento abbia imposto al Governo, nella forma delle leggi deleganti (v. *supra*, § 8 di questo capitolo); come pure dall'**art. 117, co. 3, Cost.**, là dove dispone che le leggi regionali che regolamentano materie di legislazione concorrente debbono attenersi ai «principi fondamentali stabiliti dalle leggi (ordinarie) dello Stato». Con ciò, peraltro, non si intende dire che ogni richiamo costituzionale di particolari fonti valga, per sé solo, a generare un corrispondente limite della legislazione ordinaria, sindacabile dall'apposita Corte. Così, quest'ultima ha escluso – sia pure in termini assai dibattuti nella letteratura giuridica – che le norme dei regolamenti parlamentari secondo le quali va effettuata l'approvazione delle leggi, in base all'art. 72 Cost., siano applicate nei giudizi di legittimità costituzionale, per argomentarne l'invalidità delle disposizioni o degli atti approvati in contrasto con esse [139].

Particolarissimo caso di norma interposta è costituito, da dopo la riforma dell'art. 123 Cost. effettuata con la legge cost. n. 1/1999, dagli **Statuti regionali ordinari** almeno quanto al giudizio sulla legittimità delle leggi regionali e relativamente al contenuto statutario precisato nel «nuovo testo» dell'art. 123 Cost. [140].

E, da dopo la riforma dell'art. 117 Cost. intervenuta ad opera della legge cost. n. 3/2001, anche i **vincoli derivanti dall'ordinamento comunitario** e gli **obblighi internazionali** (ora ivi menzionati assieme alla Costituzione, come limiti sia delle leggi statali che delle leggi regionali) si prestano ad essere considerati alla stregua di norme interposte, il caso più interessante essendo forse rappresentato (ma sottolineando che per questo profilo essa non si distingue

---

[139] V. nuovamente la sent. 9 marzo 1959, n. 9, cit. *supra*, parte II, cap. III, § 19.

[140] Lo statuto di ciascuna Regione ne determina «... *la forma di governo e i principi fondamentali di organizzazione e funzionamento*... [R]*egola l'esercizio del diritto di iniziativa e del* referendum *su leggi e provvedimenti amministrativi della Regione e la pubblicazione delle leggi e dei regolamenti regionali*... [D]*isciplina il Consiglio delle autonomie locali, quale organo di consultazione fra le Regioni e gli enti locali*». Sullo statuto come fonte del diritto v. *supra*, parte II, cap. III, § 24.

dagli altri trattati) dalle norme della *Convenzione europea dei diritti dell'uomo* (CEDU) [141].

---

[141] V., sul punto, le sentt. 22 ottobre 2007, nn. 348 e 349 della Corte cost.

Dalla prima (rispettivam. §§ 4.2 e 4.7 del *Cons. in dir.*) alcune, chiare parole della Corte sul punto. Il «*nuovo testo dell'art. 117, comma 1, Cost., se da una parte rende inconfutabile la maggior forza di resistenza delle norme* **CEDU** *rispetto a leggi ordinarie successive, dall'altra attrae le stesse nella sfera di competenza di questa Corte, poiché gli eventuali contrasti non generano problemi di successione delle leggi nel tempo o valutazioni sulla rispettiva collocazione gerarchica delle norme in contrasto, ma questioni di legittimità costituzionale. Il giudice comune non ha, dunque, il potere di disapplicare la norma legislativa ordinaria ritenuta in contrasto con una norma CEDU, poiché l'asserita incompatibilità tra le due si presenta come una questione di legittimità costituzionale, per eventuale violazione dell'art. 117, comma 1, Cost., di esclusiva competenza del giudice delle leggi.* [/] ***Le norme della CEDU, quali interpretate dalla Corte di Strasburgo,*** **[non]** ***acquistano la forza delle norme costituzionali e sono perciò immuni dal controllo di legittimità costituzionale di questa Corte. Proprio perché si tratta di*** **norme che integrano il parametro costituzionale, ma rimangono pur sempre ad un livello sub-costituzionale,** ***è necessario che esse siano conformi a Costituzione. La particolare natura delle stesse norme, diverse sia da quelle comunitarie sia da quelle concordatarie, fa sì che lo scrutinio di costituzionalità non possa limitarsi alla possibile lesione dei principi e dei diritti fondamentali***».

Sulla CEDU e il limite costituito dalle fonti comunitarie, v. *supra*, parte V, cap. I, § 3, *sub b)*; sul secondo, però, anche *supra*, parte II, cap. III, § 30, *sub b)*, nonché *supra*, in questa parte, cap. II, § 2, partic. ove si fa riferimento, in nota, all'ordinanza 13 febbraio 2008, n. 103.

Sull'art. 117, co. 1, Cost., v. *supra*, parte II, cap. III, § 22, *sub d)*.

Nella sent. 7 novembre-14 dicembre 2017, n. 269, la Corte affronta il diverso tema derivante dalla particolare natura degli «*effetti giuridici vincolanti*» della «***Carta dei diritti fondamentali dell'Unione europea***».

Ora, fermi «*restando i principi del primato e dell'effetto diretto del diritto dell'Unione europea come sin qui consolidatisi nella giurisprudenza europea e costituzionale, occorre prendere atto che la citata Carta dei diritti costituisce parte del diritto dell'Unione dotata di caratteri peculiari in ragione del suo contenuto di impronta tipicamente costituzionale*», di talché i «*principi e i diritti enunciati nella Carta intersecano in larga misura i principi e i diritti garantiti dalla Costituzione italiana (e dalle altre Costituzioni nazionali degli Stati membri)*» e può quindi «*darsi il caso che la violazione di un diritto della persona infranga, ad un tempo, sia le garanzie presidiate dalla Costituzione italiana, sia quelle codificate dalla Carta dei diritti dell'Unione*». In tale ipotesi, **si rende necessario un intervento «erga omnes** ***di questa Corte, anche in virtù del principio che situa il sindacato accentrato di costituzionalità delle leggi a fondamento dell'architettura costituzionale (art. 134 Cost.)*»** **e la «*Corte giudicherà alla luce dei parametri interni ed eventualmente di quelli europei (ex artt. 11 e 117 Cost.), secondo l'ordine di volta in volta appropriato, anche al fine di assicurare che i diritti garantiti dalla citata Carta dei diritti siano interpretati in armonia con le tradizioni costituzionali*,** *pure richiamate dall'art. 6 del Trattato sull'Unione europea e dall'art. 52, comma 4, della CDFUE come fonti rilevanti in tale ambito. In senso analogo, del resto, si sono orientate altre Corti costituzionali nazionali di antica tradizione (si veda ad esempio Corte costituzionale austriaca, sentenza 14 marzo 2012, U 466/11-18; U 1836/11-13)*». «*D'altra parte, la sopravvenienza delle garanzie approntate dalla CDFUE a quelle previste dalla Costituzione italiana può generare un concorso di rimedi giurisdizionali. A tale proposito, di fronte a casi di "***doppia pregiudizialità***" – vale a dire di controversie che possono dare luogo a questioni di illegittimità costituzionale e, simultaneamente, a questioni di compatibilità con il diritto dell'Unione –, la stessa Corte di giustizia ha a sua volta affermato che il diritto dell'Unione "non osta" al carattere prioritario del giudizio di costituzionalità di competenza delle Corti costituzionali nazionali, purché i giudici ordinari restino liberi di sottoporre alla Corte di giustizia,* "in qualunque fase del procedimento ritengano appropriata e finanche al termine del procedimento incidentale di controllo generale delle leggi, qualsiasi questione pregiudiziale a loro giudizio necessaria"».

10. *La «legittimità» delle leggi: vizi formali e vizi sostanziali*

a) Ragionando di **legittimità** ai fini dei giudizi sulle leggi, il primo alinea dell'art. 134 ha inteso indubbiamente precludere alla Corte ogni sindacato concernente il **merito** delle scelte legislative, vale a dire la loro opportunità politica e tecnica.

Prima della riforma operata dalla legge cost. n. 3/2001, si poteva trarre, di ciò, un'esplicita conferma, argomentando a *contrario*: l'art. 127, co. 4, Cost., infatti, conferiva da un lato al Governo il potere di «promuovere la *questione di legittimità* davanti alla Corte costituzionale», impugnando in quella sede le leggi regionali, e d'altro lato riservava alle Camere la soluzione delle parallele questioni «*di merito* per contrasto di interessi».

L'odierna versione dell'art. 127 Cost., pur non facendo più riferimento a questioni di merito affidate a chicchessia, continua però a menzionare «*la questione di legittimità costituzionale dinanzi alla Corte costituzionale*» sia nel co. 1 che nel co. 2, con riguardo, rispettivamente, all'impugnativa del Governo delle leggi regionali e a quella delle Regioni avverso le leggi e gli atti aventi forza di legge dello Stato, nonché avverso le leggi delle altre Regioni.

Ed è nel medesimo senso che va interpretato l'impreciso disposto del già ricordato art. 28 della legge n. 87/1953, onde «*il controllo di legittimità della Corte costituzionale su una legge o un atto avente forza di legge esclude ogni valutazione di natura politica e ogni sindacato sull'uso del potere discrezionale del Parlamento*»: quella proposizione non va riferita, infatti, a una qualche discrezionalità legislativa intesa in senso tecnico (v. *infra*, § 11 di questo capitolo); ma semplicemente sta a significare che la giustizia costituzionale non può interferire nelle scelte suscettibili di essere adottate dalle Camere a *loro discrezione*, cioè disponendo di una piena quanto incontrollabile libertà.

Resta da chiarire la tipologia dei vizi sindacabili in tal senso dalla Corte costituzionale.

Secondo le correnti impostazioni dottrinali, la *summa divisio* intercorre fra i **vizi formali** e i **vizi sostanziali**: i primi concernenti, fondamentalmente, il *procedimento formativo delle leggi e degli atti equiparati*; i secondi relativi, invece, al *contenuto normativo* degli atti medesimi.

Non giova replicare che il Parlamento può porre qualsiasi norma, purché si serva del procedimento costituzionalmente adeguato allo scopo, di talché tutti i vizi riguardanti la legittimità delle leggi sarebbero, in definitiva, di stampo formale o procedimentale (Kelsen).

Nell'ordinamento vigente si danno, infatti, in primo luogo, limiti del tutto insuperabili, sia pure seguendo la via della revisione costituzionale, cui dunque corrispondono – per definizione – altrettanti vizi sostanziali.

In secondo luogo, il discorso kelseniano rimane inapplicabile alle fonti «specializzate» sul tipo delle leggi regionali che non possono trascendere per es.

l'ambito della competenza riservata, *ex* art. 117, co. 2, Cost., alle leggi dello Stato, mediante alcun tipo di procedimento (e lo stesso vale, a più forte ragione, per gli atti legislativi delegati del Governo).

In terzo luogo, è radicale la diversità dei rispettivi parametri: nel caso dei vizi formali si tratta, in particolar modo, degli artt. 70 ss. Cost.; mentre nel caso dei vizi sostanziali vengono in rilievo i più vari precetti e principi costituzionali.

Né va dimenticato che soltanto i vizi sostanziali sono sindacabili dalla Corte costituzionale quanto alle leggi anteriori al 1° gennaio 1948 (v. *supra*, § 7 di questo capitolo); mentre i vizi formali delle fonti pre-costituzionali rilevano, semmai, in vista delle regole allora concernenti la formazione delle leggi e degli atti equiparati, a prescindere dai disposti che l'Assemblea costituente ha introdotto sul punto (e che si riferiscono esclusivamente alle fonti del vigente ordinamento).

b) Più precisamente, si suole sostenere che i **vizi formali** si risolvano in vizi inficianti l'atto legislativo; e, anzi, si tende a pensare che quel genere di vizi coinvolgano – almeno di regola – l'atto considerato «nella sua interezza» (Crisafulli).

Quest'ultimo assunto è stato però contestato da una notevole corrente dottrinale (Esposito, Pierandrei, Sandulli), in nome del canone *utile per inutile non vitiatur*: donde la conseguenza che l'invalidità formale di una singola disposizione non dovrebbe comportare l'incostituzionalità dell'intera legge, a meno che non si tratti di una «regola-base» posta a fondamento di tutte le altre disposizioni contenute nella legge stessa.

E anche la Corte costituzionale ha seguito l'impostazione più cauta, traendo argomento dal «*principio generale di conservazione degli atti*», per desumerne che il vizio formale «non comporta, per sé considerato, l'annullamento integrale della legge ..., ma può solo incidere, in ipotesi, sulla parte specificamente viziata» [142].

Peraltro, sia che colpiscano l'intero atto, sia che riguardino singole parti di esso, i vizi formali possono risultare così gravi da far dubitare che il loro accertamento spetti alla Corte.

Non a caso, si è detto più volte in dottrina (Esposito, Sandulli) che i vizi stessi potrebbero implicare addirittura la giuridica *inesistenza* (la *nullità*, se si preferisce) delle leggi o dei disposti in discussione; sicché qualunque giudice sarebbe tenuto a disapplicarli d'ufficio, secondo il principio *jura novit curia*, mentre la Corte dovrebbe a sua volta dichiararne inammissibile l'eventuale impugnazione.

Ma le cose non stanno in questi termini, dal momento che se investito di simili questioni, l'organo della giustizia costituzionale – giudice unico delle leggi, nel nostro ordinamento – le affronta senz'altro nel merito.

Non diversamente da quanto accade per le leggi anteriori alla Costituzione ed eventualmente abrogate, anche le leggi infirmate da evidenti vizi procedurali si prestano, cioè, ad essere disapplicate da ogni autorità giurisdizionale compe-

---

142 Cfr. le sentt. 29 luglio 1982, n. 152, e 19 dicembre 1984, n. 292.

tente in materia; ma se, anziché procedere nell'anzidetto senso, quelle autorità sospendono i loro giudizi e si rivolgono alla Corte, non si pone più un problema di esistenza bensì un problema di legittimità perché così hanno statuìto quegli stessi giudici: problema da risolvere alla luce degli artt. 134 e 136 della Carta costituzionale [143].

c) Quanto ai **vizi sostanziali**, è invece assai controverso se essi riguardino le norme o le disposizioni delle leggi e degli atti equiparati, sottoposti al giudizio della Corte.

Il dilemma presenta una notevole importanza, sia concettuale che pratica, giacché per «disposizioni» s'intendono i *testi* legislativi, mentre le norme sono il frutto dell'*interpretazione dei testi* medesimi, spesso suscettibili di assumere significati diversi a seconda delle ricostruzioni proposte e accolte dai diversi interpreti (v. *supra*, parte II, cap. III, § 28).

Ma i dati ricavabili in proposito dalla Costituzione e dalle leggi integrative e attuative di essa non sono affatto concordi.

Da un lato, il primo comma dell'art. 136 Cost. prevede testualmente che la Corte possa dichiarare «l'illegittimità costituzionale di una *norma* di legge»; ma, d'altro lato, la legge n. 87/1953 precisa che nelle ordinanze di rinvio, come pure nei ricorsi statali e regionali, e poi nelle sentenze di accoglimento della Corte, vanno indicate «le *disposizioni* legislative illegittime» [144].

Ciò che più conta, la disputa si ripercuote nel campo dottrinale, dove la più parte degli autori ragiona senz'altro dell'incostituzionalità delle norme anziché delle disposizioni impugnate (Crisafulli, Giannini, Pizzorusso *et* AA.); mentre una opinione minoritaria (Sandulli) ha a lungo insistito nell'assumere alla lettera il dettato della legge n. 87/1953, argomentando che quello impugnato è pur sempre «diritto scritto».

Ma la disputa può essere composta, ricordando che la necessaria indicazione di determinati testi legislativi da parte del giudice *a quo* (o del ricorrente in via principale) non esclude affatto, ma anzi comporta, che i testi medesimi debbano venire interpretati, tanto in sede d'impugnativa quanto e soprattutto in sede di giudizio sulla loro legittimità.

Ed è per questa via che le norme sono dunque «dedotte» dalle disposizioni o dalle statuizioni di legge (Modugno); ed è quindi sulle norme, ricavate dai testi «in stretta connessione con l'intero sistema del diritto oggettivo» (Crisafulli), che la Corte concentra il proprio sindacato: come risulta con particolare evidenza nel caso delle *sentenze interpretative*, di rigetto o di accoglimento (ma in proposito v. *infra*, § 15 di questo capitolo). Sennonché, nel momento in cui la Corte si pronuncia, dichiarando illegittime le norme impugnate, i dispositivi delle relative decisioni fanno sempre riferimento alle leggi o agli articoli di legge sui quali

---

[143] V. nuovamente la sent. n. 152/1982.

[144] Cfr. gli artt. 23, co. 1, lett. *a*); 27; 34, co. 1, della legge n. 87/1953.

essi incidono, eliminandone talune parti o anche integrando i testi in questione; e ciò dimostra che disposizioni e norme rappresentano i termini, entrambi indispensabili, delle operazioni dialettiche imposte al giudice delle leggi e degli atti equiparati. In altre e più semplici parole, la Corte «*giudica su norme, ma pronuncia su disposizioni*»; ed è la Corte stessa che lo ha posto espressamente in luce, nella sent. 21 marzo 1996, n. 84, ribadendolo anche assai di recente nelle sentt. 7 febbraio - 2 marzo 2018, n. 44 e 7 - 23 marzo 2018, n. 58.

d) Resta il problema concernente la classificazione del **vizio di incompetenza** in cui possono incorrere gli organi e gli enti dotati di questa o quella specie di potestà legislativa: donde un vizio che alcuni finiscono per ritenere *formale* (Crisafulli), affiancandolo ai vizi procedimentali, mentre altri preferiscono considerarlo come un *tertium genus*, intermedio fra i vizi degli atti e i vizi delle norme testé analizzati (Zagrebelsky).

Per incompetenza s'intende, comunque, il vizio riguardante il *soggetto* che, titolare di una certa legislazione, la eserciti fuori del campo ad essa attribuito dalle norme costituzionali (o anche da norme interposte, come nel caso di una legge delegata che disciplini oggetti diversi da quelli indicati e definiti nella legge delegante).

Così concepito, però, il vizio stesso tende a confondersi con quelli consistenti nella violazione di qualunque altro parametro che valga a condizionare l'utilizzazione delle potestà in esame. Anche nei giudizi principali – per esempio – le impugnative del Governo possono concernere, indifferentemente, ogni contrasto del genere; mentre le impugnative regionali si fondano spesso, oltre che sulla invasione delle competenze attribuite alla Regione ricorrente, sulla pretesa lesione della rispettiva autonomia da parte di norme statali pur prodotte nell'esercizio della legislazione spettante allo Stato (v. *supra*, § 6 di questo capitolo).

11. Segue: *l'«eccesso di potere legislativo» e il sindacato sulla ragionevolezza delle leggi*

Nei giudizi amministrativi, i vizi inficianti la legittimità dei provvedimenti sindacabili dai giudici non si risolvono nelle sole «incompetenza» e «violazione di legge»; possono infatti altresì consistere nel cosiddetto **eccesso di potere** con precipuo riguardo – per quanto qui rileva (e lasciando dunque da parte le cc.dd. «figure sintomatiche» del vizio considerato) – per le ipotesi dello *sviamento di potere* (dalla formula francese del «*détournement de pouvoir*»): vale a dire all'uso di un certo potere per il conseguimento di un fine diverso da quello indicato nelle norme attributive e per il quale, dunque, il potere medesimo è stato attribuito[145].

---

[145] Circa i detti vizi di legittimità, cfr. l'art. 26 del r.d. 26 giugno 1924, n. 1054 (testo unico del-

Analogamente, vi è chi ritiene che tale tripartizione si estenda ai giudizi sulle leggi; sicché la Corte potrebbe e dovrebbe dichiarare illegittime non solo le norme che si pongano in diretto contrasto con i parametri costituzionali, essendo pertanto viziate nel loro oggetto (Giannini), ma anche le norme che comunque perseguano finalità incompatibili con quelle prescritte dalle fonti sopraordinate.

Una prima opinione dottrinale s'è anzi espressa nel senso che l'intera legislazione sia vincolata al «complesso dei fini che per essa discendono dalla costituzione» (Modugno).

Altri ha invece puntato sulle particolari ipotesi in cui certe specie di leggi (delegate, regionali o anche statali ordinarie), nel disciplinare determinate materie, sono specificamente obbligate al rispetto d'una «serie di norme di scopo» (Mortati)[146].

Su entrambi i fronti, però, si è tratto argomento dalla giurisprudenza costituzionale, con riguardo a tutte le decisioni mediante le quali la Corte ha valutato e censurato l'**irragionevolezza** delle previsioni legislative in esame: il che – si è detto (Crisafulli, Lavagna, Zagrebelsky) – concreterebbe una casistica identica o simile a quella che nei giudizi amministrativi suole appunto essere inquadrata sotto il nome di sindacato dell'eccesso di potere.

Tesi del genere sono tuttavia controvertibili, tanto sul piano concettuale quanto ai pratici effetti che esse vorrebbero giustificare e spiegare.

Concettualmente, l'eccesso di potere amministrativo attiene all'uso illegittimo d'un qualche potere discrezionale, cioè vincolato dalla legge quantomeno nel fine; ma la funzione legislativa – di regola – si dimostra libera piuttosto che discrezionale nel significato tecnico del termine (v. *supra*, parte II, cap. III, § 12)*, sicché viene meno il fondamento primo sul quale si dovrebbe reggere l'idea d'un eccesso di potere del legislatore statale ordinario.*

Praticamente, d'altronde, è ben vero che la Corte costituzionale ha sindacato moltissime volte la ragionevolezza delle scelte legislative, per colpire gli eventuali ***arbitri, illogicità, contraddizioni*** nei quali il legislatore fosse incorso; e, anzi, ha rivendicato, in vista dei fini costituzionalmente prescritti, il potere-dovere di *accertare «che l'organo legislativo non abbia compiuto un apprezzamento di tali fini e dei mezzi per raggiungerli o che questo apprezzamento sia stato inficiato da criteri illogici o arbitrari o contraddittori ovvero che l'apprezzamento stesso si manifesti in palese contrasto con i presupposti di fatto»*[147]. Sennonché, il controllo

---

le leggi sul Consiglio di Stato) e, oggi, l'art. 21-*octies* della legge 7 agosto 1990, n. 241 (*Nuove norme sul procedimento amministrativo*), ove si legge: «*È annullabile il provvedimento amministrativo adottato in violazione di legge o viziato da* eccesso di potere *o da incompetenza*».

[146] Si pensi – per esempio – a quella prima parte dell'art. 43 Cost. in cui si dispone che «*a fini di utilità generale* la legge può riservare originariamente o trasferire, mediante espropriazione e salvo indennizzo, allo Stato, ad enti pubblici o a comunità di lavoratori o di utenti, determinate imprese o categorie di imprese ...».

[147] Cfr. la sent. 7 marzo 1964, n. 14.

della ragionevolezza trascende di molto quei particolari settori nei quali si potrebbe ragionare di norme costituzionali di scopo, tali da rendere discrezionale la conseguente attività legislativa: il che fa comprendere come la formula dell'eccesso di potere non consenta di cogliere e ricostruire il fenomeno in esame, considerato in tutti i suoi molteplici profili[148].

Per meglio intendere i termini reali del problema, basti pensare che le valutazioni inerenti alla non arbitrarietà delle norme legislative impugnate *sono particolarmente frequenti allorché la Corte assume a parametro il principio generale di eguaglianza*: è in vista dell'art. 3 Cost. che l'organo della giustizia costituzionale verifica, infatti, se le classificazioni legislative risultino o meno giustificate, sia per le differenziazioni sia per le assimilazioni da esse effettuate (v. *supra*, parte II, cap. III, § 13). Ma l'eguaglianza non è un *fine* che la Costituzione abbia imposto alle leggi; essa è piuttosto un *criterio*, nel rispetto del quale il legislatore ordinario resta libero di perseguire gli scopi più svariati.

In quella prospettiva, dunque, il sindacato di ragionevolezza rimane indispensabile, giacché diversamente le discriminazioni e le assimilazioni volute dal legislatore stesso rimarrebbero del tutto incontrollabili, per quanto apparissero arbitrarie; ma non per questo è dato parlare, nella loro accezione più propria, di scelte discrezionali e di eventuali sviamenti del potere legislativo.

D'altra parte, conclusioni analoghe valgono in tutti quei *casi nei quali il legislatore oltrepassa i limiti estremi dei margini di scelta offerti da certe «formule elastiche»* (Sandulli), caratterizzanti il dettato costituzionale specialmente nella parte prima della Costituzione: dalla «*utilità sociale*» nel cui nome può esser limitata l'iniziativa economica privata alla «*funzione sociale*» della proprietà; dal *giusto indennizzo* che occorre corrispondere per le espropriazioni fino alla «*capacità contributiva*» che giustifica l'imposizione di tributi[149], ecc.

Più in generale, sembra fuori di luogo riferirsi all'eccesso di potere legislativo, quando la Corte è chiamata a *«conciliare» o «bilanciare» una serie di valori costituzionali, interferenti o anche confliggenti a vicenda.*

Nell'affrontare tali problematiche, cioè, il sindacato di ragionevolezza può bene prescindere (e generalmente prescinde) dall'applicazione esclusiva di determinate norme costituzionali di scopo.

Quali che siano i fini perseguiti dal legislatore, *ciò che conta è l'equilibrio da salvaguardare nel rapporto tra i valori stessi, considerati come componenti di un sistema.* E un ulteriore tratto distintivo rispetto al sindacato dell'eccesso di potere, proprio dei giudizi amministrativi, sta nell'esigenza che il **bilanciamento** ven-

---

148 Anche nella giurisprudenza costituzionale, sono rimaste isolate le sentt. 19 novembre 1982, n. 195, e 16 aprile 1998, n. 111, che ragionano espressamente – nella motivazione e nel dispositivo – di «eccesso di potere legislativo»; tanto più che quelle decisioni si sono limitate a riutilizzare – sul punto – il linguaggio dei giudici a *quibus*.

149 Cfr. gli artt. 41, co. 2; 42, co. 2 e 3; 53, co. 1, Cost.

ga operato dalla Corte mirando agli *equilibri attuali*, indipendentemente dalle intenzioni originarie dell'autore dell'atto sindacato (contrario all'idea che l'operazione di bilanciamento possa mai essere di spettanza della Corte, ritenendola – in mancanza di parametri certi, nonché della possibilità di ipotizzare una gerarchia tra disposizioni, norme e principi costituzionali – questione di pertinenza, sempre e comunque, del Parlamento, L.A. Mazzarolli che, da questo punto di vista, ritiene particolarmente apprezzabili alcuni dei passaggi contenuti nella recente sent. 7 febbraio-23 marzo 2018, n. 58 [150]). Una norma, allora, può dimostrarsi irragionevole e dunque illegittima, a causa di un vizio *sopravvenuto* nel corso del tempo; oppure e viceversa dev'essere lasciata indenne, perché il tempo ha sanato il suo vizio d'origine.

Il vero nodo di operazioni siffatte non consiste, comunque, nel definire le varie specie di vizi sostanziali, infirmanti la legittimità delle leggi; bensì nel *mantenere distinta la legittimità dal merito*, evitando che la Corte usurpi la cosiddetta discrezionalità legislativa. Ma in ultima analisi, là dove faccia difetto un metro più preciso, quella distinzione si affida al senso di responsabilità dei giudici costituzionali, sovente esposti al duplice rischio di non approfondire abbastanza il loro sindacato o di sconfinare nel campo delle valutazioni prettamente politiche.

---

[150] Per essere equilibrato, «il **bilanciamento** deve essere condotto senza consentire "l'illimitata espansione di uno dei diritti, che diverrebbe 'tiranno' nei confronti delle altre situazioni giuridiche costituzionalmente riconosciute e protette... (sent. n. 85 del 2013) [*Esso*] deve, perciò, rispondere a criteri di proporzionalità e di ragionevolezza, in modo tale da non consentire né la prevalenza assoluta di uno dei valori coinvolti, né il sacrificio totale di alcuno di loro, in modo che sia sempre garantita una tutela unitaria, sistemica e non frammentata di tutti gli interessi costituzionali implicati (sentenze n. 63 del 2016 e n. 264 del 2012) [...] – 3.2. Nel caso oggi portato all'esame di questa Corte, invece, il legislatore non ha rispettato l'esigenza di bilanciare in modo ragionevole e proporzionato tutti gli interessi costituzionali rilevanti, incorrendo in un vizio di illegittimità costituzionale per non aver [*il legislatore!*] tenuto in adeguata considerazione le esigenze di tutela della salute, sicurezza e incolumità dei lavoratori, a fronte di situazioni che espongono questi ultimi a rischio della stessa vita [...] 3.3. Considerate queste caratteristiche della norma censurata, appare chiaro che... il legislatore ha finito col privilegiare in modo eccessivo l'interesse alla prosecuzione dell'attività produttiva, trascurando del tutto le esigenze di diritti costituzionali inviolabili legati alla tutela della salute e della vita stessa (artt. 2 e 32 Cost.), cui deve ritenersi inscindibilmente connesso il diritto al lavoro in ambiente sicuro e non pericoloso (artt. 4 e 35 Cost.). – Il sacrificio di tali fondamentali valori tutelati dalla Costituzione porta a ritenere che la normativa impugnata non rispetti i limiti che la Costituzione impone». Ne emerge una chiara ed inequivocabile critica all'operato del legislatore che sfocia, com'è giusto che sia, in una declaratoria di illegittimità costituzionale, ma non una sostituzione della Corte al legislatore stesso quanto all'attività del bilanciare.

SEZIONE III - LA TIPOLOGIA DELLE DECISIONI

12. *Sentenze e ordinanze della Corte*

Quanto ai tipi delle decisioni spettanti alla Corte nei giudizi sulle leggi e sugli atti equiparati [151], le indicazioni offerte dalle norme costituzionali e legislative ordinarie sono ridottissime.

a) La Costituzione non contiene, infatti, altro che il riferimento dell'art. 136, co. 1, riguardante le cosiddette **sentenze di accoglimento**, cioè le pronunce che dichiarano «*l'illegittimità costituzionale di una norma di legge o di atto avente forza di legge*»; e di queste stesse decisioni si tratta più volte nella legge n. 87/1953 [152].

b) Solo per implicito, dunque, si può viceversa desumerne che alla Corte è dato pronunciarsi mediante **sentenze di rigetto**, dichiarative della non fondatezza delle questioni sollevate [153].

---

[151] Lo si sottolinea perché non ci si deve dimenticare che, oltre alle decisioni di cui la Corte fa uso nei giudizi in via incidentale e in via principale, esistono quelle con cui la stessa Corte decide in relazione alle altre funzioni attribuitele da norme costituzionali: – le ordinanze di ammissibilità (o di inammissibilità) del ricorso proposto per conflitto di attribuzione tra poteri dello Stato; – le pronunce con le quali, nei conflitti di attribuzione tra poteri dello Stato e in quelli di attribuzione tra enti, la Corte dispone l'eventuale sospensione dell'esecuzione degli atti impugnati, o la «cessata materia del contendere»; – le sentenze con cui si definiscono i ricorsi per i detti conflitti tra poteri dello Stato e quelli per conflitto di attribuzione tra enti; – le pronunce con cui la Corte decide, o no, di condannare il Presidente della Repubblica, sottoposto al suo giudizio penale; potendo anche previamente disporne (nel corso della fase istruttoria) la sospensione dalla carica; – le decisioni di ammissibilità (o di inammissibilità) delle richieste di *referendum* abrogativo, ecc. Per ognuna, si veda nella parte, nel capitolo e nel § dedicato alla relativa attribuzione della Corte.

[152] Cfr. gli artt. 27 e 30 della legge cit.

[153] Alla «sentenza con la quale la Corte si pronunzia sulla questione di illegittimità costituzionale» accenna genericamente l'art. 29 della legge n. 87/1953; mentre una specifica menzione delle «sentenze... di rigetto» si ritrovava nelle *Norme integrative*, il cui art. 20 recava «*Pubblicazione delle sentenze e delle ordinanze di rigetto*, disponendo che «*Il Presidente dispone che sia data notizia sommaria delle sentenze e delle ordinanze che respingono le istanze relative a questioni di legittimità costituzionale, nella Gazzetta Ufficiale della Repubblica e nel Bollettino Ufficiale delle Regioni interessate, entro dieci giorni dalla data del deposito con l'indicazione degli estremi della pubblicazione dell'ordinanza dell'autorità giurisdizionale, effettuata ai sensi dell'art. 25 della legge 11 marzo 1953, n. 87*».

Nel testo attualmente in vigore delle *Norme integrative* (quello adottato con deliberazione della Corte cost. 7 ottobre 2008) però, quell'articolo non compare più e di tutte le ordinanze e le sentenze della Corte trattano, indistintamente, gli artt. da 31 a 33, rispettivamente dedicati a «*Pubblicazione delle sentenze e delle ordinanze*»; «*Correzione delle omissioni o degli errori materiali delle sentenze e delle ordinanze*»; «*Raccolta ufficiale delle sentenze e delle ordinanze della Corte costituzionale*».

c) A ciò si aggiungono le ***ordinanze di manifesta irrilevanza*** e ***manifesta infondatezza*** (di cui nell'art. 24 delle *Norme Integrative*, nonché, per le seconde, anche nell'art. 29 delle stesse) con le quali la Corte può «sbarazzarsi» in via breve delle questioni affatto sprovviste di un contenuto costituzionalmente significativo.

Nella realtà, però, la tipologia delle decisioni in esame risulta alquanto più ricca.

d) Da un lato, la giurisprudenza costituzionale ha gradualmente evidenziato vari tipi o sottotipi di sentenze, intermedi fra gli estremi del rigetto e dell'accoglimento, considerati – per così dire – allo stato puro (v. *infra*, §§ 15 e 16 di questo capitolo).

e) D'altro lato, la Corte ha emesso, nella veste dell'ordinanza, una vasta e articolata serie di decisioni che vanno a inserirsi nel corso dei giudizi sulle leggi, senza ancora concluderli, posto il chiaro dettato dell'art. 18, co. 1, della legge n. 87/1953 (fonte dedicata alla Corte cost., ma che, nello specifico caso, dispone qualcosa che ordinariamente vale, *mutatis mutandis*, per qualunque tipo di processo) ove si legge: «*La corte giudica in via definitiva con sentenza. Tutti gli altri provvedimenti di sua competenza sono adottati con ordinanza*» [154]. Il che peraltro non esclude, come s'è già accennato e come subito nuovamente si dirà, che anche taluni tipi di ordinanza sono idonei, e vengono comunemente adoperati, per interrompere o chiudere il giudizio.

e1) Si pensi, anzitutto, alle *ordinanze istruttorie*, che provvedono all'acquisizione degli opportuni «mezzi di prova» [155], anche con riguardo agli atti e ai documenti di cui la Corte stessa prescriva l'esibizione da parte dei competenti Ministeri [156].

e2) Ma, in particolare, si ricordino le *ordinanze di restituzione degli atti al giudice «a quo»*, di cui all'art. 9, co. 2, delle *Norme integrative* e utilizzate in maniera sistematica nelle ipotesi di *jus superveniens*, modificativo degli originari termini delle questioni incidentali di legittimità [v. *supra*, § 3 di questo capitolo, partic. *sub d1iv*)].

---

[154] Le sentenze sono «***pronunciate*** *in nome del popolo italiano*» e contengono, «*oltre alla indicazione dei motivi di fatto e di diritto, il dispositivo, la data della decisione e la sottoscrizione dei giudici e del cancelliere*» (art. 18, co. 3, della legge n. 87/1953). Quanto alla ***sottoscrizione*** *dei giudici*, però, si deve tenere conto che, secondo quanto disposto nell'art. 17, ult. co., delle vigenti *Norme integrative* è sufficiente la sottoscrizione del Presidente e del giudice redattore. Quanto alla ***data***, «è quella dell'approvazione», nel corso della quale votazione si esprime per primo il relatore, «poi gli altri giudici, cominciando dal meno anziano per nomina; per ultimo vota il Presidente. In caso di parità di voti, il voto del Presidente prevale» (art. 17, co. 5 e 3, delle *Norme integrative*).

«*I* ***provvedimenti del Presidente*** *sono adottati con decreto*» (art. 18, co. 2, della legge n. 87/1953).

[155] Cfr. gli artt. 12 e 13 delle *Norme integrative*.

[156] V. per esempio – fra le tante – l'ord. 26 maggio 1976, n. 138, concernente l'entità degli indennizzi per l'espropriazione di aree fabbricabili.

e3) Per un altro verso ancora, appartengono al *genus* delle ordinanze svariate «decisioni processuali» che «chiudono» il giudizio, a volte entrando nel merito a volte astraendo da esso (Luciani).

e3i) Nel primo senso, tornano in rilievo le *ordinanze che dichiarano manifestamente infondate le relative impugnazioni*: il che si verifica – con crescente frequenza – non soltanto in vista di un *precedente puntuale*, cioè di una previa sentenza di rigetto della medesima questione [157], ma anche quando lo imponga o lo consenta un *precedente di principio*, relativo a una questione più o meno consimile e spesso – addirittura – allorché la Corte ritenga comunque palese la non-fondatezza, come, per es., a fronte di una «*evidente erroneità del presupposto interpretativo*» della norma impugnata [158].

e3ii) Nel secondo senso, invece, si tratta soprattutto delle *ordinanze di manifesta inammissibilità* (ignorate sia dalla legge n. 87/1953 sia, in origine, dalle conseguenti *Norme integrative* che oggi invece ne trattano nell'art. 9, co. 2), emesse in grande numero soprattutto nel corso degli anni Ottanta [159].

Precisamente, è con questo mezzo che vengono scartate in partenza le questioni concernenti *atti non impugnabili ai sensi dell'art. 134 Cost.* [160]; oppure *sollevate mediante ordinanze o ricorsi che non consentono di valutare la rilevanza della questione* [161], *o comunque viziati* (ad esempio per carenza di motivazione [162] o per superamento dei termini indicati, quanto alle impugnative principali

---

[157] V., per es., le ordd. 4 luglio 2017, n. 175, e 26 settembre 2017, n. 214, la quale ultima dichiara manifestamente infondata una questione perché la «*questione è già stata scrutinata da questa Corte nella sentenza n. ... del ... nel senso della sua non fondatezza*».

[158] V., per es., l'ord. 24 maggio 2017, n. 138.

[159] Il che non si significa affatto che, passati quelli, non se ne sia più fatto uso.

V., recentissima, per esempio l'ord. 9 gennaio 2018, n. 30, che dichiara manifestamente inammissibile una questione di legittimità costituzionale sollevata dalla Corte di cassazione, sez. lavoro, avverso una norma di una legge reg. F.V.G., perché «*l'erronea ed incompleta ricostruzione del quadro normativo di riferimento mina irrimediabilmente l'iter argomentativo posto a base della valutazione di rilevanza e non manifesta infondatezza effettuata nell'ordinanza di rimessione (ex multis, ordinanze n. 55 del 2017, n. 247, n. 246 e n. 136 del 2016, n. 209, n. 115 e n. 90 del 2015)*».

[160] Un primo esempio di questo tipo è costituito dall'ord. 10 febbraio 1969, n. 14. Ma già in precedenza – meno correttamente – l'ord. 20 dicembre 1962, n. 112, seguìta da alcune altre decisioni analoghe, si era limitata a dichiarare l'inammissibilità (non «manifesta») d'una questione concernente un regolamento.

[161] V., per es., l'ord. 5 luglio 2017, n. 187 [su questione «... *manifestamente inammissibile... per la inadeguata descrizione della fattispecie oggetto del giudizio principale, in quanto effettuata con modalità tali da non consentire a questa Corte la necessaria verifica della rilevanza della questione (ex plurimis, ordinanze n. 12 del 2017 e sentenza n. 218 del 2014)* ...»].

[162] V., per es., oltre alla da poco cit. ord. n. 30/2018, anche l'ord. 4 luglio 2017, n. 201, ove la Corte rimprovera al Governo di non avere «*identifica*[to] *esattamente la questione nei suoi termini normativi, indicando le norme costituzionali (ed eventualmente interposte) e ordinarie, la definizione del cui rapporto di compatibilità o incompatibilità costituisce l'oggetto della questione (tra tutte, sentenza n. 63 del 2016), poiché, altrimenti, non sarebbe possibile individuare correttamente i ter-*

o dirette); o anche *tali da proporre alla Corte questioni di merito*, investenti le scelte politiche del legislatore.

In tutte queste ipotesi, cioè, la Corte ha implicitamente ritenuto che al caso della manifesta infondatezza potesse corrispondere, appunto, il caso della manifesta inammissibilità, per considerare anche il secondo attraverso ordinanze, in luogo delle sentenze. Ed è in tali termini che oggi si libera il campo sia dalle *questioni già accolte*, cioè riguardanti norme legislative ormai dichiarate illegittime [163], sia, per così dire sul fronte opposto, di *questioni già dichiarate inammissibili* [164].

e4) Ai sensi dell'art. 32 delle *Norme integrative* è con ordinanza [165] che la Corte dispone la *correzione di errori materiali* e pone *riparo a omissioni eventualmente rinvenuti in sue sentenze e ordinanze già pubblicate*. Lo fa d'ufficio, o sua istanza di parte e sempre e comunque in camera di consiglio, avvisando previamente le parti che si erano costituite nel giudizio interessato dalla pronuncia da correggere. L'originale di quest'ultima viene «annotata» con l'ordinanza correttiva.

Il regime di pubblicità dell'ordinanza di correzione varia a seconda della pronuncia corretta. Solo nel caso in cui si tratti di una sentenza che abbia dichiarato l'illegittimità costituzionale di una legge o di un atto avente forza di legge, l'ordinanza correttiva segue le sue stesse forme di pubblicità ai sensi dell'art. 30, co. 1 e 2, della legge n. 87/1953: dopo il deposito in Cancelleria, verrà quindi trasmessa al Ministro di grazia e giustizia e/o al Presidente della Giunta regionale a che ne curino l'immediata pubblicazione nelle stesse forme previste per l'atto dichiarato costituzionalmente illegittimo, nonché comunicata alle Camere e ai Consigli regionali interessati.

e5) Effettivamente, il grande vantaggio offerto dalle ordinanze consiste nella *maggiore semplicità dello strumento*, rispetto a quello rappresentato dalle sentenze: sia perché l'ordinamento della giustizia costituzionale consente di adottarli «in camera di consiglio», senza ricorrere all'udienza pubblica [166]; sia perché

---

mini della questione di costituzionalità (ex multis, sentenze n. 311 del 2013 e n. 199 del 2012)», tanto che «*in definitiva, la censura formulata dalla difesa statale, per effetto della non corretta indicazione del parametro interposto violato, si risolve nell'apodittica affermazione di un presunto divieto normativo non chiaramente individuabile, presentandosi così generica e carente di motivazione e rendendo di fatto impossibile lo scrutinio della questione*». Analogamente, ma ancor più seccamente, l'ord. 5 luglio 2017, n. 89.

[163] V. per tutte l'ord. 27 marzo 1987, n. 86. In precedenza, la Corte soleva pronunciarsi nel senso della manifesta infondatezza delle questioni rivolte nei confronti di norme già annullate dalla Corte stessa; ma questo tipo di dispositivo era stato assai contestato in dottrina (Abbamonte, Carlassare, Crisafulli, Pizzorusso), trattandosi – semmai – di manifesta fondatezza.

[164] V., per es., l'ord. 21 giugno 2017, n. 171 (su questione manifestamente inammissibile posto che «*la costante giurisprudenza costituzionale ha affermato che la questione di legittimità costituzionale*» della stessa disposizione impugnata, nella parte che produce la stessa norma ritenuta illegittima dal giudice *a quo*, «*è inammissibile*»).

[165] Se ne veda un esempio nell'ord. 18 luglio 2012, n. 209.

[166] Cfr. l'art. 26, co. 2, della legge n. 87/1953, come pure l'art. 9, co. 2, delle *Norme integrative*.

la motivazione di tali atti può essere ridotta ai minimi termini, anche se certo non mancare del tutto. Così, a una motivazione anche «*succinta*» si riferisce l'art. 18, ult. co., della legge n. 87/1953, ma il successivo art. 24 stabilisce che «*deve essere adeguatamente motivata*» ogni «*ordinanza che respinga la eccezione di illegittimità costituzionale per manifesta irrilevanza o infondatezza*». In sostanza, il solo contenuto che le ordinanze non si prestano ad assumere consiste nell'accoglimento della questione, in vista del quale la sentenza rimane indispensabile ed è normalmente necessaria la pubblica udienza, salvo che «*nessuna delle parti*» si sia «*costituita in giudizio*» [167].

13. *Le sentenze di accoglimento*

a) Disponendo che le dichiarazioni d'illegittimità costituzionale di norme legislative ne fanno cessare l'efficacia, il primo comma dell'art. 136 Cost. lascia chiaramente intendere che tali decisioni sono – a loro volta, cioè come le norme che colpiscono – **efficaci «erga omnes»**. Si tratta, perciò, di sentenze che producono, all'atto di accertare la presenza d'una qualche ragione d'invalidità, un **particolarissimo effetto costitutivo** (Guarino, Pierandrei), tale da impedire ogni ulteriore applicazione delle norme stesse, ben oltre l'ambito delle particolari controversie che abbiano dato origine al giudizio della Corte.

b) Circa la natura e la portata di questo effetto nel tempo si sono aperte, però, le più varie controversie dottrinali e giurisprudenziali.

L'interpretazione letterale dell'art. 136, nella parte in cui precisa che la norma illegittima «*cessa di avere efficacia dal giorno successivo alla pubblicazione della decisione*», faceva inizialmente ritenere che le sentenze di accoglimento determinassero una sorta di *abrogazione* (Calamandrei), per sua natura destinata ad operare *ex nunc*. Sennonché una tale soluzione del problema è stata ben presto superata, non appena si è tenuto conto delle impugnative incidentali delle leggi e degli atti equiparati, introdotte dalla legge cost. n. 1/1948.

Una volta riletto in combinazione con la legge stessa, l'art. 136 continua a prescrivere **la cessazione dell'efficacia** delle norme dichiarate illegittime in conseguenza della **pubblicazione delle sentenze di accoglimento** [168], a conclusione

---

[167] Si veda l'art. 9, co. 1, delle *Norme integrative*.

[168] Già il significato del termine «pubblicazione» risultava peraltro controverso in passato, dato che alcuni autori (Pace, Di Palma) non lo riferivano al momento in cui la sentenza viene pubblicata nella *Gazzetta ufficiale* (o nel *Bollettino della Regione* interessata); bensì al previo «*deposito*» della decisione «*nella cancelleria della Corte*», ai sensi degli artt. 19 e 29 della legge n. 87/1953.

Ma è prevalente l'avviso (Crisafulli, Pizzorusso, Zagrebelsky) per cui la pubblicazione va intesa in senso tecnico, secondo il linguaggio delle stesse norme legislative sul funzionamento della Corte che prescrivono a tale fine la «*medesima forma stabilita per la pubblicazione dell'atto di-*

dei rispettivi processi costituzionali e non nel corso di essi (o precedentemente alla loro instaurazione).

Ma quella cessazione non può non reagire sul passato, perché diversamente non si spiegherebbe che la questione di legittimità sia proponibile ad opera di un giudice, in vista della sorte di un processo subito sospeso nell'attesa della decisione della Corte (v. *supra*, cap. I, § 3 di questa parte).

Di più: la cosiddetta **retroattività delle sentenze di accoglimento** non si risolve nel coinvolgere i rapporti all'esame dei giudici che hanno sollevato le relative questioni, ma incide su tutti gli altri rapporti del medesimo genere, quand'anche da tali relazioni non fossero scaturite istanze e controversie di legittimità costituzionale.

La legge n. 87/1953 dispone assai chiaramente, in verità, che **«le norme dichiarate incostituzionali non possono avere applicazione dal giorno successivo alla pubblicazione della decisione»** [169]; senza dunque distinguere tra i fatti sopravvenuti e quelli pregressi, rispetto al tempo della pronuncia della Corte costituzionale.

I dubbi riguardanti la legittimità di questo stesso disposto non hanno alcuna ragion d'essere, dal momento che esso tende a salvaguardare il pari trattamento di tutti i sottoposti alle norme incostituzionali, prima che sia stata dichiarata la loro invalidità. Proprio l'organo della giustizia costituzionale, formalmente investito del problema, ha infatti ritenuto «perfettamente logico che sia vietato a tutti, a cominciare dagli organi giurisdizionali, di assumere le norme dichiarate incostituzionali a canoni di valutazione di qualsivoglia fatto o rapporto, pur se ve-

---

chiarato costituzionalmente illegittimo» (cfr. l'art. 30, co. 1, della legge ult. cit.), riferendosi chiaramente alla pubblicazione in senso stretto in una fonte di cognizione e non al deposito in cancelleria.

Secondo l'ultima disposizione citata, la pronuncia «... *che dichiara l'illegittimità costituzionale di una legge o di un atto avente forza di legge dello Stato o di una Regione* ...», dunque, entro due giorni dal suo deposito in cancelleria, va trasmessa, di ufficio, al Ministro della giustizia o al Presidente della Giunta regionale «*affinché si proceda immediatamente e, comunque, non oltre il decimo giorno, alla* **pubblicazione del dispositivo** *della decisione*» in *Gazzetta Ufficiale* e/o nel *BUR*.

L'art. 31 del vigente testo delle *Norme integrative*, peraltro, prevede sia che *tutte* «le decisioni della Corte sono **pubblicate integralmente** nella *Gazzetta Ufficiale* della Repubblica», sia che è (direttamente) il Presidente della Corte a disporre «*la pubblicazione nel rispettivo* Bollettino Ufficiale» di ogni «*decisione* ... [che] ... *abbia ad oggetto una legge regionale o provinciale*».

Al riguardo, si vedano gli artt. 15, co. 1, lett. *f)*; 16, co. 3; 21 del d.P.R. 28 dicembre 1985, n. 1092 (recante *Approvazione del t.u. delle disposizioni... sulle pubblicazioni ufficiali della Repubblica italiana*), più recenti rispetto al dettato della legge n. 87/1953.

La sentenza, inoltre, sempre entro due giorni dalla data del deposito, viene altresì **comunicata** alle Camere (affinché provvedano secondo quanto previsto negli artt. 139 del *Regolamento del Senato della Repubblica* e 108 del *Regolamento della Camera dei deputati*), nonché ai Consigli regionali interessati, affinché, ove lo ritengano necessario, adottino i provvedimenti di loro competenza (così, nuovamente, l'art. 30, ma co. 2, della legge n. 87/1953).

[169] Cfr. l'art. 30, co. 3, della legge cit.

nuto in essere anteriormente alla pronuncia della Corte»[170].

Le sentenze di accoglimento sono dunque operative **«ex tunc» ma non senza limiti rilevantissimi, che valgono ad escluderne l'incondizionata retroattività**.

Secondo una terminologia consolidata in dottrina (Azzariti, Guarino, Barile, Pierandrei *et AA.*) e anche nella giurisprudenza dei giudici comuni e della Corte[171], bisogna cioè distinguere e tenere separati i **rapporti pendenti,** tuttora suscettibili di essere rimessi in discussione dinanzi a una qualche autorità giurisdizionale, dai **rapporti esauriti**, giuridicamente definiti e non più modificabili, nel momento in cui la Corte si sia pronunciata.

La linea distintiva intercorrente fra gli uni e gli altri non rientra, però, nel campo del diritto costituzionale (Zagrebelsky), ma dipende dalla disciplina dettata sul punto per mezzo di norme legislative ordinarie, a partire da quelle processuali.

In particolar modo, è indiscusso che l'esaurimento di un rapporto derivi anzitutto dalla *cosa giudicata*, cioè dalle sentenze non soggette ad alcuna impugnazione[172]: con la sola eccezione delle «sentenze irrevocabili di condanna»[173], che non possono avere «esecuzione» né produrre «effetti penali» una volta dichiarate illegittime le norme sulle quali si basavano, dato il fondamentale principio del *favor rei*, sancito dall'art. 2, co. 2, Cod. pen. Inoltre, la stessa conclusione vale per i casi di *prescrizione* di un diritto, di *decadenza* dall'esercizio di un potere, di *acquiescenza* prestata di fronte all'agire sia pure illegittimo della pubblica amministrazione: tutti istituti nei quali il decorso del tempo determina «la certezza definitiva del rapporto» (Barile), ovvero esclude l'impugnabilità di dati atti, quand'anche applicativi di norme successivamente colpite dalla Corte.

Ma occorre ricordare che la distinzione non è sempre così chiara e pacifica. Per esempio, la Corte di cassazione e la Corte costituzionale si sono apertamente contrapposte, nel qualificare l'*incidenza delle sentenze di accoglimento sui procedimenti penali già in atto*: soltanto al termine di accese controversie ha prevalso l'avviso della Cassazione, onde il giudice penale non può fare «diretta applicazione» delle norme processuali dichiarate illegittime; fermo restando, però, il «materiale processuale» già acquisito nel momento del giudizio della Corte, del quale l'autorità decidente deve comunque tenere conto – in vista del principio *tempus regit actum* – a costo di riapplicare in maniera «indiretta» le norme stesse[174].

Per tutt'altro verso, poi, si è dibattuto e ancora si dibatte se la dichiarata illegittimità di una certa disciplina determini o meno la *«reviviscenza» delle norme legislative* da essa *abrogate*. Taluno sostiene che l'effetto abrogativo debba con-

---

[170] Così ha motivato la sent. 2 aprile 1970, n 49.

[171] V. per esempio la sent. 29 marzo 1960, n. 16.

[172] V. specialmente l'art. 324 Cod. proc. civ.

[173] Cfr. l'art. 30, co. 4, della legge n. 87/1953.

[174] V. specialmente la sent. 24 gennaio 1966, n. 222, delle Sezioni unite e, d'altro lato, la conclusiva sent. 2 aprile 1970, n. 49, della Corte costituzionale.

siderarsi istantaneo e quindi esaurito per definizione, sicché le leggi abrogate non potrebbero mai riacquistare efficacia, a seguito di alcuna dichiarazione d'illegittimità delle leggi abroganti (Abbamonte, Pierandrei). Altri, per contro, sono orientati nel senso che la «reviviscenza» si produca comunque (Guarino, Pizzorusso), salvo il potere della Corte di colpire contestualmente le stesse norme abrogate, perché a loro volta illegittime[175]. Ma è preferibile, piuttosto, la tesi intermedia per cui la legge abrogata non potrebbe rivivere, se non quando la sentenza di accoglimento incida immediatamente sulla *clausola abrogativa* inclusa nella legge sopravvenuta (Modugno): solo in quest'ultima ipotesi, infatti, l'accoglimento sarebbe privo di significato, se non facesse cessare l'efficacia dell'abrogazione.

c) Beninteso, tutto questo non toglie che una qualche retroattività si registri pur sempre, se non altro di regola (v. *infra*, § 16 di questo capitolo).

Ciò basta, allora, per *escludere che le sentenze in esame debbano considerarsi abrogative delle norme dichiarate incostituzionali.*

Ma *non può dirsi nemmeno, all'opposto, che tali decisioni valgano solo ad accertare l'originaria nullità* della legge denunciata, come è stato un tempo variamente argomentato da una minoritaria corrente dottrinale (Onida, Zagrebelsky).

La circostanza che restino salvi i rapporti esauriti e che, d'altra parte, l'incostituzionalità non sia verificabile da qualunque giudice ma sindacabile esclusivamente dalla Corte, agli specifici effetti previsti nell'art. 136 Cost., dimostra invece che la Corte stessa provvede in tal modo all'**annullamento** delle norme o degli atti ritenuti illegittimi; ed è in questi termini che ormai si esprimono tanto la dottrina italiana e anche straniera (da Kelsen fino a Crisafulli), quanto la giurisprudenza costituzionale.

L'alternativa nullità-annullabilità va risolta nel secondo senso, in sostanza, perché l'art. 136, nel precisare che le sentenze di accoglimento rendono inefficaci le norme incostituzionali, presuppone che sino a *quel* momento una qualche efficacia vi fosse; il che non potrebbe affermarsi in vista di nullità operanti *ex tunc* e rilevabili da ogni soggetto interessato.

d) Ma tale conclusione fa subito nascere un ulteriore quesito: **quale è il vincolo che, conseguentemente, una legge illegittima produce a carico dei sottoposti, prima che la Corte ne accerti e ne dichiari l'incostituzionalità?**

Il solo punto fermo riguarda i **giudici**, in ordine ai quali è pacifico che essi hanno l'obbligo di sollevare questione di legittimità e di sospendere i rispettivi giudizi, ogniqualvolta siano in dubbio circa la validità delle norme legislative da applicare. Qualche motivo d'incertezza riguarda, invece, la situazione in cui si

---

[175] Appunto in questi termini si è pronunciata la Corte, mediante la sent. 23 aprile 1974, n. 107; ma tale decisione è rimasta isolata. Peraltro, al «ripristino della norma precedentemente abrogata» si accenna nelle motivazioni di varie altre pronunce, fra le quali spicca la sent. 23 aprile 1986, n. 108.

trovano i **soggetti privati**, che alcuni autori (Crisafulli, Mortati, Pierandrei) ritengono giuridicamente obbligati ad applicare le leggi vigenti, indipendentemente dalla loro eventuale incostituzionalità; mentre un'altra corrente dottrinale (Onida, Zagrebelsky) li considera facoltizzati alla disapplicazione, sia pure «a loro rischio e pericolo», essendo comunque tenuti a risponderne qualora la Corte costituzionale concluda sul punto nel senso della non fondatezza: con la conseguenza che solo a posteriori è dato conoscere se il loro comportamento sia (stato) lecito o meno. Quest'ultima, però, è l'interpretazione maggiormente persuasiva, che spiega nel modo più lineare perché i privati non rispondano affatto, quando disapplicano una legge poi dichiarata illegittima. Ma la precaria efficacia delle norme incostituzionali non ne viene scalfita, anche perché i privati stessi – viceversa – non sono mai responsabili, né a titolo di dolo né a titolo di colpa, allorché si adeguano alle leggi non ancora colpite dalla Corte.

Assai più discussa, e articolata al proprio interno, è la posizione dei **funzionari pubblici** (giudici esclusi) a fronte di leggi illegittime, non pervenute all'esame dell'organo della giustizia costituzionale. I doveri gravanti su tali soggetti differiscono da quelli concernenti i privati, dal momento che i primi sono in genere tenuti – per ragioni inerenti al loro ufficio – all'adozione di determinati atti, nel rispetto delle norme giuridiche vigenti. Ma anche per essi, in ultima analisi, si ripropone l'alternativa concernente la massa dei comuni sottoposti. Alcuni, cioè, tornano a sostenere «il carattere non obbligatorio della legge incostituzionale», fatto salvo l'eventuale «obbligo di eseguire l'ordine del superiore», che nell'ambito di un rapporto gerarchico abbia imposto l'applicazione della legge stessa (Zagrebelsky). Altri, al contrario, ragionano di *«esecutorietà» delle leggi*, negando che il potere esecutivo possa distinguere fra quelle conformi e quelle difformi rispetto alle norme incostituzionali (Esposito): con la conseguenza che i funzionari pubblici sarebbero sempre chiamati a rispondere della disapplicazione, pur quando la Corte dovesse poi dichiarare illegittime le norme in questione.

Fermo restando che si tratta di un problema aperto, sembra tuttavia da preferire la seconda impostazione, che meglio corrisponde al principio del «buon andamento» dell'amministrazione [176], volta per volta chiamata a soddisfare «particolari pubblici interessi affidati alla cura di ciascuna delle sue articolazioni» (Mortati), e alla circostanza che i funzionari stessi – diversamente dai giudici – non possono adire la Corte, sospendendo nel frattempo l'esercizio delle loro funzioni. Solamente ad organi consultivi sul tipo del Consiglio di Stato potrebbe invece spettare il potere-dovere di segnalare al Governo le questioni inerenti alla legittimità delle leggi coinvolte nel loro esame, senza di che rimarrebbe carente e unilaterale la «consulenza giuridico-amministrativa» che ad essi compete [177].

---

[176] Cfr. il primo comma dell'art. 97 Cost.

[177] Si veda – in particolar modo – il primo comma dell'art. 100 Cost.

e) Subito dopo aver sancito l'obbligo di emettere le sentenze di accoglimento «nei limiti dell'impugnazione», la legge n. 87/1953 aggiunge che la Corte «*dichiara, altresì, quali sono le altre disposizioni legislative, la cui illegittimità deriva come conseguenza dalla decisione adottata*» [178]. Ma anche per quest'ultimo profilo la portata delle sentenze medesime appare problematica; tanto più che la giurisprudenza costituzionale non è affatto concorde e costante nell'uso della cosiddetta **illegittimità conseguenziale** delle leggi.

La discontinuità degli indirizzi seguiti sul punto lascia anzitutto pensare che la Corte – aldilà della lettera del citato disposto – si consideri facoltizzata e non obbligata a dichiarare illegittime ulteriori norme, quale conseguenza della propria pronuncia di base. Ciò che più conta, l'illegittimità derivata viene talvolta contenuta nei minimi termini, con riguardo a quelle *norme strumentali o di dettaglio* che sarebbero rese comunque inapplicabili dall'annullamento della disciplina che esse presuppongono (o sulla quale si fondano) [179]. Altre volte, la Corte ha annullato *norme applicative del medesimo principio* già ritenuto costituzionalmente illegittimo [180]. Altre volte ancora, essa è giunta a servirsi di questo suo potere *per analogia*, caducando norme che sarebbero rimaste «sbilanciate» (Sandulli) qualora fossero sopravvissute all'annullamento della disciplina specificamente impugnata [181]. Sicché la consistenza del potere stesso rimane affidata alle valutazioni adottate nel singolo caso.

14. *Le sentenze di rigetto*

In certi ordinamenti europei (dalla Francia alla Germania al Portogallo ...) ogni sentenza emessa dall'organo della giustizia costituzionale vincola tutte le pubbliche autorità, comprese le decisioni di non fondatezza; anche se ciò non esclude che – entro dati limiti – le impugnazioni già respinte possano venire riproposte da parte di altri soggetti interessati, consentendo alla Corte di riesaminare i propri precedenti.

In Italia, viceversa, le sentenze di rigetto non vengono ritenute efficaci «erga omnes», sebbene una corrente dottrinale (Calamandrei, Redenti) lo avesse inizialmente sostenuto, per meglio far valere la certezza del diritto.

Ma è, per un verso, la mancata definizione degli effetti spettanti a questo tipo

---

[178] Cfr. l'art. 27 della legge cit.

[179] Si pensi – per esempio – alla sent. 3 dicembre 1969, n. 147, che all'atto di annullare le norme sui reati di relazione adulterina e di concubinato ha travolto, altresì, le norme penali riguardanti la punibilità dei reati medesimi, le correlative circostanze attenuanti, le pene accessorie e le cause di estinzione.

[180] V. per esempio la sent. 28 maggio 1987, n. 202, in tema di laureati e studenti in giurisprudenza abilitati al patrocinio legale.

[181] Un caso esemplare è rappresentato dalla sent. 25 maggio 1979, n. 26, in tema di reati militari.

di pronunce, sia nella Costituzione sia nelle successive leggi costituzionali, a fare di per sé stessa intendere che non ci si può riferire al regime eccezionale delle sentenze di accoglimento, occorrendo, viceversa, ricondurre le pronunce di rigetto negli schemi riguardanti le sentenze dei giudici comuni, circoscrivendo la loro efficacia al solo caso deciso.

E ciò anche senza considerare che oggetto della pronuncia di rigetto non è la norma (com'è invece per la sentenza di accoglimento), ma la sola questione di legittimità costituzionale.

Più precisamente, la letteratura giuridica italiana è da tempo concorde nell'assumere che decisioni siffatte non dichiarano la conformità delle norme legislative impugnate rispetto ai parametri costituzionali, considerati nel loro intero complesso; bensì respingono le impugnative, quali esse sono proposte nelle vie principali o incidentali, cioè con riguardo ai soli parametri invocati (fatta soltanto eccezione per i cosiddetti *obiter dicta*, vale a dire per gli assunti inseriti nelle motivazioni indipendentemente dalle specifiche ragioni del decidere, poste a fondamento dei rispettivi giudizi).

Ma non convince nemmeno il tentativo di assimilare le decisioni di rigetto alle sentenze sul merito passate in giudicato.

Se così fosse, tali pronunce dovrebbero dirsi efficaci *inter partes*, «in rapporto non solo al processo conchiuso, ma a qualsiasi altro eventuale processo futuro» che veda controvertere sul punto i medesimi soggetti (Pierandrei).

In realtà, viceversa, dottrina e giurisprudenza sono da tempo orientate nel senso di non escludere affatto che la medesima questione sia comunque sollevata in un altro giudizio (Azzariti), quand'anche in presenza delle stesse parti. E anzi vari autori affermano – sia pure in contrasto con la più recente giurisprudenza della Corte suprema – che la riproposizione sia possibile nei successivi gradi dello stesso procedimento, quali l'appello o la cassazione; mentre nessuno contesta la **preclusione** riguardante il giudice che abbia già proposto la questione incidentale esaminata dalla Corte (senza di che sarebbe violato lo stesso art. 137 Cost., nella parte in cui esclude che le decisioni dell'organo della giustizia costituzionale possano venire impugnate o private dei loro effetti) [182].

D'altra parte, si suole ritenere che anche *quel giudice* possa sollevare impugnative diverse da quella già respinta, sebbene concernenti le medesime norme. La Corte costituzionale ha infatti ritenuto «che una successiva proposizione della questione di legittimità, specialmente se esposta sotto profili diversi e sorretta da argomenti diversi, eventualmente desunti da ulteriori svolgimenti dei principi informatori dell'ordinamento giuridico, possa condurre ad una soluzione diversa» rispetto a quella già offerta dalla Corte stessa: il che non lascia – evidentemente –

[182] Si veda la sent. 11 luglio 1961, n. 54, che ha dichiarato inammissibile una questione risollevata dal medesimo giudice cui la Corte aveva già risposto nel senso della non fondatezza; ma vedi anche la sent. 5 febbraio 1998, n. 12, nella quale la Corte ha riaffermato che la questione va in tal senso «riformulata in termini nuovi, con riferimento... ad un quadro normativo ed argomentativo sostanzialmente diverso».

alcuno spazio alla configurazione di sentenze di rigetto «le quali dichiarino in modo assoluto ed immutabile la legittimità costituzionale di una norma» [183].

15. *Le sentenze «interpretative»*

a) Certo è che ***la netta ed elementare contrapposizione fra le sentenze di accoglimento e le sentenze di rigetto è stata alterata e complicata dalla giurisprudenza costituzionale***, che ha gradualmente introdotto in tal campo una serie di fondamentali varianti. Nel ridefinire e arricchire la tipologia delle proprie decisioni la Corte ha fatto leva, in primo luogo, sul potere di reinterpretare entrambi i termini dei suoi giudizi sulla legittimità delle leggi, rappresentati dai parametri costituzionali e dalle norme legislative impugnate.

Da un lato, è stata ovviamente la Corte a concretare – in ultima analisi – la cosiddetta **Costituzione vivente** (secondo la formula nordamericana della *living Constitution*): le ricostruzioni offerte dalle sue sentenze sono valse, infatti, a *fissare il significato dei precetti e dei principi costituzionali addotti a parametro*, con particolare evidenza nel caso delle clausole elastiche e dunque soggette ad interpretazioni evolutive, secondo le vicende dell'ordinamento sottostante e delle stesse convinzioni correnti nel corpo sociale. D'altro lato, però, la Corte ha rivendicato, sin dall'inizio della sua giurisprudenza, l'interpretazione delle norme sottoposte al suo giudizio, anche in termini distanti da quelli indicati nelle ordinanze e nei ricorsi introduttivi; ed è a questo punto – come già si diceva (cfr. nel § 10 di questo capitolo) che la distinzione fra le *norme* e le *disposizioni* legislative impugnate ha assunto un rilievo quanto mai concreto.

In vista di impugnazioni che dai contestati disposti traevano ben determinate norme, mettendone in dubbio la legittimità, la Corte non si è sempre limitata a fornire puntuali risposte, ragionando sul medesimo piano delle autorità impugnanti (e quindi colpendo tutti i testi suscettibili di applicazioni incostituzionali, come suggeriva una minoritaria dottrina: Montesano); bensì ha ricavato da quelle leggi *norme diverse*, costituzionalmente legittime sotto il profilo in esame.

b) Con questo fondamento, dunque, si è fin dagli inizi enucleato il tipo (o, forse meglio, il sottotipo) delle **sentenze interpretative di rigetto**, cioè delle pronunce basate sulla premessa che ciascuna disposizione deve appunto venire interpretata, «al fine di accertarne la legittimità costituzionale, ... nell'attuale sistema nel quale vive»; giacché lo «stabilire quale sia il contenuto delle norme impugnate... appartiene al giudizio della Corte non meno della comparazione che ne consegue, fra la norma interpretata e la norma costituzionale, l'una e l'altra essendo parti inscindibili di un giudizio che è propriamente suo» [184].

---

[183] Cfr. la sent. 27 gennaio 1958, n. 7.

[184] V. rispettivamente la sent. 2 luglio 1956, n. 8, e la sent. 19 febbraio 1965, n. 11.

In un primo tempo, anzi, la Corte ha cercato di affermare le proprie ricostruzioni dovunque esse fossero atte a risolvere i proposti problemi di legittimità costituzionale, sia pure in presenza di contrarie interpretazioni già adottate dalla Cassazione che rivendicava, quanto al diritto di rango non costituzionale, i propri poteri in tema di *nomofilachia*, al fine di garantire l'uniformità delle interpretazioni e, quindi, l'«unità del diritto oggettivo» statale. Ne sono derivati, per oltre un quindicennio, notevoli e gravi dissensi interpretativi, che hanno dato luogo a svariate occasioni di scontro fra l'organo della giustizia costituzionale e il vertice della magistratura ordinaria (si parlò, immaginificamente, di «*guerra delle due Corti*»). Mentre è soltanto dagli anni Settanta che un criterio di risoluzione è stato rinvenuto, su entrambi i versanti, nel cosiddetto **«diritto vivente»** (Ascarelli, Esposito), cioè nelle interpretazioni giurisprudenziali prevalenti e consolidate: alla cui formazione entrambe le Corti concorrono, recependo molto spesso le rispettive indicazioni e anche reagendo – ma in modi ormai costruttivi e pienamente collaborativi – alle rispettive decisioni, ciascuna pronunciata nell'ambito delle rispettive competenze.

Ciò sta a significare che, dinanzi al «diritto vivente», la stessa Corte costituzionale adegua ad esso la propria interpretazione delle norme legislative in esame. Quando il «diritto» medesimo risulta conforme alla Costituzione accade pertanto che essa pronunci sentenze interpretative di rigetto le quali ricalcano gli orientamenti della Cassazione e contribuiscono a rafforzarli, nei confronti delle diverse «letture» prospettate da parte degli altri giudici.

Ma viceversa, dove la giurisprudenza non si è consolidata, sia perché la Cassazione non s'è ancora pronunciata sia perché al suo interno coesistono interpretazioni diverse o addirittura antitetiche, *la Corte costituzionale riassume la propria libertà di giudizio anche in ordine all'interpretazione delle norme impugnate*; e può quindi emettere decisioni interpretative di rigetto che non hanno il supporto di determinate interpretazioni altrui, ma vengono spesso – a loro volta – recepite dalla stessa Corte suprema.

In altre parole, esistono oggi due specie di sentenze del genere in questione (anche se in concreto non è sempre agevole distinguerle): vale a dire le (*b1*) ***«decisioni meramente correttive»*** (Mortati, Sandulli, Zagrebelsky) che dichiarano infondate le proposte questioni di costituzionalità, perché fanno propria l'interpretazione giurisprudenziale più autorevole e diffusa, anziché quella prospettata dai giudici rimettenti [185]; e le (*b2*) ***decisioni propriamente «adeguatrici»*** (Onida) che mirano bensì ad imporre un'interpretazione diversa da quella sostenuta ad opera del giudice *a quo* (o del ricorrente in via principale), ma sulla base delle convinzioni della Corte, sorrette dall'esigenza di far valere la Costituzione e di ricostruire la disciplina impugnata nel senso di escludere i dubbi relativi alla sua legittimità costituzionale [186].

---

[185] Si veda già la sent. 23 giugno 1956, n. 3, in tema di direttori responsabili dei giornali

[186] Quanto ad un esempio di sentenza di rigetto «adeguatrice», si può vedere la pronuncia 13 ottobre 1999, n. 395, che dichiara non fondata la questione prospettata dal giudice *a quo* sulla ba-

Ad entrambi i tipi corrisponde, comunque, un complesso tendenzialmente omogeneo di dispositivi, nei quali si legge che la Corte dichiara non fondata la questione proposta al suo esame, «*ai sensi*» o «*nei sensi di cui in motivazione*»[187], così facendo intendere che la portata di quelle decisioni di rigetto non può essere compiutamente colta, se non mettendo a raffronto – attraverso la lettura del «considerato in diritto» – il ben diverso significato rispettivamente attribuito alla norma impugnata dal giudice *a quo* e dalla Corte stessa. Ma giova rilevare che non mancano le pronunce sostanzialmente interpretative, il cui dispositivo non suona in questi termini, limitandosi invece a dichiarare l'infondatezza della questione; sicché l'effettiva natura di tali decisioni può essere accertata solamente analizzando gli argomenti volta per volta addotti dal giudice costituzionale (v., per es., in questo senso la già da poco ricordata sent. n. 58/2018 sul c.d. caso Ilva).

c) Fin dall'inizio, tuttavia, la Corte si rendeva ben conto che tali interpretazioni correttive e adeguatrici non erano giuridicamente in grado di affermarsi per forza propria, poiché rimanevano pur sempre contenute in decisioni di rigetto, insuscettibili di produrre altro che un limitato vincolo nei riguardi dei soli giudici rimettenti.

Anche le predette sentenze interpretative come d'altronde tutte quelle di rigetto, non obbligano, infatti, la totalità dei sottoposti, né delle pubbliche autorità competenti in materia; e allo stesso giudice *a quo* rimane – forse – la possibilità di seguire una terza via, reinterpretando ulteriormente la disposizione contestata, alla condizione di non concludere ancora nel senso già scartato dalla Corte (Esposito, Sandulli; *contra* Crisafulli, Elia). Gli altri giudici restano comunque liberi di riadottare le interpretazioni implicitamente ritenute illegittime da parte dell'organo della giurisprudenza costituzionale; e proprio la Corte ha pertanto notato che in casi del genere diviene indispensabile «il riesame della questione di legittimità costituzionale»[188]. Di fatto, è stato appunto questo l'esito finale della vicenda, allorché le pronunce interpretative di rigetto sono state contraddette nella prassi amministrativa o nella giurisprudenza dei giudici comuni. Quanto meno nel corso degli anni Sessanta, per rendere l'interpretazione ritenuta dalla Corte conforme a Costituzione vincolante nei confronti di chiunque, quelle decisioni sono state tradotte, cioè, in altrettante **sentenze interpretative**

---

se del presupposto che alla disposizione impugnata si debba dare una certa interpretazione che il giudice reputa costituzionalmente illegittima e che la Corte ritiene invece «*non… esatta*». La Corte stessa propone quindi un'interpretazione diversa conforme a Costituzione, precisando che anche «*se questa interpretazione fosse solo una delle diverse consentite dalla disposizione denunciata, essa dovrebbe comunque essere preferita dal giudice …*».

[187] La formula citata nel testo è stata utilizzata, per la prima volta, dalla sent. 26 gennaio 1957, n. 1.

[188] Cfr. la sent. 2 luglio 1956, n. 8, quanto alle ordinanze prefettizie motivare dalla tutela dell'ordine pubblico.

di accoglimento, cioè di annullamento delle disposizioni impugnate, «nei sensi e nei limiti indicati nella motivazione»[189]. Dal punto di vista del ragionamento della Corte, rimane in effetti comune la premessa che il sindacato di legittimità costituzionale debba vertere sulle norme piuttosto che sui testi legislativi, per assicurare la conformità delle prime rispetto alla Costituzione. Ma il risultato può esser perseguito – secondo circostanze – sia ricercando la collaborazione dei giudici competenti in materia, mediante quelle proposte non vincolanti che sono in sostanza le sentenze interpretative di rigetto; sia, viceversa, annullando le norme illegittime, così da lasciare in vigore le sole norme costituzionalmente adeguate.

16. *Le sentenze «additive» e «sostitutive»; le decisioni di accoglimento «pro futuro»*

a) Tuttavia, il *genus* delle sentenze interpretative di accoglimento propriamente intese è stato ben presto abbandonato.

Quelle pronunce finivano infatti per determinare comunque incertezze, non lasciando intendere con la necessaria precisione quanta parte della disciplina sindacata fosse stata annullata dalla Corte e quale parte residua fosse invece suscettibile di ricevere ulteriore applicazione[190].

Con sempre maggiore frequenza, perciò, la Corte ha cominciato a formulare siffatte decisioni con una tecnica legislativa affatto particolare, sotto specie di emendamenti puntualmente indicativi degli effetti ritenuti illegittimi e dei mezzi utilizzabili per porvi rimedio: il che ha dato vita alle cosiddette (*a1*) **sentenze additive** (Crisafulli, Lavagna) o (*a2*) **sostitutive** (Modugno), il cui dispositivo precisa testualmente ciò che si viene ad aggiungere o ciò che subentra – per conseguenza – nel dettato legislativo originario, in seguito all'intervento posto in essere dalla Corte.

Un prototipo del primo genere di pronunce è già rappresentato dalla dichiarazione d'illegittimità della legge n. 195/1958, «*in quanto esclude*(va) *l'iniziativa del Consiglio superiore della magistratura*», riservandola al Ministro della giustizia, relativamente alle deliberazioni riguardanti i magistrati. Dalla motivazione di tale sentenza si ricava, infatti, che la Corte ha attribuito «*carattere tassativo*», e dunque preclusivo dell'autonomia del Consiglio, alla previsione della richiesta

---

[189] È questa la formula contenuta nel dispositivo della sent. 27 maggio 1961, n. 26, ancora in tema di ordinanze prefettizie.

[190] Tale, in particolare, è stato il caso della sent. 29 maggio 1968, n. 55, che ha dichiarato illegittime alcune norme urbanistiche, nella parte in cui non prevedevano «un indennizzo per l'imposizione di limitazioni operanti immediatamente e a tempo indeterminato nei confronti dei diritti reali», quando le limitazioni medesime avessero «contenuto espropriativo»; ma senza chiarire nel dispositivo la consistenza di limiti siffatti, bensì effettuando un generico rimando ai «sensi indicati in motivazione».

ministeriale; ed è appunto con questa premessa che l'esclusione è stata fatta cadere, sebbene non fosse testualmente stabilita dal disposto legislativo in discussione [191].

Da quel momento in poi, comunque, simili decisioni si sono moltiplicate. L'unica correzione sùbito apportata dalla Corte è stata di stampo lessicale, giacché i dispositivi di questo tipo di sentenze non annullano più le norme impugnate «*in quanto* ...», ma preferiscono invece colpirle «*nella parte in cui* (si) *esclude* ...» o «*nella parte in cui non* (si) *estende* ...» o «*nella parte in cui non* (si) *dispone*» o «*non* (si) *prevede*» alcunché, o anche «*nella parte in cui non* (si) *limita*» un determinato effetto giuridico, ritenuto illegittimo sotto il profilo esaminato dalla Corte stessa.

Le pronunce in questione rientrano dunque, alla lettera, fra le **sentenze di accoglimento parziale**.

Ma ciò non toglie che esse, con tutta evidenza, non svolgano una funzione caducatoria di determinate parti del testo impugnato. Quella annullata, al contrario, è solo una *parte ideale* (Crisafulli) ovvero un «precetto implicito» [192], che il testo non mette in evidenza e che la Corte ricava in sede interpretativa. Di più: *ad essere colpita, in questi casi, è semplicemente un'omissione del legislatore* che avrebbe dovuto integrare in un certo modo una certa disciplina, per renderla costituzionalmente accettabile, e che ha viceversa trascurato di farlo; sicché spetta alla Corte riempire la lacuna, mediante una decisione aggiuntiva.

Il «tipo» del quale si tratta viene peraltro arricchito ulteriormente, a cavallo fra gli anni Sessanta e gli anni Settanta.

Sopraggiungono infatti le cosiddette **sentenze sostitutive**, per mezzo delle quali la Corte non si limita a far cadere un'esclusione o un vincolo o una mancata previsione di qualsivoglia natura; bensì modifica esplicitamente il precetto in discussione, facendo senz'altro subentrare alla norma annullata la sola norma considerata costituzionalmente legittima che, tuttavia, non aveva alcun vigore – prima di quella pronuncia – nell'ordinamento giuridico (sicché, per lo meno in questi casi, non è più dato parlare di sentenze interpretative). Ciò vale, anzitutto, per la sentenza che ha dichiarato l'illegittimità di una norma del Codice penale, «*nei limiti*» in cui essa attribuiva «*il potere di dare l'autorizzazione a procedere per il delitto di vilipendio della Corte costituzionale al Ministro di grazia e giustizia* anziché *alla Corte stessa*» [193]. Ma varie altre sentenze di accoglimento, che pure non sono imperniate sulla congiunzione «anziché», si caratte-

---

[191] Cfr. la sent. 23 dicembre 1963, n. 168. Ma si veda inoltre la contemporanea sent. 10 febbraio 1964, n. 1, con cui la Corte ha annullato una norma concernente le funzioni del Consiglio di Stato, «*in quanto il procedimento per la proposizione e risoluzione del ricorso straordinario al Presidente della Repubblica non assicura*(va) *ai controinteressati la possibilità della tutela giurisdizionale*».

[192] V. nuovamente la sent. n. 1/1964.

[193] Si tratta della sent. 17 febbraio 1969, n. 15.

rizzano per il fatto di individuare compiutamente – con esiti autoapplicativi, sul medesimo piano delle leggi di attuazione costituzionale (Modugno) – la disciplina destinata a colmare l'omissione che diversamente sarebbe residuata [194].

b) Fino a non molti anni or sono, si soleva affermare in dottrina che le sentenze di accoglimento fossero sempre produttive di «precisi, automatici ed invariabili effetti», predeterminati dall'art. 136 Cost., senza che la Corte potesse mai modificarli (Lavagna). Con questo fondamento si negava, perciò, che l'organo della giustizia costituzionale italiana fosse in grado di restringere l'*ambito temporale di efficacia* degli annullamenti da esso disposti, facendoli operare per il solo futuro (*ex nunc* o anche a partire da un momento successivo rispetto alla pubblicazione), piuttosto che in via retroattiva: come invece si verifica o poteva verificarsi in altri ordinamenti, dalla Jugoslavia al Portogallo fino alla Germania.

In un non remoto periodo, però, la Corte ha emesso talune *sentenze* **additive del tutto peculiari**, *che nel dispositivo provvedevano appunto a* (*b1*) **ridurre gli effetti temporali della dichiarazione di accoglimento**. Così – per esempio – nel collegare le pensioni del settore pubblico alla dinamica delle retribuzioni del corrispondente personale in servizio, una di queste decisioni ha senz'altro indicato quale *dies a quo* il 10 gennaio 1988; mentre un'altra decisione del medesimo genere ha imposto – testualmente – la pubblicità dei processi tributari «*a decorrere dal giorno successivo alla pubblicazione di questa sentenza nella Gazzetta ufficiale della Repubblica, ferma restando la validità di tutti gli atti anteriormente compiuti*» [195].

---

[194] V. specialmente la sent. 17 maggio 1978, n. 68, quanto all'abrogazione delle leggi sottoposte a *referendum* (*supra*, parte III, cap. V, § 3).

[195] V. rispettivamente le sentt. 5 maggio 1988, n. 501, e 16 febbraio 1989, n. 50.

Pur potendosi trattare e intendere la categoria in senso unitario, come fatto nel testo, v'è però da tenere nel dovuto conto che, quanto ai rapporti tra tecniche di decisione adoperate dalla Corte esaminate in relazione all'elemento temporale di produzione degli effetti delle pronunce stesse, possono in realtà distinguersi vari tipi di pronunce: L.A. Mazzarolli.

– Quelle che *dichiarano una illegittimità costituzionale «sopravvenuta» a «data certa»* (v., per es., le sentt. 22 ottobre 1992, n. 416; 2 novembre 1992, n. 438; 21 novembre 2002, n. 466; 9-11 febbraio 2015, n. 10); – quelle che *dichiarano una illegittimità costituzionale «sopravvenuta», ma «a data incerta»* (v., per es., le sentt. 10 febbraio 1988, n. 179; 21 aprile 1988, n. 505; 17 ottobre 1996, n. 370); – quelle che *dichiarano una illegittimità costituzionale «sopravvenuta» «a data incerta», facendo retroagire i loro effetti ad un precedente «monito» della Corte* (v., per es., la sent. n. 179/1988); – quelle che *dichiarano una illegittimità costituzionale «sopravvenuta» «a data incerta», ponendo fine ad un periodo di vigenza di disposizioni «solo temporaneamente giustificabili» o addirittura già in precedenza riconosciute come illegittime* (v., per es., le sentt. 1° giugno 1992, n. 256; 13 luglio 1988, n. 826; 9 luglio 1986, n. 212, con l'ord. 23 marzo 1988, n. 378, e la sent. 9 febbraio 1989, n. 50); – *quelle che dichiarano una illegittimità costituzionale «sopravvenuta» «a data incerta», ponendo fine ad un periodo di vigenza di disposizioni «solo temporaneamente giustificabili» o addirittura già in precedenza riconosciute come illegittime, cui non viene attribuita efficacia retroattiva* (v., per es., le sentt. 8 marzo 1988, n. 266; n. 50/1989; n. 370/1996), la cui fortuna, peraltro – stante la notevolissima difficoltà di giustificarle alla luce del dettato di norme costituzionali – è terminata tanto rapidamente, quanto repentinamente era iniziato l'uso della nuova tecnica.

Pronunce del genere, che rimangono comunque molto rare (pur dovendosi registrare almeno il recente nuovo caso, analogo all'ultimo appena ricordato, di cui alla sent. 9-11 febbraio 2015, n. 10[196]), sono peraltro basate sulla particolarissima premessa che nei casi in questione si possa ragionare di un'**illegittimità sopravvenuta** e non originaria, a partire dal momento in cui la Corte emette la propria decisione o con decorrenza da una data di poco anteriore, riferita ad un determinante mutamento della disciplina di quella materia.

Al di fuori di siffatte ipotesi, per ovviare all'estremo rigore dell'art. 136 Cost., la Corte stessa ha invece utilizzato – in alcune occasioni – la tecnica della (*b2*) «**doppia pronuncia**» (Zagrebelsky), consistente nell'assumere una prima decisione d'infondatezza o d'inammissibilità, la cui motivazione preannuncia però, sotto forma di «**monito**» (Pegoraro), un futuro accoglimento non appena la questione si dovesse ripresentare, senza che il legislatore fosse utilmente intervenuto nel frattempo[197]. Mentre in altre occasioni si è preferito, più semplicemente, procrastinare la pubblicazione di una sentenza di annullamento, dandone subito ufficiosa comunicazione al Governo, al Parlamento, ed eventualmente alla totalità dei soggetti interessati.

Parallelamente, per conseguire analoghi scopi l'organo della giustizia costituzionale si è servito delle cosiddette sentenze (*b3*) **additive di principio** (Anzon) che la Corte adopera sempre più di frequente, onde far fronte sia alla possibile accusa di adoperare pronunce additive che, pur essendo per così dire *semplici*, non appaiono adeguatamente frenate o limitate dalle «*rime obbligate*»; sia ai casi in cui, a fronte di una omissione del legislatore, le scelte possibili relativamente al modo di colmarla (scelte che sono e restano di natura prettamente politica e quindi di spettanza del Parlamento e non della Corte, alla quale, com'è noto, dovrebbe essere preclusa ogni valutazione sul merito delle opzioni legislative) siano più d'una.

In dette pronunce, la dichiarazione di parziale illegittimità delle discipline

---

[196] La Corte ha dichiarato l'illegittimità costituzionale dell'art. 81, co. da 16 a 18, del d.l. 25 giugno 2008, n. 112, conv., con modif., dall'art. 1, co. 1, della legge 6 agosto 2008, n. 133, e succ. modif., «... *a decorrere dal giorno successivo alla pubblicazione di questa sentenza nella Gazzetta Ufficiale della Repubblica* ...». La motivazione? Opinabile come tutti i casi di **bilanciamento** di valori e/o interessi cui provveda direttamente la Corte (v. *supra*, § 11, in chiusura). «*La cessazione degli effetti* [...] *dal solo giorno della pubblicazione*» della sentenza «*risulta, quindi, costituzionalmente necessaria allo scopo di contemperare tutti i principi e i diritti in gioco, in modo da impedire "alterazioni della disponibilità economica a svantaggio di alcuni contribuenti ed a vantaggio di altri [...] garantendo il rispetto dei principi di uguaglianza e di solidarietà, che, per il loro carattere fondante, occupano una posizione privilegiata nel bilanciamento con gli altri valori costituzionali" (sentenza n. 264 del 2012). Essa consente, inoltre, al legislatore di provvedere tempestivamente al fine di rispettare il vincolo costituzionale dell'equilibrio di bilancio, anche in senso dinamico (sentenze n. 40 del 2014, n. 266 del 2013, n. 250 del 2013, n. 213 del 2008, n. 384 del 1991 e n. 1 del 1966), e gli obblighi comunitari e internazionali connessi, ciò anche eventualmente rimediando ai rilevati vizi della disciplina tributaria in esame*».

[197] V. specialmente la sent. 5 aprile 1984. n. 89, ben presto seguita – appunto – dalla decisione di accoglimento 23 aprile 1986, n. 108.

impugnate si accompagna all'imposizione di nuove misure costituzionalmente indispensabili che tuttavia rimangono affidate agli interventi legislativi occorrenti per concretizzare le indicazioni della Corte.

Quest'ultima, cioè, pronuncia una sentenza che è sì di accoglimento e con la quale quindi dichiara l'illegittimità costituzionale di una o più norme, ma si limita, al contempo, a indicare al legislatore non già la soluzione puntuale capace di colmare la lacuna (caratteristica delle additive *tout court*), ma il principio di rilievo costituzionale da seguire per effettuare la scelta in grado di risolvere l'omissione [198].

Così – per esempio – sono state dichiarate illegittime certe normative in tema di risarcimento danni o di indennità per la disoccupazione, nella parte in cui non disponevano l'adeguamento dei relativi «valori monetari»; del pari, sono state annullate alcune norme di legge concernenti l'indennità integrativa speciale per i dipendenti pubblici, nella parte in cui non prevedevano idonei «meccanismi legislativi di computo» e via discorrendo [199].

A fronte di sentenze di accoglimento del predetto genere può rimanere, certo, un problema per il caso in cui il legislatore (anche quello regionale) non ritenga di (o non riesca ad) attenersi alle indicazioni della Corte, o, comunque, non sia in grado (per qualunque ragione) di provvedere nel senso indicato. È chiaro che in ipotesi del genere, ove la Corte lo ritenga, essa potrà sempre tornare sul punto e provvedere... più drasticamente [200].

E, altra questione non di poco conto, è che nei casi nei quali la Corte adopera le additive di principio, il ripristino della piena legittimità costituzionale non è, a ben vedere, il risultato delle sole decisioni di accoglimento, ma dipende dalla saldatura fra tali sentenze e le conseguenti misure legislative: il che può fare dubitare della loro conformità all'art. 136 Cost., in quanto non è dato sapere se esse dispongano – ed eventualmente in quali sensi – di un'efficacia immediata, sia pure consistente nell'offrire ai giudici comuni un qualche criterio di giudizio, nell'attesa che si attivi il Parlamento.

c) Dubbi ancor più grandi suscitano le **sentenze di accoglimento che lasciano in vigore una norma pur ritenuta illegittima** e ciò perché esistono pretesi

---

[198] Si legga, a mo' di esempio, la citazione che segue: «*Tutto questo, si ripete, è materia di scelta legislativa. Quello che l'art. 32 della Costituzione certamente non tollera, e che spetta a questa Corte colmare con il presente intervento di principio, è l'assoluto vuoto di tutela, risultante dalla disciplina censurata* ...», dal che discende la declaratoria di illegittimità costituzionale di una certa disciplina normativa, nella parte in cui non prevede «*forme di assistenza sanitaria gratuita da stabilirsi dal legislatore*»: Corte cost., sent. 7 luglio 1999, n. 309.

[199] Si vedano – nell'ordine – le sentt. 18 dicembre 1987, n. 560; 27 aprile 1988, n. 497; 19 maggio 1993, n. 243.

[200] V., per es., Corte cost., sent. 24 giugno 2004, n. 196 (che si è pronunciata sull'allora «nuovo» condono edilizio del 2003, come regolamentato da una porzione del d.l. 30 settembre 2003, n. 269, così come risultante dalla conversione in legge ad opera della legge 24 novembre 2003, n. 326) e, successivamente, il séguito rappresentato dalla sent. 6 febbraio 2006, n. 49.

interessi (devono essere per forza di cose «interessi costituzionali», onde almeno potersi sforzare di giustificare il bilanciamento che deriva dalla scelta operata dalla Corte) che verrebbero pregiudicati dalla mera ablazione della norma [201].

d) Un cenno, infine, alle c.d. **sentenze «parziali»** mediante le quali la Corte (a partire dalla sent. 3 giugno 2003, n. 201), in presenza di un'impugnazione in via principale di un atto normativo a contenuto eterogeneo, decide (raggruppando le questioni relative a norme sul medesimo oggetto) solo su una parte del *petitum*, e rinvia a un'altra pronuncia la sua decisione circa le rimanenti questioni: il ricorso, cioè, «*uno nella forma, è plurimo nel contenuto. Esigenze di omogeneità e univocità della decisione inducono a distinguere le materie e a procedere, quindi, alla decisione separata di ciascuna questione o gruppo di questioni*» [202].

17. Segue: *cenni conclusivi sulla natura delle sentenze di accoglimento*

a) Le pronunce analizzate nel precedente paragrafo, malgrado la complessità della loro fenomenologia, sono state spesso accomunate nella letteratura giuridica, almeno per ciò che riguarda le denominazioni o le definizioni di esse. Alcuni autori ragionano infatti, congiuntamente, di sentenze «integrative», comunque destinate ad introdurre «precetti nuovi rispetto a quelli desumibili dalla disposizione originaria» (Picardi); altri preferisce il *nomen* di sentenze «normative» o di «sentenze-legge» (Silvestri, Zagrebelsky); altri ancora le ingloba nel tipo delle **sentenze manipolative**, alludendo in tal modo a tutti i casi nei quali la disposizione impugnata risulti arricchita di nuove componenti, dopo il giudizio della Corte e per effetto di esso (Elia, A. Guarino, Sandulli).

Più volte, comunque, queste definizioni comportano un motivo di critica nei confronti della Corte stessa.

Da varie parti, soprattutto agli inizi delle esperienze giurisprudenziali or ora descritte, è stato in effetti rilevato il carattere anomalo delle sentenze «manipolative», nel loro intero complesso; sicché si è sostenuto (e ancora si sostiene: Vignudelli; L.A. Mazzarolli) che all'atto di emanare tali decisioni la Corte avrebbe operato una sortita dalle proprie attribuzioni istituzionali, ben oltre ciò che le risulta consentito dall'art. 136 Cost. Anziché produrre conseguenze puramente «riduttive dell'azione normogena dei testi» (Lavagna, Silvestri), essa avrebbe esercitato una vera e propria funzione legislativa, sino ad assumere la veste di un *superlegislatore*, data l'efficacia *erga omnes* di tutte le sue pronunce di accoglimento.

---

[201] V., per es., Corte cost., sent. 18 dicembre 2003 - 13 gennaio 2004, n. 13, ove si può leggere, nel *Considerato in diritto*, *sub* 4, che «*la questione sollevata... deve essere dichiarata fondata* [..., ma la] *caducazione immediata del censurato comma... provocherebbe tuttavia effetti ancor più incompatibili con la Costituzione*», in uno «*Stato costituzionale* [nel quale] *l'ordinamento vive non solo di norme, ma anche di apparati finalizzati alla garanzia dei diritti fondamentali*».

[202] Così, nel *Considerato in diritto* della sent. n. 201/2003, *sub* 1.

Ad obiezioni siffatte è stato però replicato che, nella gran parte dei casi, la creatività delle sentenze «manipolative» è piuttosto apparente che reale. La linea divisoria fra le sentenze interpretative di rigetto e le corrispondenti sentenze di accoglimento è quanto mai sottile, salvo soltanto il ben diverso ambito soggettivo di efficacia; e lo stesso vale per molte sentenze additive, l'adozione delle quali dipende – sovente – dall'accidentale circostanza che una certa esclusione o un certo divieto siano rimasti inespressi, anziché venire testualmente previsti dalla legge (nel qual caso sarebbe bastata una sentenza di puro annullamento della parte impugnata: Elia).

In parecchie occasioni, d'altronde, se la Corte avesse emanato decisioni puramente caducatorie anziché additive o sostitutive, si sarebbe determinata una situazione ancor meno adeguata di quella originaria, rispetto alle norme costituzionali di riferimento[203]. Né giova argomentare che, nel primo caso, il Parlamento si darebbe prontamente carico del vuoto normativo così generato. L'esperienza dimostra, di massima, che il nostro legislatore non è affatto sollecito nel colmare simili lacune; e anche questo dato concorre a spiegare i fenomeni in esame.

Del resto, una volta superate le iniziali resistenze della Cassazione, le sentenze «manipolative» non hanno suscitato quasi mai le reazioni dei giudici, né quelle del Parlamento[204].

A questo punto, perciò, i veri problemi non concernono l'astratta possibilità che la Corte costituzionale adotti pronunce del genere; bensì riguardano i limiti entro i quali vanno esercitati i poteri in questione. In proposito è corrente l'avviso per cui le sentenze «manipolative» non possono essere, malgrado il loro nome, veramente creative di nuovo diritto, sul medesimo piano della funzione legislativa. Precisamente, si è detto in dottrina che le decisioni additive e sostitutive devono pur sempre contenersi nei termini di una composizione **«a rime obbligate»** (Crisafulli), limitandosi a trarre dal sistema (costituzionale) la norma o le norme destinare a colmare le mancate previsioni censurate dalla Corte (oppure le lacune determinate dalla Corte stessa).

Qualora, viceversa, le soluzioni ipotizzabili siano molteplici, cosicché la scelta dipenda da valutazioni politiche, la Corte dovrebbe escludere che la questione si collochi sul piano della legittimità costituzionale; ed è per contro tenuta a pronunciare una *dichiarazione d'inammissibilità*, riconoscendo che il *petitum* rientra nel campo riservato alla cosiddetta discrezionalità del Parla-

---

[203] Basti pensare ad una statuizione legislativa concernente la difesa giudiziale che preveda certe garanzie, ma in misura non sufficiente allo scopo: se un tale disposto venisse annullato del tutto, anziché integrato dalla Corte, la difesa ne risulterebbe ancor meno garantita che in partenza.

[204] Forma eccezione la sent. 17 luglio 1975, n. 219, sulle retribuzioni dei docenti universitari che la Corte elevò rispetto alle misure legislativamente previste. Ma quella stessa pronuncia ha finito per trovare una piena applicazione.

mento. Di fatto, è questo l'indirizzo giurisprudenziale ormai costante, a partire da alcune sentenze con cui si è negato che l'organo della giustizia costituzionale possa violare «*il fondamentale principio di legalità dei reati e delle pene*», escogitando nuove norme penali, sia pure in vista dell'eguaglianza giuridica di tutti i cittadini [205].

b) Ne segue che le sentenze «manipolative» non sono pienamente assimilabili alle leggi, ordinarie e costituzionali; ma questo non toglie che le pronunce medesime e, più in generale, tutte le decisioni di accoglimento possano pur sempre venire inquadrate nel novero delle **fonti normative**.

Indipendentemente dal grado della loro creatività, gli annullamenti pronunciati dalla Corte sono infatti efficaci *erga omnes*: il che induce una notevole corrente dottrinale (Pizzorusso, Sandulli, Zagrebelsky) a concludere nel senso che ci si trovi in presenza di altrettanti *atti con forza di legge*. Effettivamente, «annullare una legge significa» – secondo un noto rilievo di Kelsen – «porre una norma generale, giacché tale annullamento ha lo stesso carattere di generalità della formazione della legge», pur «essendo per così dire una formazione di segno negativo». In altre parole, il medesimo discorso già svolto per i *referendum* abrogativi (v. *supra*, parte II, cap. III, § 20) può essere ora ripetuto – a più forte ragione – per le decisioni di accoglimento. E anche la giurisprudenza costituzionale ha fatto intendere, in diverse occasioni, che le dichiarazioni d'illegittimità delle norme legislative producono – a parte la loro peculiare decorrenza – effetti che non differiscono da quelli propri di leggi provviste degli stessi contenuti [206].

Chi volesse attribuire a queste decisioni un posto ben preciso nel sistema delle fonti, verrebbe anzi condotto a pensare che esse abbiano il rango delle *norme costituzionali* applicate dalla Corte. Non a caso, la Corte stessa ha affermato più volte che l'art. 136 Cost. ha per destinatario non solo «chi è chiamato ad applicare la legge», ma «anche il legislatore»: al quale rimane precluso il disporre «che fatti, atti o situazioni siano valutati come se la dichiarazione di illegittimità costituzionale non fosse intervenuta» [207].

Sennonché l'equiparazione fra le sentenze di accoglimento e le corrispondenti norme costituzionali non può essere portata alle estreme conseguenze.

Numerosissime pronunce della Corte, pur dichiarando illegittime talune parti (testuali o anche «ideali») delle leggi impugnate, non escludono affatto che

---

[205] Cfr. le sentt. 20 gennaio 1977, n. 42; 26 maggio 1981, n. 73; 25 giugno 1981, n. 108. Più in generale, v. le sentt. 3 marzo 1989, n. 82, e 14 dicembre 1993, n. 438: quest'ultima decisione ha dichiarato inammissibile l'impugnativa della legge elettorale per la Camera allora vigente (la legge 4 agosto 1993, n. 277), quanto ai seggi spettanti alla Provincia di Bolzano, pur lasciando intendere che la salvaguardia delle minoranze linguistiche avrebbe consigliato soluzioni diverse.

[206] Cfr. la sent. 6 luglio 1970, n. 118, come pure la sent. 18 giugno 1979, n. 42.

[207] Cfr. la sent. 6 luglio 1966, n. 88, e pure la sent. 28 luglio 1988, n. 922.

quelle disposizioni possano venire riprodotte e inserite in leggi future, purché la rinnovazione risulti effettuata in un *diverso contesto normativo*, tale da porre rimedio al vizio dapprima censurato.

Un tanto si verifica con particolare frequenza – ad esempio – nel campo dei giudizi sull'eguaglianza (e quindi sulla ragionevolezza) di determinate assimilazioni o discriminazioni volute dal legislatore. Quelle stesse norme, non appena mutati i punti di riferimento formati dal *tertium* o dai *tertia comparationis*, possono infatti apparire legittime anziché difformi dal principio generale dell'art. 3 Cost.; il che dimostra, limitatamente a tali ipotesi, che le dette sentenze di accoglimento non hanno un rango propriamente costituzionale, ma sono piuttosto assimilabili alle *norme legislative ordinarie*[208].

NOTA BIBLIOGRAFICA – Sugli **atti normativi che disciplinano i processi costituzionali**, v. *supra* la *NOTA BIBLIOGRAFICA* al cap. III della parte II. Sui **giudizi di legittimità delle leggi**, v. **in generale** ABBAMONTE, *Il processo costituzionale italiano*, Napoli, 1957-1962; REDENTI, *Legittimità delle leggi e Corte costituzionale*, Milano, 1957; AA.VV., *Strumenti e tecniche di giudizio della Corte costituzionale*, Milano, 1988; AA.VV., *Le zone d'ombra della giustizia costituzionale. I giudizi sulle leggi*, a cura di Balduzzi, Costanzo, Torino, 2007; AA.VV., *Aggiornamenti in tema di processo costituzionale* (2011-2013), a cura di Romboli, Torino, 2014 [i voll. precc. sono suddivisi negli anni: 1987-1989; 1990-1992; 1993-1995; 1996-1998; 1999-2001; 2002-2004; 2005-2007; 2008-2010]; nonché il volume edito da ESI, curato da Romboli e cit. *infra*, nell'ultimo dei rinvii tematici della presente *NOTA BIBLIOGRAFICA*. Sui **giudizi incidentali**, v. CALAMANDREI, *L'illegittimità costituzionale delle leggi nel processo civile*, Padova, 1950: ANDRIOLI, *Profili processuali del controllo giurisdizionale delle leggi*, Padova, 1953; CAPPELLETTI, *La pregiudizialità costituzionale nel processo civile*, Milano, 1957; LAVAGNA, *Problemi di giustizia costituzionale sotto il profilo della «manifesta infondatezza»*, Milano, 1957; GIOCOLI NACCI, *L'iniziativa nel processo costituzionale incidentale*, Napoli, 1963; S. TOSI, *Il Governo davanti alla Corte nei giudizi incidentali di legittimità costituzionale*, Milano, 1963; PIZZORUSSO, *La restituzione degli atti al giudice «a quo» nel processo costituzionale incidentale*, Milano, 1965; MODUGNO, *Riflessioni interlocutorie sulla autonomia del giudizio costituzionale*, Napoli, 1966; PIZZETTI, ZAGREBELSKY, *«Non manifesta infondatezza» e «rilevanza» nella instaurazione incidentale del giudizio sulle leggi*, Milano, 1972; LUCIANI, *Le decisioni processuali e la logica del giudizio costituzionale incidentale*, Padova, 1984; ROMBOLI, *Il giudizio costituzionale incidentale come processo senza parti*, Milano, 1985; SPADARO, *Limiti del giudizio costituzionale in via incidentale* e *ruolo dei giudici*, Napoli, 1990; D'AMICO, *Parti* e *processo nella giustizia costituzionale*, Torino, 1991; CATELANI, *La determinazione della «questione di legittimità costituzionale» nel giudizio incidentale*, Mila-

---

208 Così il *Manuale* del prof. Paladin. Resta un dubbio che L.A. Mazzarolli nutre – «*in solitaria*» – oramai da anni e che è il seguente.

Se una legge viene dichiarata costituzionalmente illegittima *in parte qua* da una sentenza additiva e se quest'ultima, per essere legittimamente dettata, deve desumere l'*unica addizione possibile direttamente da principi di carattere e rilievo costituzionale* (perché, altrimenti facendo, lederebbe la libertà di scelta del Parlamento), ciò che residuerà dopo l'intervento della Corte non potrà essere un atto avente la forza di una mera legge, ma quantomeno di una *legge a contenuto costituzionalmente vincolato* (v. *supra*, parte II, cap. III, § 20, *sub c5*), con tutte le conseguenze del caso.

no, 1993; ONIDA, D'AMICO, Il *giudizio di costituzionalità delle leggi*, Torino, 1998; A. LOLLO, *Sindacato di costituzionalità e norme penali di favore*, Padova, 2017. Su **alcuni specifici aspetti**, v. inoltre CARNELUTTI, *La Corte costituzionale sopra lo Stato?*, in *Riv. dir. proc.*, 1960, p. 668 ss.; GALIZIA, *Libertà provvisoria e rilevanza*, in *Giur. cost.*, 1965, p. 124 ss.; GIANNINI, *Per una maggiore ponderazione degli interventi del Presidente del Consiglio dei ministri*, in *Giur. cost.*, 1965, p. 63 ss. Sui **giudizi principali**, v., per limitarsi a scritti non lontanissimi nel tempo, AA.VV., *Regioni e Corte costituzionale*, a cura di Bartole, Scudiero e Loiodice, Milano, 1988; e specificamente VOLPE, *Dalla promulgazione parziale alla abrogazione parziale delle leggi regionali siciliane*, in *Le Regioni*, 1983, p. 457 ss.; PADULA, *L'asimmetria del giudizio in via principale. La posizione dello stato e delle regioni davanti alla corte costituzionale*, Padova, 2005; L.A. MAZZAROLLI, *Sulla sospensione degli effetti della legge nel giudizio principale: una disposizione o illegittima o inutile*, in AA.VV., *Il diritto costituzionale come regola e limite al potere. Scritti in onore di Lorenza Carlassare*, vol. IV, *Dei giudici e della giustizia costituzionale*, Napoli, 2009, p. 1429 ss. Sui **criteri, gli oggetti e i limiti del sindacato della Corte**, v. AA.VV., *Dibattito sulla competenza della Corte costituzionale in ordine alle norme anteriori alla Costituzione*, in *Giur. cost.*, 1956, p. 261 ss.; GIANNINI, *Alcuni caratteri della giurisdizione di legittimità delle norme*, in *Giur. cost.*, 1956, p. 902 ss.; ESPOSITO, *Elementi soggettivi ed oggettivi degli «atti aventi forza di legge»*, in *Giur. cost.*, 1959, p. 1078 ss.; MORTATI, *Atti con forza di legge e sindacato di costituzionalità*, Milano, 1964; PALADIN, *Legittimità e merito delle leggi nel processo costituzionale*, in *Riv trim. dir. proc. civ.*, 1964, p. 304 ss.; AMATO, *Regolamenti anteriori con forza di legge*, in *Dem. dir.*, 1968, p. 588 ss.; LOMBARDI, *Una «ratio decidendi» per il contrasto tra disposizioni dei Patti Lateranensi e norme della Costituzione?*, in *Giur. cost.*, 1970, p. 64 ss.; AA.VV., *La dottrina del precedente nella giurisprudenza della Corte costituzionale*, a cura di Treves, Torino, 1971; SANDULLI, *Il principio di ragionevolezza nella giurisprudenza costituzionale*, in *Dir. soc.*, 1975, p. 561 ss.; VOLPE, *L'ingiustizia delle leggi*, Milano, 1977; RAVERAIRA, *Problemi costituzionali dell'abrogazione popolare*, Milano, 1983; LAVAGNA, *Ricerche sul sistema normativo*, Milano, 1984, p. 637 ss.; GIOCOLI NACCI, *Norme interposte e giudizio di costituzionalità*, in *Scritti Crisafulli*, cit., I, p. 359 ss.; AA.VV., *La Corte costituzionale tra diritto interno e diritto comunitario*, Milano, 1991; PIPERNO, *La Corte costituzionale e il limite di «political question»*, Milano, 1991; BIN, *Diritti e argomenti*, Milano, 1992; SICLARI, *Le norme «interposte» nel giudizio di costituzionalità*, Padova, 1992; RUGGERI, *Fatti e norme nei giudizi sulle leggi*, Torino, 1994; AA.VV., *Il principio di ragionevolezza nella giurisprudenza costituzionale*, Milano, 1994; A. MORRONE, *Bilanciamento*, in *Enc. dir.*, Annali, II, Milano, 2008. Sulla **tipologia delle decisioni e sui loro effetti**, v. G. GUARINO, *Abrogazione e disapplicazione delle leggi illegittime*, in *Jus*, 1951, p. 356 ss.; AZZARITI, *Problemi attuali di diritto costituzionale*, cit., 127 ss.; LIEBMAN, *Contenuto ed efficacia delle decisioni della Corte costituzionale*, in *Scritti Calamandrei*, Padova, 1958, III, p. 409 ss.; MONTESANO, *Norma e formula legislativa nel giudizio costituzionale*, in *Riv. dir. proc.*, 1958, p. 524 ss.; ESPOSITO, *Diritto vivente, legge e regolamento di esecuzione*, in *Giur. cost.*, 1962, p. 605 ss.; PACE, *Osservazione sulla «pubblicazione» delle sentenze di accoglimento della Corte costituzionale*, in *Giur. cost.*, 1965, p. 462 ss.; ELIA, *Sentenze «interpretative» di norme costituzionali e vincolo dei giudici*, in *Giur. cost.*, 1966, p. 1715 ss. (nonché *Le sentenze additive e la più recente giurisprudenza della Corte costituzionale*, in *Scritti Crisafulli*, cit., 1, p. 299 ss.); P. BARILE, *Scritti*, cit., p. 417 ss.; A. GUARINO, *Le sentenze costituzionali manipolative*, in *Dir. giur.*, 1967, p. 433 ss.; ONIDA, *Pubblica amministrazione e costituzionalità delle leggi*, Milano, 1967 (nonché *L'attuazione della Costituzione fra magistratura e Corte costituzionale*, in *Scritti Mortati*, cit., IV, p. 501 ss.); DI PALMA, *La pubblicazione in Gazzetta Ufficiale delle sentenze di accoglimento della Corte costituzionale*, in *Giur. cost.*, 1968, p. 1930 ss.; MODUGNO, *Corollari del principio di «legittimità costituzionale» e sentenze «sostitutive» della Corte*, in *Giur. cost.*, 1969, p. 91 ss.; DELFINO, *La dichiarazione di illegittimità costituzionale delle leggi*, Napoli, 1970; PICARDI, *Le sentenze «integrative» della Corte costituzionale*, in *Scritti Mortati*, cit., IV, p. 597 ss.; SILVESTRI, *Le sentenze *normative della Corte Costituzionale*, in *Scritti Crisafulli*, cit., I, p. 755 ss.; PEGORARO, *La Corte e il Parlamento. Sentenze-indirizzo e attività legislativa*, Padova, 1987; RUGGERI, *Le attività «conseguenziali» nei rapporti fra la Corte costituzionale e il legislatore*, Milano, 1988 (nonché *Storia di un «falso». L'efficacia inter partes delle sentenze di rigetto della Corte costituzionale*, Milano, 1990); VIGNUDELLI, *La Corte delle leggi*, Rimini, 1988; AA.VV., *Effetti temporali delle sentenze della Corte costituzionale anche con riferimento alle esperienze straniere*, Milano, 1989; ANZON, *Nuove tecniche decisorie della Corte costituzionale*, in *Giur. cost.*, 1992, p. 3199 ss.; AA.VV., *Le sentenze della Corte costituzionale e l'art.* 81, *ult. co., della Costituzione*, Milano, 1993; D'AMICO, *Giudizio sulle leggi ed efficacia temporale delle decisioni di incostituzionalità*, Milano, 1993; PINARDI, *La Corte, i giudici e il legislatore*, Padova, 1993; GROPPI, *I poteri istruttori della Corte costituzionale nel giudizio sulle leggi*, Milano, 1997; POLITI, *Gli effetti nel tempo delle sentenze di accoglimento della Corte costituzionale*, Padova, 1997; L.A. MAZZAROLLI, *Il giudice delle leggi tra predeterminazione costituzionale e creatività*, Padova, 2000; LUCIANI, *Interpretazione conforme a costituzione*, in *Enc. dir.*, Annali, IX; Milano, 2016, nonché il volume edito da ESI, curato da Bin, Brunelli, Pugiotto e cit. subito *infra*. Sulla **giurisprudenza della Corte costituzionale analizzata per grandi temi a cinquant'anni dalla sua entrata in funzione**, si possono riassuntivamente vedere i seguenti volumi di AA.VV., tutti èditi da ESI, Napoli, nel 2006: *Ambiente, territorio e beni culturali nella giurisprudenza costituzionale*, a cura di Lucarelli; *Diritto ecclesiastico e Corte costituzionale*, a cura di R. Botta; *Autonomia privata individuale e collettiva*, a cura di P. Rescigno; *Corti nazionali e comparazione giuridica*, a cura di G.F. Ferrari, Gambaro; *Corti nazionali e corti europee*, a cura di G.F. Ferrari; *Costituzione europea e interpretazione della costituzione italiana*, a cura di Iudica e G. Alpa; *Diritto amministrativo e corte costituzionale*, a cura di Della Cananea, Dugato; *Diritto del lavoro e corte costituzionale*, a cura di R. Scognamiglio; *Diritto penale e giurisprudenza costituzionale*, a cura di G. Vassalli; *Diritto processuale civile e corte costituzionale*, a cura di E. Fazzalari; *Diritto tributario e corte costituzionale*, a cura di Perrone, Berliri; *«Effettività» e «seguito» delle tecniche decisorie della corte costituzionale*, a cura di Bin, Brunelli, Pugiotto; *Giurisprudenza costituzionale e fonti del diritto*, a cura di N. Lipari; *Impresa pubblica e intervento dello stato nell'economia*, a cura di R. Di Raimo, Ricciuto; *Iniziativa economica e impresa nella giurisprudenza costituzionale*, a cura di V. Buonocore; *Interpretazione a fini applicativi e legittimità costituzionale*, a cura di P. Femia; *L'accesso alla giustizia costituzionale. Caratteri, limiti, prospettive di un modello*, a cura di R. Romboli; *La dimensione internazionale ed europea del diritto nell'esperienza della Corte costituzionale*, a cura di L. Daniele; *La responsabilità civile nella giurisprudenza costituzionale*, a cura di M. Bussani; *Le Corti dell'integrazione europea e la Corte costituzionale italiana*, a cura di N. Zanon; *Persona, famiglia e successioni nella giurisprudenza costituzionale*, a cura di Sesta, Cuffaro; *Rapporti patrimoniali nella giurisprudenza costituzionale*, a cura di Tamponi, E. Gabrielli; *Ridefinizione della forma di governo attraverso la giurisprudenza costituzionale*, a cura di A. Ruggeri.

CAPITOLO III
LE ALTRE FUNZIONI DELLA CORTE

SOMMARIO: 1. I conflitti di attribuzione tra i poteri dello Stato. – 2. *Segue*: oggetto e procedimento dei conflitti tra poteri. – 3. I conflitti di attribuzione tra lo Stato e le Regioni. – 4. *Segue*: i profili procedurali. – 5. Le responsabilità penali del Presidente della Repubblica e il loro accertamento.

1. *I conflitti di attribuzione tra i poteri dello Stato*

a) Nell'affidare alla Corte la risoluzione dei **conflitti tra i poteri dello Stato**, il secondo alinea dell'art. 134 Cost. non ha inteso coinvolgere i *conflitti interni* ai singoli poteri, già previsti e altrimenti regolati anche dall'ordinamento precostituzionale.

È questo, anzitutto, il caso dei «*conflitti di attribuzione tra i ministri*», tuttora ricadente nella competenza del Consiglio dei ministri [1]. Inoltre, non è alla Corte costituzionale bensì alla Cassazione che spetta ancora oggi risolvere le «*questioni di giurisdizione*», espressamente eccettuate dalla legge n. 87/1953 [2], sulla base dell'art. 111, co. 3, Cost. [3].

I conflitti qui in esame rappresentano, dunque, un rimedio nuovo e «aggiuntivo» (Zagrebelsky), giustificato dal carattere accentuatamente policentrico della vigente organizzazione costituzionale dello Stato.

b) Ma, allora, di quali **tipi di conflitto** si tratta in questa sede? E fra quali parti ricorrenti e resistenti?

La legge n. 87/1953, che forma la fonte primaria della relativa disciplina, si

---

[1] Cfr. l'art. 2, co. 1, della legge n. 400/1988, preceduto sul punto dall'art. 1, n. 8, del r.d. n. 466/1901.

[2] Si veda l'art. 37, co. 2, della legge cit.

[3] Disponendo che «contro le decisioni del Consiglio di Stato e della Corte dei conti il ricorso in Cassazione è ammesso per i soli motivi inerenti alla giurisdizione», l'art. 111 opera – in particolar modo – un chiaro riferimento agli artt. 46 e 362 Cod. proc. civ., quanto al «regolamento di giurisdizione», quanto ai «conflitti positivi e negativi di giurisdizione tra giudici speciali e tra questi e i giudici ordinari» e quanto ai «conflitti negativi di attribuzione tra la pubblica amministrazione e il giudice ordinario».

limita a disporre quanto segue: *«il conflitto tra i poteri dello Stato è risolto dalla Corte costituzionale se insorge tra organi competenti a dichiarare definitivamente la volontà dei poteri cui appartengono e per la delimitazione della sfera di attribuzioni determinata per i vari poteri da norme costituzionali»* [4].

b1) Il primo dato emergente da questa previsione riguarda il nucleo della controversia, certamente costituito da un **conflitto di competenze**; sicché la Corte deve innanzitutto dichiarare – come ancora precisa la legge concernente il suo funzionamento – *«il potere al quale spettano le attribuzioni in contestazione», mentre l'annullamento degli atti viziati da incompetenza rimane eventuale* [5].

Un secondo dato riguarda invece i **parametri del giudizio**. Occorre cioè, stando almeno alla lettera, che il conflitto abbia un «**tono costituzionale**» (Cerri, Mezzanotte), anche se le norme costituzionali invocate nel ricorso vengono spesso integrate da norme legislative ordinarie e persino da norme consuetudinarie (v. *supra*, parte II, cap. III, § 28): tanto da far sostenere in dottrina che il vero parametro possa addirittura risultare scollegato dalla Costituzione (Pace).

b2) Assai più complessa e problematica è la determinazione dei possibili **soggetti del conflitto**, sia per quanto attiene all'individuazione dei «poteri dello Stato», sia per quanto interessa la conseguente ricerca degli organi o degli «uffici» (Pensovecchio Li Bassi) legittimati a ricorrere e resistere dinanzi alla Corte, nell'ambito di ciascun potere. La legge n. 87/1953 parrebbe alludere ad altrettanti complessi di organi statali, ognuno dei quali sarebbe dotato di un vertice, cui competerebbe confliggere presso la Corte: il che potrebbe addirittura far pensare, secondo una parte dei lavori preparatori della legge stessa, che essa abbia voluto riferirsi alla tradizionale teoria della tripartizione dei poteri, considerando i soli conflitti reciproci fra il legislativo, l'esecutivo e il giudiziario. Ma una concezione così riduttiva è stata ben presto superata nella letteratura giuridica, sia pure in mancanza di riscontri offerti dalla prassi e dalla giurisprudenza.

In primo luogo, si è riconosciuto (Balladore Pallieri, Grottanelli de' Santi, Mazziotti, Sandulli ...) che il conflitto può insorgere – per definizione – fra **organi costituzionali di qualsiasi tipo**, ivi compresi quegli *«organi-potere»* (Crisafulli) che si risolvono in un solo organo dello Stato, come nel caso del *Presidente della Repubblica* oppure della *Corte costituzionale*.

In secondo luogo, sebbene essi eccedano il novero degli organi costituzionali propriamente intesi, generalmente sono stati inclusi fra i «poteri» legittimati a confliggere, in difesa delle loro attribuzioni costituzionalmente previste, tanto il *Consiglio di Stato* e la *Corte dei conti* quanto il *Consiglio superiore della magistratura*.

In terzo luogo, si è sostenuta l'esperibilità del rimedio in esame da parte di

---

[4] Si veda l'art. 37, co. 1, della legge cit.

[5] Cfr. l'art. 38 della legge ult. cit.

«*sezioni di organi*», quali le *commissioni* o anche i *gruppi parlamentari*, come pure ad opera di taluni «*poteri esterni all'organizzazione dello Stato*» (Mazziotti).

A partire dalla metà degli anni Settanta, la giurisprudenza costituzionale ha fatto quasi interamente proprie queste indicazioni; e, anzi, a certi effetti, è giunta ancora più oltre.

Così, la Corte ha senz'altro inserito nel quadro sia il già ricordato *Presidente della Repubblica* in carica, quale «titolare di attribuzioni non riconducibili alla sfera di competenza dei tre tradizionali poteri dello Stato»[6], ma pure l'«ex *Presidente della Repubblica*» allorché e se «agisce ora, quale titolare di una carica non più in atto, per la tutela di attribuzioni presidenziali che, in ipotesi, gli spettavano allora, in relazione a comportamenti da lui tenuti durante il suo mandato presidenziale e oggetto di pronunce dell'autorità giudiziaria successive alla scadenza del medesimo»[7]. Inoltre, ha lasciato intendere che la *Corte costituzionale stessa* rientra «fra gli organi legittimati a essere parti in conflitti di attribuzione fra poteri»[8]; ha dichiarato ammissibili ricorsi promossi dai *Presidenti della Camera e del Senato*, previe le conformi deliberazioni delle rispettive assemblee, «sebbene entrambe... facciano parte del medesimo potere» (il **legislativo**)[9]; e, sempre quanto a quest'ultimo potere, aveva concluso nello stesso senso già in precedenza, quanto alle *Commissioni parlamentari d'inchiesta*, nonché in riferimento alla *Commissione per l'indirizzo e la vigilanza dei servizi radiotelevisivi*[10].

Ciò che più conta, la Corte ha qualificato il **giudiziario** come un **potere «diffuso»**, all'interno del quale, cioè, non è dato configurare una gerarchia tra coloro che ne fanno parte, posto il chiaro dettato dell'art. 107, co. 3, Cost., che distingue i giudici *solo* in base alle funzioni che esercitano; sicché *tutti i giudici*, tutti «*i singoli organi giurisdizionali*, esplicando le loro funzioni in situazione di piena indipendenza, costituzionalmente garantita, sono da considerare legittimati – attivamente e passivamente – a esser parti di conflitti di attribuzione, prescindendo dalla proponibilità di gravami predisposti a tutela di interessi diversi»[11]. E ciò vale, quindi, anche per quel particolarissimo giudice che è la «*sezione disciplinare del Consiglio superiore della magistratura*... organo giurisdizionale, in posizione di indipendenza costituzionalmente garantita, competente a di-

---

[6] Cfr. l'ord. 12 novembre 1980, n. 150, nonché la sent. 10 luglio 1981, n. 129.

[7] Corte cost., ord. 12 novembre 2002, n. 455.

[8] ... secondo la motivazione dell'ord. 26 maggio 1981, n. 77.

[9] V. nuovamente l'ord. n. 150/1980.

[10] Si vedano le ordd. 17 luglio 1975, nn. 228 e 229, nonché la sent. 12 marzo 1998, n. 49.

[11] V. specialmente le sent. nn. 228 e 229/1975 cit., seguite dalla sent. 22 ottobre 1975, n. 231. Analoghe conclusioni sono state raggiunte per la Corte dei conti, non solo come giudice ma anche come «organo ausiliario», nell'esercizio della funzione di controllo preventivo sugli atti del Governo, *ex* art. 100, co. 2, Cost. (cfr. la sent. 14 luglio 1989, n. 406). Per contro, la sent. 2 giugno 1995, n. 226, ha negato la legittimazione del *Garante per la radiodiffusione e l'editoria*, dato che le attribuzioni di quell'autorità sono state previste da una legge ordinaria.

chiarare definitivamente la volontà del potere cui appartiene, nell'esercizio delle funzioni ad esso attribuite» [12].

Non a caso, la più parte dei conflitti finora sollevati ha visto contendere, appunto, i più vari giudici ordinari e speciali, soprattutto a confronto con l'esecutivo.

Diversamente dal giudiziario, l'**esecutivo** si presenta invece come un potere accentrato, tale che il suo organo di vertice è generalmente costituito dall'intero Governo in *Consiglio dei ministri* [13]. Nemmeno il *Presidente del Consiglio* può ricorrere alla Corte, senza una previa delibera dell'organo governativo collegiale, se non quando si tratti di attribuzioni sue proprie [14]. Mentre i *singoli ministri* difettano, di regola, della legittimazione a prender parte ai giudizi in esame; e la sola eccezione sembra riguardare il *ministro della Giustizia*, quanto alle attribuzioni direttamente conferitegli dagli artt. 107 e 100 Cost. [15], ciò che consente di attribuire ai conflitti di cui egli dovesse fare parte, il *tono costituzionale* di cui si diceva poc'anzi.

Fuori dalla cerchia degli organi dello Stato-apparato, viceversa, la Corte si è spinta in una sola occasione, quando ha ritenuto ammissibile un ricorso proposto dal *comitato promotore di un referendum abrogativo*, «in rappresentanza dei firmatari della relativa richiesta» [16]. Ma questo precedente è rimasto isolato, anche perché si è fondato sul restrittivo criterio della «concorrenza» (Sorrentino) tra le «funzioni pubbliche costituzionalmente rilevanti e garantite» che spettino a «figure soggettive esterne», e altre funzioni «attribuite a poteri ed organi statuali in senso proprio»: come appunto si verifica nel procedimento referendario, che vede interagire i promotori e i sottoscrittori, l'Ufficio centrale della Cassazione, il Governo, il Presidente della Repubblica e la Corte stessa (v. *supra*, parte III, cap. V, § 3).

---

[12] Corte cost., ord. 15 novembre 2000, n. 530.

Sul **rapporto tra pronunce della Corte in materia di conflitto tra poteri e sentenze dei giudici passate in giudicato**, v. *infra*, nel § che segue.

[13] Cfr. l'ord. 7 febbraio 1986, n. 38.

[14] ... come – per esempio – nel caso riguardato dall'ord. 3 marzo 1977, n. 49.

[15] Circa la *generalità dei ministri*, si vedano l'ord. 10 ottobre 1979, n. 122, e la sent. 24 1uglio 1981. n. 150.

Circa il *ministro della Giustizia*, v. soprattutto la sent. 27 luglio 1992, n. 379, che ha ritenuto ammissibile un conflitto proposto nei suoi confronti da parte del Consiglio superiore della magistratura. Ma vedi anche l'ord. 9 ottobre 1991, n. 379, con cui la Corte ha dichiarato estinto un conflitto insorto fra il Ministro stesso, il Presidente del Consiglio dei ministri e il Presidente della Repubblica.

Peraltro la Corte stessa – con sent. n. 7/1996 cit. – ha dichiarato ammissibile il ricorso proposto da un ministro rimosso per effetto di un voto di sfiducia individuale; ma si tratta di un caso particolarissimo (v. *supra*, parte III, cap. III, § 7), che non ha mancato di suscitare accese discussioni.

[16] Cfr. l'ord. 3 marzo 1978, n. 17, seguita dalla sent. 23 maggio 1978, n. 69.

Non a caso, mediante l'ord. 14 gennaio 1997, n. 9, la Corte ha escluso l'ammissibilità del conflitto pur promosso sempre da un comitato promotore per contestare la nuova disciplina del finanziamento dei partiti politici, introdotta dalle Camere dopo l'effettuazione del relativo *referendum*: il comitato, infatti, non può considerarsi come un «organo di permanente controllo», «in grado d'interferire direttamente sulla volontà del Parlamento», «bensì trova il suo naturale limite nella conclusione del procedimento referendario».

Del pari, essa ha escluso la legittimazione dei «*partiti politici*» che «vanno considerati come organizzazioni proprie della società civile, alle quali sono attribuite dalle leggi ordinarie» (*e non, quindi, costituzionali*) «talune funzioni pubbliche, e non come poteri dello Stato ai fini dell'art. 134 Cost.»[17], e quella del «*cittadino-elettore*» che cercava di far passare la tesi dell'essere «componente dell'organo costituzionale "corpo elettorale"», provocando la consueta obiezione della Corte secondo la quale «in nessun caso (...) il singolo cittadino può (...) ritenersi investito di una funzione costituzionalmente rilevante tale da legittimarlo a sollevare conflitto di attribuzione ai sensi degli artt. 134 Cost. e 37 legge n. 87 del 1953»[18].

2. Segue: *oggetto e procedimento dei conflitti tra poteri*

a) La causa scatenante del conflitto in esame può consistere – di massima – in **qualsiasi tipo di atto o di comportamento imputabile a un altro «potere dello Stato»**, che il ricorrente ritenga **invasivo o lesivo** delle proprie attribuzioni.

Più precisamente, per aversi conflitto basta che sia prospettabile un qualche *pregiudizio di ordine costituzionale*; e non occorre necessariamente, per contro, che si contenda circa la spettanza della stessa attribuzione.

In dottrina è da tempo pacifico, cioè, che la cosiddetta ***vindicatio potestatis*** rappresenta solo uno fra i possibili oggetti del ricorso (Pensovecchio Li Bassi, Mazziotti, Sorrentino *et* AA.). E anche la Corte ha ribadito «*il criterio per cui la figura dei conflitti di attribuzione, sia tra lo Stato e le Regioni sia tra i poteri dello Stato, non si restringe alla sola ipotesi di contestazione circa l'appartenenza del medesimo potere, che ciascuno dei contendenti rivendichi per sé, ma si estende a comprendere ogni ipotesi in cui dall'illegittimo esercizio di un potere altrui consegua la* **menomazione** *di una sfera di attribuzioni costituzionalmente assegnata all'altro soggetto*»[19].

---

[17] Corte cost., ord. 22 febbraio 2006, n. 79.

[18] Corte cost., ord. 9 luglio 2008, n. 284, citando sé stessa anche nei precedenti delle ordd. 19 maggio 2008, n. 189; 5 luglio 2006, n. 296; 27 luglio 1988 (senza numero).

[19] Cfr. la sent. 10 luglio 1981, n. 129 cit. Nella specie, il conflitto verteva sul rapporto fra la giurisdizione contabile della Corte dci conti e l'autonomia organizzativa e funzionale spettante alle Camere e al Presidente della Repubblica; sicché risultava evidente la diversità delle due sfere di attribuzioni, peraltro interferenti fra di loro.

La giurisprudenza costituzionale ha messo in luce, però, due ordini di eccezioni o di limiti al detto principio.

a1) Da un lato, la Corte ha più volte negato di poter giudicare – nel quadro di un conflitto fra poteri – dei *pretesi errori commessi da un organo giurisdizionale nell'esercizio di una funzione sicuramente compresa nella sua competenza*, operando in tal senso come una sorta di anomalo giudice d'appello[20].

a2) D'altro lato, la Corte aveva concluso – alla fine degli anni Ottanta e contraddicendo la prevalente opinione dottrinale (Mazziotti, Sorrentino, Zagrebelsky) – nel senso che, «*in linea di principio, il conflitto... non possa ritenersi dato contro una* legge *o un* atto equiparato»: giacché in questo caso ne deriverebbe «un elemento di rottura del sistema di garanzia costituzionale», tendenzialmente incentrato sulle impugnazioni incidentali delle norme legislative, con la sola eccezione delle impugnative principali tassativamente previste dalla Costituzione o dalle leggi costituzionali[21].

Ma la menzionata sentenza si rifaceva ad un «sistema di garanzia costituzionale incentrato sul sindacato incidentale [*perché*] rapportato alla posizione di "preminenza" delle fonti primarie, che sottende "da un lato un particolare favore per l'operatività della legge e degli atti equiparati e dall'altro il postulato che la loro costituzionalità vada verificata nel loro impatto sociale, cioè nella loro (concreta) incidenza sugli interessi reali". *[/]* Questa motivazione, riferita in linea di massima alla legge, in quanto atto caratterizzato dalla durata e dalla stabilità dei propri effetti, mal si attaglia ad un atto quale il **decreto-legge**, che la stessa Costituzione viene a qualificare come "provvedimento provvisorio"... [*dotato di una*] efficacia che non può far venir meno i mutamenti irreversibili della realtà che lo stesso decreto abbia potuto produrre nel corso della sua precaria vigenza, con la conseguenza che l'atto non convertito, anche se divenuto inefficace, permane di fatto come "comportamento" di cui il Governo è chiamato, sotto ogni profilo, a rispondere. *[/]* Tutto questo induce a sottolineare come (rispetto al decreto-legge) *il profilo della garanzia si presenti essenziale e tenda a prevalere* (come emerge dallo stesso disegno tracciato nell'art. 77 della Costituzione) *su ogni altro*. Profilo che verrebbe a risultare, se non compromesso, certamente limitato ove il controllo di costituzionalità dovesse ritenersi circoscritto alla sola ipotesi del sindacato incidentale. È noto, infatti, che, per il decreto-legge, questo tipo di sindacato, per quanto possibile, si presenta di fatto non praticabile in relazione ai tempi ordinari del giudizio incidentale ed alla limitata vigenza temporale dello stesso decreto».

In definitiva, non si possono quindi escludere «ipotesi, certamente deprecabili (ma suscettibili di manifestarsi non soltanto attraverso l'impiego della decretazione d'urgenza)», con conseguente necessità che «il ricorso allo strumento

---

[20] V. specialmente le sentt. 25 marzo 1981, nn. 30 e 31.

[21] Cfr. la sent. 14 luglio 1989, n. 406.

del conflitto tra i poteri dello Stato [*possa*] dunque, rappresentare la forma necessaria per apprestare una difesa in grado di unire all'immediatezza l'efficacia. Appare, pertanto, giustificato riconoscere (precisati nei sensi anzidetti i contenuti enunciati nella sentenza n. 406 del 1989, in sostanziale continuità con la linea motiva in essa espressa) la possibilità di utilizzare nei confronti del decreto-legge lo strumento del conflitto tra i poteri dello Stato come controllo da affiancare al sindacato incidentale»[22].

La Corte si è riavvicinata al tema anche nel 1999, esprimendo il concetto con ancora maggior chiarezza allorché ha sottolineato che il conflitto «è preordinato alla garanzia dell'integrità "della sfera di attribuzioni determinata per i vari poteri da norme costituzionali" ... *senza che, né dalla disciplina costituzionale, né da quella legislativa, si dia alcun rilievo alla natura degli atti da cui possa derivare la lesione all'anzidetta "sfera di attribuzioni"*. A differenza della giurisdizione costituzionale sulla legittimità delle leggi... *la giurisdizione costituzionale sui conflitti è determinata in relazione alla natura dei soggetti che confliggono e delle loro competenze la cui integrità essi difendono*». Dalle quali considerazioni non può derivare «*l'esclusione assoluta dell'ammissibilità di conflitti... prospettati in relazione alla definizione delle competenze operata con legge...* Dal valore sì generale... ma al contempo specifico... del giudizio incidentale sulle leggi deriva... soltanto che ***deve escludersi, nella normalità dei casi, l'esperibilità del conflitto tutte le volte che la legge, dalla quale, in ipotesi, deriva la lesione delle competenze, sia denunciabile dal soggetto interessato nel giudizio incidentale****, come accade di norma quando l'usurpazione o la menomazione del potere costituzionale riguardi l'autorità giudiziaria ...*»[23].

a3) Interessante, quanto all'oggetto del conflitto, è una pronuncia nella quale la Corte tratta dei *rapporti e ipotetici* ***contrasti*** *che possano insorgere* ***tra giudicato e pronuncia della Corte in materia di conflitti***: l'«avvenuto esaurimento della vicenda processuale... impedisce che... [*la*] Corte possa dare alla propria pro-

---

[22] Così in Corte cost., sent. 10 maggio 1995, n. 161.

[23] Corte cost., sent. 14 dicembre 1999, n. 457.

Ma v. anche la sent. 22-29 maggio 2002, n. 221, nella quale la Corte, decidendo un conflitto tra poteri, ha stabilito «che non spetta al Governo adottare l'art. 9, comma 7, primo periodo, del **decreto legislativo** 30 luglio 1999, n. 303... e conseguentemente lo [*ha*] annulla[*to*]», *perché «il conflitto sollevato sulla norma di legge che esclude determinate categorie di atti dal controllo preventivo della Corte dei conti, nel momento della presa d'atto di tale esclusione, non dà luogo a un giudizio sulla legge, proposto in via incidentale, ma, in assenza di un procedimento di controllo, dà luogo a un'azione di rivendicazione di competenza proponibile come conflitto di attribuzione in riferimento alla legge che tale sottrazione prevede ...*».

Senza volere pretendere di trarne conclusione alcuna, anche perché tutte le pronunce vanno votate dall'intero collegio, non sembrerebbe corretto non fare almeno notare che tutte le pronunce citate nel presente sottoparagrafo appartengono al periodo in cui fu giudice e Presidente della Corte Gustavo Zagrebelsy, ricordato, all'inizio del sottoparagrafo stesso, come da sempre favorevole al considerare come oggetto del conflitto anche la legge e gli atti dotati della forza di questa.

nuncia, concernente uno specifico episodio interno al processo, un contenuto tale da riaprire quella vicenda, rimettendo in discussione rapporti e situazioni giuridiche... consolidatisi per effetto... del giudicato»[24].

Anche se, a tale riguardo, non si può ignorare la proposizione con cui la Corte conclude il ragionamento [«...riapertura dalla quale nessuna conseguenza potrebbe discendere per la tutela della posizione costituzionale della ricorrente»] e che parrebbe lasciare aperto uno spiraglio pure per soluzioni diverse da quella enunciata come regola, ove quella tutela potesse invece derivare dalla pronuncia della Corte stessa.

a4) Per contro, l'esperienza giuridica non ha offerto finora alcun sostegno alla tesi che i ***conflitti*** in questione possano essere ***virtuali*** oltre che *reali*, prescindendo da atti o comportamenti che il ricorrente assuma invasivi o lesivi della propria competenza. Al pari di tutti i ricorsi che instaurino un giudizio di parti, anche quelli previsti – sul punto – dalla legge n. 87/1953 presuppongono un concreto **interesse a ricorrere** (Sorrentino, Zagrebelsky), che per definizione manca allorquando il conflitto sia meramente «ipotetico»[25]. Il che non esclude – s'intende – situazioni di ***conflitto negativo***, in vista delle quali il ricorrente si dolga della mancata adozione di un determinato atto; ma anche in tal caso il giudizio della Corte, prende pur sempre le mosse da un comportamento, produttivo di una pretesa menomazione delle attribuzioni altrui.

b) Rispetto agli altri giudizi di parti, incardinabili presso la Corte costituzionale, il conflitto fra i poteri presenta, tuttavia, due caratteristiche procedurali quanto mai spiccate.

In primo luogo, ben diversamente dai conflitti fra lo Stato e le Regioni, nel caso in esame **il ricorso può essere proposto in ogni tempo**, purché il ricorrente sia tuttora interessato a farlo. In secondo luogo, affinché la Corte possa giudicare nel merito, il ricorso **dev'essere preliminarmente dichiarato ammissibile**, mediante un'apposita *ordinanza adottata in camera di consiglio*[26]; ma in realtà si tratta d'una decisione di «non manifesta inammissibilità» (Crisafulli) che la Corte può bene contraddire – come si è già verificato varie volte – mediante la sentenza conclusiva del procedimento.

Non più dubbio, né controverso, com'era invece un tempo, è la circostanza che anche in tal campo **la Corte possa sospendere l'esecuzione degli atti impugnati**[27].

---

[24] Corte cost., sent. 13 luglio 2004, n. 284.

[25] Si veda – a titolo esemplificativo – l'ord. 21 dicembre 1978, n. 84.

[26] Cfr. l'art. 37, co. 3 e 4, della legge n. 87/1953.

[27] V. la recente ord. 27 settembre - 25 ottobre 2017, n. 225, con cui la Corte ha sì rigettato l'istanza cautelare di sospensione di tre atti della Corte dei conti (uno della sez. II giurisdiz. centrale d'appello; uno della Procura regionale per il Lazio; uno della sez. giurisdiz. reg. per il Lazio) impugnati dal Presidente della Repubblica, ma dopo avere espressamente premesso: «*che la disponibilità di misure cautelari assolve alla necessità che il provvedimento finale del giudice interven-*

Parte della dottrina (Pace, Zagrebelsky) ha sempre ritenuto che si dovesse ricorrere analogicamente alla norma che regola tale rimedio nell'ambito dei conflitti fra lo Stato e le Regioni (v. *infra*, nel § 4 del presente capitolo); mentre altri autori (Crisafulli, Mazziotti, Sorrentino) si dimostravano più inclini a considerare tassativa e dunque inestensibile quella previsione della legge n. 87/1953. Data l'evidente importanza del problema, la Corte, che pure aveva evitato a lungo di prendere posizione, limitandosi, nei singoli casi in cui la questione avrebbe potuto prospettarsi, a lasciare «impregiudicata ogni valutazione» del tema (come ad esempio si legge nell'ord. n. 171/1997) sembrerebbe, dunque, ora, avere trovato e imboccato una via definitiva in argomento.

Ancora, si discute se le sentenze pronunciate dalla Corte siano o meno **efficaci *erga omnes***, allorché dichiarano che una certa attribuzione «spetta» o «non spetta» al potere ricorrente od alla controparte. Ma un simile effetto si dimostra incontrovertibile, quanto meno nel caso che venga annullato l'atto invasivo o lesivo. A questo punto, l'atto stesso non potrebbe più farsi valere da parte di nessuno, compresi i soggetti privati esterni allo Stato-apparato; e l'unico strumento idoneo ad evitare – in ipotesi – l'insanabile violazione del loro diritto di difesa consisterebbe, pertanto, nell'ammettere il loro **intervento nel processo**, superando gli ostacoli finora frapposti dalla giurisprudenza costituzionale.

Certamente ammissibile, oggi l'**intervento in giudizio** da parte di terzi portatori di interessi [28].

3. *I conflitti di attribuzione tra lo Stato e le Regioni*

a) Sulla carta – al pari dei conflitti fra poteri – anche i conflitti fra Stato e Regioni o fra Regioni, incluse le Province di Trento e di Bolzano [29], dovrebbero concernere la **spettanza di attribuzioni** *individuate mediante norme di rango costituzionale.*

La legge n. 87/1953 ragiona infatti, da un lato, della «sfera di competenza as-

---

ga re adhuc integra *e consenta la soddisfazione dell'interesse protetto (sentenze n. 8 del 1982 e n. 284 del 1974), sicché* ***la tutela cautelare è strumentale all'effettività della tutela giurisdizionale*** *e, pur potendo venire variamente configurata e modulata (sentenza n. 281 del 2010), essa è necessaria e deve essere effettiva, come questa Corte ha rilevato in molteplici occasioni (si vedano ad esempio, oltre a quelle già citate, le sentenze n. 236 del 2010, n. 437 e n. 318 del 1995, n. 253 del 1994, n. 190 del 1985);* [/] *che ai medesimi principi, del resto, risulta ispirato lo stesso sistema della giustizia costituzionale, sia pure con le particolarità che lo connotano, anche in relazione alle singole tipologie processuali in cui si articola;* [...] *che anche nei conflitti tra poteri dello Stato può porsi la necessità di assicurare in tempi brevi una protezione interinale alle attribuzioni della parte ricorrente sicché, per le ragioni che precedono, il citato art. 40 della legge n. 87 del 1953 deve ritenersi analogicamente applicabile anche a questi giudizi ...*».

[28] V. *infra*, alla fine del § 4, *sub i*).

[29] Cfr. l'art. 98, co. 2, St. T.A.A.

segnata dalla Costituzione» (quasi che venissero in considerazione le sole Regioni ordinarie e non le Regioni a statuto speciale); e d'altro lato dispone, con maggiore precisione di linguaggio, che i ricorsi statali e regionali debbono «specificare... le disposizioni della Costituzione e delle leggi costituzionali che si ritengono violate» [30].

b) Anche e soprattutto in questo campo, tuttavia, la giurisprudenza della Corte è saldamente orientata nell'erigere a **parametro** pure *discipline sub-costituzionali*, quali le norme di attuazione degli statuti speciali e le norme legislative ordinarie di trasferimento delle funzioni statali alle Regioni di diritto comune: giacché le une e le altre avrebbero comunque e sempre «rilevanza costituzionale», «in quanto integrative o esecutive di norme costituzionali di competenza» [31]. In tutti questi casi, allora, verrebbe pur sempre in prima linea – come si è detto in dottrina (Grassi) – la «definizione dei limiti dell'autonomia costituzionale delle regioni».

L'ampliamento della figura in esame s'è anzi accentuato negli ultimi tempi, tanto da coinvolgere – per lo meno in parte – le *funzioni amministrative delegate* dallo Stato alle Regioni stesse. Dapprima, in verità, la Corte negava che tali attribuzioni potessero formare il tema di un conflitto, avendo per base norme legislative ordinarie scollegate dalla Costituzione [32]. In seguito, invece, quell'indirizzo giurisprudenziale è stato corretto, con riferimento alle ipotesi di «delega devolutiva o traslativa», destinata a rendere più organiche le competenze regionali costituzionalmente previste [33].

c) Un allargamento ancora più notevole ha poi riguardato la determinazione degli **atti impugnabili**.

c1) La tesi che potesse trattarsi dei soli *atti invasivi* della competenza altrui, sebbene fondata sulla legge n. 87/1953, che testualmente ragiona di un **regolamento di competenza** [34], è stata ben presto superata.

c2) Non diversamente dai conflitti fra poteri (v. *supra*, nel § 1 del presente capitolo), anche i giudizi in esame possono, cioè, assumere ad oggetto qualsiasi **atto comunque lesivo**, cioè produttivo della «menomazione» dedotta nel ricorso, quanto alla sfera delle relative attribuzioni [35].

L'effetto immediato di questa giurisprudenza è consistito nel rendere ammissibili conflitti sollevati avverso atti per i quali i ricorrenti non pretendevano di

---

[30] Si veda l'art. 39, co. 1 e 4, della legge cit.

[31] V. rispettivamente le sentt. 31 dicembre 1958, n. 82, e 6 maggio 1976, n. 111.

[32] V. specialmente la sent. 30 maggio 1977, n. 97.

[33] Così ha motivato la sent. 19 maggio 1988, n. 559.

[34] Si veda l'art. 39, co. 4, della legge cit., anche per quanto concerne l'impugnazione dell'«atto dal quale sarebbe stata invasa la sfera di competenza» del ricorrente.

[35] V. soprattutto la sent. 26 giugno 1970, n. 110.

avere competenza, ma semplicemente deducevano il carattere pregiudizievole o impeditivo dell'esercizio delle proprie attribuzioni (nonché delle proprie prerogative). Soltanto in una prima fase, dunque, i regolamenti di competenza hanno avuto esclusivo riguardo ai *provvedimenti amministrativi*, statali o regionali, di cui la Regione o lo Stato rivendicavano a sé l'emanazione. A partire dagli anni Sessanta, per contro, la Corte ha risolto svariati conflitti concernenti *atti giurisdizionali*, impugnati dalle Regioni perché suscettibili di lederne l'autonomia, pur fermo restando che la giurisdizione è costituzionalmente riservata allo Stato[36]. Nondimeno, anche in questi casi la Corte stessa ha evitato di sindacare gli errori *«in iudicando»*, nei quali i singoli giudici fossero concretamente incorsi[37], per limitarsi, piuttosto, a giudicare delle sole impugnazioni contestanti un «difetto assoluto di giurisdizione» (Zagrebelsky).

Per concorde giurisprudenza, dal campo dei conflitti di cui si discute *esorbitano invece le leggi*, sia statali sia regionali. L'impugnazione diretta o principale delle leggi stesse, ad opera delle Regioni o dello Stato, è infatti sottoposta a «termini perentori» e «tassativamente fissati» che differiscono da quelli relativi ai regolamenti di competenza[38]. Il che non toglie che anche in questa sede la Corte possa fungere da giudice *a quo*, sollevando dinanzi a se stessa questioni di legittimità concernenti le leggi poste a base degli atti impugnati (v. *supra*, cap. II, § 2, di questa parte): nel qual caso, però, altro sarebbe il giudizio per conflitto, altro il giudizio incidentale instaurato nel corso del primo procedimento.

d) I conflitti tra lo Stato e le Regioni presuppongono, comunque, che il ricorrente impugni un qualche atto, anziché limitarsi a rivendicare o difendere una certa competenza; sicché nessuno dubita che si tratti di **conflitti reali** *e non virtuali*.

Ma la serie degli atti impugnabili è stata estesa oltremodo, per effetto della giurisprudenza costituzionale. La Corte, cioè, si è spinta ben oltre il novero dei *provvedimenti*, per coinvolgere gli *atti di controllo*, le *circolari*, gli *atti preparatori*, gli *ordini del giorno* approvati dai Consigli regionali...[39]; sino a concludere che possa bastare allo scopo «*una univoca non formale manifestazione di volontà*»[40], tale da concretare un qualsivoglia «comportamento significante» (Crisafulli).

In dottrina è stato anzi sostenuto (Mortati, Zagrebelsky) che il conflitto potrebbe anche insorgere a causa di una *omissione*, considerata lesiva delle attri-

---

[36] Si veda già la sent. 30 giugno 1964, n. 66, nella quale si è dichiarato che «spetta allo Stato la giurisdizione sugli atti dell'Assemblea regionale siciliana relativi ai rapporti di impiego dei propri dipendenti». Ma vale anche la pena di citare la sent. 14 giugno 1990, n. 285, con cui la Corte non ha esitato ad annullare una pronuncia della Cassazione, disapplicativa di varie leggi della Regione Emilia-Romagna.

[37] Cfr. l'ord. 3 marzo 1988, n. 246.

[38] Cfr. la sent. 16 luglio 1970, n. 140.

[39] V. specialmente la sent. 20 gennaio 1977, n. 40, con cui la Corte ha sindacato l'atto promulgativo di una legge, distinguendolo dal corrispondente atto legislativo.

[40] Si veda già la sent. 19 dicembre 1963, n. 164.

buzioni spettanti al ricorrente: in questa stessa ipotesi, infatti, sarebbe utilizzabile il rimedio del «silenzio-rifiuto», consistente nel far corrispondere la mancata pronuncia ad un provvedimento negativo, secondo la logica dei giudizi amministrativi. Anche questi spunti, giuridicamente ben fondati, fanno quindi comprendere come risulti evanescente – a tali effetti – la distinzione tra i conflitti «interorganici» e quelli «intersoggettivi».

4. Segue: *i profili procedurali*

a) Le impugnative principali delle leggi vedono ancora oggi lo Stato, e per esso il Governo, in una condizione di supremazia rispetto alle Regioni, quantomeno relativamente ai vizi in relazione ai quali esso è legittimato a impugnare (v. *supra*, cap. II, § 6, di questa parte).

b) Nel caso dei conflitti, viceversa, Stato e Regioni si ritrovano in una «**posizione paritetica**» (Volpe).

c) Tanto i **ricorsi statali** quanto i **ricorsi regionali (o provinciali)** vanno infatti proposti entro un comune **termine perentorio di sessanta giorni**, «a decorrere dalla notificazione o pubblicazione ovvero dall'avvenuta conoscenza dell'atto impugnato» [41]; conoscenza che deve realizzarsi – di massima – in capo all'organo legittimato a ricorrere, anche se la giurisprudenza costituzionale ha attenuato il rigore di questo principio [42]. Ed è appunto nei sessanta giorni che il ricorso va **notificato alla controparte** [43], venendo diretto all'organo legittimato a confliggere e quindi a resistere in giudizio [44].

d) La **legittimazione tanto attiva quanto passiva** appartiene in effetti, per lo Stato, al **Presidente del Consiglio dei ministri**, salva la sua delega a uno dei ministri; e, per la Regione, al **Presidente della Giunta regionale** [45]. In entrambi i

---

[41] Così dispone l'art. 39, co. 2, della legge n. 87/1953.

[42] Il principio stesso è stato affermato, quanto al Presidente del Consiglio dei ministri, dalla sent. 16 marzo 1962, n. 17. Ma la sent. 16 maggio 1978, n. 3, ha invece ritenuto, quanto alle Regioni, che la conoscenza si produca nel momento in cui l'atto lesivo sia consegnato negli uffici di un qualche assessore regionale, sebbene legittimato a ricorrere sia solo il Presidente della rispettiva Giunta.

[43] Le *Norme integrative*, sin dalla modifica del 2004 (art. 27, co. 2), poi ribadita con la delibera 7 ottobre 2008 (art. 25, co. 2), stabiliscono che il «**ricorso deve essere notificato** [*oltre che al Presidente del Consiglio dei ministri, salvo i casi in cui egli sia il ricorrente*] **all'organo che ha emanato l'atto, quando si tratti di autorità diverse da quelle di Governo e da quelle dipendenti dal Governo**».

Si tratta di una regola che ha portato la Corte a chiedere un'integrazione del contraddittorio idonea a coinvolgere anche l'autorità che aveva emanato l'atto, ma alla quale non era stato notificato il ricorso, per es. nell'ordinanza 25 ottobre 2006, n. 353.

[44] Si veda – per tutte – la sent. 25 febbraio 1988, n. 215.

[45] Cfr. l'art. 39, co. 3, della legge n. 87/1953.

casi *è poi necessario, prima che il ricorso sia proposto, che in tal senso si pronuncino – rispettivamente – il Consiglio dei ministri oppure la Giunta.* Il divario già esistente fra lo Stato e le Regioni, dal momento che solo per queste la legge n. 87/1953 richiedeva la previa deliberazione collegiale dell'«organo esecutivo», risulta ormai colmato dalla legge n. 400/1988, in base alla quale anche il Consiglio dei ministri deve approvare «le proposte di sollevare conflitti di attribuzione o di resistere nei confronti degli altri poteri dello Stato, delle regioni e delle province autonome» [46].

e) Peculiare dei conflitti in esame è invece l'espressa previsione che, «in pendenza del giudizio», l'**esecuzione** degli atti generatori del conflitto possa essere «**sospesa** per gravi ragioni, con ordinanza motivata dalla Corte» [47]. Generalmente, tale sospensione ha esclusivo riguardo alla *gravità e irreparabilità degli effetti* che l'atto impugnato potrebbe produrre *medio tempore*, prima che la Corte si fosse pronunciata in via definitiva. Ma le ordinanze in questione possono anche tener conto del *fumus boni juris*, prendendo a tal fine in esame i motivi del ricorso introduttivo; e in ogni caso è lecito pensare che la Corte tenga presenti, pur senza l'esplicito preannuncio di alcuna conclusione, l'ammissibilità e il merito del ricorso medesimo.

f) Come pure nei conflitti fra poteri, Stato e Regioni dispongono di questo tipo di giudizi e possono quindi **rinunciarvi**, purché vi sia l'*accordo di tutte le parti* [48]. Ma la Corte può comunque dichiarare *«cessata la materia del contendere»* allorché venga meno l'oggetto specifico del suo giudizio: ad esempio, per effetto di un annullamento o di una revoca disposta in via retroattiva, quanto all'atto dapprima impugnato [49].

g) Anche in questo tipo di procedimenti deve sussistere e deve permanere un concreto ed attuale **interesse a ricorrere**; sicché, non appena la controversia risulta svuotata del suo contenuto originario, per il ricorrente non vi è più motivo di «ottenere una pronuncia sull'appartenenza del potere» [50].

D'altra parte, analoghe *ragioni concorrono a spiegare perché non si possa proporre conflitto in vista di atti confermativi, riproduttivi, esecutivi o meramente conseguenziali rispetto ad altri atti non impugnati* nel termine dei sessanta giorni. Ricorsi del genere vanno dichiarati inammissibili – come in effetti risulta dalla costante giurisprudenza costituzionale – giacché il ricorrente non può avere *interes-*

---

[46] Così dispone l'art. 2, co. 3, lett. *g*), della legge cit.

[47] Si veda l'art. 40 della legge n. 87/1953.

[48] Si veda l'art. 27, ult. co., delle *Norme integrative*, in linea con l'art. 26, ult. co., delle norme stesse.

[49] Vedi già la sent. 16 dicembre 1960, n. 74, seguita da molte altre decisioni analoghe.

[50] Così ha ragionato – fra le altre – la sent. 15 dicembre 1967, n. 138.

se, giuridicamente apprezzabile, a contestare «disposizioni accessorie» di un «provvedimento ormai pienamente operativo» e divenuto intangibile[51].

h) Tutto questo non consente, però, di concludere nel senso che il conflitto fra Stato e Regioni abbia per esclusivo **oggetto** l'eventuale annullamento di un determinato atto. Secondo l'opinione ormai dominante in dottrina (Crisafulli, Dimora, Grassi, Grottanelli de' Santi, Volpe *et* AA.) occorre piuttosto ritenere che la statuizione sulla competenza rimanga «relativa al singolo atto-origine del conflitto» (Sorrentino). In altri termini, quando pervengono al merito, le decisioni della Corte si pronunciano sempre – previamente – sulla spettanza delle attribuzioni controverse. Ma quei dispositivi valgono, in concreto, per il caso evidenziato dall'atto impugnato nel ricorso; ed è solo in quel caso, sempre che l'atto venga annullato in accoglimento dell'impugnazione, che si può ragionare di una **efficacia *erga omnes*** della corrispondente sentenza[52].

i) Resta il difficile problema dei **rapporti** intercorrenti fra i *giudizi per conflitto*, instaurati dinanzi alla Corte costituzionale, e i paralleli *giudizi amministrativi*, promossi dinanzi al Consiglio di Stato o ai TAR per ottenere l'annullamento dei medesimi atti.

La sospensione di questi ultimi procedimenti, nell'attesa che la Corte si pronunci, sarebbe forse desiderabile *de jure condendo* (Sandulli), ma non è necessaria secondo il diritto positivo; e, meno ancora, si rende possibile che i giudici amministrativi devolvano alla Corte la risoluzione di siffatte controversie, come pure era stato proposto in dottrina (Lavagna, Selvaggi). *I due tipi di giudizi si svolgono, dunque, indipendentemente l'uno dall'altro*, anche perché intesi ad accertare vizi in parte diversi (Grassi). E solo nell'ipotesi che l'atto in questione venga annullato, nell'una o nell'altra sede, si rende necessario tenerne conto nel giudizio ancora pendente, dichiarando l'inammissibilità del ricorso o la cessazione della materia del contendere[53].

j) Relativa anche ai conflitti tra poteri, ma ancor prima al conflitto tra enti, è la pronuncia della **Corte cost. 23 marzo 2001, n. 76**, relativa alla possibilità (sempre negata in precedenza) di **un intervento in un conflitto di attribuzioni tra enti** (ma, pur se «resa in un conflitto tra enti… non c'è ragione di dubitare che la medesima soluzione sia estensibile ai conflitti tra poteri dello Stato»), da parte di soggetti terzi. Nella fattispecie, in particolare, si trattava della «*parte civile costituita nel procedimento penale per il reato di diffamazione aggravata a mezzo stampa*».

---

[51] Si veda già – in proposito – la sent. 2 maggio 1958, n. 32.

[52] Non è dunque accidentale che la Corte si ripronunci, ogniqualvolta una certa attribuzione venga nuovamente esercitata dal soggetto già ritenuto incompetente: il nuovo atto di esercizio va pertanto annullato con apposita sentenza, sia pure fondata sul mero richiamo della precedente decisione (come nella controversia risolta dalla sent. 14 giugno 1962, n. 56).

[53] V. per esempio la sent. 21 dicembre 1985, n. 358, della Corte costituzionale.

In verità, la marcia di avvicinamento a detta conclusione era già stata intrapresa in precedenza, allorché la Corte aveva avuto modo di rilevare che l'esclusione di ogni intervento poteva essere mantenuta ferma solo nei limiti in cui essa fosse «intes[*a*] a salvaguardare il tono costituzionale dei conflitti affidati al giudizio della Corte e a far sì che questi non mettano capo a controversie di diritto comune»[54], e già da allora facendo intendere che ove ci si fosse trovati di fronte a un caso in cui fosse possibile salvaguardare il «tono costituzionale», anche «aprendo» all'intervento del terzo, essa non avrebbe avuto (né avrebbe cercato) altri argomenti da opporre.

In più, dopo la riforma dell'art. 111 Cost., l'innovazione di cui alla citata sentenza appare «ulteriormente avvalorata dalla circostanza che l'esigenza del contraddittorio... si riflette anche sul piano della partecipazione al giudizio riservato a questa Corte, derivando da esso la risoluzione di un tema del tutto "pregiudiziale", quale è quello relativo alla sussistenza o meno nel caso concreto del potere di agire»[55].

Il descritto percorso ha infine condotto a codificare la suddescritta possibilità anche nelle vigenti *Norme integrative per i giudizi davanti alla Corte costituzionale* che, nell'art. 24 («*Ricorso per conflitto di attribuzione tra poteri dello Stato*"), co. 4, rinvia, per «i successivi atti del processo», tra l'altro al precedente art. 4 il quale a sua volta tratta degli *Interventi in giudizio*, disponendo, nel co. 3, che *eventuali «interventi di altri soggetti, ferma la competenza della Corte a decidere sulla loro ammissibilità, devono aver luogo con le modalità di cui al comma precedente»*. Analogo rinvio effettua l'art. 25, co. 4, per i «*Ricors*[i] *per conflitto di attribuzione tra Stato e Regioni e tra Regioni*». Inoltre, ciò contribuisce a spiegare la novità di cui s'è detto *supra*, *sub* lett. *c*), in nota, relativamente alla necessità di notificare il ricorso non solo a chi appare quale controparte del conflitto «costituzionale», ma anche all'organo autore dell'atto se diverso dal Governo o da questo non «*dipendente*».

Si veda, al riguardo, la sent. della Corte cost. 4 luglio 2007, n. 290, nella parte in cui dichiara «ammissibile l'intervento spiegato nel presente giudizio dalla parte attrice nel giudizio civile in cui è stata resa la sentenza impugnata», per il «consolidato... principio secondo cui, nei giudizi per conflitto di attribuzioni, non è ammesso l'intervento di soggetti diversi da quelli legittimati a promuovere il conflitto o a resistervi, *salva l'ipotesi in cui l'oggetto del giudizio per conflitto consista proprio nell'affermazione o negazione dello stesso diritto di agire in giudizio di chi pretende di essere stato leso da una condotta in relazione alla quale si controverte, nel giudizio costituzionale*, se essa sia o meno coperta dalle ecce-

---

[54] Corte cost., sent. 27 ottobre - 10 novembre, n. 426, nonché nel medesimo senso, *ex pluribus*, sentt. 11-19 febbraio 1999, n. 35; 26 novembre - 5 dicembre 1997, n. 375; 6-8 settembre 1995, n. 419.

[55] Sulla riforma dell'art. 111 Cost. v. *supra*, parte V, cap. I, § 3.
La citazione è tratta dalla sent. 19 marzo 2001, n. 76, § 1 del *Cons. in dir.*

zionali guarentigie previste dalla Costituzione (sentenze n. 154 del 2004 e n. 76 del 2001)».

5. *Le responsabilità penali del Presidente della Repubblica e il loro accertamento*

a) Una volta sottratti alla Corte i giudizi sui reati ministeriali (v. *supra*, parte III, cap. III, § 12), la **giurisdizione penale** della Corte stessa riguarda unicamente i reati suscettibili di essere commessi dal Capo dello Stato, «nell'esercizio delle sue funzioni»: cioè le figure dell'«**alto tradimento**» e dell'«**attentato alla Costituzione**», tassativamente previste dall'art. 90, co. 1, della Carta costituzionale.

Nella definizione di entrambe le ipotesi, però, la dottrina si mostra quanto mai divisa, a tal punto da far dubitare che l'art. 90 si conformi al principio di determinatezza o di stretta legalità degli illeciti penali, sancito dall'art. 25, co. 2, Cost.; o non si risolva, viceversa, in una aperta deroga al principio stesso. Effettivamente, non ha avuto fortuna la tesi che i detti reati presidenziali debbano trovare i loro punti specifici di riferimento in altrettante norme penali comuni: vale a dire nell'art. 77 del Codice penale militare di pace, testualmente dedicato all'«alto tradimento» (Rossi); ovvero nell'art. 283 Cod. pen., concernente l'«attentato contro la costituzione dello Stato» (Riccio). Nel primo caso, ci si trova in presenza d'un puro richiamo di varie altre norme penali, operato ai particolari fini dell'ordinamento militare, sicché l'alto tradimento si risolve in un mero «nome» (Carlassare). Nel secondo caso, si tratta di un delitto suscettibile di essere commesso da «chiunque», che non esaurisce per nulla, d'altronde, la problematica degli attentati astrattamente ipotizzabili ad opera del Capo dello Stato.

La generalità dei costituzionalisti che si sono occupati del tema (Antonelli, Carlassare, Crisafulli, Lombardi, Mortati, Pierandrei *et* AA.) propende, pertanto, a ritenere che gli illeciti previsti dall'art. 90 Cost. rappresentino **«reati propri»** del solo Presidente della Repubblica, cioè *figure autonome* dal diritto penale comune, immediatamente escogitate dalla stessa Costituzione. Ma è precisamente in questo senso che viene più volte sostenuta l'*indeterminatezza delle previsioni costituzionali in esame* (Bettiol). Con questo fondamento, anzi, si giunge talvolta a negare che le responsabilità in discussione siano necessariamente penali; e in alternativa si ragiona di «responsabilità costituzionali» (Ortino) che potrebbero importare la mera rimozione dalla carica di Presidente (Bartholini, Moretti), quanto meno nell'ipotesi di un attentato alla Costituzione.

A ciò si aggiunge, comunque, l'estrema difficoltà di separare e identificare l'«alto tradimento» e l'«attentato contro la Costituzione».

Non è accidentale che vari autori (Crisafulli, Pergolesi) mettano l'accento sulla prima figura, ricomprendendovi la più parte o la totalità dei «delitti contro la personalità dello Stato»[56], commessi dal Presidente della Repubblica in violazione del «giuramento di fedeltà» prescritto dall'art. 91 Cost. (Lombardi); che altri autori considerino invece principale l'ipotesi di «attentato alla Costituzione», circoscrivendo l'«alto tradimento» ai soli «delitti contro la personalità internazionale dello Stato» stesso, rivolti a vantaggio di uno Stato straniero (Rossi, Di Raimo); e che, finalmente, altri ancora preferiscano pensare ad una *endiadi*, costituita sul medesimo piano dall'una e dall'altra locuzione (Moretti).

Ma tutto ciò non significa che gli illeciti nominati dall'art. 90 Cost. rimangano del tutto indefiniti, prestandosi – caso per caso – alle libere valutazioni del Parlamento in seduta comune e poi della Corte costituzionale integrata. Il dato che associa entrambe le ipotesi in esame consiste pur sempre in un qualificato *«abuso dei poteri»* o in una *«violazione dei doveri* inerenti alle funzioni presidenziali» (Di Raimo, Zuccalà). Ed è abbastanza sicuro che le relative condotte, dolosamente poste in essere dal Capo dello Stato, costituiscano per definizione un illecito penale: sia perché riesce difficile, diversamente, intendere come il Presidente possa venir «messo in stato di accusa», in base al linguaggio dell'art. 90, co. 2, Cost.; sia perché la legge cost. n. 1/1953 tratta espressamente dei «*reati* di attentato alla Costituzione e di alto tradimento», cui fa corrispondere apposite «*sanzioni penali*», prima ancora delle altre «sanzioni costituzionali, amministrative e civili adeguate al fatto»[57]; sia, soprattutto, perché il Presidente non potrebbe venire rimosso dalla carica, indipendentemente da un «reato proprio» che gli fosse imputabile, senza contraddire i principi ispiratori della forma italiana di governo, che non prevedono alcun tipo di revoca del Capo dello Stato ad opera del Parlamento né di altri organi costituzionali.

b) Illeciti siffatti continuano, però, a rappresentare ipotesi del tutto uniche nel loro genere. Da un lato, le ragioni giuridiche sulle quali potrebbero fondarsi le accuse e le condanne riguardanti il Capo dello Stato sono per loro natura *di ordine costituzionale* piuttosto che di ordine penale, in quanto centrate sulla peculiare problematica – collocata al limite fra diritto e politica – dei poteri presidenziali e dei rispettivi confini. D'altro lato, le **sanzioni** eventualmente applicabili dalla Corte costituzionale comporterebbero – a loro volta – valutazioni da svolgere entro un amplissimo margine discrezionale. Sul punto, infatti, la Corte stessa può muoversi «*nei limiti del massimo di pena previsto dalle leggi vigenti al momento del fatto*»[58]: il che lascia intuire (Chiarotti) che si potrebbero infliggere

[56] Cfr. gli artt. 241 ss. Cod. pen.

[57] Cfr. l'art. 15, co. 1, della legge cit.

[58] V. nuovamente l'art. 15, co. 1, della legge cost. n. 1/1953.

pene pecuniarie e detentive di qualsiasi entità, secondo la ritenuta gravità del caso, fatta soltanto eccezione per la pena di morte [59].

La persistenza della giurisdizione penale della Corte, quanto ai reati presidenziali, ritrova con ciò un fondamento preciso, ben diversamente che nel caso dei reati ministeriali (v. *supra*, parte III, cap. III, § 12). In ultima analisi, è dall'oggettiva e spiccatissima particolarità di tali fatti e dei relativi giudizi che deriva la giustificazione delle previsioni contenute negli artt. 90 e 134 Cost.: per cui la messa «in stato di accusa» del Presidente della Repubblica va deliberata «dal Parlamento in seduta comune»; mentre spetta alla Corte costituzionale – integrata ai sensi dell'art. 135 Cost. (v. *supra*, cap. I, § 4, di questa parte) – pronunciarsi sulle accuse stesse, «a norma della Costituzione».

L'assoluta rarità del caso di un reato presidenziale (od anche di un'accusa mossa al Presidente della Repubblica) vale comunque a spiegare che il **procedimento penale costituzionale** sia stato alleggerito, da quando ha cessato di coinvolgere i reati ministeriali. In luogo dell'apposita Commissione già prevista dalla legge cost. n. 1/1953 [60], e poi denominata «inquirente», opera attualmente «un *Comitato* formato dai componenti della Giunta del Senato della Repubblica e da quelli della Giunta della Camera dei deputati competenti per le autorizzazioni a procedere» [61]. A questo collegio è demandata la prima valutazione delle *notitiae criminis* concernenti i reati in discussione, pervenute sotto forma di denunzie, di rapporti o di referti; e alle relative attività il Comitato provvede con i poteri spettanti al pubblico ministero nella fase delle indagini, quanto ai giudizi penali comuni [62].

Per il Comitato si aprono quindi tre vie: la *dichiarazione della propria incompetenza*, allorché si tratti di ipotesi di reato diverse da quelle previste nell'art. 90 Cost., nel qual caso dev'essere disposto il rinvio all'autorità giudiziaria ordinaria [63]; l'*archiviazione per manifesta infondatezza* della denuncia pervenuta al Comitato stesso; e la via maestra della relazione alle Camere riunite [64]. Queste, a loro volta, sono chiamate a pronunciarsi con *voto segreto* e non possono deliberare l'accusa se non *a maggioranza assoluta* dei propri componenti [65]. In quest'ulti-

---

[59] Cfr. l'art. 27, co. 4, Cost. Se, sulla sussistenza di questo limite estremo, in dottrina sono stati prospettati alcuni dubbi (Moretti), va anche ricordato che ciò è stato sostenuto anteriormente alla modifica dello stesso art. 27, ult. co., Cost., disposta dalla legge cost. 2 ottobre 2007, n. 1.

[60] Cfr. l'art. 12, co. 1, della legge cit.

[61] Così dispone il nuovo testo dell'art. 12, co. 1, introdotto dall'art. 3 della legge cost. n. 1/1989.

[62] V. rispettivamente gli artt. 1, co. 2; 5, co. 1 e 4, della legge 5 giugno 1989, n. 219.

[63] Cfr. l'art. 8, co. 2, della legge ult. cit.

[64] V. nuovamente l'art. 8, co. 2, della legge n. 219/1989.

[65] Cfr. l'art. 90, co. 2, Cost. e l'art. 17, co. 1, della legge 25 gennaio 1962, n. 20.

ma ipotesi, poi, il Parlamento in seduta comune «elegge, anche tra i suoi componenti, uno o più commissari per sostenere l'accusa» dinanzi alla Corte costituzionale [66].

Si è già ricordato (nel cap. I, § 4, di questa parte) come i giudizi penali costituzionali siano stati sottratti alla Corte nella sua composizione consueta, per essere affidati ad un singolarissimo collegio, composto da 16 *membri aggregati*, in aggiunta ai 15 *giudici ordinari*. L'Assemblea costituente ha voluto, in sostanza, che la **Corte integrata** fosse prevalentemente espressa dal Parlamento; e ciò, naturalmente, accentua la *politicità dei giudizi in questione* [67]. Le forme del giudizio, tuttavia, rimangono affini a quelle risultanti dalla comune disciplina dei processi penali: non a caso, è stato appunto statuito che in tali procedimenti «si osservano, in quanto applicabili e salvo che non sia diversamente disposto [anche per effetto di *Norme integrative* autonomamente elaborate dalla Corte], le norme dei codici penale e di procedura penale» [68]. In particolar modo, anche in questa sede si dà una prima fase del processo, avente natura *istruttoria*, nel corso della quale – fra l'altro – la Corte «può disporre la *sospensione dalla carica*» del Presidente della Repubblica [69]: il che vale ad escludere che la sospensione stessa sia automatica, derivando senz' altro dalla messa in accusa. Segue la fase del *dibattimento* che vede necessariamente impegnato l'intero collegio, fatta soltanto eccezione per quei giudici che non siano intervenuti ad una qualsiasi udienza e che non possono, per questo solo fatto, partecipare alle udienze successive. Per salvaguardare *l'immutabilità del collegio giudicante* è anzi previsto che i giudici costituzionali ordinari impegnati in un certo giudizio penale continuino a far parte della Corte integrata «sino all'esaurimento del giudizio, anche se sia sopravvenuta la scadenza del loro incarico» [70].

Alla eventuale sentenza di condanna si accompagna la determinazione delle «*sanzioni costituzionali, amministrative e civili*»: quali la *rimozione dall'ufficio*, nel caso che il Presidente accusato non si fosse già dimesso, la *perdita della carica di senatore a vita* (Ventura), la *confisca dei beni*, la stessa *imposizione di risarcire i danni arrecati* (Moretti).

Al pari di tutte le altre decisioni della Corte, anche per quelle in esame «*non è ammessa alcuna impugnazione*», secondo l'espresso disposto dell'art. 137 Cost.

---

[66] Si veda già art. 13 della legge cost. n. 1/1953. Nella prassi, peraltro, vi è stato il caso di un commissario che non ha «sostenuto» l'accusa, negando che sussistesse a suo carico un «vincolo funzionale» del tipo generalmente teorizzato in dottrina (Zagrebelsky).

[67] Lo ha riconosciuto la Corte stessa, nella composizione ordinaria, con la sent. 12 novembre 1974, n. 259.

[68] Cfr. l'art. 34 della legge n. 20/1962.

[69] Cfr. l'art. 12, co. 4, della legge cost. n. 1/1953, come novellato dall'art. 3 della legge cost. n. 1/1989.

[70] Così dispone l'art. 26, ult. co., della legge n. 20/1962.

E la circostanza che sia dunque preclusa ogni forma di appello[71] produce una tanto più spiccata anomalia, in quanto è ben possibile che accanto al Presidente della Repubblica figurino *altri soggetti*, *imputati* e *condannati per connessione*[72]; giacché, «nel caso di fattispecie plurisoggettiva, o allorché si renda altrimenti indispensabile per l'accertamento dei reati», occorre che «la valutazione dei comportamenti con la loro verifica processuale non sia scissa» – come ha rilevato la Corte stessa[73] – «in due o più procedimenti».

NOTA BIBLIOGRAFICA – Quanto ai **conflitti**, v. SELVAGGI, *I conflitti di attribuzione tra Stato e Regioni e tra Regioni*, in *Foro it.*, 1965, IV, c. 134 ss.; LAVAGNA, *Conflitto incidentale e giudizio di legittimità*, in *Foro amm.*, 1957, I, 1, p. 189 ss.; PENSOVECCHIO LI BASSI, *Il conflitto di attribuzioni*, Milano, 1957; GROTTANELLI DE' SANTI, *I conflitti di attribuzione tra lo Stato e le Regioni e tra le Regioni*, Milano, 1961; MAZZIOTTI, *I conflitti di attribuzione tra i poteri dello Stato*, Milano, 1972; DIMORA, *Il conflitto di attribuzione tra Stato e Regione nella giurisprudenza della Corte costituzionale*, in *Giur. cost.*, 1975, p. 610 ss.; MEZZANOTTE, *Le nozioni di «potere» e di «conflitto» nella giurisprudenza della Corte costituzionale*, in *Giur. cost.*, 1979, I, p. 110 ss.; CERRI, *Competenza, atto* e *rapporto nel conflitto di attribuzioni*, in *Giur. cost.*, 1982, 1, p. 2435 ss.; GRASSI, *Il giudizio costituzionale sui conflitti di attribuzione tra Stato e Regioni e tra Regioni*, Milano, 1985; PIERGIGLI, *Avvocatura dello Stato e conflitti di attribuzioni*, Padova, 1991; PISANESCHI, *I conflitti di attribuzione tra i poteri dello Stato*, Milano, 1992; AA.VV., *La Corte costituzionale* e *gli altri poteri dello Stato*, Torino, 1993; SICARDI, *Il conflitto di attribuzione tra Consiglio superiore della Magistratura e Ministro della Giustizia*, Torino, 1993; FLORENZANO, *L'oggetto del giudizio sui conflitti di attribuzione tra i poteri dello Stato*, Roma, 1994; AA.VV., *Par condicio e Costituzione*, a cura di Modugno, Milano, 1997; VERONESI, *I poteri davanti alla Corte. «Cattivo uso» del potere e sindacato costituzionale*, Milano, 1999; AA.VV., *Il «caso Previti»: funzione parlamentare e giurisdizione in conflitto davanti alla Corte*, a cura di Bin, Brunetti, Pugiotto, Veronesi, Torino, 2000; PADULA, *Il problema della rappresentanza dello Stato nei conflitti di attribuzione tra enti*, in *Giur. cost.*, 2000, p. 3027 ss.; AA.VV., *Immunità e giurisdizione nei conflitti costituzionali*, Milano, 2001; G. GRASSO, *Il conflitto di attribuzione tra le Regioni e il potere giudiziario*, Milano, 2001; AA.VV., *Le Camere nei conflitti*, a cura di G. Azzariti, Torino, 2002; P. BIANCHI, *Il conflitto di attribuzione tra Stato e Regioni*, in AA.VV., *Aggiornamenti in tema di processo costituzionale (1999-2001)*, a cura di Romboli, Torino, 2002, p. 157 ss.; PESOLE, *I giudici ordinari e gli altri poteri nella giurisprudenza sui conflitti*, Torino, 2002; RIVOSECCHI, *Il Parlamento nei conflitti di attribuzione*, Padova, 2003; BERTOLINI, *L'invasione di competenza nei conflitti costituzionali*, Milano, 2004; LOLLI, *I soggetti terzi nei conflitti di attribuzione*, in AA.VV., *L'accesso alla giustizia costituzionale: caratteri, limiti, prospettive di un modello*, a cura di Romboli, Napoli, 2006, p. 237 ss.; AA.VV., *Le zone d'ombra della giustizia costituzionale. I giudizi sui conflitti di attribuzione e sull'ammissibilità del referendum abrogativo*, Torino, 2007; E. D'ORLANDO, *I conflitti di attribuzione*, in AA.VV., *La giustizia costituzionale*, Padova, 2007; E. MALFATTI, M. NISTICÒ, *I conflitti di attribuzioni tra i poteri dello Stato*, in AA.VV., *Aggiornamenti in tema di processo costituzionale* (2011-2013), Tori-

---

[71] Cfr. l'art. 27, co. 2, della legge n. 20/1962, come sostituito dall'art. 15, co. 1, della legge n. 219/1989.

[72] Si veda, in proposito, l'ord. 6 febbraio 1979 della Corte integrata.

[73] Si tratta della sent. 14 luglio 1977, n. 125.

no, 2014, p. 285 ss.; AA.VV., *Legge elettorale e conflitto di attribuzione tra i poteri dello Stato*, in *Nomos*, n. 3/2017. Quanto alla **giurisdizione penale** della Corte, oltre agli AA. cit. *supra*, nelle Note al cap. III e al cap. IV della parte III, v. CHIAROTTI, *La giurisdizione penale della Corte costituzionale*, in *Riv. proc. pen.*, 1957, p. 875 ss.; ANTONELLI, *Le immunità del Presidente della Repubblica italiana*, Milano, 1971; LOMBARDI, *Note in tema di giustizia penale costituzionale*, Torino, 1979; VENTURA, *Le sanzioni costituzionali*, Milano, 1981; ELIA, CARLASSARE, L.A. MAZZAROLLI, T. PADOVANI, A. TOSCHI, *Le nuove regole sui reati ministeriali*, in *Legislaz. pen.*, 1989, n. 4.

APPENDICE

INDICE DELL'APPENDICE

Re d'Italia

Vittorio Emanuele II	[n. 14.03.1820 - m. 09.01.1878]	[re d'Italia dal 17.03.1861]
Umberto I	[n. 14.03.1844 - m. 29.07.1900]	[re d'Italia dal 09.01.1878]
Vittorio Emanuele III	[n. 11.11.1869 - m. 28.12.1947]	[re d'Italia dal 29.07.1900 al 09.05.1946 (**abdic.**)]
Umberto II	[n. 15.09.1904 - m. 18.03.1983]	[re d'Italia dal 09.05.1946 al 13.06.1946 (**esilio**)]

Presidenti della Repubblica italiana

[da: *http://presidenti.quirinale.it/*]

12)	Sergio Mattarella	(23.07.1941 -)	[Indip.***]:	03.02.2015-
11)	Giorgio Napolitano	(29.06.1925 -]	[Indip.**]:	22.04.2013 - 14.01.2015 (**dimissioni**)
			[DS]:	15.05.2006 - 22.04.2013
10)	Carlo Azeglio Ciampi	(09.12.1920 - 16.09.2016)	[Indip.]:	18.05.1999 - 15.05.2006 (**dimissioni ***)
09)	Oscar Luigi Scàlfaro	(09.09.1918 - 29.01.2012)	[DC]:	28.05.1992 - 15.05.1999 (**dimissioni ***)
08)	Francesco Cossiga	(26.07.1928 - 17.08.2010)	[DC]:	03.07.1985 - 28.04.1992 (**dimissioni**)
07)	Sandro Pertini	(25.09.1896 - 24.02.1990)	[PSI]:	09.07.1978 - 29.06.1985 (**dimissioni ***)
06)	Giovanni Leone	(03.11.1908 - 08.11.2001)	[DC]:	29.12.1971 - 15.06.1978 (**dimissioni**)
05)	Giuseppe Saragat	(19.09.1998 - 11.06.1988)	[PSDI]:	29.12.1964 - 29.12.1971
04)	Antonio Segni	(02.02.1891 - 01.12.1972)	[DC]:	11.05.1962 - 06.12.1964 (**dimissioni**)
03)	Giovanni Gronchi	(10.09.1887 - 17.10.1978)	[DC]:	11.05.1955 - 11.05.1962
02)	Luigi Einaudi	(24.03.1874 - 30.10.1961)	[PLI]:	12.05.1948 - 11.05.1955

01)	ENRICO DE NICOLA	(09.11.1877 - 01.10.1959)	[PLI]:	01.01.1948 - 12.05.1948 (Pres. della Rep.)
				26.06.1947 - 31.12.1947 (Capo provv. dello Stato)
				01.07.1946 - 25.06.1947 (**dimissioni**) (Capo provv. dello Stato)

00) Dal 13.06.1946 (partenza per l'esilio di Umberto II) al 01.07.1946 (giuramento di Enrico De Nicola) le funzioni di Capo provvisorio dello Stato furono assunte e svolte da ALCIDE DE GASPERI, Presidente del Consiglio dei ministri.

(*) Dimissioni c.d. «di cortesia».
(**) Prima dell'elezione alla Corte costituzionale, aveva militato nella DC, nel PPI, nella Margherita e nel PD.
(***) Prima dell'elezione al Quirinale, aveva militato nel PCI, nel PDS e nei DS.

NOTA BENE: la prima data del mandato si riferisce a quella del giuramento innanzi al Parlamento in seduta comune, tranne che per Enrico De Nicola che assunse il titolo in base alla I *Disp. Trans. Fin.* Cost.

LEGISLATURE DEL PARLAMENTO REPUBBLICANO ITALIANO

[da: *http://www.governo.it/i-governi-dal-1943-ad-oggi/191*]

I	Legislatura	(08.05.1948 - 04.04.1953)	scadenza naturale della Camera (*)
			scioglimento anticipato del Senato (*)
II	Legislatura	(25.06.1953 - 14.03.1958)	scadenza naturale della Camera (*)
			scioglimento anticipato del Senato (*)
III	Legislatura	(12.06.1958 - 18.02.1963)	scadenza naturale
IV	Legislatura	(16.05.1963 - 11.03.1968)	scadenza naturale
V	Legislatura	(05.06.1968 - 28.02.1972)	scioglimento anticipato
VI	Legislatura	(25.05.1972 - 01.05.1976)	scioglimento anticipato
VII	Legislatura	(05.07.1976 - 02.04.1979)	scioglimento anticipato
VIII	Legislatura	(20.06.1979 - 04.05.1983)	scioglimento anticipato
IX	Legislatura	(12.07.1983 - 28.04.1987)	scioglimento anticipato
X	Legislatura	(02.07.1987 - 02.02.1992)	scadenza naturale
XI	Legislatura	(23.04.1992 - 16.01.1994)	scioglimento anticipato
XII	Legislatura	(15.04.1994 - 16.02.1996)	scioglimento anticipato
XIII	Legislatura	(09.05.1996 - 09.03.2001)	scadenza naturale
XIV	Legislatura	(30.05.2001 - 11.02.2006)	scadenza naturale
XV	Legislatura	(28.04.2006 - 06.02.2008)	scioglimento anticipato
XVI	Legislatura	(29.04.2008 - 23.12.2012)	scioglimento anticipato
XVII	Legislatura	(15.03.2013 - 28.12.2017)	scadenza naturale
XVIII	Legislatura	23.03.2018	

(*) Fino all'entrata in vigore della legge cost. 9 febbraio 1963, n. 1 (con *Modificazioni agli articoli 56, 57 e 60 della Costituzione*), la durata delle Legislature di Camera e Senato era diversa. L'art. 3 della legge cost. ult. cit. le parificò in cinque anni.

Presidenti del Consiglio dei ministri tra Monarchia e Repubblica [nel periodo immediatamente precedente all'elezione dell'Assemblea costituente (2 giugno 1946)]

[da: *http://www.governo.it/i-governi-dal-1943-ad-oggi/191*]

I) De Gasperi I [DC] (10.12.1945 - 01.07.1946) – **Ass. costituente**
Coalizione politica: DC – PCI – PSIUP – PLI – PD'A – PDL

Presidenti del Consiglio dei ministri della Repubblica italiana (nel periodo dell'Assemblea costituente: 2 giugno 1946 - 18 aprile 1948)

[da: *http://www.governo.it/i-governi-dal-1943-ad-oggi/191*]

I) De Gasperi II [DC] (13.07.1946 - 28.01.1947) – **Ass. costituente**
Coalizione politica: DC – PCI – PSIUP – PRI

II) De Gasperi III [DC] (02.02.1947 - 13.05.1947) – Ass. costituente
Coalizione politica: DC – PCI – PSI

III) De Gasperi IV [DC] (31.05.1947 - 23.05.1948) – Ass. costituente
Coalizione politica: DC – PLI – PSLI – PRI

Presidenti del Consiglio dei ministri della Repubblica italiana [dopo l'elezione del primo Parlamento repubblicano (18 aprile 1948)]

[da: *http://www.governo.it/i-governi-dal-1943-ad-oggi/191*]

01) De Gasperi V [DC] (23.05.1948 - 14.01.1950) – **Legislatura I**
Coalizione politica: DC – PSLI – PRI – PLI

02) De Gasperi VI [DC] (27.01.1950 - 19.07.1951) – Legislatura I
Coalizione politica: DC – PRI – PSLI

03) De Gasperi VII [DC] (26.07.1951 - 07.07.1953) – Legislatura I
Coalizione politica: DC – PRI

04) De Gasperi VIII [DC] (16.07.1953 - 02.08.1953) – **Legislatura II**
Monocolore DC
[**Nota**: *fu il primo dei cinque unici Governi della storia repubblicana che non ottenne la fiducia iniziale da parte del Parlamento*].

05) PELLA [DC] (17.08.1953 - 12.01.1954) – Legislatura II
Coalizione politica: DC – Indip.

06) FANFANI I [DC] (18.01.1954 - 08.02.1954) – Legislatura II
Monocolore DC
[NOTA: *fu il secondo dei cinque unici Governi della storia repubblicana che non ottenne la fiducia iniziale da parte del Parlamento*].

07) SCELBA [DC] (10.02.1954 - 02.07.1955) – Legislatura II
Coalizione politica: DC – PSDI – PLI

08) SEGNI I [DC] (06.07.1955 - 15.05.1957) – Legislatura II
Coalizione politica: DC – PSDI – PLI

09) ZOLI [DC] (19.05.1957 - 01.07.1958) – Legislatura II
Monocolore DC

10) FANFANI II [DC] (01.07.1958 - 15.02.1959) – **Legislatura III**
Coalizione politica: DC – PSDI

11) SEGNI II [DC] (15.02.1959 - 26.03.1960) – Legislatura III (*)
Monocolore DC (*)

12) TAMBRONI [DC] (26.03.1960 - 26.07.1960) – Legislatura III
Monocolore DC (con appoggio «esterno» del M.S.I.)

13) FANFANI III [DC] (26.07.1960 - 21.02.1962) – Legislatura III
Monocolore DC

14) FANFANI IV [DC] (21.02.1962 - 21.06.1963) – Legislatura III
Coalizione politica: DC – PRI – PSDI

15) LEONE I [DC] (21.06.1963 - 04.12.1963) – **Legislatura IV**
Monocolore DC

16) MORO I [DC] (04.12.1963 - 22.07.1964) – Legislatura IV (*)
Coalizione politica: DC – PSI – PSDI – PRI (*)

17) MORO II [DC] (22.07.1964 - 23.02.1966) – Legislatura IV
Coalizione politica: DC – PSI – PSDI – PRI

18) MORO III [DC] (23.02.1966 - 24.06.1968) – Legislatura IV
Coalizione politica: DC – PSI – PSDI – PRI

19) LEONE II [DC] (24.06.1968 - 12.12.1968) – **Legislatura V**
Monocolore DC

20) RUMOR I [DC] (12.12.1968 - 08.08.1969) – Legislatura V
Coalizione politica: DC – PSI – PRI

21) RUMOR II [DC] (05.08.1969 - 27.03.1970) – Legislatura V
Monocolore DC

22) RUMOR III [DC] (27.03.1970 - 06.08.1970) – Legislatura V (*)
Coalizione politica: DC – PSI – PSDI – PRI (*)

23) E. COLOMBO [DC] (06.08.1970 - 17.02.1972) – Legislatura V (*)
Coalizione politica: DC – PSI – PSDI – PRI (*)

24) ANDREOTTI I [DC] (17.02.1972 - 26.06.1972) – Legislatura V
Monocolore DC
[NOTA: *fu il terzo dei cinque unici Governi della storia repubblicana che non ottenne la fiducia iniziale da parte del Parlamento*].

25) ANDREOTTI II [DC] (26.06.1972 - 07.07.1973) – **Legislatura VI**
Coalizione politica: DC – PLI – PSDI

26) RUMOR IV [DC] (07.07.1973 - 14.03.1974) – Legislatura VI
Coalizione politica: DC – PSI – PSDI – PRI

27) RUMOR V [DC] (14.03.1974 - 23.11.1974) – Legislatura VI
Coalizione politica: DC – PSI – PSDI

28) MORO IV [DC] (23.11.1974 - 12.02.1976) – Legislatura VI
Coalizione politica: DC – PRI

29) MORO V [DC] (12.02.1976 - 29.07.1976) – Legislatura VI
Monocolore DC

30) ANDREOTTI III [DC] (29.07.1976 - 11.03.1978) – **Legislatura VII**
Monocolore DC
[NOTA: *ottenne la fiducia, perché, DC esclusa, tutte le altre forze presenti in Parlamento si astennero dal voto*].

31) ANDREOTTI IV [DC] (11.03.1978 - 20.03.1979) – Legislatura VII
Monocolore DC

32) ANDREOTTI V [DC] (20.03.1979 - 04.08.1979) – Legislatura VII
Coalizione politica: DC – PRI – PSDI
[NOTA: *fu il quarto dei cinque unici Governi della storia repubblicana che non ottenne la fiducia iniziale da parte del Parlamento*].

33) COSSIGA I [DC] (04.08.1979 - 04.04.1980) – **Legislatura VIII** (*)
Coalizione politica: DC – PSDI – PLI (*)

34) COSSIGA II [DC] (04.04.1980 - 18.10.1980) – Legislatura VIII (*)
Coalizione politica: DC – PSI – PRI (*)

35) FORLANI [DC] (18.10.1980 - 29.06.1981) – Legislatura VIII (*)
Coalizione politica: DC – PSI – PSDI – PRI (*)

36) SPADOLINI I [PRI] (28.06.1981 - 23.08.1982) – Legislatura VIII
Coalizione politica: DC – PSI – PSDI – PRI – PLI
[NOTA: *Giovanni Spadolini diventa il primo Presidente del Consiglio non democristiano*].

37) SPADOLINI II [PRI] (23.08.1982 - 01.12.1982) – Legislatura VIII
Coalizione politica: DC – PSI – PSDI – PRI – PLI

38) FANFANI V [DC] (01.12.1982 - 04.08.1983) – Legislatura VIII
Coalizione politica: DC – PSI – PSDI – PLI

39) CRAXI I [PSI] (04.08.1983 - 01.08.1986) – **Legislatura IX**
Coalizione politica: DC – PSI – PSDI – PRI – PLI
[NOTA: *detiene, ad oggi, con 1093 giorni, il terzo posto, quanto a durata, nella storia repubblicana*].

40) CRAXI II [PSI] (01.08.1986 - 17.04.1987) – Legislatura IX
Coalizione politica: DC – PSI – PSDI – PRI –PLI

41) FANFANI VI [DC] (17.04.1987 - 28.07.1987) – Legislatura IX
Coalizione politica: DC – Indipendenti
[NOTA: *fu il quinto dei cinque unici Governi della storia repubblicana che non ottenne la fiducia iniziale da parte del Parlamento*].

42) GORIA [DC] (29.07.1987 - 13.04.1988) – **Legislatura X** (*)
Coalizione politica: DC – PSI – PSDI – PRI – PLI – 1 indipendente (*)

43) DE MITA [DC] (13.04.1988 - 23.07.1989) – Legislatura X (*)
Coalizione politica: DC – PSI – PSDI – PRI – PLI (*)

44) ANDREOTTI VI [DC] (22.07.1989 - 12.04.1991) – Legislatura X
Coalizione politica: DC – PSI – PSDI – PRI – PLI

45) ANDREOTTI VII [DC] (12.04.1991 - 24.04.1992) – Legislatura X
Coalizione politica: DC – PSI – PSDI – PLI

46) AMATO I [PSI] (28.06.1992 - 28.04.1993) – **Legislatura XI**
Coalizione politica: DC – PSI – PSDI – PLI

47) CIAMPI [indipend.] (28.04.1993 - 10.05.1994) – Legislatura XI (*)
Coalizione politica: DC – PSI – PSDI – PLI – PDS – FdV – 4 indipendenti (*)
[NOTA: *Carlo Azeglio Ciampi è stato il primo Presidente del Consiglio a diventare tale senza essere parlamentare nel momento in cui gli è stato conferito l'incarico*].

48) BERLUSCONI I [FI] (10.05.1994 - 17.01.1995) – **Legislatura XII** (*)
Coalizione politica: FI – LN – AN – CCD – UDC (*)

49) DINI [indip., poi RI] (17.01.1995 - 17.05.1996) – Legislatura XII (*)
Coalizione politica: indipendenti con appoggio esterno di PDS – PPI – PSI – FdV – La Rete – CS – LN – MCU (*)
[NOTA: *Lamberto Dini è stato il secondo Presidente del Consiglio a diventare tale senza essere parlamentare nel momento in cui gli è stato conferito l'incarico*].

50) PRODI I [indip. Ulivo] (17.05.1996 - 21.10.1998) – **Legislatura XIII** (*)
Coalizione politica: Ulivo – indipendenti dell'Ulivo, con «appoggio esterno» di PRC, SV, La Rete, UV (*) [Ulivo: PDS – PPI – RI – FdV – UD] (*)
[NOTA: *è uno degli unici due Governi* «caduti» *a causa di una crisi parlamentare e, più precisamente, per un errore di conteggio a fronte di una mozione di fiducia presentata da partiti che sostenevano la maggioranza. Cadde alla Camera, il 9.10.1998, con 312 voti favorevoli e 313 contrari*].

51) D'ALEMA I [DS Ulivo] (21.10.1998 - 22.12.1999) – Legislatura XIII (*)
Coalizione politica: Ulivo – UDR – indipendenti (*) [Ulivo: DS – PPI – RI – PdCI – FdV – SD] (*)

52) D'ALEMA II [DS Ulivo] (22.12.1999 - 25.04.2000) – Legislatura XIII (*)
Coalizione politica: Ulivo – UDEur – indipendenti (*) [Ulivo: DS – PPI – Dem – RI – PdCI – FdV] (*)

53) AMATO II [indip.] (25.04.2000 - 11.06.2001) – Legislatura XIII (*)
Coalizione politica: Ulivo – 1 indipendente (*) [Ulivo: DS – PPI – Dem – RI – PdCI – FdV – UDEur – SDI] (*)
[NOTA: *Giuliano Amato è stato il terzo Presidente del Consiglio a diventare tale senza essere parlamentare nel momento in cui gli è stato conferito l'incarico. La notazione vale solo quanto al Governo Amato II*].

54) Berlusconi [FI CdL] II (11.06.2001 - 23.04.2005) – **Legislatura XIV** (*)
Coalizione politica: Casa delle Libertà – NPSI – PRI (*) [Casa delle Libertà: FI – AN – LN – Biancofiore (CCD – CDU)] (*)
[**Nota**: *è, ad oggi, con 1412 giorni, quello di più lunga durata della storia repubblicana*].

55) Berlusconi [FI CdL] III (23.04.2005 - 17.05.2006) – Legislatura XIV (*)
Coalizione politica: Casa delle Libertà – 1 indipendente (*) [Casa delle Libertà: FI – AN – LN – UDC – NPSI – PRI] (*)

56) Prodi [indip., poi PD] II (17.05.2006 -06.05.2008) – **Legislatura XV** (*)
Coalizione politica: L'Unione – indipendenti (*) [L'Unione: DS – DL – PRC – RnP – SDI – IdV – FdV – UDEUR – PdCI] (*)
[**Nota**: *è il secondo degli unici due Governi «caduti» a causa di una crisi parlamentare: su richiesta del Governo di verificare la sussistenza, o no, del rapporto di fiducia con il Parlamento, il giorno dopo avere ri-ottenuto la fiducia alla Camera, esso venne sfiduciato dal Senato, il 24.1.2008, con 161 voti contrari, 1 astenuto e 156 favorevoli*].

57) Berlusconi [PdL (FI)] IV (08.05.2008 - 16.11.2011) – **Legislatura XVI**(*)
Coalizione politica: PdL – Lega Nord – PeT – indipendenti – FLI – MpA [PeT: NSLeA – PdID – MRN – AP – AdC – La Discussione] (*)
[**Nota**: *detiene, ad oggi, con 1287 giorni, il secondo posto, quanto a durata, nella storia repubblicana*].

58) Monti [indip., poi SC] (16.11.2011 - 27.04.2013) – Legislatura XVI (*)
Coalizione politica: «appoggio esterno» di PdL – PD – UDC – FLI – API – RI – MPA – PID – PLI – PRI – LD – ADC – PSI – MAIE – IdV – FareItalia (*)

59) Letta [PD] (28.04.2013 - 21.02.2014) – **Legislatura XVII** (*)
Coalizione politica: PD – SC – UDC – NCD – PPL – GS – PDL (FI), con l'«appoggio esterno» di: PSI – SVP – PATT – USEI – MAIE – UV – CD – UPT – GAPP (*)

60) Renzi [PD] (22.02.2014 - 12.12.2016) – Legislatura XVII (*)
Coalizione politica: PD – SC – NCD-UDC – PSI – DS-CD, con l'«appoggio esterno» di: ALA – SVP – PATT – USEI – MAIE – UV – UPT – API – IdV (*)
[**Nota**: *Matteo Renzi è stato il quarto Presidente del Consiglio a diventare tale senza essere parlamentare nel momento in cui gli è stato conferito l'incarico*].

61) Gentiloni [PD] (12.12.2016 - 24.03.2018 **) – Legislatura XVII (*)
Coalizione politica: PD – AP – CPE – PSI – CI – DS – CD, con l'«appoggio esterno» di: ALA-SC – SVP – PATT – USEI – MAIE – UV – UPT – IdV – SA – MOD – LC – LPP (*)

62) Conte [indip.] (31.05.2018 ***) – **Legislatura XVIII**
Coalizione politica: MoVimento Cinque Stelle – Lega

(*) Dati incompleti nel sito del Governo, completati facendo uso di fonti diverse, quali il sito web della Camera: *http://archivio.camera.it/strumenti/risorse_esterne*, partic. *sub http://www storiaxxisecolo.it/larepubblica/repubblica crono.htm*.

(**) La data indicata è quella delle dimissioni. Il 30 maggio 2018 era ancora in carica per lo svolgimento degli «affari correnti».

(***) Data del giuramento intervenuto al termine della **crisi di governo più lunga della storia repubblicana**. Come accaduto poche altre volte nella storia della Repubblica (v. *supra*, p. 414), il prof. Conte era salito al Quirinale, il giorno precedente, già con la lista dei ministri, **accettando l'incarico senza riserva**: ciò, posta la peculiare natura degli avvenimenti succedutisi nei giorni antecedenti. Il 23 maggio, il Presidente Mattarella **aveva già conferito, una prima volta, l'incarico al prof. Conte**, il quale, però, il 27 successivo, aveva dovuto sciogliere negativamente la sua riserva perché Mattarella aveva opposto un netto rifiuto alla persona del Prof. Paolo Savona, indicato quale ministro dell'Economia con il *placet* dei partiti («Lega» e «5 Stelle») che avrebbero sostenuto il Governo con una maggioranza certa. Il 28 maggio, il Presidente della Repubblica aveva allora conferito l'incarico al prof. Carlo Cottarelli, a che formasse un c.d. «Governo tecnico o «del Presidente», al solo scopo di portare il Paese a nuove elezioni. Di fronte a questa prospettiva e a quella di un Esecutivo privo dell'appoggio parlamentare da parte di qualsivoglia forza politica, la sera del 31 maggio si è nuovamente concretizzata l'idea di provare la via di un «Governo politico» retto dalla coalizione tra «Lega» e «5 Stelle», con la possibile astensione di «Fratelli d'Italia». Il prof. Cottarelli ha formalizzato la sua rinuncia nel tardo pomeriggio e il prof. Conte (**al suo secondo incarico nel corso della stessa crisi**) ha accettato, in serata, senza riserva, la nomina, comunicando la lista dei ministri, tra i quali figura il prof. Paolo Savona, ma come ministro agli Affari europei e non dell'Economia.

Legenda: quanto alle sigle adoperate per indicare le forze politiche, v. *infra* le pagine che seguono.

FORMAZIONI POLITICHE CHE HANNO GIOCATO UN RUOLO NELLA STORIA REPUBBLICANA

[n.b.: in neretto, quelle maggiormente significative]

AD	Alleanza Democratica
ADC	Alleanza di Centro (coalizione)
AISA	Associazioni Italiane in Sud America
ALA	Alleanza Liberalpopolare – Autonomie
ALD	*Autonomie Liberté Démocratie* o Alleanza Autonomista Dem. Progressista
AN	**Alleanza Nazionale**
AP	Alternativa Popolare
API	Alleanza per l'Italia
API-UDEUR	Alleanza Popolare Italiana – Unione Democratica per l'Europa
AS	Azione Sociale
BNL	Blocco Nazionale della Libertà
CCD	**Centro Cristiano Democratico**
CD	Centro Democratico
CDL	**Casa delle Libertà (unione di partiti preesistenti: FI; AN; AS; CCD-CDU; DCA; LN; NPSI; PL; PRI; RL)**
CDR	Concentrazione Democratica Repubblicana
CDU	**Cristiani Democratici Uniti**
CI	Civici e Innovatori
CN	Coesione Nazionale
CPE	Centristi per l'Europa
CS	Cristiano Sociali
CU	Consumatori Uniti
DC	**Democrazia Cristiana**
DCA	Democrazia Cristiana per le Autonomie
DCU	Democratici Cristiani Uniti
Dem	**Democratici (I)**
DL	Democrazia è Liberta – La Margherita: v. Margherita
DN	**Destra Nazionale**
DS	**Democratici di Sinistra**
DS-CD	Democrazia Solidale – Centro Democratico
Fare Italia	
FDL	Federazioni dei Liberali
FDPR	Fronte Democratico Progressista Repubblicano
FDS	Forza del Sud
FdV	**Federazione dei Verdi**
FI	**Forza Italia**
FL	Federazione Laburista
FLD	Fondazione Liberaldemocratica
FLI	Futuro e Libertà per l'Italia
IdV	**Italia dei Valori**
GAPP	Gruppo di Azione Partecipazione Popolare
GS	Grande Sud

IDM	Italia di Mezzo
INM	Italiani nel mondo
LAL	Lega per l'Autonomia – Alleanza Lombarda
La Rete	
LAV	Lega Autonomia Veneta
LC	Liguria Civica
LD	LiberalDemocratici
Lega Lombarda	
Liga Veneta	
LN	**Lega Nord**
LPP	La Puglia in Più
MAIE	Movimento Associativo Italiani all'Estero
Margherita	**(unione di partiti preesistenti: PPI; RI; Dem)**
MCU	Movimento dei Comunisti Unitari
MIS	Movimento per l'Indipendenza della Sicilia
MOD	Moderati
	MoVimento Cinque Stelle
MPA	Movimento per le autonomie
MRE	Movimento Repubblicani Europei
MSI	**Movimento Sociale Italiano**
MSI-DN	**Movimento Sociale Italiano – Destra Nazionale**
MUI	Movimento Unionista Italiano
NCD	**Nuovo Centro Destra**
NPSI	Nuovo Partito Socialista Italiano
PATT	Partito Autonomista Trentino Tirolese
PCDI	Partito dei Contadini d'Italia
PCI	**Partito Comunista Italiano**
PCS	Partito Cristiano Sociale
PD	**Partito Democratico**
PDI	Partito Democratico Italiano [altra denominazione del PDIUM]
PDIUM	Partito Democratico Italiano di Unità Monarchica [altra denominazione del PDI]
PDA	**Partito d'Azione**
PDCI	Partito dei Comunisti Italiani
PDL	Partito Democratico del Lavoro
PDL	**Popolo delle Libertà (coalizione: FI; AN; AS; CCD-CDU; DCA; LN; NPSI; PL; PP; PRI; RL; Verdi)**
PDM	Partito Democratico Meridionale
PDS	**Partito Democratico della Sinistra**
PID	Popolari di Italia Domani
PL	Popolari Liberali
PLI	**Partito Liberale Italiano**
PNM	**Partito Nazionale Monarchico**
Polo del Buon Governo	**(coalizione: FI; AN)**
Polo delle Libertà	**(coalizione: FI; LN)**
PP	Partito dei Pensionati
PPI	**Partito Popolare Italiano**
PR	**Partito Radicale**
PPI	Popolari per l'Italia

PPS	Popolari per il Sud
PRC	**Partito della Rifondazione Comunista**
PRI	**Partito repubblicano Italiano**
PS	**Patto Segni**
PSA	**Partito Sardo d'Azione**
PSDI	**Partito Socialista Democratico Italiano**
PSI	**Partito Socialista Italiano**
PSIUP	**Partito Socialista Italiano di Unità Proletaria**
PSLI	Partito Socialista dei Lavoratori Italiani
PT	Popolo e Territorio
RI	**Radicali Italiani**
RI	**Rinnovamento Italiano**
RC	**Rifondazione Comunista**
RL	Riformatori Liberali
RNP	Rosa nel Pugno
RS	Rinascita Socialista
SA	Stella Alpina
SC	Scelta Civica
SC	Sinistra Critica
SD	Sinistra Democratica
SDI	Socialisti Democratici Italiani
SI	Socialisti Italiani
SR	Sinistra Repubblicana
SV o **SVP**	***Südtiroler Volkspartei***
SU-PSI	Socialisti Uniti – Partito Socialista Italiano
UD	Unione Democratica (per i Consumatori)
UDC	Unione Cristiano-Democratici e di centro
UDEUR	Unione Democratica per l'Europa Alleanza Popolare
UDN	Unione Democratica Nazionale
UDR	Unione Democratica per la Repubblica
UDS	Unità e Democrazia Socialista
ULIVO	**(coalizione: AD; CS; Dem; DS; FDL; FDV; La Rete; LAV; MCU; MRE; Patto Segni; PDCI; PDS; PPI; PRI; RI; PSA; PSI; RS; SDI; SI; SV; UDEUR; UV; Verdi)**
UPT	Unione per il Trentino
UQ	**Fronte dell'Uomo Qualunque**
USEI	Unione Sudamericana Emigrati Italiani
UV	*Union Valdotaine*
Verdi	
Verdi Arcobaleno	

SENATORI A VITA DI NOMINA PRESIDENZIALE (*EX* ART. 59, CO. 2, COST., *«... per avere illustrato la Patria per altissimi meriti nel campo sociale, scientifico, artistico e letterario»*)

[da: *https://www.senato.it/leg/ElencoSenatoriAVita/SenatoriAVita.html*]

PRESIDENTE DELLA REPUBBLICA	NUMERO DI NOMINATI	NOMINATIVO DEI SENATORI
EINAUDI	Sette	Guido CASTELNUOVO; Arturo TOSCANINI (**si dimette il giorno dopo la comunicazione della nomina**); Pietro CANONICA, Gaetano DE SANCTIS; Pasquale JANNACCONE; Carlo Alberto SALUSTRI (in arte TRILUSSA); Luigi STURZO
GRONCHI	Due	Giuseppe PARATORE; Umberto ZANOTTI BIANCO
SEGNI	Tre	Cesare MERZAGORA; Ferruccio PARRI; Meuccio RUINI
SARAGAT	Quattro	Vittorio VALLETTA; Eugenio MONTALE; Giovanni LEONE (**viene successivamente eletto alla carica di Presidente della Repubblica**); Pietro NENNI
LEONE	Uno	Amintore FANFANI
PERTINI	Cinque	Leo VALIANI; Eduardo DE FILIPPO; Camilla RAVERA; Norberto BOBBIO; Carlo BO
COSSIGA	Cinque	Giovanni SPADOLINI; Giovanni AGNELLI; Giulio ANDREOTTI; Francesco DE MARTINO; Paolo Emilio TAVIANI
SCALFARO	Zero	
CIAMPI	Cinque	Rita LEVI MONTALCINI; Emilio COLOMBO; Mario LUZI; Giorgio NAPOLITANO (**viene successivamente eletto alla carica di Presidente della Repubblica**); Sergio PININFARINA
NAPOLITANO	Cinque	Mario MONTI; Claudio ABBADO; Elena CATTANEO; Renzo PIANO; Carlo RUBBIA
MATTARELLA	Uno (al 15.5.2018)	Liliana SEGRE

In campo «*sociale*» *: **Luigi STURZO** (sacerdote; giornalista; politico; fondatore del Partito Popolare Italiano); **Giuseppe PARATORE** (avvocato; politico; Costituente; deputato; Pres. del Senato; di idee liberali); **Cesare MERZAGORA** (banchiere; politico vicino alla Democrazia Cristiana; Pres. del Senato; Pres. supplente della Repubblica nell'ultimo semestre del 1964); **Ferruccio PARRI** (partigiano; politico; Costituente; Pres. del Consiglio; ministro; Azionista; Repubblicano); **Meuccio RUINI** (avvocato; politico; Costituente; ministro; Pres. del Senato; di idee socialiste); **Vittorio VALLETTA** (dirigente, amm. delegato, presidente della FIAT); **Giovanni LEONE** [**] (cattedratico; politico; Costituente; Pres. della Camera; Pres. del Consiglio dei ministri; [successivamente alla nomina, Pres. della Repubblica]; DC); **Pietro NENNI** (giornalista; politico; Costituente; deputato; senatore; ministro; Segretario del PSI); **Amintore FANFANI** (cattedratico; giornalista; politico; Costituente; deputato; Pres. del Senato; Pres. del Consiglio; Pres. Assemblea Generale dell'ONU; Segretario della DC); **Leo VALIANI** (giornalista; storico; partigiano; politico; Costituente; Partito d'Azione); **Camilla RAVERA** (insegnante; politico; deputato; PCI); **Norberto BOBBIO** [**] (cattedratico; filosofo; giurista; scienziato della politica; politico; senatore; di idee socialiste); **Giovanni SPADOLINI** [**] (cattedratico; giornalista; storico; politico; Pres. del Senato; Pres. del Consiglio; Segretario del PRI); **Giovanni AGNELLI** (avvocato; industriale; proprietario e presidente della FIAT); **Giulio ANDREOTTI** (giornalista; scrittore; politico; Costituente; deputato; Pres. del Consiglio europeo; Pres. del Consiglio dei ministri; DC); **Francesco DE MARTINO** [**] (cattedratico; Linceo; politico; deputato; senatore; Segretario del PSI); **Paolo Emilio TAVIANI** (cattedratico; partigiano; politico; Costituente; deputato; ministro; Segretario della DC); **Emilio COLOMBO** (politico; Costituente; deputato; eurodeputato; ministro; Pres. del Consiglio; Pres. del Parlamento europeo); **Giorgio NAPOLITANO** (politico; deputato; Pres. della Camera; ministro; [successivamente alla nomina, Pres. della Repubblica]; PCI e partiti successori dello stesso); **Sergio PININFARINA** (imprenditore nel settore della carrozzeria per auto); **Mario MONTI** (cattedratico; economista; già membro della Commissione europea); **Liliana SEGRE** (reduce dall'Olocausto e testimone della prigionia nel campo di concentramento di Auschwitz).

In campo «*scientifico*» **: **Guido CASTELNUOVO** (cattedratico; matematico; Linceo); **Gaetano DE SANCTIS** (cattedratico; storico; Linceo); **Pasquale JANNACCONE** (cattedratico; statistico; Linceo); **Carlo BO** [*] (cattedratico; letterato); **Rita LEVI MONTALCINI** (cattedratico; neurobiologo; Linceo; Premio Nobel); **Elena CATTANEO** (cattedratico; farmacologo-biologo; Linceo); **Carlo RUBBIA** (cattedratico; fisico; Linceo; Premio Nobel);

In campo «*artistico*» ***: **Arturo TOSCANINI** (direttore d'orchestra); **Pietro CANONICA** (scultore; pittore; musicista); **Eduardo DE FILIPPO** [****] (drammaturgo; attore; regista; sceneggiatore; poeta); **Claudio ABBADO** (direttore d'orchestra); **Renzo PIANO** (architetto);

In campo «*letterario*» ****: **Carlo Alberto SALUSTRI** [in arte TRILUSSA] (poeta); **Umberto ZANOTTI BIANCO** (scrittore); **Eugenio MONTALE** (poeta; premio Nobel); **Mario LUZI** (poeta).

Nota: *i cognomi che recano uno o più rinvii con asterischi indicano Senatori che è difficile «incasellare» in una sola categoria tra quelle indicate nell'art. 59, co. 2, Cost.*.

PRESIDENTI, VICEPRESIDENTI E GIUDICI DELLA CORTE COSTITUZIONALE

[da: *https://www.cortecostituzionale.it/jsp/consulta/composizione/presidenti.do; https://www.cortecostituzionale.it/jsp/consulta/composizione/vicepresidenti.do; https://www.cortecostituzionale.it/jsp/consulta/composizione/giudicicostituzionali.do*]

Presidenti

COGNOME	TITOLO	NOME	ELEZ. O NOMINA	DATA DI ELEZ. O NOMINA	GIURAMENTO	DATA D'ELEZ. ALLA PRESID.	CESSAZIONE
DE NICOLA	sen. avv.	Enrico	Pres. Rep.	03.12.1955	15.12.1955	23.01.1956	26.03.1957
AZZARITI	dott. (Pres. on. Cassaz.)	Gaetano	Pres. Rep.	03.12.1955	15.12.1955	06.04.1957	05.01.1961
CAPPI	on. avv.	Giuseppe	Parlam.	03.11.1955	15.12.1955	04.03.1961-20.10.1962	12.07.1963
AMBROSINI	on. prof.	Gaspare	Parlam.	15.11.1955	15.12.1955	1^) 20.10.1962 2^) 12.10.1966	15.12.1967
SANDULLI	prof. avv.	Aldo	Pres. Rep.	30.03.1957	04.04.1957	16.01.1968	04.04.1969
BRANCA	prof. avv.	Giuseppe	Parlam.	02.07.1959	09.07.1959	10.05.1969	09.07.1971
CHIARELLI	prof.	Giuseppe	Pres. Rep.	02.02. 1961	16.02. 1961	22.11.1971	16.02.1973
BONIFACIO	prof.	Francesco Paolo	Parlam.	02.10.1963	25.10.1963	23.02. 1973	25.10.1975
ROSSI	on. prof.	Paolo	Pres. Rep.	02.05.1969	09.05.1969	18.12.1975-09.05.1978	02.03.1979 (prorogato)
AMADEI	on. avv.	Leonetto	Parlam.	27.06.1972	28.06.1972	05.03.1979	28.06.1981
ELIA	prof.	Leopoldo	Parlam.	30.04.1976	07.05.1976	1^) 21.09.1981 2^) 24.09.1984	07.07.1985
PALADIN	prof.	Livio	Pres. Rep.	23.06.1977	01.07.1977	03.07.1985	01.07.1986
LA PERGOLA	prof.	Antonio	Pres. Rep.	07.06.1978	14.06.1978	24.06.1986 (effett. 02.07.1986)	14.06.1987
SAJA	dott.	Francesco	Cassaz.	14.10.1981	22.10.1981	1^) 04.06.1987 (effett. 15.06.1987) 2^) 21.05.1990	22.10.1990
CONSO	prof.	Giovanni	Pres. Rep.	25.01.1982	03.02.1982	10.10.1990 (effett.: 23.10.1990)	03.02.1991
GALLO	prof.	Ettore	Parlam.	30.06.1982	14.07.1982	30.01.1991 (effett.: 04.02.1991)	14.07.1991
CORASANITI	sen. dott.	Aldo	Cassaz.	26.10.1983	14.11.1983	12.07.1991 (effett.: 15.07.1991)	14.11.1992
CASAVOLA	prof.	Francesco Paolo	Parlam.	06.02.1986	25.02.1986	11.11.1992 (effett.: 15.11.1992)	25.02.1995
BALDASSARRE	prof.	Antonio	Pres. Rep.	08.08.1986	08.09.1986	23.02.1995 (effett.: 26.02.1995)	08.09.1995
CAIANIELLO	prof. (Pres. Sez. Cons. St.)	Vincenzo	Parlam.	09.10.1986	23.10.1986	08.09.1995 (effett.: 09.09.1995)	23.10.1995
FERRI	on. avv.	Mauro	Pres. Rep.	27.10.1987	03.11.1987	23.10.1995 (effett.: 24.10.1995)	03.11.1996

COGNOME	TITOLO	NOME	ELEZ. O NOMINA	DATA DI ELEZ. O NOMINA	GIURAMENTO	DATA D'ELEZ. ALLA PRESID.	CESSAZIONE
GRANATA	dott. (Pres. Sez. Cassaz.)	Renato	Cassaz.	23.10.1990	07.11.1990	31.10.1996 (effett.: 04.11.1996) - 04.11.1999	07.11.1999
VASSALLI	sen. prof. avv.	Giuliano	Pres. Rep.	04.02.1991	13.02.1991	11.11.1999	13.02.2000
MIRABELLI	prof.	Cesare	Parlam.	14.11.1991	21.11.1991	23.02.2000	21.11.2000
RUPERTO	dott. (Pres. Sez. Cassaz.)	Cesare	Cassaz.	16.11.1993	02.12.1993	05.01.2001	02.12.202
CHIEPPA	dott. (Pres. Sez. Cons. St.)	Riccardo	Cons. St.	17.12.1994	23.01.1995	05.12.2002	23.01.2004
ZAGREBELSKY	prof.	Gustavo	Pres. Rep.	09.09.1995	13.09.1995	28.01.2004	13.09.2004
ONIDA	prof.	Valerio	Parlam.	24.01.1996	30.01.1996	22.09.2004	30.01.2005
CAPOTOSTI	prof.	Piero Alberto	Pres. Rep.	04.11.1996	06.11.1996	10.03.2005	06.11.2005
MARINI	prof.	Annibale	Parlam.	18.06.1997	09.07.1997	10.11.2005	09.07.2006
BILE	dott. (Pres. agg. Cassaz.)	Franco	Cassaz.	29.10.1999	08.11.1999	11.07.2006	08.11.2008
FLICK	prof.	Giovanni Maria	Pres. Rep.	14.02.2000	18.02.2000	14.11.2008	18.02.2009
AMIRANTE	dott. (Pres. Sez. Cassaz.)	Francesco	Cassaz.	23.11.2001	07.12.2001	25.02.2009	07.12.2010
DE SIERVO	prof.	Ugo	Parlam.	24.04.2002	29..04.2002	10.12.2010	29.04.2011
QUARANTA	avv.	Alfonso	Cons. St.	16.12.2003	27.12.2004	06.11.2011	27.01.2013
GALLO	prof.	Franco	Pres. Rep.	14.09.2004	16.09.2004	29.01.2013	16.09.2013
SILVESTRI	prof.	Gaetano	Parlam.	22.06.2005	28.06.2005	19.09.2013	28.06.2014
TESAURO	prof.	Giuseppe	Pres. Rep.	04.11.2005	09.11.2005	30.07.2014	09.11.2014
CRISCUOLO	dott. (Pres. Sez. Cassaz.)	Alessandro	Cassaz.	28.08.2008	11.11.2008	12.11.2014 (dimissioni: 24.02.2016)	11.11.2017
GROSSI	prof.	Paolo	Pres. Rep.	17.02.2009	23.02.2009	24.02.2016	23.02.2018

Vice Presidenti

COGNOME	TITOLO	NOME	ELEZ. O NOMINA	DATA	GIURAMENTO	ELEZ. ALLA VICEPRES.	CESSAZIONE
FRAGALI	prof. (Pres. Sez. Cassaz.)	Michele	Cassaz.	20.07.1960	02.08.1960	24.11.1971	02.08.1972
MORTATI	prof. avv.	Costantino	Pres. Rep.	02.12.1960	20.12.1960	28.08.1972	20.12.197
VERZI'	dott. (Pres. Sez. Cassaz.)	Giuseppe	Cassaz.	27.07.1962	01.08.1962	28.12.1972	01.08.1974
BENEDETTI	avv. (Pres. Sez. Co. conti)	Giovan Battista	Corte conti	26.02.1963	11.07.1963	03.08.1974	11.07.1975
OGGIONI	dott. (*ex* Primo Pres. Cassaz.)	Luigi	Pres. Rep	16.08.1966	29.09.1966	15.07.1975	29.09.1978

COGNOME	TITOLO	NOME	ELEZ. O NOMINA	DATA	GIURAMENTO	ELEZ. ALLA VICEPRES.	CESSAZIONE
GIONFRIDA	prof. (Pres. Sez. Cassaz.)	Giulio	Cassaz.	04.10.1972	10.10.1972	05.03.1979	10 10.1981
VOLTERRA	prof.	Edoardo	Pres. Rep.	05.01.1973	23.01.1973	14.10.1981	23 01.1982
DE STEFANO	prof. (Pres. Sez. Co. conti)	Antonino	Corte conti	12.07.1975	15.07.1975	26.01.1982	15 07.1984
ROEHRSSEN	prof. (Pres. Sez. Cons. St.)	Guglielmo	Cons. Stato	21.12.1976	13.01.1977	16.07.1984	13.01.1986
ANDRIOLI	prof.	Virgilio	Pres. Rep.	11.10.1978	26.10.1978	02.07.1986	26.10.1987
BORZELLINO	prof. (Pres. Sez. Co. conti)	Giuseppe	Corte conti	18.07.1984	24.07.1984	15.07.1991 / 16.11.1992	24.07.1993
GRECO	dott. (Pres. Sez. Cassaz.)	Francesco	Cassaz.	11.10.1984	13.11.1984	26.07.1993	13.11.1993
PESCATORE	prof. (Pres. Cons. St.)	Gabriele	Cons. Stato	20.12.1985	14.01.1986	15.11.1993	14.01.1995
SPAGNOLI	on. avv.	Ugo	Parlam.	06.02.1986	25.02.1986	16.01.1995	25.02.1995
MENGONI	prof.	Luigi	Pres. Rep.	27.10.1987	03.11.1987	24.10.1995	03.11.1996
CHELI	prof.	Enzo	Pres. Rep.	27.10.1987	03.11.1987	10.06.1996	03.11.1996
GUIZZI	on. prof.	Francesco	Parlam.	14.11.1991	21.11.1991	11.11.1999 / 23.02.2000	21.11.2000
SANTOSUOSSO	prof. (Pres. Sez. Cassaz.)	Fernando	Cassaz.	19.11.1992	04.12.1992	05.01.2001	04.12.2001
VARI	avv. (Cons. Co. conti)	Massimo	Corte conti	15.07.1993	27.07.1993	16.01.2001	27.07.2002
MEZZANOTTE	prof. avv.	Carlo	Parlam.	24.01.1996	30.01.1996	28.01.2004 / 22.09.2004	30.01.2005
CONTRI	avv.	Fernanda	Pres. Rep.	04.11.1996	06.11.1996	10.03.2005	06.11.2005
NEPPI MODONA	prof. avv.	Guido	Pres. Rep.	04.11.1996	06.11.1996	10.03.2005	06.11.2005
MADDALENA	prof. (Pres. Sez. Co. conti)	Paolo	Corte conti	19.07.2002	30.07.2002	10.12.2010	30.07.2011
FINOCCHIARO	dott.	Alfio	Cassaz.	07.11.2002	05.12.2002	06.06.2011	07.11.2011
MAZZELLA	avv.	Luigi	Parlam.	15.06.2005	28.06.2005	19.09.2013	28.06.2014
NAPOLITANO	avv. (Consigl. di St.)	Paolo M.	Parlam.	15.07.2006	10.07.2006	30.07.2014 / 12.11.2014	10.07.2015
LATTANZI	dott. (Pres. Sez. Cassaz.)	Giorgio	Cassaz.	19.11.2010	09.12.2010	24.02.2016	
CAROSI	dott. (Cons. Co. conti)	Aldo	Corte conti	17.07.2011	13.09.2011	24.02.2016	
CARTABIA	prof.	Marta	Pres. Rep.	02.09.2011	13.09.2011	24.02.2016	

Giudici costituzionali

Cognome	Titolo	Nome	Elez. o Nomina	Data	Giuramento	Cessazione
BATTAGLINI	prof. (Avv. gen. Cassaz.)	Ernesto	Cassaz.	19.05.1953	15.12.1955	03.07.1960
BRACCI	prof.	Mario	Parlamento	15.11.1955	15.12.1955	15.05.1959
CASSANDRO	prof. avv.	Giovanni	Parlamento	30.11.1955	15.12.1955	15.12.1967
CASTELLI AVOLIO	on. dott. (Pres. Sez. Cons. St.)	Giuseppe	Pres. Rep.	03.12.1955	15.12.1955	15.07.1966
COSATTI	dott. (Pres. Sez. Co. conti)	Mario	Corte conti	15.05.1954	15.12.1955	04.02.1963
GABRIELI PANTALEO	dott. (Pres. Sez. Cassaz.)	Francesco	Cassazione	13.11.1955	15.12.1955	15.07.1962
JAEGER	prof. avv.	Nicola	Parlamento	30.11.1955	15.12.1955	15.12.1967
PAPALDO	prof. (Pres. Sez. Cons. St.)	Antonino	Cons. St.	19.03.1953	15.12.1955	15.12.1967
PERASSI	on. prof.	Tomaso	Pres. Rep.	03.12.1955	15.12.1955	03.11.1960
LAMPIS	dott. (Pres. Sez. Cassaz.)	Giuseppe	Cassazione	07.10.1953	15.12.1955	30.05.1956
CAPOGRASSI	prof.	Giuseppe	Pres. Rep.	03.12.1955	15.12.1955	23.04.1956
PETROCELLI	prof.	Biagio	Pres. Rep.	05.05.1956	09.05.1956	09.05.1968
MANCA	dott. (Proc. gen. Cassaz.)	Antonio	Cassazione	23.06.1956	03.07.1956	03.07.1968
ROCCHETTI	on. avv.	Ercole	Parlamento	19.12.1967	10.01.1968	10.01.1977
TRIMARCHI	sen. prof	Vincenzo	Parlamento	19.12.1967	10.01.1968	10.01.1977
DE MARCO	dott. (Pres. Sez. Cons. St.)	Angelo	Cons. St.	17.12.1967	10.01.1968	10.01.1977
CAPALOZZA	on. avv.	Enzo	Parlamento	19.12.1967	10.01.1968	10.01.1977
CRISAFULLI	prof. avv.	Vezio	Pres. Rep.	14.05.1968	25.05.1968	25.05.1977 (prorogato al 02.08.1979)
REALE	dott. (Proc. gen. Cassaz.)	Nicola	Cassazione	06.07.1968	18.07.1968	18.07.1977 (prorogato al 02.08.1979)
ASTUTI	prof. avv.	Guido	Pres. Rep.	19.02.1973	22.02.1973	07.10.1980
ROSSANO	dott. (Proc. gen. Cassaz.)	Michele	Cassazione	28.09.1974	03.10.1974	03.10.1983
REALE	on. avv.	Oronzo	Parlamento	27.01.1977	31.01.1977	31.01.1986
BUCCIARELLI DUCCI	on. dott. (Consigl. Cassaz.)	Brunetto	Parlamento	27.01.1977	31.01.1977	31.01.1986
MALAGUGINI	on. avv.	Alberto	Parlamento	27.01.1977	31.01.1977	31.01.1986
MACCARONE	dott. (Pres. Sez. Cassaz.)	Arnaldo	Cassazione	25.06.1977	21.09.1977	20.09.1984
FERRARI	prof.	Giuseppe	Pres. Rep.	21.10.1980	07.11.1980	11.06.1987
DELL'ANDRO	on. prof.	Renato	Parlamento	23.07.1985	29.07.1985	29.10.1990
VACCARELLA	prof.	Romano	Parlamento	24.04.2002	29.04.2002	04.05.2007
SAULLE	prof.	Maria Rita	Pres. Rep.	04.11.2005	09.11.2005	07.07.2011

Cognome	Titolo	Nome	Elez. o Nomina	Data	Giuramento	Cessazione
CASSESE	prof.	Sabino	Pres. Rep.	04.11.2005	09.11.2005	09.11.2014
FRIGO	avv.	Giuseppe	Parlamento	21.10.2008	23.10.2008	07.11.2016
CAROSI	dott. (Cons. Corte conti)	Aldo	Corte conti	17.07.2011	13.09.2011	
MATTARELLA	prof.	Sergio	Parlamento	05.10.2011	11.10.2011	02.02.2015 [cessa il 02.02.2015, perché eletto Presidente della Repubblica]
MORELLI	dott. (Pres. Sez. Cassaz.)	Mario Rosario	Cassazione	18.11.2011	12.12.2011	
CORAGGIO	dott. (Pres. Cons. Stato)	Giancarlo	Cons. Stato	29.11.2012	28.01.2013	
AMATO	prof.	Giuliano	Pres. Rep.	12.09.2013	18.09.2013	
SCIARRA	prof.	Silvana	Parlamento	06.11.2014	11.11.2014	
de PRETIS	prof.	Daria	Pres. Rep.	18.10.2014	11.11.2014	
ZANON	prof.	Nicolò	Pres. Rep.	18.10.2014	11.11.2014	
MODUGNO	prof.	Franco	Parlamento	16.12.2015	21.12.2015	
BARBERA	prof.	Augusto A.	Parlamento	16.12.2015	21.12.2015	
PROSPERETTI	prof.	Giulio	Parlamento	16.12.2015	21.12.2015	
AMOROSO	dott. (Pres. Sez. Cassaz.)	Giovanni	Cassazione	26.10.2017	13.11.2017	

Leggi elettorali politiche vigenti nell'Italia repubblicana

1948-1993 Sistema elettorale proporzionale puro per la Camera dei deputati. Per il Senato il sistema era maggioritario, ma solo formalmente, perché, per essere eletti direttamente, era necessario raggiungere il 65% delle preferenze nel collegio uninominale. In caso contrario, si applicava (e si applicò sempre, tranne rarissime eccezioni) il sistema proporzionale con riparto dei seggi a livello regionale.

Legge 20 gennaio 1948, n. 6: «*Norme per l'elezione della Camera dei deputati*», in *Gazz. uff.*, S.G., 26 gennaio 1948, n. 20, Suppl. ord.

D.P.R. 5 febbraio 1948, n. 26: «*Testo unico delle leggi per l'elezione della Camera dei Deputati*», in *Gazz. uff.* 6 febbraio 1948, n. 30, Suppl. ord.

Legge 6 febbraio 1948, n. 29: «*Norme per la elezione del Senato della Repubblica*», in *Gazz. uff.* 7 febbraio 1948, n. 31, Suppl. ord.

D.P.R. 30 marzo 1957, n. 361: «*Approvazione del testo unico delle leggi recanti norme per la elezione della Camera dei deputati*», in *Gazz. uff.* 3 giugno 1957, n. 139.

• Elezioni politiche del 1948 (I Legislatura); 1958, 1963, 1968, 1972, 1976, 1979, 1983, 1987, 1992 (dalla I alla XI Legislatura compresa).

1953 Sistema elettorale proporzionale con possibile premio di maggioranza al 65% dei seggi della Camera alla lista, o alla coalizione di liste che avessero superato la metà dei voti validi.

Legge 31 marzo 1953, n. 148: «*Modifiche al testo unico delle leggi per l'elezione della Camera dei Deputati approvato con decreto presidenziale 5 febbraio 1948, n. 26*», in *Gazz. uff.* 31 marzo 1953, n. 75.

[È rimasta in vigore dal 31 marzo 1953 al 27 agosto 1954.

Venne abrogata pochi mesi dopo il suo unico utilizzo, allorché non scattò, per pochi voti, il premio di maggioranza da essa previsto].

• Elezioni politiche del 1953 (II Legislatura).

1993-2005 Sistema elettorale misto. Per ¾ maggioritario a turno unico e per ¼ proporzionale, con sbarramento del 4% alla Camera. Per ¾ maggioritario a turno unico e per ¼ proporzionale, senza sbarramento, con recupero proporzionale dei non eletti più votati attraverso un meccanismo di calcolo chiamato «scorporo», al Senato.

Legge 4 agosto 1993, n. 276: «*Ripubblicazione del testo della legge 4 agosto 1993, n. 276, recante: "Norme per l'elezione del Senato della Repubblica"*», in *Gazz. uff.*, S.G., 20 agosto 1993, n. 195, Suppl. ord. n. 77.

Legge 4 agosto 1993, n. 277: «*Ripubblicazione del testo della legge 4 agosto 1993, n. 277, recante: "Nuove norme per l'elezione della Camera dei deputati"*», in *Gazz. uff.*, S.G., 20 agosto 1993, n. 195, Suppl. ord. n. 77.

D.P.R. 20 dicembre 1993, n. 533: «*Testo unico delle leggi recanti norme per l'elezione del Senato della Repubblica*», in *Gazz. uff.* 27 dicembre 1993, n. 302, Suppl. ord. n. 119.

• Elezioni politiche del 1994 (XII Legislatura), 1996 (XIII Legislatura) e 2001 (XIV Legislatura).

2005-2017 SISTEMA ELETTORALE PROPORZIONALE CORRETTO, CON PREMIO DI MAGGIORANZA (PORTAVA AUTOMATICAMENTE A 340 SEGGI DELLA CAMERA LA COALIZIONE CHE OTTENEVA LA MAGGIORANZA RELATIVA DEI VOTI; NONCHÉ AL 55% DEI SEGGI, CALCOLATI REGIONE PER REGIONE, DEL SENATO), LISTE BLOCCATE (CIOÈ, IN SOSTANZA, PARLAMENTARI SCELTI DALLE SEGRETERIE DEI PARTITI) E VARIE E DIVERSIFICATE *SOGLIE DI SBARRAMENTO* (2%, 4%, 10% ALLA CAMERA; 3%, 8%, 20% AL SENATO, A SECONDA DI DIFFERENTI IPOTESI CONSIDERATE NELLA LEGGE).

Legge 21 dicembre 2005, n. 270: «*Modifiche alle norme per l'elezione della Camera dei deputati e del Senato della Repubblica*», in *Gazz. uff.*, S.G., 30 dicembre 2005, n. 303, Suppl. ord. n. 213.

[È stata dichiarata parzialmente illegittima dalla **Corte costituzionale con sent. 4 dicembre - 13 gennaio 2014, n. 1** (in *Gazz. uff.*, 1^ s.s., 15 gennaio 2014, n. 3), nella parte in cui prevedeva quell'abnorme premio di maggioranza e l'impossibilità, da parte dell'elettore, di esprimere almeno una preferenza].

• Elezioni politiche del 2006 (XV Legislatura), 2008 (XVI Legislatura) e 2013 (XVII Legislatura).

2015 PER LA SOLA CAMERA DEI DEPUTATI: LEGGE 6 MAGGIO 2015, N. 52: SISTEMA PROPORZIONALE, CON POSSIBILITÀ DI UN SECONDO TURNO, PIÙ PREMIO DI MAGGIORANZA [340 SEGGI ALLA LISTA CHE AVESSE OTTENUTO, SU BASE NAZIONALE, ALMENO IL 40% DEI VOTI VALIDI. IN MANCANZA DI UN SIFFATTO RISULTATO, TURNO DI BALLOTTAGGIO TRA LE DUE CHE AVESSERO CONSEGUITO IN PRIMO TURNO IL MAGGIOR NUMERO DI VOTI]), SOGLIE VARIE DI SBARRAMENTO E CENTO COLLEGI PLURINOMINALI CON CAPILISTA BLOCCATI. POSSIBILITÀ DI CANDIDATURA PLURIMA (FINO A UNDICI COLLEGI).

2017 DOPO L'INTERVENTO DELLA CORTE COST. CON SENT. 25 GENNAIO 2017, N. 35 (DI DECLARATORIA L'ILLEGITTIMITÀ COSTITUZIONALE PARZIALE DELLA L. N. 52/2015 APPENA CIT.), RESIDUA UN SISTEMA PROPORZIONALE CON POSSIBILITÀ DI CORREZIONE MAGGIORITARIA. PREMIO DI MAGGIORANZA ALLA LISTA CHE AVESSE SUPERATO IL 40% DEI VOTI VALIDI AL PRIMO (DIVENTATO ANCHE UNICO) TURNO. ESTRAZIONE A SORTE DEL COLLEGIO, ANZICHÉ SCELTA, PER I CANDIDATI RISULTATI ELETTI IN PIÙ COLLEGI.

Legge 6 maggio 2015, n. 52: «*Disposizioni in materia di elezione della Camera dei deputati*», in *Gazz. uff.*, S.G., 8 maggio 2015, n. 105.

[È entrata in vigore il 23 maggio 2015, con effetti decorrenti dall'1 luglio 2016.

È stata dichiarata parzialmente illegittima dalla **Corte costituzionale con sent. 25 gennaio-9 febbraio 2017, n. 35**, in *Gazz. uff.*, 1^ s.s., 15 febbraio 2017, n. 7].

• Non è mai stata adoperata.

2017 SISTEMA ELETTORALE MISTO PROPORZIONALE - MAGGIORITARIO. CON 1/3 DI DEPUTATI (231, PARI AL 36%) ELETTI IN COLLEGI UNINOMINALI MAGGIORITARI E 2/3 (399, PARI AL 63%) COME SEGUE: 386 CON METODO PROPORZIONALE IN LISTINI BLOCCATI DI DUE-QUATTRO NOMI; 1 IN VALLE D'AOSTA IN UN COLLEGIO UNINOMINALE; 12 NELLA CIRCOSCRIZIONE ESTERO CON METODO PROPORZIONALE. NONCHÉ CON 1/3 DI SENATORI (102) ELETTI IN COLLEGI UNINOMINALI MAGGIORITARI E 2/3 (207) COME SEGUE: 200 CON METODO PROPORZIONALE IN LISTINI BLOCCATI DI DUE-QUATTRO NOMI; 1 IN VALLE D'AOSTA IN UN COLLEGIO UNINOMINALE; 6 NELLA CIRCOSCRIZIONE ESTERO CON METODO PROPORZIONALE. SOGLIA DI SBARRAMENTO DEI PARTITI AL 3% SU BASE NAZIONALE SIA ALLA CAMERA CHE AL SENATO. SOGLIA DI SBARRAMENTO DI COALIZIONI AL 10% SU BASE NAZIONALE SIA ALLA CAMERA CHE AL SENATO. DIVIETO DEL C.D. «VOTO DISGIUNTO» IN ENTRAMBE LE CAMERE. PLURICANDIDATURE (FINO A 5) CONSENTITE PER LA SOLA QUOTA PROPORZIONALE.

Legge 3 novembre 2017, n. 165: «*Modifiche al sistema di elezione della Camera dei deputati e del Senato della Repubblica. Delega al Governo per la determinazione dei collegi elettorali uninominali e plurinominali*», in *Gazz. uff.*, S.G., 11 novembre 2017, n. 264 (*).

• Elezioni politiche del 4 marzo 2018 (XVIII Legislatura).

(*) L'approvazione della pure assai discutibile legge n. 165/2017 da parte del Parlamento ha evitato al corpo elettorale di recarsi alle (inevitabili, posto il termine della XVII Legislatura) elezioni della primavera 2018 con un sistema elettorale siffatto: per il Senato, facendo uso e applicazione della legge n. 270/2005 cit., quale risultante dopo l'intervento manipolativo disposto dalla Corte cost. con la sent. n. 1/2014 cit. e, per la Camera, con la legge n. 52/2015 cit., come risultante a seguito dell'intervento manipolativo effettuato dalla Corte cost. con la sent. n. 35/2017 cit.

ELEZIONI POLITICHE DAL DOPOGUERRA AD OGGI

[*http://elezionistorico.interno.it/index.php?tpel=F*]

DATA	OCCASIONE	ELETTORI	VOTANTI
02.06.1948	Assemblea Costituente	28.005.449	24.947.187 [89,08%]
18.04.1948	Legislatura I	29.117.554 [Cam.]	26.855.741 [92,23%]
		25.874.809 [Sen.]	23.842.919 [92,15%]
07.06.1953	Legislatura II	30.272.236 [Cam.]	28.406.479 [93,84%]
		27.172.871 [Sen.]	25.483.201 [93,78%]
25.05.1958	Legislatura III	32.434.852 [Cam.]	30.434.681 [93,83%]
		29.183.501 [Sen.]	27.425.843 [93,98%]
28.04.1963	Legislatura IV	34.199.184 [Cam.]	31.766.009 [92,89%]
		31.019.233 [Sen.]	28.872.052 [93,08%]
19.05.1968	Legislatura V	35.566.493 [Cam.]	33.001.644 [92,79%]
		32.517.638 [Sen.]	30.252.921 [93,04%]
07.05.1972	Legislatura VI	37.049.351 [Cam.]	34.525.687 [93,19%]
		33.739.592 [Sen.]	31.486.399 [93,32%]
20.06.1976	Legislatura VII	40.426.658 [Cam.]	37.755.090 [93,39%]
		34.928.214 [Sen.]	32.621.581 [93,40%]
03.06.1979	Legislatura VIII	42.203.354 [Cam.]	38.242.918 [90,62%]
		36.362.037 [Sen.]	32.976.304 [90,69%]
26.06.1983	Legislatura IX	44.526.357 [Cam.]	39.188.182 [88,01%]
		37.603.817 [Sen.]	33.402.139 [88,83%]
14.06.1987	Legislatura X	45.692.417 [Cam.]	40.586.573 [88,83%]
		38.951.485 [Sen.]	34.421.230 [88,37%]
05.04.1992	Legislatura XI	47.486.964 [Cam.]	41.479.764 [87,35%]
		41.053.543 [Sen.]	35.633.367 [86,80%]
27-28.03.1994	Legislatura XII	48.135.041 [Cam.]	41.546.290 [86,31%]
		41.795.730 [Sen.]	35.873.375 [85,83%]
21.04.1996	Legislatura XIII	48.744.846 [Cam.]	40.401.774 [82,88%]
		42.889.825 [Sen.]	35.260.803 [82,21%]
13.05.2001	Legislatura XIV	49.256.295 [Cam.]	40.085.397 [81,38%]
		44.499.794 [Sen.]	36.189.394 [81,32%]

DATA	OCCASIONE		ELETTORI	VOTANTI
9-10.04.2006	Legislatura XV	ITA.	46.997.601 [Cam.]	39.298.497 [83,62%]
			00.100.580 [Cam.]	00.083.933 [83,45%]
			02.707.382 [Cam.]	01.053.864 [38,93%]
			42.232.467 [Sen.]	35.262.679 [83,50%]
		V.D.A.	00.093.422 [Sen.]	00.078.091 [83,59%]
			00.686.894 [Sen.]	00.602.845 [87,76%]
			02.432.340 [Sen.]	00.962.107 [39,55%]
13-14.04.2008	Legislatura XVI	ITA.	47.041.814 [Cam.]	37.874.569 [80,51%]
		V.D.A.	00.100.623 [Cam.]	00.079.684 [79,19%]
		ESTERO	02.924.178 [Cam.]	01.155.411 [39,51%]
			42.358.775 [Sen.]	34.058.406 [80,40%]
		V.D.A.	00.093.434 [Sen.]	00.074.283 [79,50%]
		T.A.A.	00.693.965 [Sen.]	00.585.941 [84,43%]
		ESTERO	02.627.832 [Sen.]	01.059.625 [40,32%]
24-25.02.2013	Legislatura XVII	ITA.	46.905.154 [Cam.]	35.270.926 [75,20%]
		V.D.A.	00.100.277 [Cam.]	00.077.169 [76,96%]
		ESTERO	03.494.687 [Cam.]	01.103.989 [31,59%]
		ITA.	42.270.824 [Sen.]	31.751.350 [75,11%]
		V.D.A.	00.093.040 [Sen.]	00.071.719 [77,08%]
		T.A.A.	00.707.666 [Sen.]	00.575.275 [81,29%]
		ESTERO	03.149.501 [Sen.]	01.009.921 [32,07%]
04.03.2018 (*)	Legislatura XVIII	ITA.	46.604.925 [Cam.]	33.988.972 [72,93%]
		V.D.A.	[Cam.]	63.370
		ESTERO	[Cam.]	
		ITA.	42.871.428 [Sen.]	31.291.855 [72,99%]
		V.D.A.	[Sen.]	61.938
		ESTERO	[Sen.]	1.079.530

(*) Risultati non definitivi.

ELEZIONI EUROPEE

[*http://elezionistorico.interno.it/index.php?tpel=F*]

DATA	**LEGISLATURA**	**ELETTORI**	**VOTANTI**
07-10.06.1979	Legislatura I	42.203.405	36.148.180 [85,65%]
07-10.06.1984	Legislatura II	44.948.253	37.069.626 [82,47%]
15-18.06.1989	Legislatura III	46.346.961	37.572.759 [81,07%]
09-12.06.1994	Legislatura IV	48.461.792	35.667.440 [73,60%]
10-13.06.1999	Legislatura V	49.278.309	34.359.339 [69,73%]
10-13.06.2004	Legislatura VI	49.804.087	35.717.655 [71,72%]
04-07.06.2009	Legislatura VII	50.342.153	32.749.004 [65,05%]
22-25.05.2014	Legislatura VIII	50.662.460	28.991.258 [57,22%]

CONSULTAZIONI REFERENDARIE *EX* ART. 75 COST.

[*http://elezionistorico.interno.it/index.php?tpel=F*]

12-13.05.1974		VITTORIA DEI «*NO*»
11-12.06.1978		VITTORIA DEI «*NO*»
17-18.05.1981		VITTORIA DEI «*NO*»
09-10.06.1985		VITTORIA DEI «*NO*»
08-09.11.1987	VITTORIA DEI «*SÌ*» [5 quesiti]	
03-04.06.1990	*QUORUM* DI PARTECIPAZIONE NON RAGGIUNTO	
09-10.06.1991	VITTORIA DEI «*SÌ*» [1 quesito]	
18-19.04.1993	VITTORIA DEI «*SÌ*» [8 quesiti]	
11.06.1995	VITTORIA DEI «*SÌ*» [5 quesiti]	VITTORIA DEI «*NO*» [7 quesiti]
15.06.1997	*QUORUM* DI PARTECIPAZIONE NON RAGGIUNTO	
18.04.1999	*QUORUM* DI PARTECIPAZIONE NON RAGGIUNTO	
21.05.2000	*QUORUM* DI PARTECIPAZIONE NON RAGGIUNTO	
15.06.2003	*QUORUM* DI PARTECIPAZIONE NON RAGGIUNTO	
12-13.06.2005	*QUORUM* DI PARTECIPAZIONE NON RAGGIUNTO	
21-22.06.2009	*QUORUM* DI PARTECIPAZIONE NON RAGGIUNTO	
12-13.06.2011	VITTORIA DEI «*SÌ*» [4 quesiti]	
17.04.2016	*QUORUM* DI PARTECIPAZIONE NON RAGGIUNTO	

CONSULTAZIONI REFERENDARIE *EX* ART. 138 COST.

[*http://elezionistorico.interno.it/index.php?tpel=F&dtel=04/12/2016; http://elezionistorico.interno.it/index.php?tpel=F&dtel=25/06/2006; http://elezionistorico.interno.it/index.php?tpel=F&dtel=07/10/2001*]

• 07.10.2001: *«Modifiche al titolo V della parte seconda della Costituzione»: l. cost. 18.10.2001, n. 3*

ELETTORI: 49.462.222 VOTANTI: 16.843.420

VOTI VALIDI: 16.250.101

VOTI NON VALIDI (SCHEDE BIANCHE E NULLE INCLUSE): 00.593.319

AFFLUENZA ALLE URNE: 34,05%

«SÌ» [10.433.574]: 64,21% *«NO»* [05.816.527]: 35,79%

• 25-26.06.2006: *Progetto di riforma costituzionale: «Modifica della Parte II della Costituzione»*

ELETTORI: 49.772.506 VOTANTI: 26.110.925

VOTI VALIDI: 25.753.782

VOTI NON VALIDI (SCHEDE BIANCHE E NULLE INCLUSE): 00. 357.143

AFFLUENZA ALLE URNE: 52,46%

«SÌ» [09.970.513]: 38,71% *«NO»* [15.783.269]: 61,29%

• 04.12.2016: *Progetto di riforma costituzionale recante «Disposizioni per il superamento del bicameralismo paritario, la riduzione del numero dei parlamentari, il contenimento dei costi di funzionamento delle istituzioni, la soppressione del CNEL e la revisione del titolo V della parte seconda della Costituzione»*

ELETTORI: 50.773.284 VOTANTI: 33.244.258

VOTI VALIDI: 32.852.112

VOTI NON VALIDI (SCHEDE BIANCHE E NULLE INCLUSE): 00.392.146

AFFLUENZA ALLE URNE: 65,48%

«SÌ» [13.431.087]: 40,88% *«NO»* [19.421.025]: 59,12%

CONSULTAZIONI REFERENDARIE DI INDIRIZZO

[*http://elezionistorico.interno.it/index.php?tpel=F&dtel=18/06/1989&tpa=I&tpe=A&lev0=0&levsut0=0&es0=S&ms=S*]

18.06.1989: *Conferimento di mandato costituente al Parlamento europeo*

ELETTORI: 46.552.411 VOTANTI: 37.560.404

VOTI VALIDI: 33.122.742

VOTI NON VALIDI (SCHEDE BIANCHE E NULLE INCLUSE): 04.437.662

AFFLUENZA ALLE URNE: 80,68%

«SÌ» [29.158.656]: 88,03% *«NO»* [03.964.086]: 11,97%

CONSULTAZIONI REFERENDARIE ISTITUZIONALI

[*http://elezionistorico.interno.it/index.php?tpel=F&dtel=02/06/1946&tpa=I&tpe=A&lev 0=0&levsut0=0&es0=S&ms=S*]

02.06.1946: «*Referendum*» *sulla forma istituzionale dello Stato*

ELETTORI: 28.005.449 VOTANTI: 24.946.878 [89,08%]

SCHEDE BIANCHE: 1.146.729 SCHEDE NON VALIDE (BIANCHE INCLUSE): 1.509.735

VOTI VALIDI: 23.437.143

«*REPUBBLICA*»: 12.718.641 [54,27%] «*MONARCHIA*»: 10.718.502 [45,73%]

LEGGI DI MODIFICA (ESPRESSA O IMPLICITA) DELLA COSTITUZIONE

9 febbraio 1963, n. 2: «*Modificazioni agli articoli **56, 57** e **60** della Costituzione*» (in *Gazz. uff.* 12 febbraio 1963, n. 40);

27 dicembre 1963, n. 3: «*Modificazioni agli articoli **131** e **57** della Costituzione e istituzione della Regione Molise*» (in *Gazz. uff.* 4 gennaio 1964, n. 3);

22 novembre 1967, n. 2: «*Modificazione dell'articolo **135** della Costituzione e disposizioni sulla Corte costituzionale*» (in *Gazz. uff.* 25 novembre 1967, n. 294);

16 gennaio 1989, n. 1: «*Modifiche degli articoli **96, 134** e **135** della Costituzione e della legge costituzionale 11 marzo 1953, n. 1, e norme in materia di procedimenti per i reati di cui all'articolo **96** della Costituzione*» (in *Gazz. uff.* 17 gennaio 1989, n. 13);

4 novembre 1991, n. 1: «*Modifica dell'articolo **88, secondo comma,** della Costituzione*» (in *Gazz. uff.* 8 novembre 1991, n. 262);

6 marzo 1992, n. 1: «*Revisione dell'articolo **79** della Costituzione in materia di concessione di amnistia e indulto*» (in *Gazz. uff.* 9 marzo 1992, n. 57);

29 ottobre 1993, n. 3: «*Modifica dell'articolo **68** della Costituzione*» (in *Gazz. uff.* 30 ottobre 1993, n. 256);

22 novembre 1999, n. 1: «*Disposizioni concernenti l'elezione diretta del Presidente della Giunta regionale e l'autonomia statutaria delle Regioni*» (in *Gazz. uff.* 22 dicembre 1999, n. 299) [artt. ***121, 122, 123*** e ***126*** Cost.];

23 novembre 1999, n. 2: «*Inserimento dei principi del giusto processo nell'articolo **111** della Costituzione*» (in *Gazz. uff.* 23 dicembre 1999, n. 300);

17 gennaio 2000, n. 1: «*Modifica all'articolo **48** della Costituzione concernente l'istituzione della circoscrizione Estero per l'esercizio del diritto di voto dei cittadini italiani residenti all'estero*» (in *Gazz. uff.* 20 gennaio 2000, n. 15);

23 gennaio 2001, n. 1: «*Modifiche agli articoli **56** e **57** della Costituzione concernenti il numero dei deputati e senatori in rappresentanza degli italiani all'estero*» (in *Gazz. uff.* 24 gennaio 2001, n. 19);

18 ottobre 2001, n. 3: «*Modifiche al titolo V della parte seconda della Costituzione*» (in *Gazz. uff.* 24 ottobre 2001, n. 248) [artt. ***114, 115, 116, 117, 118, 119, 120, ... 123, 124, 125, ... 127, 128, 129, 130*** Cost.];

23 ottobre 2002, n. 1: «*Legge costituzionale per la cessazione degli effetti dei commi primo e secondo della **XIII disposizione transitoria e finale** della Costituzione*» (in *Gazz. uff.* 26 ottobre 2002, n. 252);

30 maggio 2003, n. 1: «*Modifica dell'articolo **51** della Costituzione*» (in *Gazz. uff.* 12 giugno 2003, n. 134);

2 ottobre 2007, n. 1: «*Modifica dell'articolo **27** della Costituzione, concernente l'abolizione della pena di morte*» (in *Gazz. uff.* 10 ottobre 2007, n. 236);

20 aprile 2012, n. 1: «*Introduzione del principio del pareggio di bilancio nella Carta costituzionale*» (in *Gazz. uff.* 23 aprile 2012, n. 95) [artt. ***81, 97, 117, 119*** Cost.].

INDICE ANALITICO-ALFABETICO

Finito di stampare nel mese di giugno 2018
nella Stampatre s.r.l. di Torino
Via Bologna, 220